KB135707

재정학연습

PUBLIC FINANCE

경제원론

제**7**판

제7판을 내며

자기의 약점을 용서하지 말라.

그것은 잘못이다.

절대로 스스로 물러설 여지를 남기지 말아야 한다.

『인생조종법』 p.65

위의 문장은 청나라 말기에 태평천국을 진압한 증국번(曾國藩)의 인생철학이다. 많은 역사인물이 비극적으로 인생을 마친데 반해, 증국번은 절제의 미덕을 알았고 적당한 시점에서 물러나 평온하게 일생을 마친 인물이다. 그도 여러 번의 어려운 시기를 겪지만 결국에는 모든 사람의 존경을 받는 인물로 우뚝 서게 된다. 그는 동생에게 보내는 편지에서 '나를 성장시킨 것은 시련이었다'라고 고백하고 있다.

그렇다. 인내하는 시간을 거치지 않고서 결과를 얻기란 어렵다. 남극에 사는 황제펭귄은 알을 부화시키기 위해 약 넉 달 동안 꼼짝도 하지 않고 알을 품는다. 알을 품는 넉 달 동안 전혀 음식물도 섭취하지 않는다. 배가 고파 잠깐이라도 알을 그냥 두고 사냥을 다녀오면 알은 얼어버리고 말기 때문이다. 새로운 생명의 탄생은 긴 인내의 기간을 필요로 한다. 식물도 마찬가지다. 추운 겨울동안의 준비를 거쳐야만 장미는 꽃망울을 틔울 수 있다.

알이 부화되고 꽃이 피기까지 내부에서는 많은 변화가 일어나고 있지만 겉으로 봐서는 알 수가 없다. 변화는 상당기간 기다림을 필요로 한다. 수험준비도 마찬가지다. 일정한 수준에 이르기 위해서는 부단한 노력과 기다림이 필요하다. 마지막 순간까지 아빠펭귄이 알을 품는 것과 마찬가지의 인내가 뒷받침되지 않는다면 인생의 진로를 바꿀 수가 없다.

수험은 어려운 것이라고 생각한다. 수험공부는 학문과는 달라 일정한 기간에 소기의 성과를 거두어야 하는 자신과의 싸움이다. 수험생 개개인의 역량이 어느 정도 차이는 있겠지만 그 동안의 강의경험에 비추어 볼 때 개개인의 역량보다 더 중요한 것은 시련을 극복할 수 있는 노력과 인내심이라고 감히 말할 수 있다.

Public Finance | 재정학

제7판의 가장 큰 변화는 다음과 같다. 첫째, 최근의 출제경향을 반영하기 위해 제6판에서 다루지 못했던 이론을 다수 추가하였다. 둘째, 전반적으로 문맥을 검토·수정하여 이론을 좀 더 쉽게 이해할 수 있도록 하였고, 상당부분은 아예 새로이 고쳐 썼다. 셋째, 이론을 보다 정확히 이해하는데 적합한 예제를 본문에 다수 추가하였다.

개정판 작업을 하면서 내용 이해가 보다 쉽도록 하기 위해 약간씩 손질하였으나 주로 많이 고쳐 쓰거나 추가한 내용으로는 사회후생함수가 갖추어야 할 기본공리(제2장), 포획이론(제2장), 감산보조금(제3장), 이중배당가설(제3장), 오염배출권제도(제3장), 거부권 투표제도(제5장), 보다투표제도(제5장), 투표자의 합리적 무지(제5장), 정부지출의 유형(제6장), 케인즈의 승수모형(제6장), 리바이어던 가설(제6장), 품목별 예산제도(제6장), 에지워스의 최적소득세 모형(제11장), 법인세와 소득세의 통합논의(제12장), 모딜리아니-밀러정리(제13장), 조세와 배당정책(제13장), 러너의 동등확률가정(제14장), 사회보장제도(제14장), 중복세대모형과 국민연금(제14장), 완전배분비용 가격설정(제15장), 중복세대모형과 공채부담(제16장) 등이 있다.

이번 개정판에서는 문제가 조금씩 까다로와지는 최근의 경향을 반영하여 기존의 제6판에 있던 내용의 30% 이상을 새로운 문제로 교체하였다. 기존의 문제 중에서 단편적인 내용을 물어보는 것과 난이도가 너무 낮은 문제는 대부분 삭제하고, 최근의 기출문제와 새로운 출제경향을 반영할 수 있는 새로운 문제를 주로 추가하였다.

이번 개정작업에서도 많은 분들의 도움을 받았다. 이론검토와 교정작업에서는 예비 세무사인 박부영 손은석, 나준상씨의 노고가 컸다. 그리고 거듭되는 수정에도 불구하고 끝까지 최선을 다해주신 김수련, 유소희, 박상원씨를 비롯한 세경의 임직원에게도 감사드린다.

어떤 것을 결심하기는 쉽지만 결심한 것을 끝까지 실천하는 사람은 적다. 문제는 각자가 가진 능력이 아니라 의지와 노력이다. 자신의 약점을 보완하고, 물러설 여지를 두지 않고, 그리고 자신감을 잃지 않고 하루하루를 치열하게 살아낸다면 인생의 진로를 바꾸는 꽃길을 걸을 수 있으리라 믿는다. 이 책이 꿈을 가진 청춘들이 자신의 꿈을 이루어가는 데 하나의 디딤돌이 될 수 있기를 바란다.

2023년 6월

정병열

머리말

밝은 미래를 설계하며 오늘 하루도 묵묵히 시험을 준비하는 젊은이들에게 약간이나마 도움이 될 수 있지 않을까 하는 심정으로 1998년 말부터 집필을 시작하였으나, 그 동안의 여러 가지 사정으로 인해 이제서야 출간을 하게 되었다.

시중에 이미 여러 종류의 재정학 문제집이 나와 있음에도 불구하고 굳이 새로운 책을 펴낼 필요성이 있는가 하는 생각을 집필기간 중 여러 번 한 것도 사실이다. 그럼에도 불구하고 책을 출간하기로 한 것은 최근 들어 재정학의 관심분야가 다양화되고 이를 반영하여 각종 시험에서의 출제경향도 대폭 변화하고 있어 이에 충실히 대비할 수 있는 수험서가 필요하리라는 생각에서였다.

이 책에서는 먼저 각 분야별로 핵심적인 내용에 관한 이론이 비교적 자세히 정리가 되어 있고, 해 당분야의 내용과 관련된 문제는 각 편의 끝부분에 기본문제와 핵심문제로 구분하여 수록되어 있다. 처음 시작할 때는 이론을 공부하고 나서 기본문제 정도만 풀어보더라도 별 무리가 없으리라 생각되며, 복습할 때 핵심문제까지 풀어본다면 각종 시험에 충분히 대비할 수 있으리라 생각된다(♣표시가 된 문제들은 약간 난이도가 높은 문제이며, 풀지 않고 넘어가더라도 별 문제가 없을 것으로 판단된다).

이 책을 집필하는 과정에서 중점을 둔 사항은 다음과 같다.

첫째, 여러 교과서들에 수록되어 있는 다양한 이론 중에서 시험문제와 연결될 수 있는 핵심적인 사항은 거의 대부분 이론정리부분에 수록함으로써 이 책 한 권만으로도 이론정리가 가능하도록 하였다.

둘째, 이론정리 부분에서는 도표, 그래프 등을 이용하여 가능하면 체계적이고 일목요연하게 이론을 정리함으로써 수험생들이 단기간에 전반적인 내용학습이 가능하도록 하였다.

Public Finance | 재정학

셋째, 과거에 가끔씩 출제되었던 너무 지엽적이거나 단순암기식의 문제들은 거의 대부분 배제하고 다양하고 참신한 유형의 문제들을 다수 수록하여 수험생들이 어떤 문제에 접하더라도 해결할 수 있는 능력배양이 가능하도록 하였다.

넷째, 해설을 충실히 함으로써 문제를 풀어보는 과정에서 이론에 대한 명확한 이해가 가능하도록 하였다. 일부 문제에서는 해설이 너무 길거나, 이론부분에서 다룬 내용과 중복되는 부분이 있기는 하지만 해설을 차분히 읽는다면 내용학습에 커다란 도움이 될 것이다.

다섯째, 편집에 있어서도 그림과 내용설명, 문제와 해설은 모두 동일한 페이지에 배치함으로써 수험생들이 앞장과 뒷장을 번갈아 보는 불편함이 최소화되도록 배려하였다.

책의 집필과정에서 많은 분들이 직·간접적으로 도움을 주셨다. 우선 늘 옆에서 지켜봐 주시고 격려해 주신 KDI의 이덕훈 박사님, 덕성여대 권순원 교수님, 그리고 강릉대학교 황원규 교수님께 감사드린다. 책의 내용집필과정에서는 KDI의 유재균, 박홍규, 오영주씨, 그리고 보건사회연구원의 석재은 씨 등 여러분들의 도움을 받았다.

전반적인 내용검토는 물론 문제배열, 교정 등의 모든 과정에서 예비사무관인 이정수 씨와 올해로 수험생활을 마무리할 예정인 이황형, 박광미, 심혜정씨의 도움이 절대적이었다.

책을 집필하는 동안 물심양면으로 지원을 아끼지 않으신 도서출판 홍의 손경복 사장님, 김형수 상무님 그리고 수많은 그래프와 도표 등으로 인한 편집상의 어려움과 계속되는 수정에도 불구하고 최선을 다해 주신 김수련, 김은진, 김명회씨를 비롯한 도서출판 홍의 모든 임직원께 감사를 드린다.

사랑하는 은경, 세영, 재준이와 부모님들께 이 책을 바친다.

무엇보다도 저자의 간절한 소망은 이 한 권의 책이 수험생 여러분의 수험기간 단축에 조금이나마 기여할 수 있게 되는 것이다.

2000년 2월
정병열

Contents

Public
Finance | 재정학

Contents

Part
03 공공지출이론

01

재정학의 개요

Public Finance

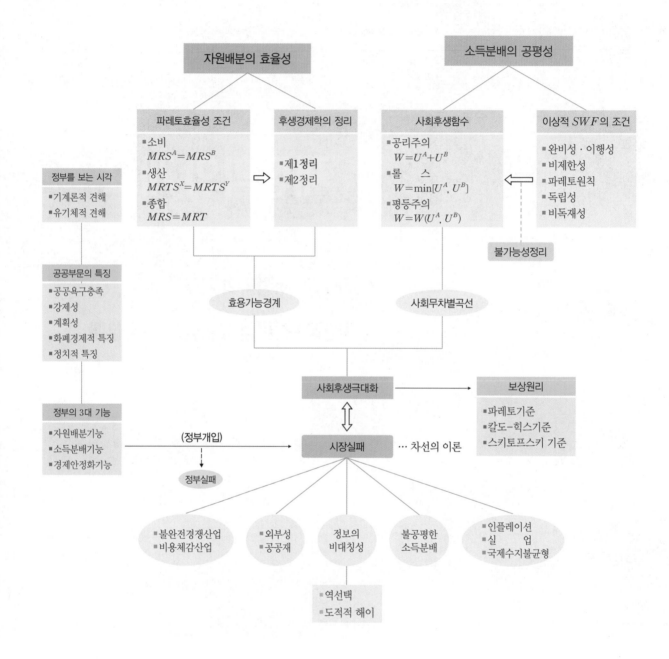

Public Finance

01 재정학의 기초

Point

이 장에서는 본격적으로 재정학의 내용을 학습하기에 앞서 재정학의 개념 및 앞으로 다루게 될 내용을 개략적으로 알아보고, 민간부문과 공공부문의 차이점을 살펴본다. 그리고 재정학의 주요연구의 대상이 되는 공공부문의 특징과 운영원리를 소개하기로 한다. 마지막으로 재정사조의 흐름도 간략하게 살펴보기로 하자.

I 재정학의 개념 및 주요내용

1. 재정과 재정학

① 재정이란 정부 및 공공기관 등 공공부문이 그 기능을 수행하기 위하여 필요한 재원을 조달하고 지출하는 일련의 과정을 말한다.

② 재정학은 경제학적인 시각에서 이러한 과정을 연구하는 학문분야로 다음과 같이 정의할 수 있다.

> 재정학(public finance)이란 공공부문의 경제적 기능과 역할을 체계적으로 연구·분석하는 경제학의 한 분야이다.

③ 재정학에서는 정부의 재정활동이 실제로 경제에 미치는 영향뿐만 아니라 정부정책이 어떤 방향으로 이루어져야 하는지에 대해서도 연구한다.

④ 재정학에서 다루는 내용은 광범위하나 거의 대부분 다음의 네 가지의 질문과 관련되어 있다.

- ■ 정부는 어떤 경우에 시장에 개입하는가?
- ■ 정부의 시장개입에는 어떤 수단이 사용되는가?
- ■ 정부의 개입이 경제의 성과에 미치는 영향은 무엇인가?
- ■ 정부는 왜 특정한 개입수단을 사용하는가?

2. 주요내용

① 전통적으로 재정학에서는 어떤 조세가 바람직하며 이를 통해 조달한 재원이 어떠한 방식으로 지출하는지에 대해 주로 다루었다.

② 현대에 와서는 조세제도나 예산제도의 특성보다 구체적으로 조세나 정부지출이 경제에 미치는 영향을 체계적으로 분석하는 것에 초점을 맞추고 있다.

③ 우선 정부지출 측면에서는 공공재의 최적공급과 공공선택이 이루어지는 과정, 그리고 정치과정에 참가하는 주요 참가자들의 행동에 대해 분석한다.

④ 조세수입 측면에서는 조세부과가 경제에 어떤 영향을 미치며 그 부담을 누가 지는지 그리고 조세가 경제주체의 행동에 미치는 영향을 분석한다.

⑤ 최근에는 소득재분배를 위한 정부의 정책, 공적연금, 공기업의 공공요금, 국채의 경제적 효과, 지방재정 등도 재정학의 분석대상에 포함되어 연구범위가 크게 확대되었다.

⑥ 이에 따라 최근에는 많은 학자들이 '재정학'보다는 '공공경제학'이란 용어를 사용하고 있다.

3. 분석방법

① 미시경제학에서는 경제를 구성하는 세 가지 경제주체 중 가계와 기업의 최적화행위에 대해 주로 분석한다.

② 이에 비해 재정학에서는 정부의 경제행위가 어떤 과정을 거쳐서 나오게 되며, 정부의 행동이 자원배분에 미치는 영향에 대해 다룬다.

③ 과거에는 거시적 측면에서 재정의 역할이 부각된 적이 있었으나 최근에는 미시적인 측면에서 정부의 행위가 주요관심사이다.

④ 이에 따라 재정학에서는 정부를 포함한 공공부문의 경제활동이 자원배분에 미치는 영향에 대한 미시경제학적인 분석이 대부분을 차지하고 있다.

Ⅱ 공공부문의 특징 및 기능

1. 공공부문의 특징

(1) 공공욕구의 충족

① 민간부문의 활동은 효용극대화 · 이윤극대화 등 개별적인 욕구충족을 그 목표로 하고 있으나 재정은 공공욕구(public wants)의 충족을 목표로 하고 있다.

② 공공욕구는 시장기구를 통해 충족할 수 없거나 공동으로 충족하는 것이 보다 효과적으로 이루어질 수 있는 것으로 국방 · 치안 · 의료 · 교육 등이 이에 해당한다.

③ 사회가 발전함에 따라 공공욕구의 내용과 범위는 지속적으로 확대되어 왔다.

(2) 강제성

① 민간부문의 경제활동은 자발적인 교환원리에 따라 운영되지만 공공부문은 필요한 재화나 서비스를 강제로 획득 · 사용한다.

② 그러나 강제적 수단은 무한대로 사용할 수 있는 것이 아니라 각종 법규에 의하여 규제되고 있다.

③ 강제성의 원리를 보여주는 대표적인 예로는 강제적 조세징수를 들 수 있다.

(3) 계획성

① 민간의 경제활동은 상황의 변화에 따라 신축적으로 조정될 수 있으나 공공부문의 경제활동은 원칙적으로 미리 결정된 계획에 의하여 운영된다.

② 예를 들면, 정부의 경제활동은 국회의 심의를 거쳐 결정된 확정적인 계획인 예산에 의거하여 운영된다.

③ 예산은 공공부문 경제활동에 기준이 되며, 공공부문 활동을 구속하는 기능을 수행한다.

(4) 화폐경제적 특징

① 정부의 재정수입과 지출은 거의 대부분 화폐를 통하여 이루어지므로 재정활동도 화폐의 흐름을 수반하는 거래라는 특징을 갖고 있다.

② 화폐를 통해 이루어지는 정부의 재정활동은 통화량과 이자율의 변동을 초래하므로 금융시장에 직접적인 영향을 미친다.

③ 재정활동에 따른 이자율과 유동성의 변화는 민간의 투자와 소비, 더 나아가서는 환율의 변화를 통해 수출과 수입 등에 영향을 주게 된다.

(5) 정치적 측면

① 민간부문의 경제활동은 가격기구를 통하여 순수하게 경제적 측면에 의하여 이루어지나 공공부문의 활동은 경제적 측면뿐만 아니라 정치적 측면에 의해서도 영향을 받는다.

② 즉, 정부의 재정규모와 세입·세출의 배분 등은 경제적인 측면에 의하여 결정되지만 예산의 편성·집행과정에서는 비시장적인 의사결정이 큰 영향을 미친다.

③ 그러므로 공공부문의 활동은 경제적 측면과 정치적 측면이 모두 반영된 결과로 볼 수 있다.

▶ **민간경제와 공공경제의 특징**

	민간경제	공공경제
주체	가계·기업	정부(공공부문)
목표	개별적인 욕구의 충족	공공욕구의 충족
수단	자발적 교환	강제적인 집행
의사결정	경제적 측면만 고려	경제적 측면과 정치적 측면을 동시에 고려
보상관계	개별적 보상	일반적 보상
회계원칙	수입을 근거로 지출을 결정(量入制出)	지출을 근거로 수입을 결정(量出制入)
수지관계	잉여원칙	수지균형원칙
계획여부	무계획·유연한 계획성	엄격한 계획성
생산물의 성질	배제성·경합성	비배제성·비경합성

2. 정부를 보는 기본시각

⑴ 개요

① 정부가 경제영역에서 어느 정도의 역할을 수행해야 하는지에 대해서는 개인과 정부의 관계를 어떻게 보는지에 따라 달라진다.

② 정부를 보는 대표적인 관점은 유기체적 견해와 기계론적 견해의 두 가지로 나뉜다.

⑵ 유기체적 견해

1) 개념

① 유기체적 견해(organic view)란 국가를 자연발생적인 유기체로 보는 견해이다.

② 이 견해에 따르면 각 개인은 유기체의 한 부분을 구성하며, 정부는 유기체의 심장으로 간주된다.

2) 정부와 사회구성원의 관계

① 이 견해에 의하면 사회전체는 개인에 우선하므로 개인은 공동체의 일부로서만 존재의의를 가질 수 있으며, 사회가 지향하는 목표는 정부에 의하여 설정된다.

② 개인은 유기체의 일부로서만 그 의미를 갖기 때문에 국가(정부)가 설정한 목표에 순응해야 하며 사익보다는 공익이 선행한다는 전체주의적 사상에 입각하고 있다.

3) 한계

유기체적 견해에서는 정부가 그 사회가 지향해야 할 목표를 선정할 것으로 보고 있으나 구체적으로 어떤 것이 목표가 되어야 하는지를 명확히 설명하지 못하고 있다.

⑶ 기계론적 견해

1) 개념

① 기계론적 견해(mechanistic view)란 국가를 단순한 개인들의 집합체로 보는 견해이다.

② 이 견해에 따르면 정부는 개인들이 원하는 목표를 쉽게 달성하기 위하여 고안된 도구에 불과하다.

2) 정부와 사회구성원의 관계

① 이 견해에 의하면 정부는 개인들의 목적을 달성하기 위하여 고안된 장치에 불과하므로 정부가 독립적인 목표를 가질 수는 없다.

② 정부는 국민의 이익을 위해 존재하므로 개인이 정부보다 우선시되어야 한다는 개인주의적 사상에 입각하고 있다.

3) 한계

어떤 것이 개인의 이익이며, 정부가 어떤 방법으로 그 이익을 증진하여야 하는지 또한 그 과정에서 정부가 어느 정도 적극적인 역할을 해야 되는지에 대해서는 명확히 설명하지 못하고 있다.

(4) 종합

① 현대사회에서는 대부분 개인이 정부보다 중요하다는 기계론적 견해가 받아들여지고 있다.

② 개인주의가 우위를 점하고 있는 사회에서도 예외적인 상황에서는 개인이 국가를 위해 희생할 수 있다는 점도 인정되고 있다.

③ 즉, 대부분의 사회에서는 기계론적 견해가 우위를 차지하고 있으나 일부 유기체적 견해도 받아들여지고 있다.

④ 그러므로 경제영역에서도 정부가 어느 정도 적극적인 역할을 해야 하는지에 대해서는 학자들의 견해가 서로 상이하다.

3. 정부의 3대 기능 … R. A. Musgrave

(1) 자원배분기능

① 독과점 · 외부성 등이 존재하면 시장의 가격기구를 통해 효율적인 자원배분이 이루어지기 어려우며, 공공재는 아예 시장기구를 통해서는 공급이 이루어질 수 없다.

② 시장실패가 발생하는 경우 정부는 조세와 보조금을 통해 자원배분에 개입하거나 공공재를 직접 생산 · 공급함으로써 자원배분의 효율성을 제고하는 기능을 수행한다.

③ 자원배분기능을 수행하는 과정에서 정부는 조세를 통해 민간으로부터 재원을 조달하여 공공재를 공급하게 되는데 그 과정에서 소득재분배가 발생할 수 있다.

④ 그러므로 자원배분기능과 소득분배기능은 서로 유기적인 관계를 갖는 경우가 많다.

(2) 소득분배기능

① 시장경제체제하에서는 각자가 소유한 생산요소의 양과 그 생산요소에 대한 시장의 평가에 의하여 소득분배가 결정된다.

② 그 이외에도 개인의 능력, 상속재산의 차이, 교육기회 등 여러 가지 요인에 의해 소득분배가 결정되므로 현실의 소득분배는 상당히 불공평한 것이 일반적이다.

③ 어떠한 분배상태가 바람직한지에 대해서는 학자들 사이에 견해차이가 있으나 현대사회에서 정부는 누진세, 사회보장제도 등의 수단을 통해 소득분배 측면에서도 적극적인 역할을 수행하고 있다.

(3) 경제안정화기능

① 시장경제체제에서 공통적으로 발생하는 주기적인 경기변동은 인플레이션, 실업 등 경제에 여러 가지 문제를 유발한다.

② 이에 따라 거시경제적인 측면에서 물가안정과 완전고용을 유지하는 것이 정부의 중요한 책무의 하나가 되고 있다.

③ 1930년대 대공황이 발생함에 따라 이를 극복하기 위한 케인즈의 이론이 등장하면서 경제안정화 기능의 중요성이 크게 부각되었다.

④ 각국 정부는 경제안정화를 위하여 재정·금융정책 등 여러 가지 정책수단을 통하여 완전 고용, 물가안정, 국제수지균형을 유지하기 위해 노력하고 있다.

　　❍ 최근에 와서 경제안정화기능은 주로 거시경제학에서 다루며, 재정학에서는 주로 자원배분기능과 소득분배기능에 대해서만 다루는 것이 일반적이다.

Ⅲ 재정이론의 역사적 흐름

1. 중상주의

① 16~18세기에 들어 봉건주의가 붕괴되고 민족국가가 등장하는 한편 상업자본이 형성되고 화폐경제가 확립되면서 중상주의 시대가 도래하였다.

② 이 시기에 각국은 부국강병의 기치 아래 국내에서 상업자본을 형성하고 이들의 국외진출을 강력히 추진함에 따라 정부의 재정지출이 급격히 증가하였다.

③ 이에 따라 종래의 수입원만으로는 재정지출을 충당하기 어렵게 되어 각종 물품세 등 간접세를 부과하기 시작하였는데 점차 조세수입이 재원조달수단으로 중요시되었다.

④ 이 시기의 재정론은 부국강병론의 일부로 간주되었는데 조세부과의 정당성 문제, 조세수입원천의 성격규명 등 주로 조세수입과 관련된 논의가 대부분을 차지하였다.

2. 고전학파

(1) 아담 스미스(A. Smith)

① 중상주의 시절에도 재정에 관한 논의가 있었으나 근대적 의미에서의 재정학의 토대는 아담 스미스(A. Smith)에 이르러 확립되었다.

② 아담 스미스는 시장경제체제하에서는 '보이지 않는 손(invisible hand)'인 가격기구에 의하여 효율적인 자원배분이 가능하므로 정부의 역할은 치안·국방 등 최소한에 머무는 것이 바람직하다는 '값싼 정부(cheap government)'를 주장하였다.

③ 그에 따르면 기본적으로 국가의 경비지출은 비생산적이므로 가능하면 작은 정부가 바람직하고, 공채발행을 통한 재정적자는 민간자본을 침식하므로 균형재정이 유지되어야 한다.

④ 그리고 조세는 국민경제의 생산성 저하를 초래하므로 과세의 중립성을 유지할 것을 주장하였다.

⑤ 아담 스미스는 이상적인 조세가 갖추어야 할 원칙을 제시하였는데 그 이후 가장 많은 논의의 대상이 되어온 것 중의 하나가 바람직한 조세제도의 성격에 관한 것이다.

(2) 밀(J. S. Mill)

① 19세기 중엽에 이르러 자본주의가 성숙 · 발전과 함께 독과점, 경기침체, 빈부격차 등 자본주의의 문제점이 노출됨에 따라 밀(J. S. Mill) 등은 시장실패를 치유하기 위한 정부의 역할을 주장하였다.

② 밀은 아담 스미스보다 경비의 생산성에 관대하여 정부지출 중 일부에 대해서는 경비의 생산성을 인정하였으며, 소득분배 불평등 시정을 위한 누진과세를 지지하였다.

③ 그리고 조세를 국가로부터 얻는 편익의 대가로 해석하는 고전학파의 편익원칙(이익설)에서 탈피하여 공평성의 관점에서 균등희생원칙(희생설)을 제시하였다.

3. 바그너(A. Wagner) ⋯ 사회정책적 재정론

① 19세기 후반에 들어와서 소득불평등 등 여러 가지 문제가 노정되면서 각국의 사회정책적인 경비지출과 대외팽창정책에 따른 군사비의 지출이 증가하였다.

② 바그너는 정치 · 경제 · 사회의 보다 포괄적인 시각에서 독자적인 재정학설을 구축하였다.

③ 바그너는 국가를 인간생활의 발전에 따라 필연적으로 형성되는 유기체로 파악하는 유기체적 국가관을 견지하였으며, 조세는 유기체의 일부인 국민이 납부해야 하는 당연한 의무로 인식했다.

④ 그는 조세부과에 있어서도 사회정책적 측면을 중요시하여 조세의 재원조달기능뿐만 아니라 소득재분배 기능 등 사회정책적 측면을 강조하였다.

⑤ 그리고 바그너는 경비의 생산성을 폭넓게 인정하였는데 근대로 들어와 국가의 활동영역이 넓어지고 그 기능이 양적 · 질적으로 다양화되면서 점차 재정규모가 커지는 '경비팽창의 법칙'을 제시했다.

4. 빅셀(K. Wicksell), 린달(E. Lindahl), 파레토(V. Pareto)

① 전통적인 재정사조에서는 주로 정부의 조세수입 측면만 강조되고, 정부지출 측면은 거의 무시되어 왔다.

② 북구학파의 빅셀, 린달, 이탈리아학파의 파레토 등은 공공재의 최적공급 등에 관한 이론을 제시하였을 뿐만 아니라, 집단적인 의사결정과정을 논의하는 공공선택이론의 기반을 제시하였다.

③ 이에 따라 조세수입뿐만 아니라 공공지출 측면으로 재정학의 연구영역이 크게 확대되었다.

5. 현대의 재정학설

(1) 1930년대

① 1930년대에 들어와 자본주의 경제가 대공황에 돌입하면서 경제의 안정적 성장기능의 중요성이 부각되었다.

② 케인즈(J. M. Keynes)의 「일반이론」 이후 소위 케인즈혁명(Keynesian Revolution)을 맞게 되면서 거시적 측면에서 경제안정을 위한 연구가 재정학의 주요 주제로 등장하였다.

③ 고전학파 이래 고수되어 왔던 균형재정의 기본방침을 탈피하여 적극적인 재정정책의 필요성이 인식되었다.

(2) 1940년대

① 1940년대에 들어와서 소득의 적절한 정의, 지불능력의 측정에 관한 논의가 본격적으로 시작되었다(H. C. Simons)

② 이에 따라 소득세와 관련한 여러 문제들이 재정학의 주요 관심사로 대두되었다.

(3) 1950년대

① 케인즈혁명 이후 재정학의 주류가 미시적 자원배분 문제에서 거시적인 경제안정으로 이동하였으나 50년대에 들어와 애로우-드브루(K. Arrow & J. Debreu)의 일반균형이론이 등장하면서 다시 전통적인 미시적 자원배분문제로 재정학의 관심이 전환되었다.

② 50년대 중반에 발표된 사무엘슨(P. Samuelson)의 논문 이후 공공재에 대한 인식이 명확히 이루어졌으며 재정학의 기틀이 마련되었다.

③ 1950년대 말에 머스그레이브(R. Musgrave)에 의해 「재정학이론(The Theory of Public Finance)」이 출간되었는데 1970년대까지 재정학의 대표적인 교과서로 자리를 잡게 된다.

(4) 1960년대 이후

① 1960년대에는 공공정책을 결정하고 집행하는 과정 및 그 과정에서 관료와 정치가의 행태, 정책결정 과정에서의 투표제도 등이 관심사가 되면서 공공선택이론이 대두되었다.

② 1970년대에는 멀리즈(J. A. Mirrlees) 등에 의하여 최적조세이론이 대두되어 최적조세에 대한 이론적 연구와 그에 대한 실증분석이 이루어졌다.

③ 1980년대 이후에는 일반균형이론을 조세귀착에 적극적으로 활용되기 시작하였고, 게임이론을 재정학의 여러 분야에 적용하려는 시도도 확산되었다.

Public Finance

02 경제적 효율성과 시장실패

Point

어떤 사회상태가 바람직한지를 평가하는 기준으로는 자원배분의 효율성과 소득분배의 공평성이 가장 폭넓게 사용된다. 이 장에서는 자원배분의 효율성을 평가하는 기준으로 사용되는 파레토 효율성과 소득분배 공평성에 대한 가치판단을 내포하고 있는 사회후생함수에 대해 살펴보고, 후생경제학의 제1정리와 제2정리에 대해 논의한다. 그리고 나서 사회상태를 비교평가하는 기준인 보상원리와 정부의 시장개입의 근거가 되는 시장실패 요인들을 개괄적으로 살펴본다. 이 장에서 다루는 내용은 모두 재정학의 논의에서 필수적인 개념이므로 잘 학습해 둘 필요가 있다.

I 파레토 효율성의 개념

1. 개요

(1) 경제상태의 평가기준

① 희소한 자원을 합리적으로 배분하기 위해서는 경제상태를 평가할 수 있는 기준이 필요하다.

② 어떤 경제상태가 바람직한지의 여부를 평가하거나 복수의 경제상태를 비교하는 기준으로는 자원배분의 '효율성'과 소득분배의 '공평성'이 주로 이용된다.

③ 비록 자원배분이 효율적이라고 하더라도 소득분배가 매우 불공평하다면 사회적으로 볼 때 바람직스럽지 못하므로 양자의 적절한 조화가 필요하다.

> 경제상태의 평가기준 ┌ 효율성 … 파레토효율성을 통하여 평가
>   └ 공평성 … 사회후생함수에서 고려

(2) 효율성

① 효율성(efficiency)이란 최소의 비용으로 최대의 효과를 얻는 것을 의미한다.

② 효율성의 평가기준으로는 일반적으로 파레토효율성 개념이 사용된다.

(3) 공평성

① 자원배분이 효율적이라고 하더라도 소득분배의 불평등이 너무 심하면 바람직하지 못한 결과가 초래되므로 공평성에 대한 고려가 필요하다.

② 공평성(equity)은 가치판단을 내포하고 있는 개념으로 사람마다 공평성에 대한 견해가 다를 수 있으므로 모든 사람이 동의하는 객관적인 공평성 기준을 찾는 것은 거의 불가능하다.

③ 소득분배의 공평성은 일반적으로 사회후생함수(사회무차별곡선)에서 고려된다.

2. 파레토효율성의 기본개념

(1) 실현가능배분

① 배분(allocation)이란 경제내의 부존자원이 구성원에게 나누어져 있는 상태를 의미한다.

② 한편, 실현가능배분(feasible allocation)이란 어떤 배분상태가 경제내의 부존자원을 초과하지 않을 때의 배분을 말한다.

③ 예를 들어, 2명의 개인(A, B)과 2가지 재화(X, Y)가 존재한다면 실현가능배분은 다음의 조건을 충족할 때이다.

$$\left(\begin{array}{c}\text{개인 } A\text{에게}\\\text{배분된 } X\text{재 수량}\end{array}\right)+\left(\begin{array}{c}\text{개인 } B\text{에게}\\\text{배분된 } X\text{재 수량}\end{array}\right)\leq\left(\begin{array}{c}\text{경제전체의}\\X\text{재 부존량}\end{array}\right)$$

$$\left(\begin{array}{c}\text{개인 } A\text{에게}\\\text{배분된 } Y\text{재 수량}\end{array}\right)+\left(\begin{array}{c}\text{개인 } B\text{에게}\\\text{배분된 } Y\text{재 수량}\end{array}\right)\leq\left(\begin{array}{c}\text{경제전체의}\\Y\text{재 부존량}\end{array}\right)$$

(2) 파레토우위 · 파레토열위

① 두 배분상태 α와 β가 주어져 있을 때 배분상태 α에서 모든 구성원의 효용이 β에서보다 최소한 같거나 클 때 α는 β에 대해 파레토우위(Pareto superior)에 있다고 한다.

② 반대로 β는 α에 대해 파레토열위(Pareto inferior)에 있다고 한다.

(3) 파레토개선

① 파레토개선(Pareto improvement)이란 한 배분상태에서 다른 배분상태로 이동할 때 구성원 누구의 후생도 감소하지 않으면서 최소한 1명 이상의 후생이 증가하는 경우를 의미한다.

② 즉, 파레토열위인 배분상태에서 파레토우위인 배분상태로의 이동을 파레토개선이라고 한다.

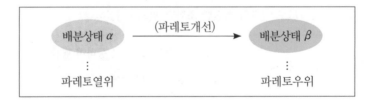

(4) 파레토효율성

① 파레토효율성(Pareto efficiency)이란 더 이상 파레토개선이 불가능한 상태를 의미한다.

② 즉, 파레토효율적 배분상태란 자원배분이 가장 효율적인 상태로, 개인 A의 효용을 감소시키지 않고는 개인 B의 효용을 증가시킬 수 없는 상태를 말한다.

③ 파레토효율성 개념이 중요성을 갖는 것은 이 개념이 자원배분상태를 평가하는 규범적인 기준이 되기 때문이다.

④ 경제전체적으로 볼 때 자원배분이 효율적으로 이루어지기 위해서는 ⅰ) 소비, ⅱ) 생산, 그리고 ⅲ) (소비와 생산의) 종합적 파레토효율성이 달성되어야 한다.

Ⅱ 파레토효율성의 조건

1. 교환(소비)에 있어서의 파레토효율성 … 생산물의 최적배분

(1) 개념

교환의 파레토효율성이란 한 개인의 후생을 감소시키지 않고서는 다른 개인의 후생을 증가시킬 수 없는 상태를 의미한다.

(2) 설명

1) 최초의 배분점

① 경제전체의 X재와 Y재의 부존량이 $(X, Y)=(100, 70)$으로 주어져 있다면 **그림2-1**과 같은 하나의 에지워스상자가 결정된다.

② 최초배분점이 E점이라면 개인 A가 갖고 있는 X재와 Y재의 양은 $(20, 50)$, 개인 B가 갖고 있는 두 재화의 양은 각각 $(80, 20)$이고, 두 사람의 효용수준은 각각 I_0^A, I_0^B이다.

③ E점에서 개인 A의 무차별곡선 접선의 기울기가 개인 B의 무차별곡선 접선의 기울기보다 크다.

$$\rightarrow \quad MRS_{XY}^A > MRS_{XY}^B$$

④ 한계대체율은 소비자의 두 재화간의 주관적인 교환비율이므로 한계대체율이 서로 다르다는 것은 두 사람간에 교환의 여지가 있음을 의미한다.

그림 2-1   교환(소비)에 있어서의 에지워스상자

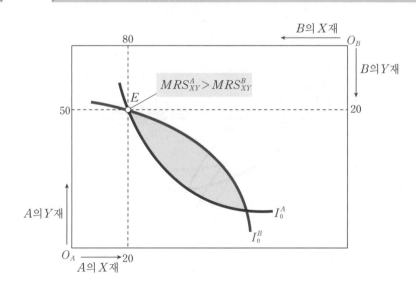

최초의 배분점이 E점으로 주어져 있다면 이는 개인 A가 X재와 Y재를 각각 $(20, 50)$만큼 소비하고, 개인 B는 X재와 Y재를 $(80, 20)$만큼 소비함을 의미한다. 이때 각 개인의 효용수준은 E점을 지나는 개인 A와 B의 무차별곡선을 그려보면 알 수 있다.

⑤ 위 그림에서 개인 A와 B의 무차별곡선 사이에 있는 볼록렌즈처럼 생긴 부분은 E점보다 두 사람을 더 나은 상태에 있게 해줄 수 있는 배분점을 나타내는 영역이다.

2) 파레토효율성조건

① E점에서 출발하여 볼록렌즈처럼 생긴 영역 내부의 한 점으로 이동하면 두 사람의 효용이 모두 증가하거나 최소한 한 사람의 효용은 증가한다.

② 예를 들어, E점에서 F점으로 이동하면 두 사람의 효용이 모두 증가하므로 파레토 개선이 이루어지지만, F점에서도 두 사람의 한계대체율이 일치하지 않으므로 여전히 파레토개선의 여지가 있다.

③ F점에서 또다시 두 사람 사이에 교환이 이루어져 G점으로 이동한다면 개인 A의 효용은 감소하지 않고, 개인 B의 효용이 증가하므로 또다시 파레토개선이 이루어진다.

④ G점에서는 두 사람의 무차별곡선이 서로 접하므로 한계대체율이 일치하는데, 한계대체율이 동일하다는 말은 두 재화간의 주관적인 교환비율이 동일하다는 의미이다.

⑤ 이와 같이 두 사람의 무차별곡선이 서로 접하는 경우에는 다른 어떤 점으로 이동하더라도 최소한 한 명의 효용을 감소시키지 않고는 다른 개인의 효용을 증가시키는 것이 불가능하므로 G점은 자원의 효율적인 배분이 이루어지는 점이다.

⑥ 두 사람의 무차별곡선이 접하는 점에서는 교환에 있어서의 파레토효율성이 달성되므로 파레토효율성조건은 다음과 같이 나타낼 수 있다.

→ 교환(소비)의 파레토효율성조건 : $\boxed{MRS^A_{XY} = MRS^B_{XY}}$

그림 2-2 **파레토효율성조건**

두 사람의 무차별곡선이 접하는 점에서 교환에 있어서의 파레토효율성이 달성된다.

■ 파레토효율성조건
$MRS^A_{XY} = MRS^B_{XY}$

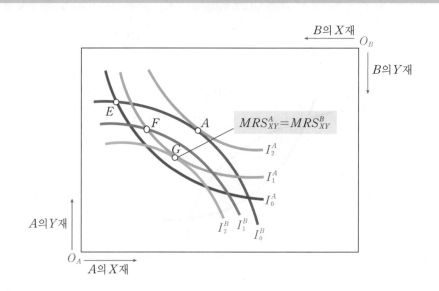

3) 추가적인 설명

① E점에서 A점으로 이동하더라도 마찬가지로 파레토효율성조건 $MRS^A_{XY} = MRS^B_{XY}$가 달성되므로 G점이 파레토효율성조건이 충족되는 유일한 점인 것은 아니다.

② G점과 A점은 모두 파레토효율적인 점이지만 개인 A는 G점보다 A점에서의 효용이 더 높으므로 A점을 더 선호하는데 비해, 개인 B는 A점보다는 G점을 더 선호한다.

③ 두 사람 간의 교환을 통해 도달하는 최종 배분점이 어떤 점이 될 것인지는 두 사람의 협상력에 의해 달라지므로 사전에 알 수는 없다.

④ 만약 모든 협상력을 개인 A가 갖고 있다면 개인 A의 효용만 증가할 것이므로 최종적으로 도달하는 점은 A점이 된다.

⑤ 그러나 두 사람이 모두 어느 정도 협상력을 갖고 있다면 최종적으로 도달하는 점은 볼록렌즈처럼 생긴 영역 내부의 어떤 점이 될 것이다.

참고 / **에지워스상자 내에서의 이동**

① 배분점이 E점으로 주어져 있다면 개인 A가 X재 20단위와 Y재 50단위를 갖고 있고, 개인 B가 X재 80단위와 Y재 20단위를 갖고 있는 상태이다.

② 이제 배분점이 E점에서 우하방에 있는 F점으로 이동하면 개인 A가 Y재 10단위를 포기하고, X재 10단위를 더 얻는다는 것을 의미한다.

③ 한편, E점에서 F점으로 이동하면 개인 B는 X재 10단위를 포기하고, Y재 10단위를 더 얻게 된다.

④ 그러므로 배분점이 E점에서 F점으로 이동하였다는 것은 개인 A와 B 사이에 교환이 이루어졌음을 의미한다.

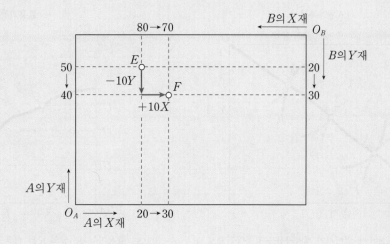

(3) 계약곡선과 효용가능곡선

① 최초에 비효율적인 배분상태에서 출발하여 서로 교환을 통해 효율적인 배분상태에 도달할 수 있음을 위에서 살펴보았다.

② 두 사람이 교환을 통해 도달할 수 있는 효율적인 배분점들은 두 사람의 무차별곡선이 접하는 점들이다.

③ 교환(소비)에 있어서 파레토효율성이 달성되는 두 사람의 무차별곡선이 서로 접하는 점은 무수히 존재하는데, 아래 그림에서와 같이 두 사람의 무차별곡선이 접하는 점들을 모두 찾아서 연결한 선을 계약곡선(contract curve)이라고 한다.

④ 계약곡선상의 모든 점에서는 두 사람의 무차별곡선이 접하므로 교환에 있어서의 파레토효율성조건인 $MRS_{XY}^{A} = MRS_{XY}^{B}$가 성립한다.

⑤ 계약곡선상의 a점에서 b, c점으로 이동하면 점차 개인 A의 효용은 증가하고 개인 B의 효용은 감소한다.

$$a점 \rightarrow b점 \rightarrow c점 \rightarrow \cdots \begin{cases} A의 \ 효용(U^A) \uparrow \\ B의 \ 효용(U^B) \downarrow \end{cases}$$

⑥ 그러므로 재화공간의 계약곡선을 효용공간으로 옮기면 우하향하는 곡선이 그려지는데, 이를 효용가능곡선이라고 한다.

　❍ 계약곡선 상의 a점에서 b점으로 이동하면 개인 A의 효용이 증가하고 개인 B의 효용은 감소하나 무차별곡선은 효용을 서수적으로 나타내므로 두 사람의 효용변화분을 정확히 알아내기가 어렵다.
　　→ 효용가능곡선이 우하향의 형태인 것은 분명하나 효용가능곡선의 기울기는 알 수가 없다.

⑦ 효용가능곡선은 재화공간의 계약곡선을 효용공간으로 옮긴 것이므로 효용가능곡선상의 모든 점은 교환(소비)이 파레토효율적으로 이루어지는 점이다.

✎ 계약곡선상의 모든 점은 한 사람의 효용을 감소시키지 않고는 다른 사람의 효용을 증가시킬 수 없으므로 파레토효율적이다.

그림 2-3　계약곡선과 효용가능곡선

(a) 계약곡선

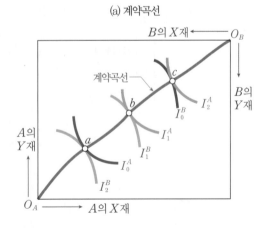

(b) 효용가능곡선

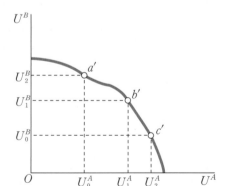

효용가능곡선은 교환(소비)에 있어서의 계약곡선을 효용공간으로 옮겨놓은 것으로, 효용가능곡선상의 모든 점은 교환(소비)이 파레토효율적으로 이루어지는 점이다.

예제 **Q**

순수교환경제에서 개인 A의 효용함수가 $U^A = X_A Y_A$, 개인 B의 효용함수가 $U^B = 4\sqrt{X_B Y_B}$이고, 개인 A의 초기부존은 (40, 10), 개인 B의 초기부존이 (10, 40)으로 주어져 있다고 하자. 1) 교환의 파레토효율성이 달성되는 계약곡선의 식을 구하면? 2) 모든 교환의 협상력을 개인 A가 갖고 있다면 교환 이후 개인 A의 효용은 얼마인가? 3) 모든 교환의 협상력을 개인 B가 갖고 있다면 교환 이후 개인 B는 X재와 Y재를 몇 단위 소비하겠는가?

풀이 **A**

1) 개인 A의 효용함수가 $U^A = X_A Y_A$, 개인 B의 효용함수가 $U^B = 4X_B^{\frac{1}{2}} Y_B^{\frac{1}{2}}$이므로 두 사람의 한계대체율을 구해보면 각각 다음과 같다.

$$\begin{cases} \text{개인 } A\text{의 한계대체율} : MRS_{XY}^A = \left(\frac{MU_X}{MU_Y}\right)^A = \frac{Y_A}{X_A} \\ \\ \text{개인 } B\text{의 한계대체율} : MRS_{XY}^B = \left(\frac{MU_X}{MU_Y}\right)^B = \frac{2X_B^{-\frac{1}{2}} Y_B^{\frac{1}{2}}}{2X_B^{\frac{1}{2}} Y_B^{-\frac{1}{2}}} = \frac{Y_B}{X_B} \end{cases}$$

위에서 보는 것처럼 두 사람의 한계대체율이 모두 $\left(\frac{Y}{X}\right)$로 동일하다. X재와 Y재의 부존량이 모두 50으로 동일하므로 개인 A의 소비묶음을 (X, Y)로 두면 개인 B의 소비묶음은 $(50-X, 50-Y)$이다. 이제 계약곡선식을 구하기 위해 $MRS_{XY}^A = MRS_{XY}^B$로 두면 $\frac{Y}{X} = \frac{50-Y}{50-X}$이므로 계약곡선식이 $Y = X$로 구해진다. 즉, 계약곡선이 대각선으로 도출된다.

2) $(X, Y) = (40, 10)$을 개인 A의 효용함수에 대입하면 $U^A = 400$이고, $(X, Y) = (10, 40)$을 개인 B의 효용 함수에 대입하면 $U^B = 80$이다. 즉, 최초 부존점에서 개인 A의 효용은 400, 개인 B의 효용은 80이다. 교환에 있어 모든 협상력을 개인 A가 갖는다면 교환에 따른 이득을 모두 개인 A가 가져갈 것이므로 최종적인 균형은 아래 그림의 F점이 될 것이다. F점에서는 개인 B의 효용은 최초의 부존점에서와 동일하므로 $4\sqrt{X_B Y_B} = 80$이 성립한다. 또한 F점은 계약곡선 상에 위치하므로 $Y = X$가 성립한다. $Y = X$일 때 개인 B의 한계대체율 $MRS_{XY}^B = \frac{Y_B}{X_B} = 1$이다.

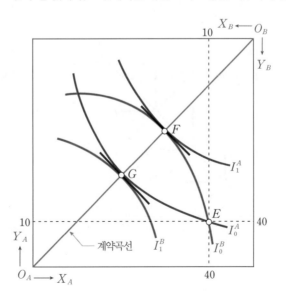

$\sqrt{X_B Y_B} = 20$과 $\frac{Y_B}{X_B} = 1$을 연립해서 풀면 $X_B = 20$, $Y_B = 20$으로 계산된다. F점에서 개인 B의 X재와 Y재 소비량이 모두 20이므로 개인 A의 X재와 Y재 소비량은 모두 30이다. 개인 A가 두 재화를 모두 30단위 소비하는 경우 개인 A의 효용 $U^A = 30 \times 30 = 900$이다.

3) 교환에 있어 모든 협상력을 개인 B가 갖는다면 교환에 따른 이득을 모두 개인 B가 가져갈 것이므로 최종적인 균형은 앞 페이지 그림의 G점이 될 것이다. G점에서는 개인 A의 효용은 최초부존점에서와 동일하므로 $X_A Y_A = 400$이 성립한다. 또한 G점은 계약곡선 상에 위치하므로 $Y = X$가 성립한다.

$Y = X$일 때 개인 A의 한계대체율 $MRS_{XY}^A = \dfrac{Y_A}{X_A} = 1$이다. $X_A Y_A = 400$과 $\dfrac{Y_A}{X_A} = 1$을 연립해서 풀면 $X_A = 20$, $Y_A = 20$으로 계산된다. F점에서 개인 A의 X재와 Y재 소비량이 모두 20이므로 개인 B의 X재와 Y재소비량은 모두 30이다. 개인 B가 두 재화를 모두 30단위 소비할 때 B의 효용 $U^B = 4\sqrt{30 \times 30} = 120$이다.

예제 $\mathbf{Q}$

두 사람으로 이루어진 교환경제에서 개인 A의 효용함수가 $U_A = \min[X_A,\ Y_A]$이고, 개인 B의 효용함수가 $U_B = X_B + Y_B$이다. 이 경제의 X재와 Y재의 부존량이 모두 20단위로 주어져 있다면 계약곡선(contract curve)과 효용가능곡선(utility possibility frontier)식은?

풀이 $\mathbf{A}$

개인 A의 효용함수가 $U_A = \min[X_A,\ Y_A]$이므로 개인 A는 X재와 Y재를 항상 $1 : 1$로 소비한다. 그러므로 개인 A의 무차별곡선은 원점을 통과하는 $45°$선 상에서 꺾어진 L자 형태이다. 한편, 개인 B의 효용함수가 $U_B = X_B + Y_B$이므로 개인 B의 무차별곡선은 기울기가 -1인 우하향의 직선이다.

경제의 X재와 Y재의 부존량이 모두 20이므로 에지워스상자는 아래 그림에서와 같이 정사각형이고, 두 사람의 무차별곡선은 항상 대각선에서 접하므로 계약곡선 식은 $Y = X$이다.

모든 재화를 개인 A가 소비하면 A의 효용이 20, B의 효용이 0이고, 모든 재화를 개인 B가 소비하면 A의 효용이 0, B의 효용이 40이다. 그런데 X재와 Y재 1단위씩을 개인 B로부터 개인 A에게로 이전하면 개인 B의 효용은 2만큼 감소하나 개인 A의 효용은 1만큼 증가하므로 효용가능곡선은 기울기(절댓값)가 2인 우하향의 직선으로 도출된다. 그러므로 효용가능곡선 식은 $U_B = 40 - 2U_A$이다.

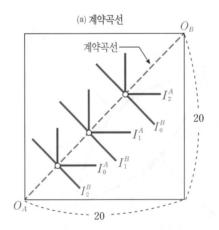

(a) 계약곡선

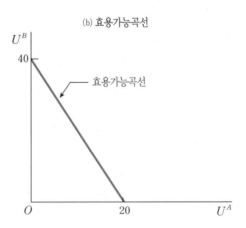

(b) 효용가능곡선

2. 생산에 있어서의 파레토효율성 … 생산요소의 최적배분

(1) 개념

생산의 파레토효율성이란 한 재화의 생산을 감소시키지 않고서는 다른 재화의 생산을 증가시킬 수 없는 상태를 의미한다.

(2) 설명

1) 최초의 배분점

① 경제전체의 노동과 자본의 부존량이 $(L,\ K)=(100,\ 70)$으로 주어져 있다면 아래 그림과 같은 하나의 에지워스상자가 결정된다.

② 최초의 요소배분점이 E점이라면 X재 생산에는 $(L,\ K)=(20,\ 50)$, Y재 생산에는 $(L,\ K)=(80,\ 20)$만큼이 투입되고 있으며, X는 Q_0^X만큼, Y재는 Q_0^Y만큼 생산되고 있는 상태이다.

③ E점에서는 X재 생산의 등량곡선 접선의 기울기가 Y재 생산의 등량곡선 접선의 기울기보다 더 크다. → $MRTS_{LK}^X > MRTS_{LK}^Y$

④ 이제 요소투입점이 볼록렌즈처럼 생긴 영역의 내부의 어떤 점으로 이동하면 두 재화 혹은 최소한 한 재화의 추가적인 생산이 가능하므로 파레토개선이 이루어진다.

그림 2-4　생산에 있어서의 에지워스상자

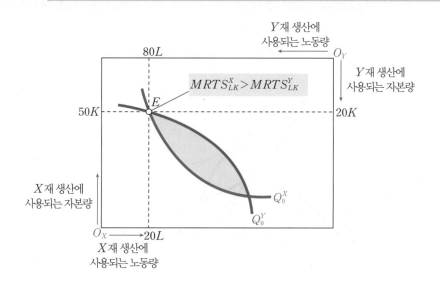

최초의 요소배분점이 E점으로 주어져 있다면 X재 생산에는 노동과 자본이 각각 $(20,\ 50)$, Y재 생산에는 $(80,\ 20)$만큼 투입됨을 의미한다. 이 때 X재 생산량은 Q_0^X, Y재 생산량은 Q_0^Y이다.

2) 파레토효율성조건

① 만약 요소투입점이 E점에서 F점으로 이동하면 X재 생산량은 불변인 상태에서 Y재 생산량이 증가하고, E점에서 G점으로 이동하면 Y재 생산량은 불변이고 X재 생산량이 증가하므로 파레토개선이 이루어진다.

② 이제 F점이나 G점에 도달하고 나면 두 재화 생산의 등량곡선이 서로 접하므로 더 이상 파레토개선이 불가능하다.

> ❷ 물론 여기서도 두 재화 생산의 등량곡선이 접하는 점은 F점과 G점만 있는 것은 아니다.

③ 즉, 두 재화생산의 등량곡선이 접하는 경우에는 더 이상 한 재화의 생산량을 감소시키지 않고는 다른 재화의 생산량을 증가시킬 수 없으므로 생산이 파레토효율적이다.

④ 두 재화 생산의 등량곡선이 접하는 점에서는 등량곡선 접선의 기울기인 한계기술대체율이 일정하므로 생산에 있어서의 파레토효율성조건은 다음과 같다.

→ 생산의 파레토효율성조건 : $\boxed{MRTS_{LK}^{X}=MRTS_{LK}^{Y}}$

(3) 계약곡선과 생산가능곡선(PPC)

1) 생산가능곡선의 도출

① 생산에 있어서의 파레토효율성조건이 성립하는 점, 즉 두 재화 생산의 등량곡선이 서로 접하는 점들은 무수히 존재한다.

② 이러한 점들을 연결하면 O_X와 O_Y를 잇는 곡선을 얻을 수 있는데, 이를 생산에 있어서의 계약곡선이라고 한다.

그림 2-5 **생산에 있어서의 계약곡선**

생산에 있어서의 계약곡선은 생산이 효율적으로 이루어지는 점들로 두 재화생산의 등량곡선이 접하는 점($MRTS_{LK}^{X}=MRTS_{LK}^{Y}$)들의 집합이다.

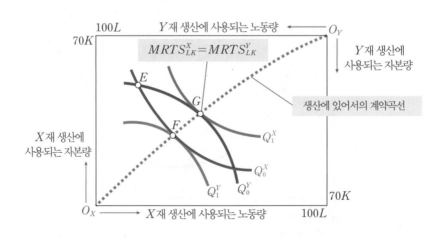

③ 계약곡선상의 모든 점에서는 두 재화 생산의 등량곡선이 서로 접하므로 $MRTS_{LK}^X = MRTS_{LK}^Y$ 가 성립한다.

④ 계약곡선상의 a점에서 b, c점으로 이동하면 점차 X재의 생산량은 증가하고 Y재의 생산량은 감소한다.

$$a점 \rightarrow b점 \rightarrow c점 \rightarrow \cdots \begin{cases} X재\ 생산 \uparrow \\ Y재\ 생산 \downarrow \end{cases}$$

⑤ 요소공간의 계약곡선을 재화공간으로 옮기면 우하향하고 원점에 대하여 오목한 생산가능곡선(production possibility curve)이 도출된다.

⑥ 생산가능곡선상의 점들은 계약곡선을 재화공간에 옮긴 것이므로 PPC상의 모든 점은 생산이 파레토효율적으로 이루어지는 점이다.

2) 한계변환율

① 한계변환율(Marginal Rate of Transformation ; MRT)이란 X재의 생산량을 1단위 증가시키기 위하여 감소시켜야 하는 Y재의 수량으로 다음과 같이 정의된다.

$$MRT_{XY} = -\frac{\Delta Y}{\Delta X} = \frac{MC_X}{MC_Y}$$

② 한계변환율은 생산가능곡선 접선의 기울기(절댓값)로 측정되며, X재 생산의 기회비용을 의미한다.

그림 2-6   계약곡선과 생산가능곡선

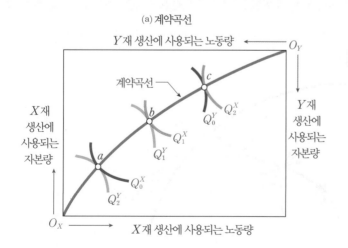

(a) 계약곡선

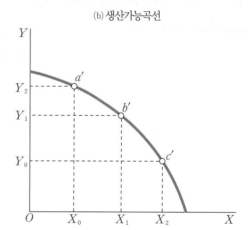

(b) 생산가능곡선

3. 종합적인 파레토효율성 ··· 산출물구성의 최적배분

(1) 개념

① 종합적인 파레토효율성이란 생산과 교환이 모두 파레토효율적으로 이루어지면서 생산점을 바꾸더라도 더 이상 소비자의 효용을 증가시키는 것이 불가능한 상태를 의미한다.

(2) 설명

① 생산가능곡선상의 한 점에서 재화의 생산이 이루어지고 있다면 생산의 파레토효율성이 달성된다.

② 만약 생산점이 생산가능곡선상의 E점으로 주어지면 X재와 Y재의 생산량은 $(X_0, Y_0) = (100, 70)$으로 결정되므로 교환(소비)에 있어서의 에지워스상자의 크기가 결정된다.

③ 교환(소비)의 파레토효율성은 두 사람의 무차별곡선이 접하는 계약곡선으로 나타내어진다.

④ E점에서 생산이 이루어지면 생산이 파레토효율적이고, 계약곡선상의 임의의 점에서 교환(소비)이 이루어지면 교환(소비)이 파레토효율적이나 종합적인 파레토효율성이 달성되기 위해서는 다음의 조건이 충족되어야 한다.

$$MRS_{XY}^A = MRS_{XY}^B = MRT_{XY}$$

⑤ a, b, c점은 교환 자체만으로 보면 모두 파레토효율적이나 $MRS_{XY} = MRT_{XY}$가 성립하는 점은 b점뿐이므로 E점에서 생산이 이루어질 때는 b점에서 교환(소비)되어야만 종합적인 파레토효율성조건이 충족된다.

그림 2-7	종합적인 파레토효율성

E점에서 생산이 이루어지고 b점에서 교환(소비)이 이루어지면 $MRS_{XY} = MRT_{XY}$이므로 종합적인 파레토효율성조건이 충족된다.

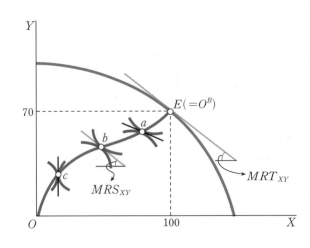

4. 파레토효율성의 한계

(1) 파레토효율성조건을 충족하는 점이 다수 존재

일반적으로 파레토효율성조건을 충족하는 점은 무수히 존재하는데, 그 중에서 어떤 점이 사회적으로 가장 바람직한지에 대해서는 판단할 수 없는 문제점이 존재한다.

(2) 소득분배의 공평성에 대한 기준을 제시하지 못함

파레토효율성은 자원배분의 효율성만을 판단하는 기준이며 소득분배의 공평성에 대해서는 전혀 고려하지 못하고 있다.

심층연구 / $MRS_{XY} \neq MRT_{XY}$**인 경우**

① $MRS_{XY}=3$, $MRT_{XY}=2$로 주어져 있다고 가정하자.

    ┌ $MRS_{XY}=3$ ··· 소비자는 X재 1단위를 추가로 소비하기 위하여 3단위의 Y재를 포기할 용의가 있다.

    └ $MRT_{XY}=2$ ··· X재 생산을 1단위 증가시키기 위하여 감소시켜야 하는 Y재의 수량은 2단위이다.

② 이 경우에는 X재 생산을 1단위 증가시키고 Y재 생산을 2단위 감소시키면 소비자의 효용증대가 가능하다.

③ 결국 $MRS_{XY}>MRT_{XY}$이면 X재 생산을 증가시키고 Y재 생산을 감소시킴으로써 자원배분의 효율성 증대가 가능함을 의미한다.

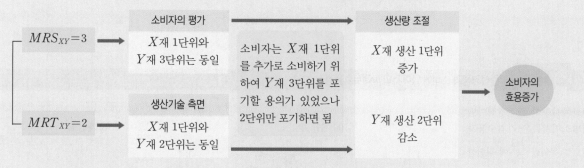

❂ $MRS_{XY}=\dfrac{MU_X}{MU_Y}$, $MRT_{XY}=\dfrac{MC_X}{MC_Y}$ 이므로 $MRS_{XY}>MRT_{XY}$이면 다음의 관계가 성립한다.

$$MRS_{XY}>MRT_{XY}$$

$$\rightarrow \frac{MU_X}{MU_Y}>\frac{MC_X}{MC_Y}$$

$$\rightarrow \frac{MU_X}{MC_X}>\frac{MU_Y}{MC_Y}$$

    → X재 한계비용 한 단위당 한계효용이 Y재 한계비용 한 단위당 한계효용보다 크다.

    → X재 생산량을 증가시키고, Y재 생산량을 감소시킴으로써 효용증대가 가능하다.

Ⅲ 후생경제학의 정리

1. 완전경쟁과 파레토효율성 : 후생경제학의 제1정리

(1) 개 념

① 후생경제학의 제1정리는 분권화된 시장경제체제하에서의 자발적인 교환을 통한 자원배분이 효율적임을 보여주는 정리이다.

② 제1정리는 시장경제체제를 옹호하는 근거로 사용되고 있는데, 그 내용은 다음과 같다.

> | 후생경제학의 제1정리 |
> 모든 개인의 선호체계가 강단조성을 지니고, 외부성·공공재 등의 시장실패요인이 존재하지 않는다면 일반경쟁균형(왈라스균형)의 자원배분은 파레토효율적이다.

- ◐ 일반균형이란 모든 시장이 균형을 이루는 상태를, 일반경쟁균형이란 시장구조가 완전경쟁일 때 달성된 균형을 의미한다.
- ◐ 강단조성(strong monotonicity)이란 재화소비량이 많을수록 효용이 증가하는 것을 말한다(the more the better).

(2) 설명

1) 소비에 있어서의 파레토효율성

① 만약 개인 A는 소득이 많고, 개인 B는 소득이 적다면 **그림2-8**에서와 같이 A의 예산선은 원점에서 멀리 떨어져 있고, B의 예산선은 원점에서 가깝다.

그림 2-8 완전경쟁과 소비에 있어서의 파레토효율성

생산물시장이 완전경쟁이면 개별소비자들은 가격수용자이므로 동일한 $\frac{P_X}{P_Y}$에 직면한다. 균형에서 $MRS_{XY} = \frac{P_X}{P_Y}$이므로 모든 소비자의 MRS_{XY}가 일치한다.

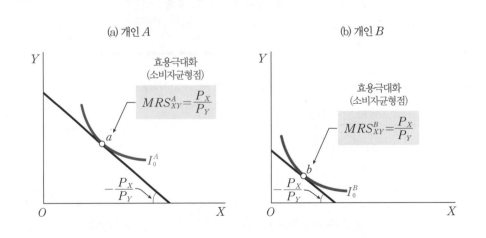

(a) 개인 A

효용극대화
(소비자균형점)

$$MRS_{XY}^{A} = \frac{P_X}{P_Y}$$

I_0^A

$-\frac{P_X}{P_Y}$

(b) 개인 B

효용극대화
(소비자균형점)

$$MRS_{XY}^{B} = \frac{P_X}{P_Y}$$

I_0^B

$-\frac{P_X}{P_Y}$

② 완전경쟁이면 개별소비자는 가격수용자이므로 두 소비자가 직면하는 예산선의 기울기

$\left(\dfrac{P_X}{P_Y} \right)$가 동일하다.

③ 개인 A와 B의 예산선의 기울기가 동일하므로 a점과 b점에서 두 개인의 무차별곡선의 기울기도 동일하다.

$$\rightarrow \quad MRS_{XY}^A = MRS_{XY}^B$$

④ 그러므로 시장구조가 완전경쟁적이면 소비에 있어서 파레토효율성조건이 충족된다.

2) 생산에 있어서의 파레토효율성

① 만약 X재 생산에는 다액의 비용이, Y재 생산에는 소액의 비용이 투입된다면 **그림2-9**에서와 같이 X재 생산의 등비용선은 원점에서 멀리 떨어져 있고, Y재 생산의 등비용선은 원점에서 가깝다.

② 생산요소시장이 완전경쟁이면 개별생산자는 가격수용자이므로 X재 생산자와 Y재 생산자가 직면하는 등비용선의 기울기 $\left(\dfrac{w}{r} \right)$가 동일하다.

③ X재 생산자가 Y재 생산자의 등비용선 기울기가 동일하므로 a점과 b점에서 등량곡선의 기울기도 동일하다.

$$\rightarrow \quad MRTS_{LK}^X = MRTS_{LK}^Y$$

④ 그러므로 생산요소시장이 완전경쟁이면 생산에 있어서 파레토효율성조건이 충족된다.

그림 2-9　완전경쟁과 생산에 있어서의 파레토효율성

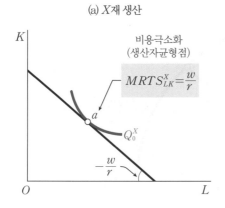
(a) X재 생산

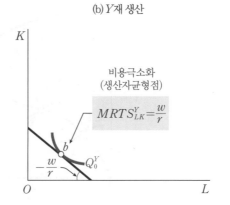
(b) Y재 생산

생산요소시장이 완전경쟁이면 개별생산자들은 동일한 요소상대가격비 $\dfrac{w}{r}$에 직면한다. 균형에서는 $MRTS_{LK} = \dfrac{w}{r}$이므로 모든 재화생산에 있어서 $MRTS_{LK}$가 일치한다.

3) 소비와 생산의 종합적인 파레토효율성

① 소비자의 효용극대화원리에 따르면 소비자균형에서는 다음의 조건이 충족된다.

$$MRS_{XY} = \frac{MU_X}{MU_Y} = \frac{P_X}{P_Y}$$

② 완전경쟁시장의 이윤극대화원리에 따르면 $P = MC(P_X = MC_X, \ P_Y = MC_Y)$이므로 다음의 조건이 충족된다.

$$MRT_{XY} = \frac{MC_X}{MC_Y} = \frac{P_X}{P_Y}$$

③ 따라서 시장구조가 완전경쟁이면 종합적인 파레토효율성조건이 충족된다.

$$\underbrace{MRS_{XY} = \frac{MU_X}{MU_Y}}_{\text{소비측면}} = \frac{P_X}{P_Y} = \overbrace{\frac{MC_X}{MC_Y} = MRT_{XY}}^{\text{생산측면}}$$

$$\rightarrow \quad \boxed{MRS_{XY}^{A} = MRS_{XY}^{B} = MRT_{XY}}$$

(3) 제1정리의 의미

① 가장 이상적인 시장구조인 완전경쟁하에서는 개별경제주체들이 오로지 자신의 이익을 추구하는 과정에서 자원배분의 효율성이 달성된다.

② 따라서 자본주의 시장경제체제하에서는 각 경제주체들의 행동이 무질서하고 서로 모순된 것처럼 보이지만 실제로 자원배분의 효율성 측면에서는 매우 바람직한 결과에 도달한다.

그림 2-10 **완전경쟁과 종합적 파레토효율성**

시장구조가 완전경쟁이면, 소비자의 효용극대화와 생산자의 이윤극대화원리에 의해 $MRS_{XY} = MRT_{XY}$가 성립한다(E점에서 생산, b점에서 소비).

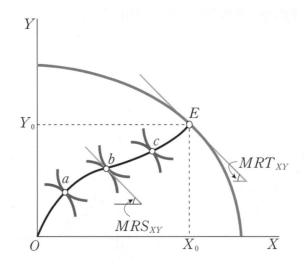

③ 후생경제학의 제1정리는 효율성의 관점에서 시장경제체제의 장점을 설명한 것으로 공평

　성에 대한 고려는 이루어지지 않고 있다.

　◐ 후생경제학의 제1정리는 아담 스미스(A. Smith)의 '보이지 않는 손(invisible hand)'을 현대적으로 증명한

　　것으로 볼 수 있다.

참고　／　제1정리의 재음미

1. 최초상태

① 최초 배분점이 아래 그림 (a)에서 e점으로 주어져 있다면 개인 A의 효용수준은 I_0^A, 개인 B의 효용은 I_0^B이다.

② 이제 시장기구에 의한 가격체계가 P_1으로 주어져 있다면 두 사람은 주어진 가격으로 교환이 가능하다.

③ 상대가격체계가 P_1으로 주어져 있다면 개인 A는 a점, 개인 B는 b점으로 이동하기를 원할 것이다.

2. 조정과정

① 그림 (b)에서 보는 바와 같이 가격체계가 P_1일 때 개인 A는 선분 ec만큼의 Y재를 주고 선분 ca만큼의 X재를 받기를 원하는 반면, 개인 B는 ed만큼의 X재를 주는 대신 선분 db만큼의 Y재를 받기를 원한다.

　┌ 개인 A가 수요하는 X재의 양=ca < 개인 B가 공급하는 X재의 양=ed

　└ 개인 A가 공급하는 Y재의 양=ec < 개인 B가 수요하는 Y재의 양=db

② 그러므로 가격체계가 P_1으로 주어진 경우에는 X재는 초과공급 상태이고, Y재는 초과수요 상태이므로 X재의 상대가격이 하락하여야 한다.

③ X재 상대가격이 하락하여 가격체계가 P_2로 바뀌면 개인 A가 받기를 원하는 X재의 양과 개인 B가 줄 용의가 있는 X재의 양이 일치한다.

④ 그리고 개인 A가 줄 용의가 있는 Y재의 양과 개인 B가 받기를 원하는 Y재의 양이 일치하므로 균형상태에 놓이게 된다.

3. 의미

① 후생경제학의 제1정리는 시장기구에 맡겨 두면 자발적인 조정을 거쳐서 계약곡선상의 한 점으로 이동하게 됨을 의미한다.

② 즉, 일반경쟁균형에서 파레토효율적 자원배분이 달성된다.

(a) 최초배분점

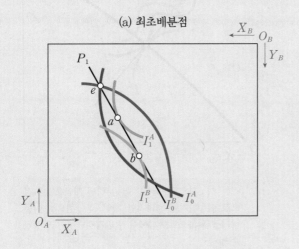

(b) 조정과정

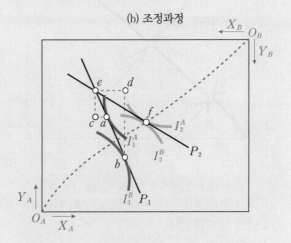

2. 후생경제학의 제2정리

(1) 개념

① 후생경제학의 제1정리에 의하면 일반경쟁균형의 자원배분이 파레토효율적이기는 하나 사회적으로 가장 바람직한 배분상태라는 보장이 없다.

② 제2정리는 주어진 초기부존자원을 적절히 재배분한 후 다시 가격기구에 맡기면 어떠한 자원배분도 일반경쟁균형을 통해 달성할 수 있음을 보여주는 정리로 그 내용은 다음과 같다.

✎ 제2정리는 제1정리의 역으로서의 성격을 갖고 있으며, 제1정리의 한계를 어느 정도 보완해주고 있다.

| 후생경제학의 제2정리 |
모든 개인들의 선호가 연속적이고 강단조성 및 볼록성을 충족하면 초기부존자원의 적절한 재분배를 통해 임의의 파레토효율적인 자원배분을 일반경쟁균형을 통해 달성할 수 있다.

(2) 설명

① 최초부존자원이 **그림2-11**의 (a)의 e점으로 주어져 있다면 자발적인 교환에 의한 일반경쟁균형에서의 자원배분은 f점에서 이루어지게 된다.

② f점은 계약곡선상의 점이므로 자원배분은 효율적이나 대부분의 재화를 개인 B가 소비하므로 소득분배가 불공평하다.

③ 예를 들어, f점보다 소득분배가 더 공평한 h점이 가장 바람직한 점이라고 하자.

그림2-11   **후생경제학의 제2정리**

(a) 부존자원의 재배분

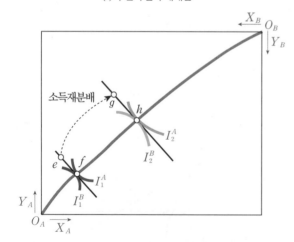

(b) 볼록성을 충촉하지 않는 경우

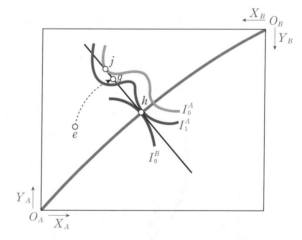

최초배분점이 e점이면 일반경쟁균형이 f점에서 이루어지나 정부가 초기부존자원을 g점으로 재배분하면 일반경쟁균형은 h점에서 이루어진다.

e점에서 g점으로 자원을 재배분하면 개인 B는 h점으로 이동하기를 원하지만 개인A는 j점으로 이동하기를 원하므로 h점에서 일반경쟁균형이 달성될 수 없다.

④ 이제 정부가 개인 B로부터 중립세(lump−sum tax)를 징수하여 개인 A에게 중립보조금(lump−sum subsidy)을 지급하여 초기부존점을 g점으로 재배분하였다고 하자.

⑤ 조세와 보조금을 통하여 부존점을 g점으로 옮긴 다음 시장에 맡겨 두면 일반경쟁균형을 통해 사회적으로 가장 바람직한 h점에 도달할 수 있게 된다.

⑥ 이와 같이 정부가 초기부존자원을 재배분하면 어떤 점도 일반경쟁균형을 통해 달성할 수 있음을 보여주는 것이 후생경제학의 제2정리이다.

⑦ 만약 **그림2-11**의 (b)에서와 같이 어떤 개인의 무차별곡선이 볼록성을 충족하지 않는 경우에는 제2정리가 성립하지 않는다.

⑧ 이 경우에는 초기 부존점을 g점으로 재배분하면 개인 B는 h점으로 이동하기를 원하지만 개인 A는 j점으로 이동을 원하기 때문에 h점에서 일반경쟁균형이 달성될 수 없다.

(3) 시사점

① 제2정리는 적절한 소득재분배를 통해 공평성을 달성할 수 있으며, 공평성을 달성하기 위해 효율성을 희생할 필요가 없음을 의미한다.

② 적절히 소득을 재분배하면 어떠한 파레토효율적 배분도 시장기구에 의해 달성될 수 있으므로 분배와 효율성의 문제는 서로 분리될 수 있음을 보여준다.

→ 소득을 재분배하려면 정액세 등을 통해 시장가격에 영향을 미치지 않도록 재분배해야 한다.

✎ 제2정리는 직접 정부가 가격체계를 바꾸어 바람직한 배분점에 도달하고자 하는 것보다 조세와 보조금을 통한 소득재분배 정책이 보다 우월함을 시사한다.

| 참고 | $MRT_{XY} = \dfrac{MC_X}{MC_Y}$ 가 되는 이유 |

① 한계변환율(MRT_{XY})이란 X재 생산량을 1단위 증가시키기 위해 감소시켜야 하는 Y재의 수량을 의미한다.

② 아래 그림에서 생산점이 A점에서 B점으로 이동하는 경우 X재 생산량을 2단위 증가시킬 때 감소시켜야 하는 Y재의 양이 6단위이므로 한계변환율은 3이 된다.

$$MRT_{XY} = -\frac{\Delta Y}{\Delta X} = -\frac{-6}{2} = \frac{3}{1} = 3$$

③ 이는 생산비용 측면에서 보면 X재의 단위당 생산비가 Y재의 3배만큼 소요됨을 의미한다.

→ 만약 Y재 생산의 한계비용 $MC_Y = 10$이면 X재 생산의 한계비용 $MC_X = 30$이다.

→ $-\dfrac{\Delta Y}{\Delta X} = 3 = \dfrac{MC_X}{MC_Y}$

→ $\boxed{MRT_{XY} = -\dfrac{\Delta Y}{\Delta X} = \dfrac{MC_X}{MC_Y}}$

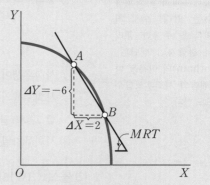

Ⅳ 사회후생함수

1. 사회후생함수와 사회무차별곡선

(1) 사회후생함수

① 사회후생함수(Social Welfare Function ; SWF)란 사회구성원들의 선호를 집약하여 사회선호로 나타내주는 함수를 말한다.

    ◐ 사회후생함수는 사회구성원들의 선호를 집계하여 사회선호로 바꾸어 주는 장치를 말하는데, 정치적 의사결정 방법인 투표제도도 개인의 선호를 집계(aggregation)하여 사회선호로 나타내는 방법 중의 하나이다.

② 구체적인 사회후생함수의 형태는 사회구성원들이 어떤 가치기준을 갖고 있느냐에 따라 결정된다.

③ 사회구성원이 A와 B 둘만 있다면 일반적인 사회후생함수는 다음과 같이 나타낼 수 있다.

$$W = W(U^A, U^B)$$

(W : 사회전체의 후생수준, U^A : A의 효용, U^B : B의 효용)

(2) 사회무차별곡선

① 사회무차별곡선(Social Indifference Curve ; SIC)이란 동일한 사회후생을 나타내는 U^A와 U^B의 조합을 말한다.

② 사회무차별곡선은 사회구성원들의 가치기준을 담고 있는 사회후생함수에 의해 그 형태가 결정된다.

2. 여러 가지 사회후생함수

(1) 공리주의 사회후생함수

① 공리주의 사회후생함수란 각 개인의 효용을 합하여 사회후생으로 나타내는 함수이다.

$$W = U^A + U^B$$

② 사회후생이 소득분배와는 관계없이 개인의 효용의 합에 의해서만 결정되므로 소득분배를 사회후생의 결정요인으로 전혀 고려하지 않는다.

    ◐ 그럼에도 불구하고 공리자의 사회후생함수는 평등한 소득분배를 옹호하는 이론적 근거로도 사용된다.

③ 사회무차별곡선은 기울기가 -1인 우하향의 직선으로 도출된다. (그림 ⓐ)

(2) 롤스(Rawls)의 사회후생함수

① 롤스의 사회후생함수는 사회구성원 중 가난한 계층의 후생수준에 의하여 사회후생이 결정된다고 보는 함수이다.

✎ 공리주의적 사회후생함수는 '최대다수의 최대행복'을 주장한 공리주의 철학자인 벤담(J. Bentham)의 이름을 따서 벤담의 사회후생함수라고도 한다.

$$W=\min[U^A,\ U^B]$$

② 가장 가난한 계층의 후생이 극대화되어야 사회후생의 극대화가 달성되므로 최소극대화원칙(maximin principle)이 적용된다.

> ○ 롤스의 사회후생함수를 최빈자우대(maximin) 사회후생함수라고도 한다.

③ 고소득층으로부터 저소득층으로 소득을 재분배하면 사회후생이 증가한다.

④ 롤스의 사회후생함수는 극단적인 평등주의적 가치관을 내포하고 있는데, 사회무차별곡선은 L자 형태로 도출된다.(그림 (b))

(3) 평등주의적 사회후생함수

① 저소득층에 대해서는 보다 높은 가중치를 그리고 고소득층에 대해서는 보다 낮은 가중치를 부여하는 일반적인 사회후생함수이다.

② 평등주의를 반영하고 있는 사회후생함수의 예로는 아래와 같이 사회후생이 각 개인의 효용의 곱으로 나타내어지는 사회후생함수를 들 수 있는데, 이를 내쉬(Nash)의 사회후생함수라고 한다.

$$W=U^A \cdot U^B$$

③ 사회무차별곡선은 원점에 대하여 볼록하며 우하향하는 형태로 도출된다.(그림 (c))

④ 원점에 대하여 볼록한 정도가 커질수록 평등주의적 경향이 커지며 극단적인 경우에는 L자 형태이다.

그림 2-12 | **사회무차별곡선의 형태**

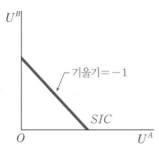
(a) 공리주의 사회무차별곡선

사회무차별곡선은 기울기가 −1인 우하향의 직선이다.

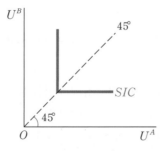
(b) 롤스의 사회무차별곡선

사회무차별곡선이 45°선에서 꺾어지는 L자 형태이다.

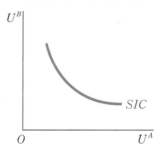
(c) 평등주의 사회무차별곡선

사회무차별곡선이 원점에 대하여 볼록한 형태이다.

| 참고 | **사회후생함수의 예** |

1. 버그슨 - 사무엘슨 사회후생함수

① 개인 i가 재화묶음 X_i를 소비할 때의 효용이 $U^i(X_i)$인 경우 버그슨－사무엘슨(Bergson－Samuelson) 사회후생함수는 다음과 같이 나타내어진다.

$$W = W(U^A(X_A),\ U^B(X_B))$$

② 사회후생은 각 개인의 효용에 의해 결정되고, 각 개인의 효용은 각 개인이 소비하는 재화묶음의 함수이므로 결국 사회후생은 각 개인이 소비하는 재화묶음의 함수이다.

  ◐ 각 개인의 효용은 자신이 소비하는 재화묶음에 의해서만 결정되므로 소비에 있어서의 외부성은 존재하지 않는다.

③ 버그슨(A. Bergson)이 사회후생함수란 용어를 처음 사용하였고, 사무엘슨(P. Samuelson)도 거의 비슷한 사회후생함수를 제시하였기 때문에 이들이 제시한 일반적인 사회후생함수를 버그슨－사무엘슨 사회후생함수라고 한다.

  ◐ 버그슨－사무엘슨 사회후생함수를 개인주의 사회후생함수라고도 한다.

2. 최상층우대 사회후생함수

① 최상층우대(maximax) 혹은 엘리트우대(elistist) 사회후생함수는 다음과 같이 나타낼 수 있다.

$$W = \max[U^A,\ U^B]$$

② 최상층우대 사회후생함수는 최빈자우대(maximin) 사회후생함수와 정반대의 가치판단을 담고 있는 사회후생함수이다.

③ 사회무차별곡선은 ㄱ자 형태로 나타내어진다.

3. 불가능성 정리

(1) 개요

① 개인들의 선호를 적절히 반영하여 사회선호로 바꾸는 과정에서 만족해야 하는 기초적이며 바람직한 특성을 공리(axiom)라고 한다.

② 애로우(K. Arrow)는 사회선택에서 충족되어야 할 기본적인 다섯 가지의 공리를 제시하였다.

(2) 사회후생함수가 갖추어야 할 기본공리

1) 완비성(completeness)과 이행성(transitivity)…집합적 합리성

① 모든 사회 상태에 대해 사회선호를 매길 수 있어야 한다.

② 우선 두 사회 상태 x와 y 중에서 어떤 상태가 더 선호되는지 혹은 두 상태가 무차별한지를 항상 판단할 수 있어야 한다(완비성).

③ 또한, 임의의 세 사회 상태 x, y, z에 대해 x가 y보다 사회적으로 선호되고, y가 z보다 사회적으로 선호되면 x가 z보다 사회적으로 선호되어야 한다(이행성).

2) 보편성(universalty)

① 개인들이 어떤 선호를 갖고 있더라도 사회적 선호를 도출할 수 있어야 한다.

② 그러므로 개인의 선호를 단봉선호(single-peaked preference)와 같은 특정한 형태로 제한해서는 안된다.

　　◐ 보편성은 선호의 비제한성이라고도 한다.

3) 파레토원칙(Pareto principle)

① 임의의 두 사회상태 x와 y에 대해 모든 사회구성원들이 x를 y보다 더 선호하면 사회적으로도 x가 y보다 선호되어야 한다.

② 예를 들어, 모든 사회구성원들이 사과를 감보다 더 선호하면 사회적으로 사과가 감보다 더 선호되어야 한다.

4) 무관한 선택대안으로부터의 독립성(independence of irrelevant alternatives; *IIA*)

① 사회구성원들의 선호가 바뀌었으나 사회상태 x와 y에 대한 사회구성원들의 선호가 그대로 유지되면 x와 y에 대한 사회선호도 동일하게 유지되어야 한다.

② 즉, 두 사회상태 x와 y 중에서 하나를 선택해야 하는 상황에서 사회구성원들이 제3의 사회상태 z에 대해 갖는 선호는 x와 y간의 사회적 선호 결정에 영향을 주지 말아야 한다.

　　◐ 예를 들어 사과, 포도, 감의 세 가지 대안이 있을 때 일부 사회구성원들의 포도와 감 사이의 선호관계가 바뀌더라도 사과와 포도 사이의 선호관계가 그대로 유지된다면 사과와 포도 사이의 사회선호도 그대로 유지되어야 한다.

5) 비독재성(non-dictatorship)

① 사회적 선호가 다른 사회구성원의 선호와는 관계없이 특정한 개인(독재자)의 선호에 의해서만 결정되어서는 안된다.

② 즉, 사회선호는 모든 사회구성원들의 선호를 반영하여 결정되어야 한다.

⑶ 불가능성정리

① 애로우는 위에서 제시한 다섯 가지의 기본공리를 모두 충족하는 이상적인 사회후생함수는 존재하지 않음을 증명하였는데, 이를 불가능성정리(impossibility theorem)라고 한다.

② 그는 다섯 가지 공리 중 나머지 네 가지를 충족하는 사회후생함수는 독재적이 될 수밖에 없다는 것을 증명하였다.

　　◐ 첫 네가지의 성질을 충족하는 의사결정 기구는 민주주의와 양립할 수 없다.

③ 불가능성정리는 개인들의 의사를 집약하여 사회적 선호로 나타낼 수 있는 합리적이고 민주적인 의사결정방법이 존재하지 않음을 의미한다.

　　◐ 제5장에서 공부하게 될 각종 투표제도도 개인들의 선호를 사회선호로 바꾸는 장치로 볼 수 있는데, 어떠한 투표제도도 기본공리를 모두 충족하지는 못한다.

　　　　→ 개인의 선호를 사회선호로 나타내기 위해서는 위의 성질 중 일부를 포기해야 한다.

④ 그러나 센(A. Sen)에 의하면 가능한 모든 사회 상태의 우선순위를 매길 수 있는 완벽한 사회선호 체계는 찾을 수 없다고 하더라도 제한된 수의 사회 상태 사이의 서열을 정할 수 있는 합리적이고 민주적인 사회선호 체계는 여전히 존재할 수 있는 것으로 알려져 있다.

4. 사회후생함수에 대한 평가

① 사회후생함수는 사회구성원들이 가진 가치기준에 따라 사회후생함수의 형태가 결정될 뿐이며, 그 사회가 어떠한 가치기준을 가져야 하는지에 대해서 설명해 주지는 못한다.

② 또한, 개인의 선호를 사회선호로 종합하는 과정에서 암묵적으로 개인들 간의 효용비교가 가능하다고 가정하는 점도 사회후생함수의 문제점으로 지적된다.

③ 이러한 약점에도 불구하고 사회후생함수는 어떤 정책을 평가하는데 있어 유용하게 사용될 수 있다.

5. 사회후생의 극대화

(1) 효용가능경계

1) 개념

① 효용가능경계(Utility Possibility Frontier ; UPF)란 경제내의 모든 자원을 가장 효율적으로 배분하였을 때 개인 A와 B의 효용조합을 의미한다.

② 효용가능경계는 효용가능곡선의 포락선으로 도출되며 대효용가능곡선(grand utility possibility curve)이라고도 한다.

2) 설명

① 생산가능곡선상의 a점에서 생산이 이루어지면 생산은 파레토효율적이고 X재와 Y재의 생산량은 각각 (X_0, Y_0)이다.

참고 **사회후생함수의 역할**

① 파레토효율성은 공평성에 대한 가치 판단을 포함하고 있지 않으므로 자원배분이 바람직한 상태로 되기 위한 필요조건에 불과하며, 파레토효율성이 충족된다고 해서 항상 바람직한 자원배분이 달성되는 것은 아니다.

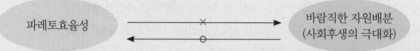

② 공평성에 대한 사회적 가치판단을 포함하고 있는 사회후생함수를 통하여 자원배분의 효율성이 충족되는 점들 중에서 사회적으로 볼 때 가장 바람직한 상태를 찾아내는 것이 가능하다.

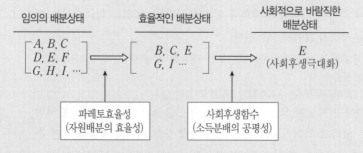

② X재와 Y재가 각각 (X_0, Y_0)로 주어지면 소비의 에지워스상자 OX_0aY_0가 결정되고, 소비가 파레토효율적인 점들은 계약곡선으로 나타내어진다.

③ 이 소비의 계약곡선을 효용공간에 옮겨서 나타내면 그림 (b)의 효용가능곡선 (α)를 얻을 수 있게 된다.

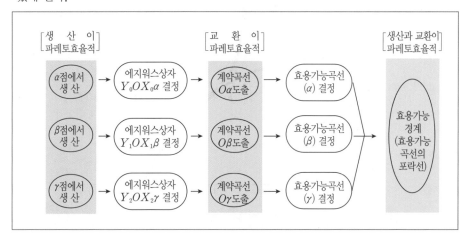

④ 이와 같은 방식으로 생산점을 β점, γ점 등으로 옮겨가면 수많은 계약곡선을 그릴 수 있고, 이를 효용공간에 옮기면 그에 대응하는 수많은 효용가능곡선을 그릴 수 있다.

⑤ 효용가능곡선을 무수히 그린 다음 효용가능곡선 제일 바깥쪽의 점들을 연결하면 우하향의 효용가능경계(UPF)가 도출된다.

⑥ 효용가능경계(UPF)상의 모든 점은 소비와 생산이 동시에 파레토효율적으로 이루어지는 점이다.

그림 2-13   **효용가능경계의 도출**

(a) 생산점과 교환점

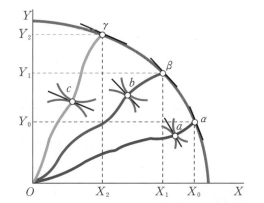

(b) 효용가능경계

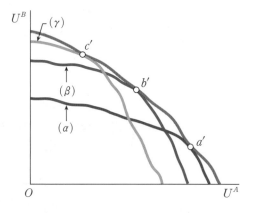

생산점이 PPC상의 α, β, γ로 주어지면 각 점에서 하나의 에지워스상자가 결정되고, 소비가 파레토효율적인 점들은 계약곡선으로 표시된다.

그림 (a)의 계약곡선을 효용공간으로 옮기면 효용가능곡선 (α), (β), (γ)가 도출되는데, 효용가능곡선 중에서 가장 바깥쪽에 있는 점들을 연결하면 효용가능경계(UPF)가 도출된다.

그림 2-14	사회후생의 극대화

자원배분이 가장 효율적으로 이루어졌을 때 개인 A와 B가 얻을 수 있는 효용조합인 효용가능경계와 사회무차별곡선이 접하는 E점에서 사회후생극대화가 달성된다.

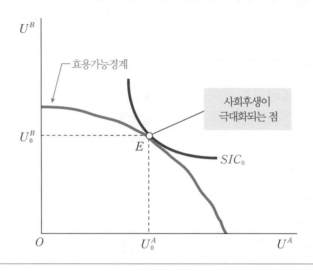

(2) 사회후생 극대화의 조건

① 효용가능경계는 경제내의 모든 자원을 가장 효율적으로 배분하였을 때 사회구성원 A와 B가 얻을 수 있는 효용조합이며, 효용가능경계상의 모든 점들은 자원배분의 파레토효율성조건이 모두 충족된다.

② 사회무차별곡선은 동일한 사회후생을 나타내는 개인 A와 B의 효용수준의 조합이며, 원점에서 멀어질수록 보다 높은 효용수준을 나타낸다.

③ **그림 2-14**에서 보는 바와 같이 효용가능경계와 사회무차별곡선이 접하는 점에서 사회후생의 극대화가 달성된다.

④ 파레토효율성은 임의의 배분점 중에서 자원배분이 효율적인 점을 선별하는 역할을 하고, 사회무차별곡선(사회후생함수)은 파레토효율성에 의하여 선별된 점 중에서 사회후생이 극대화되는 E점을 선별하는 역할을 한다.

예제 Q

어느 사회의 효용가능경계가 $U^A + 2U^B = 120$이고, 최초의 배분점이 $U^A = 80$, $U^B = 20$인 점으로 주어져 있으며, 정부의 소득재분배정책을 통해 배분점을 효용가능경계상의 한 점에서 다른 점으로 이동할 수 있다고 한다. 사회후생함수가 다음과 같이 각각 주어져 있다면 정부는 어떠한 소득재분배정책을 실시하는 것이 바람직한가?

> i) 사회후생함수가 $W = U^A + U^B$일 때
>
> ii) 사회후생함수가 $W = \min[U^A, U^B]$일 때
>
> iii) 사회후생함수가 $W = U^A \times U^B$일 때

풀이 **A**

i) 효용가능경계를 U^B에 대해 정리하면 $U^B = -\frac{1}{2}U^A + 60$이므로 효용가능경계는 기울기 $-\frac{1}{2}$인 우하향의 직선이고, 사회후생함수가 $W = U^A + U^B$로 주어져 있다면 사회무차별곡선은 기울기가 -1인 우하향의 직선이다. 이 경우 사회후생극대화는 $U^A = 120$, $U^B = 0$인 점에서 이루어지므로 정부는 A의 효용이 40만큼 증가하고, 개인 B의 효용이 20만큼 감소하도록 소득재분배정책을 실시해야 한다.

ii) 사회후생함수가 $W = \min[U^A, U^B]$로 주어져 있다면 두 사람의 효용이 동일할 때 사회후생이 극대화되므로 $U^A = U^B$를 효용가능경계 식에 대입하면 $U^A = U^B = 40$임을 알 수 있다. 그러므로 정부는 개인 A의 효용이 40만큼 감소하고, 개인 B의 효용이 20만큼 증가하도록 소득재분배정책을 시행해야 한다.

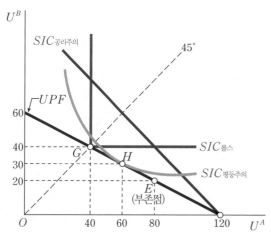

iii) 효용가능경계를 정리하면 $U^B = -\frac{1}{2}U^A + 60$이므로 이를 사회후생함수 $W = U^A \times U^B$에 대입하면 $W = -\frac{1}{2}(U^A)^2 + 60U^A$이다. 사회후생이 극대화되는 개인 A의 효용을 구하기 위해 사회후생함수를 U^A에 대해 미분한 다음 0으로 두면 $-U^A + 60 = 0$이므로 $U^A = 60$임을 알 수 있다. 이제 $U^A = 60$을 효용가능경계 식에 대입하면 $U^B = 30$으로 계산된다. 그러므로 이 경우에는 개인 A의 효용이 20만큼 감소하고, 개인 B의 효용이 10만큼 증가하도록 소득재분배정책을 실시해야 한다.

Ⅴ 후생변화의 판정기준 ⋯ 보상원리

1. 개념 및 필요성

(1) 개념

보상원리(compensation principle)란 한 사회상태에서 다른 사회상태로 이행하였을 때 사회후생의 증감여부를 평가하는 기준을 의미한다.

(2) 필요성

① S라는 사회상태에서 T라는 상태로 이동하면 일부 개인은 이득을 얻지만 나머지 사람들은 손해를 보는 것이 일반적이다.

② 일부가 이득을 얻고 일부가 손해를 볼 때 사회후생의 증감여부를 평가하기 위해서는 이득과 손실의 비교가 불가피하다.

③ 즉, 개인간의 효용을 비교할 수 있어야 사회후생의 증감여부를 판단할 수 있으나 현실적으로 개인간의 효용을 객관적으로 비교하는 것은 불가능하다.

④ 보상원리는 직접적으로 개인들간의 효용비교를 하지 않고 사회후생의 변화를 평가하려는 방법이다.

2. 몇 가지의 보상기준

⑴ 파레토기준

1) 개념

파레토기준(Pareto criterion)이란 한 사회상태에서 다른 사회상태로 이동할 때 다른 누구의 효용도 감소하지 않으면서 최소한 1명 이상의 효용이 증가할 때 개선이라고 판단하는 것을 의미한다.

2) 설명

① 아래 그림에서 효용가능경계 내부의 E점에서 우상방의 ST구간의 한 점으로 이동한다면 두 사람의 효용이 모두 증가하거나 최소한 1명의 후생이 증가하므로 파레토기준에 따르면 개선이 이루어진다.

② 그러나 RS구간이나 TU구간의 한 점으로 이동하면 한 개인의 후생은 증가하나 다른 개인의 후생은 감소하므로 사회후생의 증감여부 판단이 불가능하다.

3) 문제점

① 거의 대부분의 정부정책은 일부 계층에게는 이익이 되나 다른 계층에게는 손해를 가져온다.

② 그러므로 파레토기준을 적용하여 명백히 사회후생이 증가하였다라고 판단할 수 있는 경우는 현실적으로 거의 존재하지 않는다.

그림 2-15 **파레토기준**

E점에서 ST구간의 한 점으로 이동하면 두 사람의 효용이 모두 증가하므로 파레토개선이 이루어진다. 그러나 RS구간이나 TU구간으로 이동하면 1명의 후생은 증가하나 나머지 1명의 후생이 감소하므로 파레토기준에 의한 개선여부가 불분명하다.

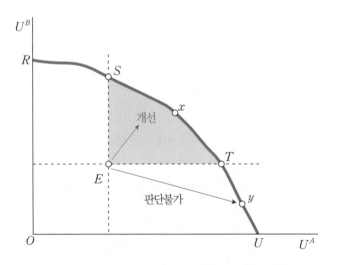

(2) 칼도기준(칼도-힉스기준)

1) 개념

① 칼도기준(Kaldor criterion)이란 경제상태의 변화로 인해 이득을 얻는 사람의 이득의 크기가 손해를 보는 사람의 손해의 크기보다 더 커서 손해를 보는 사람에게 잠재적으로 보상을 해 주고도 남는 경우를 개선으로 평가하는 것을 의미한다.

② 칼도기준에 의하면 효용가능경계 내부에서 효용가능경계상으로 이동하는 것은 모두 개선으로 평가된다.

2) 설명

① 만약 **그림2-16**의 효용가능경계 내부의 E점에서 y점으로 이동한 다음 소득의 재분배(보상)를 통하여 x점으로 이동한다면 두 개인의 효용이 모두 증가한다.

② 따라서 효용가능경계 내부의 한 점에서 효용가능경계상의 한 점으로 이동하는 것은 칼도기준에 의하면 모두 개선으로 평가된다.

③ 즉, E점에서 y점으로 이동한 다음 이득을 얻은 A가 손해를 본 B에게 보상을 하면 x점으로 이동하게 된다.

④ 그런데 x점에서는 A의 효용이 E점에 있을 때보다 더 높기 때문에 A의 입장에서는 보상을 하고나서도 여전히 이득이므로 사회적으로 볼 때 E점에서 y점으로의 이동은 개선으로 평가된다.

　◐ 칼도기준에서의 보상은 실제로 보상을 하는 것이 아니라 잠재적으로 보상을 한다면 사회후생이 증가할 수 있으므로 E점에서 y점으로 이동을 개선으로 판단한다.

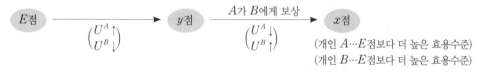

그림2-16　칼도기준

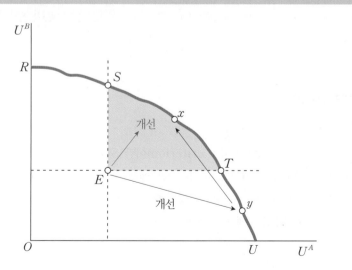

칼도기준에 의하면 효용가능경계 내부에서 효용가능경계상의 한 점으로 이동하는 것은 개선으로 평가된다.

심층연구 칼도의 보상기준과 힉스의 보상기준

1. 칼도기준과 힉스기준

① 일반적으로 칼도의 보상기준과 힉스의 보상기준은 거의 같은 내용이므로 칼도－힉스기준이라 한다.

> (칼도기준) 사회상태가 변할 때 이득을 얻는 사람이 손해를 보는 사람에게 잠재적으로 보상을 해 주고도 남는 경우에 개선이라고 판단하는 것
>
> (힉스기준) 사회상태가 변할 때 손실을 보는 사람이 이득을 보는 사람으로 하여금 사회상태 변화에 반대하게끔 매수할 수 없는 경우에 개선이라고 판단하는 것

② 예외적으로 두 기준에 의한 평가가 일치하지 않을 수도 있는데, 이를 살펴보기로 하자.

2. 보상의 비대칭성

① 소득의 한계효용이 체감하므로 개인 A의 소득의 한계효용곡선이 아래 그림과 같이 주어져 있다고 하자.

② 개인 A의 소득이 1,000만 원이라면 소득의 한계효용곡선 하방의 면적이 개인 A의 총효용을 나타낸다.

③ 그림에서 소득의 한계효용이 체감하므로 개인 A의 소득이 100만 원 증가할 때의 효용증가분인 α의 면적보다 소득이 100만 원 감소할 때의 효용감소분을 나타내는 β의 면적이 더 크다.

　❍ 즉, 다른 사람으로부터 100만 원을 받을 때의 효용증가분보다 다른 사람에게 100만 원을 지불할 때의 효용감소분이 더 크다.

④ 이는 효용이 증가할 수 있는 어떤 기회를 포기할 때 보상해야 하는 금액보다 동일한 정도의 효용감소를 모면하였을 때 지불할 수 있는 금액이 더 적음을 의미한다.

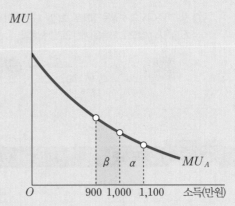

⑤ 이와 같이 동일한 효용의 증감에 대해 보상액이 서로 다른 것을 보상의 비대칭성이라고 한다.

⑥ 보상의 비대칭성이 존재하는 경우에는 칼도의 보상기준은 만족하지 않지만 힉스의 기준은 만족하는 경우가 현실적으로 존재할 수도 있다.

　❍ 사회상태 변화로 인한 A의 소득이 증가함에 따른 효용증가분은 화폐액으로 30이고, B의 소득감소에 따른 효용감소분은 화폐액으로 50이라면 칼도기준에 따르면 개선이라고 볼 수 없다.

　　→ 이때 사회상태 변화에 따른 A의 소득증가분이 100이고, B의 소득 감소분이 80이라면 개인 A가 사회상태변화에 반대하도록 개인 B가 매수하는 것이 불가능하므로 힉스기준에 따르면 개선이다.

(3) 스키토브스키기준

1) 개념

① 스키토브스키기준(Scitovsky criterion)이란 S라는 상태에서 T라는 상태로의 이동은 칼도기준에 의하면 개선이고, T라는 상태에서 S라는 상태로 이동할 때는 칼도기준에 의하여 개선이 아니라는 것이 판명되었을 때 개선으로 평가하는 것을 의미한다.

② 즉, 이는 칼도기준을 이중으로 적용하는 것이다.

그림 2-17 **스키토브스키기준**

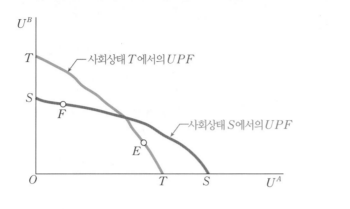

> S라는 사회상태에서 효용가능경계가 SS로 주어져 있을 때 E점에서 F점으로 이동하는 것은 칼도기준에 따르면 개선으로 평가된다. 그러나 S라는 상태에서 T라는 상태로 자원을 재배분하는 과정에서 효용가능경계가 TT로 변화한다면 개선여부는 불분명해진다.

2) 칼도기준을 이중으로 적용하는 이유

① **그림2-17**에서 곡선 SS는 S라는 사회상태에서의 효용가능경계이고, 곡선 TT는 T라는 사회상태하에서의 효용가능경계라고 가정하자.

② 칼도기준에 따르면 S라는 사회상태의 E점에서 F점으로의 이동은 개선으로 평가되고, T라는 사회상태의 F점에서 E점으로의 이동도 개선으로 평가된다.

③ 만약 S라는 사회상태에서 자원을 재배분하는 과정에서 효용가능경계가 SS에서 TT로 변화한다면 후생의 증감여부 판단이 곤란하다.

④ 칼도기준을 이중으로 적용하는 것은 이와 같이 자원의 재배분으로 효용가능경계가 변화할 때 발생할 수 있는 상황을 배제하기 위함이다.

(3) 보상원리에 대한 비판

① 보상원리는 잠재적 보상을 가정하고 있을 뿐이며 실제로는 보상이 이루어지지 않는다.

② 모든 경제주체의 선호의 강도가 동일하다는 전제하에서 논의를 전개하고 있으나, 실제로는 각 경제주체가 화폐 1원으로부터 얻는 효용은 다르다.

Ⅵ 시장실패

1. 시장실패의 개념

① 넓은 의미로 보면 거시경제현상인 인플레이션, 실업, 국제수지 불균형도 시장기구가 균형에서 이탈한 것이므로 시장실패로 볼 수 있다.

② 통상적으로는 시장기구에 의해 효율적인 자원배분이 이루어지지 못하거나 소득분배 공평성이 달성되지 못하는 미시경제학의 관점에서 본 시장실패만을 주로 다룬다.

✐ 시장실패가 발생하면 자원배분이 효율적으로 이루어지지 못하므로 정부의 시장개입이 필요하다.
→ 즉, 시장실패가 정부의 시장개입에 대한 이론적인 근거가 된다.

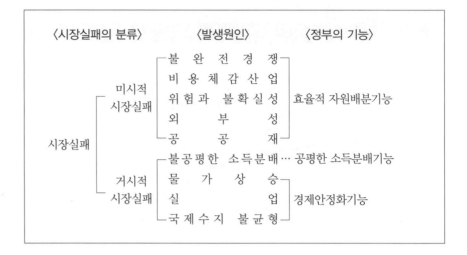

2. 시장실패의 발생원인

(1) 불완전경쟁

① 완전경쟁시장에서는 수요와 공급이 일치하는 점에서 생산이 이루어지므로 항상 가격과 한계비용이 일치한다($P=MC$).

    ◐ 완전경쟁시장에서의 공급곡선은 개별기업의 공급곡선인 한계비용곡선을 수평으로 합한 것이다.

② 그러므로 완전경쟁시장에서는 시장기구에 의해 자원배분의 효율성이 달성된다.

    … 후생경제학의 제1정리

    ◐ 시장구조가 완전경쟁일 때는 항상 $P=MC$이므로 파레토효율성조건이 충족된다.

$$MRS_{XY}=\frac{P_X}{P_Y}=\frac{MC_X}{MC_Y}=MRT_{XY}$$

그림2-18 | 시장구조와 자원배분

■그림 (a) … 시장구조가 완전경쟁이면 $P=MC$가 성립하므로 가격기구에 의해 효율적인 자원배분이 이루어진다.

■그림 (b) … 시장구조가 독점일 때는 $P>MC$이므로 시장에 맡겨두면 과소생산이 이루어진다.

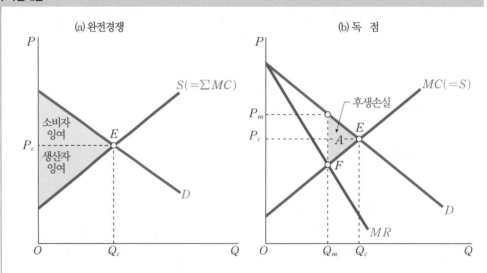

③ 이에 비해 시장구조가 독점일 때는 독점기업은 $MR=MC$인 점에서 생산량을 결정하므로 가격이 한계비용보다 높다($P>MC$).

④ 가격이 한계비용보다 높다는 것은 시장기구에 의해서는 생산량이 사회적인 최적수준보다 과소함을 의미한다. ··· 시장실패

> ◐ X재 산업이 독점이면 $P_X>MC_X$이므로 파레토효율성조건이 충족되지 않는다.

$$MRS_{XY}=\frac{P_X}{P_Y}>\frac{MC_X}{MC_Y}=MRT_{XY}$$

⑤ 독점으로 인한 과소생산에 따른 후생손실은 그림 (b)의 △A부분의 면적으로 측정된다.

> ◐ 이를 후생삼각형 혹은 하버거의 삼각형(Harberger's triangle)이라고 한다.

(2) 비용체감산업

① 자본재의 비분할성 등으로 인해 규모의 경제가 발생하는 경우에는 평균비용곡선이 우하향한다.

> ◐ 자본재의 비분할성(indivisibility)이란 발전소, 철강공장 등과 같이 생산설비를 작은 단위로 나눌 수 없는 경우를 의미한다.

② 시장수요가 존재하는 구간에서 규모의 경제가 발생하면 결국 한 기업만 존재하는 자연독점(natural monopoly)이 발생한다.

> ◐ AC곡선이 우하향하는 구간에서는 MC곡선이 AC곡선의 하방에 위치한다.

③ 정부규제가 없다면 자연독점기업은 $MR=MC$가 성립하는 Q_m만큼의 재화를 생산하고, 가격은 P_m으로 설정할 것이다.

④ 그러므로 자연독점의 경우에도 시장기구에 의해서는 생산량이 사회적인 최적수준(Q_c)에 미달하게 된다. ··· 시장실패

그림 2-19 비용체감산업

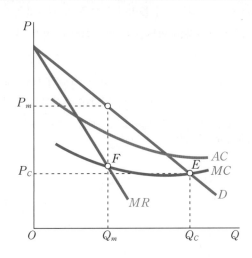

비용체감산업의 경우 $P>MC$이므로 시장기구에 맡겨두면 과소생산이 이루어진다.

(3) 불확실성

① 자원배분의 효율성에 대해 논의할 때 통상적으로는 완전정보를 가정하나, 현실에서는 불확실성이 존재하는 것이 일반적이다.

> ⊙ 불확실성(uncertainty)이란 앞으로 어떤 상황이 발생할지를 사전적으로 알 수 없는 상태를 의미한다.

② 불확실성하에서도 각 개인은 확실성하에서와 마찬가지로 조건부상품간의 한계대체율과 상대가격이 일치하도록 기대효용을 극대화는 것으로 알려져 있다.

> ⊙ 조건부상품(contingent commodities)이란 상황에 따라 내용 혹은 크기가 서로 다른 상품을 말한다.
> 예 월드컵 16강에 진출하면 에어컨을 주고, 실패하면 부채를 주는 상품
> 예 가입기간 중 암에 걸리면 1억 원을 주는 상품

③ 불확실성이 존재하더라도 완전한 조건부상품시장이 존재한다면 경쟁시장에서 자원배분의 효율성이 달성되나, 현실에서는 완전한 조건부상품시장이 존재하지 않는다.

> ⊙ 완전한 조건부상품시장이란 모든 위험에 대비할 수 있는 완전한 보험시장을 말한다.

④ 그러므로 불확실성이 존재하는 경우에는 시장실패가 발생할 수밖에 없다.

(4) 정보의 비대칭성

① 현실에서 완전한 조건부상품시장이 존재하지 않는 중요한 이유로는 정보의 비대칭성을 들 수 있다.

> ⊙ 완전한 보험시장이란 모든 위험에 대비할 수 있는 보험시장을 말한다.

② 정보의 비대칭성(asymmetry of information)이란 거래당사자들이 갖고 있는 정보수준이 다른 경우를 말한다.

③ 정보의 비대칭성이 존재하는 경우에는 역선택(adverse selection)과 도덕적 해이(moral hazard)로 인하여 시장실패가 발생하게 된다.

(5) 외부성

① 외부성(externality)이란 시장의 가격기구를 통하지 않고 재화의 생산·소비행위에 참가하지 않은 제3자에게 유리하거나 불리한 영향을 미치는 것을 의미한다.

② 외부성을 발생시키는 당사자는 외부성 유발에 대하여 어떤 가격을 지불하거나 보상을 받는 것이 아니므로 생산·소비활동시 외부성을 고려하지 않는다.

③ 따라서 외부성이 발생하는 경우에는 시장의 가격기구에 의한 재화의 생산이 사회적인 최적수준을 초과하거나 사회적인 최적수준에 미달하는 현상이 발생한다.

> 예 어떤 기업이 생산과정에서 대기오염물질을 배출하더라도 오염물질 배출에 따른 외부한계 비용은 자신의 생산비에 포함되지 않으므로 재화의 생산이 과다하게 이루어진다.

⑹ 공공재

① 공공재(public goods)는 소비에 있어서 비경합성과 비배제성이 존재하는 재화와 서비스를 의미한다.

② 이와 같은 특성으로 인하여 공공재 생산비를 전혀 부담하지 않은 개인도 자유롭게 사용하는 것이 가능하다.

③ 따라서 개인들은 가능하면 공공재 생산비용을 부담하지 않으려고 하기 때문에 시장의 가격기구에 의해서는 최적생산이 이루어질 수 없다.

Ⅶ 역선택과 도덕적 해이

1. 개요

⑴ 전통적인 경제이론과 정보

① 전통적인 이론에서는 대부분 완전정보를 가정하고 경제현상을 분석하나 현실에서는 정보가 불완전한 것이 일반적이고, 정보획득에는 많은 비용이 소요된다.

② 그리고 정보의 비대칭성이 존재하는 경우에는 시장거래규모가 축소되거나 시장거래 자체가 이루어지지 않는 경우도 발생한다.

③ 따라서 완전정보를 가정하고 있는 전통적인 이론으로는 분석에 한계가 있는 상황이 다수 존재한다.

⑵ 정보경제학

① 정보경제학(information economics)은 경제주체(거래당사자) 사이에 정보의 비대칭성이 존재하는 상황에서 발생하는 각종 현상들을 분석하는 경제학의 한 분야이다.

② 정보경제학은 70년내 이후에 연구가 이루어지기 시작한 분야이나, 최근 들어 급속히 발전하고 있다.

③ 정보경제학에서는 주로 다음의 세 가지에 대하여 분석한다.

■ 정보의 비대칭성이 시장성과(market performance)에 어떤 영향을 미치는가?
■ 정보의 비대칭성으로 인하여 초래되는 문제를 해결하기 위하여 경제주체들이 어떤 반응을 보이는가?
■ 정부는 정보의 비대칭성으로 인한 문제에 대응하여 어떤 역할을 할 수 있는가?

(3) 비대칭적 정보의 상황

1) 정보비대칭성의 개념

① 정보의 비대칭성(asymmetry of information)이란 경제적인 이해관계가 있는 당사자들 사이에 정보수준의 차이가 존재하는 상황을 의미한다.

② 정보가 비대칭적인 상황은 감추어진 특성(hidden characteristic)과 감추어진 행동(hidden action)의 상황으로 구분된다.

2) 감추어진 특성(hidden characteristic)의 상황

① 거래당사자 중에서 일방이 상대방의 특성(혹은 거래되는 재화의 품질)에 대하여 잘 모르고 있어 거래당사자들 사이에 정보수준의 차이가 있는 상황을 의미한다.

> 📖 중고차시장에서는 판매자가 구매자보다 중고차의 품질에 대하여 더 많이 알고 있으며, 생명보험의 경우 보험가입자(구매자)는 보험회사(판매자)보다 자신의 건강상태를 더 잘 알고 있다.

② 감추어진 특성의 상황에서는 역선택이라는 문제가 발생한다.

3) 감추어진 행동(hidden action)의 상황

① 감추어진 행동의 상황이란 거래당사자 모두에게 영향을 미치는 어느 일방의 행동을 상대방이 관찰할 수 없거나 통제불가능한 상황을 말한다.

> 📖 화재보험 가입 이후에 보험가입자가 화재예방노력을 게을리하는 것이나 자동차보험 가입 이후에 운전을 그 이전보다 난폭하게 하는 것 등이 있다.

② 감추어진 행동의 상황에서는 도덕적 해이와 주인ー대리인 문제가 발생한다.

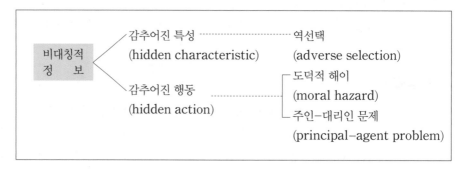

2. 역선택(adverse selection)

(1) 역선택의 개념

① 역선택이란 감추어진 특성의 상황에서 정보수준이 낮은 측이 바람직하지 못한 상대방과 거래(낮은 품질의 재화를 구입)할 가능성이 높아지는 현상을 의미한다.

② 현실에 있어서 역선택은 중고차시장, 보험시장, 금융시장 등 다양한 경우에 발생하고 있는데 각각에 대해 살펴보기로 하자.

⑵ 역선택의 사례

1) 중고차시장에서의 역선택

가. 개념

중고차시장에서의 역선택이란 중고차시장에서 거래되는 자동차의 품질에 대한 정보의 비대칭성이 존재하는 경우 품질이 나쁜 중고차만 거래되는 현상을 말한다.

나. 설명

① 중고차시장에는 좋은 품질의 중고차와 나쁜 품질의 중고차가 각각 절반씩 있는데, 판매자와 구매자의 중고차에 대한 평가가 다음과 같이 주어져 있다.

	판매자	구매자
좋은 품질	400만 원	500만 원
나쁜 품질	100만 원	200만 원

② 판매자는 중고차의 품질을 정확히 알고 있으나 구매자는 각각 절반씩 있다는 사실만 알고 있다고 가정하자.

③ 판매자와 구매자가 모두 자동차의 품질에 대하여 정확히 알고 있다면 좋은 품질의 중고차는 400~500만 원 사이에서 거래될 것이고, 나쁜 품질의 중고차는 100~200만 원 사이에서 거래될 것이다.

④ 그런데 구매자는 단지 좋은 차와 나쁜 차가 각각 절반씩 존재한다는 사실만 알고 있으므로 평균적인 품질을 기준으로 350만 원만 지불하려고 할 것이다.

$$구매자의 \ 지불용의 \ 금액 = \left(\frac{1}{2} \times 500만 \ 원\right) + \left(\frac{1}{2} \times 200만 \ 원\right)$$
$$= 350만 \ 원$$

⑤ 구매자가 임의의 차에 대해 350만 원만 지불하려고 하는데 비해 좋은 품질의 자동차를 가진 판매자는 최소한 400만 원은 받아야 되겠다고 생각하므로, 자동차를 중고차시장에서 회수하게 될 것이다.

⑥ 좋은 품질의 중고차가 시장에서 사라지게 되면 정보가 부족한 구매자는 나쁜 품질의 자동차(lemon)를 구입하게 될 가능성이 증가하는 역선택이 발생하게 된다.

2) 보험시장에서의 역선택

가. 개념

보험회사에서 평균적인 사고발생확률을 근거로 보험료를 책정하면 사고위험이 높은 그룹이 주로 보험에 가입하는 현상을 말한다.

나. 설명

① 사회구성원 10명 중 암발생확률이 높은 그룹(H)이 6명, 낮은 그룹(L)이 4명이라고 하자.

② 그리고 암발생 확률이 높은 그룹이 암에 걸릴 확률은 0.2, 암발생 확률이 낮은 그룹이 암에 걸릴 확률은 0.1이며 암에 걸리면 1,000만 원의 손실이 발생한다고 하자.

	구성원 수	확 률	손실액
H	6명	0.2	1,000만 원
L	4명	0.1	1,000만 원

③ 보험회사가 특정개인이 어떤 유형에 속하는지를 정확히 알 수 있다면 암발생확률이 높은 그룹에 대해서는 200만 원, 낮은 그룹에 대해서는 100만 원의 보험료를 책정할 것이다.

④ 실제로는 보험회사는 특정개인이 어떤 그룹에 속하는지를 알 수 없기 때문에 평균적인 암발생확률을 근거로 보험료를 160만 원으로 책정하게 된다.

    ❍ 평균적인 암발생 확률 $=\left(0.2\times\dfrac{6}{6+4}\right)+\left(0.1\times\dfrac{4}{6+4}\right)=0.16$

⑤ 이와 같이 보험회사가 평균적인 암발생 확률을 근거로 160만 원을 보험료로 책정하면 암발생 확률이 낮은 그룹은 보험을 기피하는 반면 암발생 확률이 높은 그룹만 암보험에 가입하는 현상인 역선택(adverse selection)이 발생하게 된다.

3) 금융시장에서의 역선택

가. 개념

금융기관(주로 은행)이 대출이자율을 인상하면 위험이 높은 사업에 투자하려는 기업들만 자금을 차입하려고 하는 현상을 말한다.

나. 이자율과 은행의 수익

① 일반적으로 어떤 투자안의 기대수익과 위험은 비례관계가 있으므로 위험이 높은 투자안일수록 기대수익도 큰 경향이 있다.

② 은행이 대출이자율을 인상하면 이자수익도 늘지만 위험이 높은 투자안에 투자하려는 사람만 대출하는 경향이 발생한다.

③ 예를 들어, 이자율이 10%이면 수익률이 12%인 안전한 사업과 수익률이 50%인 위험한 사업에 투자하려는 투자자가 모두 대출을 받기를 원하지만, 대출이자율이 15%로 상승하면 안전한 사업에 투자하려는 차입자는 대출을 포기하게 된다.

④ 그러므로 은행이 이자율을 높게 설정하면 위험한 투자안에 투자하려는 차입자만 대출하려는 경향이 나타난다.

⑤ 즉, 정보수준이 낮은 은행의 입장에서 볼 때 차입금을 상환하지 못할 가능성이 높은 사람만 돈을 차입하려는 현상인 역선택이 발생한다.

3. 역선택의 해결방안

(1) 선별

① 선별(screening)이란 정보를 갖지 못한 측에서 불충분하지만 주어진 자료를 이용하여 상대방의 특성을 파악하려고 하는 것을 의미한다.

② 예를 들면, 자동차보험회사가 나이가 26세 미만인 사람들에게 높은 보험료를 책정하는 것, 생명보험 가입시 건강진단을 받도록 하는 것 등이 선별에 해당된다.

> ❂ 자기선택장치(self-selection device)
>
> ① 정보수준이 낮은 측이 거래시에 상대방(정보수준이 높은 측)으로 하여금 스스로 자신의 특성을 드러내도록 만드는 장치를 자기선택장치라고 한다.
>
> ② 예를 들면, 생명보험회사가 보험상품을 판매할 때 각종 특약을 통해 보험가입자가 자기선택(self-selection)을 하도록 함으로써 자신의 특성을 드러내도록 하는 것을 들 수 있다.

(2) 신호발송

① 신호발송(signaling)이란 정보를 갖고 있는 측에서 적극적으로 정보를 알리려고 노력하는 것을 말한다.

② 각종 자격증을 취득하거나 높은 교육을 받는 것, 상당기간 무상수리를 보증하는 품질보증서를 발급하는 것 등이 신호발송의 사례이다.

(3) 정부의 역할

1) 강제집행(가입의무화)

① 강제집행이란 정부가 모든 당사자들을 강제적으로 거래에 참가하도록 하는 것을 말한다.

② 강제집행의 예로는 의료보험, 국민연금, 자동차 책임보험 등을 의무적으로 가입하도록 하는 제도를 들 수 있다.

③ 즉, 정부가 강제로 모든 차량에 대하여 자동차 책임보험에 가입하도록 한다면 사고발생확률이 높은 사람만 보험에 가입하는 역선택 문제는 해소될 수 있으나 저위험형이 고위험형에게 보조금을 주게 되는 문제점이 생겨난다.

2) 정보정책(information policy)

① 기본적으로 역선택 문제는 거래당사자들간의 정보비대칭성으로 인하여 발생하므로 정부는 정보흐름을 촉진할 수 있는 정책을 통하여 정보의 비대칭성을 완화할 수 있는데, 이를 정보정책이라고 한다.

② 허위·과장광고의 규제, 표준설정, 성능표시 의무화, 정보공시 의무화, 기업의 재무제표 공시 의무화 등은 모두 정보정책의 일종이다.

(4) 평판과 표준화

① 판매자와 구매자 사이에 재화의 품질에 관한 정보의 비대칭성이 존재하는 상황에서, 고품질의 재화를 판매하는 판매자가 자신은 항상 고품질의 재화만을 판매한다는 것을 소비자에게 확신시켜 소비자들로부터 그 사실을 널리 인정받음으로써 역선택의 해소가 가능하다.

② 평판(reputation)을 통하여 역선택을 해소하는 예로는 가격은 비싸지만 고품질의 한우고기만을 사용하는 음식점, 항상 진품만을 취급하는 고서점 등이 있다.

③ 표준화(standardization)를 통하여 역선택을 해소하는 예로는 체인화된 각종 음식점(맥도날드, 버거킹, 롯데리아 등)이 대표적이다.

(5) 신용할당

① 은행이 대출이자율을 일정수준 이상으로 인상하면 대출자 중에서 채무불이행 위험이 높은 사람이 차지하는 비율이 점점 높아지는 역선택 현상이 발생하고, 그렇게 되면 채무불이행이 늘어나 은행의 손실이 증가한다.

② 그러므로 대부자금시장에서 대부자금에 대한 초과수요가 존재함에도 불구하고 은행이 대출이자율을 인상하지 않고 주어진 자금을 심사를 통해 기업들에게 배분하는 방식을 선택하게 되는데, 이를 신용할당(credit rationing)이라고 한다.

③ 신용할당이 발생하는 경우 은행은 위험도에 따라 대출이자율을 다르게 정하는 것이 아니라 이자율을 일정수준으로 정해 놓고 위험도가 높은 차입자에 대해서는 대출을 거부할 것이므로 여전히 신용도가 낮은 중소기업들은 자금조달에 어려움을 겪을 수밖에 없게 된다.

그림 2-20 **이자율의 경직성**

이자율이 일정수준 이상으로 상승하면, 위험이 높은 차입자의 대출이 증가하는 역선택이 발생하여 은행의 수익은 오히려 감소할 수 있다. 따라서 자금시장에서 초과수요가 발생하더라도 은행은 균형이자율보다 낮은 이자율 수준에서 신용할당을 한다.

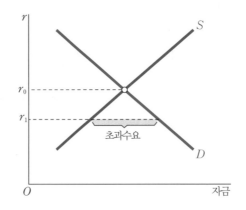

4. 도덕적 해이(moral hazard)

⑴ 도덕적 해이의 개념

① 도덕적 해이란 감추어진 행동의 상황에서 어떤 계약(거래)이 이루어진 이후에 정보를 가진 측이 바람직하지 못한 행동을 하는 현상을 의미한다.

② 도덕적 해이는 보험시장을 비롯하여 금융시장, 재화시장 등에서 다양한 경우에 발생하고 있는데, 각각에 대해 살펴보기로 하자.

⑵ 보험시장에서의 도덕적 해이

1) 개념

① 보험가입 이후에 보험가입자의 태도가 바뀌어 사고발생확률이 높아지는 현상을 의미한다.

② 보험가입 이후에 사고발생확률이 높아지면 보험회사의 손실이 발생하므로 장기적으로는 보험료의 상승이 초래된다.

2) 사례

가. 화재보험

① 보험가입 이전에는 화재예방을 위해 최선의 노력을 기울이지만 화재보험에 가입하고 나면 화재예방노력에 따른 편익이 감소한다.

② 그러므로 화재보험에 가입한 이후에는 화재예방노력을 게을리하는 현상이 발생한다.

나. 의료보험

① 의료보험에 가입하기 이전에는 병원을 별로 이용하지 않았으나 의료보험에 가입한 이후에는 병원이용에 따른 한계비용이 낮아진다.

② 그러므로 보험에 가입한 이후에는 그 이전보다 병원을 자주 찾는 현상이 발생한다.

3) 해결방안

가. 공동보험(co-insurance)제도

화재손실액의 일부만 보상해 주거나 병원비의 일정비율만을 보험회사가 부담하는 방식이다.

나. 기초공제(deduction)제도

화재손실액 혹은 병원비 중 일정액 이하는 본인이 부담하고 일정액을 초과하는 금액만 보험회사에서 보상해 주는 방식을 의미한다.

⑶ 금융시장에서의 도덕적 해이

1) 개념

자금을 차입한 이후에 보다 위험이 높은 프로젝트에 투자를 하는 현상을 말한다.

2) 설명

① 파산확률이 50%인 고위험 투자안 H의 예상수익률은 30%이고, 파산확률이 0%인 저위험 투자안 L의 예상수익률은 10%로 주어져 있다고 하자.

② 투자안 H와 L에 소요되는 기간은 1년이고 투자금액은 1,000만 원으로 동일하며, 은행 대출이자율은 5%라고 하자.

	수익률	파산확률	투자금액
투자안 H	30%	0.5	1,000만 원
투자안 L	10%	0	1,000만 원

③ 은행에서 1,000만 원을 차입하여 투자할 경우 각 투자안의 H와 L의 기대수익은 다음과 같이 계산된다.

$$\begin{bmatrix} H의\ 기대수익 = (0.5 \times 300) + (0.5 \times 0) = 150만\ 원 \\ L의\ 기대수익 = 100만\ 원 \end{bmatrix}$$

④ 차입시 은행에는 L에 투자할 예정이라고 말하고 차입하더라도 차입 이후에는 기대수익이 더 높은 H에 투자하는 것이 유리하다.

⑤ 그런데 차입 이후에 차입자들이 보다 위험이 높은 투자안에 투자하면 파산확률이 높아지고 금융기관이 원금을 회수하지 못할 가능성이 높아지게 된다.

⑥ 즉, 돈을 은행에서 빌린 이후에 차입자의 행동이 바뀌는 현상인 도덕적 해이가 발생한다.

3) 해결방안

가. 담보

은행이 대출시 담보를 설정하면 파산시 차입자도 손해를 보게 되므로 위험이 높은 투자안에 투자를 하지 않게 된다.

나. 감시

대출자(금융기관)들이 기업들의 행동을 주기적으로 감시(monitor)하는 방법도 위험한 투자를 억제할 수 있는 방법이 될 수 있다.

❂ 실제로 독일, 일본 등에서는 주거래은행에서 해당기업에 이사 혹은 감사를 파견하는 사례를 많이 볼 수 있다.

(4) 노동시장에서의 도덕적 해이

1) 개념

노동시장에서의 도덕적 해이란 직장에 취업을 하고나서 직무를 태만하게 하는 현상을 말한다.

2) 내용

① 기업은 직원을 채용하기 전에는 어떤 사람이 성실한지 여부를 모르고 있으나, 각 개인들은 자신의 성향을 알고 있으므로 정보의 비대칭성이 존재한다.

② 이 경우 직원들에게 고정된 임금을 지급하면 취업을 한 이후에는 근무를 태만하게 하는 현상이 나타나게 된다.

3) 해결방안

가. 승진제도

직무에 충실한 사원만 승진하도록 하는 방법을 말한다.

나. 포상과 징계

직무에 충실한 사원에게는 추가적인 성과급을 지급하고, 직무를 태만히 하는 직원에 대해서는 감봉 등의 징계조치를 취하는 방법이 있다.

다. 효율성임금 지급

평소에 높은 임금, 즉 효율성임금(efficiency wage)을 지급한다면 계속해서 그 직장에 근무하기 위하여 각 개인들이 열심히 일을 하게 된다.

5. 주인 – 대리인 문제(principal – agent problem)

⑴ 개념 및 발생원인

1) 개념

① 주인－대리인 문제란 감추어진 행동이 문제가 되는 상황에서 주인(principal)의 입장에서 볼 때 대리인(agent)이 바람직하지 않은 행동을 하는 현상을 말한다.

② 주인－대리인 문제의 대표적인 사례로는 다음과 같은 것을 들 수 있다.

✎ 넓은 의미로 보면 주인-대리인 문제도 도덕적 해이의 일종으로 볼 수 있다.

- ■ 주주와 경영자 ⋯ 최고경영자로 선임되고 나서 주주의 목표인 이윤극대화를 위하여 노력하지 않는 현상
- ■ 국민과 정치가 ⋯ 정치가 당선된 이후에 국민의 이익을 위하여 노력하지 않는 현상
- ■ 의뢰인과 변호사 ⋯ 변호사 선임 이후에 의뢰인의 이익을 위하여 노력하지 않는 현상
- ■ 사장과 종업원 ⋯ 종업원이 취직 이후에 태만하게 되는 현상
- ■ 국민과 관료 ⋯ 관료(공무원)들이 국민들의 후생극대화를 위하여 노력하기보다는 자신이 속한 부처의 예산극대화를 위하여 노력하는 것

2) 발생원인

① 주인－대리인 문제가 발생하는 기본적인 원인은 대리인이 주인의 목적을 달성하기 위하여 노력할 유인(incentive)이 없기 때문이다.

② 예를 들면 경영자에게 고정된 보수를 지급하는 경우 경영자는 자신의 보수가 이윤의 크기와는 아무런 관계가 없으므로 주인의 목적인 이윤극대화보다는 매출액을 극대화하거나 자신의 효용을 극대화하는 의사결정을 내리게 될 가능성이 높다.

⑵ 해결방안 ⋯ 유인설계(incentive design)

① 대리인이 주인의 이익을 극대화하도록 행동하는 것이 대리인 자신에게도 유리하도록 보수체계를 설계하는 것을 유인설계(incentive design)라고 한다.

② 경영자의 보수가 성과와 연계되도록 하는 방법(⑩ 주식옵션)이나 변호사에 대한 보수를 성공
여부와 연계시키는 방법 등이 유인설계에 해당된다.

③ 그리고 고정급이 아니라 성과에 따라 보수를 지급하는 것, 공사현장에서의 도급제 등도 유
인설계의 사례로 볼 수 있다.

Ⅷ 시장실패와 정부의 역할

1. 정부개입의 근거

① 불완전경쟁 · 불확실성 · 외부성 · 공공재 등 자원배분의 왜곡을 초래하는 요인들이 존재하
면 시장의 가격기구에 의하여 효율적인 자원배분이 이루어지지 못하는 시장실패(market
failure) 현상이 발생한다.

② 시장실패로 인하여 자원배분의 비효율성이 초래되고 있다면 효율성의 측면에서 정부의 시
장개입이 정당화될 수 있다.

③ 자원배분이 효율적인 경우에도 여전히 공평성(소득재분배)과 경제안정화 측면에서의 정부
의 시장개입은 필요하다.

2. 정부실패의 가능성

✎ 정부가 개입하면 오히
려 자원배분이 더 비효율
적이 될 수도 있으므로 시
장실패가 정부개입에 대
한 필요조건은 되지만 충
분조건까지 되는 것은 아
니다.

① 정부가 시장에 개입하여 조세를 부과하거나 각종 규제를 도입하면 그에 따른 부작용으로
인하여 오히려 자원배분의 효율성이 낮아질 수 있다.

② 이와 같이 시장실패를 교정하기 위한 정부개입이 민간부문의 의사결정을 왜곡시켜 오히려
자원배분의 효율성을 저해하는 경우를 '정부의 실패(government failure)'라고 한다.

③ 정부실패의 가능성이 있으므로 정부의 시장개입에 대해서는 신중한 판단이 요구된다.

3. 정부실패의 발생이유

(1) 정보의 불완전성

① 민간경제주체들도 불완전한 정보하에서 최적화 행동을 하지만, 정부도 마찬가지로 불완전
정보하에서 특정한 정책을 선택할 수밖에 없다.

② 정부가 제한된 정보만 갖고 있는 경우 정부개입은 의도한 것과는 전혀 다른 결과를 초래할
가능성이 있다.

(2) 민간부문반응의 변화(파생적 외부효과)

① 정부가 어떤 정책을 실시하였을 때 민간부문의 반응이 변화한다면 의도된 결과가 나타나
지 않을 가능성이 있다.

② 즉, 민간부문이 정부의 정책을 예견하고 행동을 변화시켜 버린다면 정부가 의도한 것과는 전혀 다른 결과가 나타날 가능성이 있다.

(3) 시차의 가변성

① 일반적으로 정책을 집행하는 과정에서 시차가 나타날 수밖에 없다.

② 만약, 시차가 가변적이라면 정부정책이 오히려 바람직하지 못한 결과를 초래할 가능성이 있다.

(4) 정치적 과정에서의 제약

① 어떤 정책이 시행되는 과정에서 주고받기식의 정치적 타협이 이루어진다면 다양한 참가자들의 이해관계가 조정될 수는 있으나 그 과정에서 경제적 효율성이 심각하게 훼손될 가능성이 있다.

② 실제로 많은 경우 주고받기식의 이해조정과정을 거쳐 정책이 수립되거나 진행되는 것이 관찰되고 있다.

(5) 관료들의 행태

① 현실에 있어서 거의 대부분의 정책은 관료에 의하여 수립 · 집행되고 있다.

② 관료들이 정책수행과정에서 공익의 극대화보다는 예산극대화, 혹은 자신들의 효용극대화를 추구한다면 사회적인 관점에서 볼 때 비효율적인 결과가 초래될 가능성이 있다.

참고 ┃ 지대추구행위 · 레드테이프

1. 지대추구행위

① 지대추구행위(rent seeking behavior)란 개인이나 기업 혹은 단체가 정부의 특정한 조치로부터 이득을 얻기 위해 노력하는 것을 말한다.

② 사례로는 기업들이 독과점을 유지하기 위해 정부에 로비를 하거나, 각종 단체가 자신들에게 유리한 정책이 시행되도록 영향력을 행사하는 것 등을 들 수 있다.

③ 관료들이 자신들의 복잡한 규정을 만들거나 자신이 속한 부서의 예산확대를 통해 권한을 확대하려고 하는 것도 일종의 지대추구행위로 볼 수 있다.

2. 레드테이프

① 레드테이프(red tape)는 17세기 영국에서 일을 처리할 때 지침이 되는 규정집을 묶는 노끈에서 유래된 용어로 업무처리의 경직성을 초래하는 절차와 규칙을 의미한다.

② 현대에 와서 레드테이프는 관료적 형식주의에서 비롯된 비능률성을 지칭하는 의미로 사용된다.

③ 관료들이 각종 절차를 까다롭게 만들고 업무 처리를 지연하는 등의 행동을 하는 것은 이를 통해 이득을 얻을 수 있기 때문이다.

◐ 레드테이프는 관료들의 지대추구행위로 인해 나타나는 현상으로 볼 수 있다.

참고	포획이론

① 시장실패로 인해 자원배분의 비효율성이 초래되면 정부는 이를 시정하기 위해 각종 규제를 시행한다.

② 스티글러(G. Stigler)는 정부가 공공의 이익을 위해 규제를 도입하는 과정에서 오히려 규제를 받는 기관이나 집단에 포획되어 오히려 그들의 이익을 위해 봉사하는 현상이 나타날 수 있다고 설명하였는데 이를 포획이론(capture theory)이라고 한다.

③ 이러한 현상이 나타나는 것은 고도의 전문성을 띤 분야에서 정부는 이익집단의 그럴듯한 주장에 넘어가 그들이 의도하는 규제를 도입하기 쉽기 때문이다.

　❍ 특정한 규제의 도입으로 이득을 얻는 이익집단의 로비와 같은 지대추구행위는 규제포획을 낳는 요인이 된다.

④ 규제 포획이 이루어지면 공공의 이익보다 특정한 집단의 이익이 우선시되므로 경제 전체로 볼 때 순손실이 발생하게 된다.

⑤ 그러므로 이익집단의 로비와 같은 지대추구행위로 인한 규제 포획은 정부실패가 발생하는 한 요인이 될 수 있다.

4. 차선의 이론

(1) 개념

① 차선의 이론(theory of the second best)이란 자원배분의 파레토효율성을 달성하기 위한 모든 조건이 동시에 충족되지 않는 상황에서는, 그 중에서 더 많은 효율성조건을 충족시킨다고 해서 사회적으로 더 바람직한 상태가 되는 것은 아님을 보여주는 이론이다.

② 립시(R. Lipsey)와 랭카스터(K. Lancaster)에 의하여 제시되었다.

(2) 설명

1) 개념

① 효율적인 자원배분이 이루어지기 위해 n개의 효율성조건이 모두 충족되어야 하나, 현재는 n개의 효율성조건 중에서 k개($k < n$)가 충족되지 않고 있다고 가정하자.

② 이 경우 정부의 각종 정책으로 k개 중에서 일부의 효율성조건이 추가로 충족된다고 해서 반드시 경제전체의 효율성이 증가하는 것은 아니라는 것이 차선의 이론이다.

　❍ 1개 이상의 효율성조건이 충족되지 못하는 상태에서는 가급적 많은 조건을 충족시키는 것이 차선(second best)이 아닐 수 있다는 것이다.

③ 즉, 현재 n개의 시장 중에서 k개의 시장이 독점상태로 운영되고 있는데, 정부의 개입으로 k개의 시장 중에서 일부가 완전경쟁으로 전환된다고 해서 사회전체적으로 볼 때 자원배분의 효율성이 증대되는 것은 아님을 의미한다.

2) 예를 통한 설명

① 생산가능곡선과 사회무차별곡선이 **그림2-21**과 같이 주어져 있다면, E점에서 사회적으로 최선(first best)의 자원배분이 이루어지고 있다.

② 이제 제도적인 제약으로 말미암아 선분 AB 바깥쪽 영역에서는 생산이 불가능하게 되었다면 모든 파레토효율성조건을 충족하는 것이 불가능하게 된다.

③ 이 때 생산가능곡선상의 a점에서 재화를 생산한다면 사회후생의 크기는 SIC_1이나 생산가능곡선 내부의 b점에서 생산이 이루어진다면 사회후생의 크기는 SIC_2로 증가한다.

④ b점은 PPC 내부의 점이므로 생산이 비효율적으로 이루어지는 점이지만 생산이 효율적인 PPC상의 a점에서 생산이 이루어질 때 보다 사회후생이 더 높다.

(3) 시사점

① 정부정책을 통해 모든 파레토효율성 조건이 충족할 수 없는 상태에서는 일부의 파레토효율성조건이 추가로 충족된다고 해서 사회후생이 증가한다는 보장이 없다.

② 또한 정부의 점진적인 제도개혁은 오히려 추진과정에서 사회후생이 감소하는 부정적인 효과를 가져올 수도 있다.

> ◐ 차선의 이론에 의하면 기존에 조세가 부과되고 있는 상태에서 새로운 조세가 부과되어 비효율이 있는 부문이 하나 늘어났다고 해서 경제 전체적으로 비효율이 늘어났다고 말할 수 없다.
> → 오히려 새로운 조세의 도입은 경제 전체적으로 볼 때 비효율을 감소시킬 수도 있다.

③ 그러므로 차선의 이론은 정부의 각종 정책을 시행할 때 매우 세심한 주의가 필요함을 일깨워준다.

그림 2-21 차선의 이론

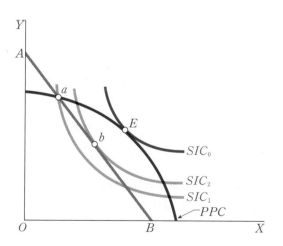

생산가능곡선과 사회무차별곡선이 접하는 E점에서는 최선(first best)의 자원배분이 이루어진다. 이제 어떤 제약으로 선분 AB의 바깥쪽에서는 생산이 불가능하게 되었다면 차선(second best)의 생산점은 PPC상의 a점이 아니라 PPC 내부의 b점이다.

제1장 / **재정학의 기초**

01

다음은 재정의 특징에 관한 설명이다. 옳지 않은 것은?

① 조세수입에 따라 지출규모가 결정된다.

② 엄격한 계획성하에서 집행된다.

③ 공공욕구의 충족을 목적으로 한다.

④ 의사결정과정에서 정치적 측면이 고려된다.

⑤ 집단적인 의사결정과정을 통해 의사결정이 이루어진다.

☞ 일반적으로 가계는 수입을 기준으로 지출규모를 결정하는데 비하여, 정부는 지출규모를 먼저 결정하고 그에 필요한 조세수입규모를 결정한다(量出制入)

02

정부를 보는 기본시각에 대한 다음 설명 중 옳지 않은 것은?

① 기계론적 견해란 정부를 단순히 개인들의 집합체로 보는 시각을 말한다.

② 유기론적 견해는 전체주의적 사상과 일맥상통한다.

③ 기계론적 견해에 의하면 정부 스스로는 독립적인 목표를 가질 수 없다.

④ 유기론적 견해에 의하면 사회가 지향하는 목표는 공익보다 사익이 선행된다.

⑤ 기계론적 견해는 개인주의적 사상에 입각해 있으며, 개인이 정부보다 우선시된다.

☞ 유기론적 견해에 의하면 개인은 유기체의 일부로서만 그 의미를 갖기 때문에 개인은 국가가 설정한 목표에 순응해야 하며, 공익이 사익보다 우선시된다.

03

정부의 역할을 정당화하는 복지국가의 목표로 적합하지 않은 것은?

① 미시적 효율성 달성   ② 물가안정

③ 빈곤문제 해결   ④ 사회통합

⑤ 완전한 평등추구

☞ 완전한 평등은 실현가능하지 않을 뿐만 아니라 바람직하지도 않다. 그러므로 완전한 평등을 추구하는 것은 복지국가의 목표가 될 수 없다.

04

재정과 관련된 다음 설명 중 옳지 않은 것은?

① 고전학파는 균형재정이 이상적이라고 생각하였다.

② '값싼 정부'란 정부가 필요한 일은 무엇이든지 다 하는 정부이다.

③ Lerner의 기능적 재정이란 적자나 흑자에 구애됨이 없이 기능적으로 운영되는 재정을 말한다.

④ 재정에서의 자원배분기능은 공공재와 민간재 간의 배분문제를 포함한다.

⑤ 현대의 기능적 재정에서는 자의성(恣意性)이 문제가 될 수 있다.

✏️ '값싼 정부(cheap government)'란 국민의 조세부담이 최소화되는 작은 정부를 말한다.

제2장 / 경제적 효율성과 시장실패

05 2012 감정평가사

두 재화 X재와 Y를 갑은 각각 50단위씩, 을은 각각 30단위씩 갖고 있다. 이 상태에서 X재에 대한 Y재의 한계대체율이 갑은 3이고 을은 2이다. 갑과 을 사이에 자유로운 거래가 이루어진다면 X재에 대한 Y재의 교환비율은?(단, 갑과 을은 효용을 극대화한다.)

① 0이다.　　　　　　　　　　　② 1 이상 2 미만이다.

③ 2 이상 3 이하이다.　　　　　　④ 3보다 크고 4 이하이다.

⑤ 4보다 작다.

✏️ $MRS_{XY}^{갑}=3$이므로 갑은 X재 1단위와 Y재 3단위를 동일하게 평가하는데 비해, $MRS_{XY}^{을}=2$이므로 을은 X재 1단위와 Y재 2단위를 동일하게 평가한다. 즉, 갑은 상대적으로 X재를 더 선호하는데 비해 을은 상대적으로 Y재를 더 선호한다. 이 경우 두 사람 간에 교환이 이루어지면 두 사람의 효용이 모두 증가한다. 이 때 X재 1단위와 교환되는 Y재의 양은 2~3단위 사이에서 정해져야 한다.

✏️ 한계대체율(MRS_{XY})
X재 1단위를 더 소비하기 위하여 포기할 용의가 있는 Y재의 수량

06 2012 세무사

다음 중 파레토 효율 상태에서 항상 달성되는 조건이 아닌 것은?

① 완전경쟁시장에서 평균수입과 한계비용이 일치한다.

② 완전경쟁시장에서 시장가격이 한계비용과 일치한다.

③ 두 재화의 상대가격이 두 재화의 한계대체율과 일치한다.

④ 시장가격이 평균비용과 일치한다.

⑤ 두 재화 간의 한계대체율과 한계변환율이 일치한다.

✎ 완전경쟁에서는 $P = MC$이므로 $MRT_{XY} = \dfrac{MC_X}{MC_Y} = \dfrac{P_X}{P_Y}$가 성립한다.

📝 시장구조가 완전경쟁이면 생산이 사회적인 최적수준까지 이루어지며, 완전경쟁시장에서는 항상 $P = AR = MR = MC$가 성립한다. 완전경쟁기업이 정상이윤을 얻을 때는 $P = AC$가 일치하나 초과이윤을 얻는 상태에서는 $P > AC$이고, 손실이 발생하는 상태에서는 $P < AC$이다. 그러므로 사회적인 최적생산이 이루어진다고 하더라도 $P = AC$가 성립한다는 보장은 없다.

07

A, B, C 3인으로 구성된 경제상황에서 가능한 자원배분 상태와 각 상태에서의 3인의 효용이 아래의 표와 같다. 다음 중 각 자원배분 상태를 비교했을 때 파레토 효율적이지 않은 자원배분 상태를 모두 고르면?

자원배분 상태	A의 효용	B의 효용	C의 효용
가	3	10	7
나	6	12	6
다	13	10	3
라	5	12	8

① 가   ② 나, 다   ③ 가, 다, 라

④ 나, 다, 라   ⑤ 가, 나, 다, 라

📝 자원배분상태가 '가'에서 '라'로 바뀌면 세 사람의 효용이 모두 증가하므로 파레토 개선이 이루어진다. 그러므로 '가'는 파레토 효율적인 자원배분 배분상태가 아니다. '가'를 제외한 나머지 배분상태에서는 다른 배분상태로 바뀌면 최소한 한 명 이상의 효용이 감소하므로 파레토 개선이 불가능하다. 그러므로 '가'를 제외한 나머지 배분상태는 모두 파레토 효율적인 상태로 볼 수 있다.

08

두 소비자 1, 2가 두 재화 (x, y)를 소비하는 순수교환경제 모형을 고려하자. 소비자 1의 효용함수는 $u_1(x_1, y_1) = x_1 y_1$이고, 소비자 2의 효용함수는 $u_2(x_2, y_2) = x_2 + y_2$이다. 초기에 소비자 1은 (4, 1), 소비자 2는 (2, 3)의 재화묶음을 가지고 있다. 만약 소비자 2가 교환의 협상력(bargaining power)을 모두 가지고 있다면 각 소비자의 최종 소비점 (x_1^*, y_1^*)와 (x_2^*, y_2^*)는?

	(x_1^*, y_1^*)	(x_2^*, y_2^*)			(x_1^*, y_1^*)	(x_2^*, y_2^*)
①	(2, 2)	(4, 2)	②		(2.5, 2.5)	(3.5, 1.5)
③	(4, 4)	(2, 0)	④		(4, 1)	(2, 3)
⑤	(2.5, 1.5)	(3.5, 2.5)				

📝 소비자 1이 $(X, Y) = (4, 1)$의 재화묶음을 갖고 있고, 소비자 2가 (2, 3)의 재화묶음을 갖고 있으므로 최초의 배분점은 아래 그림에서 E점이다. E점에서 소비자 1의 효용은 $U_1 = X_1 Y_1 = 4 \times 1 = 4$이고, 개인 B의 효용은 $U_2 = X_2 + Y_2 = 2 + 3 = 5$이다. 소비자 2가 협상력을 모두 갖고 있다면 소비자 2는 교환을 통해 자신의 효용이 극대가 되는 점으로 이동하고자 할 것이다. 그러므로 최종적으로 도달하는 균형은 소비자 1과 2의 무차별곡선이 접하는 F점이 될 것이다.

F점에서는 소비자 1의 효용이 교환이전과 동일하므로 $X_1 Y_1 = 4 \times 1 = 4$가 성립한다. 또한 F점에서는 소비자 1과 2의 무차별곡선이 접하므로 두 사람의 한계대체율이 동일하다. $MRS_{XY}^1 = \dfrac{Y_1}{X_1}$이고, $MRS_{XY}^2 = 1$이므로 F점에서는 $\dfrac{Y_1}{X_1} = 1$이 성립한다. $X_1 Y_1 = 4$와 $\dfrac{Y_1}{X_1} = 1$을 연립해서 풀면 $X_1 = 2$, $Y_1 = 2$이다. X재의 부존량이 6단위, Y재의 부존량이 4단위이므로 $X_2 = 4$, $Y_2 = 2$가 된다. F점에서 소비자 1의 효용은 E점에서와 동일한 4의 효용을 얻지만 소비자는 E점에서보다 1만큼 증가한 6의 효용을 얻는다.

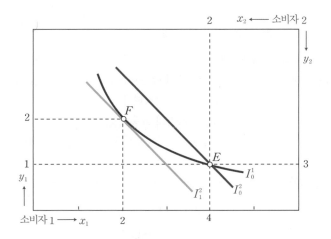

09 2023 세무사

두 소비자 1과 2가 두 재화 x와 y를 소비하는 순수교환경제를 고려하자. 소비자 1의 부존은 $(\overline{x_1}, \overline{y_1}) = (18, 12)$, 소비자 2의 부존은 $(\overline{x_2}, \overline{y_2}) = (22, 8)$이며, 소비자 i의 효용함수는 $u^i = (x_i, y_i) = x_i y_i$라고 하자$(i = 1, 2)$. 다음의 배분 $((x_1, y_1), (x_2, y_2))$ 중 파레토개선이 가능하지 않은 것을 모두 고르면?

ㄱ. $((6, 3), (34, 17))$	ㄴ. $((16, 8), (22, 11))$
ㄷ. $((24, 10), (16, 10))$	ㄹ. $((38, 19), (2, 1))$

① ㄱ, ㄴ   ② ㄱ, ㄹ   ③ ㄴ, ㄷ

④ ㄱ, ㄴ, ㄹ   ⑤ ㄴ, ㄷ, ㄹ

소비자 1의 부존이 $(\overline{x_1}, \overline{y_1}) = (18, 12)$, 소비자 2의 부존이 $(\overline{x_2}, \overline{y_2}) = (22, 8)$이므로 경제 전체의 x재 부존량은 40, y재 부존량은 20이다. 소비자 1과 2의 효용함수가 모두 $u = xy$이므로 두 사람의 한계대체율 $MRS_{XY} = \dfrac{y}{x}$이다.

두 사람의 한계대체율이 일치하는 배분점에서는 교환의 파레토 효율이 달성되므로 더 이상 파레토 개선이 불가능하다. 각 배분 상태에서 두 사람의 한계대체율을 계산해 보면 다음과 같다.

$$\begin{aligned}
\text{ㄱ} &: MRS^1_{XY} = \frac{3}{6} = \frac{1}{2}, \ MRS^2_{XY} = \frac{17}{34} = \frac{1}{2} \quad \rightarrow MRS^1_{XY} = MRS^2_{XY} \\
\text{ㄴ} &: MRS^1_{XY} = \frac{8}{16} = \frac{1}{2}, \ MRS^2_{XY} = \frac{11}{22} = \frac{1}{2} \quad \rightarrow MRS^1_{XY} = MRS^2_{XY} \\
\text{ㄷ} &: MRS^1_{XY} = \frac{10}{24} = \frac{5}{12}, \ MRS^2_{XY} = \frac{10}{16} = \frac{5}{8} \rightarrow MRS^1_{XY} < MRS^2_{XY} \\
\text{ㄹ} &: MRS^1_{XY} = \frac{19}{38} = \frac{1}{2}, \ MRS^2_{XY} = \frac{1}{2} \quad\quad\ \rightarrow MRS^1_{XY} = MRS^2_{XY}
\end{aligned}$$

위의 계산 결과를 보면 배분상태가 ㄱ, ㄴ, ㄹ일 때 두 사람의 한계대체율이 일치하는 것을 알수 있는데, 배분상태 ㄴ에서는 개인 1과 2에게 배분된 x재의 합은 38개, y재의 합은 19개이므로 두 재화 모두 경제 전체 부존량에 미달한다. 배분상태가 ㄴ으로 주어져 있다면 남은 x재와 y재를 소비자 1이나 2에게 추가로 배분하면 그 사람의 효용이 증가하므로 파레토 개선이 이루어진다. 그러므로 배분상태 ㄴ에서는 두 사람의 한계대체율이 일치하나 여전히 파레토 개선이 가능하다.

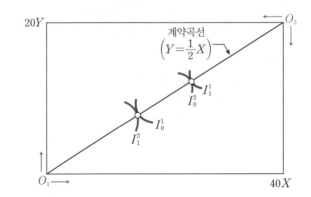

이를 다음과 같이 생각해 볼 수도 있다. 경제 전체의 x재 부존량이 40, y재 부존량이 20이므로 에지워스 상자는 그림과 같다. 두 사람의 한계대체율이 모두 $MRS_{XY} = \dfrac{y}{x}$이므로 계약곡선은 대각선이 된다. 그러므로 파레토 효율적인 배분점을 나타내는 계약곡선 상에서는 두 사람 모두 $\dfrac{y}{x} = \dfrac{1}{2}$이 된다. 주어진 보기에서 이를 충족하는 배분 ㄱ, ㄴ, ㄹ 중 ㄴ은 x재 2단위와 y재 1단위가 어느 누구에게도 배분되지 않은 상태이므로 계약곡선 상의 점이 아니다. 이를 제외하면 계약곡선 상의 점은 ㄱ과 ㄹ 둘 뿐이다.

10

두 소비자 1, 2가 두 재화 x, y를 소비하는 순수교환경제를 생각하자. 소비자 1의 효용함수는 $u_1(x_1, y_1) = x_1 + y_1$이고, 초기에 (1, 2)의 부존자원을 가지고 있다. 소비자 2의 효용함수는 $u_2(x_2, y_2) = \min\{x_2, y_2\}$이고, 초기에 (2, 1)의 부존자원을 가지고 있다. 경쟁균형(competitive equilibrium)에서 두 소비자의 x재에 대한 소비량으로 가능하지 않은 것은?

	소비자 1	소비자 2			소비자 1	소비자 2
①	$3-\sqrt{2}$	$\sqrt{2}$		②	$\sqrt{3}$	$3-\sqrt{3}$
③	2	1		④	1.5	1.5
⑤	1	2				

📝 소비자 1의 효용함수가 $U_1 = X_1 + Y_1$이므로 무차별곡선은 기울기가 -1인 우하향의 직선이고, 소비자 2의 효용함수가 $U_2 = \min\{X_2, Y_2\}$이므로 무차별곡선은 원점을 통과하는 45°선 상에서 꺾어지는 L자 형태이다. 부존점이 E점으로 주어져 있으므로 파레토개선이 이루어지는 영역은 두 사람의 무차별곡선에 의해 만들어진 삼각형 내부의 영역이다. 순수교환경제에서 경쟁균형은 두 사람의 무차별곡선이 접하는 점에서 이루어지므로 경쟁균형은 계약곡선 상의 F점과 G점 사이의 구간에서 이루어진다. 이 구간에서 소비자 1의 X재 소비량은 1.5~2단위 사이이고, 소비자 2의 X재 소비량은 1~1.5단위 사이이다.

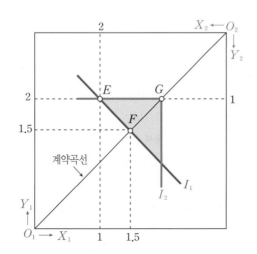

11 2014 세무사

A와 B의 효용함수는 각 $U_a=\min\{x_a, y_a\}$, $U_b=\min\{x_b, y_b\}$이다. x재화와 y재화의 전체공급량은 각각 100이다. 계약곡선과 효용가능곡선(utility possibility frontier)의 형태가 옳은 것은?

① 통상적인 에지워스박스에서 우하향하는 대각선, $U_b=5+U_a$

② 통상적인 에지워스박스에서 우하향하는 대각선, $U_b=5+2U_a$

③ 통상적인 에지워스박스에서 우상향하는 대각선, $U_b=10-U_a$

④ 통상적인 에지워스박스에서 우상향하는 대각선, $U_b=10-2U_a$

⑤ 계약곡선과 효용가능곡선은 존재하지 않는다.

✎ X재와 Y재의 부존량이 모두 10이므로 에지워스상자는 정사각형이고, 두 사람의 효용함수는 모두 레온티에프 효용함수로 무차별곡선이 45°선에서 꺾이는 L자 형태이다. 이 경우 계약곡선은 아래 그림에서 보는 것처럼 에지워스 상자에서 우상향하는 대각선으로 도출된다.

　　X재와 Y재를 모두 개인 B가 소비하면 B의 효용은 10, A의 효용은 0이다. 이제 개인 A가 소비하는 X재와 Y재의 양이 모두 1단위씩 증가하고 개인 B가 소비하는 X재와 Y재의 양이 1단위씩 감소할 때마다 개인 B의 효용은 1만큼 감소하고 개인 A의 효용은 1만큼씩 증가하므로 효용가능곡선은 절편이 10이고 기울기가 -1인 우하향의 직선으로 도출된다.

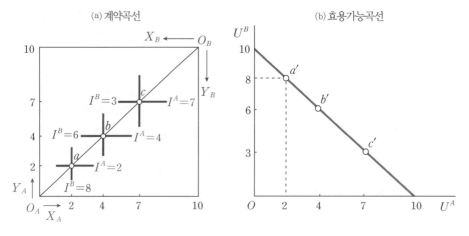

(a) 계약곡선　　　　　(b) 효용가능곡선

12

X재 1단위의 Y재에 대한 한계변환율이 한계대체율보다 클 경우 효율적 배분이 못되는 이유는?

① Y재 1단위를 줄이고 그 대신 X재를 생산하면 효용을 더 높일 수 있기 때문

② X재 1단위를 줄이고 그 대신 Y재를 생산하면 효용을 더 높일 수 있기 때문

③ Y재 1단위를 줄이면 그 대신 X재를 1단위 이상 생산할 수 있기 때문

④ X재 1단위를 줄이면 그 대신 Y재를 1단위 이상 생산할 수 있기 때문

⑤ 한계대체율만큼의 Y재를 더 생산하려면 X재가 1단위 이상 필요하기 때문

✎ MRT_{XY}는 X재 1단위를 추가적으로 생산하기 위하여 포기해야 하는 Y재의 수량을, 그리고 MRS_{XY}는 X재를 1단위 추가적으로 소비하기 위하여 포기하고자 하는 Y재의 수량을 나타낸다. $3 = MRT_{XY} > MRS_{XY} = 1$인 경우를 가정해 보자. MRT_{XY}가 3이므로 X재 생산을 1단위 감소시키면 Y재 3단위의 추가적인 생산이 가능하다. 그런데 소비자는 X재 1단위를 포기하는데 대신 Y재 1단위를 추가적으로 소비하면 효용수준은 동일하다. 그러나 실제에 있어 Y재 1단위를 포기하면 X재 3단위를 추가적으로 소비할 수 있게 되어 효용증가가 가능하다.

이를 다음과 같이 설명할 수도 있다. $MRS_{XY} = \dfrac{MU_X}{MU_Y}$이고, $MRT_{XY} = \dfrac{MC_X}{MC_Y}$이므로 MRT_{XY}가 MRS_{XY}보다 더 크면 다음의 관계가 성립한다.

$$\frac{MU_X}{MU_Y} < \frac{MC_X}{MC_Y}$$

$$\rightarrow \frac{MU_X}{MC_X} < \frac{MU_Y}{MC_Y}$$

만약 위의 식에서 $MC_X = MC_Y$라고 가정하면 $MU_X < MU_Y$임을 알 수 있다. 즉, 두 재화생산의 한계비용이 동일하다면 Y재의 한계효용이 X재의 한계효용보다 더 크다. 따라서 Y재 생산을 증가시키고 X재 생산을 감소시키면 소비자의 효용이 증가할 것이다.

13

후생경제이론에 관한 설명으로 옳은 것은?

① 파레토(Pareto) 효율적인 상태는 파레토 개선이 가능한 상태를 뜻한다.

② 제2정리는 모든 사람의 선호가 오목성을 가지면 파레토 효율적인 배분은 일반경쟁균형이 된다는 것이다.

③ 제1정리는 모든 소비자의 선호체계가 약단조성을 갖고 외부성이 존재하면 일반경쟁균형의 배분은 파레토 효율적이라는 것이다.

④ 제1정리는 완전경쟁시장 하에서 사익과 공익은 서로 상충된다는 것이다.

⑤ 제1정리는 아담 스미스(A. Smith)의 '보이지 않는 손'의 역할을 이론적으로 뒷받침해주는 것이다.

✎ 파레토 효율성이란 더 이상 파레토 개선이 불가능한 상태를 말한다. 후생경제학의 제1정리에 의하면 시장구조가 완전경쟁적이고 외부성·공공재 등의 시장실패 요인이 존재하지 않는다면 경쟁균형의 자원배분이 파레토 효율적이다. 제1정리는 완전경쟁시장 하에서 각자가 자신의 사익을 추구하는 과정에서 공익이 달성됨을 보여준다.

후생경제학의 제2정리에 의하면 모든 개인들의 선호가 볼록성을 충족하면 초기 부존자원의 적절한 재분배를 통하여 임의의 파레토 효율적인 자원배분을 일반균형을 통해 달성할 수 있다. 제2정리는 정부가 개입하여 적절하게 소득을 재분배하면 공평성과 효율성을 모두 달성할 수 있음을 보여준다.

14 2012 세무사

두 상품 X, Y 중 한 상품 X에 대해서만 세율 t_X의 물품세가 부과될 때 소비자가 효용극대화를 추구하면 성립하는 조건으로 옳은 것은?(단, MRS는 한계대체율, MRT는 한계변환율을 의미한다.)

① $MRS_{XY}=(1+t_X)MRT_{XY}$ 　　　　② $MRS_{XY}=(1-t_X)MRT_{XY}$

③ $(1+t_X)MRS_{XY}=MRT_{XY}$ 　　　　④ $(1-t_X)MRS_{XY}=MRT_{XY}$

⑤ $(1+t_X)MRS_{XY}=(1-t_X)MRT_{XY}$

✎ X재에 대해서만 세율 t_X의 물품세가 부과되면 X재의 가격이 $(1+t_X)P$로 상승하므로 소비자균형에서는 $MRS_{XY}=\dfrac{(1+t_X)P_X}{P_Y}$가 성립한다. 한편, $MRT_{XY}=\dfrac{MC_X}{MC_Y}=\dfrac{P_X}{P_Y}$로 나타낼 수 있으므로 물품세가 부과되는 상태에서는 $MRS_{XY}=(1+t_X)MRT_{XY}$가 성립한다.

15 2023 세무사

후생경제학의 기본 정리에 관한 설명으로 옳은 것을 모두 고른 것은?

> ㄱ. 제1정리는 완전경쟁시장에서 개인의 이기적인 선택의 결과가 사회적 관점에서도 효율적인 자원배분을 이루어낸다는 것을 의미한다.
> ㄴ. 제2정리는 효율성이 공평한 자원배분을 보장한다는 의미를 갖는다.
> ㄷ. 후생경제학의 제1정리와 제2정리의 결론은 소비자 선호의 볼록성과 무관하게 성립한다.

① ㄱ 　　　　② ㄴ 　　　　③ ㄱ, ㄴ

④ ㄱ, ㄷ 　　　　⑤ ㄴ, ㄷ

✎ 후생경제학의 제1정리에 의하면 개인들의 선호가 강단조성을 갖고 외부성이 존재하지 않는다면 일반경쟁균형의 자원배분은 파레토 효율적이다. 이는 개인들의 사적인 이익추구 과정에서 효율적인 자원배분이 이루어진다는 것을 의미한다. 그렇지만 시장기구에 의한 자원배분이 효율적이기는 하나 소득분배 측면에서 최선의 배분이라는 보장은 없다.

　제2정리에 의하면 개인들의 선호가 연속적이고 강단조성 및 볼록성을 충족하면 초기 부존자원의 적절한 재분배를 통해 임의의 파레토 효율적인 자원배분을 일반경쟁균형을 통해 달성할 수 있다. 제2정리는 소득을 적절하게 재분배한 후 시장에 맡겨두면 효용가능경계 상의 어떤 점이라도 도달할 수 있음을 의미한다. 이는 효율성과 공평성 문제가 서로 분리될 수 있음을 뜻한다. 제1정리에서는 볼록성의 가정이 필요하지 않지만 제2정리가 성립하려면 반드시 선호의 볼록성이 충족되어야 한다.

16 2022 세무사

자원배분의 효율성에 관한 설명으로 옳지 않은 것은?

① 후생경제학의 제1정리는 아담 스미스(A. Smith)의 '보이지 않는 손'이 효율적인 자원 배분을 실현함을 의미한다.

② 정보의 비대칭성은 자원배분의 비효율성을 초래하는 요인이 된다.

③ 어떤 자원배분 상태에 파레토개선의 여지가 있다면 그 상태는 효율적이다.

④ 영기준 예산제도는 점증주의 예산에서 탈피하여 효율적 자원배분을 제고할 수 있는 제도이다.

⑤ 공공부문이 공급하는 재화나 서비스에 공공요금을 부과하면 가격기능을 통해 효율적인 자원배분이 가능하다.

📝 파레토 효율성이란 더 이상 파레토 개선이 불가능한 상태를 말한다. 그러므로 어떤 자원배분 상태에서 파레토 개선의 여지가 있다면 그 상태는 파레토 효율적인 배분이 아니다.

17 2021 세무사

효용가능경계(utility possibility frontier)에 관한 설명으로 옳은 것을 모두 고른 것은?

ㄱ. 효용가능경계 상의 각 점에서는 소비의 파레토 효율성만 충족된다.

ㄴ. 효용가능경계 상의 한 점은 생산가능곡선 상의 한 점과 대응관계에 있다.

ㄷ. 효용가능경계 상의 일부 점에서만 $MRS = MRT$가 성립한다.

ㄹ. 소비에 있어서 계약곡선을 효용공간으로 옮겨 놓은 효용가능곡선의 포락선(envelope curve)이다.

ㅁ. 효율과 공평을 동시에 달성시키는 점들의 궤적이다.

---

① ㄱ, ㄴ   ② ㄴ, ㄹ   ③ ㄷ, ㅁ

④ ㄴ, ㄷ, ㄹ   ⑤ ㄴ, ㄷ, ㄹ, ㅁ

📝 효용가능경계는 생산가능곡선 상의 각 점에서 생산이 이루어질 때 소비의 계약곡선을 효용공간으로 옮긴 무수히 많은 효용가능곡선의 가장 바깥쪽에 있는 점들을 연결한 것이므로 효용가능곡선의 포락선이다. 그러므로 효용가능경계 상의 한 점은 생산가능곡선 상의 한 점과 대응관계에 있다.

효용가능경계 상의 모든 점은 소비와 생산이 동시에 파레토 효율적이므로 효용가능경계의 모든 점에서는 $MRS_{XY} = MRT_{XY}$가 성립한다. 효용가능경계는 자원배분이 파레토 효율적인 점을 나타낼 뿐 소득분배의 공평성과는 아무런 관련이 없다.

14 ①   15 ①   16 ③

17 ②

18

다음은 후생경제학에 관련된 내용이다. 옳지 않은 것을 모두 고르면?

> 가. 순수교환경제에서 계약곡선 상의 모든 점에서는 소득분배의 공평성이 달성된다.
> 나. 효용가능경계상의 한 점에서 자원배분이 이루어지고 있다면 사회후생이 극대화된 상태이다.
> 다. 후생경제학의 제1정리에 의하면 완전경쟁시장에서는 자원배분이 파레토 효율적이 된다.
> 라. 후생경제학의 제2정리에 의하면 효율성과 공평성 문제는 상호의존적이다.

① 가, 나   ② 나, 라   ③ 가, 나, 다

④ 가, 나, 라   ⑤ 나, 다, 라

📝 순수교환경제에서 계약곡선 상의 끝 점은 한 개인이 모든 재화를 소비하므로 소득분배의 공평성이 달성되지 않는다. 즉, 계약곡선 상의 모든 점은 자원배분이 파레토 효율적이나 소득분배까지 공평하다는 보장은 없다.

효용가능경계 상의 한 점에서 배분이 이루어지고 있다면 자원배분은 효율적이나 사회후생이 극대화된 상태라는 보장이 없다. 사회후생극대화는 효용가능경계와 사회무차별곡선이 접하는 점에서 이루어진다.

후생경제학의 제2정리에 의하면 정부가 초기 부존자원을 적절히 재분배한 후 시장에 맡겨두면 시장기구에 의해 임의의 파레토 효율적인 점에 도달할 수 있다. 즉, 제2정리에 의하면 정부는 시장기구에 간섭하지 말고 부존자원만 재분배하면 어떤 효율적 배분도 시장기구에 의해 달성가능하므로 소득분배와 자원배분의 효율성 문제는 서로 분리될 수 있다.

19   2022 세무사

사회후생함수에 관한 설명으로 옳지 않은 것은?

① 롤즈(J. Rawls)적 가치판단에 기초한 사회무차별곡선은 우하향하는 직선 형태로 표시된다.

② 사회후생함수가 설정되면 어떤 변화가 발생했을 때, 그것이 개선인지의 여부를 판정할 수 있다.

③ 사회후생함수와 효용가능경계를 이용하여 바람직한 자원배분을 도출할 수 있다.

④ 사회구성원들의 가치판단에 따라 여러 유형의 사회후생함수가 선택될 수 있다.

⑤ 센(A. Sen)에 따르면 제한된 수의 선택가능성 사이에 서열을 매길 수 있는 합리적이고 민주적인 사회적 선호체계의 도출이 가능하다.

📝 롤즈의 사회후생함수에 의하면 사회무차별곡선이 L자 형태로 도출된다. 불가능성정리에 의하면 사회의 여러 상태를 비교·평가할 수 있는 합리적이고 민주적인 기준이 존재하지 않는다. 그렇지만 센(A. Sen)에 의하면 제한된 수의 선택가능성 사이에 서열을 매길 수 있는 합리적이고 민주적인 사회적 선호체계는 여전히 도출 가능하다.

20 　2021 세무사

사회후생함수에 관한 설명으로 옳지 않은 것은?

① 그 사회가 선택하는 가치기준에 의해서 형태가 결정된다.

② 사회후생함수에서는 개인들의 효용을 측정할 수 있다고 가정한다.

③ 평등주의 사회후생함수는 각 개인의 효용에 동일한 가중치를 부여하게 된다.

④ 공리주의 사회후생함수에 의하면 사회후생의 극대화를 위해서는 각 개인소득의 한계효용이 같아야 한다.

⑤ 사회후생을 극대화시키는 배분은 파레토 효율을 달성한다.

✎ 평등주의 사회후생함수는 효용수준이 높은 개인에게는 낮은 가중치, 효용수준이 낮은 사람에게는 높은 가중치를 부여한다.

21 　2022 세무사

A와 B 두 명으로 구성된 사회에서 개인의 효용을 각각 U_A와 U_B, 사회후생을 W라고 할 때, 다음 중 옳지 않은 것은?

① 어떤 배분상태가 효용가능경계상에 있다면 그 상태에서 효율성과 공평성을 동시에 개선시킬 수 없다.

② 평등주의적 사회후생함수의 경우, 평등주의적 성향이 극단적으로 강하면 롤즈(J. Rawls)적 사회무차별곡선의 형태를 가진다.

③ 롤즈의 사회후생함수는 $W = \min\{U_A, U_B\}$로 나타낼 수 있다.

④ 사회후생함수가 $W = U_A + 2U_B$일 경우, B의 효용이 A의 효용보다 사회적으로 2배의 중요성이 부여되고 있다.

⑤ 평등주의적 사회후생함수는 사회 구성원들에게 동일한 가중치를 부여한다.

✎ 평등주의 사회후생함수에서는 고소득층보다 저소득층에게 더 높은 가중치를 부여한다.

22 　2018 세무사

애로우(K. Arrow)의 불가능성 정리에서 사회적 선호체계가 가져야 할 바람직한 속성이 아닌 것은?

① 볼록성　　　　　　　② 이행성

③ 비독재성　　　　　　④ 파레토원칙

⑤ 제3의 선택가능성으로부터의 독립

✎ 애로우는 사회적 선호체계가 가져야 할 바람직한 속성으로 완비성과 이행성, 비제한성, 파레토원칙, 무관한 선택대안으로부터의 독립성, 비독재성을 제시하였다. 볼록성은 애로우가 제시한 사회적 선호체계가 가져야 할 속성과는 관계가 없다.

23

두 사람 A와 B로 구성된 사회에서 재화는 사용재인 X재만 존재하고, 개인 A와 B의 효용함수가 각각 $U^A=100X_A-\frac{1}{2}X_A^2$, $U^B=60X_B-\frac{1}{4}X_B^2$으로 주어져 있다고 하자. 이 경제의 사회후생함수가 공리주의 사회후생함수이고, X재의 부존량이 100단위라면 개인 A가 몇 단위의 재화를 소비할 때 사회후생이 극대화되겠는가?

① 30단위 ② 40단위 ③ 50단위

④ 60단위 ⑤ 70단위

📝 사회후생함수가 $W=U^A+U^B$이므로 사회후생이 극대화되려면 두 사람의 총효용의 합이 극대화 되게끔 주어진 X재를 배분해야 한다. 문제에 주어진 효용함수를 미분하면 두 사람의 한계효용은 각각 $MU^A=100-X_A$, $MU^B=60-\frac{1}{2}X_B$이다. 두 사람에게 배분된 X재의 양이 100단위이므로 $X_A+X_B=100$이고, 두 사람의 총효용의 합이 극대화되도록 하려면 두 사람의 한계효용이 같아야 하므로 $100-X_A=60-\frac{1}{2}X_B$가 성립해야 한다. 이 두 식을 연립해서 풀면 $X_A=60$, $X_B=40$을 구할 수 있다.

한계효용곡선 하방의 면적이 총효용을 나타내므로 아래 그림에서 보는 것처럼 두 사람의 총효용의 합이 가장 커지려면 두 사람의 한계효용이 일치하게끔 재화를 배분해야 한다.

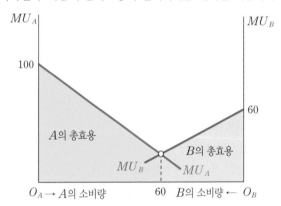

24 2016 세무사

두 사람(A, B)만 존재하고 X재의 양은 1,000이고, A와 B의 효용함수는 각각 $3\sqrt{X_a}$, $\sqrt{X_b}$이다. 공리주의 사회후생함수의 형태를 가질 경우 사회후생의 극대값은? (단, X_a는 A의 소비량이고, X_b는 B의 소비량이며, X_a와 X_b는 모두 양의 수이다.)

① 60 ② 70 ③ 80

④ 90 ⑤ 100

📝 개인 A의 효용함수 $U^A = 3X_a^{\frac{1}{2}}$을 미분하면 $MU^A = \frac{3}{2}X_a^{-\frac{1}{2}} = \frac{3}{2\sqrt{X_a}}$, 개인 B의 효용함수 $U^B = X_b^{\frac{1}{2}}$을 미분하면 $MU^B = \frac{1}{2}X_b^{-\frac{1}{2}} = \frac{1}{2\sqrt{X_b}}$이므로 두 사람의 한계효용이 모두 체감한다.

　　공리주의 사회후생함수 하에서 각 개인의 한계효용이 체감하는 경우에는 각 개인의 한계효용이 동일하게끔 재화를 배분해야 사회후생이 극대가 된다. 따라서 $MU^A = MU^B$로 두면 $\frac{3}{2\sqrt{X_a}} = \frac{1}{2\sqrt{X_b}}$이고, X재의 부존량이 1,000단위이므로 $X_a + X_b = 1,000$도 성립해야 한다. 이 두 식을 연립해서 풀면 $X_a = 900$, $X_b = 100$이다. 이를 사회후생함수 $W = 3\sqrt{X_a} + \sqrt{X_b}$에 대입하면 사회후생 $W = 100$으로 계산된다.

25 　2022 세무사

개인 A와 B로 구성된 경제에 X재가 1,000단위 존재하며, 이 재화에 대한 효용함수는 각각 $U_A = 3\sqrt{X_A}$, $U_B = \sqrt{X_B}$이다. 이 사회의 사회후생함수를 $W = \min\{U_A,\ U_B\}$로 가정할 경우 사회후생의 극댓값은? (단, $X_i > 0 (i = A,\ B)$는 개인 i의 X재 소비량이다.)

① 15　　　　　　　② 30　　　　　　　③ 60
④ 90　　　　　　　⑤ 100

📝 사회후생함수가 $W = \min[U_A,\ U_B]$로 주어져 있으므로 사회후생이 극대가 되려면 $U_A = U_B$가 성립하도록 재화를 배분해야 한다. X재의 양이 1,000단위로 주어져 있으므로 사회후생이 극대화가 이루어지려면 다음의 두 식이 성립해야 한다.

$$3\sqrt{X_A} = \sqrt{X_B}$$
$$X_A + X_B = 1,000$$

　　위의 두 식을 연립해서 풀면 $X_A = 100$, $X_B = 900$으로 계산된다. $X_A = 100$, $X_B = 900$을 사회후생함수에 대입하면 극대화된 사회후생의 크기는 30임을 알 수 있다.

$$\begin{aligned} W &= \min\{3\sqrt{X_A},\ \sqrt{X_B}\} \\ &= \min\{3\sqrt{100},\ \sqrt{900}\} \\ &= 30 \end{aligned}$$

26

두 개인 A와 B가 존재하는 사회의 공리주의적 사회후생함수 $SWF = U_A + U_B$가 있다(단, U_A는 A의 효용이고, U_B는 B의 효용임). 사회후생 극대화를 위해 효용가능경계 위의 가장 바람직한 점을 선택한다고 할 때, 선택점이 완전히 평등한 분배를 나타내기 위해서는 효용가능경계가 어떤 모양을 가져야 하는가?

① 효용가능경계가 직사각형이면 된다.

② 효용가능경계가 원점에 대해 오목하면 된다.

③ 효용가능경계가 원점에 대해 오목하고, 45도 선을 기준으로 대칭이면 된다.

④ 효용가능경계에서는 완전히 평등한 분배점이 존재하지 않는다.

⑤ 효용가능경계의 모양과는 관계없다.

📝 효용가능경계와 사회무차별곡선이 접하는 점에서 개인 A와 B의 효용이 동일하려면 효용가능경계와 사회무차별곡선이 원점을 통과하는 45°선 상에서 접해야 한다. 문제에서 주어진 공리주의 사회후생함수의 사회무차별곡선은 기울기가 -1인 우하향의 직선이다. 기울기가 -1인 우하향의 직선과 효용가능경계가 원점을 통과하는 45°선 상에서 접하려면 효용가능경계가 원점에 대해 오목하면서 원점을 통과하는 45°선을 기준으로 대칭적이어야 한다.

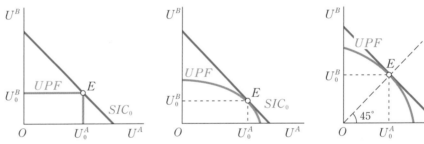
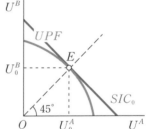

27 `2018` 세무사

보상원칙에 관한 설명으로 옳지 않은 것은?

① 파레토 기준의 한계를 보완하는 차원의 접근이다.

② 개인 간의 직접적 효용비교 없이 어떤 변화가 개선인지의 여부를 평가할 수 있는 방법이다.

③ 판단하는 시점에서는 보상 여부를 감안하지 않지만 선택 결정 이후에는 보상이 이루어져야만 성립한다.

④ 하나의 상태가 다른 상태로 변화했을 때 이득을 보는 사람이 손해를 보게 되는 사람의 손실을 보전하고도 남는 것이 있을 때 칼도기준을 충족한다.

⑤ 사회구성원들이 1원에 대해 똑같은 사회적 가치평가를 한다고 암묵적으로 가정하고 있다.

📝 다수의 사람들로 구성된 사회에서는 실제적인 보상이 불가능하므로 보상원리에서는 실제적 보상이 아니라 잠재적 보상을 가정한다.

28 `2014` 세무사

칼도−힉스(Kaldor−Hicks)의 보상기준에 관한 설명으로 옳은 것은?

① 누군가의 희생 없이는 어떤 사람의 후생증대가 불가능하다.

② 최적의 자원배분을 실현하게 되어 더 이상 파레토 개선이 불가능하다.

③ 칼도−힉스의 보상기준은 실제적 보상이 이루어질 것을 요구한다.

④ 칼도−힉스의 보상기준이 적용된다는 것은 잠재적 파레토 개선이 이루어진다는 것을 의미한다.

⑤ 경제 상태 변화에 따라 손해를 입게 되는 사람의 수가 이득을 보는 사람의 수보다 적을 때에 이루어지게 된다.

✐ 칼도−힉스의 보상기준이란 사회상태의 변화로 이득을 얻는 사람들의 이득금액이 손해를 보는 사람들의 손해금액보다 크면 잠재적으로도 보상을 해 주고도 남을 때 개선으로 평가하는 것을 말한다. 사회상태가 변할 때 이득을 얻는 사람의 수와 손해를 보는 사람의 수가 다수이므로 실제적인 보상은 사실상 불가능하므로 칼도−힉스기준에서는 실제적 보상이 아니라 잠재적 보상을 전제한다.

　이 기준에서는 이득을 얻는 사람 및 손해를 보는 사람의 수는 사회상태 개선여부 판단에 아무런 영향을 주지 않는다. 즉, 이득을 얻은 사람의 수는 소수이고, 손해를 보는 사람은 다수이더라도 총이득금액의 총손해금액보다 크면 개선으로 평가한다.

29 `2020` 세무사

보상기준에 관한 설명으로 옳지 않은 것은?

① 효용가능곡선이 교차하지 않는 경우, 보상기준이 충족되면 잠재적으로 사회후생이 증가된다.

② 스키토브스키(T. Scitovsky)기준은 칼도−힉스(Kaldo−Hicks)기준의 모순을 보완하기 위한 기준이다.

③ 파레토기준은 칼도−힉스의 보상기준을 충족한다.

④ 칼도기준은 상태 변경으로 이득을 얻는 사람의 이득으로 손해 보는 사람의 손실을 보상하고도 남는 경우를 말한다.

⑤ 힉스(J. R. Hicks) 기준은 상태 변경으로 손해를 보는 사람이 이득을 얻는 사람을 매수하는 데 실패하는 경우에 해당한다.

✐ 각 점에서의 사회후생은 사회무차별곡선이 주어져야 판단할 수 있다. 그러므로 보상기준이 충족되면 잠재적 파레토 개선이 이루어지나 잠재적으로 사회후생이 증가한다는 보장은 없다. 파레토 기준에 의하면 사회구성원 중 누구도 손해를 보지 않으면서 최소한 한 명 이상의 효용이 증가할 때 개선으로 평가된다. 그러므로 파레토 기준은 칼도−힉스의 보상기준을 충족한다.

　보기 ④와 ⑤는 각각 칼도기준과 힉스기준에 대한 설명이다. 두 기준은 거의 동일한 방법으로 후생변화를 판단하므로 둘을 합해 칼도−힉스기준이라고 한다. 스키토프스키 기준은 효용가능곡선이 변할 때 발생할 수 있는 칼도−힉스기준의 모순을 보완하기 위해 칼도−힉스기준을 이중으로 적용하여 개선여부를 판단하는 방법이다.

30 2015 세무사

시장실패에 관한 설명으로 옳지 않은 것은?

① 시장실패는 정부개입의 충분조건을 제공한다.

② 시장실패는 자원배분의 비효율성을 초래한다.

③ 정보의 비대칭성이 시장실패를 야기할 수 있다.

④ 외부성의 존재로 인해 시장실패가 일어날 수 있다.

⑤ 시장이 완비되지 못한 경우 시장실패가 일어날 수 있다.

📝 시장실패가 발생하였을 때 정부가 적절히 개입하면 자원배분의 효율성이 높아질 수 있으나 정부가 잘못 개입하면 오히려 자원배분이 보다 더 비효율적이 될 수도 있다. 그러므로 시장실패는 정부의 시장개입에 대한 필요조건은 되나 충분조건까지 되는 것은 아니다.

31 2023 세무사

시장실패에 관한 설명으로 옳은 것을 모두 고른 것은?

ㄱ. 시장실패는 정부개입의 충분조건이다.

ㄴ. 자연독점에 대한 평균비용가격설정은 독점으로 인한 비효율을 제거할 수 있다.

ㄷ. 정액세(lump−sum tax)는 민간부문의 의사결정을 왜곡하지 않는다.

ㄹ. 사회보험은 시장실패를 보완하는 기능을 수행한다.

ㅁ. 공공재는 배제성과 경합성의 특성으로 인하여 시장실패가 발생하게 된다.

---

① ㄱ, ㄴ　　　　　　② ㄴ, ㄷ　　　　　　③ ㄷ, ㄹ

④ ㄷ, ㅁ　　　　　　⑤ ㄹ, ㅁ

✏️ 사회보험
보험료의 형태로 매월 일정금액을 거두어 노령화·질병·실업·산업재해 등으로 활동능력의 상실이나 소득감소가 발생하였을 때 이를 보장하는 제도

📝 정부가 시장에 개입하여 조세를 부과하거나 각종 규제를 도입하면 그에 따른 부작용으로 오히려 자원배분이 더 비효율적이 되는 정부실패가 발생할 수도 있다. 그러므로 시장실패는 정부의 시장개입에 대한 필요조건이기는 하나 충분조건까지 되는 것은 아니다. 자연독점기업이 평균비용가격설정을 하더라도 여전히 과소생산이 이루어지므로 자원배분의 비효율성이 완전히 없어지지는 않는다. 공공재는 비경합성과 비배제성으로 인해 시장실패가 발생한다.

32

정부실패의 발생 원인으로 적합하지 않은 것은?

① 과다한 행정비용　　　　　② 관료의 지대추구 행위

③ 제한된 정보　　　　　　　④ 규모의 경제

⑤ 정책결과 예측의 어려움

📝 규모의 경제란 설비규모가 커질수록 평균비용이 점점 하락하는 현상을 말한다. 규모의 경제가 존재하는 경우에는 자연독점이 발생한다. 그런데 규모의 경제는 정부실패와는 아무런 관련이 없다.

33

다음 중 차선의 이론에 대한 설명으로 옳은 것은?

① 제도 개혁을 추진할 때 비합리성의 부분적 제거가 반드시 바람직하다는 보장은 없다.

② 최선의 해(first-best solution)를 선택하는 것보다 차선의 해(second-best solution)를 선택하는 것이 더욱 바람직하다고 말한다.

③ 차선의 해는 여러 효율성의 조건 중 하나만이 위반된 상태를 지칭한다.

④ 차선의 해를 실현하기 위해서는 모든 효율성의 조건을 충족시켜야 한다.

⑤ 효율성의 기준만으로 판단이 어려울 때에는 공평성의 기준을 추가로 적용할 것을 주장한다.

📝 차선의 이론에 의하면 일부 부문에서 효율성 조건이 충족되지 않는 상황에서는 나머지 부문 중 파레토 효율성 조건이 충족되는 부문이 많다고 해서 더 바람직한 상태라는 보장이 없다. 그러므로 일부 부문만을 파레토 효율적으로 만드는 점진적인 제도개혁은 시행과정에서 부작용을 가져올 수도 있다.

34 `2021` 공인회계사

보험시장에서 정보의 비대칭성에 의해 나타나는 시장실패를 개선하기 위한 다음 조치 중 성격이 다른 하나는?

① 건강 상태가 좋은 가입자의 의료보험료를 할인해준다.

② 화재가 발생한 경우 피해액의 일정 비율만을 보험금으로 지급한다.

③ 실손의료보험 가입자의 병원 이용 시 일정액을 본인이 부담하게 한다.

④ 실업보험 급여를 받기 위한 요건으로 구직 활동과 실업 기간에 대한 규정을 둔다.

⑤ 보험 가입 이후 가입기간 동안 산정한 안전운전 점수가 높은 가입자에게는 보험료 일부를 환급해준다.

📝 보험가입 시점에서 보험가입자의 건강상태에 따라 의료보험료를 다르게 책정하는 것은 역선택을 줄이는 방안이다. 보기 ①을 제외한 나머지는 보험 가입 이후에 보험가입자의 바람직하지 않은 행동을 줄이기 위한 방안이므로 도덕적 해이를 방지하기 위한 대책이다.

35

도덕적 해이에 관한 예시로 옳지 않은 것은?

① 정부의 은행예금보험으로 인해 은행들이 위험한 대출을 더 많이 한다.

② 경영자가 자신의 위신을 높이기 위해 회사의 돈을 과도하게 지출한다.

③ 정부부처가 예산낭비가 심한 대형국책사업을 강행한다.

④ 정부가 신용불량자에 대한 구제책을 내놓자 채무자들이 빚을 갚지 않고 버틴다.

⑤ 은행이 대출이자율을 높이면 위험한 사업에 투자하려는 기업들이 자금 차입을 하는 경우가 늘어난다.

🖉 은행이 대출이자율을 높게 설정할수록 위험이 높은 사업에 투자하려는 사람이 자금을 차입하려는 현상이 나타난다. 이는 정보가 비대칭적인 상황에서 정보수준이 낮은 측(은행)이 '사전적'으로 바람직하지 않은 거래상대방을 만날 가능성이 높아지는 것이므로 도덕적 해이가 아니라 역선택에 해당된다.

✏ 예금보험
금융기관으로부터 일정요율의 보험표를 납입받아 적립하여 경영부실로 금융기관이 예금을 상환할 수 없는 사태가 발생할 경우 이에 따른 예금자의 손실을 보전해 주는 제도

36

다음에서 역선택(adverse selection)에 대한 설명으로 옳지 않은 것은?

① 보험회사가 보험가입자들의 위험정도를 구분할 수 있다면 보험가입자의 위험도에 따라 다른 보험 상품을 제공할 수 있다.

② 보험회사가 보험가입자들의 위험정도를 구분할 수 없을 때 평균위험도에 따라 보험료를 책정할 수 있으나 이 경우에는 그 균형이 불안정할 수밖에 없다.

③ 보험회사가 개인들의 위험도에 따라 다른 보험 상품을 제공하고 각 소비자가 스스로 알아서 적절한 상품을 선택하도록 하면 그 결과는 비효율적일 수밖에 없다.

④ 보험청구액의 일정한 비율을 보험가입자로 하여금 지불하도록 하면 역선택의 문제가 해결된다.

⑤ 역선택 문제를 해결하기 위해서는 보험을 강제보험인 사회보험으로 해야 한다.

🖉 보험청구액의 일정비율을 보험가입자가 지불하도록 하는 공동보험은 역선택이 아니라 도덕적 해이를 완화하는 방안이다.

37 `2020` 세무사

의료보험의 도덕적 해이에 관한 설명으로 옳지 않은 것은?

① 의료보험에 가입하면 개인들은 건강관리를 철저히 하지 않는 경향이 있다.

② 민간 의료보험의 경우, 건강관리를 등한시하는 사람의 가입이 증가한다.

③ 의료보험에 가입하면 본인부담 진료비가 줄어들어 병원에 자주 간다.

④ 실손 민간 의료보험의 경우, 고가의 치료 방식을 선호하는 경향으로 인하여 보험금 지출이 늘어난다.

⑤ 의료 서비스에 대한 실제 비용보다 환자의 지불액이 낮을 때, 발생한다.

☑ 가입단계에서 주로 건강관리를 등한시 하는 사람들이 의료보험에 가입하는 것은 도덕적 해이가 아니라 역선택이다. 도덕적 해이는 의료보험에 가입한 이후 건강관리를 등한시 하거나 자주 병원에 가는 등의 행위로 보험회사의 보험금 지급액이 늘어나는 현상을 말한다. 보기 ②는 역선택에 해당되고 나머지 보기는 도덕적 해이에 관련되어 있다.

38

아래의 보기 중 도덕적 해이와 관련된 설명 중 옳은 것을 모두 고르면?

> 가. 의료보험의 자기부담률이 낮을수록 과잉진료 현상이 초래될 가능성이 크다.
> 나. 건강이 좋지 않은 사람일수록 사적인 의료보험에 가입하려고 한다.
> 다. 개인의 실적에 따라 성과급을 지급하면 도덕적 해이가 완화될 수 있다.
> 라. 모든 사람이 공적인 의료보험에 의무적으로 가입하도록 하면 도덕적 해이가 발생하지 않는다.

① 가, 나   ② 나, 다   ③ 가, 다
④ 가, 나, 다   ⑤ 가, 다, 라

☑ 보기 '나'는 도덕적 해이가 아니라 역선택에 대한 설명이다. 모든 사람이 공적 의료보험에 강제로 가입하도록 하면 역선택은 발생하지 않으나 도덕적 해이는 여전히 발생한다.

39

다음은 주인-대리인문제(principal-agent problem)에 대한 설명이다. 옳지 않은 것은?
① 주인-대리인 문제는 도덕적 해이의 한 예이다.
② 현실적으로 경영자와 주주, 변호사와 의뢰인 등의 관계에서 쉽게 찾아볼 수 있다.
③ 주인-대리인 문제가 발생하는 기본적인 원인은 대리인(agent)이 갖고 있는 정보수준이 주인(principal)이 갖고 있는 정보수준보다 적기 때문에 발생한다.
④ 주인-대리인 문제를 해결하기 위해서는 대리인이 주인의 뜻에 따라 행동을 하도록 하는 보수체계를 마련해야 한다.
⑤ 주인(principal)이 대리인(agent)의 행동을 직접 관찰할 수 없기 때문에 발생한다.

☑ 주인-대리인 문제가 발생하는 이유는 주인(principal)이 갖고 있는 정보수준이 대리인(agent)이 갖고 있는 정보수준보다 적기 때문이다.

01

두 재화 X와 Y만을 소비하는 두 명의 소비자 갑과 을이 존재하는 순수교환경제에서 갑의 효용함수는 $U_갑(X_갑,\ Y_갑)=\min\{X_갑,\ Y_갑\}$, 을의 효용함수는 $U_을(X_을,\ Y_을)=X_을\times Y_을$ 이다. 갑과 을의 초기 부존자원$(X,\ Y)$이 각각$(30, 60)$, $(60, 30)$이고 X재의 가격이 1이다. 일반균형(general equilibrium)에서 Y재의 가격은?

① $\dfrac{1}{3}$　　　　　　　　② $\dfrac{1}{2}$　　　　　　　　③ 1

④ 2　　　　　　　　⑤ 3

📝 경제 전체의 X재와 Y재 부존량이 모두 90단위이므로 에지워스 상자는 아래 그림과 같이 정사각형이고, E점이 최초의 부존점을 나타낸다. 두 사람의 무차별곡선은 에지워스 상자의 대각선에서 서로 접할 것이므로 대각선이 계약곡선이 된다. 대각선 상의 모든 점에서는 각 개인의 X재와 Y재 소비량이 동일하다. 계약곡선 상에서는 소비자 갑의 무차별곡선이 꺾어진 점에서 소비자 을의 무차별곡선과 접하므로 소비자 갑의 한계대체율은 정의되지 않는다. 한편, 소비자 을의 한계대체율 $MRS^을_{XY}=\dfrac{Y_을}{X_을}$이므로 X재와 Y재 소비량이 동일하면 한계대체율이 1이 된다.

　일반균형이란 모든 시장이 동시에 균형이 이루어지는 상태를 말한다. 교환경제의 일반균형에서는 $MRS^갑_{XY}=\dfrac{P_X}{P_Y}=MRS^을_{XY}$이 성립한다. 소비자 을의 한계대체율 $MRS^을_{XY}=\dfrac{Y_을}{X_을}=1$이므로 일반균형에서는 $\dfrac{P_X}{P_Y}=1$이 성립할 것이다. 그러므로 X재 가격이 1이면 Y재 가격도 1이 되어야 한다. 일반균형은 아래 그림의 F점에서 이루어진다.

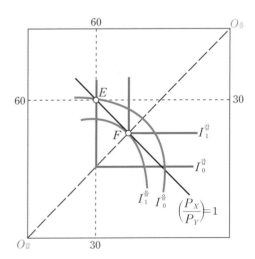

02

에지워스 상자도 내의 소비계약곡선의 설명 중 틀린 것은?

① 두 소비자의 무차별곡선이 접하는 점의 궤적이다.

② 소비계약곡선상에서 두 소비자의 예산선의 기울기는 다르다.

③ 소비계약곡선상에서 두 소비자의 한계대체율은 같다.

④ 소비계약곡선상에서는 모든 점들은 파레토 효율적이다.

⑤ 소비계약곡선상에서는 모든 재화에 대해 초과수요가 존재하지 않는다.

📝 최초의 부존점이 E점이고, 재화의 상대가격이 $\left(\dfrac{P_X}{P_Y}\right)=2$로 주어져 있다고 하자. 재화의 상대가격이 2로 주어지면 각 개인들은 X재 1단위와 Y재 2단위를 교환할 수 있으므로 각 개인들은 초기 부존점인 E점을 통과하고 기울기가 -2인 직선을 예산선으로 인식하게 된다. 재화의 상대가격이 2일 때 개인 A는 EI만큼의 Y재를 지급하고, IG만큼의 X재를 얻으려고 하는 반면, 개인 B는 EJ만큼의 X재를 지급하고 JH만큼의 Y재를 얻으려고 할 것이다. 이 경우 X재는 초과공급 상태이고, Y재는 초과수요 상태이므로 X재 가격은 하락하고 Y재 가격은 상승하게 된다. 이와 같은 조정은 균형이 이루어질 때까지 계속되는데, 이와 같은 조정과정을 모색과정이라고 한다. 결국 균형은 초기부존점을 지나는 가격선(예산선)과 두 개인의 무차별곡선이 접하는 F점에서 이루어진다.

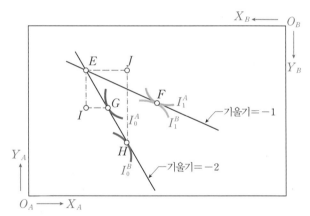

소비계약곡선이란 위에서 설명한 것과 같은 과정을 거쳐 두 사람의 사람의 무차별곡선이 접하는 점들을 연결한 선이므로 계약곡선상의 모든 점에서는 $MRS_{XY}^A = MRS_{XY}^B$가 성립한다. 계약곡선상의 점에서는 두 사람이 교환을 통해 더 이상 후생을 증대시키는 것이 불가능하므로 파레토 효율적이다. 그리고 계약곡선상에서 두 소비자가 직면하는 가격비가 동일하므로 두 사람의 예산선의 기울기가 동일하다.

03 2020 공인회계사

두 소비자 1, 2가 두 재화 X, Y를 소비하는 순수교환경제에서 각 소비자의 효용함수가 다음과 같다.

> • 소비자 1 : $u_1(x_1, y_1) = \min\{x_1, y_1\}$
> • 소비자 2 : $u_2(x_2, y_2) = \min\{2x_2, 3y_2\}$

경제의 부존량이 X재 3단위, Y재 2단위라면, 다음 중 파레토 효율적인 배분점으로 옳지 않은 것은?

	소비자 1	소비자 2			소비자 1	소비자 2
①	(0, 0)	(3, 2)		②	(1, 1)	(2, 1)
③	(1.5, 1)	(1.5, 1)		④	(2, 1)	(1, 1)
⑤	(3, 2)	(0, 0)				

📝 우선 한 사람이 모든 자원을 소비하는 상태에서는 그 사람의 효용을 감소시키지 않고는 다른 사람의 효용을 증가시킬 수 없으므로 보기 ①과 ⑤는 파레토 효율적이다. 소비자 1은 효용함수가 $u_1(x_1, y_1) = \min\{x_1, y_1\}$이므로 X재와 Y재를 1 : 1로 소비하는 상태에서는 소비자 1의 효용을 감소시키지 않고는 소비자 2의 효용증대가 불가능하다. 그러므로 보기 ②의 배분상태는 파레토 효율적이다. 반면 소비자 2는 효용함수가 $u_2(x_2, y_2) = \min\{2x_2, 3y_2\}$이므로 X재와 Y재를 3 : 2의 비율로 소비하는 상태에서는 소비자 2의 효용을 감소시키지 않고는 소비자 1의 효용증대가 불가능하다. 그러므로 보기 ③의 배분상태도 파레토 효율적이다.

소비자 1이 재화묶음 (2, 1)을 소비하면 $u_1 = \min\{2, 1\} = 1$이고, 소비자 2가 (1, 1)을 소비하면 $u_2 = \min\{2 \times 1, 3 \times 1\} = 2$이다. 이 경우 소비자 1이 소비하는 X재 1단위를 소비자 2에게 재배분하면 $u_1 = \min\{1, 1\} = 1$이고, $u_2 = \min\{2 \times 2, 3 \times 1\} = 3$이 되므로 소비자 2의 효용이 1만큼 증가한다. 즉, 파레토 개선이 이루어진다. 그러므로 보기 ④의 배분상태는 파레토 효율적이 아님을 알 수 있다.

좀 더 체계적인 이해를 위해 에지워스 상자를 이용하여 이 문제를 풀어보자. 소비자 1은 효용함수가 $u_1(x_1, y_1) = \min\{x_1, y_1\}$, 소비자 2는 효용함수가 $u_2(x_2, y_2) = \min\{2x_2, 3y_2\}$이므로 에지워스 상자에서 두 사람의 무차별곡선은 그림 (a)와 같이 그려진다. 이 그림에서 배분점이 a점 혹은 b점으로 주어져 있는 경우 두 사람의 무차별곡선으로 만들어진 사각형 내부의 색으로 칠해진 영역으로 배분점이 옮겨가면 두 사람이 효용이 모두 증가한다. 따라서 a점과 b점은 파레토 효율적인 점이 아니다.

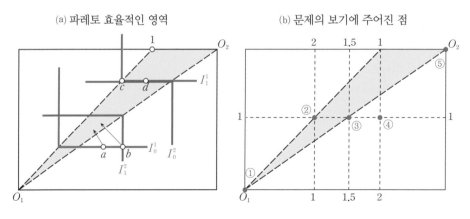

(a) 파레토 효율적인 영역   (b) 문제의 보기에 주어진 점

배분점이 c점 혹은 d점으로 주어져 있는 상태에서는 한 소비자의 효용을 증가시키려면 다른 소비자의 효용이 감소한다. 즉, 파레토 개선이 불가능하다. 지금까지의 설명을 종합하면 그림 ⓐ에서 색으로 칠해진 삼각형 부분이 모두 파레토 효율적인 영역임을 알 수 있다.

이제 이 문제에 주어진 보기에 해당하는 점들을 표시하면 그림 ⓑ와 같다. 이 그림에서 보기 ④에 해당하는 점만 색으로 칠해진 삼각형 영역의 바깥에 위치하므로 파레토 효율적인 배분점이 아님을 알 수 있다.

04

두 소비자 1, 2가 두 재화 x, y를 소비하는 순수교환경제를 고려하자. 두 소비자의 효용함수가 $u(x, y) = x + \sqrt{y}$로 같을 때, 다음 설명 중 옳은 것은? (단, 각 소비자는 두 재화 모두 양(+)의 유한한 초기부존자원을 갖는다.)

가. 에지워드 상자의 대각선이 계약곡선(contract curve)이 된다.
나. 각 소비자의 한계대체율은 x재 소비량과 무관하게 결정된다.
다. 주어진 초기부존점에서 복수의 경쟁균형(competitive equilibrium)을 갖는다.
라. 만약 두 소비자의 y재 초기부존량이 같다면 초기부존점이 곧 경쟁균형 소비점이 된다.

---

① 가, 나   ② 가, 다   ③ 나, 다
④ 나, 라   ⑤ 다, 라

📝 문제에 주어진 효용함수는 준선형 효용함수이다. 두 소비자의 한계대체율을 구해보면

$$MRS_{XY} = \frac{MU_X}{MU_Y} = \frac{1}{\frac{1}{2}y^{-\frac{1}{2}}} = \frac{1}{\frac{1}{2\sqrt{y}}} = 2\sqrt{y}$$이므로 개인 1과 2의 한계대체율이 같아지려면

두 사람의 y재 소비량이 동일해야 한다. 두 사람의 y재 소비량이 동일할 때 두 사람의 한계대체율이 같아지므로 계약곡선이 수평선으로 도출된다.

두 사람의 한계대체율이 일치하는 점은 한 점이 될 것이므로 보기 다는 옳지 않다. 만약 두 소비자의 y재 초기부존량이 같다면 부존점에서 두 사람의 한계대체율이 동일할 것이므로 초기부존점이 곧 경쟁균형 소비점이 된다. 그러므로 옳은 보기는 나와 라이다.

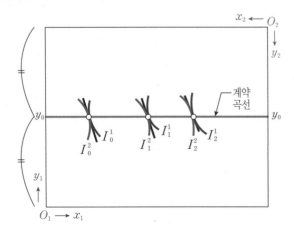

✏ **준선형 효용함수일 때의 계약곡선**
두 사람의 효용함수가 모두 X재에 대한 준선형 효용함수이면 한계대체율이 Y재 소비량에 의해서만 결정된다.
→ 두 사람의 한계대체율이 같아지려면 두 사람의 Y재 소비량이 동일해야 한다.

05 `2020 감정평가사`

두 재화 X와 Y를 소비하는 소비자 甲과 乙이 존재하는 순수교환경제를 가정한다. 두 소비자의 효용함수는 $U(x, y) = xy$로 동일하고, 甲의 초기부존은 $(x=10, y=5)$, 乙의 초기부존은 $(x=5, y=10)$일 때, 옳은 것을 모두 고른 것은? (단, x는 X재 소비량, y는 Y재 소비량)

> ㄱ. 초기부존에서 甲의 한계대체율은 0.5, 乙의 한계대체율은 2이다.
> ㄴ. 초기부존에서 甲의 X재 1단위와 乙의 Y재 2단위가 교환될 때 파레토 개선이 이루어진다.
> ㄷ. 일반균형은 X재 가격이 1일 때, Y재 가격은 1이다.
> ㄹ. 일반균형에서 甲은 X재보다 Y재를 더 많이 소비한다.

① ㄱ, ㄴ   ② ㄱ, ㄷ   ③ ㄴ, ㄷ
④ ㄴ, ㄹ   ⑤ ㄷ, ㄹ

📝 먼저 두 사람의 한계대체율 식을 구해보자. 두 사람의 효용함수가 $U = XY$로 동일하므로 한계대체율 식도 $MRS_{XY} = \dfrac{MU_X}{MU_Y} = \dfrac{Y}{X}$로 동일하다. 갑의 초기부존이 $(X=10, Y=5)$이므로 부존점에서 갑의 한계대체율은 0.5, 을의 초기부존이 $(X=5, Y=10)$이므로 부존점에서 을의 한계대체율은 2이다. 아래의 그림 ⒜를 보면 초기부존점인 E점에서 을의 무차별곡선이 갑의 무차별곡선보다 더 급경사임을 알 수 있다. 아래의 표에서 보는 것처럼 갑의 X재 1단위와 을의 Y재 2단위가 교환되면 갑의 효용은 증가하나 을의 효용은 감소하므로 이러한 교환은 파레토 개선이 아님을 알 수 있다.

각 개인의 효용수준

	교환이전		교환이후	
	갑	을	갑	을
재화보유량	$X=10, Y=5$	$X=5, Y=10$	$X=9, Y=7$	$X=6, Y=8$
효용수준	$U=10 \times 5 = 50$	$U=5 \times 10 = 50$	$U=9 \times 7 = 63$	$U=6 \times 8 = 48$

이제 계약곡선을 구해보자. 계약곡선 상에서는 두 사람의 한계대체율이 일치하므로 $\dfrac{Y_{갑}}{X_{갑}} = \dfrac{Y_{을}}{X_{을}}$이 성립한다. 또한, 경제 내의 X재와 Y재 부존량이 모두 15단위이므로 다음의 제약조건도 성립한다.

$$\begin{cases} X_{갑} + X_{을} = 15 \\ Y_{갑} + Y_{을} = 15 \end{cases}$$

이 제약조건을 $X_{을} = 15 - X_{갑}$, $Y_{을} = 15 - Y_{갑}$로 바꾸어 쓴 뒤에 $\dfrac{Y_{갑}}{X_{갑}} = \dfrac{Y_{을}}{X_{을}}$에 대입하면 다음과 같이 계약곡선 식을 구할 수 있다. 계약곡선 식이 $Y_{갑} = X_{갑}$이므로 계약곡선은 대각선이 된다.

$$\dfrac{Y_{갑}}{X_{갑}} = \dfrac{15 - Y_{갑}}{15 - X_{갑}}$$
$$\rightarrow Y_{갑}(15 - X_{갑}) = X_{갑}(15 - Y_{갑})$$
$$\rightarrow Y_{갑} = X_{갑}$$

사실 문제를 풀 때는 계약곡선 식을 위와 같은 방법으로 구할 필요가 없다. 두 사람의 한계대체율이 모두 $MRS_{XY}=\dfrac{Y}{X}$이므로 한계대체율이 동일하려면 두 사람의 X재와 Y재의 소비량비율이 같아야 하는데, 에지워스 상자에서 두 사람의 $\dfrac{Y}{X}$가 같아지는 점은 대각선뿐이므로 대각선이 계약곡선임을 쉽게 알 수 있다.

그림 (b)를 보자. X재와 Y재의 가격이 모두 1일 때 갑의 X재 2.5단위와 을의 Y재 2.5단위가 교환되면 계약곡선 상의 F점으로 이동하므로 일반균형이 이루어진다(일반균형을 찾는 방법은 매우 복잡하므로 여기서는 설명하지 않기로 한다). 에지워스 상자가 정사각형이고 계약곡선이 대각선이므로 계약곡선 상의 어떤 점에서 일반균형이 이루어지더라도 각자의 X재와 Y재의 소비량은 항상 동일하다.

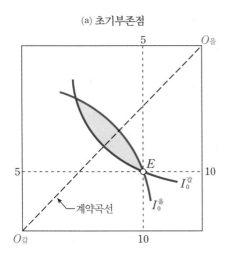

(a) 초기부존점

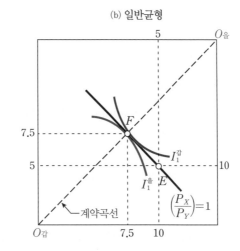

(b) 일반균형

06

A, B 두 소비자가 X재와 Y재만을 소비하는 교환경제를 생각해 보자. A와 B의 초기부존은 각각 $(10, 0)$, $(10, 10)$이다. 두 사람의 효용함수가 $U=XY$로 동일하다면 계약곡선 식으로 적절한 것은?

① $Y=\dfrac{1}{2}X$ ② $Y=\dfrac{1}{3}X$ ③ $Y=\dfrac{1}{4}X$

④ $Y=\dfrac{1}{5}X$ ⑤ $Y=\dfrac{1}{10}X$

✎ 두 소비자의 효용함수가 $U=XY$로 동일하므로 한계대체율도 $\dfrac{Y}{X}$로 동일하다. 개인 A의 소비묶음을 (X, Y)로 표시하면 개인 B의 소비묶음은 $(20-X, 10-Y)$이다. 파레토 효율성이 달성되는 상태에서는 두 사람의 한계대체율이 일치하므로 $\dfrac{Y}{X}=\dfrac{10-Y}{20-X}$가 성립한다. 이를 정리하면 계약선 식은 $Y=\dfrac{1}{2}X$임을 알 수 있다.

07 **2019** 세무사

사회후생함수에 관한 설명으로 옳지 않은 것은? (단, n명으로 구성된 사회에서 개인 i의 후생은 w_i, 사회후생은 W)

① 공리주의적 사회후생함수는 모든 사회구성원의 개인적 후생의 총합으로 나타내며 $W = w_i + \cdots + w_n$가 된다.

② 앳킨슨(A. Atkinson)의 확장된 공리주의 사회후생함수는 $W = \dfrac{1}{\alpha} \sum\limits_{i=1}^{n} w_i^{\alpha}$로 표현되는데, 이는 α가 1보다 작은 경우에는 개인후생의 합뿐만 아니라 분배에 의해서도 사회후생이 영향을 받는다는 것을 보여준다.

③ 롤즈(J. Rawls)의 사회후생함수는 도덕적 가치관을 중시하는 규범적 규율을 반영하는 데, 이를 표현하면 $W = \min\{w_i, \cdots, w_n\}$로 나타낼 수 있다.

④ 평등주의적 사회후생함수는 개인의 후생수준이 높을수록 더 작은 가중치를 적용한다.

⑤ 애로우(K. Arrow)는 합리적인 사회적 선호체계를 갖춘 사회후생함수가 존재함을 실증을 통해 입증했다.

📝 애로우의 불가능성정리(impossibility theorem)에 의하면 합리적인 사회적 선호체계를 갖춘 이상적인 사회후생함수는 존재하지 않는다. 앳킨슨은 고전적 공리주의 사회후생함수를 보다 일반화한 아래와 같은 확장된 공리주의 사회후생함수를 제시하였다. $\alpha = 1$이면 $W = \sum\limits_{i=1}^{n} w_i$이므로 고전적 공리주의 사회후생함수와 일치한다.

$$W = \frac{1}{\alpha} \sum_{i=1}^{n} w_i^{\alpha}$$

이의 확장된 공리주의 사회후생함수를 이용하면 α값에 따라 다양한 사회후생함수를 만들 수 있다. 정확한 이해를 위해서는 고급수준의 수학적 지식이 필요하므로 수리적인 내용은 생략하고 개략적으로 설명하면 α가 마이너스 무한대($-\infty$)에 근접하면 롤스의 사회후생함수에 근접하고, 플러스 무한대(∞)에 근접하면 최상층우대 사회후생함수에 근접하게 된다. 그리고 0에 가까우면 내쉬의 사회후생함수에 근접한다. 이는 사회후생이 개인후생의 합뿐만 아니라 소득분배(효용분배)에 의해서도 영향을 받는다는 것을 보여준다.

08

후생경제학의 제2정리에 대한 설명으로 옳지 않은 것은?

① 무차별곡선이 원점에 대해 볼록한 형태이어야만 제2정리가 성립한다.

② 조세(lump-sum tax)와 보조금을 통한 정부개입으로 효율성과 공평성을 모두 달성할 수 있다.

③ 재분배를 위해 정부가 가격체계를 인위적으로 조정할 필요가 없다는 점을 시사한다.

④ 초기부존자원의 재분배를 통해 임의의 파레토효율적인 자원배분을 시장기구를 통해 달성할 수 있다.

⑤ 물품세를 부과하더라도 마찬가지로 소득분배 공평성과 자원배분의 효율성을 달성할 수 있다.

☑ 후생경제학의 제2정리는 재분배를 위한 정부의 간섭은 현금이전에 국한시키고 나머지는 시장기구에 맡겨도 효율성과 공평성을 모두 달성할 수 있음을 보여준다. 만약 물품세를 부과하면 상대가격의 변화가 발생하고, 그렇게 되면 경제주체의 선택행위가 교란되므로 필연적으로 비효율성이 초래된다. 그러므로 소득분배 공평성을 달성하기 위해 인위적으로 가격체계를 변경함으로써 시장기구를 왜곡시키는 것 보다는 중립세(lump−sum tax)와 현금보조를 통해 소득분배를 적절히 조정한 다음 나머지는 시장기구에 맡기는 것이 더 바람직하다는 것이 후생경제학의 제2정리의 내용이다.

✎ 중립세(lump−sum tax)
대체효과를 발생시키지 않기 때문에 민간부문의 의사결정에 전혀 교란을 일으키지 않는 조세

09

고품질과 저품질, 두 가지 유형의 TV가 거래되는 중고 TV 시장이 있다. 판매자는 자신이 파는 중고 TV의 품질을 알고 있으나 구매자는 중고 TV의 품질을 구매 전에는 알지 못한다. 판매자의 수용용의금액과 구매자의 최대지불용의금액은 아래의 표와 같고, 구매자는 위험중립적이다. 이러한 사실들은 판매자와 구매자에게 모두 알려져 있다. 전체 중고 TV 시장에서 고품질의 중고 TV가 차지하는 비중을 P라고 할 때, 고품질과 저품질의 중고 TV가 모두 시장에서 거래되기 위한 P의 최솟값은?

(단위 : 만 원)

	고품질 TV	저품질 TV
구매자의 최대지불용의금액	160	60
판매자의 수용용의금액	125	30

① 50%　　　　　② 55%　　　　　③ 65%
④ 70%　　　　　⑤ 75%

☑ 고품질의 TV가 차지하는 비중이 P이므로 위험중립적인 구매자가 임의의 TV에 대해 지불할 용의가 있는 금액은 다음과 같이 계산된다.

$$지불용의금액 = [P \times 160] + [(1-P) \times 60]$$
$$= 60 + 100P$$

고품질과 저품질의 중고TV가 모두 거래되려면 임의의 중고TV에 대해 구매자가 지불할 용의가 있는 최대금액이 고품질 중고TV 판매자가 받고자 하는 금액인 125보다는 크거나 같아야 하므로 $60 + 100P \geq 125$로 두면 $P \geq 0.65$로 계산된다. 그러므로 고품질과 저품질의 중고TV가 모두 거래되기 위한 P의 최솟값은 65%임을 알 수 있다.

10 2023 세무사

두 사람으로 구성된 어느 경제의 효용가능경계와 사회후생함수 $W^A=U_1+U_2$의 사회무차별곡선과의 접점을 A, 사회후생함수 $W^B=\min\{U_1,\ U_2\}$의 사회무차별곡선과의 접점을 B, 사회후생함수 $W^C=U_1U_2$의 사회무차별곡선과의 접점을 C라고 하자. 이 접점들은 각 경우에 유일한 접점이라고 하자. 다음 중 옳은 것을 모두 고른 것은?

> ㄱ. A와 B가 일치하면 C도 반드시 일치한다.
> ㄴ. A와 C가 일치하면 B도 반드시 일치한다.
> ㄷ. B와 C가 일치하면 A도 반드시 일치한다.
> ㄹ. 세 접점이 모두 일치할 수는 없다.

① ㄹ   ② ㄱ, ㄴ   ③ ㄱ, ㄷ
④ ㄴ, ㄷ   ⑤ ㄱ, ㄴ, ㄷ

 사회후생함수가 $W^A=U_1+U_2$일 때의 사회무차별곡선 SIC^A는 기울기(절댓값)가 1인 우하향의 직선이고, $W^B=\min\{U_1,\ U_2\}$일 때의 사회무차별곡선 SIC^B는 원점을 통과하는 45°선 상에서 꺾어진 L자 형태이고, $W^C=U_1U_2$일 때의 사회무차별곡선 SIC^C는 원점에 대해 볼록한 형태이다. 개인의 무차별곡선 기울기를 나타내는 한계대체율을 구하는 것과 동일한 방법으로 구해보면 사회후생함수가 $W^C=U_1U_2$일 때 사회무차별곡선은 기울기(절댓값)가 $\dfrac{U_2}{U_1}$임을 알 수 있다. 원점을 통과하는 45°선 상에서는 $U_1=U_2$이므로 사회후생함수가 $W^C=U_1U_2$일 때의 사회무차별곡선 SIC^C의 기울기(절댓값)가 1이 된다.

그림 (a)에서 보는 것처럼 SIC^B는 원점을 통과하는 45°선 상에서 꺾어지는 L자 형태이므로 B와 C는 원점을 통과하는 45°선 상에서 일치한다. 원점을 통과하는 45°선 상에서는 SIC^C의 기울기(절댓값)도 SIC^A의 기울기(절댓값)와 동일한 1이므로 A와 B가 일치하면 C도 반드시 일치할 수밖에 없다.

그림 (b)에서 보는 것처럼 SIC^A와 SIC^C는 원점을 통과하는 45°선 상에서만 접하므로 A와 C가 일치하면 B도 반드시 일치하게 된다. 그림 (c)에서 보는 것처럼 효용가능경계가 꺾은선의 형태로 주어져 있다면 B와 C가 일치하더라도 A는 다른 점에서 이루어질 수도 있다.

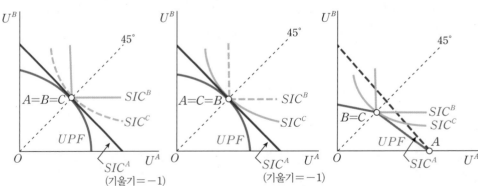

(a) $A=B$일 때   (b) $A=C$일 때   (c) $B=C$일 때

11 2022 세무사

시장실패와 정부의 기능에 관한 설명으로 옳지 않은 것은?

① 국민연금의 강제 가입은 일찍 은퇴할 가능성이 높은 사람만 가입하는 역선택 문제를 해결할 수 없다.

② 중립세는 민간부분의 의사결정을 교란시키지 않는다.

③ 시장실패는 정부개입의 필요조건이다.

④ 정부가 어떤 정책에 대한 민간부문의 반응을 완벽하게 통제하지 못하면 정부실패가 발생할 수 있다.

⑤ 자연독점기업에 대한 한계비용가격설정은 독점으로 인한 비효율성을 제거할 수 있다.

📝 모든 대상자들에게 국민연금 가입을 의무화하면 일찍 은퇴할 가능성이 높은 사람만 가입하는 역선택 문제가 전혀 발생하지 않는다. 시장실패를 교정하기 위한 정부개입이 민간의 의사결정 왜곡을 초래하여 정부개입 이전보다 자원배분의 효율성이 낮아질 수도 있다. 그러므로 시장실패는 정부개입의 필요조건이지만 충분조건까지 되는 것은 아니다. 자연독점기업에 대한 한계비용가격설정이 이루어지면 $P=MC$가 성립하므로 사회적으로 볼 때 최적수준의 생산이 이루어진다.

02

외부성 · 공공재 · 공공선택이론

Public Finance

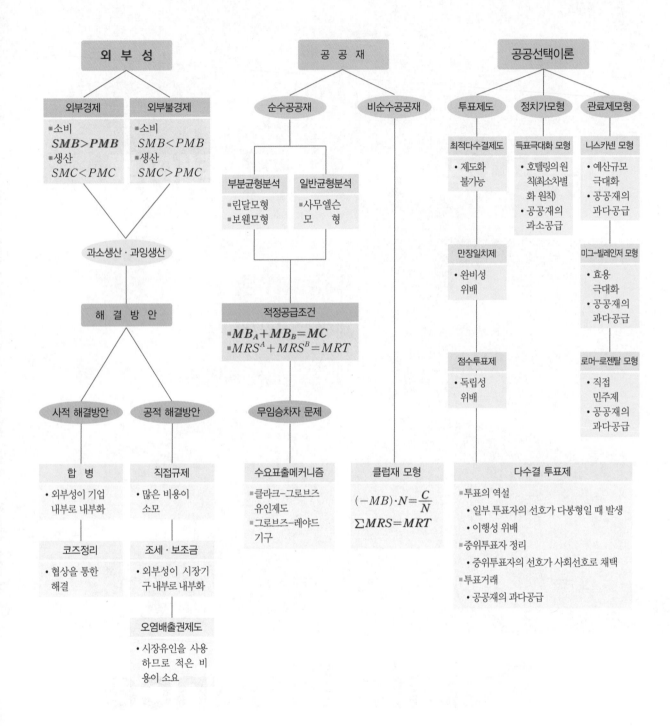

Public Finance

03 외부성

⊙ Point

외부성은 시장실패가 발생하는 주요 요인의 하나이다. 이 장에서는 외부성의 개념에 대해 알아보고 외부성이 자원배분에 어떤 영향을 미치는지에 대해 살펴본다. 그리고 외부성 문제를 해결할 수 있는 다양한 대책에 대해 논의한다. 구체적으로 보면 외부성의 사적인 해결방안에는 기업을 합병하거나 재산권을 설정하고 당사자 간의 자발적인 협상을 통해 해결하도록 하는 방법이 있고, 공적인 해결방안에는 직접규제, 피구세와 보조금, 오염배출권제도 등이 있다. 각각에 대해 자세히 살펴보기로 하자.

I 외부성의 개념 및 구분

1. 외부성의 개념

① 외부성(externality)이란 어떤 경제주체의 생산 혹은 소비활동이 다른 경제주체에게 의도하지 않은 혜택이나 손해를 미치면서도 이에 대한 보상이 이루어지지 않는 것을 말한다.

② 유리한 영향을 미치는 경우를 외부경제(external economy), 불리한 영향을 미치는 경우를 외부불경제(external diseconomy)라고 한다.

> ✎ 외부성은 의도하지 않고 제3자에게 영향을 미치는 효과이다.

> ✎ 외부성은 시장기구의 외부에서 일어나는 현상이다.

2. 외부성의 구분

(1) 실질적 외부성과 금전적 외부성

1) 실질적 외부성

① 실질적 외부성(real externality)이란 어떤 경제주체의 행동이 다른 경제주체의 효용함수 혹은 생산함수에 영향을 주어 다른 경제주체가 이득을 얻거나 피해를 입는 것을 말한다.

② 실질적 외부성은 시장의 가격기구를 통하지 않고 유리하거나 불리한 영향을 미치므로 한 경제주체의 이득이 다른 경제주체의 피해와 상쇄되지 않는다.

③ 실질적 외부성은 기술적 외부성(technological externality)이라고도 하며, 통상적으로 외부성이라고 하면 실질적 외부성을 의미한다.

2) 금전적 외부성

① 금전적 외부성(pecuniary externality)이란 어떤 경제주체의 행동이 의도하지 않은 상대가격의 변화를 유발함에 따라 다른 경제주체가 이득을 얻거나 피해를 입는 것을 말한다.

> ⓔ 정부의 신행정수도 건설로 건설자재 가격이 상승함에 따라 집을 지으려고 계획하던 사람이 피해를 입는 경우

② 금전적 외부성의 경우에는 시장의 가격기구를 통하여 한 사람의 피해가 다른 사람의 이익과 정확히 상쇄된다.

③ 그러므로 금전적 외부성은 사회구성원간의 소득분배에는 영향을 미치나 자원배분에는 영향을 미치지 않는다.

(2) 생산외부성과 소비외부성

1) 생산외부성

① 생산외부성이란 재화의 생산과정에서 발생하는 외부성을 의미한다.

> 📖 어떤 기업이 폐수를 배출함에 따라 다른 기업이 피해를 입거나(외부불경제), 양봉업자가 벌꿀을 생산할 때 벌들의 활동으로 인근 과수원의 과일생산량이 증가하는 것(외부경제)

② 생산외부성이 발생하면 사적인 한계비용(PMC)과 사회적인 한계비용(SMC) 간에 괴리가 발생한다.

2) 소비외부성

① 소비외부성이란 재화의 소비과정에서 발생하는 외부성을 의미한다.

> 📖 어떤 개인의 흡연으로 옆 사람이 고통을 느끼거나(외부불경제), 사무실에서 어떤 사람이 꽃을 소비함에 따라 동료들의 만족감도 더불어 증가하는 것(외부경제)

② 소비외부성이 발생하면 사적인 한계편익(PMB)과 사회적인 한계편익(SMB) 간에 괴리가 발생한다.

(3) 일방적 외부성과 쌍방적 외부성

① 일방적 외부성이란 어느 한쪽이 다른 쪽에 일방적으로 영향을 미치는 것을 의미한다.

> 📖 기업의 오염물질 배출로 인근 주민들이 피해를 입는 것

② 쌍방적 외부성이란 두 이해당사자가 서로에게 영향을 주고받는 것을 의미한다.

> 📖 과수원과 양봉업자가 서로 영향을 주고받는 것

(4) 사용재적 외부성과 공공재적 외부성

① 사용재적 외부성이란 소수의 개인들 간에 발생하는 외부성을 의미한다.

> 📖 어떤 집의 개 짖는 소리로 옆집 사람이 피해를 입는 것

② 공공재적 외부성이란 불특정다수의 사람들에게 영향을 주는 외부성을 의미한다.

> 📖 기업들의 오염물질 배출로 강물이 오염되어 인근 주민들이 피해를 입는 것

✎ 사적인 한계편익(PMB)
재화를 소비하는 사람이 얻는 편익

✎ 사회적인 한계편익(SMB)
사적인 한계편익에 제3자가 얻는 편익까지 합한 것

✎ 사적인 한계비용(PMC)
기업의 입장에서 본 한계비용

✎ 사회적인 한계비용(SMC)
사적인 한계비용에 생산활동이 제3자에게 미치는 피해까지 합한 것

Ⅱ 외부성과 자원배분

1. 개요

1) 외부성이 없을 때

① 완전경쟁시장에서 수요곡선은 사적인 한계편익(PMB)을 반영하고, 공급곡선은 사적인 한계비용(PMC)에 의해 결정된다.

  ✍ 완전경쟁시장에서는 공급곡선이 MC곡선이다.

    ❍ 수요곡선의 높이는 소비자가 지불할 용의가 있는 금액을 나타내므로 소비자의 한계편익을 의미한다.

    ❍ 공급곡선의 높이는 생산자가 최소한 받고자 하는 금액으로 재화생산의 한계비용을 의미한다.

② 시장에 맡겨 두면 수요와 공급이 일치하는 점에서 생산이 이루어지므로 시장기구에 의한 균형에서는 사적인 한계편익과 사적인 한계비용이 일치한다($PMB=PMC$).

③ 소비와 생산측면의 외부성이 발생하지 않는 경우에는 $PMB=SMB$이고, $PMC=SMC$이므로 시장기구에 의한 생산량이 사회적인 최적수준과 일치한다.

2) 생산외부성이 발생할 때

① 생산에 있어 외부성이 발생하는 경우에는 공급곡선(PMC곡선)이 사회적인 한계비용(SMC)을 제대로 반영하지 못한다.

② 생산의 외부불경제가 발생하면 공급곡선(PMC곡선)이 사회적인 관점에서 본 생산비(SMC)를 과소평가하므로 과잉생산이 이루어진다.

③ 이에 비해 생산의 외부경제가 발생하면 공급곡선(PMC곡선)이 사회적인 관점에서 본 생산비를 과대평가하므로 과소생산이 이루어진다.

그림 3-1   외부성과 자원배분

(a) 외부성이 없을 때

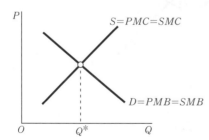

(b) 생산외부성

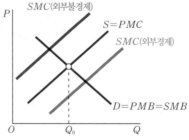

(c) 소비외부성

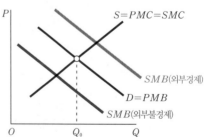

| 외부성이 없는 경우 시장기구에 의한 생산량이 사회적인 최적수준과 일치한다. | 생산외부성으로 인해 공급곡선이 사회적인 한계비용을 제대로 반영하지 못하면 시장기구에 의한 생산량이 사회적인 최적수준에서 이탈한다. | 소비외부성으로 인해 수요곡선이 사회적인 한계편익을 제대로 반영하지 못하면 시장기구에 의한 생산량이 사회적인 최적수준에서 벗어나게 된다. |

3) 소비외부성이 발생할 때

① 소비에 있어 외부성이 발생하는 경우에는 수요곡선(PMB곡선)이 사회적인 한계편익(SMB)을 제대로 반영하지 못한다.

② 소비의 외부불경제가 발생하면 수요곡선(PMB곡선)이 사회적인 관점에서 편익(SMB)을 과대평가하므로 과잉생산이 이루어진다.

③ 이에 비해 소비의 외부경제가 발생하면 수요곡선(PMB곡선)이 사회적인 관점에서 본 편익을 과소평가하므로 과소생산이 이루어진다.

✎ 외부성으로 인해 시장기구에 의해 과잉생산 혹은 과소생산이 이루어지면 자원배분의 비효율성이 초래되므로 정부개입의 필요성이 대두된다.

2. 외부불경제의 경우 … 그림 (a)

(1) 가정

① 생산에 있어서 외부불경제(⑩ 공해)가 발생한다.

② 재화생산량이 증가할수록 재화생산에 따른 외부한계비용(External Marginal Cost ; EMC)이 증가한다.

(2) 시장기구에 의한 생산량

① 기업들은 재화생산량을 결정할 때 자신이 배출하는 공해로 인해 다른 기업이 입는 피해는 고려하지 않는다.

그림 3-2   외부성과 자원배분

(a) 외부불경제(생산)

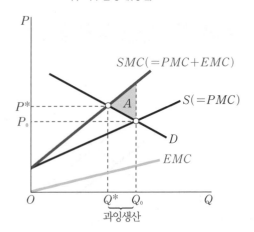

(b) 외부경제(소비)

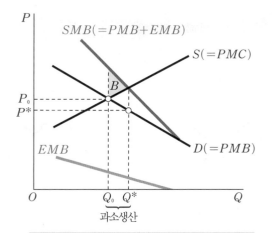

외부불경제의 경우 시장의 가격기구에 의한 생산량 Q_0는 사회적인 최적생산량 Q^*를 초과한다(과잉생산). 이때 과잉생산에 따른 사회적인 후생손실의 크기는 △A부분으로 측정된다.

외부경제의 경우 시장의 가격기구에 의한 생산량 Q_0는 사회적인 최적생산량 Q^*에 미달한다(과소생산). 이때 과소생산에 따른 사회적인 후생손실의 크기는 △B부분으로 측정된다.

② 그러므로 시장기구에 맡겨두면 수요곡선과 사적인 한계비용만을 반영하고 있는 공급곡선(PMC)이 교차하는 점에서 생산량이 Q_0로 결정된다.

(3) 사회적인 최적생산량

① 사회 전체적으로 볼 때 재화생산에 따른 한계비용은 기업의 사적인 한계비용(PMC)과 재화생산에 따른 외부한계비용(External Marginal Cost ; EMC)을 합한 것이다.

② 그러므로 사회 전체적으로 볼 때 바람직한 생산량은 사회적인 한계비용(SMC)과 수요곡선(D)이 교차하는 Q^*이다.

(4) 과잉생산에 따른 사회적인 후생손실

① 외부불경제의 경우 시장의 가격기구에 의한 생산량(Q_0)은 사회적인 최적생산량(Q^*)을 초과하므로 $Q^* \sim Q_0$만큼의 과잉생산이 이루어진다.

② $Q^* \sim Q_0$만큼 과잉생산될 때 소비자들이 얻는 편익은 수요곡선 하방의 면적이고, 사회적인 비용은 SMC 하방의 면적이므로 과잉생산에 따른 사회적인 후생손실은 $\triangle A$부분의 면적으로 측정된다.

3. 외부경제의 경우 … 그림 (b)

(1) 가정

① 재화소비에 있어서 외부경제가 발생한다.

② 재화소비량이 증가할수록 외부한계편익(External Marginal Benefit ; EMB)이 감소한다.

(2) 시장기구에 의한 생산량

① 소비자들은 재화의 소비량을 결정할 때 자신의 소비에 따라 다른 사람이 얻는 이득을 고려하지 않는다.

② 그러므로 시장기구에 맡겨두면 사적인 한계편익을 나타내는 수요곡선(PMB)과 공급곡선이 교차하는 점에서 생산량이 Q_0로 결정된다.

(3) 사회적인 최적생산량

① 사회전체적으로 볼 때 재화소비에 따른 편익은 사적인 한계편익(PMB)과 재화소비에 따른 외부한계편익(External Marginal Benefit ; EMB)을 합한 것이다.

② 따라서 사회전체적으로 볼 때 바람직한 생산량은 사회적인 한계편익곡선(SMB)과 공급곡선(S)이 교차하는 Q^*이다.

(4) 과소생산에 따른 사회적인 후생손실

① 외부경제의 경우 시장의 가격기구에 의한 생산량(Q_0)은 사회적인 최적생산량(Q^*)에 미달하므로 $Q_0 \sim Q^*$만큼의 과소생산이 이루어진다.

② $Q_0 \sim Q^*$만큼 생산량이 증가하면 사회적인 비용은 공급곡선 하방의 면적만큼 증가하나 사회적인 편익은 SMB 하방의 면적만큼 증가하므로 순편익이 $\triangle B$의 면적만큼 증가한다.

③ 그러나 과소생산으로 인해 $\triangle B$만큼의 순편익을 얻을 수 없게 되므로 과소생산에 따른 사회적인 후생손실은 $\triangle B$부분의 면적으로 측정된다.

Ⅲ 외부성의 사적인 해결방안

1. 합 병

(1) 방법

외부성을 유발하는 기업과 외부성으로 인하여 피해(혹은 이익)를 보는 기업을 합병함으로써 외부성을 내부화하는 방안이다.

(2) 설명

① 연탄공장의 연탄생산에 의해 세탁소가 피해를 입는 경우 연탄공장과 세탁소를 합병하면 연탄생산에 따른 세탁소의 피해가 기업내부의 문제로 전환된다.

② 즉, 외부성을 유발하는 기업과 그로 인해 피해를 입는 기업을 합병하게 되면 외부효과가 기업내부의 문제로 바뀌게 되므로 외부성이 내부화(internalize)된다.

③ 구체적인 방법은 다음의 세 가지가 있으나 어떤 방법으로 합병이 이루어지더라도 외부성 문제가 내부화된다.

ⅰ) 세탁소의 연탄공장 인수

ⅱ) 연탄공장의 세탁소 인수

ⅲ) 제3자에 의한 연탄공장과 세탁소의 인수

2. 코즈정리 … 협상에 의한 해결

(1) 내용

① Coase는 외부성이 자원의 효율적인 배분을 저해하는 이유는 외부성과 관련된 재산권이 제대로 정해져 있지 않기 때문이라고 보았다.

② 그는 재산권(소유권)이 적절하게 설정되면 시장기구가 스스로 외부효과의 문제를 해결할 수 있다고 주장하였는데, 이를 코즈정리(Coase theorem)라고 한다.

| 코즈정리 |

협상비용이 무시할 정도로 작고, 협상으로 인한 소득재분배가 각 개인의 한계효용에 영향을 미치지 않는다면 외부성에 관한 권리(재산권)가 어느 경제주체에 귀속되는가와 상관없이 당사자 간의 자발적 협상에 의한 자원배분은 동일하며 효율적이다.

● '협상으로 인한 소득재분배가 각 개인의 한계효용에 영향을 미치지 않는다면'이란 표현은 협상이 이루어져 당사자 간 소득재분배가 이루어지더라도 개인의 선호체계(즉, 효용함수)가 영향을 받지 않는다는 의미이다.
→ '소득효과(income effect)가 크지 않아야 한다'라고도 표현한다.

(2) 설명

1) 최적오염배출량

① 강 상류에 있는 기업 A가 오염물질을 배출하고 있어 하류에 있는 기업 B가 피해를 입고 있는데, 기업 A가 오염물질을 배출할 때 얻는 한계편익과 기업 B가 입는 피해(한계비용)가 **그림3-3**과 같이 주어져 있다고 하자.

② 사회적으로 볼 때 최적오염수준은 오염을 1단위 배출할 때 추가적으로 얻는 편익과 비용이 일치하는 수준이므로 최적오염배출량은 Q^*이다.

2) 기업 A에게 재산권이 주어질 때

① 맑은 물에 대한 재산권이 기업 A에게 있는 경우 초기상태에서 기업 A는 오염배출에 따른 총편익이 극대화되는 수준인 Q_0까지 오염을 배출할 것이다.

② 이 경우 오염을 Q^*로 줄이는 대가로 기업 A가 요구하는 최소금액은 c부분의 면적이고, 기업 B가 지불할 용의가 있는 최대금액은 $(c+d)$의 면적이다.

③ 만약 두 당사자 간의 합의를 통해 보상금액이 c의 면적과 $(c+d)$의 면적 사이에서 결정되면 두 당사자는 모두 이익을 얻을 수 있게 된다.

그림3-3　코즈정리

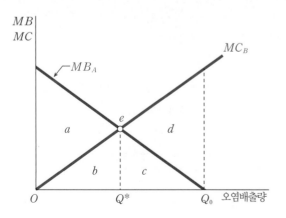

재산권이 기업 A에 있는 경우 기업 B가 c와 $(c+d)$ 사이의 보상금액을 지불함으로써, 재산권이 기업 B에게 있는 경우 기업 A가 b와 $(a+b)$ 사이의 보상금액을 지불함으로써 Q^*의 최적배출량을 달성할 수 있다.

3) 기업 B에게 재산권이 주어질 때

① 맑은 물에 대한 재산권이 기업 B에게 있는 경우 초기상태에서 기업 B는 기업 A가 전혀 오염을 배출하지 못하도록 할 것이다.

② 이 경우 오염을 Q^*까지 배출할 수 있도록 허용하는 대가로 기업 B가 요구하는 최소금액 은 b의 면적이고, 기업 A가 지불할 용의가 있는 최대금액은 $(a+b)$의 면적이다.

③ 만약 두 당사자 간의 합의를 통해 보상금액이 b의 면적과 $(a+b)$의 면적 사이 값으로 결정 되면 두 당사자는 모두 이득을 얻을 수 있게 된다.

4) 결과

① 위에서 설명한 바와 같이 맑은 물에 대한 재산권이 피해자에게 귀속되는지 아니면 가해자 에게 귀속되는지에 관계없이 자원배분의 효율성이 달성된다.

② 재산권이 누구에게 주어지는지는 소득분배에 영향을 미칠 뿐이며 재산권이 누구에게 주어 지는지와 관계없이 오염배출량은 동일한 수준으로 결정된다.

(3) 성립여부

1) 협상비용(거래비용)

① 환경오염문제와 같은 외부성의 경우에는 이해당사자의 수가 많기 때문에 협상비용이 매우 큰 것이 일반적이므로 협상을 통한 문제해결은 현실적으로 불가능하다.

② 당사자 수가 매우 적다고 할지라도 무임승차자 문제(free-rider's problem)가 발생할 가능성이 있다.

참고 / **무임승차자 문제**

1. 상황

① 환경오염에 따른 피해자는 개인 A와 개인 B 두 사람이고, 환경오염을 유발하는 기업은 1개만 존재한다.

② 협상에 참가할 때는 비용이 소요되며, 협상결과에 따른 보상금은 개인 A, B에게 모두 지급한다.

③ 협상에 참가할 때와 무임승차시의 효용이 다음의 표와 같이 주어져 있다.

2. 협상참가 여부

① 개인 A와 B의 우월전략은 모두 무임승차하는 것이므로 A와 B는 모두 협상에 참가하지 않는다.

② 두 사람이 모두 협상에 참가하지 않으려고 한다면 협상자체가 이루어지지 않는다.

		개인 B	
		참가	불참(무임승차)
개인 A	참가	(70, 70)	(40, 100)
	불참(무임승차)	(100, 40)	(50, 50)

2) 외부성의 측정문제

① 현실적으로 외부성을 측정하는 데는 많은 비용이 소요될 뿐만 아니라, 측정이 거의 불가능한 경우도 존재한다.

② 외부성의 측정에 많은 비용이 소요되거나, 측정이 불가능하다면 협상을 통한 외부성 문제의 해결이 이루어지기 어렵다.

3) 이해당사자의 모호성

공해문제와 같은 환경문제의 경우에는 이해당사자가 누구인지 정확히 알기 어려운 문제점이 존재한다.

4) 정보의 비대칭성

외부성에 따른 이해당사자가 소수이고 소유권이 명확히 설정되어 있다고 하더라도 당사자들 사이에 정보의 비대칭성이 존재하는 경우에는 외부성문제가 협상을 통하여 해결되기 어렵다.

5) 협상능력의 차이

① 대체로 공해를 유발하는 기업들은 조직화되어 있으나 피해자인 일반인들은 제대로 조직화되어 있지 못하므로 양 당사자 사이에 협상능력에 있어서 커다란 차이가 존재한다.

② 따라서 협상을 통하여 공정하게 외부성문제가 해결되기 어려운 측면이 있다.

(4) 평가

① 위에서 지적한 현실 적용상의 문제점 때문에 자발적인 협상을 통하여 외부성 문제가 해결되는 것은 매우 어렵다.

② 그러나 코즈정리는 외부성 문제를 최초로 법적 · 제도적인 측면에서 접근하였다는 점에서 큰 의의를 지니고 있다.

Ⅳ 외부성의 공적인 해결방안

1. 직접규제

(1) 개념

직접규제란 경제주체의 선택의 범위를 조정함으로써 직접적으로 경제주체의 의사결정에 영향을 미치는 것을 말한다.

(2) 방법

① 환경기준을 설정하고 일정수준 이상의 오염물질 배출을 규제하거나 오염배출 농도를 규제하는 것이 대표적이다.

② 오염을 줄일 수 있는 설비나 정화시설의 설치를 의무화하는 것도 직접 규제에 포함된다.

(3) 문제점

① 직접규제하에서 오염물질 배출자는 행정당국으로부터 제시된 규정이나 지침에 따라 오염 배출 농도를 줄이거나 배출량을 억제하는 것 외에는 다른 선택의 여지가 없다.

② 따라서 직접규제하에서는 사회전체적으로 볼 때 오염을 줄이는 데 비용이 크게 소요된다.

③ 또한 행정당국의 감시비용도 크게 소요된다.

2. 조세와 보조금

(1) 외부불경제 : 피구세와 감산보조금

1) 조세(피구세)

가. 피구세란?

① 외부불경제로 인해 과잉생산이 이루어질 때 이를 시정하기 위해 부과하는 조세를 피구세 (Pigouvian tax)라고 한다.

❍ 경제학자 피구(A.C. Pigou)가 처음으로 외부성을 시정하기 위해 조세를 부과하거나 보조금을 주장할 것을 제안 하였기 때문에 각각을 피구세(Pigouvian tax), 피구보조금(Pigouvian subsidy)이라고 한다.

② 피구세는 외부성을 가격기구 내로 내부화하여 시장기구를 통해 외부성 문제를 해결하는 방안이다.

③ 외부불경제가 발생할 경우 최적생산량 수준에서 단위당 외부한계비용(EMC)에 해당하는 피구세를 부과하는 것이 최적이 된다.

나. 효과

① 그림3-4에서 사회적인 최적생산량은 수요곡선과 SMC곡선이 교차하는 Q^*이지만 시장기 구에 맡겨 두면 수요곡선과 공급곡선(PMC곡선)이 교차하는 e점에서 균형이 이루어지므 로 생산량은 Q_0, 가격은 P_0로 결정된다.

그림3-4 **피구세의 부과**

외부불경제가 발생하는 경우 단위당 T원씩의 조세를 부과 하면 공급곡선(PMC곡선)이 상방으로 이동하므로 생산량 이 Q_0에서 사회적으로 볼 때 최적생산량수준인 Q^*로 감소 한다.

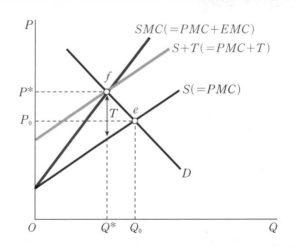

② 정부가 단위당 T원의 피구세를 부과하면 공급곡선(PMC곡선)이 단위당 조세의 크기만큼 상방으로 이동하므로 균형점이 e점에서 f점으로 이동한다.

　❖ 단위당 최적조세의 크기는 최적생산량 수준에서 EMC의 크기만큼 혹은 최적생산량 수준에서 SMC와 PMC의 차이만큼이다.

③ 그러므로 시장기구에 의해 생산량이 사회적인 최적수준인 Q^*로 감소하고 가격은 P^*로 상승한다.

④ 이처럼 최적피구세가 부과될 때 생산량이 사회적인 최적수준으로 감소하는 것은 오염배출자로 하여금 다른 경제주체가 입는 피해를 자신의 비용으로 인식하게 만드는 효과를 가져오기 때문이다.

　❖ 최적피구세가 부과되면 최적생산량 수준에서는 SMC와 PMC가 일치한다.

다. 현실적인 문제

① 어떤 오염물질이 외부불경제를 통해 피해를 유발하는지 정확히 알기가 어렵다.
② 오염물질 배출에 따른 피해의 정도를 측정하는 것이 용이하지 않다.

2) 감산보조금

가. 감산보조금이란?

① 감산보조금이란 외부불경제를 유발하는 재화의 생산을 줄일 때 지급하는 보조금을 말한다.

　❖ 생산감축보조금이라고 한다.

② 피구세가 부과될 때는 재화를 생산하면 단위당 일정액의 조세를 납부해야 하는 반면 감산보조금이 지급될 때는 단위당 일정액의 보조금을 포기해야 한다.

③ 감산보조금 제도가 시행된 이후에 기업이 재화 한 단위를 더 생산하면 한계비용만큼의 생산비가 들 뿐만 아니라 감산보조금도 포기해야 하므로 재화 생산의 기회비용은 한계비용에다 감산보조금을 합한 금액이 된다.

④ 그러므로 감산보조금 제도가 시행되는 경우에도 피구세가 부과될 때와 마찬가지로 사적인 한계비용곡선이 단위당 감산보조금의 크기만큼 상방으로 이동한다.

나. 효과

① **그림 3-4**에서 최적피구세와 동일한 크기의 단위당 s원의 감산보조금이 지급되는 경우에도 공급곡선(PMC곡선)이 단위당 보조금의 크기만큼 상방으로 이동한다.

② 감산보조금 지급으로 PMC곡선이 상방으로 이동하면 균형점이 e점에서 f점으로 이동하므로 시장기구에 의해 생산량이 사회적인 최적수준인 Q^*로 감소하고 가격은 P^*로 상승한다.

③ 그러므로 감산보조금이 지급되더라도 피구세가 부과되는 경우와 자원배분의 결과가 동일해짐을 알 수 있다.

　❖ 정부가 지급해야 하는 보조금의 총액은 '(생산량 감소분)×(단위당 감산보조금)'이 된다.

다. 피구세와의 차이

① 피구세를 부과할 때는 정부가 조세수입을 얻는 반면 정부가 국민으로부터 걷은 세금으로 보조금을 지급해야 한다.

　◑ 피구세는 오염배출이 사회적인 피해를 초래하므로 오염배출자가 그 부담을 져야 한다는 오염자부담원칙(polluter pays principle)에 충실한 제도이다.

　◑ 이에 비해 감산보조금은 오염배출자가 오염을 배출할 수 있는 권리를 인정해 준 후 오염배출을 줄이는 행위가 사회적인 편익을 가져온다는 점에서 보조금을 지급함으로써 오염감축에 따른 혜택을 얻는 납세자가 비용을 부담하도록 하는 수익자부담원칙(benefiter pays priciple)에 입각한 제도이다.

② 감산보조금을 지급할 경우 재원마련을 위해 다른 부문에서 세금을 걷는 과정에서 자원배분의 왜곡으로 초과부담이 발생할 수 있다.

③ 감산보조금을 받기 위해 해당 산업으로 진입하는 기업이 생겨나면 장기적으로 환경문제가 더 심해질 수도 있다.

참고 / 이중배당가설

① 일반적으로 조세가 부과되면 민간부문의 의사결정 왜곡으로 인해 효율성 상실이 발생하게 되는데, 이를 초과부담(excess burden)이라고 한다.

　◑ 초과부담에 대해서는 제5편에서 자세히 설명하기로 한다.

② 피구세를 비롯한 환경세는 다른 대부분의 조세와 달리 시장기구에 의한 자원배분의 왜곡을 줄여 초과부담을 감소시키므로 사회에 두 가지 이득을 가져다 준다는 주장을 이중배당가설(double dividend hypothesis)이라고 한다.

③ 즉, 환경세는 ⅰ) 오염물질의 배출을 줄여 환경을 개선하는 효과와 더불어 ⅱ) 환경세로 걷은 조세수입을 소득세와 같은 다른 조세의 감면에 사용하면 다른 조세로 인한 시장왜곡이 줄어드는 효과도 발생한다는 것이다.

④ 이중배당가설에 의하면 환경세를 부과하고 소득세율을 낮추면 고용의 증가라는 긍정적인 효과를 기대할 수 있다.

⑤ 환경세의 이중배당가설은 상당한 설득력을 갖고 있으나 부수적인 이득이 어느 정도인지에 대해서는 아직까지 명확한 결론이 내려지지 않은 상태이다.

참고 / 환경오염의 최적수준

① 환경오염수준을 0으로 만들기 위해서는 막대한 비용이 소요될 뿐만 아니라 거의 대부분의 생산활동을 중단해야 한다.

② 그러므로 환경오염수준을 0으로 만드는 것은 불가능할 뿐만 아니라 가능하다고 하더라도 바람직하지 않다.

③ 사회적으로 볼 때 최적오염수준은 오염에 따른 한계편익과 한계비용이 일치하는 점에서 결정된다.

　◑ 오염수준이 높아지면 추가적인 오염에 따른 한계편익은 별로 크지 않은데 오염에 따른 피해는 급속히 증가한다.

　　→ MB곡선은 우하향하는 반면 MC곡선은 우상향의 형태이다.

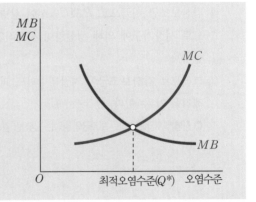

⑵ 외부경제 : 보조금

1) 피구보조금

① 외부경제로 인해 과소생산이 이루어질 때 이를 시정하기 위해 부과하는 보조금을 피구보조금(Pigouvian subsidy)이라고 한다.

② 피구보조금도 피구세와 마찬가지로 외부성을 가격기구 내로 내부화하여 시장기구를 통해 외부성 문제를 해결하는 방안이다.

③ 외부경제가 발생할 경우 최적생산량 수준에서 단위당 외부한계편익(EMB)에 해당하는 피구보조금을 지급하는 것이 최적이 된다.

2) 효과

① 그림 3-5에서 사회적인 최적생산량은 SMB곡선과 공급곡선이 교차하는 Q^*이지만 시장기구에 맡겨 두면 수요곡선(PMB곡선)과 공급곡선이 교차하는 e점에서 균형이 이루어지므로 생산량은 Q_0, 가격은 P_0로 결정된다.

② 정부가 단위당 s원의 보조금을 지급하면 공급곡선이 단위당 보조금의 크기만큼 하방으로 이동하므로 균형점이 e점에서 f점으로 이동한다.

　❍ 단위당 최적보조금의 크기는 최적생산량 수준에서 EMB의 크기만큼 혹은 최적생산량 수준에서 SMB와 PMB의 차이만큼이다.

④ 그러므로 시장기구에 의해 생산량이 사회적인 최적수준인 Q^*로 증가하고 가격은 P^*로 낮아진다.

3) 현실적인 문제

① 어떤 활동이 외부경제를 통해 외부한계편익을 발생시키는지 정확히 알기가 어렵다.

② 외부한계편익에 따른 이득의 크기를 측정하는 것이 용이하지 않다.

그림 3-5　보조금의 지급

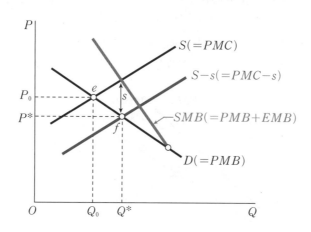

외부경제의 경우 단위당 s원의 보조금을 지급하면 공급곡선이 하방으로 이동하므로 생산이 Q_0에서 사회적인 최적생산량 수준인 Q^*로 증가한다.

예제 **Q**

어떤 재화의 시장수요함수가 $P=100-Q$, 사적인 한계비용 $PMC=10+2Q$, 외부한계비용 $EMC=10+Q$로 주어져 있다고 하자. 시장의 가격기구에 의한 생산량은 사회적인 최적생산량을 몇단위 초과하는가? 과잉생산에 따른 사회적인 후생손실의 크기는 얼마인가? 생산량이 사회적인 최적수준이 되도록 하려면 단위당 얼마씩의 종량세를 부과하는 것이 바람직한가? 최적조세부과시 사회후생 증가분은 얼마인가?

풀이 **A**

사회적인 한계비용은 사적인 한계비용에 외부한계비용을 합한 것이므로 $SMC=20+3Q$이다. 시장기구에 의한 생산량은 수요곡선과 PMC가 일치하는 점에서 결정되고, 사회적인 최적생산량은 수요곡선과 SMC가 일치하는 점에서 결정되므로 각각 다음과 같이 결정된다.

시장기구에 의한 생산량	사회적인 최적생산량
$100-Q=10+2Q$	$100-Q=20+3Q$
$3Q=90$	$4Q=80$
$Q=30$	$Q=20$

사회적인 최적생산량은 20단위이지만 시장기구에 맡겨두면 30단위가 생산되므로 시장기구에 의해서는 10단위만큼 과잉생산이 이루어짐을 알 수 있다. 이때 과잉생산에 따른 사회적인 후생손실은 아래 그림에서 $\triangle A$부분의 면적이므로 200으로 계산된다.

$$\text{후생손실의 크기}=\frac{1}{2}\times 40\times 10=200$$

시장기구에 의해 최적수준의 생산이 이루어지도록 하기 위해 단위당 T원의 조세를 부과하면 사적인 한계비용곡선이 T원만큼 상방으로 이동한다. 조세부과 이후의 사적인 한계비용 $PMC'=10+2Q+T$이므로 조세부과 이후 시장기구에 의한 생산량은 $100-Q=10+2Q+T$, $3Q=90-T$, $Q=30-\frac{1}{3}T$가 된다. 그러므로 생산량이 20단위가 되도록 하려면 단위당 30원의 조세를 부과해야 한다.

그림을 이용해도 마찬가지로 단위당 조세액을 구할 수 있다. 아래 그림에서 시장기구에 의한 생산량이 20단위가 되도록 하려면 사적인 한계비용곡선이 F점에서 수요곡선과 교차하여야 한다. 사회적인 최적생산량 수준에서 사회적인 한계비용($=80$원)과 사적인 한계비용($=50$원)의 차이인 단위당 30원의 조세를 부과하면 된다.

최적수준의 피구세를 부과하면 과잉생산에 따른 후생손실이 없어지므로 피구세 부과에 따른 사회후생의 증가분은 피구세 부과 이전의 사회적인 후생손실의 크기와 동일한 200만큼이다.

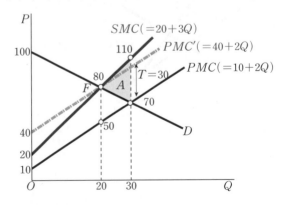

3. 오염배출권제도

(1) 개요

① 정부가 사회적인 관점에서 적절하다고 판단되는 오염배출 허용규모를 정해놓고 그 범위 내에서 오염배출권을 발급하는 제도이다.

② 오염배출권제도하에서는 각 기업은 오염배출권을 보유한 한도 내에서만 오염물질을 배출할 수 있다.

③ 오염배출권제도가 시행되는 초기에는 각 기업이 정부로부터 오염배출권을 구입하도록 할 수도 있고 무료로 일정량의 오염배출권을 배부할 수도 있다.

④ 오염배출권제도하에서는 시장을 통한 오염배출권의 자유로운 거래가 허용된다.

(2) 효과

① 시장에서 오염배출권의 가격이 결정되면 오염배출권의 시장가격보다 낮은 비용으로 오염을 줄일 수 있는 기업은 오염배출권을 매각하고 직접 오염을 줄인다.

② 이에 비해 오염을 줄이는 데 드는 비용이 오염배출권의 시장가격보다 높은 기업은 오염배출권을 매입한 후 오염을 배출한다.

③ 이처럼 오염배출권제도가 시행되면 적은 비용으로 오염을 줄일 수 있는 기업이 오염을 줄이므로 사회적으로 볼 때 더 적은 비용으로 오염을 줄일 수 있게 된다.

④ 즉, 오염배출권제도는 오염배출총량을 일정수준으로 규제하면서도 시장유인을 사용하여 적은 비용으로 오염을 줄일 수 있는 방법이다.

> ✎ 오염배출권제도는 일부 선진국에서 시행중에 있으며, 앞으로 더욱 확산될 전망이다.

(3) 설명

1) 직접규제

① 정부의 직접규제가 시행되어 두 기업 A와 B가 각각 R_A, R_B만큼의 오염을 감축해야 한다고 하자.

② **그림 3-6**에서 MC_A와 MC_B는 기업 A와 B의 오염감축에 따른 한계비용을 나타내는데, 이는 각 기업의 오염감축량이 많아질수록 한계비용이 증가함을 의미한다.

③ 그림의 R_A에서 왼쪽으로 이동하면 기업 A의 오염감축량이 증가하고, R_B에서 오른쪽으로 이동하면 기업 B의 감축량이 증가한다.

④ 기업 A가 R_A만큼 오염을 감축하고, 기업 B가 R_B만큼 오염을 감축하는 점은 원점이 된다.

⑤ 이 경우 마지막 한 단위의 오염을 줄이는데 드는 한계비용이 기업 A는 a점의 높이, 기업 B는 b점의 높이이므로 두 기업의 한계비용이 일치하지 않는다.

⑥ 이는 경제적인 측면에서 볼 때 직접규제가 오염배출을 줄이는 비효율적인 수단임을 의미한다.

⑦ 왜냐하면 각 기업의 한계비용이 같아지는 수준까지 오염을 감축하고 오염배출권을 거래하도록 하면 오염감축에 드는 사회전체의 총비용이 낮아질 수 있기 때문이다.

　❏ $MC_A > MC_B$인 경우 기업 A가 오염을 1단위 덜 줄이고 기업 B가 오염을 1단위 더 줄이면 오염감축량은 동일하나 오염을 줄이는데 드는 사회적인 비용이 감소한다.

2) 오염배출권제도

가. 오염배출권의 가격결정

① 정부가 두 기업에게 일정량의 오염을 배출할 수 있는 오염배출권을 배분하는 경우를 상정해 보자.

② 오염배출권 배분 이후 기업 A와 B가 감축해야 하는 오염배출량이 **그림 3-6**에서 각각 R_A, R_B라고 하자.

  ◎ 예를 들어, 100톤의 오염물질을 배출하고 있는 기업 A가 정부로부터 70톤의 오염을 배출할 수 있는 오염배출권을 할당받았다면 감축해야 하는 오염물질의 양 R_A=30톤이 된다.

③ 오염배출권제도 하에서 ⅰ) 각 기업은 직접 감축목표를 달성할 수도 있고, ⅱ) 자신에게 할당된 양의 일부만 감축하고 부족한 부분은 다른 기업으로부터 오염배출권을 구입할 수도 있고, ⅲ) 자신에게 할당된 양보다 더 많이 감축하고 남는 오염배출권을 매각할 수도 있다.

  ◎ 기업 A가 30톤의 오염물질을 감축해야 하는 상황에서 ⅰ) 기업 A는 20톤만 직접 감축하고 10톤에 해당하는 오염배출권을 매입해도 되고, ⅱ) 40톤을 감축한 후 남는 10톤에 해당하는 오염배출권을 매각할 수도 있다.

④ 두 기업이 직접 감축목표를 달성하는 경우 기업 A와 B의 오염감축에 따른 한계비용이 각각 **그림 3-6**에서 a점과 b점의 높이로 서로 다르다.

⑤ 두 기업의 오염감축에 따른 한계비용이 서로 다르다면 오염배출권 거래를 통해 두 기업 모두 이득을 얻을 수 있으므로 직접 감축목표를 달성하는 것은 비효율적이다.

⑥ 각 기업의 입장에서 볼 때 오염배출권 가격이 자신의 한계비용보다 낮다면 직접 오염을 감축하는 것보다 오염배출권을 매입하면 비용을 줄일 수 있고, 오염배출권 가격이 자신의 한계비용보다 높다면 오염을 더 감축하고 오염배출권을 매각하면 이득을 얻을 수 있기 때문이다.

| 그림 3-6 | 오염배출권의 균형가격 |

오염배출권제도가 시행되면 오염배출권 가격은 두 기업의 오염감축에 따른 한계비용이 같아지는 수준인 P_0로 결정된다. 두 기업의 오염감축에 따른 한계비용이 같아지면 더 이상 오염감축에 따른 비용을 줄이는 것이 불가능하다. 그러므로 오염배출권제도는 가장 효율적으로 오염을 감축할 수 있는 방법이 된다.

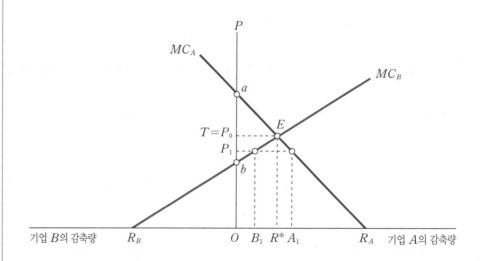

⑦ 그러므로 오염배출권 가격이 a점과 b점 사이의 어떤 수준으로 정해지면 기업 A는 오염배출권을 매입하려 할 것이고, 기업 B는 오염배출권을 매각하려 할 것이다.

⑧ 만약 오염배출권 가격이 P_1이라면 기업 A는 A_1만큼의 오염배출권을 매입하려고 하는 반면 기업 B는 B_1만큼의 오염배출권을 매각하려고 할 것이므로 초과수요가 발생한다.

⑨ 초과수요가 발생하면 가격이 상승할 것이므로 결국 오염배출권 가격은 두 기업의 오염감축에 따른 한계비용이 일치하는 P_0로 결정된다.

⑩ 균형에서 기업 A는 (R_A-R^*)만큼의 오염을 감축하고 모자라는 부분에 해당하는 R^*만큼의 오염배출권을 매입하는 반면, 기업 B는 (R_B+R^*)만큼 오염을 감축하고 초과 감축분에 해당하는 R^*만큼의 오염배출권을 매각하게 된다.

나. 오염감축에 따른 사회적 비용

① 기업 A가 자신의 감축목표보다 R^*만큼 오염을 덜 감축하면 오염감축비용이 aOR^*E만큼 감소하나 R^*만큼의 오염배출권을 구입하는데는 P_0OR^*E의 비용이 들기 때문에 직접 오염을 R_A만큼 감축할 때보다 비용이 $\triangle aP_0E$만큼 감소한다.

② 기업 B는 자신이 감축목표보다 R^*만큼 추가로 오염을 감축하면 bOR^*E만큼의 비용이 더 들지만 R^*만큼의 오염배출권을 판매하면 P_0OR^*E만큼 받을 수 있으므로 R_B만큼 감축할 때보다 비용이 $\triangle P_0bE$만큼 감소한다.

③ 그러므로 오염배출권제도가 시행되면 직접규제를 할 때보다 사회적인 비용이 두 기업의 비용감소분을 합한 $\triangle abE$만큼 감소한다.

④ 이를 통해 경제적인 측면에서 볼 때 오염배출권제도가 효율적인 방법으로 오염을 감축하는 방법이라는 것을 알 수 있다.

3) 피구세

① 오염배출량 한 단위당 일정액의 피구세(배출부과금)가 부과되면 각 기업의 단위당 조세와 자신이 직접 오염을 한 단위 줄일 때 드는 비용을 비교하여 오염감축 여부를 결정하게 된다.

② 오염배출권제도 하에서 오염배출권의 균형가격 P_0에 해당하는 단위당 피구세를 부과하면 기업 A는 (R_A-R^*)만큼의 오염을 감축하고 기입 B는 (R_B+R^*)만큼 오염을 감축할 것이다.

　❍ 기업 A가 오염을 (R_A-R^*)보다 적게 감축할 때는 피구세가 오염감축의 한계비용보다 크기 때문에 피구세를 내는 것보다 오염을 더 줄이는 것이 유리하고, (R_A-R^*)보다 더 많은 양의 오염을 감축할 때는 피구세보다 오염감축의 한계비용이 더 크므로 오염을 감축하는 것보다 피구세를 내는 것이 유리하기 때문이다.

③ 그러므로 오염배출권의 균형가격에 해당하는 피구세를 부과하면 각 기업의 최적오염감축량이 오염배출권제도가 시행될 때와 같아진다.

　❍ 피구세를 적절히 부과하면 오염배출권제도와 마찬가지로 효율적으로 동일한 양의 오염을 감축하는 것이 가능하다.

⑷ 오염배출권제도의 장 · 단점(피구세와의 비교)

1) 오염배출권제도의 장점

가. 오염배출량의 통제가능성

① 피구세하에서는 오염배출량이 적정수준에 도달할 때까지 계속해서 세율을 조정해야 하는 문제가 있으나 오염배출권제도하에서는 정부가 직접 오염배출량을 일정수준으로 통제하는 것이 가능하다.

② 따라서 오염배출량에 대한 직접통제가 가능하다는 측면에서는 오염배출권제도가 더 낫다.

나. 제도의 시행가능성

① 적정수준의 피구세를 부과하기 위해서는 개별기업들의 한계비용곡선, 외부한계비용, 시장가격 등에 대한 정보가 필요하나 오염배출권제도하에서는 개별기업의 비용에 대한 정보가 필요하지 않다.

② 이처럼 오염배출권제도가 피구세에 비해 훨씬 더 적은 양의 정보가 필요하므로 피구세보다 실제 시행이 용이한 측면이 있다.

다. 인플레이션에 대한 적응력

① 인플레이션이 발생하면 오염배출권의 가격이 상승하므로 오염배출권제도하에서는 개입할 필요가 없으나 피구세의 경우는 정부가 일일이 세율을 조정해주어야 한다.

② 그러므로 피구세보다 오염배출권제도가 인플레이션에 대한 적응력이 강하다.

2) 오염배출권제도의 단점

가. 재정수입확보 측면

① 피구세를 부과하면 정부가 재정수입을 얻을 수 있는데 비해, 오염배출권제도하에서는 재정수입을 얻을 수가 없다.

② 그러므로 재정수입확보 측면에서 보면 오염배출권제도보다 피구세가 더 유리하다.

> ❍ 오염배출권제도하에서도 초기에 오염배출권을 배부하는 과정에서 오염배출권을 판매하면 판매수입을 얻을 수 있으나 오염배출권 배부가 이루어진 후에는 더 이상의 수입을 얻을 수 없다.

나. 시행여건

① 피구세가 부과될 때와는 달리 오염배출권제도가 제대로 작동하려면 오염배출권시장이 마련되어 있어야 한다.

② 그런데 현실적으로 완전경쟁적인 오염배출권시장이 형성되기 어려울 가능성이 크다.

> ❍ 또한 일부 기업이 오염배출권을 모두 사들여 다른 기업의 시장진입을 방해하는 등의 문제가 발생할 수도 있다.

다. 오염배출권의 배부문제

① 시행초기에 오염배출권을 무료로 배부한다면 어떤 기준에 의해 배부할 것인지의 문제가 발생할 수 있다.

② 그리고 오염배출권을 매각한다면 어느 정도의 가격이 적정한지 등의 문제가 발생한다.

> ❍ 피구세를 부과하는 경우에는 배출자부담원칙(polluter pays principle)이 지켜지나 오염배출권을 무료로 배부하는 경우에는 배출자부담원칙이 지켜지지 않으므로 공평성의 측면에서 바람직하지 않다.

예제 Q

기업 A는 100단위의 오염물질을 배출하고 있고, 기업 B는 150단위의 오염물질을 배출하고 있는데, 두 기업의 총오염저감비용은 각각 $C(q_A)=50+\frac{1}{2}q_A^2$, $C(q_B)=70+2q_B^2$로 주어져 있다고 하자(q_A와 q_B는 각 기업의 오염감축량을 의미한다). 정부가 각 기업의 오염배출량을 현재보다 20%씩 줄이도록 만들려고 한다. 그 방법의 하나로 각 기업에게 현재배출량의 80%에 해당하는 오염배출권을 무료로 배부하고, 오염배출권의 자유로운 거래를 허용하였다고 하자. 이 경우 1) 균형에서 각 기업의 오염배출량은 몇 단위이겠는가? 2) 오염배출권의 가격은 얼마로 결정되겠는가? 3) 각 기업의 오염배출량을 20%씩 줄이도록 직접규제를 할 때보다 각 기업은 얼마만큼의 이득을 얻겠는가?

풀이 A

1) 각 기업의 총오염저감비용함수를 오염감축량(q)에 대해 미분하면 기업 A와 B의 한계적인 오염저감비용은 각각 $MC_A=q_A$, $MC_B=4q_B$이다. 두 기업이 감축해야 하는 오염총량은 배출권거래가 시행되기 전의 총오염배출량(250단위)의 20%인 50단위이므로 $q_A+q_B=50$이고, 각 기업의 한계오염저감비용이 동일할 때 사회전체의 오염저감비용이 최소화되므로 균형에서는 $MC_A=MC_B$가 성

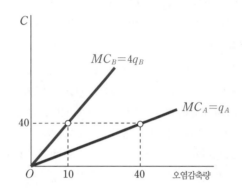

립해야 한다. $MC_A=MC_B$로 두면 $q_A=4q_B$이므로 이를 $q_A+q_B=50$에 대입하면 기업 A의 오염감축량 $q_A=40$, 기업 B의 오염감축량 $q_B=10$으로 계산된다. 그러므로 오염배출권제도하에서는 기업 A가 20단위의 오염배출권을 매각하고, 기업 B가 20단위의 오염배출권을 매입할 것이다.

2) 균형에서 오염배출권의 가격은 두 기업의 한계저감비용과 같아지므로 $q_A=40$을 기업 A의 한계비용함수에 대입하면 오염배출권의 가격은 40임을 알 수 있다($q_B=10$을 기업 B의 한계비용함수에 대입해도 동일한 결과를 얻는다). $q_A=40$을 기업 A의 총오염저감비용함수에 대입하면 $C_A=850$이다. 그런데 기업 A가 20단위의 오염배출권을 단위당 40의 가격으로 매각하면 800의 수입을 얻으므로 오염배출권제도하에서 기업 A는 50의 비용이 든다. 한편, 기업 $q_B=10$을 기업 B의 총오염저감비용함수에 대입하면 $C_B=270$이다. 그런데 기업 B는 20단위의 오염배출권을 매입하는 데 800원이 소요되므로 기업 B의 총비용은 1,070이다. 오염배출권제도하에서 20%의 오염을 줄이는 데 드는 사회전체의 총비용이 1,120($=850+270$)이다.

3) 각 기업이 오염배출량을 20%씩 줄이도록 직접적인 규제를 실시하면 기업 A는 20단위, 그리고 기업 B는 30단위의 오염물질을 줄여야 한다. $q_A=20$을 기업 A의 총오염저감비용함수에 대입하면 $C_A=250$이다. 그리고 $q_B=30$을 기업 B의 총오염저감비용함수에 대입하면 $C_B=1,870$이다. 그러므로 오염배출권제도를 시행하면 직접 오염배출량을 규제할 때보다 기업 A는 200만큼의 이득을 얻고, 기업 B는 800만큼의 이득을 얻는다. 직접규제시에는 오염배출량을 20% 줄이는 데 사회전체의 총비용은 2,120($=250+1,870$)임을 알 수 있다. 그러므로 오염배출권제도를 시행하면 사회전체의 총비용은 1,000만큼 감소한다(그 중 200만큼은 A에게 그리고 800만큼은 B에게 배분된다).

> 참고 / **공유지의 비극**

1. 개념

① 공유지의 비극(Tragedy of Commons)이란 소유권이 명확히 규정되지 않은 공동소유 자원이 과다하게 사용되어 비효율적인 결과가 초래되는 것을 말한다.

② 대표적인 사례로는 마을 공동소유 목초지가 황폐화되거나 어민들의 공동소유인 연근해 어장에서 고기의 씨가 말라버리는 현상을 들 수 있다.

2. 사례를 통한 설명

① 어느 마을에서 주민들이 공동으로 소유하고 있는 목초지에서 소를 방목하는 경우를 살펴보자.

② 아래 그림에서 우하향하는 사회적 평균편익(Social Average Benefit ; SAB)곡선은 방목하는 송아지의 수가 늘어나면 성장이 느려져 일정기간 후에 받을 수 있는 소의 가격이 하락함을 의미한다.

  ◐ SAB곡선은 소 한 마리를 팔 때의 편익을 의미하므로 결국 소 가격을 의미한다.

③ 사회적 평균편익곡선이 우하향하므로 추가적으로 송아지를 한 마리 더 방목할 때의 편익을 의미하는 사회적 한계편익(Social Marginal Benefit ; SMB)곡선은 사회적 평균편익곡선의 하방에 위치한다.

④ 송아지 가격이 P_0로 주어져 있다면 평균비용곡선과 한계비용곡선은 모두 수평선의 형태가 된다.

  ◐ 송아지를 방목하는 데는 구입비용 이외에 다른 비용은 들지 않는다고 가정한다.

⑤ 마을 전체의 입장에서 보면 송아지 수가 N^*일 때 사회적인 한계편익과 한계비용이 일치하므로 총잉여가 가장 커진다.

  ◐ 송아지 수가 N^*일 때 마을 전체의 총잉여는 초록색의 사각형 면적이 된다.

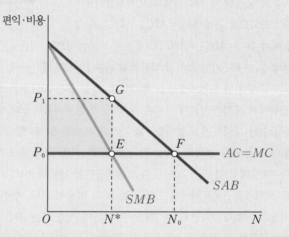

⑥ 그런데 마을주민 각자의 입장에서 보면 사회적 평균편익(=소 가격)이 한계비용보다 크다면 송아지 한 마리를 더 방목함으로써 이득을 얻을 수 있다.

⑦ 따라서 주민들은 방목에 따른 사회적 평균편익곡선과 한계비용이 같아지는 수준인 N_0마리의 송아지를 방목하게 될 것이다.

⑧ 이 경우 마을 전체가 얻을 수 있는 잉여가 0이 되므로 비효율적인 결과가 초래되는데, 이러한 현상을 공유지의 비극이라고 한다.

3. 발생원인

① 이러한 현상이 나타나는 이유는 어떤 개인의 추가적인 송아지 방목이 다른 사람의 송아지에게 돌아가는 풀의 양을 줄이는 부정적인 외부성을 유발하기 때문이다.

② 즉, 외부성이 존재하는 상황에서 소유권이 제대로 정의되지 있지 않기 때문에 공유지의 비극이 나타난다.

4. 시사점

① 목초지의 소유권이 정해져 있고 송아지를 방목할 때 목초지 소유자에게 일정한 요금을 내야 한다고 하자.

② 목초지 소유자가 한 마리당 선분 GE만큼의 요금을 부과하면 방목하는 사람들의 한계비용곡선이 P_1에서 수평선이 되므로 송아지의 숫자는 사회적인 최적수준인 N^*가 된다.

③ 이는 소유권이 적절히 설정되면 부정적인 외부성으로 인해 발생하는 공유지의 비극이 해결될 수 있음을 시사해 준다.

  ◐ 현실적으로는 모든 희소한 자원에 대해 소유권을 설정하는 것은 거의 불가능하다.

Public Finance

공공재이론

사람들이 공공재에 대한 자신의 진정한 선호를 잘 드러내지 않기 때문에 시장기구에 의해서는 공공재의 적정공급이 이루어지기 어려우며, 대부분의 공공재는 정부에 의해 공급된다. 이 장에서는 공공재의 특성에 대해 알아보고, 공공재의 적정공급에 대해 설명하는 여러 가지 이론적인 모형에 대해 살펴본다. 그리고 사람들이 공공재에 대한 자신의 진정한 선호를 드러내도록 하는 장치인 수요표출 메커니즘에 대해 논의한다. 마지막으로 비순수공공재의 적정공급에 대해 다루기로 한다.

Ⅰ 공공재의 개념 및 특성

1. 공공재의 개념

① 공공재(public goods)란 어떤 경제주체에 의해 생산이 이루어지면 집단구성원 모두에게 소비의 혜택이 공유될 수 있는 재화 혹은 서비스로 비경합성과 비배제성의 특성을 갖는다.

② 공공재는 그 특성으로 인해 민간부문에서는 공공재 공급이 이루어지기 어렵거나 아예 공급될 수 없는 경우가 많다.

③ 그렇기 때문에 대부분의 공공재는 국가, 지방자치단체 등 공공기관에서 공급한다.

④ 국방, 법률, 치안, 공중파방송 등이 대표적인 공공재에 해당한다.

　❂ 공공재는 넓은 의미로 보면 소비에 있어 긍정적인 외부성이 있는 재화에 해당된다.

2. 공공재의 특성

(1) 비경합성(non-rivalry)

① 비경합성이란 어떤 개인의 공공재 소비가 다른 개인의 소비가능성을 감소시키지 않는 특성을 말한다.

② 예를 들어, 개인 A가 법률이란 공공재를 소비하더라도 개인 B의 소비가능성이 줄어들지 않는다.

③ 즉, 공공재는 공동소비가 가능하므로 서로 소비하기 위하여 경쟁할 필요가 없다.

(2) 비배제성(non-excludability)

① 비배제성이란 일단 공공재의 공급이 이루어지고 나면 생산비를 부담하지 않은 개인이라고 할지라도 소비에서 배제할 수 없는 특성을 의미한다.

✎ 비경합성
추가적인 소비에 따른 한계비용이 0이므로 양(+)의 가격을 매길 수 있다고 하더라도 양(+)의 가격을 매기는 것은 바람직하지 않다.

✎ 비배제성
비용을 부담하지 않아도 소비에서 배제가 불가능하므로 (+)의 가격설정이 불가능하다.

② 예를 들면, 치안, 법률, 국방과 같은 공공재는 기술적으로 어느 개인의 소비를 배제하는 것이 불가능하다.

③ 이와 같은 특성으로 인하여 개인들은 공급된 공공재를 최대한 이용하되 가능하면 생산 비는 부담하지 않으려는 행동을 보이게 되는데 이를 무임승차자의 문제(free-rider's problem)라고 한다.

◐ 사회구성원이 소수에 불과하면 무임승차 문제가 그리 심각하지 않을 수도 있으나 사회구성원의 수가 많아지면 무임승 차 문제는 더욱 심각해진다.

3. 순수공공재와 비순수공공재

(1) 순수공공재

① 비경합성과 비배제성이 모두 완벽하게 성립하는 재화를 순수공공재(pure public goods) 라고 한다.

② 순수공공재의 가장 대표적인 예로는 국방, 법률, 치안, 공중파방송 등이 있다.

(2) 비순수공공재

1) 개념

① 비경합성과 비배제성 중에 어느 하나가 제대로 성립하지 않는 것을 비순수공공재(impure public goods)라고 한다.

② 현실에서 순수공공재는 그리 많지 않으며, 통상적으로 공공재로 인식하고 있는 대부분이 비순수공공재에 포함될 수 있다.

2) 비경합성이 성립하지 않는 경우

① 도로, 공원 등은 사용자의 수가 적으면 비경합적이나 사용자의 수가 아주 많아지면 소비가 경합적이다.

◐ 이와 같이 이용자 수가 많아질 때 정체의 문제가 발생하는 공공재를 정체공공재(congestible public goods) 라고도 한다.

② 비경합성의 정도는 아래의 식을 이용하여 측정가능한데 α가 0에 가까워질수록 소비가 비 경합적이다.

$$q = \frac{X}{N^\alpha}$$

(q : 1인당 소비량, X : 생산량, N : 소비자 수, α : 상수)

$$\Rightarrow if \begin{cases} \alpha = 1 & \cdots \text{순수사용재} \\ \alpha = 0 & \cdots \text{순수공공재} \\ 0 < \alpha < 1 & \cdots \text{준공공재(비순수공공재)} \end{cases}$$

3) 비배제성이 불완전한 경우

① 현실적으로 공공재로 인식되고 있는 공원이나 일반도로 등은 입장료나 통행료 등을 징수함으로써 배제가 가능하다.

② 배제가 가능하다고 하더라도 실제로 요금을 내지 않은 사람을 소비로부터 배제하는 데는 큰 비용이 소요되는 경우가 많다.

▶ 재화의 구분

		배 제 성	
		가능	불가능
경합성	있음	사용재(민간재) • 사과 • 빵 • 라면 • 호떡	비순수공공재(공유자원) • 낚시터 • 공동소유의 목초지
	없음	비순수공공재(요금재) • 한산한 고속도로 • 케이블TV	순수공공재 • 국방 • 치안 • 법률 • 공중파방송

❍ 비순수 공공재를 준공공재(quasi public goods)라고도 한다.

참고 / 가치재와 비가치재

1. 가치재

① 가치재(merit goods)란 일정수준까지 소비하는 것이 바람직하나 개인들의 자발적인 선택에 의해서는 과소하게 생산·소비되는 재화 및 서비스를 말한다.

② 가치재는 사회적인 가치가 개인적인 가치보다 큰 재화로 교육서비스, 공용주택서비스, 의료서비스 등을 들 수 있다.

③ 시장에 맡겨두면 사회적인 최적수준까지 소비되기 어렵기 때문에 정부가 여러 가지 수단을 사용하여 가치재의 생산 및 소비를 장려하는 경우가 많다.

④ 예를 들면, 초등학교 교육을 의무화하거나 저소득층에 대해 무상급식을 해주는 것은 이들이 가치재의 성격을 갖고 있기 때문이다.

⑤ 정부가 온정주의(paternalism)적인 측면에서 가치재 소비를 늘리도록 하는 것은 정부의 판단을 강요하는 것이므로 소비자주권(consumer sovereignty)과는 상충된다.

❍ 가치재는 소비가 경합적이고 배제가 가능하므로 공공재가 아니라 사용재이다.

2. 비가치재

① 비가치재(demerit goods)란 사회적인 가치가 개인적인 가치보다 더 적은 재화로 마약, 담배, 술 등을 들 수 있다.

② 부정적인 외부성을 유발하는 비가치재는 시장기구에 맡겨두면 과잉생산되므로 정부가 직접적인 규제나 조세부과 등을 통해 소비를 억제하는 경우가 많다.

❍ 술이나 담배의 소비를 억제하기 위해 부과하는 세금을 죄악세(sin tax)라고도 한다.

③ 비가치재의 경우도 정부가 개인의 선호에 개입하여 소비를 억제하려고 하면 소비자주권(consumer sovereignty)이 제약되는 측면이 있다.

Ⅱ 공공재의 최적공급

1. 공공재이론의 구분

① 공공재의 적정공급을 설명하는 이론은 부분균형분석의 측면에서 설명하는 이론과 일반균형분석의 측면에서 설명하는 이론으로 구분할 수 있다.

② 부분균형분석 모형은 사용재를 고려하지 않는데 비해, 일반균형분석 모형은 사회내의 자원 중 일부는 사용재에 사용되고 일부는 공공재 공급에 사용되는 점을 고려하여 공공재의 적정공급을 설명한다.

③ 부분균형분석 모형에는 린달모형, 보웬모형 등이 있고, 일반균형분석 모형의 대표적인 예로는 사무엘슨모형이 있다.

2. 부분균형분석적 접근

(1) 사용재와 공공재의 적정공급

1) 사용재의 적정공급 ··· 그림 (a)

가. 생산량과 가격결정

① 어떤 재화에 대한 개인 A의 수요곡선이 D_A, 개인 B의 수요곡선이 D_B로 주어져 있다면 시장수요곡선은 개별수요곡선의 수평합으로 도출된다.

② 시장의 균형은 수요곡선과 공급곡선이 교차하는 E점에서 이루어지고, 가격이 P^*로 결정되면 개인 A와 B는 동일한 가격을 지불하면서 각각 q_A, q_B만큼의 재화를 구입한다.

③ 사용재(私用財)의 경우는 모든 소비자들이 동일한 가격을 지불하지만 소비량은 서로 다르다.

나. 사용재의 적정공급조건

① 재화생산량이 Q^*일 때 공급곡선상의 점까지의 높이는 재화생산에 따른 한계비용(MC)을 나타낸다.

② 개인 A의 소비량이 q_A일 때 A의 한계편익(MB_A)은 a점까지의 높이, 개인 B의 소비량이 q_B일 때 B의 한계편익(MB_B)은 b점까지의 높이이다.

③ 사용재의 적정공급조건은 다음과 같이 나타낼 수 있다.

$$MB_A = MB_B = MC \text{ 혹은 } MRS^A = MRS^B = MRT$$

2) 공공재의 적정공급 ··· 그림 (b)

가. 생산량과 가격결정

① 개인 A와 B의 공공재 수요곡선이 각각 D_A, D_B로 주어져 있다면 공공재소비에 따른 사회적인 한계편익곡선은 D_A와 D_B를 수직으로 합하면 된다.

② 공공재의 최적생산량은 공공재 소비에 따른 사회전체의 한계편익과 한계비용이 일치하는
  점에서 결정되므로 최적생산량은 Q^*이다.

③ Q^*만큼의 공공재가 공급되면 개인 A와 B는 모두 Q^*를 소비하게 되는데, 개인 A는 P_A,
  개인 B는 P_B의 가격을 지불한다면 생산비용이 모두 조달된다.

④ 공공재의 경우에는 모든 소비자들이 동일한 양을 소비하면서 서로 다른 가격을 지불한다.

> ✒ 각 개인의 공공재 수요
> 곡선의 높이가 각 개인이
> 공공재 소비로부터 얻는
> 한계편익을 나타낸다.

> ❍ 그림 (b)의 공공재 수요곡선은 각 개인들이 공공재에 대한 진정한 선호를 표명하였다고 가정한 가상수요곡선
> (pseudo−demand curve)이다.

나. 공공재의 적정공급조건

① 공공재의 공급량이 Q^*일 때 공공재 공급곡선상의 점인 E점까지의 높이는 공공재 공급에
  따른 한계비용(MC)을 나타낸다.

② Q^*의 공공재가 공급되면 개인 A와 B의 소비량은 모두 Q^*이고, 이때 개인 A와 B의 한
  계편익은 각각 a점과 b점까지의 높이로 측정된다.

③ 최적생산이 이루어지고 있는 상태에서 두 개인의 한계편익의 합이 한계비용과 일치하므로
  공공재의 최적공급조건은 다음과 같이 나타낼 수 있다.

$$MB_A + MB_B = MC \text{ 혹은 } MRS^A + MRS^B = MRT$$

그림4-1 **사용재와 공공재의 최적공급**

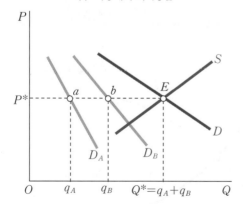

(a) 사용재의 최적공급

시장전체의 수요−공급곡선에 의하여 재화가
격이 P^*로 결정되면 모든 소비자들은 동일한
가격으로 서로 다른 양을 소비한다.

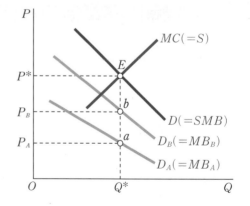

(b) 공공재의 최적공급

최적생산량이 사회적인 한계편익과 한계비용
이 일치하는 E점에서 Q^*로 결정되면 모든 개
인은 Q^*의 공공재를 소비하면서 자신의 한계
편익에 해당하는 가격을 지불하게 된다.

> **참고** / **가상수요곡선(pseudo-demand curve)**
>
> ① 사람들은 공공재 생산비용을 부담하지 않기 위해 자신의 공공재에 대한 진정한 선호를 드러내지 않으려고 하므로 각 개인의 공공재 수요곡선을 알아내는 것은 어려울 수밖에 없다.
> ② 최적공공재 공급모형에서는 각자가 공공재에 대한 자신의 진정한 선호를 드러낸 것으로 가정하고 공공재 수요곡선을 그리는데, 이를 가상수요곡선 혹은 의사수요곡선이라고 한다.

(2) 린달(Lindahl)의 자발적 교환모형

1) 개요

① 린달모형은 각 개인이 공공재에 대한 수요를 자발적으로 시현한다면 당사자 간의 자발적인 합의를 통해 공공재의 적정생산수준과 비용부담비율이 결정되므로 준(準)시장적 해결책을 보여주는 모형이다.

② 린달모형은 편익원칙에 입각하여 공공재의 공급을 설명한다.

2) 가정

① A, B 두 명의 개인이 존재한다.

② 공공재는 1가지만 존재하며, 생산의 한계비용은 일정하다.

③ 각 개인은 공공재에 대한 수요를 자발적으로 시현한다.

3) 설명

① 그림 4-2에서 D_A와 D_B는 공공재 생산비용 부담비율(가격)하에서 각 개인 A와 B가 수요할 용의가 있는 공공재의 양을 나타낸다.

그림 4-2 린달모형

G_1의 공공재 수준에서는 두 개인이 부담할 용의가 있는 비율의 합($k_1 + h_1$)이 생산비용을 초과하므로 공공재 생산을 증가시키는 것이 바람직하고, G_2의 공공재 수준에서는 두 개인이 부담할 용의가 있는 비율의 합($k_2 + h_2$)이 생산비용에 미달하므로 공공재 생산량을 감소시키는 것이 바람직하다. 결국 공공재의 최적공급수준(G^*) 및 비용부담비율은 두 개인의 공공재 수요곡선이 교차하는 E점에서 결정된다.

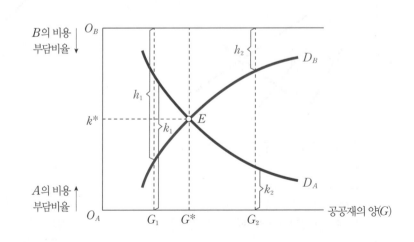

② **그림 4-2**에서 수직축의 길이는 1이며, 상방으로 이동할수록 개인 A의 부담비율(k)이 증가하고, 하방으로 이동할수록 개인 B의 부담비율(h)이 증가한다.

③ 사적인 재화와 마찬가지로 가격(비용부담비율)이 낮아질수록 각 개인은 더 많은 공공재를 소비하고자 하므로 각 개인의 공공재 수요곡선도 우하향의 형태이다.

$$
\begin{array}{l}
\boxed{A\text{의 부담비율}(k)\downarrow} \;\rightarrow\; \boxed{A\text{의 공공재 수요량}\uparrow} \;\rightarrow\; \boxed{\text{우하향의 } D_A \text{ 도출}} \\[2mm]
\boxed{B\text{의 부담비율}(h)\downarrow} \;\rightarrow\; \boxed{B\text{의 공공재 수요량}\uparrow} \;\rightarrow\; \boxed{\text{우하향의 } D_B \text{ 도출}}
\end{array}
$$

④ 만약 G_1수준의 공공재가 공급되는 경우 A가 부담할 용의가 있는 비율(k_1)과 B가 부담할 용의가 있는 비율(h_1)의 합이 생산비용을 초과하므로 공공재생산을 증가시키는 것이 바람직하다.

　❍ 현재 G_1만큼의 공공재가 공급되고 있다면 두 사람은 공공재 생산을 늘리는 것에 대해 자발적으로 합의할 것이다.

⑤ G_2수준의 공공재가 공급되면 두 사람이 부담할 용의가 있는 비율의 합(k_2+h_2)이 생산비용에 미달하므로 생산이 감소하여야 한다.

$$
\begin{array}{l}
k_1+h_1>1 \;\rightarrow\; \text{생산량 증가가 바람직}\\
k_2+h_2<1 \;\rightarrow\; \text{생산량 감소가 바람직}
\end{array}
$$

⑥ 따라서 최적공공재 공급수준과 비용부담비율은 두 개인의 공공재 수요곡선이 교차하는 E점에서 결정되는데, E점을 린달균형(Lindahl equilibrium)이라고 한다.

$$
\begin{array}{l}
\text{최적공공재 공급수준} : G^*\\
\text{개인 } A \text{의 부담비율} : k^*\\
\text{개인 } B \text{의 부담비율} : (1-k^*)
\end{array}
$$

　❍ 각 개인의 부담비율이 결정될 뿐 각 개인이 부담해야 하는 가격이 결정되지는 않는다.

⑦ 린달균형은 공공재 공급량과 비용부담비율에 대하여 개인 A와 B가 자발적으로 합의하여 도달한 점으로 볼 수 있기 때문에 린달모형을 자발적 교환모형(voluntary exchange model)이라고 부른다.

4) 문제점

① 각 개인이 진정한 공공재 선호를 자발적으로 시현한다는 것은 비현실적이다.

② 사회구성원의 수가 3인 이상인 경우 균형에 도달하기 어려울 가능성이 있다.

③ 린달모형에서는 공공재만을 독립적으로 다루고 있어 사회전체의 총가용자원 중 얼마만큼이 공공재 공급에 배분되어야 하는지를 알 수 없다.

예제 **Q**

한 마을에 A, B 두 사람이 살고 있는데 공동으로 쓰는 도로에 가로등을 설치하고자 한다. 각자의 가로등에 대한 수요는 $q^A = 200 - P_A$, $q^B = 250 - P_B$이다. 가로등의 공급곡선은 $Q = P - 120$으로 주어져 있다. 가로등을 순수공공재라고 할 때 공공재(가로등)의 효율적인 공급량은 얼마가 되겠는가? 개인 A가 부담해야 할 세금은 얼마인가?

풀이 **A**

공공재의 수요곡선은 각 개인의 수요곡선을 수직으로 합하여 도출하게 되는데, 각 개인의 수요곡선을 수직으로 합한다는 것은 각 공공재 수준에서 개인이 얻는 편익(=가격)을 합한다는 의미이다. 문제에 주어진 각 개인의 수요곡선을 가격에 대하여 정리하면 시장전체의 공공재 수요곡선이 다음과 같이 도출된다.

$$\begin{array}{l} \text{개인 } A\text{의 수요곡선} : P_A = 200 - q^A \\ +)\,\text{개인 } B\text{의 수요곡선} : P_B = 250 - q^B \\ \hline \text{시장전체수요곡선} : \ \ P = 450 - 2Q \end{array}$$

한편 공공재의 공급곡선이 $P = 120 + Q$이므로 시장수요곡선과 시장공급곡선을 연립하여 풀면 효율적인 공공재 공급량과 가격(=생산비용)은 각각 $Q = 110$, $P = 230$을 구할 수 있다. 이제 $Q = 110$을 개인 A와 B의 개별수요곡선에 대입하면 각 개인이 부담해야 할 공공재의 가격(=조세) $P_A = 90$, $P_B = 140$을 구할 수 있다. 이를 그림으로 나타내면 다음 그림과 같다.

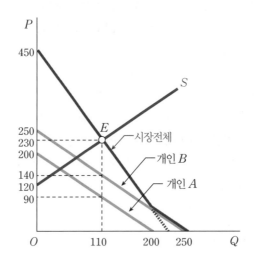

(3) 보웬(Bowen)모형

1) 개요

① 보웬모형에서는 개인들이 공공재와 사용재에 대한 수요를 자발적으로 시현하면 공공재와 사용재 간의 자원배분 및 각 개인이 부담하여야 할 공공재 생산비용(가격)이 당사자 간의 협조에 의하여 결정된다.

② 보웬모형도 자발적 교환모형의 일종으로 볼 수 있다.

2) 가정

① A, B 두 명의 개인이 존재한다.

② 공공재와 사용재가 각각 1가지만 존재한다.

3) 설명

① **그림 4-3**에서 d_A와 d_B는 개인 A와 B의 공공재 수요곡선, D_G는 각 개인의 공공재 수요곡선을 수직으로 합한 사회전체의 공공재 수요곡선 그리고 D_X는 사용재의 시장수요곡선을 나타낸다.

② 공공재와 사용재에 배분될 수 있는 사회전체 자원의 양은 수평축의 길이만큼으로 주어져 있으며, 세로축은 사용재와 공공재의 가격을 나타낸다.

③ 만약 G점(공공재는 O_GG, 사용재는 GO_X만큼)에서 생산이 이루어지면 공공재 소비에 따른 편익은 a점까지의 높이이나 사용재 소비에 따른 편익은 b점까지의 높이이므로 공공재 생산을 줄이고 사용재 생산을 증가시키는 것이 바람직하다.

④ 한편 F점에서 생산이 이루어지면 공공재 소비의 편익이 사용재 소비의 편익보다 크므로 공공재 생산을 증가시키고 사용재 생산을 감소시키는 것이 바람직하다.

⑤ 따라서 부문간 자원이 적절히 배분되기 위해서는 사용재와 공공재의 수요곡선이 교차하는 E점에서 생산이 이루어지는 것이 바람직하다.

⑥ E점에서 생산이 이루어질 때 공공재 생산비용은 개인 A와 B에게 각각 P_A, P_B만큼 부담시키면 생산비용이 모두 조달된다.

그림 4-3 | 보웬모형

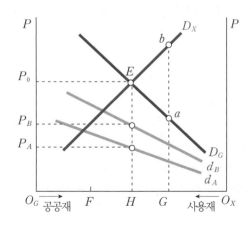

각 개인의 공공재 수요곡선을 수직으로 합하면 사회전체의 공공재 수요곡선이 도출된다. 사회전체의 사용재와 공공재의 수요곡선이 교차하는 점에서 사용재와 공공재 간의 자원배분 및 각 개인이 공공재 생산을 위해 부담해야 할 가격이 결정된다.

3. 일반균형분석적 접근 ··· Samuelson 모형

(1) 개요

① 사무엘슨모형은 생산측면에서 경제전체의 자원 중 사용재 생산에 얼마만큼 사용되고, 얼마만큼이 공공재 생산에 사용될지는 사회구성원의 선호에 의해 결정된다는 점을 고려할 뿐만 아니라

② 사용재와 공공재간의 파레토효율적인 배분조건을 보여주고 있는 일반균형분석 모형이다.

(2) 내용

1) 가정

① 전지전능한 계획자가 존재한다.

② A, B 두 명의 개인이 존재한다.

③ 공공재와 사용재가 각각 1가지씩 존재한다.

④ 소득분배는 사전적으로 주어져 있다(소득분배 문제는 고려하지 않는다).

2) 설명

가. 개인 A의 선택

① **그림 4-4**의 (a)에서 곡선 PP는 경제전체의 생산가능곡선이고, 곡선 I_1^A은 개인 A의 무차별곡선을 나타내고 있다.

  ❍ 그림 (a)의 무차별곡선 I_1^A은 그림 (b)에 주어진 A의 무차별곡선 중 I_1^A을 그림 (a)로 옮겨서 그린 것이다.

② 소득분배가 사전적으로 주어지면 개인 A가 얻을 수 있는 효용수준이 결정되는데, 개인 A가 얻을 수 있는 효용수준이 I_1^A으로 주어져 있다고 하자.

③ 개인 A는 무차별곡선 I_1^A상의 어떤 점을 소비하더라도 효용이 동일하므로 개인 B가 어떤 공공재수준을 선택하더라도 받아들일 것이다.

나. 개인 B의 선택

① 개인 A의 효용수준이 I_1^A으로 주어지면 개인 B가 소비할 수 있는 사용재의 양은 그림 (a)에서 생산가능곡선과 I_1^A사이의 수직거리가 된다.

  ❍ 공공재는 공동으로 소비하므로 어떤 수준의 생산이 결정되면 두 사람의 소비량이 동일하다.

② 예를 들어, 공공재 생산량이 G_1일 때 사회전체의 사용재 생산량은 B점까지의 높이이고, 개인 A의 소비량은 A점까지의 높이이므로 개인 B가 소비할 수 있는 사용재의 양은 A점과 B점의 수직거리가 된다.

③ 그림 (c)는 그림 (a)에 볼록렌즈 모양으로 표시된 개인 B의 소비가능영역을 옮겨놓은 것으로 생산가능곡선에서 무차별곡선을 수직으로 빼서 그린 그림이다.

④ 소비가능영역이 주어지면 개인 B는 효용이 극대가 되는 점을 선택할 것이므로 자신의 무차별곡선과 소비가능곡선이 접하는 D'점을 선택할 것이다.

다. 공공재와 사용재의 생산량 및 소비량 결정

① 개인 B가 그림 ⓒ에서 D'점을 선택하면 사회전체의 공공재 생산량은 G_2가 되고, 사회전체의 사용재 생산량은 그림 ⓐ에서 D점까지의 높이가 된다.

② 개인 A의 효용수준이 I_1^A으로 주어져 있으므로 개인 A의 사용재 소비량은 그림 ⓐ에서 C점까지의 높이, 개인 B의 사용재 소비량은 C점과 D점의 수직거리가 된다.

❍ 두 사람의 공공재 소비량은 G_2로 동일하다.

❍ 그림 ⓒ에서 D'점까지의 높이와 그림 ⓐ에서 C점과 D점의 수직거리는 동일하다.

③ 사무엘슨모형에서는 사회전체의 자원 중에서 얼마만큼이 공공재와 사용재 생산에 사용될 것인지는 사회구성원의 선호에 의해 결정된다.

그림 4-4 사무엘슨모형

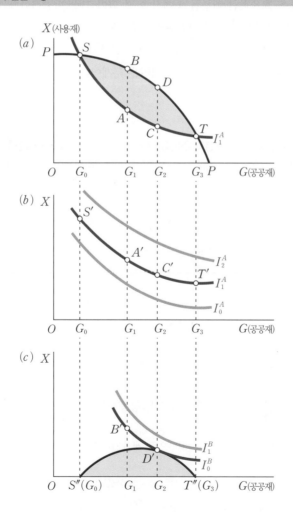

■ 그림 ⓐ … 개인 A의 효용수준이 I_1^A으로 주어지면 개인 B가 소비가능한 공공재와 사용재의 조합은 생산가능곡선과 개인 A의 무차별곡선 I_1^A 사이의 볼록렌즈처럼 생긴 부분의 면적으로 표시된다.

■ 그림 ⓑ … 개인 A의 공공재와 사용재 간의 무차별곡선을 나타낸다.

■ 그림 ⓒ … 그림 ⓐ에서 개인 B가 소비가능한 영역을 옮겨서 나타내면 위로 볼록한 곡선으로 표시된다. 이 때 개인 B의 효용극대화는 무차별곡선과 소비가능곡선이 접하는 D'점에서 결정된다. 따라서 공공재의 적정생산량은 OG_2로 결정된다.

■ 공공재의 생산량이 OG_2이면 사용재의 생산량은 G_2D로 결정되고, 이 때 개인 A의 사용재 소비량은 G_2C, 개인 B의 사용재 소비량은 $CD(=G_2D')$가 된다.

④ 그림 ⓒ의 소비가능곡선은 그림 ⓐ의 생산가능곡선에서 개인 A의 무차별곡선 I_1^A을 수직으로 빼서 그린 그림이므로 소비가능곡선의 기울기는 생산가능곡선 기울기와 I_1^A의 기울기와의 차($MRT_{GX} - MRS_{GX}^A$)와 동일하다.

⑤ 그러므로 아래와 같은 공공재의 최적공급조건을 유도할 수 있는데, 이를 사무엘슨조건(Samuelson's condition)이라고 한다.

$$MRS_{GX}^B = MRT_{GX} - MRS_{GX}^A$$
$$\longrightarrow MRS_{GX}^A + MRS_{GX}^B = MRT_{GX}$$

일반화
$$\Longrightarrow \sum_{i=1}^{n} MRS_{GX}^i = MRT_{GX} \cdots 사무엘슨조건$$

(3) 평가

① 위의 분석은 개인 A의 효용수준이 I_1^A로 주어져 있다고 가정하고 이루어진 것이므로 개인 A의 효용수준이 달라지면 최적의 생산점도 달라지게 된다.

② 즉, 소득분배에 따라 A의 효용수준이 달라질 것이므로 소득분포상태에 따라 균형점이 달라지게 될 것이다.

③ 그러면 수많은 효율적인 배분점 중에서 어떤 점이 가장 바람직한가는 사회후생함수의 형태와 소득분배에 대한 가치판단의 문제로 귀착된다.

④ 또한 이 모형에서는 개인들의 선호가 주어져 있다고 가정하고 있으나 개인들의 선호를 정확히 측정하는 것은 현실적으로 매우 어려운 문제이다.

예제 Q

어떤 동네에 동일한 선호를 지닌 1,000명의 주민이 거주하고 있는데 한 주민의 효용함수는 다음과 같다. 민간재는 단위당 1,000원의 비용이 들고, 공공재는 단위당 5,000원의 비용이 든다면 파레토 최적수준의 공공재 양은 얼마인가?

$$U(X_i, Y) = X_i - \frac{50}{Y}$$
(X_i는 주민 i의 민간재 소비량, Y는 공공재의 양)

풀이 A

먼저 각 개인의 한계대체율을 구해보면 $MRS_{YX} = \dfrac{MU_Y}{MU_X} = \dfrac{50Y^{-2}}{1} = \dfrac{50}{Y^2}$이다. 동일한 선호를 가진 주민이 1,000명이므로 각 개인의 한계대체율을 합한 사회전체의 한계대체율 $\sum MRS = \dfrac{50,000}{Y^2}$이다. 한편, $MRT_{YX} = \dfrac{MC_Y}{MC_X} = \dfrac{5,000}{1,000} = 5$이다. 공공재의 최적 공급조건이 $\sum MRS = MRT$이므로 $\dfrac{50,000}{Y^2} = 5$로 두면 $Y^2 = 10,000$, $Y = 100$으로 계산된다.

○ 효용함수가 $U(X_i, Y) = X_i - 50Y^{-1}$이므로 공공재($Y$)의 한계효용을 구하기 위해 Y에 대해 미분하면 다음과 같다.
$$MU_Y = (-1) \cdot (-50Y^{-2}) = 50Y^{-2} = \frac{50}{Y^2}$$

Ⅲ 무임승차자 문제와 수요표출 메커니즘

1. 무임승차자 문제

(1) 발생원인

① 공공재의 비배제성 때문에 공공재 생산비를 부담하지 않더라도 일단 생산이 이루어지면 누구나 소비할 수 있다.

② 그러므로 개인들은 공공재 생산비는 부담하지 않으면서 생산이 이루어지면 최대한 이용하려고 하는 무임승차자 문제(free-rider's problem)가 발생한다.

③ 무임승차자 문제가 발생하는 근본 원인은 공공재의 특성인 비배제성으로 인해 생산비를 부담하지 않은 개인을 공공재 소비에서 배제시키는 것이 불가능하기 때문이다.

(2) 설명 … 용의자의 딜레마

1) 내용

① 개인 A와 B는 옆집에 살고 있는데, 가로등(공공재)의 설치에는 1,000만 원의 비용이 들고, 가로등이 설치되면 각 개인은 800만 원의 편익을 얻는다고 하자.

② 두 명이 모두 가로등 설치에 찬성하면 비용을 절반씩 부담하면 되나, 1명만 찬성하면 혼자 모든 비용을 부담해야 하므로 가로등 설치에 따른 각 개인의 순편익은 아래의 표와 같다.

개인 B

개인 A		찬성	반대
	찬성	(300, 300)	(−200, 800)
	반대	(800, −200)	(0, 0)

③ 이 경우 상대방의 전략에 관계없이 개인 A와 B의 우월전략이 모두 공공재 생산에 반대하는 것이므로 이 게임의 우월전략균형은 (반대, 반대)이다.

④ 두 개인이 모두 공공재 생산에 반대하므로 공공재 생산은 이루어지지 않는나.

2) 공공재 생산이 이루어지지 않는 이유

① 두 개인이 모두 공공재 생산에 찬성할 경우에는 A와 B 모두 300만큼의 순편익을 얻을 수 있는데도 불구하고 공공재 생산은 이루어지지 않는다.

② 이와 같은 결과가 발생하는 이유는 공공재의 경우 비배제성 때문에 생산비용을 부담하지 않은 개인들도 생산된 공공재의 이용이 가능하므로 각 개인들이 무임승차하려고 하기 때문이다.

❍ 사회구성원 수가 많아질수록 무임승차문제는 더욱 심각해지므로 시장기구를 통해서는 공공재가 적정수준까지 공급되기 어렵다.

2. 수요표출 메커니즘

(1) 개념

① 수요표출 메커니즘(demand revelation mechanism)이란 각 개인들이 공공재에 대한 자신의 진정한 선호를 표출하는 것이 자신에게 가장 유리하도록 고안된 장치를 의미한다.

② 즉, 수요표출 메커니즘은 개인들이 자신의 공공재에 대한 선호를 과장하거나 과소하게 시현할 경우 손해를 보게 함으로써 개인들의 진정한 선호시현을 유도하는 일종의 유인제도이다.

> ○ 유인제도(incentive system) : 경제주체의 특정한 행동을 유도해내는 기구

③ 수요표출 메커니즘은 클라크(Clarke), 그로브즈(Groves), 레야드(Ledyard) 등에 의하여 발전되어 왔다.

(2) 기본발상

① 개인이 부담해야 하는 조세가격이 자신이 시현한 공공재 수요에 의해 결정된다면 개인들은 공공재에 대한 자신의 선호를 과소하게 보고하는 것이 합리적이다.

② 그런데 공공재 생산량과 무관하게 조세가격이 결정된다면 개인들은 공공재에 대한 선호를 과대하게 보고하여 공공재 생산을 증가시키는 것이 최적이 된다.

③ 만약 공공재 생산비용 중 각 개인의 부담비율을 개인이 시현할 선호와 관계없이 결정하고, 공공재 생산량에 따라 부담비율에 해당하는 조세가격을 개인에게 부과한다면 과소 혹은 과잉시현의 문제가 감소된다.

(3) 클라크 – 그로브즈의 수요표출 메커니즘

1) 설명

① 개인 i가 표명한 공공재의 가치(한계편익)가 $V_i(z)$이고, 공공재의 단위당 생산비용이 c원으로 주어져 있다면 공공재의 최적생산량은 아래의 식(순편익)이 극대화되는 점에서 결정된다.

$$\sum_{i=1}^{n} V_i(z) - cz$$

② 한편 개인 i가 부담해야 할 조세(클라크 조세)의 크기는 아래 식에 의하여 결정된다.

$$T_i \quad = \quad cz^* \quad - \quad \sum_{j \neq i} V_j(z^*)$$

$$\begin{bmatrix} \text{개인 } i \text{가} \\ \text{납부할 조세} \end{bmatrix} = \begin{bmatrix} \text{총생산} \\ \text{비용} \end{bmatrix} - \begin{bmatrix} \text{개인 } i \text{를 제외한} \\ \text{다른 사람들의 편익의 합} \end{bmatrix}$$

③ 따라서 공공재의 최적생산량 결정에는 개인의 선호가 반영되나, 개인 i가 납부해야 할 세금결정에는 개인의 선호가 반영되지 않는다.

④ 이와 같이 자신이 납부해야 할 조세의 크기가 자신이 표명한 공공재에 대한 선호와 관계없이 결정되므로 각 개인의 우월전략(dominant strategy)은 공공재에 대한 진정한 선호를 표명하는 것이다.

⑤ 즉, 자신의 진정한 선호를 표출하여 적정수준의 공공재가 생산되도록 하는 것이 개인의 입장에서도 가장 바람직하다.

2) 문제점

① 위와 같은 방법으로 공공재 생산비용을 조달하고자 하는 경우 균형예산이 보장되지 않는다.

　→ 즉, 총조세수입이 공공재 공급비용과 일치한다는 보장이 없다.

② 이 제도에서는 모든 개인으로부터 그들이 공공재에 대하여 지불할 용의가 있는 금액을 일일이 파악해야 하므로 막대한 행정비용이 소요된다.

③ 만약 구성원들이 서로 담합하여 왜곡된 선호를 시현하면 이 제도의 기능이 상실될 수 있다.

3) 사례

가. 상황

① 사회구성원이 네명이 있고, 선택 대안은 X(어린이 놀이터)와 Y(테니스장)의 두 가지가 있다.

② 각 개인이 각각의 대안에 대하여 지불할 용의가 있는 최대 금액은 다음의 표와 같다고 하자.

구성원	지불용의가 있는 최대금액	
	X(어린이 놀이터)	Y(테니스장)
A	15	0
B	13	0
C	0	11
D	0	14
합 계	28	25

나. 설명

① 대안 X에 대하여 지불할 용의가 있는 금액이 대안 Y에 대하여 지불할 용의가 있는 금액보다 크기 때문에 대안 X가 채택된다.

② 클라크−그로브즈 조세는 자신이 표명한 최대화폐액이 아니라 자신의 선호표명에 따라 사회상태가 다른 상태로 전환됨에 따른 사회전체의 순비용으로 계산된다.

③ 따라서 각 개인이 납부하여야 할 클라크−그로브즈 조세액은 다음과 같이 결정된다.

　개인 A의 납세액=(11+14)−13=12

　개인 B의 납세액=(11+14)−15=10

　개인 C, D의 납세액=0

❍　(11+14) … 사회상태가 X로 전환됨에 따른 C와 D의 손실
　　13 … 사회상태가 X로 전환됨에 따른 B의 이득
　　15 … 사회상태가 X로 전환됨에 따른 A의 이득

❍ C와 D는 자신들의 투표가 사회선택에 아무런 영향도 미치지 못하였으므로 납세액이 0이다.

다. 문제점

① 위와 같은 방법으로 조달된 조세가 공공재 공급비용과 일치한다는 보장이 없다.

　→ 즉, 균형예산이 보장되지 않는다.

② 이 제도는 담합에 의한 선호의 왜곡된 시현에 의하여 무력화될 가능성이 있다.

　→ 만약 개인 C와 D가 담합하여 A, B가 지불하려는 금액의 합보다 각각 더 크게 선호를 시현하면 Y가 선택되면서도 이들의 부담은 전혀 없다.

(4) 그로브즈—레야드 기구

① 그로브즈—레야드 기구(Groves—Ledyard mechanism)는 클라크 조세의 경우와 달리 내쉬균형개념을 사용한다.

　　◑ 클라크 조세의 경우는 각 개인이 진정한 선호를 시현하는 것이 우월전략이므로 클라크 조세에서 사용되는 개념은 우월전략균형이었다.

② 클라크 조세와 달리 그로브즈—레야드 기구는 균형개념을 내쉬균형으로 약화시키는 대신 균형예산과 파레토효율성 조건이 충족되는 메커니즘이다.

　　◑ 클라크 조세의 경우 사무엘슨조건은 충족되지만 균형예산은 보장되지 않는다.

③ 그로브즈—레야드 기구도 클라크 조세의 경우와 마찬가지로 담합에 무력하다.

④ 우월전략균형이면서도 동시에 파레토효율적인 자원배분을 만족하는 수요표출 메커니즘은 존재하지 않는 것으로 알려져 있다.

(5) 유인제도의 평가

① 이상적인 유인제도가 가져야 할 조건은 다음의 세 가지를 들 수 있다.

- 전략적으로 왜곡된 선호를 표명하더라도 이득을 얻을 수 없으므로 진정한 선호를 표명하는 것이 우월전략이 되어야 한다(전략무용성).
- 공공재의 공급수준이 사회적인 최적수준이 되어야 한다(효율성).
- 각 개인이 낸 세금과 공공재 공급비용이 일치해야 한다(균형예산).

---

② 지금까지의 연구결과에 의하면 세 가지 조건을 모두 충족하는 수요표출 메커니즘은 존재하지 않는 것으로 밝혀졌다.

③ 그러므로 그로브즈—레야드 기구와 같이 우월전략 대신 내쉬전략을 수용하면 효율성과 균형예산이 달성되나, 우월전략을 유지하려면 효율성과 균형예산 중 한 가지를 포기해야 한다.

예제 Q

세 사람으로 구성된 사회에서 40단위의 공공재가 공급될 때 사회전체의 순편익이 극대가 된다고 하자. 40단위의 공공재가 공급될 때 개인 A, B, C가 얻는 편익은 각각 90, 60, 80이라고 한다. 공공재의 단위당 생산비는 5로 일정하다고 한다. 클라크 조세를 통해 공공재 생산비를 조달한다면 조달된 총금액은 공공재 생산비에 얼마나 미달하겠는가?

풀이 A

공공재가 40단위 공급될 때 사회전체의 총편익은 230이고, 총비용은 200이다. 각 개인이 부담해야 할 클라크 조세는 총비용에서 자신의 편익을 제외한 나머지 사람들의 편익을 뺀 값으로 결정된다. 그러므로 각자가 부담해야 할 액수는 다음과 같이 계산된다. 공공재의 총생산비는 200이나 세 사람이 납부할 클라크 조세의 합은 140이므로 클라크 조세를 통해 조달된 총금액은 공공재 생산비에 60만큼 미달한다.

$$A가 부담해야 할 금액 = 200 - (60 + 80) = 60$$
$$B가 부담해야 할 금액 = 200 - (90 + 80) = 30$$
$$C가 부담해야 할 금액 = 200 - (90 + 60) = 50$$

Ⅳ 비순수공공재

1. 개요

① 비순수공공재(impure public goods)란 비경합성과 비배제성 중 어느 한 가지가 제대로 성립되지 않는 경우를 의미한다.

② 고속도로, 다리, 공원 등은 공동소비가 이루어지나 소비에 참가하는 사람이 많아지면 소비에서 얻는 편익이 감소하는 경향이 있다.

③ 이와 같이 소비자 수가 많아질수록 정체현상이 나타나는 비순수공공재를 정체공공재 (congested public goods) 혹은 혼잡재라고 지칭한다.

④ 정체공공재에 대한 분석은 부캐넌의 클럽이론에서 최초로 시작되었다.

⑤ 부캐넌은 정체공공재의 경우에도 배제가 가능하다면 시장기구를 통해 적정수준으로 공급될 수 있음을 설명하였는데, 이를 클럽이론이라고 한다.

2. 부캐넌의 클럽이론

(1) 가정

① 정체공공재의 규모가 주어져 있다.

② 클럽에 가입한 개인들의 선호는 모두 동질적이다.

③ 공공재의 비용은 모든 개인이 동일하게 부담한다.

(2) 설명

1) 한계편익

① 공공재의 규모가 주어져 있을 때 이용자 수(N)가 증가하면 대표적인 이용자의 총편익이 처음에는 증가하나 이용자 수가 일정수준을 넘어서면 지속적으로 감소한다.

> ❍ 테니스클럽에서 회원수가 늘면 상대를 바꾸어서 테니스를 칠 수도 있고, 복식게임도 할 수 있는 등 여러 가지 방식으로 테니스를 즐길 수 있으므로 처음에는 이용자 수가 증가할 때 각 개인의 총편익이 증가한다.

② 회원수가 일정수준을 넘어서면 총편익이 지속적으로 감소하는 것은 이용자 수가 많아지면 정체문제가 점점 심각해지기 때문이다.

③ 한계편익(MB)은 이용자가 1명 증가할 때의 총편익의 변화분$\left(MB = \dfrac{\Delta TB}{\Delta N}\right)$을 의미하는데, 총편익곡선의 기울기로 측정된다.

④ 이용자 수가 일정수준을 넘어서면 총편익이 감소하므로 한계편익은 (−)가 되는데, 이는 이용자 수 증가에 따른 한계정체비용(marginal congestion cost)을 의미한다.

2) 한계비용

① 일정량의 공공재 생산에 소요되는 총비용(C)은 모든 개인에게 균등하게 배분되므로 각 개인이 부담하는 1인당 총비용 $TC = \dfrac{C}{N}$가 되어 직각쌍곡선의 형태이다.

② 한계비용은 이용자가 1명 증가할 때 1인당 총비용의 변화분으로 1인당 총비용곡선 기울기로 측정된다.

③ 그러므로 한계비용은 1인당 총비용 $\left(\dfrac{C}{N}\right)$을 N으로 미분하면 다음과 같이 구해진다.

$$한계비용 = -\frac{C}{N^2}$$

3) 적정이용자 수

① 그림 4-5에서 대표적인 개인의 순편익(=1인당 총편익−1인당 총비용)은 이용자가 1명 증가할 때의 한계편익과 한계비용이 일치하는 N^*에서 극대화된다.

② 그러므로 공공재 규모가 주어져 있을 때 적정이용자 수는 다음의 조건이 충족하는 점에서 결정된다.

$$MB = -\frac{C}{N^2}$$

$$(-MB) \cdot N = \frac{C}{N}$$

그림 4-5 　**최적이용자 수의 결정**

정체공공재의 규모가 주어져 있다면 최적이용자 수는 이용자가 1명 추가로 증가할 때 기존 이용자가 얻는 편익(비용감소분)과 기존 이용자가 부담하는 한계정체비용이 일치하는 점에서 N^*로 결정된다.

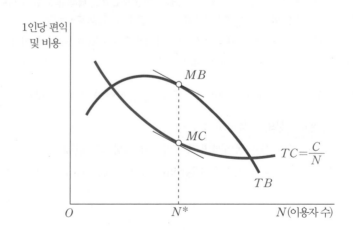

③ 위의 식은 이용자 1명이 증가할 때 기존이용자 전체가 얻는 편익(비용의 절감분)과, 이용자 1명이 증가할 때 기존이용자 전체가 부담하는 한계정체비용이 일치하는 점에서 적정이용자 수가 결정됨을 의미한다.

$$\left\lbrack \begin{array}{l} \dfrac{C}{N} : \text{이용자 1명이 증가할 때 기존 이용자 전체의 비용감소분} \\[2mm] (-MB)\cdot N : \text{이용자 1명이 증가할 때 기존 이용자 전체의 정체비용} \end{array} \right.$$

◐ 이용자 수가 주어져 있을 때 적정수준의 클럽규모는 각 개인의 한계대체율의 합이 MRT와 일치하는 수준에서 결정될 것이므로($\sum MRS = MRT$) 사무엘슨조건도 성립한다.

참고　｜　클럽재 모형에 대한 추가적인 설명

① 여기서는 클럽재 모형의 기본적인 아이디어에 대해 개략적인 설명을 추가해 보기로 하자.

② 본문에서는 클럽규모가 일정하게 주어졌을 때 적정이용자 수가 어떻게 결정되는지에 대해 설명하였다.

③ 이제 클럽의 규모를 변화시켜가면서 적정이용자 수를 구해보면 클럽의 규모가 클수록 적정이용자 수가 증가함을 알 수 있는데, 이를 나타내는 것이 곡선 N이다.

④ 이와는 반대로 이용자 수가 주어지면 각 이용자의 한계대체율을 구한 다음 $\sum MRS = MRT$가 성립하는 클럽규모도 계산할 수 있다.

⑤ 이용자 수가 많을수록 적정클럽규모도 점점 커지게 되는데, 이를 나타내는 것이 곡선 Q이다.

⑥ 이와 같이 도출된 곡선 N과 Q가 교차하는 점에서 적정클럽규모와 적정이용자 수가 동시에 결정된다.

⑦ 클럽재 모형은 어떤 지역에 학교를 건설할 때 적정한 학생수와 학교시설규모를 결정하거나, 어떤 지역의 적정한 주민수와 지방공공재 공급규모를 결정하는 등의 문제에 응용될 수 있다.

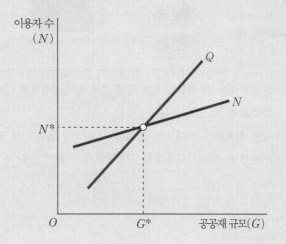

05 공공선택이론

⊙ Point

앞 장에서 살펴본 것처럼 시장기구에 의해서는 적정수준의 공공재가 공급될 수 없으므로 결국 다른 메커니즘을 통해 공공재 공급량을 결정할 수밖에 없다. 공공선택이론은 공공재 공급 등에 관한 의사결정이 이루어지는 메커니즘 및 그 참가자에 대해 연구하는 분야로, 주로 투표제도와 투표제도 참가자의 행동에 대해 분석한다. 이 장에서는 만장일치제, 다수결투표제, 점수투표제와 같은 각 투표제도가 어떤 장단점을 갖는지를 살펴보고, 투표제도의 주요 참가자인 정치가와 관료 및 이익집단의 행동을 설명하는 모형에 대해 논의한다.

Ⅰ 공공선택이론의 개념

① 공공선택이론(theory of public choice)이란 비시장적 과정을 통해 공공재 공급에 관한 집단적 의사결정이 이루어지는 메커니즘을 분석하는 분야이다.

② 공공재의 경우에는 비배제성과 비경합성으로 인하여 시장기구를 통해 공급되기 어려우므로 많은 경우 정치적 의사결정과정을 통해서 공급할 공공재의 종류와 수량이 결정된다.

③ 공공선택이론에서는 정치과정 특히 투표행위를 개인의 선호가 정책결정자에게 전달되는 수단으로 간주하고, 주로 투표제도 및 주요 참가자의 행동에 대하여 분석한다.

④ 투표제도는 각 개인의 선호를 종합하여 사회선호로 나타내주는 것이므로 일종의 사회후생함수로 볼 수 있다.

⑤ 어떤 투표제도가 개인의 선호를 사회적인 선호로 바꾸어주는 이상적인 장치가 되려면 애로우가 제시한 사회후생함수가 갖추어야 할 조건을 모두 충족해야 한다.

Ⅱ 여러가지 투표제도

1. 최적다수결제도

(1) 개념

① 최적다수결제도란 투표제도 운용에 따르는 총비용이 극소화되는 찬성비율을 넘어설 때 의 안이 통과되는 제도를 의미한다.

② 부캐넌(J. Buchanan)과 툴록(G. Tullock)은 개인의 효용극대화 관점에서 공공재 공급 에 있어서 효율적인 의사결정원칙으로 최적다수결제도를 제시하였다.

(2) 투표제도의 운영비용

1) 의사결정비용

① 의사결정비용(decision-making cost)이란 투표자들의 동의를 확보하는 데 소요되는 시간과 노력에 따른 비용을 의미한다.

② 이 비용은 의안통과에 필요한 찬성표의 비율이 높을수록 증가한다.

2) 외부비용

① 외부비용(external cost)이란 어떤 의안이 통과됨에 따라 그 의안에 반대하였던 사람들 이 느끼는 부담을 의미한다.

② 이 비용은 찬성하는 사람이 많아질수록 낮아지며, 모든 사람이 찬성할 경우에는 0이 된다.

그림 5-1 | 의사결정비용과 외부비용

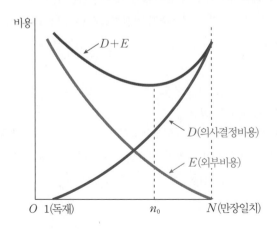

의안통과에 필요한 찬성표의 비율이 높을수록 투표자의 동의를 확보하는 데 소요되는 비용이 크므로 의사결정비용은 높아진다. 반면 의안에 찬성하는 사람이 많을수록 의안통과에 따라 후생이 감소하는 사람이 줄어듦으로 외부비용은 낮아진다. 만약 n_0명이 찬성할 때 투표제도 운영에 따른 총비용이 극소화되면 최적 찬성비율은 $\frac{n_0}{N}$로 결정된다.

(3) 최적찬성비율의 결정

① 의안통과에 필요한 투표자 수가 증가할수록 의사결정비용이 증가하므로 의사결정비용곡선을 나타내는 곡선 D는 우상향한다.

② 한편, 찬성하는 투표자 수가 증가할수록 외부비용이 감소하므로 외부비용을 나타내는 곡선 E는 우하향한다.

③ 두 곡선을 수직으로 합하면 투표제도 운영에 따르는 총비용곡선이 U자 형태로 도출된다.

④ 찬성률이 $\dfrac{n_0}{N}$일 때 투표제도 운영에 따르는 총비용이 극소화되므로 최적다수결제도는 찬성률이 $\dfrac{n_0}{N}$ 이상일 때 어떤 안건이 통과되는 제도이다.

(4) 한계

① 외부비용과 의사결정비용을 정확히 측정하는 것이 매우 어렵다.

② 그러므로 현실에서 최적다수결제도를 제도화하는 것이 거의 불가능하다.

2. 만장일치제

(1) 개념

만장일치제란 모든 구성원들이 찬성하여야만 어떤 안건이 통과되는 제도이다.

❍ 전원합의제라고도 한다.

(2) 장점

① 만장일치제하에서 어떤 정책이 실시된다면 항상 파레토개선이 실현된다.

② 소수의 의사를 보호하는 것이 가능하다.

(3) 단점

① 모든 구성원을 만족시키는 대안을 찾아내기가 매우 어렵다.

② 구성원 중 1명만 반대하더라도 정책추진이 불가능하므로 의도하는 정책추진이 어렵다.

→ 현재의 상태(status quo)가 다른 대안에 비해 우위를 지니게 된다.

③ 많은 의사결정비용이 소요된다.

④ 어떤 투표자가 자신에게 좀 더 유리한 대안이 제시될 것으로 기대하면서 전략적으로 계속 반대하는 현상이 나타날 수 있다.

⑤ 두 대안 x, y가 있을 때 투표자 중 일부는 x를 더 선호하는 반면 다른 일부는 y를 더 선호하면 만장일치제 하에서는 어떤 것이 선호되는지 결정할 수 없으므로 애로우가 제시한 공리중 완비성이 충족되지 않는다.

참고	거부권 투표제도

① 만장일치제 하에서는 한 명만 반대하더라도 새로운 대안이나 정책이 채택될 수 없으므로 기존의 상태가 다른 어떤 대안에 비해서도 우위를 갖는 한계가 있다.

② 거부권 투표제도는 만장일치제의 이러한 폐단을 피하기 위해 각 투표자가 한 번씩만 거부권을 행사할 수 있도록 하는 투표방식이다.

③ 이 제도는 ⅰ) 각 투표자가 자신이 원하는 대안을 제안하도록 한 후, ⅱ) 무작위로 순서를 정한 후 각자 한 번씩 거부권을 행사하는 방식으로 운영된다.

④ n명의 투표자가 모두 자신이 원하는 대안을 제안하면 기존의 상태를 합해 $(n+1)$개의 대안이 마련되는데, 무작위로 결정된 순서대로 각 투표자가 자신에게 가장 불리한 대안 1개에 대해 거부권을 행사하여 제거한다.

⑤ 이런 과정을 거쳐 n명의 투표자가 순차적으로 모두 거부권을 행사한 후 최종적으로 남는 1개의 대안이 채택하는 방식이 거부권 투표제도이다.

3. 다수결투표제도

(1) 개념

① 다수결투표제도란 과반수 이상의 투표자가 지지하는 대안이 선택되는 투표제도이다.

② 현대 민주주의 사회에서 집단적 의사결정방법으로 가장 많이 사용되고 있다.

③ 다수결투표제도가 현실에서 가장 많이 사용되고 있는 제도이기는 하나 여러 가지 문제가 있다.

(2) 문제점

1) 선호강도가 반영되지 않음

① 다수결투표제도하에서 각 투표자는 찬반여부를 표시할 수 있을 뿐 선호강도를 표현할 수 없으므로 어떤 안건이 채택되더라도 사회후생이 감소할 가능성이 있다.

② 예를 들어, 어떤 안건에 대해 투표자 100명 중에서 51명이 찬성하고 49명이 반대하였다고 가정하자.

③ 만약 찬성한 51명은 공공사업 추진으로 약간씩 효용이 증가하였으나, 반대한 49명의 효용이 매우 크게 감소하였다면 오히려 사회후생의 감소가 초래될 가능성이 있다.

2) 최소비용이 보장되지 않음

① 투표제도 운영의 총비용은 외부비용과 의사결정비용으로 구분되는데 다수결투표제도하에서 투표제도 운영에 따른 총비용이 극소화된다는 보장이 없다.

② 즉, 단순다수결투표제도가 앞에서 논의한 최적다수결투표제와 일치할 가능성이 희박하다.

3) 다수의 횡포가 발생할 가능성

① 어떤 안건에 대해 소수파가 강력히 반대하더라도 다수파가 투표를 강행하여 안건을 통과시키면 소수파의 이익이 크게 침해되는 현상이 나타난다.

② 소수파의 강력한 반대에도 불구하고 다수파가 수적 우위를 이용하여 자신들이 원하는 안건을 통과시키는 것을 다수의 횡포(tyranny of majority)라고 한다.

4) 투표의 역설

① 다수결투표제도하에서는 사회선호가 이행성이 성립하지 않는 소위 투표의 역설(voting paradox)이 발생할 가능성이 있다.

② 투표의 역설은 다수결투표제도가 갖고 있는 가장 큰 이론적인 약점이다.

4. 점수투표제

(1) 개념

① 점수투표제(point voting)란 각 투표자에게 일정한 점수를 부여하고 각 투표자가 자신의 선호에 따라 각 대안에 대하여 주어진 점수를 배분하여 투표하는 제도를 의미한다.

　◐ 점수투표제는 각 투표자의 선호강도를 기수적으로 반영한다.

② 점수투표제하에서는 가장 많은 점수를 얻은 대안이 선택된다.

(2) 장점

① 점수투표제하에서는 투표자가 자신의 선호강도에 따라 점수를 배분하여 투표하므로 투표자의 선호강도가 잘 반영될 수 있다.

　◐ 100명의 투표자 중에서 어떤 안건에 찬성하는 51명은 그 안건이 통과되면 약간씩 효용이 증가하고, 반대하는 49명은 효용이 대폭 감소하는 경우 그 안건이 통과되면 사회후생이 감소한다.

　◐ 다수결투표제도하에서는 선호강도가 반영되지 않기 때문에 사회후생이 감소하는 안건이 통과될 수 있으나 점수투표제하에서는 반대하는 49명이 '반대'에 높은 점수를 부여하여 투표할 것이므로 다수결투표제도에서와 같은 불합리한 결과가 나타나지 않는다.

② 각 대안 중에서 가장 많은 점수를 얻은 대안이 선택되므로 투표의 역설이 발생하지 않는다.

③ 특정한 대안을 선호하는 소수의 의견도 투표결과에 잘 반영될 수 있다.

(3) 단점

① 투표자들의 전략적 행동(strategic behavior)을 유발할 가능성이 높다.

　◐ 전략적인 행동이 나타날 경우 투표의 결과가 불규칙하게 바뀔 가능성이 있다.

② 각각의 대안에 대한 투표자의 선호 강도를 수치로 파악하는 것이 쉽지 않다.

③ 애로우가 제시한 공리 중 무관한 선택대안으로부터의 독립성을 위배한다.

참고　／　점수투표제 하에서 전략적인 행동의 가능성

① 투표자 A, B, C가 각자에게 부여된 10점의 점수를 자신의 진정한 선호에 따라 각 대안에 배분하여 투표한 결과가 아래의 표와 같이 주어져 있다고 가정하자.

② 각 투표자가 자신의 진정한 선호에 따라 점수를 투표하면 대안 X의 점수가 가장 높기 때문에 X가 선택된다.

③ 그런데 개인 C가 자신이 가장 싫어하는 대안 X가 선택되는 것을 막기 위해 자신에게 부여된 10점을 모두 대안 Y에 투표한다면 Y가 15점(X는 13점, Z는 2점)으로 가장 높은 점수를 얻게 된다.

　　◑ 개인 C가 가장 선호하는 Z에 10점을 주더라도 여전히 X가 선택된다.

④ 이와 같이 개인 C가 전략적인 행동을 한다면 사회적으로 볼 때 가장 바람직하지 않은 Y가 선택되는 결과가 초래된다.

⑤ 전략적인 행동은 다른 투표방식하에서도 나타날 수 있으나 점수투표제에서 가장 심각하게 나타난다.

대안 투표자	x	y	z
A	6	3	1
B	7	2	1
C	1	2	7
합 계	14	7	9

참고　／　점수투표제가 독립성 조건을 위배하는 이유

① 투표자 A, B, C의 세 가지 정책대안 x, y, z에 대한 선호강도가 <표 1>과 같이 주어져 있다고 하자.

② <표 1>에서 각 대안이 얻은 점수를 합해보면 x가 11점, y가 10점, z가 9점이므로 사회선호는 $x>y>z$이다.

③ 그런데 얼마 후에 개인 B와 C의 y와 z에 대한 선호가 달라져 선호강도가 <표 2>로 바뀌었다고 하자.

④ 두 사람의 y와 z에 대한 선호가 바뀐 이후에 각 대안이 얻은 점수를 합해보면 사회선호가 $y>x>z$로 바뀌었음을 알 수 있다.

⑤ 이 사례는 개인 B, C의 y, z에 대한 선호의 변경이 y, z와 상관없는 x에 영향을 미쳐 x, y에 대한 사회선호가 바뀔 수 있음을 보여준다.

⑥ 이처럼 점수투표제 하에서는 사회구성원 중 어느 누구도 x, y에 대한 바뀌지 않았음에도 불구하고 x, y간의 사회선호가 바뀔 수 있으므로 애로우의 조건 중 독립성에 위배된다.

<표 1> 최초의 선호강도

	x	y	z
A	5	4	1
B	5	2	3
C	1	4	5
합 계	11	10	9

사회선호 : $x>y>z$

$\Longrightarrow$

<표 2> 선호가 바뀐 이후

	x	y	z
A	5	4	1
B	5	3	2
C	1	5	4
합 계	11	12	7

사회선호 : $y>x>z$

5. 보다(de Borda)투표제

(1) 개념

① n개의 대안이 있을 때 가장 선호하는 대안부터 순서대로 n, $(n-1)$, … 1점을 부여하고, 가장 높은 점수를 받은 대안을 선택하는 투표방식을 말한다.

② 점수투표제와 달리 이 방식에서는 오로지 순서에 의해서만 선호강도를 표시하는 것이 가능하다.

(2) 장점

① 이 방식하에서는 아주 선호도가 높거나 낮은 대안보다는 투표자 모두에게 어느 정도는 차선이 될 수 있는 중도의 대안이 채택될 가능성이 높다.

② 가장 많은 점수를 얻은 대안이 채택되므로 투표의 역설이 발생하지 않는다.

(3) 단점

① 이 방식에서도 점수투표제와 마찬가지로 전략적인 행동이 유발될 가능성이 있다.

② 애로우가 제시한 공리 중 무관한 선택대안으로부터의 독립성을 위배한다.

예제 Q

다섯 명의 투표자 A, B, C, D, E에게 세 가지 정책대안 x, y, z에 대한 선호강도를 10점의 점수를 배분하여 써내게 한 결과가 아래의 표와 같다. 투표방식을 점수투표제에서 보다투표제로 바꾸면 투표결과에 어떤 변화가 생기겠는가?(모든 투표자는 자신의 진정한 선호를 표명한다).

	A	B	C	D	E
x	7	3	3	2	5
y	2	5	1	8	1
z	1	2	6	0	4

풀이 A

각 대안이 얻은 점수를 합해보면 x는 20점, y는 17점, z는 13점이므로 점수투표제 하에서는 x가 선택된다. 투표방식을 각 투표자가 순서로만 선호강도를 표시하는 보다투표제로 바꾸면 x는 12점, y는 10점, z는 8점이므로 보다투표제 하에서도 x가 선택된다. 그러므로 투표방식을 점수투표제에서 보다투표제로 바꾸더라도 투표결과에는 아무런 변화가 발생하지 않는다.

	A	B	C	D	E	합계
x	3	2	2	2	3	12
y	2	3	1	3	1	10
z	1	1	3	1	2	8

참고	보다투표제의 문제점

1. 전략적인 행동의 가능성

① 투표자 A, B, C, D의 네 가지 정책대안 w, x, y, z에 대한 진정한 선호순위가 〈표 1〉과 같이 주어져 있다고 하자.

② 〈표 1〉에서 각 대안이 얻은 점수를 합해보면 w가 10점, x가 7점, y가 11점, z가 12점이므로 보다투표제 하에서는 z가 채택된다.

③ 만약 투표자 D가 자신이 매우 싫어하는 z가 선택되는 것을 막기 위해 〈표 2〉와 같이 선호를 왜곡해서 시현하면 세 번째로 선호하던 z 대신 두 번째로 선호하는 y가 채택된다.

④ 그러므로 보다투표제 하에서도 각 투표자는 자신에게 좀 더 유리한 결과를 기대하고 전략적으로 선호를 왜곡 시현하는 전략적인 행동이 나타날 수 있다.

2. 독립성 조건을 위배하는 이유

① 〈표 1〉을 보면 투표자 D가 진정한 선호를 표명할 때도 y를 z보다 더 선호하고, 〈표 2〉를 보면 왜곡된 선호를 표명할 때도 여전히 y를 z보다 더 선호하므로 투표자 D의 y와 z에 대한 선호는 바뀌지 않았음을 알 수 있다.

② 애로우가 제시한 무관한 선택 대안으로부터의 독립성 조건에 의하면 사회구성원들의 특정한 대안에 대한 선호가 바뀌지 않는 한 사회선호도 변하지 않아야 한다.

③ 그런데 아래의 표를 보면 모든 투표자가 진정한 선호를 표명할 때는 사회선호가 $z>y>w>x$이므로 사회적으로 z가 y보다 선호되나 D가 왜곡된 선호를 시현하면 사회선호가 $y>w=z>x$이므로 사회적으로 y가 z보다 선호된다.

④ 이 경우 모든 투표자의 y와 z 사이의 선호가 바뀌지 않았음에도 불구하고 y와 z 사이의 사회선호가 바뀌므로 애로우가 제시한 독립성의 공리에 위배된다.

〈표1〉 진정한 선호 순위

	w	x	y	z
A	3	1	2	4
B	3	1	4	2
C	3	1	2	4
D	1	4	3	2
합 계	10	7	11	12

사회선호 : $z>y>w>x$

〈표2〉 D가 선호를 왜곡할 때

	w	x	y	z
A	3	1	2	4
B	3	1	4	2
C	3	1	2	4
D	2	3	4	1
합 계	11	6	12	11

사회선호 : $y>w=z>x$

Ⅲ 다수결투표제도의 추가적 논의

1. 투표의 역설

(1) 개념

투표의 역설(voting paradox)이란 다수결투표제도하에서 모든 개인들의 선호가 이행성을 충족하더라도 사회선호가 이행성이 충족되지 않는 현상을 의미한다.

(2) 투표의 역설이 발생하지 않는 경우

① 사회구성원 A, B, C의 3가지 정책대안(예산규모) x, y, z에 대한 선호가 아래의 표와 같이 주어져 있다고 하자.

투표자	x, y, z에 대한 투표자의 선호
A	$x > y > z$
B	$y > z > x$
C	$z > y > x$

② 3가지 대안을 놓고 투표를 하면 개인 A는 x, 개인 B는 y, 개인 C는 z에 대해 투표할 것이므로 어떤 대안도 선택되지 않는다.

③ 이제 둘씩 짝을 지워 투표한 다음에 최종적으로 선택되는 대안을 선택하는 꽁도세 방식으로 투표방식을 바꾸면 결국 y가 최종적으로 선택된다.

> ┌ x와 y에 대하여 투표 → 1 : 2로 y 선택
> ├ y와 z에 대하여 투표 → 2 : 1로 y 선택
> └ x와 z에 대하여 투표 → 1 : 2로 z 선택

➡️ | 사회선호 : $y > z > x >$ ⋯ y가 선택(안정적) |

④ 이 경우에는 투표순서에 관계없이 사회선호는 항상 $y > z > x$로 결정되므로 사회선호가 이행성을 충족한다.

⑤ 사회선호가 이행성을 충족하므로 투표의 역설이 발생하지 않으며, 투표순서를 바꾸더라도 최종적인 결과가 항상 동일하므로 의사진행조작이 불가능하다.

> ○ 사회적 선호가 이행성을 충족하는 경우에는 투표순서와 무관하게 일관된 최종선택이 이루어지는 데 이를 '경로독립성'이라고 표현한다.

⑥ **그림 5-2**에서 보는 바와 같이 개인들의 선호가 모두 단봉형(single-peaked)이면 투표의 역설이 발생하지 않는다.

✎ 꽁도세방식
　(M. de Condorcet)
여러 대안 중에 2개의 대안에 대하여 다수결로 승자를 결정하고, 또다시 다른 대안과 다수결로 승자를 결정하는 과정을 반복하여 결국 최종적으로 승자가 된 안건을 채택하는 투표방식을 의미하며, 마지막에 승자가 된 안건을 꽁도세 승자(condorcet winner)라고 한다.

그림 5-2 　**단봉형선호**

- 개인 A : 정책대안 x에서 멀어질수록 효용이 지속적으로 감소한다.
- 개인 B : 정책대안 y에서 멀어질수록 효용이 감소한다.
- 개인 C : 정책대안 z에서 멀어질수록 효용이 지속적으로 감소한다.

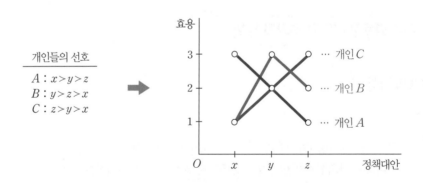

개인들의 선호
$A : x > y > z$
$B : y > z > x$
$C : z > y > x$

투표순서에 따른 투표결과

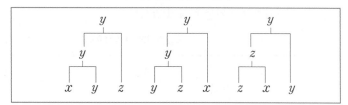

⑦ 모든 개인들의 선호가 단봉형인 경우에는 다수결투표를 하더라도 항상 안정적인 결과에 도달하게 된다.

✎ 단봉형선호(single-peaked preference)
가장 선호하는 정책대안에서 멀어질수록 효용이 지속적으로 감소하기 때문에 그림으로 나타내었을 때 봉우리(peak)가 1개만 나타나는 선호체계를 의미한다.

(3) 투표의 역설이 발생하는 경우

① 개인 A, B, C의 세 가지 정책 대안 x, y, z에 대한 선호가 아래의 표와 같이 주어져 있다고 하자.

투표자	선호순서
A	$x > y > z$
B	$y > z > x$
C	$z > x > y$

② 3가지 대안을 놓고 투표를 하면 개인 A는 x, 개인 B는 y, 개인 C는 z에 대해 투표할 것이므로 어떤 대안도 선택되지 않는다.

③ 이제 둘씩 짝을 지워 투표한 다음에 최종적으로 선택되는 대안을 선택하는 방식으로 투표방식을 바꾸면 투표결과가 순환적이 되는 현상이 발생한다.

- x와 y에 대하여 투표 → 2 : 1로 x 선택
- y와 z에 대하여 투표 → 2 : 1로 y 선택
- z와 x에 대하여 투표 → 2 : 1로 z 선택

➡ 사회선호 : $x > y > z > x$ … (이행성의 공리에 위배)

그림 5-3　　**다봉형선호**

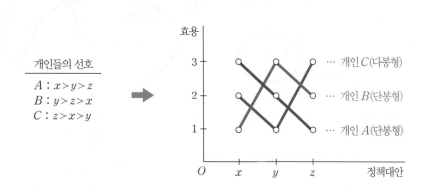

개인들의 선호

$A : x > y > z$
$B : y > z > x$
$C : z > x > y$

- 개인 A : 정책대안 x에서 멀어질수록 효용이 지속적으로 감소한다(단봉형).
- 개인 B : 정책대안 y에서 멀어질수록 효용이 감소한다(단봉형).
- 개인 C : 정책대안 z에서 멀어질 때 (y로 이동시) 처음에는 효용이 감소하다가 다시 증가(x로 이동시)한다(다봉형).

④ 투표의 역설이 발생하는 상황에서는 아래 그림에서 보는 것과 같이 투표진행순서에 따라 최종적인 선택결과가 달라지는 현상이 발생한다.

투표순서에 따른 투표결과

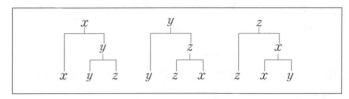

⑤ 투표순서에 따라 결과가 달라지므로 일관성이 결여되어 다수결투표제도의 신뢰성이 무너지는 결과가 초래된다.

 ❖ 투표순서에 따라 다른 결과가 나올 때 '의사결정의 결과가 경로의존성을 갖는다'라고 표현한다.

⑥ 의사진행자는 의사진행조작(agenda manipulation)을 통하여 자신에게 가장 유리한 대안이 선택되도록 할 유인이 발생하는 문제점이 있다.

⑦ 이와 같이 투표의 역설이 발생하는 것은 **그림 5-3**에서와 같이 일부 개인이 다봉형(multi-peaked)선호를 갖고 있기 때문이다.

⑧ 주어진 선호체계를 그림으로 나타내면 개인 C의 선호가 다봉형임을 알 수 있는데 이와 같이 일부 개인의 선호가 다봉형이면 투표의 역설이 발생할 가능성이 있다.

 ❖ 대안을 특정 순서대로 배치했을 때 다봉형선호가 나타나더라도 대안의 순서를 바꾸어 모든 투표자의 선호를 단봉으로 나타낼 수 있다면 투표의 역설은 발생하지 않는다.

(4) 다차원의 의사결정문제와 투표의 역설

① 두 가지의 공공재 G_1과 G_2의 공급수준을 결정해야 하는 개인 A, B, C의 선호가 **그림 5-4**와 같이 주어져 있다고 가정하자.

✏️ **다봉형선호(multi-peaked preference)**
가장 선호하는 정책 대안에서 멀어질 때 처음에는 효용이 감소하다가 다시 증가하기 때문에 선호를 그림으로 나타내면 2개 이상의 봉우리가 나타나는 선호체계를 의미한다.

그림 5-4 **단봉형선호와 투표의 역설**

각 개인의 선호가 그림 (a)와 같이 주어진 경우에는 투표의 역설이 발생하지 않는데 비해 그림 (b)와 같이 주어진 경우에는 각 개인의 선호는 모두 단봉형이지만 여전히 투표의 역설이 발생한다.

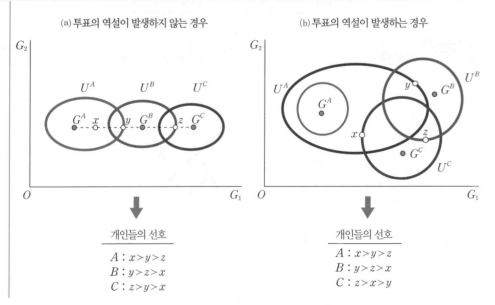

② 두 그림에서 G^A, G^B, G^C 는 각 개인의 효용이 가장 높은 G_1 G_2의 조합이며, 이 점에서 멀어질수록 효용이 지속적으로 낮아진다.

③ 각 개인이 가장 선호하는 점에서 멀어질수록 효용이 지속적으로 낮아지므로 모든 개인의 선호는 단봉형이며 이행성을 충족한다.

④ 그림(a)의 경우에는 다수결투표를 실시하면 최종적으로 y가 선택되므로 투표의 역설이 발생하지 않는다.

$$\left.\begin{array}{l} x : y \ \rightarrow y \ \text{선호} \\ y : z \ \rightarrow y \ \text{선호} \\ z : x \ \rightarrow z \ \text{선호} \end{array}\right\} \rightarrow \text{사회선호} : y > z > x$$

⑤ 그림(b)의 경우에는 개인들의 선호는 모두 단봉형이지만 다수결투표를 실시하면 여전히 투표의 역설이 발생함을 알 수 있다.

$$\left.\begin{array}{l} x : y \ \rightarrow x \ \text{선호} \\ y : z \ \rightarrow y \ \text{선호} \\ z : x \ \rightarrow z \ \text{선호} \end{array}\right\} \rightarrow \text{사회선호} : x > y > z > x \cdots$$

⑥ 앞에서 설명한 것처럼 한 가지의 대안에 대하여 다수결투표로 의사결정을 할 때는 모든 개인의 선호가 단봉형이면 투표의 역설이 발생하지 않는다.

⑦ 그러나 두 가지 이상의 공공재 공급을 동시에 결정하는 2차원 이상의 문제에 대해 다수결투표로 의사결정을 하는 경우에는 모든 개인의 선호가 단봉형이더라도 여전히 투표의 역설이 발생할 가능성이 있다.

예제 Q

투표자 A, B, C의 교육비와 국방비에 대한 선호가 아래 그림과 같이 타원형 모양의 무차별곡선으로 표시된다고 하자. x, y, z는 각각 투표자 A, B, C가 가장 선호하는 교육비와 국방비의 조합을 나타내며, 각 점에서 멀어질수록 효용이 감소한다. 꽁도세 방식으로 다수결투표를 통해 예산규모를 결정한다면 어떤 대안이 선택되겠는가?

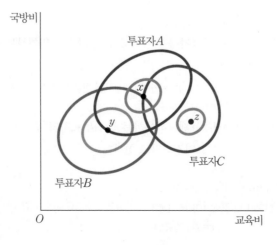

풀이 **A**

각 투표자의 선호를 정리하면 아래와 같다. x와 y를 놓고 투표하면 x가 선택되고, y와 z를 놓고 투표하면 y가 선택되고, x와 z를 놓고 투표하면 x가 선택되므로 사회선호는 $x>y>z$이다. 그러므로 꽁도세 방식으로 다수결투표를 실시하면 투표순서에 관계없이 항상 최종적으로 x가 선택된다.

$$\left. \begin{array}{l} A : x>y>z \\ B : y>x>z \\ C : z>x>y \end{array} \right\} \Rightarrow x>y>z$$

참고로 각 투표자의 선호를 그림으로 나타내면 아래와 같다. 〈그림 1〉과 같이 각 대안을 x, y, z의 순서로 배열하면 투표자 C의 선호가 다봉형으로 나타나지만 〈그림 2〉와 같이 y, x, z의 순서로 배열하면 모든 투표자의 선호가 단봉형이 되는 것을 알 수 있다. 그러므로 이 경우는 투표의 역설이 발생하지 않는다.

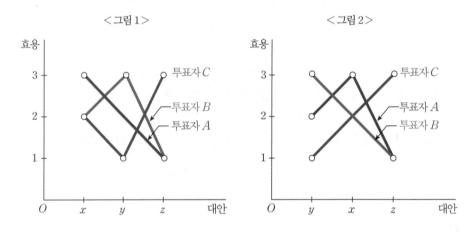

2. 중위투표자정리와 Bowen-Black의 다수결모형

(1) 중위투표자정리 ··· Black

1) 개념

① 어떤 안건에 선호순서대로 투표자를 나열하였을 때 가운데 위치하는 투표자를 중위투표자 (median voter)라고 한다.

> ❍ 투표자를 가장 적은 양의 공공재를 선호하는 사람부터 가장 많은 양을 선호하는 사람의 순서로 나열하였을 때 가운데 위치하는 투표자가 중위투표자이다.

② 블랙(D. Black)은 다수결투표제도하에서는 중위투표자의 선호가 투표결과로 나타남을 일반화하였는데 이를 중위투표자정리라고 한다.

> | 중위투표자정리(medianvoter theorem) |
> 모든 투표자의 선호가 단봉형(single-peaked)이면 다수결투표제도하에서는 항상 중위투표자가 가장 선호하는 수준의 공공재 공급이 채택된다.

2) 설명

① 다섯 명의 투표자(개인 1~5)의 공공재에 대한 선호가 **그림 5-5**와 같이 모두 단봉형으로 주어져 있다면 개인 1은 G_1만큼, 개인 2는 G_2만큼, 그리고 개인 5는 G_5만큼의 공공재 공급을 가장 선호함을 나타낸다.

② **그림 5-5**와 같이 개인들을 선호순서대로 배열하였을 때 가운데 위치하는 투표자인 투표자 3이 중위투표자이다.

③ 다수결투표를 통해 공공재 공급량을 결정할 경우 5개의 대안(G_1~G_5) 중 어떤 수준의 공공재가 공급될지를 생각해 보자.

④ 먼저 G_1과 G_2를 놓고 투표하면 개인 1만 G_1에 찬성하고 나머지 네 명은 모두 G_2를 더 선호하므로 G_2가 선택된다.

⑤ 이제 G_2와 G_3를 놓고 투표하면 개인 1과 2는 G_2에 찬성하고, 개인 3, 4, 5는 G_3에 찬성할 것이므로 G_3가 선택된다.

⑥ 한편, G_3와 G_4를 놓고 투표하면 개인 1, 2, 3은 G_3, 개인 4, 5는 G_4에 투표할 것이므로 G_3가 선택되고, G_3와 G_5를 놓고 투표하더라도 G_3가 선택된다.

⑦ 그러므로 모든 개인들의 선호가 단봉형이면 다수결투표제도하에서는 항상 중위투표자가 가장 선호하는 수준의 공공재가 사회선호로 채택된다.

3) 시사점

① 중간선호를 가지고 있는 그룹(median voter)이 공공부문에 관한 의사결정에 각종 결정을 독점하고 막강한 조정력을 발휘하는 결과를 가져올 수 있다.

② 중위투표자의 선호에 의해 채택된 정책은 중간선호그룹을 제외한 모든 그룹에게 불만을 가져다주는 결정일 수도 있다.

그림 5-5	중위투표자정리

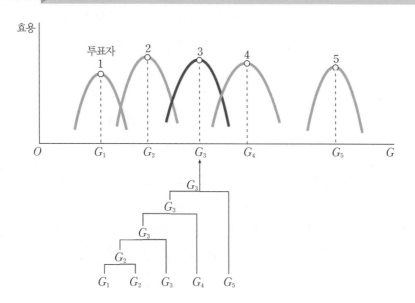

투표자 다섯 명의 공공재 선호가 옆의 그림과 같이 주어져 있다면 가운데 위치하고 있는 투표자 3이 중위투표자가 된다. 각 개인의 선호가 옆의 그림에서와 같이 모두 단봉형으로 주어지면 꽁도세 방식으로 투표를 하면 항상 중위투표자인 개인 3이 가장 선호하는 G_3가 선택된다. 즉, 다수결투표제도하에서는 항상 중위투표자가 가장 선호하는 대안이 선택된다(중위투표자정리).

심층연구 / **중위투표자정리에 대한 추가적인 논의**

1. 가정

① 3명의 사회구성원(개인 1, 2, 3)이 있으며, 공공재 공급량은 다수결투표를 통해 결정된다.

② 공공재 생산의 한계비용은 일정하게 주어져 있으며, 각 개인은 공공재 생산비의 $\frac{1}{3}$씩을 부담한다.

→ 각 개인의 한계비용은 $\frac{1}{3}MC$가 된다.

2. 공공재 공급량의 결정

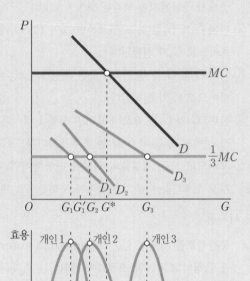

① 각 개인의 공공재 수요곡선이 오른쪽 그림과 같이 주어져 있다면 각 개인들은 자신의 한계편익과 한계비용이 일치하는 양의 공공재를 원할 것이므로 개인 1, 2, 3이 원하는 공공재의 양은 각각 G_1, G_2, G_3만큼이다.

② 공공재 공급수준이 G_1보다 적은 경우에는 모든 개인의 한계편익이 비용보다 더 크므로 공공재 공급량을 G_1으로 증가시키는 데 찬성할 것이다.

③ 공공재 공급량을 G_1보다 약간 더 증가시키는 대안(예를 들면 $G_1{}'$)에 대해서는 개인 1은 반대할 것이고, 개인 2와 3은 찬성할 것이므로 다수결투표하에서는 안건이 통과된다.

④ 공공재 공급량이 G_2에 미달하는 경우 개인 2와 3은 공공재 공급에 따른 한계편익이 한계비용보다 더 크므로 공공재 공급량 증가를 요구할 것이다.

⑤ 결국 다수결투표제도하에서는 공공재 공급량은 중위투표자 (median voter)인 개인 2가 가장 선호하는 G_2로 결정된다.

　❍ G_2보다 더 많은 공공재 공급에 대해서는 개인 1, 2가 반대하고, G_3보다 더 많은 공공재 공급에 대해서는 모든 개인이 반대한다.

⑥ 오른쪽 그림에서 사회적인 최적수준은 G^*만큼이므로 다수결투표를 통해서 결정된 공공재 공급량은 사회적인 최적수준에 미달한다.

　❍ 경우에 따라서는 다수결투표를 통해서 결정된 공공재 공급량이 사회적인 최적수준을 초과할 수도 있다.

⑦ 즉, 다수결투표를 통해서 결정된 공공재 공급량이 사회적인 최적수준과 일치한다는 보장이 없다.

3. 공공재 공급량의 변화

① 만약 가장 많은 양의 공공재를 선호하는 개인 3의 공공재 수요곡선이 오른쪽으로 이동하면 개인 3이 공급되기를 원하는 공공재 공급량이 G_3보다 더 커지게 된다.

② 개인 3이 원하는 공공재의 양이 증가하더라도 다수결투표를 통해서 결정되는 공공재 공급량은 G_2로 불변이다.

③ 그러므로 중위투표자가 원하는 공공재의 공급량이 변하지 않는 경우에는 다른 개인의 공공재 수요가 변하더라도 공급되는 공공재의 양은 변하지 않는다.

예제 **Q**

개인 A, B, C의 공공재 수요함수가 각각 $P_A=30-Z$, $P_B=40-Z$, $P_C=90-2Z$이고, 공공재 공급의 한계비용은 60으로 일정하다. 공공재 공급량은 다수결투표를 통해서 결정되며, 공공재 공급비용은 각자가 균등하게 부담한다면 다수결투표를 통해 결정된 공공재 공급량은 사회적인 최적수준에 몇 단위 미달 혹은 초과하겠는가?

풀이 **A**

공공재의 시장수요곡선은 각 개인의 공공재 수요곡선을 수직으로 합하면 된다. 세 사람의 공공재 수요곡선을 합한 공공재의 시장수요곡선은 $P=160-4Z$이고, 공공재 공급의 한계비용이 60으로 일정하므로 $SMB=MC$로 두면 $160-4Z=60$, $Z=25$로 계산된다. 즉, 공공재의 사회적인 최적생산량은 25단위이다.

이제 투표를 통해 공공재 공급량을 결정할 경우 몇 단위의 공공재가 공급될지를 생각해 보자. 각 개인이 공공재 생산비를 균등하게 분담한다면 각 개인의 입장에서 본 한계비용은 20이다.

각 개인이 원하는 공공재의 수준은 각 개인의 사적인 한계편익과 한계비용이 일치하는 수준에서 결정된다. 개인 A가 공공재를 소비할 때 얻는 사적인 편익은 $P=30-Z$이고, 한계비용이 20이므로 $30-Z=20$으로 두면 개인 A가 원하는 공공재의 수준 $Z=10$이다. 마찬가지 방법으로 계산하면 개인 B가 원하는 공공재의 공급량은 $40-Z=20$, $Z=20$이고, 개인 C가 원하는 공공재의 양은 $90-2Z=20$으로 두면 $Z=35$로 계산된다.

각 개인이 공공재 생산비용을 균등하게 부담할 때 개인 A가 원하는 공공재의 양이 10, 개인 B가 원하는 공공재의 양이 20, 개인 C가 원하는 공공재의 양이 35이므로 다수결투표를 통해 공공재 공급량을 결정하면 중위투표자(median voter)에 해당하는 개인 B가 원하는 양인 20만큼의 공공재가 공급된다. 그러므로 다수결투표를 통해 공공재 공급량을 결정하면 공공재 공급량은 사회적인 최적수준에 5단위만큼 미달한다.

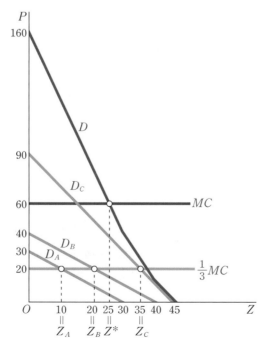

(2) Bowen-Black의 다수결모형

1) 개요

이 모형은 일정한 조건이 충족될 경우 다수결투표를 통해 결정된 공공재 공급량이 유일하게 결정되며, 사회적인 최적수준과 일치함을 보여주는 모형이다.

2) 가정

① 사회구성원 수가 N명으로 주어져 있다.

② 공공재 생산의 한계비용은 일정하다.

③ 공공재 생산비용은 각 구성원이 균등하게 부담한다.

④ 공공재에 대한 사회구성원의 선호가 정규분포를 나타낸다.

　　　◑ 사회구성원이 중위투표자를 중심으로 대칭적으로 분포되어 있어도 마찬가지이다.

3) 설명

① 각 개인의 공공재 소비에 따른 한계편익 MRS^i가 **그림 5-6**과 같이 주어져 있다고 가정하자.

② 사회구성원이 N명이고, 공공재 생산비용을 각 구성원이 균등하게 부담하므로 1인당 한계비용은 $\dfrac{MC}{N}$이다.

③ 구성원 i의 입장에서 최적공공재 수량은 자신의 한계편익과 한계비용이 일치하는 수준인 $MRS^i = \dfrac{MC}{N}$인 점에서 결정된다.

④ 그러므로 개인 1, 2, 3, 4, 5가 가장 선호하는 공공재 수량은 각각 X_1, X_2, X_3, X_4, X_5이다.

⑤ 다수결 투표를 통해 특정 수준의 공공재 공급에 대한 의사결정을 할 때 각 개인은 자신이 공공재로부터 얻는 편익이 비용보다 크면 찬성하고 그렇지 않으면 반대를 하게 될 것이다.

⑥ 공공재 공급량이 X_1이 되기 전까지는 모든 사회구성원의 편익이 비용보다 크므로 모든 사람이 공공재 공급에 찬성할 것이다.

⑦ 그리고 X_1과 X_2 사이에 있는 X_1'의 공공재 공급에 대해서는 개인 1은 반대하나 나머지 개인들은 모두 찬성할 것이다.

⑧ 이와 같은 방식으로 각 대안에 대한 투표가 이루어지면 결국 중위투표자인 개인 3이 원하는 수준인 X_3만큼의 공공재 공급이 결정됨을 알 수 있다.

> O와 X_1에 대하여 투표　→ 모두가 X_1에 투표
> X_1과 X_2에 대하여 투표　→ 1 : 4로 X_2 선택(개인 1만 X_1에 찬성)
> X_2와 X_3에 대하여 투표　→ 2 : 3으로 X_3 선택(개인 1과 2만 X_2에 찬성)
> X_3와 X_4에 대하여 투표　→ 3 : 2로 X_3 선택(개인 4와 5만 X_4에 찬성)
> X_4와 X_5에 대하여 투표　→ 4 : 1로 X_4 선택(개인 5만 X_5에 찬성)

⑨ 사회구성원의 선호가 정규분포를 이루고 있다면 중위투표자는 평균치(mean)에 해당하는
선호를 갖기 때문에 중위투표자가 가장 선호하는 공공재 공급수준이 사회적인 최적수준과
일치한다.

$$MRS^i = \frac{MC}{N} \quad (MRS^i : 개인\ i의\ 한계대체율)$$

$$\rightarrow N \cdot MRS^i = MC$$

$$\rightarrow \boxed{\sum MRS^i = MC} \ \cdots\ 공공재의\ 최적공급조건(사무엘슨조건)$$

⑩ 그러므로 모든 개인들의 선호가 단봉형이고, 공공재에 대한 사회구성원의 선호가 정규분
포를 이루고 있다면 다수결투표를 통해 결정된 공공재 공급량이 사회적인 최적수준과 일
치한다.

그림5-6 | Bowen-Black모형

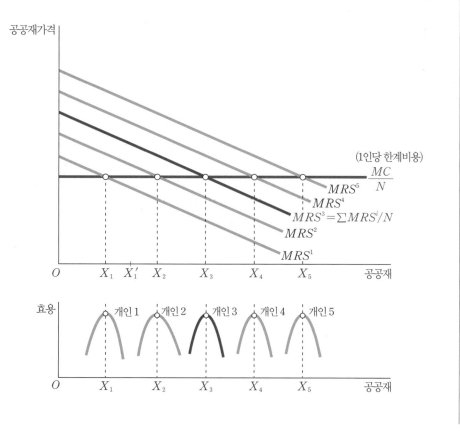

사회구성원이 N명이고 각 개인은 공공재 생산비용을 균등하게 부담한다면 1인당 한계비용은 $\frac{MC}{N}$이다. 사회구성원의 선호가 정규분포를 이루고 있다면 중위투표자는 평균치에 해당하는 선호를 갖기 때문에 사회적으로 볼 때 최적수준의 공공재 공급이 이루어진다.

$$\rightarrow MRS^i = \frac{MC}{N}$$

$$\rightarrow N \cdot MRS^i = MC$$

$$\rightarrow \sum MRS^i = MC$$

3. 투표거래(Logrolling)

(1) 개념

① 다수결투표제도하에서 다수의 대안이 존재할 때, 투표자들이 자신이 가장 선호하는 대안이 선택되도록 하기 위하여 다른 투표자와 협의하여 각각 상대방이 선호하는 대안에 찬성 투표를 하는 행위를 의미한다.

② 투표거래는 다수결투표에서 자신의 선호강도를 반영하려는 투표자들의 전략적인 행동으로 볼 수 있다.

③ 투표거래가 바람직한지에 대해서는 학자들간에 의견이 서로 상이하다.

(2) 투표거래를 지지하는 견해

1) 내용

① 일부 학자들은 시장을 통한 재화의 거래가 사용재의 효율적인 배분을 가져오는 것과 마찬 가지로, 투표거래는 보다 효율적인 공공재의 배분을 가져온다고 본다.

② 또한 투표거래는 선호강도를 반영할 수 있게 하여 보다 안정적인 결과에 도달하게 해주기 때문에 민주주의가 제기능을 다하기 위해서는 투표거래가 필요하다고 주장한다.

2) 예를 통한 설명

① A, B, C 3명의 투표자가 있으며 각 대안이 선택되었을 때 투표자들의 순편익이 아래의 표와 같이 주어져 있다고 하자.

투표자 \ 대안	x(수영장)	y(공원)	z(도서관)
A	200	−40	−120
B	−50	150	−60
C	−55	−30	400
순편익	95	80	220

② 세 가지 대안 모두 순편익이 0보다 크므로, 3가지 중 일부 혹은 전부가 공급된다면 사회전 체의 후생수준이 증가한다.

③ 투표거래가 없는 경우에는 각 대안에 대하여 1명만 찬성하고, 나머지 2명은 반대하므로 어떤 공공재의 공급도 이루어지지 않는다.

④ 이제 개인 A와 B 사이에 투표거래가 이루어져 개인 A가 공원 건설에 찬성하고, 개인 B 가 수영장 건설에 찬성하기로 한다면 투표거래 이후에는 수영장과 공원이 모두 건설된다.

　❷ 개인 A와 C 사이에 투표거래가 이루어지면 수영장과 도서관이 모두 건설된다.

⑤ 만약 투표거래가 허용되어 3가지가 모두 다수결투표에서 선택되면 사회후생이 증가한다.

(3) 투표거래를 반대하는 견해

1) 내용

① 투표거래를 반대하는 학자들은 투표거래는 비효율적인 결과를 초래하여 사회후생감소를
   가져오는 경우가 많다는 점을 지적한다.

② 그리고 투표거래에 소요되는 비용은 자원의 낭비를 초래한다고 본다.

2) 예를 통한 설명

① A, B, C 3명의 투표자가 있으며 각 대안이 선택되었을 때 투표자들의 순편익이 아래의
   표와 같이 주어져 있다고 하자.

투표자 \ 대안	x(수영장)	y(공원)	z(도서관)
A	200	-40	-270
B	-110	150	-140
C	-105	-120	400
순편익	-15	-10	-10

② 세 가지 대안 모두 순편익이 0보다 작으므로 3가지 중 어떤 공공재가 공급되더라도 사회
   후생이 감소한다.

③ 투표거래가 허용되지 않는 경우에는 각 대안에 대하여 1명만 찬성하고, 나머지 2명은 반
   대하므로 어떤 공공재의 공급도 이루어지지 않는다.

④ 이제 개인 A와 B 사이에 투표거래가 이루어져 개인 A가 공원 건설에 찬성하고, 개인 B
   가 수영장 건설에 찬성하기로 합의한다면 수영장과 공원이 모두 건설된다.

⑤ 수영장과 공원이 모두 건설되면 개인 A, B의 효용은 각각 160, 40만큼 증가하나 수영장
   이 건설되면 사회후생이 15만큼 감소하고, 공원이 건설되면 사회후생이 10만큼 감소한다.

⑥ 그러므로 이 경우에는 투표거래가 이루어지면 사회후생이 오히려 감소하게 된다.

(4) 결론

① 투표거래가 존재하는 경우에는 어느 정도 개인들의 선호강도가 반영되며 사회적인 의사결
   정이 보다 효율적으로 이루어지는 장점이 존재한다.

② 그런데 사회구성원이 많거나 선택대안이 다양한 경우에는 전략적 행동(투표거래)에 많은
   비용이 소요되며, 경우에 따라서는 투표거래에 의하여 보다 비효율적인 의사결정에 도달
   할 가능성이 존재한다.

③ 위에서 설명한 것과 같이 투표거래가 이루어지면 사회후생은 증가할 수도 있고 감소할 수
   도 있으나 분명한 것은 투표거래가 없을 때보다 공공재 공급량은 증가한다는 사실이다.

✎ 정부의 공공재 공급량
이 증가하면 정부재정지
출이 팽창하게 되고, 그에
따라 국민의 조세부담도
늘어나게 된다.

Ⅳ 정치과정 참가자의 행동

1. 정치가(정당)의 행동 : Downs의 득표극대화모형

(1) 가정

① 투표자는 효용극대화를 추구하며, 자신의 이익과 부합되는 공약을 제시하는 후보자(정당)에 투표한다.

② 정치가(정당)는 공익보다는 득표극대화를 위해 투표자에게 가장 유리한 정책을 추진한다.

③ 가장 선호하는 정강에 따라 분류한 투표자들의 분포가 단봉형으로 주어져 있다.

(2) 정강의 선택

① 투표자의 분포가 단봉형이며 좌우대칭의 형태로 주어져 있다고 가정한다.

② A당과 B당만 존재하는 양당제하에서 A당이 중위투표자에 해당하는 M점의 정강을 채택하면 득표가 극대화되므로 집권당의 위치를 차지하게 된다.

    ⊙ B당이 M점 이외의 어떤 점을 선택하더라도 A당보다 더 많은 득표를 하는 것은 불가능하다.

③ 집당권인 A당이 M점을 차지하고 있는 상황에서 B당의 정책이 M점에서 멀어질수록 B당의 득표는 감소하므로 주어진 시점에서 야당(B당)의 최적전략은 집권당(A당)과 가까운 점을 선택하는 것이다.

④ 결국 양당제하에서는 두 정당의 정강은 서로 유사해질 수밖에 없는데 이를 '호텔링의 원칙(Hotelling's principle)' 혹은 '최소차별화의 원칙(principle of minimum differenciation)'이라고 한다.

⑤ 양당제도하에서 두 당의 정강이 중위에 근접해 있기 때문에 제도가 안정적으로 운영된다.

| 그림 5-7 | 득표극대화모형 |

양당제하에서 투표자의 분포가 단봉형이며 좌우대칭의 형태로 주어져 있다면 중위투표자에 해당하는 M점의 정강을 채택할 경우 득표극대화를 통해 집권당의 위치를 차지할 수 있다. 집권당이 M점을 차지하고 있는 상황에서 야당의 정책이 M점에서 멀어질수록 득표가 감소하므로 야당의 최적전략도 M점과 유사한 정강을 선택하는 것이다.

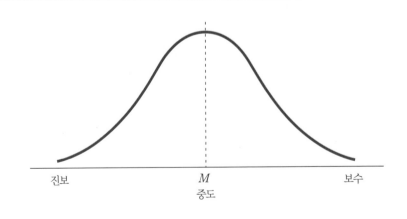

진보 M 중도   보수

(3) 공공재의 적정공급문제

① 사람들은 광고 등을 통해 사용재의 편익은 잘 알고 있는 반면, 공공재의 생산을 위한 조세는 잘 알고 있으나 그 편익은 제대로 인지되지 않는다.

② 공공재의 편익이 제대로 인지되지 않기 때문에 사람들의 공공재에 대한 선호가 낮고, 정치가들은 득표극대화를 위해 낮은 수준의 조세와 공공재 공급을 유권자들에게 제시한다.

③ 따라서 정치적 절차가 공공재의 과소공급을 초래하여 공공부문의 규모가 최적수준보다 적게 된다.

(4) 문제점

① 일부 투표자가 기권을 할 수 있다는 점을 고려하지 못하고 있다.

② 투표자들의 분포가 좌우 대칭의 단봉형이 아니면 결과가 달라지게 된다.

참고 | **정당의 정강과 투표자의 연합**

① 일반적으로 투표자는 여러 가지 이슈에 대한 정치가의 견해를 종합적으로 고려하여 투표를 하게 된다.
  ◐ 다양한 이슈에 대한 어떤 정당의 견해를 모아놓은 것을 정강(platforms)이라고 한다.

② 현실에서는 통상적으로 집권당이 먼저 정강을 발표하고, 야당이 대안을 제시하는 것이 일반적이다.

③ 이슈가 다원적인 경우에는 야당이 소수그룹이 강력하게 지지하는 안건에 대해 집권당과 다른 입장을 취함으로써 집권당을 이길 가능성이 있다.

④ 정책대안 X, Y에 대한 투표자 A, B, C의 선호가 다음과 같이 주어져 있다고 하자.

$$\blacksquare X \begin{cases} A,\ B \ \cdots \text{찬\quad성} \\ C \qquad \cdots \text{강력반대} \end{cases}$$

$$\blacksquare Y \begin{cases} B,\ C \ \cdots \text{찬\quad성} \\ A \qquad \cdots \text{강력반대} \end{cases}$$

⑤ 위의 정책대안에 대해 집권당이 다수 입장을 취하고 야당은 두 안건 모두 소수입장을 지지하면 집권당을 이길 수 있게 된다.
  ◐ 야당이 (X : 반대, Y : 반대)의 조합을 정강으로 제시하면 A와 C가 야당을 지지

⑥ 만약 집권당이 모두 소수입장을 선택하면 야당은 한 문제에 대해서는 집권당과 동일한 입장을, 나머지 문제에 대해서는 반대입장을 취하면 집권당을 이길수 있다.
  ◐ 야당이 (X : 반대, Y : 찬성)의 정강을 제시하면 B와 C가 야당을 지지

⑦ 이처럼 확실성의 세계에서는 야당은 소수집단이 강력하게 지지하는 정책을 적절히 결합한 정강제시를 통해 여당을 이길 수 있으므로 정기적인 권력교체가 발생할 것이다.

⑧ 그러나 현실적으로는 투표자의 견해가 매우 다양하고 불확실성이 존재하므로 소수를 연합(coalition)하는 전략이 성공적으로 수행될 가능성은 그리 크지 않다.

2. 관료의 행동에 관한 모형

(1) 니스카넨(Niskanen)모형

1) 가정

관료들은 자신이 속한 부서의 예산규모가 커질수록 직책상의 특권, 권한, 영향력 등이 커지므로 예산규모 극대화를 추구한다.

2) 설명

① 공공서비스 생산에 따른 총편익곡선과 총비용곡선이 아래의 그림과 같이 주어져 있다면 G^*의 공공서비스가 생산될 때 사회적인 순편익이 극대화된다.

② 관료들은 공공재 공급에 따른 사회적 순편익의 극대화가 아니라 자기 부서의 예산극대화를 추구하므로 관료가 선택하는 생산수준은 G_N으로 결정된다.

③ 그러므로 공공서비스는 사회적인 최적수준을 초과하는 과잉생산이 이루어지고, 이 때 사회적인 순편익은 0이 된다.

④ G_N보다 더 많은 양의 공공서비스 생산이 이루어지지 않는 것은 입법부의 예산심의를 통과하려면 최소한 순편익이 0보다 크거나 같아야 하기 때문이다.

◐ G_N이 입법부에서 타당성을 인정받을 수 있는 최대한의 생산수준이다.

⑤ 국민으로부터 역할을 위임받은 관료들이 사회적으로 볼 때 바람직하지 않은 수준의 공공재를 공급하는 것은 주인-대리인 문제의 일종으로 볼 수 있다.

✎ 공공재 공급에 따른 순편익(소비자잉여)이 0이 될 때까지 공공재가 공급되는 것은 관료들이 공공재 공급에 있어 제1급 가격차별자와 같은 정도의 독점력을 갖고 있기 때문으로 해석할 수도 있다.

그림 5-8 **니스카넨모형**

G^* 수준의 공공재가 공급되면 공공재 공급에 따른 총편익과 총비용의 차이인 순편익이 극대화되므로 사회적으로 볼 때 최적수준의 공공재 공급이 이루어진다. 그러나 관료는 자신이 속한 부서의 예산극대화를 추구하므로 입법부로부터 타당성을 인정받을 수 있는 최대한의 공공재 공급수준인 G_N의 공공재 공급을 결정한다. 따라서 공공재의 과잉생산이 이루어지고 사회적인 순편익은 0이 된다.

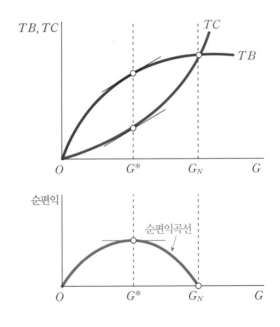

3) 평가

① 관료들이 국민의 이익보다는 자신의 이익을 더 중요시할 수 있으며, 이를 위해 현실에서 관료들이 예산확보를 위해 많은 노력을 기울인다는 점을 잘 설명하고 있다.

② 관료들의 목적이 반드시 예산극대화 1가지뿐인 것은 아니며 그 이외에도 여러 가지 목적이 있을 수 있다.

③ 입법부는 TB가 TC보다 크기만 하면 항상 예산을 승인할 만큼 단순한 존재인 것은 아니다.

(2) 미그–빌레인저(Migue–Belanger)모형

1) 가정

① 관료들은 효용극대화를 추구한다.

② 관료들의 효용은 예산 및 기타 직책상의 특권에 의하여 결정된다.

2) 설명

① 예산을 집행할 때의 순편익, 즉 예산상의 잉여가 커질수록 관료들의 직책상의 특권도 커지므로 관료의 효용함수는 다음과 같이 표시된다.

$$U = U(B, \ S)$$

(단, B : 예산, S : 예산상의 잉여)

② 예산상의 잉여는 니스카넨모형에서의 순편익곡선과 동일한 모양으로 주어지므로 관료의 효용극대화는 E점에서 이루어진다.

③ 따라서 관료들이 효용극대화를 추구할 때의 생산량은 니스카넨모형에서보다는 더 적은 G_{MB}에서 이루어지나 여전히 적정수준을 초과하게 된다.

그림 5-9 미그–빌레인저모형

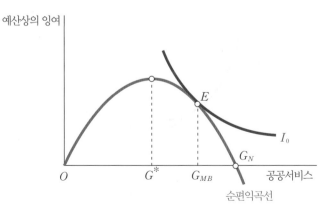

관료의 효용극대화는 순편익곡선과 무차별곡선이 접하는 E점에서 결정되므로 공공재 공급규모는 G_{MB}로 결정된다. 이 모형에서는 니스카넨모형에서보다 공공재 공급량이 더 적지만 여전히 사회적인 최적수준(G^*)을 초과한다.

(3) 로머–로젠탈(Romer–Rosenthal)모형 : 관료 대 투표자

1) 가정

    ① 예산이 직접민주정치체제하에서 결정된다.

    ② 관료가 예산안을 제시하면 이는 국민투표에서 다수결원칙에 따라 통과되거나 기각된다.

    ③ 예산안이 기각되면 공공지출은 회복수준(reversion level)으로 결정된다.

        ◐ 회복수준(reversion level)

          ① 회복수준이란 관료가 제안한 예산안이 기각되었을 경우 복귀해야 하는 지출수준을 의미한다.

          ② 가장 대표적인 회복수준의 예로는 전년도 지출수준을 들 수 있다.

2) 설명

    ① 투표자의 예산선과 공공재(X)와 사용재(Y)에 대한 선호를 나타내는 무차별곡선이 그림 5-10과 같이 주어져 있다면 투표자가 가장 선호하는 예산규모는 X^*이다.

    ② 회복수준의 예산규모가 X_R로 주어져 있을 때 관료가 제안한 예산안이 부결되어 지출규모가 회복수준으로 결정되면 투표자의 효용수준은 I_1으로 낮아진다.

    ③ 만약 관료가 X^*와 X_B 사이의 어떤 예산규모(예를 들어 X')를 제안하면 투표자들은 찬성표를 던질 수밖에 없다.

    ④ 즉, 회복수준에서의 공공서비스 공급수준이 아주 낮다면 투표자들은 낮은 수준(X_R을 회피하기 위하여 상당히 높은 수준의 공공지출을 수용하게 된다.

    ⑤ 만약 중위투표자가 선호하는 공공재 공급수준이 X^*라면 이 모형에서는 Bowen–Black의 균형수준보다 더 높은 수준의 공공재가 공급된다.

그림 5-10   로머–로젠탈모형

관료가 제안한 예산규모가 투표에서 부결되면 예산규모는 회복수준인 X_R로 복귀하며, 이 때 투표의 효용수준은 I_1이 된다. 만약 관료가 최적 예산규모 X^*를 초과하는 X'의 예산규모를 제안하면 투표자는 찬성할 수밖에 없다. 따라서 공공재의 과잉공급이 이루어진다.

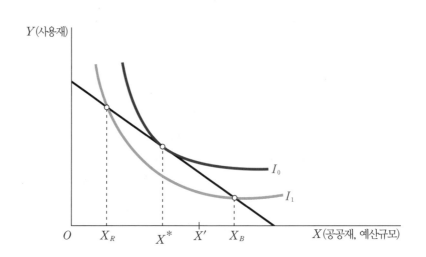

3) 평가

① 관료가 제안한 예산의 결정을 회복수준이란 매개변수를 도입하여 설명하고 있다.

② 관료들의 예산극대화 경향을 잘 설명하고 있다.

3. 이익집단

(1) 개요

① 특수이익집단(special interest group)이란 사회적 혹은 경제적인 사안에 대해 공통된 이해관계나 관심사를 가진 사람들이 자신들의 특수한 목적을 달성하기 위해 구성한 단체를 말한다.

② 자신의 특수한 이익을 증진시키기 위해 전체집단 혹은 정부의 의사결정과정에 영향력을 행사하고자 한다는 점에서 그렇지 않은 조직들과는 구분된다.

③ 이익집단의 예로는 변호사협회, 의사협회 등과 같이 동일한 직종에 종사하는 사람들로 구성된 단체도 있고, 각종 노동조합, 상공회의소, 전국경제인연합회와 같은 경제단체 등 무수히 많다.

④ 그리고 환경단체, 시민단체, 인권단체 등과 같이 공익적인 목적을 위해 조직된 단체도 이익단체에 포함될 수 있다.

(2) 이익집단의 역할에 대한 평가

① 이익집단은 사회구성원들의 선호가 정책결정과정에서 반영될 수 있도록 대변해 주는 기능을 수행한다는 점에서 긍정적인 평가를 할 수 있다.

② 특히, 공익적인 목적을 위해 조직된 단체는 환경문제, 소비자보호문제, 인권문제 등 다양한 사회문제에 대한 대안제시 및 해결방안 모색에서 중요한 역할을 수행한다.

③ 그러나 대부분의 이익단체들은 사회전체로 보면 바람직하지 않더라도 구성원들의 입장에서 이익을 추구하는 경향을 보이기 때문에 비효율적이거나 불합리한 결과를 가져오기도 한다.

④ 이익집단들은 막대한 자금력을 이용하여 정치가에게 로비를 하기도 하고, 홍보활동을 전개하는 경우가 많다.

   ◐ 자신이 속한 집단의 이득을 얻기 위한 각종 행동을 포괄적으로 지대추구행위(rent seeking behavior)라고 한다.

⑤ 현실에서 이익집단의 로비, 압력 등으로 인해 사회전체로는 별로 이득이 되지 않지만 소수에게 큰 혜택이 돌아가는 정책이 실제로 시행되는 경우를 볼 수 있다.

Ⅴ 공공재의 과소 · 과다공급설

1. 과소공급설

(1) 의존효과 ··· J. K. Galbraith

① 기업들의 광고 · 선전으로 인해 일반인들이 공공재보다는 사용재를 선호하게 되는 현상이 발생한다.

② 사람들이 공공재보다 사용재를 더 선호하게 되면 공공재 공급이 제대로 이루어지지 못하게 되어 공공재가 과소공급되는 현상이 나타난다.

③ 갈브레이드는 기업들에 의한 광고 · 홍보 등에 의하여 일반인들이 공공재보다는 사용재를 과도하게 선호하는 현상, 즉 기업의 광고에 의하여 일반인들의 선호가 영향을 받는 것을 의존효과(dependence effect)라고 부르고 있다.

(2) 부정적인 조세의식 ··· R. A. Musgrave

① 사용재는 가격과 편익이 직접적으로 대응되나, 공공재의 경우에는 조세와 편익이 직접적으로 대응되지 않는다.

② 대체로 일반인들은 조세를 납부하더라도 자신이 그로부터 편익을 얻는다는 것을 인지하지 못하기 때문에 가능하면 조세를 납부하지 않으려는 경향을 보이게 된다.

③ 사회구성원들이 부정적인 조세의식을 갖고 있으면 조세납부를 기피하려고 할 것이고, 그렇게 되면 공공재의 과소공급이 이루어질 가능성이 높다.

(3) 투표자의 합리적 무지 ··· A. Downs

① 합리적 무지(rational ignorance)란 어떤 정보를 얻는데 드는 비용이 해당 정보를 통해 얻는 이득보다 클 경우 차라리 정보를 습득하지 않고 무지한 상태로 지내는 것을 말한다.

② 학자들에 의하면 개인들이 사적인 재화를 구입할 때는 정보수집에 많은 노력을 기울이지만 정치적 의사결정을 할 때는 정보수집에 따른 한계편익이 매우 적기 때문에 정보수집을 게을리하는 합리적 무지가 나타난다.

③ 그 결과 사람들이 공공재로부터 얻는 편익에 대해 충분한 정보를 갖지 못하게 되므로 작은 규모의 예산을 지지하는 경향을 보이게 된다.

④ 투표자들이 적은 규모의 예산을 지지하는 경향을 갖고 있다면 정치가들은 득표극대화를 위해 낮은 수준의 공공재와 조세를 유권자에게 제시하게 될 것이다.

⑤ 그러므로 정치적 과정에 의해 공공재가 최적수준에 미달하는 결과가 초래된다.

2. 과다공급설

(1) 관료들의 사익추구 … Niskanen 등

① 관료들은 공복으로서 국민을 위하여 일하기보다는 직책상의 특권, 영향력을 증대시키기 위하여 예산극대화 혹은 자신들의 효용극대화를 추구한다.

② 관료들이 오로지 자신들의 이익 내지 편익을 극대화한다면 공공서비스는 사회적으로 볼 때 최적수준을 상회하는 결과가 초래된다.

(2) 투표거래(vote-trading)

① 다수결투표를 통하여 공공재의 공급수준이 결정될 때, 각 투표자들은 자신들이 선호하는 공공재 공급에 대한 상대방의 지지를 이끌어내기 위해 자신은 원하지 않더라도 상대방이 원하는 공공재 공급에 찬성하는 경향이 있다.

② 이와 같이 공공재 공급에 대한 사회적인 의사결정과정에서 투표거래가 이루어진다면 공공재 공급은 사회적인 최적수준을 상회하는 결과가 초래된다.

(3) 재정착각(fiscal illusion)

① 각종 소비세 등 간접세는 사람들이 그 부담을 별로 느끼지 못하기 때문에 사람들이 실제로 자신이 부담하는 것보다 조세부담을 매우 가볍게 느끼는 재정착각(fiscal illusion)이 발생한다.

　　❍ fiscal illusion은 재정환상이라고도 한다.

② 사람들이 조세부담을 별로 느끼지 못한다면 보다 많은 공공재 공급을 선호하게 되므로 공공재의 과다공급이 발생한다.

> **참고　／　파킨슨법칙**
>
> ① 영국 해군에 근무하던 파킨슨은 1914년에서 1928년까지 해군의 함정은 67%, 장병 수는 31.5% 감소했으나 행정인력은 오히려 78%나 증가했음을 발견했다.
>
> ② 그 후 추가적인 연구를 통해 이러한 현상이 거의 모든 공무원 조직에서도 나타나는 것을 확인하였다.
>
> ③ 파킨슨은 자신의 연구를 바탕으로 '공무원의 수는 업무량과 아무런 관계가 없이 지속적으로 증가한다'고 주장하였는데, 이를 파킨슨의 법칙(Parkinson's law)이라고 한다.
>
> ④ 파킨슨의 법칙은 일반적으로 업무량과 무관하게 관료조직의 인력, 예산 등이 점차 비대해지는 현상을 지칭한다.
>
> 　　❍ 일반기업도 규모가 일정규모 이상으로 거대해지면 유사한 현상이 나타나는 것으로 알려져 있다.
>
> ⑤ 일부 학자들은 파킨슨의 법칙을 공공부문의 팽창과 공공재의 과다공급이 이루어지는 원인으로 설명한다.

제3장 / 외부성

01 `2021` 세무사

시장실패에 관한 설명으로 옳지 않은 것은?

① 불완전한 경쟁의 경우 시장실패가 일어날 수 있다.

② 공공재는 그 특성에 의해서 시장실패가 발생하게 된다.

③ 정부개입의 필요조건을 제공한다.

④ 완비되지 못한 보험시장의 경우 시장실패가 일어날 수 있다.

⑤ 외부불경제로 사회적 최적생산량보다 과소 생산되는 경우에 발생한다.

✏️ 외부불경제가 있는 경우 시장기구에 맡겨두면 사회적 최적생산량보다 과소생산되는 것이 아니라 과잉생산된다. 그러므로 외부불경제도 시장실패의 한 요인이 된다.

02 `2020` 세무사

기술적 외부성에 관한 설명으로 옳은 것을 모두 고른 것은?

> ㄱ. 자원 배분의 비효율성은 발생하지 않는다.
> ㄴ. 화학공장이 강 상류에 폐수를 방출하였다.
> ㄷ. 대규모 건설공사로 인한 긴축자재 가격 상승으로 다른 건축업자가 피해를 입었다.
> ㄹ. 양봉업이 인근 과수원의 생산에 영향을 미쳤다.

① ㄱ, ㄴ   ② ㄱ, ㄷ   ③ ㄴ, ㄷ

④ ㄴ, ㄹ   ⑤ ㄷ, ㄹ

✏️ 기술적 외부성(technological externality)은 어떤 경제주체의 행동이 다른 경제주체의 효용함수 혹은 생산함수에 영향을 주어 다른 경제주체가 이득을 얻거나 피해를 입는 것을 말한다. 실질적 외부성은 시장의 가격기구를 통하지 않고 유리하거나 불리한 영향을 미치므로 한 경제주체의 이득이 다른 경제주체의 피해와 상쇄되지 않는다. 기술적 외부성은 실질적 외부성(real externality)이라고도 한다.

기술적 외부성이 발생하면 수요곡선이 사회적인 한계편익을 제대로 반영하지 못하거나 공급곡선이 사회적인 한계비용을 제대로 반영하지 못하므로 시장기구에 맡겨두면 과소생산 혹은 과잉생산이 이루어진다. 즉, 자원배분의 비효율성이 초래된다. 보기 ㄷ은 금전적 외부성의 사례이다. 금전적 외부성의 경우에는 시장의 가격기구를 통하여 한 사람의 피해가 다른 사람의 이득과 정확히 상쇄되므로 자원배분의 비효율성이 초래되지 않는다. ㄴ은 외부불경제, ㄹ은 외부경제의 사례이다.

03 2022 세무사

외부성에 관한 설명으로 옳지 않은 것은?

① 기술적 외부성은 자원 배분의 비효율성을 발생시킨다.

② 코즈(R. Coase) 정리가 성립하려면 외부성에 관한 권리(재산권)의 설정이 명확해야 한다.

③ 해로운 외부성이 존재하면 해당 재화는 사회적 최적 수준보다 과다 생산되는 경향이 있다.

④ 대규모 건설공사로 인한 건축자재 가격 상승으로 다른 건축업자가 피해를 입은 것은 금전적인 외부성의 예이다.

⑤ 코즈 정리에 따르면 외부성 관련 거래비용이 클수록 협상이 용이하다.

☑ 외부성과 관련된 거래비용이 클수록 협상이 이루어지기 어려우므로 코즈정리가 성립하기 어렵다.

04 2022 감정평가사

(   )에 들어갈 내용으로 옳은 것은?

| • 소비의 긍정적 외부성이 존재할 때, (ㄱ   )이 (ㄴ   )보다 크다. |
| • 생산의 부정적 외부성이 존재할 때, (ㄷ   )이 (ㄹ   )보다 작다. |

① ㄱ : 사회적 한계편익, ㄴ : 사적 한계편익, ㄷ : 사적 한계비용, ㄹ : 사회적 한계비용

② ㄱ : 사적 한계편익, ㄴ : 사회적 한계편익, ㄷ : 사적 한계비용, ㄹ : 사회적 한계비용

③ ㄱ : 사회적 한계편익, ㄴ : 사적 한계편익, ㄷ : 사회적 한계비용, ㄹ : 사적 한계비용

④ ㄱ : 사적 한계편익, ㄴ : 사회적 한계편익, ㄷ : 사회적 한계비용, ㄹ : 사적 한계비용

⑤ ㄱ : 사회적 한계편익, ㄴ : 사적 한계비용, ㄷ : 사적 한계편익, ㄹ : 사회적 한계비용

☑ 소비에 있어 긍정적 외부성이 존재하면 사적 한계편익과 외부한계편익을 합한 사회적인 한계편익이 사적인 한계편익보다 크다. 한편, 생산에 있어서 부정적 외부성이 있으면 사적 한계비용에 외부한계비용을 합한 사회적인 한계비용이 사적인 한계비용보다 크다.

05 2023 세무사

외부성에 관한 설명으로 옳지 않은 것은?

① 부정적 외부성이 있는 경우에 정부가 교정세를 부과하여도 효율적 자원배분을 이룰 수 없다.

② 연구기관의 연구개발 활동은 외부성의 특성을 가지고 있다.

③ 코즈정리가 성립하려면 재산권이 명확하게 설정되어 있어야 한다.

④ 어떤 행동이 상대가격의 변동을 가져와서 발생하는 외부성을 금전적 외부성이라 한다.

⑤ 양봉업자가 인근 과수원의 생산에 영향을 준 것은 기술적 외부성에 해당한다.

☑ 부정적 외부성이 있을 때 정부가 적정수준의 피구세를 부과하면 생산이 최적수준으로 감소하므로 자원배분이 효율적이 된다. 피구세와 같이 자원배분의 왜곡을 교정하는 조세를 교정세(corrective tax)라고 한다.

01 ⑤   02 ④   03 ⑤
04 ①   05 ①

06 2021 세무사

코즈(R. Coase) 정리에 관한 설명으로 옳지 않은 것은?

① 외부성이 있는 경우 형평성이 아닌 효율성을 고려하는 해결 방안이다.

② 외부성이 있는 경우 당사자들의 이해관계와 무관하게 코즈 정리를 적용할 수 있다.

③ 외부성 문제가 있는 재화의 과다 또는 과소 공급을 해결하는 방안이다.

④ 정부가 환경세를 부과하여 당사자의 한쪽에게 책임을 지게 하면 효율적 자원배분을 이룰 수 있다.

⑤ 소유권이 분명하다면, 당사자들의 자발적 거래에 의해 시장실패가 해결된다는 정리이다.

📝 코즈정리에 의하면 외부성에 관한 소유권이 설정되면 이해당사자 간의 자발적인 협상에 의해 자원배분이 효율성이 달성된다. 그러므로 정부의 환경세 부과는 코즈정리와는 아무런 관계가 없다.

07 2020 세무사

다음은 강 상류에 위치한 화학공장 A와 하류의 양식장 B로 구성된 경제에 관한 상황이다. A는 제품생산 공정에서 수질오염을 발생시키고, 이로 인해 B에게 피해비용이 발생한다. A의 한계편익(MB_A)과 A의 생산으로 인한 B의 한계피해비용(MD_B)은 다음과 같다.

$$MB_A = 90 - \frac{1}{2}Q, \ MD_B = \frac{1}{4}Q$$

Q에 대한 A의 한계비용과 B의 한계편익은 0이며, 협상이 개시되는 경우 협상비용도 0이라고 가정하자. 다음 설명으로 옳지 않은 것은? (단, Q는 A의 생산량이다.)

① 강의 소유권이 A에게 있고 양자 간의 협상이 없다면, A의 생산량은 180, A의 총편익은 8,100, B의 총비용은 4,050이다.

② 강의 소유권이 B에게 있고, 양자 간의 협상이 없다면, A의 생산량은 0, A의 총편익은 0, B의 총비용은 0이다.

③ 이 경제에서 사회적으로 바람직한 A의 생산량은 120, A의 총편익은 7,200, B의 총비용은 1,800이다.

④ 강의 소유권이 A에게 있고 양자 간의 협상이 성립하여 사회적으로 바람직한 생산량이 달성된다면, A가 B로부터 받는 보상의 범위는 최소 900 이상, 최대 2,250 이하가 될 것이다.

⑤ 강의 소유권이 B에게 있고 양자 간의 협상이 개시되어 사회적으로 바람직한 산출량이 달성된다면, B가 A로부터 받는 보상의 범위는 최소 1,800 이상, 최대 4,050 이하가 될 것이다.

📝 A가 제품을 생산할 때 얻는 한계편익과 그에 따른 B의 한계비용을 그림으로 나타내면 아래와 같다. 강의 소유권이 A에게 있고 양자 간에 협상이 이루어지지 않는다면 A는 한계편익이 0이 될 때까지 생산할 것이므로 $MB_A = 0$으로 두면 $90 - \frac{1}{2}Q = 0$, $Q = 180$으로 계산된다. A가 180단위를 생산할 때의 총편익은 한계편익곡선 하방의 $\triangle(\alpha + \beta + \gamma)$의 면적이므로 8,100$\left(= \frac{1}{2} \times 180 \times 90\right)$이고, B의 총비용은 한계비용곡선 하방의 $\triangle(\beta + \gamma + \delta)$의 면적이므로 4,050$\left(= \frac{1}{2} \times 180 \times \right.$

45)이다. 만약 강의 소유권이 B에게 있고 양자 간에 협상이 이루어지지 않는다면 B는 A가 생산을 하지 못하도록 할 것이므로 A의 생산량이 0이 된다. 그러므로 이 경우에는 A의 총편익과 B의 총비용이 모두 0이 된다.

이 경제에서 사회적으로 바람직한 생산량은 A의 한계편익과 B의 한계비용이 일치하는 수준이므로 $MB_A = MC_B$로 두면 $90 - \frac{1}{2}Q = \frac{1}{4}Q$, $\frac{3}{4}Q = 90$, $Q = 120$으로 계산된다. A가 120단위의 재화를 생산할 때의 총편익은 한계편익곡선 하방의 $(\alpha + \beta)$의 면적이므로 $7,200\left(= \frac{1}{2}(90 + 30) \times 120 \right)$, B의 총비용은 한계비용곡선 하방의 β의 면적이므로 $1,800\left(= \frac{1}{2} \times 120 \times 30 \right)$이다.

강의 소유권이 A에게 있을 때 협상이 이루어져 A가 생산량을 180단위에서 120단위로 줄일 경우 γ의 면적만큼 감소하므로 A가 최소한 받고자 하는 금액은 $900\left(= \frac{1}{2} \times 60 \times 30 \right)$이다. 한편 A가 생산량을 120단위로 줄일 때 B의 총비용이 $(\gamma + \delta)$의 면적만큼 감소하므로 B가 지불할 용의가 있는 최대금액은 $2,250\left(= \frac{1}{2}(30 + 45) \times 60 \right)$이다. 그러므로 협상이 이루어진다면 A가 B로부터 받는 보상의 범위는 900과 2,250 사이가 될 것이다.

강의 소유권이 B에게 있을 때 협상이 이루어져 A가 120단위의 재화를 생산하면 총편익이 $(\alpha + \beta)$의 면적의 면적만큼 증가하므로 A가 지불할 용의가 있는 최대금액은 $7,200\left(= \frac{1}{2}(90 + 30) \times 120 \right)$이다. 한편, A가 120단위의 재화를 생산할 때 B의 총비용이 β의 면적만큼 증가하므로 B가 생산을 허용해 주는 대가로 최소한 받고자 하는 금액은 $1,800\left(= \frac{1}{2} \times 120 \times 30 \right)$이다. 그러므로 이 경우에는 B가 A로부터 받는 보상의 범위는 1,800과 7,200 사이에서 결정된다.

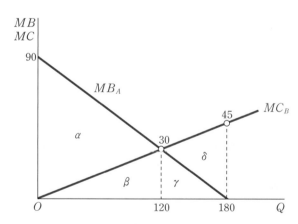

* 사다리꼴의 면적 $= \frac{1}{2}$(윗변 + 밑변) × 높이

08 2021 세무사

외부효과를 내부화하기 위한 시장 메커니즘이 아닌 것은?

① 피구세

② 푸드 스탬프

③ 오염 배출권

④ 환경투자 보조금

⑤ 거래 가능 어획 쿼터제

외부효과를 내부화한다는 것은 조세와 보조금을 통해 외부성이 발생하는 재화가 시장기구에 의해 적정수준만큼 생산 및 소비가 이루어지도록 하거나 환경투자에 대한 보조금이나 오염배출권제도를 시행하여 시장기구를 통해 가장 적은 비용으로 오염물질배출 수준을 사회적인 최적수준으로 유도하는 것을 말한다. 거래가능 어획 쿼터제도 시장기구를 이용하여 가장 적은 비용으로 적정수준의 어획량을 유지할 수 있는 방법이므로 내부화하는 방안으로 볼 수 있다. 한편, 푸드 스탬프는 저소득층 등 취약계층에 대해 식료품 구입비를 지원하기 위한 바우처(voucher)의 일종이므로 현물보조에 해당된다.

09 2016 세무사

두 기업(A, B)이 존재하는 경제에서 A기업은 X재를 생산하고, B기업은 Y재를 생산할 경우, A기업의 비용함수(C_a)는 X^2+4X이고, B기업의 비용함수(C_b)는 Y^2+3Y+X이다. 효율적인 자원배분을 위한 정부 정책수단으로 옳지 않은 것은? (단, $X>0$, $Y>0$이다.)

① B기업에 환경세를 부과한다.

② 외부성을 유발하는 물질에 대한 신규시장을 개설한다.

③ 두 기업을 공동 소유할 수 있도록 통합한다.

④ 두 기업 간 거래비용이 매우 적고, 협상으로 인한 소득재분배의 변화가 없을 경우 자발적 타협을 유도한다.

⑤ 정부가 X재와 Y재의 사회적 최적량을 생산하도록 수량을 규제한다.

기업 A의 X재 생산량이 증가하면 기업 B의 생산비용이 증가한다. 이는 기업 A가 기업 B에게 외부불경제를 유발함을 의미한다. 그러므로 효율적인 자원배분이 이루어지도록 하려면 기업 B가 아니라 기업 A에게 환경세를 부과해야 한다.

　보기 ②는 오염배출권제도, ③은 기업의 합병, ④는 코즈정리에 대한 설명이다. 오염배출권제도가 시행되거나 외부성을 주고받는 기업들을 합병하거나 소유권을 적절히 설정하면 외부성이 시장기구 내로 내부화되어 효율적인 자원배분이 이루어질 수 있다. 그리고 보기 ⑤는 정부의 직접규제에 대한 설명이다.

10 [2015] 세무사

외부성의 내부화에 관한 설명으로 옳은 것은?

① 공해를 줄이는 기업에 대해 저감된 공해단위당 일정금액의 보조금을 지급하는 경우, 단기적으로는 배출단위당 같은 금액의 환경세를 부과하는 경우와 공해저감 효과가 동일하다.

② 배출권거래시장이 형성되기 위해서는 허용된 배출량까지 공해를 저감하는데 있어서 공해유발자들의 한계비용에 차이가 없어야 한다.

③ 코즈(R. Coase)정리는 협상당사자가 많아 협상비용이 과다한 경우라도 당사자 간의 자발적인 협상에 의해서 효율적 자원배분이 이루어질 수 있다는 것이다.

④ 여러 공해유발자들에 대하여 법으로 동일한 규모의 배출한도를 설정하는 것은 행정적으로 가장 간단하면서도 효율적이다.

⑤ 피구세(Pigouvian tax)는 교란을 일으키지 않는 중립세이다.

✐ 오염배출권제도가 시행되면 오염저감에 따른 한계비용이 낮은 기업들은 직접 오염을 줄이고 오염배출권을 매각하는 반면, 오염저감에 드는 한계비용이 높은 기업들은 오염배출권을 매입하고 오염을 배출하게 된다. 만약 모든 기업의 오염저감에 따른 한계비용이 동일하다면 오염배출권의 가격수준에 따라 모든 기업이 오염배출권을 매입하거나 매각하려고 할 것이므로 오염배출권시장이 형성될 수 없다. 오염배출권시장이 형성되려면 각 기업의 오염저감에 따른 한계비용이 서로 달라야 한다.

　협상 당사자가 많아 협상비용이 과다하게 소요된다면 협상 자체가 이루어질 수 없으므로 코즈정리가 성립하기 어렵다. 여러 공해유발자들에 대하여 법으로 동일한 규모의 배출한도를 설정하는 것은 행정적으로 간단할 수는 있다. 그러나 각 기업의 오염저감비용이 서로 다른 상태에서 동일한 배출한도를 설정하는 자원배분의 효율성 측면에서 보면 비효율적이다. 피구세는 상대가격체계의 변화를 통해 자원배분의 왜곡을 시정하므로 바람직한 조세이기는 하나 중립세인 것은 아니다.

✎ 중립세(lump-sum tax)
민간부문의 경제범위에 전혀 교란을 일으키지 않는 조세

11 [2023] 세무사

긍정적 외부성이 있는 양봉업자가 생산하는 벌꿀에 대한 수요함수가 $Q=10-2P$이고, 외부한계편익함수는 $Q=5-2P$이다. 한계생산비용이 4라면 사회적 최적 생산량은?

① 2　　　　　　　　　② 3.5　　　　　　　　　③ 4

④ 5　　　　　　　　　⑤ 10

✐ 사적인 편익을 나타내는 수요함수 $P=5-\frac{1}{2}Q$와 외부한계편익함수 $P=2.5-\frac{1}{2}Q$를 합하면 사회적인 한계편익함수는 $P=7.5-Q$이다. 사회적인 최적생산량을 구하기 위해 $SMB=MC$로 두면 $7.5-Q=4$, $Q=3.5$로 계산된다.

12 2011 세무사

외부성에 관한 설명으로 옳은 것은?

① 외부성을 내부화시키기 위해서는 항상 당사자 간의 자발적인 협상을 통해야 한다.

② 공공재적 외부성(joint externalities)은 사적재적 외부성(appropriable externalities)에 비해 당사자간 직접적 협상에 의한 해결가능성이 높다.

③ 환경오염유발 재화에 최적 피구세(optimal Pigouvian tax)를 부과하면 환경오염이 발생하지 않는다.

④ 금전적 외부성(pecuniary externalities)이 자원배분의 비효율성을 유발시킬 수 있다.

⑤ 오염배출허가서 제도를 통하여 외부불경제를 교정하는 방법은 점차 시장경쟁성을 떨어뜨릴 수 있다.

📝 당사자 간에 협상이 이루어지더라도 외부성이 내부화되지만 적절한 피구세가 부과되더라도 마찬가지로 외부성문제가 내부화된다. 공공재적 외부성은 이해당사자가 다수인 반면 사용재적 외부성은 이해당사자가 소수이다. 그러므로 공공재적 외부성보다 사용재적 외부성의 경우에 협상이 이루어질 가능성이 더 높다. 적절한 피구세가 부과되면 사회적으로 볼 때 최적수준의 오염이 배출된다. 금전적 외부성의 경우는 사회구성원간 소득재분배는 발생하지만 자원배분의 효율성에는 영향을 미치지 않는다. 오염배출권제도가 시행되면 오염배출권을 갖지 못한 기업은 시장에 진입이 불가능하다. 그러므로 오염배출권제도가 시행되면 시장의 경쟁이 약화될 가능성이 있다.

✏️ 공공재적 외부성
불특정 다수에게 영향을 주는 외부성

✏️ 사용재적 외부성
소수의 개인들 간에 발행하는 외부성

13

화학제품에 대한 역수요함수와 사적 한계비용은 각각

$$P=12-Q, \; PMC=2+Q$$

이다. 화학제품 1단위가 생산될 때마다 오염물질이 1단위 배출되고 화학제품이 2단위를 초과하면 양(+)의 외부비용이 발생하는데 이는 다음 외부 한계비용(EMC) 함수에 따른다.

$$EMC = \begin{cases} -2+Q, \; Q>2 \\ 0, \qquad Q \leq 2 \end{cases}$$

이 시장에 대한 설명으로 옳은 것만을 모두 고르면?

> 가. 생산자가 사적 이윤을 극대화하는 산출량과 그 때의 가격은 각각 5와 7이다.
> 나. 화학제품의 사회적 최적산출량은 생산자의 사적 이윤을 극대화하는 수준보다 1단위 적다.
> 다. 정부가 배출요금을 2만큼 부과하면 소비자가 지불해야 하는 가격은 1.5만큼 상승한다.
> 라. 정부가 효율적인 배출요금을 부과하게 되면 외부비용은 사라진다.

① 가, 나   ② 가, 다   ③ 나, 라

④ 가, 다, 라   ⑤ 나, 다, 라

📝 사적인 이윤극대화는 수요와 공급이 일치하는 점에서 이루어지므로 $P=PMC$로 두면 $12-Q=2+Q$, $Q=5$이다. 이를 수요함수에 대입하면 $P=7$로 계산된다. 사적인 한계비용 $PMC=2+Q$와 외부한계비용 $EMC=-2+Q$를 합하면 사회적인 한계비용 $SMC=2Q$이다. 사회적인 최적생산량은 수요곡선과 사회적인 한계비용이 일치하는 점에서 이루어지므로 $P=SMC$로 두면 $12-Q=2Q$, $Q=4$이다. 그러므로 사회적 최적생산량은 사적 이윤이 극대화되는 생산량보다 1단위 적음을 알 수 있다.

외부불경제로 인해 과잉생산이 이루어질 때 생산량을 사회적인 최적수준으로 줄이려면 최적생산량 수준에서 외부한계비용에 해당하는 만큼의 단위당 피구세를 부과해야 한다. 최적생산량 $Q=4$를 $EMC=-2+Q$에 대입하면 단위당 최적피구세의 크기는 2임을 알 수 있다. 정부가 단위당 2만큼의 배출요금(T)을 부과하면 사적인 한계비용이 $PMC+T=4+Q$로 바뀌게 된다. 단위당 2의 배출요금 부과 후의 생산량을 구해보자. $P=PMC+T$로 두면 $12-Q=4+Q$, $Q=4$가 된다. 그러므로 단위당 2의 배출요금 부과 후에는 시장기구에 의한 생산량이 사회적인 최적수준과 일치함을 알 수 있다. $Q=4$를 수요함수에 대입하면 $P=8$로 계산된다. 그러므로 단위당 2의 배출요금이 부과되면 소비자가 지불하는 가격이 1만큼 상승한다.

정부가 효율적인 배출요금을 부과하면 생산량이 사회적인 최적수준으로 감소하므로 오염배출량도 사회적인 최적수준으로 감소한다. 그러나 사회적인 최적생산량 수준에서도 여전히 오염이 일부 배출되고 있으므로 외부비용이 완전히 사라지는 것은 아니다.

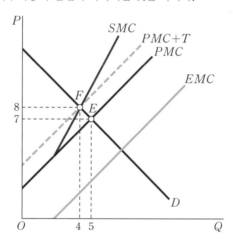

14 2019 세무사

강 상류에서 우유를 생산하는 목장이 있다. 이 목장의 우유 $1l$의 한계비용은 $MC=100+Q$이고, 수요곡선은 $P=1,300-10Q$이다. 목장의 축산폐수가 하류지역에 피해를 유발하는데, 그 한계피해는 $MD=Q$이다. 경쟁적인 우유시장에서 정부가 교정조세(corrective tax)를 부과할 경우 옳지 않은 것은? (단, P : 가격, Q : 수량)

① 사회적 최적생산량은 100이다.

② 사회적 최적생산량 수준에서의 가격은 300이다.

③ 사회적 최적생산량 수준을 달성하기 위해서는 단위당 100의 교정조세를 부과해야 한다.

④ 교정조세를 부과하지 않으면, 과다 생산될 여지가 있다.

⑤ 교정조세를 부과할 때 기업의 이윤극대화 생산량은 $\dfrac{1,200}{11}l$이다.

📝 사적 한계비용과 한계피해를 합한 사회적인 한계비용 $SMC=100+2Q$이다. 사회적 최적생산량을 구하기 위해 $P=SMC$로 두면 $1,300-10Q=100+2Q$, $12Q=1,200$, $Q=100$으로 계산된다. 사회적 최적생산량 $Q^*=100$을 수요함수에 대입하면 최적가격 $P^*=300$임을 알 수 있다. 단위당 최적조세는 최적생산량 수준에서 한계피해의 크기(혹은 SMC와 PMC의 차이)만큼이므로 $Q=100$을 한계피해함수에 대입하면 단위당 최적조세의 크기는 100으로 계산된다.

교정적 조세가 부과되지 않으면 수요와 공급이 일치하는 수준까지 생산이 이루어진다. 사적인 한계비용곡선이 공급곡선이므로 수요곡선과 공급곡선을 연립해서 풀면 $1,300-10Q=100+Q$, $Q=\dfrac{1,200}{11}$이다. 교정적 조세가 부과되지 않을 때 기업의 이윤극대화 생산량 $Q=\dfrac{1,200}{11}$이므로 사회적인 최적생산량($Q^*=100$)을 초과한다.

이제 단위당 최적조세에 해당되는 100만큼의 조세가 부과되면 사적인 한계비용곡선이 단위당 조세의 크기만큼 상방으로 이동하므로 시장기구에 의해 100단위의 재화가 생산된다. 즉, 기업의 이윤극대화 생산량이 사회적인 최적수준인 100단위로 감소하게 된다.

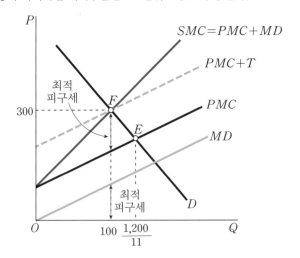

15 2021 세무사

다음은 재화 X의 소비에 대한 사적 한계 편익(PMB), 생산의 사적 한계 비용(PMC), 생산에 따른 한계 외부 피해(MD)이다.

$$PMB=600-4Q \qquad PMC=6Q \qquad MD=2Q$$

사회적 최적 생산량을 달성하기 위한 피구세(Pigouvian tax)의 크기는? (단, Q는 생산량이다.)

① 25   ② 40   ③ 50

④ 80   ⑤ 100

✏ 먼저 시장기구에 의한 생산량을 구해보자. 사적인 한계편익이 수요곡선, 사적인 한계비용이 공급곡선을 나타내므로 둘을 연립해서 풀면 $600-4Q=6Q$, $Q=60$이다. $Q=60$을 수요곡선(혹은 공급곡선)에 대입하면 $P=360$으로 계산된다.

단위당 최적 피구세의 크기는 최적생산량 수준에서 PMC와 SMC의 차이 혹은 최적생산량 수준에서 외부한계비용(한계외부피해)의 크기만큼이다. 생산에 있어 부정적인 외부성이 있으므로 PMC와 MD를 합하면 사회적인 한계비용 $SMC=8Q$이고, 소비 측면에서는 외부성이 없으므로 $PMB=SMB$이다.

최적생산량을 구하기 위해 $PMB=SMC$로 두면 $600-4Q=8Q$, $12Q=600$, $Q=50$이다. $Q=50$일 때 사회적 한계비용이 400, 사적인 한계비용이 300이므로 단위당 최적피구세는 100임을 알 수 있다. 혹은 $Q=50$을 MD함수에 대입하더라도 마찬가지로 최적피구세가 100으로 계산된다. 단위당 100만큼의 피구세를 부과하면 공급곡선(PMC곡선)이 상방으로 이동하여 F점에서 수요곡선과 교차하므로 시장기구에 의해 50단위의 재화가 생산된다.

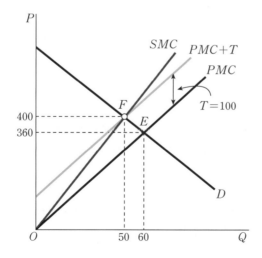

16   2019 세무사

외부편익이 존재하는 경우를 나타낸 아래 그림에 관한 설명으로 옳은 것의 개수는? (단, D : 수요곡선, PMB : 사적 한계편익, S : 공급곡선, PMC : 사적 한계비용, MEB : 한계외부편익, SMB : 사회적 한계편익)

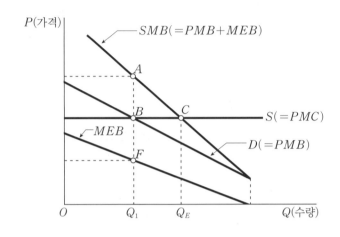

- 이 그림은 재화의 소비에 외부편익이 존재하는 경우를 나타낸 것이다.
- 시장균형은 $PMB = PMC$가 성립하는 점 B에서 달성되는데, 이때의 생산량은 $SMB > PMC$가 되므로 사회적으로는 과소하다.
- 시장균형에서 발생하는 사회적 후생비용의 크기는 삼각형 ABC에 해당한다.
- 시장균형에서는 생산량을 변화시키려는 경쟁적 힘이 작용한다.
- 생산량을 Q_E로 증가시킴에 따른 사회적 순이득(net gain)은 삼각형 ABC와 같다.

① 1개   ② 2개   ③ 3개
④ 4개   ⑤ 5개

📝 문제에 주어진 그림을 보면 사회적인 한계편익이 사적인 한계편익보다 크므로 소비에 있어 외부편익(외부경제)이 발생하는 경우이다. 시장균형은 수요곡선(사적인 한계편익곡선)과 공급곡선(사적인 한계비용곡선)이 교차하는 B점에서 달성된다. 시장균형에서는 사회적인 편익이 사적인 비용보다 크므로 과소생산이 이루어지는 상태이다. 그런데 시장균형에 도달하고 나면 정부개입이 이루어지지 않을 경우 더 이상 생산량의 조정은 이루어지지 않는다.

생산량이 Q_1에서 사회적인 최적수준이 Q_E로 증가하면 사회적인 편익은 SMB하방의 면적만큼 증가하나 사적인 비용은 PMC하방의 면적만큼 증가하므로 사회적인 순이득(순편익)이 삼각형 ABC만큼 증가한다.

만약 생산량이 시장균형 생산량인 Q_1에 머무르게 되면 삼각형 ABC만큼의 순이득을 얻지 못하게 된다. 그러므로 시장기구에 맡겨 둘 경우 과소생산에 따른 사회적인 후생손실의 크기가 삼각형 ABC의 면적이 된다. 문제에 주어진 보기 중 네 번째 보기를 제외한 나머지는 모두 옳은 보기이다.

17

X재 산업의 역공급함수는 $P=440+Q$이고, 역수요함수는 $P=1,200-Q$이다. X재의 생산으로 외부편익이 발생하는데, 외부한계편익함수는 $EMB=60-0.05Q$이다. 정부가 X재를 사회적 최적수준으로 생산하도록 보조금 정책을 도입할 때, 생산량 1단위당 보조금은? (단, P는 가격, Q는 수량)

① 20 ② 30 ③ 40

④ 50 ⑤ 60

📝 사적인 한계편익을 의미하는 수요곡선 $P=1,200-Q$와 외부한계편익 $EMB=60-\dfrac{1}{20}Q$를 합하면 사회적인 한계편익 $SMB=1,260-\dfrac{21}{20}Q$이다. 사회적인 최적생산량은 사회적인 한계편익곡선과 공급곡선이 교차하는 점에서 결정되므로 이 둘을 연립해서 풀면 $1,260-\dfrac{21}{20}Q=440+Q$, $\dfrac{41}{20}Q=820$, $Q=400$으로 계산된다.

외부경제가 발생할 때 단위당 최적보조금의 크기는 최적생산량 수준에서 외부한계편익의 크기만큼이므로 $Q=400$을 외부한계편익함수에 대입하면 $EMB=40$으로 계산된다. 그러므로 단위당 최적보조금의 크기는 40만큼이다.

18 `2017` 세무사

배출권거래제도에 관한 설명으로 옳지 않은 것은?

① 기업들에게 허용되는 오염물질 배출의 총량을 미리 정해 놓는다.

② 공해를 줄이는 데 드는 한계비용이 상대적으로 낮은 기업은 배출권을 판매한다.

③ 배출권 시장의 균형에서는 배출을 줄이는 데 드는 각 기업의 한계비용이 같아진다.

④ 배출권의 총량이 정해지면 배출권을 각 기업에게 어떻게 할당하느냐와 관계없이 효율적 배분이 가능하다.

⑤ 환경오염 감축효과가 불확실한 것이 단점이다.

📝 오염배출권제도가 시행되면 각 기업은 오염배출권을 가진 한도 내에서만 오염을 배출할 수 있다. 그러므로 오염배출권제도를 시행하면 환경오염을 정부가 설정한 목표수준까지 쉽게 감축할 수 있다.

19 2022 세무사

오염배출권 거래제도에 관한 설명으로 옳지 않은 것은?

① 배출권 시장의 균형에서는 개별 기업이 결정한 배출량의 합이 정부가 설정한 목표배출량과 일치한다.

② 정부는 총배출량을 설정할 때 개별 기업의 한계저감비용에 관한 정보를 필요로 한다.

③ 환경세에 비해 인플레이션과 같은 경제 상황의 변화에 쉽게 적응할 수 있다.

④ 배출권 거래 시 한계저감비용이 상대적으로 높은 기업이 구매자가 된다.

⑤ 배출권 시장의 균형에서는 각 기업의 한계저감비용이 같아진다.

☑ 오염배출권제도를 시행할 때 정부가 적정 수준의 오염배출량에 해당하는 오염배출권을 발행하여 기업들에게 배부하면 각 기업은 자신의 오염저감에 따른 한계비용과 오염배출권 가격을 비교하여 추가로 오염배출권을 매입하거나 자신이 보유한 오염배출권의 일부를 판매한다. 그러므로 오염 배출권제도를 시행할 때 정부에게는 개별기업의 한계저감비용에 대한 정보가 필요하지 않다.

20

어느 섬나라에는 기업 A, B, C만 존재한다. 아래의 표는 기업 A, B, C의 오염배출량과 오염저감 비용을 나타낸 것이다. 정부가 각 기업에 오염배출권 30장씩을 무료로 배부하고, 오염배출권을 가진 한도내에서만 오염을 배출할 수 있도록 하였다. 〈보기〉에서 옳은 것을 고르면? (단, 오염배출권 1장 당 오염을 1톤씩 배출한다.)

기업	오염배출량(톤)	오염저감비용(만 원/톤)
A	70	20
B	60	25
C	50	10

> ㄱ. 오염배출권의 자유로운 거래가 허용된다면 오염배출권의 가격은 톤당 20만 원으로 결정될 것이다.
> ㄴ. 오염배출권제도가 실시되었을 때 균형상태에서 기업 A는 30톤의 오염을 배출할 것이다.
> ㄷ. 오염배출권제도 하에서 사회적인 총비용은 각 기업의 오염배출량을 30톤으로 직접규제할 때보다 450만 원 절감될 것이다.
> ㄹ. 오염배출권제도 하에서 오염을 줄이는 데 드는 사회적인 총비용은 1,200만 원이다.
> ㅁ. 기업 B는 오염배출권제도보다 각 기업이 오염배출량을 30톤으로 줄이도록 하는 직접규제 를 더 선호할 것이다.

① ㄱ, ㄴ   ② ㄴ, ㄷ   ③ ㄱ, ㄴ, ㄷ

④ ㄷ, ㄹ, ㅁ   ⑤ ㄱ, ㄴ, ㅁ

✏ 각 기업은 오염배출권 가격이 자신의 오염저감비용보다 낮다면 오염배출권을 매입하려 할 것이고, 오염배출권 가격이 자신의 오염저감비용보다 높다면 오염배출권을 매각하고 직접 오염을 줄이려 할 것이다. 오염배출권 가격이 10~20만 원 사이일 때는 기업 A는 오염배출권을 40장, B는 30장을 매입하려고 하는 반면 기업 C는 30장을 매각하려 하므로 오염배출권의 초과수요가 발생한다. 그러므로 오염배출권 가격은 더 상승하게 될 것이다. 이제 오염배출권 가격이 20~25만 원 사이일 때는 기업 B는 30장을 매입하려고 하는 반면 기업 A와 C는 각각 30장을 매각하려 하므로 오염배출권의 초과공급이 발생한다. 그러므로 오염배출권 가격은 점차 하락하게 될 것이다.

이와 같이 오염배출권 가격이 20만 원 미만일 때는 초과수요가 발생하고, 20만 원을 넘는 경우에는 초과공급이 발생하므로 오염배출권의 균형가격은 20만 원이 된다. 오염배출권 가격이 20만 원일 때 기업 C는 오염배출권 30단위를 모두 매각하고, 기업 B가 이를 구입하게 된다. 오염배출권의 거래가 끝난 이후에 기업 A는 30장, 기업 B는 60장, 기업 C는 0장의 오염배출권을 보유하게 된다. 그러므로 균형상태에서는 기업 A는 30톤, 기업 B는 60톤의 오염을 배출한다.

직접규제를 실시할 때는 오염저감이 따른 총비용이 $1,750(=40 \times 20) + (30 \times 25) + (20 \times 10)$만 원인데 비해 오염배출권제도가 실시될 때는 오염저감에 따른 총비용은 $1,300(=40 \times 20) + (50 \times 10)$만 원이므로 직접규제할 때보다 오염저감에 따른 사회전체의 총비용이 450만 원 감소한다.

직접규제하에서 기업 B가 오염을 30톤 줄이는 데는 $750(=25 \times 30)$만 원이 소요되는데 비해, 오염배출권제도하에서는 오염배출권 30장을 구입하는 데는 $600(=20 \times 30)$만 원만 소요된다. 그러므로 기업 B는 직접규제보다 오염배출권제도를 더 선호한다.

21

오염물질을 배출하는 기업 甲과 乙의 오염저감비용은 각각 $TAC_1 = 200 + 4X_1^2$, $TAC_2 = 200 + X_2^2$이다. 정부가 두 기업의 총오염배출량을 80톤 감축하기로 결정할 경우, 두 기업의 오염저감비용의 합계를 최소화하는 甲과 乙의 오염감축량은? (단, X_1, X_2는 각각 甲과 乙의 오염감축량이다.)

① $X_1 = 8$, $X_2 = 52$ ② $X_1 = 16$, $X_2 = 64$ ③ $X_1 = 24$, $X_2 = 46$

④ $X_1 = 32$, $X_2 = 48$ ⑤ $X_1 = 64$, $X_2 = 16$

✏ 각 기업의 총오염저감비용함수를 미분하면 갑과 을의 한계오염저감비용 $MC_1 = 8X_1$, $MC_2 = 2X_2$이다. 일정한 양의 오염을 감축하고자 할 때 사회전체의 총비용이 극소화되려면 가 기업의 한계오염저감비용이 같아져야 한다. 왜냐하면 각 기업의 오염감축에 따른 한계비용이 동일하지 않다면 각 기업의 오염감축량을 적절히 조정하면 오염감축에 따른 총비용을 줄일 수 있기 때문이다.

예를 들어, $7 = MC_1 > MC_2 = 5$라면 기업 갑이 오염을 1단위 덜 감축하고, 기업 을이 오염을 1단위 더 감축하면 사회전체의 오염감축량은 동일하나 오염감축에 따른 비용은 2만큼 감소한다. 그러므로 균형에서는 $MC_1 = MC_2$가 성립해야 한다.

두 기업의 한계오염저감비용이 같을 때 오염저감비용이 최소화되므로 $MC_1 = MC_2$로 두면 $8X_1 = 2X_2$, $4X_1 = X_2$의 관계가 도출된다. 두 기업의 오염배출량을 80톤 감축해야 하므로 $X_1 + X_2 = 80$이다. 그러므로 두 식을 연립해서 풀면 각 기업이 감축해야 하는 오염량이 각각 $X_1 = 16$, $X_2 = 64$로 계산된다.

19 ② 20 ③ 21 ②

22

수요가 $Q=200-2P$인 독점기업이 있다. 이 기업의 한계비용은 $MC=2Q+10$이다. 이 기업이 생산하는 재화는 단위당 40의 공해비용이 발생한다. 이윤을 극대화하는 이 독점기업의 생산량과 사회적 최적생산량 간 차이는?

① 0　　　　　　　　② 5　　　　　　　　③ 10

④ 15　　　　　　　　⑤ 20

📝 독점기업의 수요곡선이 $P=100-\frac{1}{2}Q$이므로 한계수입 $MR=100-Q$이다. 이윤극대화 생산량을 구하기 위해 $MR=MC$로 두면 $100-Q=2Q+10$, $Q=30$이다. 이제 사회적 최적 생산량을 구해보자. 사적인 한계비용 $MC=2Q+10$에다 단위당 공해비용 40을 합하면 사회적 한계비용 $SMC=2Q+50$이다. 사회적인 최적생산량은 수요곡선과 SMC곡선이 교차하는 점에서 결정되므로 $P=SMC$로 두면 $100-\frac{1}{2}Q=2Q+50$, $\frac{5}{2}Q=50$, $Q=20$으로 계산된다. 사회적인 최적생산량은 20인데 비해 독점기업의 이윤극대화 생산량이 30이므로 독점기업에 맡겨두면 10단위만큼 과잉생산이 이루어짐을 알 수 있다.

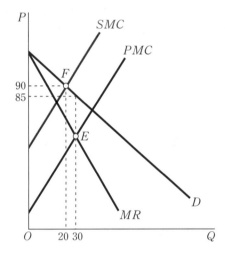

23 〔2022〕 세무사

기업 A와 B는 현재 각각 500단위의 오염을 배출하고 있으며, 배출의 저감비용은 각각 $C(q_A)=40+\frac{1}{2}q_A^2$, $C(q_B)=30+q_B^2$이다. 정부가 총 배출량을 30% 줄이기 위해 배출권거래제를 도입하고, A에 400단위, B에 300단위의 배출권을 무료로 할당한다면 배출권시장의 균형에서 (ㄱ) 배출권의 가격과 (ㄴ) 배출권 거래량은? (단, $q_i(i=A,\ B)$는 기업 i의 배출 저감량이다.)

① ㄱ : 100, ㄴ : 100단위　　　　　　② ㄱ : 100, ㄴ : 200단위

③ ㄱ : 200, ㄴ : 100단위　　　　　　④ ㄱ : 200, ㄴ : 200단위

⑤ ㄱ : 250, ㄴ : 100단위

두 기업의 비용함수를 q에 대해 미분하면 각 기업의 오염저감에 따른 한계비용이 각각 $MC_A=q_A$, $MC_B=2q_B$이다. 정부가 기업 A에게 400단위, 기업 B에게 300단위의 배출권을 나누어 주었으므로 오염배출권 거래가 이루어지지 않는다면 기업 A는 100단위의 오염을 줄여야 하고 기업 B는 200단위의 오염을 줄여야 한다.

기업 A가 100단위의 오염을 줄일 때의 한계비용 $MC_A=100$, 기업 B가 200단위의 오염을 줄일 때 한계비용 $MC_B=400$이므로 오염배출권의 가격이 100과 400 사이로 주어지면 기업 A는 오염배출권을 매각하려 할 것이고, 기업 B는 오염배출권을 매입하려고 할 것이다.

오염배출권 시장이 개설되면 두 기업의 오염감축에 따른 한계비용이 같아질 때까지 오염배출권 거래가 이루어질 것이므로 균형에서는 $MC_A=MC_B$가 성립한다. 왜냐하면 두 기업의 오염저감에 따른 한계비용이 서로 다른 경우 오염배출권 가격이 두 기업의 한계비용 사이의 금액으로 정해지면 한계비용이 낮은 기업은 오염배출권을 매각하려 할 것이고, 한계비용이 높은 기업은 오염배출권을 매입하려 할 것이기 때문이다.

균형에서는 두 기업의 오염감축에 따른 한계비용이 일치해야 하므로 $MC_A=MC_B$로 두면 $q_A=2q_B$이고, 두 기업이 감축해야 하는 오염의 총량이 300단위이므로 $q_A+q_B=300$이 성립해야 한다. 두 식을 연립해서 풀면 $q_A=200$, $q_B=100$으로 계산된다. 그러므로 균형에서는 기업 A는 오염배출권을 100단위 매각하고, 기업 B는 오염배출권 100단위를 매입하게 될 것이다. 기업 A는 오염배출권을 100단위 매각하였으므로 200단위의 오염을 줄여야 하고, 기업 B는 오염배출권을 100단위 매입하므로 오염 100단위를 줄이면 된다.

각 기업은 오염배출권 가격이 오염저감에 따른 한계비용보다 낮다면 오염배출권을 사려고 할 것이고, 오염배출가격이 오염저감에 따른 한계비용보다 높다면 오염배출권을 팔려고 할 것이므로 균형에서는 오염배출권 가격이 오염저감에 따른 한계비용과 같아진다. 기업 A가 오염을 200단위 줄일 때의 한계비용과 기업 B가 오염을 100단위 줄일 때는 한계비용이 200이므로 오염배출권의 균형가격도 200으로 결정된다. 이를 그림으로 나타내면 아래와 같다.

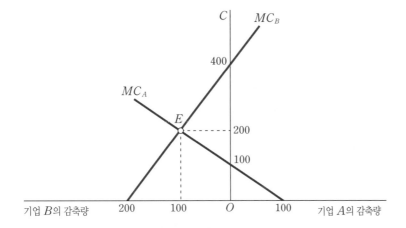

24 2019 세무사

마을 주민이면 누구나 방목할 수 있는 공동의 목초지가 있다. 송아지의 구입 가격은 $200,000$이고, 1년 후에 팔 수 있다. 마을 전체의 이윤을 극대화시키는 방목 송아지 수(A)와 개별 주민 입장에서의 최적 방목 송아지 수(B)는? (단, 송아지의 1년 뒤 가격 $P=1,600,000-50,000Q$, $Q=$방목하는 송아지 수)

① $A:12$, $B:12$
② $A:13$, $B:16$
③ $A:14$, $B:28$
④ $A:15$, $B:29$
⑤ $A:16$, $B:30$

✐ 계산을 간단히 하기 위해 가격을 만 원 단위로 나타내기로 하자. 수요함수가 $P=160-5Q$이므로 총수입 $TR=P\cdot Q=160Q-5Q^2$이고, 송아지 구입가격이 20만 원이므로 총비용 $TC=20Q$이다. 이윤(π)은 총수입에서 총비용을 뺀 것이므로 이윤함수는 다음과 같다.

$$\pi=TR-TC$$
$$=(160Q-5Q^2)-(20Q)$$

마을 전체의 이윤이 극대가 되는 송아지의 수를 구하기 위해 이윤함수를 Q에 대해 미분한 뒤 0으로 두면 $\dfrac{d\pi}{dQ}=(160-10Q)-20=0$, $Q=14$로 계산된다. 한편, 개별주민 입장에서는 이윤이 0보다 크다면 계속해서 방목하는 송아지의 수를 증가시킬 것이므로 이윤이 0이 될 때까지 방목되는 송아지의 수가 증가할 것이다. 그러므로 개별주민 입장에서 최적 방목 송아지 수를 구하기 위해 이윤함수를 0으로 두면 $\pi=(160Q-5Q^2)-(20Q)=0$, $140-5Q=0$, $Q=28$로 계산된다.

25 2022 공인회계사

공유자원(commons)과 관련한 다음 설명 중 옳은 것을 모두 고르면?

> 가. 소비의 비경합성(non-rivalry)이 존재한다.
> 나. 대가를 지불하지 않는 사람이라도 소비에서 배제할 수 없다.
> 다. 사회적 최적 수준보다 과도하게 사용되는 문제가 발생한다.
> 라. 막히지 않는 유료도로는 공유자원의 예이다.

① 가, 나
② 가, 다
③ 나, 다
④ 나, 라
⑤ 다, 라

✐ 마을 주민들이 공동으로 소유한 목초지와 같은 공유자원은 소비가 경합적이나 배제는 불가능하다. 공유자원은 배제가 불가능하므로 적정수준보다 과도하게 사용되어 고갈되거나 황폐화되는 현상인 공유지의 비극이 발생한다. 막히지 않는 유료도로는 소비는 비경합적이나 배제가 가능하므로 비순수공공재(요금재)에 해당한다.

공유지의 비극은 부정적인 외부성이 존재하는 상황에서 소유권이 분명하게 정의되지 않았기 때문에 발생한다. 이를 해결하려면 공유자원에 대해 소유권을 적절하게 부여하면 된다. 그러나 현실적으로 모든 공유자원에 대해 소유권을 부여하는 것은 거의 불가능하다는 문제가 있다.

26　2018　세무사

공동의 목초지에 갑과 을이 각각 100마리의 양을 방목하기로 합의하면 갑과 을의 이득은 각각 10원이다. 두 사람 모두 합의를 어겨 100마리 이상을 방목하면 갑과 을의 이득은 각각 0원이다. 만약 한 명은 합의를 지키고 다른 한 명이 합의를 어기면 어긴 사람의 이득은 11원 합의를 지킨 사람의 이득은 −1원이다. 이러한 게임적 상황에서 정부가 합의를 어긴 사람에게 2원의 과태료를 부과할 때 발생될 결과는?

① 두 사람 모두 합의를 지킨다.

② 두 사람 모두 합의를 어긴다.

③ 두 사람의 합의 준수 여부는 불확실하다.

④ 갑은 반드시 합의를 지키지만 을은 합의를 어긴다.

⑤ 갑은 반드시 합의를 어기지만 을은 합의를 지킨다.

📝 정부가 과태료를 부과할 때와 부과하지 않을 때 보수행렬을 만들어 보면 아래의 표와 같다. 정부가 과태료를 부과하지 않는 경우에는 각자의 우월전략은 모두 위반이므로 (위반, 위반)이 우월전략균형이 된다. 이제 정부가 위반자에게 2원씩 과태료를 부과하면 두 사람의 우월전략은 모두 준수로 바뀌게 되므로 (준수, 준수)가 우월전략균형이 된다. 그러므로 정부가 위반한 사람에게 2원의 과태료를 부과하면 두 사람 모두 합의를 지키게 된다.

〈과태료를 부과하지 않을 때〉

		을	
		준수	위반
갑	준수	(10, 10)	(−1, 11)
	위반	(11, −1)	(0, 0)

〈과태료를 부과할 때〉

		을	
		준수	위반
갑	준수	(10, 10)	(−1, 9)
	위반	(9, −1)	(−2, −2)

제4장 / **공공재이론**

27 （2018 공인회계사）

재화를 배제가능성과 경합성 여부에 따라 다음과 같이 분류할 수 있다. 다음 설명 중 옳은 것을 모두 고르면?

구분	배제가능	배제불가능
경합적	㉠	㉡
비경합적	㉢	㉣

> 가. 의복, 식품 등과 같은 사적 재화는 ㉠에 해당한다.
> 나. 혼잡한 유료도로는 ㉡에 해당한다.
> 다. 케이블TV와 같은 클럽재(club goods)는 ㉢에 해당한다.
> 라. 국방 서비스와 같은 공공재는 ㉣에 해당한다.

① 가, 나 　　　　　　② 가, 라 　　　　　　③ 나, 다

④ 가, 다, 라 　　　　　⑤ 나, 다, 라

📝 혼잡한 유료도로는 배제가 가능하나 소비가 경합적이므로 ㉠에 해당된다.

28 （2019 세무사）

공공재의 성격에 관한 설명으로 옳은 것은?

① 비경합성이란 소비자의 추가적인 소비에 따른 한계비용은 0(zero)이 됨을 의미한다.

② 순수 공공재는 배제성과 비경합성을 동시에 충족한다.

③ 대부분 공공재는 순수 공공재로 볼 수 있으며, 시장이 성립하지 못한다.

④ 클럽재는 배제성 적용이 불가능하다.

⑤ 공공재의 소비자들은 자신의 수요를 정확하게 표출한다.

📝 순수공공재는 비배제성과 비경합성이 동시에 충족되는 재화를 말한다. 현실에서 비배제성과 비경합성이 완벽하게 충족되는 경우는 그리 많지 않으므로 대부분의 공공재는 순수공공재가 아니라 비순수공공재로 볼 수 있다. 클럽재는 소비는 경합적이나 가입비를 부담하지 않은 사람은 이용이 불가능하므로 배제가 가능하다.

　비배제성으로 인해 공공재가 생산되고 나면 생산비를 부담하지 않은 사람도 누구나 소비가 가능하므로 사람들은 공공재 생산비는 부담하지 않고 생산된 공공재를 이용만 하려고 하는 현상이 나타난다. 즉, 무임승차자가 되고자 한다. 그러므로 사람들이 공공재에 대한 진정한 선호를 표출하지 않는 경우가 대부분이다.

✏️ **순수공공재**
비경합성과 비배제성이 모두 완벽하게 충족되는 재화

✏️ **비순수공공재**
비경합성과 비배제성 중에 어느 하나가 제대로 충족되지 않는 재화

29

아래의 식에서 X는 재화의 생산량, q는 1인당 소비량, N은 소비에 참가하는 개인의 숫자를 나타낸다. 다음 중 α의 값이 가장 클 것으로 예상되는 재화는?(단, $0 \leq \alpha \leq 1$)

$$q = \frac{X}{N^\alpha}$$

① 국방서비스　　　　　② 공공대중교통　　　　　③ 공중위생
④ 의료서비스　　　　　⑤ 공원

☑ α가 1에 가까울수록 소비가 경합적인 재화이고, 0에 가까울수록 비경합적인 재화이다.

30 　2022　세무사

공공재에 관한 설명으로 옳지 않은 것은?

① 클럽재는 부분적으로 경합성의 성질을 가져 혼잡을 발생시키는 재화나 서비스이다.
② 순수공공재의 경우 소비자 추가에 따른 한계비용이 영(0)이다.
③ 공공재의 최적 공급수준은 개별 이용자의 한계편익의 합과 한계비용이 일치할 때 달성된다.
④ 클라크 조세(Clarke tax)에서 각 개인은 공공재에 대한 자신의 진정한 선호를 표출하는 것이 우월전략이다.
⑤ 가치재는 순수 공공재에 해당된다.

☑ 의료서비스, 공용주택서비스와 같은 가치재는 소비가 경합적이고 배제가 가능하므로 순수공공재가 아니라 사용재이다.

31 　2015　세무사

공공재에 관한 설명으로 옳지 않은 것은?

① 공공재는 높은 외부경제 효과가 발생하는 재화에 속한다.
② 비경합성이 강한 공공재일수록 공공재가 주는 사회적 편익의 크기는 더 커진다.
③ 비배제성이 강한 공공재일수록 공공재의 공급비용이 더 크다.
④ 공공재의 생산을 정부가 직접 담당하지 않고 민간에 위탁하는 경우도 있다.
⑤ 공공재의 무임승차 문제는 자원배분의 효율성을 저해한다.

☑ 비경합성이 강한 공공재일수록 그 공공재의 공급이 이루어지면 여러 사람이 소비할 수 있으므로 사회적인 편익의 크기가 커진다. 그런데 공공재의 공급비용은 비배제성이 어느 정도 강한지 와는 무관하다. 예를 들면, 배제가 불가능한 소규모 등대의 공급비용보다 통행료 징수를 통해 배제가 가능한 섬과 육지를 연결하는 대규모 교량의 건설비가 더 많이 들 가능성이 크다.

27 ④　28 ①　29 ④
30 ⑤　31 ③

32 (2023) 세무사

공공재에 관한 설명으로 옳은 것은?

① 비경합성이 강한 공공재일수록 공공재가 주는 사회적 편익의 크기가 더 커진다.

② 현실에서 대부분의 공공재는 시장이 성립되지 못하는 순수공공재이다.

③ 클럽재(club goods)는 배제성 적용이 불가능하다.

④ 모든 공공재는 비배제성과 비경합성을 동시에 충족한다.

⑤ 공공재의 소비자들은 자신의 선호를 정확하게 표출한다.

✎ 비경합성이 강한 공공재일수록 더 많은 사람이 소비할 수 있으므로 사회적 편익의 크기가 커진다. 현실에서 볼 수 있는 도로, 경찰서비스와 같은 공공재는 대부분 비순수공공재이므로 비배제성과 비경합성 중 일부가 제대로 충족되지 않는다. 클럽재는 클럽에 가입하지 않은 사람은 소비할 수 없으므로 배제가 가능하다. 대부분의 공공재 소비자들은 무임승차자가 되려고 하므로 자신의 공공재에 대한 선호를 제대로 표출하지 않는 경우가 많다.

33 (2016) 세무사

다수가 사용하는 공공재의 최적공급이론에 관한 설명으로 옳은 것은?

① 비배제성이 존재할 경우에도 공공재의 정확한 수요를 도출할 수 있다.

② 공공재의 전체 수요곡선은 개별수요곡선을 수평으로 합계한 것이다.

③ 공공재의 최적공급 상황에서는 동일한 소비량에 대하여 상이한 가격을 지불하게 된다.

④ 파레토 효율은 공공재 개별 이용자의 한계편익과 한계비용이 일치할 때 달성된다.

⑤ 공공재의 각 이용자가 부담하는 공공재 가격은 공급에 따르는 한계비용과 일치한다.

✎ 배제가 불가능하다면 사람들은 무임승차자가 되기 위해 자신의 공공재에 대한 진정한 선호를 시현하지 않을 것이므로 공공재의 시장수요곡선을 도출하기 어렵다. 공공재는 소비가 비경합적이므로 시장수요곡선은 개별수요곡선을 수평으로 합하는 것이 아니라 수직으로 합하여 구한다.

공공재의 최적공급량은 모든 개인의 한계편익을 합한 사회적인 한계편익과 한계비용이 일치하는 수준에서 결정된다. 공공재의 최적생산량이 결정되면 각 개인은 한계비용에 해당하는 가격을 지불하는 것이 아니라 자신의 편익에 해당하는 가격을 지불하게 된다. 그러므로 이론적으로 볼 때 모든 개인이 동일한 양의 공공재를 소비하더라도 지불하는 가격은 서로 다르게 결정되어야 한다.

34 (2012) 세무사

비가치재(demerit goods)에 관한 설명으로 옳지 않은 것은?

① 비가치재는 정부에 의해 생산과 소비가 제약될 수 있다.

② 마약의 사용금지 조치는 비가치재에 대한 법적 규제의 예이다.

③ 주류에 대한 중과세는 직접규제의 예이다.

④ 비가치재에 대해서는 정부가 개인의 선호에 간섭하여 소비자주권을 제약한다.

⑤ 죄악세(sin tax) 부과는 가격기구를 활용한 비가치재 대책에 해당한다.

📝 주류에 대해 높은 세율로 조세를 부과하는 것은 가격인상을 통해 간접적인 방법으로 술의 소비를 줄이는 방법이다. 직접규제는 술의 판매를 금지하는 것과 같이 직접적으로 소비를 제한하는 조치를 말한다.

✏️ 죄악세(sin tax)
술, 담배, 도박, 경마 등과 같이 사회에 부정적인 영향을 미치는 것들에 대한 세금을 말한다.

35 2013 세무사

공공재와 무임승차 문제에 관한 설명으로 옳지 않은 것은?

① 공공재에서 무임승차가 발생하는 원인은 비배제성 때문이다.

② 공공재에서 무임승차 가능성은 집단의 크기와는 관련이 없다.

③ 무임승차는 산업에서 생산제한이나 가격인상을 위한 담합의 형성을 어렵게 함으로써 유용한 역할을 하는 경우도 있다.

④ 공공재의 효율적 생산수준은 각 개인의 수요를 수직적으로 합한 수요곡선과 공공재 생산의 한계비용곡선이 만나는 곳에서 결정된다.

⑤ 각 개인의 수요를 수직적으로 합하여 공공재의 수요곡선을 도출하는 이유는 공공재의 비경합성 때문이다.

📝 공공재는 생산만 이루어지면 누구나 소비할 수 있으므로 무임승차 문제가 발생한다. 즉, 무임승차문제가 발생하는 것은 비배제성 때문이다. 일반적으로 집단 구성원 수가 많아지면 무임승차를 하려는 경향이 커진다. 보기 ③은 어떤 산업에서 몇몇 기업들이 담합을 통해 가격을 인상하려고 할 때 일부 기업들이 담합에 참가하지 않고 가격인상에 따른 혜택만 얻고자 한다면 담합이 어려워질 수 있음에 대한 설명이다.

36 2019 세무사

4가구(가~라)가 있는 마을에서 강을 건너기 위한 다리를 건설하기로 합의하였다. (가)는 다리를 건널 필요가 없는 농가이고, (나)는 다리를 이용하여 강 건너 직장에 출퇴근하여 500의 총편익을 얻는다. 다리 이용에 따른 (다)의 총편익은 $400+30M+20M^3$이고 (라)의 총편익은 $300+70M+30M^3$이다. 이때 다리의 총건설비용은 $3,850M+700$이다. 이때 다리의 적정규모 M은?(단, M:다리규모)

① 2 　　　　　② 3 　　　　　③ 4

④ 5 　　　　　⑤ 6

📝 (가)는 다리를 건널 필요가 없으므로 다리를 건설할 때의 한계편익이 0이고, (나)는 다리의 규모에 관계없이 총편익이 500이므로 마찬가지로 한계편익이 0이다. (다)의 총편익함수를 미분하면 한계편익이 $30+60M^2$, (라)의 총편익함수를 미분하면 한계편익이 $70+90M^2$이다.

　이제 각 가구의 한계편익을 모두 합하면 다리 건설에 따른 농가전체의 한계편익 $\sum MB=100+150M^2$이고, 총건설비용을 미분하면 한계비용 $MC=3,850$이다. 이제 $\sum MB=MC$로 두면 $100+150M^2=3,850$, $M^2=25$이므로 $M=5$로 계산된다.

32 ① 　**33** ③ 　**34** ③
35 ② 　**36** ④

37 [2021] 세무사

A, B 두 사람이 공동으로 소비하는 공공재(Z)에 대한 수요함수는 각각 $Z_A = 100 - 20P$, $Z_B = 100 - 10P$이고, 이를 생산하는 데 드는 한계비용이 3일 때, B의 린달가격(부담비율)은? (단, P는 공공재 가격이다.)

① $\frac{2}{5}$ ② $\frac{1}{2}$ ③ $\frac{2}{3}$

④ 1   ⑤ $\frac{5}{3}$

✎ 공공재의 시장수요곡선을 구하려면 개별수요곡선을 수직으로 합해야 한다. 각 개인의 수요곡선을 P에 대해 정리하면 A의 수요곡선은 $P = 5 - \frac{1}{20}Z_A$, B의 수요곡선은 $P = 10 - \frac{1}{10}Z_B$이므로 시장수요곡선은 $P = 15 - \frac{3}{20}Z$로 도출된다. 공공재의 최적생산량을 구하기 위해 $P = MC$로 두면 $15 - \frac{3}{20}Z = 3$, $Z = 80$이다. $Z = 80$을 시장수요곡선에 대입하면 공공재 가격은 3으로 계산된다. 이제 $Z = 80$을 A와 B의 수요곡선에 대입하면 두 사람이 부담해야 할 가격은 각각 1과 2임을 알 수 있다. 공공재 가격 3 중에서 B는 2만큼을 부담해야 하므로 B가 부담해야 할 비율은 $\frac{2}{3}$이다.

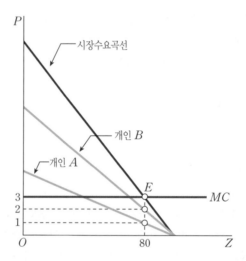

38

어떤 마을에 총 10개 가구가 살고 있다. 각 가구는 가로등에 대해 동일한 수요함수 $p_i = 10 - Q(i = 1, \cdots, 10)$를 가지며, 가로등 하나를 설치하는 데 소요되는 비용은 20이다. 사회적으로 효율적인 가로등 설치에 대한 설명으로 옳지 않은 것은?

① 어느 가구도 단독으로 가로등을 설치하려 하지 않을 것이다.

② 가로등에 대한 총수요는 $P = 100 - 10Q$이다.

③ 이 마을의 사회적으로 효율적인 가로등 수량은 9개이다.

④ 사회적으로 효율적인 가로등 수량을 확보하려면 각 가구는 가로등 1개당 2의 비용을 지불해야 한다.

⑤ 가구수가 증가하는 경우, 사회적으로 효율적인 가로등 수량은 증가한다.

☑ 개별가구의 수요함수가 $P=10-Q$이고, 가구가 10가구이므로 마을전체의 가로등에 대한 수요함수는 $P=100-10Q$이다. 가로등 설치에 따른 한계비용이 20이므로 최적생산량을 구하기 위해 $P=MC$로 두면 $100-10Q=20$, $Q=8$이다. $Q=8$을 개별가구의 수요함수에 대입하면 개별가구가 가로등 1개당 지불해야 하는 가격은 2로 계산된다. 가구 수가 증가하면 시장수요가 증가하므로 최적 가로등의 개수는 증가하게 된다.

개별가구의 수요함수가 $p=10-Q$이므로 $Q=0$일 때 개별가구가 지불하려는 가격이 10이다. 이는 개별가구가 가로등에서 얻는 최대편익이 10임을 의미한다. 만약 어떤 가구가 단독으로 가로등을 설치하려면 자신이 얻는 한계편익보다 큰 20의 비용을 모두 부담해야 하므로 어느 가구도 단독으로 가로등을 설치하려 하지는 않을 것이다.

39 2018 세무사

A와 B 두 사람만이 존재하는 경제에서, 비경합적이고, 배제불가능한 연극공연에 대한 A의 효용함수는 $U_A=100+20D-D^2$이고 B의 효용함수는 $U_B=20+12D-2D^2$으로 주어져 있다. 연극공연의 한계비용이 $MC=2D$라고 할 때 사회적으로 바람직한 최적 연극공연은 몇 회인가?(단, D는 연극공연 횟수이다.)

① 1회 　　　　② 2회 　　　　③ 3회
④ 4회 　　　　⑤ 5회

☑ 두 사람의 효용함수를 D에 대해 미분하면 A의 한계편익 $MB_A=20-2D$, B의 한계편익 $MB_B=12-4D$이다. $D\leq3$인 구간에서는 사회적인 한계편익 $SMB=32-6D$이지만 $D>3$인 구간에서는 개인 B의 한계편익이 0이므로 $SMB=MB_A=20-2D$이다. 그러므로 아래 그림에서 보는 것처럼 공공재의 시장수요곡선이 꺾어진 형태가 된다.

$$\left[\begin{array}{l} D\leq3\text{인 구간}: SMB=32-6D \\ D>3\text{인 구간}: SMB=20-2D \end{array} \right.$$

공공재 공급의 한계비용이 $MC=2D$로 주어지는 경우 $D>3$인 구간에서 공공재의 시장수요곡선과 공급곡선이 교차한다. $D>3$인 영역에서는 공공재의 시장수요곡선 $SMB=20-2D$이므로 $SMB=MC$로 두면 $20-2D=2D$, $D=5$로 계산된다. 그러므로 최적 공연회수는 5회임을 알 수 있다.

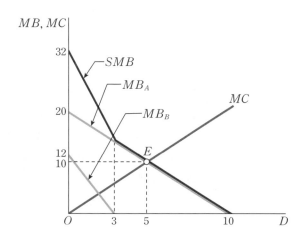

40

어느 도시의 구청에서 지역 주민을 위해 가로등을 새로 설치할 계획이다. 주민의 민원을 수용해 가로등을 5개 설치한다면 최적 수준에 비해 몇 개가 더 많은가?

설치개수	1	2	3	4	5
설치비용	100	200	300	400	500
주민편익	140	270	380	460	500

① 1개   ② 2개   ③ 3개

④ 4개   ⑤ 5개

📝 문제에 주어진 설치비용은 총비용, 주민편익은 총편익을 나타내므로 한계비용과 한계편익을 구하면 아래의 표와 같다. 아래의 표를 보면 3번째 가로등을 설치할 때는 한계편익이 한계비용보다 크나 4번째 가로등을 설치할 때는 한계편익이 한계비용에 미달한다. 그러므로 3개의 가로등을 설치하는 것이 사회적인 최적수준이 된다.

설치개수	1	2	3	4	5
설치비용	100	100	100	100	100
주민편익	140	130	110	80	40

41

공공재에 대한 甲과 乙의 수요함수가 각각 $P_甲=80-Q$, $P_乙=140-Q$이다. 이에 관한 설명으로 옳은 것을 모두 고른 것은? (단, P는 가격, Q는 수량)

ㄱ. $0 \leqq Q \leqq 80$일 때, 공공재의 사회적 한계편익곡선은 $P=220-2Q$이다.

ㄴ. $80 < Q$일 때, 공공재의 사회적 한계편익곡선은 $P=80-Q$이다.

ㄷ. 공공재 생산의 한계비용이 50일 때, 사회적 최적 생산량은 90이다.

ㄹ. 공공재 생산의 한계비용이 70일 때, 사회적 최적 생산량은 70이다.

① ㄱ, ㄴ   ② ㄱ, ㄷ   ③ ㄴ, ㄷ

④ ㄴ, ㄹ   ⑤ ㄷ, ㄹ

📝 공공재 소비에 따른 사회적인 편익을 나타내는 시장수요곡선은 각 개인의 수요곡선을 수직으로 합한 것이므로 각 개인의 수요곡선 식을 P에 대해 정리한 후 더해 주면 된다. 갑의 공공재 수요곡선이 $P=80-Q$, 을의 수요곡선이 $P=140-Q$이므로 시장수요곡선을 식으로 구하면 다음과 같다.

$$\begin{array}{r} 갑의\ 수요곡선 : P=80-Q \\ +)\ 을의\ 수요곡선 : P=140-Q \\ \hline 시장수요곡선 : P=220-2Q \end{array}$$

　　이제 그림을 통해 시장수요곡선을 도출해 보자. 아래 그림에서 보는 것처럼 공공재 가격이 0일 때 갑의 수요량이 80이므로 80단위를 넘는 공공재 수요는 모두 을의 수요이다. 갑의 최대공공재 수요량이 80이므로 두 사람의 공공재 수요곡선을 수직으로 합한 시장수요곡선은 E점에서 꺾어지는 형태가 된다.

　　80단위를 넘는 공공재 수요는 모두 을의 수요이므로 위에서 구한 공공재의 시장수요곡선 식은 공공재 수요량이 80단위일 때까지만 해당되며, 공공재 수요량이 80단위를 넘을 때는 을의 수요곡선이 시장수요곡선이 된다. 그러므로 정확히 나타내면 공공재의 시장수요곡선 식은 다음과 같이 된다.

$$\begin{cases} Q\leq 80일\ 때:P=220-2Q \\ Q\geq 80일\ 때:P=140-Q \end{cases}$$

　　공공재 생산의 한계비용이 70일 때는 G점에서 시장수요곡선과 한계비용곡선이 교차한다. G점에서는 시장수요곡선이 $P=220-2Q$이므로 최적생산량을 구하기 위해 $P=MC$로 두면 $220-2Q=70$, $Q=75$로 계산된다. 한편, 공공재 생산의 한계비용이 50일 때는 F점에서 시장수요곡선과 한계비용곡선이 교차한다. 이 구간에서는 공공재 수요곡선이 $P=140-Q$이므로 $P=MC$로 두면 $140-Q=50$, $Q=90$이다. 즉, 공공재 생산의 한계비용이 70일 때는 최적생산량이 75단위이고, 한계비용이 50일 때는 최적생산량이 90단위임을 알 수 있다.

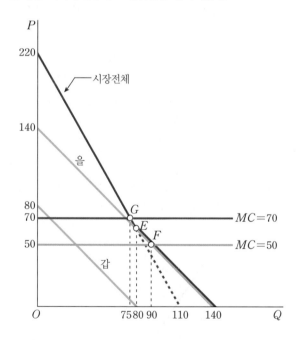

42 2023 세무사

작은 섬나라 "율도국"에는 해안과 내륙지역에 각각 6명, 4명의 주민이 거주하고 있는데, 정부는 지진해일(Tsunami) 경보서비스를 제공하고 있다. 해안지역 주민의 개별수요함수는 $Q=100-\dfrac{1}{2}P$, 내륙지역 주민의 개별수요함수는 $Q=50-\dfrac{1}{3}P$로 표현된다. 경보서비스의 한계비용이 840일 때, 사회적으로 바람직한 경보서비스 수준과 해안과 내륙지역 주민 1명이 각각 부담해야 할 몫은? (단, Q는 경보서비스 수준, P는 주민 부담 몫이다.)

① 경보서비스 수준은 40, 해안지역 주민은 120, 내륙지역 주민은 30

② 경보서비스 수준은 40, 해안지역 주민은 126, 내륙지역 주민은 42

③ 경보서비스 수준은 40, 해안지역 주민은 140, 내륙지역 주민은 0

④ 경보서비스 수준은 50, 해안지역 주민은 60, 내륙지역 주민은 40

⑤ 경보서비스 수준은 50, 해안지역 주민은 126, 내륙지역 주민은 42

해안지역 주민의 개별수요함수가 $P=200-2Q$이고 주민 수가 6명이므로 해안지역의 수요함수는 $P=1,200-12Q$이고, 내륙지역 주민의 개별수요함수가 $P=150-3Q$이고 주민 수가 4명이므로 내륙지역의 수요함수는 $P=600-12Q$이다. $Q\le 50$일 때는 두 지역의 수요함수를 수직으로 합하면 시장수요함수가 $P=1,800-24Q$이고, $Q\ge 50$일 때는 해안지역에서만 수요가 있으므로 시장수요함수가 $P=1,200-12Q$이다.

$$\begin{array}{l} Q\le 50일\ 때의\ 시장수요함수 : P=1,800-24Q \\ Q\ge 50일\ 때의\ 시장수요함수 : P=1,200-12Q \end{array}$$

한계비용이 840일 때 시장수요곡선 $P=1,800-24Q$와 한계비용곡선이 교차하므로 $P=MC$로 두면 $1,800-24Q=840$, $Q=40$으로 계산된다.

각 지역의 주민 1명이 부담해야 할 가격을 계산하려면 $Q=40$을 개별주민의 수요함수에 대입해야 한다. $Q=40$을 해안지역 주민의 개별수요함수에 대입하면 $P=120$으로 계산되고, $Q=40$을 내륙지역 주민의 개별수요함수에 대입하면 $P=30$으로 계산된다. 그러므로 해안지역 주민 한 명이 부담해야 하는 금액은 120, 내륙지역 주민 한 명이 부담해야 할 금액은 30임을 알 수 있다.

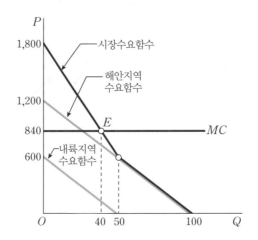

43 `2021` 공인회계사

어느 경제에 두 사람 1, 2가 있다. 공공재 G로부터 사람 i가 얻는 한계편익(MB_i)은 다음과 같다.

$$MB_1(G) = \begin{cases} 50-G, & G \leq 50인\ 경우 \\ 0, & G > 50인\ 경우 \end{cases}$$

$$MB_2(G) = \begin{cases} 50-\frac{1}{2}G, & G \leq 100인\ 경우 \\ 0, & G > 100인\ 경우 \end{cases}$$

공공재 생산의 한계비용은 20이다. 최적 수준의 공공재가 공급될 때 사람 1이 얻는 총편익은?

① 0   ② 1,000   ③ 1,250

④ 1,875   ⑤ 3,125

☞ 두 사람의 공공재 소비에 따른 사회적인 한계편익을 합하면 공공재 소비에 따른 사회적인 한계편익을 구할 수 있다.

$$\begin{aligned} & 개인\ 1의\ 한계편익 : MB_1 = 50-G \\ + & \underline{\ 개인\ 2의\ 한계편익 : MB_2 = 50-\frac{1}{2}G\ } \\ & 사회적인\ 한계편익 : SMB = 100-\frac{3}{2}G \end{aligned}$$

여기서 주의할 점은 개인 1의 경우에는 공공재 소비량이 50단위를 넘어서면 한계편익이 0이므로 $G > 50$인 구간에서는 개인 2의 한계편익이 사회적인 한계편익곡선이 된다. 아래 그림에서 보는 것처럼 $G \leq 50$인 구간에서는 $SMB = 100-\frac{3}{2}G$이고, $G > 50$일 때는 $SMB = 50-\frac{1}{2}G$이다. 공공재 생산의 한계비용이 20이므로 공공재의 최적생산량은 $SMB = MC$로 두면 $50-\frac{1}{2}G = 20$, $G = 60$으로 계산된다. $G = 60$일 때 개인 1의 한계편익은 0이므로 개인 1은 가격을 지불할 필요가 없고, 개인 2가 20의 가격을 지불하는 것이 최적이 된다.

개인 1은 가격은 지불하지 않지만 한계편익이 0이 되는 수준인 50단위의 공공재를 소비할 것이므로 개인 1이 공공재 소비로부터 얻는 총편익은 개인 1의 한계편익곡선 하방의 면적인 $1,250\left(=\frac{1}{2} \times 50 \times 50\right)$으로 계산된다.

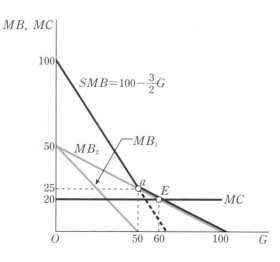

44 2020 세무사

린달모형(Lindahl model)에 관한 설명으로 옳은 것은?

① 공공재에 관한 진정한 선호를 표출하기 때문에 무임승차의 문제가 생기지 않는다.

② 자발적 교환을 통한 공공재의 공급문제를 다루고 있다.

③ 린달모형은 개인 간 갈등해소를 위해 정부가 적극적으로 개입해야 함을 시사한다.

④ 개별 소비자의 공공재 비용 분담 비율은 소비자의 소득에 의해서 결정된다.

⑤ 린달모형에서는 파레토 최적이 달성되지 않는다.

✐ 린달모형에 의하면 각 개인들이 공공재에 대한 진정한 선호를 시현하면 자발적인 합의를 통해 공공재의 적정공급 수준 및 각 개인의 비용부담비율이 결정된다. 따라서 개인 간 갈등조정을 위한 정부의 개입은 필요하지 않다. 이 모형에서 각 개인의 비용부담비율은 각 개인의 소득이 아니라 공공재에 대한 선호에 의해 결정된다. 린달균형에서는 사회적인 최적수준의 공공재가 공급되므로 파레토 효율성 조건이 충족된다.

　　린달모형에서는 각 개인이 진정한 선호를 표출하는 것으로 가정하고 있으나 현실에서 이를 기대하기는 어렵다. 만약 개인들이 무임승차자가 되기 위해 진정한 선호를 표명하지 않는다면 자발적 합의를 통해 적정수준의 공공재 공급이 이루어질 수 없다.

45 2010 세무사

두 사람 A와 B가 사용하는 공공재의 한계편익과 한계비용이 다음과 같을 때 B의 린달가격(부담비율)은?

공공재 단위	1	2	3	4	5
한계편익 A	22	15	10	4	2
한계편익 B	18	15	10	8	6
한계비용	8	9	10	12	15

① $\dfrac{5}{3}$　　　　　　　② 1　　　　　　　③ $\dfrac{2}{3}$

④ $\dfrac{1}{2}$　　　　　　　⑤ $\dfrac{2}{5}$

✐ 4단위의 공공재가 공급될 때 개인 A와 B의 한계편익을 합한 사회전체의 한계편익이 공공재 공급에 따른 한계비용과 일치하므로 공공재의 최적공급량은 4단위이다. 린달가격이란 각 개인의 한계편익과 일치하는 가격을 의미하므로 개인 A는 4, 개인 B는 8의 가격을 지불해야 한다. 그러므로 개인 A의 부담비율은 $\dfrac{1}{3}\left(=\dfrac{4}{12}\right)$, 개인 B의 부담비율은 $\dfrac{2}{3}\left(=\dfrac{8}{12}\right)$이다.

46 2018 세무사

갑과 을 두 사람만 존재하는 경제에서 공공재 생산의 단위비용은 생산수준과 관계없이 1이다. 갑의 공공재 수요함수는 $3-\frac{1}{3}G_a$이고, 을의 공공재 수요함수는 $4-\frac{1}{2}G_b$이다. 린달균형(Lindahl equilibrium)에 의해 적정공공재를 생산할 때, 갑과 을의 비용분담 비율은? (단, G_a, G_b는 각각 갑과 을의 공공재 수요량이다.)

① 갑 : 0.2, 을 : 0.8　　② 갑 : 0.4, 을 : 0.6　　③ 갑 : 0.5, 을 : 0.5

④ 갑 : 0.6, 을 : 0.4　　⑤ 갑 : 0.8, 을 : 0.2

☑ 갑의 공공재 수요함수가 $P_a=3-\frac{1}{3}G_a$, 을의 공공재 수요함수가 $P_b=4-\frac{1}{2}G_b$이므로 이 둘을 합한 공공재의 시장수요곡선은 $P=7-\frac{5}{6}G$이다. 공공재 생산의 한계비용이 1이므로 최적생산량을 구하기 위해 $P=MC$로 두면 $7-\frac{5}{6}G=1$, $\frac{5}{6}G=6$, $G=\frac{36}{5}$이다. $G=\frac{36}{5}$을 갑의 공공재 수요함수에 대입하면 $P_A=0.6$, 을의 수요함수에 대입하면 $P_B=0.4$로 계산된다.

47

공공재의 공급에 관한 설명으로 옳지 않은 것은?

① 부분균형분석에 의하면, 소비자들의 한계편익의 합과 한계비용이 일치할 때 효율적인 공급이 이루어진다.

② 보웬(H. Bowen)에 따르면, 개별적이고 자발적인 교섭에 의해 공공재의 적정공급이 실현된다.

③ 린달(E. Lindahl)은 시장의 분권화된 의사결정으로는 효율적인 자원배분이 달성될 수 없음을 보였다.

④ 클라크-그로브스(Clarke-Groves)조세를 부과할 경우, 우월전략은 공공재 소비자가 자신의 진정한 선호를 표출하는 것이다.

⑤ 사무엘슨(P. Samuelson)은 모든 소비자들의 공공재와 사적재간 한계대체율의 합이 두 재화의 한계변환율과 일치하는 것이 효율적인 공공재 공급의 필요조건이라고 하였다.

☑ 린달의 자발적 교환모형에 의하면 각 개인들이 공공재에 대한 선호를 자발적으로 표명하면 공공재의 최적공급이 이루어진다. 즉, 분권화된 의사결정으로 효율적인 자원배분이 이루어질 수 있다.

48 2014 세무사

사무엘슨(P.A. Samuelson)의 공공재 공급모형에 관한 설명으로 옳지 않은 것은?

① 후생경제학적 입장에서 공공재 최적 공급조건을 처음으로 제시하였다.

② 사회구성원의 공공재에 대한 선호가 모두 알려져 있다고 가정한다.

③ 순수공공재뿐만 아니라 비순수공공재를 포함한 공공재 공급모형이다.

④ 사회구성원의 소득분배가 주어진 상태에서 공공재의 최적 자원배분모형을 제시하였다.

⑤ 공공재(G)와 사적재(X)에 관한 각 소비자의 한계대체율(MRS_{GX}) 합이 한계변환율(MRT_{GX})과 같아야 한다.

📝 사무엘슨의 공공재 공급모형은 사회구성원의 선호와 소득분배가 주어진 상태에서 순수공공재의 최적공급조건을 설명하는 모형으로 비순수공공재와는 관련이 없다.

49

두 명의 소비자 A, B와 사용재 X, 공공재 Z가 존재하는 경제가 있다. 이 경제에서 공공재 1단위는 사용재 1단위를 투입하여 생산할 수 있다고 하자. 소비자 A와 B의 효용함수는 각각 다음과 같다고 하자.

$$U^A = X + 2Z - \frac{1}{2}Z^2$$

$$U^B = X + 2Z - \frac{1}{6}Z^2$$

공공재의 효율적인 공급수준은 얼마인가?

① 1　　　　　　　② $\frac{9}{4}$　　　　　　　③ $\frac{3}{2}$

④ 9　　　　　　　⑤ 3

📝 개인 A의 한계대체율 $MRS_{ZX}^A = \dfrac{MU_Z^A}{MU_X^A} = \dfrac{2-Z}{1} = 2-Z$이고, 개인 B의 한계대체율 $MRS_{ZX}^B = \dfrac{MU_Z^B}{MU_X^B} = \dfrac{2-\frac{1}{3}Z}{1} = 2 - \frac{1}{3}Z$이므로 $\sum MRS_{ZX} = 4 - \dfrac{4}{3}Z$이다. 한편 사용재 1단위를 투입하면 공공재 1단위를 생산할 수 있으므로 $MRT_{ZX} = \dfrac{MC_Z}{MC_X} = 1$이다. 공공재의 최적공급조건이 $\sum MRS_{ZX} = MRT_{ZX}$이므로 $\sum MRS_{ZX} = MRT_{ZX}$로 두면 $4 - \dfrac{4}{3}Z = 1$, $\dfrac{4}{3}Z = 3$, $Z = \dfrac{9}{4}$로 계산된다.

50

어떤 지역에 60명의 주민이 살고 있으며, 각 개인의 효용함수는 $U = 2x + 5z - \frac{1}{3}z^2$로 동일하다. 사용재 10단위를 투입하면 언제나 공공재 1단위를 생산할 수 있다면 이 지역에서의 효율적인 공공재의 공급수준은?(단, x는 사용재, z는 공공재를 나타낸다).

① 3단위   ② 5단위   ③ 7단위

④ 10단위   ⑤ 12단위

📝 각 개인의 한계대체율을 구해보면 $MRS_{ZX} = \frac{MU_Z}{MU_X} = \frac{5 - \frac{2}{3}z}{2} = \frac{5}{2} - \frac{1}{3}z$이므로 $\sum MRS = 150 - 20z$이다. 한편, 사용재 10단위를 투입하면 공공재 1단위를 생산할 수 있으므로 $MRT = 10$이다. 이제 $\sum MRS = MRT$로 두면 $150 - 20z = 10$, $z = 7$로 계산된다.

51

어느 경제의 생산가능곡선이 $G + 2X = 100$이고, 이 경제를 구성하고 있는 개인 A의 효용함수가 $U_A = GX_A$, 개인 B의 효용함수가 $U_B = 2GX_B$로 주어져 있다면 효율적인 공공재의 공급량은 몇 단위인가? (단, G는 공공재, X는 사용재를 나타낸다.)

① 20   ② 30   ③ 40

④ 50   ⑤ 60

📝 효율적인 공공재의 공급조건은 $\sum MRS_{GX} = MRT_{GX}$이다. 먼저 두 사람의 한계대체율을 계산하면 각각 다음과 같다.

$$\begin{cases} \text{개인 } A \text{의 한계대체율}: MRS_{GX}^A = \left(\frac{MU_G}{MU_X}\right)^A = \frac{X_A}{G} \\ \text{개인 } B \text{의 한계대체율}: MRS_{GX}^B = \left(\frac{MU_G}{MU_X}\right)^B = \frac{2X_B}{2G} = \frac{X_B}{G} \end{cases}$$

두 사람의 한계대체율을 합하면 $\sum MRS_{GX} = \frac{X_A + X_B}{G} = \frac{X}{G}$이고, 한계변환율은 생산가능곡선 기울기이므로 $MRT_{GX} = -\frac{\Delta X}{\Delta G} = \frac{1}{2}$이다. 이제 $\sum MRS_{GX} = MRT_{GX}$로 두면 $\frac{X}{G} = \frac{1}{2}$, $G = 2X$이다. 이를 생산가능곡선 식 $G + 2X = 100$에 대입하면 $G = 50$, $X = 25$로 계산된다.

52 2015 세무사

클라크 조세에 관한 설명으로 옳지 않은 것은?

① 개인들이 공공재에 대한 선호를 자발적으로 나타내도록 유인하는 수요표출 메커니즘의 일종이다.

② 공공재가 과다 공급되는 것을 방지하기 위한 수단이다.

③ 한 개인에게 부과되는 조세의 크기는 그가 시현한 수요와는 무관하게 결정된다.

④ 한 개인에게 부과되는 조세의 크기는 그의 공공재 추가소비가 다른 모든 사람들에게 미치는 소비자잉여의 순손실과 동일하다.

⑤ 클라크 조세 제도 하에서는 자신의 진정한 선호를 표출하는 것이 최선의 전략이다.

📝 클라크 조세는 공공재가 과다공급되는 것을 방지하기 위한 것이 아니라 공공재가 과소공급되는 것을 방지하기 위한 수단으로 고안된 수요표출 메커니즘의 일종이다.

✏️ 클라크 조세

$$T_i = cz^* - \sum_{j \neq i} V_j(z^*)$$

개인 i가   총생산   개인 i를
납부할   비용   제외한 다른
조세   사람들의
             편익의 합

53 2019 세무사

공공재의 수요표출 메커니즘에 관한 설명으로 옳은 것을 모두 고른 것은?

> ㄱ. 수요표출 메커니즘의 궁극적 목적은 파레토 효율적 자원배분을 실현하기 위함이다.
> ㄴ. 클라크 조세(Clarke tax)의 핵심은 개인이 부담할 세금의 크기와 표출한 선호간 독립성을 확보하는 것이다.
> ㄷ. 클라크 조세에서 개인은 자신의 진정한 선호를 표출하는 것이 우월전략이다.
> ㄹ. 클라크 조세에서 어떤 소비자가 부담할 세금은 자신이 표출한 선호가 아니라 다른 소비자들이 표출한 선호에 의해 결정된다.

① ㄱ, ㄷ　　　　　② ㄴ, ㄷ　　　　　③ ㄱ, ㄴ, ㄹ
④ ㄱ, ㄷ, ㄹ　　　　⑤ ㄱ, ㄴ, ㄷ, ㄹ

📝 수요표출 메커니즘의 목적은 각 개인들이 공공재에 대한 진정한 선호를 표명하도록 유도하여 공공재가 사회적인 최적수준까지 공급되도록 하기 위해서이다. 클라크 조세에서는 각 개인이 선호를 왜곡하면 오히려 손해를 보기 때문에 진정한 선호를 표명하는 것이 우월전략이 된다. 각 개인이 부담할 클라크 조세의 크기는 자신이 표출한 선호와는 아무런 관계가 없고 다른 소비자들이 표출한 선호에 의해서만 결정된다. 그러므로 각 개인이 부담할 세금의 크기와 자신이 표출한 선호와는 독립적으로 결정된다.

✏️ 수요표출 메커니즘

개인들이 자신의 공공재에 대한 선호를 과장하거나 과소하게 시현하는 경우 손해를 보게 함으로써 개인들의 진정한 선호시현을 유도하는 장치이다.

54

3인으로 이루어진 상황에서 공공재 공급을 위한 재원분담을 가정하자. 공공재가 25단위 공급될 때, A, B, C 3인의 편익은 각각 40, 50, 30이라고 한다. 이 공공재의 단위당 공급비용은 4라고 한다. 재원분담 방식이 클라크(Clarke) 세제를 따른다고 할 때, A, B, C가 분담해야 할 액수는 얼마인가?

	A의 분담금	B의 분담금	C의 분담금
①	$\dfrac{100}{3}$	$\dfrac{100}{3}$	$\dfrac{100}{3}$
②	$\dfrac{40}{100}$	$\dfrac{50}{100}$	$\dfrac{30}{100}$
③	40	50	30
④	20	30	10
⑤	60	50	70

📝 공공재가 25단위 공급될 때 사회전체의 총편익은 세 사람의 편익을 합한 120이고, 단위당 공급비용이 4원이므로 총비용은 100이다. 각 개인이 부담해야할 클라크 조세는 총비용에서 자신의 편익을 제외한 나머지 사람들의 편익을 뺀 값으로 결정된다. 그러므로 세 사람이 부담해야 할 액수는 각각 다음과 같다.

$$\begin{cases} A\text{가 부담해야 할 금액} = 100 - (50+30) = 20 \\ B\text{가 부담해야 할 금액} = 100 - (40+30) = 30 \\ C\text{가 부담해야 할 금액} = 100 - (40+50) = 10 \end{cases}$$

55

다음은 클럽재(club)에 대한 설명이다. 가장 적절하지 않은 것은?

① 클럽재는 어느 정도의 경합성을 가지고 있다.

② 클럽재 이용에 있어 배제가 가능하다.

③ 최적회원수는 입회비와 각 개인의 한계혼잡비용이 같아지는 수준에서 결정된다.

④ 이용자 수가 어느 수준을 넘어서면 혼잡의 문제가 발생한다.

⑤ 클럽규모가 커질수록 적정 회원의 수가 증가한다.

📝 최적회원수는 입회비와 각 개인이 아니라 기존이용자 전체의 한계혼잡비용이 같아지는 수준에서 결정된다.

✎ 클럽재(club goods)
배제가 가능하면서 소비자 수가 일정 수준을 넘어서면 혼잡이 발생하는 수영장, 공연장 등을 말한다.

56 2014 세무사

공공재에 관한 설명으로 옳은 것은?

① 국가가 제공하는 의료서비스나 주택서비스는 공공재이다.

② 공공재도 배제가 가능하면 민간에 의해 공급이 가능하다.

③ 클럽재는 혼합재(congestion goods)의 일종으로 파레토 효율조건은 회원 수와 적정시설 규모 중의 하나만 반영해야 한다.

④ 부캐넌(Buchanan)의 클럽 이론은 클럽을 구성하는 모든 소비자의 재화에 대한 이용행태가 모두 상이하다는 것을 전제로 한다.

⑤ 클라크세(Clarke tax)는 공공재 수요자의 진정한 선호를 이끌어내기 위한 제도로서 균형재정을 보장한다.

✍ 어떤 재화가 공공재인지 혹은 사용재인지의 여부는 그 재화의 공급주체에 의해 결정되는 것이 아니라 그 재화의 특성에 의해 결정된다. 의료서비스나 주택서비스는 소비가 경합적이고 배제가 가능하므로 정부가 공급하더라도 공공재가 아니라 사용재이다.

공공재도 배제가 가능하다면 사용료 징수를 통해 공급비용을 충당할 수 있기 때문에 민간에 의해 공급이 이루어질 수도 있다. 클라크조세는 각 개인이 공공재에 대한 진정한 선호를 표명하도록 하는 유인제도이나 클라크조세를 통해 조달된 금액이 공공재 생산비용과 일치한다는 보장이 없다. 즉, 균형재정이 보장되지 않는다는 단점이 있다.

부캐넌의 클럽이론에서는 클럽에 가입한 개인들의 선호가 모두 동질적이므로 정체공공재에 대한 이용행태가 동일하다고 가정한다. 클럽재 모형에서는 파레토 효율적인 정체공공재의 공급규모와 최적회원수가 동시에 결정된다.

57

정체공공재의 공급이 최적수준으로 이루어지고 있을 때 각 개인이 지불하는 금액은?

① 한계정체비용을 인원수로 나눈 금액

② 1인당 총편익이 극대화되는 금액

③ 한계정체비용이 극소가 되는 금액

④ 한계정체비용에 인원수를 곱한 금액

⑤ 공공재 공급의 총비용이 극소가 되는 금액

✍ 정체공공재의 최적공급은 이용자 1명이 증가할 때 기존이용자가 얻는 편익(비용의 절감분)과 이용자 1명이 증가할 때 기존이용자 전체가 부담하는 한계정체비용이 일치하는 수준에서 결정되므로 최적공급조건은 다음과 같이 표시된다.

$$(-MB) \cdot N = \frac{C}{N}$$

위의 식에서 1인당 부담해야 하는 금액$\left(\dfrac{C}{N}\right)$은 한계정체비용$(-MB)$에 인원수$(N)$를 곱한 금액임을 알 수 있다.

제5장 / 공공선택이론

58

최적다수(optimal majority) 결정에 관련된 다음의 설명 중 옳지 않은 것은?

① 외부비용은 투표의 안건에 대해 찬성자가 많을수록 적게 된다.

② 의사결정비용은 전원일치 상태에서의 효용에서 실제효용을 뺀 부분이다.

③ 더 많은 사람들이 찬성하게 만들수록 의사결정비용은 더 많이 든다.

④ 외부비용과 의사결정비용의 합이 최소가 되는 찬성자의 수가 최적다수이다.

⑤ 중요한 안건일수록 총비용의 최소점이 더 높아질 것이다.

📝 최적다수결제도란 투표를 통하여 의사결정을 내릴 때 발생하는 비용인 의사결정비용과 외부비용의 합이 극소화되는 찬성비율을 넘어설 때 의안이 통과되는 제도를 의미한다. 의사결정비용(decision-making cost)은 투표자들의 동의를 확보하는데 소요되는 시간과 노력에 따른 비용으로, 의안통과에 필요한 찬성표의 비율이 높을수록 의사결정비용은 증가하게 된다.

　외부비용(external cost)이란 어떤 의안이 통과됨에 따라 의안통과에 반대하였던 사람들의 효용감소분을 의미한다. 외부비용은 의안통과에 필요한 찬성표의 비율이 높을수록 낮아진다. 예를 들어, 만장일치제도하에서 어떤 결정이 내려진다면 모든 사람의 효용이 증가할 것이므로 외부비용은 0이 될 것이다.

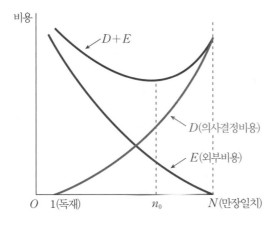

✏️ 중요한 안건일수록 그 안건이 통과되었을 때 반대했던 사람들의 효율상실분이 클 것이므로 외부비용이 커진다. → 최적찬성율이 높아진다.

59

투표제도에 관한 다음 설명 중 옳지 않은 것은?

① 전원합의제하에서 어떤 결정이 내려진다면 그 결과는 파레토 효율적이다.

② 최적다수결제에서 정보통신의 발달로 인하여 의사결정비용이 낮아지면 의사결정에 필요한 정족수가 줄어든다.

③ 과반수제의 경우 다수의 횡포와 투표의 역설이라는 문제가 발생할 수 있다.

④ 점수투표제는 다른 의사결정과정과 달리 선호강도를 반영할 수 있다는 특징을 가지고 있다.

⑤ 최적다수결제에서 중요한 사안일수록 의사결정에 있어서 최적찬성비율은 상승한다.

📝 찬성비율이 높아질수록 의사결정과 관련해서 소요되는 비용인 의사결정비용은 높아지고, 반대한 사람이 느끼는 피해인 외부비용은 낮아진다. 최적다수결제도(optimal majority)란 의사결정비용과 외부비용을 합한 총비용이 극소화되는 점에서의 찬성비율을 넘어서는 경우에 의안이 통과된 것으로 보는 제도를 말한다.

　만약 사회구성원 모두에게 있어서 매우 중요한 안건이라면 그 안건이 통과될 때 반대하였던 사람 들의 피해인 외부비용이 매우 클 것이므로 최적찬성비율은 아주 높은 수준에서 결정될 것이다. 그리고 정보통신기술의 발달로 의사결정비용이 매우 낮아졌다면 찬성비율이 더 높아져야 사회적인 총비용(＝의사결정비용＋외부비용)이 극소화될 것이다. 즉, 의사결정비용이 낮아진다면 최적찬성비율은 높아지게 된다. 극단적으로 의사결정비용이 0이라면 만장일치일 때 외부비용이 0이므로 만장일치제도가 최적다수결제도가 될 것이다. 각 투표제도의 장·단점을 요약하면 다음과 같다.

각 투표제도의 장·단점

투표제도	장점	문제점
만장일치제	① 어떤 대안이 선택되면 항상 파레토개선이 이루어짐 ② 소수의 의사를 보호하는 것이 가능	① 모든 구성원을 만족시키는 대안을 찾기 어려움 ② 현재상태가 다른 대안에 비하여 매우 우위에 놓이게 됨 ③ 많은 의사결정비용의 소요
다수결투표제	① 민주주의 정치체제와 부합 ② 현실에서 가장 많이 채택되고 있음	① 다수의 횡포가 발생할 가능성 ② 투표자의 선호강도가 반영되지 않음 ③ 투표의 역설이 발생할 가능성이 있음 　(이행성이 충족되지 않음) ④ 최소비용이 보장되지 않음
점수투표제	① 투표자의 선호강도가 반영 ② 투표의 역설이 발생하지 않음	① 투표자들의 전략적 행동 유발 ② 개인의 선호를 기수적으로 표현

60 `2017` 세무사

A시 의회에서는 의사결정방식으로 최적다수결제(optimal majority) 모형을 사용하기로 하였다. 가결률 $n(0 \leq n \leq 1)$에 따른 의사결정비용과 의안통과로 인해 자신들이 손해를 본다고 느끼는 사람들에게서 발생하는 외부비용이 다음과 같다. 이 때 최적 가결률은?

> 의사결정비용 $= 10n^2 + 10$
> 외부비용 $= -6n^2 - 2n + 5$

① $\dfrac{1}{3}$　　　　② $\dfrac{1}{4}$　　　　③ $\dfrac{1}{5}$

④ $\dfrac{1}{6}$　　　　⑤ 1

☑ 의사결정비용과 외부비용을 합하면 투표제도 운영에 다른 총비용 $C = (10n^2 + 10) + (-6n^2 - 2n + 5) = 4n^2 - 2n + 5$이다. 투표제도 운영에 따른 총비용이 극소가 되는 가결율을 구하기 위해 n에 대해 미분한 뒤 0으로 두면 $\dfrac{dC}{dn} = 8n - 2 = 0$이므로 $n = \dfrac{1}{4}$이다.

61

보다투표제에 대한 설명으로 옳지 않은 것은?

① 선호의 강도를 점수투표제보다 더 명확하게 표현할 수 있다.

② 다수결투표제도보다 투표자들의 전략적인 행동에 더 취약하다.

③ 순서에 의해서 선호의 강도를 표시하는 투표방법을 말한다.

④ 사회선호가 이행성을 충족하지 않는 현상인 투표의 역설이 발생하지 않는다.

⑤ 애로우가 제시한 조건 중 무관한 선택대상으로부터의 독립성을 위배한다.

☑ 보다투표제(Borda count)란 n개의 대안이 있을 때 각 대안을 가장 선호하는 순서부터 나열하고, 가장 선호하는 대안에 대해서는 n점, 그 다음으로 선호하는 대안에 대해서는 $(n-1)$점의 순서로 점수를 부여하고 가장 싫어하는 대안에 대해서는 1점을 부여하는 투표방식을 말한다. 보다투표제는 순서에 의하여 선호의 강도를 나타내는 방식이므로 "순위투표제"라고 할 수 있다.

　　점수투표제에서는 부여된 점수를 자신의 선호강도에 따라 각 대안에 자유롭게 배분할 수 있는 반면에, 보다방식에서는 순서에 의해서만 선호를 나타낼 수 있으므로 점수투표제보다는 선호강도를 제대로 나타내기 어렵다. 그리고 점수투표제와 마찬가지로 전략적인 행동에 취약하며, "무관한 선택대상으로부터의 독립성"을 위배하는 문제점이 있다. 이 방식하에서는 각 대안이 획득한 점수를 합하여 순위를 정하므로 사회선호가 이행성을 충족한다(즉, 투표의 역설이 발생하지 않는다).

62 2023 세무사

9명의 투표자 중 A 유형은 4명, B 유형은 3명, C 유형은 2명이며, 이들은 네 개의 대안 a, b, c, d를 놓고 선택하고자 한다. 각 유형의 대안에 대한 선호는 다음과 같다고 하자. 보다(Borda)투표제를 실시한다면, 어느 대안이 선택되겠는가? (단, 선호 조작은 없다고 가정한다.)

$$A[4명] : a>b>c>d$$
$$B[3명] : b>d>a>c$$
$$C[2명] : c>d>b>a$$

① a ② b ③ c

④ d ⑤ 투표 결과를 특정할 수 없다.

✎ 각 투표자가 가장 선호하는 대안부터 순서대로 4, 3, 2, 1의 점수를 부여할 경우 각 대안이 얻는 점수는 아래의 표와 같다. 그러므로 보다투표제 하에서는 대안 b가 선택된다.

	A유형(4명)	B유형(3명)	C유형(2명)	합계
a	$4 \times 4 = 16$	$2 \times 3 = 6$	$1 \times 2 = 2$	24
b	$3 \times 4 = 12$	$4 \times 3 = 12$	$2 \times 2 = 4$	28
c	$2 \times 4 = 8$	$1 \times 3 = 3$	$4 \times 2 = 8$	19
d	$1 \times 4 = 4$	$3 \times 3 = 9$	$3 \times 2 = 6$	19

63

정책대안 X, Y, Z에 대한 개인 A, B, C의 선호가 아래의 표와 같이 주어져 있으며, 투표를 통하여 3가지 대안 중에 한 가지를 선택한다고 하자. 이에 대한 설명으로 옳은 것은?

투표자	선호순위
A	$X>Y>Z$
B	$Y>Z>X$
C	$Z>Y>X$

① 다수결투표로 의사결정을 할 경우 투표의 역설이 발생한다.

② 보다투표제로 의사결정을 내린다면 대안 Z가 채택된다.

③ 보다투표제를 이용하건, 다수결 투표제도로 의사결정을 내리건 그 결과는 동일하다.

④ 다수결투표로 의사결정을 내린다면 대안 X가 채택된다.

⑤ 다수결투표를 실시할 경우 의사진행조작이 발생할 수 있다.

📝 문제에서 주어진 투표자들의 선호는 모두 단봉형이므로 투표의 역설이 발생하지 않으며, 투표결과는 항상 안정적이다. 즉, 아래의 도표에서 보는 바와 같이 의사진행방법과 관계없이 항상 대안 Y가 선택된다. 그리고 아래의 표에서 보는 바와 같이 보다투표제하에서도 대안 Y가 가장 높은 점수를 얻기 때문에 대안 Y가 선택된다.

투표자	대안		
	X	Y	Z
A	3	2	1
B	1	3	2
C	1	2	3
합계	5	7	6

64 2017 세무사

단순다수결 투표제를 통해 공교육에 대한 투자지출 규모를 결정하려고 한다. 3명의 투표자 A, B, C의 선호가 각각 다음과 같이 주어졌을 때, 옳지 않은 것은? (단, 3가지 안에 대한 지출 규모는 $x < y < z$ 이다.)

	A	B	C
1순위	x	y	z
2순위	y	z	x
3순위	z	x	y

① 이행성 조건이 충족되지 못한다.
② 투표의 역설이 발생한다.
③ 중위투표자 정리가 성립한다.
④ 꽁도세(Condorcet) 투표방식을 따를 때 대진 순서에 따라 승자가 달라진다.
⑤ 의사진행조작(manipulation)이 발생할 수 있다.

📝 세 가지 대안을 놓고 투표를 하면 개인 A는 x, 개인 B는 y, 개인 C는 z에 투표할 것이므로 각 대안이 한 표씩만 얻으므로 어떤 대안도 선택되지 않는다. 이제 둘씩 짝지워서 투표하는 꽁도세 방식을 사용해 보자. x와 y를 놓고 투표하면 개인 A와 C가 x, 개인 B가 y에 투표하므로 x가 선택된다. y와 z를 놓고 투표하면 개인 A와 B가 y, 개인 C가 z에 투표하므로 y가 선택된다. 그런데 x와 z를 놓고 투표하면 개인 A는 x에 투표하나 개인 B와 C가 z에 투표할 것이므로 z가 선택되어 투표결과가 순환적이 된다. 즉, 사회선호가 이행성을 충족하지 않는 현상인 투표의 역설이 발생한다. 투표의 역설이 발생하면 투표순서에 따라 최종적인 결과가 달라지므로 의사진행조작이 가능해진다. 그러므로 이 경우에는 중위투표자 정리가 성립하지 않는다.

$$\left. \begin{array}{l} x, y \rightarrow x \\ y, z \rightarrow y \\ z, x \rightarrow z \end{array} \right\} \Rightarrow x > y > z > x \cdots$$

✎ 의사진행조작
투표순서를 적절히 조정하여 자신이 원하는 대안이 선택되도록 하는 행위

62 ② **63** ③ **64** ③

65

투표의 역설에 관한 설명으로 옳지 않은 것은?

① 투표 순서에 따라 그 결과가 달라지는 현상을 말한다.

② 중위투표자 정리가 성립하지 않는다.

③ 두 안건 가운데 하나를 선택하는 경우에는 발생하지 않는다.

④ 안건이 셋 이상인 경우에 발생할 수 있다.

⑤ 2차원 이상의 선택인 경우에도 모든 사람이 단봉선호를 갖고 있다면 발생하지 않는다.

📝 1차원의 선택에서는 모든 투표자의 선호가 단봉형이면 투표의 역설이 발생하지 않으나 2차원 이상의 선택에서는 모든 사람들이 단봉선호를 갖고 있더라도 여전히 투표의 역설이 발생할 가능성이 있다.

66 `2023` 세무사

세 투표자 A, B, C가 세 가지 대안 a, b, c에 대하여 다음과 같은 선호를 가지고 있다고 할 때, 꽁도세 승자(Condorcet winner)는? (단, 선호 조작은 없다고 가정한다.)

$$A : a > b > c$$
$$B : b > c > a$$
$$C : c > b > a$$

① a ② b ③ c

④ a, b, c ⑤ 투표의 역설로 꽁도세 승자는 존재하지 않는다.

📝 대안 a와 b를 놓고 투표하면 투표자 A는 a, 투표자 B와 C는 b에 투표할 것이므로 b가 승리하고, 대안 b와 c를 놓고 투표하면 투표자 A와 B는 b, 투표자 C는 c에 투표할 것이므로 b가 승리한다. 한편, 대안 a와 c를 놓고 투표하면 투표자 A는 a, 투표자 B와 C는 c에 투표할 것이므로 c가 승리한다. 사회선호가 $b > c > a$이므로 꽁도세 승자방식으로 투표를 하면 투표순서에 관계없이 항상 대안 b가 선택된다.

$$\left. \begin{array}{l} a, b \rightarrow b \\ b, c \rightarrow b \\ a, c \rightarrow c \end{array} \right\} \Rightarrow b > c > a$$

67

다음은 다수결투표에 관련된 설명이다. 옳은 보기를 모두 고르면?

> 가. 꽁도세승자 방식으로 최종적인 대안을 선택하면 항상 투표의 역설이 발생한다.
> 나. 통상적으로 중위투표자가 원하는 양보다 더 많은 양의 공공재가 공급된다.
> 다. 투표거래가 이루어지면 개인의 선호강도가 투표결과에 반영되므로 사회후생이 증가한다.
> 라. 투표거래가 이루어지면 그렇지 않을 때보다 더 많은 공공재가 공급된다.

① 가 ② 다 ③ 라
④ 나, 라 ⑤ 다, 라

✒ 다수결 투표에서는 투표의 역설이 발생할 가능성이 있으나 항상 투표의 역설이 발생하는 것은 아니다. 투표의 역설이 발생하지 않는 경우 다수결투표를 공공재 공급량을 결정하면 항상 중위투표자가 원하는 양의 공공재가 선택된다. 투표거래가 이루어지면 사회후생이 증가할 수도 있고 감소할 수도 있다. 그러므로 문제에 주어진 보기 중 가, 나, 다가 옳지 않다.

68

투표를 통한 의사결정에 대한 설명으로 옳지 않은 것은?

① 1차원적인 의제의 경우 점수투표제하에서는 단순과반수제와 달리 한 투표자의 선호가 단봉 (single peaked)선호가 아니더라도 투표의 역설이 발생하지 않을 수 있다.
② 단순과반수제하에서는 채택된 안으로부터의 편익합계가 채택되지 않은 안으로 인해 초래될 수 있는 비용합계보다 적음으로 해서 생기는 다수의 횡포가 발생할 수 있다.
③ 2차원적인 의제의 경우에도 투표자 선호가 단봉(single peaked)선호를 가지면 투표의 역설은 발생하지 않는다.
④ 점수투표제를 채택하면 투표자의 전략적 행동으로 인하여 사회적으로 최선인 의제가 채택되지 않을 수 있다.
⑤ 보다(de Borda) 투표제하에서는 아주 선호도가 높거나 낮은 대안보다는 투표자 모두에게 어느 정도 차선이 될 수 있는 대인이 채택될 가능성이 높다.

✒ 다차원적인 문제의 경우에는 모든 개인들의 선호가 단봉형이더라도 여전히 투표의 역설이 발생할 가능성이 있다.

69 2020 세무사

A, B, C 세 가지 선택대상에 대한 갑, 을, 병 3인의 선호순위가 다음의 표와 같이 주어져 있다.

	1순위	2순위	3순위
갑	A	B	C
을	B	C	A
병	C	A	B

다수결에 의해 결정할 경우 꽁도세(Condorcet) 승자에 관한 설명으로 옳은 것을 모두 고른 것은?

ㄱ. A와 B를 먼저 비교할 경우, 최종적으로 B가 선택된다.

ㄴ. A와 C를 먼저 비교할 경우, 최종적으로 B가 선택된다.

ㄷ. B와 C를 먼저 비교할 경우, 최종적으로 B가 선택된다.

ㄹ. 이 상황에서는 사회적 선호가 이행성을 만족시킨다.

ㅁ. 이 상황에서는 사회적 선호가 이행성을 만족시키지 않는다.

① ㄱ, ㄹ   ② ㄱ, ㅁ   ③ ㄴ, ㄹ

④ ㄴ, ㅁ   ⑤ ㄱ, ㄴ, ㄷ, ㄹ

📝 문제에 주어진 각 개인의 선호를 다시 정리하면 아래와 같다. A와 B를 먼저 비교하면 갑과 병이 A, 을이 B에 투표하므로 2:1로 A가 선택되고, B와 C를 놓고 비교하면 갑과 을이 B, 병이 C에 투표하므로 2:1로 B가 선택된다. 그런데 A와 C를 놓고 투표하면 을과 병이 C, 갑이 A에 투표하므로 2:1로 C가 선택되므로 투표결과가 이행성을 충족하지 않는다. 즉, 투표의 역설이 발생한다.

$$\left.\begin{array}{l} 갑 : A > B > C \\ 을 : B > C > A \\ 병 : C > A > B \end{array}\right\} \longrightarrow 사회선호 : A > B > C > A \cdots (이행성 위배)$$

투표의 역설이 발생하는 경우에는 투표순서에 따라 최종적으로 선택되는 대안이 달라진다. A와 B를 먼저 비교하면 A가 선택되고, 이긴 A와 남은 대안인 C를 놓고 비교하면 최종적으로 C가 선택된다. 이제 A와 C를 먼저 비교하면 C가 선택되고, 이긴 C와 남은 대안인 B를 놓고 비교하면 최종적으로 B가 선택된다. 만약 B와 C를 먼저 비교하면 B가 선택되고, 이긴 B와 남은 대안인 A를 비교하면 최종적으로 A가 선택된다.

투표순서에 따른 투표결과

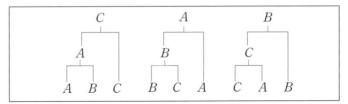

이처럼 투표순서에 따라 결과가 달라지는 현상이 나타나면 의장이 투표순서만 적절히 조정하면 자신이 원하는 대안이 선택되도록 할 수 있다. 즉, 의사진행조작(agenda manipulation)이 가능하다.

70

김(K), 이(L), 박(P) 세 사람이 서울을 떠나 함께 여행하기로 하였다. 여행 거리와 숙박비에 관한 세 사람의 선호체계가 그림과 같이 동심원 모양의 무차별곡선으로 표시된다고 한다. 원의 중심점 [(C_K(김), C_L(이), C_P(박)]은 효용극대점이며 중심에서 멀어질수록 효용수준은 감소한다. 현재 이 세 사람이 선택할 수 있는 여행지－숙소 패키지는 X(대전－장급여관), Y(제주－관광호텔), Z(부산－특급호텔) 중 하나라고 한다. 세 사람이 꽁도세방식(Condorcet rule ; 각 대안을 둘씩 짝지어 비교하는 방식)에 따라 다수결로 X, Y, Z 중 한 가지를 선택한다고 할 때 다음 설명 중 타당한 것은?

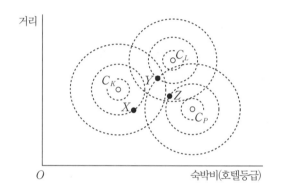

① 세 사람 가운데 선호체계가 단봉형(single－peaked)이 아닌 사람이 있다.
② 투표의 역설이 발생하여 X, Y, Z 중 어느 안도 선택되지 못할 것이다.
③ 투표 결과 X안이 선택될 것이다.
④ 투표 결과 Y안이 선택될 것이다.
⑤ 투표 결과 Z안이 선택될 것이다.

📝 세 가지 대안에 대한 각 개인의 선호를 그림으로 나타내면 다음과 같다. 각 대안을 둘씩 짝지어 투표를 해보면 사회선호는 $y > z > x$임을 알 수 있다. 그러므로 투표순서에 관계없이 최종적으로는 항상 대안 Y가 선택된다.

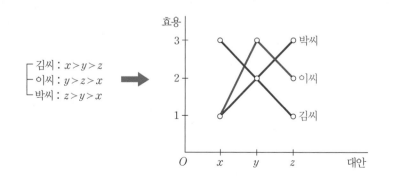

✏ 꽁도세 방식
여러 대안 중에 2개 대안에 대하여 다수결로 승자를 결정하고 또 다시 다른 대안과 다수결로 승자를 결정하는 과정을 반복하여 결국 최종적으로 승자가 된 안건을 채택하는 투표방식을 의미하며 마지막에 승자가 된 안건을 꽁도세 승자(Condorcet winner)라고 한다.

69 ④　**70** ④

71 `2018` 세무사

중위투표자정리에 관한 설명으로 옳지 않은 것은?

① 중위투표자는 전체 투표자 선호의 한 가운데 있는 투표자를 의미한다.

② 정당들이 차별적인 정책을 내세우도록 만드는 현상과 관련된다.

③ 모든 투표자의 선호가 단일정점(단봉형)인 경우 성립한다.

④ 중위투표자정리에 의한 정치적 균형이 항상 파레토 효율을 달성한다는 보장은 없다.

⑤ 정당들이 중위 투표자가 선호하는 정책들을 내세우도록 만드는 것과 관련된다.

✎ 중위투표자정리가 성립하는 경우 득표를 극대화하려면 각 정당은 중위투표자가 선호하는 정책을 제시해야 한다. 모든 정당이 중위투표자가 원하는 정책을 내세우게 되면 각 정당의 정책이 매우 유사해지게 된다.

72 `2017` 세무사

*A*국은 개인들의 효용함수가 동일하고, 고소득자가 저소득자보다 수는 적지만 소득점유율이 높은 불공평한 분배를 보이고 있다. 이 때 공공재 공급과 관련하여 단순다수결투표를 할 경우 다음 중 옳은 것은? (단, 공공재는 정상재이다.)

① 공공재에 대한 수요는 고소득자가 저소득자보다 항상 작다.

② 단순다수결투표로 정해지는 공공재 공급수준은 효율적이다.

③ 중위투표자의 소득을 높이는 소득 재분배 후 단순다수결투표를 한다면 공공재의 수요량은 적어질 것이다.

④ 비례적 소득세를 부과하여 소득을 재분배하면 공공재가 최적공급 수준에 비해 과대 공급될 가능성이 있다.

⑤ 해당 공공재에 대해 대체관계가 있는 사적재가 존재할 경우 단순다수결투표의 균형은 항상 성립하지 않는다.

✎ 공공재가 정상재이므로 공공재에 대한 수요는 고소득자가 저소득자보다 항상 많을 것이다. 단순다수결투표를 통해 공공재 공급량을 결정하면 중위투표자가 원하는 수준으로 결정되는데, 중위투표자가 원하는 공공재 공급수준이 사회적인 최적수준이란 보장이 없다.

중위투표자의 소득을 높이는 소득재분배를 실시하면 중위투표자가 원하는 공공재의 양이 많아진다. 그러므로 소득재분배 이후 단순다수결투표를 시행하면 공공재 수요량이 많아지게 된다. 비례적 소득세를 부과하여 소득재분배를 실시한 결과 중위투표자의 소득이 증가하였는데, 중위투표자가 원하는 공공재 공급수준이 사회적인 최적수준을 초과하면 공공재가 최적수준보다 과다공급될 수도 있다.

해당 공공재에 대해 대체관계가 있는 사적재가 존재하더라도 단순다수결투표를 통해 공공재 공급량을 결정하면 마찬가지로 중위투표자가 원하는 수준의 공공재가 공급될 것이므로 다수결투표의 균형이 존재할 가능성이 높다.

73 [2021] 세무사

중위투표자 정리에 관한 설명으로 옳지 않은 것은?

① 양당제를 운영하고 있는 국가에서 정치적 성향이 대치되는 두 정당의 선거 공약이 차별화되는 것과 관련이 있다.

② 선호가 모든 투표자 선호의 한 가운데 있는 사람을 중위투표자라 한다.

③ 이 정리에 의한 정치적 균형이 항상 파레토 효율성을 가져오는 것은 아니다.

④ 투표자의 선호가 다봉형이 아닌 단봉형일 때 성립한다.

⑤ 가장 많은 국민들의 지지를 확보하려는 정치가는 중위투표자의 지지를 얻어야 하는 것으로 해석할 수 있다.

✍ 투표자의 분포가 단봉형으로 주어져 있을 때 어떤 당이 제시하는 공약이 중위투표자가 원하는 정책에서 멀어질수록 득표는 감소한다. 그러므로 가장 많은 득표를 얻으려면 중위투표자의 지지를 얻을 수 있는 선거공약을 제시해야 한다. 양당제 하에서 두 당이 서로 중위투표자가 원하는 정책을 공약으로 제시하기 위해 경쟁하다보면 두 당의 정강은 서로 유사해질 수밖에 없는데 이를 호텔링의 원칙 혹은 최소차별화의 원칙이라고 한다.

74 [2019] 세무사

갑, 을, 병 세 사람으로 구성된 사회에 공공재를 공급하고자 한다. 공공재의 총공급 비용은 $TC=36Q$이며, 갑, 을, 병 각각의 수요함수는 $Q=30-P$, $Q=35-\dfrac{P}{2}$, $Q=40-\dfrac{P}{4}$이다. 공공재 공급비용을 각자 균등하게 부담할 때, 꽁도세(Condorcet) 방식에 의한 공공재 공급량은? (단, Q : 수량, P : 가격)

① 29　　　　　　② 30　　　　　　③ 32

④ 35　　　　　　⑤ 37

✍ 총비용함수를 미분하면 한계비용 $MC=36$이고, 공공재 공급비용을 각 개인이 $\dfrac{1}{3}$씩 부담하므로 각 개인의 한계비용은 12이다. 갑의 공공재 수요함수가 $P=30-Q$이므로 갑이 원하는 공공재 공급수준을 알기 위해 $P=MC$로 두면 $30-Q=12$, $Q=18$이고, 을의 공공재 수요함수가 $P=70-2Q$이므로 $P=MC$로 두면 $70-2Q=12$이므로 $Q=29$이다. 한편, 병의 공공재 수요함수가 $P=160-4Q$이므로 $P=MC$로 두면 $160-4Q=12$이므로 $Q=37$이다.

갑이 원하는 공공재 공급수준이 18, 을이 원하는 수준이 29, 병이 원하는 수준이 37이므로 중간규모의 공공재를 원하는 을이 중위투표자이다. 이 경우 다수결투표를 통해 공공재 공급량을 결정하면 중위투표자(median voter)에 해당하는 을이 원하는 29단위로 결정된다.

71 ②　　72 ④　　73 ①
74 ①

75

다음 중 Black-Bowen의 다수결투표 모형에 대한 설명으로 옳지 않은 것은?

① 중위투표자가 선호하는 수준의 공공재 공급이 이루어진다.
② 공공재 생산비용은 개인의 공공재에 대한 선호와 관계없이 결정된다.
③ 공공재 공급량은 사회구성원의 평균적인 한계편익과 1인당 한계비용이 일치하는 점에서 결정된다.
④ 사회구성원의 선호분포에 관계없이 항상 최적수준의 공공재 공급이 이루어진다.
⑤ 공공재 공급과 관련된 사무엘슨 조건($\sum MRS = MRT$)이 충족된다.

✎ 모든 개인들의 선호가 단봉형일 때 다수결투표를 통해 공공재 공급규모를 결정하면 항상 중위투표자가 가장 선호하는 양의 공공재가 공급된다. 그러나 다수결투표를 통해 결정된 공공재 공급량이 사회적인 최적수준과 일치한다는 보장이 없다.

블랙-보웬 모형에서는 모든 개인의 선호가 단봉형이며, 사회구성원의 선호가 정규분포를 이루는 것으로 가정한다. 사회구성원의 선호가 정규분포를 이루고 있다면 중위투표자는 사회구성원의 평균치에 해당하는 선호를 갖는다.

중위투표자가 원하는 공공재의 양은 중위투표자의 한계편익과 1인당 한계비용이 일치하는 수준으로 결정되는데, 중위투표자가 사회구성원의 평균치에 해당하는 선호를 갖는다면 중위투표자가 원하는 공공재의 양이 사회적인 최적수준과 일치한다. 그러므로 보웬-블랙 모형에서는 최적수준의 공공재 공급이 이루어지며, 사무엘슨 조건이 충족된다.

76 2015 세무사

중위투표자 정리에 관한 설명으로 옳지 않은 것은?

① 모든 투표자의 선호가 단봉형일 때 성립한다.
② 다운즈(A. Downs)의 표극대화모형에 따르면, 정치가는 중위투표자의 지지를 얻어야 하는 것으로 해석할 수 있다.
③ 중위투표자 정리에 따르면, 동일 차원의 선택 대안에 대해서는 투표의 역설이 발생한다.
④ 양당제에서 성향이 상반된 두 정당의 선거 공약이 유사해지는 것과 관련이 있다.
⑤ 중위투표자 정리에 의한 정치적 균형이 항상 파레토 효율성을 달성하는 것은 아니다.

✎ 중위투표자 정리에 의하면 모든 개인들의 선호가 단봉형인 경우 일차원적인 선택 대안에 대해서는 항상 중위투표자가 가장 선호하는 대안이 선택되므로 투표의 역설이 발생하지 않는다. 그런데 중위투표자가 가장 선호하는 대안이 사회적으로 볼 때 최적의 대안이라는 보장이 없으므로 중위투표자 정리에 의한 정치적 균형이 항상 파레토 효율성을 달성하는 것은 아니다.

77 2018 세무사

투표제도에 관한 설명으로 옳은 것을 모두 고른 것은?

> ㄱ. 과반수제에서는 '투표의 역설' 현상이 나타날 수 있다.
> ㄴ. 보다방식(Borda count)에서는 선택대상 간 연관성이 없다.
> ㄷ. 선택대상에 대한 선호의 강도는 점수투표제에서 직접 표시될 수 있다.
> ㄹ. 전략적 행동이 없다면 점수투표제가 선택대상에 대한 선호의 강도를 가장 잘 반영한다.
> ㅁ. 점수투표제는 개인의 선호를 서수로 나타낸다.

① ㄱ, ㄴ, ㄷ   ② ㄱ, ㄷ, ㄹ   ③ ㄴ, ㄷ, ㅁ
④ ㄴ, ㄹ, ㅁ   ⑤ ㄷ, ㄹ, ㅁ

✏ 보다투표제에서는 각 대안의 선호 정도를 점수로 나타내므로 한 대안에 높은 점수를 부여하면 다른 대안에는 낮은 점수를 부여해야 한다. 예를 들어, 세 가지 대안이 있을 때 한 대안에 대해 3점을 부여하면 나머지 대안에는 2점이나 1점을 부여할 수밖에 없다. 그러므로 보다투표제에서는 각 대안이 연관성을 가지게 된다. 점수투표제는 각 대안에 대한 선호강도를 구체적인 점수로 나타내므로 개인의 선호가 기수적으로 표명된다.

78 2014 세무사

투표거래(logrolling)에 관한 내용으로 옳지 않은 것을 모두 고른 것은?

> ㄱ. 소수자를 보호할 수 있다.
> ㄴ. 공공재 공급의 효율적인 결과를 낳을 수 없다.
> ㄷ. 재정지출규모가 억제되는 효과가 있다.
> ㄹ. 다양한 공공재를 공급하게 할 수 있다.
> ㅁ. 다수결투표제 하에서는 투표거래가 발생하더라도 선호의 강도가 반영될 수 없다.

① ㄱ, ㄴ, ㄷ   ② ㄱ, ㄹ, ㅁ   ③ ㄴ, ㄷ, ㄹ
④ ㄴ, ㄷ, ㅁ   ⑤ ㄴ, ㄹ, ㅁ

✏ 투표거래가 가능하다면 일부 집단은 다른 집단과의 투표거래를 통해 자신들이 매우 선호하는 대안이 선택되도록 할 수 있게 된다. 즉, 투표거래는 투표자들의 선호강도를 투표결과에 반영할 수 있게 해준다. 투표거래가 허용되면 소수자들도 다른 집단과 투표거래를 통해 자신들이 원하는 대안이 선택되도록 할 수도 있으므로 투표제도는 소수자를 보호하는 측면도 갖고 있다.

　투표거래가 허용되면 그렇지 않을 때보다 훨씬 다양한 공공재 공급이 이루어질 것이므로 재정지출규모가 팽창하게 될 것이다. 투표거래가 허용되어 다양한 공공재가 공급되면 자원배분의 효율성이 개선될 수도 있으나 공공재가 너무 과도한 수준까지 공급된다면 오히려 자원배분이 비효율적이 될 수도 있다.

✏ **투표거래**
두 명 이상의 투표자가 서로 상대방이 원하는 대안에 찬성표를 던지기로 약속하는 것

79 2022 세무사

공공선택에서 투표제도에 관한 설명으로 옳지 않은 것은?

① 과반수제가 갖는 문제점으로는 투표의 역설이 있다.

② 최적다수결제의 경우 의사결정비용은 의결에 필요한 표수가 클수록 커진다.

③ 린달(E. Lindahl) 모형은 전원합의제에 의한 공공재 배분의 가능성을 보여준 사례이다.

④ 전략적 행동이 없을 경우, 선택대상에 대한 선호의 강도를 가장 잘 반영하는 것은 점수투표제이다.

⑤ 점수투표제에서 투표거래(logrolling)가 발생하면 선호의 강도가 반영될 수 없다.

📝 투표거래는 투표자들이 자신의 선호하는 대안이 선택되도록 하기 위해 서로 협의하여 전략적으로 투표하는 것을 말한다. 다수결투표제의 경우와 마찬가지로 점수투표제에서도 투표거래가 이루어지면 각 투표자의 선호강도가 투표결과에 더 잘 반영될 수 있다.

80 2019 세무사

투표자들의 선호강도를 반영할 수 있는 제도를 모두 고른 것은?

ㄱ. 거부권투표제	ㄴ. 보다(Borda)투표제	ㄷ. 점수투표제
ㄹ. 투표거래(logrolling)	ㅁ. 만장일치제	

① ㄱ, ㄴ, ㄷ   ② ㄱ, ㄷ, ㄹ   ③ ㄴ, ㄷ, ㄹ

④ ㄴ, ㄹ, ㅁ   ⑤ ㄷ, ㄹ, ㅁ

📝 보다투표제와 점수투표제하에서는 각 투표자가 자신의 선호강도를 기수적으로 표명하므로 투표결과가 투표자들의 선호강도를 반영하게 된다. 또한 투표자들이 자신이 선호하는 대안이 선택되도록 하기 위해 다른 투표자와 합의하여 서로 상대방이 원하는 대안에 찬성표를 던지는 투표거래가 이루어져도 투표결과에 선호강도가 반영된다.

거부권투표제(voting by veto)란 각 투표자가 자신에게 가장 불리한 대안에 대해 한 번씩의 거부권을 행사한 후 최종적으로 남는 대안을 선택하는 방식을 말한다. 예를 들어, 공공재 공급량을 결정하는 경우를 생각해 보자. 투표자 n명이 각자 원하는 공공재 공급량을 제안하면 기존의 상태를 합해 $(n+1)$개의 대안이 마련된다. 이제 투표순서를 무작위로 결정한 후 맨 처음으로 거부권을 행사하는 투표자는 $(n+1)$개의 대안 중 자신에게 가장 불리한 것 한 개를 제거한다.

두 번째 투표자는 남은 n개의 대안 중 한 개를 제거하여 $(n-1)$개의 대안을 그 다음 투표자에게 넘기는 방식이다. 이와 같이 n명의 투표자가 모두 거부권을 행사한 뒤 최종적으로 남는 대안이 채택되는 방식이 거부권투표제이다. 이 방식에서는 각 투표자가 자신에게 가장 불리한 한 가지 대안만 배제할 수 있을 뿐이므로 투표결과에 선호강도가 반영되지 않는다.

만장일치제하에서는 모든 투표자가 찬성해야 어떤 안건이 채택되므로 각 투표자가 모든 대안에 대해 거부권을 행사할 수 있는 것과 마찬가지이다. 만장일치제 하에서도 투표결과에 선호강도가 반영되지는 않는다.

81

세 명의 투표자 A, B, C가 정책안 X와 Y에 대해 다수결투표를 실시한다. 두 정책은 분리되어 표결에 붙여진다. 각 정책이 실시될 때 투표자들의 순편익의 변화는 다음과 같다. 이에 대한 설명으로 적절한 것은?

투표자	정책	
	X	Y
A	$+9$	-3
B	-2	$+4$
C	-4	-3

① 다수결투표를 실시하면 두 정책 중 한 정책만 채택된다.

② 다수결투표를 실시하면 두 정책 모두 채택된다.

③ 투표거래를 허용하면 A와 C간에 투표거래가 이루어질 것이다.

④ 투표거래가 허용되면 사회후생이 증가할 것이다.

⑤ 투표거래가 허용되면 개인 A가 가장 불리해진다.

✎ 각 정책에 대해 다수결투표를 실시하면 정책 X에 대해서는 개인 B와 C가 반대할 것이고, 정책 Y에 대해서는 A와 C가 반대할 것이다. 그러므로 다수결투표를 실시하면 두 정책이 모두 기각된다. 투표거래가 허용되면 정책 X를 지지하는 A와 정책 Y를 지지하는 B 사이에 투표거래가 이루어질 것이다. 두 사람의 투표거래가 이루어지면 두 정책이 모두 다수결투표에서 채택된다.

두 정책이 모두 채택되면 개인 A의 순편익은 $+6$, 개인 B의 순편익은 $+2$, 개인 C의 순편익은 -7이므로 사회전체의 순편익은 $+1$이 된다. 투표거래가 이루어져 두 정책이 모두 시행되면 개인 C의 순편익이 -7이 되므로 개인 C가 가장 불리해진다.

82 `2014` `세무사`

공공선택에 관한 설명으로 옳지 않은 것은?

① 니스카넨(Niskanen) 모형에서 관료는 총편익과 총비용이 일치하는 수준까지 예산을 확대한다.

② 니스카넨 모형에서 관료는 과잉생산의 경향을 보인다.

③ 다운즈(Downs)의 득표극대화모형에서 정치가는 정부의 경제활동에 따른 순편익을 극대화하려 한다.

④ 미그－빌레인저(Migue－Belanger) 모형에서 공공서비스 생산은 니스카넨 모형보다 더 적다.

⑤ 특수이익집단이 갖는 강점은 구성원들이 공유하는 명백한 목적의식, 조직력, 높은 투표율 등이다.

✎ 다운즈의 득표극대화모형에 따르면 정치가는 정부의 경제활동에 따른 순편익을 극대화하는 것이 아니라 선거에서 자신 혹은 자신이 속한 정당의 득표극대화를 추구하는 것으로 본다.

83

다음 중 "호텔링의 원칙" 혹은 "최소차이의 원칙"에 대한 설명으로 옳은 것은?

① 일부 개인의 선호가 다봉형일 때 다수결투표제도하에서 중위투표자와 별로 차이가 나지 않는 대안이 선택되는 현상

② 관료가 제안하는 공공재 공급규모는 정치가들이 원하는 공공재 수준과의 차이가 최소화된다는 것

③ 정강의 차이가 가장 작은 정당끼리 제휴하는 것이 가장 효율적이라는 것

④ 양당제하에서는 득표극대화를 추구하는 두 정당의 정강이 서로 유사해지는 현상

⑤ 투표거래는 선호의 차이가 가장 작은 유권자들 사이에서만 이루어지는 현상

Downs의 득표극대화 모형에 의하면 투표자들의 분포가 아래 그림과 같이 단봉형이며 좌우대칭의 형태로 주어져 있다면 득표극대화를 위해서는 가장 중위에 위치한 정강을 채택하는 것이 최적이 된다.

예를 들어, A라는 정당이 중위에 위치한 M점의 정강을 채택하면 득표극대화를 달성할 수 있으므로 집권당의 위치를 차지할 수 있다. 집권당인 A당이 M점의 정강을 내세우고 있는 상황에서 B당의 정책이 M점에서 멀어질수록 B당의 득표는 감소할 수 밖에 없다. 따라서 당의 최적전략은 결국 집권당인 A당과 유사한 전략을 선택하는 것이 된다.

이와 같이 양당제하에서 두 정당의 정강은 서로 유사해질 수 밖에 없는데, 이를 "호텔링의 원칙(Hotelling's principle)" 혹은 "최소차별화의 원칙(principle of minimum differentiation)"이라고 한다. 나머지 보기들은 호텔링의 원칙과 무관하며, 그 문장 자체가 성립하지 않는다.

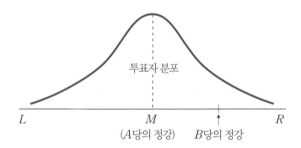

84 2022 세무사

니스카넨(W. Niskanen) 모형에 관한 설명으로 옳지 않은 것은?

① 관료는 사회적 최적 수준보다 과다한 생산 수준을 선택한다.

② 생산 수준이 미그−빌레인저(Migue−Belanger) 모형에서 제시한 수준보다 더 적다.

③ 관료제에 대응하는 방안으로 민간부문에 생산을 맡기고 정부는 비용만 부담하는 방법을 제안했다.

④ 관료가 선택한 생산수준에서는 사회적 잉여가 영(0) 이다.

⑤ 관료는 예산 극대화를 추구하며, 총편익과 총비용이 일치하는 수준에서 생산 수준을 결정한다.

📝 니스카넨 모형에서는 관료들은 사회적 순편익이 0이 되는 수준까지 생산하나 미그−빌레인저 모형에서는 관료들은 자신들의 효용이 극대화되는 생산수준을 선택한다. 두 모형을 비교해 보면 미그−빌레인저 모형에서도 과다생산이 이루어지나 니스카넨 모형에서보다는 과다생산의 정도가 작다.

85

다음은 로머−로젠탈 모형에 대한 설명이다. 옳지 않은 것은?

① 관료가 제안한 예산안은 다수결투표를 통하여 통과되거나 기각된다.

② 관료들이 제안한 예산안이 투표에 의하여 거부되면 회복수준으로 복귀한다.

③ 회복수준(reversion level)이란 관료가 제안한 예산안이 기각되었을 때 복귀하는 지출수준을 말한다.

④ 만약 회복수준의 예산규모가 최적공공재 공급수준의 예산규모와 일치한다면 투표자들은 관료가 제안한 예산안에 대하여 찬성할 가능성이 높다.

⑤ 관료와 투표자간의 상호작용을 통하여 공공지출수준이 결정됨을 보여주는 모형이다.

📝 투표자의 예산선과 무차별곡선이 아래 그림과 같이 주어져 있다면 투표자가 가장 선호하는 공공재 공급규모는 X^*이다. 그리고 관료가 제안한 공공재 공급규모가 투표에서 부결될 경우 공공재 공급규모는 회복수준으로 결정되는데, 회복수준의 공공재 공급규모는 X_R이라고 하자. 회복수준의 공공재가 공급된다면 투표자의 효용수준은 I_1이 된다.

만약 관료가 최적수준보다 더 큰 $X_1(X^*<X_1<X_B)$ 규모의 공공재 공급을 제안한다면 이 때의 효용이 회복수준으로 복귀할 때의 효용인 I_1보다는 더 크기 때문에 투표자들은 찬성표를 던질 수밖에 없을 것이므로 공공재의 과잉공급이 이루어진다.

그런데 회복수준의 공공재 공급규모와 최적공공재 공급규모가 일치한다면 즉, $X_R=X^*$이면 투표자들은 관료가 X^*이외의 어떤 수준의 공공재 공급을 제안하더라도 무조건 반대표를 던지게 될 것이다. 왜냐하면 관료가 제안한 공공재 공급규모가 투표에서 부결될 경우 공공재 공급규모는 회복수준에서 결정되는데, 회복수준의 공공재 공급규모가 투표자들이 가장 선호하는 공공재 수준이기 때문이다.

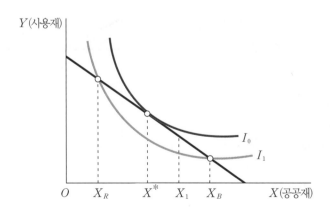

✎ 회복수준
관료들이 제안한 예산안이 투표에서 부결되었을 때 결정되는 지출수준

86 [2021] 세무사

공공서비스의 수요곡선은 $P = 16 - \frac{1}{2}Q$ 이고 이를 공급하는데 소요되는 한계비용은 12로 일정할 때, 이를 독점적으로 공급하는 관료가 효율적인 서비스를 제공하기 보다는 자신이 속한 조직 규모 극대화를 추구하고 있다. 이런 경우 관료의 공공서비스 규모는? (단, P는 공공서비스의 가격, Q는 공공서비스의 규모이다.)

① 4　　　　　　　② 8　　　　　　　③ 12

④ 14　　　　　　　⑤ 16

✒ 공공서비스 수요곡선이 한계편익을 나타내므로 총편익 $TB = 16Q - \frac{1}{4}Q^2$ 이고, 공공서비스 공급의 한계비용이 12이므로 총비용 $TC = 12Q$ 이다. 그러므로 공공서비스의 총편익에서 총비용을 뺀 순편익은 다음과 같다.

$$NB = \left(16Q - \frac{1}{4}Q^2\right) - 12Q$$
$$= -\frac{1}{4}Q^2 + 4Q$$

먼저, 공공서비스의 최적수준부터 구해보자. 공공서비스의 순편익이 극대가 될 때 공공서비스가 최적수준으로 공급되므로 순편익함수를 Q에 대해 미분한 후 0으로 두면 $\frac{dNB}{dQ} = -\frac{1}{2}Q + 4 = 0$, $Q = 8$이 된다. $Q = 8$일 때 총편익 $TB = (16 \times 8) - \frac{1}{4} \times 8^2 = 112$, 총비용 $TC = 12 \times 8 = 96$이므로 순편익 $NB = 16$이다. 아래의 그림 (a)에서 E점과 F점 사이의 수직거리와 그림 (b)에서 $\triangle A$의 면적이 최적수준의 공공재가 공급될 때의 순편익을 나타낸다.

니스카넨 모형에 의하면 관료의 목표는 공공서비스를 최적수준까지 공급하는 것이 아니라 예산규모 극대화이다. 공공서비스의 총편익이 총비용보다 크거나 같아야 입법부로부터 예산의 타당성을 인정받을 수 있으므로 관료들이 조직규모 극대화를 추구하면 관료들은 공공서비스 공급의 순편익이 0이 되는 수준을 선택할 것이다. 그러므로 $NB = 0$으로 두고 계산하면 관료들이 선택하는 공공서비스 규모 $Q = 16$으로 계산된다.

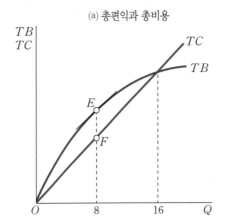

(a) 총편익과 총비용

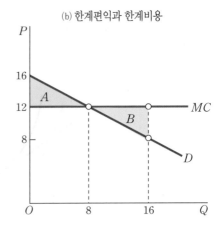

(b) 한계편익과 한계비용

이를 다른 방법으로 설명하면 다음과 같다. 공공서비스의 최적수준은 한계편익과 한계비용이 같아지는 점에서 결정되므로 $P=MC$로 두면 $16-\frac{1}{2}Q=12$, $Q=8$로 계산된다. 그림 (b)에서 8단위의 공공서비스가 공급될 때 총편익은 수요곡선 하방의 면적, 총비용은 MC곡선 하방의 면적이므로 사회구성원들은 $\triangle A$만큼의 순편익을 얻을 수 있게 된다. 그런데 관료들의 예산규모 극대화로 16단위의 공공서비스가 공급되면 $\triangle A$와 $\triangle B$의 면적이 같아지므로 순편익이 0이 된다.

87

예산결정과 그에 따른 공공재의 공급규모에 대한 설명 중 옳지 않은 것은?

① 뷰케넌(Buchanan)은 다수결투표에 의한 정치적 과정이 예산을 팽창하는 결과를 야기한다고 주장한다.

② 니스카넨(Niscanen) 모형에서 관료들이 선호하는 예산의 최적수준은 예산산출곡선이 총비용곡선과 교차할 때 달성된다.

③ 갈브레이스(Galbraith)는 표 획득을 위한 정치가의 선전 등의 영향으로 공공재가 필요 이상으로 과다공급되는 경향이 있다고 주장한다.

④ 니스카넨(Niscanen)은 관료들에 의한 예산과정의 비능률은 공공재 산출의 비용측면이 아니라 과도한 산출수준에 기인한다고 주장한다.

⑤ 로머-로젠탈(Romer-Rosenthal) 모형에서 관료들이 원하는 예산수준을 달성하는 방법은 대안으로 제시되는 회복수준을 투표자의 잉여가 매우 낮은 수준으로 설정하는 것이다.

📝 갈브레이스는 기업들의 광고, 홍보 등에 의해 일반인들이 사용재를 과도하게 선호하는 의존효과(dependence effect)가 발생하므로 공공재가 과소하게 공급되는 경향이 있다고 설명한다.

88

다음은 지대추구행위(rent-seeking behavior)에 대한 설명이다. 관계없는 것은?

① 각 구성원이 사익을 추구하는 과정에서 효율적인 공공재 공급수준이 결정된다.

② 관료들의 사익극대화는 지대추구행위의 일종이다.

③ 각 구싱원들의 사익추구행위가 발생하면 자원의 최적배분이 이루어지기 어렵다.

④ 지대추구행위는 정부실패가 발생하는 하나의 요인이다.

⑤ 이익집단이 공공의사 결정과정에 압력을 행사하는 것은 지대추구와 관련되어 있다.

📝 일반적으로 지대추구행위는 공공재의 과다공급을 초래할 가능성이 높다.

✏ 지대추구행위
개인이나 기업 혹은 단체가 정부의 특정한 조치로부터 이득을 얻기 위한 활동을 말한다.

89 [2021] 세무사

공공재의 과다공급 원인으로 옳은 것을 모두 고른 것은?

ㄱ. 다수결 투표제도

ㄴ. 정치적 결탁(logrolling)

ㄷ. 다운즈(A. Downs)의 투표자의 무지

ㄹ. 갤브레이드(J. K. Galbraith)의 의존효과

---

① ㄱ, ㄴ   ② ㄱ, ㄷ   ③ ㄴ, ㄷ

④ ㄴ, ㄹ   ⑤ ㄷ, ㄹ

📝 다수결 투표제도 하에서는 공공재 공급수준이 중위투표자의 선호에 의해 결정된다. 만약 중위투표자가 원하는 공공재 공급수준이 사회적인 최적수준보다 많다면 다수결 투표제도 하에서 공공재가 과다공급될 가능성이 있다.

다수결 투표제도 하에서 투표 참가자 간에 각자 자신이 원하는 공공재 공급이 이루어지도록 하기 위해 서로 상대방이 원하는 공공재 공급에 찬성하기로 약속하는 투표거래(정치적 결탁)가 이루어지면 공공재 공급이 사회적인 최적수준을 상회하는 결과가 발생한다.

의존효과란 기업들의 광고 · 선전으로 인해 일반인들이 공공재보다 사용재를 더 선호하게 되는 현상을 말한다. 의존효과로 인해 사람들이 공공재보다 사용재를 더 선호하게 되면 공공재가 과소공급되는 현상이 나타난다.

합리적 무지란 정보를 획득하는 편익보다 그 비용이 더 커서 불완전한 정보로 만족하는 것이 오히려 합리적이 되는 상황을 말한다. 다운즈(A. Downs)는 사람들이 합리적 무지의 상황에 놓여있을 때는 공공서비스의 편익을 비용보다 과소평가하므로 정부지출 규모가 적정수준보다 작아진다고 설명한다.

01

다음은 강 상류에 위치한 생산자 A와 강 하류에 위치한 피해자 B로만 구성된 경제를 묘사한 것이다. A는 제품(Q)의 생산 과정에서 불가피하게 오염물질을 배출하며, 이로 인해 B에게 피해를 발생시킨다. 강의 소유권은 B에게 있으며, A의 한계편익(MB_A)과 B의 한계비용(MC_B)은 각각 다음과 같다.

$$MB_A = 10 - \frac{1}{2}Q, \ MC_B = \frac{1}{2}Q$$

A의 고정비용 및 한계비용은 없고, B의 한계편익도 없다. 양자가 협상을 통해 사회적으로 바람직한 산출량을 달성할 수 있다면, 피해보상비를 제외하고 A가 지불할 수 있는 협상비용의 최댓값은?

① 25   ② 50   ③ 75

④ 100   ⑤ 125

📝 A가 제품을 생산할 때 얻는 한계편익과 그에 따른 B의 한계비용을 그림으로 나타내면 아래와 같다. 사회적인 최적생산은 A의 한계편익과 B의 한계비용이 같아지는 수준에서 결정되므로 $MB_A = MC_B$로 두면 $10 - \frac{1}{2}Q = \frac{1}{2}Q$, $Q = 10$으로 계산된다. A가 10단위의 재화를 생산할 때 얻는 총편익은 한계편익곡선 하방에 있는 ($\alpha + \beta$)면적이고, B가 입는 총피해는 한계비용곡선 하방에 있는 β의 면적이다. 이 때 A가 10단위의 재화를 생산할 때 피해보상과 협상에 쓸 용의가 있는 최대금액은 ($\alpha + \beta$)의 면적이다. 그러므로 B가 입는 피해에 대해 β만큼을 보상한다면 협상비용으로 쓸 수 있는 최대금액은 α의 면적에 해당하는 $50 \left(= \frac{1}{2} \times 10 \times 10 \right)$이 된다.

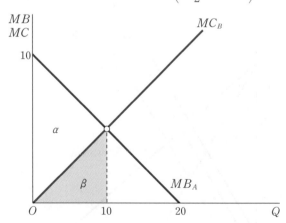

02

외부불경제를 초래하는 독점기업을 고려하자. 외부 불경제의 크기는 이 기업의 생산량 Q에 비례하는 kQ이다. 이 기업의 총비용은 $50+0.5Q^2$이고 이 시장의 수요량은 가격 P의 함수 $Q=200-2P$로 주어진다. 다음 중 가장 옳지 않은 것은?

① 이 기업의 이윤극대화 산출량은 50이다.

② $k=20$일 때 사회적 후생 극대화를 위해서는 독점기업에 kQ의 조세를 부과하면 된다.

③ $k=25$일 때 시장의 거래량은 사회적 후생을 극대화하고 있다.

④ 이 기업은 이윤극대화를 위해 가격을 75로 설정할 것이다.

📝 수요함수가 $P=100-\frac{1}{2}Q$이므로 한계수입 $MR=100-Q$이고, 총비용함수를 Q에 대해 미분하면 한계비용 $MC=Q$이다. $MR=MC$로 두면 $100-Q=Q$이므로 이윤극대화 생산량 $Q=50$이다(E점). $Q=50$을 수요함수에 대입하면 독점기업이 설정하는 가격 $P=75$로 계산된다.

이제 사회적인 최적생산량을 구해보자. 총외부비용을 Q에 대해 미분하면 외부한계비용 $EMC=k$이다. 사적인 한계비용과 외부한계비용을 합한 사회적인 한계비용 $SMC=Q+k$이다. $P=SMC$로 두면 $100-\frac{1}{2}Q=Q+k$, $\frac{3}{2}Q=100-k$이므로 사회후생 극대화가 이루어지는 생산량 $Q=\frac{2}{3}(100-k)$이다. 만약 $k=25$라면 사회후생이 극대가 되는 생산량이 50이므로 독점기업의 이윤극대화 생산량과 같아진다(F점). 즉, $k=25$일 때 시장거래량 수준에서 사회후생이 극대화된다.

$k=20$인 경우에는 사회후생이 극대가 되는 생산량 $Q=\frac{2}{3}(100-20)=\frac{160}{3}≒53.3$이다($G$점). $k=20$일 때는 독점기업의 생산량이 사회적인 최적수준에 미달하므로 생산량을 사회적인 최적수준으로 증가시키려면 단위당 일정액의 보조금을 지급해야 한다.

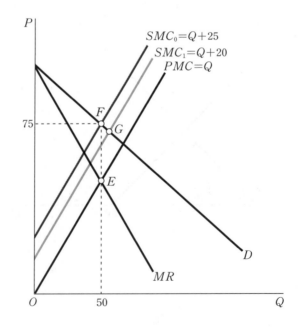

03

표는 기업 甲과 乙의 초기 보수행렬이다. 제도 변화 후, 오염을 배출하는 乙은 배출 1톤에서 2톤으로 증가하는데 甲에게 보상금 5를 지불하게 되어 보수행렬이 변화했다. 보수행렬 변화 전, 후에 관한 설명으로 옳은 것은? (단, 1회성 게임이며, 보수행렬 (   )안 왼쪽은 甲, 오른쪽은 乙의 것이다.)

乙

		1톤 배출	2톤 배출
甲	조업중단	(0, 4)	(0, 8)
	조업가동	(10, 4)	(3, 8)

① 초기 상태의 내쉬균형은 (조업중단, 2톤 배출)이다.
② 초기 상태의 甲과 乙의 우월전략은 없다.
③ 제도 변화 후 甲의 우월전략은 있으나 乙의 우월전략은 없다.
④ 제도 변화 후 甲과 乙의 전체 보수는 감소했다.
⑤ 제도 변화 후 오염물질의 총배출량은 감소했다.

초기 상태에서는 을의 전략에 관계없이 갑은 조업가동을 할 때의 보수가 더 크고, 갑의 전략에 관계없이 을은 2톤 배출할 때의 보수가 더 크다. 즉, 갑의 우월전략은 조업가동, 을의 우월전략은 2톤 배출이다. 그러므로 초기 상태의 우월전략균형(내쉬균형)은 (조업가동, 2톤 배출)이다.

제도 변화 후 을의 배출량이 1톤에서 2톤으로 증가할 경우 갑에게 보상금 5를 지불하게 되면 보수행렬이 아래와 같이 바뀌게 된다. 바뀐 보수행렬을 보면 을의 전략에 관계없이 갑은 조업가동을 할 때의 보수가 더 크므로 조업가동이 우월전략이다. 한편, 을은 갑의 전략에 관계없이 1톤을 배출할 때의 보수가 더 크므로 1톤 배출이 우월전략이다. 그러므로 제도 변화 이후에는 (조업가동, 1톤 배출)이 우월전략균형이 된다.

제도 변화 이전에는 을의 배출량이 2톤이었으나 제도 변화 이후에는 을의 배출량이 1톤이므로 제도가 변화하면 오염물질 배출총량이 감소한다. 또한 제도 변화 이전에는 갑과 을의 보수를 합한 전체 보수는 11인데 비해 제도 변화 이후에는 두 경기자의 보수를 합하면 14이다. 그러므로 제도 변화 이후에는 갑과 을의 보수를 합한 전체 보수가 증가함을 알 수 있다.

제도 변화 이후의 보수행렬

乙

		1톤 배출	2톤 배출
甲	조업중단	(0, 4)	(5, 3)
	조업가동	(10, 4)	(8, 3)

✎ 우월전략
상대방의 전략에 관계없이 항상 자신의 보수가 가장 크게 되는 전략

04

이론적으로 보면 생산측면에 있어 외부불경제가 존재하는 경우 과잉생산 문제는 조세부과를 통해서도 해결할 수 있고, 생산량 감축에 비례한 보조금지급을 통해서도 해결할 수 있다. 이에 대한 설명으로 옳지 않은 것은?

① 생산량 감축에 비례한 보조금을 지급하면 평균비용이 낮아진다.
② 생산량 감축에 비례한 보조금을 지급하면 한계비용이 낮아진다.
③ 생산량 감축보조금이 지급되면 장기에는 새로운 기업의 진입으로 공해가 오히려 늘어날 수도 있다.
④ 조세부과시와는 달리 보조금 지급시에는 다른 경제주체들의 후생감소를 초래하게 된다.
⑤ 보조금을 지급하기 위한 재원마련을 위해 조세를 부과하면 또 다른 비효율성이 초래될 가능성이 높다.

📝 예를 들어, 보조금 지급이전의 한계비용이 1,000원이었고, 생산량을 1단위 줄일 경우 100원의 보조금이 지급된다고 하자. 보조금이 지급된 이후에는 생산량을 그대로 유지할 경우에는 100원의 보조금을 포기해야 하므로 기회비용의 관점에서 보면 한계비용은 1,100원으로 상승하게 된다. 보조금이 지급된 이후의 평균비용은 총생산비에서 보조금을 차감한 다음 이를 생산량으로 나눈 것이므로 평균비용은 보조금 지급이전보다 낮아진다.

✏️ 감산보조금의 문제점
① 보조금을 지급받기 위해 그 산업으로 진입하는 기업이 생긴다면 장기적으로 환경문제가 더 심각해질 수 있다.
② 보조금 지급을 위해 세금을 걷는 과정에서 초과부담에 의해 자원배분의 비효율성이 발생할 수도 있다.

05 2018 공인회계사

어떤 산에서 n명의 사냥꾼이 토끼 사냥을 하면 $10\sqrt{n}$(kg)만큼의 토끼 고기를 얻을 수 있다. 토끼 고기는 kg당 2만 원에 팔리고 있다. 또한 사냥꾼 한 명이 사냥을 하는 데 드는 비용은 2만 원이다. 만약 이 산이 공유지라면 사회적으로 효율적인 사냥꾼 수보다 얼마나 더 많은 사냥꾼이 사냥을 하게 되는가? (단, 사냥꾼들은 모두 동일한 사냥 능력을 지녔다.)

① 35명 ② 45명 ③ 55명
④ 65명 ⑤ 75명

📝 사회적으로 보면 효율적인 사냥꾼의 수는 총편익에서 총비용을 뺀 순편익이 극대가 되는 수준에서 결정된다. 사냥꾼의 수가 n명일 때 얻을 수 있는 토끼 고기의 양이 $10\sqrt{n}$, 토끼 고기의 가격이 2만 원이므로 총편익 $TB = 20\sqrt{n}$이고, 사냥꾼 한 명이 사냥을 하는데 드는 비용이 2만 원이므로 총비용 $TC = 2n$이다. 그러므로 사회적인 순편익 $NB = 20\sqrt{n} - 2n$이다. 사회 전체의 순편익이 극대화되는 사냥꾼 수를 구하기 위해 n에 대해 미분한 후 0으로 두면 $\dfrac{dNB}{dn} = 10n^{-\frac{1}{2}} - 2 = 0$이다. 이를 정리하면 $\dfrac{10}{\sqrt{n}} = 2$, $n = 25$이다.

산이 공유지라면 개별 사냥꾼의 입장에서 보면 사냥을 할 때의 순편익이 0보다 크면 사냥에 참가하는 것이 낫다. 따라서 사냥에 따른 순편익이 0보다 크면 사냥꾼 수는 계속 늘어나게 될 것이고, 결국 사냥꾼 수는 순편익이 0이 되는 수준으로 결정될 것이다. 산이 공유지일 때의 사냥꾼 수를 구하기 위해 $NB = 0$으로 두면 $20\sqrt{n} - 2n = 0$, $n = 10\sqrt{n}$, $\sqrt{n} = 10$, $n = 100$으로 계산된다. 그러므로 산이 공유지라면 사냥꾼의 수는 효율적인 수준보다 75명이 더 많게 될 것이다.

06

어떤 기업의 총수입함수(total revenue)와 총비용함수는 다음과 같다고 한다.

$$TR=100Q-\frac{1}{4}Q^2$$
$$TC=10Q$$

그런데 이 기업은 오염을 발생시키는 것으로 알려져 조사해본 결과 추가적으로 $50Q$의 환경비용이 발생하는 것으로 나타났다. 다음 설명 가운데 옳지 않은 것은?

> 가. 이 기업의 사적(private)이윤을 극대화하는 산출량은 $Q=180$이다.
>
> 나. 사회적으로 바람직한 산출량은 $Q=175$이다.
>
> 다. 생산물 한 단위당 10의 환경세를 부과하면 사적이윤을 극대화하는 산출량과 사회적잉여를 극대화하는 산출량이 같아진다.
>
> 라. 부정적 외부성의 전형적인 사례이며, 왜곡을 발생시키지 않는 정액세(lump−sum tax)로써 문제를 해결할 수 있다.

① 가, 나　　　　　② 가, 다　　　　　③ 나, 다

④ 나, 라　　　　　⑤ 다, 라

$\boxed{✎}$ $TR=P\times Q=100Q-\frac{1}{4}Q^2$이므로 수요곡선은 $P=100-\frac{1}{4}Q$이다. 그리고 총수입과 총비용을 미분하면 한계수입 $MR=100-\frac{1}{2}Q$, 한계비용 $MC=10$이다. 이제 $MR=MC$로 두면 $100-\frac{1}{2}Q=10$이므로 이윤극대화 생산량 $Q=180$으로 계산된다.

이제 사회적인 최적생산량을 구해보자. 외부총비용 $TEC=50Q$를 미분하면 외부한계비용 $EMC=50$이다. 그러므로 $SMC=PMC+EMC=60$이다. 사회적인 최적생산량을 구하기 위해 $P=SMC$로 두면 $100-\frac{1}{4}Q=60$이므로 사회적인 최적생산량 $Q^*=160$이다.

시장기구에 의한 생산량이 180이고, 사회적인 최적생산량이 160이므로 시장기구에 의해서는 20단위의 과잉생산이 이루어진다. 그러므로 시장기구에 의한 생산량이 사회적인 최적수준과 같아지도록 하려면 단위당 일정액의 조세를 부과해야 한다. 단위당 T원의 조세를 부과하면 한계비용이 그만큼 높아지므로 이윤극대화 조건은 $MR=MC+T$로 바뀌게 된다. $MR=MC+T$로 두면 $100-\frac{1}{2}Q=10+T$, $Q=180-2T$이다. 그러므로 시장기구에 의해 생산량이 사회적인 최적수준과 일치하는 160이 되도록 하려면 단위당 10원의 조세를 부과해야 한다. 비왜곡적인 중립세를 부과하면 생산량이 변하지 않으므로 중립세는 외부성문제 해결에는 적절하지 않은 조세이다.

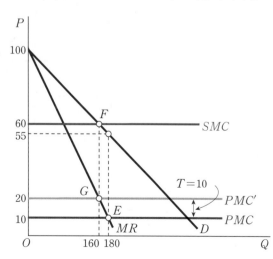

07 2020 국회 8급

100명이 편익을 얻는 공공재가 있다. 100명 중 40명의 공공재에 대한 수요함수는 $Q=50-\frac{1}{3}P$로 표현되고 나머지 60명의 공공재에 대한 수요함수는 $Q=100-\frac{1}{2}P$로 표현된다. 공공재의 생산비용이 $C=3,000Q+1,000$일 때, 사회적으로 바람직한 이 공공재의 생산량은?

① 60   ② 62.5   ③ 65

④ 72.5   ⑤ 75

✎ 40명의 공공재 수요곡선이 $P=150-3Q$로 동일하므로 이들의 공공재 수요곡선을 모두 합하면 $P=(150-3Q)\times40$, $P=6,000-120Q$이고, 나머지 60명의 공공재 수요곡선이 $P=200-2Q$로 동일하므로 이들의 공공재 수요곡선을 모두 합하면 $P=(200-2Q)\times60$, $P=12,000-120Q$이다.

    이제 사회전체의 공공재 수요곡선을 구해보자. $Q\leq50$인 구간에서는 사회전체의 공공재 수요곡선은 두 집단의 수요를 합한 $P=18,000-240Q$이지만 $Q>50$인 구간에서는 수요함수가 $P=6,000-120Q$인 집단의 공공재 수요량이 0이므로 사회전체의 공공재 수요곡선이 $P=12,000-120Q$가 된다.

$$\begin{cases} Q\leq50\text{인 구간}: P=18,000-240Q \\ Q>50\text{인 구간}: P=12,000-120Q \end{cases}$$

    공공재 공급의 총비용함수를 미분하면 한계비용 $MC=3,000$이다. 이 경우 시장수요곡선 $P=12,000-120Q$와 한계비용곡선이 교차하므로 $P=MC$로 두면 $12,000-120Q=3,000$, $Q=75$로 계산된다.

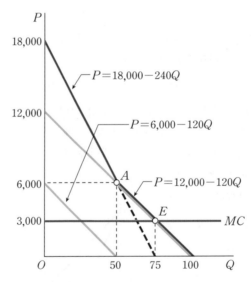

08

어떤 마을에 민간재(X)와 공공재(Y) 두 재화만을 소비하는 총 200명의 주민이 살고 있다. 이 사람들은 모두 동일한 효용함수를 가지고 있으며, 그 효용함수는 다음과 같다.

$$U(X_i,\ Y)=X_i+Y^{\frac{1}{2}}\ (단,\ i=1,\ 2,\ \cdots,\ 200)$$

민간재 생산의 한계비용은 1원이고 공공재 생산의 한계비용은 10원이라고 할 때 Pareto 최적의 공공재 공급량은?

① $\dfrac{1}{400}$ ② $\dfrac{1}{2}$ ③ 10

④ 100   ⑤ 200

📝 공공재의 최적공급조건은 $\sum MRS=MRT$이다. 먼저 각 개인의 공공재와 민간재간의 한계대체율을 구해보면 $MRS_{YX}=\dfrac{MU_Y}{MU_X}=\dfrac{\frac{1}{2}Y^{-\frac{1}{2}}}{1}=\dfrac{1}{2\sqrt{Y}}$ 이다. 사회구성원이 200명이고, 모든 사람의 효용함수는 동일하므로 $\sum MRS_{YX}=\dfrac{100}{\sqrt{Y}}$이다. 한편 $MRT_{YX}=\dfrac{MC_Y}{MC_X}=\dfrac{10}{1}=10$이므로 $\sum MRS=MRT$로 두면 $\dfrac{100}{\sqrt{Y}}=10$, $Y=100$으로 계산된다.

09

소비자들로 하여금 공공재에 대한 진정한 선호를 표출하게 하는 방안과 관련하여 옳은 것은?

① 클라크-그로브즈의 수요표출메카니즘은 내쉬전략이다.
② 클라크-그로브즈의 수요표출메카니즘은 예산균형을 달성한다.
③ 린달균형은 바람직하지만 예산상의 균형을 달성하지 못한다.
④ 그로브즈-레쟈드의 수요표출메카니즘은 예산균형을 달성하지만 내쉬전략이다.
⑤ 린달균형에서 소비자들은 공공재에 대한 진정한 선호를 표출한다.

📝 클라크-그로브즈의 수요표출메커니즘은 다른 사람이 표명한 선호와 관계없이 각 개인이 자신의 진정한 선호를 표명하는 것이 '우월전략'이 되도록 하는 제도적인 장치이다. 클라크-그로브즈 조세의 문제점은 균형예산이 보장되지 않으며, 시행과정에서 막대한 행정비용이 소요되며, 담합해서 왜곡된 선호를 시현할 경우 제도자체가 무력화될 수 있다는 것이다. 이에 비해 그로브즈(Groves)와 레야드(Ledyard)에 의해 개발된 그로브즈-레야드의 수요표출메커니즘은 '우월전략균형'이 아니라 다른 사람이 진정한 선호를 표명할 경우 자신도 진정한 선호를 표명하는 것이 최선이 되도록 하는 것으로 우월전략균형이 아니라 내쉬균형 개념을 사용하고 있다.

10 2013 세무사

A, B, C 3인으로 구성된 경제에서 각각의 효용함수는 준선형함수 형태로 $U^A=\sqrt{G}+X_A$, $U^B=2\sqrt{G}+X_B$, $U^C=3\sqrt{G}+X_C$이다. $P_G=P_X=1$일 때, 공공재를 효율적으로 공급하기 위해서 B가 부담하여야 하는 분담률은? (단, G: 공공재, X_i : i의 사적재 소비량, P_G : 공공재 가격, P_X : 사적재 가격, i : A, B, C)

① $\frac{1}{3}$ ② $\frac{1}{9}$ ③ $\frac{1}{6}$

④ $\frac{1}{2}$ ⑤ $\frac{2}{3}$

📝 각 개인의 공공재와 사용재 간의 한계대체율을 계산하면 다음과 같다.

$$MRS_{GX}^A=\frac{MU_G}{MU_X}=\frac{\frac{1}{2}G^{-\frac{1}{2}}}{1}=\frac{1}{2G^{\frac{1}{2}}}=\frac{1}{2\sqrt{G}}$$

$$MRS_{GX}^B=\frac{MU_G}{MU_X}=\frac{G^{-\frac{1}{2}}}{1}=\frac{1}{G^{\frac{1}{2}}}=\frac{1}{\sqrt{G}}$$

$$MRS_{GX}^C=\frac{MU_G}{MU_X}=\frac{\frac{3}{2}G^{-\frac{1}{2}}}{1}=\frac{3}{2G^{\frac{1}{2}}}=\frac{3}{2\sqrt{G}}$$

각 개인의 한계대체율을 모두 합하면 $\sum MRS_{GX}=\frac{3}{\sqrt{G}}$이고, $MRT_{GX}=\frac{MC_G}{MC_X}=\frac{P_G}{P_X}=1$이다. 공공재의 적정공급량을 구하기 위해 $\sum MRS_{GX}=MRT_{GX}$로 두면 $\frac{3}{\sqrt{G}}=1$, $G=9$이다. 이제 $G=9$를 각자의 한계대체율에 대입하면 개인 A, B, C가 부담해야 할 부담률은 각각 $\frac{1}{6}$, $\frac{1}{3}$, $\frac{1}{2}$로 계산된다.

준선형 효용함수
두 재화 중 한 재화의 한계효용이 그 재화소비량과 관계없이 일정한 효용함수를 말한다. 준선형 효용함수의 한계대체율도 한 재화의 소비량에 의해서만 결정된다.

11

어떤 집단의 결정비용(decision cost)함수는 $D=8NN_a^2$이고, 외부비용(external cost)함수는 $K=16(N_a-N)^2$이라고 하자.(다만, N=총 투표자수, N_a=안건이 통과되기 위해서 요구되는 찬성투표자수, $0\leq N_a\leq N$이다.) $N=3$일 때, 적정찬성투표비율은?

① $\frac{1}{5}$ ② $\frac{2}{5}$ ③ $\frac{3}{5}$

④ $\frac{6}{25}$ ⑤ $\frac{8}{25}$

📝 투표제도 운영에 따르는 총비용은 결정비용(D)과 외부비용(K)의 합이므로 투표제도 운영에 따르는 총비용함수는 다음과 같이 나타낼 수 있다.

$$\begin{aligned}C&=8NN_a^2+16(N_a-N)^2\\&=24N_a^2+16(N_a-3)^2\\&=40N_a^2-96N_a+144\end{aligned}$$

이제 총비용이 극소가 되는 투표자의 수를 구하기 위해 총비용함수를 N_a에 대해 미분한 다음 0으로 두면 $N_a = \dfrac{96}{80}$을 구할 수 있다. $N=3$이므로 최적찬성비율 $\dfrac{N_a}{N} = \dfrac{\frac{96}{80}}{3} = \dfrac{2}{5}$로 계산된다.

12 2013 세무사

후생경제학에 관한 설명으로 옳지 않은 것은?

① 100억 원, 200억 원, 300억 원 규모의 예산 가운데 최적예산을 선택하는 투표를 할 경우 모든 투표자들이 단일정점(single-peaked)의 선호를 갖게 되면 투표의 역설은 발생하지 않는다.

② 사회무차별곡선이 우하향하면서 원점에 볼록한 것과 공평성을 사회후생에 반영하고 있는 것과는 관련성이 있다.

③ 한 상품에 종량세가 부과된 상태에서 다른 상품에도 종량세를 부과하면 자원배분의 효율성이 항상 악화되는 것은 아니다.

④ 모든 사람들이 단일정점의 선호를 갖게 되면 애로우(K. Arrow)의 불가능성 정리는 성립한다.

⑤ 애로우의 불가능성 정리에서 비독재성의 조건을 완화한다는 것은 단조변환에 제약을 두는 것을 의미한다.

📝 모든 사람들이 단봉형 선호를 갖고 있다면 항상 중위투표자가 가장 선호하는 대안이 사회선호로 결정되므로 사회구성원의 선호를 집약하여 사회선호로 바꾸는 것이 언제나 가능하다. 따라서 중위투표자 정리가 성립한다면 불가능성 정리는 성립하지 않는다.

　　보기 ⑤에 대해서는 약간의 추가적일 설명이 필요하다. 사회후생함수가 $W = W(U^A, U^B)$로 주어져 있을 때 U^A가 사회후생에 미치는 효과가 U^B가 사회후생에 미치는 효과보다 압도적으로 크다면 소비자 A의 선택대로 사회선택을 하는 것이 바람직하다. 이 경우 소비자 A가 독재자가 된다. 이러한 상황을 배제하려면 각 개인의 효용이 사회후생에 미치는 효과를 임의적으로 바꾸어 주어야 한다. 만약 U^B가 사회후생에 미치는 효과를 증가시켜 U^A가 사회후생에 미치는 효과가 비슷하게 만들어 주면 소비자 A가 독재자가 될 수가 없다.

　　이는 비독재성의 조건은 U^A와 U^B를 임의의 단조증가함수에 의해 변화시키는 것이 항상 허용되어야 한다는 것을 의미한다. 그러므로 비독재성의 조건을 완화한다는 것은 단조변환에 제약을 가한다는 의미가 된다.

✎ 차선의 이론
다수의 파레토효율성조건이 충족되지 않는 상태에서의 일부조건이 추가로 충족된다고 하더라도 사회후생이 증가한다는 보장이 없다.
→ 추가적인 왜곡이 도입되면 오히려 사회후생이 증가할 수도 있다.

13

다음은 여러 가지 투표제도에 대한 설명이다. 옳은 것을 모두 고르면?

> 가. 중위투표자 정리에 따라 정치적 균형이 이루어진다면 비독재성의 원칙에 위배된다.
> 나. 전원합의제에 따른 공공선택은 파레토 기준에 의하면 개선으로 평가된다.
> 다. 점수투표제하에서는 투표자들의 전략적인 행동으로 최선의 대안이 선택되지 못할 수도 있다.
> 라. 칼도－힉스 보상기준은 다수결투표에서 다수의 횡포를 묵인하는 근거가 될 수 있다.

① 가, 나   ② 다, 라   ③ 가, 나, 다

④ 나, 다, 라   ⑤ 가, 나, 다, 라

✏️ 칼도－힉스기준
이득을 얻는 사람들의 이득금액이 손해를 보는 사람들의 손해금액보다 크면 개선이라고 판단하는 것

📝 중위투표자의 정리가 성립하는 경우에는 중위투표자의 선호가 사회선호가 되므로 중위투표자가 독재자가 되는 것과 마찬가지이다. 그러므로 중위투표자 정리에 따라 정치적 균형이 이루어진다면 비독재성의 원칙에 위배된다. 칼도－힉스 기준에 다수파의 이득이 소수파의 손해보다 크다면 그 대안이 선택하는 것이 개선으로 평가된다. 그러므로 칼도－힉스 보상기준은 다수의 횡포를 묵인하는 근거가 될 수 있다.

14 【2015 세무사】

복지－부담 정도에 관한 선호체계 중 투표의 역설을 일으키는 사례를 모두 고른 것은?

구분	순위	A	B	C
사례 I	1	저부담－저복지	고부담－고복지	중부담－중복지
	2	중부담－중복지	중부담－중복지	고부담－고복지
	3	고부담－고복지	저부담－저복지	저부담－저복지
사례 II	1	저부담－저복지	고부담－고복지	중부담－중복지
	2	중부담－중복지	저부담－저복지	고부담－고복지
	3	고부담－고복지	중부담－중복지	저부담－저복지
사례 III	1	고부담－고복지	중부담－중복지	저부담－저복지
	2	중부담－중복지	고부담－고복지	고부담－고복지
	3	저부담－저복지	저부담－저복지	중부담－중복지

① 사례 I   ② 사례 II   ③ 사례 III

④ 사례 I, 사례 II   ⑤ 사례 II, 사례 III

📝 설명을 간단히 하기 위해 저부담－저복지를 x, 중부담－중복지를 y, 고부담－고복지를 z로 두면 각 사례에서 개인들의 선호 및 투표결과는 아래의 표와 같이 정리된다. 아래의 표에서 보는 것처럼 사례 I과 III에서는 투표의 역설이 발생하지 않지만 사례 II에서는 투표의 역설이 발생함을 알 수 있다.

구분	사례 Ⅰ	사례 Ⅱ	사례 Ⅲ
투표자의 선호	$A : x>y>z$ $B : z>y>x$ $C : y>z>x$	$A : x>y>z$ $B : z>x>y$ $C : y>z>x$	$A : z>y>x$ $B : y>z>x$ $C : x>z>y$
꽁도세 방식의 투표결과	$x<y$ $y>z$ $x<z$	$x>y$ $y>z$ $x<z$	$x<y$ $y<z$ $x<z$
사회선호	$y>z>x$ (이행성 충족)	$x>y>z>x$ ··· (이행성 위배)	$z>y>x$ (이행성 충족)

15

다섯 명의 유권자(A, B, C, D, E)에게 10점을 주고 상호배타적인 세 가지 대안(X, Y, Z)에 대한 선호를 표명하도록 한 결과가 아래의 표와 같이 주어져 있다고 하자. 각 투표방식에서 최종적으로 선택되는 대안을 바르게 나열한 것은?

투표자 \ 대안	A	B	C	D	E
X	5	6	1	5	1
Y	2	1	7	4	6
Z	3	3	2	1	3

	과반수다수결	점수투표제	보다투표제
①	X	X	Y
②	X	Y	X
③	X	Y	Y
④	Y	X	Z
⑤	Y	Y	Y

📝 과반수다수결투표를 하면 개인 A, B, D가 대안 X에 투표를 하고, C, E가 Y에 투표를 할 것이므로 대안 X가 선택된다. 점수투표제하에서는 대안 X가 18점, Y가 20점, Z가 12점을 얻으므로 대안 Y가 선택된다. 보다투표제하에서는 아래의 표에서 보는 것처럼 대안 X가 11점, Y가 10점, Z가 9점을 얻으므로 대안 X가 선택된다.

보다 투표방식하에서 각 대안의 점수

투표자 \ 대안	A	B	C	D	E	합계
X	3	3	1	3	1	11
Y	1	1	3	2	3	10
Z	2	2	2	1	2	9

13 ⑤   14 ②   15 ②

16 2013 세무사

3인의 유권자 a, b, c가 있는 사회이다. 공공재에 대한 유권자들의 수요함수는 각각 $D_a = 30 - P_a$, $D_b = 40 - P_b$, $D_c = 41 - P_c$로 주어져 있다. 공공재 1단위를 공급하기 위한 비용은 60이고, 이 비용은 각 유권자가 $\frac{1}{3}$씩 부담한다. 이때 공공재 규모 결정에 있어서 다수결 원칙에 의해 결정되는 수준(ㄱ)과, 사회적 최적 수준(ㄴ)은? (단, D_i: 유권자 i의 공공재 수요량, P_i: 유권자 i의 지불가격, $i : a$, b, c)

① ㄱ － 17, ㄴ － 17   ② ㄱ － 20, ㄴ － 17

③ ㄱ － 20, ㄴ － 20   ④ ㄱ － 17, ㄴ － 20

⑤ ㄱ － 21, ㄴ － 17

📝 공공재 공급비용은 각 개인이 $\frac{1}{3}$씩 부담하므로 각 개인의 한계비용은 20이다. 개인 A의 공공재 수요함수가 $P_a = 30 - Q_a$이므로 개인 A가 원하는 공공재 공급수준을 알기 위해 $P_a = MC$로 두면 $30 - Q_a = 20$, $Q_a = 10$으로 계산된다. 마찬가지 방법으로 계산하면 개인 B가 원하는 공공재의 양은 20단위, 개인 C가 원하는 공공재의 양은 21단위임을 알 수 있다. 이 경우 다수결투표를 통해 공공재 공급량을 결정하면 중위투표자에 해당하는 개인 B가 원하는 양인 20단위로 결정된다.

이제 사회적인 최적수준의 공공재 공급량을 알아보자. 각 개인의 수요함수를 P에 대해 정리한 후에 더하면 시장전체의 공공재 수요함수는 $P = 101 - 3Q$이다. 사회적인 최적수준의 공공재 규모를 계산하기 위해 $P = MC$로 두면 $101 - 3Q = 60$이므로 사회적인 최적수준의 공공재 공급량 $Q = 17$이다. 그런데 공공재 공급량을 다수결투표를 통해 결정하면 20단위가 공급되므로 사회적인 최적수준보다 더 많은 양의 공공재가 공급됨을 알 수 있다.

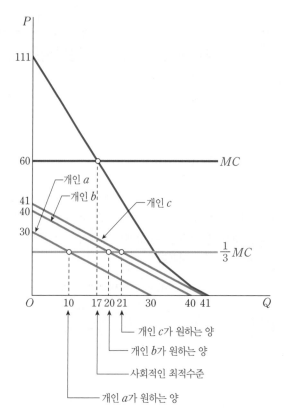

17

점수투표제란 투표자가 각 대안에 대해 자신의 선호 정도를 점수로 표시하여 투표하고 가장 많은 점수를 획득한 대안이 최종적으로 선택되는 방식을 의미한다. 〈보기〉의 표는 각 투표자가 10점을 후보 A, B, C에 대한 선호에 따라 나누어 배분하는 방식으로 표시하였다. 〈보기〉와 같은 상황에서 당선되는 후보는?

- 투표자1~투표자5는 진실하게 자신의 선호를 표시하여 투표에 임한다.
- 투표자6은 다른 투표자들의 점수 배점에 대한 정보를 보유하고 있다.
- 투표자6은 자신에게 유리한 결과를 이끌고자 전략적 행동을 취하여 투표에 임한다.

대안＼투표자	투표자 1	투표자 2	투표자 3	투표자 4	투표자 5	투표자 6
후보 A	3	3	3	1	7	2
후보 B	6	4	5	7	0	1
후보 C	1	3	2	2	3	7

① 후보 A ② 후보 B

③ 후보 C ④ 후보 A와 후보 C 모두 가능

⑤ 세 후보 모두 가능

📝 투표자 1~5의 투표로 각 후보자가 얻게 되는 점수를 계산해 보면 후보 A는 17점, B는 22점, C는 11점이다. 만약 투표자 6이 자신의 전정한 선호대로 투표를 하면 A는 19점, B는 23점, C는 18점을 얻으므로 투표자 6이 가장 덜 선호하는 후보자 B가 당선된다. 이 경우 투표자 6은 자신에게 유리한 결과를 얻도록 전략적인 행동을 할 인센티브가 있다.

    투표자 6이 자신의 선호를 왜곡하여 자신이 가장 선호하는 후보자 C에게 10점을 주더라도 후보자 A는 17점, B는 22점, C는 21점을 얻으므로 여전히 가장 자신이 덜 선호하는 후보자 B가 당선된다. 그러므로 이 경우 투표자 6은 후보 B보다는 덜 싫어하는 후보 A가 당선되도록 하기 위해 후보 A에게 10점을 투표할 가능성이 크다. 투표자 6이 후보 A에게 10점을 투표하면 A는 27점, B는 22점, C는 11점을 얻으므로 후보 A가 당선될 것이다.

03

공공지출이론

Public Finance

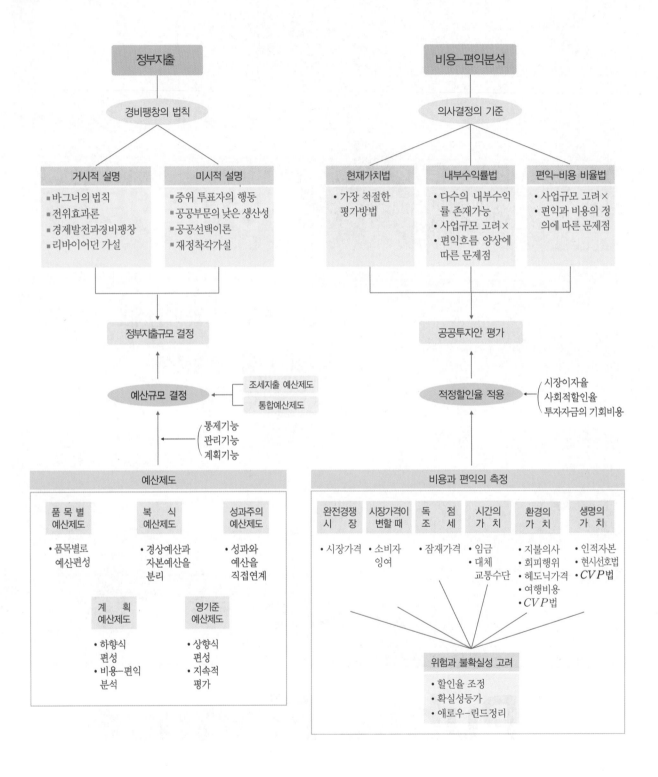

Public Finance

06 정부지출과 예산제도

Point

시장실패를 교정하기 위한 정부의 활동에는 공공경비의 지출이 수반된다. 정부가 지출하는 공공경비는 예산을 통해서 그 크기와 규모가 확정된다. 경제전체에서 정부부문이 차지하는 비중이 점점 커지고 있으며, 그에 따라 공공경비의 규모도 지속적으로 증가하는 경향을 보이고 있다. 본 장에서는 공공경비가 팽창하는 원인을 미시적 측면과 거시적 측면에서 검토하고, 공공경비의 규모와 내용을 담고 있는 예산에 대해 살펴본다. 예산편성방식에 따라 예산제도도 여러 가지로 나누어지는데 각 예산제도의 장·단점에 대해서도 논의하기로 하자.

Ⅰ 정부지출의 의의 및 유형

1. 정부지출의 의의

① 정부지출(공공지출)이란 중앙정부 또는 지방정부가 공공욕구 충족을 위해 그 기능을 수행하는 과정에서의 다양한 지출을 말한다.

   ◑ 정부지출을 비용측면에서는 공공경비라고도 한다.

② 그러므로 정부의 3대 기능인 효율적인 자원배분, 소득재분배, 경제안정화를 위한 모든 지출이 포함된다.

③ 대표적인 것으로는 시장실패를 보완하기 위한 공공재 공급, 빈곤층에 대한 생계비 지원, 경기침체를 벗어나기 위한 지출을 들 수 있다.

④ 정부지출은 예산(budget)이라는 형식으로 표현되며, 이를 통해 정부활동의 방향과 내용을 파악할 수 있다.

   ◑ 숨은 경비
   ① 당연히 정부가 부담해야 하는 비용이지만 여러 방법으로 실질적인 부담이 국민에게 전가되어 정부 예산에 나타나지 않는 비용을 말한다.
   ② 징병제도, 정부 업무에 대한 근로봉사, 조세지출(tax expenditure) 등이 숨은 경비에 해당된다.

⑤ 현대로 들어오면서 정부부문이 경제에서 차지하는 비중이 점점 증가하면서 그 중요성이 점점 부각되고 있다.

2. 지출의 유형

(1) 정부지출 vs 이전지출

① 정부의 지출은 크게 보면 ⅰ) 재화나 서비스를 구입하기 위한 지출과 ⅱ) 민간부문에 구매력을 이전하기 위한 지출로 나눌 수 있다.

② 통상 정부가 민간으로부터 재화나 서비스를 구입하는 것을 정부지출(government purchase), 정부가 민간에게 무상으로 현금이나 현물을 이전하는 것을 이전지출 (transfer payment)이라고 부른다.

> ❍ 정부지출이 공공경비란 뜻으로 사용될 때는 두 가지 지출을 모두 포함하는 개념으로 사용되나 총수요의 구성요소란 뜻으로 사용될 때는 이전지출은 포함되지 않는다.

③ 정부기관 운영에 필요한 각종 비품이나 소모품을 구입하거나 공공재 공급을 위한 지출은 정부지출, 공공부조 프로그램을 통해 저소득층이나 빈곤층을 지원하는 것은 이전지출에 해당된다.

> ❍ 피구(A. C. Pigou)는 정부지출은 구매력을 이전하는 지출이 아니므로 비이전적 경비, 이전지출은 민간부문으로 구매력을 이전하는 지출이므로 이전적 경비로 분류하였다.

④ 현대에 와서 각국이 복지국가로 이행하면서 연금, 보조금, 사회보장지출 등과 같은 이전 지출의 비중이 점점 커지는 경향이 나타나고 있다.

(2) 정부지출과 민간부문의 생산

① 정부지출이 늘어나면 경제 내에 있는 자원 중 정부부문의 공공서비스 생산에 더 많은 자원이 사용되므로 민간부문의 생산이 감소하게 된다.

② 그러므로 정부지출이 증가하면 경제에서 차지하는 정부부문의 비중이 커지는 반면 민간부문의 비중이 낮아지게 된다.

③ 정부의 공공서비스 생산이 증가하면 민간부문의 전체 생산은 감소하나 모든 민간부문의 생산이 감소하는 것은 아니다.

④ 정부부문의 생산이 증가하면 정부의 공공서비스와 대체 관계에 있는 민간부문의 생산이 큰 폭으로 감소한다.

> ❍ 정부의 경찰서비스 생산이 증가하면 사설방범서비스에 대한 수요가 감소하여 사설방범서비스의 생산이 감소할 것이다.

⑤ 그러나 정부의 공공서비스와 보완관계에 있는 민간부문의 재화생산은 오히려 증가할 수도 있다.

> ❍ 정부가 각 지역마다 일반 국민들이 적은 비용으로 여가를 즐길 수 있도록 공공체육시설을 확충하면 테니스장비, 축구공 등의 소비와 생산이 증가할 수도 있다.

(3) 이전지출과 민간부문의 소비

① 저소득층에 대한 정부의 보조금, 국민연금 등의 형태로 이전지출이 이루어지면 민간의 (가처분)소득이 증가한다.

② 이전지출의 유형은 직접 현금으로 지급하는 현금보조, 식료품과 같이 특정한 물품을 지급하는 현물보조, 그리고 특정한 재화를 구입할 때 구입가격의 일정비율을 지급하는 가격보조의 세 가지로 구분할 수 있다.

③ 이전지출이 이루어지면 이를 지급받은 사람의 소득이 증가하므로 그들의 각종 재화구입량 및 효용이 증가한다.

④ 그런데 동액의 이전지출이 이루어지더라도 보조금의 유형에 따라 각 재화의 구입량과 효용수준이 달라지게 되는데, 이에 대해서는 제7편에서 자세히 설명하기로 한다.

(4) 정부의 지출유형과 총수요

① 총수요(혹은 유효수요)란 경제 전체 생산물에 대한 수요로 가계의 소비지출(C), 기업의 투자지출(I), 정부지출(G)로 구성된다.

$$AD = C + I + G$$

❖ 단순화를 위해 해외부문은 없는 것으로 가정하자.

② 가계가 각종 재화나 서비스를 구입하거나, 기업이 자본재를 구입하거나, 정부가 재화를 구입하면 경제 전체 생산물에 대한 수요인 총수요(aggregate demand)가 증가한다.

③ 정부가 공무원들에게 지급하기 위해 업무용 컴퓨터를 10억 원어치 구입하면 총수요가 곧바로 10억 원 증가한다.

④ 그러나 정부가 저소득층에게 생계비를 10억 원 지원하는 경우에는 저소득층이 증가된 소득으로 재화나 서비스를 구입해야 총수요가 증가한다.

⑤ 저소득층의 한계소비성향이 0.8이라면 소득이 10억 원 증가하면 소비지출이 8억 원 증가할 것이므로 총수요도 8억 원만 증가한다.

❖ 한계소비성향(Marginal Porpensity to Consume: MPC)이란 소득이 한 단위 증가할 때 소비지출이 증가하는 비율을 말한다.

⑥ 그러므로 이전지출이 증가할 때보다 동일한 금액의 정부지출이 증가하면 총수요가 더 크게 증가한다.

❖ 총수요에 미치는 효과는 정부지출이 더 크고, 소득분배에 미치는 효과는 이전지출이 더 크다.

심층연구 / **케인즈의 승수모형**

1. 개요

① 케인즈는 경제의 잉여생산능력이 충분한 상태에서는 정부지출이나 조세와 같은 독립적인 지출이 변하면 국민소득이 훨씬 더 큰 폭으로 변하는 것으로 설명하였는데, 이를 승수모형이라고 한다.

② 승수(multiplier)란 독립지출이 변할 때 국민소득이 얼마나 변하는지를 나타내는 지표로 다음과 같이 정의된다.

$$승수 = \frac{균형국민소득의 \ 변화분}{독립지출의 \ 변화분}$$

③ 예를 들어, 정부지출이 1,000억 원 증가하였을 때 최종적으로 국민소득이 5,000억 원 증가하였다면 정부지출승수는 5가 된다.

2. 정부지출승수

① 만약 정부가 고속도로 건설에 1,000억 원을 지출하면 총수요가 1,000억 원 증가한다.

② 총수요가 1,000억 원 증가하면 그만큼 생산이 늘어나 국민소득이 1,000억 원 증가하므로 가계의 소득이 1,000억 원 증가한다.

③ 가계는 증가한 소득의 일부를 재화나 서비스 구입에 지출하게 되는데, 한계소비성향이 0.8이라면 소득이 1,000억 원 증가하면 가계의 소비지출이 800억 원 증가한다.

④ 가계의 소비지출 증가로 총수요가 800억 원 증가하면 생산이 늘어나 국민소득이 또다시 800억 원 증가한다.

⑤ 증가한 국민소득은 다시 가계의 소득이 되므로 가계의 소득이 800억 원 증가하면 소비지출이 소득 증가분에다 한계소비성향 0.8을 곱한 640억 원 증가한다.

⑥ 소비지출이 640억 원 증가하면 총수요가 640억 원 증가하므로 국민소득이 640억 원 증가한다.

⑦ 이와 같은 과정이 계속되면 국민소득은 최초의 정부지출 증가분보다 훨씬 더 크게 증가하게 되는데, 국민소득 증가분은 다음과 같이 계산된다.

$$
\begin{aligned}
\Delta Y &= 1,000 + 800 + 640 + 512 + \cdots \\
&= 1,000 + (0.8 \times 1,000) + (0.8^2 \times 1,000) + (0.8^3 \times 1,000) + \cdots \\
&= (1 + 0.8 + 0.8^2 + 0.8^3 + \cdots) \times 1,000 \\
&= \frac{1}{1-0.8} \times 1,000 \\
&= 5,000
\end{aligned}
$$

⑧ 한계소비성향을 c로 두면 정부지출이 ΔG만큼 증가할 때의 국민소득 증가분 ΔY는 일반적으로 다음과 같이 계산된다.

$$
\begin{aligned}
\Delta Y &= \Delta G + c\Delta G + c^2\Delta G + c^3\Delta G + \cdots \\
&= (1 + c + c^2 + c^3 + \cdots)\Delta G \\
&= \frac{1}{1-c}\Delta G
\end{aligned}
$$

⑨ 정부지출이 증가할 때 국민소득이 몇 배 증가하는지를 보여주는 $\frac{1}{1-c}$를 정부지출승수라고 한다.

$$정부지출승수 : \frac{\Delta Y}{\Delta G} = \frac{1}{1-c}$$

❍ 민간투자가 증가하더라도 동일한 과정을 거치게 되므로 투자승수는 항상 정부지출승수와 동일하다.

⑩ 이처럼 승수효과(multiplier effect)란 독립지출이 약간만 증가하더라도 '소득증가 ⇒ 소비증가 ⇒ 소득증가 ⇒ 소비증가 …'의 연쇄적인 과정을 통해 최종적으로는 국민소득이 훨씬 크게 증가하는 것을 말한다.

3. 조세승수

① 정부지출은 정부가 직접 재화나 서비스를 구입하는 것이므로 정부지출이 1,000억 원 증가하면 곧바로 총수요가 1,000억 원 증가한다.

② 이에 비해 정부가 조세를 1,000억 원 감면하면 가계의 소득이 1,000억 원 증가하게 되는데, 가계가 증가한 소득을 지출해야 비로소 총수요가 증가한다.

③ 한계소비성향이 0.8이라면 가계의 소득이 1,000억 원 증가하면 소비지출이 한계소비성향 0.8을 곱한 800억 원 증가한다.

④ 소비지출이 800억 원 증가하면 총수요가 800억 원 증가하고 그에 따라 국민소득이 800억 원 증가한다.

⑤ 국민소득이 800억 원 증가하면 가계의 소득이 800억 원 증가하므로 소비지출이 640억 원 증가한다.

⑥ 소비지출이 640억 원 증가하면 총수요가 증가하므로 그에 따라 국민소득이 640억 원 증가한다.

⑦ 조세감면이 이루어져도 위에서 설명한 것과 같은 승수과정을 거쳐 국민소득이 증가하게 되는데, 국민소득 증가분을 계산해 보면 다음과 같다.

$$\begin{aligned} \Delta Y &= 800 + 640 + 512 + \cdots \\ &= (0.8 \times 1,000) + (0.8^2 \times 1,000) + (0.8^3 \times 1,000) + \cdots \\ &= (0.8 + 0.8^2 + 0.8^3 + \cdots) \times 1,000 \\ &= \frac{0.8}{1 - 0.8} \times 1,000 \\ &= 4,000 \end{aligned}$$

⑧ 한계소비성향이 c로 주어져 있다면 조세가 ΔT만큼 증가할 때의 국민소득의 변화분 ΔY는 다음과 같이 계산된다.

$$\begin{aligned} \Delta Y &= c \cdot (-\Delta T) + c^2 \cdot (-\Delta T) + c^3 \cdot (-\Delta T) + \cdots \\ &= (1 + c + c^2 + c^3 + \cdots) \cdot (-\Delta T) \\ &= \frac{-c}{1 - c} \Delta T \end{aligned}$$

⑨ 조세의 변화에 따른 국민소득의 변화분을 보여주는 $\dfrac{-c}{1-c}$를 조세승수라고 한다.

$$\text{조세승수}: \frac{\Delta Y}{\Delta T} = \frac{-c}{1-c}$$

4. 균형재정승수

① 한계소비성향이 0.8로 주어져 있다면 정부지출승수와 조세승수는 각각 다음과 같이 계산된다.

$$\text{정부지출승수}: \frac{\Delta Y}{\Delta G} = \frac{1}{1-c} = \frac{1}{1-0.8} = 5$$

$$\text{조 세 승 수}: \frac{\Delta Y}{\Delta T} = \frac{-c}{1-c} = \frac{-0.8}{1-0.8} = -4$$

❍ 한계소비성향이 커지면 정부지출승수와 조세승수(절댓값)가 모두 커지게 된다.

② 절댓값으로 보면 정부지출승수가 조세승수보다 큰 것을 알 수 있는데 이는 조세감면보다 정부지출증가가 국민소득에 미치는 효과가 더 크다는 것을 의미한다.

③ 즉, 정부지출이 1,000억 원 증가할 때는 국민소득이 5,000억 원 증가하나 조세가 1,000억 원 감면되면 국민소득이 4,000억 원만 증가하므로 조세감면보다 정부지출 증가가 더 팽창적인 효과를 갖는다.

④ 그 이유는 승수과정의 첫 단계에서 정부지출이 1,000억 원 증가하면 곧바로 총수요가 1,000억 원 증가하는데 비해 조세가 1,000억 원 감면되면 소비지출이 800억 원만 증가하므로 총수요도 800억 원만 증가하기 때문이다.

⑤ 정부지출과 조세가 동액만큼 증가할 때의 승수를 균형재정승수(balanced budget multiplier)라고 한다.

⑥ 정부지출과 조세가 동액만큼 증가할 때의 승수는 정부지출승수와 조세승수를 합하면 균형재정승수를 구할 수 있다.

⑦ 앞에서 구한 정부지출승수와 조세승수를 합하면 균형재정승수가 1이 되는 것을 알 수 있다.

$$\text{균형재정승수}: \frac{\Delta Y}{\Delta G} + \frac{\Delta Y}{\Delta T} = \frac{1}{1-c} + \frac{-c}{1-c} = \frac{1-c}{1-c} = 1$$

⑧ 균형재정승수가 1이므로 정부지출과 조세가 모두 1,000억 원 증가하면 국민소득도 1,000억원 증가한다.

⑨ 그 이유는 정부지출승수가 5이므로 정부지출이 1,000억 원 증가하면 국민소득이 5,000억 원 증가하고, 조세승수가 −4이므로 조세가 1,000억 원 증가하면 국민소득이 4,000억 원 감소하기 때문이다.

Ⅱ 정부(공공)지출의 지속적 증가 요인

1. 바그너의 법칙

① 19세기 독일의 경제학자 바그너(A. Wagner)는 유럽 각국에서 정부지출의 규모가 지속적으로 증가하는 현상을 관찰하였다.

② 그는 경제의 발전과정에서 정부의 규모가 지속적으로 커지는 경향이 있음을 주장하였는데, 이를 바그너의 법칙(Wagner's law)이라고 한다.

| 바그너의 법칙 |
1인당 국민소득이 증가할 때 1인당 정부지출의 크기가 상대적으로 증가한다.

③ 바그너는 정부지출이 지속적 증가요인을 경제발전과 더불어 국가가 수행해야 할 기능이 계속 늘어났기 때문이라고 보았다.

④ 그는 경제발전과 더불어 시장에서 공급이 이루어질 수 없는 교육·문화·보건 등에 대한 수요가 증가하고, 소득재분배와 경제안정을 위한 정부개입의 필요성이 증대됨에 따라 공공지출의 규모도 지속적으로 증가한 것으로 설명하였다.

⑤ 그러나 바그너는 기본적으로 국가유기체설에 입각하여 국가의 활동이 내재적·외연적으로 증가하는 것으로 설명하였기 때문에 공공지출의 증가를 설명하는 이론적 토대가 부족하다는 한계가 있다.

⑥ 바그너의 법칙이 제시된 이후 정부지출의 지속적 팽창 원인을 설명하기 위한 여러 이론이 대두되었다.

⑦ 공공지출의 팽창을 설명하는 이론은 경제 전체 차원에서 정부지출의 변화를 설명하는 거시적인 설명과 공공지출에 관한 의사결정과정을 미시경제학의 토대 위에서 설명하는 미시적인 설명으로 구분된다.

2. 거시적인 설명

(1) 전위효과론

1) 개요

① 피콕과 와이즈만(A. Peacock & J. Wiseman)은 영국의 경비지출추이를 실증적으로 분석하여 경비팽창이 이루어지는 과정을 설명하고자 하였다.

② 이들은 전위효과·점검효과 등의 개념을 이용하여 공공경비가 불연속적으로 증대되는 과정을 설명하였다.

2) 내용

① 평상시에는 국민들이 납부할 용의가 있는 조세의 허용수준(tolerable level of taxation)이 안정되어 있기 때문에 공공지출도 안정적인 증가추세를 유지한다.

② 그러나 전쟁·지진·기근 등과 같은 사회적 격변이 발생하면 국민들이 공공지출증대의 불가피성을 인식하게 되어 과거에는 허용할 수 없다고 생각하던 높은 조세부담을 용인하게 된다.

그림 6-1 전위효과

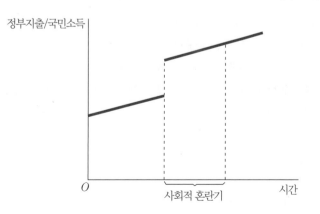

사회적 격변이 발생하면 국민들이 재정지출 증대의 필요성을 인식하게 되어 조세허용수준이 높아지고(시발효과), 이에 따라 정부지출 추세선이 상방으로 이동한다(전위효과). 사회적 격변이 끝나더라도 사회문제에 대한 국민들의 관심이 높아져 사회여건개선을 위한 정부지출확대를 지지하므로 공공지출수준은 계속 높은 수준을 유지한다(점검효과).

○ 이와 같이 사회적인 격변으로 국민의 조세허용수준이 상승하는 것을 문턱효과(시발효과, threshold effect)라고 한다.

③ 사회적인 격변으로 인하여 정부지출 수준이 급속히 높아져 일정기간 유지되면 지출선 자체가 상방으로 이동(전위)하여 사회적 혼란이 종료된 이후에도 정부지출은 계속 높은 수준을 유지한다.

○ 정부지출 추세선의 위치가 상향조정(displace upward)되는 것을 전위효과(displacement effect)라고 한다.

④ 사회적인 격변이 끝난 이후에도 계속 공공지출이 높은 수준을 유지하게 되는 것은 국민들이 정부지출 증대의 필요성을 새롭게 인식하고 높은 세율을 받아들이기 때문이다.

○ 사회적인 격변이 끝난 이후에도 정부지출이 계속해서 높은 수준으로 유지되는 것을 점검효과(inspection effect)라고 한다.

○ 지진으로 사회적인 혼란이 야기되었다면 지진예측과 지진피해를 최소화하기 위한 정부지출을 국민들이 지지하게 되어 정부지출은 계속 높은 수준을 유지하게 된다.

3) 평가

① 전위효과 이론은 정부지출 수준이 외부적인 충격으로 인해 급속히 높아지는 현상을 설명할 수 있다.

② 그러나 평상시에 지속적으로 공공경비가 증대되는 현상을 설명하는 데는 한계가 있다.

(2) 경제발전단계와 공공경비팽창

① 머스그레이브－로스토우(Musgrave－Rostow)는 경제발전의 모든 단계에서 정부개입의 필요성이 대두되므로 공공경비는 지속적으로 팽창하는 경향이 있다고 주장한다.

   ┌ 경제발전 초기단계 … 사회간접자본 형성을 위한 대규모의 공공투자가 필요
   ├ 경제발전 중기단계 … 민간투자를 보완하기 위한 공공투자의 필요성 증대
   └ 경제발전 후기단계 … 복지서비스 · 소득보장 등을 위한 공공지출의 증대

② 그리고 모든 단계에서 다양한 형태의 시장실패가 발생하므로 이에 대처하기 위한 공공지출이 증대된다.

(3) 리바이어던 가설 … Buchanan

① 부케넌은 대의민주주의 정치제도에서는 사회를 구성하고 있는 각 개인들이 과도한 정부지출의 증가를 억제할 수 있는 마땅한 수단을 갖고 있지 못하다는 점을 지적하였다.

② 그는 현대의 민주주의 정치체제 하에서는 정부부문이 내재적으로 전설의 수중동물인 리바이어던(Leviathan)과 같이 과도하게 팽창하는 속성을 갖고 있다고 설명하였는데, 이를 리바이어던 가설이라고 한다.

3. 미시적 설명

(1) 중위투표자의 행동 ⋯ Brown & Jackson

① 다수결투표제도하에서 정치가는 득표극대화를 달성하기 위해서 중위투표자가 가장 선호하는 수준의 공공서비스를 공급하고자 한다.

② 즉, 대의민주주의하에서 정부가 공급하는 공공서비스의 크기는 중위투표자의 선호에 의하여 결정된다.

③ 중위투표자의 공공서비스에 대한 수요의 소득탄력성이 1보다 크다면, 중위투표자의 소득이 증가할 때 공공서비스의 수요는 급속도로 증가한다.

④ 따라서 중위투표자의 소득이 증가하면 공공서비스 수요가 급격히 증가하므로 공공경비도 급격히 팽창하는 것이 일반적이다.

    ● 만약 공공서비스 공급의 평균비용이 상승한다면 공공경비는 보다 급속도로 팽창한다.

(2) 공공부문의 낮은 생산성 ⋯ Baumol

① 공공부문은 대체로 민간부문보다 노동집약적이고, 공급되는 서비스의 특성상 노동과 자본의 대체가 어렵기 때문에 생산성 증가가 낮은 것이 일반적이다.

② 기술혁신으로 민간부문의 생산성이 급속히 상승하여 민간부문의 임금이 상승하면 상대적으로 생산성 향상이 더딘 공공부문의 임금도 상승할 수밖에 없다.

③ 그 결과 정부가 공급하는 공공서비스의 공급비용이 상대적으로 빠르게 상승하여 공공지출이 급속히 팽창하게 되는데, 이를 보몰효과(Baumol effect)라고 한다.

    ● 보몰은 공공서비스 가격이 지속적인 상승현상을 비용병(cost disease)이라고 불렀다.

④ 만약 공공서비스에 대한 수요의 소득탄력성이 1보다 크다면 국민소득이 증가할 때 공공부문의 비중은 훨씬 더 급속도로 팽창한다.

(3) 공공선택과 공공경비 팽창

① 정치가들은 소수에게 이익이 돌아가는 공공지출을 찬성함으로써 득표극대화를 도모하는 경향이 있으며, 관료들도 사신이 속한 부처의 예산규모를 확대하기 위해 노력한다.

② 특수이익집단은 공익보다는 구성원들에게 이익이 돌아오는 법안통과나 정책집행을 위해서 입법부나 행정부에 다양한 경로를 통해 압력을 행사한다.

③ 이와 같은 요인들이 복합적으로 작용하면 다수의 공공사업이 시행되므로 공공경비의 팽창이 초래된다.

④ 정치가, 관료, 이익집단의 이러한 연합관계를 철의 삼각형(iron triangle)이라고 부른다.

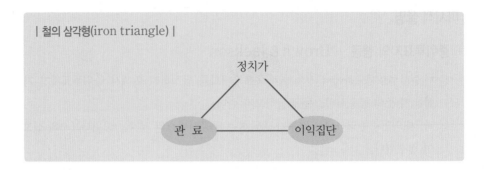

| 철의 삼각형(iron triangle) |

(4) **재정착각가설** … Buchanan, Wagner

① 공공서비스의 공급비용은 모든 사회구성원에게 다양한 종류의 조세로 분산되므로 사람들이 이를 제대로 인식하지 못하는 것을 재정착각(fiscal illusion)이라고 한다.

② 재정착각이 발생하면 국민들이 인식하는 공공서비스 공급비용이 실제보다 낮아지는 결과가 초래된다.

③ 국민들이 공공서비스 공급비용을 과소평가하면 집단적 의사결정에 따라 결정된 공공서비스의 공급규모가 과다해질 것이고, 이는 결국 공공지출 규모의 팽창을 가져온다.

Ⅲ 예산제도

1. 예산의 개념 및 기능

(1) 예산의 개념

① 예산(budget)은 일정기간(보통 1년)동안 정부의 활동을 뒷받침하기 위한 재정수입과 지출내역을 체계적으로 정리한 계획서를 의미한다.

② 예산안이 정부에서 편성, 국회로 송부되면 국회에서 정부정책에 대한 충분한 심의를 거쳐 의결됨으로써 예산이 성립한다.

③ 예산은 정부활동에 대한 일종의 계획서이지만 재정활동의 지침이 되며, 정부활동의 전반을 구속하는 구속력을 갖고 있다.

④ 예산에는 정부가 추진하는 모든 정책이 집약되어 있으며, 국가의 정치적 의사가 반영되어 있다.

(2) 예산의 기능

1) 통제기능

① 예산은 국민이 그 대표기관인 국회를 통해서 정부의 활동을 통제하는 기능을 갖고 있다.

② 즉, 예산제도는 정부기관 활동의 한계를 설정하고, 국민의 의사가 충실히 구현될 수 있도록 통제하는 기능을 한다.

③ 역사적으로 볼 때 예산제도는 정부의 조세수입과 그 지출에 대한 견제수단으로 발달하였다.

2) 관리기능

① 관리기능이란 예산편성과정에서 각 부처의 다양한 사업계획을 심사·검토하고, 시행이 결정된 사업에 소요자원을 배분하고, 배분된 자원이 가장 효율적으로 이용될 수 있도록 하는 기능을 의미한다.

② 이와 같은 관리기능을 통하여 제한된 재정자원을 효율적으로 이용함으로써 국민후생의 증대가 가능하다.

3) 계획기능

① 계획기능이란 예산편성과정에서 정부의 장기적인 목표와 이를 달성하기 위한 대체안에 대한 평가와 프로그램의 결정 등이 이루어지도록 하는 기능을 말한다.

② 정부부문의 역할이 크게 늘어난 오늘날에는 예산의 계획기능이 가장 중요한 기능으로 부각되고 있다.

③ 처음에는 예산의 통제기능이 중시되었으나 점차 관리기능 중심으로, 계획기능 중심으로 그 기능의 중요성이 이동하여 왔다.

2. 여러 가지 예산제도

(1) 품목별 예산제도

1) 개념

① 품목별예산제도(line-item budgeting system)란 각 행정기관이 당해 회계연도에 구입할 재화나 서비스를 품목별로 세세하게 규정하는 형태로 예산을 편성하는 방식이다.

② 이 방식에서는 각 행정기관이 예산의 증가요인을 반영하여 전년도보다 증액된 규모를 요청하면 전체 예산을 통제하는 기관이 이를 검토하여 각 기관의 예산규모를 정하게 된다.

   ❖ 전년도 예산을 기준으로 일정금액을 가감하는 방식으로 예산을 편성하는 것을 증분주의 예산편성방식이라고 한다.

③ 품목별예산제도는 통제기능을 중요시하는 예산편성 방식으로 각 부처별 예산이 예정된 항목에 충실히 사용되었는지 사후적으로 점검하는 데는 편리하나 여러 가지 단점을 갖고 있다.

④ 현재 각국은 대체로 품목별 예산편성방식을 근간으로 하는 예산제도를 운영하면서 예산의 효율성과 합리성을 높일 수 있는 다른 예산편성 방식도 함께 도입·사용하고 있다.

2) 단점

① 예산편성 과정에서 재정지출의 경제적 효과에 대한 고려가 이루어지지 않는다.

② 새로운 예산편성의 기준이 되는 기존예산에 대한 재검토가 제대로 이루어지 않아 예산이 경직적이므로 경제상황 변화에 재정이 신축적으로 반응하기 어렵다.

③ 비슷한 업무를 수행하는 부처 간에 예산의 중복으로 인해 비효율이 초래될 수 있다.

(2) 복식예산제도

1) 개요

① 복식예산제도란 예산을 경상예산(current budget)과 자본예산(capital budget)으로 구분하여 운영하는 예산제도를 의미한다.

② 이 제도는 매년 반복적으로 이루어지는 경상지출은 조세 등과 같은 경상적인 수입으로 조달하고, 비반복적으로 이루어지는 자본적 지출은 차입을 통해 조달하더라도 무방하다는 견해에 입각하고 있다.

③ 1930년대에 스웨덴 · 덴마크 등의 국가에서 채택하였다.

2) 도입배경

① 전통적으로 균형재정은 가장 중요한 재정원칙이었으며, 정부의 예산운용에 있어서 항상 지켜져야 할 과제로 인식되어 왔다.

② 그러나 경기변동의 진폭을 완화하고 경제안정을 위해 불가피한 경우에는 불균형예산의 편성을 허용하여 재정의 신축성을 제고할 현실적인 필요성이 있다.

③ 특히, 경기침체기에 공공투자를 확대할 필요성이 있을 때 차입에 의한 재원조달을 합리화할 수 있는 방안의 마련이 필요해짐에 따라 복식예산제도가 도입되었다.

3) 장점

① 공채발행 등을 통한 적자재정이 허용되므로 효과적인 경기대응이 가능하다.

② 정부의 투자활동을 효과적으로 관리할 수 있다.

③ 정부의 순자산을 체계적으로 파악하는 것이 가능하다.

4) 단점

① 자본적 지출과 경상적 지출을 명확히 구분하는 것이 용이하지 않다.

② 정부가 보유한 자산의 감가상각을 적절하게 계산하는 것이 쉽지 않다.

③ 자본적 지출재원을 전부 차입에 의존할 경우 정부의 공공지출이 너무 급속하게 팽창할 가능성이 있다.

④ 인플레이션이 발생하는 경우에는 정부보유 자산의 재평가문제가 발생한다.

⑶ **성과주의 예산제도**

1) 개념

① 성과주의 예산제도(performance budgeting system)란 예산집행의 성과를 중시하여 성과가 높은 분야에 예산을 우선적으로 배분하는 예산편성 방식이다.

② 이 방식 하에서는 정부가 수행하는 각 사업의 업무를 양적으로 표시하고 한 단위의 업무를 수행하는데 소요되는 원가를 계산하여 각 사업의 예산을 결정한다.

③ 성과주의 예산제도하에서 각 사업의 예산액은 업무량에 단위원가를 곱하여 결정된다(예산액＝업무량×단위원가).

　　❍ 단위원가 : 1단위의 업무를 수행하는 데 소요되는 비용

④ 성과주의 예산제도는 예산집행에 있어서의 효율성 제고를 목표로 하고 있어 통제기능보다는 관리기능을 중요시하는 예산제도이다.

⑤ 이 제도는 1949년 미국의 Hoover위원회에서 처음으로 제안되었다.

2) 장점

① 사업별로 예산통제가 가능하므로 예산의 신축성이 제고된다.

② 예산집행의 성과를 측정·평가하는 것이 용이하므로 효과적인 재정관리가 가능하다.

③ 정부가 추진하는 사업에 대한 이해가 쉽게 이루어질 수 있다.

3) 단점

① 각 사업의 업무량을 양적으로 측정하는 것이 용이하지 않다.

② 단위원가의 계산이 어려운 문제점이 있다.

③ 여러 부처가 관련된 사업의 경우에는 예산집행과 회계의 책임소재가 불분명해질 가능성이 있다.

④ 중·장기적으로 추진되는 공공사업의 경우에는 연도별 효과분석이 불가능하다.

⑷ **계획예산제도**

1) 개요

① 계획예산제도(Planning－Programming－Budgeting System ; $PPBS$)란 장기적인 계획수립(planning)과 단기적인 예산편성(budgeting)의 유기적 결합을 통하여 제한된 재정자원을 합리적으로 배분함으로써 정부지출의 효과를 극대화하고자 하는 예산제도이다.

　　❍ 프로그램 예산제도라고도 한다.

② 계획예산제도는 예산의 기능 중에서 특히 계획기능을 중시하는 제도이다.

③ 1950년대 미국의 랜드연구소에서 제안되었다.

　　❍ ┌ 전통적인 예산제도 … 통제기능 중시
　　　 ├ 성과주의 예산제도 … 관리기능 중시
　　　 └ 계 획 예 산 제 도 … 계획기능 중시

2) 예산편성과정

가. Planning(계획수립)

정부의 장기적인 목표를 설정하고, 효율성의 관점에서 목표들 사이의 우선순위를 결정한다.

◐ 정부의 목표를 평가하는 과정에서는 비용−편익분석이 사용된다.

나. Programming(프로그램 작성)

구체적인 실천계획을 수립하고, 연도별로 소요되는 비용을 추정한다.

다. Budgeting(예산편성)

위의 과정을 통해 결정된 소요비용에 맞추어 예산을 편성한다.

3) 장점

① 장기적인 계획과 예산의 연계성을 유지함에 따라 효율적인 예산집행이 가능하다.

② 정책목표가 명확히 제시되고, 부서간 중복사업 추진을 방지할 수 있다.

③ 각 정책목표의 우선순위를 명확히 알 수 있다.

4) 단점

① 정부는 여러 가지 목표를 갖고 있기 때문에 목표를 명확히 설정하기가 어렵다.

② 대체안의 평가를 위한 비용−편익분석에는 너무나 방대한 인력과 자료가 필요하다.

③ 정부의 산출물을 계량화하기 어려운 경우가 많다.

④ 예산편성에 있어서 효율성만 고려되고 소득분배문제 등은 제대로 고려되지 못하고 있다.

(5) 영기준예산제도

1) 개요

① 영기준예산제도(Zero−Base Budgeting system ; ZBB)란 전년도 예산은 완전히 무시하고(zero−base) 모든 사업을 원점에서 재평가하여 다시 우선순위를 결정하고, 이에 따라 매년 새로이 예산을 편성하는 제도를 의미한다.

② 이 제도는 전년도 예산을 기준으로 예산을 결정하는 점증주의적 관행을 탈피하고자 하는 것이 주요목적이다.

③ ZBB는 피르(P. A. Pyhrr)에 의하여 개발되었으며 미국의 일부 주정부와 민간기업에서 사용되고 있다.

2) 예산편성과정

① 가장 하부의 의사결정단위(decision unit : 부, 과 등)에서 현재 수행중인 업무와 새로이 추진할 필요성이 있는 정책을 망라하여 정책패키지를 작성한다.

② 작성된 정책패키지에 포함된 정책을 비용－편익분석을 통해 우선순위를 결정한 다음 상위
관리자에게 제출한다.

③ 상위관리자는 하부의사결정단위에서 제출한 정책패키지를 검토하여 다시 서열화작업을
한 다음 보다 상위의 관리자에게 제출한다.

④ 이와 같이 상향적인 과정을 통하여 전체 사업의 서열화작업이 이루어지고 이를 바탕으로
우선순위에 따라 예산안이 편성된다.

✎ 기존에 추진중인 사업
이라도 그 순위가 뒤떨어
지는 사업은 예산배정에
서 탈락하게 된다.

3) 장점

① 점증주의적 예산편성방식에서 탈피하여 가용자원의 효율적 배분이 가능하다.

② 실제로 예산집행을 담당하고 있는 중하위관리자를 예산편성에 참여시킴으로써 예산의 효
율적 집행이 가능하다.

③ 추진중인 사업에 대한 지속적인 평가가 가능하다.

✎ ZBB는 다른 어떠한
예산제도와도 공존할 수
있다.

4) 단점

① 국가가 추진하는 모든 사업을 매년 재검토하는 것은 현실적으로 불가능하다.

② 수많은 의사결정 패키지를 매년 재검토하고 분석하는데는 많은 비용이 소요된다.

③ 예산정책에 있어서 일관성이나 지속성이 유지되지 못할 가능성이 있다.

④ 결정권한이 상부에 집중된 경우에는 중간관리자가 결정한 우선순위를 전혀 반영하지 못할
가능성이 있다.

⑤ 경직성이 강한 부문에는 영기준예산편성방법을 적용하기 어렵다.

▶ $PPBS$와 ZBB의 차이점

	$PPBS$	ZBB
강조점	목표달성(macro적)	예산효율성(micro적)
절차	하향식	상향식
예산편성 참가자	상위층	모든 조직
지속성	모든 추진중인 사업은 계속추진	추진중인 사업도 재평가를 통해 우선순위가 낮아지면 폐기

⑹ 조세지출예산제도

1) 조세지출과 조세지출예산제도

① 조세지출(tax expenditure)이란 개인이나 기업의 특정경제활동을 장려하기 위하여 비
과세, 감면 등 세제상의 유인을 제공함에 따라 포기된 세수를 의미한다.

② 근로자의 자산형성을 돕기 위한 저축에 대한 비과세, 경제개발을 촉진하기 위한 투자에 대
한 세액공제 등이 조세지출의 대표적인 사례에 해당된다.

③ 조세지출예산제도(tax expenditure budget)는 조세지출의 내용과 규모를 구체적으로 밝히고 국회의 심의·의결을 받도록 하는 제도이다.

④ 조세지출예산제도의 목적은 조세지출을 직접지출과 연계하여 운용토록 함으로써 자원배분의 효율성을 높이고, 조세지출 내역을 대외적으로 공개함으로써 재정운영의 투명성을 높이며, 만성적인 조세지출을 효과적으로 통제하는 데 있다.

⑤ 현재 미국·영국·프랑스 등 주요 선진국들에서 시행하고 있으며, 우리나라에서도 1999년부터 도입되었다.

⑥ 우리나라에서는 조세특례제한법과 국가재정법에 의해 조세지출로 인한 국세감면액을 추정한 조세지출예산서를 정부 예산안과 함께 국회에 보고하도록 되어 있다.

2) 장점

① 조세지출에 대한 주기적인 검토가 이루어지므로 조세지출이 방만하게 이루어지는 것을 방지할 수 있다.

② 직접지출과의 비교·검토를 할 수 있게 되어 정부의 정책을 보다 효과적으로 추진할 수 있다.

③ 새로운 조세지출 도입시에 보다 세밀한 검토가 이루어질 수 있다.

3) 단점

① 조세지출의 효과 및 크기를 정확히 측정하기 어렵다.

② 조세지출의 정확한 범주를 규정하기 어렵다.

③ 직접지출에 비하여 제반 경제적인 효과를 측정하기 어렵다.

Ⅳ 우리나라 예산제도

1. 예산의 구조

(1) 예산의 범위

① 공공부문은 일반정부와 비금융공기업으로 구분되고, 일반정부는 중앙정부와 지방정부로 나누어진다.

② 일반정부의 예산은 중앙정부예산과 지방재정으로 구분되고, 중앙정부 예산은 일반회계, 기업특별회계, 기타특별회계로 구성된다.

❖ 정부가 특정한 목적을 위해 조달·운영하는 자금인 기금은 예산의 범위에는 포함되지 않는다.

(2) 일반회계

① 일반회계는 국가의 고유사무 수행을 위한 예산으로 일반적인 국가활동에 관한 세입·세출을 포괄한다.

   ◐ 통상적으로 국가예산을 말할 때는 흔히 일반회계예산을 지칭한다.

   ◐ 2023년의 일반회계 예산규모는 약 369.4조 원이고, 특별회계 예산규모는 약 71.6조 원, 기금의 규모는 197.7조 원이다.

② 일반회계 예산은 주로 조세수입을 통해 그 재원이 조달되고, 일반행정, 공공질서, 국방, 교육, 사회복지 등 국가의 기본적활동과 주요사업에 지출된다.

   ◐ 세입예산은 정부수입의 성질에 따라 과목구조가 '관—항—목'으로 구분·관리되고, 세출예산은 기능을 중심으로 '분야—부문—프로그램—단위사업—세부사업—목—세목'으로 분류된다.

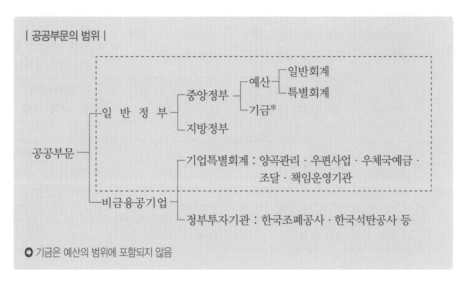

| 공공부문의 범위 |

◐ 기금은 예산의 범위에 포함되지 않음

(3) 특별회계

① 특별회계는 정부의 기본활동을 위한 경비인 일반회계와 구분하여 별도로 운용되는 예산을 말한다.

② 특별회계는 특정한 목적의 사업을 운영(⑩ 우편, 조달)하거나, 특별한 자금을 보유하여 운영할 때, 그리고 특정세입을 특정세출에 충당함으로써 일반회계와 구분하여 계리할 필요가 있을 때 설치·운용된다.

   ◐ 특별회계는 세입과 세출이 연계되어 있어 재정의 칸막이 현상이 발생하고, 재정운용의 경직성이 초래된다.

   ◐ 특별회계는 목적구속금지의 원칙의 예외로 볼 수 있다.

(4) 기금

① 기금은 예산원칙의 일반적인 제약에서 벗어나 좀 더 탄력적으로 운용할 수 있도록 특정사업을 위해 보유·운영하는 특정자금을 말한다.

   ◐ 기금의 대표적인 예로는 국민연금기금, 남북협력기금, 문화예술진흥기금, 외국환평형기금 등이 있다.

② 기금의 재원은 기금을 설치한 부처의 출연금, 부담금 등 다양한 수입원으로 재원을 마련하고, 고유사업을 수행한다.

③ 기금은 예산 외로 운영되기 때문에 통제가 제대로 이루어지지 못하고 있고, 예산과의 연계성이 미흡할 뿐만 아니라 재정의 투명성을 저해하는 등의 문제점이 있다.

▶ 일반회계 · 특별회계 · 기금의 비교

	일반회계	특별회계	기금
설치사유	국가의 일반적 재정 활동	특정 사업 운영 특정 자금 운용 특정 세입으로 특정 세출 충당	특정 목적을 위해 특정 자금을 운용
재원조달 및 운용형태	공권력에 의한 조세수입과 무상 급부 원칙	일반회계와 기금의 운용형태 혼재	출연금, 부담금 등 다양한 수입원으로 융자 사업 등 기금 고유사업 수행
확정절차	정부가 예산안 편성 국회 심의 · 의결로 확정	좌동	기금관리주체가 계획수립, 국회 심의 · 의결로 확정
집행절차	합법성에 입각하여 엄격히 통제	좌동	합목적성 차원에서 상대적으로 자율성과 탄력성 보장
수입과 지출의 연계	특정한 수입과 지출의 연계 배제	특정한 수입과 지출의 연계	좌동

2. 예산의 형식

(1) 본예산

국회의 의결을 거쳐 확정 · 성립된 예산을 의미한다.

(2) 수정예산

정부가 예산안을 국회에 제출한 후 국회의 심의 · 확정 전에 부득이한 사정으로 수정하여 제출하는 예산을 의미한다.

◑ 1970년과 1981년에 걸쳐 수정예산이 제출된 적이 있다.

(3) 추가경정예산

예산이 국회에서 의결된 이후에 새로운 사정으로 인해 소요 경비의 과부족이 생길 때 본예산에 추가 또는 변경을 가하는 예산을 의미한다.

(4) 준예산

본예산이 회계연도 개시 전까지 국회에서 의결되지 못할 경우에 전년도 예산에 준하여 임시적으로 지출하는 예산을 의미한다.

3. 우리나라 예산제도의 특징 및 문제점

(1) 예산제도의 특징

① 우리나라의 GDP대비 재정규모는 외국과 비교할 때 상당히 낮은 수준이며 작은 정부가 유지되고 있다.

② 최근 들어 적자재정으로 인해 국채발행이 상당히 늘고 있으나 대체로는 재정의 건전성이 유지되고 있다.

③ 방위비, 인건비 등 경직성 경비가 차지하는 비중이 높다.

(2) 문제점

① 행정편의에 의하여 설립된 특별회계 및 기금의 난립으로 예산구조가 매우 복잡하다.

② 예산편성이 단년도 중심으로 이루어지고 있어, 장기적인 재정수요에 대한 검토가 제대로 이루어지지 못하고 있다.

③ 경직성 경비의 비중이 높기 때문에 재정의 경기조절기능이 활성화되지 못하고 있다.

④ 예산편성과정에서 부처간 조정이 제대로 이루어지지 못하고 있어, 예산의 정책조정기능이 제대로 발휘되지 못하고 있다.

참고	통합예산

1. 개념

① 통합예산제도란 현행의 법정예산제도를 그대로 유지하면서 이와 병행하여 정부부문에서 1년 동안 지출하는 재원을 합한 것으로 세입·세출뿐만 아니라 보전재원까지 포함시켜 재정활동의 거시경제적 효과를 파악할 수 있도록 한 것을 말한다.

　❍ 보전재원이란 재정적자가 발생하거나 흑자가 발생할 경우 이를 메우거나 처분하기 위한 금융활동을 의미한다.

② 통합재정은 일반회계, 특별회계, 공공기금 간의 내부거래를 세입과 세출에서 제외한 순계 개념으로 작성된다.

2. 포괄범위

① 통합재정의 포괄범위는 일반정부와 비금융 공기업으로 구성되며, 중앙은행 등 공공 금융기관은 제외된다.

② 과거에 지방재정은 통합재정의 포괄범위에 포함되지 않았으나 2005년부터는 통합재정의 포괄범위에 포함된다.

3. 필요성

① 정부부문의 전체적인 재정규모의 파악이 가능하고 내부거래를 차감함으로써 순수한 재정활동의 규모파악이 가능하다.

② 통합재정은 재정이 건전하게 운용되었는지를 판단하는 데 유용한 지표로 활용되고 있다.

③ 정책수립의 능률화가 이루어질 수 있고, 재정지표의 국제비교가 용이해진다.

　❍ 금융성기금(◎ 신용보증기금, 수출보험기금)과 외국환평형기금은 통합재정의 포괄범위에서 제외된다.

우리나라의 통합재정 포괄범위

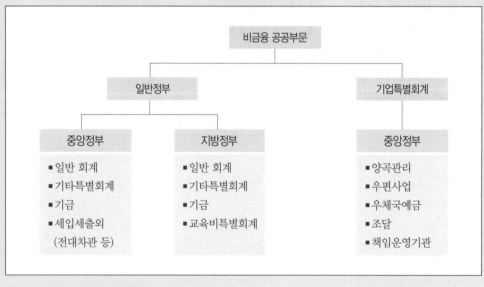

참고 / 우리나라의 세출·세입 예산

▶ 우리나라의 세출구조(2023년)   (단위 : 조 원, %)

구분	금액	구성비(%)
1. 보건·복지고용	217.9	34.1
2. 교육	96.1	15.0
3. 문화·체육·관광	8.5	1.3
4. 환경	12.4	1.9
5. R&D	30.7	4.8
6. 산업·중소기업·에너지	25.7	4.0
7. SOC	25.1	3.9
8. 농림·수산·식품	24.2	3.8
9. 국방	57.1	8.9
10. 외교·통일	6.4	1.0
11. 공공질서·안전	22.9	3.6
12. 일반·지방행정	111.7	17.5
합계	638.7	100

▶ 우리나라의 세입구조(2023년)   (단위 : 조 원, %)

구분	금액	구성비(%)
1. 소득세	131.9	20.7
2. 법인세	105.0	16.4
3. 부가가치세	83.2	13.0
4. 교통·에너지·환경세	11.1	1.7
5. 관세	10.7	1.7
6. 국세기타	58.5	9.2
7. 사회보장기여금	86.1	13.5
8. 기타	139.1	21.8
9. 국채발행	13.1	2.1
합계	638.7	100

● 2023년의 경우 조세지출규모는 약 69.3조 원 정도로 국세대비 비중이 13.9%에 달하고 있다.

비용-편익분석

Point

정부가 어떤 공공투자사업을 시행할 때는 그 타당성에 대한 충분한 검토가 필요한데 비용-편익분석은 제한된 자원의 합리적인 이용을 위한 경제적 분석기법이다. 예를 들면, 제한된 재원으로 다양한 공공투자안 중에서 어떤 것을 수행할 것인지를 결정하거나, 특정한 공공투자안을 시행할 것인지의 여부를 결정할 때 사용된다. 본 장에서는 우선 여러 가지 의사결정 기준 중에서 어떤 방법이 가장 타당한 것인지를 살펴본다. 그리고 시장에서의 불완전성이 존재할 때 편익과 비용의 적절한 측정방법, 미래의 편익과 비용을 현재가치로 환산할 때 적정할인율을 어떻게 결정하는 것이 바람직한지 등에 대해 다룬다.

I 개 요

1. 개념

① 비용-편익분석(cost-benefit analysis)이란 어떤 사업으로 인하여 자원배분의 변화가 발생할 때 그에 따른 경제적 순편익을 측정하는 기법을 의미한다.

② 어떤 공공사업을 시행할 때 발생하는 편익과 비용을 비교하여 그 사업의 경제성을 평가하거나, 다수의 대안이 있을 때 우선순위결정 등에 비용-편익분석이 이용된다.

③ 예를 들면 대도시의 교통난 해소란 목표가 결정되면 이를 위한 각종 대안의 평가에 비용편익분석이 이용된다.

✎ 비용-편익분석은 민간부문의 투자계획의 타당성 평가에도 널리 이용된다.

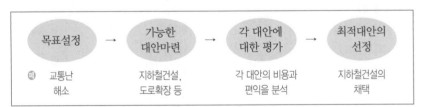

2. 보상원리와 비용-편익분석

① 비용-편익분석에서는 어떤 공공사업으로 인한 사회적 편익이 사회적 비용을 초과하면 그 사업은 타당성을 갖는 것으로 평가된다.

② 공공사업으로 일부계층은 이득을 얻고 일부계층은 손해를 보더라도 이득이 손실보다 더 크다면 이득을 얻는 계층이 손실을 보는 계층에게 재분배하고도 잉여가 있으므로 사회적인 후생증대가 가능하다.

③ 이와 같은 접근은 비용-편익분석이 잠재적 파레토개선(potential Pareto improvement)에 근거를 두고 있음을 의미한다.

Ⅱ 의사결정기준

1. 투자안의 평가방법

① 비용－편익분석에서 공공투자안의 채택여부를 결정하거나 우선순위를 정하는 방법에는 현재가치법, 내부수익률법, 편익－비용비율법이 있다.

② 현재가치법은 공공투자안의 편익과 비용의 크기를 비교하는 방법이고, 내부수익률법은 공공투자안의 수익률과 자금조달비용을 비교하는 방법이다.

③ 그리고 편익－비용비율법은 편익과 비용의 비율을 계산하여 공공투자안의 경제성 여부를 평가하는 방법이다.

④ 각각의 평가방법이 어떤 특징을 갖고 있는지를 살펴보기로 하자.

2. 현재가치법

(1) 개요

현재가치법(present value method)은 적절한 할인율을 선택하여 공공투자로부터 예상되는 편익과 비용의 현재가치를 계산한 다음 이를 비교하여 투자안의 투자여부 및 우선순위를 결정하는 방법이다.

(2) 설명

① 공공사업에 따른 편익과 비용은 n년 동안 발생하는데 각 기간에 발생하는 편익은 B_0, B_1, $\cdots$, B_n, 비용은 C_0, C_1, $\cdots$, C_n으로 측정된다고 하자.

② 적정한 할인율이 r로 주어져 있다면 공공투자안의 순편익의 현재가치는 다음과 같이 계산된다.

$$NPV = (B_0 - C_0) + \frac{(B_1 - C_1)}{(1+r)} + \frac{(B_2 - C_2)}{(1+r)^2} + \cdots + \frac{(B_n - C_n)}{(1+r)^n}$$
$$= \sum_{i=0}^{n} \frac{(B_i - C_i)}{(1+r)^i}$$

❍ 일반적으로 공공투자를 시행할 때 비용은 현시점에서 소요되고 편익은 공공투자가 이루어진 다음부터 발생하므로 순편익의 현재가치는 다음과 같이 간단히 나타내기도 한다.

$$NPV = -C_0 + \frac{B_1}{(1+r)} + \frac{B_2}{(1+r)^2} \cdots + \frac{B_n}{(1+r)^n}$$

(3) 평가방법

- 단일사업평가 : 순편익의 현재가치가 0보다 크면 채택하고 0보다 작으면 기각한다.
- 우선순위결정 : 순편익의 현재가치가 가장 큰 것부터 우선순위를 부여한다.

> **참고** / **예산제약하에서 다수의 투자안 선택**
>
> ① 선택가능한 사업은 A, B, C, D, 4가지가 있으며, 예산제약은 1,000만 원으로 주어져 있다고 가정하자.
>
> ② 할인율이 5%일 때 현재가치를 기준으로 보면 사업의 우선순위는 $A-C-B-D$ 순서이나 A를 선택하면 예산제약으로 인하여 B와 C의 선택이 불가능하다.
>
> ③ 이 경우 B와 C의 순편익의 현재가치 합이 A와 D의 순편익의 현재가치 합보다 크므로 B와 C를 선택하는 것이 바람직하다.
>
> ④ 이와 같이 예산제약하에서 선택을 할 경우 선택가능한 사업의 순편익의 현재가치를 종합적으로 평가해야 한다.

	연간순편익		순편익의 현재가치
	0기	1기	($r=5\%$)
A	−800	950	105
B	−500	600	71
C	−400	500	76
D	−200	240	29

3. 내부수익률법

(1) 개념

내부수익률법(internal rate of return(IRR) method)이란 내부수익률(투자의 한계효율)과 할인율을 비교하여 공공투자안의 타당성 여부를 평가하는 방법이다.

(2) 설명

① 내부수익률이란 공공사업을 실시할 때 순편익의 현재가치가 0이 되도록 하는 할인율로 아래의 식을 만족하는 m값을 의미한다.

$$0=(B_0-C_0)+\frac{(B_1-C_1)}{(1+m)}+\frac{(B_2-C_2)}{(1+m)^2}+\cdots+\frac{(B_n-C_n)}{(1+m)^n}$$
$$=\sum_{i=0}^{n}\frac{(B_i-C_i)}{(1+m)^i}$$

② 내부수익률은 n차 방정식의 해(solution)로 공공투자안의 예상수익률을 의미한다.

(3) 평가방법

단일사업 평가 : 투자안의 예상수익률을 의미하는 내부수익률이 자금조달의 기회비용인 할인율보다 높으면 채택하고 낮으면 기각한다.

우선순위결정 : 내부수익률이 높은 것부터 우선순위를 부여한다.

참고 / *NPV*곡선

① 일반적으로 공공투자에 소요되는 비용은 현재(0기)에 소요되고, 편익은 투자가 이루어진 이후 시점(1기)부터 발생한다.

② 예를 들어, 댐을 건설하면 건설하는 시점에 비용이 발생하고, 댐건설에 따른 편익은 투자가 이루어진 이후 시점에 발생한다면 순편익의 현재가치는 다음과 같이 나타낼 수 있다.

$$NPV = -C_0 + \frac{B_1}{(1+r)} + \frac{B_2}{(1+r)^2} + \cdots + \frac{B_n}{(1+r)^n}$$

③ 이 경우 할인율(r)이 상승하면 편익의 현재가치가 점점 감소하므로 *NPV*곡선은 우하향으로 도출되는데, 할인율이 매우 높아지면 편익의 현재가치가 비용의 현재가치보다 작아지므로 *NPV*는 (−)가 된다.

④ 내부수익률(m)은 *NPV*가 0이 되는 할인율이므로 *NPV*곡선이 오른쪽 그림과 같이 주어져 있다면 $m=0.2$임을 알 수 있다.

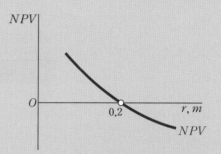

예제 Q

어떤 공공사업에 소요되는 비용이 300억 원이라고 하자. 이 공공사업을 시행하면 1년 뒤에 150억 원, 2년 뒤에 450억 원의 편익이 예상된다면 이 사업의 내부수익률은 얼마인가? 그리고 할인율이 20%일 때와 100%일 때 순편익의 현재가치(*NPV*)는 얼마인가?

풀이 A

내부수익률은 순편익의 현재가치가 0이 되는 할인율이므로 아래의 식을 풀면 내부수익률을 구할 수 있다.

$$NPV = -300 + \frac{150}{(1+m)} + \frac{450}{(1+m)^2} = 0$$

위의 식의 양변에 $(1+m)^2$을 곱한 다음 정리하면 다음과 같다.

$$2(1+m)^2 - (1+m) - 3 = 0$$
$$\cdot\, 2m^2 + 3m - 2 = 0$$
$$\rightarrow (m+2)(2m-1) = 0$$

위의 식을 만족하는 m값은 −2 혹은 0.5이나 내부수익률이 (−)가 될 수는 없으므로 적절한 값은 $m=0.5$이다.

이제 할인율이 20%일 때와 100%일 때의 순현재가치를 계산해 보면 각각 다음과 같다.

$$NPV = -300 + \frac{150}{(1+0.2)} + \frac{450}{(1+0.2)^2}$$
$$= -300 + 125 + 312.5 = 137.5$$

$$NPV = -300 + \frac{150}{(1+1)} + \frac{450}{(1+1)^2}$$
$$= -300 + 75 + 112.5 = -112.5$$

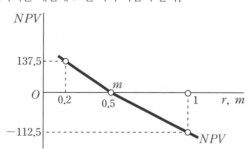

(4) 문제점

1) 내부수익률이 존재하지 않거나 다수의 내부수익률이 존재할 가능성

① 내부수익률은 n차 방정식의 해이므로 n개의 내부수익률이 존재할 수도 있고, 해가 모두 허수인 경우에는 내부수익률이 존재하지 않을 가능성이 있다.

② 예를 들어 어떤 공공투자안의 순편익이 아래의 표과 같이 주어져 있다면 내부수익률 $m=0.1$ 혹은 0.5로 계산된다.

③ 이처럼 다수의 내부수익률이 존재할 경우 어떤 것이 진정한 내부수익률인지를 알기 어렵다.

기간	순편익
0	100
1	−260
2	165

$$100 - \frac{260}{(1+m)} + \frac{165}{(1+m)^2} = 0$$
$$\rightarrow m=0.1, \ m=0.5$$

2) 상호배타적인 사업의 선택에 있어서의 문제점(사업규모에 대한 고려 미흡)

① 내부수익률법으로 투자규모가 상이한 상호배타적인 공공사업들 중 하나를 선택할 때는 잘못된 결정을 내릴 가능성이 있다.

② 예를 들어 자금조달의 기회비용이 5%로 주어져 있을 때 상호배타적인 공공사업 A와 B의 순편익의 현재가치가 아래의 표와 같이 주어져 있다고 하자.

③ 두 공공투자안 중에서 순편익은 B사업이 더 크기 때문에 B를 선택하는 것이 바람직하다.

④ 그러나 내부수익률법에 따르면 내부수익률이 더 높은 A를 선택할 것이므로 잘못된 결정을 내리게 된다.

투자안	연간순편익		내부수익률	순편익의 현재가치
	0기	1기		
A	−1,000	1,200	20%	142.9
B	−2,000	2,300	15%	190.5

3) 편익의 흐름양상이 다른 경우 잘못된 결론에 도달할 가능성

① <표 1>과 같이 공공투자안 A, B의 투자비용은 동일하나, 투자안 A의 편익은 초기에 발생하고 투자안 B의 편익은 후기에 발생한다고 가정하자.

② 각 투자안의 내부수익률 및 각각의 할인율 수준에서의 순현재가치는 <표 2>와 같이 계산된다.

| 그림 7-1 | 편익의 흐름양상이 다를 때의 NPV곡선 |

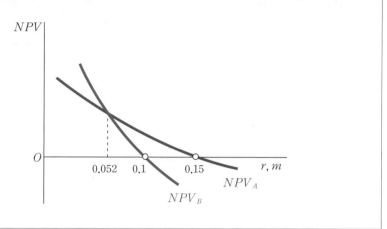

・할인율 < 5.2%
　┌ 현재가치법 … B선택
　└ 내부수익률법 … A선택
・할인율 > 5.2%
　┌ 현재가치법 … A선택
　└ 내부수익률법 … A선택

〈표1〉 순편익의 흐름

투자안	연간순편익		
	0기	1기	2기
A	−1,000	1,150	0
B	−1,000	0	1,210

〈표2〉 내부수익률과 순편익의 현재가치

투자안	내부수익률	순편익의 현재가치		
		2%	5.2%	7%
A	0.15	127	93	75
B	0.1	163	93	57

③ 할인율이 5.2%보다 낮을 때는 투자안 B의 순편익이 더 크고, 할인율이 5.2%보다 높을 때는 투자안 A의 순편익이 더 크므로 투자안 A, B의 NPV곡선은 위 그림과 같이 나타내어진다.

④ 현재가치법하에서는 할인율이 5.2%보다 낮을 때는 투자안 B가 채택되고, 할인율이 5.2%보다 높다면 투자안 A가 채택된다.

⑤ 그런데 내부수익률법에서는 할인율이 5.2%보다 낮은 경우에도 순현재가치가 더 낮은 투자안 A가 채택되므로 잘못된 투자결정을 내리게 된다.

4. 편익 – 비용비율법

(1) 개념

편익－비용비율법(benefit－cost ratio method)이란 편익의 현재가치와 비용의 현재가치간의 비율을 이용하여 투자안을 평가하는 방법이다.

(2) 설명

① 편익−비용비율(Benefit−Cost ratio ; B/C)이란 공공사업의 편익의 현재가치를 비용의 현재가치로 나눈 것으로 다음과 같이 정의된다.

$$B/C = \frac{\sum_{i=0}^{N}[B_i/(1+r)^i]}{\sum_{i=0}^{N}[C_i/(1+r)^i]}$$

② 편익의 현재가치가 비용의 현재가치보다 크면 B/C비율은 1보다 크고, 편익의 현재가치가 비용의 현재가치보다 작은 경우에는 B/C비율은 1보다 작다.

(3) 평가방법

┌ 단일사업평가 : B/C비율이 1보다 크면 채택하고 1보다 작으면 기각한다.
└ 우선순위결정 : B/C비율이 높은 것부터 우선순위를 부여한다.

(4) 문제점

1) 비용과 편익의 정의에 따른 우선순위 변화의 문제점

① 투자안 A는 편익이 200이고 비용이 100이라면 순편익의 크기는 100이고, B/C비율은 2.0으로 계산된다.

② 투자안 B의 편익은 300이고 비용은 100이나 시행과정에서 60만큼의 부수적인 피해가 발생한다고 가정하자.

③ 부수적인 피해의 인식방법과 관계없이 순편익의 크기는 140이지만, 부수적인 피해를 편익 감소로 인식하면 B/C비율은 2.4가 되지만 비용증가로 인식하면 B/C비율은 1.875로 낮아진다.

투자안	부수적 효과의 인식방법	편익의 현재가치	비용의 현재가치	순편익의 현재가치	B/C비율
A	—	200	100	100	2.0
B	편익감소로 인식	240	100	140	2.4
	비용증가로 인식	300	160	140	1.875

④ 현재가치법에서는 항상 순편익의 현재가치가 더 큰 투자안 B가 선택되나, B/C비율법에서는 부수적인 피해를 비용증가로 인식할 경우 순편익의 현재가치가 더 낮은 투자안 A가 선택되므로 잘못된 결론에 도달하게 된다.

2) 상호배타적인 사업의 선택에 있어서의 문제점(사업규모에 대한 고려 미흡)

① B/C비율법은 투자규모가 상이한 상호배타적인 공공사업 중 하나를 선택할 때 잘못된 결정을 내릴 가능성이 있다.

② 예를 들면, 공공투자안 A와 B의 편익 및 비용의 현재가치가 아래의 표와 같이 주어져 있다면 순편익의 현재가치는 사업 B가 더 크지만 B/C비율법에서는 A를 선택하는 문제점이 있다.

투자안	편익의 현재가치	비용의 현재가치	B/C비율	순편익의 현재가치
A	400	100	4	300
B	4,000	2,000	2	2,000

▶ **비용과 편익의 평가방법**

		현재가치법	내부수익률법	편익–비용비율법
평가방법	단일사업 평가	순현재가치(NPV)가 0보다 크면 채택	내부수익률이 이자율(사회적 할인율)보다 크면 채택	B/C비율이 1보다 크면 채택
	우선순위 결정	순현재가치가 가장 큰 사업에 우선순위를 부여	내부수익률이 큰 사업부터 우선순위를 부여	B/C비율이 높은 사업부터 우선순위를 부여
문제점			• 다수의 내부수익률이 존재하거나, 내부수익률이 존재하지 않을 가능성이 있다. • 투자규모가 상이한 배타적인 투자안의 선택에서 잘못된 결론을 내릴 가능성이 있다.	• 비용과 편익의 정의에 따라 우선순위가 변할 가능성이 있다. • 투자규모가 상이한 배타적인 투자안의 선택에서 잘못된 결론을 내릴 가능성이 있다.

5. 평가

① 앞에서 살펴본 바와 같이 내부수익률법과 편익－비용비율법은 여러 가지 문제를 갖고 있다.

② 공공투자안을 평가하는 기준 중에서는 현재가치법이 가장 우월하다는 것이 일반적인 평가이다.

6. 남은 문제

① 현재가치법으로 평가하기 위해서는 편익과 비용에 대한 정확한 측정이 이루어져야 하고, 할인율이 적정하게 설정되어야 한다.

$$NPV = -C_0 + \frac{B_1}{(1+r)} + \frac{B_2}{(1+r)^2} + \cdots + \frac{B_n}{(1+r)^n}$$

② 앞으로 남은 과제인 편익과 비용의 측정, 적정할인율의 선정 등에 대해 살펴보기로 하자.

Ⅲ 비용과 편익의 유형

1. 개요

① 공공사업에서 발생하는 편익과 비용은 그 유형이 매우 다양하므로 비용―편익분석을 하려면 편익과 비용에 대한 정확한 측정이 이루어져야 한다.

② 우선 편익과 비용은 실질적인 것과 금전적인 것으로 나눌 수 있는데, 실질적인 편익(혹은 비용)은 다시 여러 가지 기준에 의해 구분할 수 있다.

③ 실질적(real)인 편익이란 공공사업에 따라 발생하는 사회전체의 순이득을, 실질적인 비용이란 공공사업에 사용되는 자원의 기회비용을 말한다.

④ 이에 비해 금전적인 편익 혹은 비용이란 공공사업으로 인한 상대가격 변화에 따른 사회구성원간의 금전상의 이득 혹은 손실을 말한다.

▶ 실질적인 편익(비용)과 금전적인 편익(비용)

구 분		설 명
실질적 vs 금전적	실질적인 편익 (비용)	• 공공사업에 따라 발생하는 사회적인 순이득(순손실) • 실질적인 편익(비용)은 서로 상쇄되지 않으므로 사회적인 후생변화를 초래 ⑩ 경지정리에 따라 그 지역의 농업생산성이 향상된 것
	금전적인 편익 (비용)	공공사업으로 인한 상대가격의 변화에 따른 금전상의 이익(손실) • 금전적인 편익과 비용은 소득분배상의 변화를 가져올 뿐 서로 상쇄되므로 사회전체적으로는 순편익 혹은 순비용의 변화를 초래하지 않음 ⑩ 대규모 아파트 건설로 시멘트 가격이 상승함에 따라 시멘트 생산자는 이득을 보지만 시멘트 소비자는 손해를 보는 것

⑤ 예를 들면, 어떤 지역에 도로를 건설할 때의 실질적 편익과 금전적 편익은 다음과 같은 것을 들 수 있다.

- 실질적 편익 : 주변 토지의 개발로 인한 토지의 생산성 향상
- 금전적 편익 : 주변 토지가격 상승, 인근 숙박시설의 수입증가

⑥ 실질적 편익은 비용-편익분석에 포함시켜야 하지만 금전적 편익은 고려하지 말아야 한다.

➊ 예외적으로 소득분배를 고려하고자 할 때는 금전적인 편익도 고려할 수는 있으나 일반적으로 금전적인 편익은 고려하지 않는 것으로 보면 된다.

⑦ 왜냐하면 도로건설에 따른 토지가격 상승이나 인근지역의 숙박시설의 수입증가는 사회구성원간의 금전상의 이득 혹은 손실일 뿐 사회전체적인 순이득이 아니기 때문이다.

2. 실질적인 편익(혹은 비용)의 유형

① 공공사업에 따른 실질적인 편익(혹은 비용)은 여러 가지 기준에 따라 구분할 수 있다.
② 실질적인 편익(혹은 비용)의 유형을 정리하면 아래의 표와 같이 나타낼 수 있다.

▶ 실질적인 편익과 비용의 유형구분

구 분		설 명
직접적 vs 간접적	직접적인 편익 (비용)	공공사업의 주된 목적과 관련된 편익(비용) ➊ 수력발전소 건설에 따른 전기생산량의 증가
	간접적인 편익 (비용)	공공사업의 결과 부산물로 발생하는 편익(비용) ➊ 수력발전소 건설로 홍수가 예방됨에 따라 농작물 수확의 증가
유형적 vs 무형적	유형적인 편익 (비용)	• 실제로 관찰가능한 편익(비용) • 유형적인 편익(비용)은 대체로 측정이 용이 　➊ 관개사업에 따른 농작물 생산량의 증가
	무형적인 편익 (비용)	• 실제로 관찰이 불가능한 편익(비용) • 무형적인 편익(비용)은 측정 및 평가가 매우 곤란 　➊ 인공위성 발사성공에 따른 국가위신의 제고
중간적 vs 최종적	중간적인 편익 (비용)	다른 재화 혹은 서비스 생산의 중간투입물의 역할을 하는 공공사업의 편익 ➊ 교통방송이 택시운수사업자의 투입물로 이용
	최종적인 편익 (비용)	소비자들에게 직접 소비될 수 있는 공공사업의 편익 ➊ 국립박물관 증축에 의하여 소비자들이 얻는 편익
내부적 vs 외부적	내부적인 편익 (비용)	공공사업의 결과 그 편익(비용)이 행정구역 내부에서 발생하는 것 ➊ 특정지역의 가로등 설치로 인한 편익
	외부적인 편익 (비용)	공공사업의 결과 발생하는 편익(비용)이 외부로 유출되는 것 ➊ 어떤 지역의 위락시설 개발을 위한 댐공사로 하류지역의 홍수가 감소하는 것

Ⅳ 비용과 편익의 측정

1. 문제의 발생원인

① 완전경쟁시장에서의 가격은 소비면에서 한계편익과 생산면에서의 한계비용을 정확히 반영하고 있으므로 비용과 편익의 측정에 시장가격을 사용하면 된다.

② 그러나 현실에 있어서는 불완전경쟁, 외부성, 조세 등으로 인하여 시장가격이 한계편익(비용)을 제대로 반영하지 못하는 경우가 많다.

③ 또한 시장가격이 존재하지 않는 시간의 가치, 생명의 가치, 환경의 가치 등을 화폐액으로 평가하는 데는 여러 가지 어려움이 있다.

④ 비용과 편익의 측정에 있어서 발생하는 문제는 다음과 같이 세 가지로 나누어 볼 수 있다.

- 대규모 공공투자로 시장가격이 변하는 경우
- 시장의 왜곡이 존재하는 경우
- 시장가격이 존재하지 않는 경우(무형의 비용과 편익)

2. 대규모 공공투자로 시장가격이 변하는 경우

(1) 산출재의 편익평가

① 정부의 관개사업으로 쌀(X재) 생산량이 크게 증가함에 따라 쌀 가격은 P_0에서 P_1으로 하락하고 거래량은 X_0에서 X_1으로 증가하였다고 하자.

그림 7-2	산출재의 편익평가

X재(쌀) 생산 증가에 따른 편익은 수요곡선 하방의 A부분의 면적으로 측정된다.

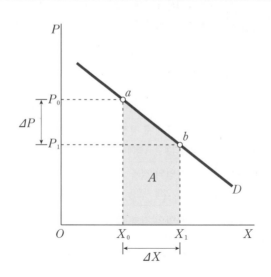

② 정부의 공공사업으로 인한 쌀 생산 증가에 따른 편익은 수요곡선 하방의 X_0abX_1의 면적으로 측정된다.

> ○ 가격변화폭이 크지 않다면 기존의 가격을 기준으로 하여 $P_0(X_1-X_0)$로 평가해도 쌀 생산에 따른 편익의 근사치를 얻을 수 있으나 가격변화폭이 큰 경우에는 오차가 매우 커진다.

③ 쌀 생산 증가에 따른 편익을 기존가격을 기준으로 하여 $P_0(X_1-X_0)$로 계산하면 편익이 너무 과대평가되고, 새로운 가격을 기준으로 $P_1(X_1-X_0)$로 계산하면 과소평가된다.

④ 이 경우 양자를 산술평균하여 $\frac{1}{2}(P_0+P_1)(X_1-X_0)$로 계산하면 산출물 편익의 근사치를 적절히 계산할 수 있다.

✎ 쌀 생산 증가에 따른 편익은 쌀 생산량 증가에 따른 소비자잉여 증가분을 이용하여 계산할 수 있다.

(2) 투입재의 비용평가

① 공공사업에 Y재가 대량으로 투입됨에 따라 투입요소인 Y재 가격이 P_0에서 P_1으로 상승하고 거래량이 Y_0에서 Y_1으로 증가하였다고 하자.

② 이 때 공공사업에 투입되는 Y재의 기회비용은 한계비용곡선 하방의 Y_0cdY_1의 면적으로 측정된다.

③ 이 경우 공공사업에 투입되는 투입물의 기회비용을 기존가격을 기준으로 $P_0(Y_1-Y_0)$로 계산하면 비용이 너무 과소평가되고, 새로운 가격을 기준으로 하여 $P_1(Y_1-Y_0)$로 계산하면 너무 과대평가된다.

④ 이 경우 양자를 산술평균하여 $\frac{1}{2}(P_0+P_1)(Y_1-Y_0)$로 계산하면 투입물의 기회비용을 적절히 계산할 수 있다.

그림 7-3 투입재의 비용평가

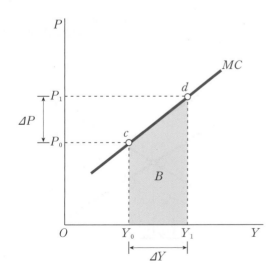

Y재 투입에 따른 비용은 MC곡선(공급곡선) 하방의 B부분의 면직으로 측정된다.

3. 시장의 불완전성이 존재할 때

(1) 상품의 잠재가격

1) 조세가 부과되고 있을 때

① 완전경쟁시장인 X재 시장에서 세율 t의 종가세가 부과되고 있는데, 정부가 공공사업에 X재를 투입물로 사용한다고 하자.

② 그림 7-4에서 정부가 X재를 수요하기 전에는 a점에서 균형이 이루어지므로 X재 가격은 P_0, 거래량은 X_0이다.

③ 공공사업의 시행으로 X재의 수요가 ΔG만큼 증가하면 수요곡선이 우측으로 이동하므로 X재 가격은 P_1으로 상승하고 거래량은 X_S로 증가한다.

④ X재의 가격이 P_0에서 P_1으로 상승하면 민간부문에서의 X재 소비량은 X_D로 감소한다.

⑤ 그러므로 공공사업에 사용된 ΔG만큼의 X재 중에서 $(X_S - X_0)$만큼은 추가적인 생산으로부터, $(X_0 - X_D)$만큼은 민간소비감소에서 조달되었음을 알 수 있다.

⑥ 이때 공공사업에 사용된 ΔG만큼의 X재의 기회비용은 아래 그림의 A부분과 B부분의 면적의 합으로 측정된다.

$$\Delta G\text{의 기회비용} = \left(\begin{matrix} \text{민간소비 감소에 따른} \\ \text{민간의 후생감소분} \end{matrix} \right) + \left(\begin{matrix} \text{생산량 증대에 따른} \\ \text{사회적인 비용증가분} \end{matrix} \right)$$

$$= \text{수요곡선 하방의 면적} + MC\text{곡선 하방의 면적}$$

⑦ 그러므로 공공사업에 사용된 X재 1단위의 잠재가격(P_G)은 개략적으로 다음과 같이 계산된다.

✎ 즉, 잠재가격은 공급가격과 수요가격의 가중평균으로 계산하면 된다.

$$P_G = P_0 \left[\frac{\Delta X_D}{\Delta G} \right] + P_0(1-t) \left[\frac{\Delta X_S}{\Delta G} \right]$$

❍ 엄밀하게 계산하려면 수요곡선과 한계비용곡선의 하방 면적을 구해야 하나 가격변화분이 그리 크지 않다면 위와 같이 근사치로 나타내더라도 무방하다.

그림 7-4 **조세부과시의 잠재가격**

민간소비 감소에 따른 소비자의 후생감소는 수요곡선 하방의 면적으로 측정되고, 생산량 증대에 따른 사회적인 비용은 MC곡선 하방의 면적으로 측정된다.

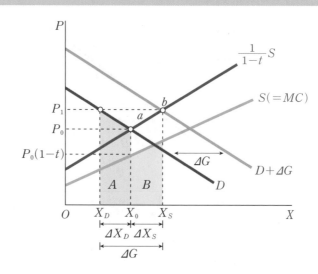

2) 독점(불완전경쟁)

① 공공사업을 위하여 독점기업이 생산하는 재화를 구입함에 따라 민간부문의 소비량이 감소하였다면 이에 따른 기회비용은 민간부문의 후생감소분이므로 시장가격으로 측정된다.

② 반면 공공사업에 따른 수요증가로 독점기업이 생산하는 재화의 생산량이 증가하였다면 이 때의 기회비용은 한계비용으로 측정된다.

③ 공공사업으로 인해 민간소비감소와 생산증가가 동시에 이루어졌다면 잠재가격은 재화의 시장가격과 한계비용을 가중평균한 값으로 측정될 수 있다.

$$P_G = \left[\frac{\text{민간소비 감소분}}{\text{공공부문 재화사용량}}\right] \times \begin{array}{c}\text{재화의}\\\text{시장가격}\end{array} + \left[\frac{\text{생산량 증가분}}{\text{공공부문 재화사용량}}\right] \times \text{한계비용}$$

④ 이와 같이 공공사업을 수행하는 과정에서 독점기업이 생산하는 재화를 구입하는 경우에도 조세가 부과된 경우와 동일한 방법으로 잠재가격을 계산하는 것이 가능하다.

(2) 노동의 잠재가격

① 공공사업에 투입되는 노동자는 아래 표에 있는 세 가지 유형으로 나눌 수 있다.

② 각 유형에 속하는 노동자의 기회비용은 다음과 같이 평가할 수 있다.

이직한 노동자	기업에서 노동자를 고용할 때 기회비용은 그 기업이 지급하는 비용인 세금을 포함한 임금이므로 이직한 노동자의 기회비용은 세전임금으로 측정하면 된다.
자발적 실업상태에 있던 노동자	공공부문에서 지급하는 세금을 제외한 순임금률이 자신에게 적절하다고 생각하기 때문에 취업하였을 것이므로 자발적 실업상태에 있던 노동자의 기회비용은 순임금률로 측정하는 것이 바람직하다.
비자발적 실업상태에 있던 노동자	비자발적 실업상태에 있던 노동자의 기회비용은 0보다는 높은 수준이나 세금을 제외한 순임금률보다는 낮은 수준에서 결정되어야 한다.

③ 따라서 공공사업에서의 잠재임금률은 그 사업에 고용된 노동자의 유형에 따른 임금률을 노동력 비율로 가중평균함으로써 구할 수 있다.

(3) 외환의 잠재가격

① 공공사업에는 수입 원자재가 사용되거나 공공사업의 생산물이 수출되기도 한다.

② 이 때 외화로 표시된 교역재의 가격을 어떤 환율을 적용하여 국내화폐단위로 전환하는지의 문제가 발생한다.

> ❍ 오렌지, 자동차, 반도체 등과 같이 국가 간에 수출입이 이루어질 수 있는 재화를 교역재(tradable goods), 미용서비스, 자동차 수리서비스와 같이 수출입이 불가능한 재화를 비교역재(non−tradable goods)라고 한다.

③ 대부분의 국가에서는 관세를 부과하거나 쿼터를 설정하고 있으므로 외환시장에서 결정된 환율은 이와 같은 규제를 반영한다.

④ 그러므로 공공사업에 사용되는 교역재의 기회비용을 정확히 평가하려면 관세, 쿼터 등으로 인한 왜곡을 제거한 잠재환율을 측정한 후 국내화폐단위로 환산해야 한다.

예제 Q

시멘트시장은 완전경쟁시장이고, 시멘트 수요곡선과 공급곡선이 아래와 같이 주어져 있다고 하자. 정부가 30톤의 시멘트를 공공사업에 사용할 경우 공공사업에 투입된 시멘트의 기회비용은?

$$수요함수 : P = 200 - 2Q$$
$$공급함수 : P = 20 + Q$$

풀이 A

정부가 시멘트를 수요하기 전의 시멘트 거래량을 구해보면 $200 - 2Q = 20 + Q$, $Q = 60$이고, 이를 수요함수에 대입하면 $P = 80$이었음을 알 수 있다. 이제 정부가 30톤의 시멘트를 수요하면 각각의 가격수준에서 수요량이 30톤만큼 증가하므로 수요곡선이 30톤만큼 오른쪽으로 이동한다.

문제에서 주어진 수요함수를 Q에 대해 정리하면 $Q = 100 - \frac{1}{2}P$이고, 정부가 30톤의 시멘트를 수요하면 수요량이 30톤 증가하므로 정부가 시멘트를 수요한 이후의 수요함수는 $Q = 130 - \frac{1}{2}P$이다(정부가 시멘트를 30톤 수요하면 수요량이 30톤 증가하므로 수요함수를 Q에 대해 정리한 다음에 30을 더해주어야 한다). 이를 다시 P에 대하여 정리하면 $P = 260 - 2Q$이다.

이제 정부가 30톤의 시멘트를 수요한 이후의 거래량과 가격을 구해보면 $260 - 2Q = 20 + Q$, $Q = 80$, $P = 100$임을 알 수 있다. 정부가 시멘트를 수요하기 전보다 거래량이 20톤 증가하였는데, 이는 정부가 수요한 시멘트 중 20톤은 추가적인 생산에서 조달되었음을 의미한다. 그러므로 민간소비 감소에서 조달된 부분은 10톤이다. 정부가 공공사업에 투입한 시멘트 중 민간소비 감소에서 조달된 부분의 기회비용은 수요곡선 하방의 면적($A + B$의 면적)으로 측정되고, 생산증가에서 조달된 부분은 공급곡선($=$한계비용곡선) 하방의 면적($C + D$의 면적)으로 측정된다. 두 부문의 면적을 구해서 합하면 2,700이 된다.

$$\left[\begin{array}{l} 민간의 후생감소분 = \left(\frac{1}{2} \times 10 \times 20 \right) + (10 \times 80) = 900 \\ 한계비용 증가분 \quad = \left(\frac{1}{2} \times 20 \times 20 \right) + (20 \times 80) = 1,800 \end{array} \right.$$

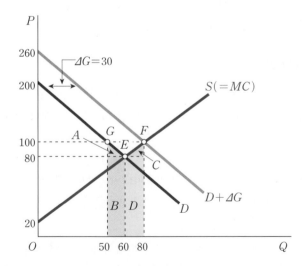

4. 무형의 편익 · 비용의 평가

(1) 시간의 가치

1) 임금을 이용한 평가

① 새로운 도로개설로 사람들의 출퇴근 시간이 단축되었을 때 그에 따른 편익을 계산하려면 개인이 시간에 대해 부여하는 가치를 평가해야 한다.

② 합리적인 개인은 여가의 가치가 추가로 일을 할 때 벌어들이는 소득과 같아질 때까지 일을 할 것이므로 그 사람에게 있어 시간의 가치는 (세후)임금률로 볼 수 있다.

③ 그러므로 도로개설로 어떤 개인의 출퇴근 시간이 연간 100시간이 절약되었고 그의 시간당 임금률이 1만 원이라면 그 사람의 편익은 연간 100만 원으로 평가할 수 있다.

④ 이와 같은 방법으로 시간절약의 가치를 평가할 때 다음과 같은 문제를 갖고 있다.

> ■ 개인의 노동시간을 마음대로 조정할 수 없는 경우
> ■ 시간절약분이 여가로 활용되는 경우
> ■ 직장에서 보내는 시간에서 비화폐적인 편익을 얻는 경우

2) 대체적인 교통수단을 이용한 평가

① 서로 다른 시간과 비용이 소요되는 여러 가지 교통수단 사이의 선택을 비교함으로써 시간의 가치를 추정할 수도 있다.

② 예를 들어, 자가용으로 출근하면 시간이 30분 소요되나 1만원의 비용이 들고, 버스로 출근하면 1시간이 걸리지만 비용이 2천 원만 드는 상황에서 어떤 개인이 자가용으로 출근한다면 그 사람에게 있어 1시간의 가치는 1만 6천 원으로 평가할 수 있다.

> ❖ 시간이 절약되나 통행요금을 내야 하는 유료도로와 시간이 많이 걸리지만 무료인 일반도로 사이의 선택을 분석해도 시간의 가치를 평가할 수 있다.

③ 사람들이 교통수단을 선택하는 데는 비용과 시간뿐만 아니라 쾌적성, 안전성 등의 여러 요인이 작용하므로 비화폐적인 측면도 고려되어야 한다.

3) 조건부가치 평가법(CVM)

① 설문조사를 통해 사람들에게 현재 선택하지 않은 대안의 가치를 알아내려는 방법을 조건부가치평가법(contingent valuation method)이라고 한다.

② 예를 들어, '통근시간을 10분 줄이는 데 얼마를 지불할 용의가 있는가?'와 같은 질문을 통해 시간의 가치를 평가하는 방법이 이에 해당된다.

③ 이 방법은 설문지의 질문방식, 문항순서 등에 따라 결과가 크게 달라질 수 있다는 단점이 있다.

⑵ 생명의 가치

1) 기대소득의 현재가치로 계산하는 방법 … 인적자본 접근법

① 인적자본접근법은 어떤 사람이 사망하지 않았을 때 남은 일생동안 벌어들일 수 있는 소득의 현재가치로 생명의 가치를 평가하는 방법이다.

② 이 방법은 일하지 않는 시간에 대해서는 어떤 가치도 부여하지 않는다는 문제점을 갖고 있다.

③ 그러므로 이 방법은 은퇴한 노인이나 장애인 등 생산에 기여하지 못하는 사람, 주부와 같이 노동시장에 참여하지 않는 사람의 생명의 가치를 평가하는 데 문제가 있다.

④ 또한 이 방법은 어떤 사람의 사망에 따른 주위 사람들의 정신적 고통 등도 전혀 고려하지 못하므로 생명의 가치를 과소평가하는 측면이 있다.

2) 현시된 선호를 이용하는 방법 … 현시선호법

① 사망확률을 낮추기 위해 얼마나 지불할 용의가 있는지 사람들의 현시된 선호에 기초하여 생명의 가치를 측정하는 방법이다.

② 사망확률이 높은 직업을 받아들이기 위해 얼마나 더 지불해야 하는지 혹은 사망확률을 낮추어 주는 장비구입에 지출할 용의가 있는 금액을 조사하여 생명의 가치를 평가하는 것이 이 방법에 해당된다.

> ◐ 광부는 마트의 계산원에 비해 사망확률이 1% 높고 연봉도 1,500만 원이 높다면 사망확률이 1% 높아지는 직업을 받아들이도록 하기 위해 1,500만 원을 보상해야 하므로 생명의 가치는 15억 원(＝1,500만 원/0.01)으로 평가할 수 있다.

> ◐ 신차에 장착되는 에어백의 가격이 30만 원이고 에어백이 생명을 구할 확률이 0.0001일 때 이 에어백을 구입하는 사람의 생명의 가치는 30억 원(＝30만 원/0.0001)으로 평가할 수 있다.

3) 설문조사를 통해 계산하는 방법 … 조건부가치 평가법

① 조건부가치 평가법은 설문조사를 통해 사망확률을 낮추기 위해 사람들이 지불할 용의가 있는 금액이 얼마인지를 직접 물어보는 방법이다.

② 사망확률을 0.001만큼 낮추어 주는 오염정화설비 설치에 지불할 용의가 있는 금액이 얼마인지 혹은 수명이 1년 연장되는 친환경 자재를 사용하여 지어진 주택에 대해 얼마나 더 지불할 용의가 있는지 등을 물어보는 것이 이 방법에 속한다.

> ◐ 어느 지역의 사망확률을 0.001만큼 낮추어 주는 오염정화설비에 개인들이 지불할 용의가 있는 금액이 100만 원이라면 생명의 가치는 10억 원(＝100만 원/0.001)으로 평가된다.

③ 현시선호법은 실제로 관찰되는 상황에서 사용되는 데 비해, 조건부가치평가법은 실제로 관찰할 수 없는 상황에서 사용된다는 점에서 차이가 있다.

> ◐ 현시선호법과 조건부가치 평가법은 모두 사망확률을 낮추기 위해 지불할 용의가 있는 금액을 측정하여 생명의 가치를 평가하므로 일부 학자는 두 방법 모두를 지불의사접근법으로 분류하기도 한다.

> ◐ 인적자본접근법과 지불의사접근법(현시선호법, 조건부가치 평가법)은 모두 생명의 가치를 과소평가하는 것으로 볼 수 있으나, 두 방법 중 지불의사접근법으로 계산된 생명의 가치가 더 높은 것으로 알려지고 있다.

✎ 보상임금격차
(compensating differential)
보상임금격차란 근무환경, 위험도, 사회적 평가 등에서 불리한 직종에 대해 부정적인 측면을 보상하기 위해 추가적으로 지급되는 임금을 말한다.

(3) 환경의 가치

1) 지불의사 접근법

① 환경개선을 위해 사람들이 지불할 용의가 있는 금액을 계산하여 환경개선에 따른 편익을 계산하는 방법이다.

② 이 방법에서는 환경의 질이 개선되었을 때 소비자가 동일한 효용을 유지하는 데 소요되는 지출액이 얼마나 감소하였는지를 계산하여 환경개선에 따른 편익을 측정한다.

2) 회피행위 접근법

① 환경오염으로 인한 고통을 회피하기 위해 지불할 용의가 있는 금액을 측정하여 환경개선의 편익을 측정하는 방법이다.

② 어떤 사람이 대기오염을 피해 다른 곳으로 이사를 했다면 이에 드는 비용을 계산하면 환경개선에 따른 편익을 알아낼 수 있다.

　　❑ 대기오염에 따른 호흡기 질환으로 치료를 받는 사람의 경우 환경개선으로 호흡기 질환에서 해방된다면 환경개선으로 얻는 편익은 의료비 상당액이 된다.

③ 그런데 대기오염으로 이사를 한 경우 대기오염에 따른 고통이 이사비용보다 클 것이므로 이 방법은 환경개선의 편익을 과소평가할 가능성이 크다.

3) 헤도닉가격 접근법

① 주택이 위치하고 있는 지역의 학군, 도심에서의 거리, 환경의 쾌적성 등 여러 특성을 주택가격과 연결한 함수를 헤도닉가격함수(hedonic price function)라고 한다.

② 이를 통해 환경의 질 개선이 주택가격 상승에 미치는 정도를 측정하여 환경개선의 편익을 계산하는 방법을 말한다.

4) 여행비용접근법

① 특정한 지역의 자연환경으로부터의 편익을 얻기 위해 사람들이 지출한 비용을 계산하여 그 자연자원의 가치를 평가하는 방법이다.

② 어느 지역을 사람들이 자발적으로 방문하는 경우 방문자들이 지불해야 하는 여행비용을 계산하면 그 지역의 자원에 대한 가치를 알아낼 수 있다.

5) 조건부가치 평가법

① 설문조사를 통해 환경의 질 개선에 사람들이 지불할 용의가 있는 금액을 알아내어 환경개선에 따른 편익을 계산하는 방법이다.

② 예를 들면, 인근하천의 수질을 수영을 할 수 있을 정도로 개선하는 데 얼마만큼의 추가적인 세금을 부담할 용의가 있는지를 설문조사하여 환경개선의 편익을 계산하는 방법이 이에 해당된다.

▶ 무형의 편익과 비용의 평가(요약)

구 분		내 용
시간의 가치	임금을 이용한 평가	• 절약된 시간에다 임금률을 곱하여 시간의 가치를 평가하는 방법
	대체 교통수단을 이용한 평가	• 서로 다른 시간과 비용이 드는 교통수단 사이의 선택을 비교하여 시간의 가치를 계산하는 방법
	조건부가치 평가법	• 설문조사를 통해 각 개인이 시간절약을 위해 지불할 용의가 있는 금액을 알아내어 시간의 가치를 계산하는 방법
생명의 가치	인적자본 접근법	• 사망하지 않았을 때 남은 일생동안 벌어들일 수 있는 소득의 현 재가치로 생명의 가치를 평가하는 방법
	현시선호법	• 사망확률을 낮추기 위해 얼마나 지불하는지 현시된 선호에 기초 하여 생명의 가치를 평가하는 방법
	조건부가치 평가법	• 설문조사를 통해 사망확률을 낮추기 위해 지급할 용의가 있는 금 액을 알아내어 생명의 가치를 평가하는 방법
환경의 가치	지불의사 접근법	• 환경의 질이 개선되었을 때 소비자가 동일한 효용을 유지하는데 필요한 지출액이 얼마나 감소하는지를 계산하여 환경의 가치를 평가하는 방법
	회피행위 접근법	• 환경오염으로 인한 고통을 회피하기 위해 지불할 용의가 있는 금 액을 측정하여 환경개선의 편익을 측정하는 방법
	헤도닉가격 접근법	• 환경의 질 개선이 주택가격 상승에 미치는 정도를 측정하여 환경 개선의 편익을 계산하는 방법
	여행비용 접근법	• 사람들이 특정지역의 자연환경을 이용하기 위해 지출한 여행비 용을 계산하여 환경의 가치를 추정하는 방법
	조건부가치 평가법	• 설문조사를 통해 사람들이 환경의 질 개선에 지불할 용의가 있는 금액을 알아내어 환경개선의 편익을 계산하는 방법

> 참고 / **비용-효과성분석**

① 비용-효과성분석(cost-effectiveness analysis)이란 주어진 목표를 최소의 비용으로 달성할 수 있는 방안을 찾아내는 방법을 의미한다.

② 어떤 공공사업이 반드시 수행될 필요가 있으나 무형의 편익·비용에 대한 평가가 이루어지기 어려운 경우에는 비용-효과성분석을 이용하는 것도 고려할 수 있다.

③ 예를 들면, 우주탐사선을 발사하는 경우 비용은 계산될 수 있으나 우주탐사선 발사에 따른 국가위신제고와 같은 편익은 추정이 거의 불가능하다.

④ 이 경우 우주탐사선을 발사하기로 정하고 나서 최소의 비용으로 이를 수행할 수 있는 방안을 모색하는 것이 비용-효과성분석이다.

Ⅴ 적정할인율의 선정

1. 할인율의 중요성

(1) 예를 통한 설명

① 공공투자안 X, Y, Z가 아래의 표와 같이 주어져 있다면 할인율이 5%일 때는 순편익의 현재가치가 모두 동일하므로 투자안의 우선순위를 결정할 수 없다.

② 할인율이 3%일 때는 3가지 투자안의 순편익이 모두 0보다 크며, 이 중에서 편익발생기간이 가장 긴 투자안 Z의 순편익이 가장 크게 나타난다.

③ 한편 할인율이 8%일 때는 3가지 투자안의 순편익이 모두 0보다 작지만 우선순위결정에 있어서는 편익발생기간이 가장 짧은 투자안 X의 우선순위가 가장 높은 것으로 평가된다.

④ 예에서 보는 바와 같이 할인율이 어느 수준으로 결정되느냐에 따라 평가결과가 달라지므로, 할인율을 적정수준으로 선정하는 것은 매우 중요하다.

▶ 현재가치와 할인율 (단위 : 원)

사업	X	Y	Z
비용(C)	10,380	10,380	10,380
편익발생기간(년)	5	15	25
연간편익(B)	2,397	1,000	736
할인율(%)	〈총편익(B)의 현재가치〉		
3%	10,978	11,938	12,816
5%	10,380	10,380	10,380
8%	9,571	8,559	7,857
	〈순편익($B-C$)의 현재가치(NPV)〉		
3%	598	1,558	2,436
5%	0	0	0
8%	-809	$-1,821$	$-2,523$
	〈편익-비용비율(B/C)〉		
3%	1.057	1.150	1.235
5%	1.000	1.000	1.000
8%	0.922	0.825	0.757

(2) 할인율에 따른 평가결과의 차이

① 대부분의 공공투자의 경우 비용은 투자시점에서 소요되는 데 비해, 편익은 투자가 끝난 이후에 장기간에 걸쳐 발생하므로 순편익의 현재가치는 다음과 같이 나타낼 수 있다.

$$NPV = -C_0 + \frac{B_1}{(1+r)} + \frac{B_2}{(1+r)^2} + \cdots + \frac{B_n}{(1+r)^n}$$

② 투자가 이루어진 뒤 n년 후에 발생하는 편익을 현재가치로 환산하려면 $(1+r)^n$으로 나누어야 하는데 할인율(r)이 높을수록 n이 커지면 $(1+r)^n$도 기하급수적으로 커진다.

③ 그러므로 사업기간이 동일하다고 하더라도 후기에 발생하는 편익일수록, 그리고 사업기간이 다른 경우에는 사업기간이 길수록 편익의 현재가치가 작아진다.

④ 또한 할인율이 높을수록 편익의 현재가치가 과소평가되어 보다 많은 공공투자안이 경제성이 없는 것으로 평가된다.

- 할인율이 높을수록 사업기간이 짧은 공공투자안이 유리하게 평가된다.
- 할인율이 높을수록 초기에 편익이 발생하는 사업이 유리하게 평가된다.
- 할인율이 높을수록 보다 많은 투자안이 경제성이 없는 것으로 평가된다.

---

⑤ 위에서 설명한 것과 반대의 이유로 할인율이 낮을수록 ⅰ) 사업기간이 긴 공공투자안이 유리하게 평가되고, ⅱ) 편익이 후기에 발생하는 사업이 유리하게 평가되며, ⅲ) 보다 많은 투자안이 경제성이 있는 것으로 평가된다.

2. 적정할인율에 대한 견해

(1) 민간할인율(시장이자율)

① 만약 자본시장이 완전하다면 자본시장에서 결정된 시장이자율은 소비자의 시간선호율과 자본의 한계생산성을 적절하게 반영한다.

② 이 경우에는 시장이자율을 공공사업의 할인율로 사용하는 것이 가능하다.

③ 현실적으로 조세, 불확실성 등으로 인해 자본시장이 불완전하므로 시장이자율을 공공사업의 할인율로 사용하는 것은 적절하지 않다.

④ 그러므로 비용－편익분석을 하기 위해서는 사회적인 관점에서의 할인율을 구하거나, 공공투자에 사용되는 자금의 기회비용을 구해야 한다.

(2) 사회적 할인율

1) 개념

① 사회적 할인율(social discount rate)이란 경제전반의 상황을 고려하여 사회적인 관점에서 결정된 할인율을 의미한다.

② 즉, 사회적 할인율은 사회전체의 관점에서 본 시간선호율(social rate of time preference)로 볼 수 있다.

③ 상당수의 학자들은 사회적 할인율은 민간할인율보다 낮게 결정되어야 한다고 주장한다.

　❍ 사회적 할인율을 민간할인율보다 낮게 설정한다는 것은 공공사업을 민간투자에 비해 더 우대한다는 의미이다.

2) 사회적 할인율이 낮게 설정되어야 하는 이유

가. 세대간 소득재분배

① 민간부문에서 투자를 결정할 때는 오로지 자기세대의 편익증가분만 고려하기 때문에 과소 투자가 발생하게 된다.

② 공공투자의 경우에는 후세대의 후생증가분도 반영하여야 하므로 사회적인 할인율을 민간 할인율보다 낮은 수준에서 결정하는 것이 바람직하다.

나. 외부편익

① 대부분의 공공투자는 외부편익을 발생시키므로 이를 비용－편익분석에서 고려할 필요가 있다.

② 공공투자가 가져오는 긍정적인 외부성을 결과에 반영하려면 할인율을 민간할인율보다 낮 게 설정하여야 한다.

다. 민간의 근시안적 평가

① 개인들은 대체로 근시안(myopia)적이므로 먼 장래에 발생하는 편익을 낮게 평가하는 경 향이 있기 때문에 민간부문의 할인율은 대체로 적정수준보다 높게 결정된다.

　❍ 개인들이 근시안적 사고를 갖고 있다면 현재소비의 편익을 과대평가하므로 시간선호율이 적정수준보다 높게 결정된다.

② 따라서 공공사업을 평가할 때는 미래에 발생하는 편익을 적절히 반영하기 위하여 민간할 인율보다 낮은 할인율을 적용하는 것이 바람직하다.

(3) 공공투자에 사용되는 자금의 기회비용

1) 설명

① 일부 학자들은 무조건 공공투자를 민간투자보다 우대하는 것은 자원배분의 효율성 측면에 서 바람직하지 않으므로 공공투자에 사용되는 자금의 기회비용을 감안하여 사회적 할인율 을 설정할 것을 주장한다.

　❍ 사회적 할인율을 민간할인율보다 낮게 설정하면 민간부문에서 기각되는 투자안도 공공부문에서는 채택될 가능성이 있다.

② 공공투자에 사용되는 재원은 조세나 국채발행 등을 통하여 민간부문에서 조달되는데, 민 간부문에서 사용될 자금이 공공부문으로 이전되면 그에 따른 기회비용이 발생하므로 이에 대한 고려가 필요하다는 것이다.

③ 공공사업의 시행으로 민간부문에서 공공부문으로 이전된 자금은 공공사업이 시행되지 않 았다면 투자에 사용되었을 자금과 민간소비에 사용되었을 자금으로 구분된다.

④ 민간소비에 사용되었을 자금 1원이 공공투자에 사용된다면 민간부문이 포기한 1원의 기 회비용은 현재소비와 동일한 1원이다.

⑤ 한편, 민간투자의 수익률이 ρ인 경우 1원이 민간투자에 사용되면 매년 ρ원의 수익을 창출 해낼 것이므로 이 자금이 공공사업에 사용된다면 기회비용은 $\dfrac{\rho}{r}$원이다.

❖ 1원이 민간투자에 사용되어 1년 뒤부터 매년 ρ원의 수익을 창출해낸다면 민간투자가 미래에 창출해내는 수익의 현재 가치(＝민간투자 1원으로 인한 미래의 소비가능성)는 다음과 같이 계산된다.

$$PV = \frac{\rho}{(1+r)} + \frac{\rho}{(1+r)^2} + \frac{\rho}{(1+r)^3} + \cdots$$

$$= \frac{\dfrac{\rho}{1+r}}{1 - \dfrac{1}{(1+r)}} = \frac{\dfrac{\rho}{1+r}}{\dfrac{r}{1+r}} = \frac{\rho}{r}$$

❖ 민간투자로부터 얻은 수익에 대해서는 소득세, 법인세 등의 각종 조세가 부과되므로 민간투자수익률(ρ)은 사회적 할인율(r)보다 큰 값이므로 $\frac{\rho}{r}$는 1보다 크다.

⑥ 그러므로 민간투자에 사용되었을 자금의 비율을 θ, 소비에 사용되었을 자금의 비율을 $(1-\theta)$, 민간투자의 수익률을 ρ라고 하면 공공투자에 사용된 자금 1원의 기회비용(α)은 다음과 같이 계산된다.

$$\alpha = (1-\theta) + \theta \frac{\rho}{r}$$

⑦ 이와 같이 공공투자에 사용되는 자금의 기회비용을 구한 다음 이를 감안한 사회적 할인율을 비용－편익분석에 사용해야 한다.

2) 세전수익률과 세후수익률의 가중평균

① 현실적으로는 위에서 설명한 것과 같이 자본의 기회비용을 감안한 사회적 할인율을 구하는 것이 쉽지 않다.

② 그렇기 때문에 현실에서는 민간투자의 세전수익률과 세후수익률(＝소비자이자율)을 가중평균하여 사회적 할인율을 구하는 방법이 종종 이용된다.

③ 예를 들어, 민간투자의 세전수익률이 16%이고 세율이 50%로 주어져 있다고 가정하자.

④ 민간투자에 사용될 자금 1원이 공공투자에 이용된다면 사회적으로 희생된 금액은 1.16원이므로 민간투자에 사용될 자금의 기회비용은 세전수익률인 16%로 측정된다.

⑤ 민간투자의 세전수익률은 16%이고 세율이 50%이면 1원의 자금이 공공투자에 사용될 때 민간이 포기해야 하는 소비는 1.08원이므로 소비될 자금의 기회비용은 세후수익률인 8%이다.

⑥ 그러므로 공공투자에 사용된 자금의 일부는 민간투자에 사용될 자금이었고, 일부는 민간소비 감소로부터 조달되었다면 공공투자 자금의 기회비용은 세전수익률과 세후수익률의 가중평균으로 계산할 수 있다.

⑦ 세전수익률이 16%, 세율이 50%이고, 공공투자 자금 중 $\frac{1}{4}$은 민간투자에서 그리고 $\frac{3}{4}$은 민간소비로부터 조달되었다면 자금의 기회비용은 다음과 같이 10%로 계산된다.

$$\left(\frac{1}{4} \times 16\%\right) + \left(\frac{3}{4} \times 8\%\right) = 10\%$$

Ⅵ 위험과 불확실성에 대한 고려

1. 위험을 고려하는 방법

(1) 할인율의 조정

① 공공사업에 따른 위험을 분석결과에 반영하는 방법의 하나는 공공사업에 사용되는 할인율을 상향조정하는 것이다.

② 공공사업에 소요되는 비용은 확실히 주어져 있고, 미래에 발생할 편익이 불확실한 경우에는 할인율을 상향조정하는 것도 적절한 방법이 될 수 있다.

③ 그러나 미래에 발생할 비용이 불확실한 경우 할인율을 상향조정한다면 미래에 발생할 비용이 과소평가되어 잘못된 평가를 내릴 가능성이 있다.

④ 그러므로 할인율의 상향조정을 통해서 위험을 반영하는 것은 바람직하지 않은 방법이다.

> 예 교량을 건설하면 n년 동안 편익을 얻을 수 있고, n년 말에 교량을 철거하는 데 C_n의 비용이 소요된다면 교량 건설에 따른 순편익의 현재가치는 다음과 같다.
>
> $$NPV = -C_0 + \frac{R_1}{(1+r)} + \frac{R_2}{(1+r)^2} + \cdots + \frac{R_n}{(1+r)^n} - \frac{C_n}{(1+r)^n}$$
>
> → n년 말에 발생할 것으로 예상되는 교량 철거비용 C_n이 불확실한 경우 할인율을 상향조정하면 미래에 발생할 것으로 예상되는 비용이 오히려 낮아진다.

(2) 확실성등가를 이용한 조정

① 공공사업에 따른 불확실성을 반영하는 또 다른 방법으로 공공사업으로 인한 불확실한 편익과 비용을 확실성등가(certainty equivalents)로 바꾼 다음에 비용-편익분석을 실시하는 방법이 있다.

> ◐ 확실성등가(certainty equivalents) : 불확실한 편익(혹은 비용)과 동일한 효용을 주는 확실한 금액

② 예를 들어, 어떤 공공사업에서 몇 년 뒤에 900원의 편익이 발생할 가능성이 0.5이고 100원의 편익이 발생할 가능성이 0.5라면 불확실한 편익의 기대치는 500원으로 계산된다.

③ 기대치가 500원인 불확실한 편익과 400원이 주는 확실한 편익이 동일하다면 확실성등가의 크기는 400원이며, 위험할인인자는 0.8이다.

> ◐ 위험할인인자(risk discount factor)
> 불확실한 편익(혹은 비용)을 확실성등가로 전환시켜주는 계수

> 확실성등가＝불확실한 편익 × 위험할인인자

④ 불확실한 편익과 비용에 위험할인인자를 곱하여 확실성등가로 전환한 다음 비용-편익분석을 실시하면 공공투자에 따른 위험에 대한 적절한 고려가 이루어질 수 있다.

⑤ 이와 같이 비용과 편익을 모두 확실성등가로 바꾸어 비용-편익분석을 실시한다면 위험에 대한 적절한 고려가 이루어질 수 있다.

> ◐ 불확실한 편익은 그 값을 작게 만들어주어야 하므로 불확실한 편익을 현재가치로 환산할 때의 위험할인인자는 1보다 작지만, 불확실한 비용은 그 값을 크게 만들어주어야 하므로 불확실한 비용을 확실성등가로 환산할 때의 위험할인인자는 1보다 큰 값이다.

▶ 위험을 고려하는 방법

	할인율을 조정하는 방법	확실성등가를 이용하는 방법
내용	위험성이 있는 공공사업에 대해서는 보다 높은 할인율을 적용하는 방법	불확실한 편익이나 비용을 확실성 등가로 환산하여 분석하는 방법
문제점	사업연도 후기에 많은 비용이 발생하는 사업이 보다 바람직한 것으로 평가되어 잘못된 결론을 내릴 가능성이 있다.	현실적으로 볼 때 편익과 비용에 관련된 모든 위험을 적절하게 평가하는 것이 매우 어렵다.
평가	할인율은 미래가치를 현재가치로 환산하는 도구이며, 이를 위험조정에 사용하는 것은 부적절하다.	편익과 비용을 확실성등가로 환산할 수 있다면, 위험을 반영할 수 있는 적절한 방법이다.

2. 위험비용을 무시할 수 있는 경우

① 정부의 공공사업도 위험이 내재되어 있다면 확실성등가를 이용하거나 순편익의 기대치에서 위험부담에 따른 비용을 차감하는 등의 방식으로 위험에 대한 고려가 이루어져야 한다.

② 공공투자의 위험부담 비용을 측정하는 것이 매우 어려우나 다행히 공공사업의 경우에는 위험분산과 위험집중 현상이 나타나므로 사회적인 위험부담비용은 무시될 수 있다.

③ 위험분산(risk−spreading)은 다수의 사람이 위험을 나누어 부담할 때 나타나는데, 공공투자의 비용과 편익이 다수의 사람들에게 분할되는 경우에는 위험부담비용이 매우 작아진다.

④ 애로우(K. J. Arrow)와 린드(R. C. Lind)는 특정한 조건하에서는 비용−편익분석에서 위험을 고려할 필요가 없음을 증명하였는데 이를 애로우−린드정리(Arrow−Lind theorem)라고 한다.

> | 애로우−린드정리 |
> 공공투자로부터 발생하는 편익과 비용이 국민소득(GDP)에 영향을 미치지 않을 정도로 규모가 작거나, 그 편익과 비용이 다수에게 분할될 경우에는 공공투자로 인해 발생하는 위험이 무시할 정도로 작기 때문에 비용−편익분석에서 위험을 고려할 필요가 없다.

⑤ 한편, 정부가 다수의 공공투자를 수행하는 경우는 각 투자안에 내재되어 있는 위험이 모두 정부로 집중되는 위험집중(risk−pooling) 현상이 나타난다.

⑥ 이 경우 다수의 독립적인 투자안의 위험은 서로 상쇄되어 공공투자의 위험부담비용은 매우 낮아지므로 위험부담비용은 무시해도 된다.

　◐ 정부가 독립적인 확률분포를 가진 다수의 공공투자사업을 수행하면 다수의 투자안에 분산투자를 함으로써 위험을 줄이는 것과 마찬가지의 효과가 발생한다.

⑦ 그러므로 대부분의 공공투자의 경우에는 위험을 고려하지 않거나 민간부문의 경제성 분석에 비하여 낮은 리스크 프리미엄을 적용하는 것이 일반적이다.

Ⅶ 기타 고려사항

1. 비용 – 편익분석과 소득분배

① 공공투자의 목적은 사회후생 극대화에 있으므로 비용–편익분석에서도 공공투자로 인한 비용과 편익이 어떤 소득계층에 귀착되는지에 대한 고려, 즉 소득분배효과에 대한 고려가 필요하다.

② 공공투자가 소득분배에 미치는 효과를 고려하는 방법 중의 하나는 소득계층별로 상이한 분배가중치를 부여한 다음 비용–편익분석을 실시하는 것이다.

③ 소득계층을 4분위로 구분하였을 때 각 계층의 순편익이 다음 표와 같이 주어져 있다면 분배가중치에 따라 사회전체의 순편익이 달라질 수 있다.

▶ 비용–편익분석에서 소득분배를 고려하는 방법

소득계층	순편익	방법 1		방법 2	
		분배가중치	조정된 순편익	분배가중치	조정된 순편익
1분위	100	1.0	100	1.0	100
2분위	50	0.90	45	0.5	25
3분위	−50	0.7	−35	0.25	−12.5
4분위	−200	0.55	−110	0.125	−25
	−100	–	0	–	87.5

◑ 1분위는 최하위 25%의 소득계층을 그리고 4분위는 최상위 25%의 소득계층을 나타냄

④ 위의 표에서 보는 바와 같이 가중치를 어떻게 설정하느냐에 따라 사회전체의 순편익은 큰 차이를 보이게 되는데, 합리적인 가중치의 설정방법에 대해서는 공통된 견해가 존재하지 않는다는 문제가 있다.

2. 인플레이션 효과

① 장기간에 걸쳐 발생하는 비용과 편익을 측정할 때 인플레이션의 효과를 고려할 필요가 제기된다.

② 비용과 편익을 모두 비용–편익분석을 실시하는 연도의 불변가격(real price)으로 측정한다면 인플레이션으로 인한 효과는 무시하더라도 무방하다.

제6장 / 정부지출과 예산제도

01

정부지출과 이전지출에 대한 설명으로 옳지 않은 것은?

① 정부지출은 지출은 이전지출보다 소득재분배에 더 큰 영향을 미친다.

② 정부지출은 이전지출보다 국민소득결정에 더 큰 영향을 미친다.

③ 이전지출은 개인의 국가에 대한 청구권에 의해 지출된다.

④ 사회보장을 위한 지출은 이전지출에 해당된다.

⑤ 정부지출은 정부가 재화 및 서비스를 구입한 대가로 지출되는 것을 말한다.

✏ 일반적으로 이전지출은 정부지출보다 소득재분배에 큰 영향을 미친다. 예를 들어, 정부의 저소득층에 대한 보조금은 이전적 지출에 해당되는데 이는 소득재분배효과가 매우 크다. 한편, 정부가 공공사업을 위해 민간으로부터 재화를 구입하는 정부지출은 소득재분배 효과가 별로 없다.

02

감세에 비해서 동일금액의 정부지출을 증가시키는 것이 국민소득에 미치는 효과가 크게 나타나는 이유는?

① 감세에 의한 가처분소득의 증가분은 다른 소득에 비해서 빨리 지출되기 때문이다.

② 정부지출의 증가는 통상 화폐발행의 증가를 통해서 이루어지기 때문이다.

③ 감세는 새로운 정부세입을 창출하기 때문이다.

④ 감세가 이루어지는 분야에 비해서 정부지출이 이루어지는 분야의 생산성이 높기 때문이다.

⑤ 감세에 의한 가처분소득 증가분을 가계가 전액 지출하는 것은 아니기 때문이다.

✏ 정부가 10억 원의 지출을 할 경우에는 총수요가 10억 원 증가한다. 이에 비해서 10억 원의 세금이 감면되면 가계부문의 소득이 10억 원 증가하는데, 가계의 소득이 10억 원 증가하면 가계는 소득의 일부만을 지출하므로 총수요는 10억 원보다 적게 증가한다. 그러므로 감세에 비해 동액의 정부지출 증가가 국민소득에 미치는 효과가 더 크게 나타난다.

✏ 정부가 조세를 징수하여 이를 지출하면 통화량은 변하지 않는다.

03

정부의 공공지출이 증가할 때 나타날 수 있는 현상에 대한 설명으로 옳지 않은 것은?

① 민간부문이 사용할 수 있는 자원이 감소한다.
② 공공지출이 비생산적으로 이루어진다면 파레토 기준으로 볼 때 악화가 발생할 수 있다.
③ 민간부문의 모든 재화생산량이 감소한다.
④ 가치재의 공급은 정부의 간섭주의를 반영하고 있다.
⑤ 시장실패가 발생한다고 해서 정부개입이 자동적으로 정당화되는 것은 아니다.

✎ 정부부문의 재화생산이 증가하면 민간부문의 재화생산이 감소하나 모든 재화의 생산량이 비례적으로 감소하는 것은 아니다. 경우에 따라서는 정부의 재화생산이 늘어날 때 특정부문의 재화생산은 오히려 증가할 수도 있다. 예를 들어 정부가 고속도로를 확장하면 이와 보완관계에 있는 자동차의 생산이 늘어날 수도 있다. 그리고 정부가 제공하는 서비스와 대체성을 지닌 서비스의 생산량은 감소하게 될 것이다. 예를 들면, 정부가 경찰서비스 공급을 증가시키면 이와 대체관계에 있는 민간방범회사의 생산량은 감소하게 될 것이다.

정부개입에 따른 이득이 정부개입에 따른 부작용보다 더 클 때만 정부개입이 정당화될 수 있다.

04 2023 세무사

정부지출의 증가 원인에 관한 설명으로 옳은 것은?

① 바그너(A. Wagner)법칙에 의하면, 1인당 소비가 증가할 때 국민소득에서 차지하는 공공부문은 민간부문에 비례하여 성장한다.
② 보몰효과(Baumol effect)에 의하면, 정부가 생산·공급하는 서비스의 생산비용이 상대적으로 낮아지면 정부지출이 증가하게 된다.
③ 부캐넌(J. Buchanan)은 현대의 대의민주체제가 본질적으로 정부부문의 팽창을 억제한다는 리바이어던가설(Leviathan hypothesis)을 제기하였다.
④ 피코크-와이즈만(A. Peacock & J. Wiseman)에 의하면, 사회적 혼란기에는 전위효과(displacement effect)에 의하여 정부지출이 증가하게 된다.
⑤ 브라운-잭슨(C. Brown & P. Jackson)에 의하면, 중위투표지의 공공서비스에 대한 수요의 소득탄력성이 줄어들게 되면 정부지출의 비중이 증가하게 된다.

✎ 바그너의 법칙이란 1인당 국민소득이 증가할 때 1인당 정부지출의 크기가 상대적으로 증가하는 것을 말한다. 한편, 보몰효과(Baumol effect)란 정부가 생산·공급하는 서비스의 생산비용이 상대적으로 높아져 정부지출이 팽창하는 것을 말한다.

부캐넌(J. Buchanan)은 현대의 대의민주정치제도 하에서는 과도한 정부지출을 억제할 수 있는 수단이 없으므로 내재적으로 정부지출이 과도하게 팽창하는 속성을 갖고 있는 것으로 설명하였는데, 이를 리바이어던가설(Leviathan hypothesis)이라고 한다. 브라운과 잭슨에 따르면 중위투표자의 공공서비스 수요의 소득탄력성이 1보다 크면 소득이 증가할 때 정부지출이 급속하게 팽창하게 된다.

01 ① 02 ⑤ 03 ③
04 ④

05 2017 세무사

1인당 국민소득이 증가할 때 정부지출이 국민경제에서 차지하는 비중이 점차 증가하는 현상에 대한 원인이 아닌 것은?

① 소득증가율에 비해 공공재에 대한 수요가 더 빠른 속도로 증가하기 때문이다.

② 시장의 기능이 자연적으로 축소되기 때문이다.

③ 관료가 예산을 극대화하려는 성향을 보이기 때문이다.

④ 기술혁신에 따른 생산비 절감효과 측면에서 공공재가 사적재에 비해 뒤떨어지기 때문이다.

⑤ 복지를 포함한 공공서비스 수요의 소득탄력성이 크기 때문이다.

✎ 경제규모가 커지고 1인당 국민소득이 증가하면 시장의 기능이 오히려 원활해진다. 그러므로 보기 ②는 경비팽창의 원인으로 보기 어렵다.

06 2019 세무사

공공경비팽창에 관한 설명으로 옳은 것을 모두 고른 것은?

> ㄱ. 바그너(A. Wagner)의 법칙이란 1인당 국민소득이 증가할 때 공공부문의 상대적 크기가 증가하는 것을 말한다.
>
> ㄴ. 피코크―와이즈만(A. Peacock and J. Wiseman)은 사회적 격변기에 정부지출 수준이 급속히 높아져 일정기간 유지되면, 추세선 자체가 상방으로 이동하게 되는데 이를 전위효과 (displacement effect)라고 불렀다.
>
> ㄷ. 보몰(W. Baumol)은 노동집약적인 공공부문이 민간부문보다 생산성 향상이 더디게 일어나기 때문에 경비가 팽창하게 된다고 보았다.
>
> ㄹ. 부캐넌(J. Buchanan)은 특정 공공지출의 편익은 수혜자들에게 직접적으로 인식되는 반면, 공공서비스의 공급비용은 모든 사회구성원들에게 조세형태로 분산되기 때문에 공공서비스 공급비용을 과소평가한다고 설명하였다.

① ㄱ, ㄷ   ② ㄴ, ㄷ   ③ ㄱ, ㄴ, ㄹ

④ ㄱ, ㄷ, ㄹ   ⑤ ㄱ, ㄴ, ㄷ, ㄹ

✎ ㄱ은 바그너의 법칙, ㄴ은 피콕과 와이즈만의 전위효과론에 대한 설명이다. 공공서비스는 민간부문이 생산하는 재화나 서비스보다 상대적으로 노동집약적이므로 생산성향상이 느리게 이루어진다. 보몰은 민간부문의 생산성향상으로 임금이 상승하면 생산성향상이 별로 이루어지지 않은 공공부문에서도 임금이 상승할 수밖에 없으므로 공공경비가 팽창하는 것으로 설명한다.

부캐넌은 공공지출의 편익은 수혜자에게 직접적으로 인식되나 공공서비스 공급비용은 다수에게 분산되어 사람들이 제대로 인식하지 못하는 재정착각(fiscal illusion)이 발생하므로 집단적 의사결정 과정에서 공공서비스가 과다하게 공급되는 것으로 설명한다.

07

경비팽창에 대한 다음 설명 중 적절하지 않은 것은?

① 대의민주주의 하에서 중위투표자의 공공서비스 수요의 소득탄력성이 1보다 크면 경비가 팽창한다.

② 바그너는 정부가 수행해야 할 일이 지속적으로 증가하였기 때문에 경비가 팽창한다고 설명한다.

③ 보몰에 의하면 경비가 팽창하는 것은 공공서비스 수요측 요인 때문이다.

④ 부케넌에 의하면 대의민주주의의 속성으로 인해 정부지출의 크기가 증가하는 경향이 있다.

⑤ 피콕―와이즈만의 설명에 의하면 경비팽창은 급격한 사회적인 혼란으로 인해 발생한다.

✎ 보몰은 공공부문의 낮은 생산성이 경비팽창의 원인이라고 보고 있다. 이에 대해 좀 더 자세히 설명하면 다음과 같다. 일반적으로 공공부문은 민간부문보다 노동집약적이고, 공급되는 서비스의 특성상 노동을 자본으로 대체하는 것이 어렵기 때문에 민간부문보다 생산성 증가가 낮을 수밖에 없다. 민간부문에서의 생산성 증대는 민간부문의 임금의 상승을 가져오는데, 민간부문의 임금이 상승하면 생산성이 별로 증가되지 않은 공공부문의 임금도 상승할 수밖에 없다. 공공부문의 임금이 상승하면 공공서비스의 공급량이 일정하다고 하더라도 공공부문의 경비지출은 증가할 수밖에 없다(만약, 공공서비스에 대한 수요의 소득탄력성이 1보다 크다면 경비의 팽창은 더욱 급속도로 일어나게 될 것이다).

이와 같이 생산성이 낮은 공공부문에서의 임금상승은 결국 공공경비의 팽창을 초래하게 된다는 것이다. 따라서 공공서비스의 가격이 지속적으로 상승하는 현상이 나타나게 되는데 보몰은 이를 비용병(cost disease)이라고 부르고 있다. 이와 같은 보몰의 비용병이론은 공급측면에서 경비팽창을 설명하는 이론이다.

비용병이론 : 　민간부문의 생산성 증대　→　민간부문의 임금상승　→　공공부문의 임금상승　→　경비팽창

08

복식예산제도에 대한 다음 설명 중 옳지 않은 것은?

① 예산을 경상예산과 자본예산으로 구분하여 운영한다.

② 경상적인 지출은 차입을 통하여 조달하는 것도 무방하다는 견해에 입각하고 있다.

③ 경상적 지출과 자본적 지출을 명확히 구분하는 것이 쉽지 않다는 문제가 있다.

④ 정부의 투자활동을 효과적으로 관리할 수 있는 장점이 있다.

⑤ 자본적 지출을 모두 차입재원에 의존한다면 정부의 공공지출이 급속히 팽창할 가능성이 있다.

✎ 복식예산제도는 경상지출은 조세수입과 같은 경상적인 수입에 의존하되, 자본적인 지출의 재원은 차입을 통해 조달하는 것도 무방하다는 견해에 입각하고 있다.

✐ 경상적 지출
정부운영과 관련해 매년 반복적으로 이루어지는 지출

✐ 자본적 지출
도로·항만과 같은 사회간접 자본 건설에 소요되는 지출

05 ②　**06** ⑤　**07** ③
08 ②

09 2022 세무사

다음은 예산제도에 관한 설명이다. ( )에 들어갈 내용으로 옳은 것은?

> 각 기관의 지출항목별로 예산을 편성하는 방식을 (ㄱ)라고 부른다. (ㄱ)는 유사한 일을 하는 부서 간에 예산편중 중복을 차단하기 쉽지 않다. (ㄴ)는 비슷한 기능을 가진 부서들이 하는 업무를 하나로 묶어 소요예산을 절감하는 방식을 따르며, 우리나라는 2007년부터 도입하여 운영하고 있다.

① ㄱ : 품목별 예산제도,   ㄴ : 영기준 예산제도
② ㄱ : 품목별 예산제도,   ㄴ : 프로그램 예산제도
③ ㄱ : 영기준 예산제도,   ㄴ : 품목별 예산제도
④ ㄱ : 프로그램 예산제도,   ㄴ : 품목별 예산제도
⑤ ㄱ : 영기준 예산제도,   ㄴ : 프로그램 예산제도

✎ 품목별 예산제도란 각 기관의 지출을 품목별로 나누어 예산을 편성하는 방식을 말한다. 이에 비해 프로그램 예산제도는 동일한 프로그램 분류에 속하는 사업들을 여러 부처들이 동시에 수행하는 경우 이들 예산을 함께 평가하고 배분하도록 하는 방식을 말한다.

10

다음 중 $PPBS$에 대한 설명으로 옳지 않은 것은?

① 예산의 기능 중에서 계획기능을 중요시하는 제도이다.
② 장기적인 계획수립과 단기적인 예산편성의 유기적 결합을 추구하는 제도이다.
③ 부처별로 예산을 편성하기 때문에 각 부처의 역할이 명확히 부각된다.
④ 여러 가지 대체안을 평가하는 과정에서 비용－편익분석 등의 방법이 사용된다.
⑤ 정부의 산출물은 계량화하기 어려운 것들이 많기 때문에 실제로 이를 적용하는데는 문제가 발생할 수 있다.

✎ 전통적인 예산제도에서는 각 부처별로 예산을 편성하지만, $PPBS$에서는 프로그램(사업)단위를 기준으로 예산을 편성하기 때문에 동일한 사업에 대해 여러 부서에서 중복으로 예산을 집행함에 따라 발생할 수 있는 비용의 낭비를 막을 수 있는 장점이 있다. 그러나 특정사업에 여러 부처가 관련이 되는 경우에는 부처별로 역할과 비용을 배분하는데 있어서 문제점이 발생할 수 있고, 예산집행시에도 부처간의 조정문제가 발생한다. 따라서 부처간 역할의 조정이 제대로 이루어지지 못할 때는 사업의 추진이 제대로 이루어지지 못할 가능성이 있다.

11

다음 중 영기준예산제도에 대한 설명으로 옳지 않은 것은?

① 기존에 편성된 예산을 완전히 무시하고 매년 새로이 예산을 편성하는 제도를 말한다.

② 예산편성에 있어서 점증주의적 경향을 탈피하고자 하는 것이 이 제도의 주목적이다.

③ 기존에 추진중인 사업이라 할지라도 재평가 결과 우선순위가 떨어지면 예산배정에서 탈락된다.

④ 예산편성은 하향적인 과정을 통하여 이루어지며, 그 과정에서 중간관리자의 참여가 보장된다.

⑤ 일부의 민간기업에서도 이와 같은 예산편성방식을 이용하고 있다.

☑ 영기준예산제도하에서는 가장 하부의 의사결정단위에서 현재 수행중인 업무와 새로이 추진할 필요성이 있는 정책을 망라하여 정책패키지를 작성하고, 작성된 패키지를 서열화하여 상위관리자에게 제출하면 상위관리자는 각 하부의사결정단위에서 제출된 정책패키지를 다시 검토하여 서열화하고 자신보다 한단계 높은 상위관리자에게 제출한다. 이와 같이 영기준예산제도에서는 상향적인 과정을 통하여 전체사업의 서열화작업이 이루어지고 이를 바탕으로 우선순위에 따라 예산편성이 이루어진다.

12 `2018` 세무사

다음 설명 중 옳지 않은 것은?

① 조세지출예산제도는 조세지출의 남발을 억제하기 위해 도입된 제도이다.

② 성과주의예산제도는 관리기능을 강조한 제도이다.

③ 프로그램예산제도는 계획기능을 강조한 제도이다.

④ 영기준예산제도는 점증주의적 예산을 탈피하여 효율적 자원배분을 제고할 수 있는 제도이다.

⑤ 성과주의예산제도는 예산의 과목을 부서별로 나누어 편성하는 제도이다.

☑ 성과주의 예산제도하에서는 예산을 부처별로 배정하는 것이 아니라 사업별로 배정한다.

13 `2022` 세무사

조세지출에 관한 설명으로 옳지 않은 것은?

① 조세지출예산제도는 조세지출의 남발을 억제하기 위해 도입된 제도이다.

② 법인세 특별감가상각제도는 조세지출의 예이다.

③ 남북협력기업에 대한 보조금 지급은 조세지출에 해당한다.

④ 공익단체에 대한 기부행위에 소득공제를 허용하는 것은 조세지출의 예이다.

⑤ 투자세액공제는 조세지출에 해당한다.

☑ 조세지출(tax expenditure)이란 개인이나 기업의 특정 경제활동을 장려하기 위해 비과세, 감면 등의 세제상의 유인을 제공함에 따라 포기된 조세수입을 말한다. 남북협력기업에 대한 보조금 지급은 직접적인 지원이므로 조세지출이 아니다.

09 ② **10** ③ **11** ④
12 ⑤ **13** ③

14

조세지출예산(tax expenditure budget)제도의 설명으로 옳지 않은 것은?

① 암묵적으로 지급하는 보조금을 명백하게 드러나게 만드는 효과를 갖는다.

② 현재 우리나라에서는 시행하지 않고 있다.

③ 조세감면을 통한 암묵적 보조금의 중복을 줄이는 효과가 있다.

④ 조세지출의 비효율성을 시정하기 위한 제도이다.

⑤ 조세지출을 예산상의 세출계정에 명기하는 제도이다.

✏ 조세지출예산제도가 시행되면 정기적으로 각종 조세지출의 타당성 검토가 이루어지므로 조세지출을 일관된 기준에 의하여 운용할 수 있을 뿐만 아니라 필요성이 낮아진 조세지출을 폐기할 수 있게 된다. 따라서 보다 효율적인 조세제도의 운용이 가능해질 것이다.

📝 정부의 직접지출은 예산에 나타나기 때문에 예산의 편성 및 국회의 심의과정에서 그 경제성이 검토되지만, 비과세·감면 등의 조세지출은 직접지출과 거의 동일한 효과를 갖고 있으나 예산에 나타나지 않기 때문에 예산편성과정에서 조세지출의 경제성에 대한 검토가 제대로 이루어지지 않는다. 많은 경우 특정분야에 대해서 한번 조세지출이 이루어지면 그 필요성이 없어진 이후에도 계속 조세지출이 허용되는 경우가 대부분이기 때문에 자원배분의 비효율성이 유발될 뿐만 아니라 정부의 조세수입감소를 초래하기 때문에 재정의 경직성을 심화시킬 가능성이 많다.

이와 같은 문제점을 해소하기 위하여 조세지출을 종합적으로 분류하여 일관성있게 표시함으로써 조세지출에 대한 지속적인 검토가 이루어질 수 있도록 한 것이 조세지출예산이다. 조세지출예산은 직접지출을 나타내는 통상적인 예산과 더불어 전체예산을 구성하게 된다.

조세지출예산제도가 시행되면 정기적으로 각종 조세지출의 타당성 검토가 이루어지므로 조세지출을 일관된 기준에 의하여 운용할 수 있을 뿐만 아니라 필요성이 낮아진 조세지출을 폐기할 수 있게 된다. 따라서 보다 효율적인 조세제도의 운용이 가능해진다.

15 `2023` 세무사

조세지출의 사례에 해당하는 것을 모두 고른 것은?

ㄱ. 남북협력기금에 대한 보조금 지급	ㄴ. 법인세 특별감가상각
ㄷ. 조세수입으로 확보된 재정의 지출	ㄹ. 투자세액공제
ㅁ. 공해배출기업에 대한 환경세 부과	ㅂ. 기부행위에 대한 소득공제

① ㄱ, ㄷ, ㅁ   ② ㄱ, ㄷ, ㅂ   ③ ㄴ, ㄹ, ㅂ

④ ㄷ, ㄹ, ㅁ   ⑤ ㄹ, ㅁ, ㅂ

📝 조세지출(tax expenditure)이란 개인이나 기업의 특정 경제활동을 장려하기 위해 비과세, 감면 등 세제상의 유인을 제공함에 따라 포기된 조세수입을 말한다. 소득공제, 특별감가상각, 투자세액공제 등을 허용함에 따라 감소한 조세수입은 모두 조세지출에 해당한다. 보조금을 지급하거나 세금으로 확보한 자금을 지출하는 것은 조세지출이 아니라 직접지출에 해당된다. 공해배출기업에 대한 환경세 부과를 통해 얻은 정부의 재정수입은 조세감면이 아니므로 조세지출이 아니다.

16

다음의 통합재정지수와 관련된 설명중 옳지 않은 것은?

① 통합재정수지는 회계간 내부거래를 차감함으로써 순수한 재정규모의 파악을 가능케 한다.

② 통합재정수지에서는 국고를 통하여 출납된 자금 전액을 세입 및 세출로 잡는다.

③ 통합재정수지는 일반회계기준 재정수지보다 재정운용의 건전성을 보다 정확하게 판단할 수 있다.

④ 우리나라의 경우 지방정부의 예산도 통합재정에 포함된다.

⑤ 통합재정수지는 국민계정상 정부소비 및 공공투자를 파악함에 있어 유용하다.

📝 통합재정수지는 예산뿐만 아니라 기금 등을 포함한 정부재정 전체의 수입과 지출의 차이로써 재정활동의 건전성을 파악하기 위한 지표로 활용된다. 통합재정수지는 일반회계, 특별회계 및 기금 간의 내부거래를 차감한 순계로 작성된다.

제7장 / 비용-편익분석

17 2022 세무사

비용편익분석에 관한 내용으로 옳은 것은?

① 파레토기준을 충족한 투자계획만을 채택한다.

② 공공부문의 투자계획 타당성 판정에만 적용된다.

③ 현재가치법에서 적용되는 할인율은 투자계획에 사용되는 자금의 기간당 기회비용과 일치하도록 선택되어야 한다.

④ 현재가치법은 어떤 투자계획의 채택가능성을 평가할 뿐이며, 투자계획들 간 우선순위를 결정하지는 못한다.

⑤ 내부수익률이 투자계획에 소요되는 자금의 기회비용인 할인율보다 크다면 그 투자계획은 기각된다.

📝 현실에서는 사회구성원 누구의 후생도 감소하지 않으면서 최소한 한 명 이상의 후생이 증가하는 파레토기준을 충족하는 투자계획은 거의 존재하지 않는다. 비용-편익분석에서는 공공사업으로 인한 사회적 편익이 사회적 비용을 초과하면 그 사업은 타당성을 갖는 것으로 평가하므로 잠재적 파레토개선에 근거를 두고 있다. 비용-편익분석은 공공부문뿐만 아니라 민간부문의 투자계획의 타당성을 평가할 때도 사용될 수 있다.

현재가치법으로 어떤 투자계획의 채택여부를 결정할 때는 순편익의 현재가치가 0보다 큰 사업을 채택하고, 다수 투자계획의 우선순위를 결정할 때는 순편익의 현재가치가 가장 큰 사업부터 우선순위를 부여하면 된다. 그러므로 현재가치법은 단일투자계획의 채택여부 뿐만 아니라 다수 투자계획의 우선순위 결정에도 유용하게 사용될 수 있다.

내부수익률법에 의하면 투자계획의 예상수익률을 의미하는 내부수익률이 자금조달의 기회비용을 의미하는 할인율보다 크면 그 투자계획은 채택되고, 내부수익률이 할인율보다 작으면 기각된다.

18 `2019` 세무사

비용편익분석에 관한 설명으로 옳은 것은?

① 비용편익분석의 이론적 기반은 파레토 보상기준이다.

② 현재가치법을 사용할 경우, 할인율이 낮을수록 장기사업보다 단기사업이 유리하다.

③ 현재가치법은 총편익의 현재가치를 기준으로 사업의 우선순위를 결정한다.

④ 편익－비용비율법의 경우 그 값이 작을수록 우선순위가 올라간다.

⑤ 내부수익률은 순편익의 현재가치를 1로 만드는 할인율이다.

📝 비용－편익분석에서는 어떤 공공사업으로 인한 사회적 편익이 사회적 비용보다 크면 이득을 얻는 계층이 손해를 보는 계층에게 보상을 하고도 잉여가 있으므로 그 사업이 타당성을 갖는 것으로 평가된다. 이는 비용－편익분석이 잠재적 파레토 개선에 근거를 두고 있음을 의미한다.

현재가치법에서는 총편익의 현재가치가 아니라 순편익의 현재가치를 기준으로 사업의 우선순위를 결정되는데, 할인율이 낮을수록 단기사업보다 장기사업이 유리하게 평가된다. 편익－비용비율법에서는 B/C비율이 큰 사업일수록 우선순위가 올라간다. 그리고 내부수익률은 순편익의 현재가치가 0이 되는 할인율이다.

19

비용편익분석에 있어서 '내부수익률(internal rate of return)'법에 대한 설명으로 타당하지 않은 것은?

① 두 사업의 우선순위를 결정할 때 순현재가치법과 다른 결과를 도출할 수 있다.

② 편익은 비용의 감소, 비용은 편익의 감소로 생각할 수도 있으므로 편익과 비용의 정의를 어떻게 내리느냐에 따라서 내부수익률 값이 달라질 수 있다.

③ 사업수행 기간이 길 경우 다차원의 방정식을 풀어야 하므로 유일한 내부수익률 값이 도출되지 않을 수도 있다.

④ 투자액 한 단위당 수익률을 비교하기는 용이하나 사업별 총수익을 비교하는 데에는 유용하지 않다.

⑤ 비교하고자 하는 사업이 서로 다른 기간구조를 가질 경우 내부수익률만을 기준으로 투자 우선순위를 결정하는 것은 바람직하지 않다.

📝 내부수익률법에서는 편익을 비용의 감소로 보거나, 비용을 편익의 감소로 보더라도 내부수익률의 크기는 변하지 않는다. 보기 ②는 편익－비용비율법의 문제점이다. 즉, 편익－비용비율법에서는 편익을 비용의 감소로 보거나 비용을 편익의 감소로 보는 경우 B/C비율이 변하는 문제점이 있다.

20 2018 세무사

비용－편익분석에 관한 설명으로 옳지 않은 것은?

① 현재가치법에서 할인율이 높아질수록 편익이 초기에 집중되는 사업의 상대적 우선순위가 높아진다.

② 내부수익률은 사업 순편익의 현재가치를 0으로 만드는 할인율이다.

③ 사업의 규모가 현저히 다른 두 사업에 대해서 내부수익률법과 현재가치법은 다른 우선순위를 가질 수 있다.

④ 추가적인 비용을 비용 증가 또는 편익 감소 어느 쪽으로 분류하든 편익－비용 비율은 달라지지 않는다.

⑤ 우리나라 정부에서 행하고 있는 예비타당성 조사는 비용－편익 분석의 사례이다.

📝 B/C비율은 편익의 현재가치를 비용의 현재가치로 나눈 값이므로 추가적인 비용을 편익의 감소로 인식하는지 혹은 비용의 증가로 인식하는지에 따라 B/C비율이 달라지게 된다.

✎ 예비타당성 조사
대규모 재정투입이 예상되는 신규사업에 대해 경제성, 자원조달 방법 등을 검토해 사업성을 판단하는 절차

21 2014 세무사

다음은 환경관련 기초시설 사업의 기간별 비용과 편익이다. 이 때 내부수익률은 얼마인가?

	0기	1기	2기
편익	0	15	18
비용	25	0	0

① 0.05　　　　　② 0.08　　　　　③ 0.10

④ 0.15　　　　　⑤ 0.20

📝 내부수익률은 순편익의 현재가치가 0이 되는 할인율이므로 다음의 식을 만족하는 m값을 말한다.

$$NPV = -25 + \frac{15}{(1+m)} + \frac{18}{(1+m)^2} = 0$$
$$\rightarrow -25(1+m)^2 + 15(1+m) + 18 = 0$$
$$\rightarrow 25(1+2m+m^2) - 15(1+m) - 18 = 0$$
$$\rightarrow 25m^2 + 35m - 8 = 0$$
$$\rightarrow (5m-1)(5m+8) = 0$$
$$\rightarrow m = \frac{1}{5} \text{ 혹은 } m = -\frac{8}{5}$$

위의 식을 풀면 $m = \frac{1}{5}$ 혹은 $-\frac{8}{5}$로 계산되는데, 내부수익률이 (−)가 될 수는 없으므로 적절한 값은 $m = \frac{1}{5}$이다.

22 `2021` 세무사

기간별 비용과 편익이 아래와 같을 때 공공사업의 순편익의 현재가치는? (단, 할인율은 10%이다.)

구 분	0기	1기	2기
비용	3,000	0	0
편익	0	1,100	2,420

① $-\dfrac{3,520}{(1+0.1)^2}$　　　② $-\dfrac{520}{(1+0.1)}$　　　③ 0

④ 100　　　⑤ 520

☑ 0기에 3,000의 비용이 투입되면 1기에 1,100의 편익이 발생하고 2기에 2,420의 편익이 발생하므로 순편익의 현재가치는 다음과 같이 계산된다.

$$NPV = -3,000 + \frac{1,100}{(1+0.1)} + \frac{2,420}{(1+0.1)^2}$$
$$= -3,000 + 1,000 + 2,000 = 0$$

23 `2017` 세무사

A, B 두 사업의 연차별 수익이 아래 표와 같다. 두 사업의 비용편익분석 결과에 관한 설명으로 옳지 않은 것은?

사업안	사업년차별 수익		
	0년	1년차	2년차
A	−1,000	0	1,210
B	−1,000	1,150	0

① 순현재가치 평가 결과 할인율이 7%라면 A가 유리한 사업이다.

② 순현재가치 평가 결과 할인율이 8%라면 B가 유리한 사업이다.

③ 할인율에 따라 내부수익율과 순현재가치의 평가 결과가 상이하다.

④ 내부수익율 기준으로는 B가 유리한 사업이다.

⑤ 순현재가치로 평가하는 경우, 할인율이 높을수록 편익이 단기간에 집약적으로 발생하는 단기 투자에 유리하다.

☑ 공공사업 A와 B의 순편익의 현재가치는 아래의 식으로 나타낼 수 있다. 할인율이 7%일 때는 A와 B의 순편익의 현재가치는 각각 57, 75이고, 할인율이 8%일 때는 각각 37, 65로 계산된다. 할인율이 7%일 때와 8%일 때 모두 공공사업 B의 순편익의 현재가치가 더 크므로 현재가치법을 사용하면 두 경우 모두 공공사업 B가 유리하게 평가된다.

$$\begin{cases} NPV_A = -1,000 + \dfrac{1,210}{(1+r)^2} \\[2mm] NPV_B = -1,000 + \dfrac{1,150}{(1+r)} \end{cases}$$

할인율이 10%일 때 A의 순편익이 0이고, 할인율이 15%일 때 B의 순편익이 0이므로 A의 내부수익률은 10%, B의 내부수익률은 15%이다. 그러므로 내부수익률법으로 평가하면 공공사업 B가 유리하게 평가된다.

24 ⟨2020 세무사⟩

아래와 같은 비용과 편익이 발생하는 공공사업의 순편익의 현재가치는? (단, 할인율은 10%이다.)

	0기	1기	2기
비용	1,400	0	0
편익	0	550	1,210

① −330　　　　　② −100　　　　　③ 0

④ 100　　　　　⑤ 330

📝 0기의 비용이 1,400, 1기와 2기의 편익이 각각 550, 1,210이고 할인율이 10%이므로 순편익의 현재가치는 100으로 계산된다.

$$NPV = -1,400 + \frac{550}{(1+0.1)} + \frac{1,210}{(1+0.1)^2}$$
$$= -1,400 + 500 + 1,000 = 100$$

25 ⟨2015 세무사⟩

A기업은 ○○산업단지에 현재 시점에서 10억 원의 투자비용이 일시에 소요되는 시설을 건축하기로 했다. 이 시설로부터 1년 후에는 10억 원의 소득이 발생할 것으로 예상되고 2년 후에는 B기업이 20억 원에 이 시설을 인수하기로 했다고 하자. 연간 이자율이 50%라면 A기업의 입장에서 해당 사업의 내부 수익률은 얼마인가?

① 50%　　　　　② 100%　　　　　③ 150%

④ 200%　　　　　⑤ 250%

📝 내부수익률은 순편익의 현재가치가 0이 되는 할인율(m)이므로 아래의 식을 풀면 순편익의 현재가치를 계산할 수 있다.

$$NPV = -10 + \frac{10}{(1+m)} + \frac{20}{(1+m)^2} = 0$$

위의 식은 아래와 같이 정리되므로 $m = -2$ 혹은 1로 계산된다. 내부수익률이 (−)가 될 수는 없으므로 적절한 내부수익률 값은 $m = 1$임을 알 수 있다.

$$(1+m)^2 - (1+m) - 2 = 0$$
$$\rightarrow \quad m^2 + m - 2 = 0$$
$$\rightarrow \quad (m+2)(m-1) = 0$$

26 2016 세무사

편익과 비용의 흐름이 다음 표와 같은 공공투자사업에 관한 설명으로 옳은 것은 몇 개인가? (단, 사회적 할인율은 10%이다.)

분석기간	편익(억원)	비용(억원)
0기	0	10
1기	10	10
2기	10	10
3기	10	10
4기	10	0

- 사업의 내부수익률은 12%이다.
- 본 사업의 순현재가치는 1이다.
- 본 사업의 편익비용비율(B/C ratio)은 1보다 작다.
- 사회적 할인율이 7.5%로 인하되면 순현재가치는 증가한다.

① 0개 ② 1개 ③ 2개
④ 3개 ⑤ 4개

📝 0기에는 순편익이 -10, 1~3기에는 순편익이 0, 4기에는 순편익이 10이므로 이 공공투자사업의 순편익의 현재가치 $NPV = -10 + \dfrac{10}{(1+0.1)^4} ≒ -3.17$이다. 그런데 이 사업의 할인율이 10%에서 7.5%로 인하되면 4기에 발생하는 편익의 현재가치가 커지므로 순편익의 현재가치가 증가한다.

순편익의 현재가치가 ($-$)라는 것은 편익의 현재가치가 비용의 현재가치보다 작다는 것을 의미한다. 그러므로 순편익의 현재가치가 ($-$)인 공공투자의 편익비용비율(B/C비율)은 1보다 작다.

내부수익률은 순편익 (NPV)의 현재가치가 0이 되는 할인율이므로 이 공공투자안의 내부수익률은 $NPV = -10 + \dfrac{10}{(1+m)^4} = 0$을 만족시키는 m값이므로 이 식을 풀면 $m = 0$으로 계산된다. 그러므로 이 공공투자안의 내부수익률이 0임을 알 수 있다.

27 2014 세무사

A, B 두 투자 사업은 사업초기에 대부분의 비용이 발생하고, 사업기간은 각각 5년, 10년이다. 그리고 2%의 할인율 하에서 순현재가치(NPV)는 동일하며 내부수익율은 각각 5%와 3%이다. 다음 설명 중 옳지 않은 것은?

① A, B 모두 내부수익율이 할인율보다 높아서 사업 추진이 가능하다.

② 내부수익율로 보면 A가 B보다 높아서 A를 선택한다.

③ A의 순현재가치와 B의 순현재가치가 같아서 현재가치법으로는 투자의 우선순위를 결정할 수 없다.

④ 현재가치법에 따르면 할인율을 4%로 하면 B의 순현재가치가 A보다 커져서 B를 선택한다.

⑤ 투자계획의 크기가 서로 다른 상황에서는 내부수익율만으로 투자의 우선순위를 결정하는 경우 오류가 발생할 수 있다.

✍ 할인율이 2%일 때 두 투자안의 순현재가치가 동일하고 투자안 A의 내부수익률이 5%, 투자안 B의 내부수익률이 3%이므로 각 투자안의 순현재가치곡선은 아래의 그림과 같이 그려진다. 아래의 그림에서 보는 것처럼 할인율이 3%와 5% 사이에 있을 때는 투자안 A의 순현재가치는 0보다 크나 투자안 B의 순현재가치는 0보다 작다. 그러므로 현재가치법에 따르더라도 할인율이 4%라면 순현재가치가 더 큰 투자안 A를 선택하게 된다.

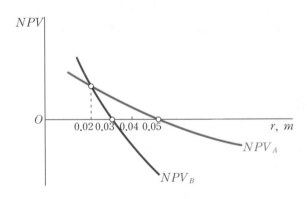

28

다음은 대규모 재정이 투입되는 공공투자사업의 경제적 타당성 평가에 대한 설명이다. 이 사업은 분석기간(＝공사기간＋완공 후 30년) 초기에 사업비용의 대부분이 발생하는 반면, 편익은 후기에 대부분 발생한다. 분석기간 동안의 비용－편익 분석을 수행해 보니, 5.5%의 사회적 할인율 수준에서 편익/비용 비율(B/C ratio)이 정확히 1.00이었다. 그런데 경제상황이 변해 사회적 할인율을 4.5%로 변경하여 다시 분석을 하게 되었다. 새로운 분석결과에 대한 다음 설명 중 옳은 것은?

① 분석기간 동안 발생한 할인 전 편익의 총합이 할인 전 비용의 총합보다 더 많이 증가하였다.

② 할인 후 편익의 총합은 증가하고, 할인 후 비용의 총합은 감소하였다.

③ 순현재가치(NPV)는 감소하여 0보다 작아졌다.

④ 편익/비용 비율은 증가하여 1.0보다 커졌다.

⑤ 내부수익률(IRR)은 더 커졌다.

📝 사회적 할인율이 5.5%일 때 B/C비율이 1이므로 편익의 현재가치와 비용의 현재가치가 동일하다. 사회적 할인율이 4.5%로 낮아지면 미래에 발생할 편익과 비용이 모두 증가하게 되는데, 비용은 대부분 초기에 편익은 대부분 후기에 발생하므로 사회적 할인율이 낮아지면 편익의 현재가치가 비용의 현재가치보다 더 크게 증가한다. 그러므로 사회적 할인율이 4.5%로 낮아지면 순편익의 현재가치는 0보다 커지고, B/C비율은 1보다 커지게 된다.

　　내부수익률은 공공투자안의 예상수익률이므로 할인율과 관계없이 결정된다. 그러므로 할인율이 낮아지더라도 내부수익률은 변하지 않는다. 또한 할인율이 낮아지더라도 할인 전 편익의 총합과 비용의 총합은 변하지 않는다.

29 2022 세무사

공공사업이 유발하는 편익과 비용에 관한 설명으로 옳은 것은?

① 공공사업을 추진하는 행정주체는 내부적 편익과 외부적 편익 가운데 외부적 편익을 더 중시한다.

② 공공사업의 목표는 소득재분배, 총 소비 증대를 통한 국민의 후생증진에 국한된다.

③ 공공사업에서 발생하는 금전적 편익은 사회 전체적인 후생을 증진시킨다.

④ 공공사업의 유형적 편익과 무형적 편익을 비교하면 무형적 편익이 크다.

⑤ 공공사업은 이윤 이외의 목표 추구 등을 고려하므로 그 편익과 비용을 측정할 때 시장가격과 다른 척도의 적용이 필요하다.

📝 공공사업을 추진하는 행정주체는 해당 지역 내부의 편익을 주로 고려하며 외부적 편익에 대해서는 큰 관심을 두지 않는다. 공공사업의 목표는 총 소비 증대를 통한 후생증진, 소득재분배 외에도 산업발전의 기반 확립, 고용증진, 경제의 자립도 제고 등 매우 다양하다.

　　공공사업을 시행함에 따라 상대가격의 변화로 어떤 사람이 얻은 금전적인 이득은 다른 사람의 손해에 의해 상쇄되므로 사회전체로 보면 이득이라고 할 수 없다. 그러므로 공공사업에서 발생하는 금전적인 편익은 사회후생에 아무런 영향을 주지 않는다. 공공사업은 종류에 따라 유형적 편익이 더 클 수도 있고, 무형적 편익이 더 클 수도 있다.

30 [2018] 세무사

공공투자가 유발하는 편익과 비용에 관한 설명으로 옳지 않은 것은?

① 실질적 편익은 공공사업의 최종소비자가 얻는 편익으로, 사회후생 증가에 기여한다.

② 화폐적 편익과 비용은 공공사업에 의해 야기되는 상대가격의 변화 때문에 발생하며, 사회전체의 후생은 불변이다.

③ 무형적 비용은 외부불경제에 의해 발생한다.

④ 유형적 편익이 무형적 편익보다 작은 공공사업이 존재한다.

⑤ 무형적 편익과 비용은 시장에서 파악되지 않기 때문에 공공투자의 시행여부를 판단함에 있어 고려하지 않아도 된다.

✎ 무형적 편익과 비용도 공공사업에 따라 사회가 얻는 이득과 사회가 부담하는 비용이므로 비용편익분석에서 모두 고려되어야 한다.

31

비용편익분석에서 잠재가격을 정확하게 계산하기 어렵고 시장가격의 사용도 바람직하지 않은 경우 조정된 시장가격을 사용하게 된다. 이에 관한 다음 설명 중 옳지 않은 것은?

① 공공사업에서 물품세가 부과된 상품을 사용하는 경우 공공사업 때문에 물품세가 부과된 상품의 생산량이 늘어나지 않는다면 한계비용을 평가기준으로 사용할 수 있다.

② 공공사업에서 독점생산자가 생산한 제품을 중간투입요소로 사용하는 경우 독점제품의 생산이 공공사업 때문에 늘어나지 않는다면 시장가격을 평가기준으로 사용할 수 있다.

③ 공공사업에서 물품세가 부과된 상품을 사용하는 경우 공공사업 때문에 물품세가 부과된 상품의 생산량이 늘어난다면 생산자가격을 평가기준으로 사용할 수 있다.

④ 공공사업에서 독점생산자가 생산한 제품을 중간투입요소로 사용하는 경우 독점제품의 생산이 공공사업 때문에 늘어난다면 한계비용을 평가기준으로 사용할 수 있다.

⑤ 상당한 정도의 실업이 존재한다면 실업에 대하여 적절한 고려를 하여야 올바른 평가가 나올 수 있다.

✎ 공공사업에서 물품세가 부과된 상품을 사용하더라도 생산량이 증가하지 않았다면 이는 공공사업에 투입된 재화는 민간소비 감소에서 조달되었음을 의미한다. 민간소비감소에 따른 기회비용은 그 시장가격으로 평가해야 한다.

32

완전경쟁시장에서 X재에 대한 수요곡선과 공급곡선이 다음과 같이 주어져 있다.

> 수요 : $P = 300 - X$
>
> 공급 : $P = 2X$ (단, P는 가격, X는 수량)

정부가 공공사업에 X재를 30단위 투입하였다고 할 때, 이로부터 발생하는 사회적 비용(기회비용)은?

① 6,000   ② 6,200   ③ 6,300

④ 6,400   ⑤ 6,600

정부가 X재를 수요하기 전의 X재 거래량과 가격을 구해보면 $300 - X = 2X$, $X = 100$, $P = 200$ 이다. 정부가 X재 30단위를 수요하면 수요곡선이 30단위만큼 우측으로 이동하므로 수요함수가 $P = 330 - X$로 바뀌게 된다. 정부가 X재 30단위를 수요한 이후의 거래량과 가격을 구해보면 $330 - X = 2X$, $X = 110$, $P = 220$임을 알 수 있다. 즉, 정부가 X재 30단위를 수요하면 이중 10 단위는 추가적인 생산에서 조달되고, 나머지 20단위는 민간소비 감소에서 조달됨을 알 수 있다. 정부가 민간이 구입하던 재화를 소비할 경우 민간의 후생감소분은 수요곡선 하방의 면적으로 측정된다. 한편, 생산량 증가에 따른 기회비용은 한계비용곡선(공급곡선)하방의 면적으로 측정된다. 두 부분의 면적을 구해서 합하면 6,300이 된다.

$$\text{민간의 후생감소분} = \left(\frac{1}{2} \times 20 \times 20\right) + (20 \times 200) = 4,200$$

$$\text{한계비용 증가분} = \left(\frac{1}{2} \times 10 \times 20\right) + (10 \times 200) = 2,100$$

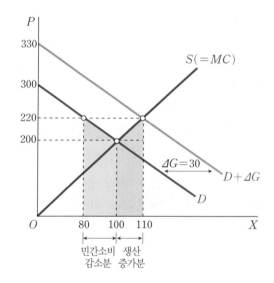

33 2013 세무사

정부 공공사업의 비용－편익분석과 관련된 설명으로 옳지 않은 것은?

① 정부 공공사업에 대한 할인율은 기회비용의 관점에서 희생된 민간부문 투자의 수익률을 사용할 수 있다.

② 공공사업에 대한 투입물의 가격은 경쟁시장 여부에 따라 달라진다.

③ 민간에 고용되었던 사람이 공공사업에 투입되었다면 민간에서의 임금률이 기회비용이 된다.

④ 공공사업으로 시장가격이 낮아지는 경우라면 증가된 소비자 잉여가 사회적 편익에 포함되어야 한다.

⑤ 조세가 부과된 제품을 공공사업의 투입물로 사용하는 경우 투입물의 생산자 가격이 아닌 소비자 가격을 비용계산에 사용하여야 한다.

✎ 조세가 부과된 제품을 공공사업의 투입물로 사용하는 경우 공공부문에서 사용되는 재화가 민간소비 감소에서 조달된 것이라면 소비자 가격을 기회비용으로 보아야 하나 추가적인 생산증가로 조달된 것이라면 한계비용을 기회비용으로 사용하여야 한다.

✎ **소비자가격**
재화를 구입할 때 소비자가 실제로 지불하는 가격으로 조세가 포함된 가격을 말한다.

34 2015 세무사

공공사업의 비용－편익분석에 관한 설명으로 옳지 않은 것은?

① 공공사업에 사용될 투입요소가 민간의 독점시장으로부터 제공된다면, 비용계산시 독점가격에서 독점이윤을 제외시켜야 한다.

② 투입요소에 간접세가 부과된 경우, 이 조세는 정부로 이전되기 때문에 비용계산시 제외시켜야 한다.

③ 사회적 할인율이 높아질수록 초기에 편익이 집중되는 사업이 유리해진다.

④ 공공투자에 사용되는 자금의 기회비용은 그 자금을 어떤 방식으로 조달하였느냐에 따라 달라질 수 있다.

⑤ 시장이자율이 사회적 할인율보다 높을 때 시장이자율을 할인율로 사용하면 공공사업의 경제성이 커질 수 있다.

✎ 시장이자율이 사회적 할인율보다 높을 때 시장이자율을 공공사업의 할인율로 사용하면 나중에 발생하는 편익의 현재가치가 작아지므로 공공사업의 경제성이 낮게 평가된다.

35

국산원자재와 수입원자재를 모두 사용하는 정부사업에 대한 비용－편익분석을 한다고 가정하자. 만일 자국의 화폐가 달러에 비해 과대평가된다면 발생할 수 있는 경우를 가장 잘 설명하고 있는 것은?

① 모든 원자재의 비용이 과소평가된다.
② 국산원자재의 비용이 과소평가되어 과다투입된다.
③ 수입원자재의 비용이 과소평가되어 과다투입된다.
④ 국산원자재의 비용이 과소평가되고 수입원자재의 비용이 과대평가된다.
⑤ 자국화폐의 평가는 전혀 영향을 주지 않는다.

✏ 잠재환율이 1\$＝1,000₩이나 현재환율이 1\$＝800₩으로 원화가 과대평가되고 있다고 하자. 만약 수입원자재의 가격이 10\$이면 수입원자재의 잠재가격은 10,000원이다. 그러나 외환시장에서는 환율이 1\$＝800₩으로 원화가 달러에 비하여 과대평가되고 있기 때문에 수입원자재의 수입가격은 8,000원이다. 이와 같이 원화가 달러에 비하여 과대평가되고 있다면 수입원자재의 가격은 과소평가된다. 수입원자재의 가격이 잠재가격보다 과소평가되고 있으므로 상대적으로 수입원자재를 많이 사용하게 될 것이다.

36

다음은 시간 및 생명의 가치평가에 대한 설명이다. 옳지 않은 것은?

① 노동시간의 선택이 완전히 자유롭다면 개인의 시간가치는 세후임금률로 평가할 수 있다.
② 어떤 개인이 노동 자체로부터 만족을 얻는다면 그 사람의 시간가치는 임금률보다 낮다.
③ 어떤 사람이 사망함에 따른 소득상실액으로 생명의 가치를 평가하는 방법은 생명의 진정한 가치를 과소평가할 가능성이 높다.
④ 사망확률을 낮추기 위하여 지불할 용의가 있는 금액으로 생명의 가치를 평가하는 경우에도 생명의 가치가 과소평가될 가능성이 있다.
⑤ 사망에 따른 소득상실액으로 생명의 가치를 평가하는 방법은 노인이나 장애인 등 비경제활동인구의 생명가치를 제대로 평가하지 못하는 문제점이 있다.

✏ 개인 A는 사회복지관에서 근무하고 있는데, 월급은 50만 원에 불과하지만 저소득층에게 도움을 주는 일 자체에서 매우 큰 만족을 얻고 있다고 하자. 개인 A가 다른 직장으로 옮겨간다면 훨씬 더 높은 월급을 받을 수 있지만 현재 자신이 하고 있는 일 자체에서 보람을 느끼기 때문에 현직장에 근무하고 있다. 이 때 개인 A의 시간가치를 단순히 월급으로 평가하는 것은 무리가 있으며, 개인 A의 시간가치는 월급보다 훨씬 크게 평가되어야 할 것이다. 즉, 어떤 개인이 노동 자체로부터 만족을 얻는다면 시간가치는 임금률보다 더 높게 평가되어야 할 것이다.

37 　2023 세무사

시장에서 거래되지 않는 재화(시간, 생명 등)의 가치평가에 관한 설명으로 옳지 않은 것은?

① 노동 자체로부터 만족을 얻는 사람의 시간가치는 임금률보다 더 높을 수 있다.

② 현재의 임금률로 더 일하고 싶어도 할 수 없는 사람의 시간가치는 임금률보다 더 높을 것이라 추정할 수 있다.

③ 서로 다른 시간이 소요되는 교통수단에 지불되는 요금의 차이를 이용하여 시간의 가치를 추정할 수 있다.

④ 사망 확률을 낮추기 위하여 지불할 용의가 있는 금액으로 생명의 가치를 평가하는 방법은 생명의 가치를 과소평가할 가능성이 있다.

⑤ 사망에 따른 소득상실액으로 생명의 가치를 평가하는 방법은 노인이나 장애인의 생명가치를 적절히 평가하지 못하는 한계가 있다.

✏ 현재의 임금률로 취업을 하고 싶어도 할 수 없는 사람은 그 사람의 생산성이 임금률보다 낮기 때문이다. 그러므로 실업상태에 있는 사람의 시간가치는 현재의 임금률보다 낮다고 평가하는 것이 타당하다.

38 　2014 세무사

시장에서 거래되지 않는 재화의 가치측정방법에 관한 설명으로 옳지 않은 것은?

① 환경과 같은 비시장재화의 가치 측정은 이중계산이나 과대계상의 위험성을 가지고 있다.

② 통계적 생명의 가치는 장래기대소득의 현재가치를 계산하는 방법을 이용하여 측정할 수 있다.

③ 환경의 가치를 설문조사나 주민들의 선호도 조사를 통해 측정하는 방법을 조건부가치평가법(CVM)이라고 한다.

④ 시간의 가치는 서로 다른 시간이 소요되는 상이한 교통수단에 지불되는 비용의 차이를 이용하여 평가할 수 있다.

⑤ 통계적 생명의 가치는 특정 사업장에서 발생할 수 있는 위험에 따른 임금격차 금액에 사망사고 발생 확률을 곱하여 측정할 수 있다.

✏ 위험에 따른 임금격차를 이용하여 생명의 가치를 평가하려면 임금격차 금액에 사망사고 발생확률을 곱하는 것이 아니라 사망사고 발생확률로 나누어 주어야 한다. 예를 들어, 광부는 소매점계산원에 비해 연간 사망확률이 1% 더 높고 연봉도 1,000만 원이 더 많다면 사망확률이 1% 더 높은 직업을 받아들이도록 하려면 1,000만 원을 더 보상해야 하므로 생명의 가치는 10억 원 $\left(=\dfrac{1{,}000만\ 원}{0.01}\right)$으로 계산된다.

✎ 조건부가치평가법(CVM)
사람들에 대한 설문조사를 통해 시장에서 거래되지 않는 시간의 가치나 환경의 가치를 측정하는 방법

35 ③　**36** ②　**37** ②
38 ⑤

39 2016 세무사

환경정책 시행을 통해 발생하는 편익을 측정하는 방법으로 옳은 것은?

① 조건부가치측정법은 현시된 선호에 기초해 환경의 질 개선에 대해 사람들이 지불할 용의가 있는 금액을 편익으로 측정하는 방법이다.

② 회피행위접근법은 환경오염으로 발생하는 위험을 회피하기 위해 지불하는 금액을 편익으로 측정하는 방법이다.

③ 헤도닉가격접근법은 환경질 악화로 손실을 본다고 느끼는 사람들에게 이를 개선하기 위해 지불할 용의가 있는 금액을 편익으로 측정하는 방법이다.

④ 지불의사접근법은 환경재의 질적 개선으로 인한 가격상승폭을 편익으로 측정하는 방법이다.

⑤ 여행비용접근법은 환경재를 이용함에 있어 가상적인 효과를 제시하고, 이를 통해 얼마만큼 지불할 용의가 있는지를 묻는 방법을 통해 측정하는 방법이다.

📝 조건부가치 평가법(CVM)은 현시된 선호가 아니라 설문조사를 통해 환경개선에 따른 편익을 측정하는 방법이다. 헤도닉가격접근법은 환경의 질 개선이 주택가격 상승에 미치는 정도를 측정하여 환경개선의 편익을 계산하는 방법이다. 지불의사접근법은 환경개선시 동일한 효용을 유지하는데 필요한 지출액의 감소폭을 계산하여 환경개선의 가치를 평가하는 방법이다. 여행비용 접근법이란 사람들이 자연환경을 이용하기 위해 사용한 비용과 시간을 계산하여 환경의 가치를 추정하는 방법이다.

40

비용－편익분석에서 공공사업의 평가방법에 대한 다음 설명 중 옳은 것은?

① 사업기간이 길수록 나중에 발생하는 편익을 적절하게 평가하기 위해서 낮은 할인율을 적용해야 한다.

② 단일의 공공투자안의 채택여부를 평가할 때 내수수익률법으로 채택되는 투자안이라고 하더라도 현재가치법에 의하면 채택되지 않을 수도 있다.

③ 나중에 발생하는 비용이 불확실할 때는 불확실한 비용을 크게 만들어 주어야 하므로 할인율을 낮게 적용하면 적절한 평가가 이루어질 수 있다.

④ 할인율이 적정수준보다 낮게 설정되면 사업기간이 길거나 후기에 주로 편익이 발생하는 사업이 유리하게 평가된다.

⑤ 공공투자로 인해 발생하는 위험이 다수의 사람들에게 분할되더라도 반드시 위험에 대한 고려를 해 주어야 한다.

📝 사업기간의 길이와 관계없이 할인율은 적정수준으로 정해야 한다. 단일공공투자안의 채택여부를 평가할 때는 내부수익률법과 현재가치법의 평가가 항상 동일하다. 그러므로 내부수익률법으로 채택되는 공공투자안은 현재가치법으로 평가하더라도 채택된다.

　나중에 발생하는 비용이 불확실한 경우에는 할인율을 조정하여 위험을 고려하는 것은 적절하지 않으며, 확실성등가를 계산한 다음 비용－편익분석을 실시해야 한다. 공공투자로 인해 발생하는 위험이 다수의 사람들에게 분할될 경우에는 위험에 대한 고려를 할 필요가 없다(애로우－린드 정리).

41 2023 세무사

공공사업의 비용－편익분석에 관한 설명으로 옳지 않은 것은?

① 사회적인 할인율이 높아질수록 초기에 편익이 집중되는 사업이 유리하다.

② 불완전경쟁시장에서는 재화의 시장가격이 기회비용을 적절히 반영하지 못하므로 잠재가격을 사용한다.

③ 공공사업으로 시장가격이 낮아지는 경우라면 증가된 소비자잉여가 편익에 포함되어야 한다.

④ 시장이자율이 사회적 할인율보다 높을 때 시장이자율을 할인율로 사용하면 공공사업의 경제성이 커질 수 있다.

⑤ 공공사업에서 발생하는 무형의 편익에 대한 평가가 매우 힘든 경우 비용효과분석(cost－effectiveness analysis)을 이용할 수 있다.

📝 시장이자율이 사회적 할인율보다 높을 때 시장이자율을 공공사업의 할인율로 사용하면 나중에 발생하는 편익의 현재가치가 작아지므로 공공사업의 경제성이 낮아지게 된다.

42

다음 중 공공사업의 비용－편익분석에 사용되는 할인율에 대한 설명으로 옳지 않은 것을 모두 고르면?

> 가. 공공사업으로 인한 편익이 주로 사업초기에 발생하는 사업일수록 할인율이 낮게 설정되어야 한다.
> 나. 미래에 발생하는 비용이 불확실하다면 할인율을 상향조정하는 것이 하나의 방법이 될 수 있다.
> 다. 개인들이 미래에 발생하는 편익을 너무 낮게 평가하는 경향이 있다면 민간할인율이 너무 낮게 결정된다.
> 라. 공공사업으로 인한 긍정적인 외부성을 고려하기 위해서는 사회적 할인율은 민간할인율보다 높게 설정되어야 한다.

① 가, 다   ② 나, 라   ③ 가, 나, 다
④ 나, 다, 라   ⑤ 가, 나, 다, 라

📝 공공사업에 사용되는 할인율은 편익이 초기에 발생하는지 혹은 후기에 발생하는지와 관계없이 적정수준으로 설정되어야 한다. 미래에 발생하는 비용이 불확실한 경우 할인율을 상향조정하면 불확실한 비용의 현재가치가 오히려 작아진다. 그러므로 미래에 발생하는 비용이 불확실한 경우 할인율을 상향조정하는 것은 적절한 방법이 아니다.

　개인들이 미래에 발생하는 편익을 너무 낮게 평가하는 경향이 있다면 민간할인율은 너무 높은 수준으로 결정된다. 공공사업으로 인한 긍정적인 외부성을 고려하려면 사회적 할인율을 민간할인율보다 낮게 설정해야 한다.

43 2020 세무사

경제적 타당성 분석기간이 30년으로 설정된 어떤 공공투자 사업은 첫 해에 비용이 모두 발생하는 반면, 편익은 분석의 전 기간에 걸쳐 매년 동일한 크기로 발생한다. 사회적 할인율이 r일 때, 비용편익 분석 결과 순편익의 현재가치는 0이다. 다음 설명으로 옳지 않은 것을 모두 고른 것은?

> ㄱ. 만약 r보다 높은 사회적 할인율을 적용하면, 이 사업의 편익/비용 비율은 1보다 더 커질 것이다.
>
> ㄴ. 만약 r보다 높은 사회적 할인율을 적용하면, 이 사업의 순편익의 현재가치는 0보다 더 커진 것이다.
>
> ㄷ. 만약 r보다 높은 사회적 할인율을 적용하면, 이 사업의 내부수익률은 더 작아질 것이다.

① ㄱ   ② ㄱ, ㄴ   ③ ㄱ, ㄷ

④ ㄴ, ㄷ   ⑤ ㄱ, ㄴ, ㄷ

✎ 첫해에 모든 비용(C)이 발생하며, 전 기간에 걸쳐 매년 B원의 편익이 발생하는 공공사업의 순편익의 현재가치는 다음과 같이 나타낼 수 있다.

$$NPV = (B-C) + \frac{B}{(1+r)} + \frac{B}{(1+r)^2} + \cdots + \frac{B}{(1+r)^n}$$

    사회적 할인율이 r일 때 순편익의 현재가치가 0이므로 r보다 높은 사회적 할인율을 적용하면 미래에 발생할 편익의 현재가치가 감소하므로 순편익의 현재가치가 0보다 작아진다. 이는 편익의 현재가치가 비용의 현재가치보다 작아짐을 의미한다. 그러므로 r보다 높은 사회적 할인율을 적용하면 편익/비용 비율이 1보다 작아지게 된다. 내부수익률은 순편익의 현재가치가 0이 되는 특정한 할인율이므로 사회적 할인율의 영향을 받지 않는다. 그러므로 문제에 주어진 보기가 모두 옳지 않다.

44

다음 중 공공투자에 사용되는 사회적 할인율이 시장이자율보다 낮게 설정되어야 한다는 주장을 모두 모아 놓은 것은?

> 가. 공공투자는 이자율 상승을 통해 민간투자를 위축시킨다.
>
> 나. 사람들은 미래세대의 소비를 고려하지 않는 경향이 있다.
>
> 다. 대부분의 공공사업은 긍정적인 외부성을 유발한다.
>
> 라. 사람들은 근시안적이므로 시장이자율이 너무 낮은 경향이 있다.
>
> 마. 공공투자 사업으로 발생하는 편익이 불확실하다.

① 가, 나   ② 나, 다   ③ 다, 마

④ 나, 다, 라   ⑤ 나, 다, 라, 마

📝 공공투자가 이자율 상승을 통해 민간투자를 위축시키는 부작용이 있다면 사회적 할인율이 높게 설정되어야 한다. 사람들이 근시안적이면 시장이자율이 너무 낮은 것이 아니라 너무 높게 설정된다. 공공투자 사업으로 발생하는 편익이 불확실하다면 사회적 할인율을 높게 설정해 주어야 한다. 그러므로 문제의 보기 중 옳은 것은 나와 다이다.

✏️ 민간경제주체들이 저축의 중요성을 과소평가하면 민간할인율이 너무 높은 수준으로 결정된다.

45 2021 세무사

특정 프로젝트의 비용과 편익이 불확실한 경우 활용하는 확실성등가(certainty equivalent)에 관한 설명으로 옳지 않은 것은?

① 확실성등가가 크면 클수록 더 위험회피적(risk averse)이다.
② 확실성등가를 산출하기 위해서는 프로젝트의 수익 분포뿐만 아니라 개인의 위험회피도에 대한 정보도 필요하다.
③ 위험중립적(risk neutral)인 개인의 경우 위험 프리미엄은 0이며 확실성등가는 기대소득과 일치한다.
④ 확실성등가는 프로젝트의 기대소득에서 위험 프리미엄을 공제한 금액을 말한다.
⑤ 위험회피적인 개인의 경우 위험한 기회로부터 기대소득보다 확실성등가가 항상 작다.

📝 확실성등가(certainty equivalents)란 불확실한 수익과 동일한 효용을 얻을 수 있는 확실한 금액을 말한다. 예를 들어, 어떤 사업에서 몇 년 뒤에 1,000만 원의 소득이 발생할 가능성이 0.5이고, 3,000만 원의 소득이 발생할 가능성이 0.5라면 기대소득이 2,000만 원이다.

$$\text{기대소득} = \left(\frac{1}{2} \times 1{,}000\text{만 원}\right) + \left(\frac{1}{2} \times 3{,}000\text{만 원}\right)$$
$$= 2{,}000\text{만 원}$$

개인 A가 2,000만 원의 기대소득과 1,600만 원의 확실한 금액이 동일하다고 평가한다면 1,600만 원이 확실성등가이다. 기대소득에서 확실성등가를 뺀 값을 위험프리미엄(risk premium)이라고 한다. 개인 A의 경우 기대소득이 2,000만 원, 확실성등가가 1,600만 원이므로 위험프리미엄이 400만 원이 된다. 위험프리미엄은 불확실성을 피하기 위해 지불할 용의가 있는 금액을 말한다.

개인 B는 기대소득 2,000만 원과 확실한 현금 1,500만 원의 효용이 동일하다면 확실성등가는 1,500만 원, 위험프리미엄은 500만 원이 된다. 확실성등가가 작아지면 그만큼 위험을 피하기 위해 지불할 용의가 있는 위험프리미엄이 커진다. 그러므로 확실성등가가 작다는 것은 위험기피정도가 크다는 것을 의미한다. 사람에 따라 위험기피정도가 다르므로 확실성등가를 계산해 내려면 사람들의 위험기피도에 대한 정보가 필요하다.

위험기피적인 개인의 경우는 불확실한 상황을 싫어하므로 항상 기대소득보다 확실성등가가 작다. 이에 비해 위험중립적인 개인의 경우는 위험의 크기와 관계없이 기대소득에 의해서만 효용이 결정되므로 기대소득과 확실성등가가 같아진다. 그러므로 위험중립적인 개인의 경우에는 위험프리미엄이 0이 된다.

✏️ 위험중립자(risk neutral) 위험의 크기에 관계없이 소득이나 투자안의 기댓값의 크기에 따라 의사결정을 내리는 사람을 말한다.
→ 위험중립자의 경우는 위험프리미엄이 0이다.

46 2020 지방직 7급

공공사업 *A*에 투입할 100억 원의 자금 중에서 40억 원은 민간부문의 투자에 사용될 자금이었고, 60억 원은 민간부문의 소비에 사용될 자금이었다. 이 공공사업을 평가하기 위한 사회적 할인율(social discount rate)은? (단, 민간부문 투자의 세전 수익률과 세후 수익률은 각각 15.0%와 10.0%이다.)

① 10.5%　　　　　② 11.0%　　　　　③ 11.5%

④ 12.0%　　　　　⑤ 12.5%

📝 민간투자의 세전수익률이 15%, 세후수익률이 10%일 때 민간투자에 사용될 자금 1원이 공공투자에 이용된다면 사회적으로 희생된 금액은 1.15원이므로 민간투자에 사용될 자금의 기회비용은 세전수익률인 15%로 측정된다. 한편, 민간의 소비와 저축의사결정은 세후수익률을 기준으로 이루어지므로 민간소비에 사용될 자금 1원이 공공투자에 사용된다면 그 자금의 기회비용은 세후수익률인 10%로 볼 수 있다.

　공공사업에 투입된 자금의 일부는 민간투자로 사용될 자금이었고, 나머지는 민간소비에 사용될 자금이었다면 사회적 할인율은 세전수익률과 세후수익률의 가중평균으로 계산하면 된다. 공공사업에 투입된 자금의 40%는 민간부문 투자에 사용될 자금, 나머지 60%는 민간소비에 사용될 자금이었으므로 사회적 할인율은 다음과 같이 계산된다.

$$사회적\ 할인율 = (0.4 \times 15\%) + (0.6 \times 10\%)$$
$$= 12\%$$

47 2017 세무사

어떤 사업에 대한 비용편익분석을 하려고 한다. 사업 시행 마지막 해인 50년 후에는 구조물을 처리하는 데 드는 비용 등을 고려할 때 기대순편익이 −100억 원이라고 한다. 이자율은 매년 10%이고, 지금부터 50년 후의 위험할인율은 20%이라고 한다. 사업 시행 마지막 해 순편익의 확실대등액(certainty equivalents)의 현재가치는?

① −100억 원 $\times (1 - 0.2 - 0.1)^{50}$　　　　② −100억 원 $\div (1 - 0.2) \div (1 + 0.1)^{50}$

③ −100억 원 $\div (1 + 0.2) \div (1 + 0.1)^{50}$　　　　④ −100억 원 $\times (1 - 0.2) \div (1 + 0.1)^{50}$

⑤ −100억 원 $\times (1 + 0.2) \div (1 + 0.1)^{50}$

📝 50년 후에 발생하는 기대순편익을 현재가치로 환산하려면 $(1 + 이자율)^{50}$으로 나누어주면 된다. 한편, 미래에 발생하는 불확실한 (−)의 기대순편익의 확실성대등액을 구하려면 그 값을 크게 만들어 주어야 하므로 $(1 + 위험할인율)$을 곱해주어야 한다. 이자율이 10%, 위험할인율이 20%이므로 50년 뒤에 발생하는 −100억 원에 해당하는 기대순편익의 확실성대등액의 현재가치를 구하려면 다음과 같이 계산하면 된다.

$$기대순편익 = \frac{-100억\ 원}{(1 + 0.1)^{50}} \times (1 + 0.2)$$

48

비용-편익분석에서 위험을 반영하는 방법에는 할인율을 조정하는 방법과 확실성등가를 사용하는 방법이 있다. 이에 대한 설명으로 옳지 않은 것은?

① 할인율을 통해 위험을 반영할 때는 위험이 내포된 공공사업에 대해서는 보다 높은 할인율을 적용해야 한다.

② 확실성등가를 이용하여 위험을 반영할 때, 만약 편익에 불확실성이 존재한다면 위험할인인자는 1보다 큰 값이 되어야 한다.

③ 이론적으로 본다면 할인율 조정을 통해서 위험을 반영하는 것보다는 직접적으로 편익과 비용을 가감해주는 방법이 더 바람직하다.

④ 현실적으로는 편익과 비용의 위험할인인자를 구하는 것은 매우 어려운 경우가 대부분이다.

⑤ 애로우와 린드의 주장에 의하면 특정한 조건하에서는 비용-편익분석에서 위험을 반영할 필요가 없다고 한다.

📝 비용-편익분석에서 발생할 수 있는 위험을 고려하는 방법으로는 할인율을 조정하는 방법과 확실성등가를 이용하여 조정하는 방법이 있다. 각각을 요약하면 다음과 같다.

위험을 고려하는 방법

	할인율을 조정하는 방법	확실성등가를 이용하는 방법
내용	위험성이 있는 공공사업에 대해서는 보다 높은 할인율을 적용하는 방법	불확실한 편익이나 비용을 확실성등가로 환산하여 분석하는 방법
문제점	사업연도 후기에 많은 비용이 발생하는 사업이 보다 바람직한 것으로 평가되어 잘못된 결론을 내릴 가능성이 있음	현실적으로 볼 때 편익과 비용에 관련된 모든 위험을 적절하게 평가하는 것이 매우 어려움
평가	할인율은 미래가치를 현재가치로 환산하는 도구이며, 이를 위험조정에 사용하는 것은 부적절	편익과 비용을 확실성등가로 환산할 수 있다면, 위험을 반영할 수 있는 적절한 방법임

※ 확실성등가(certainty equivalents) : 불확실한 편익과 동일한 만족을 주는 확실한 금액

확실성등가를 이용하여 위험을 반영하는 경우 공공사업으로 발생하는 불확실한 편익에 위험할인인자(risk discount factor)를 곱함으로써 확실성등가를 구할 수 있다. 예를 들어, 어떤 공공사업에서 몇 년 뒤에 1,000원의 편익이 발생할 가능성이 0.5이고, 3,000원의 편익이 발생할 가능성이 0.5라면 편익의 기대치는 2,000원으로 계산된다. 만약 사람들이 기대치가 2,000원인 불확실한 편익과 1,600원의 확실한 금액을 동일하다고 평가한다면, 1,600원이 확실성등가이다. 이 때의 위험할인인자는 0.8이 된다. 이와 같이 미래에 발생할 편익이 불확실하다면 편익의 기대치에 위험할인인자를 곱해서 확실성등가를 구하게 되는데, 확실성등가의 크기는 일반적으로 1보다 작은 값이다.

46 ④　47 ⑤　48 ②

01 2018 세무사

세수의 소득탄력성이 $\dfrac{\Delta T}{\Delta Y} \cdot \dfrac{Y}{T} = 1.2$이고, 조세부담률은 $\dfrac{T}{Y} = 0.25$라고 가정한다. 여기서 $\Delta G = \Delta T$라고 할 때, 정부지출승수 값은?(단, T : 조세수입, Y : 국민소득, G : 정부지출)

① $\dfrac{3}{10}$ ② 1 ③ $\dfrac{5}{2}$

④ $\dfrac{10}{3}$ ⑤ $\dfrac{24}{5}$

✎ 일반적으로 정부지출, 독립투자 등과 같은 독립지출이 약간 변하면 국민소득은 독립지출 변화분에다 몇 배를 곱한 만큼 증가하거나 감소한다. 이 때 독립지출의 변화가 몇 배에 해당하는 국민소득의 변화를 가져오는지를 보여주는 것이 승수(multiplier)이다. 정부지출승수는 다음과 같이 정의된다.

$$정부지출승수 = \frac{국민소득\ 변화분}{정부지출\ 변화분} = \frac{\Delta Y}{\Delta G}$$

조세수입의 소득탄력성 $\dfrac{\Delta T}{\Delta Y} \cdot \dfrac{Y}{T} = \dfrac{6}{5}$을 정리하면 $\dfrac{\Delta Y}{\Delta T} = \dfrac{5}{6} \times \dfrac{Y}{T}$이므로 이 식에 $\dfrac{Y}{T} = 4$를 대입하면 $\dfrac{\Delta Y}{\Delta T} = \dfrac{10}{3}$이다. 문제에서 $\Delta G = \Delta T$로 주어져 있으므로 정부지출승수 $\dfrac{\Delta Y}{\Delta G} = \dfrac{10}{3}$이 된다.

02 2017 세무사

민간소비(C), 조세(T), 투자(I)가 아래와 같고 재정은 균형 상태이다. 이 나라의 완전고용국민소득이 $4,000$이라고 할 때, 정부지출을 증가시켜 완전고용을 달성하고자 하는 경우의 추가 정부지출규모(A)와 감세정책을 통하여 완전고용을 실현하고자 하는 경우의 감세규모(B)로 옳은 것은? (단, Y는 국민소득이다.)

> $$C = 200 + 0.8(Y - T),\ T = 400,\ I = 400$$

① $A : 120,\quad B : 150$

② $A : 150,\quad B : 120$

③ $A : 300,\quad B : 450$

④ $A : 450,\quad B : 300$

⑤ $A : 800,\quad B : 1,000$

📝 조세수입 $T=400$이고 정부재정이 균형이므로 정부지출 $G=400$이다. 유효수요 $AE=C+I+G=200+0.8(Y-400)+400+400=680+0.8Y$이다. $Y=AE$로 두면 $Y=680+0.8Y$, $0.2Y=680$이므로 균형국민소득 $Y=3,400$이다. 현재의 균형국민소득이 3,400이고 완전고용국민소득이 4,000이므로 완전고용국민소득에 도달하려면 국민소득이 600만큼 증가해야 한다.

정액세만 존재하고 한계소비성향 $c=0.8$이므로 정부지출승수 $\dfrac{dY}{dG}=\dfrac{1}{1-c}=5$이고, 조세승수 $\dfrac{dY}{dT}=\dfrac{-c}{1-c}=-4$이다. 그러므로 완전고용국민소득에 도달하려면 정부지출을 120만큼 증가시키거나 조세를 150만큼 감면해야 한다.

03

똑같이 첫 해 1,000만 원의 투자비용이 소요되는 A, B 두 사업의 3년에 걸친 순편익의 흐름은 〈표 1〉과 같으며, 할인율의 크기에 따른 두 사업의 순편익의 현재가치의 합은 〈표 2〉에 나타나 있다. 다음 설명 중에서 가장 타당한 것은?

	〈표 1〉 연도별 순편익		〈표 2〉 순편익의 현재가치의 합		
연도	A 사업	B 사업	할인율	A 사업	B 사업
0	−1,000만 원	−1,000만 원	0%	150만 원	200만 원
1	600만 원	0	1%	128만 원	165만 원
2	0	0	5%	46만 원	37만 원
3	550만 원	1,200만 원	7%	10만 원	−21만 원

① A, B 두 사업은 똑같은 투자비가 소요되므로 순편익도 동일하다.
② A사업은 B사업보다 장기적으로 유리한 사업이다.
③ 순현재가치법을 따를 때 할인율이 5% 이상이면 B사업이 A사업보다 유리하다.
④ 내부수익률법을 따를 때 A사업이 B사업보다 유리하다.
⑤ 두 사업의 내부수익률은 모두 7% 이상이다.

📝 할인율이 1% 이하인 경우에는 B사업의 순편익이 더 크고, 할인율이 5% 이상이면 A사업의 순편익이 더 크다. 그러므로 현재가치법에 따르면 할인율이 5% 이상인 경우에는 A사업이 선택된다.
　　내부수익률은 순편익의 현재가치가 0이 되는 할인율이다. A사업의 경우에는 할인율이 7%인 경우에도 순편익의 현재가치가 0보다 크므로 A사업의 내부수익률은 7%보다 더 큰 값이다. 이에 비해 B사업의 경우에는 할인율이 5%일 때는 순편익이 (+)이지만 할인율이 7%가 되면 순편익이 (−)가 되므로 B사업의 내부수익률은 5%와 7% 사이의 값이다. 그러므로 내부수익률법을 따르면 내부수익률이 더 큰 A사업이 채택된다.

04 [2015] 세무사

국민소득결정에 관한 단순 케인즈 모형이 아래와 같을 때, 정부지출과 관련된 설명으로 옳지 않은 것은? (단, 총공급곡선은 완전 탄력적이며, 기업투자 및 정부지출은 독립적으로 이루어진다고 가정)

$$Y=C+I+G$$
$$C=C_0+c(Y-T)$$

(T : 세금(정액세), c : 한계소비성향($0<c<1$), Y : 국민소득, C : 민간소비, C_0 : 상수, I : 기업투자, G : 정부지출)

① 정부지출이 100만큼 증가할 경우 국민소득은 100보다 더 많이 증가한다.

② 조세를 100만큼 경감해 줄 경우가 정부지출을 100만큼 증가시킬 경우에 비해 국민소득을 더 적게 증가시킨다.

③ 정부재정의 건전성을 확보하기 위해서 정부지출 증가액을 조세수입 증가액과 일치시킨다면 국민소득은 증가하지 않는다.

④ 노후준비 등으로 민간부문의 한계소비성향이 감소할 경우 정부지출이 유발하는 국민소득 증가분은 줄어든다.

⑤ 기업투자나 정부지출이나 각각 100만큼 증가할 경우, 국민소득에 미치는 효과는 같다.

📝 케인즈 단순모형에서 정액세만 존재하는 경우 한계소비성향이 0.8로 주어진다면 정부지출승수, 투자승수, 조세승수는 각각 다음과 같다.

$$\begin{cases} \text{정부지출승수}: \dfrac{dY}{dG}=\dfrac{1}{1-c}=\dfrac{1}{1-0.8}=5 \\[3mm] \text{투자 승수}: \dfrac{dY}{dI}=\dfrac{1}{1-c}=\dfrac{1}{1-0.8}=5 \\[3mm] \text{조세 승수}: \dfrac{dY}{dT}=\dfrac{-c}{1-c}=\dfrac{-0.8}{1-0.8}=-4 \end{cases}$$

위에서 보는 것처럼 정부지출승수가 1보다 크므로 정부지출이 100만큼 증가하면 국민소득은 100보다 더 크게 증가한다. 위의 예에서와 같이 한계소비성향이 0.8이라면 정부지출승수가 5이므로 정부지출이 100만큼 증가하면 국민소득이 500만큼 증가한다. 정부지출승수와 투자승수는 그 크기가 같으므로 기업의 투자가 100만큼 증가할 때와 정부지출이 100만큼 증가하는 경우 국민소득은 동액만큼 증가한다.

정부지출승수와 조세승수(절댓값)를 비교해 보면 정부지출승수가 더 크다. 그러므로 정부지출 증가액과 조세증가액이 동일하더라도 국민소득은 증가하게 된다. 정부지출승수 $\dfrac{dY}{dG}=\dfrac{1}{1-c}$ 이므로 한계소비성향이 감소하면 정부지출승수가 작아진다. 예를 들어, 한계소비성향 $c=0.9$인 경우에는 정부지출승수가 10이지만 한계소비성향 $c=0.8$로 상승하면 정부지출승수가 5로 낮아지게 된다. 그러므로 한계소비성향이 감소할 경우 정부지출이 유발하는 국민소득 증가분이 작아진다.

05 [2023] 세무사

한 국가의 민간소비(C), 조세(T), 정부지출(G), 투자(I)가 아래와 같고 재정은 균형상태이며 완전고용국민소득은 7,000이다. 정부지출과 조세를 통해서 국민소득을 조정하고자 할 경우에 관한 설명으로 옳지 않은 것은? (단, Y는 국민소득이다.)

$$C=1,000+0.6(Y-T) \qquad G=1,000 \qquad I=1,000$$

① 완전고용 달성에 필요한 조세의 감소 규모는 600이다.
② 완전고용 달성에 필요한 정부지출의 증가액은 400이다.
③ 정부지출 증가 시에 정부지출의 증가액보다 국민소득이 더 많이 증가한다.
④ 조세 감세 시에 조세의 감세액보다 국민소득의 증가액이 더 크다.
⑤ 경기침체 등으로 민간의 한계소비성향이 줄어들게 되면 정부지출이 유발하는 국민소득의 증가분은 줄어들게 된다.

📝 정부재정이 균형이면 정부지출과 조세수입이 일치하므로 $T=1,000$이다. 균형국민소득은 총생산(Y)과 총수요(AD)가 일치하는 수준에서 결정되므로 $Y=AD$로 두면 $Y=2,400+0.6Y$, $0.4Y=2,400$, $Y=6,000$으로 계산된다.

$$
\begin{aligned}
AD &= C+I+G \\
&= [1,000+0.6(Y-1,000)]+1,000+1,000 \\
&= 2,400+0.6Y
\end{aligned}
$$

균형국민소득이 6,000, 완전고용국민소득이 7,000이므로 현재는 완전고용국민소득에 1,000만큼 미달하는 상태이다. 그러므로 완전고용국민소득에 도달하려면 국민소득이 1,000만큼 증가해야 한다.

한계소비성향이 0.6인 경우 정부지출승수는 2.5, 조세승수는 −1.5이므로 균형국민소득을 1,000만큼 증가시키려면 정부지출을 400만큼 늘리거나 조세를 666.7만큼 감면해야 한다.

$$
\begin{array}{l}
\text{정부지출승수}: \dfrac{dY}{dG} = \dfrac{1}{1-c} = \dfrac{1}{1-0.6} = 2.5 \\[2mm]
\text{조 세 승 수}: \dfrac{dY}{dT} = \dfrac{-c}{1-c} = \dfrac{-0.6}{1-0.6} = -1.5
\end{array}
$$

정부지출승수가 조세승수(절댓값)보다 더 크므로 정부지출이 증가하면 동액의 조세가 감면될 때보다 국민소득이 더 많이 증가한다. 조세승수(절댓값)는 그 값이 1보다 크므로 조세가 감면되면 국민소득이 승수를 곱한 만큼 증가한다. 그러므로 조세 감면액보다 국민소득이 더 크게 증가한다. 한계소비성향이 감소하면 정부지출승수가 작아지므로 정부지출이 유발하는 국민소득 증가분이 줄어들게 된다.

06

시멘트시장은 완전경쟁시장이고, 시멘트 수요곡선과 공급곡선은 아래와 같이 주어져 있다고 하자.

수요함수 : $P = 200 - 2Q$

공급함수 : $P = 20 + Q$

정부가 30톤의 시멘트를 공공사업에 사용할 경우 공공사업에 투입된 시멘트의 기회비용은?

① 1,500   ② 1,800   ③ 2,300

④ 2,700   ⑤ 3,000

✏ 정부가 시멘트를 수요하기 전의 시멘트 거래량을 구해보면 $200 - 2Q = 20 + Q$, $3Q = 180$, $Q = 60$이고, 이를 수요함수에 대입하면 $P = 80$이었음을 알 수 있다. 이제 정부가 시멘트를 30톤 수요하면 각각의 가격수준에서 수요량이 30톤만큼 증가하므로 수요곡선이 30톤만큼 오른쪽으로 이동한다. 문제에서 주어진 수요함수를 Q에 대해 정리하면 $Q = 100 - \frac{1}{2}P$이고, 정부가 30톤의 시멘트를 수요하면 수요량이 30톤 증가하므로 정부가 시멘트를 수요한 이후의 수요함수는

$Q = 130 - \frac{1}{2}P$이다(정부가 시멘트를 30톤 수요하면 수요량이 30톤 증가하므로 수요함수를 Q에 대해 정리한 다음에 30을 더해주어야 한다). 이를 다시 P에 대하여 정리하면 $P = 260 - 2Q$이다.

이제 정부가 *30톤의 시멘트를 수요한 다음의 거래량과 가격을 구해보면 $260 - 2Q = 20 + Q$, $3Q = 240$, $Q = 80$, $P = 100$임을 알 수 있다. 정부가 시멘트를 수요하기 전 보다 거래량이 20톤 증가하였는데, 이는 정부가 수요한 시멘트 중 20톤은 추가적인 생산증가에서 조달되었음을 의미한다. 따라서 민간소비 감소에서 조달된 부분은 10톤이다.

정부가 공공사업에 투입한 시멘트 중 민간소비 감소에서 조달된 부분의 기회비용은 수요곡선 하방의 면적으로 측정되고, 생산증가에서 조달된 부분은 공급곡선(＝한계비용곡선) 하방의 면적으로 측정된다. 두 부문의 면적을 구해서 합하면 2,700이 된다.

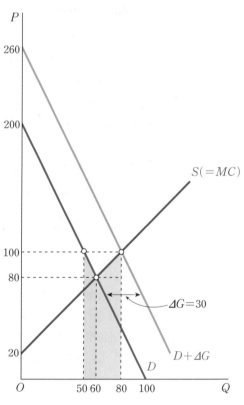

민간의 후생감소분 $\square = \left(\frac{1}{2} \times 10 \times 20 \right) + (10 \times 80) = 900$

한계비용 증가분 $\square = \left(\frac{1}{2} \times 20 \times 20 \right) + (20 \times 80) = 1,800$

07 　2012　세무사

환경정책에 있어서 비용과 편익의 측정 및 평가 방법에 관한 설명으로 옳지 않은 것은?

① 조건부가치평가법은 잘 보존된 환경이 갖는 사용가치를 시장가격으로 측정하는 방법이다.

② 위험을 회피하기 위해 어느 정도 지출을 감수할 용의가 있는지를 파악하는 편익 산출법을 회피행위접근법이라고 한다.

③ 회피행위접근법에 따라 환경정책으로 인한 편익을 산출하면 편익이 과소평가 될 수 있다.

④ 헤도닉(hedonic)가격접근법은 주택가격이 환경의 질을 포함하여 주택이 가지는 여러 가지 특성에 의해 결정된다고 설명한다.

⑤ 지불의사접근법은 환경의 질 악화로 인해 손해를 본다고 느끼는 사람들이 환경개선을 위해 지불할 용의가 있는 금액을 파악하는 방법이다.

🗹 조건부가치평가법은 시장가격이 아니라 설문조사를 통해 사람들이 환경개선을 위해 각자가 지불할 용의가 있는 금액을 조사하여 환경개선의 가치를 평가하는 방법이다. 회피접근법은 각종 오염으로부터 발생하는 고통을 피하기 위해 지불할 용의가 있는 금액을 측정하여 환경개선의 편익을 평가하는 방법이다. 이 방법은 대체로 환경개선의 편익을 과소평가하게 될 가능성이 크다. 헤도닉가격접근법은 주택가격에 미치는 요인을 구체적으로 도심으로부터의 거리, 학군, 주변 환경의 쾌적성 등으로 분해하여 각 요인이 주택가격에 미치는 영향을 분석하는 방법이다. 지불의사접근법은 환경개선을 위해 지불할 용의가 있는 금액을 측정하여 환경개선의 편익을 측정하는 방법이다.

04

조세의 기초 및 전가와 귀착

제8장 | 조세의 기초이론

제9장 | 조세의 전가와 귀착

Public Finance

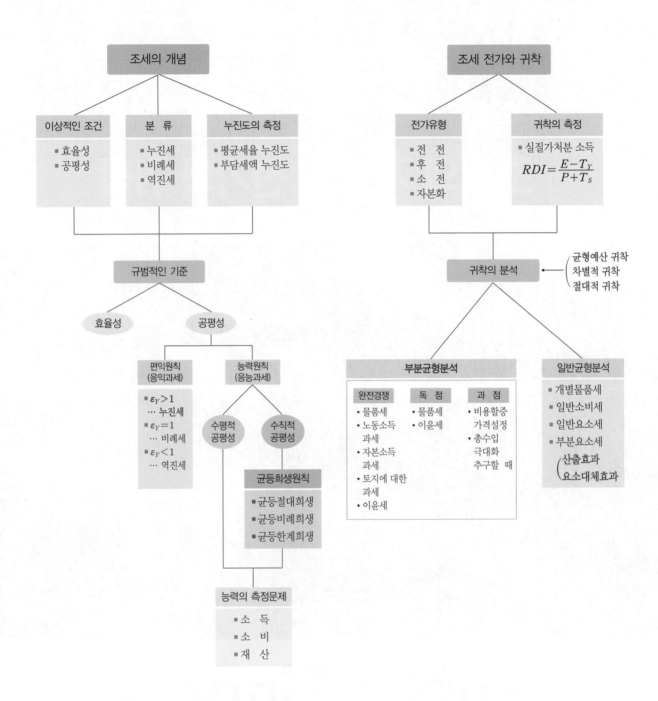

Public Finance

08 조세의 기초이론

Point

조세는 정부의 공공재 공급을 위한 지출재원을 조달하는 수단이면서 민간부문의 자원배분과 소득분배에 큰 영향을 준다. 우선 이 장에서는 먼저 이상적인 조세의 요건, 조세의 분류체계, 누진성의 측정방법 등 조세와 관련된 기초개념을 소개한다. 어떤 조세가 가장 이상적인 조세인지에 대해서는 과거부터 많은 논의가 있어왔는데, 가장 중시되는 것은 효율성과 공평성이다. 효율성에 대해서는 제10장에서 다루기로 하고 이 장에서는 공평성을 보는 관점에 대해 자세히 살펴보기로 한다. 이 장의 마지막 부분에서는 개인의 능력을 가장 잘 나타내는 지표가 어떤 것인지에 대한 논의와 소득을 개인의 능력의 지표로 볼 때 발생하는 문제에 대해서 다루기로 한다.

I 조세의 개념 및 분류

1. 조세의 개념 및 특징

(1) 개념

조세란 국가가 재정수입을 조달할 목적으로 특별한 개별적인 보상없이 민간부문으로부터 강제적으로 징수하는 화폐를 의미한다.

(2) 특징

① 조세를 부과하는 주체는 국가(지방자치단체 포함)이다.
② 조세는 국가의 경비충당을 위한 재정수입을 조달할 목적으로 부과된다.
③ 조세는 직접적인 반대급부없이 부과된다.
④ 조세는 법률에 의하여 과세요건을 충족한 모든 자에게 부과된다.
⑤ 조세는 기본적으로 금전적 급부이다.

(3) 조세의 기능

1) 자원배분기능

① 조세는 공공재 공급을 통해 효율적인 자원배분이 이루어지도록 하는 가장 중요한 재원조달 수단이다.
② 또한 조세는 상대가격의 변화를 통해 직접적으로 자원배분의 왜곡을 교정하는 수단으로도 사용된다.

2) 소득재분배기능

① 조세를 통해 조달된 재원의 상당부분은 저소득층에 이전되어 소득을 재분배하는 기능을 행한다.

② 그리고 누구에게서 세금을 걷는가에 따라 징수과정에서도 조세는 소득재분배를 추구하는 수단이 될 수 있다.

3) 경제안정화기능

① 소득세, 법인세 등의 세율조정은 민간의 소비와 투자에 영향을 주므로 총수요의 변화를 가져온다.

② 그러므로 경기가 과열되거나 침체될 경우 정부는 각종 세율의 조정을 통해 경제안정화를 도모한다.

2. 이상적인 조세의 요건

(1) 경제적 효율성

① 이상적인 조세는 자원배분의 효율성 상실을 초래하지 않아야 하나 현실에서 대부분의 조세는 상대가격 변화를 가져오므로 자원배분의 왜곡을 초래한다.

② 자원배분의 왜곡을 전혀 유발하지 않는 조세가 불가능하다면 자원배분 왜곡이 최소화되는 조세제도가 바람직하다.

| 참고 | 중립세(lump-sum tax) |

① 외부성, 공공재 등 시장실패 요인이 존재하지 않는다면 시장의 가격기구에 의해 효율적인 자원배분이 달성되나(후생경제학의 제1정리), 조세가 부과되면 자원배분의 왜곡이 발생한다.

② 일반적으로 조세가 부과되면 조세납부에 따라 개인의 실질소득이 감소하는 소득효과와 조세가 부과된 재화와 그렇지 않은 재화 간의 상대가격이 변함에 따라 개인들이 재화들 간의 소비를 조정하는 대체효과가 발생한다.

③ 소득효과에 의해서는 자원배분의 비효율성이 발생하지 않으나, 조세부과로 인해 상대가격이 변하는 대체효과에 의해 민간 경제주체들이 소비, 생산, 저축 등과 관련된 의사결정을 변경하게 되므로 그에 따라 자원배분의 왜곡이 발생한다.

④ 즉, 조세가 자원배분의 비효율성을 유발하는 기본적인 이유는 조세가 부과되면 상대가격이 변화되는 대체효과로 인해 민간 부문의 의사결정 왜곡이 초래되기 때문이다.

⑤ 대체효과가 전혀 발생하지 않으므로 민간부문의 의사결정에 전혀 영향을 미치지 않는 비왜곡적인 조세를 중립세(lump-sum tax)라고 한다.

◐ 학자에 따라서는 lump-sum tax를 정액세라고 부르기도 한다.

◐ 중립세는 소득효과만을 발생시키는 조세이다.

⑥ 중립세에 가장 근접한 조세로는 인두세(head tax)를 들 수 있고, 우리나라에서 부과되는 조세 중 중립세에 가장 근접한 조세로는 균등할 주민세를 들 수 있다.

(2) 조세부담의 공평성

① 이상적인 조세는 서로 다른 개인에게 부담이 공평하게 배분되어야 한다.

② 어떤 조세가 공평한 것인지에 대한 시각에는 편익원칙과 능력원칙이 있으나 공평성은 가치판단이 개입된 개념이므로 가장 논란의 대상이 된다.

　　◐ 편익원칙과 능력원칙에 대해서는 제3절에서 논의하기로 하자.

(3) 행정적 단순성

① 조세제도 운영과 관련된 비용으로는 조세를 걷는데 드는 징세비용(직접비용)과 납세자가 납세의무를 이행하는데 드는 납세협력비용(간접비용)이 있다.

② 행정적인 측면에서 볼 때 단순한 조세구조를 유지하여 정부의 징세비용과 납세자의 납세협력비용이 최소화되는 것이 바람직하다.

(4) 세수의 신축성

① 경제여건 변화에 따라 조세수입이 신축적으로 변화하여 경제안정과 경제성장에 도움이 되어야 한다.

② 그림 8-1의 (a)에서와 같이 국민소득과 조세수입이 동시에 변화하는 경우에는 경기가 과열되면 조세수입 증가로 경기과열이 억제되고, 경기침체기에는 조세수입이 감소하여 경기진폭이 완화된다(조세의 자동안정화 기능).

③ 그러나 그림 (b)에서와 같이 조세수입의 시차가 매우 커서 호경기에 조세수입이 감소하고 경기침체기에 조세수입이 증가하면 조세제도로 인해 경기진폭이 오히려 확대된다.

그림 8-1　경기변동과 세수변화

(a) 조세의 자동안정화기능이 클 때

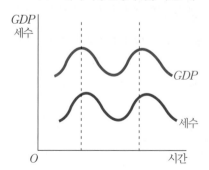

국민소득의 변화와 세수변화가 같이 나타난다면 조세의 자동안정화기능이 크다.

(b) 시차가 큰 경우

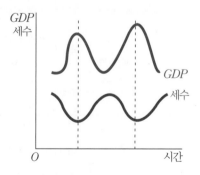

시차가 커서 국민소득의 변화와 세수변화가 반대방향으로 나타나면 오히려 경기진폭이 확대된다.

(5) 정치적 책임성

① 이상적인 조세제도에서는 각 납세자가 자신이 얼마만큼의 세금을 내는지를 정확히 알 수 있어야 한다.

② 그리고 입법을 통해서만 조세가 조정되도록 함으로써 납세자에게 정치적으로 책임질 수 있도록 운영되어야 한다.

3. 조세의 분류

① 조세는 납세의무자와 담세자의 일치여부, 부과시 개인적인 부담능력을 고려하는지 여부, 부과방식, 부과주체 등에 따라 구분할 수 있다.

② 조세를 여러 가지 기준에 따라 구분하면 아래의 표와 같이 정리할 수 있다.

▶ 조세의 구분

구 분		내 용	예
직접세와 간접세	직접세	납세의무자가 조세를 부담할 것으로 예상하고 부과하는 조세	
	간접세	조세가 다른 경제주체에게 전가되므로 납세의무자와 담세자가 일치하지 않을 것으로 예상하고 부과하는 조세	
인세와 물세	인세	납세자를 기준으로 과세함으로써 납세자의 개인적인 부담능력을 고려할 수 있는 조세	소득세
	물세	재화의 거래, 재산의 보유 등을 기준으로 과세함으로써 납세자의 개인적 사정과 관계없이 부담해야 하는 조세	부가가치세, 재산세
종량세와 종가세	종량세	과세물건의 수량 · 용적 · 중량 등을 과세표준으로 정하고 단위당 일정금액으로 부과하는 조세	
	종가세	과세물건을 금액으로 나타낸 과세표준에다 일정한 비율을 곱하여 부과하는 조세	
보통세와 목적세	보통세	정부의 일반적인 지출재원을 조달하기 위하여 부과되는 조세	
	목적세	특정한 지출목적에 사용하기 위하여 부과되는 조세	교육세
국세와 지방세	국세	중앙정부가 부과하는 조세	
	지방세	지방정부가 부과하는 조세	
내국세와 관세	내국세	국내에서 부과되는 조세	
	관세	재화가 경제적 국경을 통과할 때 부과되는 조세	
독립세와 부가세	독립세	독립적인 세원에 대하여 부과되는 조세	
	부가세	다른 세목의 납세액을 기준으로 부과되는 조세	교육세, 농어촌특별세

◎ 직접세는 납세의무자와 담세자가 일치할 것으로 보고 조세를 부담시키고자 하는 경제주체에게 부과하는 조세이나 징세자의 의도와 달리 직접세의 경우에도 여전히 전가가 이루어질 수 있다.

   → 직접세의 경우에도 징세자의 의도와는 달리 납세의무자와 담세자가 달라질 수 있다.

◎ 원칙적으로는 조세수입의 지출용도를 특정목적으로 제한하는 것은 금지되어 있으나(목적구속금지의 원칙), 목적세에 대해서는 예외가 인정되고 있다.

참고 / 우리나라의 조세체계

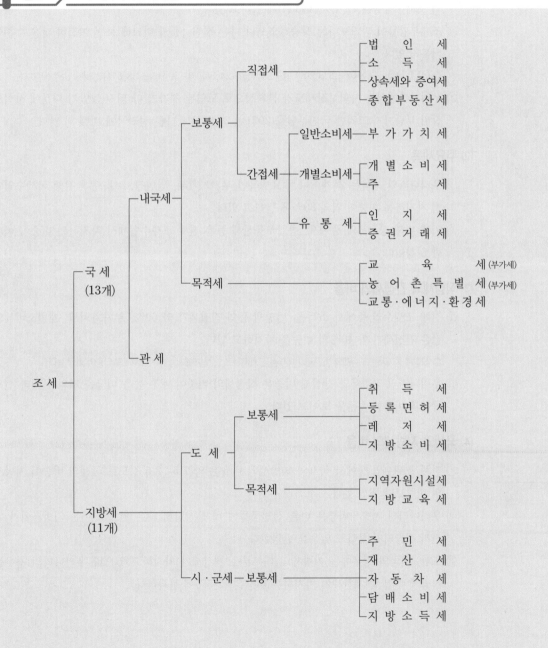

◎ 지방세를 광역시세와 자치구세로 구분하면 등록면허세와 재산세가 자치구세에 속하고 나머지는 모두 광역시세에 속한다.

4. 우리나라 조세수입 구조의 특징

(1) 조세부담률

① 조세부담률이란 국민들이 부담하는 세금이 국내총생산(GDP)에서 차지하는 비율을 의미한다.

② 그동안 정부지출 규모가 점점 증가하면서 조세부담률도 지속적으로 높아져 현재 우리나라의 조세부담률은 22.1%(2021년)에 달하고 있다.

③ 조세부담률이 과거보다는 상승하였으나 다른 선진국들과 비교해 보면 여전히 낮은 수준에 머물러 있다.

　❹ OECD 회원국 38개국의 2020년 평균조세부담률(24.3%) 및 국민부담률(33.6%)에 비해 낮은 수준이다.

④ 우리나라에서는 사회보장제도가 본격적으로 도입된 지가 얼마 되지 않았기 때문에 사회보장비 부담까지 고려한 국민부담률(2021년 29.9%)도 다른 선진국에 비해 더 낮다.

(2) 주요세목

① 우리나라의 세목은 24개이나 주요세목인 부가가치세, 법인세, 소득세가 전체 국세수입에서 차지하는 비중이 거의 80%에 달하고 있다.

② 이에 비해 상속세와 증여세, 종합부동산세 등은 전체 조세수입에서 차지하는 비중이 미미한 실정이다.

(3) 직접세와 간접세의 비율

① 전체 조세수입 중에서 소득세, 법인세 등의 직접세가 약 60%, 부가가치세, 개별소비세와 같은 간접세가 약 40%의 비중을 차지하고 있다.

　❹ 직접세 중에서는 소득세와 법인세가 대부분을 차지하고, 간접세에서는 부가가치세의 비중이 가장 높다.

② 우리나라의 직접세와 간접세 비중은 직접세의 비중이 매우 높은 미국을 제외한 여타 선진국들과 비슷한 수준을 보이고 있다.

(4) 국세와 지방세의 비율

① 전체 조세수입 중에서 국세와 지방세의 비율은 약 7.5 : 2.5 정도로 국세의 비중이 지방세의 비중보다 훨씬 높다.

② 우리나라의 지방세비중은 다른 선진국들에 비해 상당히 낮은 편으로 이는 지방자치가 완전히 정착되지 못하고 있음을 반영한다.

③ 또한, 외국의 경우에는 지방세의 대부분을 재산세가 차지하고 있으나 우리나라의 경우는 지방세 수입 중 재산세가 차지하는 비중은 12.5%에 불과하다.

Ⅱ　조세체계의 결정요인

1. 세원 · 과세물건 · 세율

(1) 세원(과세기초)

① 세원(source of taxation)이란 조세가 지불되는 원천을 의미한다.

② 주요 세원으로는 소득 · 소비 · 재산 등을 들 수 있는데, 각 세원은 나름대로의 장 · 단점을 갖고 있다.

③ 어떠한 세원이 납세자의 담세력을 가장 잘 반영하고 있는가 하는 점이 조세부담의 공평성과 관련된 논의의 핵심이다.

(2) 과세물건(과세객체)

① 과세물건(object of taxation)이란 조세부과의 대상이 되는 행위, 사실, 재산 등을 의미한다.

② 소득의 획득, 지출, 재화의 이전, 소유 등이 과세물건에 포함된다.

(3) 과세표준

① 과세표준(tax base)이란 조세부과시 세율이 적용되는 조세객체를 의미한다.

② 과세표준은 조세에 따라 금액, 가격, 수량, 중량 등 일정한 크기로 표시된다.

(4) 세율

① 세율(tax rate)이란 과세표준 혹은 과세물건 1단위에 대해서 징수하는 조세의 비율을 의미한다.

② 세율은 평균세율, 한계세율 등 여러 가지로 구분된다.

　　┌ 평균세율 : 과세표준액에서 산출세액이 차지하는 비율
　　├ 한계세율 : 과세표준이 1단위 증가할 때 세액증가분의 비율
　　└ 실효세율 : 총소득 혹은 총재산에서 산출세액이 차지하는 비율

❍ 일반적으로 과세표준은 총소득 혹은 총재산보다 작기 때문에 실효세율은 평균세율보다 낮다.

⑩ 총소득이 1,000만 원, 소득공제가 200만 원, 납세액이 200만 원이라면 평균세율과 실효세율은 각각 다음과 같다.

$$\text{평균세율} = \frac{\text{납세액}}{\text{과세표준}} = \frac{200}{800} = 0.25$$

$$\text{실효세율} = \frac{\text{납세액}}{\text{총소득}} = \frac{200}{1,000} = 0.2$$

2. 누진세 · 비례세 · 역진세

(1) 누진세

① 누진세(progressive tax)란 과세표준이 증가할 때 세율이 상승하는 조세를 의미한다.

② 누진세는 세율의 적용방식에 따라 단순누진과 초과누진으로 구분되는데, 일반적으로 초과누진방식이 이용된다.

　　◐ 단순누진과 초과누진
　　　① 단순누진방식 : 과세표준이 증가할 때 과세표준 전부에 대하여 그에 해당하는 세율을 적용하는 방식을 의미한다.
　　　② 초과누진방식 : 과세표준을 몇 단계로 구분하고, 각 단계에 대하여 점차 높은 세율을 적용하는 방식을 의미한다.

(2) 비례세

① 비례세(proportional tax)란 과세표준의 크기와 관계없이 일정한 세율을 적용하는 조세를 의미한다.

② 비례세는 주로 간접세 분야에서 이용된다.

(3) 역진세

① 역진세(regressive tax)란 과세표준이 증가함에 따라서 오히려 적용세율이 낮아지는 조세를 의미한다.

② 현실적으로 역진세는 존재하지 않는다.

그림 8-2　조세구조

■ 비례세 … 세율이 일정하므로 납세액도 비례적으로 증가한다.

■ 누진세 … 과세표준이 증가할 때 세율이 상승하므로 납세액이 체증적으로 증가한다.

■ 역진세 … 과세표준이 증가하면 오히려 세율이 하락하므로 납세액은 체감적으로 증가한다.

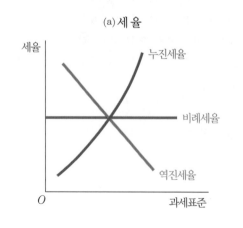

(a) 세율

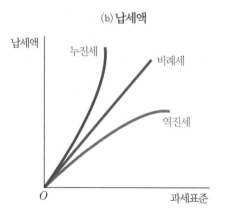

(b) 납세액

참고   평균세율과 한계세율

1. 평균세율

① 평균세율은 과세표준(Y)에서 산출세액(T)이 차지하는 비율을 말한다.

$$평균세율 = \frac{T}{Y}$$

② 평균세율은 세수함수에서 원점으로 연결한 직선의 기울기로 측정된다.

2. 한계세율

① 한계세율은 과세표준이 1단위 증가할 때 세액이 증가하는 비율을 의미한다.

$$한계세율 = \frac{\varDelta T}{\varDelta Y}$$

② 한계세율은 세수함수 접선의 기울기로 측정된다.

3. 양자의 관계

① 한계세율과 평균세율 사이에는 항상 다음의 관계가 성립한다.

- 한계세율 > 평균세율 ────→ 평균세율 ↑
- 한계세율 = 평균세율 ────→ 평균세율 불변
- 한계세율 < 평균세율 ────→ 평균세율 ↓

② 세수함수가 직선의 형태일 때 평균세율 (α)과 한계세율 (β)의 관계는 다음의 그림으로 나타낼 수 있다.

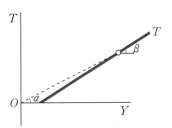

(a) 세수함수가 과표축을 통과할 때

한계세율 > 평균세율
과세표준↑ → 평균세율↑
누진세

예 $T = -1,000 + 0.2Y$

- 한계세율 : $\dfrac{\varDelta T}{\varDelta Y} = 0.2$
- 평균세율 : $\dfrac{T}{Y} = -\dfrac{1,000}{Y} + 0.2$

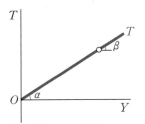

(b) 세수함수가 원점을 통과할 때

한계세율 = 평균세율
과세표준↑ → 평균세율 불변
비례세

예 $T = 0.2Y$

- 한계세율 : $\dfrac{\varDelta T}{\varDelta Y} = 0.2$
- 평균세율 : $\dfrac{T}{Y} = 0.2$

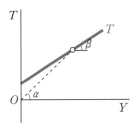

(c) 세수함수가 세수축을 통과할 때

한계세율 < 평균세율
과세표준↑ → 평균세율↓
역진세

예 $T = 1,000 + 0.2Y$

- 한계세율 : $\dfrac{\varDelta T}{\varDelta Y} = 0.2$
- 평균세율 : $\dfrac{T}{Y} = \dfrac{1,000}{Y} + 0.2$

3. 누진도의 측정방법

(1) 평균세율누진도

① 평균세율누진도란 소득수준이 증가할 때 평균세율의 변화로 누진도를 측정하는 방법으로 평균세율누진도는 다음과 같이 정의된다.

$$\alpha = \frac{\dfrac{T_1}{Y_1} - \dfrac{T_0}{Y_0}}{Y_1 - Y_0}$$

② 평균세율누진도 기준에 따르면 조세의 누진성 여부는 다음과 같이 판단하게 된다.

- 소득↑ —→ 평균세율↑ ⟹ $\alpha > 0$ —→ 누진세
- 소득↑ —→ 평균세율 불변 ⟹ $\alpha = 0$ —→ 비례세
- 소득↑ —→ 평균세율↓ ⟹ $\alpha < 0$ —→ 역진세

(2) 부담세액누진도(세수탄력성)

① 부담세액누진도는 소득증가율과 조세수입증가율을 비교하여 누진성 여부를 판단하는 방법으로 부담세액누진도는 다음과 같이 정의된다.

$$\beta = \frac{\dfrac{T_1 - T_0}{T_0}}{\dfrac{Y_1 - Y_0}{Y_0}}$$

② 부담세액누진도 기준에 따르면 조세의 누진성 여부는 다음과 같이 판단하게 된다.

- 조세증가율 > 소득증가율 ⟹ $\beta > 1$ ⋯ 누진세
- 조세증가율 = 소득증가율 ⟹ $\beta = 1$ ⋯ 비례세
- 조세증가율 < 소득증가율 ⟹ $\beta < 1$ ⋯ 역진세

   ❍ 부담세액누진도는 세수탄력성이라고도 하는데, 조세의 자동안정화기능을 나타내는 척도로도 이용된다.

(3) 양자의 차이

① 두 가지 중 어떤 방법으로 누진성을 측정하더라도 별 문제가 없으나 경우에 따라 다른 결과가 나올 수도 있다.

② 예를 들어, 모든 소득수준에서 조세가 10%씩 증가하는 경우 평균세율누진도는 10% 증가한 것으로 계산된다.

③ 이에 비해 모든 소득수준에서 조세가 10% 증가하더라도 부담세액누진도(세수탄력성)의 크기는 변하지 않는다.

④ 그러므로 누진도에 대해 논의할 때는 어떤 방법으로 측정하였는지를 알려주어야 한다.

✎ T_0 대신 $1.1T_0$, T_1 대신 $1.1T_1$을 대입해 보면 쉽게 알 수 있다.

Ⅲ 과세의 규범적 기준 ··· 효율성과 공평성

1. 효율성

　① 민간부문으로부터 공공부문으로 자원을 이전하는 각종 조세는 시장기능에 여러 가지 왜곡
　　현상을 초래한다.

　② 이와 같은 왜곡은 파레토효율적인 자원배분 상태로부터의 이탈을 유발하여 사회적인 후생
　　손실(welfare loss) 혹은 초과부담(excess burden)을 발생시킨다.

　③ 효율성의 관점에서 볼 때 일정한 자원을 민간부문으로부터 공공부문으로 이전시킬 때 발
　　생하는 후생손실이 극소화되도록 하는 것이 바람직하다.

　　　◐ 조세부과에 따른 후생손실을 사중적 손실(deadweight loss)이라고도 한다.

　④ 조세의 효율성여부는 1원의 조세를 징수할 때 발생하는 사중적 손실의 크기로 판단할 수
　　있다.

　⑤ 조세의 효율성에 대해서는 제10장에서 자세히 논의하기로 하자.

2. 공평성

(1) 개요

　① 조세의 공평성은 조세부담을 사회구성원들 사이에 어떻게 배분할 것인가와 관련되어 있으
　　며, 공평한 조세부담에 대해서는 학자들의 견해가 상이하다.

　② 조세부담의 공평성에 대해서는 편익원칙(benefit principle)과 능력원칙(ability to
　　pay principle)의 두 가지 학설이 대표적이다.

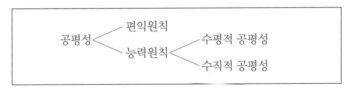

참고 / 모든 조세는 나쁜가?

① 일반적으로 조세부과는 자원배분의 왜곡을 초래하므로 민간부문의 경제활동에 부정적인 영향을 미친다.

② 그러나 민간부문에 의하여 자원의 최적배분이 이루어지지 못하는 상황에서는 오히려 조세부과가 자원배분의 효율성을
증진시킬 수도 있다.

③ 예를 들면, 공해 등 외부효과로 시장실패가 발생하는 경우에는 재화의 과잉생산이 이루어지고 후생손실이 초래된다.

④ 이와 같은 경우 오염배출에 대한 피구세(Pigouvian tax)는 자원배분의 효율성을 증대시키는 긍정적인 효과를 발생시킨다.

　◐ 시장실패를 교정하기 위하여 조세를 부과하는 것을 교정과세(corrective taxation)라고 한다.

(2) 편익원칙(이익원칙)

1) 공평성에 대한 견해

① 편익원칙이란 각 개인이 공공서비스로부터 얻는 편익에 비례하여 조세를 부담하는 것이 공평하다고 보는 원칙을 말한다(응익과세).

② 편익원칙은 빅셀(K. Wicksell), 린달(E. Lindahl) 등에 의하여 발전되었는데, 이들은 조세를 자발적 교환(voluntary exchange)에 대한 대가로 파악한다.

2) 내용

① 편익원칙에 의하여 조세가 부과된다면 조세의 크기는 납세자의 공공서비스에 대한 수요에 의하여 결정되므로 조세를 통한 소득재분배의 가능성이 희박하다.

② 조세제도의 누진성여부는 사회구성원들의 공공서비스에 대한 수요의 소득탄력성(ε_Y)에 의해 결정된다.

③ 즉, 편익원칙에 의하면 $\varepsilon_Y > 1$이면 누진과세가 이루어지나 $\varepsilon_Y < 1$이면 역진적인 과세가 이루어져야 한다.

$$\begin{array}{l} \varepsilon_Y > 1 \rightarrow \text{공공서비스 수요증가율} > \text{소득증가율} \rightarrow \text{조세증가율} > \text{소득증가율} \rightarrow \text{누진세} \\ \varepsilon_Y = 1 \rightarrow \text{공공서비스 수요증가율} = \text{소득증가율} \rightarrow \text{조세증가율} = \text{소득증가율} \rightarrow \text{비례세} \\ \varepsilon_Y < 1 \rightarrow \text{공공서비스 수요증가율} < \text{소득증가율} \rightarrow \text{조세증가율} < \text{소득증가율} \rightarrow \text{역진세} \end{array}$$

3) 문제점(한계)

① 개인들이 공공서비스로부터 얻는 편익을 측정하기 어려울 뿐만 아니라, 개인들은 자신이 얻는 편익의 크기를 표출하지 않을 것이므로 편익원칙에 따른 조세부과가 현실적으로 불가능하다. … 무임승차자 문제

② 조세는 오로지 편익의 대가로만 납부되므로 조세제도를 통한 소득재분배 및 경제안정화를 위한 정부지출의 가능성이 배제된다.

③ 각 개인들이 공공서비스 소비에 따라 얻는 편익의 크기에 따라 조세가 부과된다면 공공지출의 특성에 따라 조세제도가 달라지는 결과가 발생한다.

4) 편익원칙에 따른 과세 … 응익과세(應益課稅)

① 일반적으로 편익원칙에 따라 과세하는 것은 불가능하나 정부가 공급하는 재화나 서비스 중 사용재의 성격을 갖고 있어 배제가 가능한 경우에는 편익원칙에 따른 과세가 가능하다.

② 편익원칙에 따른 요금부과가 이루어지는 대표적인 예로는 수수료, 통행료, 사용료(수도 · 전기), 도로설비를 유지하기 위해 부과되는 휘발유세 등이 있다.

③ 최근 들어 각종 공공서비스에 대한 편익원칙에 따른 과세의 범위가 확대되는 경향을 보이고 있다.

参고 / **편익원칙하에서의 세율**

① 편익원칙하에서 과세할 경우에 세율구조가 어떻게 되어야 할 것인지는 공공재 수요의 가격탄력성과 소득탄력성의 크기에 달려 있다.

② 공공재 수요량을 G, 조세가격(공공재의 가격)을 P, 공공재 수요의 가격탄력성을 ε_P, 소득탄력성을 ε_Y라고 하면 소득탄력성과 가격탄력성의 비율은 다음과 같다.

$$\frac{\varepsilon_Y}{\varepsilon_P} = \frac{\dfrac{dG/G}{dY/Y}}{\dfrac{dG/G}{dP/P}} = \frac{\dfrac{dP}{P}}{\dfrac{dY}{Y}}$$

③ 위의 식에서 공공재의 가격은 조세를 의미하므로 위의 식의 값이 1보다 크면 조세증가율이 소득증가율보다 크므로 조세구조가 누진적이 되어야 하고, 1보다 작으면 조세구조가 역진적이 되어야 함을 알 수 있다.

$$\begin{cases} \varepsilon_Y > \varepsilon_P \ \rightarrow \ \text{누진세} \\ \varepsilon_Y = \varepsilon_P \ \rightarrow \ \text{비례세} \\ \varepsilon_Y < \varepsilon_P \ \rightarrow \ \text{역진세} \end{cases}$$

---

(3) 능력원칙

1) 개요

① 능력원칙이란 공공서비스로부터 얻는 편익의 크기와는 관계없이 납세자의 부담능력에 따라 조세가 부과되어야 공평하다고 보는 원칙이다(응능과세).

② 능력원칙에 따르면 공평한 조세부담이 이루어지도록 하기 위해서는 동일한 경제적 능력을 가진 사람은 동일한 조세를 부담하고(수평적 공평성), 경제적 능력이 서로 다른 사람은 상이한 크기의 조세를 부담(수직적 공평성)하도록 하여야 한다.

③ 능력원칙을 주장한 학자로는 J. S. Mill, A. C. Pigou, A. Wagner 등이 대표적이다.

2) 수평적 공평성과 수직적 공평성

가. 수평적 공평성

① 전통적으로 수평적 공평성(horizontal equity)이란 동일한 경제적 능력을 보유한 사람에 대해서는 동일한 크기의 조세를 부담하도록 하는 것을 의미한다.

② 그런데 어떠한 기준에 의하여 개인의 경제적 능력을 측정하는가에 따라 개인의 조세부담능력이 달라질 수 있는 문제가 있다.

③ Feldstein은 조세부과 이전에 두 사람이 동일한 효용수준을 누리고 있었다면 납세 이후에도 효용수준이 동일해야 수평적으로 공평한 것으로 상정한다.

④ 즉, 이에 따르면 납세 이후에도 개인들이 얻는 효용수준의 순서가 변하지 않아야 공평한 것으로 파악한다.

⑤ 그러나 현실적으로는 개인의 효용수준을 명확히 측정하는 것은 불가능하므로 소득, 소비, 재산 등으로 경제적 능력을 측정하고 있다.

나. 수직적 공평성

① 수직적 공평성(vertical equity)이란 보다 큰 경제적 능력(효용수준)을 보유한 사람에게 는 더 많은 조세를 부담시키는 것을 의미한다.

② 수직적 공평성을 판단하기 위해서는 개인의 경제적 능력(효용수준)이 동등한지 서로 상이 한지를 알기 위해서 개인의 능력(효용)을 비교할 수 있는 척도가 필요하므로 수평적 공평 성 문제보다 더 복잡하다.

③ 경제적 능력이 큰 사람일수록 보다 많은 세금을 납부하는 것이 공평하다는 점에 대해서는 대부분의 학자들이 동의하나, 어느 정도로 조세부담이 누진적이어야 하느냐에 대해서는 견해가 상이하다.

④ 따라서 어느 정도의 누진성을 갖는 것이 바람직한가는 공평성에 대한 사회적 가치판단에 의존한다.

⑤ 수직적 공평성에 대한 대표적인 논의 중의 하나로는 J. S. Mill의 균등희생원칙을 들 수 있다.

3) 균등희생의 원칙(희생설)과 수직적 공평성

가. 개요

① 유기체적 국가관에 입각하고 있는 희생설에서는 조세를 국민의 당연한 의무이자 사회를 위한 희생이라고 본다.

② J. S. Mill은 조세납부에 따른 개인의 희생의 크기가 균등해질 때 조세부담이 공평하다고 본다.

③ 균등희생의 개념은 '균등'이란 단어의 해석에 따라 균등절대희생, 균등비례희생, 균등한계 희생의 3가지로 구분할 수 있다.

④ 균등희생의 원칙은 다음의 두 가지 가정에 입각하고 있다.

■ 소득으로부터 얻는 효용의 크기를 기수적으로 측정할 수 있다.
■ 모든 개인의 선호(효용함수)는 동일하다.

나. 균등절대희생

① 균등절대희생이란 조세납부에 따른 모든 개인의 절대적인 희생의 크기(즉, 절대적인 효용 상실분)가 동일해야 조세부담이 공평하다고 보는 것을 말한다.

② **그림 8-3**은 저소득층과 고소득층의 소득의 한계효용곡선을 나타내고 있는데, 저소득자의 소득이 OB만큼이고, 고소득층의 소득이 $O'B'$이라고 하자.

③ 저소득자가 CB만큼의 세금을 낸다면 저소득자의 효용상실분은 한계효용곡선 하방의 $CBDE$의 면적으로 측정된다.

④ 균등절대희생원칙에 따르면 절대적인 효용상실분이 같아야 하는데, 고소득자가 $C'B'$의 세금을 낼 때의 절대적인 효용상실분인 $C'B'D'E'$의 면적이 $CBDE$의 면적과 동일하다 면 조세부담이 공평하다.

⑤ 소득의 한계효용이 체감하는 경우 절대적인 희생의 크기가 같아지려면 고소득자의 납세액은 저소득자의 납세액보다 더 클 수밖에 없다.

❍ 소득증가에 따라 한계효용이 체감하는 정도가 클수록 누진적이 된다.

⑥ 그러나 소득의 한계효용이 체감한다고 하더라도 반드시 누진과세가 이루어지는 것은 아니며, 누진과세 여부는 한계효용의 소득탄력성에 달려 있다.

$$
\begin{cases}
\text{한계효용의 소득탄력성} > 1 \longrightarrow \text{누진세} \\
\text{한계효용의 소득탄력성} = 1 \longrightarrow \text{비례세} \\
\text{한계효용의 소득탄력성} < 1 \longrightarrow \text{역진세}
\end{cases}
$$

❍ 한계효용의 소득탄력성이 1보다 크다는 것은 소득이 증가할 때 한계효용이 급속히 감소해야 함을 의미한다.

> ✎ 만약 소득의 한계효용이 일정하다면 절대적인 희생의 크기가 동일해지기 위해서는 모든 개인의 납세액이 동일해야 한다.
> → 역진적인 조세부담이 발생

다. 균등비례희생

① 균등비례희생이란 조세납부로 인해 상실된 효용의 비율이 모든 사람에게 동일해야 조세부담이 공평하다고 보는 것을 말한다.

② **그림 8-3**에서 저소득자는 PB만큼의 조세를 납부한다면 상실되는 효용의 비율이 $\dfrac{PBDK}{OBDM}$로 측정된다.

③ 고소득자가 $P'B'$만큼의 조세를 부담할 때의 효용상실 비율 $\dfrac{P'B'D'K'}{O'B'D'M'}$이 저소득자의 효용상실비율과 동일하다면 균등비례희생원칙에 따를 때 조세부담이 공평하다.

④ 균등비례희생원칙에 따르면 한계효용이 체감하되 한계효용곡선이 우하향의 직선인 경우에도 누진적인 조세부담이 이루어진다.

❍ 한계효용곡선이 우하향하는 곡선일 때의 세율구조는 한계효용곡선 형태에 따라 달라진다.

> ✎ 균등비례희생원칙에 따르면 소득의 한계효용이 일정한 경우에는 비례세가 부과될 때 공평한 조세부담이 이루어진다.

그림 8-3 희생설

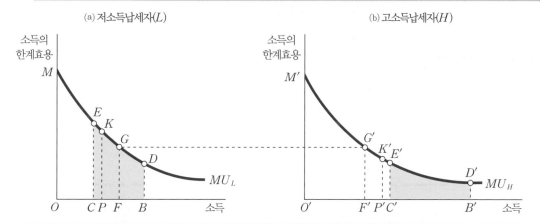

(a) 저소득납세자(L)   (b) 고소득납세자(H)

위의 그림에서 다음의 관계가 성립한다.

- $\left(\begin{matrix} CBDE \\ \text{의 면적} \end{matrix} \right) = \left(\begin{matrix} C'B'D'E' \\ \text{의 면적} \end{matrix} \right)$
- $\left(\dfrac{PBDK}{OBDM} \right) = \left(\dfrac{P'B'D'K'}{O'B'D'M'} \right)$
- $\left(\begin{matrix} FG\text{의} \\ \text{높이} \end{matrix} \right) = \left(\begin{matrix} F'G'\text{의} \\ \text{높이} \end{matrix} \right)$

라. 균등한계희생

① 균등한계희생이란 마지막 단위의 조세납부로 인한 희생의 크기가 같을 때 조세부담이 공평하다고 보는 것을 말한다.

② 즉, 세금으로 납부한 금액 중 마지막 1원을 납부할 때의 효용상실분(한계효용 감소)이 모든 사람에게 같아져야 한다는 것이다.

③ 한계적인 조세납부로 인한 효용상실분이 같다면 납세후 소득이 모든 개인에게 동일해지므로 극단적인 누진과세가 이루어져야 한다.

④ 그림 8-3에서 저소득자가 FB만큼의 조세를 납부한다면 고소득자는 $F'B'$의 조세를 부담해야 한계적인 효용상실분이 동일(FG의 높이=$F'G'$의 높이)해지므로 공평한 조세부담이 실현된다.

⑤ 균등한계희생원칙은 일정소득 이상에 대해서는 100%의 한계세율을 적용하는 것과 마찬가지이다.

⑥ 균등한계희생원칙에 의해 조세가 부과될 때 사회전체의 효용상실이 극소화된다.

참고 **소득의 한계효용이 일정할 때**

① 만약 소득의 한계효용이 일정하다면 한계효용곡선이 수평선이므로 균등절대희생원칙에 따라 조세부담이 결정된다면 두 개인의 납세액이 같아져야 절대적인 효용상실분이 동일(□A의 면적=□A'의 면적)해진다.

② 이 경우에는 저소득층과 고소득층의 납세액이 동일하므로 조세부담이 매우 역진적이 된다.

③ 균등비례희생원칙에 따르면 두 개인의 효용희생비율이 동일하도록 과세가 이루어져야 하므로 비례적인 과세가 이루어져야 한다.

$$\left(\frac{\text{□}A\text{의 면적}}{\text{□}(A+C)\text{의 면적}}=\frac{\text{□}(A'+B')\text{의 면적}}{\text{□}(A'+B'+C')\text{의 면적}}\right)$$

④ 균등한계희생원칙에 따르면 과세후 소득의 한계효용이 동일해져야 하는데 한계효용곡선이 수평선이므로 과세방법과 관계없이 항상 소득의 한계효용이 동일하다.

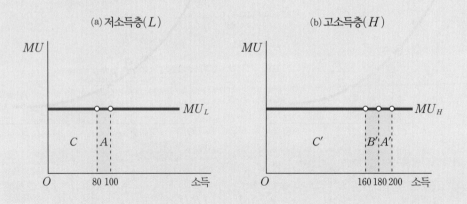

(a) 저소득층(L)   (b) 고소득층(H)

마. 희생설의 한계

① 현실에서는 소득의 한계효용을 기수적으로 측정하는 것은 불가능하다.

　　→ 개인간 효용비교가 불가능하다.

② 모든 개인의 한계효용곡선이 동일(혹은 효용함수가 동일)하다는 가정도 비현실적이다.

✎ 소득의 한계효용이 일정하다면 조세부과 방식과 관계없이 항상 균등한 계희생의 원칙이 실현된다.

Ⅳ 경제적 능력의 측정문제

1. 개요

① 능력원칙에 따라 조세를 부과하기 위해서는 개인의 조세부담능력에 대한 정확한 측정이 이루어져야 한다.

② 개인의 담세능력을 가장 잘 반영하는 지표로는 개인의 후생수준을 들 수 있으나, 주관적인 개인의 후생수준을 직접적으로 측정하는 것은 현실적으로 불가능하다.

③ 그러므로 차선의 방법으로 적절한 대리변수를 선택하여 경제적 능력을 측정하는 것이 불가피하다.

④ 개인의 후생수준(지불능력)을 나타내는 변수로는 소득·소비·재산 등을 고려할 수 있는데, 전통적으로 소득이 가장 우월한 지표로 간주되고 있다.

2. 경제적 능력의 평가기준

(1) 소득

① 전통적으로 대부분의 경제학자들은 포괄적 소득이 개인의 후생수준을 가장 잘 나타내는 측정치라는 점에 대해서 동의하고 있다.

② 그러나 소득은 여가와 노동에 대한 개인의 선호를 반영하지 못하는 한계를 가지고 있다.

③ 예를 들어, 개인 A와 B의 시간당 임금률이 1,000원으로 동일하나 개인 A가 B보다 여가를 더 선호하기 때문에 개인 A의 노동시간은 5시간인데 비하여 개인 B의 노동시간은 10시간이라고 가정하자.

④ 이 때 소득을 기준으로 개인들의 능력을 판단한다면 개인 A의 소득은 5,000원, 개인 B의 소득은 10,000원이므로 개인 B의 경제적 능력이 더 큰 것으로 판정하게 된다.

⑤ 그러므로 소득을 기준으로 조세를 부과하면 개인 A가 누리는 여가는 과세대상에서 제외되므로 개인 B의 납세액이 개인 A의 납세액보다 커지는 문제가 발생한다.

(2) 소비

① 소득이 개인들의 후생수준(지불능력)을 나타내는 지표로 가장 널리 사용되고 있으나, Kaldor 등의 학자는 개인의 소비를 지불능력을 나타내는 지표로 사용할 것을 주장하였다.

◑ 일정기간 동안 개인의 총소비지출액을 과세베이스로 하여 부과하는 조세를 지출세(expenditure tax) 혹은 개인소비세라고 한다.

◑ 지출세는 물세가 아니라 인세이므로 누진과세가 가능하다.

◑ 소득세와 지출세의 가장 큰 차이는 지출세에서는 저축이 과세베이스에 포함되지 않으며, 그에 따라 현재소비와 미래소비의 상대가격이 변하지 않는다는 점이다.

② 소비를 과세의 기준으로 사용할 것을 주장하는 근거는 다음의 두 가지로 요약된다.

■ 개인의 후생수준을 결정하는 것은 소득이 아니라 소비이다.
■ 소득은 사회의 재화를 증가시키는데 비하여 소비는 사회전체의 재화를 감소시킨다.

✎ 예를 들면 내구재를 구입할 때 구입시점에서 과세대상으로 포함시킬 것인지 매년 실제로 소비되는 시점에서 과세대상에 포함시킬지의 문제가 발생할 수 있다.

③ 그러나 소비를 과세의 지표로 사용할 경우에는 소비의 시간적 행태, 내구재의 소비 등에 있어서 문제점이 발생하게 된다.

④ 저축이 과세대상에서 제외된다는 점에서 저축이 많은 부유층에 유리하다는 부정적 평가를 받을 수 있다.

⑤ 소비를 과세의 지표로 하는 경우에는 미실현 자본이득에 대한 과세문제가 발생하지 않는 등 여러 가지 장점이 있으나, 섣불리 소득세에 비하여 우월하다는 판단을 내리는 것은 곤란하다.

(3) 재산

① 개인의 경제적 능력을 평가하는 또 다른 대안으로는 재산(wealth)을 들 수 있다.

② 재산은 개인이 축적한 구매력을 저량(stock)으로 나타낸 것이므로 재산은 미래소득의 현재가치로 볼 수 있다.

③ 그러나 재산을 과세의 지표로 삼는데는 현실적인 여러 가지 어려움이 있기 때문에 재산세를 중심적인 세제로 선택하고 있는 국가는 없다.

참고 │ 재산세의 문제점

1. 재산의 평가문제

① 재산과세는 저량(stock)에 대한 과세이므로 과세를 위해서는 매년 재산의 크기를 평가해야 한다.

② 그러나 현실적으로 개인이 보유한 수많은 형태의 자산을 기록·관리하고 가치를 평가하는 데는 많은 비용이 소요될 뿐만 아니라, 시장가치를 갖고 있지 않은 자산도 많이 존재하므로 가치평가에 어려움이 있다.

◑ 특히 인적부(human wealth)의 현재가치를 평가하는 것은 사실상 불가능하다.

2. 유동성의 문제

① 재산을 과세의 기준으로 삼는 경우에는 납세자가 유동성 부족으로 인하여 납세를 위하여 재산을 매각해야 하는 경우가 발생할 수도 있다.

② 따라서 유동성문제로 자산을 매각하는 경우에는 과세기반(tax base)이 침식되는 문제가 발생한다. 일반적으로 저량에 대한 과세는 과세기반 침식의 문제를 야기할 가능성이 있다.

3. 소득을 경제적 능력의 평가기준으로 사용할 때의 문제점

(1) 미실현 자본이득

① 개인이 보유한 자산의 가치상승에 따른 자본이득은 순자산의 증가이므로 소득세의 과세대
상에 포함시키는 것이 합리적이다.

② 자산매각으로 실현된 자본이득을 과세표준에 포함시키는 것은 별 문제가 없으나, 미실현
자본이득을 과세표준에 포함시키기 위해서는 개인이 보유한 자산가치를 평가하여야 한다.

③ 이론적으로 보면 미실현 자본이득도 당연히 과세대상에 포함되어야 하나, 현실적으로 개
인이 보유한 모든 자산의 가치를 주기적으로 평가하는 것은 거의 불가능하다.

④ 그러므로 대부분의 경우에는 실현된 자본이득에 대해서만 소득세를 과세하고 있다.

(2) 귀속소득

① 시장을 통하지 않고 취득된 실질소득인 귀속소득(imputed income)도 일종의 소득이므
로 원칙적으로는 소득세 과세대상에 포함되는 것이 바람직하다.

② 예를 들어, 개인 A와 B는 모두 2억원짜리 주택을 소유하고 있는데, 개인 A는 자가주택
에 거주하고 있고 개인 B는 월 200만원에 주택을 임대하고 자신은 다른 지역에서 주택을
임차하여 살고 있다고 가정하자.

③ 이때 개인 B가 얻는 임차소득은 과세대상에 포함시키고, 개인 A가 자가주택에서 거주하
면서 얻는 편익인 귀속임대료를 과세대상에 포함시키지 않는다면 수평적 공평성에 위배되
는 결과가 초래된다.

④ 그러나 행정상의 어려움으로 인하여 거의 대부분의 귀속소득은 과세대상에서 제외되고 있
다.

> **참고** / **동결효과(lock-in effect)**
>
> ① 자본이득에 대해 발생기준이 아니라 실현기준에 따라 과세하는 경우 미실현자본이득은 과세대상에서 제외된다.
> ② 그러므로 보유유가증권이나 토지 등의 가격상승으로 자본이득이 발생하더라도 자산의 매각시점을 늦춤으로써 조세납부를
> 연기하는 것이 가능하다.
> ③ 이와 같이 실현된 자본이득에 대해서만 과세하는 경우 자산의 소유자들이 가능하면 자산의 매각시점을 늦추어 자본이득의
> 실현을 연기하려는 효과를 발생시키는데 이를 동결효과(lock-in effect)라고 한다.
> ④ 동결효과는 자산의 효율적 이용을 저해하는 문제를 갖고 있다.

(3) 변동소득

① 누진적인 소득세제하에서는 일정기간 동안의 총소득이 동일하더라도 매년 안정된 소득을 얻는 사람에 비해 소득변동이 큰 사람의 조세부담이 커지는 문제점이 발생한다.

② 예를 들어, 소득이 100만원 이하이면 세율이 10%, 100만원을 초과하는 소득에 대해서는 20%의 초과누진세율이 적용된다고 하자.

③ 이 경우 아래의 표에서 보는 바와 같이 매년 소득이 일정한 개인 A보다 소득변동이 심한 개인 B의 조세부담이 훨씬 커지는 것을 알 수 있다.

④ 이와 같이 누진적인 소득세제하에서는 일정기간 동안의 총소득이 동일하더라도 소득흐름의 차이에 따라 조세부담이 달라지므로 수평적 공평성의 문제가 야기될 가능성이 있다.

⑤ 일부 국가에서는 이와 같은 문제를 완화하기 위하여 일정기간 동안의 소득을 평준화하여 소득세를 과세하는 방식을 채택하고 있다.

구분 / 연도	고정소득자 A		변동소득자 B	
	소 득	세 액	소 득	세 액
2020	100	10	50	5
2021	100	10	300	50
2022	100	10	0	0
2023	100	10	150	20
2024	100	10	0	0
합계	500	50	500	75

(4) 인플레이션

① 일반적으로 누진적인 소득세제하에서는 인플레이션이 발생하면 실질소득은 불변이더라도 조세부담이 증가하는 현상이 발생한다.

② 예를 들어, 물가와 명목소득이 모두 20% 증가하였다면 실질구매력은 불변이나 명목소득 증가로 인해 보다 높은 세율이 적용되는 과세구간(tax bracket)으로 이동하게 되어 실질적인 세부담이 증가한다.

③ 인플레이션에 따라 조세부담이 증가하는 현상을 회피하는 방법으로는 세율과 각종 공제 등을 물가지수에 연동시키는 방식(indexation)이 있으나, 현실적으로 이를 적용하기는 매우 어렵다.

09 조세의 전가와 귀착

⊙ Point

어떤 경제주체에게 조세가 부과되면 법적인 납세의무자는 자신의 행동을 변경하여 조세부담의 일부 또는 전부를 다른 경제주체에게 전가하고자 한다. 조세전가가 이루어지면 실제로 세금을 부담하는 주체와 납세의무자가 달라지게 된다. 대부분의 조세는 전가가 이루어지므로 조세부과가 소득분배에 어떤 영향을 미치는지를 알기 위해서는 각 상황에서 어느 정도 전가가 이루어지는지를 알아야 한다. 이 장에서는 조세부담의 귀착되는 양상을 부분균형분석과 일반균형분석으로 나누어 분석한다. 부분균형분석에서는 완전경쟁, 독점 등으로 나누어 물품세, 이윤세 등의 귀착에 대해 살펴보고, 일반균형분석에서는 개별물품세, 부분요소세 등으로 나누어 조세의 귀착의 양상에 대해 논의하기로 한다.

Ⅰ 전가와 귀착의 기초개념

1. 분석의 의의

① 어떤 조세가 공평한지 그렇지 않은지를 판단하려면 실제로 조세를 어떤 계층이 부담하고 있는지를 알아야 한다.

② 그러므로 어떤 조세를 누가 얼마나 부담하는지를 객관적으로 파악하는 것은 공평성을 판단하는데 있어서 중요한 기초자료가 된다.

③ 또한 세금을 실제로 누가 부담하는지를 분석하는 것은 조세의 경제적 효과를 분석하는 출발점이기도 하다.

2. 귀착의 개념 및 구분

(1) 개념

① 조세부담의 귀착(tax incidence)이란 조세부담이 최종적으로 누군가에게 귀속되는 것을 말한다.

② 조세부담의 귀착은 세금을 누가 납부하는지를 보는 방법(법적 귀착)과 실제로 누가 부담하는지에 따라 판단하는 방법(경제적 귀착)이 있다.

(2) 법적 귀착

① 법적 귀착(statutory incidence)이란 세법상의 납세의무자에게 조세부담이 귀속된다고 보는 귀착개념이다.

② 예를 들면, 소득세는 가계가 부담하고, 법인세는 기업이 부담하는 것으로 보는 것이 이에 해당된다.

③ 현실에서는 조세전가가 이루어지는 것이 일반적이므로 세법상의 납세의무자가 조세를 부담하는 것으로 보는 법적 귀착은 실제의 부담양상과는 많은 차이가 있다.

(3) 경제적 귀착

① 경제적 귀착(economic incidence)이란 실제로 누가 조세를 부담하는지를 살펴보는 것을 말한다.

② 실제적인 조세부담을 살펴보는 경제적 귀착분석을 통해 특정한 조세가 소득분배에 미치는 영향을 보다 명확하게 알 수 있게 된다.

③ 경제분석에서 중요한 것은 누가 실제로 조세를 부담하는 지에 관한 것이므로 앞으로의 논의에서 조세부담의 귀착은 모두 경제적 귀착을 의미한다.

3. 조세전가의 개념 및 유형

(1) 조세전가의 개념

① 조세부담의 전가(shifting)란 조세가 부과되었을 때 경제주체들이 자신의 행동을 변화시킴으로써 조세부담의 일부 혹은 전부를 다른 경제주체에게 이전하는 것을 말한다.

② 조세전가가 이루어지면 조세를 납부하는 주체(납세자)와 실제로 조세를 부담하는 주체(담세자)가 달라지게 된다.

③ 즉, 조세전가가 이루어지면 법적 귀착과 경제적 귀착이 달라지므로 조세의 분배효과 분석을 위해서는 전가가 어떻게 이루어지는지를 파악해야 한다.

(2) 조세전가의 유형

① 조세부담의 전가는 법적인 납세의무자가 그 부담을 억지로 다른 사람에게 떠넘기는 것이 아니라 경제주체들 간의 경제적 관계의 특성에 의해 결정된다.

② 구체적으로 조세는 생산물 혹은 생산요소의 가격변동을 통해 전가되는데, 생산물 및 가격변동은 경제주체들 간의 경제적 관계에 의해 결정된다.

조세전가의 유형

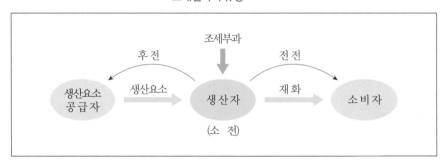

③ 대표적인 조세전가의 유형으로는 전전 · 후전 · 소전 · 자본화의 네 가지가 있는데 이를 정리하면 다음의 표와 같다.

▶ 조세전가의 유형

전가유형	설명
전전 (forward shifting)	① 전전이란 조세의 전가가 생산물(생산요소)의 거래방향과 일치하는 경우를 의미한다. ② 조세가 부과되었을 때 생산자가 재화가격 인상을 통해 그 부담을 소비자에게 전가하는 것이 전전에 해당된다.
후전 (backward shifting)	① 후전이란 조세의 전가가 생산물(생산요소)의 거래방향과 반대로 이루어지는 경우를 의미한다. ② 조세가 부과되었을 때 생산자가 요소가격 인하를 통해 그 부담을 요소공급자에게 전가하는 것이 후전에 해당된다.
소전 (absorption)	① 소전이란 생산자가 경영합리화 등을 통해 생산의 효율성을 제고함으로써 조세부담을 흡수하는 것을 의미한다. ② 소전이 발생하면 조세는 납부되나 실질적으로는 누구도 그 조세를 부담하지 않는다.
자본화 (조세환원)	① 조세의 자본화(capitalization)란 부동산 등과 같이 공급이 고정되어 있는 재화에 조세가 부과될 때 그 재화의 가격이 조세부담의 현재가치만큼 하락하는 현상을 의미한다. ② 조세환원은 극단적인 후전의 한 유형이며, 조세의 부담은 전적으로 현시점의 재화(자산) 보유자에게 귀착된다.

4. 조세귀착의 측정

(1) 조세부담의 주체

① 현실에서는 개인뿐만 아니라 법인에게도 조세가 부과되고 있으나 궁극적으로는 조세를 부담하는 것은 개인이다.

② 기업을 납세의무자로 하여 부과되는 법인세와 부가가치세와 같은 조세도 결국에는 기업과 경제적 관계를 맺고 있는 개인들에게 나누어지기 때문이다.

(2) 원천측면과 사용측면

① 최종적으로 조세를 부담하는 것은 개인이므로 조세부담의 귀착은 가계의 실질가처분소득(Real Disposable Income ; RDI)의 변화로 측정할 수 있다.

② 조세는 가계가 소득을 획득하는 원천측면(source side)과 소득을 지출하는 사용측면(use side)에서 실질가처분소득의 변화를 초래한다.

❍ 생산요소가격의 변화로 원천측면의 부담이 발생할 수도 있는데, 어떤 재화에 대한 물품세 부과로 그 재화의 생산 및 소비가 감소하고, 그에 따라 임금이 하락하였다면 원천측면에서 실질가처분소득이 감소하게 된다.

③ 소득세가 부과되면 원천측면에서 실질가처분소득이 감소하고, 물품세가 부과되면 재화가격의 상승으로 사용측면에서 실질가처분소득이 감소한다.

④ 그러므로 원천측면과 사용측면을 고려한 가계의 실질가처분소득은 다음과 같이 측정될 수 있다.

$$RDI = \frac{E - T_Y}{P + T_S}$$

(단, E : 가계의 세전소득(earning), P : 재화가격, T_Y : 소득세, T_S : 물품세)

⑩ 세전소득이 1,000원, 재화가격이 20원, 소득세율 $t_Y = 0.2$, 물품세율 $t_S = 0.25$라면 실질가처분소득(RDI)은 32로 계산되는데, 이는 주어진 소득으로 32단위의 재화를 구입할 수 있음을 의미한다.

$$RDI = \frac{E - T_Y}{P + T_S} = \frac{E(1 - t_Y)}{P(1 + t_S)} = \frac{1,000(1 - 0.2)}{20(1 + 0.25)} = 32$$

5. 귀착의 분석방법

(1) 예산귀착(budget incidence)

① 예산귀착이란 조세징수와 정부지출 변화에 따른 종합적인 효과를 고려하여 귀착(가계의 분배상의 효과)을 분석하는 것을 의미한다.

② 그러나 특정조세와 특정의 정부지출을 연결하는 것은 일부 목적세를 제외하고는 거의 불가능하므로 예산귀착의 분석은 현실적으로 불가능하다.

(2) 차별적 귀착(differential incidence)

① 차별적 귀착이란 정부지출의 크기를 고정시켜 놓고 특정의 조세를 동액의 조세수입을 얻을 수 있는 다른 조세로 대체할 때 분배효과의 차이를 비교하는 것을 의미한다.

② 예산귀착에서는 정부지출의 효과도 분석해야 하나 차별적 귀착에서는 정부지출규모가 고정되어 있으므로 정부지출에 따른 각종 효과를 고려할 필요가 없다는 장점이 있다.

(3) 절대적 귀착(absolute incidence)

① 절대적 귀착이란 정부지출 규모와 다른 조세의 크기를 고정시켜 놓고, 특정조세가 부과되었을 때의 분배적 효과를 분석하는 것을 의미한다.

② 절대적 귀착분석에서는 다른 조세와 정부지출의 효과를 고려하지 않아도 되는 장점이 있으나 특정 조세가 부과되더라도 다른 조세와 정부지출이 고정되어 있다는 가정이 비현실적이다.

Ⅱ 부분균형분석

1. 개요

① 부분균형분석이란 경제부문 상호 간에 미치는 파급효과를 무시하고 조세가 부과되는 시장에서의 직접적인 조세부과의 효과만을 분석하는 것을 의미한다.

② 만약 어떤 시장에서의 조세변화가 다른 시장에 미치는 영향이 미미한 경우에는 부분균형분석으로도 충분하다.

③ 부분균형분석은 분석이 간단하다는 장점이 있으나 어떤 부문의 조세변화가 다른 부문에 미치는 영향이 매우 크거나, 광범위하게 부과되는 조세의 효과를 분석할 때는 오류가 발생할 수도 있다.

④ 일반균형분석은 한 부문의 조세부과가 다른 부문에 미치는 파급효과까지 고려하므로 엄밀한 분석이 가능하다는 장점이 있으나 분석이 복잡하다는 단점이 있다.

⑤ 어떤 부문에 조세가 부과되면 단기에는 주로 조세가 부과된 부문에 효과를 미치나 장기에는 그 효과가 다른 부문에 파급되므로 부분균형분석은 단기분석에 적합하고 일반균형분석은 장기분석에 적합하다.

▶ 부분균형분석과 일반균형분석의 장ㆍ단점

	부분균형분석	일반균형분석
분석 방법	한 부문에 대한 조세부과가 다른 부문에 영향을 미치지 않는다고 가정하고 특정부문에서의 효과만 분석하는 방법	한 부문에 대한 조세부과가 다른 부문에 미치는 파급효과까지 고려하면서 분석하는 방법
장점	분석이 대체로 간단	특정부문에 대한 조세부과가 다른 부문에 미치는 효과에 대한 분석이 가능
단점	부문간 상호연관관계에 대한 고려가 미흡	분석이 대체로 복잡
특징	단기분석에 적합	장기분석에 적합

2. 완전경쟁시장에서의 조세의 귀착

(1) 물품세의 귀착

1) 물품세와 수요ㆍ공급곡선의 이동

가. 생산자에게 부과될 때

① 생산자에게 단위당 T원의 종량세(unit tax)가 부과되면 생산자는 조세부과 전보다 T원만큼 더 높은 가격을 받고자 할 것이므로 공급곡선이 T원만큼 상방으로 평행이동한다.

② 생산자에게 세율 t의 종가세(ad valorem tax)가 부과되면 가격에 비례하여 그만큼 더 높은 가격을 받고자 할 것이므로 공급곡선이 회전하면서 상방으로 이동한다.

나. 소비자에게 조세가 부과될 때

① 소비자가 어떤 재화를 구입할 때 단위당 T원의 종량세가 부과되더라도 지불할 용의가 있는 조세를 포함한 가격은 변하지 않는다.

> ❍ 예를 들어, 어떤 소비자가 사과 1개에 1,000원을 지불할 용의가 있는 경우 단위당 200원의 조세가 부과되더라도 사과를 소비할 때 얻을 수 있는 만족은 변하지 않으므로 소비자가 지불할 용의가 있는 조세를 포함한 가격은 여전히 1,000원으로 불변이다.

② 이처럼 단위당 T원의 종량세가 부과되더라도 소비자가 조세를 포함하여 지불할 용의가 있는 가격은 변하지 않으므로 순수하게 생산자에게 지불할 용의가 있는 가격이 단위당 조세액만큼 낮아진다.

③ 그러므로 소비자에게 T원의 종량세가 부과되면 수요곡선이 단위당 조세액만큼 하방으로 이동한다.

④ 소비자에게 세율 t의 종가세가 부과되면 순수하게 생산자에게 지불할 용의가 있는 가격이 비례적으로 낮아지므로 수요곡선이 회전하면서 하방으로 이동한다.

▶ **조세와 수요곡선 및 공급곡선의 이동**

	종량세	종가세
생산자에게 부과될 때	• 생산자가 소비자로부터 받고자 하는 가격이 T원만큼 상승 • 공급곡선이 단위당 조세액만큼 상방으로 평행이동	• 생산자가 소비자로부터 받고자 하는 가격이 $t\%$ 상승 • 공급곡선이 회전하면서 상방으로 이동
소비자에게 부과될 때	• 소비자가 생산자에게 지불할 용의가 있는 금액이 T원만큼 하락 • 수요곡선이 단위당 조세액만큼 하방으로 평행이동	• 소비자가 생산자에게 지불할 용의가 있는 금액이 $t\%$ 하락 • 수요곡선이 회전하면서 하방으로 이동

2) 조세부과의 효과

① **그림 9-1**에서 최초균형점이 E점이었으나 생산자에게 단위당 T원의 조세가 부과되어 공급
곡선이 T원만큼 상방으로 이동하였다고 하자.

② 조세부과로 공급곡선이 조세액만큼 상방으로 이동하면 재화가격이 P_0에서 P_1으로 상승하
므로 단위당 조세의 일부가 소비자에게 전가된다.

③ 조세부과후 재화가격은 P_1으로 상승하였으나 생산자는 단위당 T원의 조세를 납부해야 하
므로 생산자가 실제로 수취하는 금액은 (P_1-T)로 조세부과 이전보다 낮아지게 된다.

④ 조세부과전에는 소비자가격(＝소비자가 지불하는 가격)과 생산자가격(＝조세납부후 실제
로 생산자에게 귀속되는 금액)이 동일하나, 조세가 부과되면 소비자가격과 생산자가격이
괴리를 보이게 된다.

> ❖ 일반적으로 조세가 부과되면 생산자가격은 조세부과전보다 낮아진다.

⑤ 그러므로 단위당 조세액 중 소비자부담은 (P_1-P_0)이고 생산자부담은 (P_0-P_1')임을 알
수 있다.

⑥ 일반적으로 물품세가 부과되면 일부는 소비자에게 전가되고 일부는 생산자가 부담하게 된다.

⑦ 조세부과로 인한 소비자가격 상승으로 소비자잉여는 $(A+C)$만큼 감소하고, 생산자가격
하락으로 생산자잉여는 $(B+D)$만큼 감소하나 정부의 조세수입은 $(A+B)$의 면적에 불
과하므로 사회적으로 볼 때 $\triangle(C+D)$만큼의 후생손실이 발생한다.

$$소\ 비\ 자\ 잉\ 여 : -(A+C)$$
$$생\ 산\ 자\ 잉\ 여 : -(B+D)$$
$$+)조\ 세\ 수\ 입 : \ \underline{(A+B)}$$
$$사회후생변화 : -(C+D)$$

그림 9-1 ┃ 조세부과의 효과

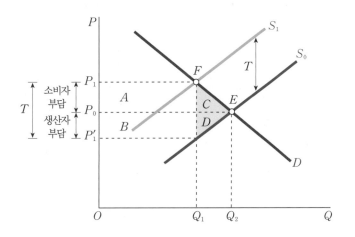

조세부과에 따라 재화가격이
P_0에서 P_1으로 상승하므로
소비자부담은 (P_1-P_0)이다.
조세부과 후 가격은 P_1으로
상승하나 생산자는 단위당 T
원의 조세를 납부해야 하므
로 실제로 수취하는 금액은
$(P_1-T)=P_1'$이다. 따라서
생산자부담은 (P_0-P_1')이 된
다.

3) 상대적인 조세부담

① 일반적으로 물품세가 부과될 때 소비자와 생산자의 상대적인 조세부담의 크기는 수요와 공급의 가격탄력성에 의해 결정된다.

② 아래의 그림에서 보는 바와 같이 상대적으로 수요가 탄력적일수록 소비자부담이 작고, 공급이 탄력적일수록 생산자부담이 작아진다.

③ 일반적으로 소비자와 생산자의 상대적인 조세부담은 다음의 식으로 나타낼 수 있다.

$$\frac{\varepsilon}{\eta} = \frac{생산자부담}{소비자부담}$$

④ 상대적으로 탄력성이 낮은 쪽의 조세부담이 상대적으로 커지는 것은 조세부과로 인한 가격 상승에 신축적으로 대응하기 어려운 경제주체가 더 많은 부담을 지게 되는 것으로 이해할 수 있다.

그림 9-2 가격탄력성과 조세부담

■ 그림 (a), (b) … 수요가 탄력적일수록 소비자부담이 감소한다.

■ 그림 (c), (d) … 공급이 탄력적일수록 생산자부담이 감소한다.

◐ 수요와 공급이 탄력적일수록 조세부과에 따른 사회적인 후생손실은 증가

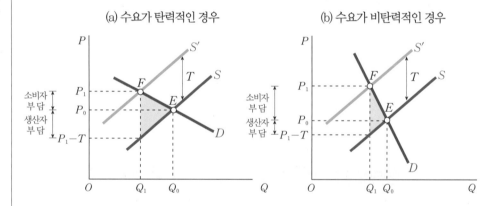

○ 단위당 조세액 중 소비자와 생산자가 부담하는 비율은 각각 다음과 같이 나타낼 수도 있다.

$$\begin{cases} \text{소비자부담비율} = \dfrac{\eta}{\varepsilon + \eta} \\[2mm] \text{생산자부담비율} = \dfrac{\varepsilon}{\varepsilon + \eta} \end{cases}$$

⑤ 아래 그림은 수요 혹은 공급이 완전탄력적이거나 완전비탄력적인 경우의 조세부담을 나타내고 있다.

⑥ 수요가 완전탄력적이면 생산자가 조세 전부를 부담하고, 수요가 완전비탄력적이면 소비자가 조세 전부를 부담하게 된다.

⑦ 그리고 공급이 완전탄력적이면 소비자가 조세 전부를 부담하고, 공급이 완전비탄력적이면 생산자가 조세 전부를 부담하게 된다.

그림 9-3 **극단적인 경우의 조세부담**

(a) 수요가 완전탄력적인 경우

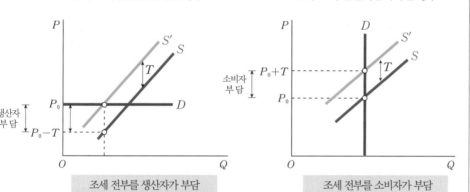

(b) 수요가 완전비탄력적인 경우

조세 전부를 생산자가 부담 / 조세 전부를 소비자가 부담

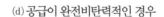

(c) 공급이 완전탄력적인 경우

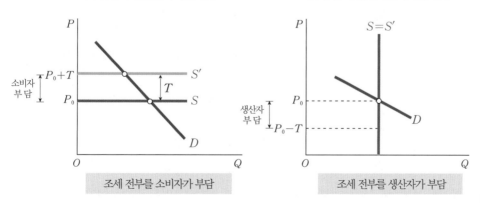

(d) 공급이 완전비탄력적인 경우

조세 전부를 소비자가 부담 / 조세 전부를 생산자가 부담

■ 그림 (a), (d) … 수요가 완전탄력적이거나 공급이 완전비탄력적이면 조세가 부과되더라도 재화가격은 불변이므로 소비자에게 전혀 조세전가가 이루어지지 않는다. 따라서 이 경우에는 조세 전부를 생산자가 부담하게 된다.

■ 그림 (b), (c) … 수요가 완전비탄력적이거나 공급이 완전탄력적이면 조세가 부과될 때 재화가격은 단위당 조세액만큼 상승한다. 즉, 조세 전부가 소비자에게 전가된다.

심층연구 / **소비자에게 물품세를 부과할 때**

1. 생산자에게 물품세가 부과되는 경우 … ⓐ

① 생산자에게 단위당 100원의 물품세가 부과되면 생산자들이 단위당 조세액만큼 더 높은 가격을 요구할 것이므로 공급곡선이 100원만큼 상방으로 이동한다.

② 공급곡선이 100원만큼 상방으로 이동하면 균형점이 E점에서 F점으로 이동하므로 소비자가격은 1,060원으로 상승하고, 거래량은 Q_0에서 Q_1으로 감소한다.

③ 생산자는 단위당 1,060원을 받지만 단위당 100원씩 조세를 납부해야 하므로 생산자가 실제로 수취하는 생산자가격은 조세부과전 보다 낮은 960원이다.

④ 그러므로 이 경우에는 단위당 조세액 100원 중 60원은 소비자에게 전가되고, 40원은 생산자가 부담한다.

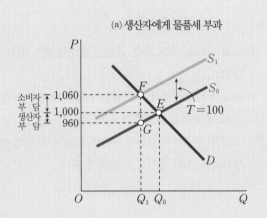

(ⓐ) 생산자에게 물품세 부과

2. 소비자에게 물품세가 부과되는 경우 … ⓑ

① 소비자에게 조세가 부과되더라도 소비자가 그 재화에 대해 지불할 용의가 있는 '조세를 포함한 가격'은 변하지 않는다.

② 예를 들어, 조세부과 전에 소비자가 7번째 단위의 사과에 대해 지불할 용의가 있는 가격이 1,000원이라고 하자.

③ 단위당 100원의 조세가 부과되더라도 소비자가 7번째 단위의 사과를 소비할 때 얻을 수 있는 효용이 변하지 않으므로 최대로 지불할 용의가 있는 금액은 여전히 1,000원이다.

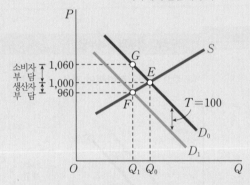

(ⓑ) 소비자에게 물품세 부과

④ 100원의 조세가 부과되더라도 소비자가 각 단위의 재화에 대해 지불할 용의가 있는 '조세를 포함한 가격'이 변하지 않았다는 것은 순수하게 '생산자에게 지불할 용의가 있는 가격'이 100원 하락하였음을 의미한다.

⑤ 그러므로 소비자에게 단위당 T원의 조세가 부과되면 수요곡선이 T원만큼 하방으로 이동하는 효과가 발생한다.

⑥ 그림 ⓑ에서 수요곡선이 100원만큼 하방으로 이동하면 균형점이 E점에서 F점으로 이동하므로 생산자가 수취하는 생산자 가격은 960원으로 하락하고, 거래량은 Q_0에서 Q_1으로 감소한다.

⑦ 소비자는 생산자에게는 조세부과 전보다 낮은 960원을 지불하지만 단위당 100원의 조세를 납부해야 하므로 소비자가 실제로 지불하는 가격은 1,060원으로 상승한다.

⑧ 이와 같이 소비자에게 100원의 조세가 부과되는 경우에도 단위당 조세액 100원 중 40원은 생산자에게 전가되고, 60원은 소비자가 부담하게 된다.

3. 결론

① 위에서 살펴본 바와 같이 물품세가 생산자에게 부과되든, 소비자에게 부과되든 아무런 차이가 없다.

② 상대적인 조세부담은 상대적인 수요·공급의 탄력성에만 달려있을 뿐이며, 납세의무자로 누가 지정되었는지와는 전혀 무관하다.

❷ 한 가지 차이는 생산자에게 조세가 부과되면 단위당 조세액 중 소비자에게 전가되는 부분만큼 재화의 시장가격이 상승하나 소비자에게 조세가 부과되면 단위당 조세액 중 생산자에게 전가되는 부분만큼 시장가격이 하락한다는 점이다.

심층연구 | 종가세 부과시 수요곡선과 공급곡선의 이동

1. 생산자에게 종가세가 부과될 때

① 생산자에게 종가세가 부과되더라도 생산자가 받고자 하는 납세 후 금액은 변하지 않으므로 생산자가 소비자로부터 받고자 하는 조세를 포함한 가격이 조세액만큼 상승한다.

② 예를 들어, 생산자가 받고자 하는 가격이 40원일 때 생산자에게 50%의 종가세가 부과되면 조세부과 후에는 생산자가 받고자 하는 가격이 80원으로 상승한다.

　❍ 왜냐하면 재화를 80원에 판매하여 가격의 50%에 해당하는 금액의 조세를 납부하고 나면 40원이 남기 때문이다.

③ 종가세가 부과되더라도 조세납부 후에 생산자가 받고자 하는 금액이 불변이므로 세율 t의 종가세가 부과된 후의 공급곡선식을 구하려면 조세부과 전의 공급곡선 식의 P를 $(1-t)P$로 바꾸어 주면 된다.

④ 예를 들어, 공급곡선 식이 $P=10+Q$로 주어져 있다면 세율 t의 종가세가 부과된 후에는 공급곡선 식이 $(1-t)P=10+Q$, $P=\dfrac{10}{1-t}+\dfrac{1}{1-t}Q$로 바뀌게 된다.

　❍ 만약 세율이 50%라면 조세부과 후의 공급곡선 식은 $P=20+2Q$가 된다.

2. 소비자에게 종가세가 부과될 때

① 소비자에게 종가세가 부과되더라도 세금을 포함하여 소비자가 지불할 용의가 있는 금액은 변하지 않으므로 소비자가 생산자에게 지불할 용의가 있는 가격이 조세액만큼 낮아진다.

② 예를 들어, 소비자가 지불할 용의가 있는 가격이 80원일 때 소비자에게 50%의 종가세가 부과되면 소비자가 순수하게 생산자에게 지불할 용의가 있는 금액이 40원으로 낮아진다.

　❍ 왜냐하면 소비자가 지불할 용의가 있는 금액 80원 중에서 절반을 세금으로 내야 하기 때문이다.

③ 종가세가 부과되더라도 세금을 포함하여 소비자가 지불할 용의가 있는 금액은 불변이므로 세율 t의 종가세가 부과된 후의 수요곡선 식을 구하려면 조세부과 전의 수요곡선 식의 P를 $\dfrac{1}{1-t}P$로 바꾸어주면 된다.

④ 예를 들어, 수요곡선 식이 $P=110-Q$로 주어져 있다면 세율 t의 종가세가 부과된 후에는 수요곡선 식이 $\dfrac{1}{1-t}P=110-Q$, $P=(1-t)(110-Q)$로 바뀌게 된다.

　❍ 만약 세율이 50%라면 조세부과 후의 수요곡선 식은 $P=55-\dfrac{1}{2}Q$가 된다.

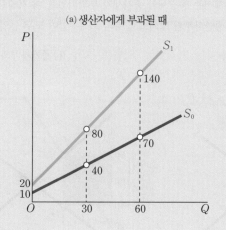

(a) 생산자에게 부과될 때

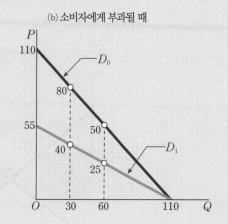

(b) 소비자에게 부과될 때

예제 **Q** 어떤 재화의 수요함수가 $P=110-Q$, 공급함수가 $P=10+Q$로 주어져 있다고 하자. ⅰ) 생산자에게 단위당 40원의 종량세가 부과될 때와 ⅱ) 세금을 포함한 가격의 50%에 해당하는 종가세가 생산자에게 부과될 때 단위당 조세액 중 소비자와 생산자 부담은 각각 얼마인가? 그리고 정부의 조세수입은 얼마인가?

풀이 **A**

수요함수와 공급함수를 연립해서 풀면 $110-Q=10+Q$이므로 균형거래량 $Q=50$이다. $Q=50$을 수요함수(혹은 공급함수)에 대입하면 조세부과 전의 균형가격 $P=60$으로 계산된다.

종량세가 부과되면 공급곡선이 상방으로 평행이동하므로 공급곡선의 절편에 단위당 조세액을 더해주면 조세부과 후의 공급곡선을 구할 수 있다. 공급함수가 $P=10+Q$이므로 단위당 40원의 종량세가 부과된 이후의 공급곡선 식은 $P=50+Q$이다. 조세부과 이후의 수요함수와 공급함수를 연립해서 풀면 $110-Q=50+Q$, $2Q=60$, $Q=30$이다. $Q=30$을 수요함수(혹은 조세부과 이후의 공급함수)에 대입하면 균형가격 $P=80$으로 계산된다.

단위당 40원의 종량세가 부과되면 가격이 20원 상승하므로 소비자부담은 20원이다. 생산자는 80원 중에서 단위당 40원의 조세를 납부하고 나면 실제로 받는 가격은 40원으로 낮아진다. 생산자가격이 조세부과 전보다 20원 낮아지므로 생산자도 단위당 조세액 중 20원을 부담함을 알 수 있다. 한편, 단위당 조세액이 40원이고, 조세부과 이후의 거래량이 30단위이므로 정부의 조세수입은 1,200원($=40\times30$)이다.

생산자에게 세율 t의 종가세가 부과된 후의 공급곡선 식을 구하려면 최초의 공급곡선 식의 P를 $(1-t)P$로 바꾸어 주면 된다. 세율이 50%이므로 조세부과 후의 공급곡선 식은 $0.5P=10+Q$, $P=20+2Q$이다. 수요함수와 조세부과 후의 공급함수를 연립해서 풀면 $110-Q=20+2Q$, $3Q=90$이므로 $Q=30$이다. $Q=30$을 수요함수(혹은 조세부과 후의 공급함수)에 대입하면 조세부과 후의 균형가격 $P=80$으로 계산된다.

종가세 부과로 소비자가격이 20원 상승하였으므로 소비자부담은 20원이다. 생산자는 조세부과 후에 80원의 가격을 받지만 가격의 50%에 해당하는 40원을 조세로 납부해야 하므로 생산자가 실제로 받는 가격은 조세부과 전보다 낮은 40원이 된다. 실제로 생산자가 받는 가격이 조세부과 전보다 20원 낮아졌으므로 생산자부담도 20원이다. 이 경우도 단위당 조세액이 40원이고, 조세부과 이후의 거래량이 30단위이므로 정부의 조세수입은 1,200원($=40\times30$)이다.

이 예에서 보는 것처럼 완전경쟁시장에서는 종량세와 종가세가 부과되었을 때 거래량의 감소폭(혹은 가격상승폭)이 동일하다면 소비자부담과 생산자부담 그리고 정부의 조세수입이 모두 동일함을 알 수 있다.

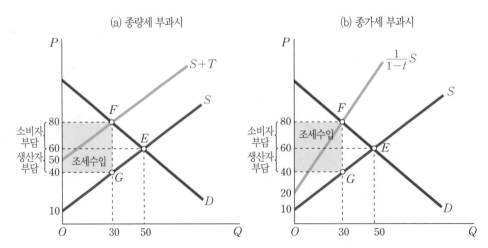

(a) 종량세 부과시   (b) 종가세 부과시

| 참고 | 비용감소산업의 경우 |

① 시장구조가 완전경쟁이더라도 산업전체 생산량이 증가할 때 생산비가 하락하는 경우에는 산업전체의 공급곡선이 우하향의 형태이다.

② 오른쪽 그림에서 보는 바와 같이 공급곡선이 우하향하면서 기울기가 수요곡선보다 더 완만한 경우에는 물품세가 부과된 이후 가격상승 폭은 단위당 조세액보다 커진다.

③ 즉, 시장구조가 완전경쟁이면서 산업전체 생산량이 증가할 때 비용감소가 이루어지는 경우에는 100% 이상 소비자에게 조세전가가 이루어질 수도 있다.

> ❍ 공급곡선이 우하향하면서 수요곡선보다 기울기가 급경사인 경우에는 조세부과 후에 오히려 가격이 하락하므로 생산자가 100% 이상 조세부담을 하게 된다.

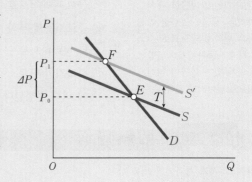

| 참고 | 보조금의 귀착 |

① 아래의 두 그림에서 최초에는 E점에서 균형이 이루어지고 있었으나 생산자에게 단위당 S원의 보조금이 지급되면 공급곡선이 단위당 보조금의 크기만큼 하방으로 이동한다.

② 보조금지급 이후 새로운 균형은 F점에서 이루어지므로 재화가격은 P_1으로 하락하고 거래량은 Q_1으로 증가한다.

③ 이처럼 보조금이 지급되어 소비자가격이 P_0에서 P_1으로 하락하면 소비자는 단위당 $(P_0 - P_1)$만큼의 이득을 얻는다.

④ 생산자는 보조금이 지급되기 이전보다 낮은 P_1의 가격을 받지만 정부로부터 단위당 S원의 보조금을 지급받으므로 실제로 수취하는 가격은 P_2로 상승한다.

⑤ 보조금 지급이후에는 보조금을 포함한 생산자가격이 P_2로 상승하면 생산자는 단위당 $(P_2 - P_0)$의 혜택을 얻는다.

⑥ 그림 (a)에서와 같이 공급곡선이 탄력적이고, 수요곡선이 비탄력적일 때는 보조금지급으로 공급곡선이 하방으로 이동할 경우 재화가격이 큰 폭으로 하락하므로 소비자의 이득이 크다.

⑦ 그러나 그림 (b)에서와 같이 수요곡선이 탄력적, 공급곡선이 비탄력적일 때는 보조금지급으로 공급곡선이 하방으로 이동하더라도 재화가격이 별로 하락하지 않아 보조금을 포함한 생산자가격이 큰 폭으로 상승하므로 생산자의 이득이 크다.

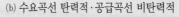

(a) 공급곡선 탄력적·수요곡선 비탄력적

(b) 수요곡선 탄력적·공급곡선 비탄력적

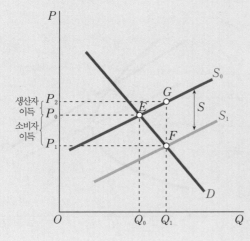
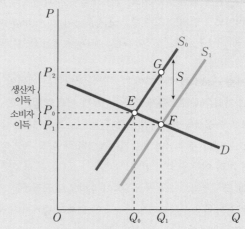

(2) 생산요소에 대한 과세

1) 노동소득에 대한 과세

근로소득세가 부과되더라도 기업이 지급할 용의가 있는 세금을 포함한 임금은 변하지 않으므로 순수하게 노동자에게 지급할 용의가 있는 임금이 비례적으로 낮아지게 된다.

① 노동소득에 대해 세율 t의 비례적인 근로소득세가 부과되면 노동자가 실제로 수취하는 임금이 비례적으로 하락하므로 노동수요곡선이 하방으로 회전이동한다.

② 근로소득세 부과 이후 세전임금은 w_1으로 상승하나 노동자가 실제로 수취하는 임금은 w_2로 하락하므로 근로소득세의 일부는 노동자가 일부는 고용주가 부담한다.

③ 비례적인 근로소득세가 부과될 때의 상대적인 조세부담은 노동수요와 노동공급의 탄력성에 의해 결정된다.

그림 9-4 노동소득에 대한 과세

임금소득세가 부과되면 노동수요곡선이 하방으로 회전이동하므로 균형점이 E점에서 F점으로 이동한다. 임금소득세 부과 이후 세전임금은 w_1으로 세후임금은 w_2로 하락하므로 임금소득세의 일부는 고용주가 부담하고 일부는 근로자가 부담한다.

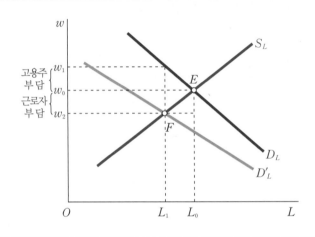

참고 노동공급곡선이 후방굴절할 때의 조세전가

① 근로소득세 부과이전에 노동시장의 균형이 노동공급곡선이 후방굴절하는 부분인 E점에서 이루어지고 있었다고 하자.

② 비례적인 근로소득세가 노동수요자에게 부과되어 노동수요곡선이 하방으로 회전이동하면 새로운 균형은 F점이 된다.

③ 조세부과 이전의 임금이 w_0이고, 근로소득세 부과이후의 세후임금이 w_1이므로 단위당 조세 중 노동자부담이 (w_0-w_1)이다.

  ◑ 세후임금이 단위당 조세액인 F점과 G점의 수직거리보다 큰 폭으로 하락하였다.

④ 이 경우에는 근로소득세 부과이후 기업이 부담하는 세전임금은 w_2이므로 기업은 근로소득세 부과이전보다 이득을 얻는다.

⑤ 그러므로 노동공급곡선이 후방으로 굴절하는 경우에는 비례적인 근로소득세가 부과되면 노동자에게 100% 이상 전가되며, 기업은 오히려 이득을 얻게 된다.

⑥ 그 이유는 조세부과로 노동공급곡선이 후방으로 굴절하는 경우에는 근로소득세가 부과되면 노동공급이 오히려 증가하여 노동자가 받고자 하는 임금이 하락하기 때문이다.

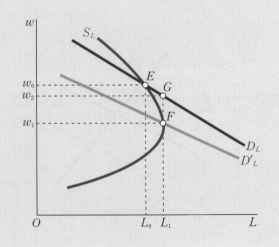

④ 일반적으로 노동공급은 노동수요에 비하여 매우 비탄력적이므로 현실적으로 근로소득세의 대부분을 노동자가 부담하게 된다.

> ◐ 법률적으로는 사회보장분담금은 근로자와 고용주가 각각 반반씩 부담하게 되어 있으나 노동공급이 비탄력적이므로 실제적으로는 거의 대부분을 노동자가 부담하게 된다.

2) 자본소득에 대한 과세

① 자본소득에 대해 조세가 부과될 때의 상대적인 조세부담도 노동의 경우와 마찬가지로 자본수요와 공급의 상대적인 탄력성에 의존한다.

② 현실적으로 노동의 국가간 이동에는 제약이 있으나 자본은 국가간 이동이 대체로 용이하다.

③ 국가간 자본이동이 매우 자유로운 상태라면 자본의 공급이 매우 탄력적이 되므로 자본소득세의 대부분은 자본의 사용자에게 귀착된다.

> ◐ 자본이동이 완전히 자유롭다면 자본소득세는 100% 자본의 사용자에게 귀착된다.

3) 토지에 대한 과세

① 토지의 공급은 매우 비탄력적이므로 토지에 대한 조세는 거의 대부분 조세부과를 발표하는 시점의 토지소유자에게 귀착된다.

② 즉, 토지에 대해 조세가 부과되는 경우에는 조세의 자본화(capitalization of tax)가 이루어진다.

참고 / 조세의 자본화

① 현시점에서 어떤 토지를 구입한다면 1년 뒤부터 매년 A원의 임대료를 얻을 수 있다고 하자.

② 토지의 가격은 토지를 보유할 때 얻을 수 있는 임대료수입의 현재가치와 동일하므로 다음과 같이 계산된다.

$$P_L = \frac{A}{(1+r)} + \frac{A}{(1+r)^2} + \frac{A}{(1+r)^3} + \cdots = \frac{A}{r}$$

③ 이 토지에 대해 매년 T원의 조세가 부과된다면 매년 얻은 임대료 수입이 T원만큼 감소하므로 조세가 부과된 이후의 토지가격은 다음과 같다.

$$P_L^T = \frac{A-T}{(1+r)} + \frac{A-T}{(1+r)^2} + \frac{A-T}{(1+r)^3} + \cdots$$

$$= \left[\frac{A}{(1+r)} + \frac{A}{(1+r)^2} + \frac{A}{(1+r)^3} + \cdots\right] - \left[\frac{T}{(1+r)} + \frac{T}{(1+r)^2} + \frac{T}{(1+r)^3} + \cdots\right] = \frac{A}{r} - \frac{T}{r}$$

④ 즉, 매년 T원의 조세가 부과되면 토지가격이 나중에 납부하게 될 조세의 현재가치$\left(\frac{T}{r}\right)$만큼 낮아지게 된다.

⑤ 이와 같이 공급이 고정된 토지에 대해 조세가 부과되면 조세부과를 발표하는 시점에서 토지가격이 하락하는 현상이 나타나는데, 이를 조세의 자본화(capitalization of tax)라고 한다.

> ◐ 세율이 높을수록 그리고 이자율이 낮을수록 자본화 정도가 커진다.

⑥ 그러므로 공급이 고정된 토지에 대해 조세를 부과하면 조세부과를 발표하는 시점에서의 토지 소유자가 조세를 전부 부담하게 된다.

> ◐ 만약 특정용도로 이용될 수 있는 토지가 어느 정도 신축적이라면 완전한 자본화는 일어나지 않는다.

(3) 이윤세의 귀착

1) 단기

① 세율 t의 이윤세가 부과되는 경우 납세전 이윤이 극대화 되어야 납세후 이윤이 극대가 되므로 이윤세 부과는 기업의 생산량에 영향을 미치지 않는다.

② 이윤세가 부과되더라도 기업의 생산량이 변하지 않으면 가격도 변하지 않으므로 조세가 전혀 소비자에게 전가되지 않는다.

③ 이윤세가 부과되어도 소비자 가격은 전혀 변하지 않으므로 조세는 전부 기업에게 귀착된다.

2) 장기

① 완전경쟁의 경우 장기에는 경제적 이윤이 0이므로 이윤세 납세액도 0이다.

② 그러므로 장기에는 누구도 이윤세의 부담을 지지 않으며, 정부의 조세수입도 0이다.

3. 독점하에서 조세부담의 귀착

(1) 물품세의 귀착

1) 일반적인 경우

가. 조세부과의 효과

① 조세부과 이전에 독점기업이 P_0의 가격으로 Q_0만큼의 재화를 판매하고 있었다고 하자.

② 이제 독점기업이 생산하는 재화에 대해 단위당 T원의 종량세가 부과되면 한계비용이 T원만큼 상승할 것이므로 한계비용곡선이 단위당 조세액만큼 상방으로 이동한다.

③ MC곡선이 T원만큼 상방으로 이동하면 재화가격이 P_1으로 상승하고 생산량은 Q_1으로 감소한다.

그림 9-5 종량세의 효과

독점기업에게 단위당 T원의 종량세가 부과되면 MC곡선이 T원만큼 상방으로 이동하므로 생산량은 감소하고 가격은 상승한다. 따라서 조세의 일부가 소비자에게 전가된다. 그리고 독점기업의 이윤도 감소한다.

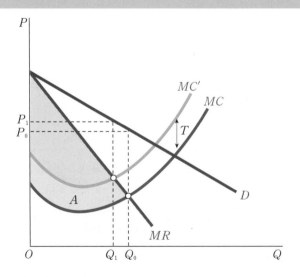

④ 재화가격 상승으로 단위당 조세액 중 일부가 소비자에게 전가되나 일부는 독점기업이 부담하게 된다.

⑤ 그러므로 독점기업이라고 하더라도 항상 조세부담을 모두 소비자에게 전가할 수 있는 것은 아니다.

나. 상대적인 조세부담

① 완전경쟁의 경우와 마찬가지로 독점의 경우에도 상대적인 조세부담은 수요의 가격탄력성과 한계비용곡선 기울기에 의해 결정된다.

  ○ 완전경쟁의 경우는 *MC*곡선이 공급곡선이지만 독점의 경우에는 공급곡선이 존재하지 않는다.

② 아래의 **그림 9-6**의 (a), (b)는 수요곡선의 기울기가 다른 경우를 나타내고 (c), (d)는 *MC*곡선의 기울기가 다른 경우를 나타내고 있다.

③ 아래의 그림에서 보는 바와 같이 수요가 비탄력적일수록 그리고 *MC*곡선이 완만할수록 소비자에게 전가되는 부분이 커진다.

✎ 물품세부과의 효과는 *MC*곡선의 상방이동으로 파악하나 수요곡선과 *MR*곡선의 하방이동으로 파악하나 그 효과는 동일하다.

그림 9-6　**독점기업에 종량세가 부과될 때의 전가여부**

(a) 상대적으로 수요곡선이 비탄력적

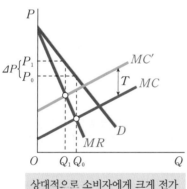

상대적으로 소비자에게 크게 전가

(b) 상대적으로 수요곡선이 탄력적

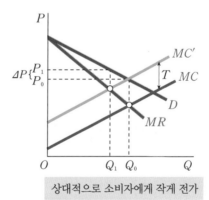

상대적으로 소비자에게 작게 전가

(c) 상대적으로 *MC*곡선이 완만

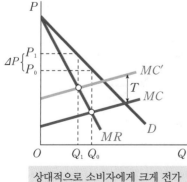

상대적으로 소비자에게 크게 전가

(d) 상대적으로 *MC*곡선이 급경사

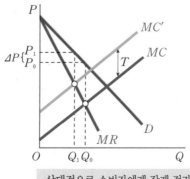

상대적으로 소비자에게 작게 전가

■ 그림 (a), (b) … 상대적으로 수요가 비탄력일수록 소비자에게 전가되는 부분이 커진다.

■ 그림 (c), (d) … 상대적으로 *MC*곡선이 완만할수록 소비자에게 전가되는 부분이 커진다.

2) 수요곡선이 우하향의 직선이고 한계비용이 일정할 때

① 아래 그림은 수요곡선이 우하향의 직선이고 한계비용이 일정한 경우를 나타내고 있는데, 조세부과전의 가격과 생산량은 각각 (P_0, Q_0)이다.

② 이제 단위당 T원의 조세가 부과되면 한계비용곡선이 단위당 조세액만큼 상방으로 이동하므로 거래량은 ΔQ만큼 감소하고, 가격은 ΔP만큼 상승하여 조세부과 후에는 가격과 생산량이 (P_1, Q_1)이 된다.

③ 아래의 그림에서 수요곡선 기울기는 $\dfrac{\Delta P}{\Delta Q}$이고 한계수입곡선 기울기는 $\dfrac{T}{\Delta Q}$로 측정되는데, 수요곡선이 우하향의 직선일 때는 한계수입곡선 기울기가 수요곡선 기울기의 2배이므로 다음이 성립한다.

$$2 \times \frac{\Delta P}{\Delta Q} = \frac{T}{\Delta Q}$$

$$\rightarrow 2\Delta P = T$$

$$\rightarrow \Delta P = \frac{1}{2}T$$

④ 그러므로 수요곡선이 우하향의 직선이고 한계비용이 일정한 경우에는 종량세가 부과될 경우 정확히 단위당 조세액의 절반만큼 소비자에게 전가됨을 알 수 있다.

그림 9-7 **수요곡선이 선형이고 MC가 일정한 경우**

수요곡선이 우하향의 직선이고 MC가 일정한 경우에는 정확히 단위당 조세액의 절반만큼 소비자에게 전가된다.

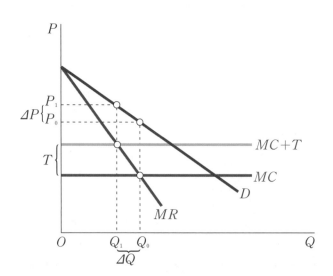

3) 단위당 조세액보다 조세전가가 더 크게 이루어지는 경우

① 수요의 가격탄력성이 1보다 크면서 일정하고 한계비용도 일정한 경우에는 조세부과 이후에 소비자가격은 단위당 조세액보다 더 크게 상승한다.

② 즉, 수요의 가격탄력성이 1보다 크면서 일정하고 MC곡선이 수평선인 경우에는 100% 이상의 조세전가가 이루어진다.

> ◑ 조세전가는 100% 이상으로 이루어지나 조세부과 이후에는 독점기업의 이윤은 감소한다.

그림 9-8   **수요의 가격탄력성이 1보다 크면서 일정하고 MC도 일정할 때**

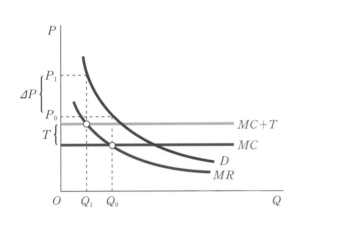

MC가 수평선이고 수요곡선 상의 모든 점에서 탄력성이 1보다 크면서 일정한 경우 종량세가 부과되면 재화가격은 단위당 조세액보다 더 크게 상승한다.

예제 Q

어떤 독점기업의 한계비용곡선이 수평선이고 이 독점기업이 생산하는 재화에 대한 수요곡선이 $Q^d = 40P^{-2}$으로 주어져 있다. 이 재화에 대해 단위당 6원의 조세가 부과된다면 소비자가격은 얼마나 상승하겠는가?

풀이 A

문제에서 주어진 수요함수는 수요의 가격탄력성이 2로 일정하다. 수요의 가격탄력성이 2로 일정하고 한계비용도 일정하므로 이 경우에는 정확히 단위당 조세액의 2배만큼 소비자에게 전가된다. 이를 좀 더 자세히 살펴보자. 한계수입은 $MR = P\left(1 - \dfrac{1}{\varepsilon}\right)$이고, 이윤극대화는 $MR = MC + T$일 때 성립하므로 조세부과 이후의 이윤극대화조건은 다음과 같이 나타낼 수 있다.

$$P\left(1 - \frac{1}{\varepsilon}\right) = MC + T$$

위의 식을 P에 대해 정리해 보면 단위당 T원의 조세가 부과되면 가격은 $2T$만큼 상승한다.

$$P = \frac{MC + T}{1 - \dfrac{1}{\varepsilon}} = \frac{MC + T}{1 - \dfrac{1}{2}} = 2MC + 2T$$

참고 / **독점기업에 대한 조세부과를 수요곡선 이동으로 나타내는 방법**

1. 종량세

① 독점기업이 생산하는 재화에 대하여 1단위당 T원의 종량세가 부과되더라도 소비자들이 그 재화에 대해 지불할 용의가 있는 조세를 포함한 가격은 변하지 않는다.

  ◐ 어떤 개인이 형광펜을 구입할 때 지불할 용의가 있는 최대금액이 1,000원인 경우 단위당 100원의 조세가 부과되더라도 형광펜으로 부터 얻을 수 있는 편익의 크기는 변하지 않으므로 지불할 용의가 있는 최대금액은 여전히 1,000원이다.

② 이는 소비자들이 순수하게 그 재화를 생산하는 기업에게 지불할 용의가 있는 재화가격이 단위당 T원만큼 하락하였음을 의미한다.

③ 그러므로 단위당 T원의 종량세가 부과되면 독점기업이 직면하는 수요곡선이 단위당 조세액만큼 하방으로 이동한다.

④ 그림 (a)에서 보는 바와 같이 단위당 조세액만큼 하방으로 이동하면 한계수입곡선도 단위당 조세액만큼 하방으로 이동함을 알 수 있다.

  ◐ 수요곡선과 MR곡선의 하방이동폭은 A점과 A'점의 수직거리만큼이다.

(a) 종량세와 수요곡선의 이동

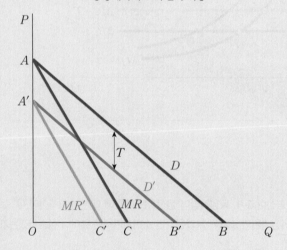

⑤ 오른쪽 그림 (b)는 종량세가 부과될 때의 MC곡선의 상방이동과 수요곡선의 하방이동을 동시에 나타내고 있다.

  ◐ 그림 (b)에서 '단위당 조세액＝MR곡선 하방이동폭＝MC곡선 상방이동폭'은 c점과 b점의 수직거리로 측정된다.

⑥ 그림 (b)에서 보는 바와 같이 종량세 부과의 효과를 수요곡선의 하방이동으로 나타내거나 MC곡선의 상방이동으로 표시하거나 그 결과는 동일함을 알 수 있다.

⑦ 즉, 어떤 방법으로 나타내더라도 생산량 감소($Q_0 \rightarrow Q_1$)와 가격상승($P_0 \rightarrow P_1$)은 동일함을 알 수 있다.

  ◐ 오른쪽 그림(b)에서 조세부과의 효과를 수요곡선 이동으로 나타내는 경우에는 정부의 조세수입 및 소비자와 생산자의 부담을 보다 쉽게 알 수 있다.

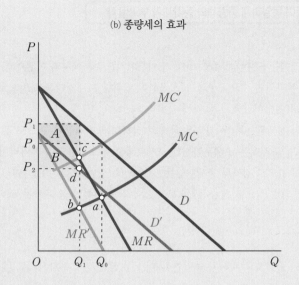

(b) 종량세의 효과

2. 종가세

① 독점기업이 생산하는 재화에 대해 세율 t의 종가세가 부과되었다고 하자.

② 종가세가 부과되더라도 소비자들이 그 재화에 대해 지불할 용의가 있는 조세를 포함한 가격은 변하지 않는다.

③ 이는 소비자들이 순수하게 독점기업에게 지불할 용의가 있는 가격이 비례적으로 하락하였음을 의미한다.

④ 종가세가 부과되면 소비자가 지불할 용의가 있는 가격이 비례적으로 낮아지므로 수요곡선이 그림 (c)에서 보는 바와 같이 B점을 축으로 회전이동한다.

⑤ 수요곡선이 우하향의 직선일 때 한계수입곡선은 수요곡선과 절편은 동일하고, 기울기는 수요곡선의 2배가 되어야 하므로 한계수입곡선도 C점을 축으로 회전이동하게 된다.

⑥ 그림 (d)에서 보는 바와 같이 종가세가 부과되는 경우에도 가격은 P_0에서 P_1으로 상승하고, 생산량은 Q_0에서 Q_1으로 감소함을 알 수 있다.

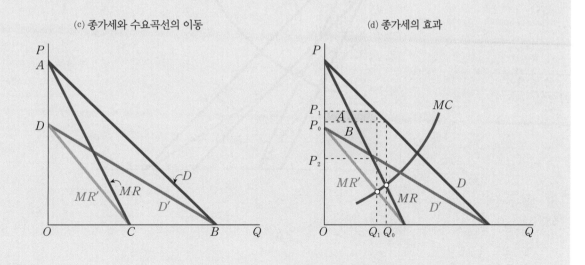

(c) 종가세와 수요곡선의 이동   (d) 종가세의 효과

> **심층연구** / **생산량 감소폭이 동일하게 종량세와 종가세가 부과될 때**

1. 종량세 부과시

① 아래 그림에서 조세부과 전에는 e점에서 $MR = MC$가 이루어지므로 조세부과 이전의 가격은 P_0이고, 생산량은 Q_0이다.

② 단위당 T원의 종량세가 부과되면 수요곡선과 MR곡선이 단위당 조세액만큼 하방으로 이동하므로 종량세 부과 이후에는 f점에서 $MR' = MC$가 이루어진다.

③ 그러므로 단위당 종량세가 부과되는 경우 가격은 P_1으로 상승하고 거래량이 Q_1으로 감소한다.

④ 종량세가 부과될 때 단위당 조세액은 조세부과전과 조세부과후 수요곡선의 수직거리이므로 a점과 b점의 수직거리이고, 조세부과후의 거래량이 Q_1이므로 정부의 조세수입은 $\square(A+B)$의 면적으로 측정된다.

⑤ 종량세 부과로 소비자 가격이 P_1으로 상승하였으므로 정부의 조세수입 중 $\square A$가 소비자부담, $\square B$가 생산자 부담임을 알 수 있다.

2. 종가세 부과시

① 종가세 부과후의 거래량이 종량세 부과시와 동일한 Q_1이 되려면 종가세 부과시에도 f점에서 $MR'' = MC$가 이루어져야 한다.

② 수요곡선이 우하향의 직선인 경우 수요곡선은 한계수입곡선과 절편은 동일하므로 종가세 부과 이후의 수요곡선은 D''이 된다.

③ 수요곡선이 D'', 한계수입곡선이 MR''으로 주어진 경우에는 조세부과 후의 거래량과 가격은 모두 종량세 부과시와 동일하다.

④ 종가세 부과로 거래량이 Q_1이 되었을 때 단위당 조세의 크기는 최초의 수요곡선과 종가세 부과 이후의 수요곡선의 수직거리인 a점과 c점의 수직거리이다.

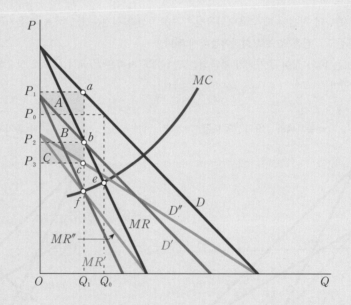

⑤ 조세부과 이후의 거래량이 Q_1이고, 단위당 조세액이 a점과 c점의 수직거리이므로 정부의 조세수입은 $\square(A+B+C)$의 면적으로 측정된다.

⑥ 종가세 부과시에도 소비자 가격은 P_1으로 상승하였으므로 정부의 조세수입 중 □A만큼이 소비자가 부담한 부분이고, □$(B+C)$가 독점기업이 부담한 부분임을 알 수 있다.

3. 차이점

① 수요곡선이 우하향의 직선일 때 거래량 감소폭이 동일(혹은 가격상승폭이 동일)하도록 종량세가 부과되는 경우와 종가세가 부과되는 경우를 비교하면 정부의 조세수입은 종가세 부과시가 더 크다는 것을 알 수 있다.

→ 가격상승폭이 동일하므로 소비자부담은 두 경우가 동일하고, 생산자부담은 종가세 부과시가 더 크다.

② 한편 조세수입이 동일하다면 종가세 부과시의 생산량이 더 많다.

→ 조세수입이 동일하다면 종가세 부과시 생산량이 더 적게 감소하므로 사중적 손실이 더 적다.

(2) 이윤세의 귀착

① 이윤함수가 아래 그림과 같이 주어져 있다면 이윤세 부과 전의 이윤극대화 생산량은 Q_0이고, 극대이윤의 크기는 π_0이다.

② 세율 t의 이윤세가 부과되면 이윤함수가 비례적으로 하방으로 이동하나 조세부과후의 이윤극대화 생산량은 여전히 Q_0이고 기업의 이윤만 비례적으로 감소한다.

③ 이와 같이 이윤세가 부과되더라도 이윤극대화 생산량이 불변이면 재화가격도 변하지 않는다.

④ 이윤세가 부과되더라도 재화가격이 변하지 않으면 소비자에게 조세가 전혀 전가되지 않으므로 이윤세는 전부 독점기업에 귀착된다.

| 그림 9-9 | 이윤세의 귀착 |

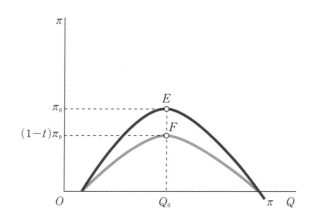

이윤세기 부과되기 전의 이윤극대화 생산량은 Q_0이고 극대이윤은 π_0이다. 만약 세율 t의 이윤세가 부과되면 이윤함수가 비례적으로 하방으로 이동하므로 이윤극대화 생산량은 여전히 Q_0이고, 이윤의 크기만 $t \cdot \pi_0$만큼 감소한다.

4. 과점하에서 조세부담의 귀착 … 물품세 부과시

(1) 비용할증 가격설정(mark-up pricing)

① 비용할증 가격설정이란 평균비용에 일정한 이윤을 가산하여 다음과 같이 가격을 설정하는 것을 의미한다.

$$P = AC(1+m)$$
$$\llcorner\!\!\longrightarrow \text{이윤부가율}$$

② 단위당 일정액의 물품세가 부과될 때 과점기업이 이를 비용증가로 인식한다면 물품세 부과 이후에는 평균비용이 상승하게 된다.

③ 위의 식에서 보는 바와 같이 조세부과로 평균비용이 상승하면 재화가격은 단위당 조세액보다 더 크게 상승하므로 조세 전부가 소비자에게 전가된다.

(2) 총수입극대화를 추구하는 경우

① 과점기업이 총수입(매출액)극대화를 추구하고 있는 경우 단위당 일정액의 조세가 부과될 때 과점기업이 조세를 비용증가로 인식한다면 조세가 부과되더라도 총수입이 변하지 않는다.

② 물품세가 부과되더라도 총수입곡선이 변하지 않으면 총수입극대화 생산량도 변하지 않으므로 가격도 변하지 않는다.

③ 그러므로 과점기업이 총수입극대화를 추구하는 상태에서 물품세를 비용증가로 인식하는 경우에는 조세 전부를 과점기업이 부담하게 된다.

> ◐ 과점시장에 대한 일반적인 이론이 존재하지 않는 것과 마찬가지로 과점시장에서의 조세부담의 귀착에 대해서도 일반적인 이론은 존재하지 않는다.

5. 부분균형분석의 한계

① 부분균형분석하에서는 특정시장에 대한 조세부과가 다른 시장에 미치는 파급효과를 분석할 수 없다.

② 부분균형분석하에서는 일반요소세나 일반물품세 등과 같이 여러 시장에 동시에 영향을 미치는 조세의 효과를 분석할 수 없으므로 분석대상이 될 수 있는 조세가 극히 한정되어 있다.

③ 정부의 조세수입에 대한 사용측면을 전혀 고려하지 않고 있다.

▶ 조세부담의 귀착 … 부분균형분석

구 분		설 명
완전경쟁	물품세	• 수요–공급의 상대적 탄력성에 의하여 결정 • 상대적으로 수요가 탄력적이면 소비자부담분이 감소하고, 공급이 탄력적이면 생산자부담분이 감소
	노동소득에 대한 과세	• 노동수요와 노동공급의 상대적 탄력성에 의하여 결정 • 대체로 노동공급이 비탄력적이므로 노동에 대한 조세는 대부분 노동자가 부담
	자본소득에 대한 과세	• 자본수요와 자본공급의 탄력성에 의하여 결정 • 국가간 자본이동이 자유롭다면 자본소득에 대한 조세는 대부분 자본의 사용자에게 귀착
	토지에 대한 과세	• 토지에 대해 조세가 부과되면 납세액의 현재가치만큼 토지가격이 하락(조세의 자본화) • 조세 전부가 조세부과가 발표되는 시점의 토지소유자에 귀착
	이윤세	• 단기 : 이윤세의 전부가 기업에게 귀착 • 장기 : 초과이윤이 존재하지 않으므로 납세액은 0이고, 누구도 이윤세를 부담하지 않음
독점	일반적인 경우	• 일부는 독점기업이 부담하고 일부는 소비자에게 전가 • 대체로 수요가 비탄력적일수록, MC곡선이 완만할수록 소비자에게 크게 전가
	특수한 경우	• 수요곡선이 우하향의 직선이고 MC가 일정한 경우에는 정확히 단위당 조세액의 절반이 소비자에게 전가 • 수요의 가격탄력성이 1보다 크면서 일정하고 MC도 일정한 경우에는 100% 이상 소비자에게 전가
	이윤세	이윤세가 부과되더라도 이윤극대화 생산량과 가격은 불변이므로 조세의 전부를 독점기업이 부담
과점	비용할증 가격설정	과점기업이 비용할증가격설정방식을 채택하고 있는 경우 과점기업이 조세를 비용증가로 인식한다면 조세의 전부가 소비자에게 전가
	총수입극대화를 추구하는 경우	과점기업이 총수입 극대화를 추구하고 있는 상황에서 조세를 비용증가로 인식한다면 조세의 전부를 과점기업이 부담

Ⅲ 일반균형분석

1. 개요

① 부분균형분석에서는 하나의 재화시장이나 요소시장에 국한하여 조세의 효과를 분석하였기 때문에 분석이 비교적 간단하나 다른 시장에 미치는 효과를 고려하지 못하므로 조세의 귀착을 완전하게 파악하지 못하는 단점이 있다.

② 일반균형분석은 조세가 부과된 부문뿐만 아니라 다른 부문에 미치는 영향까지 감안하여 분석하는 것으로 조세의 귀착을 보다 정확하게 파악할 수 있게 된다.

③ 일반균형분석은 하버거(A. Harberger)에 의해 최초로 이루어진 후 다른 학자들에 의해 발전되어 왔는데, 여기서는 하버거의 모형을 중심으로 살펴보기로 한다.

④ 일반균형분석에서는 통상적으로 두 재화(X재, Y재)와 두 요소(노동, 자본)만 존재하는 경우로 현실을 단순화하여 분석한다.

2. 기본가정

① 노동(L)과 자본(K)을 투입하여 X재와 Y재를 생산한다.

② 생산요소부존량은 고정되어 있으며, 부문간 생산요소의 이동은 자유롭다.

③ 생산요소의 완전고용이 이루어진다.

④ 모든 생산물시장과 요소시장은 완전경쟁시장이다.

⑤ 생산함수는 규모에 대한 수익불변(Constant Returns to Scale ; CRS)이다.

⑥ 모든 소비자의 선호 및 부존자원이 동일하다.

◑ 필요시에는 가정을 완화하여 논의를 진행하기로 한다.

3. 개별물품세(t_X)

① 노동집약재인 X재에 대하여 세율 t_X의 물품세가 부과되면 X재의 가격이 상승한다.

② X재의 상대가격이 상승하면 소비자들은 X재를 Y재로 대체할 것이므로 X재의 소비와 생산이 감소하는 반면 Y재의 소비와 생산은 증가한다.

③ X재가 노동집약재이므로 X재 생산이 감소하면 상대적으로 노동이 많이 해고되는 반면, Y재는 자본집약재이므로 Y재 생산이 증가하면 상대적으로 자본이 많이 고용된다.

④ 그러므로 X재에 물품세가 부과되면 X재에 집약적으로 투입되는 생산요소인 노동의 상대가격이 하락한다.

$$t_X \rightarrow \left(\frac{P_X}{P_Y}\right) \uparrow \begin{cases} X\text{재 소비}\downarrow \rightarrow X\text{재 생산}\downarrow \rightarrow \text{상대적으로 } L\text{의 해고}\uparrow \rightarrow w\downarrow \\ Y\text{재 소비}\uparrow \rightarrow Y\text{재 생산}\uparrow \rightarrow \text{상대적으로 } K\text{의 고용}\uparrow \rightarrow r\uparrow \end{cases} \rightarrow \left(\frac{w}{r}\right)\downarrow$$

⑤ 요소상대가격의 변화정도는 두 산업의 요소집약도, 수요의 가격탄력성 및 대체탄력성의
크기에 의하여 결정된다.

- ■ 요소집약도의 차이 … 요소집약도의 차이가 클수록 ┐
- ■ 수요의 가격탄력성 … 수요의 가격탄력성이 클수록 ├ $\left(\dfrac{w}{r}\right)$ 의 변화가 커진다.
- ■ 대　체　탄　력　성 … 대체탄력성이 작을수록 ┘

⑥ 노동집약재인 X재에 대한 물품세 부과로 $\left(\dfrac{w}{r}\right)$ 가 하락하면 X재와 Y재 생산자들은 보
다 노동집약적인 생산방법을 선택할 것이므로 두 산업에서의 요소집약도 $\left(\dfrac{K}{L}\right)$ 는 조세부
과 이전보다 낮아지게 된다.

$$t_X \rightarrow \left(\dfrac{w}{r}\right)\downarrow \begin{cases} X재 \ 산업의 \ 상대적인 \ 노동고용\uparrow \rightarrow \left(\dfrac{K}{L}\right)^{X}\downarrow \\ Y재 \ 산업의 \ 상대적인 \ 노동고용\uparrow \rightarrow \left(\dfrac{K}{L}\right)^{Y}\downarrow \end{cases}$$

◉ 가정을 완화하여 요소공급이 가변적이라면 요소상대가격의 변화는 작게 나타난다.

⑦ 이상의 분석에서 소득의 원천측면에서 보면 개별물품세는 주로 조세가 부과된 산업에서
집약적으로 사용되는 요소공급자에게 부담이 귀착됨을 알 수 있다.

참고 / **생산자균형과 대체탄력성**

① 최초의 생산자균형이 아래 그림의 a점으로 주어져 있었으나 요소상대가격 $\left(\dfrac{w}{r}\right)$ 가 하락함에 따라 생산자균형이 b점으로
이동하였다고 하자.

② 이처럼 상대적으로 임금이 하락하면 생산자들은 상대적으로 비싸진 자본을
상대적으로 가격이 하락한 생산요소인 노동으로 대체한다.

◉ 동일한 양의 재화를 생산하더라도 임금이 하락하면 생산자들은 상대적으로 더 노동집약적인
생산방법을 선택한다.

　→ 요소집약도 $\left(\dfrac{K}{L}\right)$ 가 낮아지게 된다.

③ 대체탄력성은 요소상대가격이 변할 때 노동과 자본 간의 대체가 어느 정도
이루어지는지를 나타내는 지표로, 대체탄력성이 크다는 것은 자본을 노동으
로 대체하기가 쉽다는 것을 의미한다.

◉ 노동집약재에 조세가 부과되어 일부 노동이 해고될 때 대체탄력성이 크다면 노동이 자본으로
쉽게 대체될 수 있으므로 임금이 약간만 하락해도 대부분의 노동이 다시 고용된다.

　→ 대체탄력성이 크면 요소상대가격 변화가 작다.

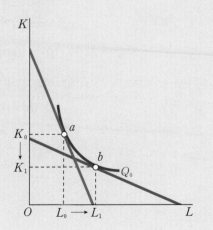

⑧ 소비자들의 선호가 이질적인 경우로 가정을 완화하면 소득의 사용측면에서 볼 때 물품세는 주로 과세된 재화를 많이 소비하는 사람에게 조세부담의 귀착이 크게 이루어진다.

> ◐ 모든 개인의 선호가 동질적이면 사용측면에서의 귀착효과는 발생하지 않는다.

⑨ 개별물품세는 주로 과세된 산업에 집약적으로 고용된 생산요소(노동자)이면서 과세된 재화(X재)를 선호하는 개인에게 주로 귀착된다.

4. 일반소비세

① 일반소비세란 모든 재화에 대하여 동일한 세율로 부과되는 조세를 의미한다.

② X재와 Y재에 대하여 동일한 세율로 조세가 부과되면 두 재화의 상대가격은 변하지 않으므로 조세부과후에도 파레토 효율성 조건이 유지된다.

③ 생산요소의 공급이 고정되어 있으므로 일반소비세는 모든 생산요소에 대하여 동일한 세율로 부과하는 소득세와 동일하다.

④ 그러므로 일반소비세는 생산요소가 얻는 소득에 비례하여 부담하게 된다.

> ◐ 가정을 완화하여 자본은 고정되어 있으나 노동공급이 임금에 비례하여 변한다면 일반소비세는 노동공급의 감소를 가져오므로 요소집약도$\left(\dfrac{K}{L}\right)$가 상승하고, 그에 따라 $\left(\dfrac{w}{r}\right)$는 상승한다.

5. 노동에 대한 일반요소세(t_L)

① 일반요소세란 모든 부문에 고용된 생산요소에 대하여 부과되는 조세를 말한다.

② X재 산업과 Y재 산업에 고용된 모든 노동에 대하여 동일한 세율로 일반요소세(근로소득세 혹은 사회보장세)가 부과되었다고 가정하자.

③ 노동의 공급이 고정되어 있다면 일반요소세는 부문간 요소이동을 유발하지 않으므로 전부 노동자에게 귀착된다.

> ◐ 사람들의 선호가 서로 상이한 경우에는 노동자의 소득이 감소하면 노동자들이 선호하는 재화수요가 감소하고, 이를 생산하는데 보다 집약적으로 사용되는 요소소득이 감소한다.

④ 노동공급이 가변적인 경우에는 노동에 대해 일반요소세가 부과되면 노동공급이 감소하므로 경제전체의 요소집약도$\left(\dfrac{K}{L}\right)$와 기업이 지불하는 $\left(\dfrac{w}{r}\right)$가 상승한다.

⑤ 이와 같이 노동공급이 가변적인 경우 노동에 대해 과세가 이루어지면 노동자는 노동공급을 감소시킴으로써 조세의 일부를 자본가에게 전가시킬 수 있게 된다.

t_L ── 노동공급이 고 정 : 조세 전부가 노동자에게 귀착

t_L ── 노동공급이 가변적 : 노동공급 ↓ → $\left(\dfrac{w}{r}\right)$↑ ── 조세의 일부가 자본가에게 전가 / 노동집약재의 상대가격 ↑

⑥ 노동공급이 가변적인 경우 조세의 일부는 자본의 상대가격 하락$\left(\left(\dfrac{w}{r}\right)$의 상승$\right)$을 통해 자본가에게 전가되는데, 전가의 정도는 다음과 같은 요인에 의하여 결정된다.

> ■ 노동공급이 탄력적일수록 조세전가 규모가 커진다.
> ■ 생산요소간 대체탄력성이 작을수록 조세전가 규모가 커진다.

⑦ 근로소득세가 부과되면 노동집약적인 산업에서 생산되는 재화의 상대가격이 상승하므로 사용측면(소득의 지출측면)에서 보면 조세부담의 일부는 노동집약재를 많이 사용하는 소비자에게 전가된다.

6. 자본에 대한 부분요소세(t_{KX})

(1) 개요

① 부분요소세란 한 산업에 고용된 생산요소에 대해서만 부과하는 조세를 말한다.

② X재 산업에 고용되는 자본에 대해서만 (t_{KX})의 세율로 소득세가 부과되었다고 가정하자.

③ 이와 같이 한 산업에 고용되는 생산요소에 대한 과세가 이루어지면 산출효과(output effect)와 요소대체효과(factor substitution effect)가 발생한다.

> ■ 산 출 효 과 : X재 산업에 고용된 자본에 대해 조세가 부과되면 X재의 가격 상승으로 X재의 소비와 생산이 감소하고 그에 따라 요소상대가격이 변화하는 효과
> ■ 요소대체효과 : 조세부과로 X재 생산에 사용되는 자본의 상대가격이 상승하면 X재 생산자가 자본을 노동으로 대체함에 따라 요소상대가격이 변화하는 효과

(2) 산출효과

① X재 산업에 고용되는 자본에 대해 조세기 부과되면 X재의 상대가격이 상승하므로 수요가 X재로부터 Y재로 이동한다.

② 수요가 X재에서 Y재로 이동하면 X재 생산이 감소하고, Y재 생산이 증가하므로 X재 산업에서 일부 생산요소가 해고되고, Y재 산업에서는 생산요소 고용이 증가한다.

③ X재가 노동집약재이면 생산요소가 X재 산업에서 Y재 산업으로 이동하는 과정에서 $\left(\dfrac{w}{r}\right)$가 하락하나, X재가 자본집약재이면 오히려 $\left(\dfrac{w}{r}\right)$가 상승한다.

$$t_{KX} \rightarrow \left(\dfrac{P_X}{P_Y}\right)\uparrow \begin{cases} X재\ 산업이\ 노동집약적 \begin{cases} X재\ 생산\downarrow \rightarrow 상대적으로\ L의\ 해고\uparrow \rightarrow w\downarrow \\ Y재\ 생산\uparrow \rightarrow 상대적으로\ K의\ 고용\uparrow \rightarrow r\uparrow \end{cases} \rightarrow \left(\dfrac{w}{r}\right)\downarrow \\[2em] X재\ 산업이\ 자본집약적 \begin{cases} X재\ 생산\downarrow \rightarrow 상대적으로\ K의\ 해고\uparrow \rightarrow r\downarrow \\ Y재\ 생산\uparrow \rightarrow 상대적으로\ L의\ 고용\uparrow \rightarrow w\uparrow \end{cases} \rightarrow \left(\dfrac{w}{r}\right)\uparrow \end{cases}$$

④ 이와 같이 특정산업에 투입되는 요소에 대하여 소득세가 부과되면 생산량의 변화가 발생하고 이에 따라 생산요소의 상대가격이 변화하는 효과가 발생하는데 이를 산출효과(output effect)라고 한다.

⑤ 산출효과는 과세된 부문의 요소집약도에 의하여 결정되는데, 산출효과는 항상 조세가 부과된 부문에 집약적으로 사용되는 생산요소의 상대가격을 낮추는 방향으로 작용한다.

(3) 요소대체효과

① X재 산업에 사용되는 자본에 대해 조세가 부과되면 (세전)자본임대료가 상승하므로 X재 생산자는 자본을 노동으로 대체하고자 한다.

② X재 산업에서 세후 자본임대료는 조세부과전보다 하락하므로 자본소유자들은 자본을 X재 산업에서 Y재 산업으로 이동시킬 것이다.

> ❍ 자본이 X재 산업에서 Y재 산업으로 이동하면 X재 산업에서는 요소집약도$\left(\dfrac{K}{L}\right)$가 하락하고, Y재 산업에서는 요소집약도$\left(\dfrac{K}{L}\right)$가 커진다.

③ X재 산업에서 Y재 산업으로의 자본이동은 X재 산업에서의 세후 자본수익률과 Y재 산업에서의 자본수익률이 같아질 때까지 이루어진다.

④ 이와 같이 자본에 대해 조세가 부과되면 기업이 자본을 노동으로 대체함에 따라 자본의 상대가격이 하락하는 효과를 요소대체효과(factor substitution effect)라고 한다.

⑤ 요소대체효과는 항상 조세가 부과된 생산요소인 자본의 상대가격을 낮추는 방향$\left(\left(\dfrac{w}{r}\right)\right.$ 상승$\biggr)$으로 작용한다.

그림 9-10 **부분요소세의 귀착**

■ X재 산업이 노동집약적
… 산출효과에 의해서는 자본의 상대가격이 상승하나 요소대체효과는 자본의 상대가격을 낮추는 방향으로 작용하므로 요소 상대가격 변화가 불분명

■ X재 산업이 자본집약적
… 산출효과와 대체효과 모두 자본의 상대가격을 하락시키므로 명확히 자본의 상대가격이 하락

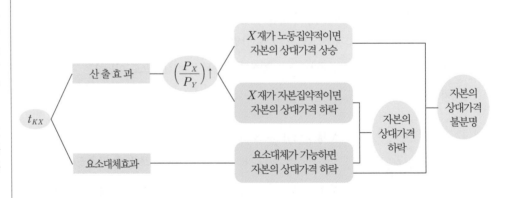

⑷ 부분요소세의 귀착

① X재 산업이 노동집약적이면 산출효과에 의해 $\left(\dfrac{w}{r}\right)$가 하락하나 X재 산업이 자본집약적이면 산출효과에 의해 $\left(\dfrac{w}{r}\right)$가 상승한다.

$$if \begin{cases} X재 \ 산업이 \ 노동집약적 \rightarrow \left(\dfrac{w}{r}\right)의 \ 하락을 \ 초래 \\[2ex] X재 \ 산업이 \ 자본집약적 \rightarrow \left(\dfrac{w}{r}\right)의 \ 상승을 \ 초래 \end{cases}$$

② 그러므로 산출효과는 조세가 부과된 부문에 집약적으로 사용되는 생산요소의 상대가격을 하락시키는 방향으로 작용한다.

③ 산출효과에 의한 요소상대가격 변화는 다음의 요인에 의해 결정된다.

> - X재에 대한 수요의 가격탄력성이 클수록
> - 부문간 요소집약도 $\left(\dfrac{K}{L}\right)$ 차이가 클수록
> - X재 생산비에서 자본비용이 차지하는 비중이 클수록
> - X재와 Y재 산업에서 대체탄력성이 작을수록
>
> 요소상대가격 $\left(\dfrac{w}{r}\right)$의 변화가 크게 나타난다.

④ 생산자들은 과세로 인해 상대적으로 가격이 상승한 요소의 수요를 줄이고자 하므로 요소대체효과는 항상 조세가 부과된 생산요소의 상대가격을 하락시키는 방향으로 작용한다.

⑤ X재 산업에 고용된 자본에 대해서만 조세가 부과되더라도 요소대체효과에 의해서는 두 산업에 고용된 모든 자본의 상대가격이 하락 $\left(\left(\dfrac{w}{r}\right) \ 상승\right)$한다.

⑥ X재 산업에서 대체탄력성이 클수록 요소대체가 크게 이루어지므로 요소대체효과에 의한 요소상대가격 $\left(\dfrac{w}{r}\right)$의 변화가 커진다.

▶ 조세부담의 귀착 … 일반균형분석

조세의 종류	내 용
개별물품세 (t_X)	(X재 산업이 노동집약적인 것으로 가정) ■조세가 부과된 생산요소의 상대가격 하락 $$t_X \rightarrow \left(\frac{P_X}{P_Y}\right)\uparrow \begin{cases} X재 \ 생산\downarrow \rightarrow L해고\uparrow \\ Y재 \ 생산\uparrow \rightarrow K고용\uparrow \end{cases} \rightarrow \left(\frac{w}{r}\right)\downarrow$$ ■요소상대가격 변화요인 $$\begin{pmatrix} 요소집약도 \ 차이가 \ 클수록 \\ 수요의 \ 가격탄력성이 \ 클수록 \\ 대체탄력성이 \ 작을수록 \end{pmatrix} \left(\frac{w}{r}\right)의 \ 변화가 \ 커짐$$ ■$\left(\frac{w}{r}\right)$가 하락 → 보다 노동집약적인 생산방법 채택 → 두 산업에서의 요소집약도 $\left(\frac{K}{L}\right)$가 모두 하락
일반소비세 (t_X+t_Y)	■일반소비세는 모든 생산요소에 대해 부과되는 소득세와 동일하다. ■따라서 일반소비세는 생산요소가 얻는 소득에 비례하여 부담한다.
일반요소세 (t_L)	■노동공급이 고정 → 노동자가 전부부담, 노동공급이 가변적 → 조세의 일부가 자본가에게 전가 $$t_L \begin{cases} 노동공급이 \ 고 \quad 정 : 조세전부가 \ 노동자에게 \ 귀착 \\ 노동공급이 \ 가변적 : 노동공급\downarrow \rightarrow \left(\frac{w}{r}\right)\uparrow \rightarrow 조세의 \ 일부가 \ 자본가에게 \ 전가 \end{cases}$$ ■노동공급이 가변적일 때 자본에 대한 전가는 다음의 요인에 의해 결정 $$\begin{pmatrix} 노동공급이 \ 탄력적일수록 \\ 생산요소간 \ 대체탄력성이 \ 작을수록 \end{pmatrix} 전가가 \ 크게 \ 이루어짐$$
부분요소세 (t_{KX})	■산출효과는 과세된 부문에 집약적으로 사용되는 생산요소의 상대가격을 낮추는 방향으로 작용 $$t_{KX} \rightarrow \left(\frac{P_X}{P_Y}\right)\uparrow \rightarrow X재 \ 생산\downarrow \begin{cases} X재가 \ 노동집약적 : 상대적 \ L \ 해고\uparrow \rightarrow \left(\frac{w}{r}\right)\downarrow \\ X재가 \ 자본집약적 : 상대적 \ K \ 해고\uparrow \rightarrow \left(\frac{w}{r}\right)\uparrow \end{cases}$$ $$\begin{pmatrix} X재 \ 수요의 \ 가격탄력성이 \ 클수록 \\ 두 \ 산업에서의 \ 요소집약도 \ 차이가 \ 클수록 \\ X재 \ 생산에서 \ 차지하는 \ 자본비용이 \ 클수록 \\ 두 \ 산업에서의 \ 대체탄력성이 \ 작을수록 \end{pmatrix} \left(\frac{w}{r}\right)의 \ 변화가 \ 커짐$$ ■요소대체효과는 항상 과세된 생산요소의 상대가격을 낮추는 방향으로 작용한다. $$t_{KX} \rightarrow \boxed{자본이 \ Y재 \ 산업으로 \ 이동} \rightarrow \left(\frac{w}{r}\right)\uparrow$$ ■요소상대가격의 변화는 산출효과와 요소대체효과의 상대적 크기에 의해 결정된다. $$\begin{cases} X재 \ 산업이 \ 노동집약적 \ \cdots \ \left(\frac{w}{r}\right)의 \ 변화가 \ 불분명 \\ X재 \ 산업이 \ 자본집약적 \ \cdots \ \left(\frac{w}{r}\right)\uparrow \end{cases}$$

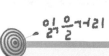

거위 털과 조세

프랑스의 루이 14세 때의 재상이었던 콜베르라는 사람은 '조세기술(art of taxation)이란 거위 털을 뽑는 기술과 같다'고 말했다고 한다. 거위로 하여금 소리를 가장 작게 지르게 하면서 털을 가장 많이 뽑는 것이 좋은 조세기술이라는 것이다. 납세자를 털이 뽑히는 거위에 비교한 것이 못마땅하게 생각될 수도 있으나 음미해 볼만한 말이라고 생각된다.

우선 거위가 소리를 지를 수 있다는 사실이 중요하다. 거위의 주인은 말 못하는 거위라도 소리를 지를 때는 어디가 잘못되었는지 자신을 돌아보고 거위의 사정을 살펴본다. 납세자들이 목소리를 가지고 있다는 사실을 확실하게 인식하는 것은 조세정책을 세우는 사람들에게 요구되는 매우 중요한 조건의 하나이다.

거위는 왜 소리를 지르는가? 같은 수량의 깃털을 뽑아도 거위를 함부로 다루어 아프게 뽑으면 거위는 소리를 지를 수밖에 없다. 같은 세금을 다루어도 납세자들을 부드럽게 다루어야 한다. 세금을 내는 것 자체가 불편하지 않도록 해야 한다. 또 세금을 낼 돈이 있을 때 세금을 받아가야 불평을 덜하게 된다.

거위는 불공평하다고 생각할 때 소리를 지를지 모른다. 왜 내 털만 많이 뽑고 내 친구 거위의 털을 많이 뽑지 않느냐고 불평을 할 수도 있다. 나는 잘 먹지를 못해서 털이 신통치 않은데 왜 깃털이 많은 다른 거위하고 똑같이 뽑느냐고 대들 수도 있다. 납세자들의 불만의 가장 많은 내용은 불공평이다. 억울하다는 것이다.

또 뽑은 털을 거위들을 위해 효율적으로 정직하게 사용하지 않기 때문에 거위들이 소리를 지를지도 모른다. 거위 털을 팔아서 생긴 돈으로 거위의 사료를 충분히 사지 않는다면 거위들이 시위를 하는 것이 당연하지 않겠는가? 현대 민주주의 국가에서 납세자들은 주인이다. 조세로 거두어들인 국가의 수입을 정직하게 효율적으로 사용하지 않는 정부가 있다면 국민의 지탄을 받아 마땅한 것이다.

납세자를 거위로 비유한 콜베르 재상의 말에 동조하는 또 하나의 이유는 깃털을 무리하게 많이 뽑힌 거위는 죽을 수도 있다는 사실 때문이다. 죽은 거위는 다시 깃털을 생산하지 못한다. 거위 농장의 주인은 금년의 거위 털 수확을 적절한 수준에서 자제하고 거위를 잘 돌보아 주어야 내년에도 좋은 수확을 할 수 있다. 국가도 무리한 세금으로 국민경제가 활기를 잃지 않도록 배려해야 한다.

곽태원, 『조세론』, 법문사, pp.141~143에서 인용

제8장 / 조세의 기초이론

01
바람직한 조세제도의 조건으로 볼 수 없는 것은?

① 조세구조는 조세수입의 극대화를 목표로 하는 것이어야 한다.
② 가급적 자원배분의 효율성 상실을 초래하지 않아야 한다.
③ 정부의 징세비용과 납세자의 납세협력비용이 최소화 되도록 해야 한다.
④ 조세부담의 배분이 공평하게 이루어져야 한다.
⑤ 경제여건의 변화에 따라 조세수입이 신축적으로 변하여 경제안정과 성장에 도움이 되어야 한다.

☞ 바람직한 조세제도는 자원배분의 효율성 상실을 최소화하면서도 그 부담이 사회구성원에게 공평하게 배분될 수 있는 세제이다. 정부의 조세수입을 극대화되는 조세제도를 바람직한 조세제도의 조건이라고 보기 어렵다.

✏ 이상적인 조세의 조건
• 경제적 효율성
• 조세부담의 공평성
• 행정적 단순성
• 세수의 신축성
• 정치적 책임성

02 (2013) 세무사
조세가 갖추어야 할 중요한 요소 중의 하나인 중립성에 관한 설명으로 옳지 않은 것은?

① 엄격한 의미에서 중립성이란 조세부과가 민간부문의 경제행위에 교란을 일으키지 않음을 의미한다.
② 조세가 부과될 때 사람들이 경제행위를 변화시키는 이유는 조세부담 회피와 관련이 있다.
③ 인두세는 장·단기적으로 경제행위에 영향을 미치지 않는 대표적인 중립세이다.
④ 완화된 개념에서 중립세란 소득효과만 있고 대체효과가 존재하지 않는 조세를 말한다.
⑤ 모든 조세가 반드시 경제행위를 왜곡시키는 것은 아니며, 오히려 민간부문의 왜곡된 경제현실을 교정하는 경우도 있다.

☞ 인두세는 단기적으로는 사람들의 행위에 영향을 미치지 않지만 장기적으로 보면 자녀수의 감소를 가져올 수 있으므로 완벽한 중립세인 것은 아니다. 보기 ⑤는 외부성을 교정하기 위한 조세인 피구세에 대한 설명이다.

03 2018 세무사

다음은 아담 스미스의 국부론 내용의 일부이다. 현대의 조세이론 가운데 자원배분의 왜곡과 관련된 항목을 모두 고른 것은?

> ㄱ. 조세 징수에 많은 수의 관리들이 필요해서 그들의 봉급이 조세수입의 대부분을 갉아먹고 또한 그들의 부수입이 국민들에게 추가적인 과세 부담으로 되는 경우이다.
> ㄴ. 조세가 국민들의 근면을 방해하고, 그들로 하여금 (많은 사람들을 먹여 살리고 고용할 수 있는) 어떤 산업부문에 종사하는 것을 단념하도록 만드는 경우이다.
> ㄷ. 탈세를 시도하다가 실패하는 불행한 사람들에게 몰수 기타의 형벌을 부과함으로써, 조세가 그들을 종종 몰락시키고 그리하여 사회가 (그들의 자본 운용으로부터 얻을 수 있었을) 이익을 상실하게 되는 경우이다.
> ㄹ. 국민들에게 조세 징수인의 빈번한 방문·짜증나는 조사를 받게 함으로써 조세가 국민들에게 수많은 불필요한 고통·번거로움·억압을 주는 경우이다.

① ㄴ   ② ㄹ   ③ ㄱ, ㄹ
④ ㄴ, ㄷ   ⑤ ㄴ, ㄹ

✍ ㄱ은 징세비용, ㄹ은 납세협력비용을 설명하는 것일 뿐 조세로 인한 자원배분의 왜곡과는 관련이 없다. ㄷ도 탈세에 관한 것이므로 마찬가지로 자원배분의 왜곡을 설명하는 것은 아니다. ㄴ이 조세로 인해 사람들의 의사결정이 바뀌게 되는 것에 관한 것이므로 자원배분의 왜곡을 설명하는 내용이다.

04 2011 세무사

정액세(lump−sum tax)에 관한 설명으로 옳은 것은?
① 정액세의 부과는 상대가격을 변경시킨다.
② 정액세는 대체효과와 소득효과를 발생시킨다.
③ 정액세는 효율성과 공평성을 동시에 충족시키는 조세이다.
④ 정액세는 납세자의 경제적 의사결정에 교란을 초래하지 않는다.
⑤ 소득이 1,000만 원인 납세자에게는 200만 원을, 소득이 100만 원인 납세자에게는 20만 원을 정액으로 부과하는 소득세는 정액세의 일종이다.

✍ 조세부과시에 초과부담이 발생하는 것은 상대가격이 변하는 대체효과로 인해 민간부문의 의사결정왜곡이 초래되기 때문이다. 중립세(lump−sum tax)는 대체효과를 유발하지 않으므로 민간부문의 의사결정 왜곡을 전혀 초래하지 않는 조세를 말한다. 중립세가 부과되면 대체효과가 발생하지 않고, 소득효과만 발생한다. 보기 ⑤에 주어진 세금은 소득에 비례한 세금이므로 중립세가 아니다.

05

직접세와 간접세에 대한 다음 설명 중 옳은 것은?

① 우리나라의 국세수입 중에서 간접세가 차지하는 비중은 최근에는 60%를 상회하고 있다.

② 직접세는 간접세에 비하여 경기상황과 관계없이 호황이건 불황이건 세수가 안정적인 특징이 있다.

③ 수직적 공평의 측면에서는 간접세가 직접세보다 우월하다.

④ 직접세는 간접세에 비하여 개인의 경제적 부담능력을 고려하여 과세할 수 있다.

⑤ 직접세는 법률상으로는 납세의무자와 담세자가 동일할 것으로 예상되는 조세인데, 교육세가 그 예에 해당된다.

📝 대체로 직접세는 납세의무자와 담세자가 일치하므로 개인의 부담능력을 고려하여 과세하는 것이 가능하다. 직접세는 대체로 누진적인 세율체계로 되어 있으므로 수직적 공평의 측면에서는 간접세보다 우월하다. 그리고 직접세는 누진적인 체계로 되어 있기 때문에 경기가 호황이면 조세수입이 급격히 증가하고, 경기가 불황이면 조세수입이 아주 크게 감소하므로 경기의 자동안정화기능을 가지고 있다.

현재 본세에 부가하여 부과되는 부가세로는 교육세와 농어촌특별세가 있는데, 교육세는 등록세와 금융보험업자의 수익금액에 부가하여 과세되고 있으며, 농어촌특별세는 법인세(조세특례제한법에 의한 법인세 감면액의 20%)와 취득세 등에 부가하여 과세되고 있다. 직접세와 간접세의 특징을 정리하면 다음의 표와 같다.

직접세와 간접세의 비교

	직접세	간접세
납세자와 담세자	일치	불일치
전가가능성	낮다	높다
조세저항	크다	작다
징세비용	많이 소요된다.	적게 소요된다.
담세력의 고려여부	담세력을 고려한 과세가 가능하다.	담세력을 고려한 과세가 불가능하다.
자원배분	자원배분의 효율성이 저하된다.	자원배분의 효율성이 저하된다.

06

다음 중 직접세이면서, 물세에 해당되는 것은?

① 지출세 ② 부유세 ③ 소득세

④ 담배소비세 ⑤ 재산세

📝 대체로 직접세는 인세에 해당되고, 간접세는 물세에 해당되나 그 구분이 항상 일치하는 것은 아니다. 문제의 보기 중에서 재산세는 직접세이면서 물세이다.

인세와 물세

	인 세	물 세
직접세	소득세, 상속세, 증여세, 주민세, 지출세, 부유세 등	취득세, 등록면허세, 재산세, 자동차세 등
간접세		부가가치세, 개별소비세, 주세, 인지세, 담배소비세 등

07 2023 세무사

우리나라 조세 중 지방세이면서 목적세에 해당하는 것은?

① 농어촌특별세   ② 주민세   ③ 지방교육세
④ 담배소비세   ⑤ 문화재관람료

📝 지방세 중 목적세로는 지역자원시설세와 지방교육세가 있다. 주민세와 담배소비세는 지방세 중 보통세에 해당된다. 문화재관람료는 특정한 문화재 관람을 위한 일종의 입장료이므로 조세가 아니다.

08 2015 세무사

목적세에 관한 설명으로 옳지 않은 것은?

① 조세수입이 특정용도에 사용되기로 정해진 세금이다.
② 특정분야 사업에 대해 어느 정도의 예산이 확보될 가능성이 크기 때문에 사업의 안정성이 보장된다.
③ 예산배분에 있어 칸막이가 발생하므로 다른 분야 예산사업의 재정위험이 목적세로 시행하는 사업에 파급되지 않는다.
④ 해당 조세수입이 어느 정부지출로 귀결되는지를 알 수 있다.
⑤ 공공서비스의 비용을 수혜자에게만 직접 부담시킴으로써 조세의 효율성을 제고시킨다.

📝 목적세 중의 하나인 담배에 부과되는 교육세는 교육관련 지출에 사용된다. 대부분 학업을 마친 흡연자로부터 징수되는 교육세가 교육관련 지출에 사용되므로 모든 목적세가 공공서비스 제공비용을 수혜자에게 부담시키는 조세인 것은 아님을 알 수 있다.

09 [2020] 세무사

다음은 고령화가 급격히 진행되면서 복지지출이 지속적으로 증가하는 한 국가의 최근 10년간 조세부담률과 국민부담률의 추이이다. 이에 관한 해석으로 옳은 것을 모두 고른 것은?

구분	2010	2011	2012	2013	2014	2015	2016	2017	2018	2019
조세부담률	18.4	18.7	18.2	18.0	18.5	18.4	18.6	18.4	18.5	18.6
국민부담률	24.2	24.8	24.7	25.7	26.4	27.5	28.3	29.0	29.4	30.1

ㄱ. 사회보장성 기여금 부담이 매년 증가하고 있다.

ㄴ. 최근 10년간 GDP 증가율이 매년 1%로 표준화되었다고 할 때, 2014년 대비 2015년도의 조세의 세수탄력성$\left(\dfrac{세수변화율}{GDP변화율}\right)$은 1보다 크다.

ㄷ. 조세부담률이 전년도와 동일하다면, 조세수입은 경제성장률만큼 증가한다.

① ㄱ   ② ㄱ, ㄴ   ③ ㄱ, ㄷ
④ ㄴ, ㄷ   ⑤ ㄱ, ㄴ, ㄷ

✎ 조세부담률
$=\dfrac{조세}{국내총생산}$

✎ 국민부담률
$=\dfrac{조세+사회보장부담금}{국내총생산}$

📝 조세부담률은 국내총생산(GDP)에서 조세(국세＋지방세)가 차지하는 비중을 말한다. 한편, 국민부담률은 조세와 사회보장기여금이 국내총생산에서 차지하는 비중을 의미한다. 국민부담률은 조세부담률과 국민연금, 의료보험 등에 납부하는 보험료가 국내총생산에서 차지하는 비중인 사회보장부담률을 합한 것이므로 보다 포괄적으로 국민의 부담을 보여준다. 그러므로 국민부담률과 조세부담률의 차이가 사회보장부담률이 된다.

문제의 표에 주어진 수치를 보면 10년 동안 조세부담률은 큰 차이가 없으나 국민부담률은 지속적으로 증가하는 것을 알 수 있다. 이는 국민부담률과 조세부담률의 차이가 점점 커지고 있음을 의미한다. 참고로 몇 개년의 국민부담률과 조세부담률의 차이를 계산해보면 2010년에는 5.8%, 2014년에는 7.9%, 2019년에는 11.5%이다. 국민부담률과 조세부담률의 차이가 사회보장부담률이다. 사회보장부담률이 증가한다는 것은 국민들이 부담해야 하는 국민연금, 의료보험 등을 위한 사회보장성 기여금 부담이 매년 증가함을 의미한다.

세수탄력성$=\dfrac{조세수입변화율}{GDP변화율}$이므로 조세수입증가율과 GDP증가율(＝경제성장률)이 동일하면 세수탄력성이 1이 된다. GDP와 조세수입이 동일한 비율로 증가하면 조세수입이 GDP에서 차지하는 비율인 조세부담률이 변하지 않는다. 그러므로 세수탄력성이 1인 경우에는 조세부담률이 일정하게 유지된다.

한편, 조세수입증가율이 GDP증가율보다 크면 세수탄력성이 1보다 크다. 또한, 조세수입증가율이 GDP증가율보다 크면 조세수입이 GDP에서 차지하는 비율인 조세부담률이 높아진다. 그러므로 세수탄력성이 1보다 크면 조세부담률이 점점 높아지게 된다. 표에 주어진 수치를 보면 2014년에는 조세부담률이 18.5%이고, 2015년에는 18.4%이므로 2015년에는 2014년보다 조세부담률이 낮아졌다. 그러므로 2015년의 세수탄력성은 1보다 작음을 알 수 있다.

10 2019 세무사

목적세에 관한 설명으로 옳지 않은 것은?

① 조세의 편익원칙에 기초한다.

② 특정분야 사업 재원의 안정성을 보장한다.

③ 전체 재정활동의 관점에서 효율성을 저해할 수 있다.

④ 우리나라의 목적세로는 종합부동산세를 들 수 있다.

⑤ 과세 기한이 정해져 있는 것이 일반적이다.

📝 우리나라에서 부과되는 조세 중 목적세로는 국세인 교육세, 농어촌특별세, 교통·에너지·환경세 그리고 지방세인 지역자원시설세, 지방교육세가 있다. 종합부동산세는 목적세가 아니라 보통세 이다. 도로, 철도 등 교통시설의 확충을 위해 부과되는 교통·에너지·환경세는 어느 정도 편익원 칙에 부합하나 교육세와 농어촌특별세는 편익원칙에 입각하여 부과되는 조세로 보기 어렵다. 그 러므로 보기 ①도 옳지 않은 것으로 보는 것이 타당해 보인다.

✏️ 목적세
- 국세 {교육세 / 농어촌특별세 / 교통·에너지·환경세
- 지방세 {지역자원시설세 / 지방교육세

11 2017 세무사

목적세에 관한 설명으로 옳지 않은 것은?

① 교육세, 교통·에너지·환경세 등을 예로 들 수 있다.

② 목적세 세수를 필요한 만큼 확보하지 못하면 보통세 세수를 전용해야 하는 문제가 발생할 수 있다.

③ 정부의 재원배분 과정을 자동화하여 정부예산의 효율성을 높인다.

④ 정부의 예산배분 과정에서 나타나는 정치적 갈등을 줄일 수 있다.

⑤ 정부재정 운영의 신축성을 떨어뜨린다.

📝 목적세는 특정한 조세수입을 특정한 지출에 사용하는 것이므로 칸막이식 재정운용이 이루어져 정 부예산의 효율성을 떨어뜨리는 측면이 있다.

12 2010 세무사

평균세율(세액/소득금액)의 변화로 조세의 누진성 여부를 판단할 때 옳지 않은 것은?

① 전 국민에게 동일 금액으로 소득세를 부과하는 경우 누진성이 강화된다.

② 주세처럼 역진적인 세목은 소득분배를 악화시킨다.

③ 고소득층이 많이 사용하는 사치품에 대한 개별소비세 과세로 소비세의 역진성을 완화할 수 있다.

④ 동일한 세수라면 누진성이 높은 경우가 소득분배를 더 많이 개선한다.

⑤ 역진적인 조세라도 세수를 저소득층 중심으로 사용하면 소득분배를 개선할 수 있다.

📝 전국민에게 동일금액의 소득세를 부과하면 소득대비로 볼 때 상대적으로 저소득층의 부담이 클 것이므로 조세부담이 역진적이 될 것이다.

09 ③ **10** ④ **11** ③ **12** ①

13 2022 세무사

세수함수 $T = -400 + 0.5Y$에 관한 설명으로 옳은 것만을 고른 것은? (단, T : 세금, Y(소득)>800이다.)

> ㄱ. 소득증가 시 평균세율 증가
> ㄴ. 소득크기에 관계없이 한계세율 일정
> ㄷ. 세수탄력성<1
> ㄹ. 한계세율<평균세율

① ㄱ, ㄴ   ② ㄱ, ㄷ   ③ ㄷ, ㄹ
④ ㄱ, ㄷ, ㄹ   ⑤ ㄴ, ㄷ, ㄹ

✒ 세수함수를 Y로 나누어 주면 평균세율 $\dfrac{T}{Y} = -\dfrac{400}{Y} + 0.5$이므로 소득이 증가할수록 평균세율이 점점 높아진다. 한편, 세수함수를 Y에 대해 미분하면 $\dfrac{dT}{dY} = 0.5$이므로 한계세율은 소득의 크기와 관계없이 일정하나 항상 평균세율보다 높다.

문제에 주어진 조세체계는 한계세율이 소득과 관계없이 일정하고, 소득이 증가할수록 평균세율이 점점 높아지므로 선형누진세에 해당한다. 누진세는 세수탄력성이 항상 1보다 크다. 참고삼아 세수탄력성을 계산해보면 다음과 같다.

$$\text{세수탄력성} = \frac{\dfrac{dT}{T}}{\dfrac{dY}{Y}} = \frac{dT}{dY} \times \frac{Y}{T} = 0.5 \times \frac{Y}{-400 + 0.5Y} = \frac{0.5Y}{-400 + 0.5Y} > 1$$

14 2017 세무사

소득세 구조가 누진적인 경우가 아닌 것은?

① 면세점이 존재하고 선형조세함수일 경우
② 면세점은 없으나 한계세율이 소득에 따라 증가할 경우
③ 세수탄력성이 1보다 클 경우
④ 한계세율과 평균세율이 같을 경우
⑤ 한계세율은 일정하나 평균세율이 소득에 따라 증가할 경우

✒ 한계세율과 평균세율이 동일한 것은 세수함수가 원점을 통과하는 직선일 때이다. 세수함수가 원점을 통과하는 직선이면 그 조세는 누진세가 아니라 비례세이다.

15 2015 세무사

선형소득세제에 관한 설명으로 옳지 않은 것은?

$$세제 \ 1 : T = 10 + 0.1Y$$
$$세제 \ 2 : T = 0.15Y$$
$$세제 \ 3 : T = -10 + 0.15Y$$
[단, T : 조세수입, Y : 소득]

① 세제 1의 조세수입의 소득탄력성이 세제 2의 조세수입의 소득탄력성보다 작다.

② 세제 2와 세제 3은 동일한 한계세율을 가진다.

③ 세제 3의 평균세율은 누진구조를 가지고 있다.

④ 세제 3의 경우 면세점 이상의 소득자는 소득이 증가할수록 조세수입의 소득탄력성이 더 커진다.

⑤ 세제 1과 세제 3의 조세수입이 일치하는 지점에서 세제 1이 세제 3에 비해 조세수입의 소득탄력성이 작다.

📝 세제 1은 세수함수가 세수축을 통과하므로 역진세, 세제 2는 세수함수가 원점을 통과하는 직선이므로 비례세, 세제 3은 세수함수가 과표축을 통과하므로 누진세이다. 세제 1은 역진세이므로 조세수입의 소득탄력성이 1보다 작고, 세제 2는 비례세이므로 세수탄력성이 1이고, 세제 3은 누진세이므로 세수탄력성이 1보다 크다. 세제 1의 한계세율은 0.1이고, 세제 2와 3의 한계세율은 0.15이므로 세제 2와 3의 한계세율은 동일하다.

세제 3의 조세수입의 소득탄력성을 계산해 보면 아래와 같다. 아래의 식을 보면 조세수입의 소득탄력성이 1보다 큰 값이기는 하나 소득이 증가할수록 조세수입의 소득탄력성이 작아짐을 알 수 있다. 예를 들면, 소득이 100일 때는 탄력성이 $3\left(= \dfrac{15}{-10+15}\right)$이고, 소득이 200일 때는 탄력성이 $1.5\left(= \dfrac{30}{-10+30}\right)$이다.

$$(세제 \ 3) \ 조세수입의 \ 소득탄력성 = \frac{\dfrac{dT}{T}}{\dfrac{dY}{Y}} = \frac{dT}{dY} \times \frac{Y}{T}$$

$$= 0.15 \times \frac{Y}{-10+0.15Y} = \frac{0.15Y}{-10+0.15Y}$$

16 [2023] 세무사

소득세율이 소득구간에 따라 0원에서 1,200만 원까지는 0%, 1,200만 원 초과 3,000만 원까지는 9%, 3,000만 원 초과 5,000만 원까지는 18%, 5,000만 원 초과부터는 27%이다. K군의 총소득 5,500만 원에서 각종 공제를 적용한 후 과세가능소득은 4,500만 원이다. K군의 (A)한계세율과 (B) 실효세율은? (단, 백분율(%)을 구할 때 소수점 셋째자리에서 반올림한다.)

① A : 9%, B : 7.85%
② A : 9%, B : 9.60%
③ A : 18%, B : 7.85%
④ A : 18%, B : 9.60%
⑤ A : 27%, B : 9.60%

✒ K군의 과세표준이 4,500만 원이므로 마지막 구간에서 적용받는 한계세율이 18%이고, 납부해야 할 세금이 432만 원으로 계산된다. 총소득이 5,500만 원이고 납부세액이 432만 원이므로 실효세율은 $7.85\%\left(=\dfrac{432}{5,500}\times100\right)$이다.

$$납부세액=(1,200\times0)+(1,800\times0.09)+(1,500\times0.18)$$
$$=432만 원$$

17 [2018] 세무사

조세의 근거학설인 이익설의 장점은?

① 조세가 갖는 강제성의 특징을 반영한다.
② 시장경제원리를 적용하기 때문에 조세부과가 용이하다.
③ 경제 불안정을 극복하기 위해 필요한 정부지출 재원 조달이 수월하다.
④ 외부성과 무관하게 공공재 공급재원을 조달할 수 있다.
⑤ 정부의 저소득층 지원을 위한 복지재원 확보가 유리하다.

✒ 이익설에 따라 조세가 부과된다면 자신이 공공서비스로부터 얻는 편익의 대가로 세금을 납부하게 되므로 시장경제원리에 부합한다. 이익설은 자발적인 교환원리에 입각하고 있으므로 이익설에 따른다면 강제적인 조세징수가 어렵기 때문에 공공재 공급을 위한 재원조달이나 저소득층 지원을 위한 복지재원 조달, 그리고 경제안정화를 위한 정부지출 재원을 조세를 통해 조달하는 것이 어렵게 되는 문제가 있다.

18 2016 세무사

조세의 근거학설 가운데 이익설에 관한 설명으로 옳지 않은 것은?

① 이익의 크기에 따라 조세를 부과하므로 근로의욕을 저해하지 않는다.

② 외부성이 있는 공공재의 공급재원 조달은 어렵다.

③ 공공서비스로부터의 편익에 비례해 부담하기 때문에 무임승차 문제가 발생할 수 없다.

④ 빅셀이 제시한 자발적 교환이론에 근거하고 있다.

⑤ 소득재분배를 위해 필요한 정부지출 재원을 조달하기 어렵다.

📝 이론적으로 보면 각자가 공공서비스로부터 얻는 편익의 크기에 따라 조세를 부과하면 근로의욕이 저해되지 않을 뿐만 아니라 효율적인 자원배분이 이루어질 수 있다. 그런데 각자가 납부해야 할 세금의 크기가 자신이 공공재로부터 얻는 편익의 크기에 따라 결정된다면 사람들은 편익의 크기를 제대로 밝히지 않고 무임승차자(free rider)가 되려고 할 것이다. 또한 편익원칙에 의해 조세가 부과되면 소득재분배 및 경제안정화를 위한 정부지출 재원조달이 어려워진다. 그리고 편익원칙 하에서는 외부성이 있는 공공재의 공급재원 조달도 어려워진다.

19 2020 세무사

조세에 관한 설명으로 옳은 것을 모두 고른 것은?

> ㄱ. 동등한 경제 상황에 있는 사람들에게 동동하게 과세하여야 한다는 것이 수직적 공평이며, 부자에게는 더 많은 세금을 부과하여야 한다는 것이 수평적 공평이라 한다.
>
> ㄴ. 조세의 중립성은 조세가 자원배분의 효율성을 왜곡시키지 않는 것을 의미하며, 조세의 간편성은 납세비용이나 조세행정의 부담을 줄이는 것을 의미한다.
>
> ㄷ. 조세부담의 귀착이란 법률상 납세의무자가 조세부담의 일부를 거래 상대방에게 일시적으로 이전하는 것을 말하며, 최종적으로 누가 조세를 부담할 것인가를 나타내는 것이 조세부담의 전가이다.
>
> ㄹ. 인두세는 단기적으로 대체효과가 발생하지 않는다는 점에서 왜곡이 없는 조세이지만, 소득에 대해 역진적이기 때문에 공평하다고 말할 수 없다.

① ㄴ   ② ㄷ   ③ ㄹ

④ ㄱ, ㄷ   ⑤ ㄴ, ㄹ

📝 동등한 경제 상황에 있는 사람들에게 동등하게 과세하는 것을 수평적 공평성(horizontal equity), 부자에게 더 많은 세금을 부과하는 것을 수직적 공평성(vertical equity)이라고 한다. 법률상 납세의무자가 조세부담의 일부를 거래 상대방에게 이전하는 것을 조세부담의 전가(shifting), 최종적으로 누군가 조세를 부담하게 되는 것을 조세부담의 귀착(incidence)이라고 한다.

20

조세를 공공재 사용에 대한 대가로 인식하는 편익원칙에 입각하여 조세가 부과된다고 하자. 공공재 수요의 가격탄력성이 3이라면 조세가 누진적이 되기 위한 공공재 수요의 소득탄력성으로 적절한 것은?

① 0   ② 1   ③ 2

④ 3   ⑤ 4

📝 공공재수요의 소득탄력성을 공공재 수요의 가격탄력성으로 나누면 세수탄력성을 구할 수 있다(편익원칙에서는 조세를 공공재의 가격으로 인식하므로 $P=T$로 둘 수 있다). 어떤 조세가 누진적이 되기 위해서는 세수탄력성이 1보다 커야 한다. 아래의 식이 1보다 큰 값을 가지려면 공공재 수요의 소득탄력성이 가격탄력성보다 커야 한다.

$$\frac{\text{공공재수요의 소득탄력성}}{\text{공공재수요의 가격탄력성}} = \frac{\dfrac{\dfrac{\Delta G}{G}}{\dfrac{\Delta Y}{Y}}}{\dfrac{\dfrac{\Delta G}{G}}{\dfrac{\Delta P}{P}}} = \frac{\dfrac{\Delta P}{P}}{\dfrac{\Delta Y}{Y}} = \frac{\dfrac{\Delta T}{T}}{\dfrac{\Delta Y}{Y}} = \text{세수탄력성}$$

21   2019 세무사

공평과세에 관한 설명으로 옳지 않은 것은?

① 편익원칙은 빅셀(K. Wicksell), 린달(E. Lindahl) 등에 의해 발전되었는데, 이들은 조세를 자발적 교환에 대한 대가로 파악한다.

② 수수료, 통행료, 사용료는 편익원칙에 따른 과세의 예이다.

③ 능력원칙에 따르면 상이한 경제적 능력을 가진 사람에게는 상이한 크기의 조세를 부과해야 한다.

④ 밀(J. Mill)은 공평과세의 원칙으로 동등희생설을 주장한다.

⑤ 사뮤엘슨(P. Samuelson)에 의하면 동등절대희생의 원칙은 한계효용의 소득탄력성이 1보다 작은 경우에 누진과세를 정당화한다.

📝 동등절대희생원칙에 의해 조세가 부과될 때 누진과세가 정당화되려면 한계효용의 소득탄력성이 1보다 커야 한다.

22 2019 세무사

조세의 공평성에 관한 설명으로 옳지 않은 것은?

① 동일한 경제적 능력 소유자의 조세부담은 같아야 한다.

② 수평적 공평성은 어떤 사람들을 똑같은 능력의 소유자로 보아야 하는 문제가 있을 수 있다.

③ 납세 이후에도 개인의 효용수준의 순서는 변하지 않아야 한다.

④ 소득세율의 누진성 강화는 수직적 공평성을 저해한다.

⑤ 포괄적 소득세는 수평적 공평성 제고를 위해 바람직하다.

✎ 소득세의 누진성이 강화되면 소득이 증가할수록 조세부담이 더 큰 폭으로 증가하므로 수직적 공평성이 높아지게 된다. 포괄적 소득세는 모든 소득을 동일하게 취급하므로 수평적 공평성 측면에서 바람직하다.

23 2019 세무사

누진적 조세제도에 관한 설명으로 옳지 않은 것은?

① 누진세율구조로 조세제도가 복잡해질 경우, 제도에 허점이 발생하여 수직적 공평성이 저해될 수 있다.

② 누진세율구조는 경제적 활력을 줄여 효율성에 부정적 영향을 끼칠 수 있다.

③ 누진세를 도입할 경우, 두 과세기간의 평균소득이 동일한 자영업자와 근로소득자 사이에 수평적 공평성을 저해할 수 있다.

④ 편익원칙에 따를 때, 편익의 소득탄력성이 1보다 작을 경우 누진세의 도입은 공평하다.

⑤ 누진세율구조는 가처분소득의 평준화를 통해 수직적 불평등을 완화할 수 있다.

✎ 편익원칙에 의해 조세가 부과될 때 누진과세가 정당화되려면 공공서비스 수요의 소득탄력성이 1보다 커야 한다. 근로소득자와 자영업자를 비교해 보면 근로소득자는 매 기간 소득이 거의 일정하나 자영업자는 경기상황에 따라 소득의 변동성이 크다. 누진적인 세율구조 하에서는 일정기간의 총소득이 동일하더라도 소득의 변동성이 클수록 조세부담이 증가하는 현상이 나타나므로 두 과세기간의 평균소득이 동일하더라도 근로소득자보다 자영업자의 조세부담이 커지는 현상이 나타날 가능성이 높다. 두 기간의 평균소득이 동일함에도 불구하고 조세부담이 달라지면 수평적 공평성에 위배된다.

24 [2022] 세무사

공평과세에 관한 설명이 아닌 것은?

① 대기를 오염시키는 플라스틱 생산에 환경세를 부과해야 한다.

② 고소득자일수록 더 많은 조세를 부담해야 한다.

③ 부양가족이 많으면 부담능력이 적으니 조세를 적게 부담해야 한다.

④ 주행거리에 비례한 자동차세 부과는 편익원칙에 입각한 것이다.

⑤ 인근 공원 때문에 주택가격이 올랐다면 재산세를 더 많이 부담해야 한다.

✒ 환경세는 외부성을 시정하기 위한 조세이므로 공평과세와는 별 관련이 없다.

25

다음은 조세와 관련된 설명이다. 옳은 것은?

① 이론적으로 볼 때 개인의 조세부담 능력을 측정하는 가장 적절한 척도는 소득이다.

② 조세제도의 수평적 공평성이 충족되지 못하더라도 수직적 공평성은 충족되는 것이 바람직하다.

③ 능력원칙에 의하면 소득재분배를 위한 정부의 조세지출은 허용되지 않는다.

④ 조세부과 이전과 이후에 개인들의 효용의 순서가 변하지 않았다면 조세제도는 수직적으로 공평하다.

⑤ 현실에서는 대부분 능력원칙을 기준으로 과세가 이루어지고 있다.

✒ 개인의 조세부담능력을 측정하는 가장 적절한 척도는 효용수준이나, 개인의 효용수준을 정확히 측정하는 것이 불가능하기 때문에 효용수준을 측정하는 대리변수로 소득, 소비, 재산 등을 사용하고 있다. 만약 수평적 공평성이 충족되지 못하는 상황이라면 수직적 공평성이 충족된다고 해서 더 바람직한 상태가 된다는 보장은 없다(차선의 이론).

능력설에서는 개인이 공공서비스로부터 얻는 편익과 관계없이 개인은 경제적 능력에 따라 조세를 납부해야 하는 의무로 보고 있는데, 문제는 개인의 경제적 능력을 객관적으로 평가하는 것이 매우 곤란하다는 점이다. 이익설과 능력설의 내용을 간단히 비교하면 아래의 표와 같다.

이익설과 능력설

	이익설(편익원칙)	능력설(능력원칙)
주장학자	K. Wicksell, E. Lindahl	J. S. Mill, A. C. Pigou, A. Wagner
국가관	개인주의적 · 시민주의적 국가관	국가유기체설
조세에 대한 시각	조세를 개인이 공공서비스로부터 얻는 편익에 대한 대가로 파악	조세를 국가유기체의 구성원인 국민의 당연한 의무로 파악
문제점	조세제도를 통한 소득재분배 및 경제안정화를 위한 정부정책의 가능성이 배제됨	개인의 경제적 능력의 객관적인 평가가 곤란
사례	수수료, 수익자부담, 통행료, 사용료 등	소득세, 법인세, 상속세 등

26 `2019` 세무사

조세부과 기준으로서 경제적 능력의 평가에 관한 설명으로 옳지 않은 것은?

① 소득을 평가기준으로 할 경우, 여가와 노동에 대한 개인의 선호를 반영하지 못하는 한계가 있다.

② 소비를 평가기준으로 할 경우, 누진과세가 불가능하다.

③ 소득을 평가기준으로 할 경우, 시장을 통하지 않고 취득된 귀속소득은 과세대상에 포함하기 어렵다.

④ 재산을 평가기준으로 할 경우, 재산가치 평가의 어려움이 있다.

⑤ 소득을 평가기준으로 할 경우, 인플레이션 발생 시 실질적인 조세부담이 증가한다.

☞ 일정기간 동안 어떤 개인의 소비지출액을 경제적 능력으로 보고 과세하는 지출세는 물건에 대해 부과하는 물세가 아니라 개인에게 부과하는 인세이므로 누진과세가 가능하다.

27 `2021` 세무사

누진세에 관한 설명으로 옳지 않은 것은?

① 조세회피가 발생할 가능성이 있다.

② 경제적 효율성이 저해될 수 있다.

③ 조세를 소득의 함수로 나타내면 원점을 지나는 선형조세함수의 형태가 된다.

④ 정부로부터 제공받는 서비스의 정도와 관계없이 조세부담을 해야 한다.

⑤ 경기변동 시 자동안정화 기능을 한다.

☞ 누진세제 하에서는 소득구간이 상승할수록 한계세율이 높아지므로 납부세액이 그 이전 구간에 비해 급속히 증가한다. 아래의 그림 (a)와 (b)는 누진단계가 3단계인 누진세체계 하에서 한계세율과 납세액의 변화를 나타내고 있다. 누진세 체계 하에서 조세함수는 원점을 지나는 직선이 아니라 아래의 그림 (b)와 같이 꺾은선의 형태가 된다.

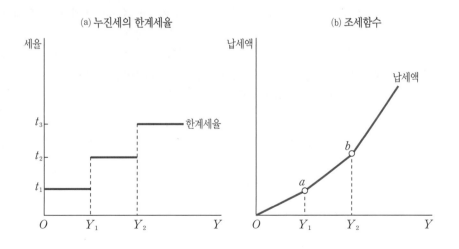

✎ 자동안정화장치
경기침체나 경기호황 때 정부가 의도적으로 정부지출과 세율을 변경하지 않더라도 자동적으로 재정지출과 조세수입이 변하여 경기침체나 경기호황의 강도를 완화시켜주는 장치를 말하는데, 대표적인 예로는 누진적인 소득세, 실업보험, 사회보장 이전지출 등이 있다.

28 2021 세무사

동등희생의 원칙에서 희생의 비율을 동등하게 하는 경우 누진세를 정당화하는 것으로 옳은 것은?

① 소득의 한계효용이 감소하고 직선이다.

② 한계효용의 소득탄력성이 1보다 크다.

③ 한계효용의 소득탄력성이 1보다 작다.

④ 소득의 한계효용이 일정하다.

⑤ 한계효용의 소득탄력성이 1이다.

📝 균등비례희생 원칙에 의하면 소득의 한계효용이 일정하면 비례적인 과세가 이루어져야 하나 소득의 한계효용곡선이 우하향의 직선이면 누진세가 정당화된다. 균등절대희생 원칙에 의하면 한계효용의 소득탄력성이 1보다 크면 누진세, 1일 때는 비례세, 1보다 작을 때는 역진세가 부과되어야 한다.

29

조세의 부담구조와 관련된 설명 중 옳은 것은?

① 과세기간 동안의 개인별 소비액을 기준으로 과세하는 개인소비세의 경우 그 부담구조는 역진적이 된다.

② 편익원칙에 따른 과세를 채택할 경우 그 세율구조는 누진적이 된다.

③ 두 사람이 동일한 우하향하는 소득의 한계효용곡선을 가진다고 가정할 때 비례적 균등희생원칙에 따를 경우 비례세가 나타나게 된다.

④ 두 사람이 동일한 우하향하는 소득의 한계효용곡선을 가진다고 가정할 때 한계적 균등희생원칙에 따를 경우 누진세가 나타나게 된다.

⑤ 부담능력에 따른 과세를 채택할 경우 소득이 유일한 부담능력의 척도가 된다.

📝 개인소비세(지출세)는 개인별로 누진과세하므로 그 부담이 누진적이다. 편익원칙에 의해 조세를 부과할 경우 세율구조는 공공재 수요의 소득탄력성에 의해 결정된다. 따라서 세율구조는 누진적이 될 수도 있고, 역진적이 될 수도 있다. 균등비례희생원칙에 의해 조세가 부과되는 경우에는 소득의 한계효용곡선이 우하향의 직선이면 누진적인 과세가 이루어진다. 소득뿐만 아니라 소비지출액, 재산 등도 개인의 부담능력을 나타내는 지표로 사용될 수 있다.

✏️ 개인소비세(지출세)
일정기간 동안 개인의 총 소비지출액을 과세베이스로하여 누진과세하는 직접세

30

소득의 한계효용곡선이 우하향하는 직선으로 주어져 있다고 하자. 밀(J. S. Mill)의 균등희생원칙에 대한 다음 설명 중 옳지 않은 것은?

① 균등절대희생원칙에 의해 과세가 이루어진다면 납세후 소득의 한계효용은 저소득층이 더 크다.
② 균등비례희생원칙에 의해 과세가 이루어지면 누진과세가 이루어진다.
③ 균등한계희생원칙에 의해 과세가 이루어지면 납세후 고소득층과 저소득층의 납세후 소득의 한계효용이 동일하다.
④ 균등비례희생원칙에 의해 과세가 이루어지면 납세후 소득은 고소득층이 저소득층 보다 더 많다.
⑤ 균등한계희생원칙에 의해 과세가 이루어지면 납세후 소득은 고소득층이 더 많다.

☞ 균등한계희생원칙에 의해 과세가 이루어지면 납세후 소득은 모든 사람에게 동일하다.

31

다음 중 소득을 개인의 경제적 능력의 평가기준으로 사용할 때 발생하는 문제점이 아닌 것은?

① 경제적 능력이 동일하더라도 여가를 더 선호하는 사람의 조세부담이 작아지는 문제점이 발생한다.
② 발생주의에 의거하여 과세할 경우 유동성문제가 생길 수 있다.
③ 인플레이션이 발생하면 실질적인 조세부담이 증가하는 결과가 초래된다.
④ 소득의 변동성이 높은 사람일수록 조세부담이 작아지는 문제가 발생한다.
⑤ 귀속소득을 모두 과세하는 것은 현실적으로 불가능하다.

☞ 일반적으로 누진소득세제하에서는 소득의 변동성이 높은 사람일수록 조세부담이 커지는 문제가 생겨날 수 있다.

32 `2022` 세무사

누진세에 관한 찬반 의견으로 옳지 않은 것은?

① 조세제도를 복잡하게 만들어 탈세할 수 있는 구멍(loophole)을 제공할 수 있다고 반대한다.
② 경제의 활력을 떨어뜨리는 원인이 된다고 반대한다.
③ 능력원칙에 따라 경제적 능력이 큰 사람일수록 정부서비스 혜택을 많이 받기 때문에 찬성한다.
④ 사람들은 자신들의 미래가 불확실한 상황에서는 누진세를 찬성할 수 있다.
⑤ 밀(J. S. Mill)의 동등희생의 원칙에는 누진세를 찬성하는 논리가 제시되어 있다.

☞ 능력원칙이란 공공서비스의 혜택이 어떻게 배분되는지 와는 관계없이 납세자의 담세능력에 따라 조세부담이 배분되어야 공평하다고 보는 원칙을 말한다. 경제적 능력이 큰 사람일수록 정부서비스의 혜택을 많이 받기 때문에 누진세가 바람직하다는 견해는 능력원칙이 아니라 편익원칙에 입각한 주장이다.

✎ 귀속소득
(imputed income)
자기의 재산이나 노동에서 얻어지는 경제적 이익을 말한다. 귀속소득은 그것을 얻는 자의 담세력을 증가시키므로 이론상으로는 소득을 구성한다고 보아야 하나 귀속소득의 범위가 불명확하고 파악이 곤란하기 때문에 과세 대상에서 제외되는 것이 통례이다.

28 ① **29** ④ **30** ⑤
31 ④ **32** ③

33

다음 중 지출세가 소득세에 비해서 우월하다는 주장의 근거가 될 수 없는 것은?

① 생애주기를 놓고 볼 때 소비흐름이 소득흐름보다 안정적이다.

② 인플레이션이 발생하더라도 행정적인 어려움이 소득세 보다 적다.

③ 미실현 자본이득에 대한 과세와 관련된 문제가 발생하지 않는다.

④ 여가와 소득간의 선택에서 교란을 발생시키지 않는다.

⑤ 저축을 위축시키는 대체효과를 발생시키지 않는다.

✎ 지출세의 경우도 소득세와 마찬가지로 여가와 소득간의 선택에서 교란을 발생시킨다. 이론적으로 볼 때 소득세와 지출세 중 어떤 것이 더 큰 왜곡을 유발하는지는 알기 어렵다.

34 2012 세무사

자본이득을 실현기준으로 과세할 때 나타나는 동결효과(lock-in effect)로 인해 발생되는 문제점이 아닌 것은?

① 부동산의 장기보유 경향이 감소된다.

② 자본재의 생산성이 떨어진다.

③ 새로운 투자가 제약되고 자산의 효율적 배분이 저해된다.

④ 가계의 자산선택이 왜곡된다.

⑤ 자산이동이 억제됨으로써 자산시장의 공급이 위축된다.

✎ 실현된 자본이득에 대해서만 과세할 경우 자산의 매각시점을 늦추어 조세납부 시점을 뒤로 연기하려는 것을 동결효과라고 한다. 동결효과로 인해 사람들이 부동산과 같은 자산의 매각시점을 뒤로 미룰 경우 부동산의 장기보유경향이 심해질 것이다. 그렇게 되면 자산이동이 억제되므로 자산의 효율적 이용이 어려워진다.

제9장 / 조세의 전가와 귀착

35 2017 세무사

조세의 귀착에 관한 설명으로 옳지 않은 것은?

① 균형예산귀착은 다른 조세가 없다고 가정하고 특정 조세로 조달한 재원에 의한 정부지출사업 까지 고려하여 조세의 분배 효과를 분석한다.

② 차별귀착은 모든 조세와 정부지출이 일정하게 유지된다고 가정하고 하나의 세금을 다른 세금 으로 대체할 경우의 분배 효과를 비교 분석한다.

③ 절대귀착은 다른 조세나 정부지출에 아무런 변화가 없다는 가정 하에서 특정 조세의 분배 효 과를 분석한다.

④ 절대귀착은 균형예산귀착보다 정부지출이 분배에 미치는 효과를 파악할 때 더 적합한 분석방 법이다.

⑤ 균형예산귀착은 정부가 부과하는 조세가 다수인 경우에는 분석이 용이하지 않다.

📝 절대적 귀착은 정부지출이 고정된 상태에서 특정한 조세부과가 소득분배에 미치는 효과를 분석하 는 것이므로 정부지출이 분배에 미치는 효과를 파악할 수 없다. 이에 비해 균형예산귀착은 조세 징수와 정부지출이 종합적으로 소득분배에 미치는 효과를 분석하는 것이므로 정부지출이 분배에 미치는 효과를 파악하는데 있어서는 절대적 귀착보다 균형예산귀착이 더 적합하다.

36 2021 세무사

다음에서 설명하는 조세귀착은?

> 일반적인 조세귀착은 시장에서 조세부담의 분배에 대해서만 고찰하지만, 궁극적으로는 조세부 담뿐 아니라 정부의 세수지출로 인한 편익까지 함께 고려할 필요가 있다. 예컨대 동일한 액수의 세금을 낸다하더라도, 세수지출로 인해 혜택을 받는 사람과 그렇지 못한 사람 사이의 실질적 조 세부담 정도는 상이할 수밖에 없다. 따라서 보다 엄격한 조세귀착을 고려하기 위해서는 조세부 담 뿐 아니라 세수지출로 인한 편익까지 함께 고려해야 한다.

① 일반균형 조세귀착
② 부분균형 조세귀착
③ 균형예산 조세귀착
④ 절대적 조세귀착
⑤ 차별적 조세귀착

📝 조세납부에 따른 부담과 정부지출로부터 얻는 편익을 종합적으로 고려하여 소득분배상의 효과를 분석하는 것을 균형예산귀착이라고 한다.

33 ④   34 ①   35 ④
36 ③

37

어떤 개인의 소득은 100이며 상품가격은 단위당 1원이다. 만약 소득세율이 12%, 물품세율이 10%라면 이 개인의 실질가처분소득은?

① 66   ② 70   ③ 80

④ 90   ⑤ 100

🗒 조세가 부과될 때 어떤 사람의 조세부담은 실질가처분소득(RDI)의 변화로서 측정할 수 있다. 즉, 조세부담의 귀착은 조세부과의 결과 실질소득이 얼마나 감소하는지에 의하여 판정할 수 있다.

만약 소득세(T_Y)와 물품세(T_S)가 동시에 부과되고 있을 때 실질가처분소득의 변화는 다음의 식으로 측정될 수 있다.

$$RDI = \frac{E - T_Y}{P + T_S} = \frac{E(1 - t_Y)}{P(1 + t_S)}$$

소득세 부과로 인해 위 식의 분자의 변화에 의한 실질가처분소득의 변화를 원천측(source side)의 효과, 물품세부과로 인해 분모 즉, 조세를 포함한 가격의 변화를 통한 실질가처분소득의 변화를 사용측(use side)의 효과라고 한다.

소득이 100원, 재화가격이 1원, 소득세율이 12%, 물품세율이 10%이므로 실질가처분소득의 크기는 다음과 같이 계산된다.

$$RDI = \frac{E - T_Y}{P + T_S} = \frac{E(1 - t_Y)}{P(1 + t_S)} = \frac{100(1 - 0.12)}{1(1 + 0.1)} = 80$$

38   2020 세무사

조세의 법적 귀착과 경제적 귀착이 일치하는 경우는?

① 수요곡선은 우상향하고 공급곡선은 우하향할 때, 소비자에게 과세하는 경우
② 수요곡선은 우하향하고 공급곡선은 우상향할 때, 생산자에게 과세하는 경우
③ 수요곡선은 수직이고 공급곡선은 우상향할 때, 소비자에게 과세하는 경우
④ 수요 및 공급의 탄력성이 모두 단위탄력적일 때, 생산자에게 과세하는 경우
⑤ 수요곡선은 우하향하고 공급곡선이 수평일 때, 생산자에게 과세하는 경우

🗒 보기 ①, ②, ④와 같이 수요곡선이 우하향하고 공급곡선이 우상향하는 경우에는 소비자와 생산자 중 누구에게 조세가 부과되더라도 단위당 조세액 중 일부가 상대방에게 전가되므로 법적 귀착과 경제적 귀착이 일치하지 않는다.

보기 ③과 같이 수요곡선이 수직선이고 공급곡선이 우상향할 때 소비자에게 조세가 부과되면 세금 전부를 소비자가 부담하게 되므로 전혀 전가가 이루어지지 않는다. 그러므로 이 경우에는 법적 귀착과 경제적 귀착이 일치한다.

보기 ⑤와 같이 수요곡선이 우하향하고 공급곡선이 수평일 때는 생산자에게 조세가 부과되더라도 세금 전부를 소비자가 부담하게 된다. 이 경우에는 생산자에게 부과된 조세가 전부 소비자에게 전가되므로 법적 귀착과 경제적 귀착이 일치하지 않는다.

39 　(2011) 세무사

조세에 관한 설명으로 옳은 것은?

① 소비자들이 쉽게 대체재를 구할 수 있는 상품의 공급자들이 생산량을 조절하기 어려울 경우, 그 상품에 부과되는 조세는 소비자에게 더 많이 귀착된다.

② 수요와 공급 중 하나가 탄력적이거나 모두 탄력적인 재화에 조세를 부과하면, 상대적으로 거래량은 적게 감소하고 사중손실(deadweight loss)은 커진다.

③ 수요에 비해 공급이 상대적으로 비탄력적일 때 조세를 부과하면, 공급량이 가격 하락에 덜 민감하기 때문에 소비자들이 더 큰 조세부담을 지게 된다.

④ 정액세(lump−sum tax)는 모든 사람이 동일한 세액을 납부하므로 비례세 성격을 띠고 소득에 역진적이다.

⑤ 세율이 누진적으로 증가하는 소득세제는 납세자의 노동, 저축 및 투자유인을 왜곡시킬 수 있다.

✎ 소비자들이 쉽게 대체재를 구할 수 있는 상품은 수요가 탄력적이고, 공급자들이 생산량을 조절하기 어려우면 공급이 비탄력적이다. 그러므로 소비자들이 쉽게 대체재를 구할 수 있고, 공급자들이 생산량을 조절하기 어려운 재화에 대해 물품세가 부과되면 조세는 대부분 생산자에게 귀착된다.

　수요와 공급이 탄력적일수록 거래량이 크게 감소하므로 조세부과에 따른 사중적 손실이 커진다. 수요에 비해 공급이 비탄력적인 재화에 조세를 부과하면 공급량이 가격하락에 덜 민감하므로 생산자들이 큰 조세부담을 지게 된다. 중립세(lump−sum tax)는 대체효과가 발생하지 않을 뿐 모든 사람의 세액이 반드시 동일한 것은 아니다.

40

다음은 단위당 일정액의 물품세를 부과할 때의 효과에 대한 설명이다. 적절한 것을 모두 고르면?

> 가. 수요가 탄력적일수록 정부의 조세수입이 증가한다.
> 나. 공급이 탄력적이면 조세부과에 따른 사중적 손실이 커진다.
> 다. 단위당 조세액이 커지면 정부의 조세수입이 증가한다.
> 라. 수요가 탄력적일수록 단위당 조세액 중 소비자 부담이 커진다.

① 가　　　　　　　② 나　　　　　　　③ 나, 다
④ 가, 라　　　　　　⑤ 가, 나, 다

✎ 수요와 공급이 탄력적일수록 조세부과시 거래량이 큰 폭으로 감소하므로 정부의 조세수입은 감소하는데 비해 사회적인 후생손실은 커진다. 단위당 조세액이 커지면 거래량이 감소하므로 정부의 조세수입이 증가할지 감소할지 불분명하다. 수요가 탄력적이면 단위당 조세액 중 소비자부담이 작아지고, 공급이 탄력적이면 생산자부담이 작아진다.

---

37 ③　**38** ③　**39** ⑤
40 ②

41 2017 세무사

시장수요가 시장공급보다 탄력적인 재화가 있다고 할 때, 이 재화가 거래되는 경쟁적인 시장에서 물품세를 부과하거나 또는 가격보조를 할 경우 새로운 균형에서의 귀착으로 옳은 것을 모두 고른 것은?

> ㄱ. 수요자에게 물품세를 부과할 경우 상대적으로 수요자에게 조세가 더 많이 귀착될 것이다.
> ㄴ. 수요자에게 가격보조를 할 경우 상대적으로 수요자에게 보조금이 더 많이 귀착될 것이다.
> ㄷ. 공급자에게 물품세를 부과할 경우 상대적으로 공급자에게 조세가 더 많이 귀착될 것이다.
> ㄹ. 공급자에게 가격보조를 할 경우 상대적으로 공급자에게 보조금이 더 많이 귀착될 것이다.

① ㄱ   ② ㄷ   ③ ㄱ, ㄴ
④ ㄷ, ㄹ   ⑤ ㄱ, ㄴ, ㄷ, ㄹ

📝 조세를 부과하였을 때 상대적으로 수요가 탄력적이면 소비자부담이 작아지고, 공급이 탄력적이면 생산자부담이 작아진다. 그러므로 시장수요가 시장공급보다 탄력적이면 누구에게 물품세를 부과하느냐에 관계없이 조세부담은 공급자에게 더 많이 귀착된다. 보조금을 지급할 때는 조세와는 반대로 비탄력적인 측의 혜택이 더 크다. 그러므로 시장수요가 시장공급보다 더 탄력적이라면 누구에게 가격보조를 하느냐에 관계없이 공급자가 더 큰 혜택을 얻는다.

42

소비자에게 종량세를 부과한 후의 공급곡선과 수요곡선이 각각 $Q_S = P$, $Q_D = 100 - (P+T)$라고 하자(단, Q_D는 수요량, Q_S는 공급량, P는 가격, T는 종량세임). 균형에서의 조세수입함수와 조세수입이 최대일 때의 세율 T를 구하면?

① $50 - \frac{1}{2}T$, 25   ② $50T - \frac{1}{2}T^2$, 50

③ $100 - \frac{1}{2}T$, 50   ④ $100T - \frac{1}{2}T^2$, 25

⑤ $100 - T$, 30

📝 문제에 주어진 수요함수와 공급함수를 연립해서 풀면 조세부과 후의 가격을 구해보면 $100 - (P+T) = P$, $2P = 100 - T$, $P = 50 - \frac{1}{2}T$이다. 공급함수가 $Q_S = P$이므로 공급함수가 원점을 통과하는 45°선이다. 그러므로 조세부과 후 균형거래량도 마찬가지로 $Q = 50 - \frac{1}{2}T$이다. 단위당 조세액이 T원이고 조세부과 후의 거래량이 $\left(50 - \frac{1}{2}T\right)$이므로 조세수입은 $50T - \frac{1}{2}T^2$이 된다. 이제 조세수입이 극대가 되는 T를 구하기 위해 조세수입함수를 T에 대해 미분한 다음 0으로 두면 $50 - T = 0$이므로 $T = 50$으로 계산된다. 단위당 조세액이 50원일 때 조세수입이 극대가 된다. $T = 50$을 조세수입함수에 대입하면 극대화된 조세수입의 크기는 1,250임을 알 수 있다.

43 〔2023〕 세무사

수요함수가 $Q=120-2P$이고 공급함수가 $Q=P$인 완전경쟁시장을 고려하자. 정부가 단위당 12원의 물품세를 소비자에게 부과할 때, 그 중 생산자의 부담액은?

① 0원　　　　　　　　② 4원　　　　　　　　③ 6원

④ 8원　　　　　　　　⑤ 12원

✎ 수요함수 $P=60-\dfrac{1}{2}Q$와 공급함수 $P=Q$를 연립해서 풀면 $60-\dfrac{1}{2}Q=Q$, $\dfrac{3}{2}Q=60$, $Q=40$이다. 균형거래량 $Q=40$을 수요함수(혹은 공급함수)에 대입하면 조세부과 전의 균형가격 $P=40$으로 계산된다. 소비자에게 단위당 12원의 물품세가 부과되면 수요곡선이 단위당 조세의 크기만큼 하방으로 이동하므로 조세부과 이후에는 수요곡선이 $P=48-\dfrac{1}{2}Q$로 바뀌게 된다. 조세부과 이후의 수요곡선과 공급곡선을 연립해서 풀면 $48-\dfrac{1}{2}Q=Q$, $\dfrac{3}{2}Q=48$, $Q=32$이다. $Q=32$를 조세부과 이후의 수요곡선(혹은 공급곡선)에 대입하면 조세부과 이후의 균형가격 $P=32$로 계산된다.

소비자에게 조세가 부과되었을 때 시장가격이 40원에서 32원으로 낮아졌으므로 단위당 조세액 중 8원만큼이 생산자에게 전가되었음을 알 수 있다. 소비자는 32원의 가격으로 재화를 구입하고 단위당 12원의 조세를 납부해야 하므로 조세를 포함하여 소비자가 실제로 지불하는 가격은 44원으로 상승한다. 그러므로 단위당 조세액 중 소비자부담은 4원임을 알 수 있다.

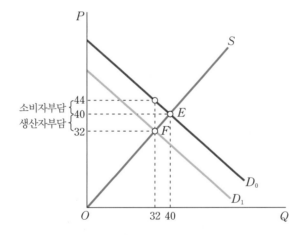

사실 이 문제는 계산을 하지 않더라도 다음과 같은 방법으로 쉽게 답을 찾을 수 있다. 수요함수가 $P=60-\dfrac{1}{2}Q$, 공급함수가 $P=Q$이므로 수요곡선 기울기(절댓값)가 $\dfrac{1}{2}$, 공급곡선 기울기가 1이다. 수요곡선이 공급곡선보다 2배 완만하면 소비자부담은 생산자부담의 절반이 될 것이므로 소비자부담은 4원, 생산자부담은 8원이 된다.

44 [2021] 세무사

완전경쟁시장 개별기업의 수요함수는 $P=220-Q$이고, 공급곡선은 $P=40+2Q$이다. 이때 60의 종량세를 공급에 부과할 경우 발생하는 영향에 관한 설명으로 옳지 않은 것은?

① 시장가격은 160에서 180으로 상승한다.

② 종량세 과세에 따른 초과부담은 1,200이다.

③ 시장의 거래량은 60에서 40으로 줄어든다.

④ 종량세 부과로 발생하는 조세수입은 2,400이다.

⑤ 소비자에게 귀착되는 종량세 부담은 800이다.

🖉 먼저 조세부과 전의 균형가격과 거래량을 구해보자. 수요함수 $P=220-Q$와 공급함수 $P=40+2Q$를 연립해서 풀면 $220-Q=40+2Q$, $3Q=180$, $Q=60$이고, $Q=60$을 수요함수(혹은 공급함수)에 대입하면 $P=160$으로 계산된다.

생산자에게 단위당 60의 종량세가 부과되면 공급곡선이 단위당 조세액만큼 상방으로 이동하므로 조세부과 후에는 공급곡선이 $P=100+2Q$로 바뀌게 된다. 수요곡선과 조세부과 이후의 공급곡선을 연립해서 풀면 $220-Q=100+2Q$, $3Q=120$, $Q=40$이고, $Q=40$을 수요함수(혹은 조세부과 이후의 공급함수)에 대입하면 $P=180$으로 계산된다. 그러므로 조세부과 이전보다 거래량이 20단위 감소하고 가격은 20만큼 상승함을 알 수 있다.

단위당 60의 조세가 부과되었을 때 소비자가격은 20만큼 상승하나 생산자는 단위당 60의 조세를 납부해야 하므로 생산자가격은 조세부과 전보다 40만큼 낮아진 120이 된다. 그러므로 단위당 조세 60 중에서 20만큼이 소비자에게 전가되고 40만큼은 생산자가 부담하게 된다. 단위당 조세가 60이고 조세부과 후의 거래량이 40이므로 정부는 $2,400(=60\times40)$의 조세수입을 얻게 되는데 그 중 소비자에게 귀착되는 부분이 $800(=20\times40)$, 생산자에게 귀착되는 부분이 $1,600(=40\times40)$이다. 한편, 단위당 조세가 60이고, 조세부과로 인해 거래량이 20단위 감소하였으므로 조세부과에 따른 초과부담의 크기는 $600\left(=\dfrac{1}{2}\times60\times20\right)$으로 계산된다.

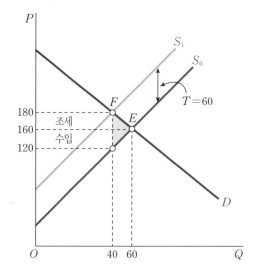

45 `2014` 세무사

공급곡선이 우하향하는 상품에 종량제를 부과할 때 나타나는 현상으로 옳은 것은? (단, 이 상품은 정상재이고 공급곡선의 기울기가 상대적으로 더 완만하다.)

① 소비자 가격이 상승한다.

② 초과부담이 발생하지 않는다.

③ 소비자 부담액은 조세부과액보다 작다.

④ 소비자 잉여는 불변이다.

⑤ 상품거래량은 증가한다.

📝 아래 그림에서 보는 것처럼 공급곡선이 우하향하면서 수요곡선보다 기울기가 더 완만하다면 단위당 일정액의 조세가 부과되어 공급곡선이 상방으로 이동하면 가격이 단위당 조세액보다 더 크게 상승함을 알 수 있다. 즉, 단위당 조세액의 100% 이상이 소비자에게 전가된다. 조세부과로 인해 소비자가격이 상승하면 소비자잉여는 감소한다. 이 경우도 조세가 부과되면 거래량이 감소하므로 조세부과에 따른 초과부담이 발생한다.

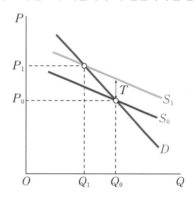

46 `2017` 세무사

부분균형분석을 따를 때 조세귀착에 관한 설명으로 옳지 않은 것은?

① 물품세의 법적 귀착과 경제적 귀착은 항상 동일한 결과를 나타낸다.

② 물품세 부과에 따른 소비자에로의 조세귀착은 공급의 가격탄력성이 수요의 가격탄력성보다 클수록 더 커진다.

③ 노동수요의 탄력성이 무한히 큰 경우 근로소득세를 부과하면 세부담은 노동자에게 모두 귀착된다.

④ 완전 개방 경제에서 자본에 대한 과세는 전적으로 자본의 사용자에게 귀착된다.

⑤ 조세귀착의 부분균형분석은 특정한 시장에서 부과된 조세가 다른 시장에 영향을 미치지 않고 그 시장에서만 영향을 미친다는 가정 하에서 분배 효과를 측정한다.

📝 법적 귀착(statutory incidence)이란 세법상의 납세의무자에게 조세부담이 귀속된다고 보는 것인데 비해, 경제적 귀착(economic incidence)은 실제로 누가 조세를 부담하는지를 파악하여 조세를 부담하는 주체를 판단하는 것을 말한다. 생산자에게 물품세가 부과되면 그 중 일부가 소비자에게 전가되므로 실제로는 조세의 상당부분을 소비자가 부담하게 된다. 그러므로 법적 귀착과 경제적 귀착은 상당한 차이가 있을 수밖에 없다.

47

수요함수가 $P=800-2Q$이고, 공급함수가 $P=500+3Q$일 때, 정부가 단위당 일정액의 보조금을 지급한 이후 재화가격이 100원 하락하였다. 정부가 지급한 단위당 보조금의 크기는?

① 50 　　　　　　② 100 　　　　　　③ 150

④ 200 　　　　　　⑤ 250

🖋 먼저 보조금 지급이전의 균형가격과 거래량을 구해보자. 수요함수와 공급함수를 연립해서 풀면 $800-2Q=500+3Q$, $5Q=300$, $Q=60$이다. $Q=60$을 수요함수(혹은 공급함수)에 대입하면 $P=680$이다.

　　정부가 단위당 X원의 보조금을 지급하면 공급곡선이 X원만큼 하방으로 이동하므로 보조금 지급이후의 공급함수는 $P=(500-X)+3Q$가 된다. 단위당 X원의 보조금을 지급한 이후 가격이 100원 하락하였으므로 보조금 지급이후의 균형가격 $P=580$이다. $P=580$을 수요함수에 대입하면 보조금 지급 이후의 균형거래량 $Q=110$을 구할 수 있다.

　　이제 $P=580$, $Q=110$을 보조금 지급이후의 공급함수에 대입하면 $580=(500-X)+(3\times 110)$, $X=250$으로 계산된다.

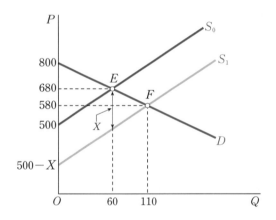

48 　2013　세무사

노동공급곡선이 후방굴절하는 구간에서 임금소득세를 부과할 때 발생하는 현상으로 옳지 않은 것은?

① 노동공급자가 받는 순임금률인 공급임금률은 조세보다 더 크게 하락한다.

② 기업이 지불하는 수요임금률은 조세보다 더 크게 증가한다.

③ 조세는 노동공급자에게 100% 이상 귀착된다.

④ 균형노동량은 증가한다.

⑤ 수요자는 과세로 인해 더 낮은 임금률로 더 많은 노동을 고용한다.

📝 아래 그림에서와 같이 최초 노동시장의 균형이 노동공급곡선이 후방굴절하는 구간인 E점에서 이루어지고 있다고 하자. 비례적인 근로소득세가 부과됨에 따라 노동수요곡선이 하방으로 이동하면 새로운 균형이 F점에서 이루어지므로 고용량은 L_1으로 근로소득세가 부과되기 전보다 보다 오히려 증가하고, 노동자가 지급받는 순임금률(세후임금)은 w_1으로 하락한다. 이 때는 기업이 지급하는 세전임금률(수요임금률)도 w_2로 근로소득세 부과이전보다 하락한다. 따라서 노동공급곡선이 후방으로 굴절하는 구간에서 비례적인 근로소득세가 부과되면 기업은 더 낮은 임금률로 더 많은 노동을 고용함을 알 수 있다.

　　이 경우 근로소득세가 부과되기 전에는 임금이 w_0였으나 비례적인 근로소득세가 부과된 후 노동자의 세후임금률은 w_1이므로 노동자가 지급받는 임금은 단위당 조세액의 크기인 선분 GF의 길이보다 더 큰 폭으로 하락한다. 즉, 조세는 노동자에게 100% 이상 전가됨을 알 수 있다.

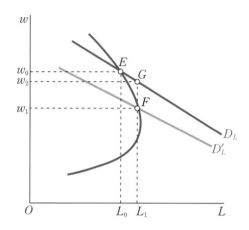

49 　2016　세무사

생산요소의 조세귀착에 관한 부분균형분석적 설명으로 옳은 것은?

① 노동의 수요탄력성이 무한히 클 경우 근로소득세는 고용주가 모두 부담한다.

② 자본에 과세하는 경우 자본의 개방도가 높을수록 자본공급자의 부담은 높아진다.

③ 공급이 고정되어 있는 토지에 대한 과세는 토지의 현재 소유자에게 귀착된다.

④ 토지의 공급이 신축적일 경우 토지에 대한 과세는 완전한 자본화를 가져온다.

⑤ 노동의 공급탄력성이 매우 작을 경우 근로소득세는 고용주가 대부분 부담한다.

📝 노동수요가 완전탄력적이면 근로소득세는 전부 노동공급자인 노동자에게 귀착되고, 노동공급이 매우 비탄력적일 때는 근로소득세의 대부분을 노동자가 부담하게 된다. 자본에 대한 개방도가 클수록 자본공급이 탄력적이 된다. 그러므로 자본에 대해 조세가 부과될 때 자본의 개방도가 클수록 자본수요자의 부담이 커진다.

　　공급이 고정된 토지에 대해 조세가 부과되면 조세부담은 전액 조세발표 시점의 토지소유자에게 귀착되는데, 이를 조세의 자본화라고 한다. 만약 토지의 공급이 신축적이라면 조세의 일부가 토지 수요자에게 전가될 것이므로 완전한 자본화는 이루어지지 않는다.

50 2021 세무사

토지에 부과된 조세의 자본화(capitalization)에 관한 설명으로 옳은 것은?

① 자본화의 크기는 기간 당 할인율에 비례한다.

② 세율이 높을수록 조세의 자본화 정도는 작아진다.

③ 조세부담은 토지임대사용자에게 귀착된다.

④ 토지가격의 변동 폭은 부과된 조세의 현재 가치보다 크게 나타난다.

⑤ 토지와 같이 공급이 고정된 자산에 과세하면 미래 조세부담이 미리 예측되어 가격이 하락하는 현상을 말한다.

📝 매년 A원의 임대소득을 얻는 토지의 가격은 토지를 보유할 때 얻을 수 있는 임대료 수입의 현재가치와 동일하므로 다음과 같이 계산된다.

$$P_L = \frac{A}{(1+r)} + \frac{A}{(1+r)^2} + \frac{A}{(1+r)^3} + \cdots$$
$$= \frac{A}{r}$$

이제 임대소득에 대해 세율 t의 조세가 부과되면 매년 얻을 수 있는 임대료 수입이 매년 납부해야 할 조세의 크기인 tA만큼 감소하므로 조세가 부과된 이후에는 토지가격은 다음과 같다.

$$P_L = \frac{A-tA}{(1+r)} + \frac{A-tA}{(1+r)^2} + \frac{A-tA}{(1+r)^3} + \cdots$$
$$= \left[\frac{A}{(1+r)} + \frac{A}{(1+r)^2} + \frac{A}{(1+r)^3} + \cdots \right] - \left[\frac{tA}{(1+r)} + \frac{tA}{(1+r)^2} + \frac{tA}{(1+r)^3} + \cdots \right]$$
$$= \frac{A}{r} - \frac{tA}{r}$$

임대소득에 대해 세율 t의 조세가 부과되면 토지가격이 조세의 현재가치에 해당하는 $\frac{tA}{r}$만큼 하락한다. 그러므로 토지에 부과된 조세는 모두 과세 발표시점의 토지소유자에게 귀착된다. 조세가 부과되면 토지가격이 $\frac{tA}{r}$만큼 하락하므로 세율(t)이 높을수록, 할인율(r)이 낮을수록 자본화 정도가 커짐을 알 수 있다.

51 2012 세무사

이윤세에 관한 설명으로 옳지 않은 것은?

① 이윤세 부과는 독점기업의 균형생산량을 감소시킨다.

② 이윤세 부과는 완전경쟁기업의 단기 균형생산량에는 영향을 미치지 않는다.

③ 이윤세 부과는 완전경쟁기업의 단기 균형가격에는 영향을 미치지 않는다.

④ 이윤세 부과는 완전경쟁기업의 장기 균형생산량에는 영향을 미치지 않는다.

⑤ 이윤세는 경제적 이윤에 부과되는 것이다.

☑ 순수한 경제적 이윤에 대한 조세는 기업의 행동에 아무런 영향을 미치지 않는다. 그러므로 이윤세가 부과되더라도 기업의 생산량과 가격에는 아무런 변화가 발생하지 않는다.

52 ⬬ 2021 세무사

조세의 전가와 귀착에 관한 설명으로 옳지 않은 것은?

① 독점시장의 경우 조세 부담은 소비자에게 모두 전가되지는 않는다.

② 법인세의 법적 부담자는 기업이지만 법인세 과세로 인해 상품가격이 인상된다면 소비자에게도 세 부담이 전가된다.

③ 국민연금제도에서 기여금은 법적으로는 고용주와 근로자가 $\frac{1}{2}$씩 부담하지만 실질적인 부담은 노동의 수요 및 공급의 임금탄력성에 따라 결정된다.

④ 독점시장에서는 공급곡선의 형태에 따라 귀착은 달라진다.

⑤ 독점시장에서 종량세와 종가세가 미치는 효과는 상이하다.

☑ 일반적으로 독점시장에서 물품세가 부과되면 조세의 일부만 소비자에게 전가되고 일부는 독점기업이 부담하게 된다. 독점시장에서 조세부과 후의 생산량이 동일하다면 조세수입은 종가세가 종량세의 경우보다 많다. 그러므로 독점시장에서 종량세와 종가세가 미치는 효과는 서로 상이하다. 독점시장에서는 공급곡선이 존재하지 않으므로 보기 ④가 옳지 않다.

53 ⬬ 2023 세무사

단위당 생산비가 57원으로 일정한 독점기업에게 판매단위당 9원의 판매세를 부과한다고 하자. 시장수요곡선이 우하향하는 직선일 때, 독점기업이 부담하는 단위당 판매세에 관한 설명으로 옳은 것은?

① 독점기업과 소비자가 나누어 부담한다.

② 공급의 가격탄력성이 작을수록 독점기업의 부담이 커진다.

③ 독점기업에게 부과하였으므로 9원 모두 독점기업이 부담한다.

④ 공급의 가격탄력성이 무한대이고 따라서 모든 세금을 소비자에게 전가할 수 있으므로 독점기업은 0원을 부담한다.

⑤ 수요의 가격탄력성이 작을수록 독점기업의 부담이 커진다.

☑ 수요곡선이 우하향의 직선이고 한계비용이 일정할 때 독점기업에게 물품세가 부과되면 정확히 단위당 조세의 절반만큼이 소비자에게 전가되므로 나머지 절반은 독점기업이 부담하게 된다. 참고로 시장구조가 독점일 때는 공급곡선이 존재하지 않으므로 공급의 가격탄력성이란 용어를 사용할 수 없다. 시장구조가 독점인 경우에도 수요의 가격탄력성이 작을수록 소비자부담이 커지므로 독점기업의 부담이 작아진다.

54 2022 세무사

어떤 독점기업의 수요함수는 $P=200-Q$이고, MC는 40이다. 이 때 단위당 60의 종량세를 이 기업에 부과할 경우 발생하는 영향으로 옳지 않은 것은?

① 시장가격은 120에서 150으로 상승한다.

② 종량세 과세에 따른 초과부담은 450이다.

③ 소비자에게 귀착되는 종량세 부담은 1,200이다.

④ 종량세 부과로 발생하는 조세수입은 3,000이다.

⑤ 시장의 거래량은 80에서 50으로 줄어든다.

✎ 수요곡선이 우하향의 직선일 때 한계수입곡선은 수요곡선과 절편은 동일하나 기울기는 수요곡선의 2배이다. 그러므로 수요함수가 $P=200-Q$이면 한계수입 $MR=200-2Q$로 도출된다. $MR=MC$로 두면 $200-2Q=40$이므로 조세부과 전의 이윤극대화 생산량 $Q=80$이다. $Q=80$을 수요함수에 대입하면 $P=120$으로 계산된다.

정부가 독점기업에게 단위당 60의 종량세를 부과하면 한계비용이 단위당 조세액만큼 상승하므로 조세부과 이후의 이윤극대화 생산량을 구하기 위해 $MR=MC+T$로 두면 $200-2Q=100$, $Q=50$이다. $Q=50$을 수요함수에 대입하면 균형가격 $P=150$으로 계산된다. 그러므로 단위당 60의 종량세가 부과되면 거래량은 30단위 감소하고, 가격은 30만큼 상승함을 알 수 있다.

단위당 60의 조세가 부과된 이후의 거래량이 50이므로 정부의 조세수입은 3,000($=60\times50$)이 된다. 조세가 부과되었을 때 소비자 가격이 30만큼 상승하였으므로 소비자에게 귀착되는 조세부담은 1,500($=30\times50$)이다. 정부의 조세수입이 3,000 중 소비자부담이 1,500이므로 독점기업에게 귀착되는 조세부담도 1,500임을 알 수 있다.

조세부과로 생산량이 30단위 감소하면 생산비용은 아래 그림에서 MC곡선 하방의 면적인 C만큼 감소하나 소비자의 편익은 수요곡선 하방의 면적인 $(A+B+C)$만큼 감소하므로 조세부과에 따른 순편익 감소분을 의미하는 초과부담은 $(A+B)$으로 측정된다. 그러므로 종량세 부과에 따른 초과부담의 크기는 2,850$\left(=\left(\frac{1}{2}\times30\times30\right)+(30\times80)\right)$이다. 출제측에서는 정답을 ③으로 발표하였으나 ②도 옳지 않은 보기이므로 이 문제는 보기 ②와 ③을 복수정답으로 인정하는 것이 타당하다.

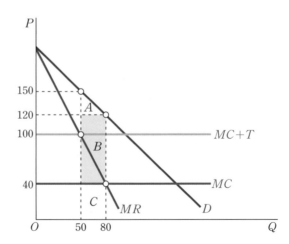

55 2018 세무사

비용불변의 독점기업에서 생산하는 제품에 종가세를 부과할 때 나타나는 효과로 옳은 것은? (단, 수요 곡선은 선형이며 우하향한다.)

① 비용불변이기 때문에 소비자가격은 변동하지 않는다.

② 종가세의 부담은 소비자와 생산자가 분담한다.

③ 소비자잉여는 불변이다.

④ 독점기업이기 때문에 이윤을 줄이지 않고 대응할 수 있어 독점이윤은 불변이다.

⑤ 가격상승은 부과된 단위당 세액보다 크다.

📝 일반적으로 독점기업에게 종가세가 부과되면 단위당 조세 중 일부는 소비자에게 전가되고 일부는 독점기업이 부담하게 된다. 즉, 소비자가격은 조세부과 이전보다 상승하나 생산자가격은 조세부과 이전보다 하락한다. 종가세가 부과되면 가격이 상승하므로 소비자잉여는 감소하고, 독점기업도 세금의 일부를 부담하게 되므로 이윤이 감소하게 된다.

56 2016 세무사

시장 내 모든 기업이 이윤극대화를 추구할 때, 종가세와 종량세의 조세귀착에 관한 설명으로 옳지 않은 것은?

① 완전경쟁시장의 경우 과세 후 균형점에서 수요가격과 공급가격의 차만 같으면 종가세와 종량세의 전가는 동일하다.

② 완전경쟁시장의 경우 과세 후 균형점에서 수요가격과 공급가격의 차만 같으면 종가세와 종량세의 조세수입은 동일하다.

③ 독점시장에서 소비자에게 과세하는 경우 종가세와 종량세가 생산량에 동일하게 영향을 미친다면, 종가세의 조세수입이 종량세의 조세수입보다 많아진다.

④ 독점시장에서 소비자에게 과세하는 경우 종가세와 종량세로 인한 조세수입이 같다면, 종가세의 생산량보다 종량세의 생산량이 더 많아진다.

⑤ 독점시장에서 소비자에게 과세하는 경우 종가세와 종량세가 생산량에 동일하게 영향을 미친다면, 종가세와 종량세의 사중손실(deadweight loss)의 크기는 동일하다.

📝 독점기업에게 조세를 부과할 때 조세부과 후의 생산량이 동일하다면 조세수입은 종가세가 종량세보다 더 많다. 이는 종가세를 부과할 때의 단위당 조세액이 더 크기 때문이다. 그러므로 종가세를 부과할 때의 조세수입이 종량세를 부과할 때와 같아지려면 종가세를 부과할 때의 단위당 조세액이 더 작아져야 한다.

　　종가세를 부과할 때 단위당 조세액은 최초의 수요곡선과 종가세 부과 후 수요곡선의 수직거리로 측정되므로 생산량이 많아질수록 단위당 조세액이 점점 작아진다. 그러므로 종가세를 부과할 때의 조세수입이 종량세를 부과할 때와 같다면 생산량은 종량세보다 종가세를 부과할 때가 더 많을 것임을 추론할 수 있다.

57

완전경쟁시장과 독점시장에서 종량세가 부과되었을 때와 종가세가 부과되었을 때의 가격상승폭이 동일하다면 정부의 조세수입은 어느 경우에 더 크겠는가?

	완전경쟁시장	독점시장
①	종량세 > 종가세	종량세 < 종가세
②	종량세 = 종가세	종량세 > 종가세
③	종량세 = 종가세	종량세 = 종가세
④	종량세 = 종가세	종량세 < 종가세
⑤	종량세 < 종가세	종량세 > 종가세

📝 완전경쟁시장과 독점시장에서 종량세와 종가세의 효과를 살펴보면 다음과 같다.

ⅰ) 완전경쟁시장에서 종량세와 종가세의 효과

최초의 균형점이 아래 그림에서 E점으로 주어져 있다고 하자. 종량세가 부과되면 공급곡선이 평행하게 상방으로 이동하므로 새로운 균형이 F점에서 이루어진다. 종가세가 부과되면 공급곡선이 회전하면서 상방으로 이동하는데, 종가세가 부과되었을 때의 가격상승폭도 종량세가 부과되었을 때와 동일하므로 균형점은 종량세를 부과할 때와 마찬가지로 F점이 된다. 이 때 정부의 조세수입은 □A의 면적으로 두 경우 모두 동일하다.

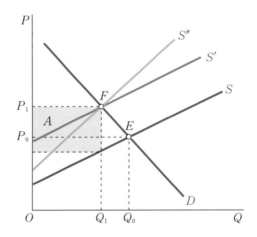

ⅱ) 독점시장에서 종량세와 종가세의 효과

독점기업의 이윤극대화 생산량과 가격은 $MR=MC$인 점에서 결정된다. 아래의 두 그림에서 조세부과 이전에는 A점에서 MR과 MC가 교차하므로 독점기업이 설정하는 가격과 생산량이 각각 가격과 거래량은 각각 (P_0, Q_0)이다.

그림 (a)에서 보는 것처럼 종량세가 부과되어 수요곡선과 한계수입곡선이 평행하게 하방으로 이동하면 B점에서 $MR=MC$가 성립하므로 가격과 거래량이 (P_1, Q_1)으로 결정된다. 이 때 단위당 조세의 크기는 종량세부과 이전 수요곡선과 종량세부과 이후 수요곡선의 수직거리인 선분 CF의 길이로 측정된다. 그러므로 정부의 조세수입은 (선분 CF의 길이)×(조세부과 후의 거래량 Q_1)이 된다.

이제 종가세가 부과되는 경우를 생각해 보자. 종가세가 부과되면 수요곡선과 한계수입곡선이 회전하면서 이동한다. 종가세가 부과되더라도 가격상승폭이 종량세를 부과할 때와 동일해지려면 MR곡선과 MC곡선은 B점에서 교차해야 한다. 그러므로 종가세가 부과될 때 수요곡선과 MR곡선은 그림 (b)와 같이 바뀌게 된다. 수요곡선과 한계수입곡선이 그림 (b)와 같이 이동하면 종량세가 부과될 때와 마찬가지로 가격은 P_1으로 상승하고 생산량은 Q_1으로 감소한다. 이 때 단위당 조세의 크기는 종가세가 부과되기 이전의 수요곡선과 조세가 부과된 이후의 수요곡선의 수직거리인 선분 DF의 길이로 측정된다. 그러므로 정부의 조세수입은 (선분 DF의 길이)×(조세부과 후의 거래량 Q_1)이 된다.

종량세가 부과될 때는 단위당 조세가 CF인데 비하여 종가세가 부과될 때는 단위당 조세가 DF이므로 종가세가 부과될 때의 단위당 조세액이 더 크다. 그러므로 시장구조가 독점일 때 가격상승폭이 동일하다면 종량세가 부과될 때보다 종가세가 부과될 때 정부의 조세수입이 더 크다는 것을 알 수 있다.

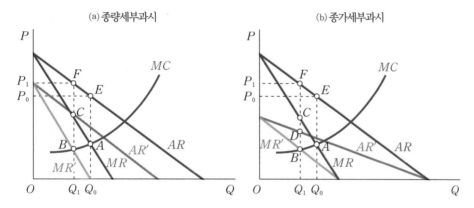

(a) 종량세부과시   (b) 종가세부과시

58

정부가 독점기업에 세금을 부과하여 독점이윤을 환수하려고 할 때 나타날 수 있는 현상에 대한 다음 설명 중 옳은 것은?

① 독점이윤에 대해 30%의 세금을 부과하면 생산량이 줄고 가격이 올라간다.

② 생산량 1단위당 100원씩 세금을 부과하면 생산량과 가격은 변하지 않는다.

③ 독점기업의 매출액에 10%의 세금을 부과하면 생산량과 가격은 변하지 않는다.

④ 독점이윤에 10%의 세금을 부과하면 독점기업은 세금 부담을 모두 소비자에게 떠넘긴다.

⑤ 독점기업에 정해진 일정 금액을 세금(lump sum tax)으로 부과해도 생산량과 가격은 변하지 않는다.

📝 독점기업에게 단위당 일정액의 종량세를 부과하거나 매출액의 일정비율에 해당하는 조세를 부과하면 생산량이 감소하고 가격이 상승하나 이윤세를 부과할 때는 생산량과 가격이 변하지 않는다. 이윤세를 부과할 경우에는 독점기업이 설정하는 가격이 변하지 않으므로 조세가 전혀 소비자에게 전가되지 않는다. 즉, 이윤세가 부과되면 조세 전부를 독점기업이 부담한다. 독점기업에게 일정액의 정액세가 부과되는 경우에도 생산량과 가격이 변하지 않는다.

59

어떤 독점기업이 직면하고 있는 수요곡선은 다음과 같이 주어져 있다.

$$X = P^{-2} \text{ (단, } X \text{는 수량(개), } P \text{는 가격(원))}$$

이 기업의 한계비용은 50원으로 일정하다. 이 독점기업의 제품에 단위당 10원의 세금이 부과된다면 재화의 가격은 얼마나 오르게 될까?

① 10원   ② 20원   ③ 30원
④ 40원   ⑤ 50원

📝 문제에서 주어진 수요함수는 수요의 가격탄력성이 2로 일정한 경우이다(탄력성은 직접 계산해 보기 바람). 독점기업이 직면하는 수요의 가격탄력성이 1보다 크면서 일정하고, 한계비용이 일정한 경우에는 100% 이상 조세전가가 이루어진다. 수요의 가격탄력성이 2로 일정하고, 한계비용이 일정하면 단위당 조세액의 2배만큼 조세전가가 이루어진다.

일반적으로 한계수입은 $MR = P\left(1 - \dfrac{1}{\varepsilon}\right)$로 나타낼 수 있다. 조세부과후의 한계비용을 $MC + T$라고 하면 조세부과후의 이윤극대화 조건은 $MR = MC + T$이므로 $P\left(1 - \dfrac{1}{\varepsilon}\right) = MC + T$가 성립한다. 그러므로 조세부과후의 가격은 $P = \dfrac{MC + T}{\left(1 - \dfrac{1}{\varepsilon}\right)}$가 된다. 문제에서 주어진 수치를 이 식에 대입하면 조세부과 전의 가격과 조세부과후의 가격을 계산할 수 있다.

✎ 수요함수가 $Q = P^{-\alpha}$로 주어지면 수요의 가격탄력성이 항상 α로 일정하다.

60

어느 지역에서 모자를 판매하는 기업이 직면한 수요곡선이 $P = 120 - Q$이고, 이 기업의 비용함수가 $C = 200 + Q^2$이다. 이 기업에게 매출액의 50%에 해당하는 조세가 부과된다면 이 기업의 납세후 이윤은 얼마인가?

① 400   ② 600   ③ 800
④ 1,200   ⑤ 1,400

📝 매출액의 일정비율(t)에 해당하는 조세가 부과되는 경우 납세후 이윤은 다음과 같이 나타낼 수 있다.

$$\pi_n = TR - TC - t \cdot TR$$
$$\rightarrow \quad = (1 - t)TR - TC$$

이제 이윤극대화 생산량을 구하기 위해 Q에 대해 미분한 다음 0으로 두면 이윤극대화 조건은 다음과 같다.

$$\frac{d\pi_n}{dQ} = (1 - t)\frac{dTR}{dQ} - \frac{dTC}{dQ} = 0$$
$$\rightarrow \qquad (1 - t)MR - MC = 0$$
$$\rightarrow \qquad (1 - t)MR = MC$$

문제에서 주어진 수요함수가 $120-Q$이므로 $MR=120-2Q$, 비용함수를 미분하면 $MC=2Q$이다. 매출액의 50%에 해당하는 조세가 부과될 때의 이윤극대화 생산량을 구하기 위해 $0.5MR=MC$로 두면 $60-Q=2Q$, $Q=20$이다. $Q=20$을 수요함수에 대입하면 $P=100$이다. 총수입 $TR=P\times Q=2,000$이고, 총비용 $TC=600$이므로 납세후 이윤은 400으로 계산된다.

$$\pi_n=TR-TC-t\cdot TR$$
$$=2,000-600-(0.5\times2,000)$$
$$=400$$

61

조세의 전가와 귀착에 대한 두 가지 접근방법인 부분균형분석방법과 일반균형분석방법간의 관계를 가장 적절하게 설명하고 있는 것은?

① 부분균형분석방법은 항상 일반균형분석방법에 비해 열등하다.

② 부분균형분석방법과 일반균형분석방법은 항상 대체의 관계에 있다.

③ 부분균형분석방법은 장기에서 조세의 전가와 귀착의 분석에 적합한 방법이다.

④ 부분균형분석방법은 조세부담의 형평성문제까지 보다 잘 분석할 수 있다.

⑤ 부분균형분석방법은 단기분석, 그리고 일반균형분석방법은 장기분석에 적합한 보완관계에 있다.

📝 조세가 부과되면 단기적으로는 조세가 부과된 시장에 직접적인 효과를 미치며, 다른 시장에 대한 파급효과는 그리 크지 않다. 그러나 장기적으로는 다른 시장에 미치는 파급효과가 훨씬 커지게 된다. 예를 들어, 이자소득에 대하여 소득세를 부과하면 단기적으로는 저축자의 소득세 부담이 증가할 뿐 다른 시장에 미치는 효과는 별로 크지 않다. 그러나 장기적으로는 저축감소가 자본축적의 감소로 이어지고 이는 다시 노동수요를 감소시키는 등 다른 시장에 미치는 파급효과가 커진다. 따라서 부분균형분석방법은 대체로 단기분석에 타당하고, 일반균형분석은 장기분석에 보다 적합하다고 말할 수 있다.

부분균형분석과 일반균형분석의 차이점

투표제도	부분균형분석	일반균형분석
분석방법	한 부문에 대한 조세부과가 다른 부문에 영향을 미치지 않는다고 가정하고 특정부문에서의 효과만 분석하는 방법	한 부문에 대한 조세부과가 다른 부문에 미치는 파급효과까지 고려하면서 분석하는 방법
장 점	분석이 대체로 간단	특정부문에 대한 조세부과가 다른 부문에 미치는 효과에 대한 분석이 가능
단 점	부문간 상호연관관계에 대한 고려가 미흡	분석이 대체로 복잡
특 징	단기분석에 적합	장기분석에 적합

62 2014 세무사

X, Y 두 산업으로 구성된 경제에서 생산요소 공급이 가변적인 경우, 노동집약적 X재 산업에 물품세를 부과할 때 나타나는 효과로 옳지 않은 것은? (단, 요소시장과 생산물시장은 완전경쟁적이며, r : 자본의 가격, w : 임금률이다.)

① X재 산업의 임금률은 하락한다.

② X재 산업에 물품세가 부과되었을 때 대체효과가 소득효과보다 크다면 노동공급량은 감소한다.

③ 물품세가 부과에 따라 X재 상대가격이 상승하기 때문에 X재를 더 많이 소비하는 사람일수록 부담이 증가한다.

④ 생산요소공급이 고정적인 경우와 비교하면 물품세가 자본과 노동의 상대가격$\left(\dfrac{w}{r}\right)$에 미치는 효과는 줄어든다.

⑤ 생산요소공급이 가변적이면 고정적인 경우에 비해 노동자본비율$\left(\dfrac{L}{K}\right)$이 더 크게 상승한다.

✎ 노동집약재인 X재에 대해 물품세가 부과되면 X재의 상대가격이 상승하므로 X재의 소비 및 생산이 감소한다. X재 생산이 감소하면 X재 생산에 고용된 생산요소가 일부 해고되는데 X재가 노동집약재이므로 상대적으로 노동이 많이 해고된다. 상대적으로 많은 노동이 해고되면 임금이 자본임대료보다 더 큰 폭으로 낮아질 것이므로 요소상대가격$\left(\dfrac{w}{r}\right)$가 낮아진다.

노동수요가 감소할 때 임금이 어느 정도 하락할지는 노동공급의 탄력성에 따라 달라지는데 노동공급이 고정되어 있다면 노동공급이 가변적일 때보다 임금이 더 큰 폭으로 낮아진다. 즉, 노동공급이 고정된 경우에는 요소상대가격$\left(\dfrac{w}{r}\right)$의 변화가 크게 나타난다.

$\left(\dfrac{w}{r}\right)$가 하락하면 기업들은 그 이전보다 더 노동집약적인 생산방법을 선택할 것이므로 요소집약도$\left(\dfrac{K}{L}\right)$가 하락한다. 생산요소공급이 고정된 경우에는 가변적일 때보다 $\left(\dfrac{w}{r}\right)$의 하락폭이 크므로 상대적으로 더 노동집약적인 생산방법을 채택할 것이다. 따라서 생산요소공급이 고정된 경우 생산요소 공급이 가변적일 때보다 요소집약도$\left(\dfrac{K}{L}\right)$가 더 크게 하락한다.

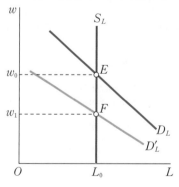
(a) 노동공급이 고정되어 있을 때

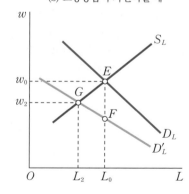
(b) 노동공급이 가변적일 때

63

법인세의 전가에 대한 다음 설명 중 가장 옳은 것은?

① 기업이 풀−코스트원리를 채택하고 있다면 법인세의 전가는 발생하지 않는다.

② 기업이 풀−코스트원리를 채택하고 있다면 법인세의 후전이 발생한다.

③ 기업이 풀−코스트원리를 채택하고 있다면 법인세의 전전이 발생한다.

④ 기업이 이윤극대화원리를 채택하고 있다면 법인세의 후전이 발생한다.

⑤ 기업이 이윤극대화원리를 채택하고 있다면 법인세의 전전이 발생한다.

📝 풀−코스트원리(full−cost pricing ; 비용할증가격설정)란 단위당 평균생산비용에 일정한 이윤율을 부가하여 재화가격을 결정하는 것을 말한다. 예를 들어, 단위당 평균비용이 1,000원이고 기업의 목표 이윤율이 20%라면 풀−코스트원리에 따르면 재화가격은 1,200원으로 결정된다.

$$P = AC(1+m) \quad (m : \text{이윤부가율})$$
$$= 1,000(1+0.2) = 1,200원$$

이와 같이 풀−코스트원리에 의하여 재화가격이 결정되고 있는 상황에서 조세가 부과되면 기업들은 조세를 비용상승으로 인지하게 될 것이다. 기업이 조세를 비용상승으로 인식하면 재화가격이 상승할 것이고, 그 부담은 소비자에게 전가될 것이다.

64 `2018` 세무사

하버거(A. Harberger)는 조세귀착에 관한 일반균형 모형에서 다음과 같이 가정하였다. 이러한 경우에 나타나는 현상으로 옳지 않은 것은?

> ㄱ. 두 재화 X, Y가 있으며, 생산기술은 일차동차(선형동차)이고 X는 자본집약적 부문이고 Y는 노동집약적 부문이다.
> ㄴ. 모든 시장은 완전경쟁이고 노동과 자본의 총량은 일정하고 부문 간 요소 이동성이 완전하다.

① X부문과 Y부문의 노동에 대한 동률의 조세는 그 부담이 모두 노동에 귀착된다.

② X재화에 물품세를 부과하면 노동에 대비한 자본의 상대가격을 높게 된다.

③ X부문의 자본에 대한 과세는 산출효과를 통해 노동에 대비한 자본의 상대가격을 낮추게 된다.

④ X부문의 자본에 대한 과세는 요소대체효과를 통해 노동에 대비한 자본의 상대가격을 낮추게 된다.

⑤ Y부문의 노동에 대한 과세 시 산출효과와 요소대체효과는 서로 같은 방향으로 작용한다.

📝 자본집약적인 X재에 대해 물품세를 부과하면 상대적으로 X재 가격이 상승한다. X재의 상대가격이 상승하면 X재 소비가 감소하고 그에 따라 X재 생산이 감소한다. X재 생산이 감소하면 X재 생산에 집약적으로 사용되는 생산요소인 자본이 대량으로 해고될 것이므로 자본임대료가 하락한다.

한편, Y재 소비가 증가하면 Y재 생산이 증가하게 되는데, Y재가 노동집약재이므로 Y재 생산이 증가하면 노동수요가 증가하므로 임금이 상승한다. 그러므로 자본집약적인 재화인 X재에 대해 물품세를 부과하면 자본의 상대가격은 하락하고, 노동의 상대가격은 상승하게 된다.

65 2013 세무사

2생산요소－2상품인 경제(A. Harberger 모형)에서 한 상품에만 물품세를 부과하면 그 상품의 생산과정에 집약적으로 사용되는 생산요소의 상대가격을 떨어뜨리는 결과를 가져온다. 이때 상대가격 변화 및 물품세 귀착에 관한 설명으로 옳지 않은 것은?

① 두 산업 간 요소집약도의 차이가 클수록 상대가격비율은 더 큰 폭으로 변화한다.

② 조세부과의 대상이 된 상품에 대한 수요의 가격탄력성이 클수록 상대가격의 변화가 더 커진다.

③ 원천(source) 측면에서 보면 물품세가 부과된 산업에서 집약적으로 사용되고 있는 생산요소의 공급자에게 부담이 귀착된다.

④ 생산요소 간 대체탄력성이 작을수록 상대가격의 변화는 작아진다.

⑤ 사용(use) 측면에서 보면 과세되는 상품을 상대적으로 더 많이 소비하고 있는 사람일수록 더 많은 부담을 지게 된다.

📝 하버거 모형에서 X재에 대해 물품세가 부과되면 X재의 상대가격이 상승으로 X재 소비가 감소하므로 X재의 생산량도 감소한다. X재 생산이 감소하면 X재 산업에 고용된 노동과 자본이 해고된다. 만약 X재가 노동집약재라면 주로 노동이 해고될 것이므로 임금이 하락하고, X재가 자본집약재라면 주로 자본이 해고될 것이므로 자본임대료가 하락한다. 그러므로 X재에 대해 물품세가 부과되면 원천측면에서 보면 그 산업에 집약적으로 사용되는 생산요소가 주로 조세를 부담하게 된다. 한편, 사용측면에서 보면 X재에 대해 물품세가 부과되어 X재 가격이 상승하면 X재를 많이 소비하는 사람일수록 더 많은 조세부담을 지게 된다.

　　X재에 대해 물품세가 부과되었을 때 요소의 상대가격 변화는 주로 다음의 요인에 의해 결정된다.

⑴ X재 수요가 탄력적일수록 물품세가 부과될 경우 X재 소비량이 크게 감소하고, 그에 따라 X재 산업에 고용된 생산요소가 많이 해고될 것이므로 요소의 상대가격이 크게 변한다.

⑵ 두 산업에서의 요소집약도 차이가 크다면 물품세 부과로 X재 생산이 감소할 때 집약적으로 고용된 요소가 많이 해고될 것이므로 요소의 상대가격 변화가 커진다.

⑶ 생산요소 간 대체탄력성이 크다면 X재 생산에 집약적으로 사용되는 생산요소의 상대가격이 약간만 하락해도 해고된 생산요소가 쉽게 고용될 수 있으나, 대체탄력성이 작다면 생산요소의 상대가격이 크게 하락해야 해고된 생산요소가 다시 고용될 수 있다. 그러므로 요소 간 대체탄력성이 작을수록 요소의 상대가격 변화가 커진다.

66

섬유산업은 노동집약적이고, 자동차산업은 자본집약적이다. 섬유산업에 근무하고 있는 노동자에게 근로소득세를 부과할 때의 효과로 옳지 않은 것은?

① 섬유생산이 감소한다.

② 자동차의 상대가격이 하락한다.

③ 자동차 산업에서 요소집약도가 낮아진다.

④ 섬유산업에서 요소집약도가 낮아진다.

⑤ 노동의 상대가격이 높아진다.

✏ 섬유산업에 근무하고 있는 노동자에게 근로소득세가 부과되면 상대적으로 섬유가격이 상승하므로 섬유의 소비와 생산은 감소하고, 자동차의 소비와 생산은 증가한다. 섬유생산이 감소하면 상대적으로 노동이 크게 해고되므로 상대적으로 임금이 낮아지게 된다. 상대적으로 임금이 낮아지면 두 산업에서 모두 더 노동집약적인 생산방법을 선택할 것이므로 두 산업에서의 요소집약도 $\left(\dfrac{K}{L}\right)$는 모두 낮아진다.

67 [2015] 세무사

하버거(A. Harberger)의 조세부담 귀착에 대한 일반균형분석모형을 아래와 같이 가정하자.

> 1. 서로 독립적인 두 가지 재화가 각각 법인부문(자본집약적으로 생산)과 비법인부문(노동집약적으로 생산)에서 선형동차의 생산함수에 따라 노동과 자본을 투입해서 생산된다.
> 2. 요소시장은 완전경쟁적인 시장이고, 노동과 자본의 총량은 일정하며 부문 간 완전한 이동성을 가진다.
> 3. 각 재화의 수요곡선은 우하향한다.

이 때 정부가 법인세를 부과할 경우 나타나는 현상에 관한 설명으로 옳은 것은?

① 산출효과에 의해 노동에 대한 자본의 상대가격이 하락한다.

② 법인, 비법인부문 모두 자본－노동비율 $\left(\dfrac{K}{L}\right)$이 하락한다.

③ 요소대체효과에 의해 법인부문에서 노동에 대한 자본의 상대가격이 상승한다.

④ 과세 후 법인부문이 생산하는 재화에 대한 수요는 증가한다.

⑤ 산출효과와 요소대체효과가 서로 반대방향으로 작용하기 때문에 결과적으로 노동자와 자본가 중 어느 쪽으로 조세부담이 귀착될 지 불분명하다.

✏ 자본집약적으로 생산이 이루어지는 법인부문에 조세가 부과되면 상대적으로 자본집약재의 가격이 상승한다. 자본집약재의 상대가격이 상승하면 자본집약재의 소비는 감소하고, 노동집약재의 소비는 증가한다. 자본집약재의 소비감소로 자본집약재 생산이 감소하면 상대적으로 자본이 더 많이 해고될 것이므로 자본임대료가 하락한다. 한편, 노동집약재 소비증가로 노동집약재 생산이 증가하면 상대적으로 노동수요가 더 크게 증가하므로 임금이 상승하게 된다. 그러므로 법인부문에 대해 조세가 부과되면 산출효과에 의해 $\left(\dfrac{w}{r}\right)$가 상승한다. 즉, 자본의 상대가격이 하락한다.

　자본집약적인 법인부문에 조세가 부과되면 자본이 법인부문에서 비법인부문으로 이동하는 요소대체효과가 발생한다. 자본이동은 법인부문에서의 세후수익률과 비법인부문에서의 자본수익률이 같아질 때까지 이루어지게 된다. 그러므로 요소대체효과에 의해서도 자본의 상대가격이 하락한다.

　산출효과와 요소대체효과 모두 자본의 상대가격을 하락시키는 효과를 나타내므로 상대적으로 법인세는 자본가가 크게 부담하게 된다. 법인세 부과로 자본의 상대가격이 하락하면 두 부문 모두 상대가격이 하락한 자본을 더 많이 투입하는 생산방식을 채택하게 될 것이므로 두 부문에서의 요소집약도 $\left(\dfrac{K}{L}\right)$는 모두 상승하게 된다.

65 ④　66 ⑤　67 ①

68 2022 세무사

하버거(A. Harberger)는 아래 가정 하에 조세귀착의 일반균형 모형을 분석하였다. 이 경우에 나타나는 현상으로 옳은 것은?

> - 두 재화 X, Y가 있으며, 생산기술은 1차동차(선형동차)이고 X와 Y의 요소집약도는 동일하다.
> - 모든 시장은 완전경쟁이고 노동과 자본의 부존량은 주어져 있고, 이 생산요소들은 완전한 이동성을 갖는다.

① X부문과 Y부문에 대한 동일 세율의 물품세는 노동의 상대가격을 낮추게 된다.

② X부문에 물품세를 부과하면 노동에 대비한 자본의 상대가격을 높이게 된다.

③ X부문의 자본에 대한 과세는 산출효과를 통해 노동에 대비한 자본의 상대가격을 낮추게 된다.

④ X부문의 자본에 대한 과세는 요소대체효과를 통해 노동에 대비한 자본의 상대가격을 낮추게 된다.

⑤ Y부문의 노동에 대한 과세 시 산출효과와 요소대체효과는 서로 같은 방향으로 작용한다.

🖉 X부문과 Y부문에 대해 동일한 세율로 물품세를 부과하면 두 재화의 상대가격이 변하지 않으므로 요소상대가격도 변하지 않는다. X부문에 물품세를 부과하면 X재의 상대가격이 상승하므로 X재의 소비 및 생산이 감소하고 Y재의 소비 및 생산이 증가한다. X재 생산이 감소하면 X재 생산에 고용되어 있던 노동과 자본의 일부가 해고되어 Y재 산업으로 이동하게 되는데, 두 재화의 요소집약도가 동일하므로 요소상대가격의 변화는 발생하지 않는다.

　부분요소세가 부과되면 산출효과는 조세가 부과된 산업에 집약적으로 사용되는 생산요소의 가격을 낮추는 방향으로 작용하고, 요소대체효과는 조세가 부과된 생산요소의 상대가격을 낮추는 방향으로 작용한다. 그런데 X재와 Y재의 요소집약도가 동일하면 특정 산업에 집약적으로 사용되는 생산요소가 존재하지 않으므로 X부문에 사용되는 자본에 대해 조세가 부과되더라도 산출효과에 의해서는 요소상대가격의 변화가 발생하지 않고, 요소대체효과에 의해 조세가 부과된 생산요소인 자본의 상대가격이 낮아지게 된다.

　두 산업의 요소집약도가 동일하므로 Y부문의 노동에 대해 조세가 부과되면 산출효과에 의해서는 요소상대가격의 변화가 발생하지 않고, 요소대체효과에 의해 조세가 부과된 생산요소인 노동의 상대가격이 낮아지게 된다.

69

어느 경제에 노동집약재인 X재와 자본집약재인 Y재 산업만 존재한다. 생산요소에는 노동과 자본만 존재하며, 두 요소의 총부존량은 고정되어 있으며, 부문간 요소의 이동은 완전히 자유롭다면 다음 설명 중 옳은 것을 모두 고르면?

> 가. X재 산업에 고용된 자본에 대한 과세는 X재 산업에 종사하는 노동자들에게 그 부담이 귀착된다.
>
> 나. X재 산업에 고용된 노동에 대한 과세는 X재 산업은 물론 Y재 산업에 종사하는 노동자에게까지 그 부담이 귀착된다.
>
> 다. Y재 산업에 고용된 자본에 대한 과세는 Y재 산업에 종사하는 자본가들에게만 그 부담이 귀착된다.
>
> 라. Y재 산업에 고용된 노동에 대한 과세는 Y재 산업에 종사하는 자본소유자들에게 그 부담이 귀착된다.

① 나   ② 다   ③ 가, 다

④ 나, 라   ⑤ 다, 라

📝 각각의 보기에 대해 설명하면 다음과 같다.

가. 노동집약재인 X재 산업에 고용된 자본에 대해 조세가 부과되면 산출효과에 의해서는 임금이 낮아지나, 요소대체효과에 의해서는 자본임대료가 낮아지므로 조세부담의 귀착은 요소대체효과와 산출효과의 크기에 따라 달라진다.

나. 노동집약재인 X재 산업에 고용된 노동에 대해 조세가 부과되면 요소대체효과와 산출효과 모두 임금을 낮추는 작용을 하므로 조세부담은 X재 산업에 고용된 노동뿐만 아니라 Y재 산업에 고용된 노동에게도 그 부담이 귀착된다.

다. 자본집약재인 Y재 산업에 고용된 자본에 대해 조세가 부과되면 요소대체효과와 산출효과 모두 자본임대료를 낮추는 방향으로 작용하므로 조세부담은 Y재 산업에 고용된 자본뿐만 아니라 X재 산업에 고용된 자본에도 그 부담이 귀착된다.

라. 자본집약재인 Y재 사업에 고용된 노동에 대해 조세가 부과되면 산출효과에 의해서는 자본임대료가 낮아지나 요소대체효과에 의해서는 임금이 낮아지므로 상대적인 조세부담은 산출효과와 요소대체효과의 상대적인 크기에 의해 달라진다.

01

조세를 편익에 대한 대가로 본다면 공공재의 소득탄력성이 가격탄력성보다 작은 경우 세율구조는?

① 누진세구조　　　　　② 비례세구조　　　　　③ 역진세구조
④ 중립세구조　　　　　⑤ 정액세구조

✏ 편익원칙하의 세율구조
- $\varepsilon_Y > \varepsilon_P$ → 누진세
- $\varepsilon_Y = \varepsilon_P$ → 비례세
- $\varepsilon_Y < \varepsilon_P$ → 역진세

📝 공공재 수요의 소득탄력성$\left(\dfrac{\frac{\Delta G}{G}}{\frac{\Delta Y}{Y}}\right)$을 가격탄력성 $\left(\dfrac{\frac{\Delta G}{G}}{\frac{\Delta P}{P}}\right)$으로 나누면 아래의 식이 도출되는데,

편익원칙에 따라 조세가 부과된다면 각 개인이 공공재에 대해 지불하는 가격과 세액이 동일하므로 아래의 식에 $\dfrac{\Delta P}{P} = \dfrac{\Delta T}{T}$를 대입하면 세수탄력성이 도출된다. 문제에서 소득탄력성이 가격탄력성보다 작은 것으로 주어져 있으므로 세수탄력성은 1보다 작다. 따라서 조세부담은 역진적이 된다.

$$\frac{소득탄력성}{가격탄력성} = \frac{\dfrac{\frac{\Delta G}{G}}{\frac{\Delta Y}{Y}}}{\dfrac{\frac{\Delta G}{G}}{\frac{\Delta P}{P}}} = \frac{\dfrac{\Delta P}{P}}{\dfrac{\Delta Y}{Y}} = \frac{\dfrac{\Delta T}{T}}{\dfrac{\Delta Y}{Y}} = 세수탄력성 < 1$$

02

다음 중 밀의 균등희생원칙은 '균등'을 어떻게 해석하느냐에 따라 균등절대희생, 균등비례희생, 균등한계희생의 3가지로 나눌 수 있다. 다음 중 균등을 어떻게 해석하느냐에 관계없이 누진과세가 정당화되는 경우는?

① 한계효용의 소득탄력성이 1보다 크다.
② 한계효용의 소득탄력성이 0보다 크다.
③ 소득의 한계효용곡선이 우하향의 직선이다.
④ 소득의 한계효용이 일정하다.
⑤ 소득의 한계효용이 체감한다.

📝 보기 ①의 경우는 균등을 어떻게 해석하느냐에 관계없이 누진과세가 이루어진다. ②의 경우는 소득이 증가하면 한계효용이 감소하므로 한계효용곡선이 우하향한다. 따라서 균등한계희생원칙에 의하면 누진과세가 된다. ③의 경우는 균등비례희생, 균등한계희생의 경우에 누진과세가 이루어진다. ④의 경우에는 균등절대희생의 경우는 모든 사람에게 동액의 조세를 부과해야 하고, 균등비례희생의 경우에는 비례적인 과세가 이루어져야 하고, 균등한계희생의 경우에는 어떻게 조세가 부과되더라도 균등한계희생원칙이 충족된다. ⑤의 경우에는 균등한계희생원칙의 경우에만 누진과세가 정당화된다.

03   2018 세무사

세제개편 내용으로 자동안정화장치(built-in stabilizer)가 아닌 것은?

① 담배 소비세를 인상하였다.

② 소득세 최고세율 적용 과표구간을 확대하였다.

③ 저소득가구에 대한 근로장려금 지급을 확대하였다.

④ 법인세 최고 과표구간을 신설하여 세율을 인상하였다.

⑤ 소득세 최저세율 적용 과표구간을 축소하였다.

📝 조세의 자동안정화장치(built-in stabilizer)란 경기가 과열되면 조세수입이 증가하고, 경기가 침체하면 조세수입이 감소하여 경기를 안정화시키는 기능을 말한다. 담배에 대한 수요는 대체로 비탄력적이어서 경기와 큰 관계가 없다. 그러므로 담배소비세 인상은 자동안정화장치라고 보기 어렵다.

04   2013 세무사

X와 Y가 완전대체재일 경우 상품 Y에 조세가 부과되면 조세부담은 누구에게 귀착되는가? ,

① Y재의 공급자에게 전부 귀착된다.

② X재와 Y재의 공급자에게 귀착된다.

③ X재의 공급자에게 전부 귀착된다.

④ X재의 수요자에게 전부 귀착된다.

⑤ X재와 Y재의 수요자에게 귀착된다.

📝 X재와 Y재가 완전대체재인 경우 Y재에 물품세가 부과되었을 때 Y재 생산자가 가격을 인상한다면 누구도 Y재를 구입하지 않을 것이므로 Y재 생산자는 가격을 전혀 인상할 수가 없다. 그러므로 X재와 Y재가 완전대체재일 때 Y재에 대해 물품세가 부과되는 경우 물품세는 전부 Y재 생산자가 부담하게 된다.

05

완전경쟁시장에서 수요함수가 $P=100-Q$, 공급함수가 $P=20+Q$로 주어져 있다고 하자. 정부가 생산자에게 (a) 소비자 구입가격의 가격의 50%에 해당하는 종가세를 부과할 때 발생하는 후생손실과 (b) 생산자가 소비자에게 공급하는 가격의 50%에 해당하는 조세를 부과할 때 발생하는 후생손실의 크기는 각각 얼마인가?

① 200, 192 　　② 400, 144 　　③ 400, 400
④ 800, 800 　　⑤ 800, 768

수요함수가 $P=100-Q$, 공급함수가 $P=20+Q$로 주어져 있다고 하자. 수요함수와 공급함수를 연립해서 풀면 $100-Q=20+Q$이므로 조세부과 전의 균형거래량 $Q=40$이다. $Q=40$을 수요함수(혹은 공급함수)에 대입하면 균형가격 $P=60$으로 계산된다.

ⅰ) 소비자 구입가격의 일정비율에 해당하는 종가세가 부과될 때

공급곡선의 높이는 각 단위의 재화를 판매할 때 공급자가 최소한 받고자 하는 금액을 나타낸다. 공급자에게 종가세가 부과되더라도 생산자가 최소한 받고자 하는 금액은 변하지 않으므로 종가세가 부과되면 생산자가 받고자 하는 금액이 단위당 조세의 크기에 비례해서 높아지게 된다. 세금을 포함하여 소비자가 구입하는 가격에 대해 세율 t의 종가세가 부과되는 경우를 생각해 보자. 공급곡선 식 $P=20+Q$는 공급자가 최소한 받고자 하는 공급가격 P가 '$20+Q$'임을 나타낸다. 종가세가 부과되더라도 납세 후 공급자가 받고자 하는 가격 $(1-t)P$는 여전히 '$20+Q$'일 것이므로 공급곡선 식이 $(1-t)P=20+Q$, $P=\dfrac{1}{1-t}(20+Q)$로 바뀌게 된다. 세율이 50%인 경우 조세부과 후에는 공급곡선 식이 $P=40+2Q$가 된다. [그림 1] (a)는 공급자에게 조세를 포함한 가격에 대해 50%의 종가세가 부과될 때 공급곡선의 이동을 나타낸다.

수요곡선 $P=100-Q$와 조세부과 이후의 공급곡선을 연립해서 풀면 $100-Q=40+2Q$, $Q=20$이다. $Q=20$을 조세부과 이후의 공급곡선에 대입하면 조세를 포함하여 공급자가 받는 가격이 80, $Q=20$을 조세부과 전의 공급곡선에 대입하면 순수하게 공급자가 받는 가격이 40

[그림 1] 소비자 구입가격의 일정비율에 해당하는 종가세가 부과될 때

(a) 조세부과와 공급곡선의 이동　　　　　(b) 균형가격과 거래량

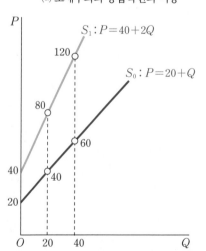 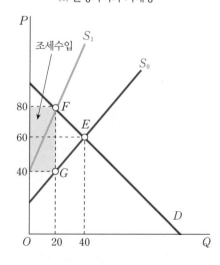

으로 계산된다. [그림 1] (b)는 조세를 포함한 가격 80의 절반인 40만큼은 조세로 납부되고 공급자가 실제로 수취하는 가격이 40이 됨을 보여준다. 이 경우 조세부과에 따른 후생손실의 크기는 그림 (b)에서 $\triangle EFG$의 면적이므로 $400\left(=\dfrac{1}{2}\times 40\times 20\right)$으로 계산된다.

ii) 공급가격의 일정비율에 해당되는 종가세가 부과될 때

공급자가 각 단위의 재화를 판매할 때 최소한 받고자 하는 가격인 공급가격에 대해 세율 t의 종가세가 부과되었다고 하자. 공급곡선 식 $P=20+Q$는 공급가격이 P가 '$20+Q$'임을 보여준다. 공급가격의 일정비율에 해당되는 조세가 부과되면 조세를 포함할 경우 공급자가 받고자 하는 가격이 비례적으로 높아질 것이므로 조세부과 후에는 공급곡선 식이 $P=(1+t)(20+Q)$로 바뀌게 된다. 세율이 50%로 주어져 있다면 조세부과 후에는 공급곡선 식이 $P=30+\dfrac{3}{2}Q$가 된다. [그림 2] (a)는 공급가격의 50%에 해당하는 종가세가 부과될 때 공급곡선의 이동을 나타낸다.

수요곡선 $P=100-Q$와 조세부과 이후의 공급곡선을 연립해서 풀면 $100-Q=30+\dfrac{3}{2}Q$, $\dfrac{5}{2}Q=70$, $Q=28$이다. $Q=28$을 조세부과 이후의 공급곡선에 대입하면 조세를 포함하여 공급자가 받는 가격이 72, $Q=28$을 조세부과 전의 공급곡선에 대입하면 순수하게 공급자가 받는 가격이 48로 계산된다. [그림 2] (b)는 조세를 포함한 가격 72 중에서 공급가격 48의 절반인 24만큼이 조세로 납부되고 공급자가 실제로 수취하는 가격이 48이 됨을 보여준다. 이 경우 조세부과에 따른 후생손실의 크기는 그림 (b)에서 $\triangle EFG$의 면적이므로 $144\left(=\dfrac{1}{2}\times 24\times 12\right)$로 계산된다.

[그림 2] 공급가격의 일정비율에 해당하는 종가세가 부과될 때

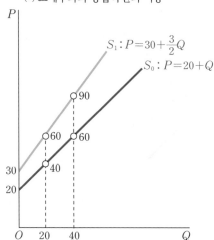

(a) 조세부과와 공급곡선의 이동

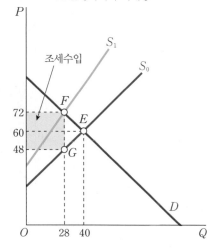

(b) 균형가격과 거래량

06

어느 완전경쟁시장에서 수요 $Q_D=30-p$와 공급 $Q_S=p$가 주어져 있다. 정부가 생산자에게 판매금액의 50%에 해당하는 종가세(ad valorem tax)를 부과할 때 발생하는 사회적 후생손실은? (단, p는 시장가격, Q_D는 수요량, Q_S는 공급량을 나타낸다.)

① 5 　　　　　　　② 10 　　　　　　　③ 15

④ 20 　　　　　　　⑤ 25

✎ 수요함수 $P=30-Q$와 공급함수를 $P=Q$를 연립해서 풀면 균형거래량 $Q=5$이므로 이를 수요함수(혹은 공급함수)에 대입하면 균형가격 $P=15$로 계산된다. 종가세가 부과되더라도 생산자가 각 단위의 재화에 대해 받고자 하는 납세 후 가격은 조세부과 전과 동일하므로 조세부과 후의 공급곡선 식을 구하려면 조세부과 전의 공급곡선 식의 P를 $(1-t)P$로 바꾸어주면 된다.

　　매출액은 '가격×판매량'이므로 매출액의 일정비율에 해당하는 조세를 부과하는 것은 소비자 구입가격의 일정비율에 해당하는 종가세를 부과하는 것과 동일하다. 세율 50%의 종가세가 부과되면 공급곡선 식이 $(1-0.5)P=Q$, $P=2Q$로 바뀌게 된다. 수요함수와 조세부과 후의 공급곡선 식을 연립해서 풀면 $30-Q=2Q$, $Q=10$이다. 이를 수요함수(혹은 조세부과 후의 공급함수)에 대입하면 균형가격 $P=20$임을 알 수 있다. 조세부과에 따른 후생손실의 크기는 그림에서 삼각형의 면적이므로 $25\left(=\dfrac{1}{2}\times10\times5\right)$이다. 그림에서 보는 것처럼 조세부과 후의 가격이 20, 거래량이 10이므로 판매금액은 200이고, 단위당 조세가 가격의 50%인 10이므로 납세액은 100이 되어 판매수입의 50%가 조세로 납부됨을 알 수 있다.

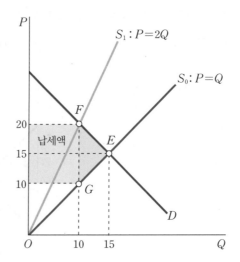

07

어느 완전경쟁시장에서 수요함수는 $Q_D = 60 - P$이며, 공급함수는 $Q_S = -20 + P$이다. 이때 정부가 시장 생산자들에게 단위당 10의 생산보조금을 지급한다. 다음 설명 중 옳은 것은? (단, Q_D, Q_S와 P는 각각 수요량, 공급량과 가격을 나타낸다.)

① 생산보조금 지급으로 균형가격은 단위당 10만큼 하락한다.

② 생산보조금 지급으로 거래량은 10단위 증가한다.

③ 정부의 보조금 지급으로 사회후생은 증가한다.

④ 정부의 총보조금 지급액은 250이다.

⑤ 생산자잉여는 정부의 총보조금 지급액만큼 증가한다.

📝 먼저 보조금 지급이전의 균형가격과 거래량을 구해보자. 수요곡선과 공급곡선 식을 연립해서 풀면 $60 - P = -20 + P$이므로 균형가격 $P = 40$이고, $P = 40$을 수요곡선(혹은 공급곡선) 식에 대입하면 균형거래량 $Q = 20$으로 계산된다.

생산자에게 단위당 일정액의 보조금을 지급하면 생산자가 받고자 하는 가격이 단위당 보조금의 크기만큼 낮아지므로 공급곡선이 하방으로 이동한다. 공급곡선이 $P = 20 + Q$이므로 단위당 10의 보조금이 지급되면 공급곡선 식이 $P = 10 + Q$로 바뀌게 된다. 이제 수요곡선과 보조금 지급 이후의 공급곡선 식 $Q = -10 + P$를 연립해서 풀면 $60 - P = -10 + P$, $P = 35$이다. $P = 35$를 수요곡선(혹은 보조금 지급 이후의 공급곡선) 식에 대입하면 균형거래량 $Q = 25$임을 알 수 있다.

생산자에게 단위당 10의 보조금이 지급된 이후 가격이 5원 하락하였으므로 소비자는 단위당 5의 혜택을 얻는다. 생산자는 35의 가격으로 판매하고 단위당 10의 보조금을 지급받으므로 실제로 받는 가격은 45로 상승한다. 그러므로 생산자도 단위당 5의 혜택을 얻는다. 보조금이 지급되면 소비자잉여는 아래 그림에서 B의 면적에 해당하는 $112.5\left(=\frac{1}{2}(20+25)\times 5\right)$만큼 증가하고, 생산자잉여는 A면적에 해당하는 $112.5\left(=\frac{1}{2}(20+25)\times 5\right)$만큼 증가한다. 그런데 정부의 보조금 지급액은 $(A+B+C)$의 면적에 해당하는 $250(=10\times 25)$이므로 C의 면적에 해당하는 $25\left(=\frac{1}{2}\times 10\times 5\right)$만큼의 사중적 손실이 발생한다.

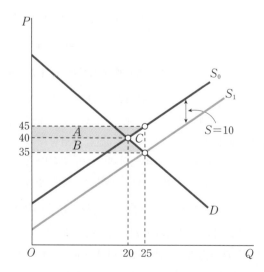

08 2020 세무사

다음은 순수독점의 형태로 운영되고 있는 시장의 수요함수이다.

$$Q = 200 - 4P$$

그리고 이 시장의 독점공급자인 A사의 총비용함수는 다음과 같다.

$$TC = \frac{1}{4}Q^2 + 10Q + 75$$

정부가 소비자에게 단위당 10만큼의 물품세를 부과한다고 할 때, 다음 설명으로 옳은 것을 모두 고른 것은? (단, Q는 수량, P는 가격, TC는 총비용이다.)

ㄱ. 독점공급자는 조세부담을 전가시킬 수 있으므로 세금은 모두 소비자가 부담한다.

ㄴ. 독점공급자의 조세부담이 소비자의 조세부담보다 3배 더 크다.

ㄷ. 조세부담의 크기는 소비자와 공급자가 동일하다.

ㄹ. 독점공급자의 조세부담이 소비자의 조세부담의 $\frac{1}{3}$이다.

ㅁ. 동일한 세금을 소비자 대신 공급자에게 부과해도 조세부담 귀착의 결과는 같다.

---

① ㄱ, ㄴ　　　　　② ㄱ, ㄷ　　　　　③ ㄴ, ㄷ

④ ㄴ, ㅁ　　　　　⑤ ㄹ, ㅁ

📝 독점기업이 직면하는 수요함수가 $P = 50 - \frac{1}{4}Q$이므로 한계수입 $MR = 50 - \frac{1}{2}Q$이고, 주어진 비용함수를 Q에 대해 미분하면 한계비용 $MC = \frac{1}{2}Q + 10$이다. $MR = MC$로 두면 $50 - \frac{1}{2}Q = \frac{1}{2}Q + 10$이므로 조세부과 전의 이윤극대화 생산량 $Q = 40$이다. 이를 수요함수에 대입하면 $P = 40$으로 계산된다.

　소비자에게 물품세가 부과되면 소비자들이 독점기업에게 지불할 용의가 있는 금액이 단위당 조세액만큼 낮아지므로 아래의 그림 ⑧와 같이 수요곡선이 하방으로 이동한다. 단위당 10의 조세가 부과된 이후에는 수요곡선이 $P = 40 - \frac{1}{4}Q$이 되므로 한계수입 $MR = 40 - \frac{1}{2}Q$이다. $MR = MC$로 두면 $40 - \frac{1}{2}Q = \frac{1}{2}Q + 10$이므로 조세부과 이후의 생산량 $Q = 30$이다. 이를 조세부과 이후의 수요곡선에 대입하면 소비자가 독점기업에게 지불하는 가격 $P = 32.5$로 계산된다. 소비자는 독점기업에게 32.5의 가격을 지불하지만 단위당 10의 세금을 납부해야 하므로 조세를 포함하면 소비자가 실제로 지불하는 가격은 42.5가 된다. 그러므로 소비자에게 단위당 10의 조세가 부과되면 7.5만큼이 독점기업에게 전가되고 소비자는 2.5만큼 부담함을 알 수 있다.

　독점기업에게 단위당 일정액의 물품세가 부과되면 한계비용이 단위당 조세액만큼 상승하므로 그림 ⑤와 같이 한계비용곡선이 상방으로 이동한다. 단위당 10의 물품세가 부과된 이후에는 $MC = \frac{1}{2}Q + 20$으로 바뀌게 된다. $MR = MC$로 두면 $50 - \frac{1}{2}Q = \frac{1}{2}Q + 20$이므로 조세부과 이후의 생산량 $Q = 30$이다. 이를 수요곡선에 대입하면 $P = 42.5$로 계산된다. 독점기업에게 물품세가 부과되면 소비자가격이 조세부과 전보다 2.5만큼 상승한다. 이는 2.5만큼이 소비자에게 전가되었음을 의미한다. 물품세가 부과된 후에는 독점기업이 단위당 10의 세금을 납부해야 하므로 실제로 받는 가격인 생산자가격은 32.5로 낮아진다. 그러므로 단위당 조세액 중 7.5만큼 독점기업이 부담하게 되는 것을 알 수 있다.

지금까지의 논의에서 시장구조가 독점인 경우에도 물품세가 소비자와 독점기업 중 누구에게 부과되더라도 상대적인 조세부담은 동일함을 알 수 있다. 즉, 단위당 10의 물품세가 소비자와 독점기업 중 누구에게 부과되더라도 단위당 조세액 중 소비자부담은 2.5, 독점기업의 부담은 7.5이다. 그러므로 누구에게 조세가 부과되더라도 독점공급자는 소비자의 3배에 해당하는 조세부담을 지게 된다.

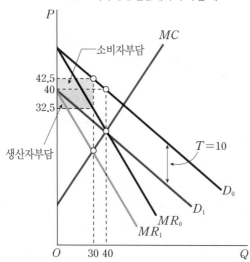

(a) 소비자에게 물품세가 부과될 때

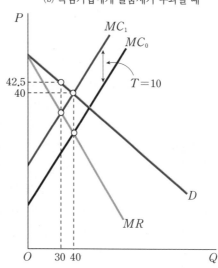

(b) 독점기업에게 물품세가 부과될 때

09

어떤 독점기업이 생산하는 재화의 한계비용은 600원으로 일정하고, 수요의 가격탄력성도 항상 4로 일정하다고 하자. 이 기업이 생산하는 재화에 대해 단위당 300원의 조세를 부과하면 소비자가격은 얼마나 상승하겠는가?

① 100원   ② 200원   ③ 300원
④ 400원   ⑤ 500원

✎ 단위당 T원의 조세가 부과되면 한계비용이 단위당 T원만큼 상승하므로 이윤극대화조건은 $MR=MC+T$가 된다. 한편, $MR=P\left(1-\dfrac{1}{\varepsilon}\right)$이 성립하므로 조세부과후 이윤극대화조건은 $P\left(1-\dfrac{1}{\varepsilon}\right)=MC+T$로 나타낼 수 있다. 따라서 조세부과후 가격 $P=\dfrac{MC+T}{1-\dfrac{1}{\varepsilon}}$가 된다. 이 식에 $MC=100$, $\varepsilon=4$, $T=0$을 대입하면 조세부과전의 가격은 800원임을 알 수 있다. 그 다음으로 $MC=100$, $\varepsilon=4$, $T=300$을 대입하면 조세부과후 가격은 1,200으로 계산된다.

10

종량세와 종가세가 독점기업의 생산량에 동일한 영향을 주는 경우 조세수입의 크기를 옳게 비교한 것은?

① 종량세가 종가세보다 많다.

② 종가세가 종량세보다 많다.

③ 종량세와 종가세 모두 동일하다.

④ 조세가 공급자와 수요자 중 어느 쪽에 부과되느냐에 따라 다르다.

⑤ 부과하는 방법이 다르기 때문에 비교할 수 없다.

☑ 독점기업의 생산량이 동일한 수준으로 감소하도록 조세를 부과하는 경우 종량세보다 종가세를 부과할 때 정부의 조세수입이 더 많은 것이 일반적이다. 이를 좀 더 구체적으로 살펴보기로 하자.

조세부과 이전에 아래 그림의 a점에서 $MR=MC$가 이루어지므로 가격과 생산량이 (P_0, Q_0)이다. 이제 단위당 T원의 종량세가 부과되면 수요곡선과 한계수입곡선이 T원만큼 하방으로 이동하므로 조세부과 이후에는 b점에서 한계수입과 한계비용이 일치한다. 따라서 생산량이 Q_1으로 감소하고 가격은 P_1으로 상승한다. 이 때 단위당 조세액은 조세부과 이전의 수요곡선과 조세부과 이후의 수요곡선간의 수직거리인 선분 ef의 길이로 측정된다.

이제 종가세가 부과되는 경우를 생각해 보자. 종가세가 부과되더라도 생산량이 동일한 크기만큼 감소하려면 종가세 부과 이후에도 MR곡선과 MC곡선은 b점에서 교차해야 한다. 따라서 종가세부과 이후의 MR곡선은 가로축(X축) 절편을 축으로 회전이동하면서 b점을 지나도록 그리면 된다. 수요곡선과 한계수입곡선의 세로축(Y축) 절편이 동일하므로 조세부과 이후의 수요곡선은 아래 그림과 같이 그려진다. 이와 같이 수요곡선과 한계수입곡선이 회전이동하면 종량세가 부과될 때와 생산량과 가격이 같아진다.

종가세가 부과될 때 단위당 조세의 크기는 조세부과 이전의 수요곡선과 조세부과 이후의 수요곡선의 수직거리인 eg의 길이이므로 종량세가 부과될 때의 단위당 조세 ef보다 크다는 것을 알 수 있다. 종량세와 종가세가 부과될 때 조세부과 이후의 생산량은 동일하나 단위당 조세는 종가세가 부과되는 경우가 더 크다. 그러므로 정부의 조세수입도 종량세보다 종가세가 부과될 때 더 크다는 것을 알 수 있다.

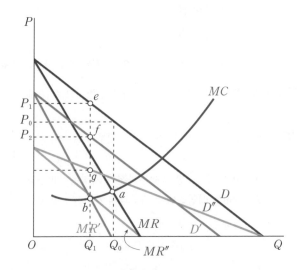

11 [2016] 세무사

독점적 경쟁시장 하의 개별 기업에 대한 과세의 효과에 관한 설명으로 옳은 것은?

① 독점적 경쟁시장의 상품에 과세한 경우, 기업이 충성고객을 확보하였을 때는 전가가 어렵다.

② 독점적 경쟁시장의 상품에 과세한 경우, 상품에 이질성이 높으면 전가가 어렵다.

③ 독점적 경쟁시장의 기업에 대한 이윤세 부과는 기업의 이윤극대화 행위에 영향을 주지 못한다.

④ 완전경쟁시장 개별 기업의 상품에 과세한 경우에 비해 전가가 어렵다.

⑤ 독점적 경쟁시장의 상품에 과세한 경우, 상품에 동질성이 높으면 전가가 용이하다.

📝 독점적 경쟁기업이 생산하는 재화에 대해 조세가 부과되었을 때 기업이 이를 얼마나 소비자에게 전가할 수 있을지는 수요의 가격탄력성에 의해 결정된다. 만약 수요가 매우 탄력적이라면 가격을 인상할 경우 소비자들이 그 재화를 구입하지 않을 것이므로 조세를 전가하기 어려운데 비해, 수요가 매우 비탄력적이라면 가격을 인상하더라도 대부분의 소비자가 여전히 그 재화를 구입할 것이므로 기업은 가격인상을 통해 조세부담을 소비자에게 전가할 수 있다. 따라서 기업이 충성고객을 확보하고 있거나 생산하는 재화의 이질성이 높을수록 수요가 비탄력적이므로 독점적 경쟁기업이 물품세를 소비자에게 전가하기가 용이하다.

완전경쟁시장에서는 개별기업이 생산하는 재화가 완전히 동질적이므로 한 기업이 가격을 인상하면 판매량이 0이 된다. 그러므로 완전경쟁시장에 있는 개별기업에게 조세가 부과되더라도 그 기업은 전혀 가격을 올릴 수가 없다. 이에 비해 독점적 경쟁기업은 조세가 부과될 경우 어느 정도 가격을 인상할 수 있으므로 완전경쟁시장의 개별기업의 상품에 과세한 경우보다는 전가가 용이하다. 시장의 형태에 관계없이 이윤세가 부과되더라도 기업의 이윤극대화 생산량과 가격이 변하지 않는다. 그러므로 이윤세는 전혀 소비자에게 전가되지 않고 전부 기업이 부담하게 된다.

✎ 독점적 경쟁시장
다수의 기업이 차별화된 재화를 생산하는 시장으로 개별기업은 어느 정도 가격지배력을 갖는다.

12

자동차산업과 섬유산업의 두 산업만이 존재하고 자본과 노동 두 요소만이 존재하는 완전경쟁시장을 가정하자. 이제 섬유산업에만 개별소비세가 부과되었다고 하자. 이 경우 조세부담 귀착의 일반균형분석에 대한 다음 설명 중 옳지 않은 것은?

① 섬유의 수요가 줄어들게 되므로 수요의 가격탄력도가 최종부담의 크기 결정에 영향을 미친다.

② 섬유산업에서 해고가 발생하며 두 산업간 요소집약도의 차이가 최종부담의 크기 결정에 영향을 미친다.

③ 자동차산업에서 요소의 고용이 상대적으로 크게 늘어나며 생산요소의 대체탄력도가 최종부담의 크기 결정에 영향을 미친다.

④ 자본을 소유한 가계의 부담과 노동을 소유한 가계의 부담은 수요의 가격탄력성에 반비례하여 결정된다.

⑤ 두 산업에 일반소비세가 부과되면 보유한 요소에 관계없이 모든 가계들의 소비에 동일한 비율로 세부담이 발생한다.

✎ 섬유에 대해 개별소비세가 부과되면 섬유가격이 비싸지므로 섬유수요가 감소한다. 섬유수요가 감소하면 그에 따라 섬유생산이 감소하고, 섬유생산에 고용된 생산요소가 해고된다. 만약 섬유가 노동집약적이라면 노동의 해고가 많을 것이므로 상대적으로 임금이 크게 하락한다. 섬유수요가 탄력적일수록 섬유의 소비와 생산이 크게 감소할 것이므로 임금하락폭은 커진다. 즉, 수요가 탄력적일수록 노동을 소유한 가계의 부담이 커진다. 반면, 섬유가 자본집약재라면 자본을 소유한 가계의 부담이 커질텐데, 이 경우도 섬유수요가 탄력적일수록 그 부담은 더 커질 것이다.

> 섬유에 대한 개별소비세 → 섬유의 상대가격 ↑
> → (섬유 소비 및 생산 ↓
>   자동차의 소비 및 생산 ↑
> → 섬유생산에 고용된 생산요소 해고
> → 섬유생산에 집약적으로 투입된 생산요소 가격 ↓

13

다음의 경우를 가장 올바르게 설명한 것은?

> 사탕공장에서 사용되는 자본에 대해 조세를 부과하였더니 사탕공장에서 일하는 노동자의 임금률만 하락한 것이 아니라 연필공장에 근무하는 노동자의 임금률도 동시에 하락하였다. 조사해 본 결과 임금률 하락은 자본임대료율 하락보다 더 큰 것으로 나타났다.

① 연필산업은 사탕산업보다 노동집약적이다.

② 산출량효과와 요소대체효과의 방향이 동일하다.

③ 산출량효과가 요소대체효과보다 크다.

④ 산출량효과와 요소대체효과보다 작다.

⑤ 요소대체효과가 나타나지 않았다.

📝 산출량효과는 그 산업에 집약적으로 사용되는 생산요소의 상대가격을 낮추는 방향으로 작용한다. 사탕공장에서 사용되는 자본에 대해서만 조세를 부과하였을 때 임금률이 낮아졌다는 것은 사탕산업이 연필산업보다 노동집약적임을 의미한다. 한편, 요소대체효과는 과세된 생산요소의 상대가격을 낮추는 방향으로 작용하므로 요소대체효과에 의해서는 자본임대료율이 낮아진다. 그런데 임금하락률이 자본임대료 하락률 보다 더 크면 $\left(\dfrac{w}{r}\right)$가 낮아진다. 이는 산출량효과가 요소대체효과보다 크다는 의미이다. $\left(\dfrac{w}{r}\right)$가 낮아지면 두 산업에서는 상대적으로 노동을 더 많이 투입할 것이므로 두 산업에서의 요소집약도 $\left(\dfrac{K}{L}\right)$는 낮아지게 될 것이다.

05

조세의 초과부담 및 최적과세론

Public Finance

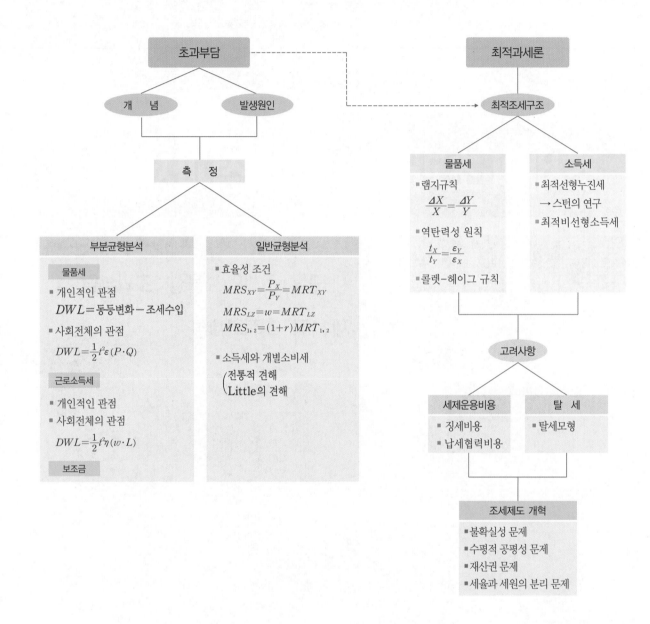

초과부담

개 념   발생원인

측 정

부분균형분석

물품세
- 개인적인 관점
$$DWL = 동등변화 - 조세수입$$
- 사회전체의 관점
$$DWL = \frac{1}{2}t^2\varepsilon(P \cdot Q)$$

근로소득세
- 개인적인 관점
- 사회전체의 관점
$$DWL = \frac{1}{2}t^2\eta(w \cdot L)$$

보조금

일반균형분석
- 효율성 조건
$$MRS_{XY} = \frac{P_X}{P_Y} = MRT_{XY}$$
$$MRS_{LZ} = w = MRT_{LZ}$$
$$MRS_{1,2} = (1+r)MRT_{1,2}$$
- 소득세와 개별소비세
$$\begin{cases} 전통적 \ 견해 \\ Little의 \ 견해 \end{cases}$$

최적과세론

최적조세구조

물품세
- 램지규칙
$$\frac{\Delta X}{X} = \frac{\Delta Y}{Y}$$
- 역탄력성 원칙
$$\frac{t_X}{t_Y} = \frac{\varepsilon_Y}{\varepsilon_X}$$
- 콜렛-헤이그 규칙

소득세
- 최적선형누진세
  → 스턴의 연구
- 최적비선형소득세

고려사항

세제운용비용
- 징세비용
- 납세협력비용

탈 세
- 탈세모형

조세제도 개혁
- 불확실성 문제
- 수평적 공평성 문제
- 재산권 문제
- 세율과 세원의 분리 문제

Public Finance

10 조세와 효율성 : 초과부담

Point

조세가 부과되면 재화들 간의 상대가격이 변화하고, 그로 인한 대체효과에 의해 민간부문의 의사결정 왜곡이 초래된다. 조세부과시 민간부문 의사결정 왜곡에 따른 효율성 상실을 초과부담 (혹은 사중적 손실)이라고 한다. 일반적으로 조세가 부과되면 파레토효율성 조건이 위배되므로 초과부담이 발생한다. 초과부담은 개인적인 관점에서 논의할 수도 있고, 사회전체적인 관점에서 살펴볼 수도 있다. 초과부담 은 각 상황에 따라 그리고 조세의 종류에 따라서도 다르게 나타난다. 이 장에서는 초과부담의 측정방법을 살펴보고, 각 상황에서의 초과부담이 어떻게 달라지는지를 분석한다. 초과부담에 대한 정확한 이해 는 어떻게 하면 초과부담이 최소화되는 조세제도를 구축할 것인지에 대한 논의의 기초가 된다.

Ⅰ 초과부담의 개념 및 발생원인

1. 초과부담의 개념

① 초과부담(excess burden)이란 조세부과로 민간부문의 의사결정이 교란됨에 따라 발생하는 효율성 상실분으로 조세징수액을 초과하는 추가적인 민간의 부담을 의미한다.

② 초과부담은 후생손실(welfare loss) 혹은 사중적 손실(dead weight loss)이라고도 하며 그 크기는 다음과 같이 측정된다.

> 초과부담＝조세로 인한 민간부문의 총부담－조세징수액

2. 초과부담의 발생원인

① 일반적으로 조세가 부과되면 상대가격이 변화하므로 민간부문의 자율적인 의사결정이 왜곡되어 자원배분에 있어서의 비효율성이 초래된다.

② 이에 따라 파레토효율성조건이 충족될 수 없게 되어, 정부의 조세징수액을 초과하는 사회적인 후생손실 즉, 초과부담이 발생한다.

③ 초과부담의 근본적인 원인은 조세부과로 상대가격이 변화하면 대체효과로 인해 민간부문의 의사결정이 왜곡되기 때문이다.

④ 대체효과가 발생하지 않기 때문에 민간부문의 의사결정에 아무런 영향을 미치지 않는 중립적인 조세를 중립세(lump－sum tax)라고 한다.

⑤ 현실에서 중립세에 가장 근접한 조세로는 인두세(poll tax)를 들 수 있으나 인두세도 장기적으로 자녀수 결정 등에 영향을 미치기 때문에 결국 완벽한 의미의 중립세는 존재하지 않는다.

✎ 어떤 조세가 중립세가 되기 위해서는 민간부문의 의사결정과 아무런 관계없이 세액의 크기가 결정되어야 한다.

3. 기본적인 아이디어

(1) 개인적인 차원

① 조세부과에 따른 개인의 효용감소분을 화폐액으로 측정하면 10,000원이라고 하자.
② 그런데 정부의 조세수입은 8,000원이라면 민간의 총부담은 조세수입을 2,000원만큼 초과하므로 조세부과에 따른 후생손실은 2,000원으로 측정된다.

(2) 사회전체적인 차원

① 이제 조세부과로 인해 총잉여(＝소비자잉여＋생산자잉여)가 10억 원 감소하였다고 하자.
② 그런데 정부의 조세수입이 8억 원이라면 민간의 총부담은 조세수입을 2억 원 초과하므로 조세부과에 따른 후생손실(초과부담)은 2억 원으로 측정된다.

Ⅱ 부분균형분석적 접근

1. 개인적인 관점에서 본 물품세의 초과부담

(1) 일반적인 경우

1) 물품세와 소비자균형의 이동

① 그림 10-1은 대표적인 개인의 경우를 나타내고 있는데 X재에 대한 물품세 부과로 X재 가격이 상승하여 예산선이 AB에서 AC로 회전이동하였다고 하자.

그림 10-1 개인적인 관점에서 물품세의 초과부담

X재에 대하여 물품세가 부과되면 X재 가격상승으로 균형점이 E점에서 F점으로 이동하므로 소비자의 효용수준은 I_1으로 낮아진다. 이 때 조세액의 크기를 Y재 단위수로 나타내면 선분 IF의 길이로 측정된다. 만약 동액의 정액세가 부과되면 균형점은 H점이 되고 효용수준은 I_2까지만 낮아진다. 따라서 물품세의 초과부담은 I_1과 I_2의 차이로 측정된다.

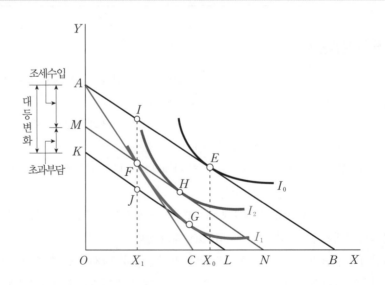

② 물품세 부과에 따라 균형점이 E점에서 F점으로 이동하였다면 X재 구입량은 X_0에서 X_1으로 감소하고 효용수준은 I_0에서 I_1으로 낮아진다.

③ 물품세 부과전에는 X재를 X_1만큼 구입하였다면 Y재는 I점의 높이까지 구입할 수 있었으나 물품세 부과 이후에는 Y재를 F점의 높이까지만 구입할 수 있게 된다.

④ 그러므로 조세수입을 Y재의 단위수로 나타내면 선분 IF(혹은 AM)로 측정된다.

2) 초과부담의 측정

가. 대등변화를 이용한 측정

① 물품세 부과에 따른 초과부담은 대등변화를 이용해서 살펴볼 수도 있고, 중립세(lump-sum tax)와의 비교를 통해 측정할 수도 있다.

② 그림 10-1에서 Y재 단위수로 나타낼 때 소득이 선분 AK만큼 감소하면 물품세 부과시와 소비자의 효용수준이 동등해진다.

③ 즉, 물품세 부과시의 소비자의 효용감소분을 소득으로 나타내면 소득이 AK만큼 감소한 것과 동일하므로 AK만큼이 대등변화이다.

④ 그런데 물품세 부과시의 조세수입(선분 IF 혹은 AM)보다 소비자의 후생감소분(선분 IJ 혹은 AK)이 더 크다는 것은 결국 그 차이에 해당하는 만큼의 추가적인 부담이 발생한다는 의미이다.

⑤ 그러므로 물품세 부과시의 초과부담은 대등변화(equivalent variation)에서 조세수입을 차감한 크기($MK = FJ$)로 측정된다.

> ❶ 보상변화 : 가격변화 이전과 동일한 효용을 얻도록 하기 위해 변화된 가격체계에서 조정해 주어야 하는 소득의 크기
> ❶ 대등변화 : 가격변화 이후와 동일한 효용을 얻도록 하기 위해 원래의 가격체계에서 조정해 주어야 하는 소득의 크기

나. 중립세와의 비교를 통한 측정

① 이제 X재에 대하여 물품세를 부과할 때와 동일한 조세수입을 얻을 수 있는 중립세(lump-sum tax)가 부과되는 경우를 생각해 보자.

② 중립세의 경우에는 상대가격 변화를 초래하지 않으므로 예산선이 평행하게 이동한다.

③ 조세수입이 IF만큼이 되도록 중립세가 부과되면 예산선은 F점을 통과하면서 원래 예산선과 평행한 MN이 된다.

④ 예산선이 MN으로 이동하면 균형점은 H점이 될 것이므로 소비자의 효용수준은 I_2가 된다.

⑤ 이와 같이 물품세 부과시와 동일한 조세수입을 얻을 수 있는 중립세가 부과되면 효용수준은 물품세 부과시보다 더 높다.

⑥ 중립세 부과시에는 초과부담이 0이므로 물품세 부과시의 초과부담을 중립세 부과시와의 효용차이로 나타내면 $(I_2 \sim I_1)$만큼이 된다.

> ✎ 효용은 객관적인 단위로 측정하기가 어렵기 때문에 통상적으로는 대등변화를 이용한 측정방법을 이용한다.

참고 **새로운 조세의 도입과 소비자의 효용변화**

① X재와 Y재만 있는 경제에서 X재에 대해 이미 물품세가 부과되고 있는 상태에서 Y재에 대해 추가로 물품세가 부과된다고 하자.

② 이 경우 Y재에 대한 조세부과는 소비자의 실질소득이 감소하는 소득효과를 통해 소비자의 효용수준을 낮추는 방향으로 작용한다.

③ 한편, Y재에 대한 추가적인 과세는 상대가격을 조세가 전혀 부과되기 전의 수준에 가깝게 변화시켜 X재에 대해서만 과세할 때 발생했던 대체효과가 교정되는데, 이는 소비자의 효용수준을 높이는 방향으로 작용한다.

④ 그러므로 이미 조세가 부과되고 있는 상태에서 새로운 조세가 도입된다고 해서 항상 소비자의 효용이 감소하는 것은 아니다.

> ◑ 소비자 후생의 변화는 소득효과와 교정되는 대체효과의 상대적인 크기에 의해 결정된다.

⑤ 오른쪽 그림에서 최초의 소비자균형이 E점이고 X재에 대해서 물품세가 부과될 때의 균형은 F점이다.

⑥ 이제 동일한 조세수입을 얻으면서 Y재에 대해서도 X재와 동일한 세율로 추가적인 물품세를 부과하면 새로운 소비자균형은 G점에서 이루어진다.

⑦ 그러므로 오른쪽 그림은 기존에 조세가 부과되고 있을 때 새로운 조세의 도입이 오히려 소비자의 효용수준을 높일 수도 있음을 보여준다.

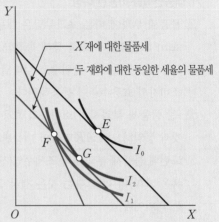

(2) 특수한 경우

1) 두 재화가 완전보완재일 때

① **그림 10-2**에서 E점은 조세부과전의 균형점을, F점은 X재에 대해 물품세가 부과된 이후의 균형점을 나타낸다.

② 물품세 부과시 정부의 조세수입은 Y재 단위수로 선분 IF만큼의 길이이고, 소비자 후생감소분을 나타내는 대등변화의 크기도 $IF(=AK)$의 길이만큼이다.

그림 10-2 **두 재화가 완전보완재일 때**

두 재화가 완전보완재이면 무차별곡선이 L자 형태이므로 대체효과가 전혀 발생하지 않는다. 이 경우에는 대등변화와 정부의 조세수입이 일치하므로 물품세가 부과되더라도 초과부담이 발생하지 않는다.

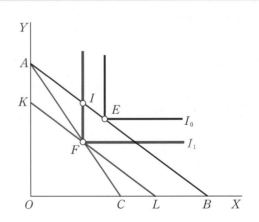

③ 즉, 소비자의 후생감소분이 전부 정부의 조세수입으로 이전되었으므로 조세부과에 따른 민간의 초과부담은 0이다.

④ 조세수입이 동일하게 되도록 중립세가 부과될 때의 균형점도 F점이므로 물품세 부과시와 중립세 부과시의 효용수준이 동일하다.

⑤ 이와 같이 두 재화가 완전보완재인 경우에는 물품세가 부과되더라도 초과부담이 발생하지 않는다.

> ❍ 무차별곡선이 L자 형태인 경우에 초과부담이 발생하지 않는 것은 무차별곡선이 L자 형태일 때는 대체효과가 0이기 때문이다.

2) 조세부과 후에도 구입량의 변화가 없는 경우

① 그림 10-3에서 물품세 부과전의 소비자 균형이 E점이고, X재에 대한 물품세 부과로 인해 균형점이 F점으로 이동하였다면 X재 구입량(X_0)이 물품세가 부과되기 전과 동일하다.

② X재를 X_0만큼 구입할 때 물품세 부과전에는 Y재를 E점의 높이만큼 구입할 수 있었으나 물품세 부과후에는 Y재를 F점의 높이만큼만 구입할 수 있으므로 정부의 조세수입은 선분 EF의 길이로 측정된다.

③ 한편, 물품세 부과로 인한 소비자의 후생상실분은 Y재 단위수로 $EJ(=AK)$만큼이므로 정부의 조세수입보다 더 크다.

> ❍ 소득을 EJ만큼 감소시키더라도 소비자는 물품세 부과시와 동일한 효용을 얻을 수 있다.

④ 물품세 부과로 인한 소비자의 후생상실분이 정부의 조세수입보다 FJ만큼 더 크므로 물품세 부과에 따른 초과부담은 선분 FJ의 길이만큼으로 측정된다.

⑤ 이와 같이 물품세가 부과된 이후에 X재 구입량이 변하지 않는 경우에도 초과부담은 여전히 발생한다.

> ❍ 물품세 부과이후에도 구입량이 불변인 것은 대체효과가 소득효과에 의해 완전히 상쇄되었기 때문이며, 대체효과가 0인 것은 아니므로 초과부담이 발생하게 되는 것이다.
> ❍ 대체효과와 소득효과가 반대방향으로 나타나는 것은 X재가 열등재일 때이다.

✎ 물품세 부과이후에도 구입량이 변하지 않으려면 대체효과와 소득효과가 반대방향으로 나타나고 두 효과의 절대적인 크기가 동일해야 한다.

그림 10-3　　**구입량이 변하지 않는 경우**

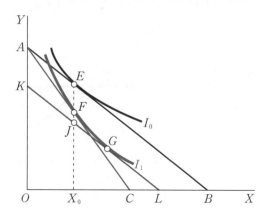

X재에 대해 물품세가 부과되었을 때 대체효과와 소득효과가 반대방향으로 작용하면서 절대적인 크기가 동일하면 X재의 구입량이 변하지 않는다. 이 경우에도 대체효과가 존재하므로 여전히 초과부담이 발생한다.

2. 시장전체 관점에서 본 물품세의 초과부담

(1) 일반적인 경우

1) 공급곡선이 수평선인 경우(비용불변산업)

가. 초과부담의 계산

① 그림 10-4에서 조세부과 이전의 균형점이 E점으로 주어져 있다면 가격과 거래량은 각각 (P_0, Q_0)이다.

② 단위당 T원의 물품세가 부과되면 공급곡선이 T원만큼 상방으로 이동하므로 가격은 P_1으로 상승하고 거래량은 Q_1으로 감소한다.

③ 이때 소비자잉여는 $(A+B)$의 면적만큼 감소하나, 그 중 □A는 정부의 조세수입으로 이전되었으므로 사회적인 후생손실의 크기인 초과부담은 △B의 면적으로 측정된다.

④ 즉, 조세부과에 따른 민간부문의 총부담$(A+B)$ 중에서 정부의 조세수입을 초과하는 부담은 △B의 면적으로 측정된다.

⑤ $T=\Delta P=tP$로 나타낼 수 있으므로 물품세 부과에 따른 초과부담 △B의 면적은 다음과 같이 계산된다.

$$
\begin{aligned}
DWL &= -\frac{1}{2}\Delta P \cdot \Delta Q \\
&= -\frac{1}{2}tP \cdot \Delta Q \qquad (\Delta P = tP) \\
&= \frac{1}{2}t\left(-\frac{\Delta Q}{\Delta P}\cdot\frac{P}{Q}\right)\Delta P \cdot Q \qquad \left(\varepsilon = -\frac{\Delta Q}{\Delta P}\cdot\frac{P}{Q}\right) \\
&= \frac{1}{2}t^2 \cdot \varepsilon \cdot (P \cdot Q)
\end{aligned}
$$

✎ 초과부담은 대체효과에 의해 발생하므로 초과부담을 측정할 때는 보상수요곡선을 사용하여야 한다.

그림 10-4 사회적 관점에서 물품세의 초과부담

단위당 T원의 물품세가 부과되면 소비자잉여는 $(A+B)$의 면적만큼 감소하나 정부의 조세수입은 □A의 면적만큼만 증가한다. 이 때 소비자잉여 감소분 중에서 정부의 조세수입으로 이전되지 않은 △B가 초과부담으로 측정된다.

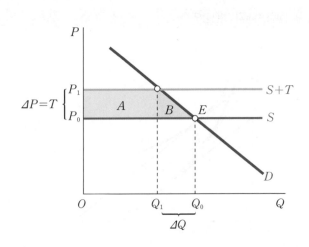

⑥ 따라서 조세의 초과부담은 세율(t)의 제곱에 비례하고, 수요의 가격탄력성(ε)과 거래액
($S = P \cdot Q$)의 크기에 비례한다.

$$DWL = \frac{1}{2}t^2 \cdot \varepsilon (P \cdot Q)$$

나. 비효율성계수

① 세율이 0이면 초과부담도 0이지만 정부는 조세수입을 얻을 수 없게 되므로 무조건 세율이
낮은 것이 바람직한 것은 아니다.

② 자원배분의 효율성의 측면에서 보면 일정한 조세수입을 얻으면서 초과부담이 작을수록 바
람직하다.

③ 조세부과에 따른 효율성상실의 정도를 측정하는 지표를 비효율성계수라고 한다.

참고 | **초과부담의 결정요인**

1. 수요의 가격탄력성과 초과부담

① 수요곡선이 비탄력적인 D_1으로 주어져 있을 때는 초과부담은 $\triangle efg$
로 측정되나, 수요곡선이 탄력적인 D_2로 주어져 있다면 후생손실의
크기는 $\triangle ehi$가 된다.

② 그러므로 수요가 탄력적일수록 조세부과에 따른 후생손실의 크기는
증가한다.

③ 그 이유는 수요가 탄력적일수록 조세부과시 가격변화에 따른 소비량
(생산량)의 변화가 커지고 민간부문의 의사결정 왜곡이 크게 일어나
기 때문이다.

〈수요의 가격탄력성과 초과부담〉

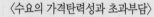

2. 세율과 초과부담

① 단위당 T원의 조세가 부과될 때 초과부담의 크기는 $\triangle efg$이지만 단
위당 조세액이 $2T$로 증가하면 초과부담의 크기는 $\triangle ehi$가 되므로 후
생손실이 4배로 증가한다.

② 이와 같이 세율이 높아지면 조세부과에 따른 후생손실의 크기는 세
율의 제곱에 비례한다.

③ 세율이 높을수록 초과부담이 급격히 증가하는 이유는 세율이 높을수
록 민간부문의 의사결정 왜곡이 크게 나타나기 때문이다.

〈세율과 초과부담〉

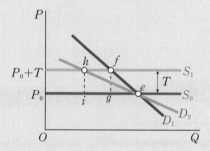

④ 비효율성계수(coefficient of inefficiency)는 다음과 같이 정의된다.

$$비효율성계수 = \frac{초과부담}{조세수입} = \frac{\frac{1}{2}t^2\varepsilon(PQ)}{tPQ} = \frac{1}{2}t\varepsilon$$

⑤ 비효율성계수는 초과부담을 조세수입으로 나눈 값이므로 세수 1원당 초과부담을 의미한다.

⑥ 일반적으로 세율과 수요의 가격탄력성이 높아질수록 비효율성계수도 비례적으로 커진다.

2) 공급곡선이 우상향하는 경우(비용증가산업)

① 아래의 **그림 10-5**에서 조세부과 이전의 균형점은 E점이나 단위당 T원의 조세가 부과되면 공급곡선이 T원만큼 상방으로 이동한다.

② 이때 소비자잉여 감소분$(A+B)$과 생산자잉여 감소분$(C+D)$을 합한 면적이 조세부과에 따른 사회전체의 총부담(후생상실)이다.

③ 그런데 정부의 조세수입의 크기는 □$(A+C)$의 면적이므로 사회전체의 총부담 중 정부의 조세수입을 초과하는 부담은 △$(B+D)$의 면적으로 측정된다.

④ 공급곡선이 우상향하는 경우 초과부담의 크기는 다음의 식으로 측정될 수 있다.

$$DWL = \frac{1}{2} \cdot \frac{1}{\frac{1}{\varepsilon} + \frac{1}{\eta}} t^2 \cdot PQ$$

(ε : 수요의 가격탄력성, η : 공급의 가격탄력성)

그림 10-5 　사회적인 관점에서 물품세의 초과부담

단위당 T원의 물품세가 부과되면 재화의 시장가격은 P_1으로 상승하나 생산자가 실제로 수취하는 가격은 (P_1-T)로 하락한다. 따라서, 소비자잉여의 감소분은 $(A+B)$의 면적으로 측정되고, 생산자잉여의 감소분은 $(C+D)$의 면적으로 측정된다. 그런데 정부의 조세수입은 □$(A+C)$의 면적에 불과하므로 초과부담의 크기는 △$(B+D)$의 면적으로 측정된다.

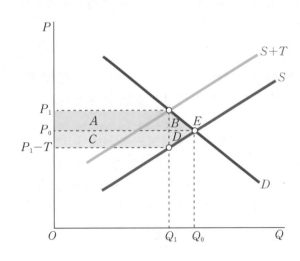

예제**Q** 수요곡선이 우하향의 직선이고, 공급곡선은 수평선으로 주어져 있다고 하자. 단위당 20%의 물품세 부과이후의 가격이 120원이고 정부의 조세수입이 3,000원이었다. 최초 균형점에서 수요의 가격탄력성이 2였다면 초과부담의 크기는? 그리고 비효율성계수의 크기는?

풀이**A**

아래 그림에서 최초의 균형점이 E점이라고 하자. 단위당 20%의 물품세 부과이후의 가격이 120원이므로 조세부과전의 가격은 100원, 단위당 조세액은 20원임을 알 수 있다. 한편, 조세부과시 정부의 조세수입이 3,000원이므로 조세부과이후의 거래량은 150단위이다. 초과부담은 아래 그림에서 A부분의 면적으로 측정되는데, A부분의 면적을 계산하려면 조세부과시 거래량 감소분을 알아야 한다. 조세부과전의 균형점에서 수요의 가격탄력성이 2이므로 다음의 식이 성립한다.

$$\varepsilon = -\frac{\frac{\Delta Q}{Q}}{\frac{\Delta P}{P}} = -\frac{\frac{\Delta Q}{150 - \Delta Q}}{\frac{20}{100}} = 2$$

위의 식을 정리하면 $\frac{-5\Delta Q}{150 - \Delta Q} = 2$, $\Delta Q = -100$으로 계산된다. 그러므로 조세부과전의 거래량은 250 단위이다. 초과부담은 아래 그림에서 $\triangle A$의 면적이므로 1,000으로 계산된다.

$$DWL = \frac{1}{2} \times 100 \times 20 = 1,000$$

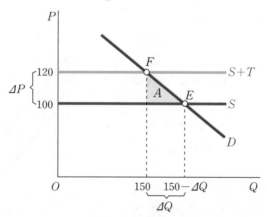

○ ΔQ가 (−)값이므로 조세부과전의 거래량은 $150 - \Delta Q$이다.

세율 $t = 0.2$이므로 초과부담 계산식에 대입해도 동일한 결과를 얻을 수 있다.

$$DWL = \frac{1}{2} \times \left(\frac{2}{10}\right)^2 \times 2 \times (100 \times 250) = 1,000$$

초과부담이 1,000이고, 조세수입이 3,000이므로 조세수입 1원당 초과부담의 크기인 비효율성계수는 0.33이다.

$$비효율성계수 = \frac{초과부담}{조세수입} = \frac{1,000}{3,000} = 0.33$$

> **참고**   **통상적인 수요곡선을 이용한 초과부담의 측정**

① 조세가 부과되면 상대가격 변화에 따른 민간의 의사결정 왜곡으로 인해 초과부담이 발생한다.

② 그러므로 초과부담을 정확히 측정하려면 대체효과만을 반영하는 보상수요곡선을 이용해야 함을 앞에서 설명하였다.

③ 여기서는 통상적인 수요곡선을 이용하여 측정하면 초과부담이 과소평가되거나 과대평가된다는 것을 살펴보자.

④ 오른쪽 그림과 같이 정상재의 경우는 통상적인 수요곡선(D)이 보상수요곡선(D^h)보다 완만한 형태로 도출된다.

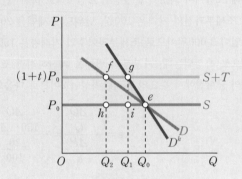

⑤ 단위당 T원의 조세가 부과되어 가격이 P_0에서 $(1+t)P_0$로 상승할 때 보상수요곡선을 이용하면 초과부담은 $\triangle egi$로 측정되나 통상적인 수요곡선을 이용하면 $\triangle efh$의 면적으로 측정된다.

⑥ 그러므로 정상재의 경우에는 통상적인 수요곡선을 이용하여 초과부담을 측정하면 과대평가됨을 알 수 있다.

⑦ 이와 반대로 열등재의 경우에는 보상수요곡선이 통상적인 수요곡선보다 완만하므로 통상적인 수요곡선을 이용하면 초과부담이 과소평가된다.

> **참고**   **가격이 상승할 때 정상재의 수요곡선**

① 최초에 X재 가격이 P_0일 때 소비자균형이 E점에서 이루어지고 있었다면 X재 구입량이 X_0이다.

② 이제 X재에 대해 물품세가 부과되어 X재 가격이 $(1+t)P_0$로 상승함에 따라 가격효과에 의해 소비자균형이 F점으로 이동했다고 하자.

③ 가격효과를 대체효과와 소득효과로 분리해 내기 위해 최초의 무차별곡선에 평행하면서 바뀐 예산선에 평행한 보조선을 그리면 G점을 찾아낼 수 있다.

④ 소비자균형이 E점에서 G점으로 이동한 것은 X재의 상대가격 상승에 따른 대체효과, G점에서 F점으로 이동한 것은 실질소득 감소에 따른 소득효과를 나타낸다.

⑤ 실질소득 감소로 인해 예산선이 안쪽으로 평행하게 이동할 때 X재 구입량이 감소한 것을 볼 수 있는데, 이는 X재가 정상재임을 의미한다.

⑥ 이처럼 X재가 정상재일 때는 X재 가격이 상승할 때 대체효과와 소득효과가 모두 X재 구입량을 감소시키는 방향으로 작용한다.

⑦ 그러므로 X재가 정상재이면 대체효과만을 반영하는 보상수요곡선보다 대체효과와 소득효과를 모두 반영하는 통상적인 수요곡선이 더 완만하게 도출된다.

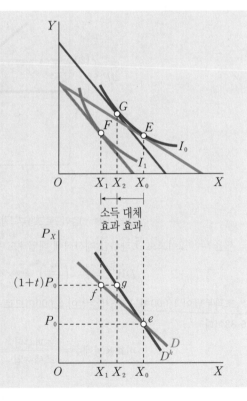

(2) 다른 시장이 왜곡되어 있을 때의 초과부담

1) 가정

① 소주와 맥주는 서로 대체재이다.

② 맥주시장에 t_b의 세율로 물품세가 부과되고 있다.

③ 소주와 맥주의 공급곡선은 모두 수평선의 형태이다.

2) 설명

① 그림10-6에서 맥주시장에 t_b의 세율로 물품세가 부과되고 있을 때의 초과부담은 △B의 크기로 측정된다.

② 이제 소주에 대하여 t_S의 세율로 물품세가 부과되면 소주가격이 $(1+t_S)P_S$로 상승하므로 △A만큼의 초과부담이 발생한다.

③ 그런데 소주가격이 상승하면 사람들은 소주를 맥주로 대체하므로 맥주의 수요곡선이 오른쪽으로 이동하므로 맥주구입량이 Q_1^B에서 Q_2^B로 증가한다.

④ 맥주생산의 한계비용은 P_B로 일정한데 비하여, 소비자가 $(1+t_b)P_B$의 가격으로 맥주를 구입할 때 얻는 한계편익은 $(1+t_b)P_B$이므로 맥주구입량 증가에 따른 사회적인 후생증가분은 □$(B+B')$의 면적이다.

　　◐ 이 때 □$(B+B')$은 정부의 추가적인 조세수입으로 귀속된다.

⑤ 만약 □$(B+B')$면적이 △A의 면적보다 크다면 이 경우에는 경제전체의 초과부담이 감소한다.

⑥ 이와 같이 맥주에 이미 조세가 부과되고 있는 상황에서 대체재인 소주에 대해서 조세를 부과하면 오히려 경제전체의 초과부담이 감소할 수도 있다.

✎ 만약 두 재화가 서로 보완재라면 정반대의 결과가 도출된다.

⑦ 지금까지의 논의는 기존의 왜곡이 존재하는 경우 새로운 왜곡의 도입이 오히려 전체적인 효율성을 높일 수도 있다는 차선의 이론(theory of second best)의 좋은 예로 볼 수 있다.

그림 10-6 　다른 시장에 왜곡이 있을 때

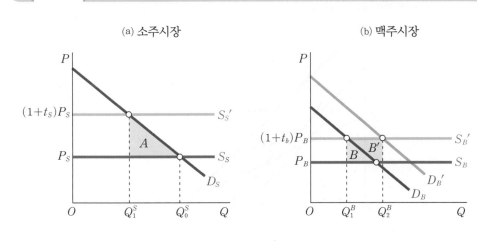

(a) 소주시장　　　　　　(b) 맥주시장

맥주시장에서 조세부과로 △B만큼의 초과부담이 발생하고 있다고 가정하자. 이제 소주에 대하여 조세가 부과되면 소주시장에서 △A의 초과부담이 발생한다. 그런데 소주가격이 상승하면 대체재인 맥주수요가 증가하므로 □$(B+B')$ 만큼 사회후생이 증가한다.

3. 근로소득세의 초과부담

(1) 개인적인 관점에서의 초과부담

① 그림 10-7에서 근로소득세가 부과되기 전에는 예산선이 AB이고, 균형점이 E점으로 주어져 있다고 가정하자.

② 이제 임금소득에 대하여 t의 세율로 비례적인 근로소득세가 부과되면 실질임금이 하락하므로 예산선이 CB로 회전이동한다.

③ 근로소득세 부과이후의 균형점이 F점이라면 효용수준은 I_1으로 감소하게 되는데, 정부의 조세수입은 IF의 크기로 측정된다.

　❍ 근로소득세 부과전에 선분 RB에 해당하는 시간의 노동을 하였다면 소득이 I점까지의 높이이나 근로소득세 부과이후에는 소득이 F점까지의 높이이므로 정부의 조세수입은 선분 IF의 길이로 측정된다.

④ 한편, 근로소득세 부과에 따른 후생상실분의 크기를 소득으로 나타내면 선분 $IJ (= AK)$의 길이로 측정된다.

　❍ 소득이 AK만큼 감소하면 근로소득세 부과시와 효용수준이 동일해지므로, 근로소득세 부과시 대등변화의 크기가 AK의 길이만큼이다.

⑤ 이와 같이 근로소득세 부과시 민간의 후생상실분(AK 혹은 IJ)이 정부의 조세수입(IF의 길이)을 FJ만큼 초과하므로 선분 FJ만큼이 초과부담으로 측정된다.

　❍ 만약 정부가 동일한 조세수입을 얻을 수 있는 중립세(lump−sum tax)를 부과한다면 소비자균형점은 H점이고, 소비자의 효용수준은 I_2까지만 감소하므로 초과부담의 크기를 효용차이로 측정하면 $(I_2 \sim I_1)$이다.

그림 10-7 　개인적인 관점에서 근로소득세의 초과부담

비례적인 근로소득세부과로 균형점이 E점에서 F점으로 이동하면 효용수준은 I_0에서 I_1으로 낮아진다. 이때 조세액의 크기는 IF의 길이로 측정되는데, 만약 동액의 정액세가 부과된다면 균형점은 H점이 되고 효용수준은 I_2까지만 낮아진다. 따라서, 근로소득세의 초과부담은 I_1과 I_2의 차이로 측정된다.

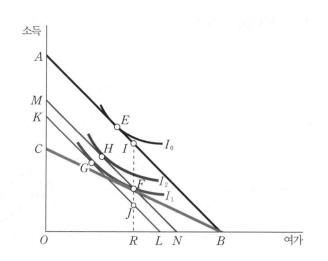

(2) 시장전체의 관점에서의 초과부담

① 보상노동공급곡선이 **그림 10-8**과 같이 우상향의 형태이고 임금률이 w_0로 주어져 있다고 가정하자.

② 이제 t의 세율로 근로소득세가 부과되면 세후임금률이 $(1-t)w_0$로 하락하고 노동공급량은 L_0에서 L_1으로 감소한다.

③ 이 때 노동공급자의 잉여는 $(A+B)$의 면적만큼 감소하는데, 이 중에서 □A는 정부의 조세수입으로 귀속되므로 근로소득세 부과에 따른 초과부담은 △B의 면적으로 측정된다.

④ 근로소득세의 초과부담(deadweight loss)은 물품세의 경우와 마찬가지로 다음과 같이 계산된다.

$$DWL = \frac{1}{2}t^2 \cdot \eta \cdot (w \cdot L)$$

(η : 노동공급의 임금탄력성)

⑤ 따라서 근로소득세의 초과부담은 세율(t) · 노동공급의 탄력성(η) · 총노동소득($w \cdot L$)의 크기에 의존한다.

⑥ 즉, 근로소득세의 초과부담은 세율(t)의 제곱에 비례하고, 노동공급의 임금탄력성(η)과 총노동소득($w \cdot L$)의 크기에 비례한다.

그림 10-8 **사회적인 관점에서 근로소득세의 초과부담**

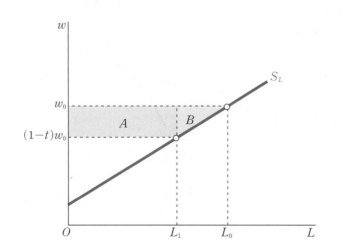

근로소득세가 부과되면 세후 임금율이 하락하므로 노동공급량이 L_0에서 L_1으로 감소한다 이때 노동공급자의 잉여는 $(A+B)$만큼 감소하나 정부의 조세수입은 □A의 면적으로 측정된다. 따라서, 초과부담은 노동공급자 잉여감소분 중에서 조세수입으로 전환되지 않은 △B의 면적으로 측정된다.

참고 / **래퍼곡선**

1. 세율과 조세수입

① 아래의 그림 (a), (b), (c)는 경제전체의 노동공급곡선을 나타내고 있는데, 조세가 부과되기 전에는 시간당 임금이 w_0, 노동공급량이 L_0라고 하자.

② 만약 세율 t의 비례적인 근로소득세가 부과되면 세후임금률이 $(1-t)w_0$로 낮아지므로 노동공급량이 감소한다.

③ 그림 (a), (b), (c)는 각각 세율이 t_1, t_2, t_3일 때 노동공급량과 조세수입의 크기를 보여주고 있다($t_1 < t_2 < t_3$).

④ 세 그림을 비교해 보면 세율이 t_1에서 t_2로 상승할 때는 정부의 조세수입이 증가하나 세율이 t_2에서 t_3로 상승할 때는 오히려 조세수입이 감소하는 것을 알 수 있다.

⑤ 그 이유는 세율이 낮을 때는 세율이 좀 더 높아지더라도 노동공급량이 별로 감소하지 않는 반면 세율이 어느 수준 이상이 되면 노동공급량이 큰 폭으로 감소하기 때문이다.

⑥ 세율이 더 높아져 100%가 되면 누구도 노동공급을 하지 않을 것이므로 정부의 조세수입이 0이 된다.

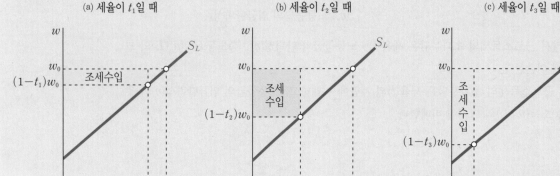

(a) 세율이 t_1일 때   (b) 세율이 t_2일 때   (c) 세율이 t_3일 때

2. 래퍼곡선

① 이제 세율과 조세수입의 관계를 그리면 그림 (d)와 같은 종모양의 형태가 되는데, 이를 래퍼곡선(Laffer curve)이라고 한다.

② 래퍼곡선의 우상향하는 구간은 세율이 낮은 수준일 때는 세율이 좀 더 상승하더라도 노동공급량이 별로 감소하지 않으므로 조세수입이 증가함을 나타낸다.

③ 한편, 우하향하는 구간은 세율이 일정수준 이상이 되면 사람들의 노동공급이 큰 폭으로 감소하여 과세대상소득이 대폭 줄어들기 때문에 정부의 조세수입이 오히려 감소함을 보여준다.

④ 래퍼곡선이 우하향하는 구간은 조세부과로 인한 효율성 상실이 매우 커지는 구간으로 볼 수 있다.

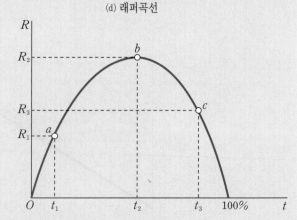

(d) 래퍼곡선

4. 보조금의 초과부담

(1) 개인적인 관점에서의 초과부담

① 보조금이 지급되기 전에는 소비자균형이 E점이고, 소비자의 효용수준이 I_0로 주어져 있다고 가정하자.

② 이제 X재에 대하여 가격의 일정비율에 해당하는 보조금이 지급되면 X재의 가격이 하락하므로 균형점이 F점으로 이동하고 소비자의 효용수준은 I_1으로 증가한다.

③ 보조금 지급이전에는 X재를 X_0만큼 구입하면 Y재를 I점의 높이만큼 구입할 수 있으나 보조금 지급이후에는 F점의 높이만큼 구입할 수 있으므로 보조금의 액수를 Y재 단위수로 나타내면 선분 FI의 길이로 측정된다.

④ 보조금지급에 따른 소비자의 효용증가분을 Y재 단위수로 측정하면 AM의 길이만큼이다.

　❍ 즉, X재에 대한 보조금지급시의 대등변화의 크기가 AM의 길이만큼이다.

⑤ 이 경우 소비자의 후생수준은 정부의 보조금지급액보다 FJ만큼 더 적게 증가하였으므로 보조금지급에 따른 초과부담의 크기는 FJ의 길이로 측정된다.

　❍ 만약 정부에서 동액의 중립적인 보조금(lump-sum subsidy)을 지급하면 예산선이 CD까지 평행이동하므로 균형점은 G점으로 이동하고 소비자는 I_1보다 더 높은 I_2의 효용수준을 얻을 수 있다.

　　→ 따라서 X재에 대한 보조금지급의 초과부담은 I_2와 I_1의 효용차이로 측정된다.

그림 10-9　　개인적인 관점에서 보조금의 초과부담

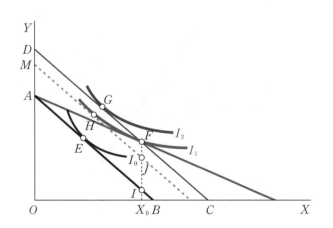

X재 생산에 보조금이 지급되어 X재의 가격이 하락하면 균형점이 E점에서 F점으로 이동하고, 효용수준은 I_0에서 I_1으로 높아진다. 이때 보조금의 크기는 FI의 길이로 측정된다. 만약 동액의 정액보조금을 지급하면 균형점은 G점이 되고 효용수준은 I_2로 더 높아진다. 따라서 초과부담의 크기는 I_2와 I_1의 효용차이로 측정된다.

(2) 시장전체의 관점에서 본 초과부담

① 정부가 보조금을 지급하기 전에는 재화의 균형가격이 P_0, 거래량이 Q_0로 주어져 있다고 하자.

② 이제 생산자에게 단위당 S원의 보조금이 지급되면 공급곡선이 하방으로 이동하므로 가격은 P_1으로 하락하고, 거래량은 Q_1으로 증가한다.

③ 보조금지급으로 인해 소비자가격이 P_1으로 낮아지면 소비자잉여가 A부분의 면적만큼 증가한다.

④ 이처럼 보조금이 지급되면 시장가격은 P_1으로 하락하나 단위당 S원의 보조금을 합한 생산자가격은 P_2로 상승하므로 생산자잉여도 B부분의 면적만큼 증가한다.

　❏ 아래의 그림에서 보는 것처럼 상대적으로 수요가 비탄력적이고 공급이 탄력적인 경우 소비자가격은 크게 하락하고 생산자가격은 약간 상승하므로 보조금의 혜택은 상대적으로 소비자가 더 많이 얻는다.

⑤ 한편, 단위당 보조금이 S원이고, 보조금지급 이후의 거래량이 Q_1이므로 정부의 보조금 지급금액은 $(A+B+C)$의 면적으로 측정된다.

　❏ 보조금지급액＝(단위당 보조금)×(보조금지급 이후의 거래량)

⑥ 정부가 $(A+B+C)$의 면적에 해당하는 보조금을 지급하였으나 소비자잉여와 생산자잉여는 $(A+B)$의 면적만큼만 증가한다.

⑦ 그러므로 보조금지급에 따른 초과부담은 사회적인 편익증가분을 초과하는 지급액의 크기인 $\triangle C$의 면적으로 측정된다.

그림 10-10 사회적인 관점에서 보조금의 초과부담

단위당 S원의 보조금이 지급되면 공급곡선이 하방으로 이동하므로 가격은 P_0에서 P_1으로 하락하고 거래량은 Q_0에서 Q_1으로 증가한다. 이때 정부의 보조금 지급액은 $(A+B+C)$의 면적으로 측정된다. 그런데 소비자잉여와 생산자잉여의 증가분은 $(A+B)$의 면적에 불과하므로 초과부담의 크기는 $\triangle C$의 면적으로 측정된다.

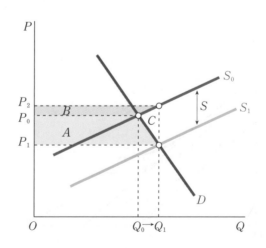

Ⅲ 일반균형분석적 접근

1. 경제적 효율성의 조건

(1) 두 재화간의 선택

① 자원배분이 파레토효율적이 되기 위해서는 재화소비의 한계대체율(MRS)이 재화생산의 한계변환율(MRT)과 일치하여야 한다.

② 그리고 소비자균형에서는 무차별곡선과 예산선이 서로 접하므로 한계대체율과 두 재화의 상대가격비도 일치한다.

$$MRS_{XY} = \frac{P_X}{P_Y} = MRT_{XY}$$

(2) 여가와 소득간의 선택

① 여가(L)와 소득(Z)간의 선택에서 자원배분이 파레토효율적이 되기 위해서는 여가와 소득간의 한계대체율(MRS)이 한계변환율(MRT)과 일치하여야 한다.

② 그리고 소비자균형에서는 무차별곡선과 예산선이 서로 접하므로 한계대체율과 여가의 가격인 임금률도 일치한다.

$$MRS_{LZ} = w = MRT_{LZ}$$

그림 10-11 경제적 효율성조건

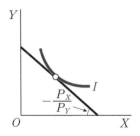

(a) 재화간의 선택

$$MRS_{XY} = \frac{P_X}{P_Y} = MRT_{XY}$$

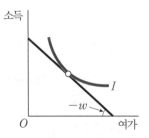

(b) 여가와 소득간의 선택

$$MRS_{LZ} = w = MRT_{LZ}$$

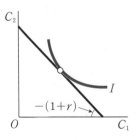

(c) 현재소비와 미래소비간의 선택

$$MRS_{1,\,2} = (1+r) = MRT_{1,\,2}$$

(3) 현재소비와 미래소비간의 선택

① 현재소비(C_1)와 미래소비(C_2)간의 선택에서 자원배분이 파레토효율적이 되기 위해서는 현재소비와 미래소비간의 한계대체율과 한계변환율이 일치하여야 한다.

② 그리고 소비자균형에서는 무차별곡선과 예산선이 서로 접하므로 한계대체율과 현재소비와 미래소비간의 상대가격 $(1+r)$이 일치한다.

$$MRS_{1,2}=(1+r)=MRT_{1,2}$$

2. 초과부담의 발생원인

(1) 물품세의 초과부담

① 만약 x재에 대해서만 세율 t의 개별물품세가 부과되면 소비자가 직면하는 X재 가격이 $(1+t)P_X$로 상승하므로 소비자 균형에서는 다음의 조건이 충족된다.

$$MRS_{XY}=\frac{(1+t)P_X}{P_Y}$$

② 생산자는 조세를 제외하고 자신이 실제로 수취하는 가격인 P_X를 기준으로 의사결정을 하므로 이윤극대화는 다음의 조건으로 표시된다.

$$MRT_{XY}=\frac{P_X}{P_Y}$$

③ 따라서 X재에 대한 개별물품세가 부과되는 경우에는 한계대체율과 한계변환율 사이에 괴리가 발생하기 때문에 자원배분의 비효율성이 초래되어 초과부담이 발생한다.

$$MRS_{XY}=\frac{(1+t)P_X}{P_Y}\neq MRT_{XY}$$

그림 10-12 **물품세의 초과부담**

X재에 세율 t의 물품세가 부과되면 X재 가격이 $(1+t)P_X$로 바뀌므로 새로운 소비자균형점인 F점에서는 $MRS_{XY}=\frac{(1+t)P_X}{P_Y}$가 성립한다.

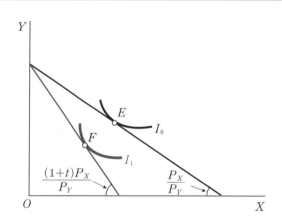

◎ 두 재화에 대하여 동일한 세율로 물품세가 부과되는 경우와 소득세의 경우에는 두 재화의 상대가격에 아무런 영향을 미치지 않으므로 초과부담을 유발하지 않는다.

(2) 임금(근로)소득세의 초과부담

① 임금소득에 대하여 세율 t의 근로소득세를 부과하면 노동자가 수취하는 임금률이 $(1-t)w$로 하락하므로 개인의 효용극대화조건은 아래의 식으로 표시된다.

$$MRS_{LZ} = (1-t)w$$

② 한편 고용주의 입장에서 지급하는 임금률은 w이므로 생산자의 이윤극대화는 다음의 조건으로 표시된다.

$$MRT_{LZ} = w$$

③ 근로소득세가 부과되면 여가와 소득간의 선택에서 한계대체율과 한계변환율이 일치하지 않으므로 파레토효율성조건이 파괴된다.

$$\boxed{MRS_{LZ} = (1-t)w \neq MRT_{LZ}}$$

④ 따라서 임금소득세 부과는 여가와 소득간의 선택에서 교란을 발생시켜 초과부담을 초래한다.

(3) 이자소득세의 초과부담

① 이자소득에 대하여 소득세가 부과되면 소비자는 이자소득세를 차감한 순이자율을 기준으로 현재소비와 미래소비간의 의사결정을 하므로 효용극대화는 아래의 식으로 표시된다.

$$MRS_{1,\,2} = [(1 + (1-t)r]$$

② 한편 생산측면에서 보면 이자소득세 부과여부에 관계없이 현재소비와 미래소비간의 교환비율은 일정한 값이므로 다음의 조건이 성립한다.

$$MRT_{1,\,2} = (1+r)$$

③ 따라서 이자소득세가 부과되면 소비측면의 한계대체율과 생산측면의 한계변환율 사이에 괴리가 발생하므로 자원배분이 왜곡된다.

$$\boxed{MRS_{1,\,2} = [(1 + (1-t)r] \neq MRT_{1,\,2}}$$

④ 결국 이자소득세는 현재소비와 미래소비간의 선택에서 교란을 유발하여 초과부담을 발생시킨다.

3. 소득세와 개별소비세

(1) X재와 Y재만 있는 경우 : 전통적인 견해

① 한 재화(X재)에 대하여 개별소비세가 부과되면 X재의 소비자가격이 $(1+t)P_X$로 상승하므로 소비자는 X재를 Y로 대체하게 되고, 소비자의 효용이 극대화되는 점에서는 $MRS_{XY} = \dfrac{(1+t)P_X}{P_Y}$이므로 한계대체율과 한계변환율 사이에 괴리가 발생한다.

$$MRS_{XY} = \frac{(1+t)P_X}{P_Y} \neq MRT_{XY}$$

② 그러나 소득세가 부과되면 두 재화 사이의 상대가격이 변하지 않으므로 (즉, 대체효과가 발생하지 않으므로) 여전히 파레토효율성조건이 충족된다.

③ 따라서 전통적인 견해에 따르면 개별소비세보다는 소득세가 효율성의 측면에서 더 우월하다.

(2) 여가가 선택대상에 포함되는 경우 : Little의 견해

① 이제 선택대상이 되는 재화에 X재와 Y재 뿐만 아니라 여가까지 포함된다면 파레토효율성조건은 다음과 같다.

$$MRS_{XY} = \frac{P_X}{P_Y} = MRT_{XY}$$

$$MRS_{XL} = \frac{P_X}{w} = MRT_{XL}$$

$$MRS_{YL} = \frac{P_Y}{w} = MRT_{YL}$$

② 이제 X재에 대한 개별소비세가 부과된다면 위의 조건 중 첫번째와 두번째 조건이 충족되지 않으므로 자원배분의 비효율성이 초래되고 초과부담이 발생한다.

X재에 대한 개별소비세 $\longrightarrow$

$$MRS_{XY} = \frac{(1+t)P_X}{P_Y} \neq MRT_{XY}$$

$$MRS_{XL} = \frac{(1+t)P_X}{w} \neq MRT_{XL}$$

$$MRS_{YL} = \frac{P_Y}{w} = MRT_{YL}$$

③ 만약, 소득세가 부과되면 위의 조건 중 두번째와 세번째의 조건이 충족되지 않으므로 개
별소비세와 마찬가지로 자원배분의 비효율성이 초래되고 초과부담이 발생한다.

$$
\text{소득세} \implies
\begin{cases}
MRS_{XY} = \dfrac{P_X}{P_Y} = MRT_{XY} \\[2ex]
MRS_{XL} = \dfrac{P_X}{(1-t)w} \neq MRT_{XL} \\[2ex]
MRS_{YL} = \dfrac{P_Y}{(1-t)w} \neq MRT_{YL}
\end{cases}
$$

   ❂ 소득세는 X재와 Y재에 동일한 세율로 개별소비세를 부과하는 것과 동일하다.

④ 이와 같이 여가를 선택대상에 포함시키는 경우에는 소득세도 더 이상 중립세(lump-sum tax)가 될 수 없으며, 소비세와 마찬가지로 초과부담을 유발한다.

⑤ 따라서 소득세(직접세)가 소비세(간접세)보다 효율성 측면에서 더 우월하다는 결론을 내리
는 것은 불가능하다.

▶ 조세의 종류와 효율성 조건

	재화간 선택 $\left(MRS_{XY} = \dfrac{P_X}{P_Y} = MRT_{XY} \right)$	여가-소득간 선택 $(MRS_{LZ} = w = MRT_{LZ})$	현재-미래소비간 선택 $(MRS_{1,2} = (1+r) = MRT_{1,2})$
소득세	○	×	×
지출세	○	×	○
일반소비세	○	×	○
개별소비세	×	×	○
인두세	○	○	○

(단, ○는 효율성 조건이 충족되는 경우를, 그리고 ×는 효율성 조건이 충족되지 않는 경우를 의미)

11 최적과세론

Point

최적조세구조란 초과부담이 극소화되면서 세부담이 사회구성원들에게 공평하게 배분되는 이상적인 조세구조를 의미한다. 최적과세론은 최적물품세에 관한 이론과 최적소득세에 대한 이론으로 구분된다. 최적물품세에 관한 대표적인 논의로는 램지의 연구가 있고, 최적소득세에 관한 대표적인 연구에는 스턴과 멀리즈의 이론이 있다. 이 장에서는 물품세와 소득세의 최적과세에 대한 논의를 주로 다룬다. 그리고 세제운용비용 및 탈세모형에 대해 살펴보고, 조세제도 개혁시 고려해야 할 문제를 다루고 있는 펠드스타인의 연구결과를 개관하기로 한다.

I 개 요

1. 최적조세구조와 최적과세

① 최적조세구조(optimal tax structure)란 효율성과 공평성의 관점에서 사회후생을 극대화할 수 있는 조세구조를 의미한다.

② 최적과세론의 주관심사는 어떤 대상에 어떤 세율로 과세하는 것이 초과부담(효율성 상실)을 극소화하면서 공평한 조세부담의 배분을 이룰 수 있는가 하는 점이다.

③ 현실적으로는 효율성과 공평성을 모두 충족하는 것은 불가능하므로 효율성과 공평성간의 적절한 조합을 선택할 수밖에 없다.

2. 최적과세이론의 전개

① 최적과세에 대한 논의는 1920년대 램지(Ramsey)의 물품세에 대한 논문으로 처음 시작되었으나, 1970년대 이후 멀리즈(Mirrlees) 등의 소득세에 대한 연구로 본격화되었다.

② 최적과세에 대한 대부분의 연구는 일정한 조세수입을 얻고자할 때 효율성 상실을 극소화할 수 있는 방안을 모색하는 데 주안점을 두고 있으며 공평성문제를 도외시한 측면이 있다.

③ 최근 들어 공평성까지 고려한 이론이 일부 등장하고 있으나 아직까지 최적과세이론의 주류는 효율성만을 고려한 이론이다.

④ 최적과세이론은 물품세의 최적과세이론과 소득세의 최적과세이론으로 구분된다.

$$\text{최적과세이론} \begin{cases} \text{최적물품세에 관련된 이론} \\ \text{최적소득세에 관련된 이론} \end{cases}$$

Ⅱ 물품세의 최적과세

1. 개요

(1) 중립적인 물품세의 가능성

① 동일한 선호를 가진 개인들로 구성된 경제에서 각 개인은 두 재화 X, Y와 여가 l만을 소비한다고 가정하자.

② 각 개인의 시간부존량이 T로 주어져 있고, 소득 전부를 X재와 Y재 구입에 지출한다면 예산제약식은 다음과 같다.

$$w(T-l) = P_X X + P_Y Y$$
$$\rightarrow wT = P_X X + P_Y Y + wl$$

❍ 시간부존량이 T, 여가시간이 l이므로 노동시간은 $(T-l)$, 총소득은 $w(T-l)$이다.

❍ wT는 주어진 시간이 모두 노동에 사용되었을 때 얻게될 소득으로 시간부존량의 가치를 의미한다.

③ 여가를 포함한 모든 재화에 대해 동일한 t의 세율로 조세를 부과하면 예산제약식은 다음과 같이 바뀌게 된다.

$$wT = (1+t)P_X X + (1+t)P_Y Y + (1+t)wl$$
$$\rightarrow wT\frac{1}{1+t} = P_X X + P_Y Y + wl$$

④ 위의 식으로부터 여가를 포함한 모든 재화에 대해 동일한 세율로 조세를 부과하는 것은 시간부존량의 가치를 wT에서 $\frac{1}{(1+t)}wT$로 낮추는 조세와 동일하다.

⑤ 시간부존량과 임금률이 외생적으로 주어진 경우 여가를 포함한 모든 재화에 동일한 세율로 조세를 부과하면 경제적 의사결정 왜곡이 발생하지 않는다.

⑥ 이처럼 여가를 포함한 모든 재화에 대해 동일한 세율로 부과되는 물품세는 중립세이므로 초과부담도 발생하지 않는다.

(2) 논의의 초점

① 문제는 여가에 대한 과세가 불가능하며, 현실에서 과세가능한 것은 재화 X, Y에 대한 조세뿐이라는 점이다.

② 여가를 제외한 나머지 재화에 대해서만 물품세를 부과하면 여가와 다른 재화의 상대가격이 변하므로 필연적으로 초과부담이 발생할 수밖에 없다.

③ 그러므로 물품세에 관한 논의의 초점은 초과부담을 극소화하면서 주어진 조세수입을 얻기 위해서는 각 재화에 대해 어떤 세율로 조세를 부과하는 것이 바람직한가 하는 점이다.

✎ 여가를 제외한 모든 재화에 대해 동일한 세율로 부과되는 일반물품세는 중립세가 될 수 없으므로 최적과세론에서는 초과부담이 극소화되도록 각 재화에 대해 다른 세율로 부과되는 차별적 물품세를 모색한다.

④ 여가를 제외한 모든 재화에 대해 동일한 세율로 부과되는 일반물품세는 중립세가 될 수 없
으므로 최적과세론에서는 초과부담이 극소화되도록 각 재화에 대해 다른 세율로 부과되는
차별적 물품세를 모색한다.

❶ 최적과세론은 차선의 과세(the second-best taxation)방법을 모색하는 것에 논의의 초점이 맞추어진다.

⑤ 물품세의 최적과세에 대한 논의에서는 램지(F. Ramsey)가 제시한 기본적인 분석틀이
그대로 유지되고 있다.

2. 램지규칙과 역탄력성원칙

(1) 한계초과부담

① 한계초과부담(marginal excess burden)이란 세금 1원을 더 걷을 때 추가적으로 발생
하는 초과부담을 말한다.

② 조세부과 전에는 X재의 가격과 거래량이 각각 $(P_0,\ X_0)$이었으나 단위당 T_X원의 조세가
부과되면 가격이 (P_0+T_X)로 상승하고, 거래량은 X_1으로 감소한다.

③ 단위당 T_X원의 조세가 부과될 때의 초과부담의 크기는 $\frac{1}{2}T_X\varDelta X$($\triangle efg$의 면적)이고, 조
세수입은 $T_X \cdot X_1$이다.

❶ $\varDelta X$가 (−)값이므로 초과부담을 계산할 때 앞에 (−)부호를 붙여야 하나 논의를 간단히 하기 위하여 (−)부호를 생
략하였다.

④ 이제 X재에 대하여 단위당 (T_X+1)원의 조세가 부과되는 경우에는 초과부담은
$\frac{1}{2}(T_X+1)\varDelta X$($\triangle ehi$의 면적), 조세수입은 $(T_X+1)X_1$이다.

❶ X재에 대한 단위당 세금이 T_X원보다 1원 높아지면 X재 수요량이 X_1보다 약간 더 감소하지만 그 정도는 매우 미
미하므로 무시해도 무방하다.
→ 즉, 단위당 (T_X+1)원의 조세가 부과되었을 때의 거래량을 X_1, 거래량 변화분을 $\varDelta X$로 보더라도 무방하다.

그림 11-1 **조세의 초과부담**

단위당 물품세가 T_X원에서 (T_X+1)원으로 높아지면 초과부담은 $\triangle efg$에서 $\triangle ehi$로 커지고, 조세수입은 $T_X \cdot X_1$에서 $(T_X+1) \cdot X_1$으로 증가한다.

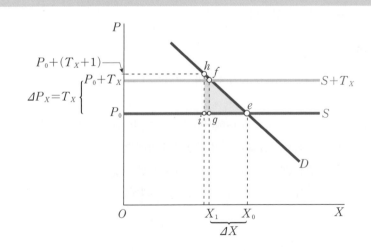

⑤ 단위당 세액이 1원 더 높아졌을 때 초과부담의 증가분과 조세수입 증가분은 각각 다음과 같이 계산된다.

$$
\begin{cases}
\text{초과부담 증가분} = \frac{1}{2}(T_X+1)\Delta X - \frac{1}{2}T_X\Delta X = \frac{1}{2}\Delta X \\[2mm]
\text{조세수입 증가분} = (T_X+1)X_1 - T_X \cdot X_1 = X_1
\end{cases}
$$

⑥ 조세를 X_1만큼 더 걷을 때 초과부담이 $\frac{1}{2}\Delta X$만큼 증가하였으므로 세금을 1원 더 걷을 때의 초과부담인 한계초과부담은 다음과 같이 계산된다.

$$
X\text{재에서 세금을 1원 더 걷을 때의 초과부담} = \frac{\frac{1}{2}\Delta X}{X_1} = \frac{\Delta X}{2X_1}
$$

⑦ 마찬가지 방법으로 계산하면 Y재에 대한 세율인상을 통해 세금을 1원 더 걷을 때의 초과부담인 한계초과부담은 $\frac{\Delta Y}{2Y_1}$이 된다.

(2) 램지규칙

① X재와 Y재가 독립재이고 두 재화에 대한 조세부과를 통해 일정한 조세수입을 확보해야 한다고 하자.

　◐ X재와 Y재가 독립재이면 두 재화간의 교차탄력성이 0이다.

② 일정한 조세수입을 확보하면서 초과부담이 극소가 되도록 하려면 두 재화에 대한 조세부과시의 한계초과부담이 일치해야 한다.

$$
\frac{\Delta X}{2X} = \frac{\Delta Y}{2Y}
$$

　◐ 논의를 간단히 하기 위해 한계초과부담 식에서 첨자를 생략하였다.

③ 만약 X재와 Y재에 대한 조세부과시의 한계초과부담이 일치하지 않는다면 세율조정을 통해 동일한 조세수입을 얻으면서 초과부담을 감소시키는 것이 가능하다.

　◐ X재와 Y재에 물품세 1원을 부과할 때 초과부담이 X재는 0.3원, Y재는 0.2원이라면 X재에서 세금을 1원 덜 걷고 Y재에서 세금 1원을 더 걷으면 조세수입은 동일하나 초과부담은 0.1원 감소한다.

④ 따라서 일정한 조세수입을 획득할 때 전체적인 초과부담이 극소화되기 위해서는 각 재화에 대한 조세부과로 인한 한계초과부담이 일치하여야 한다.

$$\rightarrow \frac{\Delta X}{2X} = \frac{\Delta Y}{2Y}$$

$$\rightarrow \frac{\Delta X}{X} = \frac{\Delta Y}{Y} \cdots \text{램지규칙}$$

⑤ 위의 식에서 각 재화의 수요량 감소율이 같아져야 함을 알 수 있는데 이를 램지규칙 (Ramsey Rule)이라고 한다.

| 램지규칙 |
조세부과에 따른 초과부담이 극소화되려면 모든 재화의 수요량 감소율이 동일해지도록 각 재화에 대한 세율을 설정하여야 한다.

(3) 역탄력성원칙

1) 도출과정

① $\frac{\Delta P_X}{P_X} = t_X$이므로 수요의 가격탄력성 공식을 이용하면 수요량 감소율 $\left(\frac{\Delta X}{X} \right)$은 수요의 가격탄력성과 세율의 곱으로 나타낼 수 있다.

$$\varepsilon_X = \frac{\dfrac{\Delta X}{X}}{\dfrac{\Delta P_X}{P_X}}$$

$$\rightarrow \frac{\Delta X}{X} = \varepsilon_X \cdot \frac{\Delta P_X}{P_X}$$

$$\rightarrow \frac{\Delta X}{X} = \varepsilon_X \cdot t_X$$

  ❖ 편의상 ΔX를 절댓값으로 해석하여 수요의 가격탄력성 식에서 ($-$)부호를 생략하였다.

② X재의 수요량 감소율 $\frac{\Delta X}{X} = \varepsilon_X \cdot t_X$, Y재의 수요량 감소율 $\frac{\Delta Y}{Y} = \varepsilon_Y \cdot t_Y$로 두면 램지 규칙은 수요의 가격탄력성과 세율의 관계로 나타낼 수 있다.

$$\varepsilon_X \cdot t_X = \varepsilon_Y \cdot t_Y$$

$$\rightarrow \frac{t_X}{t_Y} = \frac{\varepsilon_Y}{\varepsilon_X} \cdots \text{역탄력성원칙}$$

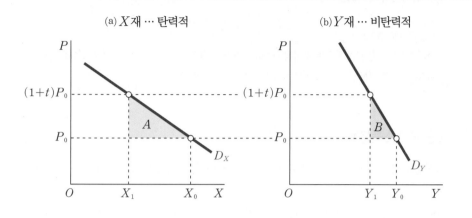

그림 11-2 역탄력성원칙

(a) X재 … 탄력적

(b) Y재 … 비탄력적

동일한 세율로 조세가 부과되면 수요가 탄력적인 X재의 경우에는 초과부담이 크게 발생하나 수요가 비탄력적인 Y재의 경우에는 초과부담이 그리 크지 않다. 따라서 조세부과에 따른 초과부담을 극소화하기 위해서는 수요의 가격탄력성과 반비례하도록 세율을 결정해야 한다(역탄력성원칙).

③ 위의 식에 따르면 수요의 가격탄력성에 반비례하도록 각 재화에 대한 세율을 정해야 함을 알 수 있는데 이를 역탄력성원칙(inverse elasticity rule)이라고 한다.

> | 역탄력성원칙 |
> 조세부과에 따른 초과부담이 극소화되도록 하려면 수요의 가격탄력성에 반비례하도록 각 재화에 대한 세율을 설정하여야 한다.

④ 역탄력성원칙의 의미를 그림으로 살펴보기 위하여, X재와 Y재의 보상수요곡선이 **그림 11-2**와 같이 주어져 있다고 가정하자($\varepsilon_X > \varepsilon_Y$).

⑤ 만약 X재와 Y재에 대하여 동일한 세율로 조세가 부과되면 두 재화의 가격은 모두 $(1+t)$ P_0로 상승한다.

⑥ 이 때 초과부담은 각각 $\triangle A$와 $\triangle B$의 면적이므로 수요의 가격탄력성이 클수록 초과부담이 크다는 것을 알 수 있다.

⑦ 따라서 동액의 세수를 확보하면서 초과부담이 극소화되기 위해서는 수요가 탄력적인 X재에 대한 세율을 낮추고, 수요가 비탄력적인 Y재에 대한 세율을 인상하는 것이 바람직하다. → 즉, 세율이 수요의 가격탄력성과 반비례하여야 한다.

(4) 여가에 대한 과세문제 … 콜렛－헤이그규칙

① 만약 여가를 포함한 모든 재화에 대하여 동일한 세율로 물품세를 부과하는 것이 가능하다면 초과부담이 발생하지 않으나 현실적으로는 여가에 대한 직접과세가 불가능하다.

② 콜렛과 헤이그(W. J. Corlett, D. C. Hague)는 효율성의 관점에서 여가와 보완적인 재화에 대하여 높은 세율을 부과할 것을 주장하였다.

③ 즉, 여가와 보완적인 재화인 운동기구, 유원지 입장료, 골프장 입장료 등에 대하여 높은 세율로 과세하면 간접적으로 여가에 대하여 과세하는 효과를 기대할 수 있다는 것이다.

④ 이와 같이 여가보완적인 재화에 대해 높은 세율로 과세하는 것이 바람직하다는 주장을 콜렛-헤이그규칙이라고 한다.

> **| 콜렛-헤이그규칙 |**
> 여가와 보완적인 관계에 있는 재화에 대해서는 높은 세율의 조세를 부과하고, 여가와 대체적인 관계에 있는 재화에 대해서는 낮은 세율의 조세를 부과하여야 한다.

3. 최적물품세와 소득분배

✎ 각 개인의 선호가 다른 경우를 이질적 소비자경제라고 한다.

① 최적물품세에 대해 논의할 때는 보통 모든 소비자의 선호가 동질적이라고 가정하고 효율성(초과부담의 최소화) 측면만 고려한다.

② 만약 각 개인의 선호가 서로 다르다면 최적세율 결정에 있어 소득분배에 대한 선호를 반영하는 소득의 사회적 한계가치를 추가적으로 고려해야 한다.

③ 일반적으로 저소득층은 소득의 사회적 한계가치가 높은 반면 고소득층은 소득의 사회적 한계가치가 낮으므로 오로지 역탄력성원칙을 입각하여 조세를 부과하는 것은 소득분배 측면에서 바람직하지 않다.

④ 왜냐하면 수요가 비탄력적인 생필품에 대해서는 높은 세율, 수요가 탄력적인 사치품에 대해서는 낮은 세율로 과세하면 상대적으로 저소득층의 조세부담이 커지기 때문이다.

⑤ 이처럼 이질적 소비자경제에서 램지규칙에 따른 조세부과는 효율성 측면에서는 바람직하나 역진적인 조세부담을 초래하는 문제가 발생한다.

⑥ 그러므로 소득분배를 고려하려면 소득의 사회적 한계가치를 반영하여 각 재화에 대한 세율을 적절히 조정해 주어야 한다.

참고 / 단일세율 물품세가 최적과세가 되는 경우

① 역탄력성원칙에 의하면 초과부담을 극소화하려면 수요의 가격탄력성에 반비례하도록 각 재화에 대한 세율을 설정해야 한다.

② 즉, 역탄력성원칙에 따르면 단일세율이 아니라 차등세율로 물품세를 부과하는 것이 바람직하다.

③ 예외적으로 다음의 세 가지 조건 중 한 가지가 충족되는 경우에는 단일세율로 물품세를 부과하는 것이 최적이 된다.

> ■ 노동공급이 완전비탄력적일 때
> ■ 사람들의 선호가 동조적일 때
> ■ 사람들의 효용함수가 노동(여가)과 소비재 간의 분리가 가능하게 되어 있을 때

④ 우선, 노동공급이 완전비탄력적일 때는 여가를 제외한 모든 재화에 단일세율로 물품세를 부과하더라도 여가와 다른 재화 간의 선택에서 교란이 발생하지 않기 때문이다.

⑤ 그리고 사람들의 선호가 동조적이거나 각 개인이 여가와 소비재 간에 분리형 효용함수를 갖고 있다면 여가를 제외한 모든 재화에 단일세율로 물품세를 부과하더라도 여가와 다른 재화 간의 선택에서 교란이 발생하지 않는다.

❍ 이 내용은 재정학에서 다루어야 할 범위를 넘어서므로 여기서는 설명을 하지 않기로 한다.

❍ 수험목적을 위해서는 위에서 설명한 세 경우에는 단일세율 물품세가 최적이 된다는 정도만 알아두면 된다.

Ⅲ 소득세의 최적과세

1. 개요

① 소득세의 최적과세가 이루어지기 위해서는 효율성 측면에서 초과부담이 최소화되어야 하고, 공평성의 측면에서는 소득에 따라 적정한 차등과세가 이루어져야 한다.

② 물품세는 재화에 대하여 부과되는 조세이기 때문에 공평성을 추구하기 어려운 점이 있으므로 특히, 소득세의 경우에는 효율성과 공평성의 적절한 조화가 중요하다.

③ 그러나 문제는 공평성을 달성하기 위해서는 고소득자에게 높은 조세부담을 부과하여야 하는데 그렇게 되면 초과부담이 커지고, 초과부담을 낮추려면 한계세율을 낮추어야 하는데 이는 조세부담의 공평성에 위배되는 문제가 발생한다.

④ 따라서 최적소득세이론에서는 상충관계에 있는 효율성과 공평성을 적절히 조화시킬 수 있는 조세체계를 모색할 필요가 있다.

⑤ 최적소득세 이론은 멀리즈(Mirrlees)의 연구 이후 후속적인 연구가 이루어져 왔으나 분명한 결론을 제시하지는 못하고 있다.

⑥ 최적소득세와 관련한 연구는 선형소득세(linear income tax)와 비선형소득세(non-linear income tax)에 관한 연구로 구분된다.

2. 최적선형소득세

(1) 선형누진세

① 선형누진세란 한계세율이 일정하면서 소득이 증가할수록 조세부담이 커지는(즉, 평균세율이 상승하는) 조세로 세수함수는 다음과 같이 정의된다.

일반형	수취예
$T = -\alpha + tY$	$T = -1{,}000 + 0.2Y$

(α : 소득이 0인 사람에게 지급하는 정액보조금, t : 한계세율)

② 즉, 선형누진세란 일정수준의 소득$\left(Y \leq \dfrac{\alpha}{t}\right)$까지는 0의 한계세율을 적용하지만 소득이 일정 수준을 넘어서면 소득의 크기와 관계없이 동일한 한계세율로 조세를 부과하는 것을 의미한다.

❖ 소득이 $\dfrac{\alpha}{t}$에 미달하더라도 보조금을 지급하는 것은 아니므로 여기서 관심의 대상이 되는 것은 소득이 $\dfrac{\alpha}{t}$를 상회할 때이다.

③ 선형누진세의 경우 한계세율은 일정하나, 평균세율은 소득이 증가함에 따라서 점차 상승하므로 양자의 관계는 **그림 11-3**으로 나타낼 수 있다.

❖ 한계세율은 세수함수의 기울기로 평균세율은 세수함수에서 원점으로 연결한 직선의 기울기로 측정된다.

소득이 $\dfrac{\alpha}{t}$에 미달하는 경우에 보조금을 지급하는 제도를 부의 소득세(negative income tax)라고 하는데, 부의 소득세는 소득분배이론(제14장)에서 다루기로 한다.

그림 11-3   선형누진세

선형누진세의 세수함수는 과
표축을 통과하는 우상향의 직
선이다. 따라서 세수함수에서
원점으로 연결한 기울기로 측
정되는 평균세율은 소득 과세
표준이 증가할수록 점점 커지
나, 세수함수의 기울기로 측
정되는 한계세율은 일정하다.

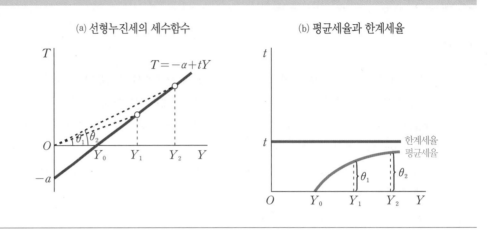

(a) 선형누진세의 세수함수   (b) 평균세율과 한계세율

④ 선형누진세는 정액보조금(a)의 크기와 한계세율(t)에 의하여 결정되므로 결국 최적선형소
득세와 관련된 논의는 a와 t의 결정문제로 귀착된다.

(2) 선형누진세의 초과부담과 공평성

① 선형누진세 부과 이전에 균형점이 **그림 11-4**의 E점으로 주어져 있다고 가정하자.

② 선형누진세가 부과되면 예산선이 CDB로 변하고 새로운 균형이 F점에서 이루어지므로
소비자의 효용수준은 I_1으로 하락하고 조세수입은 선분 IF의 길이로 측정된다.

③ 만약 동액의 중립세가 부과되면 균형점은 G점이 되고 소비자 후생수준은 I_2까지만 감소하
므로 선형누진세 부과에 따른 초과부담은 I_2와 I_1의 효용차이로 측정된다.

❍ 소득이 선분 IJ만큼 감소하면 선형누진세 부과시의 대등변화는 선분 IJ의 길이로 측정된다.

그림 11-4   선형누진세의 초과부담

선형누진세가 부과되면 균형
점이 E점에서 F점으로 이동
하므로 효용수준은 I_0에서 I_1
으로 낮아진다. 이때 정부의
조세수입은 IF의 길이로 측
정된다. 그런데 동액의 조세
수입을 얻을 수 있는 정액세
를 부과하면 균형점은 G점이
되고 효용수준은 I_2까지만 낮
아진다. 따라서 선형누진세의
초과부담은 I_2와 I_1의 효용 차
이로 측정된다.

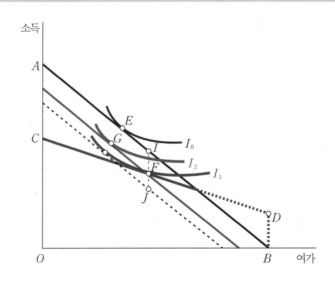

○ 그러므로 선형누진세 부과시의 초과부담은 대등변화(선분 IJ)에서 조세수입(선분 IF)을 차감한 선분 FJ의 길이로 측정된다.

④ 이제 소득분배의 공평성을 높이기 위해 정액보조금의 크기를 인상하면 동액의 조세수입을 얻기 위해서는 세율인상이 불가피하다.

⑤ 그런데 한계세율이 인상되면 초과부담이 더 커지는 문제점이 발생한다.

⑥ 따라서 최적소득과세를 위해서는 일정한 조세수입확보의 제약조건하에 사회후생을 극대화하는 α와 t값의 조합을 찾아내어야 한다.

(3) 스턴(stern)의 연구

① 스턴은 사람들의 여가와 소득에 대한 선호가 동일하며, 여가와 소득간의 대체탄력성이 일정하다는 가정하에 최적선형누진세의 세율을 계산하였다.

② 그에 따르면 최적소득세율은 다음과 같은 요인에 의하여 결정된다.

> ■ 공평에 대한 사회적인 선호가 클수록 최적한계세율은 높다.
> ■ 노동공급이 탄력적일수록(여가와 소득간의 대체탄력성이 클수록) 최적한계세율은 낮다.
> ■ 조세수입목표가 클수록 최적한계세율은 높다.
> ■ 사회구성원의 능력차이(기술분포)가 클수록 최적한계세율은 높다.

✎ 스턴의 실증연구결과에 따르면 최적한계세율은 그리 높지 않은 것으로 나타난다.

3. 최적비선형소득세

(1) 개요

① 최적비선형소득세이론은 다수의 한계소득세율 중에서 각 구간에 적용할 최적한계세율이 어떤 수준인가 하는 점이 분석의 대상이다.

✎ 최적비선형소득세에서는 소득수준에 따라 한계세율이 달라지므로 선형소득세에 비하여 훨씬 분석이 복잡하다.

그림 11-5 비선형소득세

(a) 구간별로 다른 한계세율이 적용될 때

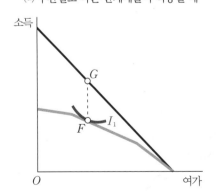

(b) 한계세율이 연속적으로 상승할 때

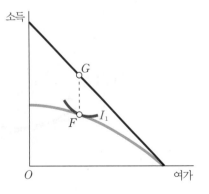

구간별로 서로 다른 한계세율이 적용된다면 예산선은 꺾어진 형태이나, 한계세율이 연속적으로 상승하는 경우에는 예산선은 원점에 대하여 오목한 곡선의 형태가 된다.

② 비선형소득세하에서 구간별로 다른 한계세율이 적용된다면 예산선은 **그림 11-5**의 (a)와 같이 여러 점에서 꺾어진 형태인데 비해 한계세율이 연속적으로 상승한다면 그림 (b)와 같이 예산선이 원점에 대하여 오목한 곡선의 형태로 도출된다.

③ 소득세 부과이후 균형점은 F점이라면 정부의 조세수입은 조세부과 이전 예산선과의 수직거리인 선분 FG의 길이로 측정된다.

(2) 최고소득구간의 적정한계소득세율

① 누진적인 소득세제하에서는 소득수준이 높아질수록 한계세율도 높아지는 것이 정상적이라고 볼 수 있다.

② 그런데 비선형소득세에 관한 연구의 공통적인 결과는 최고소득구간에 대해서는 0의 한계세율을 적용하는 것이 최적이라는 것이다.

③ 비선형소득세제하에서 가장 높은 한계세율을 적용받는 어떤 개인의 균형점이 **그림 11-6**의 F점으로 주어져 있다고 가정하자.

   ◑ 이 때 정부의 조세수입은 F점과 E점의 수직거리이다.

④ 만약 소득이 Y_0를 초과하는 최고소득구간의 한계세율을 0으로 낮추면 조세부과후의 예산선과 조세부과전의 예산선이 평행하게 되므로 균형은 G점에서 이루어진다.

   ◑ G점에서 균형이 이루어졌을 때 조세수입은 G점과 조세부과전의 예산선상의 점인 J점의 수직거리로 측정된다.

⑤ 이와 같이 최고소득구간에 대한 한계세율이 0이 되면 조세수입은 그 이전과 동일하지만 최고소득자의 효용수준은 상승한다.

⑥ 최고소득구간에 대한 한계세율이 0으로 낮아지더라도 그보다 소득수준이 낮은 개인들의 효용수준은 영향을 받지 않을 것이므로 파레토개선이 이루어진다.

⑦ 따라서 최적비선형소득세는 한계세율이 0에서 출발하여 점차 소득수준이 높아짐에 따라 한계세율도 높아지다가 소득이 일정수준을 넘어서면 한계세율이 오히려 낮아지는 세율구조를 갖게 된다.

그림 11-6 　**최고소득구간의 적정한계세율**

비선형소득세제하에서 균형점이 F점이라고 하자. 만약 Y_0를 초과하는 최고소득구간의 한계세율을 0으로 낮추면 예산선이 조세부과 전의 예산선과 평행한 직선으로 바뀌게 되므로 균형점은 G점으로 이동한다. 따라서 정부의 조세수입은 불변이나 최고소득자의 효용수준이 증가하므로 파레토개선이 이루어진다. 즉, 최고소득구간의 한계세율을 0으로 낮추면 저소득자의 효용 수준은 불변이나 고소득자의 효용이 증가하므로 사회후생의 증대가 이루어진다.

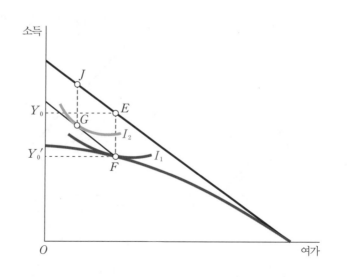

| 참고 | 에지워스의 최적소득세 모형 |

1. 가정

① 사회전체의 분배가능한 총소득이 주어져 있다.

② 각 개인의 효용함수가 동일하고, 소득의 한계효용이 체감한다.

③ 사회후생함수는 공리주의 사회후생함수로 주어져 있다.

2. 내용

① 각 개인의 효용은 세후소득에 의해 결정되므로 개인 i의 소득이 Y_i, 납부해야 할 조세가 T_i로 주어지면 사회후생함수는 다음과 같이 나타낼 수 있다.

$$W = U_1(Y_1 - T_1) + U_2(Y_2 - T_2) + \cdots + U_n(Y_n - T_n)$$

② 각 개인의 효용함수가 동일하고, 한계효용이 체감하므로 사회후생(W)이 극대화되려면 모든 사람의 소득의 한계효용이 동일하게끔 세금을 배분해야 한다.

　❍ 개인 A의 한계효용이 개인 B의 한계효용보다 높다면 개인 B의 소득 1원을 개인 A에게 이전시키면 사회후생(=효용의 합)이 증가한다.

③ 모든 사람의 효용함수가 동일하므로 모든 사람의 소득의 한계효용이 동일해지려면 세후소득도 동일해져야 한다.

④ 모든 사람의 소득이 완전히 같아지려면 각 개인의 납세액은 다음과 같이 결정된다.

$$T_i = Y_i - \overline{Y} \qquad \text{(단, } \overline{Y}\text{는 세후평균소득)}$$

⑤ 이는 세후평균소득을 넘는 소득을 모두 세금으로 걷는 것을 의미하므로 이러한 조세의 한계세율은 100%이다.

3. 문제점

① 이 모형에서는 사회 내의 총소득이 주어진 것으로 가정하고 있으나 이는 비현실적이다.

② 왜냐하면 일정소득 이상에 대해 100%의 한계세율을 적용한다면 근로의욕이 상실되어 사회전체의 총소득이 줄어들 가능성이 크기 때문이다.

Ⅳ 최적과세를 위한 고려사항

1. 세제운용에 따른 비용

(1) 징세비용

① 징세비용(administrative costs)이란 정부가 조세를 부과·징수하는 데 소요되는 행정비용으로 세무공무원에 대한 급료, 세무서 운영비용 등을 포함한다.

② 일반적으로 조세체계가 복잡할수록, 세무행정규모가 커질수록 징세비용이 증가한다.

(2) 납세협력비용(순응비용)

① 납세협력비용(compliance costs)이란 납세자가 조세를 납부하는 데 소요되는 비용으로 세무서 방문비용, 납세를 위한 각종 서류작성비용 등이 포함된다.

② 조세체계가 복잡할수록 납세협력비용이 커지는 반면 세무행정규모가 커질수록 납세협력비용은 감소한다.

✎ 실증분석결과에 의하면 징세비용보다 납세협력비용이 훨씬 더 큰 것으로 추정되고 있다.

(3) 적정세무행정규모

① 세무행정규모가 커질수록 징세비용은 커지므로 징세비용곡선은 우상향하는 반면, 세무행정규모가 커질수록 납세협력비용은 감소하므로 납세협력비용곡선은 우하향한다.

② 이상적인 세무행정규모는 세제운용에 따르는 총비용이 극소가 되는 Q^*수준에서 결정된다.

그림 11-7 적정세무행정규모

세무행정규모가 커지면 징세비용은 증가하고 납세협력비용은 감소하므로 세무행정규모에 따른 총비용곡선은 U자 형태로 도출된다. 따라서 이상적인 세무행정규모는 사회전체의 총비용이 극소가 되는 Q^*로 결정된다.

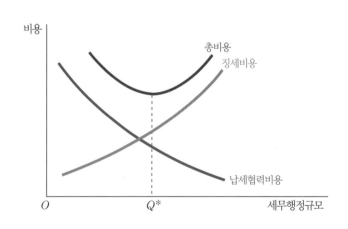

⑷ 평가

① 어떤 조세제도가 아무리 공평하고 효율적이라 할지라도 조세제도가 너무 복잡하여 납세자들에게 지나친 불편을 초래하거나, 세무행정비용이 과다하게 소요된다면 실현가능성이 희박하다.

② 따라서 최적과세 혹은 세제개편문제를 논의할 때 효율성과 공평성은 물론 조세제도 운영에 따르는 비용도 반드시 고려되는 것이 바람직하다.

　❑ 만약 어떤 세목을 신설하여 추가적인 과세를 하는 것이 효율성과 공평성의 측면에서 바람직하다고 할지라도 정부의 조세수입에 세무행정비용이 과다하게 소요된다면 오히려 과세하지 않는 것이 바람직할 수도 있다.

③ 세제운용에 따르는 비용측면에서 본다면 가능하면 조세제도가 단순화되어 징세비용과 납세협력비용이 낮아지도록 하는 것이 바람직하다.

2. 탈세

⑴ 탈세와 절세

1) 절세

① 절세 혹은 조세회피(tax avoidance)란 조세가 부과되면 경제주체들이 자신의 조세부담을 감소시키기 위하여 경제행위를 변경하는 것을 의미한다.

　예 근로소득세가 부과될 때 세부담을 경감시키기 위하여 노동공급을 감소시키는 것

② 절세는 법의 테두리 내에서 이루어지기 때문에 합법적인 행위이다.

2) 탈세

① 탈세 혹은 조세포탈(tax evasion)이란 납부하여야 할 조세납부를 기피하는 불법적인 행위를 의미한다.

　예 납세자가 허위로 자신의 소득을 낮추어 신고함으로써 세금부담을 줄이고자 하는 것

② 일반적으로 조세제도가 복잡할수록 탈세할 수 있는 허점(loophole)이 많기 때문에 탈세가 일어날 가능성이 높다.

③ 대체로 탈세는 이중장부 작성, 현금거래, 물물교환 등을 통해서 이루어진다.

⑵ 탈세모형 Ⅰ ⋯ 기대소득극대화 모형(전통적인 모형)

1) 가정

① 납세자는 기대소득의 극대화를 추구한다(즉, 납세자가 위험중립자이다).

② 조세당국은 무작위적으로 세무조사를 실시하며, 세무조사를 받을 확률은 π로 주어져 있다.

③ 탈세액이 증가할수록 벌금은 체증적으로 증가한다.

2) 최적탈세액의 결정

① 납세자가 적용받는 세율이 t라면 소득 1원을 신고하지 않을 때 얻을 수 있는 한계편익은 t원으로 일정하므로 탈세에 따른 한계편익곡선은 수평선의 형태이다.

② 탈세액이 증가할수록 벌금은 누진적으로 증가하므로 탈세액이 증가할 때 한계비용도 체증적으로 증가한다.

> 탈세의 한계비용=세무조사확률(π)×한계벌금의 크기(f)

③ 납세자는 기대소득의 극대화를 추구하고 있으므로 최적미신고소득은 탈세에 따른 한계편익(MB)과 한계비용(MC)이 같아지는 E^*수준에서 결정된다.

3) 탈세액의 결정요인

세 율(t)	세율이 높을수록 탈세에 따른 한계편익(MB)이 증가하므로 탈세액이 증가
세무조사확률(π)	세무조사확률이 높을수록 탈세의 한계비용(MC)이 상승하므로 탈세액이 감소
벌 금(f)	탈세가 적발되었을 때의 벌금이 커질수록 탈세의 한계비용(MC)이 상승하므로 탈세액이 감소

4) 모형의 한계

① 많은 경우 납세자들은 탈세행위 자체에 대하여 죄책감을 느낄 것이나 심리적 비용에 대한 고려가 이루어지지 못하고 있다.

② 이 모형에서는 납세자들은 위험중립적인 것으로 가정하고 있으나, 납세자들이 위험기피적인 경우가 대부분이므로 이에 대한 고려가 미흡하다.

그림 11-8 **최적탈세액**

최적미신고소득은 탈세에 따른 한계편익(MB)과 한계비용(MC)이 일치하는 점에서 결정되므로, 최적미신고소득의 크기는 E^*가 된다.

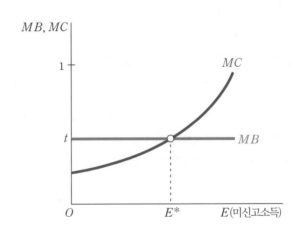

③ 이 모형에서는 주어진 소득 중에서 얼마만큼 신고할 것인지에 대해서 분석하고 있으나 한계세율이 매우 높다면 처음부터 납세자들이 탈세가 용이한 직업에 종사하려고 할 가능성이 있다.

④ 납세자가 세무사찰확률에 대해서 정확히 알고 있다고 가정하고 있으나 세무사찰확률은 직업이나 소득규모에 따라 달라지는 경우가 대부분이다.

(3) 탈세모형 Ⅱ … 기대효용극대화 모형(알링햄–샌드모 모형)

1) 가정

① 각 납세자는 세무조사를 받을 것으로 예상하는 주관적 확률 하에서 기대효용을 극대화한다.

② 납세자는 절대위험기피 체감(decreasing absolute risk aversion)의 특성을 갖는다.

　◐ 절대위험기피 체감이란 자산(혹은 소득)의 크기가 증가할수록 위험부담의 절대적인 크기를 늘리는 유형을 말한다.

2) 탈루소득의 결정요인

① 이 모형에 의하면 탈루소득의 크기는 ⅰ) 세무조사를 받을 확률, ⅱ) 벌금률, 그리고 ⅲ) 세율에 의해 결정된다.

② 구체적으로 각 요인의 변화가 탈루소득에 미치는 영향은 다음과 같다.

　ⅰ) 세무조사확률이 높아지면 탈루소득이 감소한다.

　ⅱ) 벌금률이 높아지면 탈루소득이 감소한다.

　ⅲ) 세율의 인상이 탈루소득의 크기에 미치는 영향은 불확실하다.

③ 위의 분석결과 중 특이한 것은 납세자의 절대위험기피 체감 특성으로 인해 세율인상이 탈루소득의 크기에 미치는 영향이 불확실하다는 점이다.

　◐ 일반적인 모형에서는 세율이 상승하면 탈세의 한계편익이 커지므로 탈루소득이 증가하는 것으로 설명한다.

④ 납세자가 절대위험기피 체감유형인 경우에는 세율인상의 대체효과와 소득효과가 서로 반대방향으로 작용하기 때문이다.

⑤ 세율인상에 따라 탈세의 한계편익이 커지면 대체효과에 의해 탈루소득이 증가하게 된다.

⑥ 한편, 세율인상으로 순소득이 줄어들면 위험기피 체감유형의 납세자는 위험부담의 크기를 줄일 것이므로 소득효과에 의해 탈루소득이 감소한다.

⑦ 이와 같이 납세자가 절대위험기피 체감의 특성을 갖고 있다면 세율이 인상될 때 대체효과와 소득효과가 반대방향으로 작용하므로 탈루소득의 증감여부는 알 수 없다.

3) 추가적인 논의

① 납세자가 반드시 절대위험기피 체감의 특성을 갖는다는 보장이 없으며, 소득효과가 작다면 여전히 세율인상은 탈루소득을 증가시킬 가능성이 높다.

　◐ 대부분의 실증연구에서도 세율인상은 탈루소득을 증가시키는 것으로 나타나고 있다.

② 세율인하는 탈세를 줄일 수 있으나 효율성과 공평성의 문제를 가져올 수 있으므로 세율은 적정수준으로 정하고 세무조사확률이나 벌금률의 조정을 통해 탈세를 줄이는 것이 더 바람직하다.

③ 행정비용의 절약이란 측면에서 보면 벌금률 인상이 바람직하나 적발된 소수에게만 많은 부담을 지우는 것은 공평성의 측면에서 바람직하지 않을 수 있다.

Ⅴ. 조세제도의 개혁

1. 개요

① 최적과세론에서는 기존세제는 고려하지 않고 효율성과 공평성 등 이상적인 조세의 조건을 충족하는 세제에 대하여 모색하고자 하는 것이다.

② 즉, 최적과세론에서는 백지상태에서 새로운 조세체계를 설계(design)하는 것을 중심적인 주제로 다루고 있다.

③ 반면 조세제도의 개혁(reform)이란 기존의 조세제도를 보다 바람직한 방향으로 개선하는 것을 의미한다.

④ 즉, 기존의 조세구조를 효율성, 공평성 등의 관점에서 이상적인 조세에 근접해 가도록 하는 것이 조세제도의 개혁이다.

⑤ 조세제도의 개혁과 관련된 대표적인 연구로는 펠드스타인(M. Feldstein)의 연구를 들 수 있다.

⑥ 펠드스타인은 세제개혁시에 발생할 수 있는 불확실성 문제, 공평성 문제 등 포괄적인 내용을 담고 있는 조세제도개혁에 관한 이론을 정립하였다.

2. 조세제도 개혁과 관련된 주요논의 ··· Feldstein

(1) 불확실성 문제

① 세제개편에 따라 효율성이 증대되더라도 세제개편 과정에서 발생하는 불확실성이 매우 크다면 그로 인한 후생상실이 효율성 증대로 인한 이득을 능가할 가능성이 있다.

② 따라서 세제개편 과정에서 발생하는 불확실성에 대해서 충분한 고려가 이루어져야 한다.

③ 세제개편으로 인한 불확실성을 줄이기 위해서는 새로운 세법의 효력발생시점을 늦추고 충분한 기간동안 입법예고를 함으로써 경제주체들이 새로운 세법에 적응할 기간을 주는 것이 바람직하다.

④ 한편, 빈번한 세제개혁은 경제주체들의 세법에 대한 신뢰성을 떨어뜨리고 경제주체들의 바람직하지 못한 행태를 유발할 수 있으므로 주의해야 한다.

⑵ 수평적 공평성의 문제

① 세제개혁이 수평적 공평성을 침해하지 않기 위해서는 세제개혁 이전에 효용이 동일한 사람들은 세제개혁 이후에도 효용수준이 동일하게 되어야 한다.

② 그러나 세제개혁 이후에도 세제개혁 이전과 사람들의 효용의 순위(ranking)가 동일하게 유지되도록 하는 것은 거의 불가능하다.

③ 따라서 세제개혁으로 경제적 효율성과 소득분배의 공평성이 증대되더라도 수평적 공평성이 위배되는 결과가 발생할 수 있으므로 세제개혁시에는 이에 대한 세심한 고려가 필요하다.

⑶ 재산권의 문제

① 개인의 재산권 보호는 자본주의 경제체제가 제대로 작동하기 위해 필수적인 기본요건이다.

② 따라서 세제개편과정에서 부당하게 개인의 재산권을 침해하는 일이 발생하지 않도록 주의하여야 한다.

⑷ 세율과 세원의 분리 문제

① 논리적으로 볼 때 최적세원이 먼저 결정되고, 그 다음에 최적세율이 결정되어야 하므로 조세제도 개혁에 있어서도 세원과 세율은 분리·결정되어야 한다.

② 따라서 세원결정시에는 수평적 공평성만 고려하고, 세율결정시에는 수직적 공평성을 반영하는 것이 바람직하다.

제10장 / 조세와 효율성 : 초과부담

01 2023 세무사

조세의 초과부담에 관한 설명으로 옳은 것은?

① 초과부담은 조세수입에서 사회후생 감소분을 차감한 것이다.

② 초과부담은 주로 조세부담의 전가 때문에 발생한다.

③ 세율이 높으면 조세수입이 늘어나지만 초과부담은 줄어든다.

④ 수요의 가격탄력성이 클수록 초과부담은 오히려 작아진다.

⑤ 정액세(lump-sum tax) 부과는 초과부담을 발생시키지 않는다.

📝 초과부담은 조세부과로 민간부문의 의사결정이 교란됨에 따라 발생하는 효율성 상실을 의미하는데 그 크기는 조세수입을 초과하는 사회후생감소분으로 측정된다. 초과부담은 세율의 제곱에 비례하므로 세율이 상승하면 초과부담이 큰 폭으로 증가하나 세율이 상승할 때 정부의 조세수입의 증감여부는 불분명하다. 세율이 상승하더라도 거래량이 별로 감소하지 않는다면 조세수입은 증가하나 세율이 상승할 때 거래량이 큰 폭으로 감소하면 조세수입이 감소하게 된다. 수요의 가격탄력성이 클수록 거래량이 큰 폭으로 감소하므로 초과부담이 커진다.

　초과부담은 조세부과로 인해 상대가격이 변하면 대체효과로 인해 민간부문의 의사결정 왜곡이 발생하기 때문이다. 중립세(lum-sum tax)는 대체효과를 발생시키지 않으므로 중립세가 부과되더라도 초과부담이 발생하지 않는다.

02 2021 세무사

조세의 초과부담에 관한 설명으로 옳은 것은?

① 조세부과 시 발생하는 소득변화에 의해 나타나는 납세자 선택의 왜곡현상을 의미한다.

② 서로 다른 재화에 대해 조세징수액이 같으면 초과부담의 크기는 동일하게 나타난다.

③ 초과부담은 조세부과로 인해 상대가격이 변하는 경우 대체효과에 의해 나타난다.

④ 조세부과로 인하여 소득효과와 대체효과가 상반된 방향으로 작용하여 상쇄되면 수요량의 변화가 없게 되어 초과부담은 발생하지 않는다.

⑤ 초과부담은 조세부과로 인해 발생하는 소비자잉여와 생산자잉여의 감소분을 합한 것이다.

📝 조세부과에 따른 초과부담은 소득효과가 아니라 대체효과로 인한 민간의 의사결정 왜곡 때문에 발생한다. 물품세가 부과될 때 소득효과와 대체효과가 서로 상쇄되어 수요량의 변화가 발생하지 않더라도 대체효과가 0인 것은 아니므로 여전히 초과부담이 발생한다.

　초과부담은 수요의 가격탄력성, 세율, 거래액 등에 의해 결정되므로 서로 다른 재화에 대해 조세징수액은 동일하더라도 초과부담이 동일하다는 보장이 없다. 초과부담은 정부의 조세수입을 초과하는 소비자잉여와 생산자잉여 감소분을 말한다. 그러므로 초과부담의 크기는 소비자잉여 감소분과 생산자잉여 감소분에서 정부의 조세수입을 차감한 것이 된다.

03 2020 세무사

조세의 초과부담에 관한 설명으로 옳은 것은?

① 다른 조건이 일정하면, 대체재가 많은 재화에 과세하면 그렇지 않은 경우에 비해 초과부담이 작다.

② 조세수입에서 후생감소분을 차감한 것이다.

③ 가격변화에 둔감한 재화에 대한 과세는 상대적으로 초과부담을 작게 발생시킨다.

④ 정액세(lump sum tax) 부과는 소득효과가 없기 때문에 초과부담을 발생시키지 않는다.

⑤ 두 재화가 완전보완재인 경우 그 중 한 재화에 대한 과세는 초과부담을 발생시킨다.

✎ 초과부담은 소비자와 생산자의 후생감소분(소비자잉여 감소분＋생산자잉여 감소분)에서 조세수입을 차감한 값으로 다음과 같이 측정된다.

$$DWL = \frac{1}{2}t^2 \varepsilon (P \cdot Q)$$

위의 식에 의하면 초과부담은 세율의 제곱에 비례하고, 수요의 가격탄력성과 거래액의 크기에 비례한다. 대체재가 많은 재화는 수요가 탄력적인 반면 가격변화에 둔감한 재화는 수요가 비탄력적이다. 그러므로 대체재가 많은 재화에 조세가 부과되면 초과부담이 큰 반면, 가격에 둔감한 재화에 대해 조세가 부과되면 초과부담이 작다.

초과부담은 조세부과에 따른 상대가격 변화로 인한 대체효과 때문에 발생한다. 그런데 정액세(lump-sum tax) 부과 시에는 대체효과가 발생하지 않으므로 초과부담이 0이 된다. 또한 두 재화가 완전보완재인 경우에도 대체효과가 0이므로 두 재화 중 한 재화에 대해 물품세가 부과되더라도 초과부담이 발생하지 않는다.

04

조세의 귀착과 초과부담에 관한 설명으로 옳지 않은 것은?

① 두 상품 X와 Y가 완전대체재인 경우, 상품 X에 조세가 부과되면 이 조세는 모두 상품 X의 수요자에게 귀착된다.

② 두 상품 X와 Y가 완전보완재인 경우, 상품 Y에 종가세가 부과되면 그로 인해 초과부담은 발생하지 않는다.

③ 완전경쟁시장에서 공급곡선은 완전비탄력적이고 수요곡선이 우하향하는 경우, 그 상품에 대한 조세는 초과부담을 발생시키지 않는다.

④ 다른 조건이 일정할 때, 시간이 흐를수록 공급곡선의 탄력성이 커지면 상대적으로 소비자에게 조세가 더 많이 귀착된다.

⑤ 이자소득세는 대체효과를 통해 비효율성을 유발한다.

✎ 두 상품 X와 Y가 완전대체재인 경우 상품 X에 조세가 부과되면 소비자들은 X재를 전혀 구입하지 않고 Y재로 대체할 것이다. 그러므로 물품세가 부과되더라도 소비자에게 전혀 전가되지 않는다.

✎ 공급곡선이 수직선이면 조세가 부과되더라도 거래량이 변하지 않으므로 초과부담이 발생하지 않는다.

01 ⑤　**02** ③　**03** ③
04 ①

05 2017 세무사

X재와 Y재를 소비하는 어떤 사회에서 과세에 따른 초과부담에 관한 설명으로 옳은 것은?

① 조세수입이 동일한 경우, 두 재화보다는 한 재화에 세금을 부과할 때 초과부담은 작아진다.

② 개별물품세가 부과되어도 수요량이 변하지 않으면 초과부담은 존재하지 않는다.

③ 현금보조는 부(−)의 조세의 일종이므로 초과부담이 발생한다.

④ 두 재화가 대체관계인 경우, X재에 조세가 부과된 상태에서 Y재에 조세를 부과하면 Y재의 과세에 따른 왜곡의 발생으로 반드시 경제 전체의 초과부담은 늘어난다.

⑤ 두 재화가 완전보완재인 경우, 한 재화에 과세하면 경제 전체의 초과부담은 0(zero)이다.

📝 한 재화에 조세를 부과할 때보다 두 재화에 조세를 부과하면 더 낮은 세율로 동일한 조세수입을 얻을 수 있다. 초과부담은 세율의 제곱에 비례하므로 두 재화에 대해 조세를 부과함에 따라 세율이 낮아지면 한 재화에 조세를 부과할 때와 동일한 조세수입을 얻으면서도 초과부담이 작아진다.

개별물품세가 부과되더라도 수요량이 변하지 않는 것은 대체효과와 소득효과가 서로 상쇄될 때이다. 이 경우에도 대체효과가 0인 것은 아니므로 여전히 초과부담이 발생한다. 만약 두 재화가 완전보완재라면 대체효과가 0이므로 물품세가 부과되더라도 초과부담이 발생하지 않는다.

현금보조가 이루어지면 재화의 상대가격이 변하지 않으므로 초과부담이 발생하지 않는다. 두 재화가 서로 대체재인 경우 한 재화에 조세가 부과되고 있는 상태에서 다른 재화에 대해 조세를 부과하면 상대가격이 조세가 없을 때와 비슷해져 오히려 초과부담이 감소할 수도 있다.

06 2021 세무사

물품세(excise tax)의 초과부담에 관한 설명으로 옳지 않은 것은?

① 물품세의 최적과세는 초과부담을 최소화시키는 과세를 의미한다.

② 물품세의 초과부담은 소비자가 지불하는 가격과 생산자가 수취하는 가격이 달라지기 때문에 발생한다.

③ 물품세의 초과부담은 수요의 가격탄력성이 클수록 증가한다.

④ 보상수요의 가격탄력성이 0인 경우에는 물품세 부과로 인한 가격 상승이 보상수요량에 아무런 변화도 주지 않고 초과부담도 없다.

⑤ 어떤 재화의 시장에서 공급곡선이 수평이고 수요곡선이 우하향하며 직선인 경우 재화의 초기 균형가격은 P_1, 물품세의 세율은 t, 물품세 과세 이전과 이후의 균형 소비량(산출량)은 각각 Q_1과 Q_2, 그리고 보상수요의 가격탄력성을 e로 나타내면 물품세의 과세로 인한 초과부담은 $\frac{1}{2}e(P_1Q_2)t^2$이 된다.

📝 공급곡선이 수평선이고 수요곡선이 우하향의 직선일 때 물품세율이 t, 초기의 균형가격이 P_1, 균형거래량이 Q_1일 때 초과부담(DWL)은 아래와 같이 계산된다. 그러므로 물품세의 세율(t)이 높을수록, 수요의 가격탄력성(ε)이 클수록, 조세부과 전의 거래금액(P_1Q_1)이 클수록 초과부담이 커진다.

$$DWL = \frac{1}{2}t^2\varepsilon(P_1Q_1)$$

초과부담은 조세부과로 인한 민간의 의사결정 왜곡 때문에 발생하게 되는데, 보상수요의 가격 탄력성이 0이면 물품세가 부과되더라도 거래량이 변하지 않으므로 민간의 의사결정 왜곡이 생겨 나지 않는다. 그러므로 보상수요의 가격탄력성이 0이면 초과부담도 0이 된다. 위의 식에 $\varepsilon=0$을 대입해도 초과부담이 0이 되는 것을 확인할 수 있다.

07

X재에 부과되던 물품세가 단위당 t에서 $2t$로 증가하였다. X재에 대한 수요곡선은 우하향하는 직선 이며, 공급곡선은 수평일 때 설명으로 옳은 것은?

① 조세수입이 2배 증가한다.

② 조세수입이 2배보다 더 증가한다.

③ 자중손실(deadweight loss)의 크기가 2배 증가한다.

④ 자중손실의 크기가 2배보다 더 증가한다.

⑤ 새로운 균형에서 수요의 가격탄력성은 작아진다.

📝 단위당 T원의 조세를 부과하면 정부는 (단위당 조세액)×(조세부과 후의 거래량)만큼의 조세수입 을 얻게 되는데, 단위당 조세액이 2배로 되면 거래량이 그 이전보다 감소하므로 정부의 조세수입 은 2배보다 작게 증가하는 것이 일반적이다.

일반적으로 물품세가 부과될 때 단위당 조세액이 2배가 되면 초과부담은 4배로 커진다. 즉, 조 세부과에 따른 자중적 손실의 크기는 세율의 제곱에 비례한다. 이를 그림을 통해 살펴보자. 아래 그림에서 단위당 T원의 조세가 부과될 때는 초과부담의 크기가 $\triangle a$이지만 단위당 조세액이 $2T$ 로 증가하면 초과부담의 크기는 $\triangle(a+b+c+d)$가 되므로 후생손실이 4배로 증가함을 알 수 있 다. 이는 공급곡선이 우상향하는 경우에도 동일하게 성립한다.

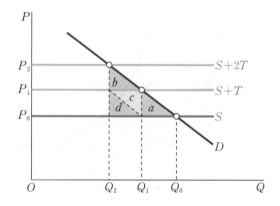

08 2017 세무사

조세의 효율성에 관한 설명으로 옳지 않은 것은?

① 조세에 의한 초과부담은 소득효과와는 관련이 없고 대체효과에 의해서 유발된다.

② 조세부과가 초래하는 초과부담을 측정할 때는 보상수요곡선을 사용하여야 한다.

③ 정액세는 납세자의 경제 행위와는 무관하게 세금을 부과하기 때문에 조세에 의한 왜곡이 일어나지 않는다.

④ 이미 조세를 부과하고 있는 상태에서 새로운 조세를 부과하면 소비자들은 부담이 추가되어 항상 효용은 줄어든다.

⑤ 2기간 생애주기모형(two-period life-cycle model)에서 이자소득세는 없고 매기의 소비가 정상재라면 근로소득세가 부과되어도 대체효과에 의한 초과부담은 발생하지 않는다.

✎ 두 재화가 서로 대체재인 경우 한 재화에 조세가 부과되고 있는 상태에서 다른 재화에 대해 조세를 부과하면 상대가격이 조세가 없을 때와 비슷해지므로 오히려 초과부담이 감소할 수도 있다. 그렇게 되면 소비자의 효용은 오히려 증가할 수도 있다.

09 2018 세무사

다음 그림은 재화 A, 재화 B가 존재하는 경제에서 납세자의 예산선과 무차별곡선(ⅰ, ⅱ)을 나타내고 있다. 과세 이전의 예산선은 $\overline{B_0 A_0}$이고, 과세 이후의 예산선은 $\overline{B_0 A_1}$이다. 과세 이전과 과세 이후 납세자의 효용극대화 점은 각각 E_0, E_1이다. 과세 이전 예산선과 동일한 기울기를 가지면서 과세 이후 효용극대화 점을 지나는 무차별곡선에 접하는 예산선은 $\overline{B_2 A_2}$로 주어져 있다. 이 때 초과부담은?

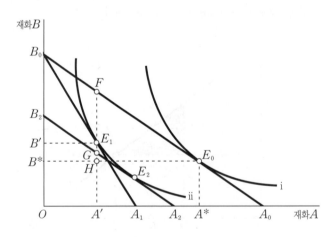

① $\overline{FE_1}$ ② $\overline{FG}$ ③ $\overline{FH}$

④ $\overline{E_1 G}$ ⑤ $\overline{E_1 H}$

✎ 재화 A에 대해 조세를 부과하였을 때 소비자의 소득감소분을 재화 B의 수량으로 측정하면 선분 $\overline{FG}$이므로 선분 $\overline{FG}$가 대등변화이다. 그런데 정부의 조세수입은 재화 B의 수량으로 측정하면 $\overline{FE_1}$이므로 정부의 조세수입을 초과하는 민간부문의 부담은 선분 $\overline{E_1 G}$의 길이로 측정된다.

10 [2020] 세무사

한 개인은 소득 M으로 사치재 X와 필수재 Y만을 소비한다. 이 사람의 예산선 기울기에 영향을 미치는 설명은?

① 사치재인 X에 고율의 소비세가 부과되었다.

② 소득에 정액세가 부과되었다.

③ 현금보조금을 받았다.

④ 소득보전 정책에 따라 납부소득세만큼 환급받았다.

⑤ X와 Y에 단일세율의 종가세가 부과되었다.

✎ 사치재인 X재에 대해 고율의 소비세가 부과되면 X재의 상대가격이 상승하므로 예산선의 기울기가 더 커진다. 한편, X재와 Y재에 대해 동일한 세율로 종가세가 부과되면 두 재화의 가격이 동일한 비율로 상승하므로 상대가격은 변하지 않는다. 그런데 두 재화의 가격이 동일한 비율로 상승하면 주어진 소득으로 구입할 수 있는 재화의 양이 세율에 비례하여 감소하므로 예산선이 안쪽으로 평행하게 이동한다.

　　소득에 정액세가 부과되면 납세액만큼 소득이 감소하므로 예산선이 안쪽으로 평행하게 이동하고, 현금보조를 받으면 소득이 증가하므로 예산선이 바깥쪽으로 평행하게 이동한다. 소득세가 부과되면 소득이 감소하므로 예산선이 안쪽으로 평행하게 이동하나, 납부소득세를 환급받으면 다시 소득이 증가하므로 예산선이 바깥쪽으로 이동하여 원래위치로 복귀하게 된다.

11 [2020] 세무사

일반적으로 조세는 시장의 자원배분을 왜곡하여 초과부담을 발생시킨다. 다음 중 조세의 초과부담이 발생하지 않을 상황을 모두 고른 것은?

> ㄱ. 고가부동산 거래에 고율 과세하는 경우
> ㄴ. 부유층이 주로 소비하는 재화에 10%의 소비세를 부과하는 경우
> ㄷ. 대기오염을 발생시키는 제품의 사회적 최적생산수준에서 한계환경피해비용과 세율이 같아지도록 과세하는 경우
> ㄹ. 공급은 완전비탄력적이고 수요는 완전탄력적일 때, 생산자에게 과세하는 경우

① ㄱ, ㄴ　　　　　　　② ㄱ, ㄷ　　　　　　　③ ㄴ, ㄷ

④ ㄴ, ㄹ　　　　　　　⑤ ㄷ, ㄹ

✎ 고가부동산 거래에 고율로 과세하면 부동산의 거래가 위축되므로 희소한 경제적 자원인 부동산의 효율적 이용이 저해된다. 또한, 부유층이 주로 소비하는 재화에 소비세가 부과되는 경우에도 재화의 상대가격이 왜곡되므로 초과부담이 발생한다.

　　외부불경제가 발생하는 재화에 대해 최적생산수준에서 한계환경피해비용에 해당하는 최적피구세가 부과되면 자원배분의 왜곡이 시정되므로 초과부담이 발생하지 않을 뿐만 아니라 오히려 자원배분의 효율성이 높아진다. 어떤 재화의 공급이 완전비탄력적이라면 물품세가 부과되더라도 거래량이 변하지 않으므로 자원배분의 왜곡 및 초과부담이 발생하지 않는다.

12 `2020` 세무사

어떤 시장에 공급함수와 수요함수가 각각 다음과 같이 주어졌다고 하자.

$$P = aQ_S + 10, \quad P = 100 - bQ_D$$

초기 균형 상태에서 정부가 공급자에게 단위당 10만큼의 세금을 부과할 경우, 세수와 자중손실(deadweight loss)의 비(세수 : 자중손실)는 얼마인가? (단, P는 가격이고 Q_S는 공급량, Q_D는 수요량이고 $a > 0$, $b > 0$이다 .)

① 20 : 1 ② 16 : 1 ③ 12 : 1

④ 8 : 1 ⑤ 3.7 : 1

📝 먼저 조세부과 전의 거래량을 구해보자. 수요함수와 공급함수를 연립해서 풀면 $100 - bQ = aQ + 10$, $(a+b)Q = 90$, $Q = \dfrac{90}{a+b}$이다. 단위당 10의 조세가 공급자에게 부과되면 공급곡선이 단위당 조세액만큼 상방으로 이동하므로 조세부과 이후에는 공급함수가 $P = aQ + 20$으로 바뀌게 된다. 수요함수와 조세부과 후의 공급함수를 연립해서 풀면 $100 - bQ = aQ + 20$, $(a+b)Q = 80$이므로 조세부과 후의 거래량 $Q = \dfrac{80}{a+b}$이다.

조세부과 전의 거래량 $\dfrac{90}{a+b}$에서 조세부과 후의 거래량 $\dfrac{80}{a+b}$을 빼주면 조세부과에 따른 거래량 감소분 $\Delta Q = \dfrac{10}{a+b}$으로 계산된다. 단위당 조세의 크기가 10, 조세부과에 따른 거래량 감소분이 $\dfrac{10}{a+b}$이므로 조세부과에 따른 자중손실 $DWL = \dfrac{1}{2} \times 10 \times \dfrac{10}{a+b} = \dfrac{50}{a+b}$이다. 한편, 단위당 조세액과 조세부과 후의 거래량을 곱하면 조세수입 $= 10 \times \dfrac{80}{a+b} = \dfrac{800}{a+b}$이다. 그러므로 조세수입과 자중손실의 비율은 $\dfrac{800}{a+b} : \dfrac{50}{a+b} = 80 : 5 = 16 : 1$이다.

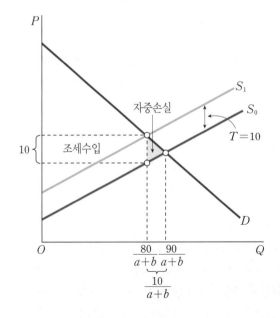

13 2018 세무사

A재의 한계비용은 100이고, 보상수요곡선은 $P=200-2Q_a$이다. A재의 공급자에게 단위당 20의 조세를 부과하였을 때 비효율성 계수(coefficient of inefficiency)는? (단, Q_a : A재의 수량)

① 0.115　　　　　　② 0.125　　　　　　③ 0.135

④ 0.145　　　　　　⑤ 0.250

✎ 먼저 조세부과 전의 가격과 거래량을 구해보자. 수요곡선 $P=200-2Q$와 공급곡선 $MC=100$을 연립해서 풀면 $200-2Q=100$, $Q=50$이다. $Q=50$을 수요함수에 대입하면 $P=100$임을 알 수 있다. 이제 단위당 20의 조세가 부과되면 공급곡선이 단위당 조세액만큼 상방으로 이동하므로 조세부과 이후에는 공급곡선이 $MC=120$이 된다. 수요곡선과 조세부과 후의 공급곡선을 연립해서 풀면 $200-2Q=120$, $Q=40$이고, $Q=40$을 수요함수에 대입하면 $P=120$으로 계산된다.

　조세부과 이후의 거래량이 40이고, 단위당 조세의 크기가 20이므로 정부의 조세수입은 800이다. 조세부과에 따른 후생손실의 크기는 아래 그림의 삼각형의 면적으로 측정되므로 $100\left(=\frac{1}{2}\times 10\times 20\right)$이다. 그러므로 초과부담의 크기를 조세수입으로 나눈 비효율성계수는 $0.125\left(=\frac{100}{800}\right)$이다.

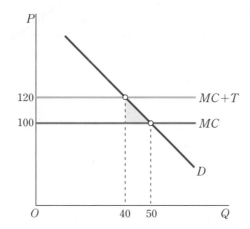

14 2017 세무사

어떤 재화의 시장 수요곡선과 공급곡선이 각각 $Q^D=1,000-5P$, $Q^S=500$이라고 가정한다. 정부가 이 재화 1단위당 100원의 세금을 소비자에게 부과했을 경우, 사중적 손실(deadweight loss)은? (단, Q^D는 수요함수, Q^S는 공급함수, P는 가격이다.)

① 0　　　　　　② 100　　　　　　③ 250

④ 1,000　　　　　　⑤ 2,500

✎ 공급함수가 $Q^S=50$으로 주어져 있으므로 공급곡선이 수직선의 형태이다. 공급곡선이 수직선일 때는 조세가 부과되더라도 거래량이 전혀 감소하지 않으므로 사중적 손실도 발생하지 않는다.

15 2015 세무사

X재에 대한 보상수요함수는 $Q=-2P+40$이고, X재는 단위당 10원으로 얼마든지 구매할 수 있다고 하자. 물품세 부과로 인한 조세수입액이 32원이고 비효율성계수가 $\frac{1}{8}$이라 할 때, X재에 단위당 부과된 물품세는 얼마인가?

① 1원   ② 2원   ③ 4원

④ 8원   ⑤ 16원

✎ 비효율성계수

$=\dfrac{\text{초과부담}}{\text{조세수입}}$

📝 X재를 단위당 10원으로 얼마든지 구매할 수 있다는 것은 X재의 공급곡선이 수평선임을 의미한다. 수요함수가 $P=20-\frac{1}{2}Q$이므로 수요곡선 기울기(절댓값)는 $\frac{1}{2}$이다. 수요곡선 기울기가 $\frac{1}{2}$이므로 단위당 T원의 조세가 부과되어 공급곡선이 T원만큼 상방으로 이동하면 거래량은 그 두 배인 $2T$만큼 감소한다. 그러므로 물품세부과에 따른 초과부담은 $T^2\left(=\frac{1}{2}\times T\times 2T\right)$이다.

비효율성계수는 초과부담을 조세수입으로 나눈 값으로 정의된다. 문제에 조세수입이 32원이고 비효율성의 계수가 $\frac{1}{8}$로 주어져 있으므로 초과부담의 크기는 4임을 알 수 있다. 그러므로 $T^2=4$로 두면 단위당 조세액 $T=2$로 계산된다.

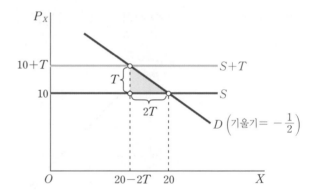

16 2021 세무사

시장균형에서 A상품의 소비량이 $1,000$이고 가격이 $1,000$이며, 수요와 공급의 가격탄력성이 각각 $\frac{1}{10}$, $\frac{1}{10}$이다. 10%의 종가세가 부과되었을 때, 조세로 인한 사중손실의 크기는?

① 10   ② 50   ③ 100

④ 250   ⑤ 500

📝 아래의 식에 문제에 주어진 수치를 대입하면 초과부담의 크기가 250으로 계산된다.

$$DWL=\frac{1}{2}\cdot\frac{1}{\frac{1}{\varepsilon}+\frac{1}{\eta}}t^2\cdot(PQ)$$

$$=\frac{1}{2}\times\frac{1}{\frac{1}{\frac{1}{10}}+\frac{1}{\frac{1}{10}}}\times\left(\frac{1}{10}\right)^2\times(1,000\times1,000)=250$$

17 2021 보험계리사

수요곡선은 $Q^D = 400 - 2P$이고 공급곡선은 $Q^S = 100 + 3P$이다. 종량세를 소비자에게 부과하여 발생한 사회적 후생손실(Deadweight Loss)이 135라면, 부과한 종량세의 크기는 얼마인가?

① 15 　　　　　　　 ② 20 　　　　　　　 ③ 25

④ 30 　　　　　　　 ⑤ 35

먼저 조세부과 이전의 균형가격과 균형거래량을 구해보자. 수요곡선과 공급곡선을 연립해서 풀면 $400 - 2P = 100 + 3P$, $5P = 300$, $P = 60$이다. $P = 60$을 수요곡선(혹은 공급곡선) 식에 대입하면 균형거래량 $Q = 280$으로 계산된다.

수요곡선 식을 P에 대해 정리하면 $P = 200 - \frac{1}{2}Q$이다. 소비자에게 단위당 T원의 조세가 부과되면 수요곡선이 T원만큼 하방으로 이동하므로 수요곡선 식이 $P = (200 - T) - \frac{1}{2}Q$로 바뀌게 된다. 이를 Q에 대해 정리하면 $Q = 400 - 2T - 2P$이다. 이를 공급곡선 식과 연립해서 풀면 $400 - 2T - 2P = 100 + 3P$, $5P = 300 - 2T$, $P = 60 - \frac{2}{5}T$이다. 이를 조세부과 이후의 수요곡선(혹은 공급곡선) 식에 대입하면 균형거래량 $Q = 280 - \frac{6}{5}T$로 계산된다.

단위당 T원의 조세가 부과되었을 때 거래량이 $\frac{6}{5}T$만큼 감소하므로 조세부과에 따른 후생손실이 $\frac{1}{2} \times T \times \frac{6}{5}T = T^2$으로 계산된다. 후생손실의 크기가 135로 주어져 있으므로 $\frac{3}{5}T^2 = 135$로 두면 $T = 15$로 계산된다.

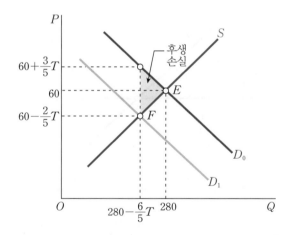

이 문제를 좀 더 간단한 방법으로 풀어보자. 수요곡선이 $P = 200 - \frac{3}{6}Q$이고, 공급곡선이 $P = -\frac{100}{3} + \frac{2}{6}Q$이므로 단위당 T원의 조세가 부과되면 단위당 조세액 중 소비자부담이 $\frac{3}{5}T$, 생산자부담이 $\frac{2}{5}T$가 될 것이다. 소비자가격 상승분이 $\frac{3}{5}T$이므로 수요곡선 기울기(절댓값)가 $\frac{1}{2}$이 되려면 거래량 감소분이 $\frac{6}{5}T$가 되어야 한다. 그러므로 후생손실에 해당하는 삼각형의 면적이 $\frac{1}{2} \times T \times \frac{6}{5}T = \frac{3}{5}T^2$가 된다. 후생손실의 크기가 135이므로 $\frac{3}{5}T^2 = 135$로 두면 마찬가지로 $T = 15$로 계산된다.

15 ②　　16 ④　　17 ①

18

수요곡선은 우하향의 직선이고 공급곡선은 수평선이라고 가정하자. 단위당 50%의 물품세를 부과하였더니 재화가격은 150원으로 상승하였고, 정부의 조세수입은 5,000원으로 측정되었다. 만약 최초 균형점에서 수요의 가격탄력성은 1이었다면 초과부담의 크기는 얼마이겠는가?

① 1,000   ② 1,500   ③ 2,000

④ 2,500   ⑤ 5,000

최초의 균형점이 아래 그림의 E점이라고 하자. 단위당 50%의 물품세를 부과한 이후의 재화가격이 150원이므로 조세부과 이전의 가격은 100원, 단위당 조세액은 50원임을 알 수 있다. 단위당 50원의 조세가 부과되었을 때 정부의 조세수입이 5,000원이므로 조세부과 이후의 거래량은 100단위이다. 초과부담의 크기는 아래 그림에서 △A의 면적으로 측정되는데, △A의 면적을 계산하기 위해서는 조세부과 이전의 거래량 $(100-\Delta Q)$가 몇 단위인지를 알아야 한다. 그런데 조세부과의 균형점에서 수요의 가격탄력성이 1이었으므로 다음의 관계가 성립한다.

$$\varepsilon=-\frac{\dfrac{\Delta Q}{Q}}{\dfrac{\Delta P}{P}}=-\frac{\dfrac{\Delta Q}{100-\Delta Q}}{\dfrac{50}{100}}=1$$

위의 식을 풀면 조세부과에 따른 거래량 감소분 $\Delta Q=-100$이고, 최초의 거래량은 200단위임을 알 수 있다. 따라서 초과부담의 크기는 2,500으로 계산된다.

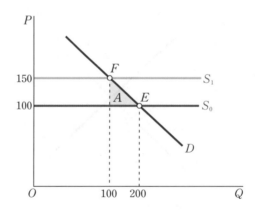

$$초과부담=\frac{1}{2}\times100\times50=2,500$$

* 초과부담 공식을 이용하여 계산하더라도 마찬가지로 초과부담의 크기가 2,500임을 알 수 있다.

$$DWL=\frac{1}{2}t^2\varepsilon PQ$$
$$=\frac{1}{2}\times(0.5)^2\times1\times(100\times200)$$
$$=2,500$$

19 2020 세무사

래퍼곡선(Laffer curve)에 관한 설명으로 옳은 것은?

① 세율을 높임에 따라 조세수입이 계속 증가한다는 것을 보여준다.

② 특정한 조세수입액에 대하여 한 개의 세율만 존재한다.

③ 세율을 가로축에, 조세수입을 세로축에 두고 래퍼곡선을 그리면 단조증가하는 형태가 된다.

④ 세율이 적정 수준보다 높아지는 경우에는 조세 수입이 감소한다.

⑤ 조세의 효율성보다는 형평성과 관련된 논의이다.

📝 래퍼곡선(Laffer curve)이란 세율과 조세수입 간의 관계를 나타내는 곡선을 말한다. 소득세의 세율이 0에서부터 시작하여 점점 높아지는 경우를 생각해보자. 세율이 상승하면 처음에는 조세수입이 증가하나 세율이 일정수준을 넘어서면 사람들이 조세부담이 너무 과중하다고 느껴 노동시간을 줄일 것이고, 그 결과 과세대상 소득이 감소하므로 조세수입이 줄어들게 된다. 세율이 100%가 되어 벌어들인 소득을 모두 세금으로 내야 한다면 누구도 소득을 얻는 활동을 하지 않을 것이므로 과세대상소득이 0이 되어 조세수입도 0이 된다.

　세율이 상승할 때 처음에는 조세수입이 증가하나 세율이 일정수준을 넘어서면 조세수입이 점점 감소하므로 래퍼곡선은 아래 그림과 같은 종모양의 형태가 된다. 래퍼곡선이 우하향하는 구간은 세율이 인상되면 사람들의 근로의욕 감소로 과세대상 소득이 줄어들어 조세수입이 감소하므로 금지영역이라고 부를 수 있다. 금지영역은 조세부과로 인한 효율성 상실이 매우 커지는 구간으로 볼 수 있다.

　래퍼곡선이 종모양의 형태이므로 조세수입이 극대(R_0)가 되는 세율은 t_0가 유일하지만 다른 수준의 조세수입을 얻을 수 있는 세율은 항상 두 개가 존재한다. 예를 들면, R_1의 조세수입을 얻을 수 있는 세율은 t_1과 t_1'이 있다.

래퍼곡선

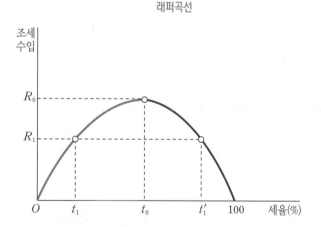

20 2018 세무사

다음 그림은 어떤 재화에 대한 우하향하는 수요곡선과 수평인 공급곡선을 나타내고 있다. 이 재화에 정부가 상품 한 단위당 k만큼의 보조금을 지급하여 보조금 이후의 공급곡선은 S'으로 나타나고 있다. 이러한 초과부담은 무엇으로 표시되는가?

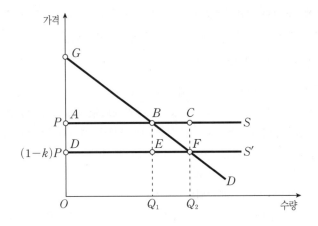

① 초과부담은 0이다.
② 삼각형 BCF
③ 삼각형 BEF
④ 삼각형 GBA
⑤ 사각형 $ABFD$

✎ 문제에 주어진 그림을 보면 보조금을 지급하여 공급곡선이 하방으로 이동하면 가격이 P에서 $P(1-k)$로 하락하고, 거래량이 Q_1에서 Q_2로 증가함을 알 수 있다. 가격이 하락으로 소비량이 증가할 때 소비자잉여는 사다리꼴 $ABFD$만큼 증가한다. 그런데 단위당 보조금의 크기가 선분 AD의 길이이고, 보조금 지급 이후의 거래량이 Q_2이므로 정부의 보조금 지급액은 □$ACFD$의 면적이다. 그러므로 보조금 지급에 따른 후생손실의 크기는 △BCF가 된다.

21 2019 세무사

근로소득세의 초과부담에 관한 설명으로 옳지 않은 것은?

① 초과부담은 세율이 높을수록 커지며, 노동공급의 탄력성이 낮을수록 커진다.
② 개인에 대한 근로소득세의 초과부담은 대체효과가 클수록 증가한다.
③ 초과부담 측정은 임금률의 변화가 초래하는 소득효과를 제외한 보상된 노동공급곡선을 이용해야 한다.
④ 대체효과에 따른 노동공급 변화가 초래하는 후생 순손실을 의미한다.
⑤ 노동공급량 감소에 따른 노동공급자의 잉여 감소분에서 조세수입을 제외한 것이다.

📝 근로소득세의 초과부담은 아래의 식으로 계산된다. 그러므로 근로소득세의 세율(t)이 높을수록, 노동공급의 임금탄력성(η), 임금총액(wL)이 클수록 근로소득세 부과시의 후생손실이 커진다.

$$DWL = \frac{1}{2}t^2 \cdot \eta \cdot (w \cdot L)$$

또한 위의 식에는 명시적으로 나와 있지 않으나 노동수요가 탄력적일수록 근로소득세가 부과될 경우 고용량이 크게 감소하므로 후생손실이 커진다.

22 〔2022〕 세무사

근로소득세의 초과부담을 커지게 하는 경우가 아닌 것은?

① 근로소득세율이 높아지는 경우

② 임금률이 높아지는 경우

③ 임금총액이 커지는 경우

④ 노동수요곡선의 탄력성이 작아지는 경우

⑤ 보상노동공급곡선의 탄력성이 커지는 경우

📝 근로소득세의 초과부담 $DWL = \frac{1}{2}t^2 \cdot \eta \cdot (w \cdot L)$이므로 ⅰ) 근로소득세율($t$)이 높아지거나, ⅱ) 노동공급의 임금탄력성(η)이 커지거나, ⅲ) 임금률(w)이 높아지거나, ⅳ) 임금총액(wL)이 커지면 초과부담이 커진다. 노동수요의 임금탄력성이 작다면 근로소득세가 부과되더라도 고용량이 별로 감소하지 않으므로 초과부담이 작아진다.

23

노동의 시장공급곡선은 우상향의 직선이고 노동에 대한 시장수요는 완전탄력적인 어떤 노동시장에서 현재의 총임금지급액은 10조 원이고 이 때의 노동공급의 (보상)가격탄력성은 0.5라고 하자. 이제 정부가 임금에 대하여 20%의 근로소득세를 부과하기로 결정한 경우 이 조치가 경제에 미치는 초과부담(excess burden)의 크기는 얼마가 되겠는가?

① 500억 원   ② 1,000억 원   ③ 2,000억 원

④ 3,000억 원   ⑤ 5,000억 원

📝 근로소득세율 $t = 0.2$, 노동공급의 탄력성 $\eta = 0.5$, 총임금지급액 $wL = 100,000$억 원이므로 근로소득세의 초과부담은 다음과 같이 계산된다.

$$
\begin{aligned}
DWL &= \frac{1}{2}t^2\eta(wL)\\
&= \frac{1}{2} \times (0.2)^2 \times 0.5 \times 100,000\\
&= 1,000\text{억 원}
\end{aligned}
$$

20 ②   21 ①   22 ④
23 ②

24

우유의 수요곡선은 $Q_d=100-P$, 공급곡선은 $Q_s=P$이다. 정부가 우유 소비를 늘리기 위해 소비자에게 개당 2의 보조금을 지급할 때, 다음 설명으로 옳은 것은? (단, P는 가격, Q_d는 수요량, Q_s는 공급량이다.)

① 정부의 보조금 지급액은 101이다.

② 보조금 지급 후 판매량은 52이다.

③ 보조금의 수혜규모는 소비자가 생산자보다 크다.

④ 보조금으로 인한 경제적 순손실(deadweight loss)은 1이다.

⑤ 보조금 지급 후 소비자가 실질적으로 부담하는 우유 가격은 50이다.

📝 먼저 보조금 지급이전의 균형가격과 거래량을 구해보자. 수요곡선과 공급곡선 식을 연립해서 풀면 $100-Q=Q$이므로 균형거래량 $Q=50$이고, $Q=50$을 수요곡선(혹은 공급곡선) 식에 대입하면 균형가격 $P=50$으로 계산된다.

소비자에게 일정액의 보조금을 지급하면 소비자가 지불할 용의가 있는 금액이 보조금의 크기만큼 커지므로 수요곡선이 상방으로 이동한다. 그러므로 수요곡선이 $P=100-Q$일 때 단위당 2의 보조금이 지급되면 수요곡선 식이 $P=102-Q$로 바뀌게 된다. 이제 보조금 지급 이후의 수요곡선과 공급곡선 식을 연립해서 풀면 $102-Q=Q$, $Q=51$이다. $Q=51$을 보조금 지급이후의 수요곡선(혹은 공급곡선) 식에 대입하면 균형가격 $P=51$임을 알 수 있다.

소비자에게 단위당 2의 보조금이 지급된 이후 가격이 1원 상승하였으므로 생산자는 단위당 1만큼의 혜택을 얻는다. 소비자는 단위당 51의 가격을 지불하고 구입하지만 단위당 2의 보조금을 지급받으므로 소비자가 실제로 지불하는 가격은 49로 하락한다. 그러므로 소비자도 단위당 1만큼의 혜택을 얻는다. 아래 그림에서 소비자잉여 증가분(B)과 생산자잉여 증가분(A)은 모두 50.5로 동일하다.

보조금 지급 이후의 거래량이 51단위이고 단위당 보조금의 크기가 2이므로 정부의 보조금지급액은 102이다. 정부의 보조금 지급액은 102만큼이나 소비자잉여 증가분과 생산자잉여 증가분의 합은 101이므로 △의 면적에 해당하는 $1\left(=\frac{1}{2}\times2\times1\right)$만큼의 후생손실이 발생한다.

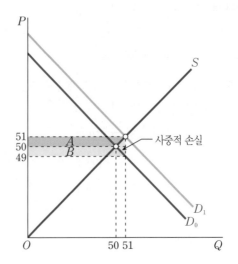

25

다음은 직접세와 간접세에 대한 논의이다. 옳지 않은 것은?

① 전통적 견해에 의하면 직접세가 간접세보다 효율성 측면에서 더 우월하다.

② 전통적 견해에서는 노동 및 여가시간이 주어져 있다고 가정한다.

③ Little의 주장에 의하면 소득세는 여가와 소득간의 선택에서 교란을 초래한다.

④ 여가까지 고려한다면 직접세가 효율성 측면에서 더 우월하다는 주장은 타당성을 잃게 된다.

⑤ 조세부담의 공평성 측면에서는 간접세가 직접세보다 더 우월하다고 평가할 수 있다.

✎ 직접세는 누진적 세율로 과세되므로 조세를 통해 공평성을 추구할 수 있는데 비하여 간접세는 대체로 그 부담이 역진적이므로 공평성의 측면에서 바람직스럽지 못하다. 직접세와 간접세의 차이점을 요약하면 다음의 표와 같다.

직접세와 간접세

		직접세	간접세
자원배분의 효율성	전통적 견해	직접세가 우월	
	현대적 견해	판단 불가능	
소득분배의 공평성		부담이 누진적	부담이 역진적
경기변동에 따른 세수변화		크다	작다
조세저항		크다	작다
조세행정비용		크다	작다

26 `2012` 세무사

누진적인 근로소득세 부과가 초과부담을 초래하는 이유로 옳은 것은?

① 납세자의 경제능력에 관계없이 차등 과세하기 때문이다.

② 세부담의 영향으로 납세자의 소득수준이 증가하기 때문이다.

③ 평균세율이 소득증가에 따라 하락하기 때문이다.

④ 여가를 과세대상에 포함시키는 것이 현실적으로 불가능하기 때문이다.

⑤ 소득 불평등도를 악화시키기 때문이다.

✎ 근로소득세가 부과되면 여가의 상대가격 하락으로 여가와 소득의 선택에서 민간의 의사결정 왜곡이 발생하므로 사회적인 후생손실이 초래된다.

27 2018 세무사

X재, Y재, 여가 간의 선택에 조세부과가 미치는 효과로 옳지 않은 것은? (단, X재 : 여가와 보완재, Y재 : 노동과 보완재)

① X재에 대한 개별소비세는 X재와 여가 간의 선택에 영향을 미친다.

② Y재에 대한 개별소비세는 Y재와 여가 간의 선택에 영향을 미친다.

③ 일반소비세, 소득세, 개별소비세 가운데 어느 쪽이 더 효율적인가는 단정하기 어렵다.

④ X재에 중과하는 개별소비세는 여가에 간접적으로 과세할 수 있기 때문에 보다 효율적이다.

⑤ 정액세(lump−sum tax)는 초과부담을 수반하지 않기 때문에 형평성 측면에서 우월한 조세이다.

📝 중립세(lump−sum tax, 정액세)는 초과부담을 발생시키지 않으므로 효율성 측면에서는 우월하다. 그렇지만 중립세를 부과할 때 상대적으로 저소득층의 부담이 커진다면 형평성의 측면에서는 바람직하지 않다.

28

순수한 경제적 이윤에 대해 과세가 이루어진다고 하자. 이에 대한 설명으로 가장 옳지 않은 것은?

① 초과부담이 발생하지 않는다.

② 전혀 소비자에게 전가되지 않는다.

③ 자원배분의 왜곡이 발생하지 않는다.

④ 누구도 그 부담을 지지 않는다.

⑤ 순수한 경제적 이윤에 대한 세금은 중립세이다.

📝 순수한 경제적 이윤에 대한 과세가 이루어지면 생산량과 가격이 변하지 않는다. 순수한 경제적 이윤에 대한 세금은 중립세의 성격을 갖는다. 순수한 경제적 이윤에 대해 세금이 부과되는 경우 소비자에게 전가되지는 않기 때문에 세금 전부를 기업이 부담한다.

제11장 / **최적과세론**

29

다음은 최적조세와 관련된 설명이다. 옳지 않은 것은?

① 최적조세구조란 효율성과 공평성의 관점에서 사회후생을 극대화할 수 있는 조세구조를 의미한다.

② 효율성과 공평성은 상충관계에 있기 때문에 현실적으로 최적조세구조를 제도화하는 것은 거의 불가능하다.

③ 전통적인 최적조세이론은 주로 공평성 측면에서 바람직한 조세제도를 모색하고 있다.

④ 공평성의 측면에서 보면 조세를 통해 경제활동을 변화시킴으로써 공평성을 증진시키는 것이 최적과세의 조건이다.

⑤ 물품세의 최적과세에 대한 논의는 램지(Ramsey) 등에 의하여 이루어져 왔고, 소득세의 최적과세에 대한 논의는 멀리즈(Mirrlees)에 의하여 시작되었다.

✎ 최적조세구조(optimal tax structure)란 효율성과 공평성의 관점에서 사회후생을 극대화할 수 있는 조세구조를 의미한다. 최적과세이론의 주관심사는 어떤 대상에 어떤 세율로 과세하는 것이 효율성상실을 극소화하면서 공평한 조세부담의 배분을 이룰 수 있는가 하는 점이다. 그러나 현실적으로 효율성과 공평성을 모두 만족시키는 최적조세를 제도화하는 것은 거의 불가능한 것으로 알려지고 있다. 따라서 현실적으로는 효율성과 공평성간의 적절한 조합을 선택할 수 밖에 없다. 특히, 공평성의 문제는 주관적인 가치판단에 의존할 수 밖에 없기 때문에 이를 최적조세의 측면에서 고려하는 것은 매우 어렵다.

최적과세이론에 대한 논의는 1920년대 램지(Ramsey)의 물품세에 대한 논문에서 처음 시작되었으나 본격적인 연구는 1970년대 초반 멀리즈(Mirrlees) 등의 연구에 의하여 본격화되기 시작하였다. 전통적으로 최적과세이론에서는 거의 대부분 효율성측면에서 이러한 조세수입을 얻고자 할 때 효율성상실을 극소화할 수 있는 방안마련에 주안점을 두고 있으며, 공평성에 대해서는 거의 도외시되어 왔다. 물론 완벽한 최적과세가 이루어지기 위해서는 공평성문제가 고려되어야 하나 지금까지 최적과세이론의 주류는 주로 효율성만을 고려하고 있다. 최적과세이론은 물품세의 최적과세이론과 소득세의 최적과세이론으로 크게 구분될 수 있다.

30 2018 세무사

램지원칙과 역탄력성원칙에 관한 설명으로 옳지 않은 것은?

① 램지원칙은 효율성을 고려한 과세 원칙이다.

② 역탄력성원칙이 램지원칙에 비해 일반적인 원칙이다.

③ 역탄력성원칙에 따르면 효율성을 제고하기 위해서 수요의 가격탄력성에 반비례하게 과세하여야 한다.

④ 역탄력성원칙에 따르면 필수재에 대해서는 높은 세율로 과세하여야 한다.

⑤ 램지원칙에 따르면 모든 상품의 보상수요량에 똑같은 비율의 감소가 일어나도록 세율 구조를 만들어야 한다.

✎ 램지규칙으로부터 역탄력성원칙이 유도되므로 램지규칙이 역탄력성원칙보다 일반적인 원칙이라고 볼 수 있다.

31 2023 세무사

최적물품세를 도출한 램지규칙에 관한 설명으로 옳지 않은 것은?

① 램지규칙은 효율성 측면만을 고려한 과세원칙이다.

② 램지규칙이 성립하기 위해서는 두 재화 간의 관계가 독립적이어야 한다.

③ 램지규칙은 재화 간 조세수입의 한계 초과부담을 일치시키는 과정에서 도출된다.

④ 생활필수품에 낮은 세율을 부과하는 것이 램지규칙에 부합하고, 사회적으로도 바람직하다.

⑤ 램지규칙에 의하면, 수요의 가격탄력성에 반비례하도록 각 재화에 세율을 부과하여야 효율적이다.

✎ 램지규칙에 의하면 초과부담이 극소화되려면 수요의 가격탄력성에 반비례하도록 각 재화에 대한 세율을 설정해야 한다. 그러므로 램지규칙에 따르면 수요가 비탄력적인 생활필수품에 대해서는 높은 세율로 조세를 부과해야 한다.

32 2019 세무사

최적물품세에 관한 설명으로 옳지 않은 것은?

① 램지규칙은 주어진 조세수입 목표를 달성하는 가운데 초과부담을 최소화할 때 실현된다.

② 램지규칙에 따른 최적의 세율구조는 보상수요곡선을 전제로 한다.

③ 콜렛-헤이그(Corlett-Hague) 규칙은 해당재화 수요의 가격탄력성에 따라 차등적인 물품세를 부과해야 성립한다.

④ 역탄력성 규칙은 역진성을 초래하는 한계가 있다.

⑤ 램지규칙은 재화 간 조세수입의 한계초과부담을 일치시키는 과정에서 도출된다.

✏️ 콜렛－헤이그규칙이란 수요의 가격탄력성에 따라 차등적인 물품세를 부과하는 것이 아니라 여가와 보완관계에 있는 재화에 대해서는 높은 세율로 물품세를 부과하고, 여가와 대체적인 관계가 있는 재화에 대해서는 낮은 세율로 물품세를 부과하는 것을 말한다.

33 2015 세무사

램지원칙에 관한 설명으로 옳은 것은?

① 램지원칙에 따르면, 수요의 가격탄력성이 0인 재화가 있다면 이 재화에 대해서만 조세를 부과해도 된다.

② 램지원칙이 성립하기 위해서는 각각의 재화가 대체관계에 있어야 한다.

③ 수요의 가격탄력성이 큰 재화일수록 낮은 세율을 적용하는 것이 형평성의 관점에서 바람직하다.

④ 램지원칙에 따르면 각 재화에 대해 단일세율로 물품세를 부과하는 것이 효율적이다.

⑤ 필수품에는 낮게 과세하는 것이 램지원칙에 부합할 뿐 아니라, 사회적으로도 바람직하다.

✏️ 램지규칙에서는 각 재화가 서로 독립재인 것으로 가정한다. 즉, 재화 간의 교차탄력성이 0인 것으로 가정한다. 램지규칙에 의하면 일정한 조세수입을 얻으면서도 효율성 상실이 극소화되려면 각 재화의 수요량 감소율이 동일하게끔 각 재화에 대한 세율을 설정해야 한다. 만약 어떤 재화의 수요의 가격탄력성이 0이라면 그 재화에 대해서는 물품세가 부과되더라도 수요량이 감소하지 않으므로 모든 재화의 수요량 감소율이 동일해지도록 조세를 부과하려면 수요의 가격탄력성이 0인 재화에만 조세를 부과해야 한다.

　각 재화의 수요량 감소율이 동일해지려면 수요가 탄력적인 재화에 대해서는 낮은 세율, 수요가 비탄력적인 재화에 대해서는 높은 세율로 물품세를 부과해야 한다. 그러므로 램지규칙에 의하면 단일세율이 아니라 차등세율로 물품세를 부과하는 것이 바람직하다. 수요가 비탄력적인 필수품에 대해 낮은 세율로 물품세를 부과하는 것은 소득분배 측면에서는 바람직하나 램지규칙에는 위배된다.

🖊️ 램지규칙
모든 재화의 수요량 감소율이 같아지도록 각 재화에 대한 세율을 설정해야 한다.

34 2014 세무사

요소의 투입이 고정적일 때 다음 중 가장 효율적인 조세는? (단, X재 : 여가보완재, Y재 : 여가대체재)

① 비례적으로 부과하는 근로소득세

② X재에 대한 물품세

③ Y재에 대한 물품세

④ X재에 대한 높은 세율의 개별소비세

⑤ Y재에 대한 낮은 세율의 개별소비세

✏️ 노동공급이 고정되어 있다면 조세가 여가와 다른 재화 간의 선택에 미치는 영향은 고려할 필요가 없다. 그러므로 모든 재화에 대해 동일한 세율로 물품세를 부과하는 것이 최적이다. 여가가 고려 대상이 되지 않는 경우 모든 재화에 동일한 세율로 부과하는 물품세는 비례적인 근로소득세와 동일하다.

35 [2020] 세무사

최적과세론에 관한 설명으로 옳은 것은?

① 램지원칙에 의하면, 생활필수품은 수요가 가격에 대해서 비탄력적이기 때문에 상대적으로 높은 세율이 부과되게 된다.

② 램지원칙에 의하면, 수요의 가격 탄력성과 관계없이 모든 재화에 대해서 동일한 세율이 적용된다.

③ 램지원칙에 의하면, 사치품은 수요가 가격에 대해서 탄력적이기 때문에 상대적으로 높은 세율이 부과된다.

④ 스턴(N. Stern)의 최적선형누진세에 따르면, 공평성을 선호할수록 최고한계세율이 낮아진다.

⑤ 램지원칙은 공평성의 제고를 위한 과세원칙이다.

📝 램지규칙에 의하면 수요의 가격탄력성에 반비례하도록 각 재화에 대한 세율을 설정해야 초과부담이 극소화된다. 램지규칙에 따라 물품세를 부과한다면 수요가 비탄력적인 생활필수품에 대해서는 높은 세율로 과세하고, 수요가 탄력적인 사치품에 대해서는 낮은 세율로 과세해야 한다. 따라서 램지규칙에 따라 조세를 부과하면 소득대비로 볼 때 상대적으로 저소득층이 고소득층보다 세금을 더 많이 내게 되므로 조세부담이 역진적이 된다. 램지규칙은 효율성 측면만을 고려하고 있으며 공평성에 대해서는 전혀 고려하지 않고 있다. 스턴(N. Stern)에 따르면 사회구성원들의 공평성에 대한 선호가 클수록 최고한계세율이 높아져야 한다.

36 [2014] 세무사

두 재화 A와 B의 보상수요의 가격탄력성은 각각 3과 0.30이다. A재 가격은 1,000원, B재 가격은 500원이다. A의 가격에 10%의 세금을 부과하였을 때, 효율성 상실을 극소화하기 위해서는 B재에 얼마만큼의 세금을 부과하여야 하는가? (단, A, B 두 재화는 서로 독립재이며 두 재화의 공급곡선은 완전 탄력적이다.)

① 10원   ② 50원   ③ 100원
④ 250원   ⑤ 500원

📝 역탄력성원칙에 의하면 초과부담을 극소화하려면 $\dfrac{t_A}{t_B} = \dfrac{\varepsilon_B}{\varepsilon_A}$에 관계가 성립하게끔 각 재화에 대한 세율을 설정해야 한다. 이 식에 문제에 주어진 수치를 대입하면 $\dfrac{0.1}{t_B} = \dfrac{0.3}{3}$, $t_B = 1$로 계산된다. 즉, B재에 대해서는 가격의 100%에 해당하는 500원의 세금을 부과해야 한다.

37 `2020` 세무사

콜렛－헤이그(Corlett－Hague) 조세원칙에 관한 설명으로 옳지 않은 것은?

① 여가에 보완적인 상품과 서비스에 대한 과세를 통해 간접적으로 여가에 과세가 가능하다.

② 효율성 제고를 위해서는 여가에 대해서도 과세를 해야 한다.

③ 여가에 대한 직접적인 과세가 불가능한 경우에 대한 원칙이다.

④ 여가에 보완적인 상품에 대해 보다 높은 세율로 과세하는 것이 바람직하다.

⑤ 동일한 세율을 적용하는 소득세가 세율의 차등을 두는 물품세보다 우월할 수 있다는 것을 의미한다.

📝 여가를 포함한 모든 재화에 대해 동일한 세율로 물품세를 부과하면 초과부담이 발생하지 않는다. 그런데 문제는 여가에 대한 직접과세가 불가능하다는 점이다. 콜렛과 헤이그는 여가에 대한 직접과세는 불가능하지만 여가와 보완적인 재화에 대해서는 높은 세율로 물품세를 부과하면 간접적으로 여가에 조세를 부과하는 효과를 낼 수 있다고 보았다. 이러한 아이디어를 기반으로 여가와 보완적인 재화에 대해서는 더 높은 세율을 적용하고 여가와 대체적인 재화에 대해서는 더 낮은 세율을 적용하는 것이 바람직하다고 주장하였는데, 이를 콜렛－헤이그규칙이라고 한다.

여가를 제외한 모든 재화에 대해 동일한 세율로 물품세를 부과하면 재화 간의 상대가격은 변하지 않고 주어진 소득으로 구입할 수 있는 재화의 양만 비례적으로 감소한다. 이는 동일한 세율로 소득세를 부과하는 것과 마찬가지이다. 콜렛－헤이그 규칙은 모든 재화에 대해 동일한 세율로 물품세를 부과하는 것보다 여가와 각 재화의 관계에 따라 서로 다른 세율로 물품세를 부과하는 것이 우월한 것으로 설명한다. 이는 결국 동일한 세율의 소득세보다 차등세율 물품세가 더 우월하다는 뜻이 된다.

38

콜렛(W. Corlett)－헤이그(D. Hague) 규칙에 대한 설명 중 옳지 않은 것은?

① 여가와 보완적인 상품에 더 높은 세율을 적용하는 것이 바람직하다는 주장이다.

② 물품세가 초과부담을 가져오는 주요한 이유는 여가에 대한 직접 과세가 불가능하기 때문이라는 사실에 착안하고 있다.

③ 소득세 대신에 동일한 세수를 가져다주는 간접세를 부과하면 사회후생이 늘어날 수 있다는 의미를 함축하고 있다.

④ 세율에 차등을 두는 물품세 제도가 동일한 세율을 적용하는 물품세보다 우월할 수 있다는 것을 의미하기도 한다.

⑤ 효율성 측면뿐만 아니라 공평성 측면에서도 소득세와 간접세의 우월성을 판단하는 데 기여하고 있다.

📝 여가 보완적인 조세에 대해 과세함으로써 여가에 대해 직접 과세하는 것과 같은 효과를 얻고자 하는 것은 공평성이 아니라 자원배분의 효율성을 달성하기 위해서이다.

39

조세의 효율성에 관한 설명으로 옳은 것을 모두 고른 것은?

> ㄱ. 여가를 포함한 모든 상품에 동일한 세율로 조세를 부과하면 정액세(lump-sum tax)와 동등해진다.
> ㄴ. 여가를 포함한 모든 상품에 동일한 세율로 조세를 부과하면 초과부담이 발생하지 않는다.
> ㄷ. 콜렛-헤이그(Corlett-Hague)법칙에 따르면, 세율은 그 상품의 소득탄력성에 반비례하여야 한다.
> ㄹ. 독점시장에서 평균비용과 한계비용이 동일하고 수요곡선이 우하향하는 직선일 경우, 단위당 종량세 t를 부과하면 가격은 $\frac{1}{2}t$만큼 상승한다.

① ㄱ, ㄴ   ② ㄷ, ㄹ   ③ ㄱ, ㄴ, ㄷ
④ ㄱ, ㄴ, ㄹ   ⑤ ㄴ, ㄷ, ㄹ

📝 콜렛-헤이그 규칙에 의하면 여가와 보완적인 재화에 대해서는 높은 세율로 과세하고, 여가와 대체적인 재화에 대해서는 낮은 세율로 과세해야 한다. 그러므로 콜렛-헤이그규칙은 재화의 소득탄력성과는 아무런 관련이 없다.

✏ **콜렛-헤이그 규칙**
여가와 보완적인 관계에 있는 재화에 대해서는 높은 세율로 조세를 부과하고, 여가와 대체적인 관계에 있는 재화에 대해서는 낮은 세율로 조세를 부과하여야 한다.

40 2013 세무사

선형누진소득세 구조에 관한 설명으로 옳지 않은 것은?

① 면세점 소득 이상의 구간에서 한계세율은 일정하다.
② 면세점 소득 이상의 구간에서 소득이 증가할수록 평균세율이 증가한다.
③ 면세점 소득에서는 한계세율과 평균세율이 일치한다.
④ 동일한 효용을 유지하는 경우 선형누진소득세의 초과부담이 비례소득세의 초과부담보다 크다.
⑤ 면세점 소득 이상의 구간에서 한계세율은 평균세율보다 언제나 크다.

📝 선형누진세의 세수함수가 $T = -\alpha + tY$로 주어져 있다면 한계세율과 평균세율은 각각 다음과 같다.

$$\begin{cases} \text{한계세율} : \dfrac{dT}{dY} = t \\[2mm] \text{평균세율} : \dfrac{T}{Y} = -\dfrac{\alpha}{Y} + t \end{cases}$$

한계세율은 소득수준과 관계없이 t로 일정하나 소득(Y)이 증가할수록 평균세율은 점점 높아진다. 그런데 α는 0보다 큰 값이므로 항상 한계세율이 평균세율보다 높다. 면세점에서는 납세액이 0이므로 평균세율도 0이다. 그런데 면세점에서도 한계세율은 여전히 t이므로 한계세율이 평균세율보다 높다.

41 2016 세무사

스턴(N. Stern)이 주장한 소득세의 최적과세에 관한 설명으로 옳은 것을 모두 고른 것은?

> ㄱ. 불평등에 대한 혐오감지표의 절댓값이 낮을수록 최적소득세율은 낮다.
> ㄴ. 조세수입 목표가 클수록 최적소득세율은 높다.
> ㄷ. 면세점 이상인 소득자에 대해서 최적선형소득세는 최적비선형소득세에 비해 수직적 공평을 제고하는 데 상대적으로 효과적이지 않다.

① ㄱ   ② ㄴ   ③ ㄱ, ㄴ

④ ㄴ, ㄷ   ⑤ ㄱ, ㄴ, ㄷ

📝 스턴의 연구결과에 의하면 불평등 혐오도가 클수록, 노동공급이 비탄력적일수록, 사회구성원의 능력차이가 클수록 그리고 조세수입목표가 클수록 최적소득세율이 높아진다. 선형소득세는 한계세율이 일정한 값으로 주어져 있으나 비선형소득세는 소득수준이 높아질수록 한계세율이 점점 더 높아진다. 그러므로 수직적 공평성을 제고하는 데는 선형소득세보다 비선형소득세가 더 효과적이다.

42 2013 세무사

최적소득세의 누진성과 효율성에 관한 설명으로 옳지 않은 것은?

① 소득수준의 상승에 따라 평균세율이 상승하면 누진성이 커진다.

② 조세의 소득탄력성이 클수록 누진적이다.

③ 선형누진세의 한계세율이 높을수록 초과부담이 커지고, 정액증여(lump-sum grant)가 클수록 재분배효과가 커진다.

④ 스턴(N. Stern)에 따르면, 평등성에 대한 선호가 강할수록 최적소득세율은 높게 설정된다.

⑤ 스턴에 따르면, 소득과 여가 간 대체탄력성이 클수록 최적소득세율은 커진다.

📝 스턴의 연구에 의하면 공평성에 대한 사회선호가 클수록, 사회구성원의 능력차이가 클수록, 조세수입목표가 클수록 최적소득세율이 높아져야 하고, 노동공급이 탄력적일수록(여가와 소득간의 대체탄력성이 클수록) 최적소득세율은 낮아져야 한다.

43   2019 세무사

선형누진세와 비선형누진세에 관한 설명으로 옳지 않은 것은?

① 한계세율이 평균세율보다 높다.

② 비선형누진세는 한계세율과 평균세율이 동시에 변화한다.

③ 선형누진세는 한계세율과 평균세율이 변화하지 않는다.

④ 선형누진세는 비선형누진세에 비해 상대적으로 고소득층에 유리할 수도 있다.

⑤ 선형누진세는 면세점을 두고 있다.

✐ 선형 혹은 비선형에 관계없이 누진세는 한계세율이 평균세율보다 높다. 비선형누진세는 소득이
   증가할수록 한계세율과 평균세율이 모두 높아지는데 비해, 선형누진세는 한계세율은 일정하나
   소득이 증가할수록 평균세율은 점점 높아진다.
      선형누진세는 소득에 관계없이 한계세율이 일정하나 비선형누진세는 소득이 증가할수록 한계
   세율이 점점 높아지므로 비선형누진세 하에서 고소득층의 조세부담이 더 크다. 그러므로 고소득
   층 입장에서는 비선형누진세보다 선형누진세가 유리하다.

44

다음 중 소득세의 최적과세에 대한 설명으로 옳은 것은?

① 비선형최적소득세에서 최고소득구간에 적용되는 세율이 0이므로 최고소득자의 납세액은 0이
   다.

② 여가와 소득간의 대체탄력성이 클수록 높은 세율을 적용하는 것은 효율성 측면을 반영한다.

③ 공리주의적 선호가 크게 반영된다면 한계세율은 매우 높은 수준에서 결정되어야 한다.

④ 사회의 기술분포가 클수록 높은 세율을 적용하는 것은 공평성 측면이 고려된 것이다.

⑤ 사회구성원들의 선호가 극단적인 평등을 지향하는 경우가 아니더라도 최적세율은 매우 높아
   져야 한다.

✐ 사회의 기술분포가 클수록 사회구성원의 소득차이가 클 것이므로 공평성의 관점에서 볼 때 최적
   세율은 높게 설정되어야 한다.

45   2017 세무사

멀리즈(J. Mirrlees)가 분석한 최적비선형소득세와 관련된 내용으로 옳지 않은 것은?

① 효율과 공평을 함께 고려한다.

② 노동의 공급을 늘리는 유인 기능의 성격을 지닌다.

③ 최고 소득 구간에 대한 한계소득세율은 0(zero)이다.

④ 한계소득세율은 항상 1보다 작다.

⑤ 임금률이 낮은 개인이 높은 개인보다 더 큰 효용을 누릴 수도 있다.

☑ 최적비선형소득세가 부과되면 임금률이 높은 사람이 더 많은 세금을 납부하지만 납세후 소득은 여전히 임금률이 높은 개인이 더 많다. 그러므로 최적비선형소득세가 부과되더라도 임금률이 높은 개인의 효용수준이 임금률이 낮은 개인보다 높다.

46 `2020` 세무사

소득세 누진구조에 대한 에지워스(F. Edgeworth) 최적분배모형에서는 다음과 같은 가정을 하였다. 이 모형에 관한 해석으로 옳지 않은 것은?

> 가정 1 : 주어진 세수를 충족시키면서 개인들의 효용의 합을 극대화하는 형태로 최적 소득세를 결정한다.
> 가정 2 : 개인들은 자신의 소득에만 의존하는 동일한 효용함수를 가지며, 효용함수는 한계효용 체감의 특성을 보여주고 있다.
> 가정 3 : 사회 전체의 가용한 소득은 고정되어 있다.

① 가정 1은 공리주의적인 사회후생함수를 가정하였음을 의미한다.
② 가정 2는 이타적인 효용함수를 배제하고 있음을 의미한다.
③ 가정 3은 분배상태가 변화할 때 총소득의 크기가 달라질 수 있다는 점에서 비현실적이라는 비판을 받고 있다.
④ 가장 높은 소득자로부터 세금을 거두어 가장 낮은 소득자에게 재분배하는 경우 사회 후생은 증가하게 된다.
⑤ 가정 2로 인해 최적 소득세는 모든 사회구성원의 소득 균등화까지 이르지는 못한다.

☑ 에지워스 모형에서 ⅰ) 사회후생이 각 개인의 효용의 합으로 결정되며(공리주의 사회후생함수), ⅱ) 소득의 한계효용이 체감하는 경우에는 각 개인의 납세 후 소득의 한계효용이 같아지게끔 조세를 부과할 때 사회후생이 극대화된다. 여기에 ⅲ) 각 개인의 효용함수가 동일하다는 가정(가정 2)이 추가되면 모든 개인의 납세 후 소득이 같아져야 사회후생이 극대가 된다. 그러므로 가정 2로 인해 최적소득세 부과 시 모든 사회구성원의 납세 후 소득이 균등화된다.

47 2010 세무사

최적조세이론이 주는 시사점으로 옳지 않은 것은?

① 사드카(Sadka)와 시어드(Searde)에 의하면 비선형 최적과세 하에서 최고소득수준의 한계
세율은 0이다.

② 콜렛-헤이그(Corlett-Hague)원칙에 따르면 여행사의 서비스에 대한 세율이 업무용 컴
퓨터에 대한 세율보다 높아야 한다.

③ 에지워드(Edgeworth)모형에 의한 최적소득세는 급진적인 누진세를 의미하므로, 부자에 대
한 세금이 사실상 100%가 되어야 한다.

④ 스턴(Stern)의 최적과세모형에 의하면 노동공급의 탄력성이 작을수록 높은 세율을 책정하여
야 한다.

⑤ 롤스(Rawls) 사회후생함수에서 근로유인이 고려될 경우 최적 세율은 100%가 되어야 한다.

✍ 조세부과로 인해 근로의욕이 감소하는 효과가 발생한다면 롤스의 사회후생함수의 경우라고 하더
라도 지나친 고율의 과세는 사회전체 소득의 총량을 감소시켜 결과적으로 사회후생의 감소를 초
래한다. 그러므로 롤스의 사회후생함수를 전제하더라도 최적세율은 100%보다 낮은 수준이 되어
야 한다.

48

다음 설명 중 옳지 않은 것은?

① 조세제도가 복잡할수록 납세협력비용이 커진다.

② 간접세보다 직접세의 징세비용이 더 큰 것이 일반적이다.

③ 신고납세제도보다 부과과세제도하에서 납세협력비용이 더 크다.

④ 공평성을 추구하는 세제일수록 징세비용이 많이 소요된다.

⑤ 조세행정규모와 납세협력비용은 반비례한다.

✍ 부과과세제도하에서는 세무당국이 개인이 납부해야 할 세액을 결정하여 통지하는데 비하여, 신
고납세제도하에서는 각 개인이 자신의 소득과 관련된 자료 및 각종 공제와 관련된 자료를 모아서
자신이 납부해야 할 세액을 자진하여 신고하고 납세하는 제도를 말한다. 각 제도의 차이점을 요
약하면 다음의 표와 같다.

부과과세제도와 신고납세제도

구분	부과과세제도	신고납세제도
개념	과세당국이 과세표준·납세액을 확정·고지하는 제도	납세의무자의 신고에 의하여 과세표준과 세액이 확정되는 제도
징세비용	크다	작다
납세협력비용	작다	크다
적용세목	상속세, 증여세, 재평가세 등	소득세, 양도소득세, 법인세, 부가가치세 등

49 2015 세무사

탈세에 관한 설명으로 옳지 않은 것은?

① 탈세는 법률을 위반해 가면서 조세부담을 줄인다는 점에서 조세회피와 구별된다.

② 세무조사를 받을 확률이나 벌금률을 높이는 것은 탈세를 줄이는 데 기여할 수 있다.

③ 세율을 인상할 경우 일반적으로 대체효과에 의해 탈세가 줄어드는 경향이 있다.

④ 조세제도가 자신을 불공평하게 대우했다고 느끼는 사람일수록 탈세행위를 할 가능성이 커진다.

⑤ 탈세규모가 커질수록 지하경제가 확대된다.

✎ 세무조사 확률이 높아지면 탈세에 따른 한계비용이 커지므로 탈세가 감소하나, 세율이 인상되면 탈세에 따른 한계편익이 커지므로 오히려 탈세가 늘어나게 된다.

50 2023 세무사

다음 중 탈세의 부정적 효과를 모두 고른 것은?

ㄱ. 자원배분의 왜곡 초래

ㄴ. 지하경제 비대

ㄷ. 조세부담의 불공평 초래

ㄹ. 경제정책 효과의 불확실 초래

---

① ㄱ, ㄴ, ㄷ   ② ㄱ, ㄴ, ㄹ   ③ ㄱ, ㄷ, ㄹ

④ ㄴ, ㄷ, ㄹ   ⑤ ㄱ, ㄴ, ㄷ, ㄹ

✎ 일부 부문이나 산업에서 탈세가 광범위하게 이루어지면 부문 간 혹은 산업 간 자원배분의 왜곡이 발생할 뿐만 아니라 조세부담의 불공평이 초래된다. 또한, 탈세로 지하경제 규모가 커지면 조세정책을 비롯한 경제정책의 불확실성이 커질 수밖에 없다. 그러므로 주어진 보기가 모두 탈세의 부정적 효과에 해당된다.

51 2013 세무사

개인의 효용함수가 $U(Y)=Y$일 때, V만큼의 소득을 축소 신고하는 경우 적발되지 않으면 소득은 $W+tV$이고, 적발되면 세금 및 벌금 납부 후 소득은 $W-aV$이다(Y: 최종소득, W: 성실납세 후 소득, t: 세율, a: 적발될 경우에 추징세금을 반영한 총 벌과금의 비율). 이때 $t=0.20$이고, $a=0.3$이라면 적발될 확률(p)이 얼마가 되어야 축소신고를 하지 않기 시작하는가?

① 0.1   ② 0.4   ③ 0.5
④ 0.6   ⑤ 1

📝 V원의 소득을 축소 신고하였을 때 축소신고가 적발되면 소득이 $W-aV$, 적발되지 않으면 소득이 $W+tV$이므로 적발될 확률이 p로 주어져 있다면 소득을 축소 신고할 때의 기대소득은 다음과 같다.

$$\text{기대소득}=[p\times(W-aV)]+[(1-p)\times(W+tV)]$$
$$=p(W-0.3V)+(1-p)(W+0.2V)$$
$$=W+0.2V-0.5pV$$

축소 신고할 때의 기대소득 $W+0.2V-0.5pV$가 성실하게 납세할 때의 소득인 W보다 적다면 개인들은 축소 신고를 하지 않을 것이다. 즉, 다음의 식이 성립한다면 축소 신고를 하지 않을 것이다.

$$W>W+0.2V-0.5pV$$
$$\rightarrow 0.5pV>0.2V$$
$$\rightarrow \quad p>0.4$$

즉, 적발확률이 0.4보다 높다면 축소 신고할 때의 기대소득이 성실납세할 때의 소득보다 적으므로 축소 신고를 하지 않을 것이다.

52 2018 세무사

다음 중 탈세에 관한 설명으로 옳지 않은 것은?

① 탈세에 대한 벌금률을 높이면 탈세는 감소한다.
② 세무감사의 확률을 높이면 탈세는 감소한다.
③ 임금소득에 비해 자영업 소득의 탈세율이 높은 경우가 많다.
④ 귀속소득을 보고하지 않아 탈세가 되는 경우가 많다.
⑤ 세율 인상의 대체효과는 탈루소득을 증가시킨다.

📝 자가주택 거주자가 그 주택을 다른 사람에게 빌려주었을 때 얻을 수 있는 임대료에 해당되는 편익과 같은 귀속소득은 소득세 과세대상이 아니므로 탈세와 관계가 없다.

53 2022 세무사

알링햄-샌드모(M. Allingham & A. Sandmo)의 탈세모형에 관한 설명으로 옳은 것은?

① 세율 인상에 따른 대체효과는 탈루소득을 줄이는 방향으로 작용한다.

② 절대위험기피도가 체감하는 개인은 세율이 오르면 소득효과로 탈루소득의 크기를 줄인다.

③ 탈세로 인한 심리적 비용이 클수록 탈세 규모는 감소한다.

④ 절세행위는 불법성을 특징으로 한다는 점에서 조세회피와 구별된다.

⑤ 탈세의 편익은 세율로 표현될 수 있으며, 감사받을 확률의 증가나 벌금률의 증가가 탈루소득을 분명하게 늘린다.

📝 세율이 인상되면 탈세의 한계편익이 커지므로 대체효과에 의해 탈루소득이 증가한다. 한편, 세율 인상으로 실질소득이 감소하면 절대위험기피도가 체감하는 개인의 경우에는 소득효과에 의해 탈루소득이 감소한다. 왜냐하면 절대위험기피도 체감의 특성을 가진 개인들은 소득이 증가(감소)할수록 위험부담의 크기를 늘리기(줄이기) 때문이다. 알링햄-샌드모 모형에 의하면 감사받을 확률이나 벌금률이 증가하면 탈루소득의 크기는 감소하게 된다.

　　알링햄-샌드모의 탈세모형은 탈세에 영향을 주는 요인들에 대해서는 잘 설명하고 있으나 탈세로 인한 심리적 비용은 고려하지 못하는 한계가 있다. 절세는 법의 테두리 내에서 이루어지므로 합법적인 행위인데 비해, 탈세는 납부해야 할 조세를 기피하는 불법적인 행위에 해당된다.

54 2020 세무사

탈세와 절세에 관한 설명으로 옳지 않은 것은?

① 절세는 합법적으로 세금을 절약하는 것이다.

② 알링햄-샌드모(M. Allingham-A. Sandmo)에 따르면, 탈세의 편익은 세율로 표현될 수 있으며, 세율이 낮을수록 탈세는 늘어나게 된다.

③ 절대위험기피도가 체감하는 개인은 세율이 오르면 탈루소득의 크기를 줄인다.

④ 탈세로 인한 심리적 비용이 클수록 탈세 규모는 감소한다.

⑤ 알링햄-샌드모에 따르면, 세율을 일정한 수준에서 유지하고 감사확률과 벌금을 적절하게 조절하여 탈세를 방지하는 것이 바람직하다.

📝 알링햄-샌드모의 탈세모형에 의하면 세율이 인하되어 탈세의 한계편익이 감소하면 대체효과에 의해 탈세가 감소한다. 한편, 위험기피 체감유형의 납세자를 가정하면 세율인하로 납세자의 순소득이 증가할 경우 위험부담의 크기를 늘릴 것이므로 소득효과에 의해 탈세가 증가한다. 이처럼 납세자가 위험기피 체감의 특성을 갖는다면 세율이 낮아질 때 대체효과와 소득효과가 반대방향으로 작용하므로 탈세의 증감여부는 불분명하다. 보통의 경우에는 소득효과가 그리 크지 않기 때문에 세율이 낮을수록 탈세가 감소할 가능성이 크다.

55

다음은 Feldstein이 주장하는 세제개혁과 관련된 내용이다. 옳지 않은 것은?

① 세제개혁은 신속하고 과감하게 추진되어야 한다.

② 충분한 기간동안 입법예고를 하는 것이 바람직하다.

③ 효율성과 공평성이 조화될 수 있도록 해야 한다.

④ 개인의 재산권침해를 최소화하여야 한다.

⑤ 세제개혁으로 인한 불확실성을 최대한 감소시켜야 한다.

📝 조세제도가 급작스럽게 변화하면 경제주체들이 변화된 세제에 맞추어 자신의 행동을 조정하는 것이 불가능하기 때문에 세제개혁에 따른 손실이 매우 커지는 문제점이 발생한다. 따라서 세제개편이 이루어질 때는 충분한 입법예고 등을 통해 일정기간이 지난 후에 새로운 세법이 효력을 갖도록 하는 것이 바람직하다. 그렇게 함으로써 현행세법에 의존하여 왔던 경제주체들이 조세제도의 개편에 따르는 부담을 감소시킬 수 있기 때문이다.

56 [2012] 세무사

조세제도 개혁에 관한 설명으로 옳은 것을 모두 고른 것은?

> ㄱ. 서레이(S. Surrey)는 조세지출(tax expenditure) 요소가 많이 포함되어 있을수록 재정이 효율적으로 운영된다고 주장했다.
>
> ㄴ. 파레토 개선의 성격을 갖는 조세제도의 개혁은 현실적으로 어렵다.
>
> ㄷ. 인플레이션 하에서 종가세는 조세부담액을 감소시키므로 종가세율을 높이는 방향으로 조세제도를 개혁하는 것이 바람직하다.
>
> ㄹ. 소득세의 세원을 넓히기 위한 방법 중 하나인 포괄적 소득세 제도는 헤이그-사이먼즈(Haig-Simons)의 소득 정의에 근거를 두고 있다.
>
> ㅁ. 소득세 과세범위를 줄이는 대신 세율을 올리는 방향으로 조세제도를 개혁하는 것이 바람직하다.

① ㄱ, ㄴ   ② ㄱ, ㅁ   ③ ㄴ, ㄷ

④ ㄴ, ㄹ   ⑤ ㄹ, ㅁ

📝 조세지출의 요소가 많이 포함되어 있다면 재정운영의 투명성이 떨어지므로 재정의 효율성이 낮아질 가능성이 크다. 인플레이션이 발생하면 조세부담이 증가하므로 세율을 낮추어 주는 것이 바람직하다. 소득세는 과세범위를 넓게 하고 세율을 낮추는 방향으로 개혁해 나가는 것이 바람직하다. 왜냐하면 과세범위를 넓게 하고 세율을 낮추면 초과부담이 감소할 뿐만 아니라 수평적 공평성도 높아질 수 있기 때문이다.

01 2012 세무사

두 재화 X, Y 중 X재에만 물품세를 부과하는 대신, 동일한 조세수입을 가져다주는 소득세로 대체하는 경우 다음 중 옳지 않은 것은?(단, M은 소득, P_X와 P_Y는 각각 X재와 Y재의 가격, t_X는 물품세율, t는 소득세율이다.)

① 물품세 부과 이전의 예산선은 $M = P_X X + P_Y Y$이다.

② X재에만 물품세를 부과한 후의 예산선은 $M = (1+t_X)P_X X + P_Y Y$이다.

③ 물품세 부과와 동일한 조세수입을 가져다주는 소득세로 대체한 후의 예산선은 $(1+t)$ $M = P_X X + P_Y Y$이다.

④ 오직 두 재화 사이에서의 소비자 선택이 문제되고 있는 상황에서는 소득세가 물품세보다 효율적이다.

⑤ 효율성 측면에서 여가까지 고려한 일반적인 상황에서는 소득세가 더 우월하다고 할 수 없다.

✎ t의 세율로 소득세가 부과되면 tM을 조세로 납부해야 하므로 소득세 부과이후에는 소득이 $M - tM = (1-t)M$으로 바뀌게 된다. 그러므로 소득세 부과이후의 예산제약은 $P_X X + P_Y Y = (1-t)M$이 된다.

02

두 재화 X, Y와 여가 l을 소비하는 어떤 개인의 시간부존량(time endowment)은 T로 주어져 있다. 따라서 이 개인의 노동시간은 $(T-l)$이 되며, X와 Y재의 가격은 각각 P_X와 P_Y이다. 두 재화 X, Y 및 여가 l에 동률 t의 종가세가 부과되었을 경우에 관한 설명 중 옳은 것은?

① 과세로 인해 개인의 예산제약은 $\dfrac{wT}{(1-t)} = P_X X + P_Y Y + wl$로 변화한다.

② 이러한 조세는 시간부존량의 가치를 wT에서 $\dfrac{wT}{(1-t)}$로 낮추는 조세와 동등하다.

③ 외생적으로 주어진 시간부존량의 가치에 조세를 부과하면 개인의 경제적 의사결정이 왜곡된다.

④ 여가를 포함한 모든 재화에 대하여 동률의 조세를 부과한다면 초과부담이 발생하게 된다.

⑤ 이 모형은 여가에 대한 과세가 불가능하다는 사실을 받아들이면 어느 정도의 초과부담은 발생할 수밖에 없음을 보여준다.

✎ 여가를 포함한 모든 재화에 대해서 세율 t의 종가세가 부과되면 X재, Y재 및 여가의 가격이 동일한 비율로 상승하므로 예산제약은 $(1+t)P_X X + (1+t)P_Y Y + (1+t)wl = wT$가 된다. 즉, 예산제약이 $P_X X + P_Y Y + wl = \dfrac{wT}{(1+t)}$가 된다. 그러므로 여가를 포함한 모든 조세에 대해 t의 세율로 조세를 부과하면 시간부존량의 가치가 $\dfrac{wT}{(1+t)}$로 낮아지게 된다. 여가를 포함한 모든 재화에 대해 동일한 세율로 조세를 부과하면 상대가격 변화가 초래되지 않으므로 초과부담도 발생하지 않는다.

03 2016 세무사

어느 나라의 소득세 과세구간은 n개이고, 각 과세구간의 한계세수당 한계효용의 비율은 다음과 같았다.

$$\frac{MU_1}{MR_1} < \frac{MU_2}{MR_2} = \frac{MU_3}{MR_3} = \cdots = \frac{MU_{n-1}}{MR_{n-1}} < \frac{MU_n}{MR_n}$$

(여기서 MR(한계세수)과 MU(한계효용)는 각각 0보다 크고, 체감한다.)

효용을 극대화할 수 있는 세율 조정방안은? (단, 소비는 세후소득에만 의존하고, 각 구간에서 효용은 소비의 함수, 세수는 세율의 함수이다.)

① 1번째 과세구간의 소득세율은 높이고, n번째 과세구간의 소득세율도 높인다.

② 1번째 과세구간의 소득세율은 높이고, n번째 과세구간의 소득세율은 낮춘다.

③ 1번째 과세구간의 소득세율은 낮추고, n번째 과세구간의 소득세율은 높인다.

④ 1번째 과세구간의 소득세율은 낮추고, n번째 과세구간의 소득세율도 낮춘다.

⑤ 현재 상태에서 세율조정은 불필요하다.

☑ 한계효용이 체감하는 경우 효용을 극대화하려면 세금을 1원 더 걷을 때 효용의 변화분이 모든 과세구간에서 동일해야 한다. 문제에 주어진 식을 보면 세금 1원을 더 걷을 때 효용의 감소분은 1번째 과세구간이 가장 낮고, n번째 과세구간이 가장 높다. 그러므로 효용을 극대화하려면 1번째 과세구간의 한계세율을 높이고, n번째 과세구간의 한계세율을 낮추어야 한다.

04 2016 세무사

원점에 대해 볼록한 무차별곡선을 가진 소비자 A는 열등재인 X재와 정상재인 Y재의 소비에 있어서 효용극대화를 달성하고 있다. 정부가 X재에 t_X의 세율로 과세한다고 할 때 가격효과에 관한 설명으로 옳은 것은?

ㄱ. 대체효과에 의해, A의 X재 소비를 감소시키고 Y재 소비를 증가시킨다.

ㄴ. 대체효과에 의해, A의 X재 소비를 감소시키고 Y재 소비를 감소시킨다.

ㄷ. 소득효과에 의해, A의 X재 소비를 증가시키고 Y재 소비를 증가시킨다.

ㄹ. 소득효과에 의해, A의 X재 소비를 증가시키고 Y재 소비를 감소시킨다.

ㅁ. 소득효과에 의해, A의 X재 소비를 감소시키고 Y재 소비를 증가시킨다.

① ㄱ, ㄷ   ② ㄱ, ㄹ   ③ ㄱ, ㅁ

④ ㄴ, ㄷ   ⑤ ㄴ, ㄹ

📝 X재에 t_X의 세율로 조세를 부과하면 X재의 상대가격이 상승한다. X재의 상대가격이 상승하면 소비자는 X재를 상대적으로 가격이 하락한 Y재로 대체할 것이므로 대체효과에 의해 X재 소비가 감소하고 Y재 소비가 증가한다. 한편, X재에 대한 조세부과로 인해 X재의 상대가격이 상승하면 소비자의 실질소득이 감소한다. 실질소득이 감소하면 소득효과에 의해 열등재인 X재의 소비가 증가하고 정상재인 Y재의 소비는 감소한다.

물품세가 때의 대체효과와 소득효과를 그림을 통해 좀 더 자세히 알아보자. 아래 그림에서 최초에는 소비자균형이 E점에서 이루어지고 있었으나 X재에 대해 t_X의 세율로 물품세가 부과되어 X재의 상대가격이 상승함에 따라 소비자균형이 F점으로 이동하였다고 하자. 물품세 부과로 X재의 가격이 상승함에 따라 소비자균형이 E점에서 F점으로 이동한 것이 가격효과(price effect)이다.

가격효과를 대체효과와 소득효과로 나누기 위해 원래 무차별곡선에 접하면서 바뀐 예산선에 평행한 보조선을 그으면 G점을 찾을 수 있다. 소비자균형이 E점에서 G점으로 이동한 것은 동일한 효용을 유지하면서 상대적으로 비싸진 X재를 Y재로 대체하는 대체효과(substitution effect)를 보여준다. 무차별곡선이 원점에 대해 볼록한 형태이므로 대체효과에 의해서는 항상 상대적으로 비싸진 재화의 구입량이 감소하는 반면 상대적으로 가격이 하락한 재화의 구입량은 증가한다. 그러므로 대체효과에 의해 X재 구입량은 증가하고, Y재 구입량은 감소한다.

X재에 대한 물품세가 부과로 X재 가격이 상승하면 주어진 소득으로 구입할 수 있는 재화의 양이 줄어들기 때문에 실질소득이 감소하는 효과가 발생한다. 실질소득이 감소하면 예산선이 안쪽으로 평행하게 이동하는데, 소비자균형이 G점에서 F점으로 이동한 것이 소득효과(income effect)이다. 아래 그림에서와 같이 실질소득이 감소하면 정상재인 Y재의 구입량은 감소하나 열등재인 X재의 구입량은 증가한다.

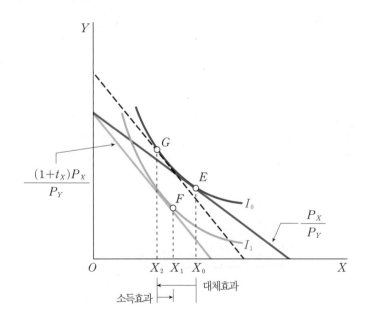

05

어떤 경제에서 소득의 전부가 소비되고 있으며 자원의 최적배분이 달성되고 있다. 이제 일정의 세수를 얻기 위해 소득세, 개별소비세, 일반소비세를 부과할 경우의 초과부담에 관한 설명으로 가장 옳은 것은?

① 일반소비세를 부과하더라도 노동공급이 임금에 대해 완전비탄력적인 경우에는 초과부담이 발생하지 않는다.

② 일반적으로 개별소비세는 일반소비세에 비하여 초과부담이 작다.

③ 수요와 공급의 가격탄력성이 낮을수록 개별소비세의 초과부담이 커진다.

④ 소득세는 개별소비세에 비하여 소득효과가 크기 때문에, 초과부담이 발생하기 쉽다.

⑤ 노동과 여가를 자유롭게 선택할 수 있다면 소득세를 부과하더라도 초과부담이 발생하지 않는다.

✐ 모든 재화에 대하여 동일한 세율로 일반소비세가 부과되면 재화의 상대가격이 변하지 않으므로 재화 간 선택에서의 교란이 발생하지 않는다. 그리고 노동공급이 완전비탄력적이므로 일반소비세가 부과되더라도 노동과 여가의 선택에서도 교란이 발생하지 않는다. 따라서 노동공급이 완전비탄력적이면 일반소비세는 중립세의 성격을 갖게 된다.

06

수요곡선은 우하향하는 직선이고, 공급곡선은 수평선이라고 하자. 최초의 균형점에서 수요의 가격탄력성이 1이라고 하자. 이 때 단위당 20%의 물품세를 부과하였을 경우 거래량이 100단위로 감소하고 정부의 세수는 10,000이라면 초과부담은 얼마인가?

① 1,000 ② 1,250 ③ 1,500

④ 1,750 ⑤ 2,000

✐ 문제에서 주어진 상황을 그림으로 나타내면 아래의 그림과 같다. 조세부과후의 거래량이 100단위이고, 정부의 조세수입이 10,000원이므로 조세부과로 인한 가격상승폭이 100원임을 알 수 있다. 그리고 세율이 20%이므로 조세부과전의 가격은 500원임을 알 수 있다.

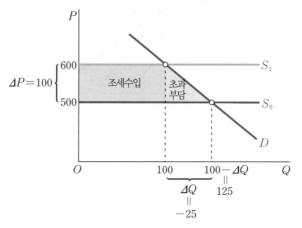

원래 균형점에서 수요의 가격탄력성이 1이므로 조세부과전의 거래량을 $(100-\varDelta Q)$라고 하면 다음의 식이 성립한다.

$$\text{수요의 가격탄력성} = -\frac{\dfrac{\varDelta Q}{100-\varDelta Q}}{\dfrac{\varDelta P}{P}} = -\frac{\dfrac{\varDelta Q}{100-\varDelta Q}}{\dfrac{100}{500}} = 1$$

위의 식을 풀면 $\varDelta Q = -25$이므로 조세부과전의 거래량은 125단위임을 알 수 있다. 그러므로 초과부담의 크기는 1,250임을 알 수 있다.

$$\begin{aligned}
\text{초과부담} &= \frac{1}{2} \cdot t^2 \cdot \varepsilon \cdot (PQ)\\
&= \frac{1}{2} \times \frac{4}{100} \times 1 \times (500 \times 125)\\
&= 1{,}250
\end{aligned}$$

그림에서 삼각형의 면적을 구해보더라도 마찬가지로 1,250이 됨을 알 수 있다.

$$\text{삼각형의 면적} = \frac{1}{2} \times 25 \times 100 = 1{,}250$$

07

다음은 물품세의 최적과세와 관련된 설명이다. 옳은 것을 모두 고르면?

가. 램지규칙에 따라 각 재화의 수요량 감소율이 같아지게끔 물품세를 부과하면 초과부담이 0 이 된다.

나. 역탄력성원칙에 의해 각 재화에 대한 세율을 설정하면 그 부담이 역진적이 될 가능성이 크다.

다. 콜렛－헤이그(Corlett－Hague)에 의하면 단일세율 물품세보다는 차등세율 물품세가 바람직하다.

---

① 나   ② 가, 나   ③ 나, 다

④ 가, 다   ⑤ 가, 나, 다

📝 램지규칙에 의해 조세를 부과하면 초과부담이 극소화되나 0이 되는 것은 아니다. 그러므로 주어진 보기 중 '가'만 옳지 않다.

08 [2011] 세무사

최적물품세에 관한 설명으로 옳지 않은 것은?

① 동질적 소비자를 가정할 때, 수요의 가격탄력성에 반비례하도록 종량세를 부과하면 초과부담이 최소화된다.

② 동질적 소비자를 가정할 때, 최적물품세는 모든 재화에 대해 수요량이 동일한 비율로 감소되도록 조세를 부과해야 한다.

③ 이질적 소비자를 가정할 때, 소득의 사회적 한계가치를 반영하여 소득이 낮은 사람들이 많이 사용하는 재화에는 낮은 세율을, 소득이 높은 사람들이 많이 사용하는 재화에는 높은 세율을 부과하는 것이 바람직하다.

④ 여가가 정상재일 때, 여가와 보완관계에 있는 재화에는 더 낮은 세율을, 여가와 대체관계에 있는 재화에 대해서는 더 높은 세율을 부과해야 한다.

⑤ 동질적 소비자를 가정할 때, 수요의 가격탄력성에 반비례하는 물품세는 공평성을 저해할 수 있다.

✎ 최적물품세에 대한 논의는 특별한 언급이 없다면 모든 개인들의 선호가 동일한 것으로 가정한다. 동질적 소비자경제에서 최적물품세는 모든 재화의 수요량이 동일한 비율로 감소하도록 조세를 부과하거나(램지규칙), 수요의 가격탄력성에 반비례하도록 각 재화에 대한 세율을 설정하는 것이다(역탄력성원칙).

각 개인들의 선호가 서로 다른 이질적 소비자경제에서의 램지조세는 동질적인 소비자경제와는 달리 수요의 가격탄력성뿐만 아니라 소득분배에 대한 사회적 선호를 반영하는 소득의 사회적 한계가치를 고려하여 결정된다. 일반적으로 소득수준이 낮은 사람은 소득의 한계효용이 높고, 소득수준이 높은 사람은 소득의 한계효용이 낮다. 그러므로 소득의 사회적 한계가치를 고려하면 소득수준이 낮은 사람들이 많이 소비하는 재화에 대해서는 낮은 세율로 과세하고, 소득수준이 높은 사람들이 많이 소비하는 재화에 대해서는 높은 세율로 과세해야 한다.

콜렛—헤이그규칙에 따르면 초과부담을 극소화하기 위해서는 여가와 보완관계에 있는 재화에 대해서는 높은 세율로 과세하고, 여가와 대체관계에 있는 재화에 대해서는 낮은 세율로 조세를 부과해야 한다.

09

다음 중에서 조세의 초과부담이 발생하는 이유를 가장 잘 설명한 내용은?

① 조세가 부과되면 정부는 행정비용을 부담한다.

② 조세가 부과되면 그에 상응하는 조세감면이 나타난다.

③ 조세가 부과되면 개인은 납세비용(compliance cost)을 부담한다.

④ 조세가 부과되면 개인은 절세라는 조세회피(tax avoidance) 행위를 한다.

⑤ 조세가 부과되면 탈세라는 조세포탈(tax evasion)이 나타난다.

📝 조세가 부과될 때 초과부담이 발생하는 근본적인 원인은 민간부문의 의사결정 왜곡이 발생하기 때문이다. 조세가 부과될 때 민간부문의 의사결정 왜곡이 발생하는 것은 경제주체들이 조세를 회피하기 위해 다른 대안을 선택하려고 하기 때문이다.

10 2019 세무사

알링햄－샌드모(M. Allingham and A. Sandmo)의 탈세모형에 관한 설명으로 옳지 않은 것은?

① 세율인상에 따른 대체효과는 탈루소득을 줄이는 방향으로 작용한다.

② 탈세행위는 불법성을 특징으로 한다는 점에서 조세회피와 구별된다.

③ 탈세방지 수단으로 적발 확률의 증가와 벌금 인상을 고려할 때, 행정비용 측면에서는 높은 벌금의 부과가 바람직하다.

④ 절대위험기피도 체감의 특성을 가진 납세자를 가정한다.

⑤ 탈세행위는 수평적 공평성뿐 아니라 수직적 공평성에도 부정적 효과를 낳는다.

📝 알링햄－샌드모의 탈세모형은 불확실성 하에서 기대효용의 극대화 관점에서 탈세에 대해 분석한 것으로, 이 모형에 의하면 납세자는 기대효용이 극대가 되는 수준으로 탈루소득의 크기를 결정한다. 이들의 분석에 의하면 감사를 받을 확률이 높아지거나 벌금률이 높아지면 탈루소득의 크기가 감소하나, 세율상승이 탈루소득의 크기에 미치는 효과는 불분명한 것으로 나타났다.

세율상승이 탈루소득에 미치는 효과가 불분명한 이유는 대체효과와 소득효과가 반대방향으로 작용하기 때문이다. 대체효과란 세율이 상승하면 탈루소득의 한계편익이 증가하여 탈루소득이 증가하는 효과를 말한다. 그리고 소득효과란 세율인상으로 실질소득이 감소하면 탈루소득이 감소하는 효과를 말한다. 여기서 소득효과에 의해 탈루소득이 감소한 것은 이 모형에서는 납세자가 절대위험기피 체감의 특성을 갖는다고 가정하기 때문이다.

절대위험기피 체감(decreasing absolute risk aversion)이란 소득이 증가(감소)하면 위험부담의 크기를 늘리는(줄이는) 유형을 말한다. 그런데 납세자가 반드시 절대위험기피 체감의 특성을 갖는다는 보장이 없으며, 소득효과의 크기 또한 매우 작을 것이므로 현실에서는 세율상승이 탈루소득을 증가시키는 방향으로 작용하는 것으로 보아도 큰 무리는 없다.

효율성과 공평성의 관점에서 세율을 합리적인 수준으로 유지하는 경우 탈세를 줄이는 방안으로는 감사확률을 높이거나 벌금률을 인상하는 방법이 있다. 행정비용을 절약한다는 관점에서 보면 벌금률을 높이는 것이 바람직하나, 적발된 소수의 사람들에게만 무거운 벌금을 부과하는 것은 수평적 공평성의 측면에서 보면 바람직하지 않다. 이에 비해 감사확률을 높이는 것은 수평적 공평성 측면에서는 바람직하나 행정비용이 크게 소요되는 단점이 있다.

06

조세의 경제적 효과

Public Finance

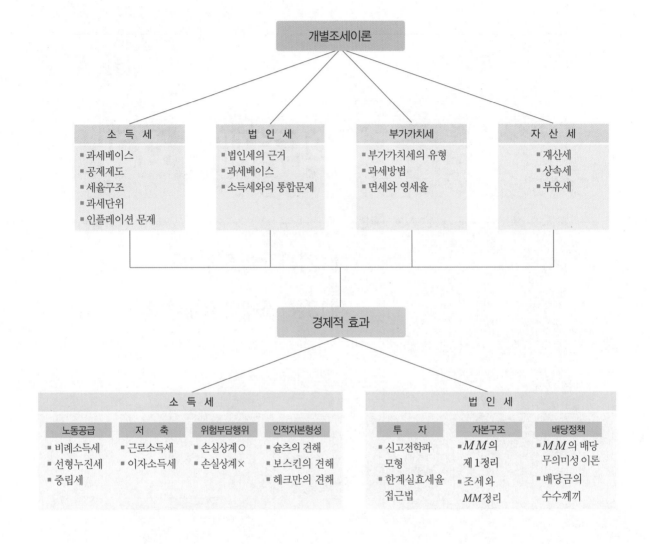

12 개별조세이론

Public Finance

Point

현실에서 부과되고 있는 다양한 조세 중에서 가장 중요한 세목으로는 법인세, 소득세, 부가가치세를 들수 있다. 우리나라의 경우 이 세 가지 조세에서 얻는 수입이 전체 조세수입의 70%를 상회하고 있다. 이 장에서는 소득세, 법인세, 부가가치세 및 자산세의 주요특징을 다룬다. 소득세와 관련해서는 과세대상소득을 보는 관점, 각종 공제제도의 특징, 과세단위 선택이 각 경제주체에 대해 미치는 영향 등을 살펴본다. 법인세에서는 법인세의 근거, 법인세의 과세베이스, 법인세와 소득세의 통합에 관한 논의를 다룬다. 그리고 부가가치세에서는 부가가치세의 유형, 과세방법, 면세와 영세율의 효과 등에 대해 살펴본다. 끝으로 재산세와 상속세에 대해 간단히 논의하기로 한다.

I 소득세

1. 개요

(1) 소득세의 의의

① 소득세(income tax)란 개인이 벌어들인 소득에 대해 부과하는 조세를 말한다.

② 전체 조세수입에서 차지하는 비중이 클 뿐만 아니라 누진과세가 이루어지므로 소득세는 공평성을 실현할 수 있는 가장 대표적인 조세이다.

③ 소득세는 개인의 노동공급, 저축, 위험부담행위 등과 관련된 의사결정에도 중대한 영향을 미치고 있다.

④ 과세대상 소득의 종류에 따라 약간씩 차이가 있으나, 기본적인 소득세의 과세체계는 다음과 같이 나타낼 수 있다.

제1단계 … 소득금액의 계산		총수입금액
	(−)	필 요 경 비
	(=)	소 득 금 액
제2단계 … 과세표준의 결정	(−)	소 득 공 제
	=	과 세 표 준
제3단계 … 납부세액의 결정	(×)	세 율
		산 출 세 액
	(−)	세 액 공 제
		납 부 세 액

(2) 주요 논의사항

① 소득세를 부과하려면 과세대상 소득이 결정되어야 하는데, 과세대상소득을 어떻게 정의하느냐에 따라 조세부담의 공평성이 달라질 수 있으므로 과세대상 소득에 대한 논의가 필요하다.

② 그리고 소득세의 경우 과세표준과 세액의 산정에 있어 다양한 공제가 이루어지고 있는데, 세액공제와 소득공제의 효과에 대해 살펴볼 필요가 있다.

③ 소득세를 개인단위로 과세할 것인지, 가족단위로 과세할 것인지에 관한 선택이 공평성, 노동공급에 대해 미치는 영향도 살펴보기로 한다.

2. 소득의 정의(과세베이스의 문제)

(1) 순자산증가설 … 헤이그 – 사이먼즈의 소득정의

1) 정의

① 헤이그(R. Haig)와 사이먼즈(H. Simons)는 발생원천과 관계없이 일정기간동안 개인의 경제적 능력을 증가시킨 수입은 모두 소득에 포함시켜 정의하고 있는데, 이와 같이 정의된 소득을 포괄적 소득이라고 한다.

> 포괄적 소득＝일정기간동안 개인의 경제적 능력의 순증가분
> ＝소비＋순자산 증가분

◐ 예를 들어, 어떤 개인이 1년 동안 3,500만 원을 소비지출에 사용하고 1,500만 원을 저축하였다면 그 해의 경제적 능력의 증가분(＝소득)은 소비지출액(3,500만 원)과 순자산증가분(1,500만 원)을 합한 5,000만 원이다.
→ 즉, '소비＋순자산증가분＝소득'의 관계가 성립한다.

② 포괄적 소득에는 소득의 원천, 형태, 실현 · 미실현 여부에 관계없이 개인의 경제적 능력을 증가시킨 것은 모두 포함된다.

◐ 포괄적 소득세제하에서는 발생주의에 따라 조세부과가 이루어진다.

◐ 발생주의에 따라 조세가 부과되면 유동성문제가 생길 수 있다.

③ 그러므로 과세대상 소득에는 경상적인 요소소득인 임금 · 이자 · 임대료뿐만 아니라 연금 · 실업 보험 등 각종 이전소득은 물론이고, 귀속임대료 등의 귀속소득, 자산가치 상승에 따른 미실현 자본이득, 비근로소득도 모두 포함된다.

④ 한편, 소득을 획득하기 위하여 지출된 경비는 개인의 소비능력을 감소시키므로 소득에서 공제된다.

⑤ 모든 개인의 소득획득비용이 다르므로 이론적으로는 개별적인 공제를 해 주어야 한다.

◐ 현실적으로 모든 개인의 소득획득비용을 일일이 공제해 주기는 어렵기 때문에 통상적으로 일정한 요건을 정해 놓고 그 요건에 충족되는 경우만 공제해 주는 것이 일반적이다.

2) 장점

① 소득에 대한 정의가 포괄적이므로 개인의 경제적 능력에 대한 적절한 측정이 가능하다.

② 효율성의 관점에서 볼 때, 모든 소득을 종류에 관계없이 동일하게 취급하므로 소득원천 선택의 교란이 발생하지 않는다.

③ 소득의 종류에 관계없이 동일한 능력을 보유한 사람에게는 동일한 과세가 이루어지므로 수평적으로 공평하다.

④ 소득의 정의가 포괄적이므로 세원확보가 용이하며, 그에 따라 낮은 세율로도 주어진 세수 목표를 달성할 수 있다.

   ◐ 새로운 소득원천이 생겨나더라도 경제적 능력을 증가시킨 것은 모두 소득에 포함된다.

⑤ 낮은 세율로 과세된다면 초과부담이 별로 발생하지 않을 뿐만 아니라 탈세의 편익이 낮으므로 탈세방지에도 효과적이다.

3) 문제점

① 각종 자산의 가격이 변화할 때 개인의 경제적 능력의 순증가를 파악하는 것이 현실적으로는 거의 불가능하다.

② 내구자산 보유로 인하여 발생하는 귀속소득(imputed income)을 모두 정확히 계산하여 포함하는 것은 거의 불가능하다.

③ 자본이득에 과세할 경우 현시점에서 발생한 자본이득에 과세하고 미래에 소득이 발생하였을 때 또다시 과세하면 이중과세가 이루어질 가능성이 있다.

④ 소득획득비용을 공제하려면 소득을 얻기 위한 지출과 순수한 소비적 지출을 구분해야 하는데, 양자의 구분이 용이하지 않은 경우가 많다.

⑵ 소득원천설

① 소득원천설은 소득발생 원천별로 계속적 · 경상적으로 발생하는 소득만을 과세대상 소득으로 보는 입장이다.

② 소득원천설에 따른 소득의 정의를 위해서는 원천에 따른 소득의 종류가 세법에 열거되어야 한다.

③ 경제환경의 변화로 계속해서 새로운 소득원천이 생겨날 수 있으므로 소득원천설에 따른 소득정의에는 임시적이고 비경상적인 소득은 포함되지 못할 가능성이 높다.

(3) 우리나라 소득세법에서의 소득의 특징

구 분	설 명
소득원천설에 따른 과세	우리나라 소득세법은 소득원천설을 근간으로 하고 있으며, 순자산증가설도 일부 수용하고 있다. ◑ 예를 들면, 비경상적으로 발생하는 복권당첨소득 등도 과세대상 소득에 포함시키고 있다.
실현주의 원칙	실현된 소득에만 과세가 이루어지고 미실현 자본이득에 대해서는 과세가 이루어지지 않고 있다. ◑ 실현주의 원칙에 따라 과세가 이루어지면 동결효과가 발생할 가능성이 있다.
자본이득에 대한 비과세	요소소득(임금, 이자 등)은 모두 과세대상에 포함되나 많은 경우 자본이득은 과세대상에서 제외되고 있다. ⑩ 고정자산처분이익, 유가증권처분이익
귀속소득에 대한 비과세	자가주택 보유로 인한 귀속소득에 대해서는 과세가 이루어지지 않고 있다.
이전지출에 대한 비과세	이전지출에 따른 소득도 소득임에도 불구하고 대부분 비과세되고 있다.
현물급여에 대한 비과세	현물로 지급받은 보수도 소득이지만 현행소득세제하에서는 제대로 과세가 이루어지지 못하고 있다.

3. 공제제도

(1) 소득공제

① 소득공제(tax deduction)란 과세대상 소득에서 일정액을 차감해주는 것을 의미한다.

② 소득공제의 기본적인 목적은 소득획득비용을 과세대상에서 공제해줌으로써 수평적인 공평성을 달성하기 위해서이다.

③ 이론적으로 보면 사람마다 소득획득비용이 다르므로 서로 다른 금액을 공제해주는 것이 바람직하다.

④ 그러나 현실적으로 모든 사람의 소득획득비용을 일일이 계산하기 어렵기 때문에 일정요건을 정해 놓고 요건을 만족하는 경우만 공제해주는 방법으로 운영되고 있다.

　◑ 부양가족 수에 따라 일정금액을 공제해주는 인적공제, 생활을 유지하기 위해서는 꼭 필요한 지출로 보고 공제해주는 특별소득공제, 그리고 근로소득자들의 부담을 줄여주기 위한 근로소득공제 등이 있다.

　◑ 특별소득공제의 예로는 보험료공제와 주택자금공제가 있다.

⑤ 소득공제에 따라 경감되는 세액의 크기는 한계세율에 비례하므로 공제액이 동일하다면 고소득층일수록 소득공제에 따른 편익이 크다.

(2) 세액공제

① 세액공제(tax credit)란 정상적으로 계산된 산출세액에서 특정한 정책적 목적을 위하여 일정한 요건과 방법에 따라 세액의 일부를 공제하는 것을 의미한다.

② 세액공제의 예로는 근로소득세액공제, 외국납부세액공제, 배당소득세액공제, 특별세액공제 등이 있다.

　❖ 근로소득세액공제의 목적은 근로소득자의 부담을 줄여주기 위한 것이고, 외국납부세액공제와 배당소득세액공제의 목적은 이중과세를 방지하기 위한 것이다.

　❖ 특별세액공제는 근로자의 세부담을 경감시켜주기 위한 것으로 보험료, 의료비, 교육비, 기부금에 대한 세액공제가 있다.

③ 세액공제는 직접 산출세액에서 공제되므로 그 효과가 직접적이고 훨씬 크다.

④ 세액공제의 크기는 각 납세자가 적용받고 있는 한계세율과는 무관하므로 동일금액의 세액공제가 허용된다면 상대적으로 저소득층이 유리하다.

▶ 세액공제와 소득공제의 비교

	세액공제	소득공제
과세표준	불변	감소
혜택	저소득층이 상대적으로 유리	고소득층일수록 유리
한계세율	불변	적용받는 한계세율이 낮아질 수도 있음

4. 세율구조

(1) 세율구조의 결정요인

① 소득세는 소득구간을 몇 개로 구분하여 소득구간이 상승할수록 보다 높은 세율을 적용하는 초과누진세 형태로 운용되므로 세율구조는 소득구간의 수와 각 소득구간에 적용하는 한계세율에 의하여 결정된다.

② 소득구간의 수가 많아지면 소득에 따라 차등세율을 적용하는 것이 가능하지만 조세제도가 복잡해지는 단점이 있고,

③ 소득구간의 수가 감소하면 소득구간별로 한계세율의 차이가 커져 경제주체의 의사결정을 왜곡할 가능성이 높다.

④ 소득세가 어느 정도 누진성을 갖는 것이 수직적 공평의 측면에서 바람직한가는 그 사회의 가치판단에 의하여 결정될 수밖에 없다.

⑤ 1980년대 이후 각국은 소득구간의 수도 줄이고 한계세율도 낮추는 방향으로 소득세제를 개편하는 경향을 보이고 있다.

⑥ 최근에 와서는 모든 소득에 대하여 동일한 세율을 적용하는 단일세율 소득세(flat rate income tax)의 도입을 주장하는 견해가 대두된 바 있다.

(2) 우리나라의 세율구조

① 우리나라 소득세는 소득구간이 높아질수록 단계적으로 한계세율이 상승하는 비선형누진세 체계를 유지하고 있다.

② 각 소득구간에서 한계세율은 일정하나 소득이 증가함에 따라 평균세율은 지속적으로 상승한다.

▶ 소득세의 세율구조

과세표준	세율
1,400만 원 이하	6%
1,400만 원 초과 ～ 5,000만 원 이하	15%
5,000만 원 초과 ～ 8,800만 원 이하	24%
8,800만 원 초과 ～1억 5천만 원 이하	35%
1억 5천 만 원 초과 ～ 3억 원 이하	38%
3억 원 초과 ～ 5억 원 이하	40%
5억 원 초과 ～ 10억 원 이하	42%
10억 원 초과	45%

그림 12-1 소득세의 세율구조

우리나라 소득세는 소득구간이 8단계로 나누어져 있으며, 소득구간이 상승 할수록 한계세율이 높아지는 초과누진세 체계이다. 따라서 소득구간이 높아질수록 납세액이 급속히 증가한다.

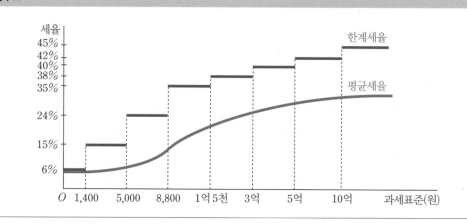

---

5. 과세단위

(1) 개념

✎ 모든 소득에 대하여 동일한 세율을 적용하는 단일세율 소득세(flat tax) 하에서는 과세단위의 선택문제는 발생하지 않는다.

① 소득세의 과세단위(tax unit)란 납세의무자의 기본단위를 말하는데, 과세단위는 개인이 될 수도 있고 가족이 될 수도 있다.

② 소득세는 누진적인 구조이기 때문에 조세가 부과되는 기본단위를 무엇으로 할 것인지가 중요한 의미를 갖고 있다.

③ 과세단위의 선택에 따라 세부담의 공평성, 노동공급, 결혼과 관련된 의사결정이 영향을 받는다.

| 참고 | 단일세율 소득세 |

1. 개념

① 단일세율 소득세(flat rate income tax)란 모든 소득에 대하여 동일한 세율로 과세하고 인적공제나 명백한 소득획득 비용에 대한 공제를 제외한 다른 유형의 소득공제를 일체 허용하지 않는 제도이다.

② 단일세율 소득세하에서는 공제가 대폭 감소하므로 낮은 세율로도 세수목표를 달성하는 것이 가능하다.

③ 단일세율 소득세는 일종의 선형누진세로 볼 수 있다.

2. 장 · 단점

① 이 제도가 도입되면 모든 소득에 대해 동일세율이 적용되므로 수평적 공평성이 제고되며 조세가 민간부문의 의사결정에 미치는 교란을 최소화할 수 있다.

② 세제가 간편해지므로 행정비용이 절감될 뿐만 아니라 세율이 낮아짐에 따라 탈세유인이 감소하는 등 여러 가지 장점이 있다.

③ 그러나 단일세율 소득세제하에서는 조세의 누진성이 약화되므로 소득분배 공평성의 측면에서 바람직하지 못한 결과가 발생할 가능성이 있다.

④ 로젠(H. S. Rosen)은 이상적인 과세단위가 가져야 할 특성으로 다음의 세 가지를 들고 있다.

> ■ 소득이 증가하면 그에 따라 한계세율도 높아져야 한다(수직적 공평성).
> ■ 동일한 소득을 갖는 가구는 조세부담이 동일해야 한다(수평적 공평성).
> ■ 결혼여부에 따라 조세부담에 달라지지 않아야 한다(결혼중립성).

(2) 개인단위과세

① 개인단위과세가 이루어지는 경우에는 결혼 이후에도 세부담이 변하지 않으므로 결혼에 대해 중립적이다(결혼벌금이 발생하지 않음).

② 그러나 개인단위과세 하에서는 가장 혼자 6,000만 원을 버는 가정과 부부가 각각 3,000만 원씩 버는 가정의 가구소득은 동일하나 세부담은 전자가 더 크므로 수평적 공평성 측면에서 문제가 발생한다.

③ 개인단위로 과세가 이루어질 때는 자산소득을 가족구성원에게 위장분산함으로써 세부담을 줄이려는 유인이 발생할 수 있다.

④ 우리나라의 경우에는 개인단위 과세가 이루어지고 있다.

(3) 가족단위과세(부부합산과세)

① 가족단위과세란 부부의 소득을 합산하여 소득세를 과세하는 방법을 말하는데, 합산과세하면 더 높은 한계세율을 적용받기 때문에 결혼에 따라 세부담이 증가한다.

⋯ 결혼벌금(marriage penalty)이 발생

② 그러므로 가족단위과세가 이루어지면 결혼을 기피하거나 동거하면서 혼인신고를 미루는 유인을 제공할 수 있으며 이는 사회적 안정성을 저해할 가능성이 있다.

③ 효율성의 측면에서 볼 때 가계의 제2차 노동공급자(주로 주부)의 노동공급 유인에 나쁜 영향을 미칠 가능성이 높다.

(4) 소득분할방식

① 소득분할(income splitting)방식이란 부부의 소득을 합한 다음 이를 2로 나누어 소득세를 과세한 다음 다시 2를 곱하는 방식으로 2분2승법이라고도 한다.

$$\text{납세액} = \left\{ \left(\frac{\text{남편의 소득} + \text{부인의 소득}}{2} \right) \times \text{누진세율} \right\} \times 2$$

② 이 방식에서는 가구소득이 동일한 가구는 조세부담이 동일하므로 수평적 공평성은 충족되나, 결혼중립성을 위배한다.

> ● 이 방식에서는 결혼 전에 소득이 서로 다른 남녀가 결혼하면 결혼 이후에는 조세부담이 오히려 감소할 가능성이 크다.

6. 인플레이션과 소득세

① 인플레이션이 발생하면 명목소득이 증가하게 되는데, 누진세제하에서는 명목소득이 증가하면 더 높은 한계세율이 적용되는 과세구간으로 이동하는 현상이 나타난다.

② 더 높은 한계세율이 적용되는 과세구간으로 이동하면 실질소득이 증가하지 않음에도 불구하고 조세부담이 증가한다.

③ 인플레이션으로 인해 조세부담이 증가하는 문제를 해결하는 방법으로는 과세구간 및 각종 공제를 물가에 연동시키는 방법이 있는데 이를 인덱세이션(indexation) 혹은 '지수화'라고 한다.

④ 인덱세이션이 이루어지면 인플레이션으로 인해 세부담이 커지는 현상은 억제할 수 있으나 조세제도가 복잡해지고, 조세의 자동안정화효과(경기조절기능)가 약화되는 문제점이 있다.

> ⑩ 소득 1,000만 원까지는 세율이 10%, 소득이 1,000만 원을 초과하는 경우에는 세율이 20%인 소득세제 하에서 100%의 인플레이션이 발생하고, 명목소득도 100% 증가할 때 조세부담의 변화를 계산해 보면 다음의 표와 같다.

	인플레이션 발생이전	인플레이션 발생이후	
		인덱세이션 ×	인덱세이션 ○
소득	1,000만 원	2,000만 원	2,000만 원
소득공제	400만 원	400만 원	800만 원
과세표준	600만 원	1,600만 원	1,200만 원
납세액	60만 원	220만 원	120만 원
실효세율	6%	11%	6%

> ● 인덱세이션이 허용되면 10%의 세율이 적용되는 과세구간이 2,000만 원으로 증가하고, 공제액도 400만 원에서 800만 원으로 증가한다.

심층연구 **인플레이션과 이자소득세 부담**

① 인플레이션이 발생하지 않았을 때의 명목이자율(＝실질이자율)이 5%이었고, 10%의 인플레이션이 발생함에 따라 명목이 자율이 15%로 상승하였다면 실질이자율은 여전히 5%이다.

② 아래의 표에서 보는 바와 같이 40%의 세율로 이자소득세가 부과된다면 세후실질수익률은 3%에서 −1%로 하락하고 이 자소득세 납세액은 3배(2% → 6%)로 상승한다.

| 예상 | 납세전 | | 이자소득세 | 납세후 | |
인플레이션율	명목이자율	실질이자율	($t=0.4$)	명목수익율	실질수익률
0%	5%	5%	2%	3%	3%
10%	15%	5%	6%	9%	−1%

③ 이와 같이 인플레이션이 발생하면 실질적인 이자소득세 부담이 상승하고 세후실질수익률이 하락하는 현상이 발생한다.

　❍ 위의 표에서 보는 바와 같이 경우에 따라 실질수익률이 (−)가 되는 경우가 발생할 수도 있다.

④ 그러므로 인플레이션이 발생하면 저축이 상당히 감소할 가능성이 있다.

참고 **지출세(expenditure tax)**

① 지출세는 일정기간 동안 개인의 총소비지출액을 과세베이스로 하여 부과하는 조세이다.

　❍ 지출세는 개인지출세, 개인소비세, 개인종합소비세라고도 한다.

② 지출세는 재화에 부과되는 것이 아니라 일정기간 동안 개인의 총소비지출액에 대하여 부과되는 조세이므로 직접세이며 인 세이다.

③ 지출세와 소득세의 차이는 저축이 과세대상 소득에 포함되느냐의 여부이다.

④ 예를 들어, 어떤 개인의 연간 총소득이 5,000만 원이고, 이 중 4,000만 원을 지출하였다면 소득세 과세베이스는 5,000만 원이지만 지출세 과세베이스는 저축된 부분을 제외한 4,000만 원이 과세베이스가 된다.

⑤ 지출세의 경우는 저축이 과세대상에서 제외되므로 현재소비와 미래소비의 선택에서 교란을 발생시키지 않는다는 장점이 있다.

⑥ 지출세는 칼도(N. Kaldor)에 의해 제안되었고, 인도와 스리랑카에서 도입된 적이 있으나 여러 가지 문제점으로 인해 현 재 지출세를 시행하고 있는 국가는 없다.

⑦ 지출세의 문제점으로는 대체로 다음과 같은 것을 들 수 있다.

> ■ 모든 개인의 소비지출을 정확히 파악하는 것이 어렵다.
> ■ 내구재를 구입할 경우 매년 감가상각되는 부분을 측정하여 과세하는 것이 거의 불가능하다(내구재 구입시 점에서 구입금액 전체를 소비로 보고 과세할 경우에는 유동성 문제가 발생할 수 있다).

Ⅱ 법인세

1. 법인세의 의의

① 법인세는 법적으로만 실체가 인정되는 법인을 대상으로 부과되는 조세로, 개인을 대상으로 부과되는 소득세와 함께 직접세의 양대지주를 이루고 있다.

② 기업을 독립적인 인격을 가진 법인으로 취급하고 조세를 부과하더라도 궁극적으로 조세부담은 개인에게 귀속되는 것이므로 법인세를 부과하는 것이 바람직한지에 대해 논란이 발생하고 있으나

③ 현실적으로 거의 모든 국가에서 법인세를 부과하고 있을 뿐만 아니라, 법인세를 통하여 정부는 기업의 투자, 자본조달 의사결정 등에 영향을 미치고 있다.

④ 법인세와 관련해서 주로 논란이 되고 있는 것은 법인세와 소득세의 통합문제, 법인세의 과세베이스를 어떻게 볼 것인지의 문제, 이중과세조정방법의 문제 등에 관한 것이다.

2. 법인세의 근거

(1) 통합주의 견해

① 통합주의 견해(integrationist view)란 법인세를 소득세에 통합하여 과세하는 것이 바람직하다고 보는 견해로 법인의제설에 근거하고 있다.

② 법인의제설에 의하면 법인은 그 자체가 주주의 이익을 실현하는 하나의 도관(conduit)에 불과하며, 법인의 소득은 곧 주주의 소득이다.

> ❖ 법인의제설
>   ① 법인의제설이란 법인을 독립적인 인격을 가진 주체로 보지 않고, 단지 영리를 위해 구성된 개개인의 집합체로 보는 견해이다.
>   ② 법인의제설에 의하면 법인은 담세력을 갖고 있지 않다.

③ 그리고 법인에게 조세를 부과하더라도 결국 조세를 부담하는 것은 개인이므로 법인소득도 개인에게 귀속시켜 과세하는 것이 바람직하다는 것이다.

④ 통합주의 견해를 주장하는 사람들이 별도의 법인세 부과를 반대하는 이유로는 다음과 같은 것이 있다.

- 개인이 법인기업을 통해 얻은 소득을 다른 소득과 구분하여 과세할 이유가 없다.
- 법인에 대한 과세는 법인의 소유자인 개인의 조세부담능력에 따른 과세가 불가능하다.
- 법인·비법인 기업의 형태에 따라 달리 과세하는 것은 과세의 공평성과 중립성에 위배된다.
- 배당된 부분은 법인단계에서 과세되고 다시 개인차원에서 과세되므로 이중과세의 문제가 발생한다.

⑵ 절대주의 견해

① 절대주의 견해(absolute view)란 법인에 대해서는 개인과 구분되는 독립적인 조세인 법인세 부과가 이루어져야 한다고 보는 견해로 법인실재설에 근거하고 있다.

② 법인실재설이란 법인은 개인과 구분되는 법적 실체로서 인격을 갖고 있으며, 나름대로의 독자성을 유지하고 있다고 보는 견해이다.

> ● 법인실재설
> ① 법인을 독립적인 인격과 행동양식을 갖는 사회경제적 실체로 보는 견해이다.
> ② 법인실재설에 의하면 법인도 담세력을 갖고 있다.

③ 특히, 소유가 잘 분산된 법인은 주주(개인)의 의사와 관계없이 전문경영인에 의해 운영되며 의사결정을 하는 법적인 실체이므로 법인은 소득에 대해 조세를 부담할 능력을 보유하고 있다는 것이다.

⑶ 이익설적 입장에 따른 과세

1) 일반적 편익설

① 법인은 기업 활동을 하는 과정에서 정부가 제공하는 다양한 공공서비스의 편익을 얻는다.

② 그러므로 법인세 부과를 통해 정부가 공급하는 공공서비스의 공급비용의 일부를 부담시키는 것은 정당성을 갖는다.

2) 특수적 편익설

① 법인은 개인과 달리 법적 · 제도적 측면에서 정부가 제공하는 특수한 공공서비스의 편익을 얻는다.

② 그러므로 수익자 부담원칙의 관점에서 보더라도 법인세 부과를 통해 법인이 비용을 부담하도록 하는 것이 바람직하다.

3) 사회적 비용설

① 법인은 기업 활동 과정에서 수질 및 대기오염을 비롯한 여러 가지 사회적 비용을 유발한다.

② 그러므로 법인세를 부과하여 외부불경제를 시정하는데 소요되는 비용을 조달하는 것이 바람직하다.

⑷ 정책목적의 과세

① 법인세는 정부가 기업의 행동에 영향을 주어 여러 가지 정책목적을 추구하는 수단으로서 그 정당성을 가질 수 있다.

② 즉, 법인세를 통하여 저축과 투자를 변화시킬 수 있으며, 사내유보 혹은 배당을 촉진하는 수단으로 법인세를 이용할 수도 있다.

③ 그리고 법인세를 통하여 특정산업이나 활동(기술개발 등)을 장려하는 유인을 제공하는 것 등이 가능하다.

3. 법인세의 과세대상 소득과 세율구조

(1) 과세대상 소득

① 법인세의 과세대상 소득은 일정기간 동안의 총수입(익금)에서 총비용(손금)을 차감한 각 사업연도소득이다.

② 그런데 수입과 비용에 어떤 항목을 포함시키고 제외하느냐에 따라 각 사업연도소득의 크기가 달라지므로 기업의 세부담도 차이를 보인다.

③ 법인세의 과세체계를 간단하게 요약하면 다음과 같이 나타낼 수 있다.

```
        총수입(익금총액)
 (−) 총비용(손금총액)
  = 각 사업 연도 소득 … 감가상각비, 지급이자 등
 (−) 이 월 결 손 금 등
  = 과  세  표  준
 (×) 세            율
  = 산  출  세  액
```

④ 법인세 과세대상 소득을 계산할 때 비용항목에는 이자지급액, 감가상각비 등이 포함되는데, 공제항목의 종류·특성 등에 따라 법인세가 기업의 자금조달, 투자결정 등에 미치는 효과가 다르게 나타난다.

(2) 세율구조

① 법인세가 직접세이기는 하지만 개인이 아니라 법인기업에 부과하는 것이므로 납세자의 부담능력에 따라 누진적인 과세를 하는 것은 불가능하다.

② 현재 우리나라 법인세는 4단계의 초과누진세율 체계로 운용되고 있다.

▶ 법인세의 세율구조

과세표준	세율
2억 원 이하	9%
2억 원 초과 ~ 200억 원 이하	19%
200억 원 초과 ~ 3,000억 원 이하	21%
3,000억 원 초과	24%

③ 법인세의 경우는 재화가격 인상을 통해 일부 혹은 전부가 소비자에게 전가될 가능성이 있기 때문에 세부담의 귀착이 명확하지 않다.

4. 법인세의 과세베이스에 대한 견해

(1) 당기순이익과 경제적 이윤

① 당기순이익은 총수입에서 회계적 총비용을 차감한 것이고, 경제적 이윤은 총수입에서 경제적 총비용을 차감한 것이므로 각각 다음과 같이 나타낼 수 있다.

> 당기순이익＝총수입－총비용(세법상의 총비용)
> 　　　　　＝총수입－(노동비용＋이자비용＋감가상각비용)
> 　　　　　$= PQ - wL - rB - \sigma K$
> 경제적이윤＝총수입－총비용(생산요소의 기회비용)
> 　　　　　＝총수입－(노동비용＋자본의 기회비용)
> 　　　　　$= PQ - wL - (r+\delta)K$

(단, PQ : 총수입(부가가치), wL : 인건비, rB : 지급이자, σ : 세법상 감가상각률,
δ : 경제적 감가상각률)

② 위의 식을 보면 경제학에서는 자기자본에 대한 귀속이자(imputed interests)도 이자비용에 포함시키는데 비해, 세법(혹은 회계학)에서는 차입금에 대한 이자비용만 비용에 포함시키는 것을 알 수 있다.

　◐ 예를 들어, 기계(K)를 1,000만 원에 구입하였는데 이 중 700만 원은 은행에서 차입한 차입금(B)이고 300만 원은 자기자본(E)이라면 이자율이 10%일 때 경제적 관점에서 이자비용은 100만 원($=rK$)이나 세법에서 이자비용으로 인정되는 것은 70만 원($=rB$)이다.

③ 또한 경제학에서는 경제적 감가상각률로 측정된 감가상각비를 비용으로 보는데 비해 세법(혹은 회계학)에서는 세법에 제시된 감가상각방법 중 하나를 선택하여 계산한 감가상각비를 비용으로 계산하는 것을 알 수 있다.

　◐ 논의를 간단히 하기 위해 여기서는 기업회계와 세법의 차이를 무시하기로 한다.

(2) 경제적 이윤에 대한 과세로 보는 견해

① 법인세가 순수한 경제적 이윤에 대한 과세가 되기 위해서는 당기순이익과 경제적 이윤이 일치하여야 한다.

② 다음의 두 조건 중 한 가지가 충족되는 경우에는 당기순이익과 경제적 이윤이 일치하므로 법인세는 순수한 경제적 이윤에 대한 과세가 된다.

> i) 100% 차입경영($B=K$)이고, 세법상 감가상각률과 경제적 감가상각률이 일치하는 경우
> ii) 자기자본에 대한 귀속이자를 비용으로 처리하는 것이 허용되고 세법상 감가상각률과 경제적 감가상각률이 일치하는 경우

　◐ i)의 경우 $B=K$, $\sigma=\delta$이므로 당기순이익이 경제적 이윤과 일치하고, ii)의 경우에는 $rB=rK$, $\sigma=\delta$이므로 당기순이익이 경제적 이윤과 일치한다.

③ 법인세가 순수한 경제적 이윤에 대한 과세라면 법인세는 전부 주주에게 귀착되며 조세전 가가 발생하지 않을 뿐만 아니라 초과부담도 발생하지 않는다.

④ 그러나 현실에서 100% 차입경영이 이루어지는 경우는 없으며, 세법에서 자기자본에 대 한 귀속이자의 비용처리를 허용하는 경우도 없다.

⑤ 그러므로 법인세를 순수한 경제적 이윤에 대한 과세로 보기는 어렵다.

(3) 법인부문에 투자된 자본에 대한 과세로 보는 견해

① 기업의 총수입(부가가치) 중 생산요소에게 지급한 요소비용을 차감한 나머지는 자기자본 (E)에 대한 수익이므로 총수입은 요소비용과 자기자본 수익의 합으로 나타낼 수 있다.

$$PQ = wL + rB + \delta K + \rho E$$

(단, ρ : 자기자본 수익률, $E = K - B$)

② 위의 식을 당기순이익을 나타내는 식에 대입하면 당기순이익은 다음과 같이 나타낼 수 있 다.

$$당기순이익 = PQ - wL - rB - \sigma K$$
$$= \rho E + (\delta - \sigma)K$$

③ 만약 세법상의 감가상각률(σ)과 경제적 감가상각률(δ)이 일치한다면 당기순이익이 자기자 본에 귀속되는 요소소득과 일치한다.

④ 그러므로 세법상 감가상각률과 경제적 감가상각률이 큰 차이를 보이지 않는다면 당기순이 익에 대한 과세인 법인세는 법인부문에 투자된 자본소득에 대해서 부과되는 부분요소세로 볼 수 있다.

⑤ 법인세를 법인부문에 투자된 자본에 대한 과세로 볼 수 있다면 법인세의 귀착은 제9장에 서 살펴본 하버거의 일반균형분석모형을 이용하여 분석할 수 있다.

⑥ 하버거의 일반균형분석모형에 따르면 부분요소세의 귀착은 산출효과와 요소대체효과의 상대적인 크기에 따라 달라진다.

(4) 법인세 과세베이스와 관련된 추가적인 논의

1) 감가상각

① 감가상각(depreciation)이란 시간이 경과함에 따라 자본재의 가치가 하락하는 부분을 의미한다.

② 자본재의 사용기간 중 자본재가치가 하락하는 부분은 감가상각비란 항목으로 비용에 계상 된다.

③ 원칙적으로 보면 진정한 자본재가치 하락을 측정하여 비용에 포함시켜야 하나 진정한 감 가상각을 측정하는 것은 매우 어렵다.

④ 통상적으로는 세법에 몇 가지의 감가상각 방법을 정해놓고 기업이 그 중에서 선택하여 감가상각비를 비용으로 처리할 수 있도록 규정하고 있다.

⑤ 감가상각이 기업의 투자를 촉진하는 인센티브로 사용되어 세법상 감가상각률이 경제적 감가상각률보다 높게 설정된 경우도 있으나,

⑥ 원칙적으로 자본재구입시의 장부상 가격을 기준으로 감가상각이 이루어지므로 인플레이션 시기에는 감가상각이 실제의 기계가치 하락분에 미치지 못하는 경우도 많다.

2) 재고자산평가

① 재고자산을 평가하는 대표적인 방법에는 선입선출법(First-In First-Out ; $FIFO$)과 후입선출법(Last-In First-Out ; $LIFO$)이 있다.

② 지속적으로 물가가 상승하는 경우 후입선출법을 사용하면 나중에 높은 가격으로 구입한 재화의 구입비용이 비용에 포함된다.

③ 높은 가격으로 구입한 재화가 비용에 포함되면 장부상 당기순이익이 작기 때문에 세부담 측면에서 유리하다.

④ 그럼에도 불구하고 실제로는 많은 기업들이 선입선출법을 사용하고 있어, 인플레이션 시기에는 더 많은 법인세를 부담하는 것으로 조사되고 있다.

심층연구 / 인플레이션과 법인세

① 인플레이션이 발생하면 세법상 감가상각비로 인정되는 금액이 실제로 자본재가치가 하락하는 것보다 작기 때문에 기업의 이윤이 과대평가되어 법인세 부담이 커진다.

② 인플레이션이 발생하는 경우 선입선출법을 사용하는 기업의 재고가치가 높게 평가되고, 그에 따라 비용이 과소평가되어 세 부담이 커진다.

③ 이와 같은 이유로 인해 인플레이션이 발생하면 기업의 실질적인 법인세 부담이 크게 증가하는 것으로 알려져 있다.

④ 인플레이션이 발생하는 시기에 감가상각의 실질가치가 과소평가되는 문제를 완화할 수 있는 방법에는 다음의 두 가지가 있다.

> ▪ 자본재가격 상승폭을 측정하여 감가상각 허용폭을 상향조정하는 방법
> ▪ 자본재가격 상승률을 감안하여 세법상 자본재의 내구연수를 줄여주는 방법

⑤ 그러나 수많은 자본재의 가격상승폭을 측정하는 것이 용이하지 않기 때문에 위의 방법들이 그리 현실적이라고 보기는 어렵다.

❖ 인플레이션이 발생하면 부채의 실질가치가 낮아지므로 인플레이션은 부채가 많은 기업에는 오히려 유리하게 작용하기도 한다.

5. 법인세와 소득세의 통합논의

(1) 개요

① 법인의 이윤에 대해 일차적으로 법인세가 부과되고 이윤이 주주에게 배당된 후 다시 소득세가 부과되면 이중과세의 문제가 발생한다.

② 효율성의 측면에서 보면 법인부문과 비법인부문 간의 차별적인 과세로 인해 부문 간 자원배분의 왜곡으로 후생손실이 생겨난다.

③ 또한, 법인세로 인한 자본소득에 대한 세부담의 증가는 저축과 투자의 의사에 있어 교란을 가져올 가능성이 있다.

④ 법인부문과 비법인부문의 세부담의 차이는 공평성의 측면에서 보더라도 바람직하지 않다.

⑤ 이처럼 법인세가 별도로 있는 경우 이중과세로 인해 효율성과 공평성의 측면에서 볼 때 여러 가지 문제가 발생하므로 소득세와 법인세의 통합에 관한 논의가 있어 왔다.

⑥ 두 조세를 통합하여 과세하면 이중과세(double taxation) 문제를 해결하거나 완화할 수 있기 때문이다.

⑦ 구체적인 방안은 사실상 법인세를 폐지하는 완전통합방안과 배당되는 부분에 대한 이중과세를 조정하는 부분조정방안으로 나눌 수 있다.

(2) 완전통합방안

1) 조합방식

① 조합방식(partnership method)이란 주주를 조합원(partner)으로 간주하여 법인의 이윤을 모두 지분율에 따라 개별 주주에게 귀속시킨 후 소득세만 부과하는 방법을 말한다.
> ◐ 합명회사방식이라고도 한다.

② 이 방식에서는 사내유보도 주주에게 배당된 것으로 간주하여 소득세를 과세하므로 법인과 비법인 간의 조세부담의 공평성이 실현되며 자원배분의 왜곡도 발생하지 않는다.

③ 이 방식 하에서는 사내유보에 대해서도 소득세가 부과되므로 완전통합이 이루어지나 다음과 같은 몇 가지 문제가 발생한다.

- 미실현배당에 대한 과세로 인한 유동성 문제가 발생할 수 있다.
- 소득세 납세의무가 없는 공익단체는 아예 아무런 조세를 부담하지 않게 된다.
- 소유가 광범위하게 분산되어 있고 주식이동이 빈번한 경우에는 적용하기 어렵다.

2) 자본이득방식

① 자본이득방식(capital gain method)이란 법인세를 폐지하고 실현 여부에 관계없이 자본이득에 대해 소득세를 과세하는 방법을 말한다.

② 법인의 이윤 중 배당된 부분은 주주의 소득이므로 당연히 소득세의 과세대상이 되고, 사내에 유보된 부분은 주가상승에 반영될 것이므로 여기서 발생하는 자본이득에 대해서도 소득세를 과세하면 완전통합이 이루어진다.

③ 이 방식 하에서는 미실현 자본이득에 대해서도 소득세를 부과해야 하므로 다음과 같은 문제가 발생한다.

- 미실현 자본이득에 대한 과세로 인한 주주의 유동성 문제가 발생할 수 있다.
- 매년 모든 주주의 미실현 자본이득을 일일이 계산해야 하므로 실무상으로 매우 번거롭다.
- 비상장 주식의 경우는 자본이득 자체를 평가하기 어렵다.

(3) 부분조정방안

1) 법인단계조정

가. 지불배당공제법

① 지불배당공제법(dividend-paid deduction method)은 법인이윤 중 배당으로 지급할 부분을 법인세 과세표준에서 공제하는 방식이다.

② 이 방식 하에서는 사내유보에 대해서만 법인세가 과세되므로 배당이 촉진된다.

나. 차등세율제도

① 차등세율제도(split rate system)는 법인이윤 중 배당되는 부분에 대해서는 낮은 세율을 적용하고, 사내에 유보되는 부분에 대해서는 높은 세율을 적용하는 방식이다.

　❂ 만약 배당되는 부분에 대한 법인세율이 0이라면 사내에 유보된 부분에 대해서만 법인세가 부과된다.

② 이 방식 하에서는 사내유보에 대해서만 차별적으로 높은 세율을 적용되므로 배당이 촉진된다.

2) 주주단계조정

가. 수입배당공제법

① 수입배당공제법(dividend-received deduction method)은 주주가 배당금으로 받은 금액을 소득세 과세표준에서 공제해 주는 방식이다.

② 이 방법 하에서는 배당된 부분은 소득세 과세표준에 포함되지 않으므로 법인세만 과세된다.

나. 수입배당세액공제법

① 수입배당세액공제법(dividend-received credit method)은 주주가 받은 배당금을 다른 소득과 합산한 후 소득세를 계산하고, 배당소득의 일정비율에 해당하는 금액을 세액공제해 주는 방식이다.

② 이 방법에서는 귀속방법과 달리 주주가 실제로 배당금으로 받은 금액만 소득세 과세표준에 포함된다.

다. 귀속방법

① 귀속방법(imputation method)은 주주가 받은 배당금과 배당금에 대해 과세된 법인세 상당액(귀속법인세)을 소득세 과제표준에 합산(gross-up)한 후 소득세를 계산하고 귀속법인세를 소득세 산출금액에서 배당세액공제하는 방식이다.

○ 이 방식은 dividend gross-up method라고도 하는데 학자에 따라 배당세액공제방식, 배당합산방식, 그로스업방식 등으로 부른다.

② 이 방법은 배당소득에 대한 개인소득세의 일부 혹은 전부를 법인단계에서 원천징수한 것으로 간주하는 제도이다.

○ 귀속법인세를 선납법인세(advance corporation tax: ACT)라고 부르기도 한다.

③ 우리나라에서는 이 방법을 사용하여 배당소득에 대한 이중과세를 조정하고 있다.

참고 / **귀속(gross-up)방법에 의한 이중과세 조정**

1. 방법

① 실제로 배당받은 금액에 법인단계에서 납부한 법인세를 가산(gross-up)한 금액을 주주의 다른 소득에 합산하여 소득세액을 산출한다.

② 산출된 소득세액에서 법인단계에서 납부한 세액을 공제한 다음 소득세 납부세액을 산출한다.

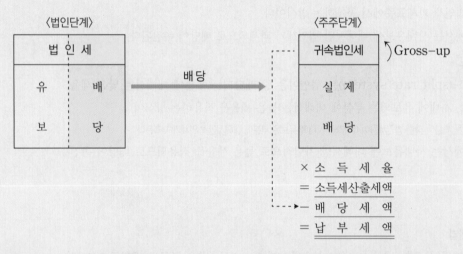

2. 사례

① 기업 XYZ의 납세전 이윤이 20,000원이고, 법인세율은 20%라고 하자.

② 기업 XYZ의 주식 30%를 소유하고 있는 개인 A의 근로소득은 10,000원이고, 소득세율은 40%로 주어져 있다.

③ 만약 기업 XYZ가 납세후 이윤의 50%를 배당한다면 법인세와 개인 A의 소득세는 각각 다음과 같이 계산된다.

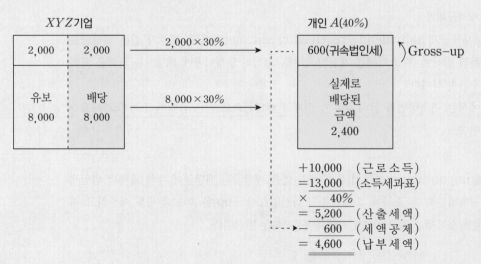

예제 Q

개인 A는 (주)세영의 1인 주주이다. (주)세영의 자본금규모는 1억 원이며 2000년의 세전순이익은 4,000만 원이다. A는 배당소득 이외에 3,000만 원의 근로소득을 가지고 있다. 법인세율은 25%의 단일세율이고, 소득세율은 다음의 표와 같이 주어져 있다.

소득구간	세율
1,000만 원 이하	0%
1,000만 원 초과 ~ 3,000만 원 이하	10%
3,000만 원 초과 ~ 5,000만 원 이하	20%
5,000만 원 초과 ~ 1억 원 이하	30%
1억 원 초과	40%

1. 만약 배당되는 부분에 대해서는 법인세를 과세하지 않는다면, (주)세영은 세전이윤의 몇 %를 배당하는 것이 최적인가?

2. (주)세영이 이윤의 50%를 배당하고, 나머지 50%는 사내에 유보하기로 하였다고 하자. 만약 조합방식에 의해 과세가 이루어진다면 개인 A가 납부해야 할 총세금은?

3. (주)세영은 이윤의 50%를 배당하기로 하였다. 만약 우리나라에서 사용되는 Gross-up방식으로 이 중과세조정이 이루어진다면 개인 A가 납부해야 할 소득세의 크기는?

풀이 A

1. 개인 A의 입장에서 볼 때 법인세율이 소득세율보다 낮다면 배당을 받지 않고 사내유보를 통해 자본이득을 얻는 것이 유리하고, 소득세율이 법인세율보다 낮다면 배당을 받고 소득세를 납부하는 것이 유리하다. 소득의 크기가 5,000만 원 이하인 경우에는 소득세율이 법인세율보다 낮으므로 배당을 받는 것이 유리하고, 소득이 5,000만 원을 초과하면 소득세율이 법인세율보다 높기 때문에 사내유보를 통해 자본이득을 얻는 것이 유리하다. 개인 A는 다른 소득이 3,000만 원이므로 법인이윤의 50%에 해당하는 2,000만 원만 배당을 받고 나머지는 사내유보를 하는 것이 가장 바람직하다.

2. 조합방식에서는 배당여부에 관계없이 모든 법인소득을 주주에게 귀속시킨 다음 소득세를 과세하므로 조합방식하에서 개인 A의 과세표준은 7,000만 원이다. 그러므로 조합방식에서 개인 A가 납부해야 할 총세금은 1,200만 원으로 계산된다.

$$납부세액 = (1,000 \times 0\%) + (2,000 \times 10\%) + (2,000 \times 20\%) + (2,000 \times 30\%) = 1,200만 원$$

3. 이윤의 50%를 배당한다면 개인 A가 배당받는 금액은 1,500만 원이지만 소득세 과세표준에는 배당받는 금액 1,500만 원에다 법인단계에서 납부한 법인세액 500만 원을 합한 2,000만 원이 포함된다. 그러므로 개인 A의 소득세의 과세표준은 5,000만 원이 된다. 소득세 과세표준이 5,000만 원일 때 개인 A의 소득세 산출세액은 600만 원으로 계산되나 법인단계에서 납부한 500만 원을 차감하면 실제의 납부세액은 100만 원으로 계산된다.

$$납부세액 = (1,000 \times 0\%) + (2,000 \times 10\%) + (2,000 \times 20\%) - 500 = 100만 원$$

Ⅲ 부가가치세

1. 소비세의 개요

⑴ 소비세의 유형

① 소비세는 크게 개인의 부담능력을 고려하여 개인에게 부과하는 개인소비세(지출세)와 재화에 대하여 부과하는 간접소비세로 구분되는데 통상적으로 소비세는 간접소비세만을 지칭한다.

② 재화에 대하여 부과되는 간접소비세는 모든 재화에 대하여 부과하는 일반소비세와 개별재화에 대하여 부과하는 개별소비세로 구분된다.

③ 현재 소비세 중에서 가장 조세수입이 큰 세목은 부가가치세로 간접세 중에서 가장 중요한 위치를 차지하고 있다.

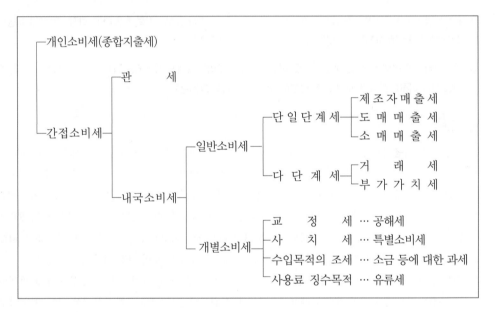

⑵ 소비세 부과의 근거

1) 행정비용 절감

① 일반적으로 소비세는 판매자 혹은 생산자를 납세의무자로 지정하므로 소득세에 비하여 납세자의 수가 적다.

② 그러므로 낮은 행정비용으로 다액의 조세수입을 확보하는 것이 가능하다.

2) 자원배분 왜곡의 시정

① 최적과세이론에 의하면 수요의 가격탄력성에 반비례하도록 개별물품세를 부과한다면 초과부담의 극소화가 가능하다.

② 그러므로 소비세는 효율성의 측면에서 볼 때 자원배분의 왜곡을 극소화하면서 필요한 조세수입을 확보할 수 있는 수단이 될 수 있다.

3) 낮은 조세저항

① 소비세는 대부분 재화가격에 포함되어 과세되므로 실제로 조세를 부담하는 납세자가 조세를 의식하지 못하는 경우가 대부분이다.

② 그러므로 조세당국의 입장에서는 별 조세저항 없이 세수를 걷을 수 있다.

4) 정책목적의 달성

① 소비세는 외부성을 유발하는 재화에 대한 교정세(corrective tax)로 활용될 수도 있고, 사치품 등에 대하여 중과세함으로써 사치품의 소비를 억제하는 것이 가능하다.

② 이와 같이 소비세를 통하여 특정의 정책목표를 달성하는 것이 가능하다.

2. 부가가치세의 연혁

① 부가가치세는 생산 및 유통의 각 단계에서 창출된 부가가치에 대하여 부과하는 일반소비세로 60~70년대 유럽국가에서 도입되었다.

② 부가가치세 실시이전에는 유럽국가들에서는 다단계거래세를 시행하고 있었는데 다단계거래세의 여러 가지 문제점을 시정하기 위하여 부가가치세를 도입하게 되었다.

③ 우리나라는 비유럽국가로서는 비교적 빠른 1977년에 영업세ㆍ직물류세 등 8개의 개별소비세를 대신하여 부가가치세를 도입ㆍ운용하고 있다.

④ 현재 부가가치세는 미국을 제외한 많은 국가에서 소비세의 가장 대표적인 세목이 되고 있다.

참고 ／ 단일단계세와 다단계세

① 통상적으로 어떤 재화는 제조단계에서 출발하여 여러 유통단계를 거쳐 소비자에 도달하게 된다.

② 재화가 소비자에게 도달하는 여러 단계 중 특정한 한 단계에서 세금을 한 번만 부과하는 것이 단일단계세, 여러 단계에서 세금을 부과하는 것이 다단계세이다.

③ 다단계세금 중에서 총거래액에 대하여 조세를 부과하는 방식인 다단계거래세(multi-stage turnover tax)는 부가가치세와 달리 거래단계수가 늘어날수록 세금부담이 늘어나게 된다.

④ 그러므로 다단계거래세의 경우에는 수평적 불공평의 문제가 발생할 뿐만 아니라 기업의 수직적인 통합을 부추기는 문제가 발생한다.

⑤ 다단계거래세제하에서는 동일한 재화라고 하더라도 몇 단계를 거쳤느냐에 따라 부담한 세금의 크기가 다르므로 그 이전단계까지 납부한 세액파악이 곤란하다.

⑥ 통상적으로 수출되는 재화에 대해서는 그 이전단계에서 납부한 세액을 환급해주게 되는데, 다단계거래세의 경우는 세액파악이 곤란하므로 수출시에 과소환급 혹은 과다환급의 문제가 발생한다.

⑦ 각 품목별로 다른 세율로 다단계거래세가 부과되는 경우에는 소비자 선택의 교란이 발생하는 문제점도 있다.

3. 부가가치의 개념

① 부가가치(value-added)란 생산 및 유통의 각 단계에서 창출되어 부가된 가치를 의미한다.

② 부가가치는 매출액에서 중간재 매입액을 차감한 금액으로 측정할 수도 있고, 요소소득의 합으로 측정할 수도 있다.

> 부가가치 = 매출액 - 중간재구입액
> = 요소소득의 합(= 임금 + 지대 + 이자 + 이윤)

⑩ 어떤 생산자가 10,000원 어치의 중간재를 매입하여 이를 가공한 다음 12,000원에 판매하였다면 부가가치는 매출액과 매입액의 차이인 2,000원으로 측정되는데, 생산자는 자신의 소득인 2,000원을 생산요소에 대한 대가로 지급할 것이므로 요소소득을 모두 합해도 2,000원이 된다.

❍ 부가가치세 계산의 사례
농부가 밀을 생산하여 제분업자에게 300만 원에 판매하였고, 제분업자는 밀가루를 생산하여 도매상에게 500만 원에 판매하고, 도매상은 제빵업자에게 600만 원에 판매하고, 제빵업자는 빵을 생산하여 1,000만 원에 판매한 경우를 가정하자(단, 농부의 원료구입액=0이라고 가정. 세율 10%).

(단위 : 만 원)

	매출액	매입액	부가가치	결정세액
제1단계 : 밀생산	300	0	300	30
제2단계 : 밀가루	500	300	200	20
제3단계 : 도 매	600	500	100	10
제4단계 : 빵생산	1,000	600	400	40
합계			1,000	100

4. 부가가치세의 유형

(1) 총소득형 부가가치세(GDP형 부가가치세)

① 총소득형 부가가치세란 과세표준이 국내총생산(Gross Domestic Product ; GDP)과 일치하는 것으로, GDP형 부가가치세 하에서는 모든 소비재와 자본재가 부가가치세의 과세대상이 된다.

> 과세표준 = 소비재 + 자본재 = GDP

② 그러므로 GDP형 부가가치세는 모든 소비재와 자본재를 과세대상으로 하는 일반판매세와 과세대상이 동일하다.

③ GDP는 고정자본소모(감가상각)도 포함되기 때문에 GDP형 부가가치세 하에서는 고정자본소모분(감가상각)도 과세대상에 포함된다.

❍ GDP = 부가가치 + 고정자본소모
   = NDP + 고정자본소모

⑵ 순소득형 부가가치세(NDP형 부가가치세)

① 순소득형 부가가치세란 과세표준이 국내순생산(Net Domestic Product ; NDP)과 일치하는 것으로, NDP형 부가가치세제 하에서는 모든 소비재와 자본재에서 고정자본소모(감가상각)를 공제한 것이 부가가치세의 과세대상이 된다.

$$과세표준＝소비재＋자본재－고정자본소모＝NDP$$

② NDP형 부가가치세 하에서는 고정자본소모(감가상각)가 부가가치세 과세대상에서 제외되므로 순생산에 대한 판매세 또는 모든 요소소득에 대한 소득세와 과세대상이 일치한다.

⑶ 소비형 부가가치세

① 소비형 부가가치세는 과세표준이 소비지출의 크기와 일치하는 것으로, 자본재구입비용은 과세대상에서 제외된다.

$$과세표준＝소비재$$

② 소비형 부가가치세제 하에서는 자본재가 부가가치세 과세대상에서 제외되므로 투자가 촉진된다.

③ 소비형 부가가치세는 소비재만을 과세대상으로 하는 일반소비세와 동일하다.

그림 12-2 **부가가치세의 유형**

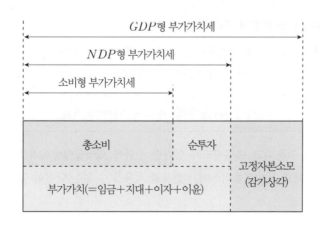

부가가치세 과세대상에 순투자와 고정자본소모를 포함시키는지에 따라 소비형 부가가치세, NDP형 부가가치세, GDP형 부가가치세의 유형으로 나눠진다.

5. 과세방법

(1) 부가가치의 계산방법

1) 공제법

공제법(subtraction method)이란 총판매액에서 중간재 구입비용을 차감하여 부가가치를 계산하는 방법을 의미한다.

2) 가산법

어떤 단계의 부가가치는 결국 요소소득으로 지급되므로 요소소득을 합하여 부가가치를 계산하는 방법을 가산법(addition method)이라고 한다.

> 총판매액−전단계 구입액＝부가가치＝임금＋지대＋이자＋이윤

(2) 세액계산방법

1) 전단계 세액공제방식(간접적 공제방식)

① 총판매액에 세율을 곱하여 세액을 계산한 후 전단계 구입액에 포함되어 있는 부가가치세액을 공제하여 그 단계에서 납부해야 할 세액을 산출하는 방법이다.

> 납부세액＝(총판매액×세율)−전단계 납부세액

② 이 방식하에서는 매입세금계산서를 통하여 전단계 납부세액이 확인되어야 공제되므로 거래당사자간 상호견제를 통하여 탈세를 방지하는 것이 가능하다.

> ❍ 만약 공급자가 매출액을 축소하는 등의 방법으로 조세를 회피하면 매입자의 세부담이 증가하므로 기업들 간에 조세회피방지를 위한 상호견제가 이루어진다.

③ 그리고 투자재 등에 대한 세액공제를 할 수 있으며(즉, 품목별 복수세율이나 면세제도의 적용이 가능), 행정적으로 단순하므로 거의 대부분의 국가가 이 방식을 사용하고 있다.

2) 전단계 거래액공제방식(직접적 공제방식)

① 전단계 거래액공제방식이란 총판매액에서 전단계구입액을 차감한 부가가치에 세율을 곱하여 그 단계의 납부세액을 산출하는 방식을 의미한다.

> 납부세액＝(총판매액−전단계 구입액)×세율

② 만약 단일세율이 적용되고 면세제도가 없다면 전단계 세액공제방식과 차이가 없으나 이 방식하에서는 품목별 복수세율적용이나 면세를 적용할 수 없는 단점이 있다.

3) 가산법

① 가산법이란 기업이 지급하는 요소소득을 합하여 부가가치를 구하고, 여기에 세율을 곱하여 납부세액을 산출하는 방법을 의미한다.

$$\text{납부세액} = \text{요소소득의 합} \times \text{세율}$$

② 이 방식에서는 요소소득의 합이 과세표준이 되므로 소득형 부가가치세제에 적용하기는 용이하나, 자본재에 대해서는 과세하지 않는 소비형 부가가치세제에 적용하는 데는 무리가 있다.

③ 실무상의 어려움으로 인해 이 방법은 거의 사용되지 않는다.

6. 현행 부가가치세의 구조

(1) 과세대상

부가가치세의 과세대상은 납세의무자가 국내에서 행하는 재화 및 용역의 공급, 재화의 수입이며, 수출에 대해서는 소비지국 과세원칙에 의하여 영세율(완전면세)이 적용된다.

(2) 납세의무자

① 부가가치세 납세의무자의 유형은 매출규모에 따라 일반과세자와 간이과세자로 구분된다.

② 법인 및 연간 매출액이 8,000만 원 이상인 개인사업자는 일반과세자에 포함되고, 매출액이 8,000만 원 미만인 개인사업자는 간이과세자로 분류된다.

> ■ 일반과세자 ··· 납부세액
> = 매출세액 − 매입세액
> $$= \left(\begin{array}{c} \text{당해 단계까지 창출된} \\ \text{부가가치금액} \end{array} \times \text{세율} \right) - \left(\begin{array}{c} \text{전단계까지 창출된} \\ \text{부가가치금액} \end{array} \times \text{세율} \right)$$
> = (당해 단계에서 창출된 부가가치금액 × 세율)
> ■ 간이과세자 ··· 납부세액
> = 매출액 × 업종별 부가가치율(5~30%) × 세율

(3) 세율

면세와 영세율이 적용되는 경우를 제외하고는 모든 소비재에 대하여 기본세율 10%를 적용하고 있어 단일세율 체계를 유지하고 있다.

⑷ 면세와 영세율

1) 면세

① 면세란 특정한 재화 및 서비스의 공급에 대해서는 부가가치세 납세의무 자체를 면제하는 것을 의미한다.

② 면세를 적용하더라도 그 직전단계까지 누적된 부가가치세(매입세액)는 환급되지 않으므로 면세를 불완전면세라고 한다.

③ 면세대상에는 기초생활필수품, 의료·교육 등 공익성이 높은 재화 및 서비스, 도서·신문 등 문화관련 재화, 금융서비스와 같이 부가가치세의 적용이 힘든 재화 및 서비스 등이 있다.

④ 만약 최종소비자단계에서 면세가 이루어지면 면세의 효과가 발생하나, 중간단계에서 면세가 이루어지는 경우에는 오히려 조세부담이 증가한다.

2) 영세율

① 영세율이란 재화 및 서비스의 공급에 대하여 0의 세율을 적용하고, 그 이전단계에서 납부한 부가가치세를 환급하여 주는 제도를 의미한다.

② 영세율이 적용되면 부가가치세 부담이 전혀 발생하지 않으므로 영세율을 완전면세라 한다.

③ 대부분의 국가에서는 주로 수출품에 대해서 영세율을 적용하고 있다.

▶ 면세와 영세율의 비교

	면세	영세율
효과	불완전면세(전단계에서 누적된 부가가치세는 공제되지 않음)	완전면세(매입세액이 환급되므로 모든 부가가치에 대한 세액이 면제)
매입세액	불공제	공제
목적	조세부담의 역진성 완화	이중과세방지(소비지국 과세원칙), 수출촉진
적용대상	기초생활필수품, 보건·교육과 관련된 재화, 문화관련 재화 등	수출품, 방위산업체가 공급하는 방위산업물자 등

심층연구 / 환수효과와 누적효과

1. 영세율과 면세의 효과

① 최종단계에서 영세율이 적용되면 그 이전단계에서 납부한 조세가 모두 환급되므로 납부세액이 0이 되나,

② 중간단계에서 영세율이 적용되는 경우에는 그 다음단계에서 모두 부가가치세 과세대상이 되어 환급된 조세액이 모두 환수되므로 조세부담이 변하지 않는다.

③ 한편, 최종단계에서 면세가 되면 최종단계에서는 부가가치세를 납부하지 않아도 되므로 면세이전보다 세부담이 감소하나,

④ 중간단계에서 면세가 이루어지면 환수효과와 누적효과로 인해 오히려 조세부담이 증가한다.

	면세	영세율
중간단계	면세이전보다 조세부담 증가	조세부담 불변
최종단계	면세이전보다 조세부담 감소	납부세액＝0

2. 환수효과와 누적효과

1) 개 념

① 환수효과(catching-up effect)란 면세단계에서 과세를 포기한 부가가치세가 다시 환수되어 면세가 취소되는 효과를 말한다.

② 그리고 누적효과(cascade effect)란 면세 이전단계에서 이미 과세된 부분에 대하여 다시 중복하여 과세되는 효과를 말한다.

③ 일반적으로 중간단계에서 면세가 이루어지면 환수효과와 누적효과의 발생으로 면세이전보다 납부세액이 증가한다.

2) 예를 통한 설명

① 아래의 예는 생산 및 유통과정이 생산－도매－소매의 3단계이고, 각 단계에서의 부가가치가 1,000원, 600원, 400원인 경우이다.

② 중간단계인 도매단계에서 면세가 이루어지면 도매단계에서는 납세액이 0이지만 소매단계에서는 매입세액 공제를 받을 수가 없으므로 210원의 부가가치세를 납부해야 한다.

③ 만약, 면세의 효과가 의도하는대로 나타났다면 납부세액이 140원이 되어야 하나 이 경우에는 조세부담이 면세 이전보다 훨씬 큰 310원이므로 초과납부액은 170원이다.

$$초과납부액＝총납세액－면세효과가 나타났을 때의 납부액$$
$$＝310원－140원 ＝170원$$

④ 누적효과는 그 이전단계에서 과세되었던 금액(1,000원＋납세액)이 다시 소매단계의 과세표준에 포함됨에 따라 이중으로 과세되기 때문에 발생하는 것으로 면세가 이루어지지 않았을 때보다 증가한 납세액을 말한다.

$$누적효과＝총납세액－면세가 이루어지지 않았을 때의 납세액$$
$$＝310원－200원＝110원$$

> ○ 110원의 누적효과가 발생한 것은 생산단계에서의 부가가치(1,000원)뿐만 아니라 생산단계에서 납부한 세금(100원)도 소매단계에의 부가가치세 과세표준에 포함되었기 때문이다.

⑤ 환수효과는 면세되었던 도매단계의 부가가치 600원이 소매단계 매출액에 포함됨에 따라 도매단계에서의 면세가 취소되는 효과로 인한 세액 증가분을 말한다.

$$환수효과＝초과납부액－누적효과$$
$$＝170원－110원＝60원$$

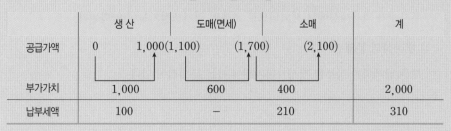

	생산	도매(면세)	소매	계
공급가액	0　　1,000(1,100)	(1,700)	(2,100)	
부가가치	1,000	600	400	2,000
납부세액	100	－	210	310

7. 부가가치세의 장·단점

(1) 장점

1) 조세수입확보

부가가치세는 간접세로 조세저항이 작고, 일반판매세이므로 낮은 세율로 다액의 조세수입을 확보하는 것이 가능하다.

2) 자원배분의 중립성

부가가치세는 모든 재화 및 서비스에 대하여 동일한 세율로 과세되므로 소비자의 선택에 대하여 중립적이며, 기업의 형태·생산단계의 수 등에 따라 조세부담의 차이가 발생하지 않는다.

◑ 다단계거래세는 기업의 수직적 통합을 촉진하는 문제점이 있다.

3) 수출지원

수출품에 대해서는 영세율을 적용하므로 수출품의 국제경쟁력을 높이는 효과가 발생한다.

4) 투자촉진

소비형 부가가치세제하에서는 자본재가 과세대상에서 제외되므로 기업의 투자가 촉진된다.

5) 조세행정의 단순성

모든 재화와 서비스에 단일세율을 적용하므로 개별물품세 부과시보다 조세행정이 간편하다.

6) 탈세의 방지

매입세액을 공제받기 위해서 매입자들의 세금계산서 교부가 필수적이므로, 조세제도 내부의 상호견제효과로 인해 탈세를 방지할 수 있다.

(2) 단점

1) 조세부담의 역진성

모든 재화에 대하여 동일한 세율로 과세되므로 조세부담이 역진적이다.

2) 물가상승

부가가치세액만큼 모든 재화와 서비스의 가격이 상승하므로 물가가 상승한다.

3) 조세의 경기조절기능 약화

경기변동과 관계없이 그 크기가 안정적인 소비는 과세대상이 되는데 비해 경기변동에 민감한 투자재가 과세대상에서 제외되므로 조세의 경기조절기능이 약화된다.

4) 행정상의 문제점

모든 납세자가 장부를 작성·비치해야 하는 문제점이 있다.

Ⅳ 자산세

1. 자산과세의 개요

(1) 자산세의 유형

① 소득세와 소비세는 유량(flow)에 대한 과세임에 비하여 자산의 보유, 이전 등에 대하여 부과되는 자산세는 저량(stock)에 대한 과세이다.

② 자산세의 유형은 자산의 보유에 대한 과세, 이전에 대한 과세 그리고 자본이득에 대한 과세로 구분된다.

③ 자산세는 대체로 물세에 속하나 종합토지세와 같이 인세의 형태로 부과되는 경우도 있다.

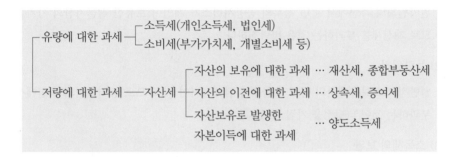

(2) 명목적 자산세와 실질적 자산세

1) 명목적 자산세

① 명목적으로는 자산을 과세물건으로 조세가 부과되지만 실질적으로는 납세자의 소득으로 부담되는 조세를 명목적 자산세라고 한다.

② 명목적 자산세는 자산세의 형태를 띠고 있으나 납세자의 소득으로 부담되므로 소득세의 보완적인 조세로 활용된다.

③ 개인의 순재산에 대하여 부과되는 부유세, 재산총액에 대하여 부과하는 일반재산세가 명목적 자산세에 포함된다.

2) 실질적 자산세

① 자산을 과세물건으로 조세가 부과되면 실질적으로 조세가 자산에서 부담되는 조세를 실질적 자산세라고 한다.

② 실질적 자산세는 불로재산에 대한 과세, 부의 재분배 등의 목적을 갖고 있다.

③ 상속세, 증여세 등이 실질적 자산세에 포함된다.

2. 재산세

(1) 재산세의 개요

① 재산세는 부동산, 고정자산 등 개인 및 기업이 보유한 특정한 유형자산(재산)에 대하여 부과되는 물세이다.

② 부동산, 고정자산 등은 지역간 이동성이 낮기 때문에 재산세는 지방세의 주요원천이 되고 있다.

③ 그리고 재산세는 재산에 부과되는 물세이므로 비례세율로 과세되고 있다.

(2) 재산세 부과의 근거

1) 편익원칙

편익원칙의 측면에서 보면 정부의 공공서비스가 개인이 보유한 실물자산의 가치를 증가시키므로 재산세를 부과하는 것은 바람직하다.

2) 능력원칙

일반적으로 보유재산의 규모가 클수록 담세능력이 더 크므로 능력원칙의 측면에서 재산세를 부과하는 것이 타당성을 가질 수 있다.

3) 소득세의 보완

현행의 소득세제하에서는 자본이득, 귀속소득 등에는 제대로 과세가 이루어지지 못하고 있으므로, 재산세를 통하여 어느 정도 소득세의 불완전성을 보완할 수 있다.

4) 부의 집중을 완화

재산세 부과를 통하여 어느 정도 부의 집중을 완화할 수 있다.

5) 정책목적

재산세를 통하여 부동산 투기를 억제하거나, 부동산의 이용을 촉진 또는 억제하는 수단으로 사용하는 것이 가능하다.

(3) 과세표준

① 재산세의 과세표준은 재산의 크기이나, 재산의 크기를 정확히 평가하는 것은 현실적으로 매우 어려운 과제가 되고 있다.

② 일반적으로 과세물건에 따라 서로 다른 시가에 대해 납세자들이 수긍할 수 있는 공정한 평가를 제시할 수 있는가 하는 점이 문제가 된다.

③ 과세표준을 평가하는 방법은 나라별로 차이를 보이는데 시장가격을 이용하여 평가하거나 임대소득을 기준으로 평가하는 방법 등이 이용된다.

(4) 세율

① 재산세는 대체로 재산의 종류에 따라 비례적인 세율을 적용하여 부과하고 있다.

② 그런데 과세표준과 재산의 실제가격에 괴리가 있는 것이 일반적이므로 명목세율과 실효세율은 상당히 괴리를 보인다.

$$■ \text{명목세율} = \frac{\text{재산세액}}{\text{과세표준}}$$

$$■ \text{실효세율} = \frac{\text{재산세액}}{\text{재산의 시장가격}}$$

(5) 재산세 부담의 귀착

1) 일반과세인 경우

① 일반과세란 우리나라와 같이 재산세가 전국적으로 동일한 세율로 부과되는 경우를 의미한다.

② 모든 재산에 대해 동일한 세율로 재산세가 부과되면 단기적으로는 재산의 소유자가 부담할 수밖에 없으므로 조세부담 구조는 누진적이다.

③ 재산세가 부과되면 장기에는 건물과 같은 재산에 대한 투자감소로 임대료가 상승하므로 부담이 세입자에게 전가된다.

④ 일반적으로 세입자들이 저소득층이라고 보면 결국 재산세 부담은 역진적이 된다.

2) 특정지역에 대한 과세일 때

가. 전통적인 견해

① 토지는 공급이 비탄력적이고 이동이 불가능하므로 토지에 대한 재산세는 토지소유자가 지게 된다.

② 특정지역에서 상업용 건물에 대한 재산세가 부과되면 건물의 공급 감소로 임대료가 상승하여 장기적으로는 그 부담이 임차인에게 전가된다.

> ◑ 전통적인 견해는 특정지역에서의 재산세 부과가 다른 지역에 미치는 효과를 고려하지 않으므로 부분균형분석에 해당된다.

③ 자가주택의 경우에는 소유자가 주택의 소비자이므로 재산세를 주택소유자가 부담하게 된다.

④ 임대용 건물은 그 부담이 세입자에게 전가되고, 저소득층이나 노년층은 주택에 대한 비중이 높기 때문에 건물에 대한 재산세는 역진성을 띠게 된다.

나. 새로운 견해

① 전통적인 견해에서와 마찬가지로 토지는 공급이 비탄력적이고 이동이 불가능하므로 토지에 대한 재산세는 토지소유자가 지게 된다.

② 건물에 대해 재산세 부과로 건물이 인접지역으로 이동하면 조세가 부과된 지역의 건물임대료가 상승하고, 건물공급이 늘어난 인접지역에서는 임대료가 하락하게 된다.

> ◑ 건물이 이동한다는 것은 세율이 높은 지역에서는 건물에 대한 공급이 감소하고 세율이 낮은 지역에서 건물공급이 늘어나는 것을 말한다.

③ 최종적으로는 모든 지역에서 임대건물의 세후 수익률이 재산세 부과 이전보다 일정부분 하락한 수준에서 동일해지게 된다.

❍ 새로운 견해는 일반균형분석의 관점에서 특정지역에 대한 재산세가 인접지역에 미치는 효과까지 고려한다.

④ 현대적인 견해에 의하면 조세가 부과된 지역에서는 임대료 상승으로 세부담의 일부가 임차인에게 전가되나 모든 건물에 대한 수익률도 낮아지므로 그 부담은 누진적이다.

▶ 재산세 부담의 귀착

구 분		내 용
일반과세		• 단기 : 재산의 소유자가 부담을 회피할 수 없으므로 조세부담이 누진적 • 장기 : 건물의 공급 감소로 임대료가 상승함에 따라 그 부담이 세입자에게 전가되므로 조세부담이 역진적
특정지역에 대한 과세	전통적인 견해 (D. Netzer)	• 토지 : 공급이 비탄력적이고 이동성이 없으므로 소유자가 부담 • 건물 : 건물의 공급감소로 임대료가 상승하므로 임차인에게 조세부담이 전가 • 전체적으로 볼 때 재산세는 그 부담이 역진적이라고 평가
	새로운 견해 (P. Mieszkowski)	• 토지 : 공급이 비탄력적이고 이동성이 없으므로 소유자가 부담 • 건물 : 과세된 지역의 건물임대료가 일부 상승하나 모든 지역에서 건물의 수익률이 하락 • 전체적으로 볼 때 재산세는 그 부담이 누진적이라고 평가

3. 상속세

(1) 개념

① 상속세는 경제적 가치가 있는 재산의 상속 또는 유증이 이루어질 때 그 재산에 대하여 부과되는 조세이다.

② 상속세의 유형은 세금이 상속자에게 부과되는가 아니면 피상속자에게 부과되는가에 따라 유산세와 유산취득세로 구분된다.

❍ 상속세가 비례세이면 두 유형간에 차이가 없으나 누진세이면 납세액이 달라진다.

⑵ 상속과세의 목적

1) 부의 재분배

상속세를 통하여 세대간 재산이전을 감소시킴으로써 부의 집중과 세습화를 방지하는 효과가 있다.

2) 소득세의 보완

상속받은 재산도 포괄적 소득이므로 상속세 부과를 통해 소득세의 한계를 보완하고, 생전에 소득세 과세대상이 되지 못하였던 항목에 대한 과세가 이루어질 수 있다.

3) 공평성 측면

모든 사람이 동일한 조건에서 출발하여 경쟁을 하도록 하고 그 결과를 인정하는 것을 분배정의라고 본다면 스스로의 노력이 아닌 유산으로 얻는 부를 제약하려는 의도로 부과될 수도 있다.

⑶ 상속세의 유형

1) 유산과세형(유산세)

① 유산과세유형이란 피상속인의 유산총액을 과세표준으로 하여 상속세를 과세하는 것을 의미한다.

② 이 유형에서는 공동상속의 경우에도 일단 피상속인이 남긴 재산총액에 대해서 누진세율로 과세하고 상속인의 상속지분에 따라 그 세액을 분할하여 납부한다.

③ 우리나라와 미국, 영국, 캐나다 등이 유산과세형을 채택하고 있다.

2) 유산취득형(유산취득세)

① 유산취득형이란 각 상속인이 취득한 상속재산을 과세표준으로 하여 상속세를 과세하는 것을 의미한다.

② 이 유형에서는 공동상속의 경우에는 일단 상속재산을 분할한 후 각 상속인이 취득한 상속재산에 대해서 누진세율로 과세한다.

③ 독일, 프랑스, 일본 등이 유산취득형으로 과세하고 있다.

> ❻ 승계과세형
> ① 피상속인이 생전에 증여한 금액도 상속재산에 포함시켜 상속세를 과세하고, 증여시점에서 납부한 증여세를 공제해주는 방식을 말한다.
> ② 가장 누진적으로 과세하는 방법이다.

3) 각 유형의 장 · 단점

각 유형의 장 · 단점은 다음의 표와 같이 정리될 수 있다.

▶ 유산과세형과 유산취득형의 장 · 단점

	유산과세형	유산취득형
장점	① 소득세의 보완세 역할을 잘할 수 있다. ② 분할상속에 따른 상속세 기피가 불가능하다. ③ 조세행정이 용이하다.	① 상속인별로 누진세가 적용되므로 세부담이 공평하다. ② 상속인과 피상속인의 관계에 따라 차등세율 도입이 가능하다. ③ 상속세 부담의 귀착이 분명하게 드러난다.
단점	① 유산의 분할상속여부와 관계없이 상속세액이 결정되므로 부의 분산을 유인하는 기능이 없다. ② 각종 공제의 혜택이 누구에게 귀속되는지 불분명하다.	① 유산과세형에 비하여 조세수입이 감소한다. ② 각 상속인별로 과세해야 하므로 조세행정이 복잡하다.

(4) 과세표준과 세율

1) 과세표준

우리나라에서는 유산과세형을 채택하고 있으므로 피상속인의 상속재산 전부가 과세대상이 되며, 각종 공제도 허용되고 있다.

2) 세율

상속세에 대해서는 10~50%의 고율의 누진세율이 적용된다.

(5) 문제점

① 상속재산에 대한 가치평가가 쉽지 않다.
② 상속액이 크지 않을 경우 탈세가 용이하다.

4. 부유세

(1) 개념

① 부유세(net wealth tax)는 개인이 보유한 순자산을 과세대상으로 하는 조세이다.
② 일반적으로 재산세는 과세물건에 대하여 부과되는 물세인데 비하여, 부유세는 개인에 대하여 부과되는 인세이다.

(2) 특징

① 부유세는 개인이 보유한 재산총액에서 부채총액을 차감한 순자산을 과세표준으로 한다.

② 자산에는 부동산뿐만 아니라 동산, 수익성 및 비수익성 자산, 유·무형의 자산 모두 포함된다.

③ 자산의 가치는 일반적으로 시장가격에 의하여 평가된다.

④ 부유세는 응능원칙에 근거한 인세이므로 각종 공제제도가 허용되는 것이 일반적이다.

(3) 세율

응능과세의 측면에서 볼 때 부유세에 대해서는 누진세율구조를 도입하는 것이 바람직하나, 현실적으로 부유세를 시행하고 있는 국가에서는 비례세율 또는 낮은 누진세율을 채택하고 있다.

▶ 재산세와 부유세의 차이점

	재산세	부유세
부과대상	과세물건	개인
과세표준	총재산	순재산
구분	물세	인세
세율	비례세율	비례세율 혹은 누진세율

(4) 문제점

① 현실적으로 각 개인이 보유한 모든 자산을 시장가치로 평가하는 것이 현실적으로 쉽지 않다.

② 비수익성 자산의 소유자에 대한 과중한 부담과 납세자의 유동성 문제를 초래할 가능성이 있다.

13 조세의 경제적 효과

Point

각종 조세가 부과되면 상대가격의 변화가 초래되므로 개별경제주체의 합리적 선택에 큰 영향을 미친다. 근로소득세 부과는 개인의 노동시간의 변화를 초래하고, 이자소득세 부과는 개인의 소비-저축의사 결정에 영향을 미친다. 그리고 투자소득에 대한 조세는 개인의 위험자산에 대한 투자를 감소시키거나 증가시키는 결과를 가져올 수 있다. 한편, 법인세는 기업의 투자에 매우 큰 영향을 미칠 뿐만 아니라 자본구조 선택이나 배당정책의 변화를 유발할 수도 있다. 이 장에서는 소득세와 법인세가 가계와 기업의 선택에 어떤 영향을 미치는지에 대해 주로 분석한다.

I 조세와 노동공급 ··· 개인차원의 분석

1. 비례소득세의 효과

(1) 조세부과 이전

① 개인의 시간부존량이 T이고, 임금률이 w로 주어지면 여가와 소득평면에서 개인의 예산선은 기울기가 w인 우하향의 직선으로 주어진다.

② 각 개인은 자신의 효용이 극대가 되는 여가와 소득의 조합을 선택할 것이므로 소비자균형은 무차별곡선과 예산선이 접하는 a점에서 이루어진다.

　◐ 균형에서는 $MRS = w$가 성립한다.

그림 13-1 　여가와 소득간의 선택

각 개인은 효용이 극대가 되도록 주어진 시간을 배분하므로 그 과정에서 노동시간이 결정된다.

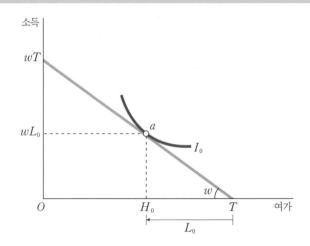

③ 균형점에서는 여가시간이 H_0이므로 노동시간은 $L_0(=T-H_0)$임을 알 수 있다.

(2) 비례소득세와 노동공급

1) 여가가 정상재일 때

① 임금률이 w_0일 때 균형점이 a점이었으나 세율 t의 비례적인 소득세가 부과되면 세후임금률이 $(1-t)w_0$로 하락하므로 균형점이 b점으로 이동한다.

② 무차별곡선이 그림 ⓐ와 같이 주어져 있다면 근로소득세 부과 이후에 노동공급이 감소하나, 무차별곡선이 그림 ⓑ와 같은 형태이면 오히려 노동공급이 증가한다.

③ 이와 같이 비례적인 근로소득세 부과시 노동시간이 증가할 수도 있고, 감소할 수도 있다.

④ 비례적인 근로소득세가 부과되면 대체효과에 의해서는 노동시간이 감소하나, 여가가 정상재인 경우 소득효과에 의해서는 노동시간이 증가한다.

⑤ 그러므로 노동시간의 증감여부는 대체효과와 소득효과의 상대적인 크기에 달려있다.

┌ 대체효과: 근로소득세 → 세후임금↓ → 여가의 상대가격↓ → 여가소비↑ → 노동공급↓

└ 소득효과: 근로소득세 → 세후임금↓ → 실질소득↓ → 여가소비↓ → 노동공급↑

⑥ 대체효과가 소득효과보다 크면 노동공급이 감소하나, 소득효과가 대체효과보다 크면 오히려 노동공급이 증가한다.

그림 13-2 　비례소득세와 노동공급 ⋯ 여가가 정상재일 때

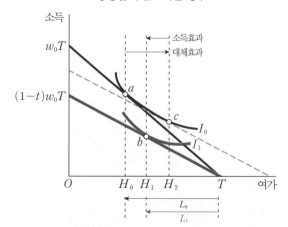

(a) 노동공급이 감소하는 경우

비례적인 근로소득세가 부과될 때 대체효과(a점 → c점)가 소득효과(c점 → b점)보다 크면 노동공급이 감소한다.

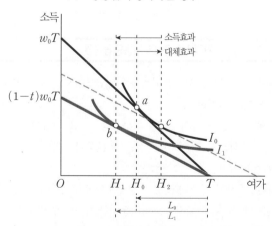

(b) 노동공급이 증가하는 경우

비례적인 근로소득세가 부과될 때 대체효과(a점 → c점)보다 소득효과(c점 → b점)가 크면 노동공급이 증가한다.

2) 여가가 열등재일 때

① 여가가 열등재라면 비례적인 소득세 부과로 세후실질임금이 하락할 때 대체효과에 의해서
도 노동공급이 감소하고, 소득효과에 의해서도 노동공급이 감소한다.

| 대체효과 : | t → 세후임금↓ → $P_{여가}$↓ → 여가소비↑ → 노동공급↓ |
| 소득효과 : | t → 세후임금↓ → 실질소득↓ → 여가소비↑ → 노동공급↓ |

② 그러므로 여가가 열등재일 때는 비례적인 근로소득세가 부과되면 반드시 노동공급이 감소
한다.

그림 13-3 | **비례소득세와 노동공급 … 여가가 열등재일 때**

여가가 열등재이면 비례소득
세가 부과될 때 대체효과와
소득효과 모두 노동공급을 감
소시키는 방향으로 작용한다.

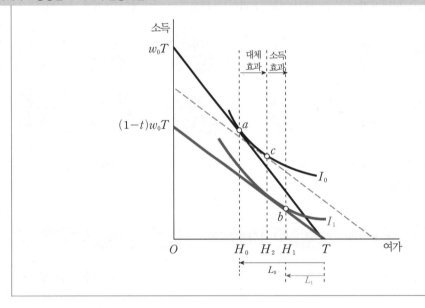

참고 | **가격소비곡선과 노동공급곡선**

① 여가－소득의 선택에서 최초에는 임금률이 w_0이고 균형점이 a점으로 주어
져 있다고 가정하자.

② 이제 임금률(여가의 가격)이 w_1, w_2 …로 상승하면 균형점이 b, c, …
로 이동하므로 가격소비곡선은 오른쪽의 그림과 같은 형태로 도출된다
$(w_0 < w_1 < w_2)$.

③ 비례소득세가 부과되고 있는 상황에서 소득세율이 점차 낮아지더라도 예산
선은 마찬가지로 회전이동하고 동일한 가격소비곡선(PCC)이 도출된다.

④ 그러므로 PCC는 비례소득세제하에서 세율이 변할 때 소비자균형점의 궤적
으로 보더라도 무방하다.

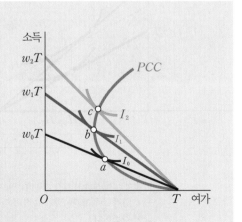

참고　비례소득세와 노동공급 : 또 다른 접근방법

① 비례적인 근로소득세가 부과되면 세후 실질임금이 하락하므로 이는 노동자의 입장에서 보면 임금이 하락한 것과 동일하다.

② 아래 그림에서 보는 것처럼 노동공급곡선이 우상향하면 임금하락시 노동공급이 감소하나 노동공급곡선이 좌상향(후방굴절)할 때는 임금이 하락하면 노동시간이 증가한다.

③ 여가가 정상재이고 대체효과가 소득효과보다 크거나 여가가 열등재일 때는 노동공급곡선이 우상향하므로 비례적인 근로소득세가 부과(혹은 임금이 하락)되면 반드시 노동시간이 감소한다.

④ 그런데 여가가 정상재이면서 대체효과보다 소득효과가 더 크면 노동공급곡선이 후방굴절하므로 비례적인 근로소득세가 부과(혹은 임금이 하락)되면 반드시 노동시간이 증가한다.

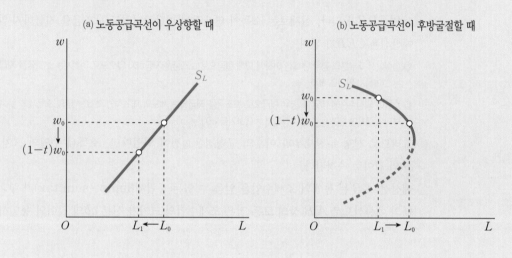

(a) 노동공급곡선이 우상향할 때　　　　(b) 노동공급곡선이 후방굴절할 때

참고　비례소득세와 중립세

① 조세부과 이전에 임금률이 w_0이고 균형점이 a점이었으나 세율 t의 비례적인 소득세가 부과되면 예산선이 회전이동하고 새로운 균형은 b점에서 달성된다.

② 이때 조세수입의 크기는 선분 bd의 길이로 측정되는데, 동액의 중립세(lump-sum tax)가 부과되는 경우에는 예산선이 선분 bd의 길이만큼 안쪽으로 평행 이동하므로 균형은 c점에서 이루어진다.

③ 그러므로 비례소득세를 중립세로 대체하면 노동공급이 증가하고, 개인의 효용수준도 더 높아진다.

④ 중립세 부과시에 노동공급이 더 많이 이루어지는 것은 중립세는 상대가격 변화를 통해 노동공급 감소를 초래하는 대체 효과를 발생시키지 않기 때문이다.

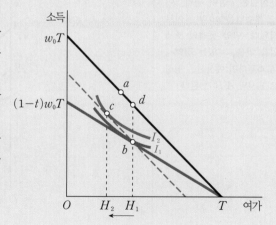

❷ 중립세가 부과되면 대체효과는 발생하지 않고, 실질소득 감소로 노동시간이 증가하는 소득효과만 발생한다.

　→ 중립세가 부과되면 조세부과 이전보다 노동시간이 증가한다.

2. 누진소득세의 효과

(1) 선형누진세와 예산선

① 선형누진세는 한계세율이 일정하면서 소득이 증가할 때 평균세율이 상승하는 조세로 다음과 같이 정의된다.

$$T = -a + tY$$

② 부의 소득세제에서와 마찬가지로 소득 $\frac{a}{t}$ 원에 미달되는 경우 보조금이 지급된다면 예산선은 CDB가 되나, 실제로는 소득이 면세점에 미달하더라도 보조금을 지급하지 않으므로 예산선은 CEB가 된다.

　◐ 현실에서 대부분의 경우 면세점 이하에 대해 현금으로 보조금을 지급하지 않으므로 여기서는 보조금을 지급받는 경우는 고려하지 않기로 하자.

　◐ 소득이 일정수준에 미달할 경우 현금으로 보조금을 지급하는 제도의 대표적인 예로는 부의 소득세를 들 수 있는데, 부의 소득세에 대해서는 제14장에서 논의하기로 하자.

③ 그러므로 선형 누진세부과 이후의 균형점은 a점이 되었다면, 소득세 수입의 크기는 선분 ab의 길이로 측정된다.

④ 예산선 $A'B'$는 동액의 조세수입을 얻을 수 있는 중립세(lump-sum tax)가 부과되었을 때의 예산선으로 $A'B'$상의 모든 점은 조세수입의 크기가 선분 ab의 길이와 동일하다.

그림 13-4　선형누진세

선형누진세가 부과되면 예산선은 CDB로 변화하고, 소비자균형점은 a점이 된다. 이 때 조세수입은 ab의 길이로 측정된다. 만약 동액의 조세수입을 얻을 수 있는 정액세가 부과된다면 예산선은 점선으로 표시된 $A'B'$가 된다.

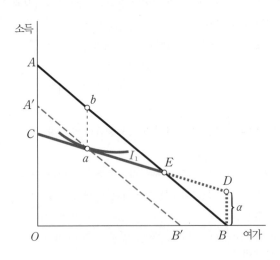

참고 ／ **노동공급을 자유롭게 조정할 수 없는 경우**

① 개인은 L_0(하루 8시간)의 노동을 공급하거나 포기할 수는 있으나, 노동시간을 임의로 조정하는 것은 불가능하며 소득이 0
일 때는 일정액(하루에 5,000원)의 실업수당이 지급된다고 하자.

② 만약 예산선과 무차별곡선이 오른쪽 그림과 같이 주어져 있다면 조세부과 이전에 개인의 균형이 a점에서 이루어지므로 L_0
의 노동공급이 이루어진다.

③ 이제 비례소득세의 부과로 예산선이 안쪽으로 회전이동하였
을 때 여전히 L_0의 노동을 공급한다면 소득의 크기는 b점까
지의 높이이고 효용수준은 I_1이 된다.

④ 이에 비해 아예 노동공급을 포기하면 실업수당을 지급받을 수
있으므로 c점에서 균형이 이루어지고, 효용수준은 I_2가 된다.

⑤ 이처럼 소득세를 부과하기 전에는 노동시장에 참여하던 노동
자가 소득세가 부과되면 노동공급을 완전히 포기하는 현상이
나타날 수 있는데 이를 실업함정(unemployment trap)이
라고 한다.

⑥ 이러한 현상은 실업보험과 같은 사회복지제도가 잘 마련되어
있는 나라일수록 흔하게 나타난다.

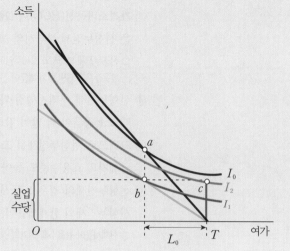

(2) 선형누진세와 노동공급

① 선형누진세가 노동공급에 미치는 효과는 비례소득세와 마찬가지로 대체효과와 소득효과
에 의해 결정된다.

② 아래의 그림 (a)는 여가가 열등재이거나 또는 여가는 정상재이지만 대체효과가 소득효과보
다 더 커서 노동공급이 감소하는 경우를 보여준다.

③ 그리고 그림 (b)는 여가가 정상재이면서 대체효과보다 소득효과가 더 커서 노동공급이 증
가하는 경우를 나타낸다.

그림 13-5 ｜ **선형누진세와 노동공급**

(a) 노동공급이 감소하는 경우

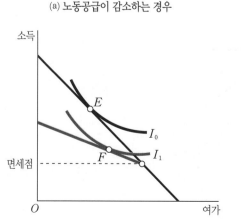

(b) 노동공급이 증가하는 경우

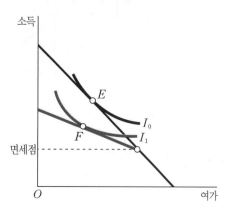

■ 그림 (a) … 여가가 열등재
이거나 여가가 정상재이면
서 대체효과가 소득효과보
다 크면 노동공급이 감소한
다.

■ 그림 (b) … 여가가 정상재
이면서 대체효과보다 소득
효과가 크면 노동공급이 증
가한다.

(3) 선형누진세와 비례소득세

① 선형누진세가 부과될 때의 소비자 균형이 a점으로 주어져 있다면, 점선 $A'B'$은 동액의 중립세가 부과되었을 때의 예산선으로 $A'B'$상의 모든 점은 조세수입이 동일하다.

② 비례적인 근로소득세가 부과되는 경우에는 임금변화시와 마찬가지로 예산선이 회전이동하므로, 대표적인 개인의 소비자균형은 항상 가격소비곡선(PCC)상에서 이루어진다.

③ 가격소비곡선(PCC)이 그림 13-6과 같이 주어져 있다면 PCC와 선분 $A'B'$가 교차하는 점은 선형누진세 부과시와 동일한 조세수입을 얻을 수 있는 비례세 부과시의 균형점이다.

   ◐ 선형누진세 부과시와 조세수입이 동일해지는 점으로는 d점도 있을 수 있으나, d점은 b점보다 한계세율이 훨씬 높고 효용수준은 훨씬 낮기 때문에 선택이 될 가능성이 거의 없다.

④ 선형누진세 부과시(a점)와 비례소득세 부과시(b점)를 비교해 보면 선형누진세가 부과될 때 노동공급이 더 많이 감소하고 납세자의 효용수준도 더 낮음을 알 수 있다.

⑤ 그러므로 선형누진세를 조세수입이 동일한 비례소득세로 대체하면 노동공급은 증가하고, 납세자의 효용수준도 높아진다.

⑥ 선형누진세의 경우 노동시간이 더 많이 감소하는 것은 동액의 조세수입을 얻기 위해서는 선형누진세의 한계세율이 비례소득세보다 더 높기 때문이다.

   ◐ 한계세율이 높을수록 여가의 상대가격$[(1-t)w]$이 더 크게 하락하고 그에 따라 대체효과가 크게 발생하기 때문이다.

대체효과: $t\uparrow$ → $(1-t)w\downarrow$ → $P_{여가}\downarrow$ → 여가소비↑ → 노동공급↓

그림 13-6   비례소득세와 선형누진세

선형누진세의 경우는 균형점이 a점이나, 동액의 조세수입을 얻을 수 있는 비례소득세가 부과될 때의 균형점은 b점이다. 따라서, 선형누진세를 동액의 조세수입을 얻을 수 있는 비례소득세로 대체하면 노동공급이 증가하고 납세자의 효용수준도 증가한다.

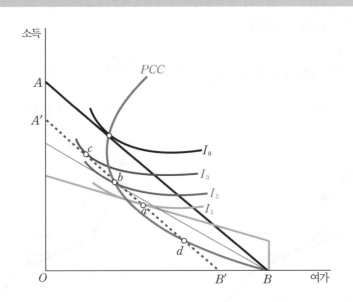

⑦ 무차별곡선은 서로 교차하지 않으므로 동액의 중립세(lump−sum tax)가 부과될 때의 소비자균형은 b점보다 좌상방의 한 점에서 이루어진다.

⑧ 예를 들면, 중립세가 부과될 때 소비자균형이 c점에서 이루어지므로 비례소득세가 부과될 때보다 노동공급은 증가하고 효용수준은 더 높다는 것을 알 수 있다.

    ❍ 중립세가 부과되는 경우에는 대체효과가 발생하지 않기 때문에 비례소득세 부과시보다 노동시간이 더 많다.

⑨ 조세수입이 동일한 경우 중립세, 비례소득세, 선형누진세의 효과를 정리해보면 다음과 같다.

> 노동시간 : 중립세 > 비례소득세 > 선형누진세
> 효용수준 : 중립세 > 비례소득세 > 선형누진세

(4) 선형누진세의 면세점 인상과 노동공급

① 선형누진세의 한계세율이 주어진 상태에서 면세점이 인상되더라도 세후 실질임금은 변하지 않는다.

② 그런데 면세점이 인상되면 실질소득이 증가하므로 예산선이 아래의 그림과 같이 평행하게 상방으로 이동한다.

③ 이 경우에는 예산선의 기울기가 변하지 않으므로 대체효과는 발생하지 않고 소득효과만 나타난다.

④ 면세점 인상으로 실질소득이 증가하는 경우 여가가 정상재일 때는 여가소비가 증가하므로 노동공급이 감소한다(그림(a)).

⑤ 여가가 열등재일 때는 면세점 인상으로 실질소득이 증가하면 여가소비가 감소하므로 오히려 노동공급이 증가한다(그림(b)).

그림 13-7   **선형누진세와 노동공급**

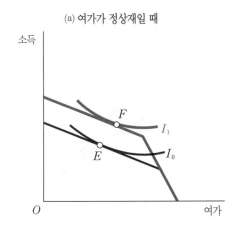

(a) 여가가 정상재일 때

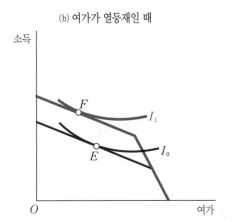

(b) 여가가 열등재일 때

▪ 그림 (a) ⋯ 여가가 정상재이면 면세점이 인상되어 실질소득이 증가하면 노동공급이 감소한다.

▪ 그림 (b) ⋯ 여가가 열등재이면 면세점이 인상되어 실질소득이 증가하면 노동공급이 증가한다.

(5) 비선형누진세의 효과

① 비선형누진세의 경우는 소득구간이 높아질수록 점점 더 높은 한계세율이 적용되므로 세후 임금률이 점점 낮아진다.

② 그러므로 비선형소득세가 부과되면 아래 그림에서와 같이 예산선이 몇 군데서 꺾어진 형 태로 그려지게 된다.

③ 아래 그림에서 조세부과 전의 소비자균형이 E점보다 왼쪽이었다면 조세부과 전보다 노동 공급이 감소하나, 조세부과 전의 균형점이 E점보다 오른쪽이었다면 오히려 노동공급이 증가한 것이 된다.

④ 비선형누진세가 부과될 때 노동공급의 증감여부는 선형누진세와 부과시와 마찬가지로 대 체효과와 소득효과의 상대적인 크기에 의해 결정된다.

⑤ 그러므로 비선형누진세가 부과될 때 노동공급의 증가할 것인지 감소할 것인지는 사전적으 로 알 수 없다.

⑥ 다만, 비선형누진세제 하에서는 고소득층으로 갈수록 한계세율이 높아져 대체효과에 의한 근로의욕 저하가 크게 나타날 가능성이 크다는 것은 짐작할 수 있다.

그림 13-8 비선형누진세의 경우

조세부과 전의 소비자균형이 E점보다 왼쪽이었다면 조세 부과 전보다 노동공급이 감소 하나, 조세부과 전의 균형점 이 E점보다 오른쪽이었다면 오히려 노동공급이 증가한 것 이 된다.

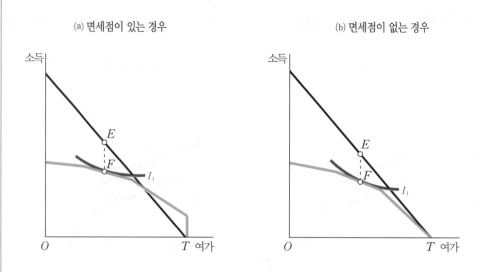

(a) 면세점이 있는 경우 (b) 면세점이 없는 경우

심층연구 / **무차별곡선이 L자 형태일 때**

1. 조세부과의 효과

① 여가와 소득이 완전보완재인 경우는 효용함수가 $U = \min[aL,\ bY]$의 형태로 주어질 때이며(단, L : 여가, Y : 소득), 무차별곡선은 L자 형태가 된다.

② 아래 그림에서 조세부과 전의 예산선이 AB이고, 균형점이 E점으로 주어져 있었다고 하자.

③ 이제 비례적인 소득세가 부과되어 예산선이 회전이동하여 CB로 바뀌면 균형점은 F점이 된다.

④ 비례적인 근로소득세가 부과될 때의 조세수입은 I점과 F점의 수직거리로 측정된다.

⑤ 비례소득세 부과시와 조세수입이 동일한 선형누진세가 부과되면 예산선이 NMB로 바뀌고, 균형점은 비례적인 근로소득세 부과시와 동일한 F점이 된다.

⑥ 그리고 조세수입이 동일한 중립세가 부과되는 경우에는 예산선이 안쪽으로 평행이동하므로 예산선이 KL로 바뀌고 균형점은 마찬가지로 F점이 된다.

⑦ 이와 같이 여가가 완전보완재인 경우에는 비례소득세, 선형누진세, 중립세 부과시의 효과가 완전히 동일하다.

　◑ 효용수준도 동일한 수준으로 감소하고, 노동시간도 동일한 수준만큼 증가한다.

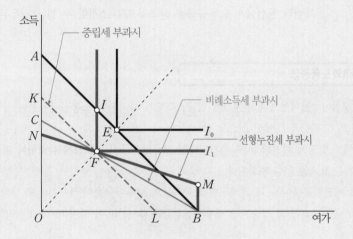

2. 효과가 동일한 이유

① 무차별곡선이 원점에 대하여 볼록한 형태이면 비례소득세 및 선형누진세가 부과될 때는 세후실질임금 하락으로 예산선의 기울기가 완만해지고, 조세부과후 실질소득이 감소하므로 대체효과와 소득효과가 모두 발생한다.

② 이에 비해 무차별곡선이 L자 형태일 때는 세후실질임금 하락으로 노동시간이 감소하는 대체효과가 0이고, 실질소득 감소로 노동시간이 증가하는 소득효과만 발생한다.

③ 그러므로 여가와 소득이 완전보완재일 때는 세 가지 조세의 효과가 동일하게 나타난다. 즉, 실질소득이 감소하는 소득효과로 인해 노동시간이 증가한다.

3. 모형의 문제점

1) 개인간의 차이를 무시

① 여기서는 대표적인 개인을 상정하고 분석을 진행하였으나 현실에서는 각 개인의 선호, 임금률 등이 모두 상이하다.

② 근로소득세가 부과될 때 서로 다른 여건에 놓여 있는 사람들의 반응을 모두 합한 총체적 결과는 대표적인 개인을 상정한 분석과 결과가 다를 수도 있다.

2) 고정된 임금률

① 개인의 입장에서 보면 조세가 부과되더라도 세전임금률이 변하지 않는다고 가정하더라도 별 문제가 없다.

② 그러나 근로소득세가 부과되면 경제전체의 노동공급이 변하고 그에 따라 임금률도 변하는 것이 일반적이나 이를 고려하지 못하고 있다.

3) 의사결정의 신축성여부

① 여기서는 각 개인이 노동공급을 신축적으로 조정할 수 있는 것으로 가정하였다.

② 그런데 현실에서 노동공급을 신축적으로 조정할 수 있는 경우는 극히 제한적이다.

참고 / **임금률 변화와 노동공급**

① 조세부과 이전에는 균형점이 e점이었으나 비례적인 임금소득세가 부과되면 노동공급곡선이 상방으로 이동하므로 임금은 w_0에서 w_1으로 상승하고, 고용량은 L_0에서 L_1으로 감소한다.

② 근로소득세 부과 이후에도 임금이 여전히 w_0로 유지된다면 고용량은 L_2로 더 크게 감소하나 임금률이 변화하는 경우에는 조세가 노동공급에 미치는 효과는 보다 완화된다.

③ 즉, 조세부과 이후에도 세전임금률이 w_0로 유지되면 노동자들의 세후임금률이 $(1-t)w_0$로 하락하나, 조세부과 이후에 노동공급의 감소로 세전임금률이 w_1으로 상승하면 세후실질임금은 $(1-t)w_1$이 되어 더 작게 하락하므로 노동공급량도 더 적게 감소한다.

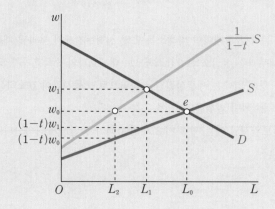

4. 조세가 노동공급에 미치는 영향의 실증연구

1) 설문조사 방법

① 여러 설문조사에 의하면 소수의 사람들은 소득세가 노동공급에 부정적인 영향을 미치는 것으로 응답하였으나 대부분의 사람들은 근로의욕에 아무런 영향을 받지 않는다고 대답한 것으로 나타났다.

② 사람들이 스스로의 행위를 제대로 인식하지 못할 가능성이 있으며, 정직하게 답변을 한다는 보장도 없으므로 설문조사를 통한 분석결과의 신빙성에 대해서는 의문이 제기되고 있다.

2) 계량경제학적인 방법

① 계량경제학적인 방법이란 실제 데이터를 이용하여 노동공급곡선을 추정하고 이를 통해 조세가 노동공급에 미치는 영향을 분석하는 방법이다.

② 다수의 실증연구들이 서로 다른 결과를 제시하고 있어 조세가 노동공급에 미치는 영향에 대한 명확한 결론을 제시하기 어렵다.

　　◐ 다수의 실증연구에서는 조세가 노동공급에 큰 영향을 미치지 않는 것으로 나타났다.

3) 실험에 의한 방법

① 실험에 의한 방법은 사람들을 직접 실험에 참가시켜 그 반응을 관찰하여 조세가 노동공급에 미치는 영향을 분석하는 방법이다.

② 몇몇 실험에 의하면 조세가 노동공급에 어느 정도는 영향을 미칠 수 있으나 그 정도는 미미한 것으로 나타났다.

③ 실험에 참가했다는 이유만으로도 사람들의 행동이 변할 수 있으므로 이 방법도 그 신빙성에 대해 의문이 제기되고 있다.

Ⅱ 조세와 저축

1. 기본적인 모형

(1) 가정

① 현재와 미래의 2기간만 존재한다.

② 현재소득은 Y_1, 미래의 소득은 Y_2로 주어져 있다.

③ 주어진 이자율로 차입과 대출이 항상 가능하다(완전한 자본시장이 존재).

(2) 예산제약

① 1기와 2기의 소득이 각각 Y_1, Y_2로 주어져 있으므로 소비자의 예산제약은 다음과 같다.

$$Y_1 + \frac{Y_2}{(1+r)} = C_1 + \frac{C_2}{(1+r)}$$

② 위의 식을 C_2에 대하여 정리하면 예산제약식은 다음과 같이 나타낼 수 있다.

$$C_2 = (Y_1 - C_1)(1+r) + Y_2$$
$$= -(1+r)C_1 + [(1+r)Y_1 + Y_2]$$

③ 그러므로 예산선은 기울기가 $-(1+r)$이고 절편이 $[(1+r)Y_1 + Y_2]$인 우하향의 직선으로 도출된다.

그림 13-9 **2기간 모형**

2기간 모형에서 소비자균형은 예산선과 무차별곡선이 접하는 점에서 달성되므로 소비자균형에서는 $MRS=(1+r)$이 성립한다. 현재소비와 미래소비의 선호에 따라 각 개인은 저축자(그림 (a))가 될 수도 있고, 차입자(그림 (b))가 될 수도 있다.

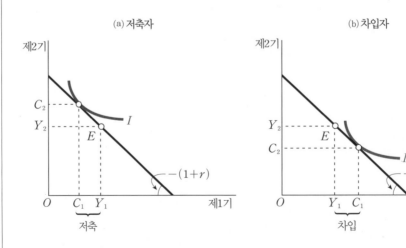

(a) 저축자   (b) 차입자

(3) 소비자균형

① 소비자균형에서는 예산선과 무차별곡선이 접하므로 다음의 조건이 성립한다.

$$MRS = (1+r)$$

② 소비자의 저축·차입여부는 무차별곡선의 형태에 달려 있는데 만약 무차별곡선이 **그림 13-9** ⒜와 같이 주어져 있다면 저축이 이루어지나, **그림 13-9** ⒝와 같이 주어져 있다면 차입이 이루어진다.

2. 조세의 효과

(1) 근로소득세

① 근로소득세가 부과되면 일생동안 소득의 현재가치가 감소하므로 예산선이 안쪽으로 평행하게 이동한다.
② 만약 현재소비와 미래소비가 모두 정상재라면 소득이 감소할 때 현재소비와 미래소비가 모두 감소하므로 균형점이 E점에서 F점으로 이동한다.
③ 이 때 현재소비 감소분의 일부는 저축되나 일부는 조세납부를 위하여 지출되므로 소득세 부과시 민간부문 저축의 증감여부는 불분명하다.
④ 만약 정부가 조세수입 전부를 저축한다면 경제전체의 저축은 증가하나, 조세수입의 전부를 지출하거나 일부만 저축하는 경우 경제전체 저축의 증감여부도 불분명하다.

그림 13-10	근로소득세

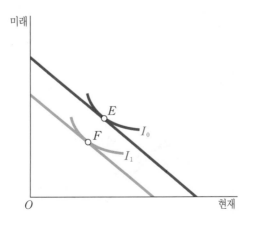

근로소득세가 부과되면 소득이 감소하므로 인쪽으로 평행이동한다. 이때 소비자균형점은 E점에서 F점으로 이동하므로 현재소비와 미래소비가 모두 감소한다.

(2) 이자소득세

1) 이자소득세와 예산선

① 부존점이 E점이고 최초의 예산선이 선분 AB로 주어져 있다면 예산선의 기울기는 $-(1+r)$이다.

② 이제 이자소득에 대하여 t의 세율로 이자소득세가 부과되면 세후이자율이 $(1-t)r$로 하락하므로 예산선의 기울기도 $-[(1+(1-t)r]$로 완만해진다.

③ 이자소득세 부과 이후에도 여전히 E점(부존점)에서 소비하는 것이 가능하므로 이자소득세 부과 이후 예산선은 E점을 지나면서 기울기가 더 완만해진 선분 CD가 된다.

④ 이는 이자소득세 부과 이전에 AE구간에서 소비하던 저축자의 경우는 이자소득세 부과로 인하여 소비가능영역이 줄어들었지만, EB구간에서 소비하던 차입자의 경우 소비가능영역이 확대되었음을 의미한다.

⑤ 이자소득세 부과로 차입자의 소비가능영역이 확대된 것은 차입자에게 지급이자에 대한 소득공제를 허용하였기 때문이다.

> ◑ 소득공제가 허용되는 경우 1원을 차입하고 r원을 이자로 지급하면 이자지급액을 소득공제 해주므로 1원을 차입할 때의 실질적인 이자율은 $r-tr=r(1-t)$이 된다.
>   → 납세후에는 이자율이 $r(1-t)$로 낮아지는 효과가 발생한다.

⑥ 그런데 현실에서는 이자지급액에 대한 소득공제가 허용되지 않거나, 제한적으로 허용되는 경우가 대부분이다.

⑦ 만약 지급이자에 대한 소득공제를 허용하지 않는다면 이자소득세 부과 이후에도 차입자의 예산제약은 변화가 없으므로 예산선은 CEB가 된다.

그림 13-11 이자소득세와 예산선

이자소득세가 부과되면 예산선의 기울기가 $-(1+r)$에서 $-[1+(1-t)r]$로 변화하므로 예산선의 부존점을 축으로 하여 회전이동한다. 따라서 이자소득세가 부과되면 예산선이 보다 완만한 형태가 된다.

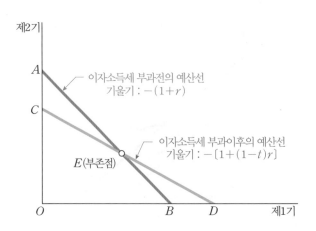

2) 이자소득세와 저축

가. 저축자의 경우

① 이자소득세의 부과로 실질이자율이 하락하면 현재소비의 상대가격이 하락한다.

② 현재소비의 상대가격이 하락하면 대체효과에 의해 현재소비가 증가하므로 저축이 감소한다.

③ 저축자의 경우 이자소득세 부과로 실질이자율이 하락하면 실질소득이 감소하므로 소득효과에 의해서는 현재소비가 감소하고 그에 따라 저축이 증가한다.

대체효과 : 이자소득세 부과 → 실질이자율↓ → 현재소비의 상대가격↓ → 현재소비↑(미래소비↓) → 저축↓

소득효과 : 이자소득세 부과 → 실질이자율↓ → 실질소득↓ → 현재소비↓(미래소비↓) → 저축↑

④ 이자소득세가 부과될 때 저축의 증감여부는 대체효과와 소득효과의 상대적인 크기에 의존한다.

대체효과 > 소득효과 → 저축↓

대체효과 < 소득효과 → 저축↑

⑤ 그러므로 이자소득세가 부과될 때 저축의 변화를 사전적으로 판단하는 것은 불가능하며, 실증분석에 의존할 수 밖에 없다.

　◑ 특별한 언급이 없다면 현재소비와 미래소비는 모두 정상재로 간주한다.

그림 13-12　이자소득세와 저축 … 저축자

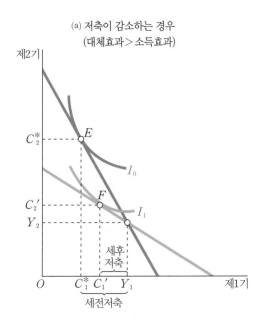

(a) 저축이 감소하는 경우
(대체효과 > 소득효과)

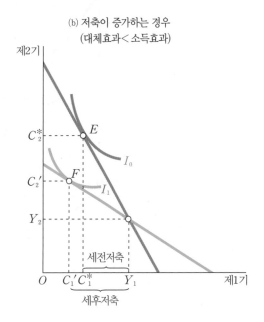

(b) 저축이 증가하는 경우
(대체효과 < 소득효과)

심층연구 / 이자소득세 부과시의 대체효과와 소득효과

① 최초에는 소비자균형이 E점이었으나 이자소득세 부과로 인해 소비자균형이 F점으로 이동했다고 하자.

② 원래 무차별곡선과 접하면서 바뀐 예산선에 평행하게 보조선을 그리면 G점을 찾을 수 있다.

> ◑ 가격효과를 대체효과와 소득효과로 나누어 보려면 항상 최초의 무차별곡선에 접하면서 바뀐 예산선에 평행한 보조선을 그리면 된다.

③ 소비자균형이 E점에서 G점으로 이동한 것은 동일한 효용수준 하에서 순수하게 상대가격 변화에 따른 구입량 변화를 보여주는 대체효과이다.

④ 무차별곡선이 원점에 대해 볼록한 형태이므로 이자소득세가 부과되면 대체효과에 의해서는 항상 현재소비가 증가하고 미래소비가 감소한다.

> ◑ 대체효과에 의한 현재소비 증가는 저축 감소를 의미한다.

⑤ 소비자균형이 G점에서 F점으로 이동한 것은 실질소득 감소로 예산선이 안쪽으로 평행하게 이동함에 따른 구입량 변화를 나타내므로 소득효과이다.

⑥ 아래 그림을 보면 실질소득 감소에 따라 현재소비와 미래소비가 모두 감소하였음을 알 수 있는데, 이는 현재소비와 미래소비가 모두 정상재임을 의미한다.

> ◑ 소득효과에 의한 현재소비의 감소는 저축 증가를 의미한다.

⑦ 이자소득세가 부과될 때 대체효과에 의해서는 현재소비가 증가하나 소득효과에 의해서는 현재소비가 감소한다.

⑧ 아래의 그림은 대체효과가 소득효과보다 크기 때문에 이자소득세가 부과될 때 현재소비가 증가하는 경우를 나타내고 있다.

⑨ 이처럼 대체효과가 소득효과보다 커서 현재소비가 증가하면 이자소득세 부과시 저축은 감소하게 된다.

⑩ 만약 이자소득세가 부과되었을 때 새로운 균형이 바뀐 예산선의 H점보다 좌상방에서 이루어진다면 이자소득세 부과시 현재소비가 감소할 것이므로 저축이 증가하게 된다.

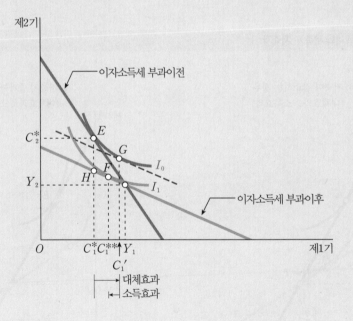

나. 차입자의 경우

① 이자지급액에 대해 소득공제가 허용되지 않는 경우에는 차입자의 예산선이 변하지 않으므로 이자소득세가 아무런 영향을 미치지 않는다.

② 이자지급액에 대해 소득공제가 허용되는 경우 실질적인 이자율의 하락으로 현재소비의 상대가격이 하락하므로 대체효과에 의해서는 현재소비가 증가한다.

③ 한편, 이자지급액에 대해 소득공제가 허용되면 차입자의 실질소득이 증가하므로 소득효과에 의해서도 현재소비가 증가한다.

④ 이와 같이 소득공제가 허용되는 경우에는 대체효과와 소득효과가 모두 현재소비를 증가시키므로 차입자의 저축은 감소한다(차입이 증가한다).

그림 13-13 **이자소득세와 저축 ⋯ 차입자**

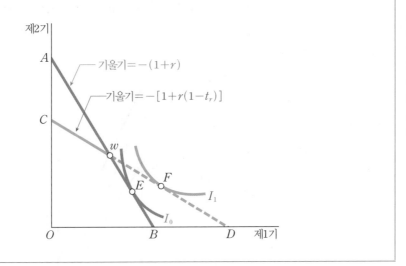

소득공제가 허용되지 않는 경우에는 이자소득세가 부과되더라도 예산선이 조세부과 전과 동일하므로 아무런 변화가 없다. 이에 비해 소득공제가 허용되는 경우에는 이자소득세가 부과되면 차입자의 저축이 감소한다.

---

(3) 근로소득세와 이자소득세가 함께 부과될 때

① 근로소득세와 이자소득세가 모두 부과된다면 예산선이 안쪽으로 이동하면서 기울기도 변화한다.

② 이 경우에도 저축의 증감여부는 소득효과와 대체효과의 상대적인 크기에 의존하므로 사전적으로 저축의 증감여부를 판단하는 것은 불가능하다.

예제 Q

두 기간 모형에서 이자율은 100%로 주어져 있고, 정석이의 효용함수는 $U = \min[C_1, C_2]$이다. 직장인인 정석이의 현재소득은 300이고, 미래소득은 0이라면 i) 조세가 전혀 부과되지 않을 때, ii) 현재소득에 대해 10%의 세율로 근로소득세가 부과될 때, iii) 50%의 세율로 이자소득세가 부과될 때 정석이의 현재소비는 각각 얼마이겠는가?

풀이 A

일반적인 두 기간 모형에서의 예산제약식은 다음과 같이 나타낼 수 있다.

$$Y_1 + \frac{Y_2}{(1+r)} = C_1 + \frac{C_2}{(1+r)} \cdots (1)$$

위의 식에 $Y_1 = 300$, 미래소득 $Y_2 = 0$, $r = 1$을 대입하면 정석이의 예산제약식은 $C_2 = -2C_1 + 600$으로 정리된다. 정석이의 효용함수가 $U = \min[C_1, C_2]$이므로 소비자균형에서는 항상 $C_1 = C_2$가 성립한다. 그러므로 예산제약식에 $C_1 = C_2$를 대입하면 조세가 없을 때 정석이의 현재소비와 미래소비는 모두 200임을 알 수 있다.

이제 현재소득에 대해 10%의 세율로 근로소득세가 부과되면 현재소득이 270으로 감소하므로 $Y_1 = 270$, 미래소득 $Y_2 = 0$, $r = 1$을 식 (1)에 대입하면 근로소득세 부과이후 정석이의 예산제약식은 $C_2 = -2C_1 + 540$이다. 이 예산제약식에 $C_1 = C_2$를 대입하면 10%의 근로소득세가 부과될 때 정석이의 현재소비와 미래소비는 모두 180임을 알 수 있다.

이자율이 100%이므로 이자소득에 대해 50%의 세율로 이자소득세가 부과되면 이자 소득의 절반은 세금으로 내야 하므로 세후실질이자율이 50%로 낮아진다. 그러므로 $Y_1 = 300$, 미래소득 $Y_2 = 0$, $r = 0.5$를 식 (1)에 대입하면 이자소득세 부과이후 정석이의 예산제약식은 $C_2 = -1.5C_1 + 450$이다. 이 예산제약식에 $C_1 = C_2$를 대입하면 50%의 이자소득세가 부과될 때 정석이의 현재소비와 미래소비는 모두 180임을 알 수 있다. 이를 그림으로 나타내면 오른쪽 그림과 같다.

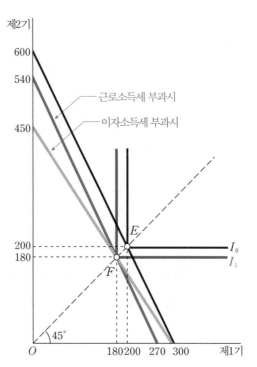

Ⅲ 조세와 위험부담

1. 평균-분산모형

(1) 가정

① 어떤 위험기피자가 w원의 자산을 보유하고 있다.

② 자산은 안전한 자산과 위험자산의 2가지만 존재한다.

③ 개인은 위험자산을 보유할 때 장래수익의 확률분포를 알고 있다.

④ 개인은 효용극대화의 관점에서 안전자산과 위험자산의 조합을 선택한다.

⑤ 위험자산 보유비율$=\alpha$, 안전자산 보유비율$=(1-\alpha)$로 주어져 있다.

(2) 기회궤적

① αw원의 위험자산과, $(1-\alpha)w$원의 안전자산을 보유할 때의 포트폴리오의 기대수익($\bar{\pi}$)과 표준편차(σ_p)는 다음과 같이 계산된다.

$$\bar{\pi} = (위험자산\ 보유액 \times 기대수익률) + (안전자산\ 보유액 \times 기대수익률) = \alpha w r$$
$$\sigma_p = (위험자산\ 보유액 \times 표준편차) + (안전자산\ 보유액 \times 표준편차) = \alpha w \sigma_g$$

그림 13-14 기회궤적

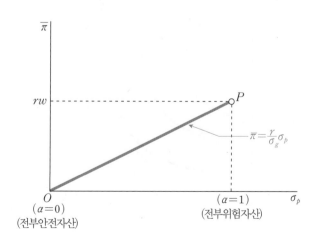

위험자산 비중이 커질수록 위험과 기대수익은 모두 증가한다. 따라서 우상향의 기회궤적은 위험과 기대수익이 비례관계에 있음을 나타낸다.

◐ 예를 들어, 자산 $w=1,000$만 원 중 600만 원으로 수익률 10%인 채권을 구입하고, 400만 원을 수익률이 0인 현금으로 보유하면 포트폴리오의 기대수익은 60만 원이 된다.

$$\bar{\pi}=(600\times0.1)+(400\times0)=60만 원$$

② 그러므로 위의 두 식을 나누면 기대수익과 위험간의 관계를 도출할 수 있다.

$$\begin{cases} \bar{\pi}=awr \\ \sigma_p=aw\sigma_g \end{cases}$$

→ $$\bar{\pi}=\frac{r}{\sigma_g}\sigma_P$$

③ 위의 식은 기대수익을 증가시키기 위해서는 더 큰 위험부담이 필요함을 의미한다.

④ 위험과 기대수익 간의 관계를 그림으로 나타내면 앞 페이지의 **그림 13-14**와 같이 우상향의 직선의 형태가 되는데, 이를 기회궤적(opportunity locus)이라고 한다.

⑤ 기회궤적은 어떤 개인이 선택할 수 있는 위험과 기대수익간의 관계를 나타내 준다.

⑥ 원점은 안전자산만을 보유하는 점으로 기대수익과 위험이 모두 0이고, P점은 모든 자산을 위험자산으로 보유하므로 기대수익도 가장 크고 위험도 가장 큰 점이다.

(3) 무차별곡선

① 위험이 증가할 때 동일한 효용수준이 유지되기 위해서는 기대수익이 증가하여야 하므로 무차별곡선은 우상향의 형태이며

② 기대수익이 커질수록, 위험이 감소할수록 위험기피자의 효용이 증가하므로 좌상방에 있는 무차별곡선일수록 보다 높은 효용수준을 나타낸다.

그림 13-15 무차별곡선

위험이 감소할수록, 그리고 기대수익이 증가할수록 위험기피자의 효용수준은 증가한다. 따라서 무차별곡선은 우상향의 형태이며, 상방으로 이동할수록 보다 높은 효용수준을 나타낸다.

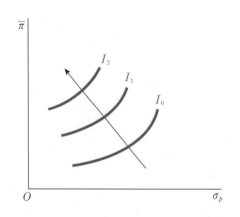

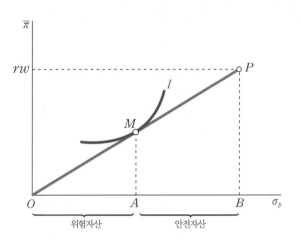

그림 13-16   최적포트폴리오의 구성

기회궤적이 OP선으로 주어질 때 효용극대화는 무차별곡선과 기회궤적이 접하는 M점에서 이루어진다. 따라서 개인은 OA만큼의 위험자산과 AB만큼의 안전자산을 보유함으로써 효용을 극대화할 수 있다.

⑷ 최적포트폴리오의 구성

① 각 개인은 효용극대화의 관점에서 자산구성을 선택할 것이므로 효용극대화는 기회궤적과 무차별곡선이 접하는 점에서 이루어진다.

② 일반적으로 각 개인은 자산의 일부를 위험자산, 일부는 안전자산을 보유하는 포트폴리오를 구성함으로써 효용을 극대화할 수 있게 된다.

③ 어떤 개인의 균형이 그림 13-16의 M점에서 이루어졌다면 안전자산과 위험자산의 보유비율은 각각 다음과 같다.

$$\begin{cases} \text{위험자산 보유비율} = \dfrac{OA}{OB} = \dfrac{OM}{OP} \\[2mm] \text{안전자산 보유비율} = \dfrac{AB}{OB} = \dfrac{MP}{OP} \end{cases}$$

2. 조세와 위험부담행위

⑴ 완전손실상계가 허용되는 경우

① 투자소득에 대해서 세율 t의 비례소득세가 부과될 때 완전손실상계(full loss offset)가 허용된다면 기대수익과 위험(표준편차)은 각각 다음과 같이 변화한다.

$$\begin{cases} \hat{\pi} = \pi(1-t) = \alpha w r(1-t) \\[1mm] \hat{\sigma}_p = \sigma_p(1-t) = \alpha w \sigma_g(1-t) \end{cases}$$

② 완전손실상계가 허용되는 상황에서 비례소득세가 부과되면 기대수익과 위험의 크기가 모두 동일한 비율로 감소한다.

③ 그러므로 완전손실상계가 허용되면 기회궤적의 기울기는 불변이나 길이는 OP에서 OQ로 짧아진다.

$$\left\lvert\begin{array}{l} \text{조세부과 이전의 기회궤적} : \overline{\pi} = \dfrac{r}{\sigma_g}\sigma_p \\[3mm] \text{조세부과 이후의 기회궤적} : \hat{\pi} = \dfrac{r}{\sigma_g}\hat{\sigma}_p \end{array}\right.$$

④ 조세부과 이후에도 기회궤적의 기울기가 불변이므로 소비자균형은 조세부과 이전과 마찬가지로 M점에서 이루어진다.

⑤ 조세부과 이후에도 균형점 자체는 불변이나 조세부과 이후에는 위험자산의 비중이 $\dfrac{OM}{OP}$ 에서 $\dfrac{OM}{OQ}$으로 증가하므로 조세로 인하여 개인의 위험부담행위가 촉진된다.

⑥ 이와 같이 조세부과 이후에 개인의 위험부담행위가 촉진되는 것은 정부가 공동투자자의 입장에서 위험의 일부를 부담하였기 때문이다.

   ◐ 완전손실상계가 허용되는 경우 투자이익이 발생할 때 개인이 납부하는 조세는 손실의 발생에 대비하여 납부하는 보험료로서의 기능을 한다.

⑦ 조세부과로 모든 개인의 위험부담행위가 촉진된다면 사회전체적인 위험부담이 증가하게 되는데 이는 사회후생의 변화를 초래한다.

⑧ 만약 정부가 위험집중(risk-pooling)과 위험분산(risk-spreading)을 통해 민간부문보다 더 효율적으로(적은 비용으로) 위험을 부담할 수 있다면 사회후생이 증가할 수 있으나, 그 반대의 경우에는 사회후생의 감소가 초래된다.

그림 13-17　손실상계가 허용되는 경우

완전손실상계가 허용되는 경우에는 조세부과 후에 기대수익과 위험이 동일비율로 감소하므로 기회궤적의 기울기는 불변이고 길이만 짧아진다. 따라서 소비자균형은 조세부과 이전과 동일한 M점이나 위험자산의 비중은 증가한다.

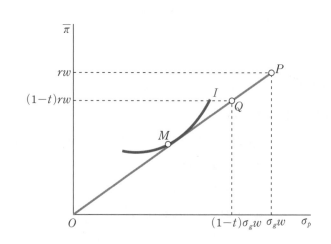

참고	손실상계

1. 개념

① 손실상계(loss offset)란 투자로 인하여 손실이 발생하였을 때 세액의 일부를 환급하거나 공제해 줌으로써 손실분에 해당하는 조세부담을 감소시켜 주는 것을 의미한다.

② 손실분에 해당하는 세액 전부를 감소시켜 주는 것을 완전손실상계, 세액의 일부를 감소시켜 주는 것을 부분손실상계라고 한다.

2. 설명

① 투자소득에 대하여 세율 t의 비례소득세가 부과되고 있는 상태에서 X원의 투자소득이 발생하였다면 납부세액은 tX원이나, X원의 손실이 발생하였다면 납부세액은 $-tX$원으로 계산된다.

② X원의 손실이 발생하였을 때 완전손실상계는 다음의 방법으로 이루어질 수 있다.

> ■ 조세환급 … tX원을 납세자에게 환급해 주는 방법
> ■ 세액공제 … 다른 소득으로 인해 납부해야 할 세액을 tX원 공제해 주는 방법
> ■ 소득공제 … 다른 소득원에서 발생한 소득에서 X원 소득공제해 주는 방법
> ■ 손실이연 … 손실액 X원을 손실발생연도 이후로 이연시켜 다음연도 소득에서 X원을 차감하는 방법
> (이월소득공제)

③ 현실의 법인세제 등에서는 손실(결손)이 발생하면 이를 차후연도 소득에서 차감해 주는 손실이연(이월소득공제)의 방법이 주로 사용되고 있다.

3. 손실상계제도와 투자위험 … 예를 통한 설명

① 4,000만 원의 이익이 발생할 확률이 0.5이고, 2,000만 원의 손실이 발생할 확률이 0.5인 투자안이 있으며, 투자소득에 대한 세율이 20%이고 완전손실상계가 허용된다고 하자.

② 투자소득에 대하여 20%의 조세가 부과되면 기대수익이 20% 감소하나, 완전손실상계가 허용되므로 손실발생시 손실액도 20% 감소한다.

○ 즉, 2,000만 원의 손실이 발생하면 20%에 해당하는 400만 원을 조세당국에서 환급해 주거나 다른 소득에서 납부해야 할 세액이 400만 원 감소하므로 실제손실액은 1,600만 원이다.

확률	수익(조세×)	수익(세율=20%)
0.5	4,000	3,200
0.5	−2,000	−1,600

$$\pi = (0.5 \times 4,000) + (0.5 \times (-2,000)) = 1,000$$
$$\hat{\pi} = (0.5 \times 3,200) + (0.5 \times (-1,600)) = 800$$

③ 이와 같이 손실상계가 허용되는 경우에는 투자안의 손실규모가 감소하므로 투자자의 입장에서는 조세부과 이후에 위험이 감소하는 효과가 발생한다.

④ 조세부과 이후 위험이 감소하는 효과가 발생하는 것(투자자금을 분담하지는 않았지만)은 정부가 지분 20%만큼 공동투자자의 입장에서 위험의 일부를 부담하였기 때문이다.

(2) 손실상계가 허용되지 않는 경우

① 투자소득에 대해 세율 t의 비례소득세가 부과되나 손실이 발생하더라도 손실상계가 전혀 허용되지 않는다면 기대수익은 감소하나 위험의 크기는 불변이다.

② 투자소득에 대해 조세가 부과되면 동일한 위험을 부담할 때의 기대수익만 감소하므로 기회궤적이 그림 (b)에서와 같이 보다 완만한 형태가 된다.

    ➊ 즉, 기회궤적이 시계방향으로 회전이동한다.

③ 동일한 위험을 부담할 때 얻을 수 있는 기대수익의 크기가 감소한 것은 위험부담의 가격이 상승하였음을 의미한다.

④ 손실상계가 허용되지 않는 경우 개인의 위험부담행위가 증가할 것인지 감소할 것인지의 여부는 대체효과와 소득효과의 상대적인 크기에 달려있다.

⑤ 대체효과는 위험부담행위를 감소시키는 방향으로 작용하나 소득효과는 위험부담행위의 소득탄력성(상대적인 위험기피의 정도)에 따라 다르게 나타난다.

⑥ 위험부담행위의 소득탄력성이 (+)이면 조세부과에 따라 명백히 위험부담행위는 감소하나, 위험부담행위의 소득탄력성이 (−)이면 위험부담행위의 증감여부는 대체효과와 소득효과의 상대적인 크기에 의해 결정된다.

그림 13-18 손실상계가 허용되지 않는 경우

- 그림 (a) … 조세가 부과되더라도 손실상계가 허용되지 않는다면 조세부과로 기대 수익만 감소하고 위험의 크기는 변하지 않는다.
- 그림 (b) … 조세가 부과되더라도 손실상계가 허용되지 않는 경우 개인의 위험부담행위의 증감여부는 대체효과와 소득효과에 따라 달라진다.

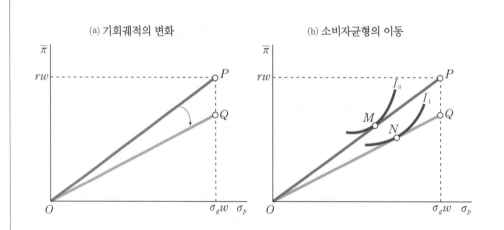

(a) 기회궤적의 변화

(b) 소비자균형의 이동

┌───┐
│ 심층연구 ／ 스티글리츠모형 │
└───┘

① 스티글리츠(J. Stiglitz)는 사람들은 기대효용을 극대화하며, 사람에 따라 위험에 대한 태도가 다르다는 점을 고려하여 조세가 위험부담행위에 미치는 영향을 분석하였다.

② 사람들의 위험기피 정도를 측정하는 지표로는 절대적 위험기피도와 상대적 위험기피도가 있다.

③ 절대적 위험기피도는 자산이 증가할 때 어떤 개인이 위험자산에 투자하는 절대금액의 크기로 위험기피도를 측정하는 방법을, 상대적 위험기피도는 자산이 증가할 때 어떤 개인이 위험자산을 보유하는 비율로 위험기피도를 측정하는 방법을 말한다.

④ 절대적 위험기피도에 따라 구분하면 사람들의 유형은 다음의 세 가지로 나누어진다.

> ■ 절대위험기피 체증유형 : 보유자산이 증가하면 위험자산 보유금액을 줄이는 유형
> ■ 절대위험기피 불변유형 : 보유자산의 크기와 관계없이 위험자산 보유금액을 일정하게 유지하는 유형
> ■ 절대위험기피 체감유형 : 보유자산이 증가하면 위험자산 보유금액을 늘리는 유형

❖ 상대위험기피도를 이용해도 사람들의 유형을 세 가지로 구분할 수 있는데, 위의 구분에서 '위험자산 보유금액'을 '위험자산 보유비율'로 바꾸면 된다.

⑤ 재산세가 부과되면 보유자산의 크기가 감소하게 되는데, 이때 개인의 위험자산 보유금액 혹은 보유비중이 증가할지의 여부는 사람들의 위험에 대한 태도에 따라 달라진다.

⑥ 조세가 사람들의 위험자산 보유금액 혹은 위험자산 보유비중에 미치는 영향을 정리하면 다음의 표와 같다.

	절대위험기피	상대위험기피
체 증		(위험자산 보유금액) ↑	(위험자산 보유비중) ↑
불 변	조세 → (보유자산↓) (위험자산 보유금액) 불변	조세 → (보유자산↓) (위험자산 보유비중) 불변
체 감	(위험자산 보유금액) ↓	(위험자산 보유비중) ↓

⑦ 그러므로 재산세가 부과될 때 개인의 위험부담행위에 미치는 효과는 다음과 같다.

> ■ 상대위험기피 체증유형의 경우는 조세가 부과되면 위험부담행위가 촉진되나, 상대위험기피 체감유형의 경우는 위험부담행위가 감소한다.
> ■ 절대위험기피 체증유형이나 절대위험기피 불변유형의 경우에는 조세가 부과되면 위험부담행위가 촉진되나, 절대위험기피 체감유형의 경우에는 판단하기 어렵다.

❖ 재산세가 부과되어 자산의 크기가 감소하더라도 위험자산의 절대금액이 불변이면 전체 자산 중에서 위험자산의 보유비중이 증가하므로 위험부담행위가 증가한다(절대위험기피 불변유형).

❖ 여기에서 다룬 내용은 논의가 너무 복잡하므로 참고 정도로만 보아 두기로 하자.

Ⅳ 조세와 인적자본형성

1. 개요

① 교육·직업훈련 등이 이루어지면 인적자본(human capital)의 형성이 이루어지고, 인적자본이 축적되면 노동생산성이 향상된다.

② 노동생산성이 향상되면 노동시간 혹은 노동자 수의 증가 없이도 경제전체의 생산량증대가 이루어지므로 결국 인적자본축적은 노동자 수가 증가한 것과 동일한 결과를 가져온다.

③ 최근 연구가 활발히 이루어지고 있는 내생적 경제성장이론에 따르면 인적자본형성은 한 국가의 장기적인 경제성장에 매우 큰 영향을 미치는 것으로 평가되고 있다.

④ 조세가 인적자본형성에 미치는 효과에 대해서는 학자들의 견해가 서로 상이하다.

2. 조세가 인적자본형성에 미치는 효과

(1) Schultz의 견해

① 물적투자에 대해서는 가속상각, 투자세액공제 등 여러 가지 투자우대조치가 시행되고 있으나, 인적투자에 대해서는 세제상의 우대조치가 시행되지 않고 있다.

② 물적투자와 달리 인적투자에 대해서는 세제상의 우대조치들이 전혀 없기 때문에 조세제도는 인적자본형성에 불리하게 작용한다.

(2) Boskin의 견해

① 인적투자가 이루어지는 기간동안 포기된 소득에 대해서는 전혀 과세가 이루어지지 않으므로 인적투자비용은 발생 즉시 비용으로 처리되는 효과가 발생한다.

② 물적투자의 경우에는 자본재의 내구연수에 따라 장기간에 걸쳐 비용(감가상각)처리를 허용하는데 비해, 인적투자에 대해서는 즉시비용처리가 인정되므로 조세제도는 상대적으로 인적투자에 유리하게 작용한다.

(3) Heckman의 견해

① 소득세율이 상승하면 물적투자의 세후 실질이자율이 낮아지므로 인적투자의 기회비용이 하락한다.

② 그러므로 소득세율 상승은 인적투자를 증가시키는 결과를 가져온다.

V 조세와 투자

1. 신고전학파 투자이론

(1) 개요

① 신고전학파 투자이론은 기업의 이윤극대화 관점에서 투자를 설명하는 이론으로 조르겐슨 (D. Jorgenson)에 의하여 정립되었다.

② 신고전학파 투자이론에서는 자본의 사용자비용이란 개념을 도입하여 기업의 이윤이 극대 가 되는 적정자본스톡을 도출하고 이를 통해 투자를 설명한다.

③ 즉, 기업의 이윤극대화를 추구하는 과정에서 적정자본량이 결정되고, 자본량을 적정수준 으로 조정하는 과정에서 투자가 이루어지게 된다는 것이다.

(2) 자본의 사용자비용

① 자본의 사용자비용(user cost of capital)이란 기업이 자본재를 일정기간 동안 사용할 때 소요되는 비용을 의미한다.

② 기업이 생산에 자본재를 사용할 때 소요되는 비용인 자본의 사용자비용에 영향을 미치는 요인에는 다음의 세 가지가 있다.

- 이자비용
- 감가상각비
- 인플레이션

참고 | **자본의 사용자비용의 계산 사례**

① 기계가격(P_K)이 1,000만 원이고, 명목이자율(i)이 10%, 감가상각률(δ)이 5%, 인플레이션율(π)이 3%라고 가정해 보자.

② 이자율이 10%이므로 기계를 1년 동안 사용할 때의 이자비용 iP_K=100만 원이고, 감가상각률이 5%이므로 1년 동안의 기계가치 하락에 따른 비용 δP_K=50만 원이다.

③ 인플레이션으로 1년 동안 기계가격이 3% 상승하면 30만 원의 이득이 생겨나므로 그에 따른 비용은 $-\pi P_K$=−30만 원이다.

④ 그러므로 이 예에서 자본의 사용자비용은 이자비용 100만 원과 감가상각비 50만 원을 합한 금액에서 기계가격 상승에 따른 이득 30만 원을 차감한 120만 원이 된다.

$$C=(i+\delta-\pi)P_K$$
$$=(0.1+0.05-0.03)\times1,000만 원=120만 원$$

⑤ 명목이자율(10%)에서 인플레이션율(3%)를 차감하면 실질이자율이 7%이므로 자본의 사용자비용은 다음과 같이 계산할 수도 있다.

$$C=(r+\delta)P_K$$
$$=(0.07+0.05)\times1,000만 원=120만 원$$

③ 명목이자율이 i, 감가상각률이 δ, 인플레이션율을 π라고 하면 자본의 사용자비용은 다음과 같이 나타낼 수 있다.

$$C=(i+\delta-\pi)P_K$$

④ 실질이자율(r)은 명목이자율에서 인플레이션율(π)을 차감한 것이므로 $(i-\pi)$를 r로 두면 자본의 사용자비용은 다음과 같다.

$$C=(r+\delta)P_K$$

(3) 투자결정원리

① 기업이 자본재를 1단위 증가시키면 MP_K만큼의 추가적인 재화생산이 이루어지므로, 자본재를 1단위 증가시킬 때 얻는 수입의 크기는 $P\cdot MP_K$이다.

  ◐ $MP_K \times P$를 자본의 한계생산물가치(Value of Marginal Product ; VMP_K)라고 한다.

  ◐ 예를 들어, 기계 1대를 일정기간 동안 사용할 때 추가로 생산되는 재화의 개수인 자본의 한계생산물(MP_K)이 1,000개이고, 재화가격이 2,000원이라면 기계 1대를 1년 동안 사용할 때 추가로 얻는 수입의 크기는 200만 원이다.

② 자본투입량이 증가하면 일반적으로 자본의 한계생산물(MP_K)이 감소하므로 VMP_K ($=P\cdot MP_K$)곡선은 우하향의 형태이다.

| 그림 13-19 | 최적자본량 결정 |

한계생산물가치($MP_K \cdot P$)와 자본의 사용자비용이 일치하는 점에서 적정자본량이 K^*로 결정된다.

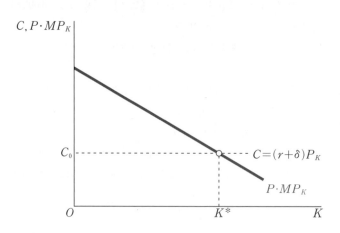

③ 기업은 자본재 구입여부를 결정할 때 자본재 1단위를 증가시킬 때 추가로 얻는 수입인 자본의 한계생산물가치(VMP_K)와 자본재를 1단위 증가시킬 때 소요되는 비용인 자본의 사용자비용을 비교하여 결정한다.

$$
\begin{cases}
P \cdot MP_K > C \rightarrow \text{투자시 수입의 증가분} > \text{투자비용} \rightarrow \text{투자증가(이윤} \uparrow) \\
P \cdot MP_K < C \rightarrow \text{투자시 수입의 증가분} < \text{투자비용} \rightarrow \text{투자감소(이윤} \downarrow)
\end{cases}
$$

④ 결국 기업의 적정자본량(desired capital stock)은 $P \cdot MP_K$와 자본의 사용자비용($C = (r+\delta)P_K$)이 일치하는 수준(K^*)에서 결정된다.

⑤ 현시점에서는 기업의 적정자본량은 K^*로 주어져 있으나 이자율이 변화하거나 조세로 인하여 자본의 사용자비용이 변화하면 기업의 투자가 변화하게 된다.

2. 조세부과의 효과

(1) 조세부과후 사용자비용

① 기업이 이윤극대화를 달성하기 위해서는 자본재 1단위를 증가시킬 때 얻는 수입과 자본의 사용자비용이 일치하여야 하므로 다음의 조건이 충족된다.

$$
MP_K \cdot P = (r+\delta)P_K
$$

② 법인세는 기업의 총수입에서 세법상의 총비용(손금)을 차감한 세법상 이윤에 대해 부과되는 조세이므로 다음과 같다.

$$
\text{세법상 이윤} = \text{총수입} - \text{세법상 총비용}
$$

③ 자본재 1단위를 더 구입함에 따라 총수입이 $MP_K \cdot P$만큼 증가하면 납세액이 $t \times MP_K \cdot P$만큼 증가하므로 법인세 부과이후에는 자본의 한계생산물가치가 $(1-t)MP_K \cdot P$로 감소하는 효과가 발생한다.

④ 한편, 세법상 이자비용공제율이 x, 세법상 감가상각률이 y라면 이자비용(xP_K)과 감가상각비(yP_K)가 세법상 비용으로 인정되어 납세액이 $t(x+y)P_K$만큼 감소하므로 자본의 사용자비용이 그만큼 감소한 효과가 발생한다.

$$
\begin{cases}
txP_K : \text{지급이자의 비용처리에 따른 법인세 절감액} \\
tyP_K : \text{감가상각비의 비용처리에 따른 법인세 절감액}
\end{cases}
$$

🗐 자본재가격 $P_K = 1{,}000$만 원, 세법상 이자비용공제율 $x = 6\%$, 세법상 감가상각률 $y = 10\%$, 법인세율 $t = 20\%$인 경우

$$
\begin{cases}
\text{지급이자 60만 원이 비용으로 처리되면 법인세가 12만 원 절감} \quad \rightarrow txP_K = 12\text{만 원} \\
\text{감가상각비 100만 원이 비용으로 처리되면 법인세가 20만 원 절감} \rightarrow tyP_K = 20\text{만 원}
\end{cases}
$$

⑤ 그러므로 법인세가 부과된 이후 이윤극대화가 이루어지기 위한 자본고용조건은 다음과 같이 나타낼 수 있다.

$$(1-t)P \cdot MP_K = (r+\delta)P_K - t(x+y)P_K$$

$$\to P \cdot MP_K = \boxed{\frac{[(r+\delta)-t(x+y)]P_K}{1-t}} \xrightarrow{\text{let}} C_e : \text{실효납세후 자본비용}$$

⑥ 법인세가 부과된 이후의 사용자비용을 실효납세후 자본비용(C_e)이라고 하면 이는 다음과 같이 정의된다.

$$C_e = \frac{[(r+\delta)-t(x+y)]P_K}{1-t}$$

⑦ 실효납세후 자본비용은 법인세율, 세법상의 감가상각률, 세법상의 이자비용 공제율 등에 의하여 결정되며, 이들에 의하여 투자가 영향을 받게 된다.

⑧ 만약 실효납세후 자본비용이 자본의 사용자비용보다 낮아지면 조세부과 이후에 오히려 투자가 증가하나, 실효납세후 자본비용이 자본의 사용자비용보다 높다면 법인세는 투자의 감소를 초래한다.

$$\begin{cases} C > C_e \to \text{법인세 도입 이후 투자증가} \\ C = C_e \to \text{법인세 도입 이후에도 투자불변(중립적 법인세)} \\ C < C_e \to \text{법인세 도입 이후 투자감소} \end{cases}$$

(2) 중립적 법인세의 조건

1) 이자비용 완전공제와 경제적 감가상각

① 자기자본의 귀속이자를 포함한 모든 이자비용이 완전히 공제되고, 세법상 감가상각률과 경제적 감가상각률이 일치한다면 법인세 도입 이후에도 자본의 사용자비용은 불변이다.

② 즉, 이자비용의 완벽한 공제가 이루어지면 $x=r$이고, 세법상 감가상각률이 경제적 감가상각률과 일치하면 $y=\delta$이므로 $C_e=C$가 성립한다.

$$C_e = \frac{[(r+\delta)-t(x+y)]P_K}{1-t}$$

$$= \frac{[(r+\delta)-t(r+\delta)]P_K}{1-t}$$

$$= (r+\delta)P_K$$

③ 이 경우에는 법인세 도입 이후에도 사용자비용이 불변이므로 법인세는 투자에 아무런 영향을 미치지 않는 중립적인 성격을 갖게 된다.

❂ 이자비용을 완전히 공제하고 경제적 감가상각을 허용한다면 이 때의 법인세는 순수한 경제적 이윤에 대한 과세이다.
→ 순수한 경제적 이윤에 대한 과세는 기업의 선택에 아무런 영향을 미치지 않는다.

2) 자본재 구입비용을 즉시상각하고, 이자비용공제를 허용하지 않는 경우

① 자본재 구입비용을 구입즉시 비용처리(immediate write-off)하면 구입시점에서 자본재가격이 $(1-t)P_K$로 하락하는 효과가 발생한다.

◐ 예를 들어, 법인세율이 $t=0.2$인 경우 자본재가격 $P_K=1,000$만 원인 자본재를 구입하고 구입시점에서 구입비용 1,000만 원을 비용처리하면 법인세 납세액이 200만 원 절감되므로 자본재 구입가격이 800만 원으로 하락하는 효과가 발생한다.

$$(1-t)P_K=(1-0.2)\times 1,000=800만 원$$

② 구입시점에서 구입금액을 모두 상각하였으므로 $y=0$이고, 이자비용에 대해서도 비용처리를 허용하지 않으므로 $x=0$이다.

③ 그러므로 $x=y=0$으로 두고 P_K 대신 $(1-t)P_K$를 대입하면, 이 경우에도 법인세 도입은 자본의 사용자비용에 아무런 영향을 미치지 않음을 알 수 있다.

$$C_e=\frac{[(r+\delta)-t(x+y)]P_K}{1-t}$$

$$=\frac{(r+\delta)(1-t)P_K}{1-t}$$

$$=P_K(r+\delta)$$

④ 법인세 부과 이후에도 사용자비용이 변하지 않으므로 법인세는 투자에 중립적인 성격을 갖게 된다.

⑶ 투자가 촉진되는 경우

① 법인세 부과로 투자가 촉진되기 위해서는 실효납세후 자본비용이 과세전 자본의 사용자비용보다 낮아져야 한다.

② 실효납세후 자본비용을 낮추는 방법으로 다음과 같은 것들이 있다.

- 가속감가상각(accelerated depreciation)
- 투자세액공제(investment tax credit)
- 일정기간동안의 조세감면(tax holiday)
- 각종 준비금제도를 통한 납세시점 연기

◐ 가속상각을 허용하면 초기에는 명목납세액이 감소하나 후기에는 명목납세액이 증가하므로 전체 기간 동안의 명목납세액은 변하지 않는다.

→ 명목납세액이 변하지 않더라도 초기연도에 납세액이 감소하므로 납세액의 현재가치는 감소한다.

> **참고** │ **한계실효세율접근법**
>
> ① 킹(M. King)과 플러톤(D. Fullerton)은 조세로 인해 투자소득이 어느 정도 감소하는지를 살펴봄으로써 조세가 투자에 미치는 영향을 분석하였는데, 이를 한계실효세율접근법이라고 한다.
>
> ② 세전수익률을 p, 세후수익률을 s라고 하면 실효세율(effective tax rate)은 다음과 같이 나타낼 수 있다.
>
> $$t = \frac{p-s}{p}$$
>
> ③ 예를 들어, 세전수익률 $p=0.25$이고, 세후수익률 $s=0.2$라면 한계실효세율은 20%로 계산되는데, 이는 조세로 인해 세전 투자수익의 20%가 감소하였음을 의미한다.
>
> $$t = \frac{p-s}{p} = \frac{0.25-0.2}{0.25} = 0.2$$
>
> ④ 실효세율은 한계적인 투자안에 대하여 계산될 수 있기 때문에 한계실효세율이라고 한다.
>
> ⑤ 이 접근법에 따르면 한계실효세율이 높을수록 조세가 투자에 불리하게 작용하는 것으로 평가할 수 있다.
>
> ⑥ 일반적으로 한계실효세율은 (+)의 값을 갖지만, 가속상각이나 투자세액공제와 같은 여러 가지 투자우대조치가 취해지는 경우에는 한계실효세율이 (−)가 될 수도 있다.
>
> ⑦ 한계실효세율이 (−)라는 것은 정부가 투자소득에 대해 보조금을 주는 것이므로 조세가 투자를 촉진하는 효과를 갖는다.

Ⅵ 조세와 기업의 자본구조

1. 자본구조이론

① 기업 운영에 사용되는 자금은 크게 보면 주주가 출자한 자기자본과 외부에서 차입한 타인자본으로 나눌 수 있다.

② 자본구조(capital structure)란 타인자본과 자기자본의 구성상태 즉, 부채−자본비율을 의미한다.

③ 전통적으로 기업의 자본구조가 달라지면 재무위험이 변하므로 그에 따라 기업의 가치도 달라질 것으로 인식되어 왔다.

④ 그에 따라 여러 학자들이 기업가치가 극대가 되는 최적자본구조(optimal capital structure)에 관한 이론을 전개해 왔는데, 이를 자본구조이론이라고 한다.

⑤ 그런데 모딜리아니(F. Modigliani)와 밀러(M. Miller)는 기존의 이론과 달리 자본구조와 기업가치와 아무런 관계가 없다는 혁신적인 이론을 발표하면서 자본구조와 관련된 다양한 논의가 전개되어 왔다.

⑥ 조세가 기업의 자본구조에 어떤 영향을 미치는지를 논의하는데 있어 토대가 되는 모딜리아니와 밀러의 이론을 먼저 살펴보자.

2. 모딜리아니-밀러의 제1명제

(1) 내용

① 모딜리아니와 밀러는 1958년에 일정한 가정 하에 부채-자본비율의 변화는 기업가치와 아무런 관련이 없다는 주장을 발표하였는데, 이를 MM의 제1명제라고 한다.

> 기업가치는 영업이익과 영업위험에 의해 결정되며 자본구조와는 아무런 관계가 없기 때문에 부채-자본비율(자본구조)의 변화는 기업가치에 아무런 영향을 미칠 수 없다.

② 전통적인 자본구조이론과 달리 MM의 제1명제는 최적자본구조가 존재하지 않음을 보여주는 이론으로 자본구조 이론에 있어 일대 혁신을 가져왔다.

③ 모딜리아니와 밀러의 제1명제는 다음과 같은 가정에 입각하고 있다.

- 기업은 자본을 타인자본과 자기자본의 두 가지 형태로만 조달한다.
- 완전자본시장이 존재하므로 주어진 이자율로 차입과 대출이 가능하다.
- 기업의 투자정책은 정해져 있으며, 투자자들도 이를 알고 있다.
- 주식과 채권의 거래에는 아무런 비용이 들지 않는다.
- 법인세 및 소득세가 존재하지 않는다.
- 기업의 내부자(경영자)와 외부자(투자자)의 정보수준이 동일하다.
- 경영자는 기업가치를 극대화하므로 주인-대리인 문제가 발생하지 않는다.
- 기업의 파산비용이 발생하지 않는다.

(2) 설명

① 어떤 기업의 연간 벌어들이는 투자수익 A원을 전부 이자와 배당금으로 지급한다고 가정하자.

② 이 기업의 차입금이 B원이라면 이자지급액 rB원을 제외한 $(A-rB)$원이 주주에게 배당금으로 지급된다.

③ 주주는 주식구입 금액의 일부인 C원을 차입금으로 조달하였다면 주주의 순소득은 배당금 $(A-rB)$에서 차입금에 대한 이자(rC)를 차감한 $A-rB-rC$가 된다.

④ 이 기업이 부채비율을 낮추기 위해 D원의 자금을 조달한 후 차입금 중 일부를 상환하면 주주에게 배당금으로 지급되는 금액이 $A-r(B-D)$원으로 증가한다.

⑤ 주주들이 D원을 차입하여 신주를 구입하였다면 주주의 차입금에 대한 이자지급액이 $r(C+D)$원으로 늘어나므로 순소득이 다음과 같다.

$$주주의 순소득=[A-r(B-D)]-r(C+D)$$
$$=A-rB-rC$$

❖ 주주들이 스스로 보유하고 있던 자금으로 신주를 구입한 경우에도 자기자본의 귀속이자를 고려하면 결과는 동일하다.

⑥ 이처럼 기업이 자금조달방식 변경으로 부채 – 자본비율이 낮아지더라도 주주의 순소득에는 아무런 변화가 없다.

⑦ 그러므로 기업의 자본구조 변화는 기업가치에 아무런 영향을 주지 않는 것으로 해석할 수 있다.

⑧ 이는 어떤 자산의 가치가 그 자산을 보유할 때 얻을 수 있는 수입의 현재가치로 결정되는 것처럼 기업의 가치는 기업이 벌어들이는 수입의 현재가치로 결정되기 때문이다.

> ◐ 기업이 벌어들이는 수입 중 이자를 지급하고 남은 부분은 모두 배당금으로 지급되므로 기업이 벌어들이는 수입의 현재가치는 주주소득(배당금)의 현재가치와 동일하다.

⑨ 이 모형에서 기업의 자본구조 선택이 별 의미를 갖지 못하는 것은 주주차원에서 상쇄되기 때문이다.

> ◐ 다시 말해, 기업의 차입금이 감소하면 주주의 차입금 증가로 상쇄되므로 경제 전체 차입금에는 변화가 발생하지 않기 때문이다.

3. 조세와 기업의 자본구조

(1) 법인세가 있는 경우

1) 타인자본의 감세효과

① MM의 제1명제의 가정과 달리 거의 모든 국가에서 기업의 수익에 대해 법인세가 부과되고 있다.

② 현실의 법인세는 자기자본과 타인자본을 달리 취급하기 때문에 기업의 자본구조에 커다란 영향을 주고 있다.

③ 즉, 법인세법에서는 차입금에 대한 지급이자는 비용으로 인정해 주는데 비해 자기자본의 귀속이자는 비용처리가 인정되지 않는다.

④ 그러므로 타인자본 의존도가 높아질수록 법인세 부담이 감소하는 효과가 발생하게 되는데, 이를 타인자본의 감세효과(tax shield)라고 한다.

⑤ 어떤 기업의 부채가 B원, 이자율이 r, 법인세율이 t인 경우 차입금에 대한 이자 rB원이 세법상 비용으로 인정되면 기업의 수익이 rB원 감소하므로 법인세 납세액이 trB원 감소한다.

⑥ 그러므로 기업이 영구적으로 B원의 자금을 부채에 의존한다면 타인자본 사용에 따른 감세효과가 다음과 같이 계산된다.

$$PV = \frac{trB}{(1+r)} + \frac{trB}{(1+r)^2} + \frac{trB}{(1+r)^3} + \cdots$$
$$= tB$$

⑦ 법인세의 감세효과가 '법인세율×부채'이므로 법인세율이 높을수록, 부채가 많을수록 법인세의 감세효과가 커지게 된다.

⑧ 모딜리아니와 밀러는 1963년에 법인세를 고려하여 다음과 같은 제1정리의 수정 이론을 발표하였다.

> 부채 사용이 증가할수록 이자비용의 법인세 절감효과의 현재가치가 커지므로 기업의 가치가 증가한다.

⑨ 그러므로 MM의 수정이론에 의하면 100% 타인자본을 사용하는 것이 최적이 된다.

2) 현실에서의 자본구조

① 법인세를 고려하면 부채비율이 높을수록 유리하나 현실에서 기업이 100% 부채로 자금을 조달하는 경우는 거의 볼 수 없다.

② 부채를 통해 자금을 조달하는 것이 유리함에도 불구하고 기업들이 100% 부채로 자금을 조달하지 않는 것은 부채비율이 높아질수록 파산위험이라는 부정적인 효과가 발생하기 때문이다.

③ 기업이 파산을 하면 청산(liquidation)에 들어가거나 재조직(reorganization)하게 되는데 그 과정에서 여러 가지의 파산비용(bankruptcy cost)이 발생한다.

　❍ 기업이 파산하면 변호사·공인회계사를 고용하는 데 소요되는 직접비용뿐만 아니라 재정비를 하더라도 기업 이미지가 실추되고 고객과 거래처를 상실하는 간접비용이 발생한다.

④ 기업의 부채비율이 높을수록 파산에 따른 직·간접적 비용도 커지므로 부정적인 효과가 더 커지게 된다.

⑤ 현실에서 기업이 모든 자금을 타인자본에 의존하지 않는 것은 부채비율 상승에 따른 법인세 절감이란 긍정적인 효과와 파산비용 증가라는 부정적인 효과를 고려하여 적정 부채비율을 결정하기 때문이다.

⑵ 법인세와 소득세가 모두 있는 경우

① 법인세와 소득세가 모두 부과되는 경우 기업은 두 가지 조세를 모두 납부한 후의 순소득을 극대화하는 자본구조를 선택하고자 할 것이므로 소득세도 기업의 자본구조에 영향을 미치게 된다.

② 개인이 기업부문으로부터 얻는 소득은 채권자가 얻는 이자소득과 주주가 얻는 배당금과 자본이득으로 나눌 수 있는데, 투자자의 순소득은 각 유형의 소득에 적용되는 소득세율에 의해 결정된다.

　❍ 기업이 수익 중 일부를 배당하지 않고 사내에 유보하면 주식가격이 상승하므로 주주는 자본이득(capital gain)을 얻게 된다.

③ 거의 모든 국가에서 채권자의 이자소득에 대해서는 소득세의 세율이 그대로 적용되는 반면 자본이득에 대한 세율은 매우 낮으므로 주주의 소득에 적용되는 세율이 더 낮은 것이 일반적이다.

　❍ 이자소득과 배당소득에 대한 세율이 다를 뿐만 아니라 조세구조가 누진적이라면 각 납세자에게 적용되는 세율이 모두 다르기 때문에 항상 배당으로 수취하는 것이 유리하다고 말할 수는 없다.

④ 그러므로 소득세 부담이란 측면에서 보면 투자자는 채권보다 주식을 구입하는 것이 더 유리하다.

⑤ 이러한 점을 감안하면 소득세가 없을 때보다 법인세의 감세효과가 줄어드는 결과가 발생한다.

⑥ 그러므로 법인세와 소득세가 모두 있는 경우에도 조세는 일반적으로 기업의 부채－자본비율을 높이는 방향으로 작용한다.

VII 조세와 배당정책

1. 배당정책의 개념

① 배당정책(dividend policy)이란 기업의 이익을 주주에 대한 배당금과 재투자를 위한 유보이익으로 나누는 의사결정을 의미한다.

② 기업이 배당금을 많이 지급하면 주주의 소득이 증가하나 투자를 위한 내부유보의 감소로 성장기회가 제약될 가능성이 있으므로 많은 배당을 하는 것이 반드시 주주에게 유리한 것은 아니다.

③ 기업의 가치가 극대화되는 배당정책에 대해서는 여러 가지 이론이 있으나 여기서는 배당정책에 관한 논의의 중심에 있는 모딜리아니와 밀러의 배당무의미성이론을 소개하기로 한다.

④ 조세가 기업의 배당정책에 어떤 영향을 미치는지, 그리고 현실에서 기업이 배당금을 지급하는 이유는 어디에 있는지도 이 절에서 살펴볼 내용이다.

2. 모딜리아니와 밀러(MM)의 배당무의미성이론

(1) 내용

① 모딜리아니와 밀러는 기업의 가치는 투자수익에 의해 결정될 뿐 배당정책과는 아무런 관계가 없다는 내용을 발표하였다.

> 완전자본시장이 존재하고 거래비용과 조세가 존재하지 않는 경우 기업의 가치는 전적으로 투자수익에 의해 결정될 뿐 배당정책과는 무관하다.

② 이를 배당무의미성이론(dividend irrelevance theory)이라고 하는데, 다음과 같은 가정에 입각하고 있다.

- 완전자본시장이 존재하므로 주어진 이자율로 차입과 대출이 가능하다.
- 주식과 채권의 거래에는 아무런 비용이 들지 않는다.
- 법인세 및 소득세가 존재하지 않는다.
- 투자자는 배당소득(dividend gain)과 자본이득(capital gain)을 동일하게 평가한다.

◐ 배당무관련이론이라고도 한다.

(2) 설명

① 어느 기업의 투자정책이 주어져 있는 상태에서 주주들에게 추가적인 배당금을 지급하기로 했다고 하자.

② 신주 발행을 통해 자금을 조달하여 배당금을 지급하면 기존 주주들은 그만큼의 배당소득을 얻지만 그들이 보유한 주식가격 하락으로 자본손실(capital loss)이 발생한다.

③ 기업이 신주를 발행하여 자금을 조달하여 배당금을 지급하더라도 기업의 가치는 변하지 않는다.

> ◐ 기업이 100억 원어치의 신주를 발생하여 기존 주주에게 이를 지급할 경우 주식수가 늘어날 뿐 미래에 예상되는 기업의 투자수익은 변하지 않기 때문이다.

④ 그러므로 새로운 주식이 발행되면 기존 주주가 보유한 주식의 가치가 정확히 신주발행액만큼 하락한다.

$$\text{기존주식의 가치} = \text{기업의 가치} - \text{신주발행액}$$

⑤ 추가적인 배당소득이 자본손실과 정확히 상쇄되므로 기존 주주의 재산에는 아무런 변화도 발생하지 않는다.

⑥ 이처럼 기업이 배당을 늘리면 주주의 손에 현금이 더 들어갈 뿐이며 기업의 가치에는 아무런 변화가 발생하지 않는다는 것이 모딜리아니와 밀러의 설명이다.

⑦ MM의 이론에 의하면 배당정책은 기업가치와 아무런 관련이 없으므로 다른 조건이 동일하다면 높은 배당률을 유지하는 기업의 주가가 높아야 할 이유가 없다.

3. 조세와 배당

(1) 배당금의 수수께끼

① 현실에서는 기업의 이윤 중 배당되는 부분은 주주의 소득에 합산되어 소득세가 과세되는 데 비하여, 주가상승에 따른 자본이득에 대해서는 저율의 자본이득세가 과세되거나 아예 과세가 되지 않는 것이 일반적이다.

② 그러므로 주주의 입장에서는 배당을 받고 소득세를 내는 것보다는 사내유보를 통하여 자본이득을 얻는 것이 훨씬 유리하다.

③ 이론적으로 보면 주주들은 배당을 받는 것보다 사내유보를 훨씬 더 선호할 것으로 생각되나 현실에서 기업들은 매년 상당한 부분의 투자수익(이윤)을 배당하는 것을 볼 수 있다.

④ 조세부담 측면에서 명백히 불리함에도 기업들이 배당금을 지급하는 현상을 배당금의 수수께끼(dividend puzzle) 혹은 배당의 역설(dividend paradox)이라고 한다.

⑤ 기업이 배당금을 지급하는 이유에 대해서는 다양한 설명이 제시되고 있다.

(2) 배당금 지급에 대한 설명

1) 미래의 불확실성

① 투자자들은 사내유보를 통해 미래의 주가에 반영되어 나타나는 불확실한 자본이득보다 현재의 확실한 배당소득을 더 선호하기 때문에 기업들이 이를 수용하여 배당금을 지급하게 된다는 것이다.

② 즉, 투자자들은 숲속의 두 마리의 새보다는 수중에 있는 한 마리의 새를 더 선호하기 때문에 배당금을 지급한다.

2) 배당의 신호효과

① 다수의 투자자들은 배당성향이 높은 기업은 충분한 배당금을 지급할 수 있을 정도로 수익성이 높을 것으로 판단하고 배당성향이 높은 주식을 선호한다.

② 이 경우 경영자들은 투자자들에게 기업의 수익성, 성장가능성 등에 대한 신호(signal)를 보내기 위해 높은 배당률을 유지하고자 한다.

3) 고객효과

① 생계를 위해 정기적으로 현금이 필요한 투자자나 소득이 적어 낮은 한계세율을 적용받는 투자자는 배당성향이 높은 주식에 투자하는 반면, 미래 주가상승을 기대하는 투자자나 소득이 많아 높은 한계세율을 적용받는 투자자는 배당성향이 낮은 주식에 투자한다.

② 이와 같이 투자자들이 각자의 선호를 만족시켜줄 수 있는 주식에 투자한다는 것을 배당의 고객효과(client effect)라고 한다.

③ 그러므로 주로 높은 배당을 원하는 투자자로 구성된 기업은 배당성향이 높아질 수밖에 없다.

4) 거래비용

① 주식을 매매할 때 거래비용이 있는 경우 자본이득을 실현하려면 거래비용을 지출해야 하나 배당소득은 전액 주주에게 귀속되므로 일정금액을 마련하고자 할 때는 주식을 매각하는 것보다는 배당금을 수취하는 것이 유리하다.

② 그러므로 거래비용이 존재하는 경우 일부 투자자들은 사내유보를 통한 자본이득보다는 배당소득을 더 선호한다.

5) 대리인 비용

① 배당을 많이 지급하면 경영자가 자신의 재량으로 사용할 수 있는 여유자금이 줄어들기 때문에 경영자의 특권적 소비를 감소시키는 효과가 있다.

② 그리고 배당을 많이 지급하면 투자에 필요한 자금을 외부에서 조달해야 하는데 그 과정에서 경영성과, 투자정책 등에 대하여 평가를 받게 되므로 주주들이 경영자를 감시하는데 드는 비용을 절감할 수 있다.

③ 이처럼 배당이 증가는 경영자와 주주 사이에서 발생하는 대리인 비용을 감소시켜 주는 긍정적인 효과를 갖는다.

제12장 / 개별조세이론

01 2015 세무사

헤이그-사이먼즈(Haig-Simons)의 포괄적 소득세제에 관한 설명으로 옳은 것은?

① 소득의 발생 사실만으로 과세하는 것은 적절하지 않다는 실현주의에 근거한 소득이다.

② 소비지출과 순가치(개인 잠재소비능력) 증가분의 합을 과세대상으로 삼아야 한다는 입장이다.

③ 포괄적 소득세제는 수평적 공평성을 저해시킨다.

④ 배당금이나 자본이득을 다르게 취급하고, 여가나 내구성 자산으로부터의 귀속소득은 과세대상에서 제외한다.

⑤ 편익원칙에 충실한 과세방식이다.

📝 포괄적 소득에는 소득의 원천이나 형태, 실현·미실현 여부에 관계없이 개인의 경제적 능력을 증가시킨 것은 모두 포함된다. 구체적으로 근로소득, 이자소득, 배당금, 자본이득뿐만 아니라 내구자산에서 발생한 귀속소득도 모두 포괄적 소득의 범주에 포함된다.

　　포괄적 소득세에서는 모든 소득이 동일하게 취급되므로 수평적 공평성의 측면에서 바람직하다. 또한, 미실현 자본이득도 소득에 포함되므로 포괄적 소득세는 실현주의가 아니라 발생주의에 근거한 과세방식이다. 포괄적 소득세제 하에서 개인이 납부해야할 세금의 크기는 정부로부터 제공받는 편익에 관계없이 소득의 크기에 따라 결정되므로 포괄적 소득세는 능력원칙에 따른 과세이다.

02 2018 세무사

개인소득세에 관한 설명으로 옳지 않은 것은?

① 헤이그-사이먼즈(Haig-Simons) 소득은 두 시점 사이에서 발생하는 경제적 능력 순증가의 화폐가치이다.

② 우리나라는 가구단위가 아닌 개인단위로 개인소득세를 과세하고 있다.

③ 감면 총규모를 유지하면서 소득공제를 세액공제로 변경하는 경우 수직적 형평성은 개선된다.

④ 우리나라의 소득세제는 실현주의를 기본 원칙으로 채택하고 있다.

⑤ 누진적인 소득세 하에서 인플레이션은 실질 조세부담을 낮추는 효과를 가진다.

📝 누진적인 소득세제 하에서 인플레이션이 발생함에 따라 명목소득이 증가하면 더 높은 한계세율을 적용받게 되므로 실질적인 조세부담이 증가한다.

03

자본이득과세에 대한 다음 설명 중 옳지 않은 것은?

① 발생주의에 따라 자본이득에 대해 과세하면 동결효과가 발생한다.

② 현실적으로 미실현 자본이득에 대해 과세하는 것은 과세기술상 매우 곤란하다.

③ 실현주의에 따라 자본이득에 대해 과세한다면 자산이동의 억제가 발생한다.

④ 미실현 자본이득에 대하여 과세하는 것은 납세자의 유동성문제를 야기할 수 있다.

⑤ 실현주의에 따라 자본이득에 대해 과세할 경우에는 수평적 불공평의 문제가 발생한다.

✎ 실현주의에 입각해서 실현된 자본이득에 대해서만 과세한다면 자본이득의 실현을 연기시키려는 동결효과(lock-in effect)가 발생한다. 따라서 실현주의에 따라 자본이득에 대해 과세한다면 자산의 이동이 억제되고, 이에 따라 자본재의 효율적 배분이 왜곡되는 문제가 발생한다. 그리고 실현된 자본이득에 대해서만 과세하므로 조세의 수평적 불공평이 발생할 가능성이 있다.

발생주의에 따라 자본이득에 대해서 과세한다면 자본이득의 실현여부에 관계없이 과세가 이루어지므로 자본이득의 실현을 연기시키는 동결효과(lock-in effect)가 발생하지 않는다. 그러나 미실현자본이득에 대해 과세한다면 납세자는 조세를 납부하기 위하여 자산을 매각해야 하는 소위 유동성 문제가 발생할 가능성이 있다. 그리고 미실현 자본이득을 정확하게 평가하는 것도 매우 어려운 과제이다.

실현주의와 발생주의 장·단점

	실현주의	발생주의
장점	유동성 문제가 발생하지 않음	조세부담이 공평 동결효과가 발생하지 않음
단점	동결효과가 발생	조세부담의 불공평성 발생 납세자의 유동성문제 발생가능성이 있음

04 **2022** 세무사

개인소득세의 감면제도에 관한 설명으로 옳지 않은 것은?

① 감면 총규모가 일정할 때, 소득공제를 세액공제로 변경하면 수직적 공평성은 악화된다.

② 누진세율 구조에서 소득공제의 실제 조세감면 효과는 대상자의 소득이 클수록 크게 나타난다.

③ 어떤 재화 구입비의 소득공제는 해당 재화의 상대가격 변화를 가져올 수 있다.

④ 우리나라의 경우 교육비는 세액공제 대상이다.

⑤ 세액공제의 결정액은 한계세율과 관계없다.

✎ 모든 사람에게 동일한 금액의 소득공제를 해 주면 고소득층의 납세액이 저소득층보다 더 크게 줄어드는 반면 동일한 금액의 세액공제를 해 주면 고소득층과 저소득층의 납세액이 동일하게 감소한다. 그러므로 감면 총규모가 일정할 때 소득공제를 세액공제로 변경하면 상대적으로 저소득층의 납세액이 크게 감소하므로 수직적 공평성이 강화된다.

05 2018 세무사

개인소득세의 소득공제와 세액공제에 관한 설명으로 옳지 않은 것은?

① 누진세율 구조인 경우 세액공제의 실제 조세감면 효과는 대상자의 소득이 클수록 크게 나타난다.

② 소득공제는 담세능력에 따라 과세하고자 하는 것이다.

③ 소득공제를 실시하면 파레토 효율성 조건 중의 하나인 교환의 조건을 충족하지 못한다.

④ 개인들의 수요에 대한 가격탄력성이 각각 다른 상황에서 특정 경제행위의 장려가 조세감면의 목표라면 소득공제가 세액공제보다 효과적일 수 있다.

⑤ 현재 우리나라 세액공제 사례로 의료비, 정치후원금 등이 있다.

☑ 누진적인 소득세 구조 하에서 소득공제는 동일한 금액을 공제해 주더라도 소득이 많은 사람일수록 조세 감면효과가 크게 나타난다. 그러나 세액공제는 세액을 계산한 후에 일정금액을 감면해 주는 것이므로 감면효과는 대상자의 소득의 크기와 관계가 없다. 의료비, 교육비 등에 대해 소득공제를 해 주면 재화의 상대가격이 왜곡되므로 교환의 파레토 효율성 조건이 충족되지 못한다.

06

최근 단일세율소득세(flat rate income tax)를 도입하자는 주장이 제기되고 있는데, 이를 주장하는 사람들이 내세우는 근거로 적절하지 않은 것은?

① 조세행정 비용의 절감이 가능하다.

② 각종 공제를 확대하여 수직적 공평성을 높일 수 있다.

③ 조세회피(tax avoidance)를 줄일 수 있다.

④ 경제적 효율성이 높아질 수 있다.

⑤ 모든 소득이 동일하게 취급되므로 수평적 공평성이 높아진다.

☑ 단일세율소득세란 모든 소득에 대하여 동일한 세율을 적용하고, 인적공제 및 명백한 소득취득비용에 대한 공제를 제외하고는 공제를 전혀 허용하지 않는 제도를 말한다. 이 제도를 주장하는 학자들은 단일세율소득세제하에서는 모든 사람에 대하여 동일한 세율이 적용되므로 조세로 인해 민간부문의 의사결정 왜곡이 감소하므로 경제적 효율성이 제고될 것으로 보고 있다. 그리고 이 제도하에서는 모든 소득을 동일하게 취급하므로 조세의 수평적 공평성도 높아질 것으로 생각된다. 그러나 단일세율소득세가 시행되면 조세의 누진성이 매우 낮아질 것이므로 수직적 공평성이 저해될 가능성이 있고, 조세의 소득재분배기능이 상당히 약화될 것이다.

07 2018 세무사

다음 그림은 과세표준과 세율의 관계를 표시하고 있다. 이에 관한 설명으로 옳은 것은?

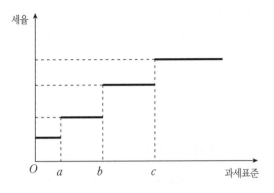

① 과세표준이 a를 초과할 때 비로소 누진세가 나타난다.

② 평균세율은 과세표준의 구간에 따라 계단식으로 증가한다.

③ 과세표준의 전 구간에 걸쳐 평균세율은 한계세율보다 낮다.

④ 과세표준이 c를 초과하면 평균세율은 더 이상 증가하지 않는다.

⑤ 과세표준의 전 구간에서 세액공제가 증가하면 한계세율은 감소한다.

📝 과세표준이 a 이하인 구간에서는 모든 소득에 대해 동일한 세율이 적용되므로 비례세가 되나 과세표준이 a를 넘어서면 한계세율이 높아지므로 누진세가 된다. 그러므로 과세표준이 a 이하인 구간에서는 평균세율과 한계세율이 동일하나 과세표준이 a를 초과하면 한계세율은 계단식으로 높아지지만 평균세율은 완만하게 지속적으로 상승한다. 세액공제는 납부할 세액을 계산한 후 일정 금액을 공제해 주는 것이므로 세액공제는 한계세율에 영향을 미치지 않는다. 문제에 주어진 그림에다 평균세율을 추가하면 아래의 그림과 같다.

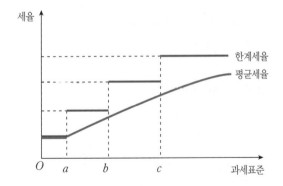

08 2017 세무사

로젠(H. Rosen)이 제시한 바람직한 소득세의 조건과 관련된 설명으로 옳지 않은 것은?

① 동일한 소득의 가족에게는 똑같은 세금을 부과하는 수평적 공평성이 충족되어야 한다.

② 합산과세방식은 가족 간 수직적 공평성 조건을 충족하나 수평적 공평성과 결혼중립성 조건은 충족하지 못한다.

③ 결혼 여부가 두 개인의 조세부담을 변화시켜서는 안 된다.

④ 납세자 간 분리과세방식은 결혼중립성 조건을 충족하나 가족 간 수평적 공평성은 충족하지 못한다.

⑤ 소득이 증가함에 따라 한계소득세율이 증가하는 수직적 공평성이 충족되어야 한다.

📝 로젠(H. Rosen)은 바람직한 과세단위를 판단할 때 고려되어야 할 원칙으로 다음의 세 가지를 제시하였다.

첫째, 소득이 증가할수록 한계세율이 높아져야 한다.
둘째, 수평적 공평성의 관점에서 볼 때 동일소득의 가구는 세부담이 동일해야 한다.
셋째, 결혼여부가 조세부담에 영향을 주지 않아야 한다(결혼 중립성).

합산과세방식으로 소득세를 부과하면 동일한 소득의 가구는 동일한 금액의 소득세를 납부하므로 수평적 공평성이 충족된다. 그러나 합산과세방식 하에서는 결혼여부에 따라 세부담이 달라지므로 결혼중립성 조건은 충족되지 않는다.

09 2023 세무사

우리나라의 소득세와 부가가치세에 관한 설명으로 옳은 것은?

① 다른 조건이 일정할 때 인플레이션으로 명목소득이 증가하게 되면 소득세 부담은 감소하게 된다.

② 개인소득세는 가구단위가 아닌 개인단위로 부과하고 있다.

③ 부가가치세는 최종단계의 부가가치에만 과세되어 수직적 통합을 방지하는 효과가 있다.

④ 비례소득세는 수직적 공평성을 개선하게 된다.

⑤ 이자소득세를 부과할 경우, 소득효과는 저축의욕을 떨어뜨린다.

📝 우리나라의 소득세는 가구단위가 아닌 개인단위로 부과된다. 소득세는 누진적인 세율로 과세되므로 인플레이션으로 인해 명목소득이 증가하면 더 높은 한계세율을 적용받게 되어 조세부담이 커지게 된다.

부가가치세는 최종단계의 부가가치에 대해서만 과세되는 것이 아니라 모든 단계의 부가가치에 대해 과세된다. 모든 단계의 부가가치에 대해 부가가치세가 과세되므로 수직적 통합을 하더라도 조세부담이 감소하지 않는다. 그러므로 부가가치세는 기업들의 수직적 통합을 방지하는 효과가 있다.

비례소득세 하에서는 모든 사람이 소득의 일정비율만큼 소득세를 납부하므로 수직적 공평성을 개선하는 효과가 발생하지 않는다. 이자소득세가 부과되면 실질소득이 감소한다. 실질소득이 감소하면 소득효과에 의해 현재소비가 감소하므로 저축이 증가한다.

10 2020 세무사

개인소득세는 누진세이고, 과세 단위는 개인단위 과세와 부부합산 과세가 있다. 이러한 과세 단위가 가지는 특징에 관한 설명으로 옳지 않은 것은?

① 개인단위 과세는 각 납세자의 지불능력을 잘 반영하는 특징을 가지고 있다.

② 부부합산 과세는 가족이 경제활동의 기본 단위라는 인식에 기반하고 있다.

③ 부부합산 과세의 경우, 주소득원과 그 배우자가 각각 직면한 한계세율은 동일하다.

④ 개인단위 과세의 경우, 주소득원과 그 배우자가 각각 직면한 한계세율은 상이하다.

⑤ 비탄력적인 부문에 높은 세율을 부과한다는 램지원칙에 개인단위 과세보다 부부합산 과세가 더 잘 부합한다.

✎ 램지규칙은 물품세의 최적과세에 관한 논의이므로 개인소득세의 과세단위와는 아무런 관련이 없다.

11 2022 세무사

한계세율이 소득액 5,000만 원까지는 10%, 5,000만 원 초과금액에 대해서는 30%일 때, 두 부부의 소득과 소득세액은 아래와 같다. (단, 소득공제는 없다.)

부부		개인소득	과세단위별 소득세액	
			개인기준	가족기준
A	유○○	0.5억원	500만 원	5,000만 원
	이○○	1.5억원	3,500만 원	
B	박○○	1억원	2,000만 원	5,000만 원
	전○○	1억원	2,000만 원	

다른 조건이 일정할 때, 두 부부의 과세방식을 개인기준에서 가족기준으로 변경할 경우의 결과로 옳은 것은?

① A부부 − 결혼중립성 충족 ② B부부 − 결혼중립성 충족
③ A부부 − 수평적 공평성 미충족 ④ B부부 − 수평적 공평성 미충족
⑤ A부부 − 수평적 공평성 충족

✎ 개인단위 과세를 할 때는 두 부부의 납세액이 모두 4,000만 원이지만 가족단위 과세를 하면 납세액이 5,000만 원으로 증가하므로 가족단위 과세를 하면 결혼벌금(marriage penalty)이 발생한다. 그러므로 과세방식을 개인기준에서 가족기준으로 변경하면 결혼중립성이 충족되지 않는다. 개인단위 과세를 할 때와 가족단위 과세를 할 때 두 부부의 납세액이 동일하므로 과세방식을 개인기준에서 가족기준으로 변경하더라도 수평적 공평성은 여전히 충족된다.

12 　2020 세무사

A와 B, C와 D는 각각 부부이며, 두 가구의 소득과 소득세액은 다음의 표와 같다. 이에 관한 설명으로 옳은 것을 모두 고른 것은?

가구		개인소득	개인 소득세액	가구 총소득	개인소득세액 합계	가구 합산 시 세액
1	A	1억 원	4천만 원	1억 2천만 원	4천 1백만 원	4천 9백만 원
	B	2천만 원	1백만 원			
2	C	6천만 원	1천 2백만 원	1억 2천만 원	2천 4백만 원	4천 9백만 원
	D	6천만 원	1천 2백만 원			

ㄱ. 가구합산을 하는 경우, 결혼세(marriage tax)의 문제가 발생한다.
ㄴ. 세율 체계의 누진성, 조세부담의 수평적 형평성, 결혼에 대한 중립성은 동시에 만족될 수 없다.
ㄷ. 결혼세의 문제는 세율체계의 누진성 때문에 발생한다.

① ㄱ 　　　　　　② ㄱ, ㄴ 　　　　　　③ ㄱ, ㄷ
④ ㄴ, ㄷ 　　　　　　⑤ ㄱ, ㄴ, ㄷ

📝 소득세가 비례적인 세율로 부과된다면 각자의 소득에 세율을 곱하여 개인별로 납부할 세금을 계산한 후에 합한 금액과 부부의 소득을 합한 후에 세율을 곱하여 계산한 납세액이 동일하므로 부부합산과세를 하더라도 결혼세(marriage tax)가 발생하지 않는다. 이에 비해 누진적인 소득세율 체계 하에서는 부부의 소득을 합한 후에 과세하면 개인단위로 과세할 때보다 더 높은 한계세율이 적용되므로 세부담이 증가하는 현상인 결혼세 문제가 발생한다. 문제에 주어진 수치를 보면 두 가구 모두 부부합산과세를 하면 개인단위로 과세할 때보다 세부담이 증가한다. 이는 두 가구 모두 결혼세가 발생함을 의미한다.

누진적인 소득세제 하에서 개인단위 과세를 하면 결혼세는 발생하지 않지만 두 가구의 소득이 동일하더라도 조세부담이 달라질 수 있으므로 수평적 공평성이 충족되지 않는다. 한편, 부부합산과세를 하면 수평적 공평성은 충족되나 결혼벌금이 발생할 수 있다. 그러므로 ⅰ) 세율체계의 누진성, ⅱ) 수평적 공평성, ⅲ) 결혼중립성의 세 가지 조건이 동시에 충족되는 과세단위는 존재하지 않는다.

13

어떤 근로자의 근로소득은 100만 원, 비과세이자소득은 10만 원이다. 소득공제 20만 원, 근로소득세액공제 5만 원이고, 단일세율로 20%를 부과할 때 이 근로자의 실효세율은?

① 20% 　　　　　　② 15% 　　　　　　③ 11%
④ 10% 　　　　　　⑤ 9%

✍ 근로소득과 이자소득을 합한 총소득은 110만 원이나 이자소득 10만 원은 비과세대상이고 소득공제가 20만 원이므로 과세표준은 80만 원이다. 과세표준이 80만 원이고, 세율이 20%이므로 산출세액은 16만 원이다. 그런데 근로소득세액공제가 5만 원이므로 실제로 납부해야 할 세액은 11만 원이 된다. 총소득이 110만 원이고, 실제 납부해야 할 세액은 11만 원이므로 실효세율$\left(=\dfrac{\text{납세액}}{\text{총소득}}\right)$은 10%이다.

✍ 실효세율
$=\dfrac{\text{납세액}}{\text{총소득}}\times100$

14 `2017` 세무사

인플레이션율이 3%, 명목이자율이 5%일 경우 20%의 이자소득세율이 적용된다면 납세 후 실질수익률은?

① 1% ② 2% ③ 3%
④ 4% ⑤ 5%

✍ 저축자가 5%의 이자수익을 얻은 후에 20%의 이자소득세를 내고 나면 납세 후 명목이자율은 4%이다. 납세 후 명목이자율이 4%이고 인플레이션율이 3%라면 납세 후 실질이자율은 1%가 된다.

15 `2014` 세무사

소비를 위해서 지출한 금액에 따라 부과하는 지출세(expenditure tax)에 관한 설명으로 옳지 않은 것은?

① 자동차와 같은 내구성 소비재를 구입하는 경우 연도별 지출규모의 산정이 어렵다.
② 지출세는 저축을 과세대상에서 제외함에 따라 부유층에 유리한 세제라는 인식이 있다.
③ 지출세는 현재소비보다 미래소비를 우대하는 경향이 있다.
④ 지출세는 간접세의 일종으로 소득재분배 측면에서 역진성 문제를 야기할 수 있다.
⑤ 칼도(Kaldor)는 지출세가 사회로부터 가져가는 행위에 대해 과세하는 것이므로 공평성 측면에서 바람직하다고 주장했다.

✍ 지출세는 물품에 대해 부과하는 것이 아니라 일정기간 동안 어떤 개인의 총소비지출액을 과세베이스로 하여 개인에게 부과하는 직접세이며, 인세이다. 지출세는 누진적인 세율로 과세하는 것이 일반적이므로 그 부담이 누진적이다.

✍ 소득세와 달리 지출세의 경우에는 저축이 과세베이스에 포함되지 않는다.
→ 지출세는 소득세에 비해 미래소비를 우대하는 경향이 있다.

16 2020 세무사

경제 내 모든 가격이 동일한 율로 인상되는 인플레이션이 발생할 경우, 실질적인 조세부담이 영향을 받지 않는 것은?

① 면세점 이상 구간에 대해서만 단일세율을 적용하는 소득세

② 기업 이윤에 대한 단일세율의 과세

③ 누진적인 개인소득세

④ 누진적인 양도소득세

⑤ 누진적인 재산세

누진적인 세제 하에서는 인플레이션으로 인해 명목소득(혹은 과세표준)이 증가하면 더 높은 한계세율을 적용받게 되어 명목납세액이 인플레이션율보다 더 큰 폭으로 증가하므로 실질적인 조세부담이 증가한다. 그러므로 누진적인 개인소득세, 누진적인 양도소득세, 누진적인 재산세 하에서는 인플레이션이 발생하면 실질적인 조세부담이 증가한다.

면세점 이상의 구간에 대해서만 단일세율을 적용하는 소득세제 하에서도 인플레이션이 발생하면 실질적으로 면세점이 낮아지는 효과가 발생하므로 실질적인 조세부담이 증가한다. 또한 인플레이션이 발생하기 전에는 이전에는 명목소득이 면세점 이하였으나 인플레이션으로 인해 명목소득이 증가하여 면세점을 초과하는 사람의 조세부담도 증가한다.

예를 들어, 면세점이 1,000만 원이고, 면세점을 초과하는 소득에 대해서만 20%의 세율로 적용하는 단일세율 소득세를 가정하자. 최초에는 어떤 사람의 소득이 2,000만 원이라면 면세점을 초과하는 소득 1,000만 원에 대해 20%의 세율이 적용되므로 납세액이 200만 원이다. 이제 인플레이션으로 인해 물가수준이 두 배로 상승함에 따라 명목소득이 4,000만 원으로 증가하였다면 면세점을 초과하는 3,000만 원에 대해 20%의 세금을 납부해야 하므로 납세액이 600만 원이 된다. 이 경우 명목소득이 두 배로 상승하였으나 명목납세액은 세 배로 증가하므로 실질적인 조세부담이 증가한다.

또 다른 예를 들어보자. 면세점이 1,000만 원, 세율이 20%인 단일세율 소득세제 하에서 어떤 사람의 소득이 면세점 이하인 800만 원이라면 납세액이 0이다. 이제 인플레이션으로 인해 물가수준이 두 배로 상승함에 따라 명목소득이 1,600만 원으로 증가하면 면세점을 초과하는 600만 원의 20%에 해당하는 120만 원의 세금을 납부해야 한다. 이 경우에는 조세부담이 0에서 120만 원으로 증가하므로 마찬가지로 실질적인 조세부담이 증가한다.

기업이윤에 대해 단일세율로 과세되고 있는 경우에는 인플레이션이 발생하더라도 실질적인 조세부담은 변하지 않는다. 그 이유를 알아보자. 물가 10% 상승함에 따라 기업이 판매하는 재화와 생산요소의 가격이 모두 10% 상승하면 기업의 총수입과 총비용이 모두 10% 증가하므로 이윤도 10% 증가한다. 예를 들어, 총수입이 3,000만 원에서 3,300만 원으로 증가하고, 총비용이 2,000만 원에서 2,200만 원으로 증가하면 이윤이 1,000만 원에서 1,100만 원으로 증가한다. 만약 기업의 이윤에 대해 단일세율로 조세가 부과되면 기업이 납부해야 할 세금도 10% 증가한다. 물가가 10% 상승함에 따라 명목이윤이 10% 증가하였을 때 명목납세액이 10% 증가하면 실질납세액은 전혀 변하지 않는다.

17 `2015` 세무사

지출세와 소득세에 관한 설명으로 옳지 않은 것은?(단, 부분균형분석을 전제로 함)

① 지출세 시행 시 현재소비와 미래소비에 관한 예산선의 기울기는 소득세 시행 시의 예산선의 기울기와 다르지 않다.

② 지출세 지지자들은 소득세가 시점 간 자원배분 과정에서 교란을 일으키게 되어 비효율성의 원인이 된다고 주장한다.

③ 효율성 측면에서 소득세와 지출세를 비교한 결과 지출세가 우월하다.

④ 개인이 사회에 기여하는 것보다는 사회로부터 가져가는 것을 기준으로 과세하는 것이 바람직하다는 점에서 지출세가 선호된다.

⑤ 소득세제 하에서는 동일한 경제적 능력의 소유자도 저축성향이 큰 사람일수록 더 무거운 조세부담을 지게 되므로 수평적 공평성을 저해한다.

✐ 지출세가 시행되면 현재소비와 미래소비의 상대가격이 변하지 않지만, 소득세가 시행되면 현재소비와 미래소비의 상대가격이 변하게 된다. 그러므로 소득세가 시행되면 지출세가 시행될 때와 예산선의 기울기가 달라진다. 일반균형분석의 관점에서 보면 지출세도 소득과 여가의 선택에 교란을 발생시키므로 효율성 측면에서 볼 때 소득세보다 우월하다고 말할 수는 없다. 그렇지만 여가를 배제하고 현재소비와 미래소비만을 고려하는 부분균형분석의 관점에서 보면 효율성 측면에서 지출세가 더 우월하다.

18 `2012` 세무사

법인세의 성격과 존립 논쟁에 관한 설명으로 옳지 않은 것은?

① 통합주의 견해는 법인세를 폐지하자는 것이다.

② 절대주의 견해에 따르면 법인세 폐지는 기업의 사내유보에 대한 과세를 강화한다.

③ 법인세를 소득세와 완전 통합하는 방식 중 자본이득방식은 법인세를 철폐하고 실현되지 않은 부분을 포함한 모든 자본이득에 소득세를 부과하는 것이다.

④ 우리나라에서는 법인세의 이중과세문제를 완화하기 위하여 배당세액공제제도를 시행하고 있다.

⑤ 법인세 반대론자들은 법인세에는 이중과세 문제가 발생한다고 주장한다.

✐ 절대주의 견해는 법인세를 독립적으로 유지하자는 주장이며, 법인세가 폐지된다고 해서 반드시 사내유보에 대한 과세가 강화된다고 보기는 어렵다.

19

다음은 법인의제설과 관련된 주장을 나열한 것이다. 옳지 않은 것은?

① 법인은 개인들이 특정목적을 달성하기 위하여 구성한 하나의 집합체이다.

② 법인세를 폐지하고 법인의 소득은 개인에게 귀속시켜 과세하는 것이 바람직하다.

③ 소득세와 별도로 법인세를 부과하는 것은 공평과세의 이념에 위배된다.

④ 법인세를 독립적으로 부과하면 일반적으로 고소득층 주주가 유리해지는 결과가 발생한다.

⑤ 법인세를 폐지하면 정부의 재정수입조달이 곤란해지므로 법인세를 유지하는 것이 바람직하다.

✍ 법인의제설에서는 법인을 개인들이 특정목적을 달성하기 위하여 구성한 하나의 집합체에 불과하기 때문에 법인은 담세능력을 가지고 있지 못하다고 본다. 그리고 이들의 주장에 의하면 법인의 소득은 결국 모두 개인의 소득으로 귀속되므로 법인세를 폐지하고 법인소득을 주주의 소득으로 귀속시켜 소득세를 부과하는 것이 바람직하다고 주장한다. 또한 공평성의 관점에서 볼 때도 법인세와 소득세를 통합시키는 것이 바람직하다고 본다.

20 (2018 세무사)

법인세에 관한 설명으로 옳지 않은 것은?

① 경제적 이윤에 대해 과세하는 형태의 법인세는 기업의 생산 결정을 왜곡하지 않는다.

② 법인세 부과로 인해 법인소득 단계와 개인소득 단계에서 이중 과세하는 문제가 발생한다.

③ 우리나라의 법인세율은 여러 세율로 구성된 누진구조로 되어 있다.

④ 타인자본에 대해서만 이자비용 공제를 허용하는 법인세는 투자재원 조달 방식에 왜곡을 가져오지 않는다.

⑤ 국가 간의 조세경쟁이 존재하는 경우 투자를 유치하기 위해 각국은 법인세율을 낮춘다.

✍ 자기자본의 귀속이자에 대해서는 비용처리를 허용하지 않는데 비해 타인자본에 대해서만 이자비용공제를 허용하면 기업은 투자재원을 조달할 때 자기자본보다는 타인자본을 사용하고자 할 것이므로 투자재원 조달에 있어 왜곡이 초래된다.

21 (2015 세무사)

법인세에 관한 설명으로 옳지 않은 것은?

① 법인세 부과는 재화가격의 인상을 통해서 일부 또는 전부가 소비자에게 전가될 수 있다.

② 법인세 부과는 동일한 소득에 대한 이중과세의 문제를 지니고 있다.

③ 법인세가 경제적 이윤에 대한 과세가 되기 위해서는 당기순이익이 경제적 이윤과 같아야 한다.

④ 법인세 부과는 기업의 재원조달방식으로 차입보다 유상증자를 더 선호하게 할 것이다.

⑤ 명목법인세율과 실효법인세율과의 차이는 정부의 법인기업에 대한 지원의 정도를 의미한다.

📝 법인세법에서 차입금에 대한 이자는 비용처리가 허용되나 자기자본의 귀속이자에 대해서는 비용처리가 허용되지 않는다. 그러므로 법인세가 부과되면 기업은 유상증자(자기자본)보다 차입에 의한 재원조달을 더 선호하게 된다.

　　명목법인세율이 20%이나 실효법인세율이 15%라면 이는 정부가 각종 공제제도를 통해 법인이 내야할 세금을 5% 포인트 감면해 주었음을 의미한다. 그러므로 명목법인세율과 실효법인세율의 차이는 정부의 법인기업에 대한 지원의 정도를 의미한다.

22

다음 중 법인세를 순수한 경제적 이윤에 대한 과세로 볼 수 있는 경우는?

① 자기자본의 귀속이자에 대한 비용처리가 허용되고, 세법상 감가상각률과 경제적 감가상각률이 일치할 때

② 자기자본의 귀속이자에 대한 비용처리가 허용되고, 세법상 감가상각률이 경제적 감가상각률보다 높을 때

③ 자기자본의 귀속이자에 대한 비용처리가 금지되고, 세법상 감가상각률과 경제적 감가상각률이 일치할 때

④ 부채비율이 100%이고, 세법상 감가상각률과 경제적 감가상각률이 일치할 때

⑤ 자기자본비율이 100%이면서 세법상 감가상각률이 경제적 감가상각률과 일치할 때

📝 법인세를 순수한 경제적 이윤에 대한 과세로 볼 수 있는 것은 다음의 두 가지 경우이다.

> * 자기자본의 귀속이자에 대한 비용처리가 허용되고, 세법상 감가상각률이 경제적 감가상각률이 일치할 때
> * 100% 차입경영이면서 세법상 감가상각률이 경제적 감가상각률과 일치할 때

　　위에서 100% 차입경영이란 자기자본비율이 0%인 것을 의미하므로 보기 ⑤를 100% 차입경영과 혼동하지 말아야 한다. 그리고 부채비율이 100%란 자기자본과 부채의 크기가 동일한 것을 의미한다.

✏ 부채비율
$$= \frac{부채}{자기자본} \times 100$$

23 　2022　세무사

법인세에 관한 설명으로 옳지 않은 것은?

① 법인소득을 과세대상으로 한다.

② 선입선출법에 따르면 인플레이션은 법인세 부담에 영향을 미친다.

③ 우리나라에서는 기업의 부채비중을 높이는 것이 법인세 절감에 유리하다.

④ 자본재 구입에 가속상각을 도입하면 투자에 불리하다.

⑤ 법인세 과세로 인해 상품가격이 인상된다면 소비자에게도 세 부담이 전가된 것이다.

📝 선입선출법을 선택하고 있는 경우 인플레이션이 발생하면 법인세 부담이 증가한다. 가속상각이 도입되면 법인세 납세액의 현재가치가 줄어들기 때문에 투자가 촉진된다.

24 2022 세무사

인플레이션의 영향에 관한 설명으로 옳지 않은 것은?

① 누진소득세에서 실질 조세부담을 증가시킨다.

② 국가채무의 실질가치를 감소시킨다.

③ 기업 차입금의 실질가치를 떨어뜨려 기업에 유리하다.

④ 선형누진 소득세에서는 실질적인 조세부담을 증가시키지 않는다.

⑤ 감가상각의 실질가치를 떨어뜨림으로써 법인세의 실질적 부담을 커지게 한다.

✎ 인플레이션이 발생하여 명목소득이 증가하면 선형누진세 체계 하에서는 조세부담이 더 큰 폭으로
   증가하므로 실질적인 조세부담이 증가한다.

25 2023 세무사

법인세에 관한 설명으로 옳은 것은?

① 우리나라의 현행 법인세 최고세율은 22%이다.

② 인플레이션이 있을 경우 감가상각공제의 현재가치는 증가하므로 법인세 부담은 감소하게 된다.

③ 자기자본에 대한 귀속이자를 경비로 인정해 주지 않는 법인세제상의 특성이 법인들로 하여금
   유상증자에 대한 의존도를 높이는 유인이 될 수 있다.

④ 법인세가 경제적 이윤에 대한 과세가 되기 위해서는 당기순이익이 경제적 이윤보다 커야 한다.

⑤ 법인세가 이윤에 대한 과세의 성격을 가지게 되는 경우에는 그 부담은 소유주인 주주에게 귀
   착된다.

✎ 우리나라 현행 법인세 최고세율은 22%가 아니라 24%이다. 인플레이션이 발생하면 감가상각의
   현재가치가 감소하므로 법인세 부담이 증가한다. 자기자본의 귀속이자를 경비로 인정해 주지 않
   는 법인세의 특성은 법인들이 유상증자보다는 차입금에 대한 의존도를 높이는 유인으로 작용한
   다. 법인세가 경제적 이윤에 대한 과세가 되기 위해서는 당기순이익이 경제적 이윤과 일치해야
   한다.

26 2021 세무사

법인세와 소득세를 통합하는 방식 중에서 완전통합방식에 해당하는 것은?

① 자본이득방식(capital gains method)

② 법인방식(corporation method)

③ 귀속제도(imputation system)

④ 차등세율제도(split rate system)

⑤ 배당세액공제제도(dividend gross-up method)

✎ 자본이득방식은 법인세를 폐지하고 실현여부에 관계없이 모든 자본소득에 대해 과세하는 방식이
   다. 이 방식 하에서는 법인의 이윤 중 배당된 부분은 주주의 소득에 포함되고 사내에 유보된 부분

은 자본이득으로 나타나므로 마찬가지로 소득세 과세대상이 된다. 그러므로 법인세를 폐지하고 배당금뿐만 아니라 자본이득까지 소득세 과세대상에 포함시키면 법인세와 소득세의 완전통합이 이루어진다.

귀속제도와 배당세액공제제도는 법인세를 납부한 후에 배당된 금액이 주주단계에서 소득세가 과세될 때 법인단계에서 납부한 귀속법인세를 세액공제해 주는 방식이고, 차등세율제도는 법인의 이윤 중 배당된 부분에 대해서는 사내유보가 되는 부분보다 더 낮은 법인세율을 적용해 주는 방식이다. 귀속제도, 배당세액공제제도 그리고 차등세율제도는 부분조정방안에 속한다. 법인세와 소득세의 통합방안을 정리하면 다음의 표와 같다.

법인세와 소득세의 통합방안

구분			내용
완전통합 방안		조합방식	• 주주를 조합원(partner)으로 간주하여 법인의 이윤을 모두 지분율에 따라 개별 주주에게 귀속시킨 후 소득세만 부과하는 방법 • 이 방식 하에서는 다음의 몇 가지 문제가 발생 * 미실현배당에 대한 과세로 인한 유동성 문제 * 소득세 납세의무가 없는 공익단체의 조세부담이 완전히 없어지는 점 * 소유가 광범위하게 분산되어 있고 주식이동이 빈번한 경우에는 적용하기 어려운 점
		자본이득방식	• 법인세를 폐지하고 실현 여부에 관계없이 자본이득에 대해 소득세를 과세하는 방법 • 이 방식 하에서는 다음의 몇 가지 문제가 발생 * 미실현 자본이득에 대한 과세로 인한 주주의 유동성 문제 * 모든 주주의 미실현 자본이득을 일일이 계산해야 하는 실무상의 어려움 * 비상장 주식의 자본이득 평가가 어려운 점
부분조정방안	법인단계조정	지불배당공제법	• 법인이윤 중 배당으로 지급할 부분을 법인세 과세표준에서 공제하는 방식 • 사내유보에 대해서만 법인세가 과세되므로 배당이 촉진
		차등세율제도	• 법인이윤 중 배당되는 부분에 대해서는 낮은 세율을 적용하고, 사내에 유보되는 부분에 대해서는 높은 세율을 적용하는 방식 • 사내유보에 대해서만 차별적으로 높은 세율을 적용되므로 배당이 촉진
	주주단계조정	수입배당공제법	• 주주가 배당금으로 받은 금액을 소득세 과세표준에서 공제해 주는 방식 • 배당된 부분은 소득세 과세표준에 포함되지 않으므로 법인세만 과세
		수입배당세액공제법	• 주주가 받은 배당금을 다른 소득과 합산한 후 소득세를 계산하고, 배당소득의 일정비율에 해당하는 금액을 세액공제해 주는 방식 • 이 방법에서는 귀속방법과 달리 주주가 실제로 배당금으로 받은 금액만 소득세 과세표준에 포함됨
단점		귀속방법 (배당세액공제 방식)	• 주주가 받은 배당금과 배당금에 대해 과세된 법인세 상당액(귀속법인세)을 소득세 과세표준에 합산(gross-up)한 후 소득세를 계산하고 귀속법인세를 소득세 산출금액에서 배당세액공제하는 방식 ❍ 배당세액공제방식, 배당합산방식, 그로스업방식이라고도 함 • 이 방법은 배당소득에 대한 개인소득세의 일부 혹은 전부를 법인단계에서 원천징수한 것으로 간주하는 제도 • 우리나라에서도 이 방법으로 개인주주의 배당소득에 대한 이중과세를 조정하고 있음

24 ④ 25 ⑤ 26 ①

27 2013 세무사

인플레이션이 법인세에 미치는 영향 및 교정방안에 관한 설명으로 옳지 않은 것은?

① 인플레이션으로 감가상각의 실질가치가 떨어지는 현상이 생기면 법인세의 실질적 부담은 커지게 된다.

② 재고처리에 선입선출법을 적용할 경우, 인플레이션은 기업의 장부상 이윤을 과대평가시켜 기업의 법인세 부담이 무거워진다.

③ 법인이 투자재원을 차입으로 충당하는 경우 인플레이션은 차입의 실질가치를 떨어뜨림으로써 기업에 이득을 준다.

④ 인플레이션이 발생하면 각종 자본재 가격의 평균상승 폭을 측정해 감가상각의 허용 폭을 이에 맞춰 늘려주는 방식으로 실질세율 상승 현상을 교정할 수 있다.

⑤ 인플레이션이 발생하면 각종 자본재 가격 상승률을 감안해 법인세제에서 허용해 주는 내용연수를 늘려서 교정해주어야 한다.

☞ 인플레이션이 발생하면 감가상각의 실질가치가 하락하므로 법인세 부담이 증가하는 문제가 있다. 이를 조정해 주는 방법으로는 자본재 가격의 상승폭을 감안하여 감가상각 허용폭을 늘려주거나 세법상 자본재의 내구연수를 줄여주는 방법이 있다.

✎ 인플레이션 상황에서 후입선출법을 사용하면 나중에 높은 가격으로 구입한 재화의 구입금액이 비용에 포함되므로 장부상 이윤이 작아진다.

28 2018 세무사

법인세와 소득세의 통합에 관한 설명으로 옳은 것을 모두 고른 것은?

> ㄱ. 조합방식(partnership method) : 완전통합으로 배당이나 사내유보를 구분하지 않고 개인소득세로 부과하는 방식이다.
> ㄴ. 자본이득방식(capital gains method) : 완전통합으로 법인소득 중 배당되는 부분은 개인소득으로, 사내유보는 자본이득으로 과세하는 방식이다.
> ㄷ. 배당세액공제제도(dividend gross-up method) : 부분통합으로 법인의 모든 이윤에 과세한 후, 이중과세를 피하기 위하여 법인세 과세분 전체를 개인소득세에서 세액공제하는 방식이다.
> ㄹ. 차등세율제도(split rate system) : 부분통합으로 법인의 이윤 중 배당된 부분에 대해서는 사내유보가 되는 부분보다 더 낮은 법인세율을 적용해 주는 방식이다.

① ㄱ, ㄹ   ② ㄴ, ㄷ   ③ ㄱ, ㄴ, ㄹ
④ ㄴ, ㄷ, ㄹ   ⑤ ㄱ, ㄴ, ㄷ, ㄹ

☞ 배당세액공제제도는 실제배당액과 배당분에 대한 귀속법인세를 소득세 과세표준에 가산하여 소득세를 계산한 후 귀속법인세를 소득세에서 세액공제하는 방식이다.

29

법인세와 소득세의 통합에 관한 다음의 서술 중 옳지 않은 것은?

① 조합방식(partnership method)은 법인의 주주를 법인화되지 않은 조합의 조합원과 같이 취급한다.

② 조합방식(partnership method)은 완전통합방식의 하나이다.

③ 자본이득방식(capital gains method)은 실현된 자본이득에만 소득세를 부과함으로써 실질적으로 두 조세를 통합시킨 효과를 내게 된다.

④ 부분적 통합은 배당되는 부분에 대한 이중과세만이라도 제거하려는 것을 주목적으로 삼고 있다.

⑤ 우리나라에서는 배당세액공제제도를 통해 부분적 통합을 시행하고 있다.

📝 자본이득방식이란 법인세를 폐지하고, 미실현 자본이득도 소득세 과세대상에 포함시켜 소득세와 법인세를 통합하는 방식이다. 우리나라에서 시행하고 있는 귀속방식은 법인소득 중 배당된 부분도 소득세 과세대상에 포함하여 소득세를 과세하되 법인단계에서 납부한 세액은 소득세에서 공제해 주는 방식이므로 배당세액공제의 일종이다.

법인세와 소득세의 통합방안

완전통합방안	조합방식	
	자본이득방식	
부분조정방안	법인단계조정	(지불배당공제법 차등세율제도
	주주단계조정	(수입배당공제법 수입배당세액공제법 귀속방법

30

어떤 나라는 법인세와 배당소득세의 이중과세 문제를 해소하기 위해서 전액그로스업제도를 시행하고 있다. 법인세 후 당기순이익을 전부 배당하는 어떤 기업의 주주가 1,000원을 배당금으로 받았을 때 납부해야 할 소득세를 계산하면? 단, 법인세율은 60%이고 이 주주의 개인소득세 한계세율은 70%라고 한다.

① 800원   ② 700원   ③ 250원

④ 100원   ⑤ −100원

📝 전액그로스업을 하려면 법인단계에서 납부한 세액까지 소득세에 포함시켜 소득세를 계산한 다음 법인단계에서 이미 납부한 세액을 소득세 산출세액에서 소득공제를 하면 된다. 법인세율이 60%이고, 배당금으로 받은 금액이 1,000원이므로 법인단계에서 납부한 세액은 1,500원이다. 그러므로 납부해야 할 소득세는 250원으로 계산된다.

$$(1,000+1,500) \times 0.7 - 1,500 = 1,750 - 1,500 = 250$$

27 ⓒ   28 ③   29 ③
30 ③

31 [2021] 세무사

부가가치세에 관한 설명으로 옳지 않은 것은?

① 각 생산단계에서 추가된 부가가치에만 과세되어 수직적 통합을 방지하는 효과가 있다.

② 영세율을 통해 수출품에 대해 조세를 효과적으로 환급해 줄 수 있다.

③ 소비형 부가가치세는 투자를 촉진하는 장점이 있다.

④ 매입세액 공제방식은 탈세를 방지할 수 있다.

⑤ 어떤 상품이 면세의 대상인 경우 중간단계에서 납부한 부가가치세까지 환급해 준다.

✏ 어떤 상품에 면세가 적용되는 경우 그 단계의 부가가치에 대해서는 부가가치세가 부과되지 않지만 그 이전 단계에서 납부한 부가가치세는 환급해 주지 않는다.

32 [2022] 세무사

부가가치세에 관한 설명으로 옳지 않은 것은?

① 단일세율의 부가가치세는 조세부담이 역진적이다.

② 각 거래단계의 부가가치에 과세된다.

③ 우리나라는 수출품에 영세율을 적용하고 있다.

④ 우리나라는 매입세액공제방식을 따른다.

⑤ 우리나라는 총소득형 부가가치세를 채택하고 있다.

✏ 우리나라가 채택하고 있는 부가가치세의 유형은 총소득형(GDP형)이 아니라 소비형이다.

33 [2012] 세무사

상품의 거래단계마다 일정 세율을 부과하는 다단계거래세(multi−stage turnover tax)와 부가가치세의 차이에 관한 설명으로 옳은 것을 모두 고른 것은?

> ㄱ. 다단계거래세는 부가가치세에 비해 수평적 통합을 부추긴다.
> ㄴ. 부가가치세는 다단계거래세에 비해 탈세의 유인을 줄인다.
> ㄷ. 소비형 부가가치세는 자본재를 과세대상에서 제외시킨다.
> ㄹ. 다단계거래세는 역진적이나, 부가가치세는 누진적이다.
> ㅁ. 다단계거래세는 부가가치세와 달리 수출상품에 대한 환급세액을 정확히 파악하기 어렵게 만든다.

① ㄱ, ㄴ, ㄷ   ② ㄱ, ㄴ, ㄹ   ③ ㄴ, ㄷ, ㅁ

④ ㄴ, ㄹ, ㅁ   ⑤ ㄷ, ㄹ, ㅁ

📝 다단계거래세란 각 단계의 거래액(매출액)에 대하여 일정한 세율로 과세하는 것을 말한다. 부가가치세의 경우에는 각 단계의 부가가치에 대하여 조세가 부과되는데 비하여, 다단계거래세의 경우에는 부가가치와 관계없이 각 단계의 거래액에 대하여 조세가 부과된다. 따라서 부가가치세는 거래단계의 수에 의하여 조세액이 변하지 않으나 다단계거래세제하에서는 거래단계가 많을수록 조세액도 증가한다. 다단계거래세제하에서는 거래단계가 많을수록 조세가 증가하므로 기업들이 수평적 통합이 아니라 수직적 통합을 함으로써 거래단계를 축소하려는 인센티브를 가지게 된다.

　　모든 재화에 대해 동일한 세율로 부가가치세가 부과되면 재화가격이 상승한다. 모든 재화의 가격이 동일한 비율로 상승하면 소득대비로 보면 상대적으로 저소득층의 세부담이 크다. 그러므로 부가가치세는 그 부담이 누진적이 아니라 역진적이다.

34

다음 중 순소득형(NDP형) 부가가치세와 과세베이스가 일치하는 것은?

① 모든 소비재와 투자재에 대한 일반판매세
② 모든 소비재만을 대상으로 하는 일반판매세
③ 모든 소비재만을 대상으로 하는 다단계거래세
④ 모든 요소소득에 동일한 세율로 부과하는 소득세
⑤ 소비재 구입액만을 과세베이스로 하는 지출세

📝 순소득형(NDP형)부가가치세의 과세베이스에는 GDP에서 고정자본소모를 차감한 부가가치($=NDP$)만 과세대상이 된다. 모든 요소소득을 합하면 부가가치와 일치하므로 NDP형 부가가치세의 과세베이스는 모든 요소소득에 대해 동일한 세율로 조세를 부과하는 소득세와 동일하다.

35

우리나라 부가가치세의 특성이 아닌 것으로 묶인 것은?

ㄱ. 원칙적으로 단일세율을 적용한다.
ㄴ. 총소득형 부가가치세이다.
ㄷ. 단일 세목으로는 가장 큰 세입을 차지한다.
ㄹ. 소비재와 자본재에 동시에 과세하기 때문에 경기조절기능이 크다.
ㅁ. 전(前)단계 거래액공제방식을 적용한다.
ㅂ. 수출품, 특정 외화획득재화 등에 대해서는 영세율을 적용한다.

① ㄱ, ㄴ, ㄷ　　　② ㄹ, ㅁ, ㅂ　　　③ ㄱ, ㄷ, ㅂ
④ ㄴ, ㄹ, ㅁ　　　⑤ ㄷ, ㅁ, ㅂ

✏ 전단계 세액공제방식
＝(총판매액×세율)
　－전단계 납부세액

✏ 전단계 거래액 공제방식
납부세액
＝(총판매액－전단계
　구입액)×세율

📝 우리나라 부가가치세는 총소득형(GDP형)이 아니라 소비형이므로 투자재가 과세대상에서 제외된다. 투자재가 과세대상에서 제외되면 조세의 경기조절기능이 약화될 수 밖에 없다. 그리고 세액계산에는 전단계 거래액 공제방식이 아니라 전단계 세액공제방식이 사용된다.

31 ⑤　**32** ⑤　**33** ③
34 ④　**35** ④

36

거래단계를 제조·도매·소매만 있다고 가정하고, 전단계 세액공제법에 의하여 부가가치세를 과세하는 경우 누적효과(cascade effect)와 환수효과(catching effect)가 모두 발생하는 경우는?

① 도매단계에만 면세하는 경우 ② 소매단계에만 면세하는 경우

③ 도매단계에만 영세율을 적용하는 경우 ④ 소매단계에만 영세율을 적용하는 경우

⑤ 각 거래단계마다 과세하는 경우

일반적으로 중간단계에서 면세가 이루어지면 환수효과와 누적효과가 발생한다. 환수효과(catching-up effect)란 면세단계에서 과세를 포기한 부가가치세가 다시 환수되어 면세의 효과가 취소되는 것을 말한다. 누적효과(cascade effect)란 면세 이전단계에서 이미 과세된 부분에 대해 다시 중복하여 과세되는 효과를 말한다. 환수효과와 누적효과가 발생하면 면세의 효과가 상실될 뿐만 아니라 오히려 면세가 없는 경우보다 부가가치세 부담이 증가된다.

생산 및 유통과정이 생산－도매－소매의 3단계이고, 각 단계에서의 부가가치가 각각 1,000원, 600원, 400원이라고 하자. 도매단계에서 면세가 이루어진다면 도매단계에서는 납세액이 0이지만, 소매단계에서는 210원의 부가가치세를 납부해야 하므로 부가가치세 총납부세액은 310원이 된다. 도매단계의 부가가치(600원)에 대해 부가가치세를 면세하였으므로 납부세액이 140원이 되어야 하지만 이 경우에는 조세부담이 면세 이전보다 훨씬 큰 310원으로 증가한다. 따라서 초과납부한 금액은 170원이 된다.

$$초과납부액＝총납세액－면세효과가 나타났을 때의 납부액$$
$$＝310－140＝170$$

이와 같이 중간단계에서 부가가치세를 면세할 경우에는 조세부담이 커지는 효과가 발생하는데, 이는 환수효과와 누적효과로 나누어 볼 수 있다. 누적효과는 그 이전단계에서 과세되었던 금액(1,000원＋납세액)이 다시 소매단계에 과세표준에 포함됨에 따라 이중으로 과세되기 때문에 발생하는 것으로 조세수입총액에서 (부가가치 합계×세율)을 차감함으로써 구해진다.

$$누적효과＝조세수입총액－(부가가치 합계×세율)$$
$$＝310－200＝110$$

＊ 110원의 누적효과가 발생하는 것은 생산단계에의 조세포함 공급가액 1,100원이 소매단계의 부가가치세 과세표준에 포함되었기 때문에 추가적으로 조세부담이 누적된 것임

환수효과는 면세되었던 도매단계의 부가가치 600원이 소매단계의 매출액에 포함됨에 따라 도매단계에서의 면세가 취소되는 효과가 발생함에 따라 증가하는 세액증가분을 말한다.

$$환수효과＝초과납부액－누적효과＝600$$

37

다음 중 명목적 재산세에 해당하는 것은?

① 종합토지세 ② 양도소득세 ③ 인지세

④ 상속세 ⑤ 증여세

📝 재산세는 명목적 재산세와 실질적 재산세로 구분할 수 있는데, 이와 관련된 내용을 요약하면 다음의 표와 같다.

명목적 재산세와 실질적 재산세

	명목적 재산세	실질적 재산세
개 념	재산을 과세물건으로 조세가 부과되지만 실질적으로는 납세자의 소득으로 부담되는 조세	재산을 과세물건으로 조세가 부과되면 실질적으로 조세가 그 자산으로 부담되는 조세
특 징	재산세의 형태를 띠고 있으나 소득세의 보완적인 조세로 활용	주로 불로소득에 대하여 과세하거나 부의 재분배 등의 목적으로 부과
사 례	부유세, 종합토지세 등	상속세, 증여세 등

38 〔2016〕 세무사

우리나라 소득세 및 부가가치세 체계에서 면세자 비율을 낮추기 위한 방안으로 옳지 않은 것을 모두 고른 것은? (단, 향후 경제성장률과 물가상승률은 모두 양의 값이며 경제성장률이 더 높다. 현재의 소득공제 항목은 모두 존치된다.)

> ㄱ. 소비활력 제고를 위해 간이과세자의 간이과세 적용요건을 완화한다.
> ㄴ. 면세점을 현재 수준으로 유지한다.
> ㄷ. 저출산 문제에 대응하기 위해 다자녀 가정의 인적공제를 확대한다.
> ㄹ. 개인연금저축의 공제액을 확대한다.

① ㄱ, ㄴ   ② ㄴ, ㄷ   ③ ㄷ, ㄹ
④ ㄱ, ㄴ, ㄹ   ⑤ ㄱ, ㄷ, ㄹ

📝 경제성장률이 0보다 높은 경우 시간이 흐르면 사람들의 소득이 증가하므로 면세점을 현재수준으로 유지하더라도 면세자의 비율이 낮아진다. 그러나 간이과세 적용요건을 완화하거나 인적공제 및 개인연금저축 공제액을 확대하면 면세자의 비율이 오히려 높아진다.

39 〔2021〕 세무사

부동산 관련 조세에 관한 설명으로 옳지 않은 것은?

① 부동산의 공급탄력성이 0이면 과세에 따른 초과부담이 발생하지 않는다.
② 부동산 보유세 인상 시 조세의 자본화에 의하여 부동산 가격이 상승하게 된다.
③ 우리나라의 부동산 취득 시 내는 조세로는 지방세인 취득세가 있다.
④ 우리나라의 재산세와 종합부동산세는 부동산 보유 시 부과된다.
⑤ 우리나라의 양도소득세는 부동산 양도 시 발생하는 차익에 대해서 과세하는 국세다.

📝 부동산 보유세가 인상되면 세율인상으로 인해 추가로 납부해야할 세금의 현재가치만큼 부동산 가격이 하락하는 자본화 현상이 나타난다.

40

부가가치세의 영세율과 면세제도에 관한 다음 설명 중에서 가장 옳지 않은 것은?

① 행정적인 측면에서 부가가치세의 적용이 힘든 경우도 면세의 대상이 될 수 있다.

② 전단계 세액공제법에 의할 때 도매단계에서 면세하는 경우 최종소비자에게 추가적인 세부담이 발생한다.

③ 영세율을 적용하면 전단계 세액이 환급된다.

④ 면세제도는 효율성 상실을 가져오지 않으면서 역진성을 완화하는 제도이다.

⑤ 최종소비단계에 영세율을 적용할 경우 완전비과세효과가 나타난다.

☑ 특정재화에 대해 면세가 시행되면 재화의 상대가격이 변하게 되고, 재화의 상대가격이 변하면 초과부담이 발생한다.

41 2018 세무사

부동산 관련 조세에 관한 설명으로 옳은 것은?

① 우리나라의 재산세와 종합부동산세는 부동산 거래 시 부과된다.

② 부동산 보유세 인상 시 미래의 보유세 부담이 집값에 반영되어 집값이 상승하는 현상을 조세의 자본화라고 한다.

③ 보유세 인상의 실제적인 부담은 보유세 인상 이후 부동산 구입자가 모두 부담하게 된다.

④ 우리나라의 양도소득세는 부동산 양도 시 발생하는 차익에 대해 과세하는 지방세이다.

⑤ 부동산 공급이 완전비탄력적인 경우 부동산에 대한 과세는 초과부담을 발생시키지 않는다.

☑ 우리나라의 재산세와 종합부동산세는 부동산 거래가 아니라 보유에 대해 부과되는 조세이다. 조세의 자본화란 부동산 보유세가 인상될 때 집값이 상승하는 것이 아니라 추가적인 납세액의 현재가치만큼 집값이 하락하는 현상을 말한다. 그러므로 부동산 보유세가 인상되면 추가적인 조세는 과세발표 시점의 부동산 소유자가 부담하게 된다. 우리나라의 양도소득세는 지방세가 아니라 국세이다.

42 2016 세무사

재산세와 같은 일반적인 자산과세(property tax)에 관한 설명으로 옳지 않은 것은?

① 자산과세의 세부담자는 자산소유자이지만, 주로 물건을 기준으로 과세되기 때문에 대물세로 간주한다.

② 자산수익률이 노동수익률보다 높은 경우, 자산과세의 강화는 소득분배 불평등도를 완화시킨다.

③ 자산과세를 지방세의 근간으로 하면 지역 간 재정불균형을 심화시킬 수 있다.

④ 이론적으로 동결효과(lock−in effect)로 인하여 부동산 거래를 활성화시킨다.

⑤ 능력원칙과 편익원칙을 모두 구현할 수 있는 과세방식이다.

📝 재산세는 재산을 보유한 사람에게 부과하는 세금이므로 재산세가 부과되더라도 동결효과는 발생하지 않는다. 동결효과(lock-in effect)는 자본이득에 대해 실현주의 원칙에 따라 과세할 때 발생한다.

43

상속세와 증여세에 대한 설명으로 옳지 않은 것은?

① 우리나라의 상속세는 유산세(estate tax)에 속한다.

② 유증을 소비의 한 형태로 파악하는 견해에 따른다면 유산세는 유증을 과세베이스에 포함시키지 않는 지출세의 보정을 위한 조세로 볼 수 있다.

③ 유산취득세도 소득세의 보완세로 볼 수 있다.

④ 누진세율을 적용할 경우 유산취득세(inheritance tax)의 세부담이 유산세보다 더 높다.

⑤ 우리나라의 상속세는 초과누진율이 적용되며 상속세의 보완세로 증여세가 부과되고 있다.

📝 상속세의 대표적인 유형으로는 유산과세형과 유산취득형이 있다. 유산과세형이란 피상속인의 유산총액에 대하여 상속세를 부과하는 것을 말하고, 유산취득형이란 각 상속인별로 취득한 상속재산에 대하여 상속세를 부과하는 것을 말한다. 유산과세형에서는 상속인의 수에 관계없이 유산총액에 대하여 과세를 하기 때문에 상속인의 수에 관계없이 상속세의 크기가 결정된다. 그러나 유산취득형에서는 각 상속인별로 유산을 배분한 다음에 각 상속인의 상속재산에 대하여 상속세를 부과하므로, 상속인의 수가 많아질수록 세부담은 작아진다. 상속세는 누진세의 조세체계로 되어 있으므로 당연히 유산총액에 대하여 과세하는 유산과세형의 경우가 조세부담이 더 크다. 현재 우리나라에서는 유산과세형을 채택하고 있다.

상속세의 과세방법

	유산과세형	유산취득형
과세방법	• 피상속인의 유산총액에 대하여 상속세를 부과하는 방법 • 공동상속의 경우에도 일단 피상속인의 재산총액에 대해서 누진율로 과세하고 상속지분에 따라 세액을 분할	• 각 상속인이 취득한 상속재산에 대하여 상속세를 과세하는 방법 • 공동상속의 경우에는 일단 상속재산을 분할한 후 각 상속인이 취득한 상속재산에 대하여 누진세율로 과세
장 점	① 소득세의 보완세 역할을 잘할 수 있음 ② 분할상속에 따른 상속세 기피가 불가능 ③ 조세행정이 용이	① 상속인별로 누진세가 적용되므로 세부담이 공평 ② 상속인과 피상속인의 관계에 따라 차등세율도입이 가능 ③ 상속세 부담의 귀착이 명확하게 드러남
단 점	① 분할상속여부와 관계없이 상속세액이 결정되므로 부의 분산을 촉진하는 기능이 없음 ② 각종 공제의 혜택이 누구에게 귀속되는지 불분명	① 유산과세형에 비하여 조세수입이 감소 ② 각 상속인별로 과세해야 하므로 조세행정이 복잡
채택국가	한국, 미국, 영국, 캐나다	일본, 독일, 프랑스

40 ④　**41** ⑤　**42** ④
43 ④

44

상속세의 과세방식에 대한 다음 설명 중 옳지 않은 것은?

① 유산세는 유산취득세 보다 소득세의 보완세 기능을 더 잘 수행한다.

② 유산취득세는 부의 분산을 촉진하는 기능이 없다.

③ 유산세가 유산취득세보다 조세행정이 용이하다.

④ 유산취득세 보다 유산세의 경우 조세부담이 더 크다.

⑤ 유산취득세의 경우는 상속인과 피상속인의 관계에 따라 차등세율 적용이 가능하다.

✎ 유산취득세가 부과되는 경우에는 분할상속할 경우 세부담이 감소하므로 부의 분산을 촉진된다.

제13장 / 조세의 경제적 효과

45 　2017　세무사

임금이 상승할 때 처음에는 우상향하다가 일정 임금 수준 이상에서 후방굴절 형태를 갖는 노동공급곡선과 관련된 설명으로 옳은 것은? (단, 여가는 정상재라 가정한다.)

① 후방굴절 구간에서는 대체효과가 소득효과보다 크다.

② 임금과 노동공급이 정(+)의 관계인 구간에서는 근로소득세를 증가시키면 노동공급은 증가한다.

③ 후방굴절 구간에서 근로소득세를 증가시키면 노동공급은 증가한다.

④ 근로소득세 과세는 초과부담을 초래하지 않는다.

⑤ 근로소득세 납부 후 임금율은 상승한다.

✎ 임금이 상승하면 여가의 상대가격이 비싸지므로 대체효과에 의해서는 노동공급이 증가한다. 한편, 임금이 상승하면 실질소득이 증가하게 되는데 여가가 정상재일 때는 실질소득이 증가하면 여가소비가 증가하므로 소득효과에 의해 노동공급이 감소한다. 그러므로 대체효과가 소득효과보다 크면 노동공급곡선이 우상향하나 소득효과가 대체효과보다 크면 노동공급곡선이 후방으로 굴절하는 형태로 도출된다.

아래 그림에서 보는 것처럼 노동공급곡선이 우상향인 구간에서는 근로소득세율이 높아져 임금이 w_0에서 $(1-t)w_0$로 하락하면 노동공급이 감소하나, 노동공급곡선이 후방으로 굴절하는 구간에서는 근로소득세율이 상승하여 임금이 낮아지면 오히려 노동공급이 증가함을 알 수 있다.

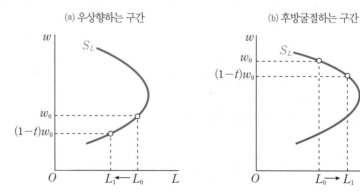

46 **2021** 세무사

근로소득에 비례소득세를 부과하는 경우 나타나는 효과에 관한 설명으로 옳지 않은 것은? (단, 여가는 정상재이고, 근로소득만 존재한다.)

① 초과부담은 세율이 높아질수록 커진다.

② 노동공급곡선이 우상향이면 시장임금률은 상승한다.

③ 노동공급곡선이 수직이면 전부 근로자에게 귀착된다.

④ 실질소득의 감소로 노동공급을 증가시키려는 소득효과가 나타난다.

⑤ 대체효과와 소득효과가 동일하여 노동공급이 일정하면 순임금률과 시장임금률은 동일하다.

📝 비례적인 근로소득세가 부과되면 세후 실질임금이 하락하므로 여가의 상대가격이 하락한다. 여가의 상대가격이 하락하면 대체효과에 의해 여가소비가 증가하므로 노동공급이 감소한다. 조세 부과로 실질소득이 감소할 때 여가가 정상재이면 소득효과에 의해 여가소비가 감소하므로 노동공급이 증가한다. 여가가 정상재일 때는 비례소득세가 부과되면 대체효과와 소득효과가 서로 반대 방향으로 작용하므로 노동공급의 증감여부가 불분명하다.

┌ 대체효과 : t → 세후임금↓ → P여가↓ → 여가소비↑ → 노동공급↓

└ 소득효과 : t → 세후임금↓ → 실질소득↓ → 여가소비↓ → 노동공급↑ (여가 : 정상재)

　아래의 그림 (a)에서 최초에 노동시장의 균형이 E점에서 이루어지고 있다고 하자. 근로소득세가 부과되기 전에는 시장임금률과 순임금률이 w_0로 동일하다. 이제 비례적인 근로소득세가 부과되어 노동수요곡선이 하방으로 회전이동하면 시장임금률은 w_1으로 상승하나 순임금률은 w_2로 하락하게 된다. 노동공급곡선이 우상향하는 경우에는 비례적인 근로소득세가 부과되면 노동공급량이 감소하게 되는데 그 이유는 대체효과가 소득효과보다 크게 나타나기 때문이다.

　비례적인 근로소득세가 부과될 때 대체효과와 소득효과가 동일하면 비례적인 근로소득세가 부과되더라도 노동시간이 변하지 않으므로 그림 (b)에서와 같이 노동공급곡선이 수직선이 된다. 그림 (b)에서 최초에 노동시장의 균형이 E점에서 이루어지고 있다고 하자. 비례적인 근로소득세가 부과되어 노동수요곡선이 하방으로 회전이동하면 순임금률은 w_2로 하락하나 시장임금률은 조세 부과 전과 동일한 w_0로 그대로 유지된다. 그러므로 노동공급곡선이 수직선이면 순임금률이 단위당 조세의 크기만큼 시장임금률보다 낮아지므로 조세가 전부 근로자에게 귀착된다.

(a) 노동공급곡선이 우상향할 때 　　　(b) 노동공급곡선이 수직선일 때

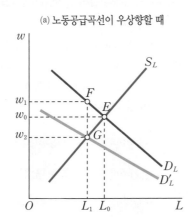
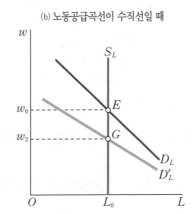

47 2022 세무사

비례소득세 부과가 노동공급에 미치는 영향으로 옳지 않은 것은?

① 여가가 정상재일 경우, 비례소득세를 부과하면 소득효과와 대체효과 모두 노동공급을 증가시키므로 총노동공급은 증가한다.

② 여가가 정상재일 경우, 누진소득세 부과가 노동공급에 미치는 영향은 비례소득세 부과와 유사하지만 고소득자에게 불리하다.

③ 여가가 열등재일 경우, 비례소득세를 부과하면 노동공급량은 감소한다.

④ 여가가 정상재일 경우, 임금변화에 따른 소득효과가 대체효과보다 크다면 후방굴절형 노동공급곡선이 될 것이다.

⑤ 여가가 정상재일 경우, 비례소득세를 부과하면 대체효과는 노동공급을 줄이는 방향으로 작용하고 소득효과는 노동공급을 늘리는 방향으로 작용한다.

📝 임금이 상승하면 여가의 상대가격 상승으로 대체효과에 의해 여가시간이 감소하므로 노동공급이 증가한다. 한편, 임금상승으로 실질소득이 증가할 때 여가가 정상재이면 소득효과에 의해 여가소비가 증가하므로 노동공급이 감소하나 여가가 열등재이면 소득효과에 의해 여가소비가 감소하므로 노동공급이 증가한다.

　여가가 정상재일 때는 임금이 상승하면 대체효과에 의해 노동공급이 증가하고 소득효과에 의해 노동공급이 감소하므로 대체효과가 소득효과보다 크면 노동공급곡선이 우상향이 되나 대체효과보다 소득효과가 크면 노동공급곡선이 후방으로 굴절하는 형태가 된다. 여가가 열등재일 때는 임금이 상승하면 대체효과와 소득효과 모두 노동공급을 증가시키므로 노동공급곡선이 반드시 우상향한다.

　대체효과 :　$w\uparrow$　→　$P_{여가}\uparrow$　→　여가소비↓　→　노동공급↑

　소득효과 :　$w\uparrow$　→　실질소득↑

　　　　　　　　　　　　여가소비↑　→　노동공급↓　(여가 : 정상재)

　　　　　　　　　　　　여가소비↓　→　노동공급↑　(여가 : 열등재)

　비례적인 소득세가 부과되면 세후 실질임금이 하락하므로 여가의 상대가격이 하락한다. 여가의 상대가격이 하락하면 대체효과에 의해 여가소비가 증가하므로 노동공급이 감소한다. 조세부과로 실질소득이 감소할 때 여가가 정상재이면 소득효과에 의해 여가소비가 감소하므로 노동공급이 증가하나, 여가가 열등재이면 소득효과에 의해 여가소비가 증가할 것이므로 노동공급이 감소한다.

　여가가 정상재일 때 비례소득세가 부과되면 대체효과와 소득효과가 서로 반대방향으로 작용하므로 노동공급의 증감여부가 불분명하나, 여가가 열등재일 때는 대체효과와 소득효과 모두 노동공급을 감소시키는 방향으로 작용하므로 명백히 노동공급이 감소한다.

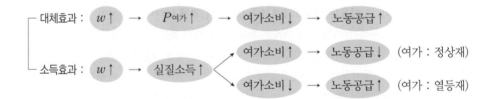

　대체효과 :　t　→　세후임금↓　→　$P_{여가}\downarrow$　→　여가소비↑　→　노동공급↓

　소득효과 :　t　→　세후임금↓　→　실질소득↓

　　　　　　　　　　　　여가소비↓　→　노동공급↑　(여가 : 정상재)

　　　　　　　　　　　　여가소비↑　→　노동공급↓　(여가 : 열등재)

48 2012 세무사

하루 24시간 중 노동과 여가의 선택에 직면한 근로자의 시간당 임금은 w이다. 이때 세율 t_w의 근로소득세가 부과될 경우 다음 설명 중 옳지 않은 것은?(단, M은 소득, H는 여가를 의미한다.)

① 세후 순임금률은 $(1-t_w)w$이다.

② 세금 부과전의 예산선은 $M=-wH+24w$이다.

③ 세금 부과후의 예산선은 $M=-(1-t_w)wH-24w(1-t_w)$이다.

④ 세금 부과전 예산선의 소득축 절편은 $24w$이다.

⑤ 세금 부과후 예산선의 여가축 절편은 24이다.

📝 근로소득에 대해 조세가 부과되지 않을 때의 소득(M)은 24시간에서 여가시간(H)을 뺀 노동시간 ($24-H$)에 임금률을 곱한 것과 일치하므로 예산제약은 $(24-H)w=M$이다. 그런데 세율 t_w의 근로소득세가 부과되면 순임금률이 $(1-t_w)w$로 낮아지므로 예산제약이 $(24-H)(1-t_w)w=M$ 로 바뀌게 된다. 그러므로 세금부과 후의 예산선은 $M=-(1-t_w)wH+24w(1-t_w)$가 된다.

49

어떤 근로자의 효용함수는 $U=\min\{3L, Y\}$ 이라고 하자(L=여가, Y=소득). 이 경우 조세가 노동공급시간에 미치는 영향에 관해 옳은 것은?

① 비례소득세의 도입은 노동공급에 영향을 미치지 않을 것이다.

② 비례소득세의 도입은 노동공급을 줄일 것이다.

③ 세수중립 하에서 선형누진소득세가 비례소득세 보다 노동공급을 더 감소시킬 것이다.

④ 세수중립 하에서 선형누진소득세가 비례소득세 보다 노동공급을 더 증가시킬 것이다.

⑤ 세수중립 하에서 소득세의 형태에 관계없이 노동공급은 같을 것이다.

📝 문제에서 주어진 효용함수는 무차별곡선이 L자 형태인 경우이다. 무차별곡선이 L자 형태인 경우에는 대체효과가 0이므로 소득효과만 존재한다. 소득세 부과로 실질소득이 감소하면 여가소비가 감소하므로 노동시간이 증가한다. 이 경우에는 조세수입이 동일하다면 조세의 형태와 관계없이 동일한 소득효과가 발생한다. 즉, 선형누진세, 비례소득세, 중립세기 노동시간에 미치는 효과는 동일하다. 3가지 조세 모두 노동시간을 동일하게 증가시키는 효과를 갖는다.

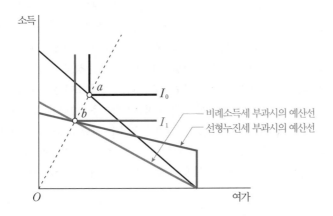

✏️ '세수중립 하에서'란 표현은 '조세수입이 동일하다면'이란 의미이다.

50

근로자 A씨에게 있어 여가와 소득이 완전보완재라고 하자. 다음 설명으로 옳은 것을 모두 고르면?

> 가. 여가는 반드시 정상재이다.
> 나. 비례적인 근로소득세가 부과되면 노동시간이 반드시 증가한다.
> 다. 임금상승의 대체효과에 의해서는 노동시간이 증가한다.

① 가   ② 나   ③ 가, 나

④ 가, 다   ⑤ 나, 다

✏️ 완전보완재
→ 무차별곡선이 L자 형태
→ 대체효과$=0$

📝 여가와 소득이 완전보완재이면 무차별곡선이 L 형태이므로 임금이 상승하면 반드시 여가시간이 증가한다. 즉, 노동공급곡선이 좌상향의 형태로 도출된다. 그러므로 비례적인 근로소득세가 부과되어 세후 임금이 하락하면 노동시간이 반드시 증가한다. 무차별곡선이 L자 형태인 경우 대체효과는 0이다.

51 `2011` `세무사`

두 기간을 사는 어떤 개인의 기간선택모형(inter−temporal choice model)을 이용하여 조세가 저축에 미치는 영향을 파악하고자 한다. 1기는 일을 하는 기간으로서 소득이 발생하며, 2기는 은퇴 후 기간으로서 소득이 없다고 가정한다. 이 개인이 1기에 발생한 소득 가운데 일부는 소비하며, 나머지 일부를 2기에 사용하기 위하여 저축한다고 할 때, 관련된 설명으로 옳지 않은 것은? (단, 두 기간 간 이자율은 r이고, 차입은 없다.)

① 어떤 개인이 2기의 소비수준을 과세전과 동일하게 유지하고자 한다면, 이자소득세율을 인상할 경우 현재소비를 줄이고 저축을 늘리게 된다.

② 이자소득에 의 세율로 과세하면 저축의 수익률은 $r \times (1-t)$가 된다.

③ 이자소득과세는 1기 소비를 늘리고 저축을 줄인다.

④ 저축에 대한 조세가 부과되기 이전에는 1기 소비의 가격은 $(1+r)$이 된다.

⑤ 이자소득세율 인상과 이자율 인하는 이론적으로 저축에 미치는 효과가 동일하다.

📝 아래의 그림 ⓐ에서 현재소득이 Y_1이고, 미래소득이 0인 개인의 소비자균형이 E점에서 이루어지고 있다고 하자. 이자소득세가 부과되면 예산선이 가로축 절편을 축으로 안쪽으로 회전이동한다. 이자소득세가 부과된 후 새로운 소비자균형이 F점과 G점 사이에서 이루어지면 1기 소비와 2기 소비가 모두 감소한다. 만약 F점의 좌상방에 있는 예산선 상의 한 점에서 소비자균형이 이루어지면 1기 소비는 이자소득세 부과 이전보다 감소하고, 2기 소비는 오히려 증가한다. 이자소득세가 부과된 이후에도 2기 소비를 과세 전과 동일한 C_2^*로 유지한다면 소비자균형이 F점에서 이루어질 것이므로 1기 소비가 감소한다. 1기 소비의 감소는 저축 증가를 의미한다.

두 기간 모형에서 예산선의 기울기(절댓값)가 $(1+r)$이므로 이자율이 하락하면 예산선의 기울기가 완만해진다. 이자소득세 부과 이전에는 예산선의 기울기가 $(1+r)$이지만 이자소득세가 부과되면 예산선의 기울기가 $[1+r(1-t)]$로 바뀌므로 예산선이 이자소득세 부과 전보다 완만해진다. 또한 이자소득세율(t)이 인상되는 경우에도 그 이전보다 예산선의 기울기가 완만해진다. 그 이유는 이자소득세율이 인상되면 세후 실질이자율이 하락하기 때문이다. 이자율이 하락해도 예산선이 보다 완만해지고 이자소득세율이 인상되더라도 예산선이 보다 완만해지므로 이론적으로 볼 때 두 경우가 저축에 미치는 효과는 동일하다.

이제 이자소득세율 인상 혹은 이자소득세 부과가 저축에 미치는 효과를 살펴보자. 그림 (b)에서 이자소득세 부과 전의 소비자균형이 E점이라고 하자. 이자소득세가 부과되지 않는 상태는 이자소득세율이 0인 경우라고 생각해도 무방하다. 이자소득세가 부과되어 예산선이 안쪽으로 회전이동하였을 때 소비자균형이 F점으로 이동했다고 하자. 예산선이 E점에서 F점으로 이동하였다면 1기 소비가 C_1^*에서 C_1^{**}로 증가하므로 저축이 감소한다.

이 때의 대체효과와 소득효과를 보자. 원래 무차별곡선과 접하면서 바뀐 예산선과 평행한 보조선을 그리면 G점을 찾을 수 있다. E점에서 G점으로 이동한 것은 이자소득세 부과로 1기 소비의 상대가격이 하락함에 따라 미래소비를 현재소비로 대체하는 대체효과(substitution effect)이다. 그러므로 대체효과에 의해서는 저축이 감소한다. 이자소득세 부과로 인해 실질소득이 감소하면 예산선이 안쪽으로 평행하게 이동한다. 현재소비와 미래소비가 모두 정상재라면 실질소득이 감소하면 1기 소비와 2기 소비가 모두 감소한다. 그림에서 소비자균형이 G점에서 F점으로 이동한 것이 소득효과(income effect)이다. 소득효과에 의해서는 1기 소비가 감소하는데 이는 저축의 증가를 의미한다.

대체효과 : 이자소득세 → 세후 실질임금↓ → $P_{현재소비}$↓ → 현재소비↑ → 저축↓

소득효과 : 이자소득세 → 세후 실질임금↓ → 실질소득↓ → 현재소비↓ → 저축↑

그림 (b)에서처럼 대체효과가 소득효과보다 크다면 이자소득세가 부과될 경우 현재소비가 증가하므로 저축이 감소한다. 만약 이자소득세가 부과된 이후의 균형이 그림 (b)의 H점보다 좌상방의 한 점에서 이루어진다면 대체효과보다 소득효과가 더 크게 나타나므로 오히려 저축이 증가한다. 그러므로 이자소득세가 부과될 때 현재소비와 저축의 증감여부는 대체효과와 소득효과의 상대적인 크기에 따라 달라진다. 즉, 이자소득세가 부과되면 저축이 증가할 수도 있고, 감소할 수도 있다.

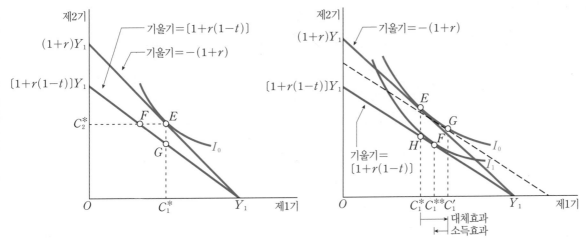

(a) 이자소득세와 예산선의 이동

(b) 대체효과와 소득효과

52 　2023 세무사

시점간(inter-temporal) 소비선택 모형에서 이자소득세의 부과에 관한 설명으로 옳은 것은? (단, 무차별곡선은 원점에 대해 강볼록하며, 미래소득은 영(0)이다. 그리고 현재소비와 미래소비는 모두 정상재이다.)

① 이자소득세 부과 시 현재소비의 상대가격은 상승하게 된다.

② 이자소득세 부과 시 저축은 반드시 감소하게 된다.

③ 이자소득세 부과 시 민간저축은 감소하나 총저축의 증감여부는 불분명하다.

④ 현재소비에 미치는 영향은 소득효과와 대체효과의 상대적인 크기에 의해 결정된다.

⑤ 미래소비에 미치는 영향은 소득효과와 대체효과의 상대적인 크기에 의해 결정된다.

📝 이자소득세가 부과되면 세후 실질이자율이 하락하므로 현재소비의 상대가격이 하락한다. 현재소비의 상대가격이 하락하면 대체효과에 의해 현재소비가 증가하고 미래소비가 감소한다. 대체효과에 의한 현재소비의 증가는 저축의 감소를 의미한다. 한편, 이자소득세가 부과되면 실질소득이 감소한다. 현재소비와 미래소비가 모두 정상재이므로 실질소득이 감소하면 현재소비와 미래소비가 모두 감소한다. 소득효과에 의한 현재소비 감소는 저축의 증가를 의미한다.

　이자소득세가 부과되는 경우 대체효과에 의해 저축이 감소하는 반면 소득효과에 의해 저축이 증가하므로 두 효과의 상대적인 크기에 따라 민간의 자발적인 저축은 증가할 수도 있고, 감소할 수도 있다. 그러므로 이자소득세가 저축에 미치는 효과는 불분명하다.

┌ 대체효과 : 이자소득세 → 세후 실질이자율↓ → P현재소비↓ → 현재소비↑(미래소비↓) → 저축↓

└ 소득효과 : 이자소득세 → 세후 실질이자율↓ → 실질소득↓ → 현재소비↓(미래소비↓) → 저축↑

　이자소득세가 부과되면 대체효과에 의해서는 현재소비가 증가하나 소득효과에 의해서는 현재소비가 감소하므로 이자소득세가 부과될 때 현재소비의 증감여부도 불분명하다. 그런데 이자소득세가 부과되면 대체효과와 소득효과가 모두 미래소비를 감소시키는 방향으로 작용하므로 미래소비는 반드시 감소한다. 현재소비와 미래소비가 모두 정상재일 때 이자소득세가 현재소비, 미래소비 그리고 저축에 미치는 효과를 정리하면 아래의 표와 같다.

이자소득세의 효과

	대체효과	소득효과	총효과
현재소비	↑	↓	?
미래소비	↓	↓	↓
저 축	↓	↑	?

53 2022 세무사

이자소득세 부과의 효과에 관한 내용으로 옳은 것의 개수는? (단, 현재소비와 미래소비는 모두 정상재이다.)

- 저축을 감소시키는 소득효과와 저축을 증가시키는 대체효과를 동시에 발생시킨다.
- 저축에 대한 영향은 시점 간 자원배분모형을 이용하여 분석될 수 있다.
- 미래소비보다 현재소비가 유리한 여건이 제공될 수 있다.
- 현재소비는 대체효과에 의해 증가하고 소득효과에 의해 감소한다.
- 민간저축은 증가할 수도 감소할 수도 있다.

---

① 1개   ② 2개   ③ 3개
④ 4개   ⑤ 5개

📝 이자소득세가 부과되면 현재소비의 상대가격이 하락하므로 대체효과에 의해 현재소비가 증가한다. 대체효과에 의해 현재소비가 증가하므로 저축이 감소한다. 한편, 이자소득세가 부과되면 실질소득이 감소하므로 소득효과에 의해서는 현재소비가 감소한다. 소득효과에 의한 현재소비 감소는 저축의 증가를 의미한다. 그러므로 이자소득세가 부과될 때 민간저축의 증감여부는 대체효과와 소득효과의 상대적인 크기에 의해 결정된다. 즉, 대체효과가 소득효과보다 크면 저축이 감소하고, 소득효과가 대체효과보다 크면 저축이 증가한다. 그러므로 첫 번째 지문을 제외한 나머지는 모두 옳은 보기이다.

┌ 대체효과 : 이자소득세 → 세후 실질이자율↓ → $P_{현재소비}$↓ → 현재소비↑ → 저축↓

└ 소득효과 : 이자소득세 → 세후 실질이자율↓ → 실질소득↓ → 현재소비↓ → 저축↑

54

수빈이는 현재소득의 상당부분을 저축하고 있다. 이자소득세 부과가 수빈이에게 미치는 영향에 대한 설명으로 옳은 것을 모두 고르면?

> 가. 미래소비로 표시한 현재소비의 상대가격이 상승한다.
> 나. 현재소비가 열등재라면 저축이 반드시 감소한다.
> 다. 이자소득세가 부과되면 효용수준은 반드시 감소한다.

① 나   ② 가, 나   ③ 나, 다
④ 가, 다   ⑤ 가, 나, 다

📝 이자소득에 대해 조세가 부과되면 현재 1단위의 재화를 소비할 때 포기해야 하는 미래소비의 크기가 감소하므로 현재소비의 상대가격이 하락한다. 현재소비의 상대가격이 하락하면 대체효과에 의해 현재소비가 증가하므로 저축이 감소한다. 한편, 이자소득에 대해 조세가 부과되어 실질소득이 감소하면 현재소비가 열등재일 때는 소득효과에 의해 현재소비가 증가하므로 저축이 감소한다. 그러므로 현재소비가 열등재일 때는 이자소득세가 부과되면 저축이 반드시 감소한다. 이자소득세가 부과되면 실질소득이 감소하여 소비가능영역이 감소하므로 효용수준은 반드시 감소한다.

55 2016 세무사

안전자산과 위험자산으로 구성되어 있는 경제에서 안전자산의 수익률은 0이며, 개인은 수익극대화를 추구한다. 위험자산에 비례소득세를 부과하고 손실 보상을 전혀 해주지 않는 경우의 설명으로 옳은 것은?

① 위험부담 행위의 소득탄력성이 양이면, 소득효과는 위험자산에 대한 투자를 줄이고 대체효과는 위험자산에 대한 투자를 늘려 총효과는 불확실하다.
② 위험부담 행위의 소득탄력성이 음이면, 소득효과와 대체효과 모두 위험자산에 대한 투자를 늘린다.
③ 위험부담 행위의 소득탄력성이 양이면, 소득효과와 대체효과 모두 위험자산에 대한 투자를 줄인다.
④ 위험부담 행위의 소득탄력성이 음이면, 소득효과와 대체효과 모두 위험자산에 대한 투자를 줄인다.
⑤ 위험부담 행위의 소득탄력성이 양이면 소득효과와 대체효과가 발생하지 않아 위험자산에 대한 투자는 불변이다.

📝 조세가 부과되더라도 손실에 대한 보상이 이루어지지 않는 경우 대체효과는 위험부담행위를 감소시키는 방향으로 작용한다. 그런데 소득효과가 위험부담행위에 미치는 영향은 위험부담행위의 소득탄력성에 따라 다르게 나타난다. 위험부담행위의 소득탄력성(ε_M)이 0보다 크면 소득효과에 의해 위험부담행위가 감소하나 위험부담행위의 소득탄력성이 0보다 작으면 소득효과에 의해 위험부담행위가 증가한다.

그러므로 위험부담행위의 소득탄력성이 0보다 크면 위험자산에 대한 투자가 감소하나 위험부담행위의 소득탄력성이 0보다 작을 때는 대체효과와 소득효과의 상대적인 크기에 따라 위험자산에 대한 투자가 증가할 수도 있고 감소할 수도 있다.

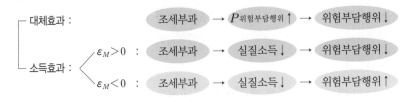

56 2021 세무사

투자자들이 자산유형별로 상이한 위험과 기대수익률을 고려하여 수익률을 극대화하도록 자산을 구성한다고 한다. 투자의 안전성이 정상재이고 투자자의 위험회피도가 체증적인 경우, 수익에 대한 비례소득세 부과가 투자자의 자산구성에 미치는 효과에 관한 설명으로 옳은 것은?

① 기대수익률이 하락하여 안전성에 대한 기회비용이 증가함으로써, 위험자산의 비중은 작아진다.

② 완전손실상계제도가 있는 경우, 위험자산의 비중은 커진다.

③ 완전손실상계제도가 있는 경우, 투자 수익과는 달리 손실에 대해 정부와 투자자가 공동 부담하도록 한다.

④ 손실상계제도를 전혀 허용하지 않는 경우, 위험자산의 비중에는 영향이 없다.

⑤ 손실상계제도를 전혀 허용하지 않는 경우, 소득효과가 대체효과보다 큰 경우에 한해 위험자산의 비중은 감소한다.

완전손실상계제도가 있는 경우 투자수익이 발생하면 일정비율을 조세로 납부해야 하나 손실이 발생하면 일부를 정부가 보전해주기 때문에 정부가 공동투자의 역할을 수행한다. 그러므로 완전손실상계제도가 있는 경우 비례소득세가 부과되면 위험자산 보유비중이 반드시 증가한다.

손실상계가 허용되지 않는 경우 비례적인 소득세가 부과되면 위험부담행위의 상대가격이 높아지므로 대체효과는 위험부담행위를 감소시키는 방향으로 작용한다. 한편, 조세부과로 실질소득이 감소할 때 위험부담행위의 증감여부는 위험부담행위의 소득탄력성에 따라 다르게 나타난다. 위험부담행위의 소득탄력성(ε_M)이 0보다 크면 소득효과에 의해 위험부담행위가 감소하나 위험부담행위의 소득탄력성이 0보다 작으면 소득효과에 의해 위험부담행위가 증가한다.

그러므로 위험부담행위의 소득탄력성이 0보다 크면 비례적인 소득세가 부과되면 위험자산에 대한 투자가 감소하나 위험부담행위의 소득탄력성이 0보다 작을 때는 대체효과와 소득효과의 상대적인 크기에 따라 위험자산에 대한 투자가 증가할 수도 있고 감소할 수도 있다.

57

스티글리츠 모형에 의하면 재산세가 부과될 때 위험부담행위가 감소하는 경우는 개인이 어떤 유형일 때인가?

① 절대위험기피 체증유형

② 상대위험기피 체증유형

③ 절대위험기피 불변유형

④ 절대위험기피 체감유형

⑤ 상대위험기피 체감유형

✎ 절대위험기피 체증유형
보유자산이 증가하면 위험자산 보유금액을 줄이는 유형

📝 스티글리츠모형에 의하면 조세가 부과될 때 절대위험기피 체증유형이나 절대위험기피 불변유형의 경우는 위험부담행위가 촉진되나, 절대위험기피 체감유형의 경우는 판단하기 어렵다. 한편, 상대위험기피 체증유형의 경우는 조세가 부과되면 위험부담행위가 촉진되나, 상대위험기피 체감유형의 경우는 조세가 부과되면 위험부담행위가 감소한다. 스티글리츠 모형에서 조세가 각 유형의 위험부담행위에 미치는 효과를 정리하면 아래의 표와 같다.

조세와 개인의 위험부담행위

학 자	체증유형	불변유형	체감유형
절대위험기피	↑	↑	?
상대위험기피	↑	불변	↓

58

다음 중 조세가 인적투자에 미치는 효과에 대한 설명으로 옳지 않은 것은?

① 인적투자는 노동생산성 향상을 통해 노동공급의 증가를 가져오는 효과가 있다.

② 슐츠는 인적자본투자액에 대해서는 감가상각이 허용되지 않으므로 조세가 인적투자에 불리하게 작용한다고 주장한다.

③ 보스킨은 인적투자에 소요되는 비용은 즉시경비처리가 허용되므로 조세가 인적투자에 유리하게 작용한다고 본다.

④ 실증적인 분석에 의하면 소득세율 상승은 인적투자를 감소시키는 결과를 초래한다.

⑤ 소득세율의 상승은 인적투자의 기회비용을 하락시키는 효과가 있다.

📝 인적투자가 이루어지면 노동생산성이 증가하므로 실질적인 노동공급이 증가하는 것과 마찬가지의 효과가 발생한다. 조세가 인적투자를 촉진하는지 저해하는지의 여부에 대해서는 학자들의 견해가 서로 상이한데, 대표적인 주장을 요약해 보면 다음과 같다.

조세와 인적자본형성

학 자	견 해	이 유
T. Schultz	조세제도는 인적자본투자를 저해	• 물적자본 : 감가상각이 허용될 뿐만 아니라 여러 가지 투자를 촉진하기 위한 조치가 시행 • 인적자본 : 감가상각이 허용되지 않을 뿐만 아니라 투자 우대조치가 전혀 이루어지지 않음
M. Boskin	조세제도는 인적자본투자를 촉진	• 물적투자 : 즉시 경비처리가 허용되는 경우는 거의 없음 • 인적투자 : 인적투자로 상실된 소득에 대해서는 전혀 조세가 부과되지 않기 때문에 인적투자에 소요되는 비용에 대해서는 즉시 경비처리가 허용되는 것과 마찬가지 효과가 발생
J. Heckman	소득세율 상승은 인적자본투자를 증대	• 분석결과 : 실증분석을 통해 소득세율의 상승은 인적자본투자를 증가시킨다는 결론을 도출 • 이 유 : 소득세율의 상승은 세후 이자율을 낮추어 인적투자에 따른 기회비용을 하락시키기 때문

59 2021 세무사

조겐슨(D. Jorgenson)의 신고전학파 투자이론에 관한 설명으로 옳지 않은 것은?

① 중요한 투자결정요인은 자본의 사용자비용이다.

② 자본의 사용자비용이 낮아지면 투자는 늘어난다.

③ 자본의 사용자비용에는 포기된 다른 투자로 인한 기회비용도 포함된다.

④ 자본재 구입비용은 즉시 비용처리하고, 지급이자에 대한 비용공제는 허용하지 않는 경우 법인세는 투자에 중립적이다.

⑤ 자기자본의 귀속이자비용이 공제되지 않아도, 차입금에 대한 이자공제가 허용되고 세법상 감가상각률과 경제적 감가상각률이 일치하면 법인세는 투자에 영향을 미치지 않는다.

☞ 법인세가 투자에 중립적이 되려면 ⅰ) 자본재 구입비용을 즉시 비용처리하고 지급이자에 대한 비용공제가 허용하지 않거나, ⅱ) 자기자본의 귀속이자를 포함한 모든 이자비용이 완전공제가 허용되고 세법상 감가상각률과 경제적 감가상각률이 일치해야 한다. 만약 자기자본의 귀속이자비용 공제가 허용되지 않으면 자본의 사용자비용이 법인세 부과 전보다 상승하므로 법인세는 투자에 부정적인 영향을 주게 된다.

60 2022 세무사

조겐슨(D. Jorgenson)의 신고전파 투자이론에 관한 설명으로 옳지 않은 것은?

① 자본의 사용자 비용이 적을수록 투자가 증가한다.

② 생산요소 간에 대체탄력성이 작으면 자본스톡의 사용자비용탄력성이 낮아질 수 있다.

③ 자본스톡의 사용자비용탄력성이 작을수록 법인세가 기업의 투자에 미치는 영향이 크다.

④ 법인세의 경우 자본재 구입비용은 즉시상각하고, 지급이자에 대한 비용공제는 불허하면 투자에 대해 중립적이다.

⑤ 자기자본의 귀속이자비용과 차입금에 대한 이자공제가 허용되고 세법상 감가상각률과 경제적 감가상각률이 일치할 경우 법인세는 투자에 영향을 미치지 않는다.

📝 생산요소 간의 대체탄력성이 작다면 노동을 자본으로 대체하는 것이 어려우므로 자본의 사용자비용이 하락하더라도 자본투입량이 별로 증가하지 않는다. 그러므로 생산요소 간의 대체탄력성이 작을수록 자본의 사용자비용탄력성이 낮아진다. 또한, 자본스톡의 사용자비용탄력성이 작다면 법인세 인하로 자본의 사용자비용이 하락하더라도 투자가 별로 증가하지 않을 것이므로 법인세가 투자에 미치는 영향이 작을 수밖에 없다.

61 2023 세무사

자본의 사용자 비용(user cost of capital)을 낮추어 투자를 촉진할 수 있는 조세정책이 아닌 것은?

① 가속상각제도   ② 투자세액공제

③ 특정기간조세 감면   ④ 법인세율 인하

⑤ 근로소득세 감면

📝 자본의 사용자비용이란 기업이 자본재 1단위를 일정 기간 동안 사용할 때 발생하는 비용이므로 개인들에게 부과하는 근로소득세는 자본의 사용자비용에 아무런 영향을 미치지 않는다.

62 2017 세무사

어떤 기업이 자본재에 투자하려고 한다. 이 때 첫 해에 이 투자에 대해 전액감가상각을 허용하는 경우(A)와 이자비용의 손금처리를 부인하는 경우(B)로 구분할 때, A와 B가 각각 이 투자에 미치는 영향은?

① A : 투자 촉진, B : 투자 촉진

② A : 투자 촉진, B : 투자 위축

③ A : 투자 위축, B : 투자 촉진

④ A : 투자 불변, B : 투자 불변

⑤ A : 투자 불변, B : 투자 위축

📝 첫해에 자본재 구입금액 전액을 감가상각 허용하면 자본재 구입가격이 하락하는 효과가 발생하여 자본의 사용자비용이 낮아지므로 투자가 촉진된다. 이에 비해 이자비용의 손금처리를 부인하면 자본의 사용자비용이 상승하므로 투자가 위축된다.

63

법인세를 산정하는데 있어 정률법에 의한 감가상각, 차입금이자비용과 자기자본 비용에 대한 손금산입, 그리고 투자세액공제만이 고려된다고 가정한다. 다음 중 법인세 과세가 법인의 투자결정에 왜곡을 초래하지 않는 경우는? (단, δ: 경제적 감가상각률, d : 세법상 감가상각률, k : 투자세액공제율)

① $d=\delta$, $k=0$, 차입금이자비용과 자기자본비용의 손금산입

② $d=\delta$, $k=1$, 차입금이자비용과 자기자본비용의 손금산입

③ 투자지출의 즉시비용화(immediate expensing), $k=0$, 차입금이자와 자기자본비용의 손금산입

④ 투자지출의 즉시비용화, $k=1$, 차입금이자와 자기자본비용의 손금산입

⑤ $d=\delta=k$, 차입금이자와 자기자본비용의 손금불산입

📝 법인세가 투자에 중립적이 되기 위해서는 1) 차입금에 대한 이자 뿐만 아니라 자기자본의 귀속이자에 대한 비용처리가 허용되고, 세법상 감가상각률과 경제적 감가상각률이 일치하거나, 2) 자본재를 구입한 즉시 비용처리하고, 이자비용의 비용처리를 허용하지 않는 경우의 두 가지이다.

64 　2020　세무사

법인세 과세표준 계산 시 타인자본에 대한 이자지불액만 공제된다고 하자. 이러한 과세방식으로 인한 법인의 의사결정에 관한 설명으로 옳은 것은?

① 자기자본에 비해 차입을 선호한다.

② 배당금에 비해 사내유보를 선호한다.

③ 회사채 발행을 기피한다.

④ 현금자산 보유를 기피한다.

⑤ 부동산 보유를 기피한다.

📝 법인세의 과세표준을 계산할 때 타인자본에 대한 이자지불액만 공제된다면 기업들은 자기자본보다 타인자원을 통한 재원조달을 선호할 것이다. 타인자본을 통해 재원을 조달하려면 은행에서 차입하거나 회사채를 발행하여 금융시장에서 자금을 차입해야 한다. 그러므로 타인자본에 대한 의존도가 증가하면 기업의 회사채 발행이 증가한다. 보기 ②, ④, ⑤는 타인자본의 이자지불액이 비용으로 공제되는 것과는 별 관계가 없다.

60 ③ 　61 ⑤ 　62 ②
63 ① 　64 ①

65

다음 중 법인세가 투자에 미치는 효과에 대한 설명으로 옳지 않은 것은?

① 가속상각이 허용되면 실효세율이 낮아지는 효과가 발생한다.

② 가속상각의 정도가 클수록 장기투자가 불리하다.

③ 가속상각은 법인세 납세기일을 미래로 연기하는 효과를 발생시킨다.

④ 차입에 의한 자본조달이 클수록 자본의 채산성은 커진다.

⑤ 가속상각을 허용하더라도 명목적인 법인세 납세액은 변하지 않는다.

✎ 가속상각을 허용하더라도 전기간 동안 납부하는 법인세의 명목납세액은 불변이다. 그러나 가속상각을 허용하면 초기년도에 투자비용의 많은 부분이 비용으로 인정되므로 초기년도의 법인세 납세액이 감소하게 되어 법인세 납부시점이 미래로 연기되는 효과가 발생한다. 따라서 가속상각이 허용되면 법인세 절감액의 현재가치가 커지기 때문에 기업에게 유리하게 작용한다(세법상 내용연수를 단축하여 상각기간을 짧게 해주는 경우에도 마찬가지의 효과가 발생한다).

예를 들어, 어떤 기업이 적용받는 법인세율이 40%이고 내구연수가 4년인 자본재의 구입가격이 1,000원인 경우를 생각해보자. 법인세율이 40%이므로 자본재 구입가격 1,000원이 비용으로 처리되면 이로 인한 법인세 절감액은 감가상각 처리방법과 관계없이 400원으로 동일하다. 따라서 전체 기간 동안의 법인세의 납세액도 동일하다.

그런데 가속상각이 허용되면 초기년도에 감가상각이 크게 이루어지므로 법인세 절감액의 현재가치가 증가한다. 예를 들어, 이자율이 20%인 경우 정액법으로 매년 250원을 감가상각비로 처리하면 세법상 이윤이 250원 감소하므로 매년 납세액이 100원($=250\times0.4$) 감소한다. 이 경우 감가상각비로 인한 법인세 절감액의 현재가치가 259원으로 계산된다.

이에 비해 가속상각방법인 하나인 연수합계법으로 가속상각을 하는 경우에는 1차 년도에는 400원, 2차 년도에는 300원, 3차 년도에는 200원, 4차 년도에는 100원이 감가상각비로 처리된다. 그러므로 각 년도에 감가상각비로 인한 법인세 납세액 감소분은 각각 160원, 120원, 80원, 40원이다. 이를 현재가치로 계산해보면 법인세 절감액의 현재가치는 282원이 된다.

이와 같이 가속상각을 할 경우에는 감가상각의 현재가치가 커지므로 법인세 절감액의 현재가치가 증가하여 실질적인 법인세 납세액이 감소하는 효과가 발생한다.

• 정액법으로 감가상각을 할 때

　법인세 절감액의 현재가치 : $PV = \dfrac{100}{(1+r)} + \dfrac{100}{(1+r)^2} + \dfrac{100}{(1+r)^3} + \dfrac{100}{(1+r)^4} = 258.87$

• 가속상각시 : 연수합계법

　법인세 절감액의 현재가치 : $PV = \dfrac{160}{(1+r)} + \dfrac{120}{(1+r)^2} + \dfrac{80}{(1+r)^3} + \dfrac{40}{(1+r)^4} = 282.25$

자산의 내구연수가 짧은 경우에는 가속상각을 하더라도 납세시점이 단기적으로만 연기되기 때문에 조세절감액의 현재가치는 그리 크지 않다. 그러나 내용연수가 장기인 자산은 가속상각을 할 때 납세시점이 오랜 기간 동안 연기되므로 조세절감액의 현재가치가 매우 커진다. 따라서 내용연수가 장기인 자산일수록 가속상각에 따른 조세절감액이 매우 커진다. 즉, 장기적인 투자일수록 가속상각에 따른 혜택이 증가한다.

66 2019 세무사

조세와 기업의 투자에 관한 설명으로 옳지 않은 것은?

① 신고전파 투자이론에 따르면 자본의 사용자 비용이 적을수록 투자가 증가한다.

② 자본스톡의 사용자비용탄력성이 클수록 조세정책이 기업의 투자에 미치는 영향이 크다.

③ 토빈의 q이론에 따를 경우, 자본의 대체비용이 클수록 투자가 줄어든다.

④ 자본의 사용자 비용과 관련된 한계실효세율 측정은 세전수익률을 세후수익률로 나누어서 구할 수 있다.

⑤ 투자를 촉진하기 위한 방법으로는 가속상각 제도의 채택, 투자세액공제 허용 등이 있다.

✎ 자본스톡의 사용자비용 탄력성이 크다면 조세정책의 변화로 사용자비용이 변하면 투자가 큰 폭으로 변화한다. 그러므로 조세정책이 기업이 투자에 미치는 영향이 크다. 토빈의 $q-$이론에 의하면 실물자본의 대체비용이 크면 q값이 작아지므로 투자가 감소한다.

한계실효세율은 세전수익률(p)과 세후수익률(s)의 차이를 세전수익률로 나누어 구한다. 그러므로 한계실효세율(t)은 다음과 같이 정의된다.

$$\text{한계실효세율} : t = \frac{p-s}{p}$$

투자세액공제나 가속상각제도가 시행되면 법인세 납세액이 감소하므로 자본의 사용자비용이 낮아지는 효과가 발생한다. 법인세 부과로 자본의 사용자비용이 낮아지면 법인세는 투자를 촉진시키는 효과를 갖는다. 만약 법인세가 부과되더라도 자본의 사용자비용이 변하지 않는다면 법인세는 투자에 영향을 주지 않을 것이므로 투자에 중립적이 된다.

67

조세와 기업의 자본구조 사이의 관계에 관한 설명 중 적합하지 않은 것은?

① 모딜리아니-밀러(Modigliani-Miller)정리에 따르면 자본시장이 완전한 경우 기업가치와 자본구조 사이에 아무런 관계가 없다.

② 모딜리아니-밀러정리는 기업의 수익에 아무런 조세가 부과되지 않는다는 비현실적 가정을 채택하고 있다.

③ 법인세의 특성상 부채를 갖고 있는 기업은 감세효과(tax shield)를 누릴 수 있다.

④ 소득세도 자본구조 선택에 영향을 줄 수 있다.

⑤ 부채에서 나오는 감세효과는 세율이 높을수록 작아진다.

✎ 보기 ①과 ②는 모딜리아니-밀러의 제1명제에 대한 설명이다. 부채의 크기가 B, 법인세율이 t, 이자율이 r로 주어져 있을 때 부채사용에 따른 감세효과의 크기는 다음과 같이 계산된다. 그러므로 세율이 높을수록, 그리고 부채의 규모가 클수록 부채사용에 따른 감세효과가 커진다.

$$\text{법인세 절감액의 현재가치} = \frac{trB}{(1+r)} + \frac{trB}{(1+r)^2} + \frac{trB}{(1+r)^3} + \cdots = tB$$

✎ 모딜리아니-밀러의 제1정리
경영위험 등 다른 조건은 모두 동일하고 자본구조만 다른 두 기업의 가치는 항상 같기 때문에 부채-자본비율(자본구조)의 변화는 기업가치에 아무런 영향을 미칠 수 없다.

65 ② **66** ④ **67** ⑤

68 2023 세무사

한계실효세율(marginal effective tax rate)에 관한 설명으로 옳은 것을 모두 고른 것은?

> ㄱ. 투자수익에 조세가 부과되지 않으면 한계실효세율은 0이다.
>
> ㄴ. 한계실효세율이 낮을수록 투자에 유리하다.
>
> ㄷ. 한계실효세율이 음(−)인 경우, 조세가 투자를 촉진하는 결과를 가져온다.

① ㄱ   ② ㄱ, ㄴ   ③ ㄱ, ㄷ

④ ㄴ, ㄷ   ⑤ ㄱ, ㄴ, ㄷ

✎ 한계실효세율(t)은 세전수익률(p)과 세후수익률(s)의 격차를 세전수익률(p)로 나눈 값으로 다음과 같이 정의된다.

$$t = \frac{p-s}{p}$$

한계실효세율은 조세부과에 따라 투자수익률이 하락하는 정도를 나타낸다. 예를 들면, 세전수익률 $p=20\%$이고 세후수익률 $s=15\%$이면 한계실효세율이 $25\%\left(=\frac{0.2-0.15}{0.2}\times 100\right)$로 계산되는데, 이는 조세부과로 인해 투자안의 수익률이 25% 낮아진다는 것을 의미한다.

한계실효세율이 양(+)의 값을 갖는다면 조세부과에 따라 투자소득이 감소하므로 조세가 투자에 부정적인 영향을 미치게 되는데, 한계실효세율이 높을수록 조세로 인해 투자소득이 큰 폭으로 감소하므로 조세가 투자에 미치는 부정적인 영향이 커진다. 만약 한계실효세율이 음(−)의 값을 갖는다면 조세부과로 인해 수익률이 높아지므로 투자가 오히려 촉진된다. 조세가 부과되지 않는다면 세전수익률과 세후수익률이 동일하므로 한계실효세율이 0이 된다.

69 2019 세무사

법인세에 관한 설명으로 옳지 않은 것은?

① 우리나라 법인세 제도에서는 기업의 부채가 클수록 법인세 부담이 줄어든다.

② 모딜리아니−밀러(F. Modigliani and M. Miller)의 제1명제는 기업가치 극대화를 위한 최적 자본구조가 존재하지 않는다는 것이다.

③ 우리나라의 현행 법인세 법정 최고 세율은 25%이다.

④ 인플레이션에 의해 감가상각공제의 실질가치가 떨어지면 법인세 부담이 가벼워진다.

⑤ 소득세와 법인세의 통합은 효율성뿐 아니라 공평성의 차원에서도 논의된다.

✎ 인플레이션으로 인해 감가상각비로 인정되는 금액이 실제로 자본재가치가 하락하는 것보다 작아지면 세법상 이윤이 과대평가되므로 법인세 부담이 증가한다.

70 [2023] 세무사

모딜리아니-밀러(Modigliani-Miller)의 제1명제에 관한 설명으로 옳은 것을 모두 고른 것은?

> ㄱ. 이 명제는 기업의 가치를 극대화하는 최적 자본구조의 존재를 증명한 것이다.
> ㄴ. 이 명제에서는 기업의 수익에 조세가 과세되지 않는 것을 가정하고 있다.
> ㄷ. 이 명제에서는 경영자가 주주의 재산을 극대화하려는 노력을 가정하고 있다.
> ㄹ. 이 명제에서는 모든 투자자와 경영자가 같은 정보를 가지고 있음을 가정한다.

① ㄱ, ㄴ   ② ㄴ, ㄷ   ③ ㄷ, ㄹ
④ ㄴ, ㄷ, ㄹ   ⑤ ㄱ, ㄴ, ㄷ, ㄹ

☑ 모딜리아니-밀러의 제1명제에서는 법인세와 소득세가 존재하지 않으며, 기업의 경영자와 투자자의 정보수준이 동일하며, 경영자는 기업가치를 극대화하는 것으로 가정한다. MM의 제1명제에 따르면 자본구조의 변화는 기업가치에 아무런 영향을 미치지 않으므로 최적자본구조가 존재하지 않는다.

71

조세가 기업의 행동과 기업의 가치에 미치는 영향에 대한 설명이다. 옳은 것은?
① 자기자본의 귀속이자에 대한 비용처리가 허용되면 기업의 자기자본비율이 낮아질 것이다.
② 모딜리아니-밀러(Modigliani-Miller)의 수정이론에 의하면 법인세가 있는 경우 기업의 가치는 자본구조와는 전혀 무관하다.
③ 인플레이션이 발생하면 재고자산 관리에 있어 선입선출법을 채택하고 있는 기업의 법인세 부담이 감소한다.
④ 현실에서는 법인세율이 소득세율보다 낮으므로 이론적으로 볼 때는 주주입장에서 보면 배당을 하지 않는 것이 최선이다.
⑤ 거래비용과 조세기 없고, 완전자본시장이 존재한다면 배당성향이 높은 기업일수록 기업의 가치가 높다.

☑ 자기자본의 귀속이자에 대한 비용처리가 허용되면 자기자본을 더 많이 사용할 것이므로 기업의 자기자본비율이 상승할 것이다. 모딜리아니-밀러의 수정이론에 의하면 법인세가 존재하는 경우에는 100% 타인자본을 사용하는 것이 최적이다. 인플레이션이 발생하면 선입선출법을 채택하고 있는 기업의 장부상 이윤이 증가하므로 법인세 부담이 커지게 된다. 거래비용과 조세가 없고 완전자본시장이 존재한다면 기업가치는 배당성향과 무관하다.

72

다음 중 배당의 수수께끼가 발생하는 이유로 적합하지 않은 것은?

① 배당소득으로 생활하는 소액투자자들은 안정적인 배당금 지급을 선호하기 때문이다.

② 경영자들이 배당의 신호효과를 통해 투자자에게 투자유인을 제공하려고 하기 때문이다.

③ 비영리기관 등 비과세되거나 저율로 과세되는 기관들을 유인할 필요가 있는 고객효과 때문이다.

④ 배당금 지급을 일정하게 유지함으로써 기업이 보다 유능한 인재를 채용할 수 있기 때문이다.

⑤ 미래의 불확실성으로 인하여 주주들이 자본이득보다는 배당금 수취를 더 선호하기 때문이다.

현실에서 기업의 이윤 중 배당되는 부분은 주주의 소득에 귀속되어 소득세가 과세되나, 주가상승에 따른 자본이득에 대해서는 낮은 세율로 과세되거나 아예 과세되지 않는 것이 일반적이다. 따라서 주주의 입장에서는 배당을 받고 소득세를 납부하는 것보다는 사내유보를 통한 자본이득을 얻는 것이 훨씬 유리하다.

이와 같이 배당보다는 사내유보가 더 유리함에도 불구하고 기업들은 배당금을 지급하는 현상이 현실에서 관찰되고 있는데 이를 '배당금의 수수께끼'라고 한다. 이와 같은 현상이 발생하는 이유를 요약하면 다음과 같다.

배당금을 지급하는 이유

지급이유	설 명
미래의 불확실성	주주들이 불확실한 미래의 자본이득보다 현재의 확실한 배당을 더 선호하므로 기업은 이를 수용하여 배당금을 지급하게 된다는 것
배당의 신호효과	주주들이 배당을 많이 하는 기업은 수익성이 높을 것으로 판단하고 배당성향이 높은 기업의 주식을 선호하는 경향이 있으므로 경영자가 기업의 수익성 및 성장가능성에 대한 신호를 보내기 위해 배당금을 지급한다는 것
고객효과	높은 배당을 원하는 투자자를 유인하고자 하는 기업은 그들이 주식을 구입을 유도하기 위해 배당금을 지급한다는 것
거래비용	주식을 매매할 때 거래비용이 있는 경우 일부 투자자들은 사내유보를 통한 자본이득보다 배당을 선호하므로 그들의 요구를 반영하여 배당금을 지급한다는 것
대리인비용	배당을 많이 지급하면 경영자의 재량에 따른 특권적 소비가 감소하므로 경영자를 감시하는데 드는 대리인 비용을 줄일 수 있으므로 주주들의 요구로 배당금을 지급한다는 것

01 2017 세무사

근로소득세율이 다음과 같다고 한다.

구간	근로소득(단위: 만 원)	세율(%)
(1)	1,200 이하	6
(2)	1,200 초과 ~ 4,600 이하	15
(3)	4,600 초과 ~ 8,800 이하	24
(4)	8,800 초과 ~ 15,000 이하	35
(5)	15,000 초과 ~ 50,000 이하	38
(6)	50,000 초과	40

이 때 구간 (3)인 4,600만 원 초과~8,800만 원 이하에 해당하는 세율을 현재의 24%에서 30%로 인상할 경우 다음 중 옳은 것을 모두 고른 것은?

ㄱ. 구간 (1) ~ (3)에 속하는 사람들의 평균세율이 내려간다.
ㄴ. 구간 (4) ~ (6)에 속하는 사람들의 노동공급 선택에 왜곡이 발생한다.
ㄷ. 구간 (4) ~ (6)에 속하는 사람들의 평균세율이 올라간다.

① ㄱ
② ㄴ
③ ㄷ
④ ㄱ, ㄴ
⑤ ㄴ, ㄷ

📝 구간 (3)의 세율이 인상되면 소득이 구간 (1), (2)에 해당하는 사람들의 조세부담은 변하지 않으므로 평균세율도 변하지 않는 반면, 구간 (3)~(6)에 해당하는 사람들은 조세부담이 증가하므로 평균세율이 상승한다. 그리고 구간 (3)의 세율이 인상되면 구간 (3)~(6)에 해당하는 사람들의 조세부담이 증가하므로 노동공급 선택의 왜곡이 커지게 될 것이다.

02

소득이 증가할수록 한계세율이 높아지는 누진적인 과세방식으로 소득세가 부과되고 있다고 하자(단, 소득이 없으면 세금도 없다). 남편과 부인의 소득을 합한 금액이 일정한 크기로 주어져 있을 때 소득세의 과세단위와 관련된 아래의 설명 중 옳은 것을 모두 고르면?

> 가. 개인단위 과세하에서는 부부간 소득격차가 작을수록 세부담이 작다.
> 나. 부부소득을 합산과세하면 부부간 소득격차가 작을수록 세부담이 크게 증가한다.
> 다. 소득분할 방식하에서는 결혼이전보다 세부담이 감소할 수도 있다.

① 가   ② 가, 나   ③ 가, 다
④ 나, 다   ⑤ 가, 나, 다

📝 개인단위 과세가 이루어질 때 부부의 소득격차가 크다면 소득이 큰 사람은 매우 높은 한계세율을 적용받는다. 그러나 두 사람의 소득격차가 작다면 두 사람 모두 훨씬 낮은 한계세율을 적용받으므로 소득격차가 클 때보다 세부담이 더 작아진다.

부부 중 한 사람은 소득이 0이라면 합산과세를 하더라도 결혼이전과 세부담이 동일하다. 그러나 두 사람의 소득이 비슷하다면 이를 합산하여 누진과세할 경우 소득세 부담은 결혼이전보다 훨씬 커지게 된다. 그러므로 합산과세하에서는 부부간 소득격차가 작을수록 세부담이 크게 증가한다.

소득분할 방식에서는 두 사람의 소득을 합한 뒤 이를 둘로 나누어 소득세를 부과하므로 두 사람의 소득이 동일하지 않다면 결혼이전보다 세부담이 줄어들 가능성이 크다. 소득분할방식에서는 부부의 소득격차가 클수록 결혼이전보다 세부담이 크게 감소한다.

03

예상인플레이션율이 0%일 때 명목이자율이 10%이고, 이자소득세율이 40%로 주어져 있다고 하자. 만약 예상인플레이션율이 10%로 상승한다면 납세후 실질이자율은 몇 %포인트 낮아지겠는가?

① 1% 포인트   ② 2% 포인트   ③ 3% 포인트
④ 4% 포인트   ⑤ 5% 포인트

✏️ 퍼센트 포인트($\%P$)
퍼센트 값의 변화분을 퍼센트 포인트라고 한다.

📝 예상인플레이션율이 0%일 때와 10%일 때의 납세후 실질이자율은 다음의 표와 같이 구해진다.

예상인플레이션율	납세전		세금($t=0.4$)	납세후	
	명목이자율	실질이자율		명목이자율	실질이자율
0%	10%	10%	4%	6%	6%
10%	20%	10%	8%	12%	2%

04

다음 중 유동성문제가 발생할 가능성이 있는 경우는 몇 개인가?

> 가. 실현주의에 따라 포괄적 소득과세를 할 때
>
> 나. 양도소득세를 중과세할 때
>
> 다. 높은 세율로 부유세를 과세할 때
>
> 라. 자본이득방식에 따라 법인세와 소득세를 통합할 때
>
> 마. 증여세를 중과세할 때
>
> 바. 개인의 소비지출을 과세표준으로 하는 지출세가 부과될 때

① 1개   ② 2개   ③ 3개

④ 4개   ⑤ 5개

✍ 문제에서 주어진 보기 중 유동성문제가 발생할 가능성이 있는 경우는 다. 라, 마, 바의 4가지이다. 포괄적 소득과세를 하더라도 실현된 소득에 대해서만 과세하면 실현된 소득으로 조세를 납부하면 되므로 유동성 문제가 발생하지 않는다. 그리고 양도소득세를 중과세하더라도 실현된 양도소득으로 세금을 납부하면 되므로 유동성문제가 발생하지 않는다.

05 　2021　세무사

다음은 법인세와 관련된 설명이다. 옳은 것을 모두 고르면?

> 가. 법인세를 법인부문에 투하된 자본에 대한 과세로 보는 견해에 따르면 단기에는 법인세가 주로 자본소유자에게 귀착된다.
>
> 나. 법인세를 법인부문에 투하된 자본에 대한 과세라고 하더라도 장기에는 자본공급이 탄력적이므로 노동자와 소비자에게 세부담이 전가될 수 있다.
>
> 다. 세법상 감가상각률과 경제적 감가상각률이 동일하다면 법인세는 순수한 경제적 이윤에 대한 과세로 볼 수 있다.
>
> 라. 법인세가 순수한 경제적 이윤에 대한 과세라고 하더라도 법인세의 세율이 상승하면 기업의 투자가 위축된다.

① 가, 나   ② 나, 다   ③ 다, 라

④ 가, 다, 라   ⑤ 나, 다, 라

✍ 법인세가 순수한 경제적 이윤에 대한 과세가 되기 위해서는 ⅰ) 100% 차입경영이면서 세법상 감가상각률과 경제적 감가상각률이 동일하거나, ⅱ) 자기자본의 귀속이자에 대한 비용처리가 허용되면서 세법상 감가상각률과 경제적 감가상각률이 동일할 때이다. 그리고 법인세가 순수한 경제적 이윤에 대한 과세라면 법인세는 기업에 투자에 아무런 영향을 미치지 않는다.

02 ⑤　　03 ④　　04 ④
05 ①

06 2013 세무사

법인세 개혁 방안의 하나로 거론되는 완전통합방식에 대하여 완전통합 옹호론자들이 주장하는 효율성 개선 효과로 옳은 것을 모두 고른 것은?

> ㄱ. 재원조달에 있어서 부채로의 편향을 제거할 수 있다.
> ㄴ. 완전통합으로 효율성이 개선되더라도 법인세 납세자 전체의 후생은 불변이다.
> ㄷ. 법인과 비법인 부문 간 자원배분의 왜곡이 제거될 수 있다.
> ㄹ. 조세로 인한 저축의사결정 왜곡이 감소하게 될 것이다.

① ㄱ, ㄴ　　　　　　② ㄱ, ㄷ, ㄹ　　　　　③ ㄱ, ㄹ
④ ㄴ, ㄷ　　　　　　⑤ ㄴ, ㄷ, ㄹ

☑ 법인세와 소득세가 완전통합되면 법인과 비법인부문간 자원배분의 왜곡이 제거될 수 있다. 또한, 법인세와 소득세가 통합되어 법인세가 폐지되면 지불이자에 대한 소득공제가 없어지므로 부채를 통해 재원을 조달할 때의 유리한 면이 없어지게 된다. 그러므로 법인세와 소득세가 완전통합되면 재원조달에 있어 부채로의 편향이 제거된다.

　　법인세가 독립적으로 존재하는 상태에서 소득세와 법인세의 이중과세 조정을 위해 법인이윤 중 배당되는 부분에 대해 법인세를 과세하지 않거나 감면해 주면 기업의 배당이 촉진되고 기업저 축이 감소한다. 그런데 법인세와 소득세가 완전통합되면 기업저축이 감소하는 현상이 나타나지 않으므로 조세로 인한 저축의사결정 왜곡이 감소하게 될 것이다.

　　법인세와 소득세가 통합되는 경우 조세부담의 변화는 소득계층별로 다르게 나타난다. 두 조세 가 통합되면 법인을 통해 얻은 소득도 다른 소득과 합산하여 과세를 하므로 상대적으로 다른 소득 이 많은 고소득층의 부담은 커지는 반면, 다른 소득이 별로 없는 저소득층의 부담은 별로 증가하 지 않거나 감소할 수도 있다. 이처럼 법인세와 소득세가 통합되면 일부 계층의 후생수준은 감소하 나 일부계층의 후생수준은 증가하므로 사회전체 후생수준의 증감여부는 불분명하다.

07

인플레이션이 법인기업에 미치는 영향에 관한 설명으로 옳지 않은 것은?

① 인플레이션으로 인해 감가상각의 실질가치가 떨어지므로 법인세의 실질적 부담이 증가한다.

② 자본재가격 상승률을 감안하여 법인세제에서 허용해 주는 자본재의 내구기간을 길게 만들어 주면 법인기업의 실질적 세부담이 경감될 수 있다.

③ 인플레이션이 부채의 실질가치를 떨어뜨리기 때문에 타인자본을 사용하고 있는 법인에게 유리하다.

④ 인플레이션이 진행되고 있을 때는 자본재의 대체비용이 최초의 자본재 구입비용보다 더 커지게 된다.

⑤ 인플레이션이 진행되고 있는 상황에서는 선입선출법을 채택하고 있는 기업의 장부상 이윤이 과대평가되어 법인세 부담이 무거워진다.

✎ 자본재의 내구기간을 길게 만들어주면 자본재 구입가격이 비용으로 처리되는 시점이 늦추어지므로 실질적인 법인세부담이 감소(증가)한다.

08

다음은 우리나라의 부가가치세와 관련된 설명이다. 옳지 않은 것은 몇 개인가?

> 가. 모든 거래단계의 부가가치에 대해 부과하므로 다단계세금이다.
> 나. 단일세율이 적용되나 그 부담은 역진적이다.
> 다. 자본재는 과세대상에서 제외되므로 경기조절기능이 크다.
> 라. 서민들이 소비하는 일부 재화에 대해서는 영세율이 적용된다.
> 마. 전단계 거래액 공제방식을 택하고 있어 상호견제를 통해 탈세방지가 가능하다.
> 바. 중간단계에서 면세가 시행되면 오히려 면세가 시행되기 전보다 세부담이 커진다.

① 1개 ② 2개 ③ 3개
④ 4개 ⑤ 5개

✎ 우리나라에서 시행되는 부가가치세는 소비형이므로 투자재가 과세대상에서 제외된다. 경기에 민감한 투자재가 과세대상에서 제외되면 경기조절기능이 약화된다. 우리나라 부가가치세는 전단계 거래액 공제방식이 아니라 전단계 세액공제방식을 채택하고 있다. 수출품에 대해서는 영세율이 적용되나 의료 교육 등 공익성이 높은 재화, 도서, 신문 등 문화관련 재화, 금융서비스와 같이 부가가치세 적용이 힘든 재화 및 서비스에 대해서는 영세율이 아니라 면세가 적용된다. 문제의 보기 중 옳지 않은 것은 다, 라, 마의 3개이다.

09

근로자 A씨는 여가(시간)와 소득이 완전보완재이고 효용함수는 $U = \min[Y, \ L]$이라고 하자(Y는 소득, L은 여가임). A씨는 비근로소득이 없이 근로소득만 있고 여가는 정상재이다. A씨의 노동공급에 관한 설명으로서 옳은 것은 몇 개인가?

> 가. 비례적인 소득세가 부과되면 노동시간이 증가한다.
> 나. 소득과 여가의 대체효과는 0이다.
> 다. 시간당 임금이 상승하면 반드시 노동공급이 감소한다.
> 라. 소득과 여가가 일치되는 점에서 효용이 극대화된다.
> 마. 노동공급곡선이 완전비탄력적인 형태이다.

① 1개   ② 2개   ③ 3개
④ 4개   ⑤ 5개

📝 효용함수가 $U = \min[Y, L]$이므로 소득과 여가는 완전보완재이고, 무차별곡선이 L자 형태이다. 무차별곡선이 L자 형태인 경우 아래 그림에서 보는 바와 같이 임금이 w_0에서 w_1으로 상승하면 균형점이 E점에서 F점으로 이동하므로 여가소비가 증가한다. 즉, 노동공급이 감소한다. 임금이 상승할 때 노동공급이 감소하면 노동공급곡선이 좌상향(우하향)의 형태로 도출된다.

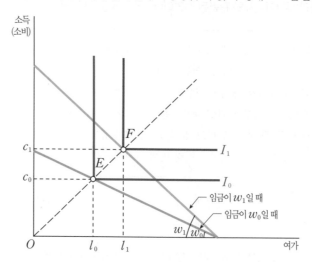

무차별곡선이 원점에 대해 볼록한 일반적인 형태일 때는 임금상승시 대체효과에 의해서는 노동시간이 증가하고, 소득효과에 의해서는 노동시간이 감소하므로 노동공급곡선의 형태는 대체효과와 소득효과의 상대적인 크기에 따라 우상향이 될 수도 있고, 후방으로 굴절할 수도 있다. 이 문제에 주어진 것과 같이 무차별곡선이 L자 형태일 때는 대체효과가 0이다. 대체효과가 0이므로 임금상승시 노동시간이 감소하는 소득효과만 발생한다. 그러므로 무차별곡선이 L자 형태인 경우에는 임금상승시 노동시간이 반드시 감소할 수밖에 없다. 즉, 노동공급곡선이 좌상향하는 형태이다. 이 경우 비례적인 근로소득세가 부과되어 세후 실질임금이 하락하면 노동시간이 반드시 증가한다.

10

길동이는 현재와 미래 두 기간에 걸쳐 효용을 극대화하고자 한다. 길동이의 현재소득은 Y_1이고, 미래소득은 0이다. 길동이의 무차별곡선은 원점에 대해 강볼록하며, 주어진 이자율로 언제든지 차입과 대출이 가능하다. 현재는 이자소득에 대해 50%의 소득세가 부과되고 있는데, 이자소득세가 동액의 조세수입을 얻을 수 있는 비례적인 근로소득세로 대체된다면 다음 설명 중 옳은 것은?(단, 현재소비와 미래소비는 모두 정상재이다.)

① 길동이의 효용에는 아무런 변화가 없다.

② 길동이의 효용수준이 감소한다.

③ 길동이의 현재소비는 증가하고, 미래소비는 감소한다.

④ 길동이의 현재소비는 감소하고, 미래소비는 증가한다.

⑤ 길동이의 현재소비는 불변이나, 미래소비는 증가한다.

📝 아래 그림에서 50%의 소득세가 부과되고 있을 때 길동이의 소비자균형이 F점이라고 하자. 이 때 길동이의 납세액은 선분 HF의 길이로 측정된다. 이제 이자소득세가 동액의 조세수입을 얻을 수 있는 소득세로 대체되면 현재소득이 감소하므로 예산선이 선분 HF의 길이만큼 안쪽으로 평행하게 이동한다. 그러므로 소득세로 바뀐 이후에는 소비자균형이 F점보다 좌상방의 한 점에서 이루어질 것이다. 소득세로 바뀐 이후의 소비자균형이 G점에서 이루어진다면 길동이의 현재소비는 감소하고, 미래소비는 증가한다. 그리고 길동이의 효용수준도 그 이전보다 증가함을 알 수 있다.

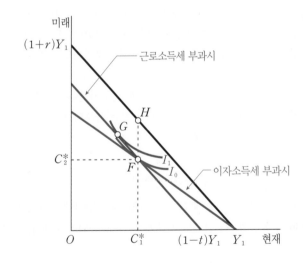

11

스티글리츠의 기대효용모형에 근거하여 투자소득에 대한 조세의 부과가 위험자산에의 투자비율에 미치는 영향에 대한 설명 중 옳은 것은?

① 조세의 부과는 위험자산에 대한 투자비율을 증가시킬 것이다.

② 조세의 부과는 위험자산에 대한 투자비율을 감소시킬 것이다.

③ 투자자가 절대위험기피체감 유형일 경우, 조세의 부과는 위험자산에 대한 투자비율을 증가시킬 수도 있고 감소시킬 수도 있다.

④ 투자자가 절대위험기피불변 유형일 경우, 조세의 부과는 위험자산에 대한 투자비율에 영향을 미치지 않을 것이다.

⑤ 어떠한 경우에도 조세의 부과는 위험자산에 대한 투자비율에 영향을 미치지 않을 것이다.

📝 스티글리츠의 모형에서 조세가 사람들의 위험자산 투자에 어떤 영향을 미칠지는 개인의 위험에 대한 태도에 따라 달라진다. 자산이 증가할 때 위험자산에 투자하는 절대금액의 크기로 위험에 대한 태도를 측정하는 방법을 절대위험기피도(absolute risk aversion)라고 한다. 이에 따르면 개인의 위험에 대한 태도는 다음의 세 가지로 나누어진다.

┌ 절대위험기피 체증유형 : 보유자산 증가(감소) → 위험자산 보유금액 감소(증가)
├ 절대위험기피 불변유형 : 보유자산 증가(감소) → 위험자산 보유금액 불변(불변)
└ 절대위험기피 체감유형 : 보유자산 증가(감소) → 위험자산 보유금액 증가(감소)

투자소득에 대해 조세가 부과됨에 따라 총자산이 감소하면 절대위험기피 체증유형은 위험자산 보유금액이 증가하므로 총자산 중 위험자산 보유비중도 증가한다. 절대위험기피 불변유형은 조세가 부과되어 총자산이 감소하더라도 위험자산 보유금액이 불변이므로 총자산 중 위험자산 보유비중이 증가한다.

그런데 절대위험기피 체감유형의 경우는 조세부과로 총자산이 감소할 때 위험자산의 크기도 감소하므로 전체 자산 중 위험자산보유비중의 증감여부는 불분명하다.

12

법인세율이 20%이고 투자액의 40%에 해당하는 금액에 대해서는 투자소득공제가 허용된다고 하자. 만약 투자세액공제제도를 통하여 동일한 정도의 투자촉진효과를 얻기 위해서는 투자세액공제율은 얼마가 되어야 하는가?

① 2%　　　　　　② 4%　　　　　　③ 6%

④ 8%　　　　　　⑤ 10%

📝 소득공제의 효과를 살펴보기로 하자. 1,000만 원의 투자가 이루어지면 400만 원의 투자소득공제가 허용되므로 과세소득이 400만 원 감소한다. 그런데 법인세율이 20%이므로 과세소득이 400만 원 감소하면 조세절감액은 80만 원이 된다. 즉, 조세절감액은 최초투자액의 8%이다. 따라서 8%의 투자세액공제를 허용하는 것과 효과가 동일할 것이다.

13 2010 세무사

기업의 투자에 관한 설명으로 옳지 않은 것은?

① 조세는 일반적으로 자본투자의 비용을 높이게 된다.

② 토빈의 q가 1보다 크면 투자가치가 있다.

③ 가속감가상각은 실제 경제적 감가상각보다 빠르게 자산을 결손처분 하도록 하는 방식이다.

④ 모딜리아니─밀러(Modigliani─Miller) 제1정리에 따르면 기업이 어떠한 부채─자본비율을 선택하는가에 따라 기업의 가치는 변화한다.

⑤ 한계실효세율접근법에 의하면 한계실효세율이 높을수록 조세부과가 투자를 더욱 위축시킨다.

✎ 모딜리아니─밀러의 제1정리에 의하면 기업의 가치는 그 기업의 투자 수익성에 의해 결정될 뿐 자본구조와는 전혀 무관하다. 즉, 기업의 가치가 극대화되는 최적자본구조는 존재하지 않는다. 토빈의 q이론은 q값을 이용해서 투자를 설명하는 이론인데 토빈의 q는 다음과 같이 정의된다.

$$q = \frac{\text{주식시장에서 평가된 기업의 시장가치}}{\text{실물자본의 대체비용}}$$

위의 식에서 분자에 있는 주식시장에서 평가된 기업의 시장가치는 '기업이 보유한 자본재의 가치에 대한 주식시장의 평가'를 나타내고, 분모에 있는 실물자본의 대체비용은 '기업이 자본재를 설치하는데 드는 비용'을 의미한다. 기업이 자본재를 설치하는데 드는 비용(투자비용)보다 자본재의 가치에 대한 시장의 평가가 크다면 기업은 투자를 할 것이다. 즉, q값이 1보다 크면 투자가 이루어진다.

재정학의 기타주제

Public Finance

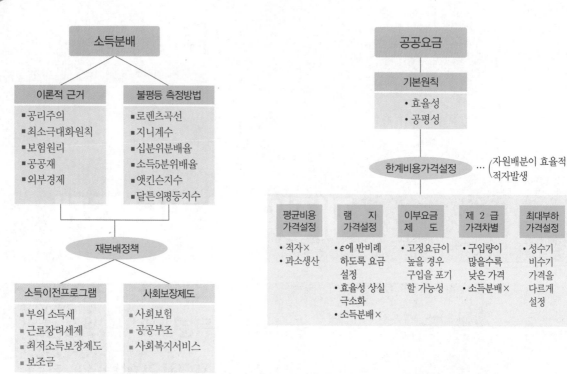

소득분배

- **이론적 근거**
  - 공리주의
  - 최소극대화원칙
  - 보험원리
  - 공공재
  - 외부경제
- **불평등 측정방법**
  - 로렌츠곡선
  - 지니계수
  - 십분위분배율
  - 소득5분위배율
  - 앳킨슨지수
  - 달튼의평등지수

재분배정책

- **소득이전프로그램**
  - 부의 소득세
  - 근로장려세제
  - 최저소득보장제도
  - 보조금
- **사회보장제도**
  - 사회보험
  - 공공부조
  - 사회복지서비스

공공요금

- **기본원칙**
  - 효율성
  - 공평성

한계비용가격설정 … (자원배분이 효율적 / 적자발생)

평균비용 가격설정	램지 가격설정	이부요금 제도	제2급 가격차별	최대부하 가격설정
• 적자× • 과소생산	• ε에 반비례 하도록 요금 설정 • 효율성 상실 극소화 • 소득분배×	• 고정요금이 높을 경우 구입을 포기 할 가능성	• 구입량이 많을수록 낮은 가격 • 소득분배×	• 성수기 비수기 가격을 다르게 설정

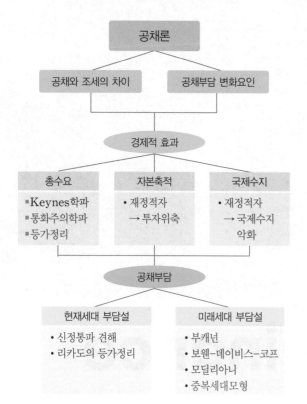

공채론

- 공채와 조세의 차이
- 공채부담 변화요인

경제적 효과

- **총수요**
  - Keynes학파
  - 통화주의학파
  - 등가정리
- **자본축적**
  - 재정적자 → 투자위축
- **국제수지**
  - 재정적자 → 국제수지 악화

공채부담

- **현재세대 부담설**
  - 신정통파 견해
  - 리카도의 등가정리
- **미래세대 부담설**
  - 부캐넌
  - 보웬-데이비스-코프
  - 모딜리아니
  - 중복세대모형

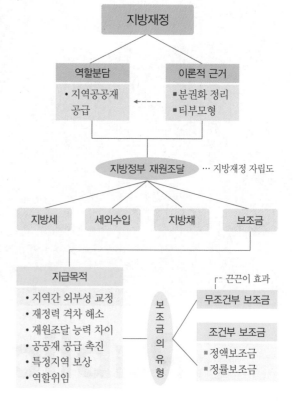

지방재정

- **역할분담**
  - 지역공공재 공급
- **이론적 근거**
  - 분권화 정리
  - 티부모형

지방정부 재원조달 … 지방재정 자립도

- 지방세
- 세외수입
- 지방채
- 보조금

지급목적

- 지역간 외부성 교정
- 재정력 격차 해소
- 재원조달 능력 차이
- 공공재 공급 촉진
- 특정지역 보상
- 역할위임

보조금의 유형

- **무조건부 보조금** ┌ 끈끈이 효과
- **조건부 보조금**
  - 정액보조금
  - 정률보조금

Public Finance

14 소득분배 및 사회보장

Point

시장기구에 의해서는 공평한 소득분배가 이루어지지 못하는 경우가 대부분이므로 정부가 개입하여 소득재분배 정책을 실시하게 된다. 이 장에서는 소득재분배의 이론적인 근거와 소득분배불평등을 측정하는 지표, 그리고 소득재분배정책수단에 대해 살펴본다. 현대사회에 오면서 국민들이 최소한의 삶을 영위할 수 있도록 보장하기 위한 제도적인 장치도 점점 확대되고 있고, 정부의 사회보장비 지출도 지속적으로 늘어나는 추세를 보이고 있다. 사회보장제도에서 가장 중심적인 위치를 차지하고 있는 국민연금의 경제적 효과도 이 장에서 다룰 주요 주제의 하나이다.

I 소득분배이론

1. 시장기구와 소득분배

① 자본주의 시장경제 하에서는 개인이 보유한 생산요소의 양과 그 생산요소의 생산성에 의해 소득분배가 결정된다.

② 개인들이 보유하고 있는 생산요소의 양은 개인들의 노력, 능력, 교육수준뿐만 아니라 상속, 유산 등에 의해 큰 차이를 보인다.

③ 이처럼 개인들이 소유한 생산요소의 양이 다르기 때문에 소득분배 불공평이 초래되나 시장기구는 이를 시정할 수 있는 능력을 갖고 있지 못하다.

④ 오히려 시장기구를 통한 생산이 증가할수록 사회구성원 간의 소득분배 불공평이 더 심화될 가능성이 크다.

⑤ 이러한 이유로 소득분배 불공평을 시정하기 위한 정부의 기능이 필요하다는 점에 대해서는 대부분의 학자들이 동의하고 있다.

  ◐ 소득분배 불공평도 일종의 시장실패에 해당한다.

⑥ 소득분배를 바람직한 상태로 재조정하려면 어떤 기준으로 공평성을 평가할 것인지, 어떤 상태를 공평한 것으로 볼 것인지에 대한 사회적인 합의가 필요하다.

⑦ 그러나 공평성(equity)은 주관적인 가치판단이 개입되어 있는 개념이므로 어떤 분배를 공평한 것으로 볼 것인지에 대해서는 상당한 견해 차이가 있다.

2. 분배정의에 대한 관점

(1) 평등주의 견해

① 모든 사람이 평등하게 태어났으므로 물질적인 가치도 고루 나눠가진 상태가 정의롭다고 보는 관점을 말한다.

② 이 견해는 평등성을 너무 강조하므로 개인의 정당한 권리나 개인의 자유를 너무 경시하는 문제점이 있다.

(2) 자유주의적 견해

① 모든 사람이 정당하게 가질 권리가 있는 것만을 소유할 때 정의로운 분배가 이루어졌다고 보는 관점을 말한다.

② 대표적인 학자인 노직(R. Nozick)은 그 누구도 본인의 동의 없이 사회전체를 위한다는 명분으로 개인의 권리를 침해서는 안 된다고 주장한다.

③ 이 견해는 현실의 소득분배가 공정한 여건에서 결정된 것이 아니라는 점에서 비판을 받는다.

(3) 공리주의적 견해

① '최대다수의 최대행복'이란 표현에 집약되어 있는 것처럼 사회의 총체적 후생을 극대화할 수 있는 분배가 바람직하다고 보는 견해이다.

② 이 견해에 의하면 그 사람의 경제적 지위와 상관없이 모두 똑같이 취급되어야 한다는 점에서 평등한 분배를 지지하고 있으나 경우에 따라서는 매우 불평등한 상태를 정당화시켜 줄 때도 있다.

  ❍ 공리주의 원칙에 따르면 어떤 사람의 소득의 한계효용이 매우 큰 경우에는 그 사람에게 대부분의 소득을 배분해 주어야 한다.

③ 공리주의는 개인 간의 효용의 비교가능성을 전제하고 있으나 실제로 개인의 효용을 비교하는 것이 불가능하다는 문제점이 있다.

(4) 롤스의 견해

① 롤스의 견해는 '최소극대화원칙(maxmin principle)'으로 표현되는데, 그에 따르면 가장 가난한 사람의 후생이 극대화되도록 분배할 때 사회후생이 극대화된다.

  ❍ 롤스의 정의관은 평등주의의 한 변형으로 볼 수 있다.

② 그는 사람들이 무지의 장막(veil of ignorance)에 가려 자신이 앞으로 어떤 상태에 놓일지 알 수 없는 원초적 상태(original position)에서는 가장 가난한 사람의 후생을 극대화하는 것에 동의할 것이라고 설명했다.

③ 각자가 자신의 상태를 알고 있는 현실에서는 사람들이 가장 가난한 사람의 후생이 극대화되도록 배분하는 것을 지지하지 않을 수도 있다.

3. 소득재분배의 이론적 근거

(1) 공리주의 견해…Edgeworth

1) 가정

  ① 사회내의 총소득은 일정하게 주어져 있다.

  ② 개인들의 소득의 한계효용은 체감한다.

  ③ 사회구성원들의 효용함수가 동일하다.

  ④ 사회후생은 사회구성원들의 효용의 합으로 측정된다.

$$W = U_1 + U_2 + \cdots + U_N \ \cdots \ \text{공리주의 사회후생함수}$$

2) 설명

  ① 사회내의 총소득은 $O_A O_B$의 길이로 일정하고, 개인 A, B의 소득의 한계효용곡선이 그림 14-1과 같이 주어져 있다고 가정하자.

  ② 만약 최초의 분배상태가 E점이라면 개인 A의 소득은 $O_A E$, 개인 B의 소득은 EO_B로 측정된다.

  ③ 이제 부자인 개인 B의 소득 중 EF만큼을 A에게로 재분배한다면 사회후생은 α의 면적만큼 증가하게 된다.

	소 득	효 용
개인 A	EF만큼 증가	$(\alpha + \beta)$만큼 증가
개인 B	EF만큼 감소	β만큼 감소
사회전체	불 변	α만큼 증가

  ④ 이와 같이 두 사람의 소득의 한계효용의 크기가 서로 다르다면 소득재분배를 통하여 사회후생을 증가시키는 것이 가능하다.

그림 14-1 **소득재분배와 사회후생**

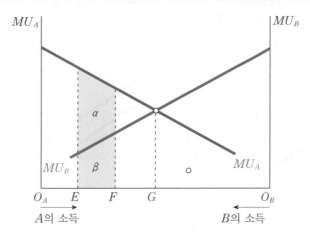

최초의 소득분배점이 E점이라면 개인 A의 소득은 $O_A E$, 개인 B의 소득은 EO_B이다. 이제 소득재분배를 통해 배분점이 F점으로 이동하면 개인 A의 효용은 $(\alpha + \beta)$만큼 증가하나 개인 B의 효용은 β만큼만 감소하므로 α의 면적만큼 사회후생 증대가 이루어진다.

⑤ 개인 A와 B의 소득의 한계효용곡선이 그림과 같이 주어져 있다면 최적소득분배는 두 사람의 한계효용곡선이 교차하는 G점에서 결정된다.

⑥ 사회구성원들의 소득의 한계효용곡선이 동일하므로 완전히 균등한 소득분배가 이루어졌을 때 사회후생이 극대화된다.

심층연구 / **러너의 동등확률 가정**

① 그림 ⓐ와 같이 개인 A와 B의 효용함수(소득의 한계효용곡선)가 동일하며, 소득의 한계효용이 체감한다고 하자.

② 개인 A의 소득이 700, 개인 B의 소득이 300으로 주어져 있을 때 A의 소득 200을 B에게 재배분하면 두 사람의 소득이 모두 500으로 동일해진다.

③ 개인 A의 소득이 200만큼 감소하면 A의 효용이 α만큼 감소하고, 개인 B의 소득이 200만큼 증가하면 B의 효용이 β만큼 증가한다.

④ 그러므로 개인 A로부터 B에게로 소득재분배가 이루어져 두 사람의 소득이 동일해지면 사회후생이 $(\beta-\alpha)$만큼 증가한다.

⑤ 러너(A. Lerner)에 의하면 두 사람의 효용함수가 서로 다르다고 하더라도 특정한 효용함수를 가질 확률이 동일하다면 여전히 소득분배가 균등해지면 사회후생이 증가한다.

⑥ 그림 ⓑ에서 소득이 700인 개인 A와 소득이 300인 B가 소득의 한계효용곡선 Ⅰ과 Ⅱ를 가질 확률이 각각 $\frac{1}{2}$이라고 하자.

⑦ $MU_A=$ Ⅰ, $MU_B=$ Ⅱ일 때 개인 A의 소득 200을 B에게 재배분하면 A의 효용이 β만큼 감소하고 B의 효용이 $(\gamma+\delta)$만큼 증가하므로 사회후생의 순변화는 $(-\beta+\gamma+\delta)$이다.

⑧ 한편, $MU_A=$ Ⅱ, $MU_B=$ Ⅰ일 때는 개인 A의 소득 200을 B에게 재배분하면 A의 효용이 $(\alpha+\beta)$만큼 감소하고 B의 효용이 δ만큼 증가하므로 사회후생의 순변화는 $(-\alpha-\beta+\delta)$이다.

⑨ 두 사람이 각각의 효용함수를 가질 확률이 $\frac{1}{2}$이므로 소득재분배가 이루어지면 사회 전체의 효용의 변화분의 기대치는 다음과 같다.

$$효용변화분 = \frac{1}{2}(-\beta+\gamma+\delta) + \frac{1}{2}(-\alpha-\beta+\delta)$$
$$= (-\beta+\delta) + \frac{1}{2}(\gamma-\alpha) > 0$$

❍ 두 사람의 소득의 한계효용곡선이 평행하다면 $\gamma=\alpha$이므로 사회후생의 순변화가 $(-\beta+\delta)$가 된다.

⑩ 그러므로 기대효용의 관점에서 볼 때 두 사람의 효용함수가 서로 다른 경우에도 각자가 특정한 효용함수를 가질 확률이 동일하다면 균등한 소득분배가 최적이라는 결론에 도달하게 된다.

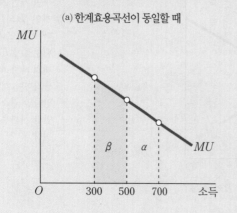

(a) 한계효용곡선이 동일할 때

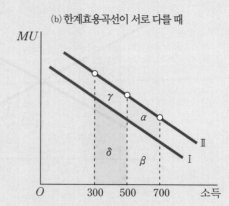

(b) 한계효용곡선이 서로 다를 때

3) 한계

① 소득재분배가 경제적 효율성 저하를 초래하여 소득의 크기가 줄어들 수도 있다.

② 소득의 한계효용이 체감하지 않을 가능성이 있다.

③ 사회구성원들의 효용함수가 동일하다는 보장이 없다.

(2) **최소극대화원칙** ··· Rawls

① 롤스는 그의 '사회정의론'에서 원초적 상태(original position)라는 가상적 상황을 설정하고 소득재분배의 정당성을 주장하였다.

② 원초적 상태에서는 사람들은 자신이 가장 가난한 계층이 될 가능성을 회피하기 위하여 가장 가난한 사람의 소득이 높아지는 것을 지지할 것이므로 분배적 정의가 실현되기 위해서는 가장 가난한 사람의 소득이 최대한 높아지도록 해야 함을 주장하였다.

→ 최소극대화원칙(maximin principle)

③ 롤스의 분배적 정의관에 입각한다면 완전히 평등한 소득분배상태가 가장 바람직하므로 강력한 소득재분배정책이 필요하다.

> ✎ 원초적 상태
> 사회구성원들이 현재 자신의 위치를 전혀 모르고 있기 때문에 자신의 소득이 어떤 수준이 될지 알 수 없는 가상적인 상황

(3) **보험원리에 입각한 재분배이론** ··· Buchanan & Tullock

① 사람들은 누구나 예상치 못한 위험에 직면할 가능성이 있으며 그 위험의 상당부분은 생명보험 · 의료보험 등 사적인 보험을 통하여 대비가 가능하다.

② 그러나 선천적으로 불구로 태어나거나 천재지변 등으로 인하여 저소득층이 될 가능성은 사적인 보험을 통한 대비가 불가능하다.

③ 이와 같이 사적보험을 통하여 대비가 불가능한 미래의 위험으로 발생할 수 있는 소득저하 가능성을 회피하고 자신의 소득이 일정수준 이하로 낮아지지 않도록 하기 위해 개인들은 소득재분배 정책에 찬성한다.

> ✎ Buchanan과 Tullock의 보험원리에 입각한 재분배이론은 소득재분배 정책을 이기적인 개인들의 위험기피를 위한 집합적 행동의 결과로 파악하고 있다.

(4) **공공재로서의 소득재분배** ··· Thurow

① 일반적으로 고소득층으로부터 저소득층으로 소득을 재분배하면 저소득층의 효용은 증가하나 고소득층의 효용은 감소한다.

② 그러나 고소득층이 이타적이어서 소득 이전에 따른 만족이 소비감소로 인한 효용의 감소분보다 더 크다면 소득재분배에 따라 고소득층의 효용도 증가한다.

③ 이 경우 소득재분배는 사회구성원 전체의 효용을 증가시키는데 소득재분배로 인한 편익은 비경합적일 뿐만 아니라 배제가 불가능하므로 그 자체를 하나의 공공재로 볼 수 있다.

④ 따라서 정부가 개입하여 공공재인 소득재분배를 담당하는 것이 바람직하다.

> ✎ 소득재분배를 공공재로 보는 경우에는 소득재분배를 통해 모든 사회구성원들의 효용이 증가할 수 있으므로 파레토효율적인 소득재분배가 이루어질 수 있다.

(5) 외부경제로서의 소득재분배 ··· Hochman & Rogers

① 소득분배 불평등이 매우 심각하다면 빈민가의 확대, 생활환경의 악화, 범죄의 증가 등 여러가지 사회문제가 발생하게 된다.

② 만약 저소득층의 소득증대로 인하여 사회문제가 완화된다면 고소득층의 효용이 증가할 것이므로 저소득층의 소득증가는 외부경제효과를 발생시킨다.

③ 이와 같이 효용함수가 상호의존적인 경우에는 파레토효율적인 소득재분배가 가능하다.

$$U_H = U(\overset{\oplus}{Y_H},\ \overset{\oplus}{Y_L})$$

(단, U_H : 고소득층의 효용, Y_H : 고소득층의 소득, Y_L : 저소득층의 소득)

④ 개인 A, B가 상호의존적인 효용함수를 갖고 있기 때문에 효용가능경계가 **그림 14-2**와 같이 주어져 있다면 소득재분배를 통한 파레토개선이 이루어질 수 있다.

$\begin{bmatrix} O_A A구간 : A로부터 B에게 소득을 재분배 → A와 B의 효용이 모두 증가 \\ O_B B구간 : B로부터 A에게 소득을 재분배 → A와 B의 효용이 모두 증가 \end{bmatrix}$

4. 소득분배 불평등의 측정방법

(1) 로렌츠곡선

1) 개념

로렌츠곡선(Lorenz curve)이란 계층별 소득분포자료에서 인구의 누적점유율과 소득의 누적점유율 사이의 대응관계를 그림으로 나타낸 것이다.

그림 14-2 상호의존적인 효용함수와 소득재분배

개인 A와 B의 효용함수가 서로 의존적이라면 효용함수가 우상향하는 구간에서는 소득재분배를 통해 파레토 개선을 달성하는 것이 가능하다.

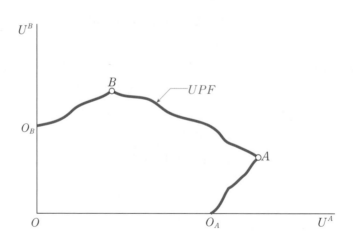

2) 설명

① 로렌츠곡선은 사회구성원을 저소득층에서 고소득층으로 순서대로 배열하고, 하위 $x\%$에 속하는 인구의 소득점유율을 연결한 선을 나타낸다.

② 최하위 20% 인구의 소득점유율이 5%, 최하위 30% 인구의 소득점유율이 9%라면 로렌츠곡선은 **그림 14-3**과 같이 나타낼 수 있다.

③ 만약 소득분배가 완전히 평등하면 하위 $x\%$에 속하는 사람들의 소득점유율도 $x\%$이므로 로렌츠곡선은 대각선으로 도출된다. 즉, 소득분배가 완전히 평등하면 하위 10%의 인구는 전체소득의 10%, 하위 20%의 인구는 전체소득의 20%를 점유한다.

④ 소득분배가 완전히 불평등하다면 99.99%의 인구의 소득점유율은 0이고, 나머지 0.01%의 인구가 소득의 전부를 가질 것이므로 로렌츠곡선은 OTO'로 도출된다.

⑤ 따라서 소득분배가 평등해질수록 로렌츠곡선은 대각선에 가까워진다.

3) 평가

① 소득분배상태를 그림으로 나타내므로 단순명료하다.

② 로렌츠곡선이 대각선에 가까워질수록 소득분배가 평등해지나 어느 정도 평등해지는지는 말할 수 없다.

③ 두 개의 로렌츠곡선이 서로 교차하는 경우에는 개선 혹은 악화 여부를 판단할 수 없다.

✎ 로렌츠곡선에 따른 소득분배 상태의 평가는 서수성을 지닌다.

그림 14-3 **로렌츠곡선**

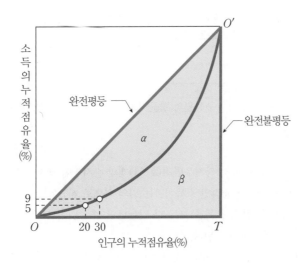

로렌츠곡선은 인구의 누적점유율과 소득의 누적점유율 사이의 관계를 나타낸 곡선으로, 로렌츠곡선이 내각신에 가까워질수록 소득분배가 평등해짐을 의미한다.

(2) 지니계수

1) 개념

지니계수(Gini coefficient)는 로렌츠곡선이 나타내는 소득분배상태를 하나의 숫자로 나타낸 것으로 다음과 같이 정의된다.

$$지니계수 = \frac{\triangle 의\ 면적}{\triangle OTO'의\ 면적} = \frac{\alpha}{\alpha + \beta}$$

2) 측정치

① 소득분배가 완전히 평등하면 α의 면적이 0이므로 지니계수가 0이 되고, 소득분배가 완전히 불평등하면 β의 면적이 0이므로 지니계수는 1로 측정된다.

② 따라서 지니계수는 0과 1 사이의 값이며, 그 값이 작을수록 소득분배가 평등하다.

3) 평가

① 전 계층의 소득분배상태를 하나의 숫자로 나타내므로 특정소득계층의 소득분포상태를 나타내지 못한다.

② 지니계수를 이용하여 소득분배상태를 비교함에 있어서는 지니계수의 배후에 있는 로렌츠곡선이 교차하지 않는가를 확인해야 한다.

참고 / **지니계수의 또 다른 계산방법**

① 지니계수는 로렌츠곡선에서 평균적인 소득격차($\varDelta$) 개념을 이용하여 다음과 같이 계산할 수도 있다.

$$G = \frac{\varDelta}{2\mu}$$

② 위의 식에서 μ는 평균소득을 나타내며, 분자의 $\varDelta$는 전체 사회구성원의 평균적인 소득격차로 다음과 같이 정의된다.

$$\varDelta = \frac{1}{n(n-1)} \sum_{i=1}^{n} \sum_{j=1}^{n} |y_i - y_j|$$

③ 사회구성원이 n명이 있을 때 사람들의 순서를 따지면서 둘씩 짝지우면 $n(n-1)$개의 순서쌍이 생겨나므로 임의의 두 사람 간의 소득격차 $|y_i - y_j|$를 모두 더해 $n(n-1)$로 나누면 평균적인 소득격차는 위의 식으로 계산된다.

④ 어떤 사회의 소득분배가 극단적으로 불평등하여 한 사람이 소득을 모두 다 갖는다면 $\varDelta = 2\mu$이므로 지니계수는 1이 되고, 모든 사람의 소득이 동일하면 $\varDelta = 0$이 되므로 지니계수도 0이 된다.

⑤ 이와 같이 계산한 지니계수가 로렌츠곡선에서 구한 것과 동일하다는 것이 증명되어 있다.

⑶ 십분위분배율

1) 개념

십분위분배율(deciles distribution ratio)이란 최하위 40%의 소득점유율을 최상위 20%의 소득점유율로 나눈 값으로 다음과 같이 정의된다.

$$십분위분배율 = \frac{최하위\ 40\%\ 소득계층의\ 소득}{최상위\ 20\%\ 소득계층의\ 소득}$$

2) 측정치

① 소득분배가 완전히 균등하면 최하위 40%의 소득점유율이 40%, 최상위 20%의 소득점유율이 20%이므로 십분위분배율은 2이고, 소득분배가 완전히 불균등하면 최하위 40%의 소득점유율이 0이므로 십분위분배율은 0이 된다.

② 십분위분배율은 0과 2 사이의 값이며, 그 값이 클수록 소득분배가 평등함을 나타낸다.

3) 평가

① 측정이 간단하여 실제 소득분배를 연구할 때 많이 이용된다.

② 주로 소득재분배정책의 대상이 되는 최하위 40%에 속하는 계층의 소득분배상태를 상위 소득계층과 대비시켜 나타내고 있다.

③ 그러나 가운데 위치한 40%는 십분위분배율 계산에서 제외되므로 사회구성원전체의 소득분배상태를 나타내지는 못한다.

⑷ 소득 5분위배율

1) 개념

소득 5분위배율은 최상위 20%(제5분위) 계층의 소득을 최하위 20%(제1분위)의 소득으로 나눈 값으로 다음과 같이 정의된다.

$$소득\ 5분위배율 = \frac{최상위\ 20\%\ 소득계층의\ 소득}{최하위\ 20\%\ 소득계층의\ 소득}$$

2) 측정치

① 소득분배가 완전히 균등하면 최상위 20%와 최하위 20%의 소득이 동일하므로 소득 5분위 배율이 1이고, 소득분배가 완전히 불균등하면 최하위 20%의 소득이 0이므로 소득 5분위 배율은 ∞가 된다.

② 1과 ∞ 사이의 값이며, 그 값이 작을수록 소득분배가 균등함을 나타낸다.

3) 평가

경제전체의 소득분배 상황을 파악하기는 어렵지만 계층별 소득분배 상황을 판단할 때는 유용하게 사용될 수 있다.

(5) 앳킨슨지수

1) 개념

앳킨슨지수(Atkinson index)는 현재의 평균소득과 균등분배대등소득을 이용하여 다음과 같이 소득분배상태를 측정한다.

$$A = 1 - \frac{Y_e}{\overline{Y}}$$

(단, Y_e : 균등분배대등소득, $\overline{Y}$: 현재의 평균소득)

2) 균등분배대등소득

① 균등분배대등소득(equally distributed equivalent income)이란 현재와 동일한 사회후생을 얻을 수 있는 완전히 평등한 소득분배상태에서의 평균소득을 의미한다.

② 소득분배가 불평등한 현시점에서 사회전체의 평균소득이 100만 원이고, 사회구성원 모두가 70만 원의 균등한 소득을 갖고 있을 때의 사회후생도 현재와 동일하다면 70만 원이 균등분배대등소득이다.

   ❂ 현재의 평균소득이 100만 원, 균등분배대등소득이 70만 원이면 $A = 1 - \frac{Y_e}{\overline{Y}} = 1 - \frac{70}{100} = 0.3$으로 계산하는데, 이는 현재 사회전체소득의 70%만 있어도 이를 균등하게 나누어주면 동일한 사회후생을 얻을 수 있음을 의미한다.

3) 측정치

① 소득분배가 완전히 평등하면 $Y_e = \overline{Y}$이므로 앳킨슨지수의 값은 0이 되고, 소득분배가 완전히 불평등하면 Y_e가 0으로 근접할 것이므로 앳킨슨지수는 1에 근접한다.

② 따라서 앳킨슨지수의 값은 0과 1 사이이며, 그 값이 작을수록 소득분배가 평등함을 나타낸다.

4) 평가

① 앳킨슨지수는 소득분배에 관한 사회구성원들의 주관적인 가치가 반영된 개념으로 어떤 사회후생함수를 상정하느냐에 따라 균등분배대등소득과 앳킨슨지수의 값이 달라진다.

② 대체로 사회구성원이 소득분배에 큰 가중치를 부여하고 있을수록 균등분배대등소득이 감소하므로 앳킨슨지수의 값은 커진다.

심층연구 / 앳킨슨지수의 도출

1. 평균소득

① 소득공간 상의 E점에서 소득분배가 이루어지고 있다면 개인 A의 소득은 Y_{A0}, 개인 B의 소득은 Y_{B0}이고 사회후생수준은 SIC_0이다.

② E점을 지나는 선분 CD는 $45°$선이므로 사회전체의 총소득 $(Y_{A0}+Y_{B0})$는 선분 $OD=OC$의 길이와 일치한다.

$$Y_{A0}+Y_{B0}=2\overline{Y}$$

③ 따라서 사회의 평균소득은 $\overline{Y}$로 측정된다.

2. 균등분배대등소득

① 원점을 통과하는 $45°$선상의 모든 점은 $Y_A=Y_B$이므로 소득분배가 완전히 평등한 점이다.

② 원점을 통과하는 $45°$선상의 F점과 최초의 소득분배점인 E점의 사회후생이 동일하므로 균등분배대등소득은 Y_e로 측정된다.

3. 앳킨슨지수

① 사회전체의 평균소득은 $\overline{Y}$, 균등분배대등소득은 Y_e이므로 앳킨슨지수는 다음과 같이 나타내어진다.

$$A=1-\frac{Y_e}{\overline{Y}}$$

② 다음 그림에서 보는 바와 같이 $0\leq Y_e\leq\overline{Y}$이므로 앳킨슨지수의 값은 0과 1 사이이다.

③ 사회전체의 평등에 대한 가중치가 클수록 사회무차별곡선의 원점에 대하여 볼록한 정도가 커지므로 균등분배대등소득은 작아진다.
→ 사회구성원의 평등에 대한 가중치가 클수록 앳킨슨지수는 커지게 된다.

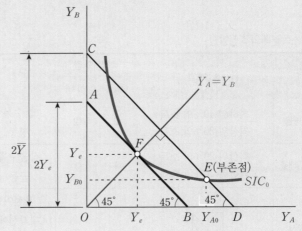

⑹ 달튼의 평등지수

1) 개념

① 달튼(H. Dalton)은 공리주의 사회후생함수를 가정하고, 모든 사람에게 완전히 균등하게 소득이 배분되었을 때 사회후생이 극대화된다고 본다.

② 모든 사람들의 효용함수가 동일하고, 평균소득이 $\overline{Y}$라면 달튼의 평등지수는 다음과 같이 정의된다.

$$D=\frac{\sum U(Y_i)}{n\cdot U(\overline{Y})}$$

$(Y_i:$ 개인 i의 소득, $\overline{Y}:$ 평균소득)

2) 측정치

① 소득분배가 완전히 균등하면 $\sum U(Y_i)=n \cdot U(\overline{Y})$이므로 $D=1$이 되고, 소득분배가 완전히 불평등하면 $\sum U(Y_i)$가 매우 작을 것이므로 D는 0에 근접한다.

② 달튼의 평등지수는 0과 1 사이의 값이며, 그 값이 클수록 소득분배가 평등함을 의미한다.

예제 Q

소비자 1의 효용함수가 $U_1=3\sqrt{Y_1}$이고, 소비자 2의 효용함수가 $U_2=2\sqrt{Y_2}$이다. 이 경제의 사회후생함수가 $W=\min[U_1,\ U_2]$이고, 두 사람의 소득이 각각 $Y_1=16$, $Y_2=4$라면 앳킨슨지수는 얼마인가?

풀이 A

개인 1의 소득이 16, 개인 2의 소득이 4이므로 현재의 평균소득 $\overline{Y}=10$이다. 사회후생함수가 $W=\min[3\sqrt{Y_1},\ 2\sqrt{Y_2}]$이므로 현재 상태에서는 사회후생 $W=\min[3\sqrt{16},\ 2\sqrt{4}]=4$이다. 이 경우 두 사람이 4만큼의 동일한 소득을 갖고 있더라도 현재와 동일한 사회후생 4를 얻을 수 있으므로 균등분배대등소득 $Y_e=4$이다. 그러므로 앳킨슨지수 $A=1-\dfrac{Y_e}{\overline{Y}}=1-\dfrac{4}{10}=0.6$으로 계산된다.

▶ 계층별 소득분배의 측정방법

측정치	측정방법	측정치의 값		판정	특징
		최소	최대		
십분위분배율	$\dfrac{\text{최하위 } 40\%\text{의 소득}}{\text{최상위 } 20\%\text{의 소득}}$	0	2	클수록 평등	• 사회전체의 소득분배상태가 아니라 특정계층의 소득분배상태를 나타낸다.
소득 5분위배율	$\dfrac{\text{최상위 } 20\%\text{의 소득}}{\text{최하위 } 20\%\text{의 소득}}$	1	∞	작을수록 균등	• 계층별 소득분배 상황을 판단할 때 유용하게 사용될 수 있음
로렌츠곡선		—	—	곡선이 대각선에 가까울수록 평등	• 그림으로 나타내어 쉽게 소득분배상태를 파악 • 소득분배상태를 서수적으로 표시 • 교차할 경우 의미가 없다.
지니계수		0	1	작을수록 평등	• 사회전체의 소득분배상태를 나타낸다. • 배후에 있는 로렌츠곡선이 교차하지 않는지를 검토해야 한다.
앳킨슨지수	$A=1-\dfrac{Y_e}{\overline{Y}}$	0	1	작을수록 평등	• 사회후생함수의 형태에 따라 그 값이 달라진다. • 균등분배대등소득을 구하기가 어렵다.
달튼의 평등지수	$D=\dfrac{\sum\limits_{i=1}^{n}U(Y_i)}{n \cdot U(\overline{Y})}$	0	1	클수록 평등	• 공리주의적 사회후생함수를 가정하고 있기 때문에 모든 사람에게 완전히 균등하게 배분되었을 때 사회후생이 극대화된다.
기타	파레토 계수, 쿠츠네츠 지수 지브라계수, 타일지수				

5. 소득이전 프로그램

(1) 부의 소득세

1) 개념

① 부의 소득세(Negative Income Tax ; NIT)란 소득이 일정수준 이하가 되면 그 차액에 대하여 일정세율을 적용하여 계산된 금액을 조세환급을 통해 지급하는 제도이다.

② 즉, 면세점 이하의 소득자에 대해서는 ($-$)의 세율을 적용하여 계산한 금액을 정부에서 지원하는 제도를 의미한다.

③ 이 제도는 소득세와 사회보장제도(공공부조)를 통합한 것으로 Friedman, Tobin 등에 의하여 주장되었으나 전면적으로 실시하고 있는 국가는 없다.

2) 기본구조

① 한계세율이 일정한 경우 부의 소득세제는 다음과 같은 기본구조하에서 운영된다.

$$S = M - tY$$

(Y : 납세자가 스스로 번 소득, t : 세율, M : 기초수당, S : 보조금액)

② 부의 소득세는 한계세율 t와 기초수당 M에 의하여 그 구조가 결정된다.

$$
\begin{cases}
Y = 0 & \rightarrow S = M \quad \cdots \ M원의 보조금이 지급 \\[2mm]
Y = \dfrac{M}{t} & \rightarrow S = 0 \quad \cdots \ 보조금 = 납세액 = 0 \\[2mm]
Y > \dfrac{M}{t} & \rightarrow S < 0 \quad \cdots \ 납세액 > 0
\end{cases}
$$

> ✎ 부의 소득세제하에서 $t = 0.2$라면 노동자가 1시간의 추가적인 노동을 통해 소득이 1,000원 증가하면 보조금이 200원 감소하므로 노동소득에 대해 20%의 조세를 부과한 것과 동일한 결과가 발생하므로 t를 암묵적 세율(implicit tax rate)이라고도 한다.

그림 14-4 부의 소득세제도

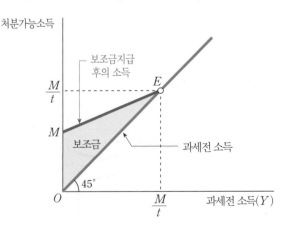

처분가능소득

보조금지급 후의 소득

$\dfrac{M}{t}$

M

보조금

E

과세전 소득

45°

O $\dfrac{M}{t}$ 과세전 소득(Y)

> 기초보장소득이 M원이고 세율이 t이면 소득이 0일 때 M원의 보조금이 지급되고, 소득이 M/t에 도달할 때까지는 소득 1원 증가시마다 보조금이 t원 감소한다. 그리고 소득이 M/t원이 되면 보조금의 액수가 0이 된다.

③ 효율성 측면에서는 한계세율이 낮은 것이, 소득재분배 측면에서는 기초수당이 큰 것이 바람직하나 양자는 서로 양립하기 어려운 문제가 있다.

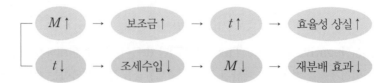

④ 따라서 실제 제도를 운영함에 있어서는 효율성과 공평성을 적절히 고려하여 기초수당과 한계세율을 설정하여야 한다.

3) 부의 소득세와 노동공급

① **그림 14-5**에서 부의 소득세가 실시되기 전의 예산선이 AB이고, 균형점이 E점이었다고 가정하자.

② 이제 기초보장금액이 M원이고, 세율 t의 부의 소득세가 도입되면 예산선이 CDB로 변화하므로 균형점이 F점으로 이동한다.

③ 부의 소득세가 시행되면 보조금을 지급받는 개인의 경우에는 여가의 상대가격이 하락하므로 대체효과에 의해 노동시간이 감소한다.

④ 그리고 부의 소득세가 시행되어 보조금을 지급받게 되면 실질소득이 증가하므로 소득효과에 의해서도 노동시간이 감소한다.

⑤ 부의 소득세제가 시행되면 대체효과와 소득효과 모두 노동공급을 감소시키는 방향으로 작용한다.

⑥ 그러므로 부의 소득세제가 시행되면 최저보장소득 이하에 있던 계층의 노동공급이 감소한다.

```
┌ 대체효과 :  부의 소득세  →  P_여가↓  →  여가소비↑  →  노동공급↓
└ 소득효과 :  부의 소득세  →  실질소득↑  →  여가소비↑  →  노동공급↓
```

그림 14-5 **부의 소득세와 노동공급**

부의 소득세제하에서는 소득효과와 대체효과 모두 노동공급을 감소시키므로 최저보장소득 이하에 있던 사람들의 노동공급이 명백히 감소하는 효과가 발생한다.

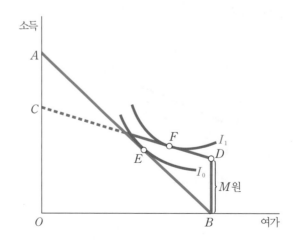

4) 장점

① 부의 소득세제는 조세체계의 틀 내에서 운용되므로 행정적으로 단순하다.

② 수혜자에 대한 별도의 자격심사가 필요하지 않다.

③ 보조금을 현금으로 지급하므로 소비자후생 측면에서 우월하다.

5) 단점

① 과다한 정부의 재정부담이 소요된다.

② 분기소득점보다 약간 높은 소득을 얻는 사람의 근로의욕 저해효과가 크다.

③ 일반적인 조세제도 내에서 운용되므로 특수계층의 요구에 부응하기 힘들다.

(2) 근로장려세제

1) 개념

① 근로장려세제(Earned Income Tax Credit ; $EITC$)란 근로소득자를 대상으로 소득에 비례한 세액공제액이 소득세액보다 많은 경우 환급해주는 제도이다.

② 이 제도는 소득이 일정수준에 미달하는 근로자계층을 위한 임금보조의 일종으로 볼 수 있다.

③ 1975년 미국에서 처음 도입 · 실시되고 있으며, 우리나라에서도 2008년부터 시행되고 있다.

④ 근로장려세제는 부의 소득세제의 변형으로 볼 수도 있다.

2) 기본구조

① $EITC$하에서는 소득이 일정수준에 도달할 때까지는 (−)의 한계세율이 적용되고, 그 이후에는 한계세율이 0으로 유지되다가 소득이 일정수준을 넘어서면 (＋)의 한계세율이 적용된다.

| 그림 14-6 | 근로소득과 $EITC$의 지원액 |

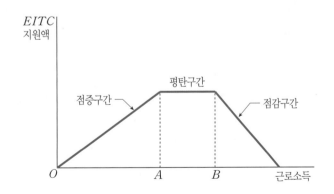

점증구간에서는 소득이 증가할수록 소득에 비례해서 보조금이 지급되므로 보조금지급액이 지속적으로 증가하고, 평탄구간에서는 한계세율이 0이므로 보조금의 지급액이 불변이고, 점감구간에서는 보조금지급액이 점차 감소한다.

② 한계세율이 (−)인 구간을 점증구간(phase−in range), 한계세율이 0인 구간을 평탄구
간(flat range), 한계세율이 (+)인 구간을 점감구간(phase−out range)이라고 한다.

③ 점증구간의 한계세율이 −10%이고, 점감구간에서의 한계세율이 20%라면 점증구간에서
는 근로소득이 1,000원 증가할 때마다 100원의 보조금이 지급되고, 점감구간에서는 근로
소득이 1,000원 증가할 때마다 200원의 보조금이 감소한다.

  ● 보조금의 크기는 부양가족 수 등에 따라 달라지나 여기에서는 무시하기로 한다.

④ 점증구간에서는 근로소득에 비례해서 보조금이 지급되므로 보조금 지급액이 지속적으로
증가하고, 평탄구간에서는 한계세율이 0이므로 보조금의 지급액이 불변이고, 점감구간에
서는 보조금 지급액이 점차 감소한다.

  ● 점감구간에서는 $t=0.2$라면 노동자가 1시간의 추가적인 노동을 통해 소득이 1,000원 증가하면 보조금이 200
  원 감소하므로 노동소득에 대해 20%의 조세를 부과한 것과 동일한 결과가 발생하므로 t를 암묵적 세율(implicit
  tax rate)이라고도 한다.

3) $EITC$와 예산선

① 점증구간에서는 근로소득의 일정비율만큼 보조금이 지급되므로 예산선이 $EITC$시행 이
전보다 급경사가 된다.

  ● 근로소득의 일정비율에 해당하는 보조금이 지급되면 임금률이 상승한 것과 마찬가지이다.

② 평탄구간에서는 근로소득이 증가해도 추가적인 보조금이 지급되지 않으므로 예산선의 기
울기가 $EITC$시행이전의 예산선과 평행하게 된다.

③ 점감구간에서는 근로소득이 증가할 경우 보조금이 일정비율로 감소하므로 예산선이 더 완
만해진다.

  ● 근로소득이 증가할 때 일정한 비율로 보조금이 감소하면 임금률이 하락한 것과 마찬가지이다.

④ 따라서 $EITC$가 시행된 이후 보조금을 지급받는 계층의 예산선을 나타내면 **그림 14-7**과
같다.

그림 14-7 　$EITC$의 시행 후의 예산선

근로장려세제가 시행되면 점
증구간에서는 예산선의기울
기가 더 커지나 점감구간에
서는 예산선의 기울기가 더
완만해진다. 평탄구간에서는
$EITC$ 시행전과 예산선의
기울기가 동일하다.

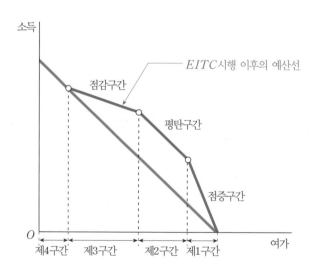

4) EITC와 노동시간

① 점증구간에서는 노동소득에 비례하여 보조금이 지급되므로 여가의 상대가격이 상승하고, 보조금이 지급되면 처분가능소득이 증가한다.

② 점증구간에서는 대체효과에 의해 노동공급이 증가하나 소득효과에 의해 노동공급이 감소하므로 노동공급의 증감여부는 대체효과와 소득효과의 상대적인 크기에 의해 결정된다.

대체효과 : $EITC$ → $P_{여가}\uparrow$ → 여가소비↓ → 노동공급↑

소득효과 : $EITC$ → 실질소득↑ → 여가소비↑ → 노동공급↓

③ 평탄구간에서는 노동시간이 증가하더라도 보조금지급액이 불변이므로 소득효과만 나타나 노동공급이 감소한다.

④ 점감구간에서는 노동소득이 증가할수록 보조금지급액이 비례적으로 감소하므로 여가의 상대가격이 하락하고, 노동시간이 증가하면 처분가능소득은 증가한다.

⑤ 그러므로 점감구간에서는 대체효과에 의해서도 노동시간이 감소하고 소득효과에 의해서도 노동시간이 감소한다.

대체효과 : $EITC$ → $P_{여가}\downarrow$ → 여가소비↑ → 노동공급↓

소득효과 : $EITC$ → 실질소득↑ → 여가소비↑ → 노동공급↓

⑥ 점증구간에서는 노동시간의 증감여부는 대체효과와 소득효과의 상대적인 크기에 따라 달라지고, 평탄구간과 점감구간에서는 노동시간이 감소한다.

⑦ 이론적으로 보면 $EITC$실시로 인한 전체적인 노동공급의 증가여부는 불분명하며, 실증적인 분석결과도 학자에 따라 상이하게 나타나고 있다.

✎ 저소득 노동자가 받는 임금에 대해 일정비율로 보조금을 지급하는 임금보조금제도가 노동공급에 미치는 효과는 $EITC$점증구간에서와 동일하다.

▶ EITC의 암묵적 한계세율과 노동공급

	암묵적 한계세율	노동공급		
		대체효과	소득효과	총효과
점증구간	−	↑	↓	?
평탄구간	0	불변	↓	↓
점감구간	+	↓	↓	↓

5) 부의 소득세제와의 차이점

① 부의 소득세제하에서는 노동시간 여부에 관계없이 보조금을 지급받을 수 있으나 근로장려세제하에서는 근로소득이 있는 경우에만 보조금을 지급받을 수 있다.

② 부의 소득세제하에서는 근로소득이 증가하면 보조금이 지속적으로 감소하나 근로장려세제하에서는 일부 소득구간에서는 근로소득이 증가하면 보조금이 증가한다.

③ 그러므로 근로장려세제는 부의 소득세제보다는 저소득층의 근로를 유인하는 효과가 더 크게 나타난다.

(3) 최저소득보장제도

1) 개념

① 최저소득보장제도란 개인이 스스로 번 소득이 정부가 정한 최저소득에 미달할 경우 그 차이만큼 보조해 주는 제도를 말한다.

② 우리나라에서 시행되고 있는 국민기초생활보장제도의 생계급여가 최저소득보장제도의 성격을 갖고 있다.

2) 경제적 효과

① 최저소득보장제도 시행이전의 균형이 아래 그림의 E점으로 주어져 있다면 저소득층의 노동시간은 L_0, 소득은 wL_0이다.

② 이제 개인이 스스로 번 소득보다 높은 수준의 최저소득 Y_{min}을 보장하는 최저소득보장제도가 시행된다고 하자.

③ 최저소득보장제도가 시행되어 Y_{min}의 소득이 보장되면 예산선이 $BFHA$로 바뀌므로 새로운 균형은 F점에서 이루어지며 노동시간은 0이 된다.

④ 이처럼 최저소득보장제도가 시행되면 노동시간이 0이 되는 것은 제도 시행이후에도 노동을 할 경우 여가시간만 감소하고, 소득은 전혀 증가하지 않기 때문이다.

⑤ 만약 최저소득보상제도 시행이후에도 여전히 L_0만큼 노동을 하면 여가시간은 그만큼 줄어들지만 최저소득에 미달하는 금액인 선분 GE만큼만 보조금을 지급받으므로 소득은 아예 노동을 하지 않을 때와 동일하다.

그림 14-8 최저소득보장제도와 노동공급

최초에 E점에서 균형이 이루어지고 있었으나 Y_{min}의 최저소득이 보장되면 그보다 소득이 낮은 개인에게는 암묵적 세율이 100%가 적용되므로 아예 노동을 공급하지 않는다. 그러므로 최저소득보장제도 시행 이후에는 새로운 균형이 F점에서 이루어진다.

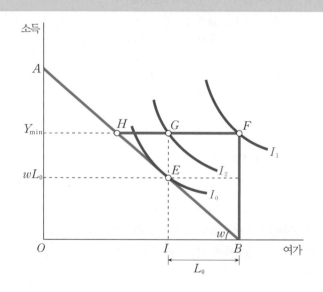

⑥ 그러므로 최저소득보장제도 시행이전과 동일한 만큼 노동을 하면 G점을 선택할 수밖에 없으므로 효용수준이 오히려 낮아지게 된다.

- ⚬ 이는 자신의 소득이 정부가 정한 최저소득보다 낮은 개인에게는 암묵적 세율이 100%인 것과 마찬가지이므로 노동을 할 경우 여가시간만 감소하고 소득이 전혀 증가하지 않기 때문이다.

⑦ 위에서 본 것처럼 최저소득보장제도는 아예 저소득층이 노동을 공급하려는 유인을 없애는 문제점을 갖고 있다.

- ⚬ 빈곤함정(Poverty trap)
  - ① 빈곤층 노동자가 취업하여 세전 소득이 증가하면 사회보장 혜택을 받지 못하게 되어 세후 소득이 오히려 감소하므로 빈곤탈피를 위해 노력하지 않는 현상을 말한다.
  - ② 빈곤함정은 잘못 설계된 사회보장제도가 일으킬 수 있는 경제적 효율성 상실의 사례 중의 하나이다.
  - ③ 이와 유사한 사례로는 실업보험이나 고용보험제도 하에서 발생할 수 있는 실업함정(unemployment trap)을 들 수 있다.

(4) 보조금제도

1) 보조금의 유형

① 정부에서 저소득층에게 보조금을 지급하는 방식에는 현금보조(소득보조), 현물보조, 그리고 가격보조의 세 가지가 있다.

② 현금보조는 일정액의 보조금을 현금으로 지급하는 방식으로 현금보조가 이루어지면 예산선이 바깥쪽으로 평행하게 이동한다.

③ 현물보조는 정부가 식료품을 비롯한 특정재화를 구입해서 지급하는 것을 말하는데, 일정량의 X재를 구입하여 지급하면 예산선이 오른쪽으로 평행하게 이동한다.

④ **그림 14-9** (b)에서 보는 것처럼 현물보조가 이루어질 때는 △영역에 해당하는 부분은 구입할 수 없으므로 현금보조가 이루어질 때보다 선택가능영역이 좁아진다.

그림 14-9 | **보조유형**

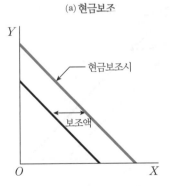

(a) 현금보조

현금보조를 실시하면 예산선이 바깥쪽으로 평행하게 이동한다.

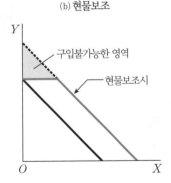

(b) 현물보조

X재를 구입하여 현물로 지급하면 예산선이 우측으로 평행이동한다.

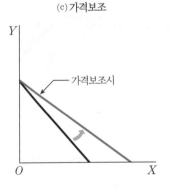

(c) 가격보조

X재 구입가격의 일정비율을 보조하면 예산선이 회전이동한다.

⑤ 가격보조란 특정한 재화를 구입할 때 구입가격의 일정비율을 보조하는 방식을 말하는데, 가격보조가 이루어지면 보조대상 재화의 가격이 하락하는 효과가 발생하므로 예산선이 회전이동한다.

2) 현금보조와 현물보조

가. 예산선의 변화

① 현금보조가 이루어지면 소득이 증가한 것과 마찬가지이므로 예산선이 바깥쪽으로 평행하게 이동하는데 비해, 현금보조를 할 때와 동일한 금액의 X재를 구입하여 지급하면 예산선이 오른쪽으로 평행하게 이동한다.

② 현금보조를 할 때는 Y재 구입금액이 자신의 소득보다 커질 수 있으나 X재에 대한 현물보조를 할 경우에는 Y재 구입액이 자신의 소득을 초과할 수 없으므로 현금보조시보다 △의 영역만큼 소비가능영역이 작아진다.

나. 차이점

① 무차별곡선이 그림 (a)와 같이 주어진다면 현물로 보조금을 지급하는 것이 아무런 제약으로 작용하지 않으므로 현금보조와 현물보조의 효과가 완전히 동일하다.

② 소비자가 Y재를 매우 선호하여 무차별곡선이 그림 (b)와 같이 주어져 있다면 현물로 지급하는 것이 제약으로 작용하므로 현금보조와 현물보조가 차이를 보이게 된다.

③ 무차별곡선이 그림 (b)와 같이 주어진 경우 소비자 후생측면에서는 현금보조가 우월하나, 특정목적달성(X재 소비량 증가)측면에서는 현물보조가 더 우월하다.

> ✎ 현물보조시에는 보조대상 재화소비량이 보조이전보다 증가하는 것이 일반적이나 예외적으로 저소득층에게 소규모 공공주택의 입주권을 주는 경우에는 저소득층의 주택소비가 감소할 수도 있다.

그림 14-10 현금보조와 현물보조

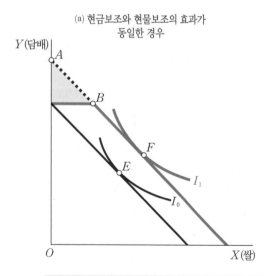

(a) 현금보조와 현물보조의 효과가 동일한 경우

현물보조가 제약으로 작용하지 않을 때는 두 가지 보조금의 효과가 동일하다.

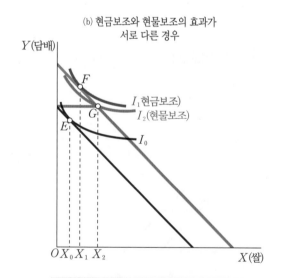

(b) 현금보조와 현물보조의 효과가 서로 다른 경우

현물보조가 제약으로 작용하는 경우에는 효용수준은 현금보조시에 더 높고, 보조대상재화 소비량은 현물보조시에 더 많다.

심층연구 / **특수한 현물보조의 효과**

① 최초에 저소득층의 소비자균형이 E점으로 주어져 있다면 주택서비스 소비량은 20평이다.

② 이제 정부에서 저소득층에게 15평 규모의 무상임대주택 입주권을 제공하면 저소득층의 소비가능영역이 연두색 삼각형 영역만큼 커지게 된다.

③ 이 경우 새로운 소비자균형은 F점에서 이루어지므로 저소득층의 주택서비스 소비량이 현물보조 이전보다 감소하게 된다.

  ❍ 정부가 일정한 수준의 무상교육을 제공하는 경우에도 예산선이 아래 그림과 같이 바뀌므로 가계의 교육서비스 소비량이 현물보조 이전보다 감소할 수도 있다.

④ 이처럼 주택에 대한 현물보조가 이루어질 때 주택서비스 소비가 그 이전보다 감소하는 것은 주택서비스는 식료품이나 에너지 등 다른 재화와는 달리 분할이 불가능한 성격을 갖고 있기 때문이다.

⑤ 즉, 다른 재화와는 달리 정부가 제공하는 것 이상으로 주택서비스를 소비하려면 무료제공 혜택을 완전히 포기해야 하는 특성이 있기 때문에 주택서비스 보조 이전보다 소비가 감소할 수도 있다.

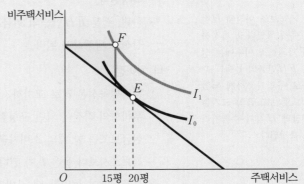

참고 / **교육바우처제도**

1. 개념

① 교육바우처(educational voucher)는 특정 연령대 아동을 양육하는 학부모에게 공립과 사립의 유형에 관계없이 학비로 사용될 수 있는 일정금액의 쿠폰을 의미한다.

② 교육바우처는 일종의 현물보조에 해당된다.

2. 장점

① 개별가계에 무상교육을 받을 수 있는 선택과 함께 사립학교에 지원할 수 있는 선택권이 추가로 부여되므로 각자의 선호에 가까운 교육서비스의 선택이 가능해진다.

② 사립학교 선택을 쉽게 만들면 공립학교에도 경쟁의 원리가 도입되어 학교들이 좀 더 학생들과 학부모의 요구에 부응하도록 변화하게 된다.

3. 단점

① 학교들이 개인들의 선호를 충족시키기 위해 맞춤교육을 실시하면 공통 프로그램에서 발생하는 편익이 없어질 가능성이 있다.

② 자녀교육에 관심이 많은 부모와 그렇지 않은 부모가 인종, 소득, 능력 등에 차이가 있다면 여러 차원에서 격리교육이 심화될 가능성이 있다.

③ 상대적으로 우수한 학생들이 공립학교를 벗어나기 위해 바우처를 이용하면 공립학교에서는 열등한 학생들만 남게 되어 공립학교의 교육의 질이 저하될 수 있다.

④ 바우처제도가 시행되면 사립학교 비용의 일부를 정부가 부담해야 하므로 공공부분이 부담해야 하는 비용이 증가한다.

⑤ 바우처 시스템이 없더라도 사립학교를 선택할 수 있었던 가정에 바우처를 제공하는 것은 그들에게 보너스를 주는 것이므로 소득분배의 불평등성이 높아질 수도 있다.

3) 현금보조와 가격보조

가. 예산선의 변화

① X재를 구입할 때 구입가격의 일정비율을 보조하면 X재 상대가격이 하락하는 효과가 발생하므로 예산선이 회전이동한다.

② 가격보조 이후에 F점에서 균형이 이루어지면 소비자의 효용은 I_1으로 증가하게 되는데, 보조금의 크기를 가격이 변하지 않은 Y재 단위수로 나타내면 F점과 H점의 수직거리로 측정된다.

③ 한편, 선분 FH만큼의 현금보조를 하면 예산선은 F점을 통과하면서 가격보조 이전의 예산선과 평행하게 된다.

나. 차이점

① 무차별곡선은 서로 교차하지 않으므로 동액의 현금보조로 인해 예산선이 F점을 통과하는 우하향의 직선이 되면 균형점은 F점보다 좌상방에 위치하게 된다.

② 현금보조를 할 때의 소비자균형이 F점보다 좌상방에 있는 G점이 되었다면 효용수준은 가격보조시보다 높은 I_2가 된다.

③ 보조금액이 동일할 때 소비자의 효용은 가격보조시(I_1)보다 현금보조시(I_2)에 더 크게 증가하므로 소비자후생 측면에서는 현금보조가 가격보조보다 우월하다.

④ 그러나 보조대상이 되는 재화구입량은 현금보조시(X_2)보다 가격보조시(X_1)에 더 크게 증가하므로 정부의 특정목적(X재 소비량 증대) 측면에서 보면 가격보조가 더 우월하다.

✎ 가격보조 이전에 H점을 구입하였다고 가정하면 가격보조 이후에는 선분 FH만큼의 Y재를 추가로 구입가능하게 되었으므로 보조금의 크기는 F점과 H점의 수직거리로 측정된다.

그림 14-11 현금보조와 가격보조

■ 현금보조
  ┌ 균 형 점 : E점 → G점
  └ 효용수준 : I_0 → I_2
■ 가격보조
  ┌ 균 형 점 : E점 → F점
  └ 효용수준 : I_0 → I_1
■ 차이점
  소비자후생은 현금보조시에 더 크게 증가하나, X재 소비량은 가격보조시에 더 크게 증가한다.

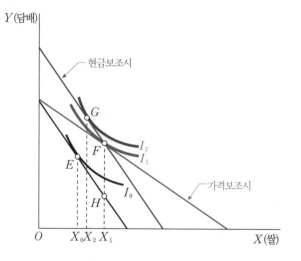

참고 ┃ 가격보조시 보조금의 크기를 측정하는 방법

① 아래 그림에서 최초의 균형점이 E점이고, 가격보조 이후의 균형점이 F점이라고 하자.

② 이 때 보조금의 크기는 X재의 단위수로 측정할 수도 있고, Y재의 단위수로 측정할 수도 있다.

③ 만약 가격보조 이전에 Y재를 Y_0만큼 구입하였다면 구입할 수 있는 X재의 양은 Y_0에서 I점까지의 거리이나, 가격보조 이후에는 F점을 구입할 수 있으므로 보조금의 크기는 X재 단위수로 측정하면 선분 IF의 거리가 된다.

④ 한편, 가격보조 이전에 X재를 X_0만큼 구입했다면 구입할 수 있는 Y재의 양은 X_0에서 H점까지의 높이이나 가격보조 이후에는 F점을 구입할 수 있으므로 보조금의 크기를 Y재 단위수로 나타내면 선분 FH의 거리가 된다.

⑤ 만약 가격보조를 할 때와 동일한 금액의 현금보조를 한다면 예산선은 수직거리로 FH(수평거리로 IF)만큼 바깥쪽으로 평행하게 이동할 것이므로 현금보조시의 예산선은 F점을 통과하면서 원래의 예산선과 평행한 형태가 된다.

⑥ 앞에서 보조금 지급 이전의 균형점을 E점이라고 가정하였는데, 원래 균형점은 E점이 아니라 예산선 상의 어떤 점이라도 마찬가지이다.

⑦ 가격보조시 보조금의 크기를 측정할 때 주의할 점은 보조금 지급이후의 균형점에서 수직(혹은 수평)으로 원래 예산선과의 거리를 재야 한다는 것이다.

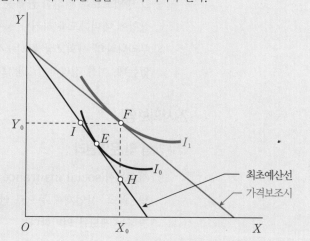

심층연구 ┃ 두 재화가 완전보완재일 때 현금보조와 가격보조의 효과

① 최초에는 균형점이 E점이었으나 가격보조로 인하여 균형점이 F점으로 이동하였다고 하자.

② 가격보조시 보조금의 크기를 Y재 단위수로 나타내면 F점에서 H점까지의 수직거리이다.

③ 이제 동액의 현금보조가 이루어지면 예산선이 선분 FH의 거리만큼 바깥쪽으로 이동하므로 소비자균형은 가격보조시와 동일한 F점이 된다.

④ 그러므로 두 재화가 완전보완재이면 가격보조를 할 때 현금보조를 할 때의 결과가 완전히 동일하다.

⑤ 두 재화가 완전보완재인 경우 두 가지의 효과가 동일한 이유는 무차별곡선이 L자 형태이면 대체효과가 0이기 때문이다.

⑥ 일반적으로 가격보조가 이루어지면 상대가격이 변하기 때문에 대체효과와 소득효과가 모두 발생하는데 비해, 현금보조를 할 때는 예산선이 평행하게 이동하므로 소득효과만 발생한다.

⑦ 그런데 무차별곡선이 L자 형태인 경우에는 대체효과가 0이므로 가격보조를 하는 경우에도 소득효과만 발생하므로 두 가지 보조금의 효과가 같아지는 것이다.

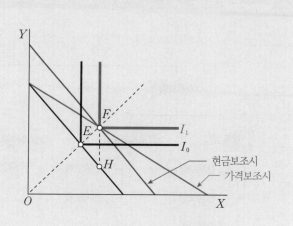

Ⅱ 사회보장제도

1. 사회보장제도의 개념

① 사회보장제도(social security system)란 모든 사회구성원이 최소한의 인간다운 삶을 영위할 수 있도록 각종 사회적·경제적 위험으로부터 사회구성원을 보호하는 제도를 의미한다.

② 그 방법으로는 일정한 금액을 사회구성원들로부터 거두어 스스로 경제적 어려움에 빠지는 상황에 대비하도록 하거나 정부가 소득이전을 통해 직접 빈곤층을 도와줄 수도 있다.

③ 우리나라의 사회보장제도는 사회보험·공공부조·사회복지서비스의 세 가지로 구성되어 있는데, 이를 정리하면 그림 14-12과 같다.

2. 사회보험

(1) 개념 및 운영원리

① 사회보험(social insurance)이란 매월 보험료의 형태로 일정 금액을 거두어 노령화·질병·실업·산업재해 등으로 인하여 활동능력의 상실과 소득감소가 발생하였을 때 이를 보장하는 제도를 의미한다.

② 재원은 보험가입자 및 사용자가 부담하고, 자격요건을 구비한 모든 사람에게 급부를 지급한다.

③ 사회보험은 보험방식을 사용하여 위험에 대비하는 제도로 모든 국민에게 적용되는 보편적 복지제도에 해당된다.

④ 우리나라의 사회보험은 국민연금, 건강보험, 고용보험, 산재보험 및 노인장기요양보험으로 구성되어 있다.

그림 14-12 **사회보장제도의 기본구조**

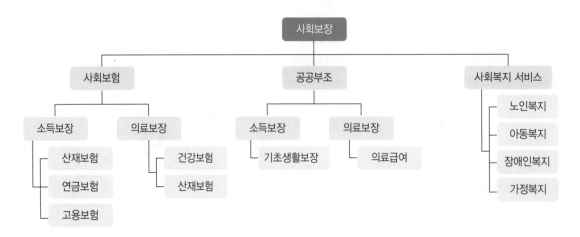

⑤ 노인장기요양보험은 고령이나 노인성 질병 등의 사유로 일상생활을 혼자 수행하기 어려운 노인들의 삶의 질 향상을 위해 신체 및 가사활동 지원을 목적으로 시행되고 있는 제도로 국민보험공단에서 업무를 담당하고 있다.

    ○ 노인장기요양보험은 건강보험료의 일정비율로 부과되는 보험료와 정부지원금으로 운영된다.

(2) 사회보험제도의 유형

1) 비스마르크(Bismarck)형

① 사회보장 급여수준이 가입자가 납부한 보험료와 직접적으로 연계되어 있는 보험의 성격이 강한 유형이다.

② 이 유형은 산업화에 따른 노동자 계층의 다양한 요구를 기존제도 내에 수용하는 과정에서 발전되어 왔다.

③ 미국, 독일, 프랑스, 오스트리아 등에서 채택하고 있는데, 이들 국가에서는 다양한 직종을 중심으로 실시되는 직종별 사회보험이 중심이 되고 있다.

2) 베버리지(Beveridge)형

① 모든 국민이 최소한 일정한 생활수준을 유지할 수 있도록 보장하는 것을 목적으로 하고 있는 유형으로 재원조달에 있어 비스마르크형보다 보험료에 의존하는 정도가 훨씬 낮다.

② 이 유형은 산업화에 따른 도시빈민의 열악한 생활환경 개선을 도모하는 과정에서 발전되었다.

③ 영국, 스웨덴, 이탈리아 등에서 실시되고 있는데, 이들 국가에서 사회보장은 특정직종이나 근로자를 위해서가 아니라 국민 전체를 대상으로 시행되고 있다.

3. 공공부조(사회부조)

(1) 개념 및 운영원리

① 공공부조(public assistance)란 생계유지가 곤란한 극빈계층의 최저생활보장을 위한 제도로 현금이나 물품을 무상으로 지원한다는 점에서 사회보험과 구분된다.

② 우리나라에서는 2000년 10월부터 시작된 국민기초생활보장제도를 근간으로 공공부조 프로그램이 시행되고 있다.

③ 이 제도는 소득이 일정수준에 미달하는 계층에 생계비를 지원하는 생계급여, 의료비를 지원하는 의료급여, 임대료를 지원하는 주거급여, 교육비를 지원하는 교육급여 등으로 구성되어 있다.

④ 그 중 가장 중요한 것은 일정한 수준의 소득을 보장하기 위한 생계급여, 의료비 부담을 지원하는 의료급여이다.

    ○ 생계급여는 중위소득의 30%에 해당하는 최저보장수준과 실제소득의 차이만큼이 지급된다.

        → 생계급여를 지급받는 사람의 경우 소득이 증가하면 그만큼 급여액이 감소하므로 최저소득보장제도에서 설명한 것처럼 암묵적 세율이 100%가 된다.

⑤ 공공부조는 일반 조세를 재원으로 소득 및 자산심사를 통하여 필요성이 입증된 사람에게 지원하는 선별적 복지제도이다.

⑥ 그러므로 공공부조 수혜대상이 되려면 정부의 지원이 꼭 필요한 빈곤층임이 입증되어야 한다.

> ♥ 차상위계층
>
> 소득이 기준 중위소득의 50% 이하인 가정으로 기초생활보장법에 의해 정부로부터 지원을 받는 기초생활수급자 바로 위의 계층을 말하는데, 이들은 소득이 최저생계비 이하이지만 고정재산 혹은 자신을 부양할 가족이 있어 기초생활 수급자에서 제외된 잠재적 빈곤층이라고 할 수 있다.

(2) 빈곤선의 설정

1) 빈곤의 개념

① 빈곤(poverty)이란 최소한의 인간다운 생활수준을 유지하기 어려운 상태를 의미하고, 빈곤층은 현재 그러한 정도의 생활수준을 영위하고 있는 계층을 말한다.

② 빈곤층을 파악할 때는 통상적으로 일정한 소득을 빈곤선(poverty line)으로 정하고, 소득이 그 이하인 계층을 빈곤층으로 본다.

③ 빈곤선을 설정하는 방식에는 절대적인 설정방식과 상대적인 설정방식이 있다.

2) 빈곤선의 설정방식

가. 절대적인 설정방식

■ 라운트리 방식

① 라운트리(Rowntree) 방식은 사람들이 생활하는 데 필요한 기본적인 욕구(basic needs)인 의식주를 충족하는 데 소요되는 금액을 직접 계산하여 빈곤선을 설정하는 방식이다.

② 이 방식은 객관적인 기준에 의거하여 빈곤선을 설정하는 방식이다.

■ 라이덴 방식

① 라이덴(Leyden) 방식은 생계유지를 위해 필요한 최소한의 소득이 얼마인지에 대한 설문조사 결과를 토대로 빈곤선을 설정하는 방식이다.

② 이 방식은 사람들의 주관적인 평가에 의거하여 빈곤선을 설정하는 방식이다.

나. 상대적인 설정방식

① 상대적인 설정방식이란 절대적 빈곤을 정의할 때와는 달리 해당 사회구성원이 누리는 생활수준과 비교하여 빈곤선을 설정하는 방식이다.

② 예를 들면, 해당 사회의 평균소득(mean income) 혹은 중위소득(median income)의 일정비율(예 50%)을 빈곤선으로 설정하는 것이 상대적인 설정방식에 해당된다.

③ 상대적인 설정방식에 따라 빈곤선을 설정하면 해당 사회의 생활수준이 높아지면 빈곤선도 높아지게 된다.

④ 상대적 빈곤개념을 적용하여 빈곤선을 설정하더라도 빈곤선의 정의에 따라 빈곤을 완전히 제거하는 것이 가능할 수도 있다.

○ 빈곤선을 평균소득(혹은 중위소득)의 50%로 정의하는 경우에는 소득분포에 따라 빈곤선 이하에 있는 사람이 없을
   수도 있다.

○ 만약 하위 3분위에 해당하는 소득을 빈곤선으로 정의하는 경우에는 빈곤을 완전히 제거하는 것은 불가능하다.

3) 빈곤의 측정

가. 빈곤율

① 빈곤율은 전체 인구(n)에서 빈곤층 인구(m)가 차지하는 비율을 말한다.

$$빈곤율 = \frac{빈곤층\ 인구수}{전체\ 인구수}$$

② 빈곤율은 가장 널리 쓰이는 빈곤지표이긴 하나 빈곤층의 소득이 빈곤선에서 얼마나 부족
   한지를 나타내주지는 못한다.

③ 그리고 빈곤층 내부에서의 소득재분배에 의해서도 전혀 영향을 받지 않는다.

나. 빈곤갭과 소득갭비율

① 빈곤갭(빈곤격차, poverty gap)은 모든 빈곤층 인구의 소득을 빈곤선으로 끌어올리는
   데 필요한 총소득을 말한다.

$$빈곤갭 = (빈곤층\ 인구수) \times (빈곤선 - 빈곤층\ 인구의\ 평균소득)$$

② 전체인구를 소득의 크기순으로 배열한 아래 그림에서 연두색으로 색칠한 α부분의 면적이
   빈곤갭에 해당된다.

③ 빈곤갭에는 빈곤층 인구수가 반영되지 않는다는 점과 빈곤층 내부에서의 소득재분배의 영
   향을 받지 않는다는 문제점이 있다.

그림 14-13 빈곤갭

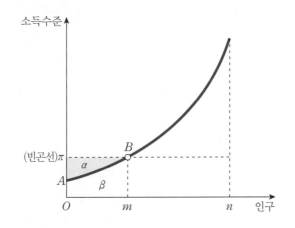

빈곤층 인구의 소득을 빈곤선
수준으로 끌어올리는 데 필요
한 총소득에 해당되는 α의 면
적을 빈곤갭이라고 한다.

④ 소득갭비율(income-gap ratio)이란 빈곤층의 평균적인 소득이 빈곤선에 얼마나 미달하는지를 보여주는 지표로 다음과 같이 정의된다.

$$소득갭비율 = \frac{빈곤선 - 빈곤한\ 자의\ 평균소득}{빈곤선}$$

⑤ 그림에서 빈곤층의 소득과 빈곤선과의 소득격차가 α, 빈곤층의 실제소득이 β이므로 소득갭비율은 다음과 같이 나타낼 수도 있다.

$$소득갭비율 = \frac{\alpha}{\alpha + \beta}$$

⑥ 모든 사람들이 빈곤선 이상의 소득을 얻는다면 소득갭비율은 0이 되고, 빈곤층의 소득이 0이면 소득갭비율은 1이 된다.

4. 사회복지서비스

① 사회복지서비스(social service)란 정상적인 사회활동을 하기 어려운 계층을 대상으로 필요한 서비스를 제공하는 제도를 말한다.
② 공공부조가 극빈계층을 대상으로 하는데 비해 사회복지서비스는 여러 취약계층을 대상으로 복지시설과 경비를 지원하는 제도이다.
③ 돌봄이 필요한 노인, 아동, 부녀자, 장애인 등에게 복지시설을 제공하여 정상적인 사회생활이 가능하도록 지원하는 사업이 이에 해당된다.
④ 우리나라의 사회복지서비스는 노인복지, 아동복지, 장애인복지, 가정복지 등으로 구성되어 있다.
⑤ 현재는 대부분 시설보호를 중심으로 한 서비스 제공이 주를 이루고 있으나 재가(在家) 서비스도 점차 확충되고 있다.

Ⅲ 사회보험제도

1. 국민연금제도

(1) 개요

① 국민연금제도란 근로기간 동안 매월 일정액의 보험료(기여금, 사회보장세)를 납부하고, 은퇴 이후 기간 동안 매월 일정액의 연금을 지급받는 제도이다.
② 국민연금제도는 노후생계보장을 위한 공적인 사회보험으로 생전에 질병에 대비하는 의료보험제도와 함께 사회보험의 중추적인 역할을 담당하고 있다.

⑵ 국민연금제도의 필요성

1) 시장실패의 보완

① 만약 노후대비를 위한 연금이나 보험상품이 민간부문에서 충분히 제공되고 있다면 각 구성원은 연금 혹은 보험에 가입함으로써 노후대비가 가능하다.

② 그러나 실제로는 역선택과 도덕적 해이 등으로 인하여 시장에서는 실질가치가 보장되는 노후대비 연금상품이 공급되지 못하고 있으므로 정부가 시장실패를 보완할 수 있는 장치를 마련할 필요가 있다.

> ❍ 강제적인 국민연금제도가 도입되면 일찍 은퇴할 가능성이 높은 사람만 가입하는 역선택 문제는 해소되나 사람들이 국민연금에 가입하고 나면 일을 할 능력이 있더라도 조기에 퇴직하는 현상이 나타나므로 도덕적 해이 문제는 여전히 발생하게 된다.

2) 소득재분배

① 국민연금의 주목적은 사회구성원들이 안정적인 노후생계를 유지할 수 있도록 하는데 있으나 제도 내에 소득재분배 기능이 포함되어 있다.

② 즉, 저소득층은 대체로 기여금에 비하여 급부금의 비율이 높고, 고소득층은 기여금에 비해 급부금의 비율이 낮은 것이 일반적이다.

3) 온정주의

① 현실에서는 대부분의 사람들이 노후 생계를 위해 충분한 준비를 하지 못하고 있는 것으로 조사되고 있다.

② 그러므로 정부가 온정주의(paternalism)적 입장에서 모든 사회구성원들이 강제저축 혹은 보험에 가입토록 함으로써 노후 생계를 준비할 수 있도록 할 필요성이 제기된다.

4) 관리비용의 절감

① 민간에서 판매하는 보험의 경우에는 보험회사의 판매 및 관리비용이 많이 소요되고 가입자가 어떤 보험에 가입할지를 결정하는 데도 상당한 정보비용이 소요된다.

② 그러나 공적인 제도는 개인들의 의사결정에 소요되는 비용을 낮출 수 있을 뿐만 아니라 규모의 경제에 따른 관리비용의 절감을 가져올 수 있다.

⑶ 중복세대모형과 국민연금제도

1) 중복세대모형

① 중복세대모형(overlapping generation model)은 한 시점에 여러 세대가 동시에 살고 있다는 점에 착안하여 사무엘슨(P. Samuelson)에 의해 개발된 이론이다.

② 이 모형은 화폐의 역할, 국민연금제도의 근거, 국채발행의 경제적 효과 등 다양한 경제 상황을 분석하는데 이용된다.

2) 국민연금제도와 사회후생

① 매기 n명의 사람이 태어나며, 사람들이 두 기간(청년기와 노년기)만 생존하는 단순한 경제를 상정하자.

> ◑ 인구증가율이 0이 아니라고 하더라도 본질적인 차이는 발생하지 않는다.

② 사람들의 효용은 1기와 2기 소비에 의해 결정되므로 생애효용함수는 다음과 같이 나타낼 수 있다.

$$U = U(C_1, C_2)$$

(단, C_1 : 청년기의 소비, C_2 : 노년기의 소비)

> ◑ 설명을 간단히 하기 위해 사람들의 효용함수가 모두 동일한 것으로 가정하자.

③ 사람들은 청년기에 소비재 2단위를 생산하는데, 이를 다음 기까지 보관하거나 저장하는 것이 불가능하다고 가정하자.

④ 생산된 소비재를 다음 기로 이전할 수 없다면 사람들은 청년기에 생산한 소비재 2단위를 모두 청년기에 소비할 수밖에 없으므로 $C_1 = 2$, $C_2 = 0$이 된다.

⑤ 만약 청년세대가 현재의 노년세대에게 소비재 1단위를 이전하는 대신 그 다음 기의 청년세대로부터 소비재 1단위를 받기로 합의하면 모든 세대가 청년기와 노년기에 각각 소비재를 1단위씩을 소비할 수 있으므로 $C_1 = 1$, $C_2 = 1$이 된다.

⑥ 이러한 합의를 통해 청년기에 모든 재화를 소비하는 것이 아니라 두 기간에 걸쳐 고르게 소비할 수 있게 되면 사회구성원들의 효용수준이 증가한다.

⑦ 그림 14-14에서 사회적 계약(social contract)을 통해 소비점이 A점에서 E점으로 옮겨가면 각 개인의 효용수준이 I_0에서 I_1으로 증가하는 것을 알 수 있다.

⑧ 위에서 설명한 사회구성원들 간의 사회적 계약을 구체화한 것이 국민연금제도로 볼 수 있다.

그림 14-14 　중복세대모형과 국민연금

청년기에 생산한 소비재를 노년기로 이전할 수 없다면 A점에서 소비가 이루어지나 사회적 계약을 통해 소비재 중 일부를 미래로 이전할 수 있게 되면 E점에서 소비할 수 있게 된다. 그러므로 국민연금제도가 도입되면 각 개인의 효용수준이 I_0에서 I_1으로 증가한다.

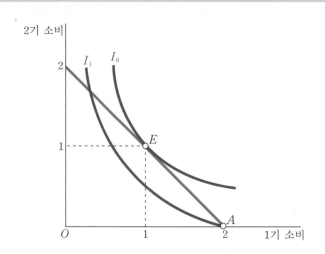

⑨ 중복세대모형은 국민연금제도를 통한 세대 간의 자원 이전으로 사회후생이 증가할 수 있음을 보여준다.

⑷ 재원조달방식

1) 적립방식

① 적립방식(fully funded method)이란 국민들이 납부한 보험료(사회보장세)로 기금을 조성하고 은퇴 이후에는 조성된 기금 및 기금의 운용수익으로 연금을 지급하는 방식을 의미한다.

② 적립방식하에서는 각 세대는 자신이 납부한 보험료를 수령하는 것이므로 세대간 소득재분배 효과가 발생하지 않으며, 지불능력에도 아무런 문제가 발생하지 않는다.

2) 부과방식

① 부과방식(pay-as-you-go method)이란 현재 일하고 있는 근로계층이 납부한 기여금을 은퇴한 사람들에게 급부금으로 지급하는 방식을 의미한다.

② 부과방식하에서는 세대간 소득재분배 효과가 발생하며, 연금의 지불능력은 경제성장률·평균수명·출생률 등 다양한 요인에 의하여 결정된다.

참고 | **부과방식하에서의 사회보장세**

① 부과방식하에서는 근로계층이 납부한 보험료(사회보장세)를 은퇴자들에게 지급하므로 다음의 식이 성립한다.

$$N_b \times B = t \times w \times N_w$$
$$\to t = \left(\frac{N_b}{N_w}\right) \times \left(\frac{B}{w}\right)$$

N_b : 은퇴자 수, B : 1인당 연금지급액
N_w : 노동자 수, w : 임금, t : 사회보장세율

② 위의 식에서 $\left(\frac{N_b}{N_w}\right)$는 부양률(dependency ratio)로 근로자 1명이 부양해야 하는 은퇴자의 수를 나타낸다.

→ 부양률이 0.2라면 근로자 1명이 은퇴자 0.2명을 부양해야 함을 의미한다.

→ 즉, 근로자 5명이 은퇴자 1명을 부양함을 의미한다.

③ $\left(\frac{B}{w}\right)$는 소득대체율(replacement ratio)로 연금지급액이 소득에서 차지하는 비중을 나타낸다.

→ 소득대체율이 0.5라면 은퇴자에게 지급되는 연금지급액이 근로자 소득의 50%임을 의미한다.

④ 부과방식하에서 사회보장세율은 부양률과 소득대체율에 의하여 결정되는데, 부양률이 상승하거나 소득대체율이 상승하면 사회보장세율도 상승하여야 한다.

⑤ 현재 부과방식으로 국민연금제도가 운영되고 있는 각 선진국들에서는 국민연금 재원조달에 심각한 문제가 발생하고 있는데, 그 이유는 인구의 고령화로 부양률은 계속적으로 상승하고 있으나 조세저항으로 사회보장세율의 지속적 인상은 불가능하기 때문이다.

(5) 경제적 효과

1) 소득재분배 효과

가. 세대내 재분배 효과

① 동일한 세대내에서도 근무연한, 은퇴시기의 차이 등에 따라 자신이 납부한 보험료(사회보장세)와 연금지급액의 차이가 발생하므로 소득재분배 효과가 발생한다.

② 대부분의 국가에서 저소득층은 자신이 납부한 보험료(사회보장세)에 비해 연금수령액이 많도록 되어 있고, 고소득층은 자신이 납부한 보험료에 비해 적게 받도록 되어 있기 때문에 국민연금제도는 고소득층으로부터 저소득층으로 소득을 재분배하는 효과가 있다.

나. 세대간 재분배 효과

① 적립방식하에서는 각 세대는 자기 세대가 납부한 보험료를 은퇴한 이후에 돌려받기 때문에 세대간 소득재분배가 발생하지 않는다.

② 부과방식하에서는 각 세대는 다음 세대가 납부한 보험료(사회보장세)를 국민연금으로 수령하기 때문에 세대간 소득재분배 효과가 발생한다.

③ 부과방식하에서의 세대간 소득재분배 효과가 명확하지는 않으나 은퇴계층에게 지급되는 연금액이 주어져 있다면 다음의 경우에는 미래세대가 불리해진다.

> - 인구증가율이 하락하는 경우
> - 경제성장률이 하락하는 경우
> - 사회보장세율이 상승하는 경우

2) 노동공급에 대한 효과

가. 조기은퇴

① 국민연금제도가 실시되면 노년층의 실질소득이 증가하므로(소득효과), 노년층의 여가소비가 증가한다.

② 노년층의 여가소비 증가는 조기은퇴로 나타나며, 이에 따라 노년층의 노동공급이 감소한다.

나. 젊은 세대

① 국민연금제도가 근로계층(젊은세대)의 노동공급에 미치는 효과는 연금제도에 따른 대체효과와 소득효과의 크기에 의존한다.

② 그런데 연금제도 실시에 따른 대체효과와 소득효과의 방향이 불명확하므로 근로계층의 노동공급 증감여부는 불확실하다.

3) 저축에 대한 효과

가. 자산대체효과(wealth substitution effect)

① 자산대체효과란 사람들이 국민연금 보험료(사회보장세) 납부를 저축으로 인식함에 따라 민간의 자발적인 저축이 감소하는 효과를 말한다.

② 완전한 적립방식하에서는 개인들은 국민연금 납부를 저축으로 인식할 것이므로 국민연금으로 인하여 민간의 자발적인 저축이 감소하나 동액만큼 정부저축이 증가하므로 경제전체의 총저축은 불변이다.

③ 부과방식하에서도 마찬가지로 사람들이 국민연금 납부를 저축으로 인식할 것이므로 국민연금으로 민간의 자발적인 저축은 감소하나 이를 상쇄하는 공적인 저축증가가 이루어지지 않으므로 경제전체의 총저축이 감소한다.

나. 은퇴효과(retirement effect)

① 일반적으로 국민연금제도는 노년층의 조기은퇴를 촉진하는 효과를 유발한다.

② 조기은퇴에 따라 퇴직 이후 기간이 길어지면 보다 많은 자금이 필요하므로 이에 대비하기 위하여 자발적인 저축이 증가한다.

다. 상속효과(bequest effect)

① 국민연금제도의 도입으로 미래세대로부터 현재세대로의 소득재분배가 발생하면 현재세대는 미래세대(후손)의 소득감소를 우려하여 더 많은 유산을 물려주려고 할 것이므로 자발적인 저축이 증가한다.

② 즉, 연금제도로 인하여 자식의 소득감소가 예상된다면 부모들이 이를 보전해주기 위하여 더 많은 상속재산을 물려주려고 할 것이므로 저축이 증가한다.

라. 인식효과(recognition effect)

① 국민연금제도의 도입에 따라 사람들이 노후생활 준비의 필요성을 인식하게 되는 효과가 발생한다.

② 국민연금제도 도입으로 사람들이 노후대비의 필요성을 인식하게 된다면 자발적인 저축이 증가한다.

마. 종합

① 자산대체효과는 저축을 감소시키는데 비하여 은퇴효과, 상속효과 그리고 인식효과는 저축을 증가시키는 효과가 있다.

② 따라서 국민연금제도에 따른 저축의 증감여부를 사전적으로는 알 수 없으며, 실증적인 분석이 필요하다.

⑹ 국민연금 보험료(사회보장세)의 귀착

① 국민연금은 근로자들을 대상으로 하고 있으므로 국민연금 보험료(사회보장세)는 근로소득에 대하여 부과되는 비례적인 소득세로 볼 수 있다.

> ◐ 외국에서는 국민연금 보험료를 사회보장세(social security tax)라고 부르고 있다.

② 비례적인 근로소득세가 부과되면 상대적인 조세부담은 노동수요와 노동공급의 탄력성에 달려 있다.

③ 대부분의 분석결과에 따르면 대체로 노동공급이 비탄력적이므로 국민연금 보험료(사회보장세)의 대부분은 노동자들에게 귀착되는 것으로 평가되고 있다.

(7) 우리나라의 국민연금제도

1) 적용대상

① 1988년 10인 이상 사업장 근로자를 대상으로 처음 국민연금제도가 도입되어 점차적으로 가입대상이 확대되어 왔다.

② 1995년에는 가입대상자가 농어민 및 농촌지역 자영업자로 확대되었고, 1999년 도시지역 자영업자까지 연금가입 대상이 확대됨에 따라 전국민 연금시대가 도래하였다.

③ 국민연금 적용대상은 국내에 거주하는 18세 이상 60세 미만의 모든 국민 및 국민연금 가입 사업장에 종사하는 외국인과 국내 거주 외국인이다.

   ❍ 우리나라 국민 중 해외거주자는 국민연금 가입대상에 포함되지 않는다.

④ 다만, 별도의 연금프로그램을 운영하고 있는 공무원, 군인, 사립학교 교직원, 별정 우체국 직원 등은 가입대상에서 제외된다.

⑤ 국민연금 가입자는 직장을 통해 가입한 사업장가입자와 도시자영업자와 농어민신분으로 가입한 지역가입자로 구분된다.

   ❍ 그 외에도 국민연금 가입대상은 아니지만 본인희망에 따라 가입한 임의가입자와 60세 이후에도 본인희망에 따라 65세가 될 때까지 신청하여 가입한 임의계속가입자가 있다.

2) 보험료 납부

① 사업장가입자의 경우는 보험료가 기준소득월액의 9%로 결정되어 있는데, 이 중 4.5%는 가입자가 그리고 4.5%는 고용주가 부담하도록 되어 있다.

② 지역가입자의 경우도 2005년부터 기준소득월액의 9%를 연금보험료로 납부하도록 되어 있는데, 사업장 가입자와는 달리 가입자가 전액을 부담해야 한다.

   ❍ 기준소득월액은 국민연금 보험료 부과대상이 되는 월소득을 말한다.

3) 연금의 급여

① 국민연금 급여는 정기적으로 지급하는 연금급여인 노령연금, 장애연금, 유족연금이 있고, 일시급여에는 반환일시금과 사망일시금이 있다.

② 이 중에서 가장 기본적인 것은 가입기간이 10년이 넘고 60세에 도달하는 사람이 지급받는 노령연금이다.

   ❍ 1953년생부터는 5년마다 1세씩 상향 조정되어 61세에서 65세까지 지급연령이 점차 늦어진다.

③ 연금급여의 대부분을 차지하는 노령연금의 기본연금액을 결정하는 공식의 기본구조는 다음과 같다.

$$기본연금액 = \alpha(A+B) \times (1+0.05n)$$

┌ A(균등부분) : 연급수급 직전 3년간의 가입자 전체의 평균소득월액
├ B(소득비례부분) : 가입자 개인의 가입기간 동안의 기준소득월액의 평균액
├ α : 상수(가입시점에 따라 1.2~2.4 사이의 값으로 정해진 상수)
└ n : 20년을 초과한 가입연수

○ 연금급여액은 기본연금액과 부양가족연금액을 합산한 금액이 되는데, 부양가족연금은 배우자와 자녀가 있는 경우에 지급하는 부가급여로 가족수당과 비슷한 성격을 갖고 있다.

→ 부양가족연금액은 미미한 수준이므로 무시하기로 한다.

④ 개인이 지급받는 연금액은 가입자 전체의 평균보수에 의하여 결정되는 균등부분(A)과 자신의 평균보수에 의해 결정되는 소득비례부분(B)으로 구성되어 있으며, 가입기간이 20년을 초과하여 1년씩 늘어날수록 연금지급액도 5%씩 늘어난다.

$$기본연금액 = a(A+B) \times (1+0.05n)$$

$$= \frac{1}{2}\underbrace{[2aA \times (1+0.05n)]}_{\text{균등부분}} + \frac{1}{2}\underbrace{[2aB \times (1+0.05n)]}_{\text{소득비례부분}}$$

⑤ 위의 식은 어떤 사람이 지급받는 연금액의 절반은 자신이 납부한 금액에 의해 결정되고 나머지 절반은 전체 가입자가 납부한 금액에 의해 결정됨을 의미한다.

⑥ 균등부분은 모든 가입자에게 공통으로 적용되므로 자신의 소득이 가입자 전체의 평균소득보다 낮은 사람은 상대적으로 유리해지고, 자신의 소득이 평균소득보다 높은 사람은 불리해지는 결과가 발생한다.

⑦ 개인이 지급받는 연금액은 자신의 소득에 의해서 결정되는 부분뿐만 아니라 전체가입자의 평균소득에 의해 결정되는 균등부분을 함께 포함하고 있으므로 소득재분배 효과가 발생한다.

⑧ 실제로 계산을 해보면 소득비례부분(B)이 균등부분(A)보다 작을수록 소득대체율이 큰 것으로 나타나고 있는데, 이는 국민연금제도가 소득재분배 기능이 있음을 보여준다.

○ 소득대체율(replacement ratio)이란 개인이 지급받는 연금을 은퇴하기 전의 평균소득으로 나눈 비율을 말한다.

4) 국민연금제도의 개혁

① 시행초기에 국민들의 참여를 유도하기 위해 저부담−고급여 체계로 출발하였기 때문에 처음부터 재정구조에 근본적인 취약성을 내포하고 있었다.

② 몇 차례에 걸친 국민연금법 개정으로 보험료율을 인상하는 한편 연금수령 시점을 점차 늦추고 소득대체율도 낮추는 등의 조치가 취해져 왔다.

③ 몇 차례의 제도 개혁에도 불구하고 일부 추정에 의하면 2040년부터 적자로 전환되고 2054년에는 기금이 고갈될 것으로 예상되고 있다.

④ 출산률 저하와 인구의 고령화가 현재와 같이 급속히 진행되면 연금재정의 고갈은 더욱 앞당겨질 것이라는 우려도 높아지고 있다.

⑤ 그러므로 국민연금의 재정위기를 근본적으로 해결하려면 좀 더 포괄적인 접근이 필요한 시점에 있다.

2. 의료보험제도

(1) 개요

① 의료보험제도는 질병이나 부상으로 일시에 많은 부담이 발생할 위험에 대비하기 위한 공적인 사회보험제도이다.

> ❍ 우리나라에서는 건강보험제도라고 부른다.

② 건강보험은 가입자 및 사용자가 부담하는 보험료와 국고 및 건강증진기금을 비롯한 정부지원금을 재원으로 운영된다.

③ 보험급여는 의료기관을 통해 의료서비스를 제공하는 현물급여가 원칙이며 요양비를 비롯한 일부에 대해서는 현금급여가 이루어진다.

(2) 의료보험에 대한 정부개입의 근거

1) 외부성

① 의료서비스는 외부경제를 유발하는 효과가 있으므로 민간부문에 맡겨두면 과소공급 및 과소소비가 발생한다.

② 따라서 적정수준의 의료서비스 공급이 이루어지도록 하기 위해서는 정부의 개입이 필요하다.

2) 불완전경쟁

① 의료서비스 시장은 진입이 제한적인 불완전경쟁시장이므로 시장에 맡겨두면 과소공급이 이루어지고 개인의 의료비 부담이 과도하게 높아지는 문제가 유발된다.

② 따라서 의료보험제도를 통하여 의료서비스의 가격을 낮추어 줌으로써 적정한 의료서비스의 생산 및 소비를 유도할 필요가 있다.

3) 의료서비스의 평가문제

① 의료서비스의 필요성 내지 의료서비스의 가치를 평가하기 위해서는 전문적인 지식이 필요하나 수요자들은 의료서비스에 대한 지식부족으로 그 가치를 정확히 평가하는 것이 불가능하다.

② 개인들에게 맡겨두면 의료서비스에 대한 평가가 제대로 이루어지지 못하므로 정부가 개입하여 의료서비스에 대한 적정한 평가가 이루어지도록 할 필요가 있다.

4) 재분배측면

① 사람들은 각자 서로 다른 체질을 갖고 태어나므로 선천적으로 병에 걸릴 확률이 서로 상이하다.

② 만약 모든 사람이 동일한 의료보험에 가입하도록 한다면 선천적인 확률에 의해 결정되는 자연적인 위험(병에 걸릴 확률의 차이에 따른 의료비의 차이)에 대비하는 것이 가능하다.

5) 재화 평등주의

① 기본적인 필수품을 비롯한 몇 가지 재화는 사회구성원 모두에게 소비의 기회가 보장되어야 한다는 견해를 재화 평등주의(commodity egualitarianism)라고 한다.

② 재화 평등주의의 관점에서 보면 정부가 공적인 의료보험제도를 시행하여 모든 국민들이 최소한의 의료혜택을 누릴 수 있도록 하는 것은 타당성을 갖는다.

   ◎ 재화 평등주의 관점에서 보면 의료서비스뿐만 아니라 초등교육에 대한 정부지원도 타당성을 갖는다.

(3) 공적 의료보험제도의 유형

1) 사회보험방식

① 사회보험방식(Social Health Insurance ; SHI)은 국가가 기본적으로 의료보장에 대한 책임을 지지만 의료비에 대한 국민의 자기 책임을 일정부분 인정하는 체계이다.

② 정부기관이 아닌 보험자가 보험료를 통해 재원을 마련하여 의료를 보장하는 방식으로 자율성을 지닌 기구를 통한 자치적 운영을 근간으로 한다.

③ 독일, 프랑스 등이 사회보험방식으로 의료보장을 제공하는 대표적인 국가이다.

2) 국민건강보험방식

① 국민건강보험방식(National Health Insurance ; NHI)은 사회보험방식과 마찬가지로 보험의 원리를 도입한 의료보장체계이지만 다수 보험자를 통해 운영되는 전통적인 사회보험방식과 달리 단일한 보험자가 국가전체의 건강보험을 관리·운영한다.

② 이 방식에서는 국민들이 낸 보험료가 공적 의료보험제도의 주요한 재원이 된다.

③ 이러한 NHI방식 의료보장체계를 채택한 대표적인 국가로는 우리나라와 대만을 들 수 있다.

3) 국민보건서비스방식

① 국민보건서비스방식(National Health Service ; NHS)은 국민의 의료보장은 국가의 책임이라는 관점에서 정부가 일반조세로 재원을 마련하고 모든 국민에게 무상으로 의료서비스를 제공하는 방식이다.

② 이 방식으로 운영되는 국가의 경우에는 의료기관의 상당부분이 사회화 내지 국유화되어 있다.

③ 영국, 스웨덴, 이탈리아 등의 나라가 이 방식을 채택하고 있다.

⑷ 우리나라 건강보험제도에 관련된 주요 논의

1) 행위별수가제와 포괄수가제

가. 행위별수가제

① 행위별수가제(fee for service)는 개별 진료행위의 가격을 모두 합해 총진료비를 산출하는 방식을 말한다.

② 이 방식 하에서는 한 가지 질병에 대해 다양한 치료방법이 사용될 수 있으므로 의학발전에는 긍정적이다.

③ 그러나 행위별수가제 하에서는 진료를 많이 할수록 병원의 수익이 늘어나므로 과잉진료가 이루어질 가능성이 높다.

나. 포괄수가제

① 포괄수가제(Diagnosis Related Group Payment System ; *DRG*)란 특정한 질병에 대해서는 진료의 종류나 양에 관계없이 사전에 정해진 일정한 진료비를 지불하는 방식이다.

② 이 방식 하에서는 병원은 일정한 진료비만 받게 되므로 의료서비스의 질 저하, 과소진료의 문제가 발생할 수 있다.

③ 우리나라의 경우 백내장 수술과 같은 일부 질병에 대해서만 포괄수가제를 적용하고 있다.

2) 영리병원의 도입여부

① 영리병원이란 의료업 운영으로 발생하는 수익을 주주 또는 구성원에게 배분이 가능한 주식회사 형태의 병원을 말한다.

> ◐ 현행제도 하에서는 의료인과 비영리법인만 의료기관을 설립할 수 있으나 영리병원제도가 도입되면 비의료인과 영리법인도 의료기관 설립이 가능해진다.

참고 / 건강보험 당연지정제

① 건강보험 당연지정제란 법적으로 모든 의료기관이 건강보험 지정 의료기관이 되도록 강제하는 제도를 말한다.

② 당연지정제 하에서는 모든 의료기관은 건강보험에 가입한 환자의 치료를 거부할 수 없으며, 환자를 진료한 후에 환자본인부담액을 제외한 나머지 진료비를 건강보험공단에 청구해야 한다.

③ 이 제도 하에서는 의료수가를 정부, 의약계 대표, 공익대표 등이 포함된 건강보험정책심의위원회에서 결정하므로 병원이 진료비를 마음대로 결정할 수가 없다.

④ 건강보험 당연지정제가 폐지되면 당연지정제를 탈퇴한 병원은 진료비 전액을 환자에게 청구하므로 진료비를 병원 마음대로 결정할 수 있게 된다.

⑤ 따라서 건강보험 당연지정제가 폐지되면 의료비가 상승할 가능성이 높을 뿐만 아니라 상당수의 병원들은 많은 고가의 의료장비를 이용할 수 있는 고소득층을 우대할 가능성이 있으므로 의료시장의 양극화가 일어날 가능성도 크다.

⑥ 또한 당연지정제를 탈퇴한 병원은 건강보험 환자를 거부할 수 있게 되므로 건강보험이 크게 위축될 수도 있다.

② 영리병원이 허용되면 의료서비스 시장에서 경쟁이 촉진되어 의료서비스의 질이 향상되는 긍정적인 측면이 있다.

③ 영리병원이 이윤창출을 위해 과잉진료를 하거나 건강보험 지급에서 제외되는 비급여 진료행위의 비중을 높이면 의료비부담이 상승하게 되는 문제점이 있다.

④ 또한 대형 영리법인이 우수인력을 모두 흡수해버리면 의료서비스의 양극화가 발생할 수도 있다.

⑤ 영리병원 도입으로 건강보험 당연지정제가 폐지되면 의료비 부담이 급증하고 의료서비스 시장의 양극화가 더욱 심해질 가능성이 있다.

⑸ 의료보험과 의료서비스의 과잉소비

1) 의료보험이 없는 경우

① 의료서비스의 수요곡선이 우하향의 직선으로 주어져 있고, 의료서비스 공급의 한계비용이 일정하다고 가정하자.

② 만약 의료보험이 존재하지 않는다면 의료서비스의 소비량은 수요곡선과 한계비용이 일치하는 E_0에서 결정된다.

③ 이 때 의료서비스 공급에 따른 사회적인 잉여는 $\triangle A$의 면적으로 측정된다.

2) 의료보험이 제공되는 경우

가. 의료서비스의 생산 및 소비

① 의료보험 가입 이후에는 의료비를 모두 국가에서 부담한다면 의료서비스 수요자의 한계비용은 0이 된다.

그림 14-15 의료보험과 치료수준

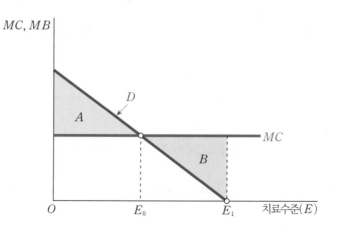

의료보험이 제공되지 않는다면 치료수준은 한계편익과 한계비용이 일치하는 E_0에서 결정된다. 그런데 의료보험 제도가 실시되면 치료에 따른 한계비용이 0이므로 치료수준은 E_1으로 증가한다. 따라서 의료서비스의 과잉생산이 발생하며, $\triangle B$만큼의 사회적인 후생손실이 초래된다.

② 의료보험 가입에 따라 한계비용이 0이 되면 의료서비스 수요자는 한계편익이 0이 되는 E_1 만큼의 의료서비스를 수요할 것이므로 의료서비스의 과잉소비가 발생한다.

··· 도덕적 해이(moral hazard) 발생

③ 따라서 의료보험제도 실시에 따라 사회적으로 볼 때 과다한 의료서비스가 생산되고 의료비 지출이 과다하게 발생한다.

○ 의료서비스에 대한 수요가 탄력적일수록 의료서비스의 과잉생산규모가 커진다.

④ 의료서비스의 과잉생산에 따른 사회적인 후생손실의 크기는 $\triangle B$의 면적으로 측정된다.

나. 대처방안

- 공동보험

  의료서비스 비용의 일정비율을 정부(국민건강보험공단)에서 부담하고 나머지는 보험가입자가 부담하도록 하는 방법이다.

- 기초공제제도

  병원비 중 일정액 이하는 본인이 부담하고 일정액을 초과하는 금액만 정부(국민건강보험공단)에서 부담하는 방법이다.

참고 / **의료보험의 보험료 부과방식**

1. 경험요율제도

① 경험요율제도(experience rating)란 보험회사가 가입자들을 구분하여 각자의 질병위험과 특성을 감안하여 서로 다른 보험료를 부과하는 것을 말한다.

② 이 제도 하에서는 가입희망자 중 일부에게 가입을 허용하지 않거나 제한된 보험급여를 지급하는 상품에만 가입하도록 하거나, 건강상태가 좋지 않은 사람에게 높은 보험료를 부과하게 된다.

③ 각자의 건강상태에 따라 보험료를 달리 부과하는 방식인 경험요율제도 하에서는 병에 걸릴 가능성이 높은 사람이 주로 의료보험에 가입하는 역선택이 감소한다.

④ 경험요율제도 하에서는 유전적으로 질병에 걸릴 가능성이 높거나 건강상태가 좋지 않은 사람은 높은 보험료를 지급해야 하거나 시장에서 퇴출될 수 있으므로 공평성의 측면에서 문제가 발생할 수 있다.

2. 공동체요율제도

① 공동체요율제도(community rating)란 각 개인의 건강상태에 관계없이 동일한 수준의 보험료를 부과하는 방식을 말한다.

② 이 제도 하에서는 건강상태가 좋은 사람이 건강상태가 나쁜 사람에게 보조금을 지급하는 효과가 발생하므로 비효율적이다.

③ 경험요율제도와 달리 건강상태가 좋지 않은 사람들이 차별당하는 불공평의 문제가 발생하지 않는다.

3. 고용보험제도

(1) 개요

① 전통적인 실업보험제도는 비자발적 실업자들에 대하여 일정기간동안 소정의 실업급여를 지급함으로써 근로자들의 생계안정을 도모하는 제도를 의미한다.

② 우리 나라에서 실시하고 있는 고용보험제도는 실업급여뿐만 아니라 고용안정사업, 직업능력개발사업을 포괄하는 보다 광범위한 제도이다.

> ■ 실업급여 ⋯ 비자발적 실업자에 대한 실업급여 및 자기능력계발 비용을 지원하는 사업
> ■ 고용안정사업 ⋯ 고용을 유지하거나 실직자를 채용하는 사업주에게 소요비용을 지원함으로써 고용안정을 유지하고자 하는 사업
> ■ 직업능력개발사업 ⋯ 근로자의 직업능력개발을 위한 교육·훈련을 실시하는 사업주 및 근로자에게 일정한 비용을 지원하는 사업

③ 실업급여를 위한 보험료는 근로자와 사업자가 반씩 부담하고 나머지 급여에 대해서는 전액 사업주가 부담하는 것으로 되어 있다.

④ 실직하기 전 6개월 이상 보험료를 납부한 비자발적 실업자에 대해서는 일정 기간동안 실업급여가 지급되고, 고용기회를 확대하거나 직업능력개발을 실시하는 사업주에게는 몇 가지 형태의 지원금이 지급된다.

(2) **고용보험제도의 경제적 효과**

1) 근로의욕감소

① 고용보험제도가 실시되면 실직하더라도 실업급여를 지급받을 수 있으므로 취업기간 중 근무를 태만하게 하는 경향이 나타날 수 있으며,

② 실업기간 중에도 적극적인 구직활동을 하지 않음에 따라 실업기간이 연장될 가능성이 있다.

③ 즉, 도덕적 해이(moral hazard)를 유발함으로써 근로의욕 저하를 가져올 수 있다.

2) 자동안정화 효과

① 경기불황으로 실업자 수가 증가하면 실업급여 지급액이 증가하여 급격한 소비위축을 방지할 수 있고, 경기호황기에는 취업자의 증가로 고용보험료 징수가 증가하여 소비증가를 억제하는 것이 가능하다.

② 이와 같이 고용보험제도는 불경기에 총수요 위축을 억제하고, 호경기에 총수요의 급격한 증가를 방지하는 기능이 있으므로 경기안정화에 기여한다.

3) 소득재분배 효과

① 고용보험제도로 인한 혜택은 주로 불안정한 직종에 근무하는 사람들이 주로 얻게 되는 반면, 안정된 직종에 근무하는 사람들은 보험료 납부에 따른 혜택을 거의 얻을 수가 없다.

② 따라서 고용보험제도는 안정된 직종에 근무하는 사람으로부터 불안정한 직종에 근무하는 사람들에게 소득을 재분배하는 효과를 발생시킨다.

✎ 대체로 고용상태가 불안정한 사람들이 저소득층이므로 고용보험제도는 어느 정도의 계층간 소득재분배 효과를 가져온다.

Public Finance

15 공공요금의 이론

@ Point

정부가 직접 공급하거나 공기업을 통해 공급하는 재화 중에서 수도, 전기, 철도서비스 등은 사용재의 성격을 갖고 있다. 조세를 통해 재원을 조달하여 이들 재화를 생산하여 무료로 배분한다면 자원의 낭비가 발생할 뿐만 아니라 이들 서비스를 직접 이용하지 않는 개인도 부담을 지게 되므로 효율성과 공평성의 측면에서 볼 때 바람직하지 않다. 공공요금이론의 주요 관심사는 효율성, 공평성, 정부의 재정수입확보 등의 측면에서 볼 때 바람직한 공공요금 설정방식을 찾아내는 것이다. 본 장에서는 여러 가지 공공요금 설정방식 및 그 장·단점에 대해 살펴보기로 하자.

Ⅰ 공공요금 부과의 목적

1. 공공요금의 개념 및 필요성

(1) 개념

① 공공요금이란 정부가 직접 혹은 공기업을 통해 공급하는 사용재의 성격을 갖고 있는 재화 및 서비스에 대하여 부과하는 사용자 가격(user price)을 의미한다.

② 공공요금이 적용되는 예로는 전기, 전화, 수도, 철도 등이 있다.

③ 공공요금이 적용되는 재화 및 서비스의 상당부분은 공기업(정부)을 통해 공급되나 민간부문에 의해 공급되는 공익사업분야에 속하는 항공, 버스, 무선전화 등의 요금도 공공요금에 포함된다.

(2) 필요성

① 사용재의 성격을 갖고 있는 전기, 전화 등을 무료로 공급하고 생산비용을 일반 조세를 통하여 조달한다면 과다사용에 따른 자원의 낭비와 비효율성이 초래된다.

② 또한 공공서비스를 직접 이용하지 않은 개인도 세금을 부담해야 하므로 공평성의 측면에서 보더라도 바람직하지 않다.

③ 그러므로 사용재의 성격을 갖고 있는 재화에 대해서는 일정한 사용료를 부과함으로써 자원배분의 낭비도 막을 수 있고, 그 부담도 공평하게 배분될 수 있다.

④ 즉, 사용재적 성격을 갖고 있는 재화에 대한 공공요금설정은 효율성과 공평성 측면에서 볼 때 바람직하다.

2. 정부가 사용재를 공급하는 이유

(1) 자연독점(natural monopoly)

① 규모에 대한 수익체증이 발생하는 경우에는 자연독점이 이루어지므로 민간기업에 의해서는 효율적인 재화의 공급이 불가능하다.

② 그리고 경우에 따라서는 민간기업에 의해서는 재화공급이 이루어질 수 없는 상황이 발생한다.

(2) 외부편익(external benefits)

① 외부편익을 발생시키는 가치재(merit goods)의 경우에는 민간부문에 의하여 효율적인 수준까지 재화공급이 이루어지는 것이 불가능하다(과소공급이 초래).

② 따라서 자원배분의 효율성 측면에서 정부가 교육 · 의료 등의 부문에서 재화를 생산 · 공급하는 것이 바람직하다.

3. 공공요금 설정의 기본원칙

공공요금 설정의 기본원칙으로는 효율성, 공평성, 재정수입확보 등을 들 수 있는데, 이 중에서 가장 중요한 것은 효율성 측면이며, 나머지는 부차적인 목적이다.

(1) 효율성

① 공공요금이 너무 높거나 낮은 수준으로 설정되면 자원배분의 비효율성이 발생하고 이에 따라 사회적인 후생손실이 초래된다.

② 따라서 공공요금은 국가의 경제적 자원을 가장 효율적으로 배분함으로써 사회후생의 극대화가 달성될 수 있는 수준에서 설정되는 것이 바람직하다.

(2) 공평성

① 공공요금 부과의 대상이 되는 재화와 서비스는 사용재의 성격을 갖고 있으므로 사용량에 비례하여 비용부담이 이루어지도록 하여야 공평한 부담배분이 달성된다.

② 저소득층에 대해서도 어느 정도의 재화공급이 이루어질 수 있도록 요금체계가 설정되는 것이 바람직하다.

(3) 재정수입확보

① 경우에 따라서는 재정수입의 확보를 위하여 정부가 특정 재화나 서비스를 공급할 수 있다 (예 담배).

② 단지 재정수입확보만을 목적으로 공공요금을 부과하는 것은 매우 제한적인 경우에만 이용된다.

Ⅱ 공공요금 설정의 원리

1. 한계비용 가격설정

(1) 가격설정방식

한계비용 가격설정이란 수요곡선과 한계비용곡선이 교차하는 점에서 공공서비스의 가격을 설정하는 것을 의미한다.

(2) 장점

한계비용 가격설정방식하에서는 완전경쟁의 경우와 마찬가지로 $P=MC$가 성립하므로 자원배분의 효율성이 달성된다.

(3) 단점

① 그림 15-1의 (b)와 같이 규모의 경제가 발생하는 경우 한계비용 가격설정방식을 채택하면 □A만큼의 적자가 발생한다.

② 이 경우 공공서비스 공급이 계속 이루어질 수 있기 위해서는 정부가 계속해서 보조금을 지급해야 한다.

③ 만약 적자재원을 일반조세 등을 통해서 조달한다면 재원조달 과정에서 다시 사회적인 후생손실이 초래될 가능성이 있다.

④ 한계비용 가격설정이 이루어지기 위해서는 한계비용에 대한 정확한 정보가 필요하나 한계비용의 추정이 용이하지 않은 경우가 대부분이다.

그림 15-1 한계비용가격설정

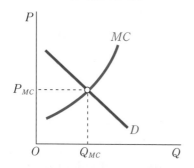

(a) 일반적인 경우

수요곡선과 MC곡선이 교차하는 점에서 가격을 설정하면 생산이 효율적으로 이루어진다.

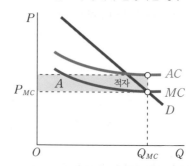

(b) 규모의 경제가 발생하는 경우

규모의 경제가 발생하는 경우 한계 비용 가격설정방식을 채택하면 적자가 발생한다.

심층연구 / **일부부분에서 왜곡이 존재할 때의 공공요금 설정**

1. 가정

① 공공부문인 X재 산업과 민간부문인 Y재 산업이 존재한다.

② 민간부문에서 외부불경제의 존재로 과잉생산이 이루어지고 있다.

③ 민간부문에 대해서 정책결정자가 직접 통제력을 행사하는 것이 불가능하다.

2. 공공요금 설정방법

① Y재가 과도하게 생산·소비되고 있으므로 효율성의 관점에서 볼 때 Y재의 생산과 소비를 감소시키는 것이 바람직하다.

② 만약 X재와 Y재가 대체재이면 X재 가격을 한계비용보다 낮게 설정하고, 두 재화가 보완관계이면 X재 가격을 높게 설정함으로써 Y재의 생산·소비를 감소시키는 것이 가능하다.

┌ 대체제 : $P_X < MC_X$ ⟶ (Y재 수요가 일부 X재 산업으로 이동) ⟶ (Y재의 생산·소비가 감소)

└ 보완제 : $P_X > MC_X$ ⟶ (X재가격이 높으므로 X재 소비가 감소) ⟶ (Y재의 생산·소비가 감소)

③ 이와 같이 민간부문에서 왜곡이 발생하고 있다면 공공부문에서 공급하는 재화와 민간부문에서 공급하는 재화의 관계에 따라 공공요금을 적절히 설정함으로써 사회적인 후생증대가 가능하다.

3. 차선의 이론

① 차선의 이론(theory of second best)에 의하면 한 부문에서 왜곡이 발생하고 있다면 추가적인 왜곡의 도입이 오히려 더 바람직한 상태를 가져올 수도 있다.

② 위에서 설명한 공공요금 설정방식은 차선의 이론이 현실에 적용되는 사례 중의 하나로 볼 수 있다.

예제 **Q**

어느 지역의 전화서비스에 대한 수요함수가 $Q = 250 - P$이고, 그 지역에 있는 유일한 전화회사의 비용함수가 $C = 3,000 + 50Q$로 주어져 있다. 정부당국이 전화요금을 한계비용과 일치하도록 규제한다면 정부는 매기 얼마만큼의 보조금을 지급해야 하겠는가?

풀이 **A**

비용함수를 Q에 대해 미분하면 한계비용 $MC = 50$이다. 한계비용가격설정이란 $P = MC$가 되도록 가격을 설정하는 것이므로 한계비용가격설정을 하도록 하면 전화서비스 가격은 50원이 된다. $P = 50$을 수요함수에 대입하면 전화서비스 생산량 $Q = 200$이 된다. 주어진 비용함수를 Q로 나누어주면 평균비용 $AC = \dfrac{3,000}{Q} + 50$이고, $Q = 200$을 평균비용함수에 대입하면 $AC = 65$로 계산된다. 생산량

$Q = 200$일 때 평균 비용이 65이고, 가격이 50이므로 단위당 15의 손실이 발생한다. 생산량이 200이고, 단위당 손실이 15이므로 총손실의 크기는 3,000이다. 그러므로 가격을 한계비용과 동일하도록 규제한다면 정부는 매 기마다 3,000의 보조금을 지급해야 한다.

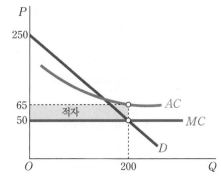

참고 시설규모가 주어져 있을 때의 공공요금

① 정부가 일정한 규모의 전시장을 보유하고 있는데 공공서비스의 수요곡선과 이용자 수가 증가할 때의 한계비용이 아래의 그림과 같다고 하자.

② 이용자 수가 $\overline{N}$에 도달하면 한계비용곡선이 수직선으로 그려져 있는데, 이는 시설규모의 제한으로 이용자 수가 더 이상 늘어날 수 없음을 반영한다.

    ❍ 엄밀히 말하면 이용자 수가 $\overline{N}$일 때의 한계비용은 E점의 높이이며, 수직선인 구간에서는 한계비용을 정의할 수가 없게 된다.

③ 이 경우 전시장 입장료를 한계비용에 해당하는 P_0로 설정하면 N_0명의 사람이 전시를 관람하려고 하나 시설규모의 제한으로 $\overline{N}$명만 입장할 수 있으므로 초과수요가 발생한다.

④ 시설규모의 제한으로 초과수요가 발생한다면 P_0보다 높은 요금을 지불할 용의가 있는 사람들 중의 일부도 공공시설을 사용할 수 없으므로 비효율적인 결과에 도달한다.

⑤ 이처럼 문화예술 공연장이나 체육시설과 같이 주어진 시설규모에서 공공서비스가 공급된다면 기존시설의 효율적 이용을 위해서는 한계비용가격설정을 수정할 필요가 있다.

⑥ 이 경우에는 입장료를 한계비용보다 높은 P^*로 설정할 때 주어진 설비규모가 가장 효율적으로 사용될 수 있다.

    ❍ 공공요금을 P^*보다 높은 P_1으로 설정한다면 일부 시설이 남아돌게 되므로 마찬가지로 비효율적인 결과가 초래된다.

⑦ 공공요금 P^* 중에서 한계비용을 초과하는 선분 FE만큼은 제한된 공공시설 보유로 발생하는 경제적 지대(economic rent)로 볼 수 있다.

⑧ 이처럼 공공시설의 규모가 제한되어 있는 경우 기존시설의 효율적 활용을 위해 한계비용에 지대를 더해 공공요금을 설정하는 방식으로 한계비용 가격설정방식을 수정하는 것이 바람직하다.

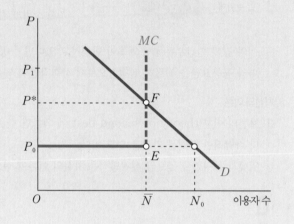

참고 평균비용 가격결정은 항상 가능할까?

① 만약 아래 그림에서와 같이 평균비용곡선이 항상 수요곡선의 상방에 위치한다면 수요곡선과 평균비용곡선의 교차하지 않으므로 평균비용 가격설정이 불가능하다.

    → 모든 생산량 수준에서 적자가 발생하게 된다.

② 이 경우 한계비용 가격설정을 한다면 생산량은 Q_{MC}로 결정되고 총생산비용은 □$(B+C)$의 면적으로 측정되는 반면 총편익은 수요곡선 하방의 $(A+B)$의 면적으로 측정된다.

③ 이 때는 적자가 발생하나 △A의 면적이 △C의 면적보다 더 크므로 사회후생의 관점에서는 Q_{MC}의 재화를 생산하고 적자를 정부가 보조하는 것이 바람직하다.

$$총 편 익 : (A+B)$$
$$총 비 용 : (B+C)$$
$$\overline{순 편 익 : (A-C)}$$

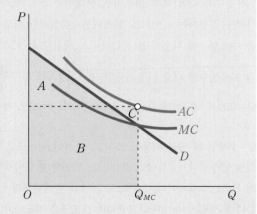

2. 평균비용 가격설정

(1) 가격설정방식

평균비용 가격설정이란 수요곡선과 평균비용곡선이 교차하는 점에서 공공서비스의 가격을 설정하는 것을 의미한다.

(2) 장점

가격과 평균비용이 일치($P=AC$)하므로 적자가 발생하지 않는다.

(3) 단점

① 평균비용 가격설정방식하에서는 $P>MC$이므로 과소생산이 이루어져 사회적인 후생손실이 초래된다.

　❖ 과소생산에 따른 사회적인 후생손실의 크기는 아래 그림에서 A부분의 면적으로 측정된다.

② 만약 모든 생산량 수준에서 평균비용곡선이 수요곡선의 상방에 위치한다면 평균비용곡선과 수요곡선이 교차하지 않으므로 평균비용가격설정이 불가능하다.

③ 평균비용에 따라 가격을 설정할 수 있다면 생산비용이 상승하면 가격을 인상하면 되므로 생산비용을 낮추기 위하여 노력할 유인이 없다.

| 그림 15-2 | 평균비용 가격설정 |

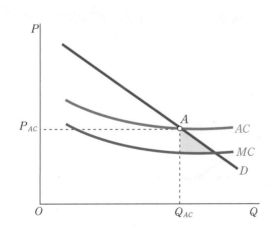

평균비용가격설정방식에서는 $P=AC$이므로 적자는 발생하지 않으나, $P>MC$이므로 생산량이 효율적인 수준에 미달한다.

3. 램지가격설정

(1) 개요

램지가격설정은 최적과세이론에서 램지가 주장한 물품세 부과방식을 공공요금 설정에 응용한 것으로 브와뙤(M. Boiteux) 등에 의하여 제시되었다.

(2) 가정

① 공공부문에서 X재와 Y재를 공급한다.
② X재와 Y재의 수요는 상호 독립적이다.
③ 공공부문의 총수입은 일정한 액수가 되어야 한다.

(3) 설명

① X재와 Y재 생산의 한계비용이 동일하고, X재 수요곡선과 Y재 수요곡선이 아래 그림과 같이 주어져 있다고 가정($\varepsilon_X > \varepsilon_Y$)하자.
② 만약 두 재화에 대하여 동일한 P_0의 가격을 설정한다면 $P > MC$로 인한 후생손실의 크기는 각각 △A와 △B의 면적으로 측정된다.
③ 이 때 수요가 탄력적인 X재의 사중적 손실이 Y재의 사중적 손실보다 훨씬 크게 되는데, 이는 X재 수요가 탄력적이어서 수요량이 대폭 감소하였기 때문이다.
④ 따라서 총수입을 일정하게 유지하면서 사중적 손실의 크기를 최소화하기 위해서는 수요가 탄력적인 X재의 가격은 인하하고 수요가 비탄력적인 Y재 가격은 인상하는 것이 바람직하다.

그림 15-3 램지가격설정

X재와 Y재에 대하여 모두 P_0의 가격을 설정한다면 수요가 탄력적인 X재의 사중손실이 수요가 비탄력적인 Y재의 사중손실보다 훨씬 크다. 따라서 수요가 탄력적인 재화일수록 가격이 한계비용에 근접하도록 설정해야 사중손실의 극소화를 달성할 수 있다.

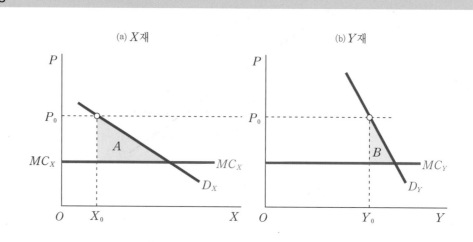

⑤ 주어진 총수입을 얻으면서 사중손실의 최소화를 달성하기 위해서는 다음의 식을 충족하도록 공공요금을 설정해야 하는데 이를 "램지가격설정(Ramsey pricing rule)"이라고 한다.

$$\frac{\dfrac{P_X-MC_X}{P_X}}{\dfrac{P_Y-MC_Y}{P_Y}}=\frac{\varepsilon_Y}{\varepsilon_X}$$

◐ $\dfrac{P-MC}{P}$: 가격이 한계비용으로부터 괴리된 비율로 러너(Lerner)의 요금마진율이라고도 한다.

⑥ 램지가격설정방식은 수요가 탄력적인 재화일수록 가격을 한계비용에 가까워지도록 설정해야 함을 의미한다.

◐ 수요가 탄력적인 재화는 가격이 한계비용에서 멀어질 때 사중손실의 크기가 급격히 증가한다.

⑦ 램지가격설정에서는 어떤 재화의 가격은 단위당 생산비보다 낮은 반면 다른 재화의 가격은 단위당 생산비보다 높게 책정되는 현상이 나타날 수도 있다.

⑧ 이 경우 가격이 높은 재화를 구입하는 사람이 가격이 낮은 재화를 구입하는 사람에게 보조금을 주는 현상이 나타나는데 이를 교차보조금(cross subsidy)이라고 한다.

(4) 문제점

① 램지가격설정방식에 따르면 자원배분의 왜곡은 최소화되지만 수요가 비탄력적인 필수재에 대하여 높은 가격을 설정해야 하므로 공평성의 측면에서 바람직하지 않을 수도 있다.

② 이 방식을 적용하기 위해서는 모든 공공서비스의 수요함수와 비용함수를 알고 있어야 하나, 현실적으로는 필요한 정보의 획득이 용이하지 않다.

③ 교차보조가 발생하는 경우 손해를 보는 사람들의 불만제기로 인해 램지가격체계를 적용하는 과정에서 사회적 갈등이 발생할 수도 있다.

예제 Q

정부가 상호독립적인 공공서비스 X와 Y를 공급하고 있는데, 두 재화 공급의 한계비용은 20원으로 동일하다. X재 수요의 가격탄력성이 2이고, Y재 수요의 가격탄력성은 4이다. 만약 공공서비스 X의 가격을 60원으로 설정하였다면 효율성상실이 극소화되려면 공공서비스 Y의 가격은 얼마로 설정하는 것이 바람직한가?

풀이 A

램지가격설정 방식에 따르면 공공서비스 Y의 가격은 30원으로 설정하여야 한다.

$$\frac{\dfrac{P_X-MC_X}{P_X}}{\dfrac{P_Y-MC_Y}{P_Y}}=\frac{\varepsilon_Y}{\varepsilon_X} \rightarrow \frac{\dfrac{60-20}{60}}{\dfrac{P_Y-20}{P_Y}}=\frac{4}{2} \rightarrow \frac{P_Y-20}{P_Y}=\frac{1}{3} \rightarrow P_Y=30$$

4. 이부요금제도

(1) 개념

① 이부요금제도(two-part tariff)란 소비자가 재화를 구입할 권리에 대하여 1차로 요금 (first tariff ; 가입비)을 부과하고, 구입량에 따라 다시 사용요금(second tariff)을 부과하는 방법을 의미한다.

② 이 제도하에서 공공요금은 사용량과 관계없이 결정되는 기본요금과 사용량에 비례하는 종량요금으로 구성된다.

③ 이 방법은 주로 전기 · 전화 · 수도 등의 요금결정에 이용된다.

(2) 설명

① 어떤 공공서비스에 대한 수요곡선과 비용곡선이 그림 15-4와 같이 주어져 있다고 하자.

② 공공요금을 한계비용과 동일한 P_{MC}로 설정하면 사회적으로 최적수준의 생산이 이루어지고 소비자는 △$(A+B)$의 소비자잉여를 얻게 되나, □$(B+C)$만큼의 적자가 발생한다.

③ 만약 □$(B+C)$만큼의 고정요금(기본요금)을 부과하는 동시에 한계비용과 동일한 P_{MC}의 종량요금을 부과하면 생산도 효율적인 수준까지 이루어지면서 수지균형도 달성할 수 있다.

  ● 이부요금제도가 실시되면 소비자는 □$(B+C)$만큼의 고정요금을 추가적으로 지불해야 하므로 이부요금제도하에서의 소비자잉여는 (△A−△C)의 면적으로 측정된다.

  ● 고정요금으로 설정할 수 있는 최대금액은 △$(A+B)$의 면적이다.

④ 이와 같이 이부요금제도하에서는 가격을 한계비용과 같아지도록 설정하면 자원배분이 효율적으로 이루어지도록 하면서도 고정요금 징수를 통해 적자를 방지하는 것이 가능하다.

그림 15-4 **이부요금제도**

이부요금제도하에서는 단위 당 사용요금은 P_{MC}로 설정하여 생산은 효율적인 수준이 되도록 하면서도 □$(B+C)$에 해당하는 고정요금징수를 통해 적자발생을 방지할 수 있다.

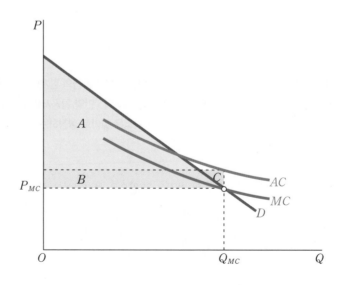

⑶ **평가**

　① 이부요금제도는 고정비용이 크고 규모의 경제가 있는 경우에 적절한 방식으로 평가되고
　　있으며, 현실에서도 널리 이용되고 있다.

　② 그러나 고정요금이 너무 높게 설정될 경우 일부 소비자들은 아예 구입을 포기하는 결과를
　　초래할 가능성이 있다.

예제 **Q**

A국가의 한 마을에서 공기업이 독점적으로 운영하고 있는 골프장에 대한 모든 주민들의 월별 수요함수는
$P = 21 - 10Q$로 동일하다. 공기업은 이부가격제 전략 하에 개별이용자의 연회비와 골프 라운드 1회당 이용료
를 책정하려고 한다. 골프 라운드 1회당 발생하는 비용이 1달러로 주어져 있다면 공기업의 이윤을 극대화시키
는 1인당 연회비는?(단, P와 Q는 각각 골프장 1회 이용료 및 월별 골프 횟수를 나타낸다. 골프장 설립 비용
은 국비지원을 받아 공기업 입장에서의 골프장 설립에 대한 고정비용은 없다고 가정한다)

풀이 **A**

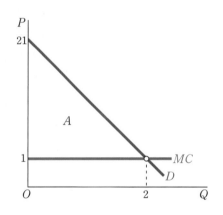

이부요금을 설정할 때 이윤을 극대화하려면 라운드 1회당 이용료는 한계비용과
동일한 1달러로 설정하여야 한다. 이용요금을 1달러로 설정하면 주민 1인당 월
간 라운딩 횟수는 2회이다(주민들의 개별수요함수에 $P = 1$을 대입하면 $Q = 2$
로 계산된다). 이 때 소비자잉여는 아래 그림에서 △A의 면적이므로 20달러
$\left(= \frac{1}{2} \times 2 \times 20\right)$이다. 주민 1명이 골프장을 이용할 때의 월별 소비자잉여가 20
달러이므로 1년간의 소비자잉여는 240달러이다. 그러므로 이윤을 극대화하려면
1인당 연회비를 연간 소비자잉여에 해당하는 240달러로 설정해야 한다.

참고　　**오이의 최적이부요금**

① 오이(W. Y. Oi)는 고정수수료와 단위당 사용요금을 적절히 결정하여 사회후생을 극대화할 수 있는 최적이부요금 설정
　　방식을 제시하였다.

② 그에 따르면 총요금 중에서 고정수수료와 사용요금의 비중은 소비자들의 고정수수료에 대한 탄력성에 의해 결정된다.

> ▪ 고정수수료에 대한 탄력성이 크면 고정수수료를 낮게 책정하고 사용요금을 높게 설정해야
> 　사회후생이 증가한다.
> ▪ 고정수수료에 대한 탄력성이 작으면 고정수수료를 높게 책정하고 사용요금을 낮게 설정해야
> 　사회후생이 증가한다.

③ 최적이부요금이 설정되면 단순히 사용요금 하나만 설정하는 경우보다 더 높은 사회후생의 달성이 가능해진다.

④ 그런데 최적이부요금 설정을 위해서는 비용함수, 수요함수 및 소비자의 선호에 대한 정보가 필요하나 현실적으로 이러
　　한 정보를 모두 수집하는 것이 어렵다는 문제점이 있다.

5. 가격차별

(1) 개념

① 가격차별(price discrimination)이란 동일한 재화에 대하여 서로 다른 가격을 설정하는 것으로 그 유형은 제1급, 제2급, 제3급 가격차별로 구분된다.

② 공공요금 설정에 있어서는 제2급 가격차별과 제3급 가격차별이 이용된다.

(2) 제2급 가격차별

① 제2급 가격차별이란 재화구입량에 따라 서로 다른 가격을 설정하는 것을 의미한다.

② 예를 들면, 전기요금을 설정할 때 100kw까지는 kw당 20원, 200kw까지는 kw당 15원, 그 이상에 대해서는 kw당 10원으로 가격을 설정하는 것이 제2급 가격차별에 해당한다.

③ 이 방식하에서는 사용량이 적을 때는 비교적 높은 요금을 적용하다가 사용량이 많아짐에 따라서 차츰차츰 낮은 요금을 적용하는 방법으로 가격차별을 실시한다.

④ 사용량이 일정수준을 넘어서면 적용요금이 한계비용과 일치하는 수준으로 낮아져 사용량이 많은 사람은 한계비용 가격설정방식과 동일한 가격을 적용받게 된다.

⑤ 이 방식에서는 공공서비스의 사용량에 대한 의사결정을 왜곡하지 않으면서 사용량이 적은 구간에서는 상당히 높은 요금의 부과를 통해 결손을 방지하는 것이 가능하다.

⑥ 그러나 사용량이 적은 사람들의 경우에는 한계비용보다 높은 수준의 요금을 적용받기 때문에 교란이 발생한다.

⑦ 뿐만 아니라 수도·전기 등과 같은 공공서비스 사용량이 적은 사람들은 대체로 저소득층이므로 이 방식은 소득분배 측면에서도 바람직하지 못한 결과를 초래하는 문제점이 있다.

그림 15-5 제2급 가격차별

제2급 가격차별이란 재화구입량에 따라 서로 다른 가격을 설정하는 것으로 Q_0만큼의 재화를 구입할 때는 P_0, Q_1만큼의 재화를 구입할 때는 P_1, Q_2만큼의 재화를 구입할 때는 P_2의 가격을 설정하는 것이 이에 해당된다.

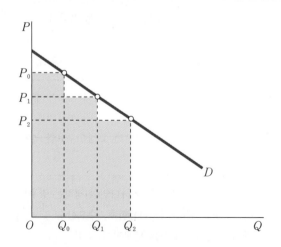

(3) 제3급 가격차별

① 제3급 가격차별이란 소비자들을 그 특징에 따라 몇 개의 시장으로 분할하여 각 시장에서 서로 다른 가격을 설정하는 것을 의미한다.

② 이 방식하에서는 수요가 탄력적인 소비자들에 대해서는 상대적으로 낮은 요금을 부과하고, 수요가 비탄력적인 소비자 그룹에 대해서는 상대적으로 높은 요금을 부과함으로써 수지균형을 달성하는 것이 가능하다.

③ 예를 들면, 수요가 탄력적인 산업용 전력에 대해서는 낮은 요율을 적용하고, 수요가 비탄력적인 가정용 전력에 대해서는 높은 요율을 적용하는 것이 제3급 가격차별에 해당한다.

④ 제3급 가격차별이 가능하기 위해서는 다음과 같은 조건이 충족되어야 한다.

- 시장분리가 가능해야 한다.
- 시장간 재화의 재판매가 불가능해야 한다.
- 각 시장에서 수요의 가격탄력성이 달라야 한다.
- 시장분리에 소요되는 비용이 작아야 한다.

---

6. 최대부하 가격설정

(1) 개요

① 공공부문에서 공급하는 전기·전화 등의 서비스는 그 특성상 저장이 불가능한데 비하여 수요는 시간·요일·계절에 따라 크게 변화한다.

② 따라서 성수기에는 생산설비를 완전가동해야 하는 반면에, 비수기에는 생산설비의 일부가 유휴상태가 되는 현상이 발생한다.

③ 최대부하 가격설정(peak-load pricing)이란 성수기와 비수기의 가격을 다르게 설정함으로써 생산설비의 효율적 이용을 도모하는 가격설정방식이다.

  ◆ 최대부하가격설정은 과부하가격설정이라고도 한다.

④ 최대부하 가격설정에서는 주로 성수기와 비수기의 가격을 어떤 식으로 설정해야 효율적인 결과를 가져올 수 있는지에 대하여 논의한다.

(2) 가정

① 최대생산능력은 $\overline{X}$로 주어져 있으며, 주어진 생산능력 범위안에서는 b원의 비용으로 추가적인 재화생산이 가능하다.

→ 단기한계비용은 b원으로 일정하다.

② 기업의 생산능력은 단위당 β원의 비용으로 확장하는 것이 가능하다.

→ 장기한계비용은 $(b+\beta)$원으로 일정하다.

③ 성수기는 w_1의 기간동안 지속되고, 비수기는 w_2의 기간동안 지속된다($w_1+w_2=1$).

(3) 설명

① 기업의 시설용량이 $\overline{X}$, 성수기의 수요가 D_1, 비수기의 수요가 D_2로 주어져 있다고 가정하자.

② 재화소비에 따른 한계편익은 수요곡선까지의 높이로 측정되므로 성수기와 비수기의 가격은 각각 다음과 같이 결정하는 것이 바람직하다.

> ┌ 성수기 : P_1의 가격 ⋯ $\overline{X}$에서 f점까지의 높이
> └ 비수기 : b의 가격 ⋯ X_2에서 e점까지의 높이

→ 즉, 비수기 가격은 단기한계비용과 동일하게 설정하고, 성수기 가격은 장기한계비용보다 높게 설정하는 것이 바람직하다.

그림 15-6 최대부하가격설정

주어진 생산능력 범위하에서는 b원의 비용으로 추가적인 생산이 가능하므로 비수기의 가격은 단기한계비용과 일치하는 b원으로 설정해야 한다. 한편 생산능력 확대에 따른 편익은 성수기 소비자들에게만 귀속되므로 성수기가격은 설비규모확장에 따른 한계편익과 한계비용이 같아지는 P_1에서 결정된다(성수기 가격 P_1>LMC).

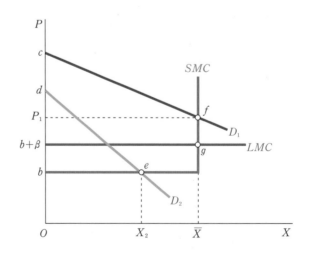

③ $\overline{X}$의 생산설비로부터 얻는 총편익은 두 기간 중 편익의 합이고, 총비용은 각 기간의 가변
비용과 기간전체의 고정비용의 합이므로 총편익과 총비용은 다음과 같이 측정된다.

$$\begin{cases} TB = w_1 \cdot (O_C f \overline{X}) + w_2 (Ode X_2) \\ TC = \beta \overline{X} + w_1 b \overline{X} + w_2 b X_2 \end{cases}$$

④ 한편 생산능력을 확대할 때 그 편익은 성수기의 한계사용자에게만 귀속되고, 생산능력증
대에 따른 한계비용은 자본비용에 성수기의 추가적인 가변비용을 합한 것이므로 생산능력
확대에 따른 한계편익과 한계비용은 다음과 같다.

$$\begin{cases} MB = w_1 P_1 \\ MC = w_1 b + \beta \end{cases}$$

❍ 생산능력확대에 따른 한계편익이 $w_1 P_1$이 되는 것은 생산능력확대에 따른 편익은 성수기(w_1기간)에만 귀속되고, 생
산능력이 1단위 확대될 때 성수기에 소비자들이 추가적으로 얻는 편익은 f점까지의 높이($= P_1$)로 측정되기 때문이
다.

❍ 생산능력확대에 따른 한계비용이 $(w_1 b + \beta)$가 되는 것은 생산능력이 1단위 확대될 때 β원이 소요되고, 확대된 생
산능력은 성수기(w_1기간)에만 사용되는데 생산능력이 1단위 가동될 때 추가적으로 소요되는 비용이 b원이기 때문이
다.

⑤ 최적설비규모는 설비규모가 1단위 확장될 때의 한계편익과 한계비용이 일치하는 점에서
결정되므로 다음의 관계식이 도출된다.

$$P_1 = b + \frac{\beta}{w_1}$$

⑥ 따라서 최적설비규모하에서는 다음과 같은 조건이 충족된다.

$$\begin{cases} \text{비수기 가격은 단기한계비용}(SMC)\text{과 일치}: P_2 = b \\ \text{성수기 가격은 장기한계비용}(LMC)\text{을 초과}: P_1 = b + \dfrac{\beta}{w_1} > b + \beta \\ \text{총수입과 총비용이 일치하므로 이윤의 크기가 0이다.} \end{cases}$$

❍ $\begin{aligned} TR &= P_1 w_1 \overline{X} + P_2 w_2 X_2 \\ &= \left(b + \frac{\beta}{w_1}\right) w_1 \overline{X} + b w_2 X_2 \\ &= \beta \overline{X} + w_1 b \overline{X} + b w_2 X_2 \\ &= TC \end{aligned}$

⑦ 최적의 설비규모하에서는 총수입과 총비용이 일치하고, 비수기의 수요자들은 가변비용만
부담하므로 생산설비 보유에 따른 고정비용은 전부 성수기의 수요자들이 부담하게 된다.

7. 완전배분비용 가격설정

(1) 개요

① 지금까지 논의한 가격설정방식은 모두 수요측면에 중점을 두고 있으나 현실에서는 공공서비스 수요함수를 파악하는 것이 어려운 경우가 많다.

② 그러므로 정부나 공기업의 입장에서는 수요측면보다 공급비용에 기초하여 가격을 설정하는 방식을 선호할 수도 있다.

③ 소비자의 수요함수를 파악하는 것보다는 생산비용에 관한 자료는 비교적 쉽게 얻을 수 있기 때문이다.

④ 완전배분비용 가격설정(fully−distributed−cost pricing)은 공공부문이 여러 재화를 공급할 때 생산비용을 기초로 가격을 설정하는 방식이다.

(2) 설명

① 우선 이 방식에서는 여러 재화 생산에 드는 총비용을 각 재화 생산에만 소요되는 귀속비용(attributable cost)과 모든 재화 생산에 공통으로 드는 공통비용(common cost)으로 구분한다.

② 각 재화 생산의 귀속비용과 일정한 규칙에 따라 그 재화에 배분된 공통비용을 합하면 각 재화의 완전배분비용이 계산된다.

> ◐ 공통비용을 나누는 방법으로는 ⅰ) 각 재화의 생산량이 총생산량에서 차지하는 비율(상대산출법), ⅱ) 각 재화의 판매수입이 총수입에서 차지하는 비율(총수입법), ⅲ) 각 재화의 귀속비용이 총귀속비용에서 차지하는 비율(귀속비용법)이 주로 사용된다.

③ 재화 i가 부담하는 공통비용의 비율을 f_i로 두면 재화 i의 완전배분비용 FDC_i는 다음과 같다.

$$FDC_i = \text{재화 } i\text{의 귀속비용} + (f_i \times \text{공통비용})$$

④ 각 재화에 대한 완전배분비용이 결정되면 이를 생산량으로 나누어 주면 각 재화에 부과할 가격이 결정된다.

⑤ 그러므로 재화 i의 가격을 p_i, 생산량을 q_i로 두면 완전배분비용 가격설정방식에서는 가격이 다음과 같이 결정된다.

$$p_i = \frac{FDC_i}{q_i}$$

⑥ 이 방식은 비용자료만으로 가격을 결정할 수 있으므로 계산이 간편하다는 장점이 있으나 경제적 관점에서 볼 때 소비자후생을 고려하지 못한다는 단점도 지니고 있다.

Ⅲ 공공요금 결정시의 고려사항

1. 효율성과 공평성의 적절한 조화

① 공공요금 결정에 있어서 효율성을 중시하면 공평성 측면에서 바람직하지 않은 결과가 발생할 수 있으며, 공평성을 강조하면 자원배분의 효율성이 낮아질 가능성이 있다.

② 따라서 공급되는 공공서비스의 종류에 따라 효율성과 공평성의 적절한 조화가 이루어질 수 있도록 요금을 설정해야 한다.

2. 적절한 수준의 재정수입 확보

① 공기업이 공공서비스의 공급을 통해 이윤극대화를 추구하는 것은 바람직하지 않지만, 무조건 낮은 가격으로 공급한다면 손실이 발생할 뿐만 아니라 자원의 낭비가 발생한다.

② 따라서 적절한 수준의 재정수입을 확보할 수 있도록 공공요금을 책정함으로써 효율적인 운영이 이루어지도록 하는 것이 바람직하다.

3. 행정적 단순성

① 공공요금의 체계가 너무 복잡하게 되어 있다면 행정비용이 과다하게 소요될 뿐만 아니라 소비자에게 혼란을 초래하게 된다.

② 그러므로 공공요금 구조는 가능하면 단순화하여 행정비용을 절감하고, 소비자들도 요금구조를 명확히 인식하도록 하는 것이 바람직하다.

4. 거시경제적인 측면의 고려

① 일반적인 재화의 경우와는 달리 공공요금은 경제전반의 물가 변화와 아주 밀접하게 관련되어 있다.

② 따라시 공공요금 결정에 있어서는 물가, 경기상황 등 경제 전반의 거시경제 상황을 고려하는 것이 바람직하다.

Public Finance

16 공채론

Point

정부는 대부분의 재원을 조세를 통해서 조달하지만 세입이 세출에 미달하는 경우에는 국채를 발행하여 자금을 조달하기도 한다. 국채는 조세를 보완하여 지출재원을 조달하는 수단이면서 동시에 경제전체에 큰 영향을 미친다. 국채는 표면적으로는 정부가 지는 채무이지만 궁극적으로는 조세를 통해서 상환되어야 하므로 그 부담을 민간이 지게 된다. 본 장에서는 주로 국채발행이 경제에 미치는 영향, 공채부담에 대한 학설, 그리고 공채관리정책에 대해 살펴보기로 하자.

I 공채의 개념 및 구분

1. 공채의 개념

① 국공채는 넓은 의미에서는 국가, 지방공공단체 및 공공기관이 부족한 재원을 조달하는 과정에서 발생한 금전적 채무를 의미한다.

② 우리나라에서는 중앙정부가 발행한 채권을 국채, 지방정부가 발행한 채권을 지방채라고 한다.

    ◐ 이 장에서는 국채, 국공채, 공채를 동일한 의미로 사용하기로 하자.

③ 국채는 조세와 함께 중요한 재정수입을 조달하는 수단이 되고 있을 뿐만 아니라 경제전체의 자본형성, 국제수지에도 영향을 미친다.

④ 한편, 정부가 발행한 채권인 국채는 무위험채권이므로 국채금리는 금융시장에서의 기준금리의 역할도 수행하고 있다.

⑤ 최근 들어 국채발행규모가 커지면서 정부부채규모도 증가하고 있어 과연 이 부담을 누가 지게 되는지에 대해서도 논란이 일고 있다.

2. 조세와 공채의 차이점

① 조세를 징수하면 민간의 처분가능소득이 감소하므로 민간소비가 감소하나, 국채는 자발적으로 개인이 구입하는 것이므로 민간소비에 영향을 미치지 않는다.

② 그리고 조세는 과세요건을 충족한 사람에게 반대급부 없이 징수되지만, 국채는 원금과 이자의 지급을 전제로 발행된다.

③ 또한 조세는 납부시점이 정해져 있으므로 조세를 통해서 일시에 많은 자금을 조달하기 어려우나 국채발행을 통해서는 단기간에 많은 자금조달이 가능하다.

④ 이와 같이 조세와 국채는 여러 가지 측면에서 차이가 있는데, 주요내용을 정리하면 아래의 표와 같다.

▶ 조세와 공채의 차이

	국 채	조 세
강제성 유무	자발적 교환원리에 의해 조달	과세당국이 강제로 부과 · 징수
원 천	저축자금에 의해 충당	소비자금에 의해 충당
부 담	부담이 장기에 걸쳐 분산	부담이 과세시에 발생
조달의 편의성	단기간에 대규모 자금조달이 가능	단기간에 대규모 자금조달이 어려움
저 항	작 다	크 다

3. 공채부담의 변화요인

(1) 인플레이션

① 인플레이션으로 물가가 상승하면 발행된 공채의 실질가치가 하락하므로 국가의 채무부담이 감소한다.

② 거의 모든 국가에서 인플레이션은 보편적으로 나타나는 현상이므로 실제의 공채부담은 공식적인 통계치보다 낮은 것이 일반적이다.

(2) 이자율

① 일반적으로 이자율과 채권가격 사이에는 역의 관계가 존재한다.

② 따라서 이자율이 하락하면 실질적인 공채부담은 증가하나, 이자율이 상승하면 공채부담이 감소한다.

(3) 자본적 지출

① 정부가 공채를 통해 자금을 조달한 다음 고속도로, 항만 등의 사회간접자본에 사용한 경우 자금조달시점에서 공채발행액은 재정적자(정부지출)로 집계된다.

② 그러나 사회간접자본은 오랜기간동안 사용되므로 이론적으로 보면 정부지출 규모는 사회간접자본의 감가상각분에 국한되는 것으로 보는 것이 타당하다.

③ 자본적 지출의 경우에도 지출시점에서 모든 재정적자가 전부 부채로 집계되므로 재정적자 규모가 과다하게 평가된다.

4. 공채의 구분

① 국공채는 발행주체 · 상환기간 · 소화방법 등 여러 가지의 기준에 따라 나눌 수 있다.

② 몇 가지 기준에 따라 구분하면 국공채는 아래의 표와 같이 요약할 수 있다.

▶ 국공채의 구분

구 분	기 준	내 용
발행주체	국채	중앙정부가 발행한 채권
	지방채	지방정부가 발행한 채권
상환기간	단기채(유동공채)	상환기간이 1년 이내인 공채
	장기채(확정공채)	상환기간이 1년 이상인 공채
소화방법	임의공채	민간의 자발적 의사에 따라 소화되는 공채
	강제공채	국가에 의하여 강제적으로 매각되는 공채
인수자	공모공채	민간부문에 대하여 공개적으로 모집하는 공채
	중앙은행 인수공채	중앙은행이 화폐발행을 통해 인수하는 공채
발행목적	보통공채	순수하게 재정자금 조달을 목적으로 발행되는 공채
	교부공채	현금 대신 교부할 목적으로 발행되는 공채
	출자공채	특정기관에 화폐대용으로 출자하기 위하여 발행되는 공채
모집지역	내국채	국내에서 차입하기 위하여 발행한 공채
	외국채	외국에서 차입하기 위하여 발행한 공채
자금의 사용용도	생산적 공채	생산적인 목적에 필요한 자금조달을 위하여 발행되는 공채
	비생산적 공채	비생산적인 목적에 필요한 자금조달을 위하여 발행되는 공채

❍ 차환공채 : 만기가 도래한 공채를 상환하기 위하여 발행되는 공채

참고　　**정부의 예산제약**

① 정부의 주요 재원조달방법으로는 조세징수(T), 국채발행(민간차입 : ΔB), 중앙은행차입(ΔH)의 3가지가 있다.

② 정부도 지출재원이 있어야 지출이 가능하므로 정부의 예산제약은 아래의 식으로 나타낼 수 있다.

$$G = T + \Delta B + \Delta H$$

③ 그러므로 정부지출(G)의 변화는 위에서 설명한 3가지(T, ΔB, ΔH) 중 한 가지 이상의 변화를 수반하게 된다.

④ 정부가 중앙은행에서 자금을 차입하여 지출하는 경우에는 통화량이 변하지만 조세를 징수하거나 국채를 발행하여 지출하는 경우에는 통화량이 변하지 않는다.

⑤ 통상적으로 정부는 조세와 국채를 통해서 지출재원을 조달하며, 중앙은행으로부터 차입하는 경우는 흔하지 않다.

참고	이자율과 채권가격

① 채권이란 일종의 차용증서를 의미하는데 발행주체에 따라 정부가 발행한 것을 국채, 기업이 발행한 것을 회사채, 금융기관이 발행한 것을 금융채라고 한다.

② 채권의 종류는 여러 가지로 구분할 수 있으나 이자지급 방식에 따라 구분하면 이표채(coupon bond), 할인채(discount bond), 영구채(perpetituty)로 구분할 수 있다.

③ 이표채는 일정기간마다 이자를 지급하고 만기에 원금을 지급하는 채권, 할인채는 액면금액보다 할인해서 판매하되 이자지급 없이 만기에 원금을 지급하는 채권, 영구채는 만기가 없고 계속해서 이자만 지급하는 채권이다.

④ 국채, 회사채 등 현재 발행되는 채권은 대부분이 이표채이나 기본적인 원리는 동일하므로 여기서는 논의를 간단히 하기 위해 만기가 1년이고 액면금액이 100만 원인 할인채를 이용해서 설명하기로 하자.

⑤ 예를 들어, 만기가 1년이고 액면금액이 100만 원인 채권을 90만 원에 구입하면 1년 뒤에 액면금액인 100만 원을 돌려받는다.

⑥ 액면금액 100만 원인 채권을 90만 원에 사면 1년 동안 90만 원을 빌려 주고 10만 원의 이자를 받는 것과 마찬가지이므로 이자율(=수익률)은 11%이다.

⑦ 만약 동일한 채권을 80만 원에 사면 80만 원을 1년 동안 빌려주고 20만 원의 이자를 받는 것이므로 이자율은 25%이다.

⑧ 일정기간 뒤에 일정금액을 지급받는 채권을 높은 가격에 구입하면 그만큼 이자가 적어지므로 채권가격과 이자율은 역의 관계에 있다.

  ❍ 이자율과 수익률은 구분해서 설명하기도 하지만 구분을 하더라도 그에 따른 이득이 없을 뿐만 아니라 논의만 복잡해지므로 동일한 것으로 이해해도 무방하다.

  ❍ 채권을 사는 것은 돈을 빌려주는 것이고, 채권을 매각하는 것은 차용증(채권)을 써주고 돈을 빌리는 것이다.

Ⅱ 공채의 경제적 효과

1. 총수요에 미치는 효과

(1) 케인즈학파

  ① 케인즈학파에 따르면 정부지출이 고정된 상태에서 국채를 발행함에 따라 조세가 감면되면 처분가능소득이 증가하고, 그에 따라 소비가 증가하므로 총수요가 증가한다.

  ② 즉, 케인즈학파는 정부지출재원 조달방식이 조세징수에서 국채발행으로 전환되면 총수요가 증가하고 이에 따라 국민소득도 증가한다고 주장한다.

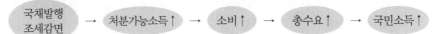

국채발행 조세감면 → 처분가능소득↑ → 소비↑ → 총수요↑ → 국민소득↑

참고 / **러너효과**

① 러너효과(Lerner effect)란 정부의 국공채 발행으로 민간이 보유한 금융자산이 증가하였을 때 사람들이 이전보다 부유해졌다고 인식함에 따라 민간소비지출이 증가하는 효과를 말한다.

　◐ 러너효과는 국공채의 자산효과(wealth effect)라고도 한다.

② 비크리(W. Vickrey)를 비롯한 일부 학자들은 정부가 추가적으로 국채를 발행하더라도 사람들이 미래의 조세부담 증가를 인식하지 못하는 국공채 착각(public debt illusion)으로 인해 민간소비지출이 증가하는 러너효과가 나타난다고 주장한다.

③ 배로(R. Barro)를 비롯한 다른 일부학자들은 사람들은 합리적이고 미래에 대한 예측력을 갖고 있기 때문에 국채가 발행되면 미래의 조세증가를 예견하고 이에 대비하기 위해 저축을 증가시키므로 국공채의 자산효과는 존재하지 않는다고 주장한다.

(2) 통화주의 학파

① 국공채가 발행되면 대부자금(loanable fund)에 대한 공급이 감소하므로 이자율이 상승하고 이에 따라 민간투자가 감소하는 구축효과(crowding−out effect)가 발생한다.

② 통화주의자들은 국채발행으로 조세가 감면되면 처분가능소득 증가로 소비가 증가하나 국채발행에 따른 이자율 상승으로 민간투자가 감소하는 구축효과가 매우 크게 나타난다.

③ 그러므로 통화주의학파에 의하면 조세가 감면되고 국채가 발행되더라도 총수요에 미치는 효과는 미미하다.

(3) 리카도의 대등정리 … Barro

1) 개요

① 고전학파 경제학자인 리카도(D. Ricardo)에 의하여 제기되었고, 새고전학파 경제학자인 배로(R. Barro)에 의하여 체계화되었다.

> | 리카도의 대등정리 |
> 정부지출이 고정된 상태에서 조세를 감면하고 국채발행을 통해 지출재원을 조달하더라도 경제의 실질변수에는 아무런 영향을 미칠 수 없다.
> → 정부지출의 크기가 주어져 있을 때 재원조달방식의 변경은 민간경제활동에 아무런 영향을 미칠 수 없다.

② 리카도의 대등정리(Ricardian equivalence theorem)는 공채중립성정리(debt neutrality theorem)라고도 한다.

2) 설명

① 현시점에서 국채가 발행되어 조세가 감면되어 처분가능소득이 증가하더라도 합리적인 경제주체들은 미래의 조세증가를 예상하고 이에 대비하여 저축을 증가시키므로 민간소비가 전혀 증가하지 않는다.

② 즉, 합리적인 소비자들은 국채를 자산이 아니라 부채로 인식하기 때문에 국채가 발행되더라도 소비가 증가하지 않는다는 것이다.

③ 민간소비가 변하지 않으면 총수요도 변하지 않고, 그에 따라 국민소득도 전혀 변하지 않는다.

국채발행 조세감면 → 처분가능소득↑ → 소비불변 저축증가 → 총수요불변 → 국민소득불변

3) 등가정리가 성립하기 어려운 경우

가. 유동성제약(차입제약)

① 사람들이 소비지출을 늘리고 싶지만, 차입이 불가능하여 소비를 증가시킬 수 없는 유동성제약에 놓여 있다면 현재의 가처분소득에 의해 소비가 결정된다.

② 이 경우 국채가 발행됨에 따라 조세감면이 이루어지면 사람들의 가처분소득이 증가하므로 소비가 증가하게 된다.

나. 근시안적 의사결정

① 사람들이 근시안적으로 사고를 한다면 국채가 발행되더라도 미래의 조세증가를 인식하지 못할 가능성이 높다.

② 따라서 이 경우에도 국채발행으로 인해 조세감면이 이루어져 가처분소득이 증가하면 소비가 증가할 가능성이 높다.

다. 경제활동인구의 변화

① 국채발행으로 현 시점에서 조세가 감면되면 미래시점의 조세부담이 증가하게 되는데, 경제활동인구 증가율이 0보다 크다면 개인별로 볼 때 미래에 부담할 조세의 현재가치는 현 시점에서 감면되는 조세의 크기보다 작아진다.

② 개인별로 볼 때 실질적인 조세부담의 현재가치가 감소하면 사람들이 소비를 증가시킬 가능성이 높다.

2. 자본축적과 경제성장에 미치는 효과

① 지출측면에서 보면 국민소득항등식은 민간소비지출, 국내총투자, 정부지출, 순수출의 합으로 나타낼 수 있다.

$$Y = C + I + G + (X - M) \quad \cdots\cdots\cdots\cdots\cdots \text{ i)}$$

② 경제전체로 보면 총저축($S=Y-C-G$)은 국내에서 생산한 것(Y) 중 민간에 의해 소비된 부분(C)과 정부에 의해 소비된 부분(G)을 제외한 나머지이므로 식 ⅰ)은 다음과 같이 변형할 수 있다.

$$Y-C-G=I+(X-M)$$
$$S=I+(X-M) \quad \cdots\cdots\cdots\cdots\cdots\cdots\cdots\cdots \text{ⅱ)}$$

③ 식 ⅱ)는 경제전체로 보면 생산된 것 중 소비되지 않은 부분(S)은 투자되거나 순수출에 사용됨을 의미한다.

④ 위의 식 ⅱ)의 왼편에 T를 빼주고 더해주면 국내총저축은 민간저축($Y-T-C$)과 정부저축($T-G$)의 합으로 나타낼 수 있다.

$$(Y-C-T)+(T-G)=I+(X-M)$$
$$S_P+(T-G)=I+(X-M) \quad \cdots\cdots\cdots\cdots\cdots \text{ⅲ)}$$

    ◐ 국내총생산 중 세금을 내고 난 나머지가 민간의 가처분소득($Y_d=Y-T$)이고, 가처분소득 중 소비된 부분을 제외한 나머지가 민간저축($S_P=Y-T-C$)이고, 정부가 조세로 징수한 금액 중 소비하지 않은 나머지($T-G$)가 정부저축이다.

⑤ 식 ⅲ)을 다시 정리하면 국내총투자의 재원은 일부는 민간저축, 일부는 정부저축, 그리고 나머지는 해외저축에서 조달됨을 알 수 있다.

$$\boxed{I=S_P+(T-G)+(M-X)}$$

    ◐ 예를 들어, 국내총투자가 200조 원이고, 민간저축이 100조 원, 정부저축이 50조 원이라면 이는 50조 원만큼 재원이 부족하게 되는데, 결국 나머지는 해외저축($M-X$)에서 조달됨을 의미한다.

    ◐ 통상적으로 ($X-M$)을 순수출 혹은 경상수지로 읽고, ($M-X$)를 '해외저축'이라고 읽는다.

✎ 국내저축이 부족하면 일시적으로 해외저축을 통해 투자재원을 조달하는 것은 가능하지만 장기적으로 그리고 지속적으로 해외저축을 통한 투자재원조달은 불가능하다.

⑥ 만약 재정적자가 발생하면 국민저축이 감소하여 투자재원조달이 어려워지므로 재정적자는 투자를 제약하는 요인으로 작용한다.

⑦ 이와 같이 재정적자는 국민저축 감소를 통해 투자를 제약하게 될 수 있으며, 더 나아가 재원조달을 위한 국공채 발행은 이자율 상승을 통해 민간투자를 위축시킬 가능성도 있다.

⑧ 재정적자로 경제전체의 투자가 감소한다면 장기적으로 경제성장에 악영향이 초래된다.

3. 국제수지에 미치는 효과

① 국민소득항등식을 정리하면 민간저축과 정부저축의 합은 국내총투자와 순수출의 합으로 나타낼 수 있음은 앞에서 살펴보았다.

$$Y=C+I+G+(X-M)$$
$$(Y-T-C)+(T-G)=I+(X-M)$$
$$S_P+(T-G)=I+(X-M)$$

② 위의 식을 경상수지(순수출)에 대해 정리하면 경상수지와 재정수지간의 관계를 알 수 있게 된다.

$$(X-M)=(S_P-I)+(T-G)$$

③ 위의 식에서 (S_P-I)가 일정하게 주어져 있을 때 재정적자가 커지면 경상수지 적자도 커진다는 것을 알 수 있는데(쌍둥이적자), 재정적자가 경상수지에 악영향을 미치는 경로는 여러 가지를 들 수 있다.

④ 먼저 재정적자로 국채가 발행되면 이자율이 상승하고, 이자율 상승으로 자본유입이 발생하면 환율이 평가절상되어 수입이 증가하므로 경상수지가 악화될 수 있다.

　❖ 국내이자율이 상승하면 외국으로부터의 자본유입(외환의 공급)이 이루어지므로 자국화폐의 가치가 상승(평가절상)하게 되는데, 평가절상이 이루어지면 상대적으로 수입재의 가격이 하락하므로 수입이 증가한다.

⑤ 정부지출 재원조달을 위해 조세를 징수하면 민간의 가처분소득 감소로 민간소비가 감소하는데 비해 국공채 발행시에는 소비감소 효과가 발생하지 않는다.

⑥ 따라서 국채를 통한 재원조달은 상대적으로 소비를 촉진하는 효과를 발생시키는데, 민간소비가 증가하면 국내에서 생산된 것뿐만 아니라 수입된 재화의 소비도 증가하므로 경상수지가 악화된다.

⑦ 재정적자는 투자재원조달을 어렵게 하여 투자를 제약하는 효과를 발생시키는데, 투자감소는 장기적으로 그 나라 산업의 국제경쟁력 약화를 초래하게 되고, 이는 결국 경상수지를 악화시키는 작용을 하게 된다.

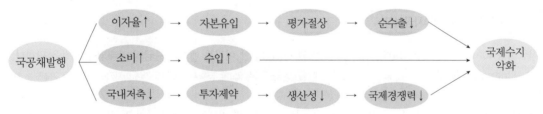

Ⅲ 공채관리

1. 개념 및 중요성

(1) 개념

① 공채관리정책이란 신규공채의 발행, 기존공채의 차환 및 상환, 이자지불 등과 관련된 일체의 정책을 의미한다.

② 좁은 의미로는 공채의 만기구성을 적절하게 조정하는 것을 공채관리정책이라고 한다.

(2) 중요성

① 신규공채의 발행 및 상환은 재정자금조달과 관련되어 있으므로 공채관리정책은 재정정책의 일종으로 볼 수 있다.

② 그런데 공채의 만기구성 변화 등은 시중금리 및 유동성에 직접적인 영향을 미치므로 금융정책과도 밀접한 관련이 있다.

$$
\begin{cases}
\text{공채의 발행량 변화} & \to \text{이자율 변화} \\
\text{공채의 만기구성 변화} & \to \text{시중유동성 변화}
\end{cases}
$$

2. 공채관리방안

⑴ 경기대응적 공채관리 … 케인즈학파

1) 개념

경기대응적 공채관리란 경제안정화를 공채관리의 주된 목표로 두고 경기상황에 따라 적극적으로 공채의 만기구성 등을 조정하는 것을 의미한다.

2) 내용

경기호황기에는 시중의 과잉유동성 흡수를 통해 경제의 안정을 도모하기 위하여 장기채를 발행하고 경기침체기에는 장기채를 단기채로 차환하여 시중의 유동성을 증대시킴으로써 경기를 적극적으로 부양하는 것이 바람직하다.

참고 **재정적자와 대부자금시장**

① 대부자금시장(loanable fund market)이란 저축자와 차입자간에 이자를 매개로 자금이 거래되는 시장을 말한다.

　○ 대부자금(loanable fund)이란 '빌려 줄 수 있는 돈' 혹은 '대출가능자금'이란 의미로 저축자와 차입자 간에 이자지급을 매개로 거래되는 자금을 말한다.

② 현실에서는 주식시장, 채권시장 등 다양한 금융시장을 통해 대부자와 차입자 간에 자금이 거래되고 있으나, 이론에서는 단순화를 위해 이들 시장을 모두 하나로 묶어 대부자금시장이라고 부른다.

③ 가계는 여유자금의 일부를 저축하고, 정부도 재정흑자가 발생하면 이를 저축하므로 민간저축과 정부저축($=T-G$)이 대부자금의 공급이 된다.

④ 일반적으로 이자율이 상승하면 민간저축이 증가하므로 대부자금의 공급곡선은 우상향한다.

⑤ 기업은 금융시장에서 자본재를 구입하기 위한 자금을 차입하므로 대부자금의 수요는 투자이다.

⑥ 일반적으로 이자율이 상승하면 기업의 투자가 감소하므로 대부자금의 수요곡선은 우하향의 형태이다.

⑦ 정부가 경기활성화를 위해 정부지출(G) 재원을 조달하기 위해 국채를 발행하면 정부저축 ($T-G$)가 감소하므로 대부자금의 공급이 감소한다.

⑧ 재정적자로 인해 대부자금의 공급이 감소하면 이자율이 상승하게 되고, 그에 따라 민간투자가 위축되는 구축효과가 발생한다.

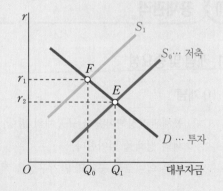

3) 단점

경기대응적 공채관리 하에서는 절대적 금리수준이 높은 호황기에 상대적으로 금리가 높은 장기공채를 발행하여야 하므로 이자비용이 많이 소요된다.

⑵ 경기순응적 공채관리

1) 개념

경기순응적 공채관리란 공채이자비용 최소화의 관점에서 공채관리가 이루어져야 한다고 보는 견해를 의미한다.

2) 내용

이자율 수준이 높은 경기호황기에는 상대적으로 이자율이 낮은 단기채를 발행하고, 이자율 수준이 낮은 불황기에는 장기공채를 발행함으로써 이자비용을 최소화하는 것이 바람직하다는 것이다.

3) 단점

경기호황기에 장기채를 유동성이 높은 단기채로 차환하면 시중유동성 증대로 경기과열이 발생할 가능성이 있고, 경기불황기에 단기채를 유동성이 낮은 장기채로 차환하면 경기침체가 가속화될 가능성이 있다.

⑶ 중립적 공채관리 … 통화주의 학파

1) 개념

중립적 공채관리란 공채관리가 경기와 중립성을 유지할 수 있도록 운용되어야 한다는 견해를 의미한다.

2) 내용

공채의 만기·발행규모 등을 단순화하고 일정한 간격에 따라 주기적으로 공채를 발행함으로써 공채가 금융정책의 교란요인으로 작용하지 않도록 공채관리가 이루어져야 한다는 것이다.

Ⅳ 공채부담에 관한 학설

1. 현재세대 부담설 … 신정통파 견해

① 국공채 발행에 따른 적극적인 재정정책을 주장하는 한센(A. Hansen), 러너(A. P. Lerner) 등 케인즈학파의 경제학자들을 신정통파라고 한다.
② 신정통파 학자들은 공채란 민간에서 사용할 자금을 정부부문으로 이전시키는 것이므로 공채발행에 따른 소비 및 투자감소는 발행시의 현재세대에게 귀착된다고 주장한다.
③ 이들은 공채부담이 공채의 상환시점에서 나타나는 것이 아니라 공채의 발행시점에서 발생하는 것으로 파악한다.

④ 즉, 국공채 원리금 상환을 위하여 미래세대에게 조세를 징수하더라도 그 원리금의 상환 역시 미래세대에게 이루어지므로 상환시점에서는 구성원간에 구매력 이전만 발생한다고 본다.

⑤ 만약 국공채 발행에 따라 민간저축이 감소하면 자본형성이 저해되고 이에 따라 미래세대에게 더 적은 규모의 자본재를 물려주게 된다면 미래세대의 소득수준이 낮아지므로 그 부담이 미래세대에게 전가된다는 점은 인정한다.

2. 미래세대 부담설

(1) Buchanan … 개별 구성원의 입장에서 공채부담을 검토

① 개인들은 여러 가지 가능한 저축수단 중에서 합리적으로 공채구입을 선택할 것이므로 공채가 발행되더라도 공채를 구입한 현재세대에게는 어떠한 실질부담도 발생하지 않는다.

② 그러나 미래세대는 자신의 자발적인 의사와는 관계없이 공채상환을 위한 조세부담으로 자신의 소득·소비의 희생이 불가피하므로 공채부담은 미래세대에게 귀착된다.

(2) Bowen-Davis-Kopf

① 현재세대가 근로시기에 국공채를 매입하고 은퇴후에 이를 상환받아 생활한다면 공채상환을 위한 조세부담은 미래세대에 귀착된다.

② 이들에 의하면 공채발행으로 현재세대의 저축이 감소하지 않더라도 그 부담은 미래세대에게 귀착된다고 주장한다.

(3) Modigliani … 자본형성 위축을 통한 전가

① 모딜리아니는 '조세는 민간소비를 감소시키는 효과가 큰데 비하여 공채는 민간투자를 위축시키는 효과가 더 크다'고 주장한다.

② 따라서 공채가 발행되면 민간자본형성이 위축되므로 경제성장이 저해되고 이에 따라 미래세대의 소득수준이 낮아지므로 공채부담은 미래세대에게 전가된다.

3. 중복세대모형과 공채부담

(1) 세대의 정의

① 신정통파는 어느 한 시점에서 살아있는 모든 사람을 한 세대(generation)로 보고 있으나 정확히 말하면 동일한 시기에 태어난 사람을 한 세대로 정의하는 것이 보다 합리적이다.

② 같은 시기에 태어난 사람을 세대로 정의하면 한 시점에서 볼 때 어떤 사회에는 여러 세대가 동시에 존재한다.

③ 중복세대모형(overlapping generation model)이란 한 시점에 여러 세대가 존재하는 상태를 상정하고 각종 경제현상을 분석하는 모형이다.

(2) 내용

① 매기 n명의 사람이 태어나며, 사람들이 두 기간(청년기와 노년기)만 생존하는 단순한 경제를 상정하자.

② 정부가 제1기에 한 기간이 지나면 원리금을 상환해 주는 국채를 100만큼 발행하여 정부지출을 100만큼 증가시키고, 제2기에 조세 100만큼을 징수하여 국채를 상환한다고 해보자.

   ◐ 설명을 단순화하기 위해 국채이자율이 0이라고 가정하자.

③ 여기서 주목할 것은 제1기에 국채를 발행하면 그 다음 기에 생존할 가능성이 없는 제1세대는 국채를 구입하지 않을 것이므로 제2세대가 모든 국채를 구입하게 되며, 제2기의 국채상환 시점에서는 새로이 태어난 제3세대도 국채상환을 위해 조세를 납부해야 한다는 점이다.

④ 정부지출에 따른 편익은 모든 사람이 동일하게 누리며, 국채상환을 위한 조세도 모든 사람이 동일하게 부담하는 것으로 가정하면 각 세대의 실질소비(순편익)의 변화를 정리하면 아래의 표와 같다.

   ◐ 제1기에 정부지출이 100만큼 증가하면 제1세대와 제2세대의 편익이 각각 50만큼 증가하고, 제2세대가 국채를 100만큼 구입하면 소비가 100만큼 감소한다.

   ◐ 제2기에 조세가 100만큼 증가하면 제2세대와 제3세대의 소비가 각각 50만큼 증가하고, 제2세대가 국채를 100만큼 상환받으면 소비가 100만큼 감소한다.

⑤ 제1기에 노년인 제1세대는 정부지출의 편익만 누리므로 후생이 증가하고, 제2기에 새로 태어난 제3세대는 정부지출의 편익은 얻지 못하고 조세만 납부해야 하므로 후생수준이 감소한다.

⑥ 제2세대는 정부지출에 따른 편익(실질소비) 증가분과 조세납부에 따른 소비감소분이 같고, 국채구입에 따른 소비감소분과 국채상환으로 인한 소비증가분이 동일하므로 후생수준이 변하지 않는다.

⑦ 이 경우 국채상환 시점의 청년세대(제3세대)로부터 국채발행 시점의 노년세대(제1세대)로 소득이 이전되는 효과가 발생한다.

⑧ 그러므로 비슷한 시기에 태어난 사람을 한 세대로 보는 중복세대모형의 관점에서 보면 국내에서 발행된 내국채의 경우에도 여전히 그 부담이 미래세대로 전가되는 것을 알 수 있다.

▶ 국채발행과 실질소비의 변화

구 분		제1세대	제2세대	제3세대
제1기 소비	국채발행	(노년세대) 0	(청년세대) −100	
	정부지출	+50	+50	
제2기 소비	국채상환		(노년세대) +100	(청년세대) 0
	조세징수		−50	−50
실질소비의 변화		+50	0	−50

① 각 세대가 납부해야 할 모든 세금의 현재가치에서 정부로부터 돌려받는 각종 이전지출의 현재가치를 빼면 각 세대가 납부해야 할 순조세(net tax)의 현재가치가 된다.
② 이렇게 계산된 각 세대가 부담해야 할 순조세의 현재가치를 비교하여 정부정책의 세대간 소득재분배 효과를 분석하는 것을 세대간 회계(generational accounting)라고 한다.
③ 이 모형을 이용하면 정부의 재정과 관련된 정책이 현재 수준으로 유지될 경우 그 부담이 각 세대에 어떻게 돌아갈지 계산할 수 있다.
④ 한걸음 더 나아가 정부의 정책변화가 각 세대의 부담에 어떤 영향을 미칠 것인지도 예측할 수 있다.

4. 리카도의 대등정리

① 배로(R. Barro)는 현재세대가 의사결정을 할 때는 자신의 아들·딸 혹은 손자·손녀인 미래세대의 후생수준도 동시에 고려해서 의사결정을 내리는 것이 일반적이라고 주장한다.
② 즉, 그는 소비와 저축의 의사결정을 내리는 단위는 생명이 유한한 개인이 아니라 영원히 지속되는 가족으로 보고 있다.
③ 그에 따르면 현시점에서 30년 만기의 국공채가 발행되면 현재세대는 미래세대의 조세부담 증가를 예상해서 더 많은 유산을 미래세대에게 물려주기 때문에 미래세대가 상환해야 할 공채부담이 상쇄된다.
④ 따라서 리카도의 대등정리에 의하면 국공채가 발행되더라도 그 부담은 미래세대로 전가되지 않으며 전부 현재세대가 부담하게 된다.

V 재원조달에 있어서의 고려사항

1. 편익의 귀속

① 원칙적으로 볼 때 특정 정부지출 재원은 정부지출로부터 편익을 얻는 자가 부담하는 것이 바람직하다.
② 따라서 공공지출의 편익이 미래세대에 귀속된다면 조세보다는 공채를 통해 재원을 조달하여, 미래세대가 지출재원을 부담하도록 하는 것이 보다 적절하다.

2. 세대간 공평성 측면

① 한 세대내에서 고소득층의 소득 일부를 저소득층에게 재분배하는 것이 정당성을 갖는 것처럼 현재세대와 미래세대의 소득수준이 다르다면 세대간 소득재분배도 타당성을 가질 수 있다.

② 즉, 기술진보 등으로 인하여 미래세대의 소득수준이 현재세대보다 훨씬 높을 것으로 예상
된다면 미래세대로부터 현재세대로 소득을 재분배하는 것이 바람직하다.

③ 이와 같이 세대간 공평성의 관점에서 보면, 공채를 통해 재원을 조달함으로써 미래세대로
부터 현재세대로 소득재분배가 이루어지도록 하는 것도 타당성을 가질 수 있다.

3. 효율성 측면

① 조세를 징수하면 부담이 일시에 발생하나, 만기가 서로 다른 국채 발행을 통해 재원을 조달
한 후 만기시점마다 약간씩의 조세를 징수해서 상환하면 그 부담이 장기에 걸쳐 분산된다.

② 초과부담은 세율의 제곱에 비례하므로 동일한 금액의 조세를 징수하더라도 여러 번으로
나누어 낮은 세율로 조세를 징수하면 초과부담이 감소한다.

③ 그러나 국공채를 발행하면 이자율이 상승하고 이에 따라 민간투자가 감소하는 구축효과
(crowding-out effect)가 발생하므로 장기적인 경제의 효율성이 저하되는 부정적인
효과가 발생한다.

④ 국공채를 통해 재원을 조달하면 초과부담이 감소하는 긍정적인 측면이 있는 반면 구축효
과가 발생하는 문제점이 있으므로 효율성 측면에서는 어떤 방식으로 재원을 조달하는 것
이 바람직한지 명확한 결론을 내리기 어렵다.

  ❍ 만약 리카도의 등가정리가 성립한다면 구축효과가 발생하지 않으므로 효율성측면에서 보더라도 명백히 공채를 통한
  재원조달이 더 우월하다.

4. 거시경제적인 측면

① 케인즈학파의 견해에 의하면 경기상황에 따라 적절한 지출재원 조달방식을 선택하는 것이
바람직하다.

② 즉, 경기가 완전고용에 근접해 있다면 추가적인 정부지출은 인플레이션을 유발할 가능성
이 있으므로 조세를 통해 재원을 조달하는 것이 바람직하고, 경기가 침체한 상황이라면 총
수요를 부추기기 위해서 국공채 발행을 통해 재원을 조달하는 것이 바람직하다(기능적 재
정).

③ 그러나 리카도의 등가정리에 의하면 정부의 지출재원 조달방식은 경제에 아무런 영향을
미칠 수 없으며, 정부가 경기를 안정화시키는 것은 불가능하다.

17 지방재정

Point

대부분의 국가에서 정부부문은 중앙정부와 여러 단계의 지방정부로 구성되어 있다. 각국이 중앙정부와 지방정부가 함께 존재하는 복수정부의 체제를 채택하는 데는 다양한 정치·사회적 요인이 있으나 경제적인 측면에서 볼 때도 충분한 이유를 갖고 있다. 즉, 복수지방정부 체제를 선택하는 것이 모든 역할을 중앙정부가 담당하는 것보다 더 생산적이기 때문이다. 이 장에서는 지방정부의 역할과 기능 및 이를 설명하는 모형에 대해 살펴보고, 지방정부의 재원조달 방법 그리고 중앙정부가 지방정부에 지급하는 보조금의 유형과 효과에 대해서 논의하기로 하자.

I 지방재정의 개념 및 특징

1. 지방재정의 개념

① 지방재정(local finance)이란 지방정부가 관할구역 내에서 공적인 욕구충족을 위하여 필요한 재원을 조달·관리하고, 정책목적과 합치되도록 지출하는 일련의 경제행위를 의미한다.
② 국가재정은 그 목표를 경제 전체적인 자원배분의 효율성 제고, 소득재분배, 경제의 안정적 성장에 두고 있는데 비하여, 지방재정은 지역주민의 욕구충족, 지역경제개발, 복지증진 등에 그 목표가 있다.

2. 지방재정의 특징

(1) 다양성

각 지방정부의 관할구역, 인구·경제구조·경제력 등이 상이하므로 지역마다 원하는 공공재의 규모와 수준이 차이를 보이고, 이에 따라 규모와 내용도 상당히 다양할 수밖에 없다.

(2) 의존성

기본적으로 지방재정은 국가재정의 일부이며 그 활동도 국가가 제정한 법규의 테두리 내에서 이루어질 뿐만 아니라 재원의 상당부분을 중앙정부에 의존하고 있으므로 지방정부의 재정활동도 어느 정도 의존성을 가질 수밖에 없다.

(3) 지역성

지방정부의 활동범위는 관할구역내로 한정되기 때문에 재정의 범위도 지역적 경계내에 한정되며, 정책결정시에도 지역의 범위를 초과하여 발생하는 경제적 효과에 대해서는 고려하지 않는다.

(4) 응익성

지방재정은 재정지출과 비용분담의 연계성이 국가재정보다 강하기 때문에, 재원조달 측면에서도 국가재정과는 달리 응익주의적 요소가 상당히 가미되고 있다.

Ⅱ 중앙집권제도와 지방분권제도

1. 중앙집권제도의 장점

(1) 경제안정화

① 지방정부는 효과적인 재정·통화정책의 수단을 갖고 있지 못할 뿐만 아니라 각 지방이 독립적으로 안정화 정책을 시행한다면 지방정부 간 정책 조정의 문제가 발생한다.

② 그러므로 경제안정을 위한 정책의 수행이란 측면에서 보면 중앙집권제도가 지방분권제도보다 우월하다.

(2) 소득재분배

① 각 지방정부가 서로 다른 소득재분배 정책을 실시하면 형평성의 문제가 생길 뿐만 아니라 지역 간 인구이동이 발생한다.

② 중앙정부가 소득재분배 정책을 시행하면 인구이동을 고려할 필요가 없으므로 중앙집권제도 하에서 소득재분배 정책이 더 효과적으로 수행될 수 있다.

(3) 자원배분

1) 외부성

① 국방서비스, 환경보호, 연구개발투자와 같은 외부성이 강한 재화를 지방정부가 공급하면 일부 지방정부는 무임승차하려는 태도를 보일 수 있다.

② 그러므로 외부성이 국가 전체에 미치는 경우에는 중앙집권제도 하에서 더 효율적으로 그 재화의 공급이 이루어질 수 있다.

> ❍ 이론적으로 보면 공공재의 편익을 얻는 지역과 해당 정부의 관할지역이 일치하는 것이 가장 바람직하다.

2) 규모의 경제

① 공공재 공급에 규모의 경제가 발생하는 경우에는 공급규모가 커질수록 평균비용이 낮아진다.

② 그러므로 우편서비스와 같이 규모의 경제가 발생하는 경우에는 중앙정부가 공급을 담당하는 것이 바람직하다.

> ◐ 공공재 공급에 있어 규모의 경제가 있는 경우 여러 지방정부가 연합하여 공동으로 생산·공급하는 것도 하나의 대안이 될 수 있다.

3) 조세제도의 효율적 운용

① 각 지방정부가 서로 다른 조세체계를 유지하면 세원의 지역 간 이동으로 인해 교란이 발생한다.

> ◐ 만약 지역별로 근로소득세율이 서로 다르다면 상당수의 사람들이 세율이 높은 지역에서 낮은 지역으로 이주할 것이다.

② 또한 각 지역별로 독자적인 징세기구를 유지하면 많은 행정비용이 소요되나 중앙정부가 여러 가지 조세를 한꺼번에 징수하면 규모의 경제로 인한 이득이 생겨나게 된다.

③ 그러므로 통일적인 조세체계를 유지하면서 중앙집권적인 조세징수 체계를 유지하는 것이 효율적이다.

2. 지방분권제도의 장점

(1) 주민 선호의 충실한 반영

① 각 지역마다 주민들의 선호가 다르므로 모든 공공재를 중앙정부가 획일적으로 공급하는 것은 비효율적이다.

② 그러므로 학교, 공원과 같이 그 혜택이 일부지역에 국한해서 나타나는 공공재는 지역주민의 선호를 잘 알고 있는 지방정부가 공급하는 것이 바람직하다.

(2) 효율적인 수준의 공공재 공급

① 공공서비스 재원을 전부 중앙정부가 부담하는 경우에는 지역주민들은 가능하면 더 많은 공공사업을 요구할 것이다.

② 이에 비해 분권화된 체제하에서 지방세를 통하여 공공서비스 재원을 조달하면 지역주민들이 조세부담을 인식하게 되어 꼭 필요한 사업만을 요구하게 된다.

③ 그러므로 분권화된 체제하에서 더 효율적인 수준의 공공재 공급이 이루어질 수 있다.

(3) 지방정부 간의 경쟁

✏ 조세경쟁
(tax competition)
분권화된 체제 하에서 각 지방정부가 서로 세원을 지역 내로 유치하기 위하여 경쟁적으로 세율을 낮추는 현상을 말한다.

① 각 지방정부가 독자적인 재정운영을 하게 되면 지방정부 간 경쟁이 이루어지므로 효율적인 공공재 공급이 이루어진다.

② 그리고 지방정부간의 경쟁 과정에서 정부 운영상에서의 기술혁신도 이루어질 수 있으므로 동적인 효율성이란 측면에서도 지방분권제도가 유리한 점을 갖는다.

① 중앙집권화율(centralization ratio)이란 정부부문의 총지출 중에서 중앙정부의 직접적 지출이 차지하는 비중을 말한다.

$$중앙집권화율 = \frac{중앙정부의\ 직접적\ 지출}{정부부문의\ 총지출}$$

② 중앙정부의 직접적 지출은 중앙정부 지출 중에서 지방정부에 지급한 보조금을 제외한 금액을 의미한다.

Ⅲ 오우츠의 분권화정리와 티부모형

1. 오우츠의 분권화정리(decentralization theorem)

(1) 내용

어느 단계의 정부가 공공재를 공급하든 공급비용이 동일하다면 중앙정부가 모든 지역에 획일적으로 공급하는 것보다는 각 지방정부가 스스로의 판단에 따라 적절한 양을 자율적으로 공급하는 것이 더 효율적이거나 최소한 같은 정도의 효율성을 가진다.

(2) 설명

① A지역과 B지역의 공공재 소비에 따른 한계편익이 각각 $\sum MRS^A$, $\sum MRS^B$로 주어져 있고 공공재 공급의 한계비용은 일정하게 MRT로 주어져 있다고 가정하자.

그림 17-1 **지방공공재 공급**

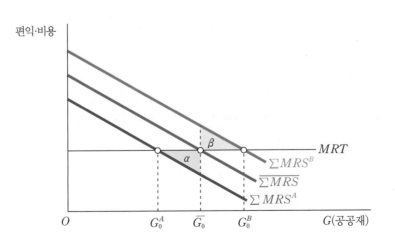

각 지방정부가 지역주민의 선호에 맞추어 공공재를 공급한다면 A지역에는 G_0^A, B지역에는 G_0^B의 공공재가 공급되나, 중앙정부가 획일적으로 공공재를 공급하면 $\bar{G_0}$의 공공재가 공급된다. 따라서 중앙정부가 획일적으로 공공재를 공급하면 A지역에는 과다공급, B지역에는 과소공급이 이루어지므로 $(\triangle\alpha + \triangle\beta)$의 후생손실이 발생한다.

② 각 지방정부가 자율적으로 공공재를 공급한다면 A지역과 B지역의 공공재 공급량은 각각 G_0^A, G_0^B로 결정된다.

$$\begin{cases} A지역 : \sum MRS^A = MRT인 \ 점에서 \ G_0^A의 \ 공공재가 \ 공급 \\ B지역 : \sum MRS^B = MRT인 \ 점에서 \ G_0^B의 \ 공공재가 \ 공급 \end{cases}$$

③ 만약 중앙정부가 획일적으로 공공재를 공급한다면 중앙정부는 각 지역의 한계편익을 평균한 $\sum \overline{MRS}$와 MRT가 일치하는 $\overline{G_0}$수준의 공공재를 공급하게 된다.

④ 중앙정부에 의해 $\overline{G_0}$의 공공재가 공급되면 A지역은 공공재가 과잉공급되고, B지역은 공공재가 과소공급되므로 사회적인 후생손실이 발생한다.

$$\begin{cases} A지역 : G_0^A < \overline{G_0} \ \rightarrow \ 과잉공급 \ \rightarrow \ \triangle\alpha의 \ 후생손실발생 \\ B지역 : G_0^B > \overline{G_0} \ \rightarrow \ 과소공급 \ \rightarrow \ \triangle\beta의 \ 후생손실발생 \end{cases}$$

⑤ 따라서 공공재 공급비용이 동일하다면 지방공공재는 중앙정부가 공급하는 것보다는 지역주민의 선호를 잘 알고 있는 지방정부가 공급하는 것이 보다 효율적이거나 최소한 같은 정도의 효율성을 갖게 된다.

> ❖ 만약 중앙정부가 각 지역의 선호를 정확히 파악하고 지역마다 서로 다른 양의 공공재를 공급할 수 있다고 하더라도 지방정부보다 더 효율적으로 공급하는 것은 불가능하다.

(3) 장·단점

1) 장점

① 중앙정부에 의해 공급될 때보다 지역주민들의 선호를 더 적절하게 반영할 수 있다.

② 경비지출의 책임소재가 분명해지므로 재원관리의 효율성이 높아진다.

③ 지방정부들 간의 경쟁을 유발하여 공공재의 공급비용이 낮아질 수도 있다.

2) 단점

① 공공재 공급에 있어 규모의 경제가 발생하거나 다수의 지방정부가 독립적으로 공급할 때는 막대한 고정비용이 소요된다면 지방정부에 의한 공공재 공급이 오히려 비효율적이다.

> ❖ 이 경우에는 중앙정부가 공급하거나 다수의 지방정부가 연합하여 공공재를 공급하는 것이 바람직하다.

② 재원조달을 위한 지방세징수로 인해 비효율이 발생한다면 사회후생이 감소할 수도 있다.

> ❖ 지방세로 인한 비효율을 없애기 위해서는 중앙정부가 공급하거나 지방정부에게 공공재 공급에 소요되는 비용을 보조해 주는 방법이 있다.

✎ 지역간 외부성이 있는 경우에는 중앙정부가 공급하거나 보조금을 통해 적정수준까지 공급될 수 있도록 하는 것이 바람직하다.

③ 어떤 지역의 공공재공급이 다른 지역에 영향을 미치는 외부성이 있는 경우에는 지방정부에 의해 적정수준까지 공공재 공급이 이루어지지 못할 가능성이 있다.

2. 티부모형(Tiebout model)

(1) 내용

어느 나라가 다수의 지방정부로 구성되어 있고, 각 지방정부는 지역주민의 선호에 따라 지방세와 지방공공재의 공급수준을 결정하고 개인의 지역간 완전이동성이 보장된다면 각 지역에서 지방공공재가 최적수준으로 공급될 뿐만 아니라 국민들은 효율적으로 거주지를 결정하게 된다.

(2) 가정

① 다양한 수준의 공공재를 공급하는 다수의 지방정부가 존재하여야 한다.
② 개인들은 아무런 비용없이 각 지방의 공공재 공급수준과 조세수준을 알 수 있다(완전정보).
③ 지역간 주민의 이동성이 완전하다.
④ 공공재 공급에 있어서 외부성이 존재하지 않는다.
⑤ 공공재 공급비용이 일정하다(규모에 대한 수익불변).
⑥ 공공재의 공급재원은 비례적인 재산세를 통하여 조달한다.
⑦ 각 지역에서는 최소주택규모 등 도시계획규제가 실시된다.

(3) 설명 … 발에 의한 투표

① 각 개인들의 자유로운 지역간 이동이 가능하다면 개인들은 자신이 가장 선호하는 지방공공재와 지방세의 조합을 제시하는 지역으로 이주한다.
② 즉, 개인들은 "발에 의한 투표(voting with the feet)"를 통해 공공재에 대한 자신의 선호를 현시하게 된다.
③ 이와 같은 과정을 통하여 각 지역에서는 주민들이 가장 선호하는 수준의 공공재 공급이 이루어지므로 지방공공재의 최적공급이 달성된다.
④ 티부모형은 지방공공재의 경우에는 분권적인 체제하에서 효율적인 공급이 이루어질 수 있음을 보여주고 있다.
⑤ 여러 학자들에 의해 티부모형에 대한 실증적인 검증이 이루어져 왔는데, 상당수의 연구결과는 티부모형의 타당성을 인정하고 있다.
⑥ 티부모형의 가정 중 도시계획규제에 대한 가정은 안정적인 균형이 성립되기 위해 필요하다.
  ❍ 부유층이 많이 사는 지역은 주택가격이 높기 때문에 낮은 세율로도 충분한 재정수입의 조달이 가능한데, 저소득층이 그 지역에 아주 작은 주택을 지을 수 있다면 조세는 거의 부담하지 않으면서 지방공공재의 편익을 얻을 수 있게 된다. 그렇게 되면 점점 많은 저소득층이 그 지역에 진입할 것이고 결국에는 부유층들이 그 지역을 떠나게 되므로 균형이 불안정해진다.
⑦ 실제로 선진국의 많은 도시에서 실시되고 있는 구획규제는 그 지역에 건설되는 주택이 최소규모를 넘도록 규제하고 있다.
⑧ 도시계획규제가 시행되면 비슷한 소득수준의 사람이 같은 지역에 모여살게 되는 현상이 촉진된다.

✎ 배타적 도시계획규제가 실시되면 부유한 사람들은 양질의 공공서비스를 누릴 수 있는 반면, 가난한 사람들은 열악한 공공서비스밖에 제공받지 못한다. → 티부모형에서의 효율성은 공평성의 희생하에서만 실현될 수 있다.

(4) 한계

1) 다수의 지방정부

티부모형에서는 모든 사람들이 원하는 수준의 공공재를 공급할 수 있을 정도로 다수의 지방정부가 존재하는 것으로 가정하고 있으나 현실적으로 지방정부의 수는 상당히 제한되어 있다.

2) 완전한 정보

현실적으로 다수의 지방정부가 공급하는 공공서비스의 내용 및 조세부담과 관련된 완벽한 정보수집이 불가능하다.

3) 고용기회의 제약

대부분의 경우 사람들의 고용기회가 제약되어 있기 때문에 현재 거주하는 지방정부가 제공하는 공공서비스와 조세에 대하여 만족하지 않더라도 다른 지방으로 이동할 수 없는 경우가 대부분이다.

4) 외부효과

많은 경우 지방공공재는 외부효과를 가지고 있기 때문에 티부모형이 성립하지 않을 가능성이 있다.

Ⅳ 지방정부의 재원조달

1. 지방정부의 세입 및 세출구조

① 지방정부의 재원조달(세입)은 지방세 · 중앙정부 보조금 · 지방채발행 · 세외수입(수수료 등)을 통하여 이루어지고

② 조달된 재원은 지역개발비 · 일반행정비 · 산업경제비 · 지원 및 기타경비 · 문화체육비 등으로 지출된다.

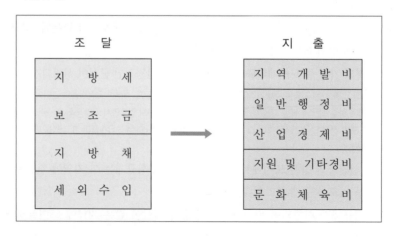

조 달		지 출
지 방 세		지 역 개 발 비
보 조 금	➡	일 반 행 정 비
지 방 채		산 업 경 제 비
세 외 수 입		지 원 및 기 타 경 비
		문 화 체 육 비

2. 지방재원의 원천

(1) 지방세

① 지방세는 지방정부 수입에서 차지하는 비중이 클 뿐만 아니라, 자주적인 재원으로 지출에 있어서의 재량권도 가장 크기 때문에 지방정부의 핵심적인 재원조달수단이다.

② 대부분의 국가에서 재산세가 지방정부의 주요세원으로 이용되고 있는데, 그 이유는 세원의 이동이 불가능하고, 과세권이 명확하며, 행정비용이 낮기 때문이다.

  ◐ 2021년의 경우 지방세 중에서 세수비중이 큰 세목부터 나열하면 취득세(29.9%)−지방소득세(17.7%)−지방소비세(15.8%)−재산세(12.5%)−자동차세(7.8%)−지방교육세(6.7%)−담배소비세(3.1%)−주민세(2.0%)−등록면허세(1.9%)−지역자원시설세(1.6%) 순이다.

  ◐ 우리나라의 경우는 재산세가 지방세 세수에서 차지하는 비중이 12.5%에 불과하다.

③ 바람직한 지방세가 갖추어야 할 주요 요건을 간단히 정리하면 다음과 같다.

    ■ 안정성 : 지방정부가 제공하는 공공서비스(교통, 상하수도, 보건 등) 공급비용은 경상성이 강하므로 지방세는 경기와 관계없이 세수가 안정적이어야 한다.

    ■ 보편성 : 세원이 각 지방에 골고루 분포되어 있어야 한다.

    ■ 지역성 : 세원이 한 지역에 고착되어 있어야 한다.

    ■ 응익성 : 지방정부가 공급하는 공공재는 편익이 지역에 귀착될 뿐만 아니라 쉽게 인식되므로 편익을 기준으로 조세부담을 배분하는 것이 바람직하다.

    ■ 분임부담 : 가능하면 모든 구성원들이 조금씩이라도 부담할 수 있도록 하여야 한다.

---

(2) 세외수입

① 세외수입은 사용료 · 수수료 · 재산수입 등 지방정부가 사업을 운용하거나 특정서비스를 제공하고 반대급부로 징수하는 수입 등으로 구성된다.

② 세외수입은 지방정부의 독자적인 노력으로 확충할 수 있는 수입으로 지방세 수입과 함께 자주재원에 포함된다.

(3) 지방채

① 지방채란 지방정부가 재정수입의 부족을 차입으로 충당하기 위하여 발행한 채무를 의미한다.

② 과다한 지방채 발행은 지방정부의 재정파탄을 가져올 수 있으므로 중앙정부에 의해서 발행량이 규제되고 있다.

(4) 보조금

① 지방재정조정제도를 통해 중앙정부가 지방정부에 지급하는 각종 보조금도 지방정부의 중요한 지출재원 조달수단의 하나이다.

② 중앙정부가 지방정부에 보조금을 지급하는 이유로는 지역간 재정력 격차의 해소, 지역간 외부성의 치유, 국가위임사무에 대한 대가지급 등 여러 가지를 들 수 있다.

3. 지방재정자립도

① 지방재정자립도는 지방정부의 소요재원 중에서 중앙정부에 의존하지 않고 자체적으로 조달할 수 있는 재원의 비중을 의미하며 다음과 같이 측정한다.

$$지방재정자립도 = \frac{자주재원}{자주재원 + 의존재원} \times 100$$

② 지방재정자립도는 지방정부의 재정력을 측정하는 지표로 이용되고 있다.

③ 지방정부 세입원 중에서 지방세와 세외수입은 자주재원으로, 지방교부세·국고보조금은 의존재원으로 분류된다.

④ 우리나라의 경우에는 지방재정자립도가 낮은 것도 하나의 문제이지만, 지역간 재정자립도의 차이가 너무 크다는 것이 보다 심각한 문제이다.

○ 2022년의 경우 지방재정자립도의 전국평균은 45.3%이나 서울시는 78.1%인데 비해 전라북도는 24.0%에 불과하고, 서울시도 구별로 보면 강남구는 58.9%인데 비해 노원구는 16.7%로 그 편차가 매우 크다.

Ⅴ 보조금이론

1. 보조금 지급의 목적

(1) 지역간 외부성

① 어떤 지역의 공공재 공급에 따른 편익이 다른 지역으로 누출되는 경우에는 공공재의 과소공급이 이루어지는 문제점이 발생한다.

② 중앙정부는 적절한 정도의 보조금을 지급함으로써 지방정부에 의해 지역간 외부성이 발생하는 공공재 공급이 최적수준이 되도록 유도하는 것이 가능하다.

(2) 지역간 재정력격차 해소

① 인구·산업구조 등 여러 가지 요인에 의하여 지역간 재정력격차가 발생하고 있으므로 이의 해소를 위해서 재정력이 낮은 지역에 보조금을 지급하는 것이 바람직하다.

② 국가 전체적인 수평적·수직적 공평성 달성이라는 관점에서 볼 때 재정력 격차해소를 위한 보조금 지급은 충분히 타당성을 가질 수 있다.

> ✎ 보조금 지급의 목적이 순수하게 재정력격차를 해소하는 것이라면 무조건부 보조금 지급이 바람직하다.

(3) 재원조달 능력의 차이

① 지방공공재는 중앙정부가 공급하는 것보다는 지역주민의 선호를 잘 알고 있는 지방정부가 공급하는 것이 보다 효율적이나 지방정부는 재원조달능력에 있어서 한계가 있다.

② 따라서 지방정부에 비하여 더 큰 재원조달능력을 가진 중앙정부가 조달된 재원의 일부를 지방정부에게 이전하고 공공재는 지방정부가 공급하도록 하는 것이 바람직하다.

(4) 특정 공공재 공급의 촉진

① 중앙정부의 입장에서 볼 때 어떤 지역에서 특정한 공공재가 공급되는 것이 바람직하나 지방정부에 의해서는 공급이 이루어지지 않을 수 있다.

② 이 경우 중앙정부가 지방정부에 보조금 지급을 통해 특정한 공공재의 공급을 촉진하는 것이 가능하다.

(5) 특정지역에 대한 보상

① 정부가 어떤 정책을 추진함에 있어서 특정지역의 희생이 불가피하다면 이를 보상하기 위한 보조금을 지급할 필요가 있다.

② 예를 들면, 쓰레기 소각장 등 혐오시설이 들어서는 지역에 보상적인 차원에서 보조금을 지급하는 것이 가능하다.

> ❍ 세입분여제도(tax sharing)란 중앙정부가 재정수요액보다 더 많은 조세를 징수하여 징수한 조세의 일부를 하위정부(지방정부)로 이전하는 제도를 의미한다.

(6) 역할위임

① 중앙정부가 지방정부에 역할을 위임하는 위임사무의 경우에는 중앙정부의 비용분담이 필요하다.

② 보조금제도는 중앙정부가 공공서비스 공급비용을 부담하고 실제로 공공서비스의 공급은 지방정부가 담당하는 경우 그 역할분담을 가능하게 해준다.

2. 보조금의 유형

(1) 사용용도의 제한여부

① 보조금은 사용용도의 제한여부에 따라 무조건부보조금과 조건부보조금으로 구분된다.

② 조건부보조금은 보조금의 지급방식에 따라 정액보조금(비대응보조금)과 정률보조금(대응보조금)으로 구분된다.

③ 그리고 정률보조금은 지급한도의 제한여부 따라 개방형과 폐쇄형으로 나눌 수 있다.

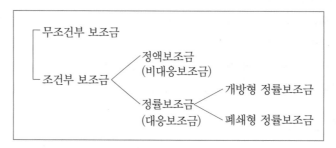

▶ 보조금의 구분

무조건부 보조금		• 무조건부 보조금은 사용용도에 아무런 제한이 없으며, 단순히 중앙정부로부터 지방정부로 구매력을 이전하기 위해 지급되는 보조금이다. • 주로 지역간 경제력의 평준화 및 지역간 소득재분배를 위하여 지급된다.
조건부보조금	정액보조금	• 정액보조금은 일정금액을 지급하되 사용용도가 제한되어 있는 보조금을 말한다. • 사용용도가 제한되어 있으나 지방정부가 지출재원을 부담하느냐에 관계없이 일정액이 지급된다.
	정률보조금	• 정률보조금은 공공사업에 소요되는 재원의 일정비율만을 지급하는 것을 말한다. • 정률보조금의 경우는 지방정부의 일부재원을 부담할 것을 전제조건으로 지급되는 보조금이다. • 보조금 지급액의 한도가 정해져 있는지의 여부에 따라 개방형과 폐쇄형으로 구분된다.

개방형 : 보조금 지급한도가 정해져 있지 않고 특정공공재 공급에 대한 지방정부의 지출이 증가할수록 보조금 지급액수가 계속적으로 증가하는 것을 말한다.

폐쇄형 : 보조금을 정률로 지급하되 지급한도액이 제한되어 있는 것을 말한다.

3. 보조금 지급의 경제적 효과

(1) 무조건부 보조금

① 보조금 지급이전에 지역주민의 예산선이 선분 AB로 주어져 있다면 a점에서 균형이 이루어지므로 지역주민의 공공재와 사용재의 소비량은 각각 $(G_0,\ Y_0)$이다.

② 지역주민의 소득을 사용재의 크기로 나타내면 선분 OA의 길이이고, 그 중에서 OY_0만큼을 사용재 소비에 사용하였으므로 지역주민들의 납세액은 선분 AY_0의 길이만큼이다.

③ 이제 중앙정부가 일정액의 무조건부 보조금을 지급하면 지역주민의 소득이 증가하는 것과 마찬가지이므로 예산선이 CD로 평행이동하고 새로운 균형은 b점에서 이루어진다.

④ 그러므로 무조건부 보조금을 지급하면 공공재의 소비량은 G_0에서 G_1으로, 사용재의 소비량은 Y_0에서 Y_1으로 증가한다.

⑤ 중앙정부가 지급한 보조금의 크기는 공공재 단위수로 측정하면 선분 cb의 길이만큼이나 지역주민의 공공재 소비량은 db만큼만 증가하였고 나머지(선분 cd만큼)는 추가적인 사용재 소비(선분 da만큼)에 사용됨을 알 수 있다.

⑥ 이와 같이 중앙정부가 무조건부 보조금을 지급할 때 지역주민의 공공재 소비량이 보조금의 크기보다 적게 증가하고, 사용재 소비량이 증가하였다는 것은 보조금 중 일부가 지역주민의 조세부담 경감에 사용되었음을 의미한다.

❑ 보조금지급 이전에는 G_0의 공공재를 소비하기 위하여 포기한 금액인 납세액은 $\overline{AY_0}$이나 보조금지급 이후에는 납세액이 $\overline{AY_1}$이므로 납세액이 $\overline{Y_1Y_0}$만큼 감소하였다.

✎ 보조금의 일부가 감세재원으로 사용된다는 것은 중앙정부가 지급한 보조금을 지역주민에게 배분하는 것이 아니라 기존에 지역주민들로부터 세금을 걷어서 공급하던 공공재의 일부를 중앙정부가 지급한 보조금으로 공급하고 그만큼 지역주민들로부터 세금을 덜 걷게 된다는 의미이다.

그림 17-2　무조건부 보조금

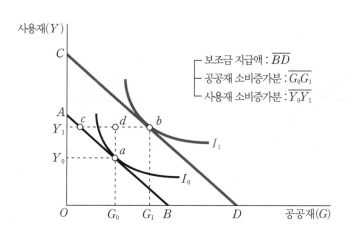

- 보조금 지급액 : $\overline{BD}$
- 공공재 소비증가분 : $\overline{G_0G_1}$
- 사용재 소비증가분 : $\overline{Y_0Y_1}$

무조건부 보조금이 지급되면 균형점이 a점에서 b점으로 이동하므로 지역주민의 공공재와 사용재 소비량이 모두 증가한다. 보조금이 지급될 때 사용재 소비가 증가한 것은 보조금의 일부가 지역주민의 조세감소에 이용되었음을 의미한다.

(2) 조건부 정액보조금(조건부 비대응보조금)

1) 조건부과가 제약으로 작용하지 않는 경우 … 그림 (a)

① 중앙정부가 공공재 공급에만 사용해야 한다는 조건하에 지방정부에 일정액의 보조금을 지급하면 예산선이 AFD로 변화한다.

② 이 경우 새로운 균형은 b점에서 이루어지므로 무조건부 보조금이 지급될 때와 동일한 결과를 가져오므로 중앙정부가 부과한 조건이 제약으로 작용하지 않는다.

③ 즉, 조건부 정액보조금을 지급하더라도 일부는 여전히 감세를 통한 지역주민의 사용재 소비에 이용되는 것이 일반적이다.

> ○ 그림 (a)에서 보조금 지급액은 선분 AF의 길이이나 지역주민의 공공재 소비량은 보조금의 크기보다 적게 증가하였음을 알 수 있다.

2) 조건부과가 제약으로 작용하는 경우 … 그림 (b)

① 무차별곡선이 그림 (b)와 같이 주어져 있다면 보조금 지급 이후에는 균형이 F점에서 이루어지므로 무조건부 보조금 지급시보다 지역주민의 공공재 소비량이 더 많이 증가한다.

② 이와 같이 지역주민의 사용재에 대한 선호가 매우 높다면 중앙정부가 부과한 조건이 제약으로 작용하게 된다.

③ 이 경우에도 지역주민의 공공재 소비량은 중앙정부가 지급한 보조금의 크기(선분 AF)보다 더 적게 증가(선분 G_0G_2)한다.

④ 이는 여전히 중앙정부가 지급한 보조금의 일부는 감세를 통해 지역주민의 사용재 소비증가에 이용된다는 것을 보여준다.

그림 17-3 조건부 정액보조금

무조건부 보조금 지급시에는 예산선이 AB에서 CD로 평행이동하나, 조건부 정액보조금 지급시에는 예산선이 AFD로 변화한다. 그림 (a)의 경우에는 조건부 보조금과 무조건부 보조금의 효과가 동일하나 그림 (b)에서와 같이 지역주민의 사용재에 대한 선호가 매우 강하다면 조건부보조금 지급시에 공공재 공급이 더 많이 증가한다.

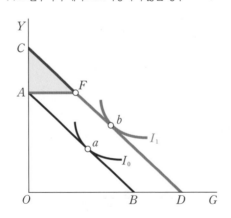

(a) 조건부과가 제약으로 작용하지 않는 경우

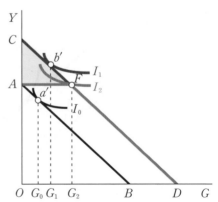

(b) 조건부과가 제약으로 작용하는 경우

(3) 조건부 정률보조금(조건부 대응보조금)

① 중앙정부가 지방정부의 공공사업에 소요되는 비용의 50%를 보조해 준다면 지역주민이
공공재를 소비할 때 지불하는 가격이 $\frac{1}{2}$로 하락하므로 예산선이 AC로 회전이동한다.

　❍ 조건부 정률보조금이 지급되면 지방공공재의 상대가격이 하락하고 지역 주민의 실질소득이 증가하므로 대체효과와
　　소득효과가 모두 발생한다.

② 조건부 정률보조금을 지급하면 균형점은 b점으로 이동하므로 공공재 소비량은 G_1으로 증
가하고 효용수준은 I_1으로 증가한다.

③ 이 때 보조금의 크기를 가격이 불변인 사용재의 수량으로 표시하면 선분 db의 길이로 측
정되는데 만약 동액의 무조건부 보조금을 지급하면 균형점은 c점에서 달성되므로 효용수
준은 I_2로 증가한다.

　❍ 무조건부 보조금이 지급되면 예산선이 평행이동하므로 소득효과만 발생한다.

④ 따라서 조건부 정률보조금이 지급되면 무조건부 보조금이 지급될 때보다 지방정부의 공공
재 공급은 더 크게 증가하나 $(I_2 \sim I_1)$에 해당하는 후생손실이 발생한다.

⑤ 조건부 정률보조금의 경우에는 지방정부의 재원조달규모가 커질수록 중앙정부의 지원규
모도 증가하므로 지방정부의 징세노력을 강화하는 효과가 있다.

　❍ 정률보조금하에서는 재정력이 큰 지방정부일수록 더 많은 재원을 조달하여 더 큰 보조금을 받는 상황이 나타날 수 있
　　다.

⑥ **그림 17-4**와 같이 정률보조금이 지급된 후 균형이 b점에서 이루어지면 지역주민의 공공재
와 사용재 소비가 모두 증가한다.

⑦ 중앙정부의 보조금이 지급될 때 지역주민의 사용재 소비가 증가하였다는 것은 보조금의
일부가 감세재원으로 사용되었음을 의미한다.

⑧ 그러나 정률보조금이 지급될 때 지역주민의 사용재 소비가 항상 증가하는 것은 아니며, 보
조금 지급이전보다 오히려 감소할 수도 있다.

그림 17-4 ｜ 조건부 정률보조금

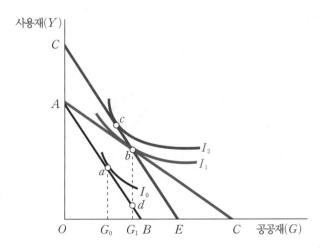

조건부 정률보조금이 지급되
면 균형점이 a점에서 b점으로
이동하나 동액의 무조건부 보
조금이 지급되면 균형은 c점
에서 이루어진다. 따라서 조
건부 정률보조금이 지급되면
무조건부 보조금 지급시보다
공공재 공급은 더 크게 증가
하나 효용수준은 무조건부 보
조금 지급시보다 더 작게 증
가한다.

⑨ 조건부 정률보조금이 지급되면 공공재의 상대가격 하락에 따른 대체효과와 지역의 소득이 증가하는 소득효과가 발생한다.

┌─ 대체효과 : 정률보조금 → 공공재의 상대가격↓ → 공공재 소비↑ (사용재 소비↓)

└─ 소득효과 : 정률보조금 → 지역주민의 실질소득↑ → 공공재 소비↑ (사용재 소비↑)

◉ 공공재와 사용재는 모두 정상재인 것으로 가정한다.

⑩ 만약 대체효과가 소득효과보다 크다면 지역주민의 사용재 소비가 감소할 것이므로 보조금의 일부가 항상 지역주민의 조세부담을 완화하는데 사용되는지의 여부는 명확하지 않다.

⑷ 보조금에 대한 평가

① 무조건부 보조금이 지급될 때 지역주민의 후생수준이 가장 크게 증가하므로 보조금 지급의 목적이 지역간 재정력격차의 해소, 지역간 소득재분배, 혹은 중앙정부로부터 지방정부로 구매력을 이전시키는 것이라면 무조건부 보조금이 바람직하다.

② 이에 비해 지역의 공공재 소비량은 조건부 보조금이 지급될 때 더 크게 증가하므로 지원목적이 외부성을 유발하는 특정 공공재의 공급을 촉진하는 것이라면 조건부 보조금이 바람직하다.

◉ 특히, 조건부 정률보조금의 경우가 지방공공재의 상대가격이 하락하는 대체효과로 인해 공공재 소비가 크게 증가한다.

③ 그러므로 어떤 보조금을 지급하는 것이 바람직한지는 정부의 보조금 지원목적에 따라 달라진다.

참고 / 개방형 정률보조금과 폐쇄형 정률보조금

① 최초에 지방정부의 예산선이 AB로 주어져 있고, 균형점이 a점이었다고 가정하자.

② 이제 중앙정부가 공공재 공급비용의 50%를 지원한다면 지방정부의 예산선은 AC로 회전이동하고 균형점은 b점으로 이동한다. … 개방형 정률보조금

③ 만약 중앙정부가 공공재 공급비용의 50%를 지원하되 지원금액의 한도를 정하고 그 한도내에서만 지원한다면 예산선은 ADR로 변화하고 균형점은 c점이 된다. … 폐쇄형 정률보조금

④ 따라서 폐쇄형 정률보조금하에서는 개방형 정률보조금하에서 보다 지역주민의 공공재 소비량은 더 적게 증가하고 후생수준도 낮아진다.

⑤ 그러나 보조금 지급이후의 균형점이 선분 AD상에 위치한다면 두 경우의 결과가 동일하며, 폐쇄형 정률보조금에서 보조금지급한도설정은 아무런 의미가 없다.

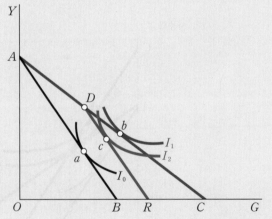

4. 끈끈이 효과(flypaper effect)

(1) 개념

① 끈끈이 효과(flypaper effect)란 지역주민의 소득이 증가할 때보다 동액의 무조건부 보조금이 지급될 때 지방정부의 지출(지방공공재 공급)이 더 크게 증가하는 효과를 의미한다.

② 즉, 중앙정부로부터 무조건부 보조금이 지급되더라도 지급된 돈이 지방세를 감소시켜 민간지출을 증대시키기보다는 파리(fly)가 끈끈이(flypaper)에 붙어서 떨어지지 않는 것처럼 지방정부의 수중에 남아 있다가 지방공공재 공급에 사용되는 현상을 말한다.

(2) 설명

① 어떤 지역의 소득이 증가하거나 동액의 무조건부 보조금이 지급되면 두 경우 모두 예산선이 바깥쪽으로 평행이동하고 균형점이 a점에서 b점으로 이동한다.

② 즉, 이론적으로 보면 지역주민의 소득증가와 무조건부 보조금지급은 동일한 효과를 갖고 있다.

③ 그러나 실증분석에 따르면 지역주민의 소득이 1원 증가할 때보다 정액보조금이 1원 지급될 때 지방정부의 공공재 공급이 더 많이 증가하는 것(c점)으로 나타나고 있다.

④ 이는 무조건부 보조금이라 할지라도 지방세를 감소시켜 민간지출을 증대시키기보다는 보조금이 그대로 지방정부에 남아 있다가 지출에 이용됨을 의미한다.

⑤ 즉, 중앙정부로부터 지급된 보조금이 지방세 감면을 통해 지역주민에게 이전되는 것이 아니라 파리가 끈끈이에 한번 붙으면 떨어질 수 없는 것처럼 보조금이 지방정부의 수중에 고착된다는 의미에서 '끈끈이 효과'라고 한다.

| 그림 17-5 | 끈끈이 효과 |

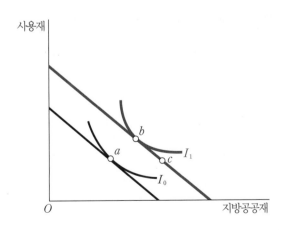

이론적으로 볼 때 지역주민의 소득이 증가하거나 무조건부 보조금이 지급되면 예산선이 바깥쪽으로 평행이동하므로 균형점은 a점에서 b점으로 이동한다. 그러나 실제로는 지역주민의 소득증가시보다 무조건부 보조금이 지급될 때 공공재 공급이 더 크게 증가하는 현상(c점)이 나타난다.

(3) 발생원인

1) 재정착각(fiscal illusion)

① 지역의 소득증가는 지방공공재에 대한 조세가격을 변화시키지 않지만, 무조건부 보조금이 지급되면 평균조세가격(average tax price)이 하락한다.

② 그런데 지역주민들은 추가적인 공공재 공급에 따른 비용인 한계조세가격(marginal tax price)이 낮아진 것으로 인식하는 재정착각에 빠질 수 있다.

　　◐ fiscal illusion은 '재정환상'으로 번역하기도 한다.

③ 즉, 무조건부 보조금이 지급되면 지역주민은 세금을 더 적게 납부하더라도 공공재를 소비할 수 있으므로 지방공공재의 한계조세가격이 하락한 것으로 인식할 가능성이 있다.

④ 지역주민들이 이와 같은 재정착각에 빠진다면 더 많은 공공재 공급을 요구하게 되고, 지방정부도 주민의 요구에 부응하여 보조금을 공공재 지출에 사용하게 된다.

2) 관료의 태도 … 예산극대화

① 지방정부 관료도 중앙정부 관료들과 마찬가지로 자신의 영향력과 승진기회 확대 등을 위하여 예산극대화를 추구하는 경향이 있다.

② 지방정부가 예산규모 확대를 위하여 지방세를 인상할 경우에는 주민의 반발에 직면할 가능성이 높기 때문에 조세인상보다는 중앙정부의 이전재원을 통한 지출확대를 도모하는 경향이 있으며,

③ 확보된 예산에 대해서는 재량권을 갖기 때문에 중앙정부로부터 보조금을 지급받더라도 그 재원을 지역주민의 조세부담 감소보다는 공공재 공급에 사용한다.

3) 중앙정부의 압력

① 중앙정부는 무조건부 보조금을 지급하면서도 여러 가지 경로를 통해 지방정부가 보조금을 공공재 공급에 사용토록 압력을 가하는 경우가 대부분이며

② 지방정부가 중앙정부의 의도를 무시할 경우 보조금지급을 철회할 재량권을 보유하고 있다.

③ 따라서 지방정부는 무조건부 보조금을 지방의 감세재원에 사용하기보다는 공공지출에 사용할 수밖에 없다.

VI 지방재정조정제도

1. 개념

① 지방재정조정제도란 지방자치단체의 부족한 재원을 보충하고 각 지방자치단체간의 재정수준을 균등화시키기 위하여 필요한 재원을 지원하는 제도를 의미한다.

② 지방재정조정제도에는 중앙정부가 지방자치단체에 지원하는 지방교부금, 국고보조금과 시·도가 하위 지방자치단체에 지급하는 조정교부금·보조금 등이 있다.

2. 지방재정조정의 수단

(1) 지방교부세

1) 개념

지방교부세는 지방자치단체의 재정수요와 조세수입을 비교하여 재원부족이 발생하면 이를 보전할 목적으로 중앙정부가 지방자치단체에 교부하는 재원을 의미한다.

2) 내용

① 이 제도는 재정수입이 빈약한 지방자치단체가 최소한의 행정수준을 유지할 수 있도록 하고, 지방간의 수평적 불균형을 해소하는 것을 목적으로 하고 있다.

② 지방교부세는 그 사용에 있어 아무런 제약이 없기 때문에 지방자치단체가 일반재원으로 사용할 수 있는 무조건부 보조금에 해당한다.

③ 지방교부세 지급액은 당해연도 내국세의 일정비율(19.24%), 종합부동산세 전액, 담배에 부과되는 개별소비세의 일정비율(45%)로 정해져 있으므로 중앙정부에 의한 자의적 배분은 거의 불가능하다.

(2) 국고보조금

1) 개념

국고보조금은 지방자치단체가 시행하는 특정사업 경비의 일부 또는 전부를 중앙정부가 지원하는 제도로, 특별히 장려할 필요가 있는 사업에 한해서 지원한다.

2) 내용

① 국고보조금은 지방간 재정력 격차해소보다는 일정한 지방행정수준의 유지와 특정사업 장려에 목적을 둔 조건부 대응(정률)보조금에 해당한다.

② 국고보조금은 국가적 이해를 갖는 위임사업(의무교육·특정건설사업 등)에 대하여 지급하는 보조금과 지방자치단체의 자주적 사업 중에서 특별히 장려할 필요가 있는 사업(농업개발·사회개발 등)에 대하여 지급하는 보조금으로 구분된다.

③ 국고보조금은 중앙정부로부터 교부되는 의존재원으로 사용용도를 지정해서 교부하기 때문에 지출에 있어 중앙정부의 통제가 강하다.

Ⅶ 연성예산제약

1. 연성예산제약이란?

① 예산제약이 경제주체의 지출행위에 엄격한 제약으로 작용할 때 경성예산제약(hard budget constraint)이라고 한다.

② 이와 대조적으로 주어진 예산을 소진하더라도 외부에서 추가적인 지원을 받을 수 있기 때문에 경제주체의 행동에 엄격한 제약이 되지 못하는 예산제약을 연성예산제약(soft budget constraint)라고 한다.

③ 연성예산제약은 국영기업, 은행, 비영리단체 등에도 적용할 수 있는 일반적인 개념이다.

   ◑ 자신을 지원해 주는 조직이 적자를 메워줄 것으로 기대하는 경우에는 모두 연성제약의 개념이 적용될 수 있다.

④ 중앙정부는 여러 경로를 통해 지방정부를 지원해 주고 있어 지방정부의 예산제약도 연성예산제약이라 볼 수 있다.

2. 연성예산제약과 지방정부의 재정운영

① 지방정부가 자신의 예산제약을 연성예산제약으로 인식하면 재원조달능력 이상으로 지출을 확장할 인센티브를 갖는다.

② 지방정부의 방만한 재정운영으로 재정위기가 발생하면 사전에 이를 통제하지 못한 중앙정부도 일부 책임이 있으므로 결국에는 구제를 해 줄 수밖에 없는 것이 현실이다.

③ 이는 모든 지방에 해당되므로 한 지방정부의 재정위기는 다른 지방정부의 재정위기로 파급될 가능성이 상당히 크다.

④ 우리나라에서도 꼭 필요하지도 않은 선심성 사업을 무분별하게 벌여온 여러 지방자치단체의 사례에서 연성예산제약의 문제는 쉽게 볼 수 있다.

⑤ 지방정부의 과도한 지출은 자원의 낭비를 초래할 뿐만 아니라 경제에 커다란 부담으로 작용할 수 있다.

3. 해결방안

(1) 자본시장의 효율화

① 자본시장이 효율적이라면 방만한 재정운영을 하는 지방정부는 차입이 어려워질 뿐만 아니라 차입을 하더라도 높은 이자를 부담해야 한다.

② 따라서 효율적인 자본시장이 형성되어 있다면 지방정부 스스로 재정운영의 건전성을 도모하게 될 것이다.

⑵ 토지시장의 효율화

① 지방정부의 방만한 재정운영으로 공공서비스 공급에 문제가 발생할 것으로 알려지면 토지가격이 하락할 뿐만 아니라 주민과 자원이 다른 지역으로 유출된다.

② 주민과 자원의 감소는 지방정부의 세수감소를 초래하므로 토지시장이 효율적으로 작동한다면 지방정부는 재정의 건전화를 위해 노력하게 될 것이다.

⑶ 법률 및 제도의 정비

① 법률제정을 통해 지방정부가 조세수입 이상으로 지출을 하지 못하도록 강제하거나 과도한 채권발행을 제한할 수 있는 제도적 장치를 마련하는 방법이다.

② 지방재정 조정제도에 의한 중앙정부의 지원이 방만한 재정운용을 한 지방정부의 구제에 사용될 수 없도록 제한하는 것도 하나의 방안이 될 수 있다.

제14장 / 소득분배 및 사회보장

01

소득재분배 철학에 관한 설명으로 옳지 않은 것은?

① 공리주의자들은 한계효용이 체감할 경우 소득재분배 정책을 옹호할 수 있다.

② 자유주의자(libertarian)들은 결과보다 과정을 중요하게 여기고 기회평등을 주장한다.

③ 롤즈(John Rawls)는 무지의 베일 속에서 최소극대화기준(maximin criterion)을 주장한다.

④ 노직(Robert Nozick)은 정부의 적극적인 소득재분배정책을 주장한다.

⑤ 일부 학자들은 소득재분배를 일종의 공공재로 볼 수 있으므로 소득재분배를 위한 정부개입이 타당성을 갖는다고 본다.

✍ 공리주의 사회후생함수를 가정하더라도 소득의 한계효용이 체감하고 각 개인의 효용함수가 동일하다면 소득분배가 완전히 평등할 때 사회후생이 극대가 된다. 그러므로 소득의 한계효용이 체감한다면 공리주의자들은 소득재분배정책을 옹호할 것이다.

　　롤스는 모든 사람이 무지의 장막(veil of ignorance)에 가려 자신의 장래가 어떻게 될지 모르는 원초적 상황을 상정하고 있다. 그는 원초적 상태에서는 사회구성원들이 가장 못 사는 사람에게 가장 큰 이득이 돌아가도록 하는 최소극대화원칙(maximin principle)에 합의할 것으로 보았다. 롤스는 분배적 정의라는 측면에서 볼 때 소득재분배 정책이 타당성을 갖는 것으로 설명한다.

　　자유주의자들은 모든 사람이 정당하게 가질 권리가 있는 것들만을 소유하는 분배상태가 정의롭다고 본다. 이들은 개인의 완전한 자유를 보장하는 것이 중요하며 자유로운 경제활동의 결과 발생한 불평등에 대해 개입하지 않아야 한다고 주장한다. 이를 체계화한 대표적인 학자로는 노직(Robert Nozick)을 들 수 있다. 그는 현실의 소득차이는 개인의 선택에 따른 결과이며, 이를 줄이기 위한 정부정책이 오히려 불공평을 유발한다고 주장하였다. 자유주의자들은 결과보다 절차를 중요시하며, 정당한 과정을 통해 획득한 소득은 정당하게 가질 권리가 인정되어야 한다고 주장한다.

02 　2021　세무사

분배에 대한 공리주의적 주장으로 옳지 않은 것은?

① 가장 바람직한 분배 상태는 최소극대화의 원칙을 따른다.

② 바람직한 분배가 모든 사람이 동일한 효용함수를 가지지 않을 때에도 나타날 수 있다.

③ 벤담(J. Bentham)은 사회 전체의 후생을 극대화하는 분배가 가장 바람직하다고 보았다.

④ 불균등한 소득 분배도 정당화될 수 있다.

⑤ 효용함수는 소득의 한계효용이 체감한다는 가정이 필요하다.

📝 공리주의에 의하면 최대다수의 최대행복의 원칙에 따를 때 가장 바람직한 분배 상태에 도달되나 롤스(Rawls)에 의하면 최소극대화의 원칙을 따를 때 가장 바람직한 분배 상태를 이룰 수 있다. 공리주의에서는 각 개인의 소득의 한계효용이 체감하는 것으로 가정하고 논의를 진행한다.

　　공리주의에 따르면 각 개인의 효용함수가 서로 다를 때는 각자의 소득의 한계효용이 일치하는 점에서 사회후생이 극대화된다. 사회구성원의 효용함수가 서로 다르다면 한계효용이 동일해지는 소득수준도 서로 다를 것이므로 소득분배가 불균등한 상태에서 사회후생이 극대가 된다. 그러므로 공리주의에 의하면 불균등한 소득분배도 정당화될 수 있다.

03 　2012　세무사

분배의 정의 및 이론에 관한 설명으로 옳지 않은 것은?

① 평등주의적 정의관의 문제점 중 하나는 개인의 정당한 권리가 침해될 가능성이 있다는 것이다.

② 에지워드(F. Edgeworth)의 최적분배이론에서 전제된 가정 중 심각한 문제는 소득의 한계효용이 일정하다는 것이다.

③ 에지워드는 사회후생이 극대화되기 위해서는 완전히 균등한 분배가 이루어져야 한다고 주장한다.

④ 러너(A. Lerner)는 사람들의 효용함수가 다르다 해도 모든 사람이 특정 효용함수를 가질 확률이 같다는 가정 하에서 균등한 분배가 최적임을 주장하였다.

⑤ 러너는 기대효용 관점에서 균등한 분배 상태와 불균등한 분배 상태를 비교할 때 균등한 분배 상태에서의 기대효용이 더 크다는 것을 입증하였다.

📝 에지워드의 최적분배이론에서는 소득의 한계효용이 일정한 것이 아니라 체감하는 것으로 가정한다. 러너(A. Lerner)는 사회구성원들의 효용함수가 서로 다른 경우에도 각 개인이 특정한 효용함수를 가질 확률이 동일하다면 균등한 소득분배가 바람직하다고 설명한다. 이를 러너의 동등확률(equal ignorance)의 가정이라고 한다.

04 　2023　세무사

최적 분배에 관한 설명으로 옳지 않은 것은?

① 공리주의적 견해에 의하면 바람직한 분배란 그 사회의 총체적 후생을 극대화할 수 있는 분배이어야 한다.

② 평등주의적 견해에 의하면 모든 사람에게 평등하게 분배하는 것이 정의롭다.

③ 롤즈(J. Rawls)는 사회의 가장 가난한 사람의 후생을 극대화하도록 분배하는 것이 그 사회의 후생을 극대화하는 것이라 하였다.

④ 자유주의적 견해에 의하면 정부의 간섭 없이 자유로운 시장의 힘에 의해 결정된 분배상태가 가장 바람직하다.

⑤ 러너(A. Lerner)에 의하면 사람들의 효용함수가 서로 다르면 동등확률 하에서도 균등분배는 최적이 될 수 없다.

📝 러너(A. Lerner)에 의하면 사람들의 효용함수가 서로 다르다고 하더라도 특정한 효용함수를 가질 확률이 동일하다면 여전히 균등한 소득분배가 최적이 된다. 이를 동등확률가정이라고 한다.

01 ④　　02 ①　　03 ②

04 ⑤

05

갑과 을이 150만 원을 각각 x와 y로 나누어 가질 때, 갑의 효용함수는 $u(x)=\sqrt{x}$, 을의 효용함수는 $u(y)=2\sqrt{y}$ 이다. 공리주의에 따른 최적배분은?

① $x=30$, $y=120$ ② $x=50$, $y=100$ ③ $x=75$, $y=75$

④ $x=100$, $y=50$ ⑤ $x=125$, $y=25$

✎ 갑의 효용함수를 미분하면 갑의 한계효용 $MU_X=\dfrac{1}{2\sqrt{x}}$, 을의 효용함수를 미분하면 을의 한계효

용 $MU_Y=\dfrac{1}{\sqrt{y}}$이다. 공리주의에 따르면 두 사람의 한계효용이 같을 때 사회후생이 극대화되므로

$MU_X=MU_Y$로 두면 $\dfrac{1}{2\sqrt{x}}=\dfrac{1}{\sqrt{y}}$, $y=4x$이다. 그리고 두 사람이 나누어 가지는 금액의 합이

150만 원이므로 $x+y=150$이 성립한다. 이제 두 식을 연립해서 풀면 $x=30$, $y=120$으로 계산

된다.

06

A국에서 국민 20%가 전체 소득의 절반을, 그 외 국민 80%가 나머지 절반을 균등하게 나누어 가지고 있다. A국의 지니계수는?

① 0.2   ② 0.3   ③ 0.4

④ 0.5   ⑤ 0.6

✎ 하위 80%의 국민이 전체 소득의 절반을 균등하게 갖고, 상위 20%의 국민이 전체 소득의 절반을 균등하게 갖는 경우 로렌츠곡선은 아래 그림과 같다. 아래 그림에서 대각선 아래의 큰 삼각형의 면적이 $5,000\left(=\dfrac{1}{2}\times100\times100\right)$, $\triangle A$의 면적이 $750\left(=\dfrac{1}{2}\times30\times50\right)$, $\triangle B$의 면적이 $750\left(=\dfrac{1}{2}\times30\times50\right)$이다. 그러므로 대각선 아래 큰 삼각형의 면적에서 $\triangle A$와 $\triangle B$가 차지하는 면적의 비율인 지니계수는 $0.3\left(=\dfrac{1,500}{5,000}\right)$으로 계산된다.

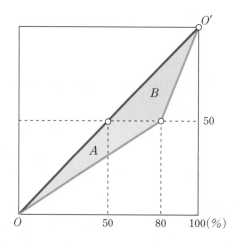

07 2012 세무사

어떤 사회가 롤스(J. Rawls)의 사회후생함수를 선택한 경우에 관한 설명으로 옳지 않은 것은?

① 원초적 위치(original position)라는 가상적 상황에서 출발하고 있다.

② 부자와 가난한 사람의 소득을 전부 합친 후 절반씩 나누어 가지면 사회후생은 증가한다.

③ 이 사회는 소득재분배 정책을 위험에 대비하는 보험정책으로 간주한다.

④ 이 사회에서는 소득 중간계층에 대한 감세정책으로 사회후생이 증가하지 않는다.

⑤ 복권당첨으로 부자의 소득이 증가하면 사회후생은 감소한다.

📝 롤스의 사회후생함수에 의하면 사회후생은 가장 소득수준이 낮은 사람의 효용에 의해 결정된다. 그러므로 중간계층에 대한 감세정책으로 중간계층의 소득이 증가하거나 복권당첨으로 부자의 소득이 증가하더라도 사회후생에는 아무런 변화가 발생하지 않는다.

08 2019 세무사

소득분배에 관한 설명으로 옳지 않은 것은?

① 상위 20%의 소득이 서로 같은 A, B국이 있을 때 A국의 10분위분배율이 $\frac{1}{2}$이고 B국의 5분위배율이 2라면, 하위 20%의 소득은 A국이 B국보다 크다.

② 지니계수는 값이 클수록 소득분배가 불평등함을 의미한다.

③ 사회무차별곡선이 원점에 대해 볼록할수록, 해당 사회에 대한 앳킨슨 지수(Atkinson index)는 높게 나타난다.

④ 조세 체계의 누진성을 강화하면 5분위배율은 하락한다.

⑤ 소득이 완벽히 평준화된 사회에서 로렌츠곡선은 대각선이 된다.

📝 아래의 식에서 A국과 B국의 상위 20%의 소득이 동일하다면 A국에서는 하위 40%의 소득이 상위 20% 소득의 절반이고, B국에서는 하위 20%의 소득이 상위 20% 소득의 절반이므로 B국의 하위 20%의 소득이 A국의 하위 20%의 소득보다 크다.

$$A국 \cdots 10분위분배율 = \frac{최하위\ 40\%\ 소득계층의\ 소득}{최상위\ 20\%\ 소득계층의\ 소득} = \frac{1}{2}$$

$$B국 \cdots 소득5분위배율 = \frac{최상위\ 20\%\ 소득계층의\ 소득}{최하위\ 20\%\ 소득계층의\ 소득} = 2$$

지니계수는 0과 1 사이의 값을 가지며, 그 값이 클수록 소득분배가 불평등함을 나타낸다. 사회무차별곡선이 원점에 대해 볼록할수록 균등분배대등소득이 작아지므로 앳킨슨지수가 커진다. 조세체계의 누진성이 강화되면 고소득자일수록 세금을 많이 납부하게 되므로 소득분배가 보다 균등해진다. 그러므로 소득5분위배율이 낮아진다.

09

다음은 앳킨슨지수에 대한 설명이다. 가장 옳지 않은 것은?

① 같은 소득분배상태를 두고도 사회후생함수가 다르면 불평등의 정도가 다르게 평가된다.

② 균등분배대등소득이 전체 평균소득에 가까워질수록 앳킨슨지수가 작아진다.

③ 소득공간상의 사회적 무차별곡선이 원점에 대해 볼록할수록 앳킨슨지수가 작아진다.

④ 사회구성원들의 불평등회피도가 클수록 앳킨슨지수는 더 커진다.

⑤ 소득분배가 균등할수록 평균소득과 균등분배대등소득의 격차가 작아진다.

✎ 소득공간 상에서 사회 무차별곡선이 원점에 대해 볼록할수록 균등분배대등 소득이 작아지므로 앳킨슨지수가 커진다.

아래 그림과 같이 가로축은 개인 A의 소득(Y_A), 세로축은 개인 B의 소득(Y_A)을 나타내는 소득공간에서 소득분배 상태가 E점으로 주어져 있다고 하자. E점에서 개인 A의 소득이 160, 개인 B의 소득이 40이므로 평균소득 $\overline{Y}=100$이다.

이제 균등분배대등소득을 알아보자. 사회무차별곡선이 SIC_1으로 주어져 있다면 두 사람의 소득이 90으로 동일하면 E점과 사회후생이 같아지므로 균등분배대등소득 $Y_e=90$이다. 그런데 사회무차별곡선의 볼록한 정도가 커져 SIC_2로 바뀌면 두 사람이 모두 80이 되면 E점과 동일한 사회후생을 얻을 수 있으므로 균등분배대등소득 $Y_e=80$이 된다. 그러므로 사회무차별곡선의 볼록한 정도가 커지면 균등분배대등소득이 작아진다.

사회무차별곡선이 SIC_1일 때는 균등분배대등소득이 90이므로 앳킨슨지수가 0.1인데 비해 사회무차별곡선이 SIC_2일 때는 앳킨슨지수가 0.2가 된다. 이처럼 소득공간 상에서 사회무차별곡선의 원점에 대한 볼록한 정도가 커지면 균등분배대등소득이 작아지므로 앳킨슨지수는 커지게 된다.

$$\begin{bmatrix} \text{사회무차별곡선이 } SIC_1 \text{일 때의 앳킨슨지수} : A=1-\dfrac{Y_e}{\overline{Y}}=1-\dfrac{90}{100}=0.1 \\ \text{사회무차별곡선이 } SIC_2 \text{일 때의 앳킨슨지수} : A=1-\dfrac{Y_e}{\overline{Y}}=1-\dfrac{80}{100}=0.2 \end{bmatrix}$$

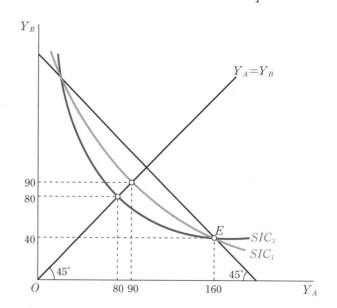

그 이유를 설명해 보면 다음과 같다. 사회무차별곡선이 원점에 대해 볼록할수록 사회구성원이 소득분배에 더 많은 가중치를 부여하고 있음을 의미한다. 공평한 소득분배를 매우 중요시하는 경우에는 조금씩이라도 공평하게만 나누어준다면 동일한 효용을 얻을 수 있게 되므로 균등분배대등소득이 작아진다. 균등분배대등소득이 작아지면 앳킨슨지수는 커지게 된다.

소득분배상태가 주어져 있을 때 사회구성원들의 불평등회피도가 커져 소득분배 공평성을 보다 중요시 여기게 되었다면 균등분배대등소득이 작아지므로 앳킨슨지수가 커지는데, 이는 사회구성원이 현재의 소득분배상태를 더 불평등하게 평가한다는 의미이다.

소득분배가 매우 불평등한 상태에서는 조금이라도 공평하게 나누어주면 불평등한 상태와 동일한 효용을 얻을 수 있으므로 균등분배대등소득이 매우 작을 것이다. 따라서 소득분배가 불평등한 상태에서는 평균소득과 균등분배대등소득의 격차가 상당히 클 것이다. 이에 비해 소득분배가 매우 평등한 상태에서는 그 상태와 동일한 사회후생을 얻으려면 현재와 비슷한 정도의 소득을 균등하게 배분해야 하므로 평균소득과 균등분배대등소득의 격차는 작을 것이다. 극단적으로 모든 사람 소득이 동일하다면 평균소득과 균등분배대등소득이 같을 것이므로 양자의 격차는 0이 된다.

10 2022 세무사

앳킨슨(A. Atkinson) 지수에 관한 설명으로 옳지 않은 것은?

① 사회후생함수에 의한 가치판단을 명시적으로 전제하여 소득불평등을 측정한다.

② 불균등한 분배가 사회후생을 떨어뜨리는 정도가 클수록 균등분배대등소득과 1인당 평균소득 간 격차는 줄어든다.

③ 균등분배대등소득과 1인당 평균소득이 같으면 앳킨슨 지수는 영(0)의 값을 갖는다.

④ 동일한 분배상태라도 보는 사람에 따라 균등분배대등소득이 달라질 수 있으므로 앳킨슨 지수의 값은 여러 가지로 측정될 수 있다.

⑤ 앳킨슨 지수는 0에서 1 사이의 값을 갖는다.

📝 불균등한 분배가 사회후생을 떨어뜨리는 정도가 크다면 매우 적은 금액을 사회구성원에게 공평하게 배분하더라도 불균등한 분배 상태와 동일한 사회후생을 얻을 수 있을 것이므로 균등분배대등소득이 작아진다. 그러므로 불균등한 분베로 인해 사회후생이 낮아지는 정도가 클수록 균등분배대등소득과 1인당 평균소득 간의 격차가 커진다.

$$A = 1 - \frac{Y_e}{Y}$$

11 (2021) 세무사

소득분배의 불평등도 측정에 관한 설명으로 옳은 것은?

① 지니(Gini)계수 : 0과 1 사이의 값을 가지며, 1에 가까울수록 소득이 평등하게 분배되었음을 나타낸다.

② 달튼(H. Dalton)의 평등지수 : 0과 1 사이의 값을 가지며, 1에 가까울수록 소득이 평등하게 분배되었음을 나타낸다.

③ 앳킨슨(A. Atkinson)지수 : −1과 1 사이의 값을 가지며, 1이면 소득이 완전 평등하게 분배되었음을 나타낸다.

④ 5분위분배율 : 하위 20%에 속하는 사람들의 소득점유비율을 상위 20%에 속하는 사람들의 소득점유비율로 나눈 값이다.

⑤ 십분위분배율 : 상위 40%에 속하는 사람들의 소득점유비율을 하위 20%에 속하는 사람들의 소득점유비율로 나눈 값이다.

📝 지니계수와 앳킨슨지수는 0과 1 사이의 값을 가지며, 0에 가까울수록 소득분배가 평등함을 나타낸다. 소득 5분위배율은 상위 20%에 속하는 사람들의 소득점유비율을 하위 20%에 속하는 사람들의 소득점유비율로 나눈 값이다. 한편, 십분위분배율은 하위 40%에 속하는 사람들의 소득점유비율을 상위 20%에 속하는 사람들의 소득점유비율로 나눈 값으로 측정된다.

12 (2018) 세무사

갑과 을 두 사람이 존재하는 경제에서 이들의 후생이 소득수준과 동일한 경우, 갑의 소득은 400, 을의 소득은 100이다. 앳킨슨 지수(Atkinson index)로 소득분배를 평가한 설명으로 옳은 것은?

① 롤즈의 사회후생함수인 경우 앳킨슨 지수는 0이다.

② 롤즈의 사회후생함수인 경우 앳킨슨 지수는 0.4이다.

③ 롤즈의 사회후생함수인 경우 앳킨슨 지수는 1이다.

④ 공리주의 사회후생함수인 경우 앳킨슨 지수는 1이다.

⑤ 공리주의 사회후생함수인 경우 앳킨슨 지수는 0이다.

📝 갑의 소득이 400, 을의 소득이 100이므로 사회전체의 평균소득은 250이다. 그리고 두 사람의 효용수준이 소득과 동일하므로 최초 분배상태에서는 갑의 효용이 400, 을의 효용이 100이다. 롤즈의 사회후생함수 하에서는 사회후생 $W=\min[400, 100]=100$이고, 두 사람의 소득이 모두 100인 경우에도 사회후생 $W=\min[100, 100]=100$이므로 균등분배등소득은 100이 된다. 그러므로 앳킨슨지수 $A=1-\dfrac{Y_e}{\overline{Y}}=1-\dfrac{100}{250}=0.6$이다.

한편, 공리주의 사회후생함수 하에서는 사회후생 $W=400+100=500$이고, 두 사람의 소득이 모두 250인 경우에도 사회후생 $W=250+250$이므로 균등분배대등소득이 250이다. 사회구성의 평균소득과 균등분배등소득이 모두 250이므로 앳킨슨지수 $A=1-\dfrac{Y_e}{\overline{Y}}=1-\dfrac{250}{250}=0$이 된다.

13 2017 세무사

소득이 Y_1, Y_2인 두 사람으로 구성된 사회의 후생함수가 $W=Y_1 \times Y_2$라고 한다. 두 사람의 소득이 각각 $Y_1=16$, $Y_2=4$이라고 할 때, 앳킨슨(A. Atkinson) 지수는?

① 0.1 ② 0.2 ③ 0.3
④ 0.8 ⑤ 8

📝 개인 1의 소득이 16, 개인 2의 소득이 4이므로 현재의 평균소득 $\overline{Y}=10$이다. 사회후생함수가 $W=Y_1 \times Y_2$이므로 현재 상태에서는 사회후생 $W=16 \times 4=64$이다. 이 경우 두 사람이 8만큼의 동일한 소득을 갖고 있더라도 현재와 동일한 사회후생 64를 얻을 수 있으므로 균등분배대등소득 $Y_e=8$이다. 그러므로 앳킨슨지수 $A=1-\dfrac{Y_e}{\overline{Y}}=1-\dfrac{8}{10}=0.2$로 계산된다.

14 2023 세무사

다음 중 소득 분배상태가 완전 균등인 경우 그 값이 0인 경우를 모두 고른 것은?

ㄱ. 5분위분배율   ㄴ. 10분위분배율   ㄷ. 지니계수
ㄹ. 앳킨슨지수   ㅁ. 달튼지수

① ㄱ, ㄴ ② ㄴ, ㄷ ③ ㄷ, ㄹ
④ ㄱ, ㄴ, ㄹ ⑤ ㄷ, ㄹ, ㅁ

📝 소득분배가 완전히 균등하면 소득 5분위배율은 1, 십분위배율은 2, 지니계수와 앳킨슨지수는 0, 달튼의 평등지수는 1의 값을 갖는다.

15 2021 세무사

부의 소득세제(negative income tax)가 $S=a-tE$로 주어졌을 때 다음 설명으로 옳지 않은 것은? (단, S : 보조금, a : 기초수당, t : 한계세율, E : 스스로 벌어들인 소득)

① a가 50만 원, t가 0.2일 때 E가 250만 원이면 보조금 혜택이 중단된다.
② a가 50만 원, t가 0.25일 때 보조금을 받기 위해서 E는 200만 원 미만이어야 한다.
③ 다른 조건이 일정할 때, t가 인하되면 조세부담이 줄어들어 보조금도 같이 줄어든다.
④ 정부가 선택할 수 있는 정책변수는 a와 t이다.
⑤ 다른 조건이 일정할 때, a가 클수록 재분배효과가 증가한다.

📝 부의 소득세제가 $S=a-tE$로 주어졌을 때 t가 인하되면 보조금의 크기가 증가한다. 예를 들어, $S=50-0.25E$일 때 $E=200$이면 $S=0$이지만 세율이 인하되어 $S=50-0.2E$로 바뀌면 $E=200$일 때 $S=10$이 된다.

　　부의 소득세제 하에서 보조금의 크기는 a와 t에 의해 결정되므로 정부가 선택할 수 있는 변수는 a와 t이다. 다른 조건이 일정할 때 a가 커지면 보조금 지급액이 증가하므로 재분배효과가 커지게 된다.

11 ②　12 ⑤　13 ②
14 ③　15 ③

16 2010 세무사

여가가 정상재인 경우 부의 소득세(negative income tax)가 근로의욕에 미치는 효과로 옳지 않은 것은?

① 부의 소득세는 빈곤문제를 근본적으로 해결하지는 못한다.

② 부의 소득세는 면세점 이하 소득계층의 근로의욕을 저해하는 소득효과를 발생시킨다.

③ 부의 소득세 부과는 면세점 이하 소득계층에 대한 여가의 기회비용을 하락시킨다.

④ 부의 소득세를 부과하면 면세점 이하 소득계층에서 대체효과는 소득효과와 반대 방향으로 작용한다.

⑤ 부의 소득세는 면세점 이하 소득계층의 근로의욕에 부정적인 영향을 미친다.

✎ 부의 소득세제가 시행되면 대체효과와 소득효과 모두 노동공급을 감소시키는 방향으로 작용한다.

📝 부의 소득세(NIT)제도가 실시되면 면세점 이하의 소득계층은 노동소득이 증가하면 증가한 소득의 일정비율만큼 보조금이 감소하므로 실질적으로 임금이 하락하는 효과가 발생한다. 부의 소득세로 인해 임금이 하락하면 여가의 상대가격이 하락하므로 대체효과에 의해 노동시간이 감소한다. 그리고 부의 소득세제도가 시행되면 보조금을 지급받는 면세점 이하 소득계층의 실질소득이 증가한다. 실질소득이 증가하면 소득효과에 의해서도 노동시간이 감소한다. 이처럼 부의 소득세제도가 시행되면 대체효과와 소득효과 모두 면세점 이하의 근로소득계층의 노동공급을 감소시키는 방향을 작용한다.

대체효과 : NIT → P여가↓ → 여가소비↑ → 노동공급↓

소득효과 : NIT → 실질소득↑ → 여가소비↑ → 노동공급↓

17 2019 세무사

부($-$)의 소득세제에서, 한계세율을 t, 모든 사람에게 최소한으로 보장되는 소득인 기초수당을 m이라고 할 때, 보조금은 $S=m-tE$(단, E는 스스로 번 소득)이다. 부의 소득세제에 관한 설명으로 옳은 것을 모두 고른 것은?

ㄱ. 누진적 소득세제의 논리적 연장이다.

ㄴ. 소득세의 납부과정에서 정부로부터 보조를 받는 형식을 취한다.

ㄷ. 어떤 사람이 스스로 벌어들인 소득이 $\dfrac{m}{t}$이면, 보조금은 0(zero)이다.

ㄹ. 재분배효과는 m이 클수록 커진다.

ㅁ. t가 클수록 근로의욕이 커진다.

① ㄷ, ㅁ   ② ㄱ, ㄴ, ㄷ   ③ ㄴ, ㄹ, ㅁ

④ ㄱ, ㄴ, ㄷ, ㄹ   ⑤ ㄱ, ㄴ, ㄷ, ㄹ, ㅁ

📝 누진세제 하에서는 소득이 증가(감소)할수록 점점 높은(낮은) 세율이 적용된다. 부의 소득세제 (negative income tax)는 소득이 매우 낮은 사람들에 대해서 (—)의 세율을 적용하여 보조금을 지급하는 것이므로 누진적인 소득세의 논리적 연장이라고 볼 수 있다. 부의 소득세 체계가 $S=m-tE$로 주어져 있다면 스스로 번 소득 $E=\dfrac{m}{t}$이면 보조금 $S=m-t\times\dfrac{m}{t}=0$이 된다.

부의 소득세 하에서 최소한으로 보장되는 기초수당(m)이 커지면 소득이 일정수준에 미달하는 사람들이 지급받는 금액이 커지므로 소득재분배효과가 커진다. 그런데 한계세율 t가 크면 스스로 번 소득(E)이 증가할수록 보조금이 급속하게 감소하므로 근로의욕이 줄어든다.

18 2019 세무사

우리나라의 근로장려세제에 관한 설명으로 옳지 않은 것은?

① 기초생활보장 등 각종 복지지원에서 제외되는 저소득근로자에게 생계비 등을 보조해 주는 제도이다.

② 근로장려금은 가구 구성과 소득 수준에 따라 달라진다.

③ 소득수준이 높은 가구일수록 소득 1원 증가에 따른 가처분소득 증가분은 줄어드는 방식을 취한다.

④ 근로빈곤층의 노동공급에 미치는 영향을 최소화하면서 생계안정을 지원하는 제도이다.

⑤ 개인의 노동공급에 미치는 영향을 분석하면 소득효과 없이 대체효과가 존재하여 노동공급은 소폭 줄어든다.

📝 근로장려세제는 일은 하지만 소득이 적어 생활이 어려운 근로빈곤층을 지원하는 제도이다. 현행의 근로장려세제는 가구의 구성과 총급여액에 따라 지원 혜택이 달라지는 체계로 운영되고 있다. 예를 들면, 단독가구는 연간소득이 2,000만 원 미만, 홑벌이 가구는 연간소득이 3,000만 원 미만, 맞벌이 가구는 연간소득이 3,600만 원에 미달할 경우 근로장려세제의 혜택을 받을 수 있다.

근로장려세제의 점증구간에서는 소득에 비례하여 보조금이 지급되고, 평탄구간에서는 고정된 보조금이 지급되고, 점감구간에서는 소득이 증가하면 보조금이 감소한다. 그러므로 소득수준이 높은 가구일수록 소득 1원 증가에 따른 가처분소득 증가분은 감소한다.

기초생활보장제도는 월 소득이 최저생계비에 미달하는 사람들에 대해 그 차액에 해당하는 금액을 보조금으로 지급하는 제도이다. 이 제도 하에서는 소득이 증가하면 곧바로 보조금이 그만큼 줄어들기 때문에 빈곤층의 근로의욕이 심각하게 저해된다. 이에 비해 근로장려세제는 근로빈곤층을 대상으로 소득수준이 일정수준 이하일 때는 근로소득이 증가할수록 보조금이 증가하므로 다른 제도보다는 근로의욕을 고취하는 측면이 있다.

근로장려세제가 노동공급에 미치는 효과를 분석해 보면 평탄구간에서는 대체효과가 없고 소득효과만 발생한다. 그런데 점증구간과 점감구간에서는 대체효과와 소득효과가 모두 발생하므로 보기 ⑤가 옳지 않다.

19

저임금 근로소득자에 대한 근로장려를 위하여 다음과 같은 근로장려세제를 도입하였다고 가정하자. 연간 800만 원까지의 근로소득자에 대해서는 근로소득의 10%를 장려금으로 지급하고, 800만 원 초과 1,200만 원 이하의 근로소득자에 대해서는 80만 원의 장려금을 지급하며, 1,200만 원 초과 1,700만 원 미만의 근로소득자에게는 1,700만 원에서 근로소득을 제한 금액의 16%를 장려금으로 지급한다. 이러한 제도하에서 연 근로소득이 1,500만 원인 소득자가 인식하게 되는 한계세율은 얼마인가? (단, 연간 1,700만 원의 근로소득까지는 소득세 면세범위에 해당한다고 가정한다.)

① 10%　　　　　　　② 16%　　　　　　　③ −16%

④ 84%　　　　　　　⑤ −84%

✎ 근로소득이 1,500만 원인 경우 1,700만 원에서 1,500만 원을 제한 금액인 200만 원의 16%에 해당하는 32만 원의 장려금을 지급받는다. 이제 근로소득이 1,600만 원으로 증가하면 1,700만 원에서 1,600만 원을 제한 100만 원의 16%인 16만 원의 보조금만 지급받게 된다. 이처럼 근로소득이 100만 원 증가할 때 보조금이 16만 원 감소하므로 근로소득이 1,500만 원인 소득자가 인식하는 한계세율은 16%이다.

20

부(負)의 임금세(negative wage tax)라 일컫는 임금보조(wage subsidy)에 대한 설명으로 적절하지 않은 것은? 단, 임금보조 제도의 운용에 소요되는 예산은 부(負)의 소득세와 동일하고, 공제제도는 없다고 전제한다. 그리고 여가는 정상재이고 여가와 소득에 대한 무차별곡선은 원점에 대해 볼록한 일반적 형태로 표시된다고 가정한다.

① 임금보조 제도는 수평적 공평성을 제고한다.

② 임금보조로 인해 여가의 가격은 상승한다.

③ 소득효과와 대체효과가 모두 작용한다.

④ 부(負)의 소득세보다 항상 노동시간이 많다.

⑤ 부(負)의 소득세에 비해 더욱 높은 사회적 후생을 달성한다고 단정할 수 없다.

✎ 임금보조를 할 경우에는 동일한 처지에 있는 사람 중 임금소득이 있는 사람은 보조를 받을 수 있으나, 임금소득이 없는 사람은 보조를 받을 수 없으므로 수평적 공평성 측면에서 바람직하지 않다. 부의 임금세 제도가 시행되어 임금보조가 이루어지면 여가의 상대가격이 비싸지므로 대체효과에 의해서는 여가소비가 감소하나 임금보조로 인해 실질소득이 증가하면 여가가 정상재인 경우 소득효과에 의해 여가소비가 증가한다. 그러므로 부의 임금세 제도가 시행될 때 노동시간의 증감 여부는 불분명하다.

부의 소득세 제도가 시행되면 대체효과와 소득효과 모두 노동시간을 감소시키는데 비해 부의 임금세 제도가 시행되면 대체효과에 의해서는 노동시간이 증가한다. 그러므로 부의 임금세제도가 시행되면 부의 소득세 제도가 시행될 때보다는 항상 노동시간이 더 많다.

21 　2020　세무사

다음은 근로장려세제와 관련한 어떤 연구의 실증분석 결과이다.

> (가) 한부모 여성가구주(single mother)의 노동공급은 증가하였다.
> (나) 부부의 경우, 주소득자의 노동공급에는 거의 영향을 미치지 못했으나, 부소득자의 노동공급은 크게 감소하였다.
> (다) 근로장려세제 대상자들 전체의 노동공급에는 별다른 변화가 없었다.

실증분석 결과에 대해 유추 가능한 다음의 해석으로 옳은 것을 모두 고른 것은?

> ㄱ. (가)의 해석 : 한부모 여성가구주들은 제도 도입 전에 주로 무노동계층이었거나, 점증구간에 속해 있었을 것이다.
> ㄴ. (나)의 해석 : 가구 주소득자의 노동공급의 임금탄력성은 매우 작은 반면, 부소득자의 임금탄력성은 클 것이다.
> ㄷ. (다)의 해석 : 당초의 의도와는 달리 정책도입 후 실제로 노동공급 증가량과 노동공급 감소량은 대체로 비슷하게 발생하였다.

① ㄱ　　　　　　　　　② ㄱ, ㄴ　　　　　　　　③ ㄱ, ㄷ
④ ㄴ, ㄷ　　　　　　　⑤ ㄱ, ㄴ, ㄷ

📝 근로장려세제가 시행될 경우 점증구간에서는 노동공급이 증가할 가능성이 있으나 평탄구간과 점감구간에는 노동공급이 감소한다. 그러므로 근로장려세제 시행으로 노동공급이 증가한 한부모 여성가구주들은 제도 시행이전에 일을 하지 않다가 일을 시작한 사람들이거나 점증구간에 속해 있을 것으로 추론할 수 있다.

근로장려세제가 시행되면 점감구간에서는 세후임금률이 하락하게 되는데, 근로장려세제가 주소득자의 노동공급에 영향을 미치지 못한 반면 부소득자의 노동공급이 크게 감소하였다는 것은 주소득자는 노동공급의 임금탄력성이 작은 반면 부소득자는 노동공급의 임금탄력성이 매우 크다는 것을 의미한다.

근로장려세제가 시행되더라도 대상자 전체의 노동공급에 별다른 변화가 없다는 것은 이 제도로 인해 노동공급이 증가하는 효과와 감소하는 효과가 거의 비슷한 수준으로 나타나 서로 상쇄되었기 때문으로 추론할 수 있다.

22 [2021] 세무사

정부의 사회취약계층을 위한 현물보조와 현금보조에 관한 비교 설명으로 옳은 것을 모두 고른 것은? (단, 정부지출은 동일하다.)

> ㄱ. 현물보조는 현금보조보다 소비자들이 선호한다.
> ㄴ. 현물보조는 현금보조보다 높은 행정비용과 운영비용을 수반한다.
> ㄷ. 현금보조는 현물보조에 비하여 오남용 가능성이 높다.
> ㄹ. 현금보조는 현물보조보다 소비자에게 보다 넓은 선택의 자유를 부여한다.

① ㄱ, ㄴ   ② ㄱ, ㄹ   ③ ㄴ, ㄷ
④ ㄱ, ㄷ, ㄹ   ⑤ ㄴ, ㄷ, ㄹ

📝 현금보조를 하면 현물보조를 할 때보다 소비가능영역이 더 커지므로 소비자들은 현물보조보다 현금보조를 더 선호한다. 그런데 현금보조를 하면 현물보조를 할 때보다 소비자들의 선택의 자유는 보장되나 소비자들이 보조금으로 받은 돈을 식료품과 같은 생필품을 사는데 쓰는 것이 아니라 술이나 담배와 같은 기호품에 사용할 가능성이 있다. 이러한 이유 때문이 정부는 현금보조에 비해 행정비용과 운용비용이 더 많이 드는 현물보조를 시행하는 경우가 많다.

23 [2018] 세무사

현물보조와 현금보조에 관한 설명으로 옳지 않은 것은?

① 현물보조의 대표적인 항목에는 의무교육, 의료, 주거 등 가치재들이 포함된다.
② 현물보조에 비하여 현금보조는 높은 행정비용과 운영비용을 수반한다.
③ 동일한 재정을 투입하는 경우 일반적으로 현금보조가 현물보조에 비하여 소비자에게 보다 넓은 선택을 가능하게 한다.
④ 현물보조를 사용하는 주된 이유는 해당 현물의 소비가 바람직하다고 생각하기 때문이다.
⑤ 현금보조가 가지는 단점 중 하나는 상대적으로 부정수급과 오남용 가능성이 크다는 것이다.

📝 현금보조는 보조금을 계좌에 입금하는 형태로 이루어지는데 비해 현물보조는 실제로 보조대상이 되는 재화를 구입하여 수혜자에게 지급해야 한다. 그러므로 행정비용과 운영비용은 현물보조가 현금보조보다 더 많이 소요된다.

24 [2023] 세무사

현물보조에 관한 설명으로 옳지 않은 것은?

① 현물보조가 현금보조에 비하여 정책 목적 달성에 효율적이다.
② 현물보조 대상은 주로 해당 현물의 소비가 바람직하다고 생각하는 가치재들이다.
③ 현물보조는 현금보조에 비하여 높은 행정비용과 운영비용을 수반한다.
④ 생산에서 규모의 경제가 성립하는 재화는 현물보조가 더 효율적이다.
⑤ 동일한 재정을 투입하는 경우 일반적으로 현물보조가 현금보조에 비하여 소비자 만족도가 높다.

🖋 정부가 지급하는 보조금의 크기가 동일하다면 보조받는 사람의 효용은 현물보조를 할 때보다 현금보조를 할 때 더 크게 증가하는 것이 일반적이다.

25 `2013` 세무사

정부는 저소득층에 대한 에너지 복지정책으로 전력, 등유 등 특정 에너지로 교환할 수 있는 바우처 정책 또는 동일한 수준의 에너지를 구입할 수 있는 현금지급 정책의 도입을 고려하고 있다. 이에 관한 설명으로 옳지 않은 것은? (단, 모든 재화는 정상재이며, 바우처 환매는 불가능함)

① 두 정책에서 저소득층의 예산선은 서로 다르게 나타난다.

② 바우처 정책은 에너지 소비뿐만 아니라 다른 재화에 대한 소비를 증가시킬 수 있다.

③ 바우처 정책은 현금지급 정책에 비하여 상대적으로 선택 가능한 재화의 조합이 적다.

④ 바우처 정책은 정부가 일종의 가부장적 역할을 하여 소비자 주권에 개입하는 사례로 볼 수 있다.

⑤ 바우처 정책의 경우 소득효과만 발생하지만 현금지급 정책의 경우 에너지 가격체계의 변화를 발생시켜 대체효과도 추가적으로 나타나게 된다.

🖋 보조금을 현금으로 지급할 때와 바우처를 지급하는 경우 모두 예산선이 바깥쪽으로 평행하게 이동한다. 다만, 바우처는 에너지 이외의 다른 재화의 구입에 사용하는 것이 불가능하므로 현금보조와는 달리 최대로 소비할 수 있는 다른 재화의 양은 증가하지 않는다는 점이다.

　이를 아래의 그림으로 설명해 보자. 아래 그림에서 현금으로 보조금을 지급하면 보조금 지급이후의 예산선은 AB가 되나 바우처를 지급할 때는 선분 AC구간이 구입불가능하다. 그러므로 바우처 정책은 현금지급에 대해 상대적으로 선택가능한 재화의 조합이 적다. 에너지와 다른 재화가 모두 정상재인 경우 현물보조를 지급하건 현금을 지급하건 두 경우 모두 에너지와 다른 재화의 소비도 증가하는 것이 일반적이다. 두 방식의 보조금 모두 예산선의 평행이동을 가져오므로 대체효과는 발생하지 않고 소득효과만 발생한다.

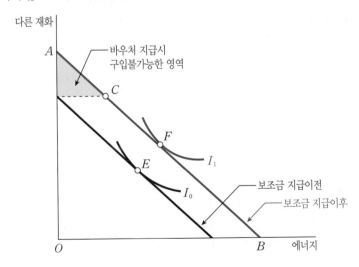

26 2015 세무사

정부가 저소득층을 위해 소득을 지원하거나 식품가격을 보조할 수 있다고 하자. 정부지출의 경제적 효과에 관한 설명으로 옳지 않은 것은?(단, 저소득층의 무차별곡선은 원점에 대해 볼록한 일반적 형태를 가짐)

① 정책목표가 개인들의 효용증대에 있다면 소득지원 정책보다는 가격보조 정책이 더 효과적이다.

② 가격보조 정책의 경우 소득효과와 대체효과가 동시에 발생한다.

③ 가격보조 정책이 비효율성을 일으키는 원인은 상대가격구조가 변하기 때문이다.

④ 소득지원 정책은 소득효과만 발생시키므로 자원배분의 비효율성을 유발하지 않는다.

⑤ 정책목표가 대상자의 식품소비 증대에 있다면, 가격보조 정책이 소득지원정책보다 더 효과적이다.

✎ 정부의 보조금 지급액이 동일한 경우 가격보조를 할 때보다 소득보조를 할 때 저소득층의 효용이 더 크게 증가하므로 정책목표가 개인들의 효용증대에 있다면 소득지원정책이 가격보조정책보다 더 효과적이다. 이에 비해 보조대상 재화의 소비량은 가격보조시에 더 크게 증가한다. 그러므로 정부의 목적이 식품소비 증대에 있다면 가격보조가 더 효과적이다.

소득보조를 할 때는 예산선이 평행이동하므로 소득효과만 발생하나 가격보조를 하면 예산선이 회전이동하므로 대체효과와 소득효과가 모두 발생한다. 가격보조로 인해 예산선이 회전이동하면 상대가격체계가 왜곡되므로 자원배분의 비효율성이 초래된다.

27 2016 세무사

정부가 정량보조의 형태로 소규모 임대아파트를 지역주민들에게 무상으로 제공하는 경우 경제적 효과로 옳은 것을 모두 고른 것은?

> ㄱ. 무주택자의 입장에서는 정액 임대료를 지원하는 것에 비해 후생면에서 더 우월하다.
> ㄴ. 대형평수 주택소유자의 입장에서는 정액 임대료를 지원하는 것에 비해 후생면에서 더 열등하다.
> ㄷ. 식품을 정량보조로 지급하는 것과 동일한 효과를 갖는다.

① ㄱ   ② ㄴ   ③ ㄱ, ㄴ

④ ㄴ, ㄷ   ⑤ ㄱ, ㄴ, ㄷ

✎ 현금보조와 현물보조를 비교해보면 현금보조를 받을 때 저소득층의 효용은 현물보조를 받을 때와 동일하거나 더 높다. 그러므로 무주택자의 입장에서는 현금으로 정액임대료를 받는 것이 현물의 형태로 소규모 임대아파트를 받는 것보다 낫다.

대형평수 주택소유자의 경우 정액임대료를 받으면 현재 거주하고 있는 주택에 살면서 보조금을 다른 재화의 구입에 사용할 수 있으나 소규모 임대아파트가 제공되는 경우에는 임대아파트로 이사를 하지 않으면 정부지원을 포기해야 한다. 그러므로 소비자 후생측면에서는 정액임대료를 지원하는 것이 더 우월하다.

식료품은 작은 단위로 분할이 가능하므로 식료품이 정량보조로 지급되는 경우 보조 이전보다 저소득층의 식료품 소비가 감소하지는 않는다. 예를 들어, 어떤 저소득층 가구에서 매월 쌀 30kg을 소비하는 경우 정부로부터 매월 10kg의 쌀을 보조받으면 자신의 소득으로 추가로 쌀 20kg을 구입하면 여전히 30kg의 쌀을 소비할 수 있다.

식료품과 달리 주택은 분할이 불가능하므로 정부가 소규모 임대아파트를 무상으로 지원하면 오히려 주택서비스의 소비가 감소할 수도 있다. 예를 들어, 어떤 저소득층이 20평 아파트에 살고 있는 경우 정부가 15평 아파트를 무상으로 지원하면 정부가 제공하는 15평 아파트로 이사를 하거나 아니면 아예 정부지원을 포기해야 한다. 그러므로 무상임대주택을 지원하는 것은 식료품을 정량으로 지급하는 것과는 다른 결과를 가져올 수도 있다.

28 2020 세무사

사회보험과 공공부조에 관한 설명으로 옳지 않은 것은?

① 사회보험으로 국민기초생활보장제도의 재원을 충당한다.
② 공공부조는 원칙적으로 정부의 예산으로 충당한다.
③ 부과방식의 사회보험은 수지균형을 원칙으로 한다.
④ 공공부조의 수혜 대상 결정은 소득·재산조사를 근거로 한다.
⑤ 사회보험의 재원은 원칙적으로 보험료로 충당한다.

📝 국민연금, 의료보험과 같은 사회보험은 가입자들이 납부한 보험료로 재원을 조달하나 국민기초생활보장제도와 같은 공공부조의 재원은 일반조세를 통해 재원을 조달한다. 사회보험과 공공부조의 차이점을 간단히 요약하면 다음의 표와 같다.

사회보험과 공공부조의 차이점

	사회보험(social insurance)	공공부조(public assistance)
적용대상	전국민(혹은 전국민의 일부)	극빈계층
운영원리	보험원리 혹은 기여방식	비기여방식
재원조달	가입자가 보험료를 납부	일반조세를 통하여 조달
급부지급	자격요건을 구비한 모든 사람에게 급부를 지급	자산심사 등을 통해 필요성을 입증한 사람에 한하여 지급
사 례	국민연금, 의료보험, 고용보험 등	생활보호대상자들에 대한 생계비지급, 의료시설, 의료보호 등

29 2016 세무사

정부가 저소득층 아동을 위하여 실시하는 사립학교용 교육바우처제도에 관한 설명으로 옳지 않은 것은?

① 사립초등학교 지원율을 높일 것이다.
② 사립과 공립초등학교 간 선택의 폭이 늘어날 것이다.
③ 사립초등학교의 신설이 늘어날 것이다.
④ 사립과 공립초등학교 간 경쟁이 높아질 것이다.
⑤ 공립초등학교의 신설이 늘어날 것이다.

교육바우처(educational vouchers)제도는 정부가 학부모에게 학비로 사용할 수 있는 일정금액의 쿠폰을 지급하는 제도이다. 교육바우처를 지급하는 것은 교육서비스를 현물로 지급하는 것과 동일하다. 사립학교용 교육바우처가 지급되면 그 이전에는 교육비 부담으로 인해 자녀를 공립초등학교에 보낼 수밖에 없었던 저소득층도 사립초등학교에 자녀를 보낼 수 있게 되므로 사립과 공립초등학교 간의 선택의 폭이 늘어나게 된다.

사립학교용 교육바우처가 지급되면 자녀들을 사립초등학교에 보내고자 하는 부모들이 많아질 것이므로 사립초등학교 지원율이 높아질 것이다. 또한 사립초등학교의 교육서비스에 대한 수요가 늘면 사립초등학교가 신설될 것이고, 학생유치를 위한 공립과 사립초등학교 간의 경쟁도 점점 치열해지게 될 것이다. 사립학교용 교육바우처가 지급되면 공립초등교육에 대한 수요가 감소할 것이므로 공립초등학교의 신설이 늘어난다고 보기는 어렵다.

30 2021 세무사

우리나라에서 시행 중인 소득재분배정책에 관한 설명으로 옳지 않은 것은?

① 국민기초생활보장제도는 절대빈곤선을 기준으로 수급 대상자를 선정한다.
② 근로장려세제는 근로빈곤층(working poor)에게 생계안정지원과 동시에 근로 유인을 위한 제도이다.
③ 공공부조는 일반 국민이 납부한 세금을 재원으로 저소득계층을 지원하는 프로그램이다.
④ 우리나라에서 운용중인 사회보험은 국민연금, 건강보험, 고용보험, 산재보험, 노인장기요양보험이 있다.
⑤ 사회보험제도는 가입자들이 납부한 보험료를 기본 재원으로 운영된다.

국민기초생활보장제도는 저소득층의 기본적인 생활을 보장하고 자활을 돕는 것을 목적으로 하는 제도로 지급되는 급여는 생계급여, 주거급여, 의료급여 등으로 나누어진다. 그 중에서 가장 큰 비중을 차지하는 것이 국민들이 기본적인 일상생활을 누릴 수 있도록 보장하는 생계급여이다. 생계급여는 절대빈곤선 이하의 가구가 아니라 '중위소득의 30%보다 더 적은 소득을 얻는 가구'에 지급된다.

31

빈곤에 대한 다음의 기술 중 옳지 않은 것은?

① 라운트리 방식이나 라이덴 방식에 의거한 빈곤선은 상대적 빈곤개념을 반영한다.

② 빈곤율이나 빈곤격차는 한 사회의 빈곤의 정도를 나타낸다.

③ 빈곤율은 빈곤선에 미달하는 가구가 총인구에서 차지하는 비율이다.

④ 빈곤층의 실제소득이 빈곤선에 얼마나 미달하는지를 계산하여 합한 것을 빈곤격차라 한다.

⑤ 사람들에 대한 설문조사를 통해 빈곤선을 설정하는 라이덴방식은 사람들의 주관적인 평가가 빈곤선 설정에 중요한 역할을 한다.

🖉 빈곤선(poverty line)이란 소득이 일정수준에 미달할 경우 빈곤층으로 보는 소득금액을 말한다. 빈곤선을 설정하는 방법에는 절대적인 관점에서 설정하는 방법과 상대적인 관점에서 설정하는 방법이 있다.

절대적인 관점에서 빈곤선을 설정하는 대표적인 방식에는 라운트리방식과 라이덴방식이 있다. 라운트리방식은 일정기간 동안 생존에 필요한 최소한의 금액을 계산하여 소득이 그에 미달하는 경우를 빈곤층으로 보는 방식이고, 라이덴방식은 일정기간 동안 생존에 필요한 금액이 얼마인지 설문조사를 통해 조사한 다음 소득이 그에 미달하는 경우를 빈곤층으로 보는 방식이다. 라운트리방식은 객관적인 평가방법인데 비해, 라이덴방식은 주관적인 평가에 의존해 빈곤선을 산출한다. 두 방식은 모두 소득이 일정수준에 미달할 경우 빈곤층으로 보므로 절대적인 관점에서 빈곤선을 정하는 방법이다.

상대적으로 빈곤선을 설정하는 방법으로는 평균소득(average income)이나 중위소득(median income)의 일정비율에 미달하는 경우를 빈곤한 상태로 보는 방식을 말한다. 예를 들면, 중위소득의 50%에 미달하는 경우를 빈곤한 상태로 파악하는 것이 상대적인 빈곤선의 결정방식이다.

빈곤격차(poverty gap)이란 빈곤층의 실제소득이 빈곤선에 얼마나 미달하는지를 계산하여 합한 것을 말한다. 빈곤격차는 빈곤층이 얼마나 빈곤한 상태에 있는지를 보여주는 장점이 있으나 빈곤의 복합적인 성격을 나타내주지는 못한다.

✎ 빈곤율

$= \dfrac{\text{빈곤층 인구수}}{\text{전체 인구수}} \times 100$

빈곤선의 설정방식

방 법	설 명
절대적인 설정방식	■ 라운트리 방식 ① 사람들이 생활하는데 필요한 기본적인 욕구인 의식주를 충족하는데 소요되는 금액을 직접 계산하여 빈곤선을 결정하는 방식 ② 객관적인 기준에 의하여 빈곤선을 결정하는 방식
	■ 라이덴방식 ① 생계유지를 위해 필요한 소득이 얼마인지에 대한 설문조사결과를 토대로 빈곤선을 결정하는 방식 ② 사람들의 주관적인 평가에 의하여 빈곤선을 결정하는 방식
상대적인 설정방식	■ 소득이 평균소득(average income)의 일정비율에 미달할 경우 빈곤층으로 보는 방식 ■ 소득이 중위소득(median income)의 일정비율에 미달할 경우 빈곤층으로 보는 방식

29 ⑤　　30 ①　　31 ①

32 2022 세무사

소득분배의 불평등을 완화하는 정책으로 옳은 것만을 고른 것은?

> ㄱ. 교육기회 확대
> ㄴ. 누진세제
> ㄷ. 인두세 강화
> ㄹ. 복권제도 활성화

① ㄱ, ㄴ   ② ㄷ, ㄹ   ③ ㄱ, ㄴ, ㄷ

④ ㄴ, ㄷ, ㄹ   ⑤ ㄱ, ㄴ, ㄷ, ㄹ

☑ 모든 개인에게 동일한 금액의 인두세가 부과되면 상대적으로 저소득층의 부담이 커지므로 소득분배 불평등이 더 심해질 가능성이 높다. 복권은 주로 저소득층이 구입하는 경우가 많으므로 복권제도가 활성화되는 경우에도 소득분배가 악화될 가능성이 높다.

33 2019 세무사

소득재분배정책에 관한 설명으로 옳지 않은 것은?

① 우리나라의 4대 사회보험은 국민연금, 건강보험, 고용보험, 산재보험이다.
② 소득세의 누진세율제도는 소득 계층간 가처분소득의 격차를 줄이는 역할을 한다.
③ 사회보험제도는 보험료를 납부한 사람만, 그리고 공공부조 프로그램은 세금을 납부한 사람에게만 혜택을 준다.
④ 근로장려세제는 근로빈곤층(working poor) 지원을 위한 제도이다.
⑤ 국민기초생활보장제도는 근로능력의 유무에 관계없이 월소득이 최저생계비에 미치지 못할 경우 정부가 보조해 주는 제도이다.

☑ 국민기초생활보장제도와 같은 공공부조 프로그램은 생계유지가 곤란한 극빈층의 최저생활보장을 위한 것으로 세금납부 여부와 관계없이 필요성을 입증한 사람에게 모두 적용된다.

34 2022 세무사

사회보험과 관련된 내용만을 모두 고른 것은?

> ㄱ. 정부의 재정수입 달성
> ㄴ. 시장실패의 보완
> ㄷ. 보험료에 의한 재원 조달
> ㄹ. 정부의 온정적 간섭주의

① ㄱ, ㄴ   ② ㄱ, ㄹ   ③ ㄴ, ㄷ

④ ㄱ, ㄴ, ㄷ   ⑤ ㄴ, ㄷ, ㄹ

📖 국민연금, 의료보험과 같은 사회보험은 시장실패를 보완하기 위한 목적으로 시행되며, 재원은 가입자가 납부하는 보험료를 통해 조달한다. 사회보험은 사회구성원 중 상당수가 노령화, 질병 등과 같은 여러 위험에 스스로 대비하지 못하는 경향이 있으므로 온정적 간섭주의 측면에서 정부가 개입하는 사례로 볼 수 있다. 사회보험을 통해 조달한 재원은 요건을 충족한 가입자에게 지불하는데 사용되므로 사회보험은 정부의 재정수입 달성과는 관련이 없다.

35 2015 세무사

사회보장 및 사회보험 관련 설명으로 옳은 것은 모두 몇 개인가?

ㄱ. 절대빈곤의 기준소득은 중위소득이다.

ㄴ. 빈곤 갭(poverty gap)은 빈곤가구의 소득수준을 빈곤선 수준까지 끌어올리는데 필요한 총소득이다.

ㄷ. 도덕적 해이로 인해 실업급여가 많을수록 실직기간이 길어질 수 있다.

ㄹ. 국민연금의 재원조달방식 중 부과방식은 적립방식에 비해 지불능력이 더 안정적이다.

ㅁ. 근로장려세제는 공적부조의 문제 중 하나인 근로의욕의 저하를 해결하기 위하여 도입한 세제이다.

---

① 0개   ② 1개   ③ 2개
④ 3개   ⑤ 4개

📖 빈곤 갭(빈곤격차, poverty gap)이란 빈곤층의 실제소득이 빈곤선에 얼마나 미달하는지를 계산하여 합한 것으로 빈곤가구의 소득수준을 빈곤선까지 끌어올리는데 필요한 총소득의 크기를 의미한다. 소득이 최저생계비에도 미달하는 경우를 절대빈곤이라고 볼 수 있으므로 절대빈곤의 기준소득은 중위소득이 아니라 최저생계비이다.

> 빈곤격차＝(빈곤층 인구수)×(빈곤선−빈곤층 인구의 평균소득)

국민연금제도가 시행될 때 적립방식 하에서는 각 세대는 자신들이 적립하였던 것을 은퇴한 이후에 지급받으므로 지불능력의 불안정이 발생하지 않는다. 그렇지만 근로계층으로부터 연금보험료를 징수하여 은퇴계층에게 지불하는 부과방식의 경우에는 경제성장률, 인구증가율 등에 의해 보험료 징수액이 달라질 수 있으므로 지불능력의 문제가 발생할 수 있다. 그러므로 적립방식이 부과방식보다 지불능력 면에서는 안정적이다. 문제에 주어진 보기 중 옳은 것은 ㄴ, ㄷ, ㅁ이다.

32 ①   33 ③   34 ⑤
35 ④

36 2020 세무사

빈곤에 관한 아래의 정의식에 근거하여 다음 설명으로 옳은 것을 모두 고른 것은?

- 빈곤율＝빈곤층의 인구/전체인구
- 빈곤갭＝빈곤층 인구수×(빈곤선－빈곤층 인구의 평균소득)
- 소득갭비율＝(빈곤선－빈곤층 인구의 평균소득)/빈곤선

ㄱ. 빈곤율은 빈곤 완화를 위해 필요한 재원규모에 대한 정보를 알려주지 못한다.
ㄴ. 빈곤갭은 빈곤층 내부의 소득재분배에 영향을 받지 않는다.
ㄷ. 소득갭비율은 정부의 정책으로 빈곤층 인구의 평균소득을 증가시키면 늘어난다.

① ㄱ   ② ㄱ, ㄴ   ③ ㄱ, ㄷ
④ ㄴ, ㄷ   ⑤ ㄱ, ㄴ, ㄷ

✏ 빈곤율은 단순하게 전체인구에서 빈곤층이 차지하는 비율이므로 빈곤율만으로는 빈곤을 없애는 데 필요한 재원이 얼마인지는 알 수 없다. 빈곤갭은 모든 빈곤층 인구의 소득을 빈곤선까지 끌어 올리는데 필요한 소득이므로 빈곤층 내부에서 소득재분배가 이루어지더라도 빈곤갭의 크기는 변하지 않는다. 빈곤층 인구의 평균소득이 증가하면 분자에 있는 (빈곤선－빈곤층 인구의 평균소득)이 감소하므로 소득갭비율(income－gap ratio)이 낮아진다.

37 2023 세무사

우리나라의 사회보장제도 운영에 관한 설명으로 옳은 것은?

① 차상위계층이라 함은 소득이 최저생계비 130% 이하인 가구를 말한다.
② 기초연금제도 운영에 필요한 재원은 국민연금 보험료로 충당한다.
③ 국민기초생활보장제도 수급자로서 급여를 받기 위해서는 부양의무자가 없거나 있어도 부양이 불가능하여야 하며, 자산조사 결과 최저생계비 이하이어야 한다.
④ 사업장(직장)가입자의 모든 사회보험료는 고용주와 근로자가 각각 절반씩 분담한다.
⑤ 건강보험제도 운영에 필요한 재원은 가입자 및 사용자로부터 징수한 보험료와 정부지원금으로 충당한다.

✏ 차상위계층이란 소득이 기준 중위소득의 50% 이하인 가정으로 기초생활보장법에 의해 정부로부터 지원을 받는 기초생활수급자 바로 위의 계층을 말한다. 차상위계층은 소득이 최저생계비 이하이지만 고정재산 혹은 자신을 부양할 가족이 있어 기초생활수급자에서 제외된 잠재적 빈곤층이라고 할 수 있다.

기초연금제도는 소득수준이 기준치 이하인 65세 이상 노인에게 재정적 지원을 해 주는 제도로 재원은 세금을 통해 조달된다. 기초연금은 소득이 일정수준 이하에 미달하는 노인층이 최소한의 생활수준을 유지할 수 있도록 은퇴 후 소득보장의 역할을 한다.

국민기초생활보장제도의 저소득층에 대한 보조는 여러 방식으로 이루어지는데 가장 큰 비중을 차지하는 것은 기본적인 일상생활을 영위할 수 있도록 보장하는 생계급여이다. 생계급여는 기준 중위소득의 30%에 미달하는 소득을 얻는 가구를 대상으로 기준 중위소득의 30%에 해당하는 금액과 실제 소득의 차액만큼이 지급된다. 국민기초생활보장 수급자로 급여를 받기 위해서는 부양의무자가 없거나 있어도 부양능력이 없거나 부양을 받을 수 없는 자로서 개별가구의 소득인정액이 선정기준 이하에 해당되어야 한다.

사업장(직장)가입자의 사회보험료는 대부분 고용주와 근로자가 절반씩 부담하나 이는 모든 사회보험료에 해당되는 것은 아니다. 예를 들면, 사립학교 교직원의 건강보험료는 본인, 학교경영자, 정부가 각각 40%, 30%, 20%의 비율로 부담하고, 고용보험료 중 실업급여 보험료는 사업주와 근로자가 절반씩 부담하나 고용안정·직업능력개발사업 보험료는 사업주가 전액 부담한다.

38 2021 세무사

연금보험을 사회보험 형태로 운영하는 이유로 옳은 것을 모두 고른 것은?

ㄱ. 재정수입 확보	ㄴ. 세대 내 소득재분배
ㄷ. 시장실패 보완	ㄹ. 온정적 간섭주의

① ㄱ, ㄴ, ㄷ   ② ㄱ, ㄴ, ㄹ   ③ ㄱ, ㄷ, ㄹ
④ ㄴ, ㄷ, ㄹ   ⑤ ㄱ, ㄴ, ㄷ, ㄹ

📝 현실에서는 노후 생계를 위해 저축하려는 사람들에게 실질가치 측면에서 안전한 보험이 제공되지 못하고 있으므로 정부가 연금보험을 사회보험의 형태로 운영함으로써 시장실패를 보완할 수 있으며, 공적인 연금제도를 통해 가난한 사람과 부유한 사람 사이의 소득격차를 줄이는 세대내 소득재분배를 시행할 수 있다.

정부가 연금보험을 사회보험의 형태로 운영하는 또 다른 이유로는 사람은 누구나 노후생활에 대비해야 하지만 현실에서 상당수의 사람들은 제대로 노후대비를 못하는 경향이 있으므로 정부가 온정적 간섭주의 측면에서 강제로 노후대비를 하도록 할 필요성이 있기 때문이다.

정부가 연금보험료로 걷은 수입은 나중에 가입자에게 되돌려 주어야 하므로 정부의 재정수입에는 아무런 도움이 되지 않는다. 그러므로 연금보험을 사회보험의 형태로 운영하는 것은 재정수입 확보와는 아무런 관련이 없다.

39 2021 세무사

공적연금과 사적연금에 관한 설명으로 옳지 않은 것은?

① 인플레이션이 있는 경우 공적연금과 달리 사적연금에는 인플레이션에 조정된 연금이 지급된다.

② 공적연금은 사적연금 시장에서 나타날 수 있는 역선택 문제를 해결할 수 있다.

③ 공적연금은 사적연금보다 준비금을 적게 보유할 수 있다.

④ 사적연금은 공적연금에 비해 수요자의 다양한 요구에 대응하기 용이하다.

⑤ 공적연금은 위험의 공동 부담이라는 측면에서 사적연금 시장에서 나타날 수 있는 도덕적 해이 문제를 해결할 수 있다.

📝 인플레이션이 발생하면 공적연금은 인플레이션율에 맞추어 그 지급액이 조정되는데 비해 사적연금은 인플레이션과 관계없이 사전에 계약된 금액을 지급하는 경우가 일반적이다. 공적연금제도가 시행되어 모든 사람의 가입이 의무화되면 일찍 은퇴할 가능성이 높은 사람만 가입하는 역선택의 문제가 발생하지 않는다.

공적연금은 보험료 혹은 사회보장세의 수입이 안정적이므로 사적연금보다 지급준비금을 많이 보유할 필요가 없어 사적연금보다 높은 수익을 얻을 수 있다. 또한 공적연금은 참여하는 사람이 사적보험에 비해 많기 때문에 위험의 공동부담이란 측면에서 보더라도 상당히 큰 이득을 얻을 수 있으며, 사적연금에 비해 연금기금을 위험한 자산에 운용하는 도덕적 해이가 나타날 소지가 적다. 공적연금의 한 가지 단점으로는 사적연금에 비해 소비자들의 다양한 요구에 대응하기 어렵다는 점을 들 수 있다.

40 2023 세무사

우리나라의 사회보험제도에 관한 설명으로 옳지 않은 것은?

① 우리나라에서 시행중인 사회보험은 연금보험, 건강보험, 산재보험, 고용보험, 노인장기요양보험으로 5가지이다.

② 사회보험제도의 도입으로 역선택을 방지할 수 있다.

③ 우리나라 의료보장제도는 국민보건 서비스 방식이다.

④ 사회보험제도의 운영에 필요한 재원 조달방식에는 적립방식과 부과방식의 두 가지가 있다.

⑤ 국민연금은 현금급여, 건강보험은 현물급여가 원칙이다.

📝 우리나라 의료보장제도는 국민보건서비스방식이 아니라 국민건강보험방식에 해당된다.

41 2019 세무사

정부가 사회보험을 도입하는 근거로 옳지 않은 것은?

① 역선택 문제 때문

② 도덕적 해이를 방지하기 위해

③ 온정주의(paternalism) 때문

④ 외부효과를 해결하기 위해

⑤ 소득재분배를 위해

✎ 정부가 공적인 사회보험을 운영하는 이유는 민간부문에서는 도덕적 해이, 역선택 등으로 인해 모든 위험에 대비할 수 있는 충분한 보험이 제공되지 못하기 때문이다. 사회보험은 시장실패를 보완할 수 있는 장치가 된다.

또한 사람들이 미래에 발생할 수 있는 위험에 대비해야 할 필요성을 느끼더라도 당장 들어가는 보험료가 아까워 보험에 가입하지 않는 경우가 많다. 그러므로 정부가 온정적 간섭주의의 관점에서 사회구성원들이 강제로 보험에 가입하도록 하여 미래에 발생할 수 있는 위험에 대비하도록 할 필요성이 있다. 또한, 정부는 사회보험을 통해 어느 정도 소득재분배라는 목적을 달성할 수 있다.

의료서비스와 같이 긍정적인 외부성을 유발하는 재화는 시장에 맡겨두면 과소공급 및 과소소비가 이루어진다. 따라서 정부가 공적인 의료보험제도를 통해 의료서비스의 가격을 낮추어 줌으로써 적정수준의 생산 및 소비를 유도할 필요가 있다.

사회보험의 경우 대상자들은 누구나 가입해야 하므로 역선택은 발생하지 않지만 가입을 의무화하더라도 도덕적 해이를 방지하는 것은 불가능하다. 왜냐하면 국민연금제도가 시행되면 조기은퇴가 많아질 것이고, 의료보험제도가 시행되면 보험 가입 이후에 병원에 자주 가는 현상이 나타나기 때문이다.

42

다음 중 공적인 연금제도의 실시를 정당화 하는 근거로 가장 적절하지 않은 것은?

① 중복세대모형에 의하면 사람들이 한 기의 소득을 모두 그 기에 소비하는 것보다 청년기와 노년기로 나누어서 소비함으로써 일생에 걸친 효용극대화가 가능해진다.

② 현실에서는 정보의 비대칭성으로 인해 노령화에 따른 모든 위험에 대비할 수 있는 사적인 보험상품이 충분하지 않다.

③ 온정적 간섭주의(paternalism) 측면에서 볼 때 정부가 노후를 제대로 대비하지 못하는 국민들을 위해 강제적인 보험을 실시할 필요가 있다.

④ 단체보험을 실시함으로써 도덕적 해이 문제를 해결할 수 있고, 보험에 가입하는 사람의 수를 크게 함으로써 위험의 공동부담을 통한 이익을 실현할 수 있다.

⑤ 정부가 공적인 국민연금제도를 통해 고소득층의 소득을 저소득층으로 이전함으로써 소득재분배라는 부수적인 효과를 얻을 수 있다.

✎ 국민연금제도를 실시하더라도 여전히 조기은퇴와 같은 도덕적 해이가 발생한다.

✎ 중복세대모형
한 시점에 두 세대 이상이 중복되어 존재하는 것으로 가정하고 분석하는 모형

43 2017 세무사

연금제도의 경제적 효과에 관한 설명으로 옳지 않은 것은?

① 연금제도는 노동공급과 노동수요의 증대를 가져와 경제성장에 기여하게 된다.

② 적립방식의 연금제도는 일반적으로 세대 내의 구성원 간에 부(wealth)의 이전을 초래한다.

③ 연금급여에 대한 기대로 조기에 퇴직하는 퇴직효과(retirement effect)는 개인 저축을 늘리는 작용을 한다.

④ 연금제도는 저축의 중요성을 일깨우는 인식효과(recognition effect)를 가져오며 이는 개인 저축을 늘리는 작용을 한다.

⑤ 연금급여에 대한 기대는 개인 저축을 줄이는 자산대체효과(wealth substitution effect)를 발생시킨다.

📝 국민연금제도가 시행이 되면 노년층의 조기은퇴가 일반화되어 노동공급이 감소한다. 그러므로 국민연금제도는 노동공급의 감소를 가져와 경제성장에 부정적인 영향을 미칠 가능성이 크다. 국민연금제도가 저축에 미치는 효과를 정리하면 다음의 표와 같다.

국민연금제도의 경제적 효과

효 과	설 명
자산대체효과	① 자산대체효과(wealth substitution effect)란 국민연금제도의 도입에 따라 사적인 저축이 감소하는 효과 즉, 사람들이 국민연금 기여금 납부를 저축으로 인식함에 따라 기존의 저축이 감소하는 효과를 의미 ② 완전한 적립방식하에서는 민간의 자발적인 저축이 감소하나 정부저축이 증가하므로 국가전체의 총저축은 불변이나, ③ 부과방식하에서는 민간의 자발적인 저축감소에 따라 공적인 저축증가는 이루어지지 않으므로 사회전체의 총저축은 감소
은퇴효과 (퇴직효과)	① 은퇴효과(retirement effect)란 국민연금제도로 인하여 노년층의 조기은퇴가 이루어지는 효과를 의미 ② 조기은퇴를 하면 퇴직후의 기간이 길어지므로 사람들은 이에 대비하기 위하여 근로기간 중에 자발적인 저축을 증가시키게 됨
상속효과	① 상속효과(bequest effect)란 국민연금제도(특히, 부과방식으로 운영될 때)로 인하여 미래세대로부터 현재세대로 소득재분배가 발생하면 미래세대의 소득이 감소하는데, 현재세대 부모가 미래세대 자손의 소득감소를 우려하여 더 많은 유산을 물려주려고 하는 효과를 의미 ② 미래세대에게 더 많은 유산을 물려주려고 한다면 그에 따라 저축은 증가
인식효과	① 인식효과(recognition effect)란 국민연금제도 도입에 따라 사람들이 노후생활 준비의 필요성을 인식하게 되는 효과를 의미 ② 사람들이 노후대비의 필요성을 인식한다면 그에 따라 저축이 증가

44

연금의 재원조달 방식과 관련된 설명 중 가장 옳지 않은 것은?

① 부과방식하에서는 인구증가율이 커질수록 후세대에게 유리하다.

② 적립방식하에서 수혜자는 기여한 바를 되돌려 받는다는 자부심을 가질 수 있다.

③ 이자율이 하락할 경우 부과방식보다 적립방식이 가입자에게 유리하다.

④ 완전적립방식하에서는 세대간 재분배가 발생하지 않는다.

⑤ 연금의 지불능력(solvency)과 관련하여 부과방식하에서는 불확실성과 불안정성이 존재한다.

☑ 적립방식은 현재세대가 납부한 보험료로 기금을 적립한 다음 현재세대가 은퇴한 이후 적립된 기금 및 운용수익을 돌려주는 제도이므로 이자율이 하락하면 기금운용수익 감소로 현재세대가 불리해진다. 이에 비해 부과방식하에서 현재세대는 은퇴한 이후 미래세대가 납부한 보험료로 연금을 지급받으므로 이자율이 하락하더라도 특별히 영향을 받지는 않는다. 그러므로 이자율이 하락하는 경우에는 부과방식보다 적립방식의 경우 현재세대가 더 불리해진다.

부과방식하에서 인구증가율이 높아지면 미래세대는 1인당 더 적은 금액만을 납부해도 노인계층을 부양할 수 있게 된다. 즉, 인구증가율이 높아지면 미래세대의 부담이 감소한다. 그러므로 인구증가율이 높아지면 미래세대가 유리해진다.

완전적립방식에서는 현재세대는 자신들이 적립한 돈을 은퇴한 이후에 돌려받게 되므로 적립방식하에서는 세대내 소득재분배는 발생하지만 세대간 소득재분배가 발생하지 않는다. 이에 비해 부과방식하에서는 세대내 소득재분배효과와 세대간 소득재분배효과가 모두 발생한다.

45 2022 세무사

우리나라의 국민연금제도에 관한 설명으로 옳지 않은 것은?

① 1988년에 시행되었다.

② 최초 법적 기반은 1973년에 제정된 「국민복지연금법」이다.

③ 사업장가입자 한 사람당 기준소득월액의 9%씩 국민연금 보험료로 납부되고 있다.

④ 2022년부터 1인 이상 근무하는 전체 사업장이 국민연금 가입 대상으로 확대되었다.

⑤ 65세 이상 노령층에 대해 소득수준 등을 감안하여 지급되는 기초연금은 국민연금을 보완하는 측면이 있다.

☑ 그동안 우리나라 국민연금제도의 가입대상은 지속적으로 확대되어 왔다. 2003년부터는 사업장의 적용범위가 근로자 1인 이상 사업장의 일부가 국민연금 가입대상이 되었고, 2006년에는 근로자 1인 이상 사업장 전체로 그 적용대상이 확대되었다.

46 2019 세무사

우리나라의 국민연금제도에 관한 설명으로 옳은 것은?

① 우리나라의 국민연금제도는 국내에 거주하는 16세 이상 60세 미만의 국민이면 가입이 가능하다.

② 공무원, 군인, 사립학교 교원 등은 별도의 연금제도에 가입하지만, 본인이 원하면 국민연금에도 동시 가입이 가능하다.

③ 우리나라 국민연금은 적립방식을 취하는데, 납부된 보험료로 기금을 조성하고 기금과 운용수익으로 연금을 지급한다.

④ 사업장 가입자의 연금보험료 중 기여금은 가입자 본인이, 부담금은 사용자가 부담하는데, 그 금액은 각각 기준소득월액의 5.0%이다.

⑤ 국민연금제도 도입에 따른 은퇴효과와 상속효과는 자발적인 저축을 감소시킨다.

✎ 우리나라 국민연금제도는 국내에 거주하는 18세 이상 60세 미만의 국민이면 누구나 가입이 가능하나 자체의 연금 프로그램을 별도로 유지하고 있는 공무원, 군인, 그리고 사립학교 교직원은 국민연금 적용대상에서 제외된다.

사업장 가입자의 경우 본인부담금이 기준소득월액의 4.5%, 고용주 부담금이 4.5%인데 비해, 지역가입자나 임의가입자의 보험료율은 9%이다. 국민연금제도 도입에 따른 은퇴효과, 상속효과, 인식효과는 자발적 저축을 증가시키는데 비해 자산대체효과는 자발적인 저축을 감소시킨다.

47 2023 세무사

우리나라의 연금보험제도에 관한 설명으로 옳지 않은 것은?

① 일반국민이 가입하는 국민연금과 공무원, 군인, 사립학교교직원이 가입하는 직역연금으로 구분된다.

② 국민연금은 기여원칙에 따른 적립방식을 채택하고 있으나 완전적립방식이 아니어서 세대 내 재분배효과뿐만 아니라 세대 간 재분배효과도 발생한다.

③ 국민연금은 18세 이상 60세 미만으로 대한민국 국민이면 국외거주자도 가입할 수 있다.

④ 국민연금의 연금급여에는 노령연금, 장애연금, 유족연금이 있다.

⑤ 국민연금 보험료는 기준소득월액에 보험료율을 곱하여 산정한다.

✎ 국민연금 가입 대상자는 '국내에 거주하는' 18세 이상 60세 미만의 국민이므로 국외거주자는 국민연금의 가입대상이 되지 않는다. 또한, 특수 직역에 종사하여 별도의 연금에 가입하고 있는 공무원, 군인, 사립학교 교직원, 별정 우체국 직원 등도 국민연금 가입대상에서 제외된다.

48

국민연금제도하에서 연간 기본연금액은 $\alpha(A+B)(1+0.05y)$로 결정된다. α는 가입한 시점에 따라 달라지며, A는 연금 수급 전 3년간 전체 가입자의 평균소득월액의 평균액이고, B는 가입자 개인의 가입기간 중 기준소득월액의 평균액이다. 그리고 y는 가입연수에서 20년을 뺀 값이다. 연금에 40년 간 가입한 김씨의 B값이 100만 원이라고 할 때, 김씨가 수령하게 될 연금의 소득대체율은? (단, α는 1.8로 고정되어 있으며, A는 100만 원이라고 가정한다.)

① 30%   ② 40%   ③ 50%

④ 60%   ⑤ 70%

📝 연금의 소득대체율이란 재직기간의 평균소득 대비 퇴직 후 받게 되는 연금액의 비율을 의미한다. 문제에 주어진 수치를 기본연금액을 계산하는 식에 대입하면 김씨가 받는 연간 기본연금액은 720 만 원으로 계산된다. 연간 기본연금액을 12로 나누어주면 김씨가 매달 받는 기본연금액은 60만 원이다. 김씨의 기준소득월액이 100만 원이고 월간 기본연금액이 60만 원이므로 연금의 소득대체율은 60%임을 알 수 있다.

$$기본연금액 = \alpha(A+B)(1+0.05y)$$
$$= 1.8(100+100)(1+0.05 \times 20)$$
$$= 720만 원$$

49 `2020` 세무사

국민연금의 재정적자를 줄이기 위한 조치와 효과로 옳지 않은 것은?

① 보험료율의 인상은 저소득근로자들에게 부담이 되지 않는다.

② 보험료율의 인상은 개인들의 현재 가처분소득을 줄일 것이다.

③ 보험료 부과 상한이 월 급여 400만 원에서 450만 원으로 인상된다면 월 급여 200만 원인 근로자의 납입보험료는 영향을 받지 않는다.

④ 연금수급연령의 상향 조정은 단기적으로 연금수급자 수를 줄인다.

⑤ 연금수급연령이 65세이고 평균수명이 80세라고 가정할 때, 연금수급연령을 1년 상향 조정하면 재정적자를 줄일 수 있다.

📝 국민연금 가입자는 기준소득월액의 일정비율을 보험료로 납부해야 하므로 보험료율이 인상되면 모든 가입자의 부담이 증가한다. 보험료율 인상으로 사람들이 더 많은 보험료를 납부하게 되면 가처분소득이 감소한다. 보험료 부과 상한이 월 400만 원에서 450만 원으로 인상되면 월 급여가 400만 원을 넘는 사람의 보험료가 증가할 뿐 소득이 그 이하인 사람들의 보험료는 영향을 받지 않는다. 한편, 연금수급연령을 상향 조정하면 연금수급자 수가 감소하므로 재정적자가 감소하게 될 것이다.

46 ③   **47** ③   **48** ④
49 ①

50

정부가 공공의료보험제도를 통해 보건의료서비스 시장에 개입하는 경우에 관한 설명으로 옳지 않은 것은?

① 공공의료보험제도 도입은 역선택으로 인한 가입자 감소 문제를 완화한다.

② 저소득층에게도 보편적인 보건의료서비스를 제공하여야 한다는 차원에서 정부개입의 근거가 된다.

③ 보건의료서비스 시장에서 도덕적 해이는 실제비용보다 지불가격이 높을 때 발생한다.

④ 의료보험 가격을 실현된 결과의 함수로 측정하는 방식인 경험요율제도(experience rating)를 적용하게 되면 역선택 문제를 축소할 수 있다.

⑤ 공공의료보험이 수요독점을 행할 경우 보건의료서비스 시장을 왜곡시킬 수 있다.

✏ **경험요율제도**
보험회사가 가입자들을 구분하여 각자의 질병위험과 특성을 감안하여 서로 다른 보험료를 부과하는 방식을 말한다.

📝 공공의료보험제도가 도입되어 모든 사람의 의료보험 가입이 의무화되면 병에 걸릴 가능성이 높은 사람만 가입하는 역선택(adverse selection) 문제는 없어지게 된다. 의료보험에 가입하고 난 이후에는 개인들은 의료서비스를 이용할 때 진료비의 일부만을 부담하면 되므로 개인들이 지불하는 가격은 실제비용보다 낮아진다. 개인들이 지불하는 진료비가 낮아지면 의료서비스를 과다하게 소비하는 도덕적 해이(moral hazard)가 발생한다. 그리고 의료서비스를 많이 사용하는 사람에게 의료보험료를 높게 징수하는 경험요율제도가 시행되면 의료서비스를 과잉으로 소비하는 현상인 역선택 현상은 줄어들게 된다.

51 `2014` 세무사

건강보험(의료보험) 시행과정에서 발생하는 도덕적 해이를 줄일 수 있는 방안을 모두 고른 것은?

> ㄱ. 공제제도(deductibles)   ㄴ. 영리병원제도
> ㄷ. 공동보험제도(coinsurance)   ㄹ. 정보의 확산

① ㄱ, ㄷ   ② ㄴ, ㄹ   ③ ㄱ, ㄴ, ㄷ
④ ㄴ, ㄷ, ㄹ   ⑤ ㄱ, ㄴ, ㄷ, ㄹ

📝 의료보험제도가 시행되면 의료서비스를 과잉으로 소비하는 도덕적 해이가 발생하는데, 이를 줄일 수 있는 대표적인 방법으로는 일정금액을 넘는 의료비만 의료보험에서 지불하는 공제제도와 의료비의 일정비율만을 의료보험에서 지불하는 공동보험제도가 있다.

영리병원이란 의료업 운영으로 발생하는 수익을 주주 또는 구성원에게 배분이 가능한 주식회사 형태의 병원을 말한다. 영리병원제도가 도입되면 대부분의 의료비를 의료서비스 소비자가 직접 부담해야 하므로 의료서비스를 과잉으로 소비하는 현상인 도덕적 해이가 감소하게 될 것이다. 도덕적 해이는 정보의 비대칭성으로 인해 발생하므로 정보가 확산되는 경우에도 도덕적 해이의 상당부분이 줄어들 수 있을 것이다.

52 `2016` 세무사

병원 방문의 수요곡선이 $400-Q$(Q : 병원 방문 횟수)이고, 건강보험이 없는 상태의 방문당 비용은 100, 건강보험 가입 시 방문당 본인부담금은 20이다. 소비자의 도덕적 해이로 인한 후생비용은?

① 3,200 ② 4,000 ③ 5,000

④ 6,000 ⑤ 6,400

📝 병원 방문의 수요곡선이 $P=400-Q$이고, 건강보험이 없을 때 방문당 한계비용 $MC=100$이므로 $P=MC$로 두면 최적방문횟수 $Q=300$이다. 건강보험 가입 후에는 방문당 본인부담금이 20이므로 개인의 입장에서 보면 방문당 한계비용 $MC=20$이므로 건강보험 가입 후 개인의 최적방문횟수는 $Q=380$이 된다. 그러므로 건강보험제도가 시행되면 80단위만큼의 과잉소비가 이루어진다(도덕적 해이).

건강보험 가입에 따라 방문횟수가 80회 증가할 때 소비자가 추가적으로 얻는 편익이 수요곡선 하방의 A부분의 면적이고, 추가적으로 발생하는 비용이 MC곡선 하방의 $(A+B)$부분의 면적이므로 도덕적 해이에 따른 후생비용은 $\triangle B$의 면적에 해당하는 $3,200\left(=\dfrac{1}{2}\times80\times80\right)$이다.

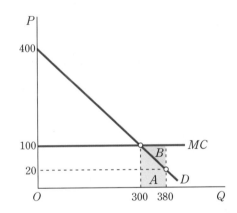

53

고용보험제도(실업보험제도) 실시의 영향으로 옳지 않은 것은?

① 불황일 때 유효수요를 줄여 경기를 위축시킨다.

② 고용보험의 급여수준이 증가하면 실업기간이 늘어나는 경향이 있다.

③ 고용보험 지급기간이 장기간인 국가일수록 실업률이 높아지는 경향이 있다.

④ 직업탐색 기간이 길어져 직업숙련도 및 기술에 보다 적합한 직업을 찾을 수 있다.

⑤ 고용이 안정적인 집단은 그렇지 않은 집단과 비교하여 상대적으로 불리할 수 있다.

📝 경기불황으로 실업자가 늘어나면 실업급여 지급액이 늘어난다. 실업급여 지급액이 증가하면 민간의 가처분소득이 증가하므로 소비가 증가한다. 소비가 증가하면 유효수요가 증가한다. 그러므로 고용보험제도는 경기위축을 방지하는 자동안정화기능이 있다.

✏ 유효수요
구매력이 뒷받침된 수요를 유효수요라고 한다.

50 ③ 51 ⑤ 52 ①
53 ①

54 `2016` 세무사

우리나라 고용보험제도는 보험료를 일정기간 납부하면 실직 시 일정기간 실업급여로 지급하게 된다. 이의 경제적 효과로 옳은 것은?

① 구직활동을 하지 않게 한다.

② 자발적 실업자에게도 지급된다.

③ 도덕적 해이는 발생하지 않는다.

④ 경기가 좋아지면 실업급여의 지급이 늘어난다.

⑤ 소득대체율이 높을수록 구직노력을 덜 하게 하는 유인이 발생한다.

✒ 실업급여는 비자발적 실업자들이 새로운 직장을 찾기 위해 구직활동을 하는 경우에 지급된다. 그 러므로 자발적 실업자이거나 비자발적 실업자 중 구직활동을 하지 않는 사람에게는 실업급여가 지급되지 않는다.

실업급여 수급기간에는 실업급여를 받기 위해 구직활동을 하지만 실업보험이 없을 때와 비교 하면 적극적으로 구직활동을 할 유인이 적다. 그러므로 실업보험제도가 시행되면 도덕적 해이가 발생한다. 또한 실업급여의 소득대체율이 높을수록 실업자들이 구직노력을 덜 할 것이므로 도덕 적 해이가 더 심해질 가능성이 높다.

경기가 호황이면 실업자 수가 감소하므로 실업급여 지급액이 감소하는데 비해, 경기가 침체하 면 실업자 수가 늘어나므로 실업급여 지급액도 늘어나는 경향이 있다.

제15장 / 공공요금의 이론

55 `2016` 세무사

규모에 대한 수확체증인 공공서비스 공급에 있어서 가격을 한계비용과 같도록 설정함으로써 발생하는 손실을 해결하기 위한 방안으로 옳지 않은 것은?

① 일반 세원으로 손실을 충당한다.

② 공공서비스의 평균비용으로 공공서비스가격을 결정한다.

③ 소비자가 사용하는 양에 따라 다른 가격을 설정한다.

④ 소비자로 하여금 일정한 금액을 지불하게 한 다음 소비자가 구입하는 양에 비례하여 추가적 인 가격을 설정한다.

⑤ 한계수입과 한계비용이 같은 점을 공공서비스가격으로 한다.

✒ 규모의 경제가 존재하는 공공서비스의 요금을 한계수입과 한계비용이 일치하는 점에서 결정하면 이윤극대화는 이루어지나 생산량이 대폭 감소하므로 후생손실이 커진다. 그러므로 한계수입과 한계비용이 일치하는 수준에서 공공서비스 요금을 설정하는 것은 바람직하지 않다. 보기 ②는 평 균비용가격설정, ③은 제2급 가격차별, ④는 이부요금제도에 대한 설명이다.

56 `2021` 세무사

공공서비스의 가격설정 이론에 관한 설명으로 옳은 것은?

① 더 많이 소비하는 사람이 더 많은 비용을 부담해야 한다는 원칙을 적용해야 한다.

② 외부성이 존재하는 경우 한계비용과 일치하는 수준에서 가격이 설정되어야 한다.

③ 기존시설에 대한 초과 수요가 존재하는 경우 평균비용에서 경제적 지대를 제외한 수준에서 가격이 설정되어야 한다.

④ 규모의 경제가 존재하는 경우 한계비용과 일치하는 수준에서 가격이 설정되면 효율적인 배분을 달성할 수 있다.

⑤ 램지(F. Ramsey)의 원칙에 따르면 수요의 가격탄력성이 작을수록 가격을 한계비용에 가깝게 설정할 때 효율성이 제고된다.

☑ 공공요금 설정에 있어서 고려해야 할 기본원칙으로는 효율성과 공평성 그리고 재정수입의 확보 등을 들 수 있다. 전기나 수도와 같이 사용재의 성격을 갖는 재화나 서비스는 각자의 소비량에 비례해서 비용을 부담하는 것이 공평성의 측면에서 타당하지만 생산비용을 부담할 능력이 없는 저소득층에 대해서도 최소한의 서비스 공급을 보장할 수 있어야 진정한 의미에서 공평하다고 볼 수 있다.

긍정적인 외부성이 존재하는 공공서비스는 가격을 한계비용과 일치시키면 과소생산되므로 한계비용보다 낮은 수준으로 가격을 설정하는 것이 바람직하다. 기존시설에 대한 초과수요가 존재하는 경우에는 시설의 효율적 이용을 위해 평균비용이 아니라 한계비용에다 경제적 지대를 더한 수준으로 가격을 설정해야 한다. 램지원칙에 따르면 수요의 가격탄력성이 클수록 가격을 한계비용과 가깝게 설정해야 초과부담이 극소화된다.

57 `2015` 세무사

공공요금에 관한 설명으로 옳지 않은 것은?

① 공공요금을 정부가 관리하는 중요한 이유 중의 하나는 관련 공기업이 자연독점 성격을 가지기 때문이다.

② 평균비용곡선이 우하향하는 경우, 한계비용가격설정방식은 평균비용가격설정방식에 비해 사업손실을 줄일 수 있다.

③ 한계비용가격설정방식을 적용할 경우, 공기업의 손실을 보전하는 방법으로 차별요금제와 이부요금제를 고려할 수 있다.

④ 이부요금제는 서비스 이용 기회에 대한 기본요금과 소비량에 대한 사용요금으로 구성된다.

⑤ 최대부하가격설정방식(peak-load pricing)이란 수요의 변동을 평준화시킴으로써 설비를 최적으로 이용하는 것을 목적으로 한다.

☑ 평균비용곡선이 우하향하는 한계비용가격설정방식 하에서는 적자가 발생하나 평균비용가격설정방식을 사용하면 적자가 발생하지 않는다. 그러므로 한계비용가격설정방식에 비해 손실을 줄일 수 있는 방법이 평균비용가격설정방식이다.

58 2023 세무사

자연독점인 공기업의 공공요금 결정에 관한 설명으로 옳은 것은?

① 규모의 경제가 존재하는 경우 하나의 공기업에서 생산하는 것이 더 낮은 비용으로 생산할 수 있다.

② 민간기업이 생산하고 가격규제를 하지 않으면 사회적 최적생산량 달성이 가능하다.

③ 공공서비스의 경우 이부가격제도(two-part tariff)를 적용하면 결손을 줄일 수 있으나, 효율적 생산량에 도달하는 것은 불가능하다.

④ 한계비용가격설정을 사용하는 경우 해당 공기업의 경제적 이윤은 양(+)이 된다.

⑤ 평균비용가격설정을 사용하는 경우 해당 공기업의 경제적 이윤은 음(−)이 된다.

📝 규모의 경제로 인해 자연독점이 발생하는 경우 정부가 가격을 규제하지 않으면 독점기업은 이윤 극대화를 위해 $MR=MC$인 점에서 생산할 것이므로 과소생산이 이루어진다. 자연독점기업이 한계비용가격설정을 사용하면 생산은 사회적인 최적수준까지 이루어지나 경제적 이윤이 음(−) 이 된다. 그러므로 한계비용가격설정을 할 경우에는 정부가 보조금을 지급해야 한다. 평균비용가 격설정을 사용하면 가격과 평균비용이 일치하므로 경제적 이윤이 0이 된다. 그런데 평균비용가격 설정의 경우에는 생산이 사회적인 최적수준에 미달하게 된다. 한편, 이부가격제도를 시행하여 소 비자잉여에 해당하는 고정요금을 부과하고 사용요금을 한계비용과 일치시키면 생산이 사회적인 최적수준까지 이루어진다.

59 2022 세무사

공공요금 이론에 관한 설명으로 옳은 것을 모두 고른 것은?

> ㄱ. 최대부하가격설정에서 비성수기에는 공공요금을 한계비용을 일치시키는 것이 효율적이다.
>
> ㄴ. 공공부문이 생산하는 재화나 서비스의 한계비용가격설정은 일반적으로 효율적인 자원배분 을 실현할 수 없다.
>
> ㄷ. 공공서비스의 경우 이부가격제도(two-part tariff)를 적용하면 결손을 줄일 수 있다.
>
> ㄹ. 램지가격설정방식은 분배상 문제를 일으킬 수 있다.
>
> ㅁ. 규모의 경제가 존재할 경우 여러 공기업에서 생산하는 것이 바람직하다.

① ㄱ, ㄴ, ㄷ   ② ㄱ, ㄷ, ㄹ   ③ ㄱ, ㄹ, ㅁ

④ ㄴ, ㄷ, ㄹ   ⑤ ㄷ, ㄹ, ㅁ

📝 공공부문이 생산하는 재화나 서비스의 가격이 한계비용과 일치하면 최적생산이 이루어지므로 자 원배분이 효율적이 된다. 규모의 경제가 존재하는 재화나 서비스를 여러 기업이 나누어 생산하면 오히려 단위당 생산비가 상승하므로 한 공기업이 대량으로 생산하는 것이 바람직하다.

60 2020 세무사

자연독점 하의 공기업에서 공공요금 결정에 관한 설명으로 옳은 것은?

① 규모의 경제를 활용하여 평균비용을 낮추기 위해 하나가 아닌 여러 공기업에서 생산하는 것이 바람직하다.

② 민간기업이 생산하고 가격규제를 하지 않으면 사회적 최적생산량 달성이 가능하다.

③ 이부가격제도(two-part tariff)를 도입하면, 생산량 자체는 효율적이다.

④ 한계비용가격 설정을 사용하는 경우 해당 공기업의 경제적 이윤이 0이 된다.

⑤ 평균비용가격 설정을 사용하는 경우 사회적 최적 생산량을 달성할 수 있다.

📝 규모의 경제가 있는 재화를 여러 기업이 나누어 생산하면 오히려 평균비용이 상승하므로 하나의 공기업이 생산을 담당하는 것이 바람직하다. 규모의 경제로 자연독점이 발생할 때 민간기업에게 맡겨 두고 가격규제를 하지 않으면 생산량이 사회적인 최적수준에 미달한다. 즉, 과소생산이 이루어진다.

규모의 경제가 있는 경우 한계비용 가격설정을 하면 사회적인 최적수준의 생산이 이루어지나 적자가 발생한다. 이에 비해 평균비용 가격설정을 하면 가격과 평균비용이 일치하므로 적자는 발생하지 않지만 생산이 사회적인 최적수준에 미달하게 된다. 이부가격제도 하에서는 사용요금을 한계비용에 일치시키므로 생산량이 사회적인 최적수준과 일치한다.

61 2019 세무사

공공요금과 관련된 설명으로 옳지 않은 것은?

① 일반적으로 공공부문이 생산하는 재화나 서비스의 한계비용가격설정은 효율적인 결과를 초래할 수 없다.

② 전기, 수도 등 사용재의 성격을 갖는 재화나 서비스의 경우에는 조세보다 공공요금을 부과함으로써 자원배분의 효율성을 높일 수 있다.

③ 규모의 경제가 작용하는 재화나 서비스의 경우에는 한계비용에 따라 가격을 설정한다면 손실이 발생할 수 있다.

④ 램지가격설정방식은 효율성을 달성할 수 있으나 분배상 문제를 일으킬 수 있다.

⑤ 공공요금 설정에서 분배적 측면을 고려한 낮은 가격책정은 정부의 재정부담을 증가시킬 수 있다.

📝 한계비용가격설정을 하면 $P=MC$가 성립하므로 사회적인 최적수준까지 생산이 이루어진다. 그러므로 자원배분의 효율성이 달성된다. 램지가격설정방식에 따르면 수요의 가격탄력성에 반비례하도록 공공요금을 설정해야 한다. 즉, 수요가 탄력적인 공공서비스에 대해서는 낮은 요금, 수요가 비탄력적인 공공서비스에 대해서는 높은 요금을 부과해야 한다. 그런데 필수재의 성격이 강한 수요가 비탄력적인 공공서비스에 대해 높은 요금을 부과하면 상대적으로 저소득층의 부담이 커지므로 이 방식은 소득분배측면에서 볼 때는 바람직하지 않다.

62 2012 세무사

공공요금 결정원리에 관한 설명으로 옳지 않은 것은?

① 공기업이 동일한 서비스 공급에 대해 차별가격을 적용하여, 수요의 가격탄력성이 높은 그룹에는 낮은 가격을, 낮은 그룹에는 높은 가격을 적용함으로써 효율성 상실을 최소화 할 수 있다.

② 이부요금제는 서비스 이용기회 제공에 대해 부과하는 고정요금과 실제 소비량에 대해 부과하는 종량요금으로 구성된다.

③ 이부요금제는 전화, 전기, 가스처럼 관로나 선을 통해 서비스를 공급하는 경우에 주로 적용된다.

④ 최대부하가격 결정원리는 성수기와 비수기에 따라 요금을 달리함으로써 수요의 변동폭을 줄여, 설비의 최적이용을 실현하기 위한 것이다.

⑤ 이부요금제에서 관로나 선을 통해 공급된 서비스는 수요의 가격탄력성이 높기 때문에 기업이 고정요금 인상을 통해 부담을 이용자에게 전가시킬 수 있다.

✏ 전화, 전기, 가스 등과 같이 관로나 선을 통해 공급되는 서비스는 대부분 필수재이므로 수요가 매우 비탄력적이다.

63

공기업들의 요금결정과 관련한 설명 중 옳지 않은 것은?

① 한계비용 가격설정방식을 채택하는 경우 규모의 경제가 발생하는 공기업은 적자를 보게 된다.

② 평균비용 가격설정방식을 채택하는 경우 생산비용을 낮추기 위하여 노력할 유인이 저하될 수 있다.

③ 규모의 경제가 발생하는 공기업이 평균비용 가격설정방식을 채택할 경우 한계비용 가격설정방식에 비해서 가격은 높고 공급량은 적게 나타난다.

④ 램지가격설정방식은 소득분배 측면에서 바람직하지 않을 수 있다.

⑤ 램지가격설정방식은 일정한 재정수입을 달성해야 하는 조건을 충족하면서도 파레토 효율성을 달성하는 방안이다.

✏ 램지가격설정은 일정한 재정수입을 얻으면서도 초과부담을 극소화하는 공공요금설정방식이다. 램지가격설정이 이뤄진다고 하더라도 여전히 초과부담은 발생하기 때문에 파레토 효율성 조건은 충족되지 않는다. 램지가격설정에 따르면 수요가 비탄력적일수록 높은 가격을 설정해야 하기 때문에 이 방식은 소득분배측면에서는 바람직스럽지 않다.

64 2016 세무사

정부가 공급하는 상호 독립적인 공공서비스 X와 Y의 한계비용은 각각 $MC_X=20$, $MC_Y=300$이고, 가격은 각각 $P_X=25$, $P_Y=500$이다. Y의 수요의 가격탄력성이 1일 때, 요금 책정에 따른 효율성 상실의 극소화를 보장하는 X의 수요의 가격탄력성은?

① 1 ② 2 ③ 2.5

④ 3 ⑤ 3.5

📝 정부가 상호독립적인 공공서비스 X와 Y를 공급할 때 초과부담을 극소화하려면 램지의 역탄력

성 규칙에 따라 공공요금을 설정하면 된다. 즉, $\dfrac{\dfrac{P_X-MC_X}{P_X}}{\dfrac{P_Y-MC_Y}{P_Y}}=\dfrac{\varepsilon_Y}{\varepsilon_X}$가 성립하도록 공공서비스

X와 Y의 요금을 설정하면 된다. $\dfrac{P_X-MC_X}{P_X}=\dfrac{25-20}{25}=0.2$이고, $\dfrac{P_Y-MC_Y}{P_Y}=\dfrac{50-30}{50}$

$=0.4$이므로 이를 램지 가격설정규칙에 대입하면 $\dfrac{0.2}{0.4}=\dfrac{1}{\varepsilon_X}$, $\varepsilon_X=2$로 계산된다.

65

어느 지역에서 독점적으로 서비스를 공급하고 있는 피트니스클럽 A가 이부가격제도(two-part tariff)를 시행하려고 한다. A의 서비스에 대한 시장수요함수는 $Q=4,000-5P$이다. 여기서 Q는 A가 제공하는 서비스의 양이고, P는 A의 서비스 한 단위 당 가격이다. 또한 A의 서비스 제공에 따른 한계비용은 $MC=400$이다. A가 이윤을 극대화하기 위한 이부가격제도는? (단, 단위는 원이다.)

	고정회비	서비스 한 단위 당 가격
①	400,000원	400원
②	400,000원	600원
③	100,000원	600원
④	100,000원	400원
⑤	50,000원	400원

📝 이부가격제를 시행을 통해 이윤을 극대화하려면 재화 혹은 서비스 1단위당 가격(사용요금)은 한계비용에 일치시키고, 소비자잉여에 해당하는 만큼의 고정요금을 부과하면 된다. 그러므로 서비스 1단위당 가격은 400원으로 설정해야 한다. $P=400$을 수요함수에 대입하면 구입량 $Q=2,000$이다. 그러므로 사용요금을 아래 그림에서 소비자잉여에 해당하는 $40,000\left(=\dfrac{1}{2}\times 2,000\times 400\right)$원으로 설정하면 된다.

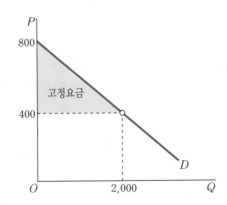

66

이부가격제도(two-part tariff)에 대한 설명 중 옳지 않은 것은?

① 규모의 경제가 있는 경우에는 이 방식을 쉽게 적용할 수 없다.

② 소량의 소비자들에게 가입비가 묵시적 장벽으로 작용하는 부작용을 생각해 볼 수 있다.

③ 가입비의 크기는 소비자잉여의 크기를 사용하는 것이 일반적이나, 공공요금의 경우에는 결손을 메울 수 있을 만큼의 사용자 분담금적 성격을 띠게 될 것이다.

④ 사용료는 한계비용에 일치시킨다.

⑤ 전화나 수도의 경우에 부과되는 기본요금이 그 예가 된다.

🖉 이부가격제도는 기본요금과 사용요금으로 구성된 요금체계이다. 이부요금제도하에서는 사용요금을 한계비용에 일치시키고, 소비자잉여에 해당하는 만큼 기본요금을 부과하게 된다. 그렇게 하면 규모의 경제가 있는 경우 한계비용가격설정을 할 경우 발생하는 적자를 기본요금을 징수하여 메울 수 있게 된다. 이부요금제도는 주로 규모의 경제가 있는 경우에 실시되는 요금설정방식이다.

67 `2017` 세무사

오이(W. Y. Oi)에 의해 제시된 최적이부요금에 관한 설명으로 옳지 않은 것은?

① 총요금 중에서 고정 수수료와 사용 단위당 요금 사이의 비중은 재화를 공급 받는 소비자들의 고정 수수료에 대한 탄력성에 의존한다.

② 램지의 가격설정방식에서 적용된 역탄력성 법칙과 유사하다.

③ 고정 수수료에 대한 탄력성이 클수록 고정 수수료를 낮게 책정하고 사용 요금을 높게 책정하면 효율성이 증가한다.

④ 단일요금 부과의 경우에 비하여 더 높은 효율성을 달성할 수 있다.

⑤ 최적이부요금은 비용함수와 수요함수만을 이용하면 산출할 수 있다.

🖉 오이의 최적이부요금제도에 따르면 고정수수료에 대한 탄력성이 크다면 고정수수료를 낮게 책정하고 사용요금을 높게 책정해야 사회후생이 증가하고, 고정수수료에 대한 탄력성이 낮으면 고정수수료를 높게 책정하고 사용요금을 높게 책정해야 사회후생이 증가한다. 이는 램지 가격설정에서 볼 수 있는 역탄력성원칙과 유사하다.

　　오이의 최적이부요금제도에서는 고정요금과 사용요금 두 변수를 이용하므로 단일요금을 부과할 때보다 더 높은 후생수준을 달성할 수 있다. 그러나 최적이부요금을 계산해 내려면 수요함수와 비용함수뿐만 아니라 각 소비자의 선호에 대한 정보가 필요하나 현실에서 이러한 정보를 모두 수집하는 것이 쉽지 않다는 문제가 있다. 그러므로 보기 ⑤가 옳지 않은 설명이다.

68 2023 세무사

독점적으로 가스를 공급하는 K가스공사는 동일 비용으로 가스를 생산하여 가정용과 산업용으로 구분하여 판매하고 있다. 산업용 가스의 시장수요의 가격탄력성은 3이고, 가정용 가스의 시장수요의 가격탄력성은 2라고 하자. 가정용 가스의 m^3당 가격이 1,200원이라면 K가스공사가 이윤을 극대화할 수 있는 산업용 가스의 m^3당 가격은? (단, 기타 비용은 0원이다.)

① 300원 ② 400원 ③ 600원
④ 900원 ⑤ 1,200원

📝 동일한 재화를 시장별로 다른 가격을 설정하는 것은 제3급 가격차별에 해당된다. 가스를 가정용(H)과 산업용(I)으로 구분하여 제3급 가격차별을 할 경우 균형에서는 각 시장에서의 한계수입이 같아질 것이므로 $MR_H = MR_I$가 성립한다. 만약 두 시장에서의 한계수입이 일치하지 않는다면 한계수입이 낮은 시장에서의 판매량을 줄이고 한계수입이 높은 시장에서의 판매량을 늘리면 총수입이 증가할 수 있기 때문이다.

한계수입 $MR = P\left(1 - \dfrac{1}{\varepsilon}\right)$로 나타낼 수 있으므로 가격차별 독점기업의 균형에서는

$P_H\left(1 - \dfrac{1}{\varepsilon_H}\right) = P_I\left(1 - \dfrac{1}{\varepsilon_I}\right)$가 성립한다. 이 식에 문제에 주어진 수치를 대입하면 $1,200\left(1 - \dfrac{1}{2}\right)$

$= P_I\left(1 - \dfrac{1}{3}\right)$, $600 = \dfrac{2}{3}P_I$이므로 $P_I = 900$으로 계산된다.

제16장 / 공채론

69 2015 세무사

국가채무에 관한 설명으로 옳지 않은 것은?

① 인플레이션은 국가채무의 실질가치를 감소시킨다.
② 이자율 상승은 국가채무의 일부를 자동적으로 갚아주는 효과를 가진다.
③ 리카도의 대등정리가 현실에서 성립할지라도 국채 발행은 여전히 미래세대의 부담으로 남는다.
④ 기술진보와 생산성의 증대로 미래세대가 현재세대보다 더 풍요로운 생활을 즐길 수 있다면, 국채에 의해 재원을 조달하는 것이 정당화될 수 있다.
⑤ 일반적으로 국채 발행은 어느 정도 구축효과를 통해 민간부문의 투자를 위축시킬 수 있다.

📝 리카도의 대등정리에 의하면 국채가 발행되면 현재세대는 미래세대의 부담증가를 우려하여 더 많은 유산을 물려주기 위해 저축을 증가시킨다. 그러므로 리카도의 대등정리에 의하면 국채가 발행되면 그 부담은 현재세대가 지게 된다.

　기술진보와 생산성 증대로 미래세대가 현재세대보다 더 부유해질 것이 확실하다면 부유한 미래세대로부터 가난한 현재세대로 소득재분배는 타당성을 가질 수 있다. 부유한 미래세대로부터 현재세대로 소득을 재분배하는 방법이 현재세대가 국채를 발행하여 지출하고 이를 미래세대가 상환하게 하는 것이다. 그러므로 세대 간 소득재분배라는 측면에서 보면 국채발행이 타당성을 가질 수도 있다.

70 2018 세무사

정부 지출증대를 위한 공채발행이 경제에 미치는 영향에 관한 설명으로 옳은 것은?

① 공채를 전액 중앙은행이 인수할 경우, 경기가 과열된 상태에서는 인플레이션을 억제하는 효과가 있다.

② 공채를 전액 중앙은행이 인수할 경우, 화폐공급량이 감소하기 때문에 유효수요 증대효과는 없다.

③ 공채가 전액 시중에서 소화될 경우, 이자율이 상승하고, 민간투자가 억제되는 현상을 구축효과라고 한다.

④ 공채의 잔액이 증가함에 따라 민간의 소비지출이 감소하는 현상을 러너효과라고 한다.

⑤ 공채가 전액 시중에서 소화될 경우, 중앙은행이 인수할 경우보다 유효수요의 증대효과가 크다.

📝 정부가 공채를 시중에 매각할 때는 통화량의 변화가 나타나지 않는데 비해 공채를 중앙은행이 인수하면 통화량이 증가하게 된다. 그러므로 공채를 중앙은행이 인수하면 시중에서 소화될 때보다 유효수요 증대효과가 크게 나타난다. 중앙은행이 공채를 인수함에 따라 통화량이 증가하면 인플레이션이 유발될 가능성이 높다. 국공채 발행으로 민간보유 금융자산이 증가하면 자산보유자들이 더 부유하게 되었다고 느끼게 되어 민간의 소비지출이 증가할 수도 있는데, 이를 국공채의 자산효과(wealth effect) 혹은 러너효과(Lerner effect)라고 한다.

71 2023 세무사

재정적자의 경제적 효과에 관한 설명으로 옳은 것은?

① 통화주의학파는 국채발행이 구축효과를 가져와서 총수요를 증가시킨다고 하였다.

② 케인즈학파는 국채발행을 통해 조세부담을 경감시켜도 총수요는 변화가 없다고 하였다.

③ 리카르도(D. Ricardo)는 재정적자를 국채로 충당하면 총수요를 감소시킨다고 하였다.

④ 배로(R. Barro)는 정부지출이 일정하다면 재정적자를 조세로 조달하든 국채로 조달하든 총수요에 영향을 미치지 않는다고 하였다.

⑤ 러너(A. Lerner)는 외부채무는 미래세대의 부담을 증가시키지 않는다고 하였다.

📝 케인즈학파는 국채를 발행하고 조세를 감면하면 민간의 처분가능소득이 늘어나 소비가 증가하므로 총수요가 증가하는 것으로 설명한다. 이에 비해 통화주의학파는 국채를 발행하면 이자율이 상승하여 민간투자가 감소하는 구축효과가 크게 나타나므로 총수요는 거의 변하지 않는다고 주장한다. 리카도의 대등정리에 의하면 국채를 발행하고 조세를 감면하더라도 총수요는 전혀 변하지 않는다. 러너(A. Lerner)를 비롯한 신정통파의 주장에 따르면 내부채무는 현재세대가 부담하나 외부채무는 미래세대가 부담하게 된다.

72 `2014` 세무사

국채발행에 관한 설명으로 옳지 않은 것은?

① 이자율 상승은 국채의 시장가치를 하락시켜 정부부채를 줄이는 효과가 있다.

② 국채발행이 증가하면 이자율이 상승하고, 원화 환율이 하락하여 경상수지가 악화된다.

③ 러너로 대표되는 국채에 관한 전통적인 견해에 따르면, 내부채무의 경우 미래세대로 부담이 전가되지 않는다.

④ 리카도 대등정리에 의하면, 국채를 발행하는 경우 민간소비가 증가하여 총수요가 증가한다.

⑤ 리카도 대등정리가 성립하면, 국채상환에 대비한 저축이 증가하여 이자율이 오르지 않아서 구축효과가 발생하지 않는다.

📝 리카도의 대등정리에 의하면 국채발행으로 조세감면이 이루어지더라도 경제의 실질변수에는 아무런 변화가 발생하지 않는다. 즉, 국채가 발행되고 조세가 감면되어 가처분소득이 증가하더라도 합리적인 개인들은 미래의 조세증가를 예견하고 이를 모두 저축하므로 민간소비는 전혀 변하지 않는다. 이처럼 국채가 발행되더라도 민간소비가 변하지 않으므로 총수요도 전혀 변하지 않는다.

73

아래 서술은 국채 발행을 수반한 조세 삭감이 경제에 미치는 영향에 대해 '리카도의 등가(Ricardian equivalence)'논리를 적용한 설명이다. 이 설명을 완성하기 위해 필요한 단어를 순서대로 나열하면?

> 조세 삭감 그 자체의 효과는 소비증가이다. 그런데 삭감된 조세에 상응하여 증가하는 국채의 이자와 원금을 지불하기 위해 언젠가는 조세를 증가시켜야 한다. 이것은 미래의 가처분소득 _____을(를) 의미하므로 가계는 현재의 소비를 _____시킨다. 따라서 국채 발행을 수반하는 조세 삭감의 결과는 결국 소비는 _____이다.

① 증가, 감소, 감소　　② 증가, 증가, 증가　　③ 감소, 감소, 불변

④ 감소, 증가, 감소　　⑤ 불변, 감소, 증가

📝 조세가 감면되면 현재의 가처분소득이 증가하나 조세 감면으로 국채가 발행되면 국채를 상환하는 시점에서는 조세가 증가할 것이므로 미래의 가처분소득이 감소한다. 리카도의 대등정리에 의하면 현재의 가처분소득 증가는 현재소비를 증가시키는 방향으로 작용하지만 미래의 가처분소득 감소는 현재소비를 감소시키는 방향으로 작용하므로 두 효과가 서로 상쇄되어 국채가 발행으로 조세감면이 이루어지더라도 현재소비는 변하지 않는다.

70 ③　**71** ④　**72** ④
73 ③

74 [2022] 세무사

재정적자의 경제적 효과에 관한 설명으로 옳은 것을 모두 고른 것은?

> ㄱ. 통화주의학파 : 경제 불황기에는 호황기에 비해 구축효과가 크게 나타난다.
>
> ㄴ. 케인즈학파 : 국채발행을 통해 재정적자를 충당하면 승수효과만큼 총수요증가를 가져온다.
>
> ㄷ. 리카르도(D. Ricardo)의 대등정리 : 재정적자를 국채로 충당할 때 총수요에 아무런 영향을 끼치지 않는다.
>
> ㄹ. 러너(A. Lerner) : 내부채무는 미래세대의 부담을 증가시킨다.
>
> ㅁ. 배로(R. Barro) : 적자재정이 국민저축과 투자에 전혀 영향을 미치지 않는다.

① ㄱ, ㄴ, ㄷ   ② ㄱ, ㄴ, ㄹ   ③ ㄴ, ㄷ, ㄹ
④ ㄴ, ㄷ, ㅁ   ⑤ ㄷ, ㄹ, ㅁ

✏️ 불황기에는 정부지출이 증가하더라도 이자율이 별로 상승하지 않으므로 구축효과도 그리 크지 않다. 러너에 의하면 국채가 발행되면 민간이 사용할 자원이 정부부문으로 이전되므로 국채발행에 따른 소비 및 투자 감소는 모두 국채 발행시점의 현재세대에 귀착된다.

✍️ 구축효과(crowding-out effect)
확대적인 재정정책을 실시하면 이자율이 상승하여 민간투자가 감소하는 효과

75 [2021] 세무사

정부의 세금 인하로 인해 발생하는 경제적 효과로 옳지 않은 것은?

① 가처분소득이 늘어나 화폐수요가 증가한다.
② 소비지출이 증가하므로 총수요곡선이 오른쪽으로 이동한다.
③ 리카르도(D. Ricardo)의 대등정리에 따르면 세금 인하로 인해 발생하는 재정적자를 국채로 충당할 때 총수요에 아무런 영향을 끼치지 않는다.
④ 구축효과가 없다는 가정 하에 세금 감면액과 정부지출 증가액이 동일한 크기라면 두 정책의 총수요 효과는 동일하다.
⑤ 구축효과가 없다는 가정 하에 정부지출을 줄이는 만큼 세금을 감면하면 재정적자의 변화 없이 총수요를 감소시킨다.

✏️ 정부지출승수가 조세승수(절댓값)보다 크기 때문에 조세가 감면될 때보다 동액의 정부지출이 증가하면 총수요가 더 크게 증가한다. 그리고 조세가 감면될 때 동액만큼 정부지출이 감소하면 총수요가 감소하게 된다.

76 2021 세무사

적자재정에 따른 국채발행의 효과에 관한 설명으로 옳은 것은?

① 리카르도(D. Ricardo)는 총수요를 변화시킬 수 있다고 하였다.

② 러너(A. Lerner)는 내부채무는 미래세대의 부담을 증가시킨다고 하였다.

③ 통화주의자들은 총수요가 변한다고 하였다.

④ 배로(R. Barro)는 국민저축과 투자에 전혀 영향을 미치지 않는다고 하였다.

⑤ 케인즈학파는 국채발행을 통해 조세부담을 경감시켜주어도 총수요는 변하지 않는다고 하였다.

📝 케인즈학파에 의하면 국채를 발행하고 조세를 감면하면 민간의 처분가능소득이 증가하므로 민간소비가 증가한다. 민간의 소비지출이 증가하면 총수요가 증가한다. 이에 비해 통화주의자들에 의하면 국채를 발행하고 조세를 감면하면 민간소비지출이 증가하나 이자율 상승으로 인해 민간투자가 감소하는 구축효과가 크게 나타나므로 총수요가 거의 증가하지 않는다.

배로의 설명에 의하면 사람들이 합리적이므로 조세가 감면되고 국채가 발행되면 미래의 조세 증가를 예견하고 증가한 가처분소득을 모두 미래의 조세납부에 충당하기 위해 모두 저축한다. 정부저축이 감소하면 민간저축이 정확히 그만큼 증가하므로 국채가 발행되더라도 국민저축 및 이자율이 변하지 않는다. 국채가 발행되더라도 이자율이 변하지 않으므로 민간투자 또한 변하지 않는다. 이처럼 리카도의 대등정리에 의하면 조세를 감면하고 국채를 발행하더라도 민간소비와 민간투자가 변하지 않으므로 총수요도 변하지 않는다.

러너를 비롯한 신정통파 학자들은 국채란 민간이 사용할 자금을 정부부문으로 이전시키는 것이므로 그 부담은 국채발행 시점에서 발생한다고 주장한다. 이들의 설명에 의하면 국채 원리금의 상환을 위하여 미래세대에게 조세를 징수하더라도 그 원리금의 상환 역시 미래세대에게 이루어지므로 상환시점에는 사회구성원 간에 구매력 이전만 발생한다. 그러므로 내부채무는 모두 현재세대가 부담하게 된다.

77

정부의 재정적자는 경상수지 적자를 가져오는 경향이 있다. 이와 관련된 설명으로 옳지 않은 것은?

① 정부의 적자재정이 지속되면 구축효과가 크게 나타나기 때문이다.

② 국내총저축의 감소로 투자재원이 부족이 초래되기 때문이다.

③ 정부지출 증가로 총수요가 증가하면 외국으로부터의 수입이 늘기 때문이다.

④ 이자율이 상승으로 인한 자본유입으로 환율이 하락하기 때문이다.

⑤ 기업들의 기술개발투자가 위축되어 국제경쟁력이 낮아지기 때문이다.

📝 재정적자로 발생할 때 이자율이 상승하여 투자가 큰 폭으로 줄어든다면 경상수지가 오히려 개선될 가능성이 있다.

78 2020 세무사

국가채무에 관한 설명으로 옳지 않은 것은?

① 리카도 대등정리가 성립하면, 국채상환에 대비한 저축이 증가하여 이자율이 오르지 않아서 구축효과가 발생하지 않는다.

② 국채발행이 증가하면 이자율이 상승하고, 원화 환율이 하락하여 경상수지가 악화된다.

③ 러너(A. Lerner)로 대표되는 국채에 관한 전통적인 견해에 따르면, 내부채무의 경우 미래세대로 부담이 전가된다.

④ 이자율 하락은 국채의 시장가치를 상승시켜 정부부채를 증가시키는 효과가 있다.

⑤ 중복세대모형에 따르면, 국가 채무는 미래세대로 부담이 전가된다.

✎ 러너(A. P. Lerner)를 비롯한 일부 학자들에 따르면 정부가 국채를 발행하면 민간이 사용할 자금의 일부가 정부로 이전되어 현재세대의 소비 및 투자가 감소하므로 그 부담은 현재세대가 지게 된다. 이들은 국채원리금 상환을 위하여 미래세대에게 조세를 징수하더라도 그 원리금의 상환 역시 미래세대에게 이루어지므로 상환시점에서는 구성원 간의 구매력 이전만 발생할 뿐이라고 설명한다. 이러한 주장을 신정통파 견해라고 한다.

　신정통파 견해에서는 어느 한 시점에서 살아있는 모든 사람을 한 세대(generation)로 보고 있으나 보다 정확히 말하면 한 시점에서 태어난 사람을 한 세대로 정의하는 것이 보다 합리적이다. 이러한 정의에 따르면 한 시점에서 보면 어떤 사회에는 여러 세대가 동시에 살아가는 것으로 볼 수 있다. 이러한 인식에 기반을 두고 있는 것이 중복세대모형(overlapping generation model)이다.

　중복세대모형을 이용한 분석에 따르면 국채발행 시점에서는 청년세대와 노년세대가 정부지출에 따른 편익을 얻게 되나 국채상환 시점에서는 정부지출의 편익을 누린 노년세대(국채 발행시점의 청년세대)와 정부지출의 편익을 누리지 못한 새로 태어난 청년세대가 조세를 납부해야 한다. 그러므로 중복세대모형의 관점에서 나이에 따라 세대를 구분해서 분석하면 국채가 발행될 경우 그 부담의 일부가 국채발행 시점에서의 노년세대에서 국채상환 시점의 청년세대로 전가된다.

　리카도의 대등정리가 성립하는 경우 국채발행으로 정부저축이 감소하면 미래의 조세증가를 예견한 사람들의 자발적인 저축증가로 민간저축이 그만큼 늘어나므로 총저축이 변하지 않는다. 총저축이 불변이면 이자율도 변하지 않으므로 구축효과(crowding-out effect)가 발생하지 않는다. 또한 이자율이 변하지 않으면 자본의 유출입이 이루어지지 않으므로 환율도 변하지 않는다.

　리카도의 대등정리가 성립하지 않는 경우에는 국채가 발생되면 이자율이 상승하므로 민간투자가 감소하는 구축효과가 발생한다. 또한 국내이자율이 상승하면 자본유입이 이루어지므로 환율이 하락한다. 환율이 하락하면 순수출이 감소하므로 경상수지가 악화된다.

79

공채관리정책에 대한 다음 설명 중 옳은 것은?

① 단기채가 장기채보다 유동성이 낮다.

② 단기채가 장기채보다 유동성이 낮으므로 단기채의 구성비가 클수록 투자가 자극된다.

③ 장기채의 가격이 단기채의 가격보다 안정적이므로 이자율 변동의 영향이 작다.

④ 경제안정화를 위해서는 호황기에는 단기채를, 그리고 불황기에는 장기채를 발행하는 것이 바람직하다.

⑤ 이자비용의 최소화를 위해서는 불황기에는 장기채를, 호황기에는 단기채를 발행하는 것이 바람직하다.

📝 일반적으로 단기채가 장기채보다 이자율변동의 영향을 작게 받으며, 유동성은 더 높다. 단기채가 장기채보다 유동성이 높기 때문에 단기채 비중이 높을수록 투자가 활성화된다. 경제를 안정화시키기 위해서는 호황기에는 유동성을 감소시키고 불황기에는 유동성을 증대시켜야 하므로 호황기에는 장기채를 발행하고 불황기에는 단기채를 발행하는 것이 바람직하다. 그리고 이자비용의 최소화를 위해서는 금리수준이 높은 호황기에는 상대적으로 금리가 낮은 단기채를 발행하고, 금리수준이 낮은 불황기에는 상대적으로 금리수준이 높은 장기채를 발행하는 것이 바람직하다.

✏ 채권의 만기가 길수록 이자율 변동시 채권가격의 변화가 커진다.
→ 장기채가 단기채보다 이자율변동의 영향이 크다.

공채관리정책

	경기대응적 공채관리	경기순응적 공채관리	중립적 공채관리
개 념	경제안정을 주된 목표로 두고 적극적으로 공채의 만기구성을 조정하는 것	공채이자비용 최소화를 목표로 두고 공채의 만기구성을 조정하는 것	경기와 중립성을 유지할 수 있도록 공채를 관리하는 것
방 법	경기호황기에는 장기채를 발행하여 시중유동성을 흡수하고, 경기불황기에는 단기채를 발행하여 시중유동성을 증대	이자율수준이 높은 호황기에는 상대적으로 이자율이 낮은 단기채를 발행하고, 이자율수준이 낮은 불황기에는 장기채를 발행	공채의 만기, 발행규모 등을 단순화하고 주기적으로 공채를 발행함으로써 공채가 금융정책의 교란요인으로 작용하지 않도록 함
장 점	경제안정에 기여	이자비용이 최소화	이자비용이 최소화
단 점	이자비용이 많이 소요	경제안정화에 역행	−

80 [2019] 세무사

공채에 관한 설명으로 옳지 않은 것은?

① 고전파경제학에서는 균형재정을 바람직한 것으로 보았기 때문에 공채발행을 부정적으로 인식하고 있다.

② 케인스경제학에서는 적자재정에 따른 공채발행을 보다 적극적으로 수용하고 있다.

③ 재원조달 측면에서 볼 때 '리카도(D. Ricardo)의 대등정리'가 적용되면 조세에 비해 공채발행으로 더 큰 총수요증가를 기대할 수 있다.

④ '이용시 지불원칙(pay−as−you−use principle)'에 의하면 정부의 투자지출에는 공채발행이 바람직하다.

⑤ 공채발행은 그 목적과 달리 결과적으로 소득재분배를 유발할 가능성이 있다.

☑ 리카도의 대등정리에 의하면 정부의 재원조달 방식의 변경은 총수요에 아무런 영향을 미치지 않는다. 그러므로 조세를 통해 재원을 조달하건 국채발행을 통해 재원을 조달하건 정부지출에 따른 총수요 증가분은 동일하다.

　　도로, 항만, 공항과 같은 사회간접자본은 오랜 기간 동안 사용이 가능하므로 현재세대 뿐만 아니라 미래세대도 그 편익을 누린다. 이용자 지불원칙을 따른다면 미래세대도 사회간접자본 건설비용의 일부를 부담해야 하는데, 미래세대가 비용의 일부를 부담하도록 하려면 국채를 발행하여 재원을 조달한 후 미래세대가 국채상환에 필요한 금액을 세금으로 납부하도록 하면 된다.

81

공공사업을 위해 국채를 발행할 경우 누가 그 부담을 지게 되는지에 대해서는 많은 논란이 있다. 이에 대한 설명으로 적절하지 않은 것은?

① Buchanan은 각 개인들은 효용이 극대화되는 현재소비와 미래소비의 조합을 선택하는 과정에서 자발적으로 국채의 구입여부를 결정하므로 현재세대는 아무런 부담을 지지 않는다고 본다.

② Modigliani에 의하면 정부가 국채를 발행하면 민간의 투자가 위축되어 자본축적이 저해되므로 미래세대의 소득수준이 낮아지므로 국채가 발행될 경우 그 부담은 미래세대에게 전가된다.

③ Barro는 리카도의 대등정리를 통해 국채가 발행되더라도 총수요에는 아무런 변화가 발생하지 않으나 미래세대가 조세를 부담해야 하므로 그 부담은 미래세대가 지게 된다고 주장한다.

④ Lerner에 의하면 국채발행으로 자금이 정부부문으로 이전되면 그 부담은 현재세대가 지게 되며, 국채상환을 위해 미래세대에게 조세를 징수하더라도 그 원리금 역시 미래세대에게 상환되므로 미래세대는 어떠한 부담도 지지 않는다.

⑤ A. Smith를 비롯한 고전학파 경제학자들은 국공채 발행으로 조달된 정부수입은 비생산적으로 사용되어 경제의 자본축적이 저해되므로 국채발행에 따른 부담은 미래세대가 지게 될 것으로 보았다.

☑ 리카도의 대등정리에 의하면 국채가 발행되면 현재세대는 미래세대의 조세부담 증대를 예견하고 더 많은 유산을 물려 줄 것이므로 국채발행의 부담은 현재세대가 지게 된다.

제17장 / **지방재정**

82 2016 세무사

재정연방체제이론에 따른 중앙정부와 지방정부 간 기능배분에 관한 설명으로 옳지 않은 것은?

① 공공재 공급효과가 미치는 공간적 범위에 따라 중앙정부와 지방정부가 공급해야 할 공공재를 구분해야 한다.

② 조세부담-편익 연계가 강한 공공재는 지방정부가, 그렇지 않은 공공재는 중앙정부가 공급하는 것이 바람직하다.

③ 무임승차의 가능성이 높은 공공재의 경우에는 중앙정부가, 그렇지 않은 공공재는 지방정부가 공급하는 것이 바람직하다.

④ 국방과 외교는 중앙정부가, 쓰레기 수거와 거리청소는 지방정부가 공급하는 것이 바람직하다.

⑤ 부정적 외부성이 존재하는 공공재는 중앙정부가, 긍정적 외부성이 존재하는 공공재는 지방정부가 공급하는 것이 바람직하다.

☞ 긍정적이든 부정적이든건 간에 지역 간 외부성이 발생하는 공공재의 경우는 지방정부가 공급하면 과소공급 혹은 과다공급이 이루어질 수 있으므로 중앙정부가 공급하는 것이 바람직하다.

83 2020 세무사

지방분권제도가 중앙집권제도보다 더 바람직한 경우에 관한 설명으로 옳은 것은?

① 세금 징수에 있어서 규모의 경제가 존재한다.

② 공공재 공급에 있어서 규모의 경제가 존재한다.

③ 공공재에 대한 선호가 모든 지역에서 동일하다.

④ 주민들의 지역 간 이동비용이 낮다.

⑤ 공공재와 세금에 대한 정보를 획득하는 비용이 높다.

☞ 공공재 공급에 있어서 규모의 경제가 존재한다면 공급규모가 커질수록 평균비용이 낮아지므로 각 지방정부가 따로 공공재를 공급하는 것보다 중앙정부가 한꺼번에 대규모로 공급하는 것이 바람직하다. 또한, 조세징수에 있어 규모의 경제가 존재한다면 각 지방정부가 독자적인 징세기구를 유지하는 것보다는 중앙집권적인 조세징수체제를 유지하는 것이 비용 면에서 더 유리하다.

　모든 지역의 공공재에 대한 선호가 동일하다면 중앙정부가 공급하더라도 적정수준의 공공재가 공급될 수 있다. 그러므로 지역 간 선호의 차이가 없다면 각 지방정부마다 독자적인 공공재 공급체계를 갖추는 것보다 중앙정부가 통일적인 공공재 공급체계를 유지하는 것이 바람직할 수 있다.

　티부모형에 의하면 각 지역에서 공공재와 조세수준이 모두 다른 경우 주민들의 지역 간 이동비용이 낮다면 발에 의한 투표를 통해 각 지역마다 효율적인 공공재 공급이 이루어질 수 있다. 이 경우에는 각 지방정부가 지역 주민의 선호를 반영하여 공공재를 공급하는 것이 바람직하다. 그런데 주민들이 각 지역에서 공공재와 세금에 관한 정보를 획득하는데 많은 비용이 소요되면 발에 의한 투표가 제대로 이루어질 수 없으므로 반드시 지방정부에 의한 공공재 공급이 타당성을 갖는다고 보기는 어렵다.

84 (2021 세무사)

지방분권제도에 관한 설명으로 옳지 않은 것은?

① 지역의 특성을 반영한 제도의 도입이 용이하다.
② 지역주민의 욕구를 반영한 행정을 실현할 수 있다.
③ 자치단체 간 경쟁을 유발하여 효율적인 생산을 촉진한다.
④ 중앙정부의 교부금으로 인해 지방의 재정자립도가 높아진다.
⑤ 지역 간 재정능력의 불균형으로 지역 간 격차가 커질 수 있다.

📝 지방재정자립도는 지방정부의 소요재원 중에서 중앙정부에 의존하지 않고 자체적으로 조달할 수 있는 재원의 비중을 말한다.

$$\text{지방재정자립도} = \frac{\text{자주재원}}{\text{자주재원} + \text{의존재원}} \times 100$$

지방정부 수입 중 지방교부세와 국고보조금과 같은 중앙정부의 교부금은 의존재원으로 분류된다. 그러므로 지방정부가 자체적으로 조달하는 자주재원의 크기가 고정되어 있을 때 중앙정부가 지방정부에 교부금을 지급하면 지방재정자립도가 낮아지게 된다.

85 (2022 세무사)

지방분권에 관한 설명으로 옳지 않은 것을 모두 고른 것은?

> ㄱ. 자치단체 간 경쟁을 유발하여 효율적인 생산을 촉진한다.
> ㄴ. 중앙정부의 교부금으로 인해 지방의 재정자립도가 높아진다.
> ㄷ. 지역 간 재정능력의 불균형으로 지역 간 격차가 커질 수 있다.
> ㄹ. 오우츠(W. Oates)의 분권화 정리는 지방공공재 공급에 있어서 규모의 경제가 있고, 인접 지역으로의 외부성이 없는 경우에 성립한다.
> ㅁ. 지방분권제도가 중앙집권제도보다 지방공공재에 대한 정보를 획득하는 비용이 높다.

① ㄱ, ㄴ, ㄷ
② ㄱ, ㄴ, ㄹ
③ ㄴ, ㄷ, ㄹ
④ ㄴ, ㄹ, ㅁ
⑤ ㄷ, ㄹ, ㅁ

📝 중앙정부가 지방정부에 지급하는 교부금은 의존재원에 해당되므로 지방정부 예산 중 교부금의 비중이 클수록 지방재정자립도가 낮아진다. 오우츠의 분권화정리에서는 어느 단계의 정부가 공공재를 공급하든지 공공재 공급비용이 동일한 것으로 전제하므로 공공재 공급에 있어 규모의 경제가 발생하지 않는 것으로 가정한다. 지방정부는 중앙정부보다 지역주민의 선호를 훨씬 쉽게 파악할 수 있으므로 지방분권제도가 중앙집권제도보다 지방공공재에 대한 정보를 획득하는데 비용이 더 적게 소요된다.

86 2023 세무사

지방분권에 관한 설명으로 옳지 않은 것은?

① 지방분권의 정도를 간접적으로 파악할 수 있는 중앙집권화율은 중앙정부의 지출을 지방정부의 지출로 나누어 계산한다.

② 지방자치단체 간의 경쟁을 촉진하여 공공서비스의 효율적인 생산을 유도한다.

③ 티부(C. Tiebout) 모형은 공공재 공급의 재원으로 재산세를 상정하고 있다.

④ 중앙집권제도에 비해 공공재와 세금에 대한 정보확보비용이 증가하게 된다.

⑤ 오우츠(W. Oates)에 의하면 공공재 공급비용이 동일하다면 지방공공재는 지방정부가 공급하는 것이 효율적이다.

✎ 중앙집권화율(concentration ratio)이란 정부부문의 총지출 중에서 중앙정부의 직접적 지출이 차지하는 비중을 말한다.

$$중앙집권화율 = \frac{중앙정부의 \; 직접적 \; 지출}{정부부문의 \; 총지출}$$

87 2020 세무사

분권화된 체제에서의 지방세에 관한 설명으로 옳지 않은 것은?

① 지역발전을 위한 조세경쟁이 발생한다.

② 조세수출이 발생한다.

③ 지방세율 차이로 인해 지역의 물가가 달라질 수 있다.

④ 지역 간 형평성을 위해서는 지방세율이 동일해야 한다.

⑤ 지방세는 주로 이동성이 작은 자산에 과세하는 것이 바람직하다.

✎ 조세경쟁(tax competition)이란 분권화된 체제 하에서 각 지방정부가 서로 세원을 지역 내로 유치하기 위해 경쟁적으로 세율을 낮추는 것을 말한다. 각 지방정부가 공장과 같은 부동산에 대한 세율을 인하하여 기업을 지역 내로 유치하거나, 자동차 취득세를 낮추어 등록지를 관할구역 내로 유도하는 것 등이 조세경쟁에 해당된다.

　조세수출(tax export)이란 한 지역에서 부과된 조세가 어떤 원인에 의하여 다른 지역의 주민에게 귀속되는 현상을 말한다. 예를 들어, 유명한 관광지가 많은 지역의 지방정부가 호텔을 비롯한 숙박업소 투숙객들에게 일정액의 세금을 부과하여 지방공공재 공급재원으로 사용한다면 조세수출이 발생한다. 만약 일부 지역에서만 숙박업소 투숙객에게 세금을 부과한다면 지역별로 숙박비가 달라지는 현상이 나타날 수 있다.

　지방세 세원의 지역 간 이동이 쉽게 이루어질 수 있다면 과세권이 불분명해지는 문제가 발생할 수 있으므로 지방세는 주로 이동성이 작은 자산에 부과하는 것이 바람직하다. 주로 각국에서는 재산세를 지방세 세원으로 사용하고 있다. 지방세의 세율은 각 지역 주민들의 공공재에 대한 선호 등을 감안하여 적정수준으로 설정되어야 한다. 그러므로 각 지역의 지방세 세율이 같을 필요는 없다.

84 ④　**85** ④　**86** ①
87 ④

88 2019 세무사

지방분권에 관한 설명으로 옳지 않은 것은?

① 정부부문의 총지출 중 중앙정부의 직접적 지출이 차지하는 비율을 중앙집권화율이라 하며, 분권 수준을 파악하는 지표로 사용한다.

② 오우츠(W. Oates)는 공공재 공급비용이 동일하다면, 지방공공재는 중앙정부보다 지방정부가 공급하는 것이 효율적일 수 있다고 주장하였다.

③ 오우츠의 분권화 정리는 공공재 공급에 있어서 규모의 경제가 있고, 인접 지역으로의 외부성이 없는 경우에 성립한다.

④ 티부(C. Tiebout)는 개인들의 지역 간 이동이 자유롭다면, 개인들이 선호하는 지방정부를 선택하는 '발에 의한 투표'를 주장하였다.

⑤ 티부모형은 지방정부의 재원은 재산세로 충당하는 것을 상정하고 있다.

📝 공공재 공급에 있어 규모의 경제가 존재한다면 다수의 지방정부가 독립적으로 공공재를 공급하는 것보다 중앙정부가 대규모로 공급하면 공급비용이 낮아진다. 그러므로 공공재 공급에 있어 규모의 경제가 존재하면 중앙정부가 공공재를 공급하는 것이 더 효율적이다. 오우츠의 분권화정리가 성립하려면 어느 단계의 정부가 공공재를 공급하든 공급비용이 동일하다는 전제가 필요하다.

89 2021 세무사

티부(C. Tiebout) 가설에 관한 설명으로 옳지 않은 것은?

① 개인의 완전한 이동성이 보장되어야 한다.

② 지방정부가 취한 행동이 외부성을 발생시키지 않아야 한다.

③ 상이한 재정 프로그램을 제공하는 지역사회의 수가 충분히 많아야 한다.

④ 각 지역사회가 공급하는 재화와 조세에 대해 주민이 완전한 정보를 가지고 있어야 한다.

⑤ 공공재의 생산 규모가 증가할수록 단위당 생산비용이 하락하는 규모의 경제가 발생하여야 한다.

📝 공공재 생산규모가 증가할 때 규모의 경제가 발생한다면 각 지방정부가 개별적으로 공공재를 공급하는 것보다 중앙정부가 대규모로 공공재를 공급하는 것이 훨씬 효율적이 된다. 그러므로 지방정부에 의해 최적수준의 공공재 공급이 이루어지려면 공공재 공급이 규모에 대한 수익불변의 특성을 가져야 한다.

한 지역의 공공재 공급이 다른 지역에 영향을 미치는 외부효과가 존재하면 어떤 지역의 주민이 낸 세금이 다른 지역의 편익증대에 사용되므로 지방공공재의 최적공급이 이루어지기 어렵다. 그러므로 티부모형이 성립하려면 지방공공재 공급에 외부효과가 존재하지 않아야 한다.

90

다음은 지방세의 세목결정시에 고려해야 할 사항이다. 옳지 않은 것은?

① 가능하면 편익에 비례하여 조세가 부과되도록 해야 한다.

② 각 지역별로 특성이 있는 재화에 대하여 과세하여야 한다.

③ 지역주민의 공평한 조세부담이 이루어질 수 있는 품목에 대하여 과세해야 한다.

④ 세원의 지역간 이동성이 낮은 품목에 대하여 과세하여야 한다.

⑤ 세수가 안정적인 품목에 대하여 과세하여야 한다.

📝 지방세의 원칙으로는 여러 가지가 있으나 그 중의 하나는 세원이 각 지역에 골고루 분포되어 있어야 한다는 것이다. 그 이유는 세원이 특정지역에 편중되어 있다면 지역간 재정력의 격차가 심각하게 발생할 것이기 때문이다. 이는 전국적으로 동일한 지방세 체계를 갖고 있는 우리나라의 경우에는 특히 중요한 원칙이다. 바람직한 지방세의 요건을 요약하면 다음과 같다.

바람직한 지방세의 요건

원 칙	내 용
안정성의 원칙	지방정부가 제공하는 공공서비스(교통, 상하수도, 보건, 위생 등)는 경상성이 강하고, 세수변동에 따라 신축적으로 조정하는 것이 불가능하므로 지방세는 경기변동과 관계없이 세수가 안정적인 세목이 바람직하다.
보편성의 원칙	세원이 특정지역에 편재되어 있다면 지방정부간 재정력의 격차가 크게 발생할 것이므로, 지방세의 세원은 각 지방에 골고루 분포되어 있어야 한다.
지역성의 원칙	지역성의 원칙이란 세원이 한 지역에 정착되는 것이어야 한다는 것이다. 만약 세원이 지역간 자유로운 이동이 발생한다면 과세기술상 문제가 발생할 뿐만 아니라 지방정부의 재정운용에도 지장을 초래할 가능성이 높다.
응익성의 원칙	지방정부가 공급하는 공공재는 편익이 대부분 지역에 귀속될 뿐만 아니라 일상생활과 관련된 것이 많기 때문에 편익이 쉽게 인식된다. 따라서 지방세는 지방공공재로부터 얻는 편익을 기준으로 조세부담을 배분하는 것이 바람직하다.
분임부담의 원칙	분임부담의 원칙이란 지방정부의 행정서비스에 소요되는 경비인 지방세를 가능하면 많은 구성원들에게 소액씩이라도 부담을 분임하여야 한다는 것을 말한다. 세부담의 분임을 통해 지방행정에 대한 참여의식을 고취시키고 자치의식을 함양하여 건전한 지방자치를 도모하기 위한 필요성에 의한 원칙이다.
기 타	위에서 살펴본 원칙 이외에 지방세의 원칙으로 제시되고 있는 것으로는 ① 조세수입의 충분성, ② 기업의 입지나 경쟁면에서의 중립성, ③ 최소징세비의 원칙 등을 들 수 있다.

91

다음 중 지방재정자립도를 측정하는 지표는?

① $\dfrac{\text{지방세}}{\text{지방정부의 총수입}}$

② $\dfrac{\text{국고보조금}+\text{지방교부금}}{\text{지방정부의 총수입}}$

③ $\dfrac{\text{지방세}+\text{지방채}}{\text{지방정부의 총수입}}$

④ $\dfrac{\text{지방세}+\text{국고보조금}}{\text{지방정부의 총수입}}$

⑤ $\dfrac{\text{지방세}+\text{세외수입}}{\text{지방정부의 총수입}}$

📝 지방재정자립도란 지방정부의 전체 재원 중에서 중앙정부에 의존하지 않고 자체적으로 조달할 수 있는 자주재원이 차지하는 비중으로 다음과 같이 정의된다.

$$\text{지방재정자립도}=\frac{\text{자주재원}}{\text{자주재원}+\text{의존재원}}\times100$$

지방정부의 대표적인 세입원에는 지방세, 세외수입, 지방교부세, 국고보조금 등이 있는데, 이 중에서 지방세와 세외수입은 자체재원이며, 지방교부세와 국고보조금은 의존재원에 속한다.

92 2023 세무사

우리나라의 지방재정에 관한 설명으로 옳지 않은 것은?

① 지방세 규모는 국세 규모보다 작다.

② 중앙정부는 법률로 국세를 신설할 수 있으며 지방자치단체는 법률에 관계없이 조례로 지역에 필요한 지방세목을 신설할 수 있다.

③ 지방재정조정제도에서 조정교부금제도는 상위지방자치단체가 하위지방자치단체에 지원하는 제도이다.

④ 지방교부세는 재원의 사용 용도가 정해져 있지 않다.

⑤ 부동산 경기변동은 지방재정의 규모와 안정성에 영향을 주게 된다.

📝 헌법에 모든 국민은 법률이 정하는 바에 의하여 납세의무를 지며, 조세의 종목과 세율은 법률로 정한다고 규정되어 있는데 이를 조세법률주의라고 한다. 조세법률주의에 의하면 국세와 지방세를 포함한 모든 조세는 국회에서 제정하는 법률에 의해서만 새로운 세목을 신설할 수 있다.

93

지방재정에 있어서 교부금(grants)에 관한 설명으로 옳지 않은 것은?

① 범주적 교부금(categorical grants)은 중앙정부가 특정한 조건을 달고 지방정부에 제공하는 교부금이다.

② 대응교부금(matching grants)은 지방정부가 어떤 사업을 수행할 경우 비용의 일정 부분을 중앙정부가 부담하는 방식으로 교부금을 지급하는 방식이다.

③ 비대응교부금(non－matching grants)은 대응교부금과 달리 아무런 대응조건 없이 중앙정부가 교부하는 교부금이다.

④ 대응교부금은 가격보조에 해당하고 비대응교부금은 소득보조에 해당한다고 볼 수 있다.

⑤ 무조건 교부금(unconditional grants)은 중앙정부가 지방정부와 세입을 공유한다는 입장에서 아무런 조건 없이 제공하는 교부금을 뜻한다.

✎ 중앙정부가 지방정부에 제공하는 교부금은 조건부 교부금과 무조건부 교부금으로 나눌 수 있다. 무조건부 교부금은 중앙정부가 지방정부와 조세수입을 공유한다는 입장에서 아무런 조건없이 지급하는 보조금이다. 이에 비해 조건부 교부금은 중앙정부가 특별한 조건을 붙여 지급하는 보조금이다. 조건부 교부금은 자금의 사용범주를 지정해 주었다는 의미에서 범주적 교부금이라고도 한다.

　조건부 교부금은 대응교부금과 비대응교부금으로 나누어진다. 대응교부금은 지방정부가 수행하는 사업에 소요되는 비용의 일정부분을 중앙정부가 부담하는 방식으로 지급하는 보조금이다. 그러므로 대응교부금은 가격보조에 해당하는 방식으로 지급하는 보조금이다. 이에 비해 비대응교부금은 중앙정부가 일정규모의 보조금을 지급하되 이를 특정한 공공사업에 사용해야 한다는 조건을 붙인 보조금이다. 비대응교부금은 소득보조에 해당하는 효과를 갖는 보조금이다.

94 ⬤ 2022 세무사

지방재정조정제도인 보조금제도에 관한 설명으로 옳지 않은 것은?

① 무조건부 보조금은 사적재와 공공서비스간 선택에서 소득효과를 발생시킨다.

② 대응보조금은 사적재와 공공서비스 선택에서 대체효과를 발생시키기 때문에 비효율성을 유발한다.

③ 대응보조금은 사적재와 공공서비스 선택에서 소득효과와 대체효과로 인해 공공서비스 소비량의 변화를 알 수 없다.

④ 보조금으로 끈끈이 효과가 나타나면 지방정부의 지출이 늘어난다.

⑤ 비대응보조금은 지역 주민의 사적재 소비를 늘리는 방향으로 영향을 미칠 수 있다.

✎ 대응보조금을 지급하면 공공재의 상대가격이 하락하므로 대체효과에 의해 공공서비스 소비량이 증가하고 사적재의 소비량이 감소한다. 한편, 대응보조금이 지급되면 지역주민의 실질소득이 증가하게 되는데, 공공재와 사적재가 모두 정상재라면 소득효과에 의해 공공재와 사적재의 소비량이 모두 증가한다.

91 ⑤　　92 ②　　93 ③
94 ③

95 `2020` 세무사

정부 간 재원 이전제도인 교부금에 관한 설명으로 옳지 않은 것은?

① 보조금이 지급될 경우, 지방세가 줄어들어 그로 인해 민간지출이 증가하기보다 지방정부의 지출이 더 많이 늘어나는 현상을 끈끈이 효과로 볼 수 있다.

② 대응교부금의 경우, 공공재 선택에서 대체효과를 발생시키기 때문에 비효율적이다.

③ 무조건부 교부금의 경우, 소득효과만을 발생시키기 때문에 비효율을 억제할 수 있다.

④ 우리나라의 국고보조금과 보통교부세는 조건부 교부금이다.

⑤ 지방자치단체의 후생수준 증가라는 측면에서 볼 때, 무조건부 교부금은 최소한 대응 교부금보다 우월하다.

📝 우리나라의 국고보조금은 조건부 교부금인데 비해, 보통교부세(지방교부세)는 사용에 있어 아무런 제약이 없는 무조건부 교부금이다.

96

중앙정부가 지방정부에 조건부 정률(定率)보조금(conditional matching grant)을 지급할 경우 나타나는 효과를 잘못 기술한 것은?

① 지원 대상 공공서비스의 공급을 확대시키는데 유효하다.

② 지방정부의 세입증대노력을 유발할 수 있다.

③ 지역간 경제력 평준화에 기여할 수 있다.

④ 사회후생 증대라는 측면에서는 정액보조금보다 불리하다.

⑤ 보조금 지급시 대체효과가 작용한다.

📝 정률보조금이 지급될 경우 지방정부의 공공재 공급을 위한 재원조달금액이 증가할수록 보조금의 크기가 증가한다. 중앙정부가 조건부 정률보조금을 지급할 경우 재정력이 취약한 지역에서는 지방정부의 재원조달능력이 작기 때문에 지급받는 보조금의 크기도 작은 반면, 재정력이 풍부한 지역에서는 지방정부의 재원조달능력이 크기 때문에 상대적으로 많은 보조금을 지급받을 가능성이 매우 높다. 그러므로 정률보조금의 경우에는 오히려 지역 간 경제력 격차의 심화를 가져올 수도 있다.

97 `2017` 세무사

지방재정조정제도의 하나인 보조금제도에 관한 설명으로 옳지 않은 것은?

① 우리나라의 국고보조금은 조건부보조금(conditional grant)이다.

② 우리나라의 보통교부세는 무조건부보조금(unconditional grant)이다.

③ 무조건부보조금은 그 중 일부가 지역 주민의 조세부담을 완화시키는데 사용될 수 있다.

④ 비대응보조금(non-matching grant)은 지역 주민의 사적재 소비를 늘리도록 영향을 미칠 수 있다.

⑤ 대응보조금(matching grant)은 공공재의 소비를 증가시키고 지방정부의 재정부담 완화로 사적재의 소비도 증가시킨다.

☑ 대응보조금이 지급되는 경우에는 지방정부의 공공재에 대한 지출규모가 커질수록 중앙정부의 보조금도 증가한다. 그러므로 대응보조금이 지급될 때 지방정부의 공공재에 대한 지출규모가 매우 커지면 지역주민의 사적재 소비가 그 이전보다 감소할 수도 있다.

98

우리나라의 국고보조금 제도와 관련하여 옳은 설명은?

① 자치단체간 재정능력의 불균형을 시정하는데 매우 효과적이다.
② 지역간 외부성 문제가 나타날 때 유용한 교정수단이 될 수 있다.
③ 내국세의 일정비율을 재원으로 한다.
④ 자치단체 재정의 불안정성을 해소하는 효과적인 수단이다.
⑤ 일종의 무조건부 보조금의 성격을 가지고 있다.

☑ 국고보조금은 지방정부가 시행하는 특정사업에 대해 지급되는 조건부 보조금이므로 특정한 공공재의 공급을 촉진하는 효과가 있다. 그러므로 중앙정부는 국고보조금 지급을 통해 지역간 외부성을 발생시키는 공공재의 공급을 촉진할 수 있다. 나머지 보기는 모두 지방교부금에 대한 설명이다.

99 `2016` 세무사

중앙정부의 지방자치단체에 대한 교부금 지원이 초래하는 끈끈이효과(flypaper effect)에 관한 설명으로 옳지 않은 것은?

① 지방정부의 공공재 지출증대 효과는 중앙정부의 정액교부금 지원을 통한 경우가 중앙정부의 조세감면-주민소득증가에 의한 경우보다 효과가 더 크다.
② 중앙정부의 교부금으로 인해 지방공공재의 생산비가 하락한 것으로 주민들이 인식하는 경향이 있다.
③ 지역주민이 중앙정부의 교부금 지원에 따른 한계조세가격의 하락으로 인식하는 재정착각에 빠질 수 있다.
④ 관료들이 중앙정부로부터 교부금을 받았다는 사실을 공개할 때 나타나는 현상이다.
⑤ 지방자치단체 관료들의 예산극대화 동기와 무관하지 않다.

☑ 끈끈이효과란 중앙정부가 지방정부에게 보조금을 지급하면 지역주민의 소득이 증가할 때보다 지방공공재 공급규모가 커지는 현상을 말한다. 끈끈이효과가 나타나는 이유는 지방관료들도 예산규모 극대화를 추구하는 경향이 있기 때문에 중앙정부가 보조금을 지급하더라도 이를 지역주민에게 공개하지 않고 더 높은 지출수준을 유지하려고 하기 때문이다. 만약 중앙정부로부터 보조금을 받았다는 사실이 공개되면 지역주민의 재정착각이 나타나지 않을 것이므로 끈끈이효과가 완화될 것이다.

01 2017 세무사

소득불평등도 지수에 관한 설명으로 옳지 않은 것은?

① 앳킨슨(A. Atkinson)지수는 소득분배에 대한 사회적 가치판단에 따라서 크기가 달라진다.

② 로렌츠(M. Lorenz)곡선은 하위 몇 %에 속하는 사람들이 전체 소득에서 차지하는 비율을 나타내는 점들의 궤적이다.

③ 지니계수(Gini coefficient)는 로렌츠곡선을 이용해서 계산할 수 있다.

④ 지니계수는 전체 인구의 평균적인 소득격차의 개념을 활용하고 있다.

⑤ 달튼(H. Dalton)의 평등지수는 1에 가까울수록 불평등한 상태를 의미한다.

📝 달튼의 평등지수는 0과 1 사이의 값을 가지며, 소득분배가 평등할수록 그 값이 커진다. 보기 ④에 대해서는 약간의 추가적인 설명이 필요하다. 지니계수는 로렌츠곡선에서 초승달 모양을 한 부분의 면적을 완전평등선인 대각선 아래의 삼각형 면적으로 나눈 값으로 계산할 수도 있으나 평균적인 소득격차를 이용하여 다음과 같이 구할 수도 있다.

$$G = \frac{\Delta}{2\mu}$$

위의 식에서 μ는 평균소득을 나타내며, 분자의 Δ는 전체 사회구성원의 평균적인 소득격차로 다음과 같이 정의된다.

$$\Delta = \frac{1}{n(n-1)} \sum_{i=1}^{n} \sum_{j=1}^{n} |y_i - y_j|$$

사회구성원이 n명이 있을 때 사람들의 순서를 따지면서 둘씩 짝지우면 $n(n-1)$개의 순서쌍이 생겨나므로 임의의 두 사람 간의 소득격차 $|y_i - y_j|$를 모두 더해 $n(n-1)$로 나누면 평균적인 소득격차는 위의 식으로 계산된다.

어떤 사회의 소득분배가 극단적으로 불평등하여 한 사람이 소득을 모두 다 갖는다면 $\Delta = 2\mu$이므로 지니계수는 0이 되고, 모든 사람의 소득이 동일하면 $\Delta = 0$이 되므로 지니계수도 0이 된다. 이와 같이 계산한 지니계수가 로렌츠곡선에서 구한 것과 동일하다는 것이 증명되어 있다.

02 2013 세무사

A, B 두 사회는 구성원 수도 같고, 전체소득도 같다고 한다. 원점에서 수평축의 중간점까지는 A의 로렌츠곡선이 B의 로렌츠곡선 아래에 있고, 중간점에서 마지막까지는 A의 로렌츠곡선이 B의 로렌츠곡선 위에 있다. 이에 관한 설명으로 옳은 것은?

① A의 지니계수가 B의 지니계수보다 크다.

② B의 지니계수가 A의 지니계수보다 크다.

③ 두 로렌츠곡선의 교차점에서는 A와 B의 소득점유율이 상이하다.

④ A의 로렌츠곡선상 한 점의 좌표가 (20, 10)이라면, 하위소득자 10%가 전체소득에서 20%를 점유하는 것을 나타낸다.

⑤ 상대적으로 A는 B보다 중간점 이하의 소득계층에서 소득 편차가 크다.

📝 아래 그림과 같이 원점에서 수평축의 중간점까지는 A의 로렌츠곡선이 아래에 있고, 중간점에서 마지막까지는 A의 로렌츠곡선이 위에 있다고 하자. 이 때 지니계수는 로렌츠곡선과 대각선 상이의 면적에 의해 결정되므로 두 사회의 로렌츠곡선의 형태에 따라 A의 지니계수가 더 클 수도 있고, B의 지니계수가 더 클 수도 있다.

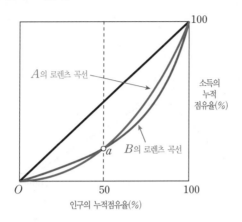

두 사회의 로렌츠곡선이 교차하는 a점에서는 사회 A와 B의 하위 50%의 소득점유율이 동일하다. a점보다 왼쪽에서는 A의 로렌츠곡선이 더 급경사이므로 하위 50% 소득계층의 소득편차는 A가 B보다 더 크다. 로렌츠곡선상의 한 점의 좌표가 $(20, 10)$이라면 최하위 20%의 소득계층의 소득점유율이 전체소득의 10%임을 의미한다.

03

개인 A와 B로 구성된 한 사회에서 개인의 소득이 각각 $I_A=400$만 원, $I_B=100$만 원이다. 개인 $i=A$, B의 효용함수가 $U_i=I_i$이고, 이 사회의 사회후생함수(SW)가 다음과 같을 때, 앳킨슨지수(Atkinson index)를 구하면?

$$SW=\min(U_A, 2U_B)$$

① 0.20 　　　　　　　　　　② 0.25

③ 0.30 　　　　　　　　　　④ 0.35

📝 개인 A의 소득 400만 원과 개인 B의 소득 100만 원이므로 두 사람의 소득을 평균한 사회전체의 평균소득 $\overline{Y}=250$만 원이고, $U_i=I_i$이므로 $U_A=400$, $U_B=100$이다. 이를 사회후생함수에 대입하면 사회후생 $SW=\min(U_A, 2U_B)=\min(400, 2\times100)=200$이다.

　　두 사람의 소득이 모두 200만 원으로 동일하면 $U_A=200$, $U_B=200$이므로 $SW=\min(U_A, 2U_B)=\min(200, 2\times200)=200$이 된다. 그러므로 소득분배가 불평등한 상태에서와 동일한 사회후생을 얻을 수 있는 완전히 균등한 소득분배 상태 하에서의 평균소득을 의미하는 균등분배대등소득 $Y_e=200$만 원이다. 사회전체의 평균소득 $\overline{Y}=250$만 원, 균등분배대등소득 $Y_e=200$만 원이므로 앳킨슨지수가 0.2로 계산된다.

$$A=1-\frac{Y_e}{\overline{Y}}=1-\frac{200}{250}=0.2$$

04 2014 세무사

A국은 2014년부터 아래 그림과 같이 근로장려세제를 도입하기로 했다. 정부가 근로소득 1,100만 원까지는 근로장려세를 100원당 40원씩 지급하고, 근로소득 1,500만 원에서 3,700만 원까지는 100원당 20원씩 줄여 지급한다. A국의 2014년에 예상되는 노동공급과 관련한 설명으로 옳은 것은? (단, 여가는 정상재이다.)

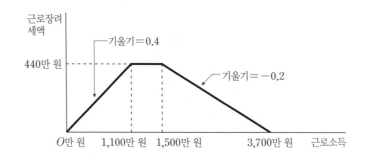

① 2013년 노동시장에 전혀 참여하지 않았던 사람은 소득효과의 크기에 따라 노동시장의 참여여부를 결정한다.
② 근로소득이 600만 원인 사람은 대체효과가 소득효과보다 크면 노동공급을 감소시킬 것이다.
③ 근로소득이 1,300만 원인 사람은 소득효과만 존재하므로 노동공급을 증가시킬 것이다.
④ 근로소득이 2,500만 원인 사람은 대체효과와 소득효과 모두 노동공급을 감소시킬 것이다.
⑤ 근로소득이 5,000만 원인 사람은 노동공급을 감소시킬 것이다.

📝 근로장려세제가 도입되어 근로소득의 일정비율에 해당하는 보조금이 지급되어 임금이 상승하면 여가의 상대가격이 상승하므로 그 이전에 노동시장에 참여하지 않았던 사람도 대체효과가 클 경우 노동시장에 참여하게 될 수도 있다. 여가가 정상재이면 근로장려금 지급에 따른 소득효과는 노동공급을 감소시키므로 보기 ①은 옳지 않다.

근로장려세제가 도입될 경우 점증구간에서는 대체효과에 의해서는 노동공급이 증가하고 소득효과에 의해서는 노동공급이 감소하므로 근로소득이 600만 원인 사람의 노동공급은 대체효과와 소득효과의 상대적인 크기에 따라 증가할 수도 있고, 감소할 수도 있다. 평탄구간에서는 소득효과만 발생하므로 노동공급이 감소한다. 따라서 근로소득이 1,300만 원인 사람의 노동공급은 감소한다.

점감구간에서는 대체효과와 소득효과 모두 노동시간을 감소시키므로 근로소득이 2,500만 원인 사람의 노동공급은 반드시 감소한다. 근로소득이 3,700만 원을 초과하면 근로장려세제의 영향을 받지 않으므로 근로소득이 5,000만 원인 사람의 노동시간은 변하지 않는다.

05

정부가 공기업을 통해 공공서비스 X와 Y를 공급하고 있는데, X재 수요의 가격탄력성은 3, Y재 수요의 가격탄력성은 5라고 한다. 램지가격설정원칙에 의해 두 가지 공공서비스의 가격을 설정할 때 공공서비스 Y의 가격을 한계비용보다 25% 높게 설정하였다면 공공서비스 X의 가격은 한계비용보다 얼마나 더 높게 책정해야 할까?

① 30%   ② 40%   ③ 50%
④ 60%   ⑤ 80%

📝 역탄력성규칙 $\dfrac{\dfrac{P_X-MC_X}{P_X}}{\dfrac{P_Y-MC_Y}{P_Y}}=\dfrac{\varepsilon_Y}{\varepsilon_X}$ 에 주어진 수치를 대입하면 $\dfrac{\dfrac{P_X-MC_X}{P_X}}{\dfrac{1}{5}}=\dfrac{5}{3}$ 이 된다. (예

를 들어, $MC_Y=100$인 경우 Y재 가격을 한계비용보다 25% 높게 설정하였다면 $P_Y=125$이므로

$\dfrac{P_Y-MC_Y}{P_Y}=\dfrac{125-100}{125}=\dfrac{1}{5}$이 된다). 이를 정리하면 $\dfrac{P_X-MC_X}{P_X}=\dfrac{1}{3}$이므로 $P_X=1.5MC_X$

이다. 즉, X재 가격은 한계비용보다 50% 높게 설정하여야 한다.

06　2014 세무사

우리나라 건강보험제도에 관한 설명으로 옳은 것은?

> ㄱ. 일반적으로 역선택 문제가 발생한다.
> ㄴ. 진료비는 건강보험에서 전액부담하는 것이 효율성 측면에서 바람직하다.
> ㄷ. 건강보험 당연지정제가 폐지된다면 의료시장의 양극화가 일어날 수 있다.
> ㄹ. 건강보험을 통해 제공되는 의료서비스는 외부성이 높은 서비스이다.

① ㄱ, ㄴ　　　　　　② ㄴ, ㄷ　　　　　　③ ㄴ, ㄹ
④ ㄷ, ㄹ　　　　　　⑤ ㄱ, ㄷ, ㄹ

📝 우리나라 건강보험제도는 모든 국민이 의무적으로 가입해야 하므로 역선택의 문제는 발생하지 않
지만 건강보험제도가 시행되지 않을 때보다 의료서비스를 과잉으로 소비하는 도덕적 해이는 여전
히 발생한다. 만약 진료비 전액을 건강보험에서 부담한다면 의료서비스의 과잉소비는 더 심해질
것이므로 진료비 전액을 건강보험에서 부담하는 것은 자원배분의 효율성의 측면에서 바람직하지
않다.

건강보험 당연지정제란 법적으로 모든 의료기관이 건강보험 지징 의료기관이 되도록 강제하는
제도를 말한다. 당연지정제하에서는 모든 의료기관은 건강보험에 가입한 환자의 치료를 거부할
수 없으며, 환자를 진료한 후에 환자본인부담액을 제외한 나머지 진료비를 건강보험공단에 청구
해야 한다. 이 제도 하에서는 의료수가를 정부, 의약계 대표, 공익대표 등이 포함된 건강보험정책
심의위원회에서 결정하므로 병원이 진료비를 마음대로 결정할 수가 없다.

건강보험 당연지정제가 폐지되면 당연지정제를 탈퇴한 병원은 진료비 전액을 환자에게 청구하
므로 진료비를 병원이 마음대로 결정할 수 있게 된다. 따라서 전체적으로 볼 때 의료비가 상승할
가능성이 높아 보인다. 또한 다수의 병원들은 많은 고가의 의료장비를 이용할 수 있는 고소득층을
우대할 가능성이 있으므로 의료시장의 양극화가 일어날 가능성도 크다. 그리고 당연지정제를 탈
퇴한 병원은 건강보험 환자를 거부할 수 있게 되므로 건강보험이 크게 위축될 수도 있다.

07

저소득층은 자신의 소득으로 X재(쌀)와 Y재(소주)를 구입하는데, 저소득층의 효용함수는 $U=\min[X, 2Y]$로 주어져 있다고 하자. 정부에서 저소득층이 X재를 구입할 때 구입가격의 50%를 지원하는 가격보조를 할 때와 동액이 현금보조를 할 때의 차이에 대한 설명이다. 옳은 것은?

① X재 소비량은 가격보조의 경우에 더 많고, 효용수준도 가격보조시에 더 높다.

② X재 소비량은 가격보조시에 더 많으나, 효용수준은 현금보조시에 더 높다.

③ X재 소비량은 가격보조시에 더 많으나, 효용수준은 두 경우 모두 동일하다.

④ X재 소비량은 두 경우 모두 동일하나, 효용수준은 현금보조시에 더 높다.

⑤ X재 소비량과 효용수준은 두 경우 모두 동일하다.

✎ 두 재화가 완전보완재이면 대체효과가 발생하지 않으므로 현금보조와 가격보조의 효과가 동일해진다.

📝 무차별곡선이 원점에 대하여 볼록한 형태일 때는 보조금액이 동일하다면 보조대상이 되는 재화소비량은 가격보조시에 더 많고, 효용수준은 현금보조시에 더 높다. 그런데 아래 그림에서 보는 것과 같이 무차별곡선이 L자 형태인 경우에는 X재 소비량과 효용수준은 두 경우 모두 동일함을 알 수 있다.

그 이유는 무차별곡선이 일반적인 형태일 때는 현금보조를 하면 소득효과만 발생하는데 비해, 가격보조를 하면 대체효과와 소득효과가 모두 발생하나 무차별곡선이 L자 형태(두 재화가 완전보완재)일 때는 대체효과가 0이기 때문이다.

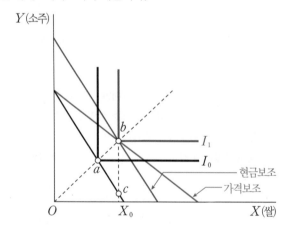

08 `2017` 세무사

의료보험제도에서 포괄수가제와 행위별수가제에 관한 다음 설명으로 옳은 것을 모두 고른 것은?

> ㄱ. 포괄수가제의 경우 행위별수가제에 비해 과잉진료 행위가 줄어든다.
> ㄴ. 포괄수가제의 경우 행위별수가제에 비해 의료서비스 품질의 저하가 우려된다.
> ㄷ. 포괄수가제에 비해 행위별수가제는 의학 발전에 부정적이다.

① ㄱ   ② ㄱ, ㄴ   ③ ㄱ, ㄷ

④ ㄴ, ㄷ   ⑤ ㄱ, ㄴ, ㄷ

📝 포괄수가제란 환자가 특정하나 질병으로 병원에 입원하면 퇴원할 때까지 진찰·검사·수술·주사·투약 등 진료의 종류나 양과 관계없이 미리 정해진 일정액의 진료비를 부담하는 제도이다. 이에 비해 행위별수가제는 의사의 개별 진료행위의 수가를 모두 합해 총진료비를 산출하는 방식이다.

　　행위별 수가제하에서는 진료를 많이 할수록 의사들의 수익이 늘어나므로 과잉진료가 이루어질 가능성이 있다. 이에 비해 포괄수가제 하에서는 불필요한 진료행위와 환자의 진료비 부담이 줄어들 수 있으나 의료 서비스의 질이 저하될 가능성이 있다. 행위별수가제 하에서는 개별진료에 대해 모두 진료비를 받을 수 있으므로 다양한 방법을 통해 환자를 치료할 가능성이 크다. 그러므로 행위별수가제는 포괄수가제보다 오히려 의학발전에 긍정적인 영향을 줄 수 있다.

09 〔2019〕 세무사

공기업에 관한 설명으로 옳은 것은?

① 비용체감산업의 경우 효율적 공급을 위해 규제를 해도 해당 민간 기업이 지속적으로 초과이윤을 얻기 때문에 공기업으로 운영해야 한다.
② 비용체감산업을 공기업으로 운영하고자 하는 경우 재정수입 확보가 주요 목적이다.
③ 산업이 대규모인 경우 자원의 효율적 배분을 위해 공기업으로 운영해야 할 필요성이 있다.
④ 공기업을 민영화하면 '주인－대리인 문제'는 사라진다.
⑤ 공기업 민영화 요구의 경제학적 근거는 기존 비용체감산업의 성격이 변화된 데서 찾을 수 있다.

📝 비용체감산업의 경우 효율적 공급을 위해 $P=MC$로 가격을 규제하면 손실이 발생한다. 그러므로 지속적으로 공급이 이루어지도록 하려면 정부가 보조금을 지급해야 한다. 비용체감산업을 정부가 공기업의 형태로 운영하는 가장 중요한 이유는 시장에 맡겨둘 경우 자연독점으로 인해 과소공급이 이루어질 가능성이 높기 때문이다. 공기업 운영을 통해 재정수입을 확보하는 것은 부차적인 목적일 뿐이다.

　　산업이 대규모라고 하더라도 시장구조가 경쟁적이라면 민간에 맡겨두면 정부가 공기업의 형태로 운영할 때보다 효율적인 자원배분이 이루어질 가능성이 높다. 그러므로 산업규모가 크다고 해서 반드시 공기업으로 운영될 필요성이 대두되는 것은 아니다.

　　공기업으로 운영되고 있는 산업이 기술발전으로 인해 성격이 바뀌어 더 이상 비용체감산업으로 볼 수 없다면 민영화를 추진하는 것이 바람직하다. 과거에는 비용체감산업으로 여겨졌으나 기술발전으로 인해 성격이 바뀐 대표적인 예로는 통신산업을 들 수 있다. 공기업이 민영화되면 소유권이 민간으로 이전되는데, 민영화되더라도 여전히 주주와 경영자 사이에는 주인－대리인 문제가 발생한다.

10

다른 조건이 일정할 때 재정적자가 대부자금시장에 미치는 효과로 옳은 것은?

① 대부자금의 공급이 감소한다.

② 대부자금의 수요가 감소한다.

③ 이자율이 하락한다.

④ 정부저축이 증가한다.

④ 투자곡선이 왼쪽으로 이동한다.

재정적자는 정부저축의 감소를 의미한다. 정부저축이 감소하면 대부자금의 공급이 감소하므로 대부자금 공급곡선(저축곡선)이 왼쪽으로 이동한다. 정부저축이 감소하더라도 대부자금의 수요는 변화가 없으므로 대부자금 수요곡선(투자곡선)은 이동하지 않는다. 대부자금 공급곡선이 왼쪽으로 이동하면 균형이자율이 상승하고 대부자금의 거래량이 감소하게 된다.

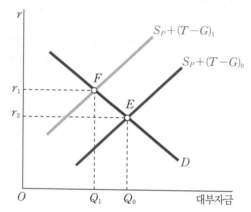

11

아래의 보기 중 지방재정조정제도에 관한 설명으로 옳은 것을 모두 고르면?

> 가. 지방교부세는 지방정부의 부족한 재원을 보전할 목적으로 용도를 지정하지 않고 국가가 지방정부에 교부하는 재원이다.
>
> 나. 우리나라의 지방교부세는 중앙정부의 자의적인 판단에 따라 교부금액이 결정된다.
>
> 다. 국고보조금은 지방정부의 특정사업을 지원하는 것으로 조건부 보조금에 해당된다.
>
> 라. 국고보조금에 의해 지방정부에 대한 중앙정부의 통제가 강화될 수도 있다.

① 가, 나   ② 나, 다   ③ 가, 나, 다

④ 가, 다, 라   ⑤ 가, 나, 다, 라

지방교부금 지급액은 당해연도 내국세의 일정비율로 정해져 있으므로 중앙정부에 의한 자의적 배분은 거의 불가능하다. 중앙정부는 국고보조금을 통해 지방정부에 영향을 미칠 수 있으므로 '라'는 옳은 보기이다.

12 [2019] 세무사

경제안정을 위한 재정의 총수요관리에 관한 설명으로 옳지 않은 것은?

① 총수요관리를 위한 재정정책의 유형으로는 자동안정장치(built-in stabilizer), 공식에 의한 신축성(formular flexibility), 재량적 재정정책(discretionary fiscal policy) 등이 있다.

② 자동안정장치의 대표적인 정책수단으로는 누진세제도와 실업보험제도 등이 있다.

③ 자동안정장치는 시차문제에서 재량적 재정정책에 비해 더 나은 정책수단이라 할 수 있다.

④ 재량적 재정정책은 자동안정장치에 비해 총수요관리에 보다 능동적으로 대처할 수 있다.

⑤ 자동안정장치는 불황기일 경우 재정긴축, 호황기일 경우 재정확장으로 작동된다.

📝 재량적인 재정정책(discretionary fiscal policy)이란 경제상황에 대한 정책당국의 판단에 따라 시행하는 정책을 말한다. 재정정책이 재량에 맡겨지면 정책당국은 앞으로 경기상황이 나빠질 것으로 판단하면 확대적인 정책을, 경기가 과열될 것으로 판단하면 긴축적인 재정정책을 시행하게 된다. 재량적인 정책 하에서는 경기상황에 대한 판단에 따라 능동적으로 정책당국이 대처할 수 있는 장점이 있다.

재량적인 재정정책의 단점 중 하나는 시차(time lag)가 긴 경우에는 재량적인 정책으로 인해 오히려 경기가 더 불안정해질 수 있다는 것이다. 시차란 정책당국이 정책의 시행의 필요성을 인식하거나 실행하는데 걸리는 시간과 집행된 정책이 실제로 효과를 나타내는데 걸리는 시간을 말한다. 재량적인 정책의 시차가 매우 길다면 집행된 정책의 효과가 나타나는 시점에서는 경기가 반대방향으로 변할 수 있기 때문이다.

자동안정화장치(built-in stabilizer)란 경기변동이 발생하면 자동적으로 정부지출 또는 조세수입이 변하여 경기진폭을 줄여주는 재정제도를 말한다. 대표적인 예로는 누진세제도, 실업보험, 각종 사회보장제도 등을 들 수 있다. 자동안정화장치의 사례 중 하나인 누진세제도를 보면 경기가 침체하면 정책당국이 개입하지 않더라도 자동적으로 세금이 감면되므로 재정확장이 이루어지고, 경기가 호황이면 자동적으로 세금이 더 많이 걷히기 때문에 재정긴축이 이루어진다. 그러므로 시차문제에 있어서는 재량적인 재정정책보다 우월하다.

정식적 신축성 혹은 공식에 의한 신축성(formular flexibility)이란 경제활동에 변동이 생기면 이에 따라 자동적으로 세율 및 정부지출의 변화가 일어나도록 입법화시키는 것을 말한다. 예를 들면, 실업률이 6%를 초과하면 소득세를 자동적으로 10% 감면하도록 법으로 정해놓는 경우가 이에 해당된다. 공식에 의한 신축성은 재량적인 재정정책의 결함을 보완하는 방법 중의 하나로 자동적 재정정책의 일종으로 볼 수 있다.

정병열

PUBLIC FINANCE

재정학 연습

재정학

제 **7** 판

초 판 1쇄 | 2000년 2월 15일 발행
제2판 1쇄 | 2006년 12월 15일 발행
제3판 1쇄 | 2011년 1월 10일 발행
제4판 1쇄 | 2014년 7월 10일 발행
제5판 1쇄 | 2017년 7월 14일 발행
제6판 1쇄 | 2020년 8월 26일 발행
제7판 1쇄 | 2023년 6월 22일 발행
제7판 2쇄 | 2023년 10월 27일 발행
제7판 3쇄 | 2024년 2월 6일 발행
제7판 4쇄 | 2024년 7월 20일 발행
제7판 5쇄 | 2025년 1월 10일 발행

지은이 | 정 병 열
펴낸이 | 이 은 경
펴낸곳 | (주)세경북스
주 소 | 서울특별시 서초구 방배천로 26길 25(유성빌딩 2층)
전 화 | 02-596-3596
팩 스 | 02-596-3597
신 고 | 제2013-000189호

저자와의
협의 하에
인지를
생략함

정가 : 51,000원

정병열

■ 약력

서강대학교에서 경제학과 학부 및 석사과정을 마치고 경희대학교에서 박사과정을 수료하였다. 한국개발연구원(KDI) 금융팀의 주임연구원으로 재직하였으며, 덕성여자대학교, 명지대학교 등에서 강의하였다.

■ 저서

- 경제학연습 미시편
- 경제학연습 거시편
- 재정학연습
- 재정학을 위한 미시경제학
- 7급 경제학
- 7급 객관식경제학
- 정말 경제학
- 경제학 기출문제
- 재정학 기출문제
- 공무원 경제학 기출문제
- 하루에 끝장내기 경제학
- 하루에 끝장내기 재정학